MANUAL DE **ANÁLISE DO COMPORTAMENTO APLICADA**

M294 Manual de análise do comportamento aplicada / Organizadores: Wayne W. Fisher, Cathleen C. Piazza, Henry S. Roane ; tradução: Daniel Vieira ; revisão técnica: Mirella Giovana Cogo Becher Tanaka. – 2. ed. – Porto Alegre : Artmed, 2025.
xvi, 624 p. ; 28 cm.

ISBN 978-65-5882-329-2

1. Comportamento humano – Análise. 2. Psicologia.

CDU 159.947.5

Catalogação na publicação: Karin Lorien Menoncin – CRB 10/2147

ORGANIZADORES

WAYNE W. FISHER

CATHLEEN C. PIAZZA

HENRY S. ROANE

MANUAL DE **ANÁLISE DO COMPORTAMENTO APLICADA**

SEGUNDA EDIÇÃO

Tradução:
Daniel Vieira

Revisão técnica:
Mirella Giovana Cogo Becher Tanaka
Psicoterapeuta analítico-comportamental infantil e supervisora de equipe.
Professora do curso de Especialização em Análise do Comportamento Aplicada (ABA)
para o Transtorno do Espectro Autista (TEA) da Faculdade Censupeg.
Certificada pelo Program for the Education and Enrichment of Relational Skills (PEERS) do
Semel Institute for Neuroscience and Human Behavior, da University of California Los Angeles (UCLA).
Mestra em Análise do Comportamento Aplicada pelo Núcleo Paradigma.
Doutoranda no Programa de Pós-graduação em Psicologia da Universidade Federal de São Carlos (UFSCar).

artmed

Porto Alegre
2025

Obra originalmente publicada sob o título *Handbook of applied behavior analysis*, 2nd edition
ISBN 9781462543755

Gerente editorial: *Alberto Schwanke*

Coordenadora editorial: *Cláudia Bittencourt*

Editora: *Mirian Raquel Fachinetto*

Preparação de originais: *Marcela Bezerra Meirelles*

Leitura final: *Netuno*

Capa: *Tat Studio / Tatiana Sperhacke*

Editoração: *Clic Editoração Eletônica Ltda.*

Rua Ernesto Alves, 150 – Bairro Floresta
90220-190 – Porto Alegre – RS
Fone: (51) 3027-7000

SAC 0800 703 3444 – www.grupoa.com.br

IMPRESSO NO BRASIL
PRINTED IN BRAZIL

Organizadores

Wayne W. Fisher, PhD, BCBA-D, é Henry Rutgers Endowed Professor of Pediatrics da Robert Wood Johnson Medical School e membro do corpo docente do Brain Health Institute. É também diretor do Rutgers Center for Autism Research, Education, and Services (RUCARES) em Rutgers, The State University of New Jersey, desde a sua inauguração. Sua influente pesquisa tem se concentrado na avaliação de preferências, resposta de escolha, avaliação e tratamento de autismo e distúrbios graves do comportamento. Dr. Fisher publicou mais de 200 artigos em periódicos revisados por pares. Foi editor do *Journal of Applied Behavior Analysis*, ex-presidente da Society for the Experimental Analysis of Behavior (SEAB) e membro da Association for Behavior Analysis International (ABAI). Também recebeu o Bush Leadership Award, o Nathan H. Azrin Distinguished Contribution to Applied Behavior Analysis Award e o SEAB Don Hake Translational Research Award da Divisão 25 (Behavior Analysis), da American Psychological Association, e prêmios de pesquisa e mentoria da University of Nebraska.

Cathleen C. Piazza, PhD, BCBA-D, é professora da Graduate School of Applied and Professional Psychology at Rutgers, The State University of New Jersey. É diretora-fundadora do Pediatric Feeding Disorders Program do Children's Specialized Hospital em New Jersey. Dra. Piazza e seus colaboradores estudaram diversos aspectos dos transtornos alimentares – entre os problemas de saúde mais comuns em crianças – e desenvolveram uma série de intervenções para o seu tratamento. Sua pesquisa estabeleceu forte suporte empírico para intervenções analítico-comportamentais aplicadas a transtornos alimentares. É também ex-editora do *Journal of Applied Behavior Analysis*, ex-presidente da SEAB e membro da ABAI. Recebeu o Nathan H. Azrin Distinguished Contribution to Applied Behavior Analysis Award da Divisão 25 (Behavior Analysis), da American Psychological Association, e o Outstanding Mentor Award da ABAI.

Henry S. Roane, PhD, BCBA-D, é vice-presidente de Qualidade Clínica da Sprout Therapy e ocupa o Gregory S. Liptak, MD, Professorship of Child Development do Department of Pediatrics da State University of New York (SUNY) Upstate Medical University. Dr. Roane é chefe da Divisão de Desenvolvimento, Comportamento e Genética, diretor do Golisano Center for Special Needs e coordenador do Behavior Analysis Studies Program da Upstate. Editor-chefe do *Behavioral Development*, ele também atuou como editor associado e membro do conselho editorial de revistas nas áreas de pediatria, análise do comportamento e psicologia escolar. É coautor de mais de 100 artigos e capítulos de livros, tendo escrito vários textos acadêmicos sobre avaliação e tratamento de distúrbios do comportamento em crianças com autismo e outros transtornos relacionados. É membro da ABAI e da Society for Pediatric Research. Recebeu o SUNY Chancellor's Award for Excellence in Faculty Service.

Autores

A. Charles Catania, PhD, Department of Psychology, University of Maryland, Baltimore County, Baltimore, Maryland

Alison M. Betz, PhD, Betz Behavioral Consulting, LLC, Highlands Ranch, Colorado

Alyssa N. Suess, PhD, Child Psychology, Chatter Pediatric Therapy, Williston, North Dakota

Amy C. Gross, PhD, Department of Pediatrics, University of Minnesota Medical School, Minneapolis, Minnesota

Andrew R. Craig, PhD, Departments of Pediatrics, Behavior Analysis Studies, and Neuroscience and Physiology, State University of New York Upstate Medical University, Syracuse, New York

Andy Bondy, PhD, Pyramid Educational Consultants, New Castle, Delaware

Anna M. Quigg, PhD, Occupational Therapy Program, Cox College, Springfield, Missouri

Areti Vassilopoulos, PhD, Department of Psychiatry, Harvard Medical School and Boston Children's Hospital, Boston, Massachusetts

August F. Holtyn, PhD, Department of Psychiatry and Behavioral Sciences, Center for Learning and Health, Johns Hopkins University School of Medicine, Baltimore, Maryland

Billie Retzlaff, PhD, Intermediate School District 917, Rosemount, Minnesota

Brantley P. Jarvis, PhD, Knoweiss, LLC, Fairfax, Virginia

Brian D. Greer, PhD, Department of Pediatrics and Brain Health Institute, Robert Wood Johnson Medical School, and Rutgers Center for Autism Research, Education, and Services, Rutgers, The State University of New Jersey, New Brunswick, New Jersey

Brian K. Martens, PhD, Department of Psychology, Syracuse University, Syracuse, New York

Brian MacNeill, MA, Department of Psychology, Western Michigan University, Kalamazoo, Michigan

Caio Miguel, PhD, Department of Psychology, California State University, Sacramento, California

Caitlin A. Kirkwood, PhD, Center for Pediatric Behavioral Health, Wilmington, North Carolina

Casey J. Clay, PhD, Thompson Autism Center, Children's Hospital of Orange County and Chapman University, Orange, California

Cathleen C. Piazza, PhD, Department of Applied Psychology, Rutgers, The State University of New Jersey, New Brunswick, New Jersey

Christine L. Ratcliff, MS, Behavioral Health Center of Excellence and School of Behavior Analysis, Florida Institute of Technology, Melbourne, Florida

Christopher A. Podlesnik, PhD, Department of Psychological Sciences, Auburn University, Auburn, Alabama

Corina Jimenez-Gomez, PhD, Center for Autism Research, Treatment, and Training, Department of Psychological Sciences, Auburn University, Auburn, Alabama

Dana M. Gadaire, PsyD, Department of Counseling and Human Services, The University of Scranton, Scranton, Pennsylvania

David A. Wilder, PhD, School of Behavior Analysis, Florida Institute of Technology, Melbourne, Florida

David P. Wacker, PhD, Stead Family Department of Pediatrics, The University of Iowa Carver College of Medicine, Iowa City, Iowa

David Reitman, PhD, College of Psychology, Nova Southeastern University, Fort Lauderdale, Florida

Dennis H. Reid, PhD, Carolina Behavior Analysis and Support Center, Morganton, North Carolina

Derek D. Reed, PhD, Department of Applied Behavioral Science, University of Kansas, Lawrence, Kansas

Diego Valbuena, PhD, Comprehensive Behavioral Consulting, Tampa, Florida

Dorothea C. Lerman, PhD, Department of Clinical, Health, and Applied Sciences, University of Houston–Clear Lake, Houston, Texas

Duncan Pritchard, PhD, Aran Hall School, Rhydymain, Dolgellau, Gwynedd, Wales, United Kingdom

Edward J. Daly III, PhD, Department of Educational Psychology, University of Nebraska–Lincoln, Lincoln, Nebraska

Einar T. Ingvarsson, PhD, Virginia Institute of Autism, Charlottesville, Virginia

Elizabeth Athens, PhD, ABA Learning Center, and Department of Disability and Community Studies, Douglas College, Vancouver, British Columbia, Canada

Elizabeth Schieber, MS, Department of Psychology, University of Florida, Gainesville, Florida

F. Charles Mace, PhD, retired, Sioux Falls, South Dakota

Florence D. DiGennaro Reed, PhD, Department of Applied Behavioral Science, University of Kansas, Lawrence, Kansas

George H. Noell, PhD, Department of Psychology, Old Dominion University, Norfolk, Virginia

Gregory P. Hanley, PhD, FTF Behavioral Consulting, Worcester, Massachusetts

Heather J. Kadey, MS, Department of Pediatrics, Upstate Golisano Children's Hospital, Syracuse, New York

Heather M. Teichman, MEd, Beacon Services of Connecticut, Cromwell, Connecticut

Heather Penney, MSc, Aran Hall School, Rhydymain, Dolgellau, Gwynedd, Wales, United Kingdom

Henry S. Roane, PhD, Departments of Pediatrics and Psychiatry, State University of New York Upstate Medical University, Syracuse, New York

Iser G. DeLeon, PhD, Department of Psychology, University of Florida, Gainesville, Florida

James E. Carr, PhD, Behavior Analyst Certification Board, Littleton, Colorado

James M. Johnston, PhD, Department of Psychology, Auburn University, Auburn, Alabama

Jeffrey H. Tiger, PhD, Department of Psychology, Marquette University, Marquette, Wisconsin

Jennifer L. Simon, PhD, consultório particular, Lawrence, Kansas

John C. Begeny, PhD, Department of Psychology, North Carolina State University, Raleigh, North Carolina

John C. Borrero, PhD, Department of Psychology, University of Maryland, Baltimore County, Baltimore, Maryland

John W. Donahoe, PhD, Department of Psychological and Brain Sciences, University of Massachusetts–Amherst, Amherst, Massachusetts

Jonathan C. Baker, PhD, Department of Psychology, Western Michigan University, Kalamazoo, Michigan

Jonathan K. Fernand, PhD, Department of Applied Behavior Analysis, Aurora University, Aurora, Illinois

Joseph E. Spradlin, PhD, Department of Applied Behavioral Science (professor emérito), University of Kansas, Lawrence, Kansas

Kelly J. Bouxsein, MS, CHI Health, Omaha, Nebraska

Kelly M. Schieltz, PhD, Stead Family Department of Pediatrics, University of Iowa Stead Family Children's Hospital, Iowa City, Iowa

Kenneth M. Macurik, PhD, Spectrum Transformation, Richmond, Virginia

Kenneth Silverman, PhD, Department of Psychiatry and Behavioral Sciences, Center for Learning and Health, Johns Hopkins University School of Medicine, Baltimore, Maryland

Kimberly E. Seckinger, PhD, Mary Free Bed Rehabilitation Hospital, Grand Rapids, Michigan

Kissel J. Goldman, PhD, Florida Children's Institute, Jacksonville, Florida

Kyle Boerke, PhD, Center for Psychological Studies, Nova Southeastern University, Fort Lauderdale, Florida

Kyle E. Ferguson, PhD, Department of Family Medicine, University of Washington, Seattle, Washington; Squaxin Island Health Clinic, Shelton, Washington

Laura L. Grow, PhD, Executive Director, Garden Academy, West Orange, New Jersey

Linda A. LeBlanc, PhD, LeBlanc Behavioral Consulting, Denver, Colorado

Lisa M. Hagermoser Sanetti, PhD, Department of Educational Psychology, University of Connecticut, Storrs, Connecticut

Lisa M. Toole, MA, Douglass Developmental Disabilities Center, Rutgers, The State University of New Jersey, New Brunswick, New Jersey

Matt Tincani, PhD, Department of Teaching and Learning, Temple University, Philadelphia, Pennsylvania

Melissa R. Nosik, PhD, Behavior Analyst Certification Board, Littleton, Colorado

Michael E. Kelley, PhD, Department of Counseling and Human Services, The University of Scranton, Scranton, Pennsylvania

Nathalie Fernandez, MS, Department of Psychology, University of Florida, Gainesville, Florida

Nathan A. Call, PhD, Marcus Autism Center, Emory University School of Medicine, Atlanta, Georgia

Niamh P. O'Kane, MA, private practice, Arlington, Tennessee

Nicole E. Gravina, PhD, Department of Psychology, University of Florida, Gainesville, Florida

Nicole M. DeRosa, PsyD, Departments of Pediatrics and Behavior Analysis Studies, State University of New York Upstate Medical University, Syracuse, New York

Paige B. Raetz, PhD, Southwest Autism Research and Resource Center, Phoenix, Arizona

Patrick C. Friman, PhD, Clinical Services and Research, Boys Town, Boys Town, Nebraska

Rachel H. Thompson, PhD, Department of Psychology, Western New England University, Springfield, Massachusetts

Raymond G. Miltenberger, PhD, Department of Child and Family Studies, University of South Florida, Tampa, Florida

Rebecca A. Groff, MA, BTEC Behavioral Therapy, Inc., Pensacola, Florida

Richard G. Smith, PhD, LBA-TX, Department of Behavior Analysis, University of North Texas, Denton, Texas

Robert H. LaRue, PhD, Department of Applied Psychology, Rutgers, The State University of New Jersey, New Brunswick, New Jersey

Robin S. Codding, PhD, Department of Applied Psychology, Northeastern University, Boston, Massachusetts

Rocío Vegas, PhD, Institute of Psychology, Universidad Central de Venezuela, Caracas, Venezuela

Samantha C. J. Bergmann, PhD, Department of Behavior Analysis, University of North Texas, Denton, Texas

Sarah J. Miller, PhD, Department of Psychology, Children's Hospital of New Orleans, New Orleans, Louisiana

Scott D. Lindgren, PhD, Stead Family Department of Pediatrics, The University of Iowa Carver College of Medicine, Iowa City, Iowa

Scott P. Ardoin, PhD, Department of Educational Psychology, University of Georgia, Atlanta, Georgia

Shannon Crozier, PhD, Behavior University, Las Vegas, Nevada

Shrinidhi Subramaniam, PhD, Department of Psychology and Child Development, California State University–Stanislaus, Turlock, California

Sindy Sanchez, PhD, Comprehensive Behavioral Consulting, Tampa, Florida

SungWoo Kahng, PhD, Department of Applied Psychology, Rutgers, The State University of New Jersey, New Brunswick, New Jersey

Tiffany Kodak, PhD, Department of Psychology, Behavior Analysis Program, Marquette University, Milwaukee, Wisconsin

Timothy R. Vollmer, PhD, Department of Psychology, University of Florida, Gainesville, Florida

Valdeep Saini, PhD, Department of Applied Disability Studies, Brock University, St. Catherines, Ontario, Canada

Wayne W. Fisher, PhD, Department of Pediatrics and Brain Health Institute, Robert Wood Johnson Medical School, and Rutgers Center for Autism Research, Education, and Services, Rutgers, The State University of New Jersey, New Brunswick, New Jersey

William E. Sullivan, PhD, Departments of Pediatrics and Behavior Analysis Studies, SUNY Upstate Medical University, Syracuse, New York

William O'Donohue, PhD, Department of Psychology, University of Las Vegas–Reno, Reno, Nevada

Prefácio

Para as coisas que temos que aprender antes de poder fazê-las, aprendemos fazendo-as.

Aristóteles

Abordar os problemas sociais e comportamentais que os seres humanos apresentam é uma tarefa difícil. O primeiro e mais importante passo para isso é a compreensão de que a mudança de comportamento envolve, inevitavelmente, *aprender fazendo* em um contexto ambiental no qual as contingências de reforço promovem o comportamento desejável em detrimento do comportamento indesejável. Como analistas do comportamento, podemos identificar e compreender as contingências de reforço predominantes melhor do que a maioria das pessoas leigas, mas esse conhecimento não nos isenta dos poderosos efeitos que essas contingências têm em nosso próprio comportamento. Especificamente, como analistas do comportamento, costumamos nos encontrar em contextos que envolvem fortes contingências sociais, nos quais se espera que resolvamos problemas de comportamento complexos e socialmente importantes. Essas contingências poderosas provavelmente moldarão e aprimorarão nossas habilidades analítico-comportamentais – muito mais do que a leitura deste ou de qualquer outro livro. No entanto, um texto adequado pode fornecer conhecimentos que nos ajudem a responder a essas contingências sociais de maneira mais rápida e eficaz. Assim, desenvolvemos e revisamos este livro especificamente para essa finalidade.

Ao conceber e desenvolver a primeira edição desta obra, ocorreu-nos que não havia uma única fonte à qual recorreríamos de modo consistente quando nos deparávamos com um problema especialmente desafiador de pesquisa clínica ou aplicada. Em vez disso, começávamos recorrendo a uma série de diferentes fontes, incluindo (1) consulta a colegas de trabalho ou de outras instituições, (2) realização de buscas no *Journal of Applied Behavior Analysis* ou no *Journal of the Experimental Analysis of Behavior*, ou (3) leitura de seções de vários livros que abordam tópicos analítico-comportamentais relevantes para os desafios clínicos ou específicos de pesquisa tínhamos à nossa frente. Dessa maneira, nosso principal objetivo para a primeira edição deste livro foi desenvolver um recurso para os analistas do comportamento que trabalham em serviços e ambientes de pesquisa aplicada – um recurso que, esperávamos, seria a primeira fonte a que recorreriam quando se deparassem com um problema de pesquisa clínica ou aplicada que fosse inédito ou de difícil resolução. Na verdade, ao pensar nos autores para cada um dos capítulos, passamos um tempo considerável nos perguntando quem seria nossa primeira escolha como consultor sobre o tema específico, e então convidamos essa pessoa para ser o autor principal do capítulo. Foi muito gratificante quando, em quase todos os casos, nossas primeiras escolhas aceitaram o convite para escrever os capítulos em suas áreas de especialização.

Ao planejar esta segunda edição, confiamos muito no *feedback* que recebemos dos analistas do comportamento que utilizaram a primeira edição, sobretudo no *feedback* que recebemos dos professores que usaram a primeira edição para auxiliar no ensino da análise do comportamento aplicada (ABA, *Applied Behavior Analysis*). Com base nesses retornos, trabalhamos diligentemente para atualizar e melhorar a integração, a compreensão e a relevância do conteúdo deste livro. É importante ressaltar que ampliamos de 30 para 34 o número de capítulos a fim de abranger temas importantes que não abordamos de forma completa na primeira edição. Adicionamos dois capítulos sobre análise quantitativa do comportamento: um sobre Igualação e *momentum* comportamental, de Podlesnik e colaboradores (Capítulo 6) e outro sobre Economia comportamental, de DeLeon e colaboradores (Capítulo 7). Esses capítulos cobrem tópicos muito relevantes no trabalho aplicado, uma vez que abordam os processos básicos que controlam a forma como os indivíduos alocam seu tempo em diversas opções de respostas, bem como por que as pessoas escolhem emitir comportamento-problema em vez de comportamento adaptativo em determinadas condições ambientais. Também acrescentamos os capítulos "Uma abordagem analítico-comportamental dos transtornos alimentares pediátricos", escrito por Piazza e Kirkwood (Capítulo 25), "Consultoria para professor em avaliação e intervenção comportamental", elaborado por Reed e colaboradores (Capítulo 27), "Telessaúde e análise do comportamento aplicada", desenvolvido por Wacker e colaboradores (Capítulo 31), e Gestão do comportamento organizacional, produzido por Wilder e Gravina (Capítulo 32). Esses capítulos trazem importantes e oportunas informações sobre tópicos extremamente relevantes para analistas do comportamento que prestam serviços nessas áreas.

A organização geral desta segunda edição é semelhante à da primeira, pois dá ao leitor os fundamentos da análise do comportamento nos primeiros capítulos e, em seguida, vincula esses conceitos básicos às aplicações, descritas nos capítulos subsequentes. Desse modo, atinge um equilíbrio entre a ênfase na avaliação e nas aplicações clínicas. Este livro traz um nível detalhado de análise para áreas gerais e especializadas da análise do comportamento, refletindo a amplitude da área e a expansão da ABA em domínios convencionais, como atendimentos pediátrico, psicológico e psiquiátrico, tratamento da dependência de substâncias e gestão organizacional.

Após a Introdução (Parte I/Capítulo 1), a Parte II dedica seis capítulos a uma revisão concisa, porém detalhada, da história, da filosofia e dos princípios básicos que fornecem a base fundamental para a ABA. A Parte III, com dois capítulos, é dedicada a mensuração, delineamento experimental e questões metodológicas relacionadas. A Parte IV consiste em quatro capítulos que discutem avaliações de preferência de estímulo e abordagens funcionais e estruturais para avaliar o comportamento-problema, bem como capítulos específicos sobre avaliações funcionais indiretas, diretas e controladas. A Parte V contempla diversos conceitos e procedimentos relevantes para intervenções destinadas a aumentar o comportamento desejável. Os quatro capítulos desta parte tratam sobre procedimentos de reforçamento diferencial, construção de repertórios complexos e estabelecimento de controle de estímulos, ensino de comportamento verbal e treinamento e gestão de pessoas. A Parte VI inclui cinco capítulos que abordam questões relacionadas ao desenvolvimento de intervenções para reduzir comportamentos-problema. Os tópicos dessa parte incluem desenvolvimento de intervenções antecedentes, planejamento de intervenções baseadas em função, envolvendo extinção, reforço e punição, bem como o desenvolvimento de estratégias de economia de fichas. A Parte VII descreve diversas subespecialidades importantes no campo da ABA, incluindo tratamento do transtorno do espectro autista, pediatria comportamental, tratamento de transtornos alimentares pediátricos, abordagens comportamentais relacionadas à educação, consultoria para professores, ensino de habilidades de segurança com crianças, tratamento da dependência de substâncias, gerontologia comportamental, prestação de serviços comportamentais por telessaúde e manejo de comportamento organizacional. A Parte VIII, última seção deste livro, concentra-se em questões profissionais na ABA. Ela inclui um capítulo sobre ética e formação e outro sobre certificação profissional. É importante ressaltar para o leitor que, embora os tópicos de cada capítulo sejam específicos daquela área de conteúdo, há diversos temas sobrepostos entre os capítulos. A discussão de princípios específicos em diferentes domínios de conteúdo representa a amplitude dos princípios básicos da análise do comportamento.

Assim, *Manual de análise do comportamento aplicada* pode ser utilizado como livro-texto básico ou introdutório para cursos de psicologia, educação ou sobre ABA. Seu público-alvo constitui-se de analistas do comportamento e estudantes de graduação e pós-graduação em psicologia, educação ou outras áreas afins, podendo também ser fonte de conhecimento para quem deseja preparar-se para a certificação profissional. A qualidade e a abrangência do conteúdo aqui apresentado tornam este livro indispensável em qualquer biblioteca de análise do comportamento. Esperamos que nossos leitores considerem seu conteúdo tão informativo quanto foi gratificante para nós produzi-lo.

WAYNE W. FISHER
CATHLEEN C. PIAZZA
HENRY S. ROANE
ORGANIZADORES

Sumário

PARTE I
Introdução

No Capítulo 1, Fisher, Groff e Roane apresentam ao leitor o campo da análise do comportamento e seus três subcampos: behaviorismo, análise experimental do comportamento e análise do comportamento aplicada (ABA, *applied behavior analysis*), tema principal deste livro. O capítulo introduz muitos conceitos (p. ex., equivalência de estímulos) discutidos com mais profundidade nas seções subsequentes deste manual. Como a história da ABA não mudou sensivelmente desde o aparecimento da primeira edição deste manual, este capítulo introdutório sofreu apenas algumas poucas alterações nesta segunda edição.

1

Análise do comportamento aplicada

História, filosofia, princípios e métodos básicos

Wayne W. Fisher, Rebecca A. Groff e Henry S. Roane

A análise do comportamento é uma disciplina com três áreas principais (Morris, Todd, Midgley, Schneider, & Johnson, 1990): (1) behaviorismo, centrado na visão de mundo ou na filosofia da análise do comportamento; (2) análise experimental do comportamento, voltado para identificar e analisar os princípios e os processos básicos que explicam o comportamento; e (3) ABA, cujo foco é a solução de problemas de importância social, utilizando os princípios e os procedimentos da análise do comportamento. Embora essa terceira área seja o tópico principal de nosso texto, é preciso ter um conhecimento básico das outras duas para entender, de fato, o desenvolvimento e as dimensões da ABA.

A análise do comportamento começou como uma escola ou um subcampo na disciplina de psicologia. Alguns ainda veem a análise do comportamento como uma subespecialidade da psicologia, enquanto outros acreditam que os princípios básicos da análise do comportamento e da psicologia tradicional estão tão fundamentalmente em desacordo que os dois não podem coexistir em uma única disciplina (p. ex., Fraley & Vargus, 1986). Os princípios básicos que distinguem a análise do comportamento de outras áreas da psicologia incluem sua ênfase em (1) o comportamento como objeto de estudo para o campo, em vez da psique, do eu ou de outras estruturas ou fenômenos mentais ou metafísicos internos; (2) continuidade entre o comportamento publicamente observável e eventos privados, como o pensar e o sentir; (3) previsão e controle do comportamento de indivíduos, e não de grupos; (4) explicações para o comportamento a partir de fatores ambientais; e (5) o estudo do comportamento como ciência natural. Discutiremos cada um desses princípios antes de voltarmos nossa atenção para as dimensões que definem especificamente a ABA.

Comportamento como objeto de estudo

Como analistas do comportamento, acreditamos que o elemento central mais apropriado para o nosso campo é o comportamento. Definimos comportamento de forma bastante ampla para incluir qualquer coisa que um indivíduo faça ao interagir com o ambiente físico (Catania, 2013; Skinner, 1938), incluindo chorar, falar, ouvir, correr, pular, desviar a atenção e até pensar. Essa filosofia comportamental contrasta com a dos mentalistas ou dos psicólogos cognitivos: eles veem o pensamento, o sentimento e outros eventos internos como a atividade que ocorre dentro de entidades metafísicas, como o eu, a psique ou a mente, e creem que essas entidades influenciam ou controlam o comportamento exterior. Os mentalistas observam o comportamento para fazer deduções a respeito dessas estruturas hipotéticas, que eles veem como assunto apropriado para o campo da psicologia. Eles acreditam que a compreensão desses construtos internos ajuda a explicar o comportamento observável. Os behavioristas acreditam que o comportamento em si é seu tema apropriado, e que eles devem estudá-lo de maneira direta, sem referências a causas internas. Os behavioristas veem o cérebro como real e a mente como uma invenção, algo imaginado, em vez de algo que pensa e controla o comportamento.

Embora as pessoas em todas as esferas da vida falem sobre a mente como se fosse uma entidade real, quando questionadas sobre sua localização e suas características, elas acham que a mente é difícil, ou mesmo impossível, de localizar ou descrever em termos exatos. Outro problema que surge quando se tenta explicar o comportamento externo observável apelando para a causalidade por meio de eventos internos é que, dessa forma, é preciso explicar o que causa os eventos internos. Dois argumentos filosóficos ilustram esse problema: a regressão de Ryle e a falácia do homúnculo.

Ryle (1949) identificou uma falha lógica na visão tradicional (dualista) do comportamento inteligente (ver Tanney, 2018). De acordo com a posição dualista, considerando a mente e o corpo como entidades distintas, quando um indivíduo exibe um ato inteligente (i.e., uma resposta observável), a reflexão interna e mental sobre como agir de modo inteligente deve tê-lo precedido e direcionado. Ryle apontou que, se a lógica da visão dualista fosse precisa, então a operação interna da reflexão também seria um ato inteligente (ainda que interno), que precisaria ser precedido e guiado pela reflexão sobre várias formas alternativas de refletir, criando assim uma sucessão potencialmente interminável de reflexão sobre refletir acerca da reflexão. A necessidade infinita de um antecessor e direcionador de cada ato inteligente é chamada de regressão de Ryle.

A falácia do homúnculo é semelhante à regressão de Ryle, exceto pelo fato de que se concentra em como interpretamos a estimulação visual. Um ponto de vista mentalista é que a luz se projeta na parte de trás da retina, e que a mente vê essas imagens da mesma forma que um indivíduo vê um filme. A mente é, portanto, semelhante a um homenzinho ou um homúnculo que está metaforicamente sentado dentro do cérebro vendo um filme. A questão, então, é como a mente ou o homúnculo vê e interpreta o filme que é passado no cérebro humano. Segundo a hipótese mentalista, outro homúnculo menor dentro do primeiro teria que ver e interpretar seu filme, que precisaria ter um homúnculo ainda menor dentro dele para interpretar seu filme. Chamamos de falácia do homúnculo a necessidade infinita de outro homúnculo para explicar as interpretações visuais do anterior (Uttal, 2000).

Esses argumentos ilustram que é impossível provar ou refutar a existência da mente, assim como não é possível provar ou refutar a existência de fantasmas. Os mentalistas modernos (p. ex., psicólogos cognitivos) não costumam falar sobre a mente em si, mas são muito mais propensos do que os behavioristas a olhar para variáveis internas (p. ex., pensamentos e sentimentos) para explicar como surgem o comportamento e os problemas lógicos. Ou seja, eles utilizam o comportamento observável (p. ex., preparar um sanduíche) para formular hipóteses sobre construções internas (p. ex., o indivíduo está com fome), que eles usam para explicar o comportamento observado (p. ex., a pessoa preparou um sanduíche por causa da fome). B. F. Skinner (1953, p. 31) apontou que as duas afirmações, "ele come" e "ele está com fome", descrevem um único conjunto de fatos. Assim, o observador não pode utilizar uma afirmação do tipo "ele está com fome" para explicar a outra, "ele come". Skinner também argumentou que os apelos a tais causas internas impedem a investigação científica, pois uma vez que identificamos uma suposta causa do comportamento (ou seja, "ele come porque está com fome"), não há razão para continuar procurando uma explicação para o comportamento.

Já a abordagem de Skinner para explicar o comportamento representa outra forma de compreensão, a qual se encontra em constante evolução, na qual os achados experimentais guiam a teoria muito mais do que a teoria guia a experimentação. Na verdade, revisões e atualizações de explicações analíticas comportamentais quase sempre são baseadas em novas descobertas experimentais – uma abordagem que alguns têm referido como "um trabalho em andamento" (p. ex., Catania, 1988, 2013). Um exemplo notável da maneira como atualizamos nossas conceituações de comportamento com base em novas descobertas experimentais é a forma como definimos nosso objeto de estudo, o comportamento.

As primeiras definições de comportamento focavam em suas características físicas ou topográficas. Por exemplo, "processos de pensamento são realmente hábitos motores na laringe, melhorias, atalhos, mudanças, etc." (Watson, 1913, p. 177). Skinner (1938) forneceu uma definição mais ampla de comportamento e introduziu o conceito de contingência constituído por três termos (antecedente-comportamento-consequência), que define o comportamento operante. Desse modo, definimos o comportamento operante por suas características topográficas e por suas propriedades funcionais, ou seja, os antecedentes ambientais e as consequências funcionalmente relacionadas à topografia da resposta específica. As características topográficas de uma pessoa correndo para pegar um ônibus podem ser como as de alguém correndo para fora de um prédio em chamas. No entanto, as duas formas de correr são respostas operantes distintamente separadas, pois estão sob o controle de diferentes antecedentes e consequências do ambiente, e essas relações ambiente-comportamento definem o comportamento operante (Donahoe, 2004).

Descobertas empíricas mais recentes têm levado a refinamentos adicionais sobre o que constitui o comportamento. Por exemplo, pesquisas mostraram que o comportamento operante é sensível a padrões moleculares e molares de reforçamento (p. ex., Herrnstein, 1969). Com base, em parte, nessa descoberta empírica, o behaviorismo teleológico tenta explicar comportamentos complexos (p. ex., construir uma casa, apaixonar-se) identificando padrões organizados de relações ambiente-comportamento que envolvem causas ou consequências proximais e finais. Rachlin (2012, 2018) explica que martelar um prego é uma função não apenas da consequência imediata de unir duas tábuas mas também da tarefa maior de construir um piso, que, por sua vez, é uma função da tarefa de construir uma casa. Essas respostas interligadas são funções da consequência última de abrigar e proteger a família.

Nossa concepção do que constitui o comportamento também se expandiu por causa das pesquisas sobre equivalência de estímulos e teoria dos quadros relacionais (Hayes, Barnes-Holmes, & Roche, 2001; Sidman, 2000). Pesquisas nessa área têm mostrado de modo consistente que, quando treinamos certas relações de estímulo (p. ex., "Mike é mais pesado do que Bill; Bill é mais pesado do que Sam") com participantes humanos verbalmente competentes, outras relações de estímulo aparecem sem treinamento específico (p. ex., "Sam é mais leve do que Mike"). Essas relações emergentes ou derivadas são importantes porque podem ser pré-requisitos e formar a base da aquisição da linguagem generativa. Elas também são potencialmente importantes porque exigem definição mais ampla do que constitui o comportamento operante, isto é, classes de equivalência ou quadros relacionais representam unidades mais amplas de comportamento operante, que incluem relações de estímulo treinadas (ou seja, reforçadas) e não treinadas.

Eventos privados

Um equívoco comum da análise do comportamento é que ela não reconhece ou tenta explicar eventos internos e privados, como pensamentos e sonhos. Muitos analistas do comportamento acreditam que as mesmas leis que regem o comportamento observável controlam eventos privados, e eles não explicam tais eventos utilizando processos mentalistas (Moore, 2003). A principal diferença entre o comportamento público e o comportamento privado é que os outros podem observar e verificar o comportamento público, mas apenas o indivíduo que emite o comportamento pode observar o comportamento privado.

Pense no cenário de um homem casado dirigindo para casa com sua esposa em um carro, e um homem solteiro dirigindo para casa sozinho em outro carro. O homem casado olha para a esposa enquanto está parado em um semáforo e diz: "lembre-me de tirar o lixo quando chegarmos em casa". No mesmo semáforo, o solteiro pensa em silêncio para si mesmo: "tenho que me lembrar de tirar o lixo quando chegar em casa".

Os behavioristas veriam a fala feita pelo homem casado e o pensamento feito pelo homem solteiro como formas distintas de comportamento, regidas pelas mesmas leis, em que falar é um comportamento público que os outros podem observar, ao passo que pensar é um comportamento privado que só o homem solteiro pode observar. Os analistas do comportamento estudam quase exclusivamente o comportamento público porque podem observá-lo, quantificá-lo e submetê-lo de maneira objetiva ao método científico. No entanto, os behavioristas acreditam que os princípios gerais de comportamento derivados do estudo de respostas públicas (p. ex., falar em voz alta) também se aplicam e explicam respostas privadas (p. ex., pensar ou falar de modo silencioso consigo mesmo). Eles também acreditam que eventos privados (p. ex., a dor) muitas vezes se correlacionam com eventos observáveis, permitindo assim que um indivíduo manifeste ou descreva eventos privados comuns (p. ex., esfolar um joelho; cf. Welsh, Najdowski, Strauss, Gallegos, & Fullen, 2019).

Os behavioristas concentram-se em princípios gerais que estão relacionados com a função do comportamento, ou seja, seu propósito ou a razão pela qual ele ocorre. Os behavioristas acreditam que eventos ambientais que ocorrem em estreita proximidade física e temporal com o comportamento determinam a função de uma resposta. Eventos ambientais importantes que influenciam o comportamento incluem (1) o contexto no qual a resposta ocorre (p. ex., os adolescentes comportam-se de formas diferentes em casa, com os pais, e em uma festa, com os colegas); (2) fatores motivacionais (p. ex., é mais provável procurar um restaurante se alguém não come há algum tempo); (3) antecedentes que sinalizam quais respostas serão bem-sucedidas (p. ex., prosseguir se um semáforo estiver verde, pois sinaliza segurança, e parar se estiver vermelho, pois sinaliza perigo) e (4) as consequências ou os resultados de respostas que influenciam se esses comportamentos se repetirão (p. ex., um indivíduo tem maior probabilidade de estudar para um teste no futuro se puder obter uma nota melhor como resultado).

Aplicando esses princípios gerais ao cenário anterior, um analista do comportamento pode hipotetizar que o homem casado pede a seu cônjuge para lembrá-lo de tirar o lixo porque (1) parar em um semáforo fornece um sinal ou uma dica apontando que é momentaneamente seguro mudar sua atenção para outros assuntos que não sejam dirigir o carro; (2) o homem experimentou um resultado negativo associado ao esquecimento de retirar o lixo antes, como o acúmulo de lixo, pois as lixeiras não aguentariam tudo; e (3) pedir ao cônjuge que o lembre de retirar o lixo aumenta a probabilidade de ele retirar o lixo e evitar a consequência negativa do acúmulo deste. As mesmas três razões se aplicariam ao homem solteiro, exceto que ele não tem companheiro no carro para ajudá-lo a se lembrar de tirar o lixo, então ele diz as palavras em silêncio em vez de em voz alta. Desse modo, embora as duas respostas nesse exemplo (falar em voz alta e pensar no lixo) sejam diferentes topograficamente, pois outros podem observar falando, mas não pensando, elas são semelhantes de maneira funcional, pois ambas são ocasionadas pelo mesmo antecedente (parado no semáforo) e reforçadas pela mesma consequência (evitar que o lixo se acumule).

A única maneira de identificar se um evento privado ocorreu é por meio de autorrelato, pois os outros não podem observar os comportamentos internos de um indivíduo. No entanto, a auto-observação muitas vezes não é confiável (Skinner, 1953). Skinner aponta a ironia do fato de que a comunidade verbal ensina o indivíduo a "conhecer-se a si mesmo". Ou seja, as duas principais maneiras pelas quais um indivíduo aprende a identificar e rotular seus eventos privados é (1) "encontrar pontos em comum entre eventos privados e públicos", ou (2) para que outros "identifiquem coisas que geralmente o ocasionam [o evento privado] ou comportamentos que geralmente ocorrem em conjunto" (p. 259). Por exemplo, se uma mãe e uma criança cobrem suas orelhas enquanto um jato voando baixo passa por elas e, em seguida, o pai diz: "isso machucou meus ouvidos", a criança pode posteriormente aprender a utilizar o rótulo machucado para descrever ou manifestar uma sensação semelhante no ouvido, causada por uma infecção no canal auditivo.

Da mesma forma, se uma criança vomita, se recusa a comer alimentos e tem febre, um pai pode dizer a ela: "seu estômago dói". Skinner (1953) explica que se uma cultura não pode ensinar um indivíduo a diferenciar eventos privados, esse indivíduo pode nunca desenvolver a habilidade de identificar eventos privados, e ele pode não ter amplo conhecimento de si mesmo.

Estudando o comportamento dos indivíduos

A psicologia moderna costuma estudar grupos para identificar padrões de diferenças individuais. Pesquisas psicológicas focadas em temas como personalidade, inteligência, autoconceito e autoeficácia geralmente seguem essa abordagem. Já a análise do comportamento geralmente se concentra no comportamento dos indivíduos para identificar princípios gerais que descrevem relações de comportamento que mostram consistência dentro e entre espécies, como pombos, cães e humanos, e contextos ambientais, como laboratório, casa e escola (Keller & Schoenfeld, 1950; Mace, 1996). Os métodos experimentais da psicologia convencional, que estuda grupos, e da análise do comportamento, que estuda indivíduos, refletem essa diferença fundamental entre os dois campos. A maior parte dos pesquisadores da área da psicologia emprega delineamento de comparação de grupos e utiliza estatísticas inferenciais para identificar diferenças significativas entre vários grupos, ao passo que os analistas do comportamento utilizam delineamento de sujeito único para estudar os princípios gerais do comportamento (p. ex., *momentum* comportamental, desconto por atraso). Os analistas do comportamento consideram mais importante a previsão e o controle do comportamento dos indivíduosdo que dos grupos, pois os indivíduos se engajam no comportamento, mas os grupos não o fazem (Johnston & Pennypacker, 1993, p. 23).

Muitas vezes, pesquisadores que utilizam métodos de comparação de grupos apresentam seus resultados em termos de médias estatísticas para descrever como o indivíduo médio do grupo se comportou, e eles usam desvios-padrão para descrever quanta variabilidade comportamental havia no grupo. Do ponto de vista comportamental, essas estatísticas não descrevem com precisão o comportamento de nenhum indivíduo do grupo, o que é uma limitação (Johnston & Pennypacker, 1993, p. 324). Cada indivíduo do grupo tem uma composição genética única e uma extensa história de aprendizagem. Consequentemente, manipulações ambientais podem evocar diferentes comportamentos entre um indivíduo e outro. Para ilustrar, uma intervenção que pode ser eficaz para um indivíduo em um grupo pode não ser tão eficaz para outro.

Em contrapartida, em um experimento com delineamento de sujeito único, um indivíduo serve como seu próprio controle experimental. Desse modo, o experimento explica a composição genética única do indivíduo e a história de aprendizagem operante. Como o indivíduo serve como seu próprio controle (ou seja, o pesquisador compara seu comportamento em condições da linha de base ou de controle com aquele em condições de intervenção), esse tipo de pesquisa pode determinar se uma intervenção é eficaz para um indivíduo.

Explicações ambientais para o comportamento

Os analistas do comportamento identificam as causas do comportamento no ambiente. Skinner (1969) propôs que as variáveis que influenciam o comportamento se enquadram em duas categorias: filogenéticas e ontogenéticas.

As variáveis filogenéticas são características genéticas transmitidas de pais para filhos através da reprodução. A seleção natural, que Charles Darwin descreveu originalmente, é o processo pelo qual os pais transmitem as características mais prováveis de contribuir para a sobrevivência de seus descendentes. Indivíduos com características bem-adaptadas ao seu ambiente têm maior probabilidade de sobreviver e procriar; consequentemente, esses traços adaptativos são mais propensos a aparecer na próxima geração do que os traços que não facilitam a sobrevivência e a procriação. A seleção natural é, em geral, um processo gradual. A composição genética de um indivíduo evolui de maneira gradual ao longo de muitas gerações, até um ponto no qual é significativamente diferente da composição genética de seus ancestrais (Skinner, 1969). Essas variáveis genéticas, em conjunto com o ambiente do indivíduo, contribuem tanto para o comportamento respondente quanto para o operante. De fato, Skinner (1981) postulou que "o comportamento operante é um processo evoluído" (p. 502), ou seja, o comportamento operante evoluiu e persistiu por meio do processo filogenético da seleção natural, pois forneceu um meio pelo qual os indivíduos poderiam adquirir um comportamento adaptativo a ambientes novos e em mudança.

As variáveis ontogenéticas são como as filogenéticas e a seleção natural, exceto pelo fato de que as mudanças ocorrem ao longo da vida de um indivíduo e, muitas vezes, de momento em momento, em vez de através de várias gerações (Skinner, 1969). Ontogenia refere-se à seleção natural de comportamentos resultantes de suas consequências ambientais. Se um indivíduo emite uma resposta (como apostar no cavalo mais musculoso de uma corrida) que produz uma consequência favorável ou reforçadora (como ganhar a aposta), a probabilidade de ele repetir essa resposta em contextos ambientais semelhantes aumenta. Ou seja, o ambiente seleciona e molda o comportamento porque os indivíduos repetem respostas que produzem resultados ou consequências favoráveis naquele ambiente. Do mesmo modo, se um indivíduo emite um comportamento (como cair em um buraco no chão) que produz uma consequência desfavorável ou punitiva (como ser mordido por um animal que não foi visto), a probabilidade de que ele emita uma resposta semelhante no futuro diminui. Assim, tanto a seleção natural quanto a seleção operante envolvem a seleção por consequências. O ambiente seleciona características correlacionadas à sobrevivência da espécie com a seleção natural, e mudanças nessas características evoluem de maneira lenta ao longo de muitas gerações. O ambiente seleciona respostas correlacionadas a consequências favoráveis (p. ex., saciedade da fome e da sede, alívio para a dor) com a seleção operante, e mudanças nos padrões de resposta podem ocorrer de um momento para o outro ou ao longo da vida de uma pessoa.

Tanto na filogenia quanto na ontogenia, alguns traços e comportamentos genéticos não são selecionados diretamente, mas são *spandrels* – subprodutos ou "resquícios evolutivos" da seleção de outros traços ou comportamentos (Skinner, 1969). Por exemplo, suponha que uma característica genética para músculos de contração rápida ajude na sobrevivência, permitindo que os organismos superem os predadores. Esses organismos têm mais chances de sobreviver do que os que correm de modo mais lento e são devorados por predadores. Consequentemente, os organismos com músculos de contração rápida são mais propensos a se reproduzir e passar seus genes de músculos de contração rápida para a próxima geração. Em contrapartida, suponha que o organismo com músculos de contração rápida também tenha olhos azuis. Os olhos azuis podem não ajudar na sobrevivência do organismo. No entanto, a oportunidade do organismo de se reproduzir é aumentada devido a seus músculos de contração rápida. Assim, é provável que o organismo passe o traço dos olhos azuis para a próxima geração. Portanto, os olhos azuis são um *spandrel* ou um subproduto da seleção natural. Da mesma forma, ler um livro didático antes de fazer um teste pode aumentar a probabilidade de que um indivíduo atinja uma boa nota em um teste; consequentemente, o comportamento de leitura de livros didáticos pode aumentar no futuro. O ambiente fortalece de maneira direta esse comportamento por meio de suas consequências. Se o indivíduo bebe chá verde enquanto lê um livro didático, então o comportamento de beber chá verde pode aumentar como subproduto de sua correlação com as consequências reforçadoras associadas à leitura. O aumento do chá verde não faz com que o indivíduo se saia bem em seu teste, mas o comportamento é acrescentado como subproduto do reforço associado à leitura.

O conhecimento dos *spandrels* tem um papel importante na aplicação da análise do comportamento. Para ilustrar, quando um analista do comportamento implementa uma intervenção para diminuir ou aumentar um comportamento-alvo específico, ele deve considerar quais outros comportamentos a intervenção afetará como subproduto da intervenção para o comportamento-alvo e deve planejar de acordo. Por exemplo, a extinção (ou seja, deixar de fornecer reforço para um comportamento mantido por esse reforçador) do comportamento disruptivo pode resultar em aumento da agressividade, mesmo que essa última resposta não tenha produzido reforço no passado. Desse modo, o analista do comportamento deve adicionar um componente de intervenção para considerar isso (p. ex., fornecer acesso ao reforçador, contingente a um comportamento alternativo).

Classificação estrutural *versus* funcional do comportamento

A maioria das abordagens para classificar e compreender o comportamento atípico enfatiza (1) as características topográficas do comportamento e (2) como certas respostas tendem a ocorrer de maneira simultânea. Por exemplo, um menino que evita o contato físico e visual com outras pessoas e que apresenta respostas vocais e motoras peculiares (p. ex., referindo-se a si mesmo como "você" e aos outros como "eu" e girando objetos repetidamente) pode receber um diagnóstico de transtorno do espectro autista (TEA). Os clínicos, então, podem utilizar esse diagnóstico como uma explicação para o comportamento atípico que levou ao diagnóstico (p. ex., "ele gira objetos repetidamente porque tem TEA"). Como discutido anteriormente no exemplo fornecido por Skinner (1953; ou seja, "ele come", "ele está com fome"), as afirmações "ele tem TEA" e "ele gira objetos repetidamente" são duas maneiras de se descrever o mesmo conjunto de fatos; assim, uma afirmação não explica a outra.

Os analistas do comportamento muitas vezes trabalham com crianças com TEA (p. ex., ver Kodak, Grow, & Bergmann, Capítulo 23 deste livro), mas eles veem o diagnóstico como descritivo e não explicativo. Como os analistas do comportamento trabalham para identificar contingências operantes que estão mantendo um comportamento, eles avaliam e categorizam o comportamento atípico segundo sua função. Outros campos da ciência, como a microbiologia, há muito entendem a importância de se analisar tanto a estrutura quanto a função de entidades dinâmicas. Os analistas do comportamento empregam uma prática semelhante, categorizando o comportamento por suas características estruturais e sua função. Por exemplo, uma criança com TEA pode dar tapas em outras pessoas porque, quando o faz, outras são menos propensas a abordá-la com tarefas escolares para serem concluídas. Nesse caso, a função da agressão seria evitar os trabalhos escolares. Já outra criança com TEA pode dar tapas em outras pessoas porque, quando o faz, seus cuidadores são mais propensos a dar atenção física a ela, na forma de estimulação tátil (p. ex., integração sensorial). Nesse caso, a função da agressão seria ganhar uma forma específica de atenção do cuidador. Desse modo, embora ambos os casos envolvam o ato agressivo de dar tapas nos outros, a função do comportamento é diferente. Analisar a função do comportamento atípico de um indivíduo permite prever com mais precisão a efetividade diferencial das intervenções. Por exemplo, um tempo fora da atenção seria uma intervenção eficaz para o comportamento autolesivo mantido pela atenção, mas provavelmente pioraria o comportamento autolesivo mantido pela esquiva ou pela fuga da interação social.

O estudo do comportamento como ciência natural

O princípio final que distingue a análise do comportamento da psicologia tradicional é que ela estuda o comportamento como ciência natural (Baum, 2018). Assim, profissionais da área de análise do comportamento realizam pesquisas e desenvolvem teorias de formas semelhantes às das ciências naturais da química e da física. O comportamento dos cientistas, como o de qualquer outro organismo, é consequência de sua interação com o ambiente. Consequentemente, os analistas do comportamento devem aplicar a si mesmos os mesmos princípios analíticos comportamentais que aplicam aos indivíduos com os quais realizam pesquisas, objetivando melhorar seu próprio comportamento (Johnston & Pennypacker, 1993). Skinner (1953) afirmou que "a ciência é, antes de tudo, um conjunto de atitudes", e "a ciência [deveria] rejeitar até suas próprias autoridades quando elas interferem na observação da natureza" (p. 12). Skinner enfatizou que "a ciência é uma disposição para aceitar fatos mesmo quando eles são opostos aos desejos", e que os cientistas devem "permanecer sem uma resposta até ser possível encontrar uma satisfatória" (p. 12-13). Essa abordagem da ciência e das atitudes dos cientistas é igualmente relevante para os clínicos que aplicam a ciência natural da análise do comportamento a problemas de importância social.

Dimensões da análise experimental do comportamento

Além das visões gerais de Skinner (1969) sobre atitudes científicas, diversas atitudes específicas formam a base da análise experimental do comportamento como ciência natural. Estas incluem (1) determinismo, (2) experimentação, (3) empirismo, (4) confiabilidade, (5) dúvida filosófica e (6) parcimônia. Se mantiverem essas atitudes, os analistas do comportamento são mais propensos a realizar pesquisas objetivas que auxiliam no aprofundamento das teorias e dos princípios da análise do comportamento.

Determinismo

Determinismo é a crença ou a atitude de que todos os eventos no universo, incluindo eventos comportamentais, são ordenados, lícitos, previsíveis e determinados por causas físicas (Cooper, Heron, & Heward, 2007; Mazur, 2006; Neuringer & Englert, 2017). Em geral, isso significa que o comportamento não ocorre de maneira espontânea (p. ex., uma criança não bate em um irmão sem nenhum motivo), há sempre uma razão pela qual um indivíduo ou um organismo emite um comportamento (p. ex., no passado, bater resultou na saída do irmão da área de lazer, ou permitiu o uso do *videogame*). Como analistas do comportamento, acreditamos que as variáveis filogenéticas e ontogenéticas, descritas anteriormente, determinam o comportamento atual e, assim, nos concentramos nas contingências operantes atuais porque podemos alterá-las de maneiras que promovam mudanças socialmente importantes (p. ex., reduzindo a agressividade dos irmãos).

Um indivíduo não precisa aceitar a premissa de que todo comportamento está determinado para ser um analista do comportamento e a abordar o estudo do comportamento como ciência natural. Fazê-lo entraria em conflito com a dúvida filosófica, que sustenta que devemos continuamente questionar nossos pressupostos, nossas descobertas e nossas conclusões, e com o empirismo, que exige que demonstremos de maneira empírica o determinismo antes de aceitá-lo plenamente (ver discussões mais adiante neste livro).

Cientistas do campo da física, claramente uma ciência natural, adotaram modelos estocásticos e mecânica quântica (que não são deterministas) para explicar certos fenômenos que a mecânica newtoniana clássica (que é determinista) não explica bem. No entanto, uma crença geral no determinismo, nesse momento do desenvolvimento da análise do comportamento, é pelo menos útil, pois concentra nossa atenção nas características funcionais do comportamento. Após identificarmos as variáveis funcionais que mantêm o comportamento, podemos então manipular essas variáveis para aumentar o comportamento desejável ou diminuir o atípico. Se o comportamento dos organismos não fosse regido por leis, os cientistas seriam incapazes de identificar por que um indivíduo emite um comportamento e, com isso, não conseguiriam modificá-lo.

Experimentação

Adotar a experimentação como principal método de estudo do comportamento é a única opção razoável se aceitarmos que os eventos físicos naturais determinam o comportamento, e que os principais objetivos de uma ciência natural do comportamento são a previsão e o controle de seu objeto de estudo. Skinner (1953) especulou que "talvez a maior contribuição que uma ciência do comportamento possa dar à avaliação das práticas culturais seja a insistência na experimentação" (p. 436).

Os analistas do comportamento estão interessados em experimentação envolvendo a manipulação de antecedentes ambientais, consequências, ou ambos como variáveis independentes, e comportamento como variável dependente. O objetivo desse tipo de experimentação é identificar as variáveis ambientais específicas das quais um comportamento é função. Há uma relação funcional quando uma mudança em um comportamento independente produz, de forma confiável, uma mudança definida na variável dependente. Descrever uma relação funcional entre uma resposta e seu reforçador sob um contexto ambiental específico é mais preciso do que dizer que os eventos ambientais causaram o comportamento.

Skinner (1953) reconheceu que outros métodos não experimentais têm papel importante na análise científica do comportamento, incluindo observações casuais, clínicas e controladas. Ele também reconheceu que os cientistas conseguem o rigor e o controle em laboratório com espécies não humanas ao preço da validade ecológica ou da "irrealidade nas condições" (p. 37). No entanto, a análise experimental do comportamento contraria essa limitação, concentrando-se na identificação dos processos comportamentais básicos subjacentes tanto ao comportamento animal simples quanto ao humano complexo.

Skinner (1953) argumentou que "a objeção mais comum a uma análise funcional completa [do comportamento humano complexo] é simplesmente que ela não pode ser realizada, mas a única evidência para isso é que ela ainda não foi realizada" (p. 41). Como mostram vários capítulos deste livro, fizemos progressos consideráveis na realização de análises funcionais de comportamentos humanos complexos desde a época de Skinner, como o comportamento auto lesivo (Iwata, Dorsey, Slifer, Bauman, & Richman, 1982/1994).

Empirismo

Empirismo é a atitude ou o ponto de vista de que a informação disponível para a ciência vem dos sentidos, e que os cientistas devem basear suas conclusões sobretudo em evidências sensoriais. Isso significa que os cientistas devem ser observadores cuidadosos e acreditar no que eles percebem que o mundo é, em vez do que outros lhes ensinaram que ele deveria ser.Ao conduzir um experimento, os analistas do comportamento devem manter a atitude de empirismo, a prática de tomar decisões científicas objetivas com base em dados factuais sobre intervenções, pesquisas e desenvolvimento de teorias. O comportamento de um cientista é função de variáveis ambientais (Johnston & Pennypacker, 1993), desse modo, inúmeras variáveis estão controlando seu comportamento em determinado momento. Essas variáveis podem incluir experiências pessoais, ascensão pessoal, opiniões ou crenças. Na medida do possível, as decisões de um analista do comportamento devem ser uma função dos dados empíricos disponíveis, e não dessas outras variáveis. Em contrapartida, se outras variáveis além de dados objetivos estão controlando o comportamento de um cientista, os resultados do experimento não serão empíricos ou válidos.

Confiabilidade

A realização de um único experimento não fornece evidências suficientes para determinar como uma variável independente afeta uma dependente. Os analistas do comportamento defendem a atitude de que o controle experimental deve ser confiável. Eles avaliam a confiabilidade em vários níveis. Um experimento com apenas um participante pode demonstrar uma relação funcional entre uma variável independente, como elogio contingente, e uma dependente, como adesão às solicitações instrucionais. Um analista do comportamento pode conseguir isso medindo o nível de adesão do participante na ausência de elogios em diversas sessões até que a resposta do participante seja estável. Em seguida, esse analista introduz a variável independente (p. ex., a adesão resulta consistentemente em elogios em um esquema específico) e mede os níveis de adesão em várias sessões até que a resposta do participante seja estável. Por fim, o analista do comportamento repete esses dois passos, medindo os níveis de adesão com e sem elogios em várias sessões. Os resultados demonstram relação funcional entre elogio contingente e adesão para esse indivíduo se os níveis de adesão forem maiores nas fases em que a adesão produziu elogios do que naquelas em que a adesão não produziu elogios. No entanto, demonstrar que o elogio contingente aumentou a adesão a apenas um indivíduo não permite tirar conclusões sobre a relação entre elogio e adesão para outras pessoas, o que requer replicação adicional. Ou seja, o analista do comportamento aumentaria muito a generalidade da descoberta replicando essa mesma relação funcional com diversos participantes em um único experimento e replicando-a em experimentos com diferentes tipos de participantes, como crianças, adolescentes e adultos, em diferentes contextos e ao longo do tempo.

Dúvida filosófica

O analista do comportamento deve manter um grau razoável de ceticismo ou dúvida filosófica, o que significa que ele deve "continuamente questionar a veracidade do que é considerado fato" (Cooper *et al.*, 2007, p. 6), mesmo após demonstrar, por diversas vezes e de forma confiável, uma relação entre uma variável independente e uma dependente. Esse analista deve reconhecer as limitações dos dados obtidos e vê-los como exploratórios, pois a coleta de todos os dados e fatos é quase impossível. A dúvida filosófica garante que o campo da ABA continue a (1) expandir sua base teórica e de princípios comportamentais e (2) implementar as intervenções comportamentais mais eficientes e eficazes para aqueles a quem serve.

Parcimônia

Os cientistas devem favorecer a explicação mais simples quando duas explicações alternativas dão conta das observações e dos fatos disponíveis igualmente bem. O filósofo medieval Guilherme de Ockham (ou Occam) introduziu essa atitude de parcimônia, e outros se referiram ao conceito como *navalha* de Occam (Smith, 2017). Da mesma forma, um dos famosos ditados de Einstein, "faça as coisas tão simples quanto possível, mas não mais simples", reflete o princípio da parcimônia.

A parcimônia para um analista do comportamento envolve uma preferência por explicações simples e baseadas em princípios básicos e previamente estabelecidos da análise do comportamento, antes de recorrer a explicações que exijam mais suposições e variáveis para explicar o comportamento (Johnston & Pennypacker, 1993). O princípio da parcimônia também é importante para os analistas do comportamento em ambientes aplicados, pois os cuidadores são mais propensos a implementar intervenções simples com integridade se forem eficazes.

Análise do comportamento aplicada

Os princípios gerais sobre os quais a ABA foi fundada foram desenvolvidos e continuam a ser refinados a partir dos resultados de experimentos de laboratório na análise experimental do comportamento. Desse modo, os analistas do comportamento também devem adotar as atitudes enfatizadas na análise experimental do comportamento em ambientes aplicados. Esta seção descreve de maneira resumida os princípios básicos do campo da ABA.

A ABA difere da análise experimental do comportamento na medida em que utiliza os princípios gerais de aprendizagem e de comportamento para resolver problemas de relevância social. No início do desenvolvimento da ABA, os analistas do comportamento em ambientes aplicados trabalharam sobretudo nos campos da psicologia e da educação. Baer, Wolf, e Risley (1968) descreveram sete dimensões da ABA, para focalizar nossa disciplina no objetivo central de resolver problemas de importância social: ela é (1) aplicada, (2) comportamental, (3) analítica, (4) tecnológica, (5) conceitualmente sistemática, (6) eficaz e (7) generalizável.

Analistas do comportamento selecionam os comportamentos que são aplicados, ou seja, aqueles que são importantes para a sociedade, para o indivíduo cujo comportamento está sendo modificado e para sua família (Baer *et al.*, 1968). Por exemplo, ensinar uma criança com diagnóstico de TEA que não fala ou se comunica a imitar sons da fala ou a solicitar itens preferidos representaria um alvo socialmente relevante de intervenção, ao passo que ensinar a criança a colar pedaços de cartolina, não. A qualquer momento, um analista pode ter como alvo diversas classes de resposta, e ele deve priorizar quais comportamentos são mais importantes para modificar.

Consistente com os outros dois ramos da análise do comportamento, a dimensão principal da ABA é o seu foco no comportamento, exemplificado por meio da observação direta, da medida objetiva, da quantificação, da predição e do controle do comportamento (Baer *et al.*, 1968). Os analistas do comportamento normalmente não confiam em medidas indiretas de comportamento, como autorrelatos, entrevistas ou listas de verificação (Baer, Wolf, & Risley, 1987). Além disso, não atribuem o comportamento a características de qualidades internas, como os traços de personalidade. Em vez disso, eles tentam identificar uma função do comportamento manipulando eventos ambientais como variáveis independentes e observando mudanças no comportamento como a variável dependente.

A terceira dimensão da ABA é que ela é analítica, ou seja, quando tratamos do comportamento, utilizamos delineamentos experimentais de sujeito único, objetivos e controlados, que permitem uma demonstração crível da eficácia de nossa intervenção. Nós nos esforçamos para demonstrar uma relação funcional entre nossa intervenção e quaisquer mudanças observadas no comportamento-alvo (Baer *et al.*, 1968), usando delineamentos experimentais de sujeito único, incluindo delineamentos de reversão, múltiplos elementos e de linha de base múltipla (ver DeRosa, Sullivan, Roane, Craig, & Kadey, Capítulo 9 deste livro). Baer *et al.* (1987) enfatizaram que os analistas do comportamento devem selecionar o delineamento mais adequado para a questão experimental, em vez de ajustar a questão experimental para se ajustar a um delineamento experimental específico.

Os analistas do comportamento também devem ser tecnológicos, o que significa que devem descrever minuciosa e precisamente seus procedimentos durante a realização de pesquisas, assim como na prática clínica. Eles devem documentar essas informações, que incluem um procedimento escrito, definições operacionais de comportamentos-alvo e dados de integridade processual, de modo a permitir que outro analista do comportamento razoavelmente competente replique o procedimento após a leitura desses documentos (Baer *et al.*, 1968, 1987).

As avaliações e as intervenções aplicadas que os analistas do comportamento implementam são aplicadas na natureza. No entanto, essas intervenções e as abordagens utilizadas para o seu desenvolvimento devem ser conceitualmente sistemáticas (Baer *et al.*, 1968), ou seja, devem ser baseadas nos princípios básicos do comportamento, validados por meio de pesquisas empíricas conduzidas ao longo de muitos anos por cientistas envolvidos na análise experimental do comportamento. Exemplos de componentes de intervenção conceitualmente sistemáticos são a extinção e os esquemas de reforçamento.

Muitos experimentos que utilizam delineamentos de grupo incorporam estatísticas inferenciais para determinar se existem diferenças estatisticamente significativas entre os grupos. Os analistas do comportamento aplicado raramente usam estatísticas para determinar se uma mudança de comportamento é significativa. Em vez disso, esses analistas determinam a eficácia de seus procedimentos avaliando seus dados, com frequência por meio de inspeção visual (Fisher, Kelley, & Lomas, 2003), isto é, se o indivíduo cujo comportamento foi alterado, a família, os cuidadores e os amigos desse indivíduo consideram que a mudança de comportamento foi significativa. O fato de uma mudança de comportamento ser estatisticamente significativa não significa que a mudança seja socialmente importante. Por exemplo, uma redução na batida da cabeça de um menino de uma taxa de 12 por minuto para 6 por minuto pode ser estatisticamente significativa. No entanto, o menino ainda bate com a cabeça mais de 300 vezes por hora. Consequentemente, esta não é uma redução socialmente aceitável do bater com a cabeça. Uma redução mais significativa precisa ocorrer antes que a intervenção possa ser classificada como eficaz.

O último princípio da ABA é que os achados devem ser generalizáveis para outros ambientes, cuidadores ou comportamentos (Baer *et al.*, 1968). Se diminuirmos o comportamento agressivo de uma criança para níveis próximos de zero em nossa clínica, mas a criança ainda se envolver em agressividade na escola e em casa, a redução do comportamento não se generalizou. A generalização é importante porque a diminuição do comportamento atípico não é benéfica se a criança passa apenas algumas horas por semana na clínica. A intervenção comportamental só é benéfica se melhorar o comportamento da criança em diferentes contextos quando diferentes cuidadores a implementam. A maneira mais eficaz de garantir que a generalização ocorra é programá-la na intervenção (Stokes & Baer, 1977).

Resumo

Resumindo, há três ramos da análise do comportamento: behaviorismo, análise experimental do comportamento e ABA. Cada ramo está interessado em estudar, prever e controlar de maneira direta o comportamento, em vez de observá-lo como meio de fazer inferências sobre a mente, a psique, o eu ou outras estruturas ou fenômenos mentais ou metafísicos internos. Os behavioristas acreditam que há continuidade entre o comportamento da espécie humana e da não humana e entre o comportamento público e o privado (p. ex., pensar, sentir). Os behavioristas acreditam que o comportamento é lícito, que ocorre por uma razão, e que podem estudá-lo utilizando os rigorosos métodos científicos aplicados em outras ciências naturais ou "rígidas". Por fim, os behavioristas enfocam a(s) função(ões) do comportamento e acreditam que podem explicar e controlá-lo observando e manipulando os eventos ambientais que ocorrem em relação ao comportamento.

Referências

Baer, D. M., Wolf, M. M., & Risley, T. R. (1968). Some current dimensions of applied behavior analysis. Journal of Applied Behavior Analysis, 1, 91-97.

Baer, D. M., Wolf, M. M., & Risley, T. R. (1987). Some still-current dimensions of applied behavior analysis. Journal of Applied Behavior Analysis, 20, 313-327.

Baum, W. M. (2018). Multiscale behavior analysis and molar behaviorism: An overview. Journal of the Experimental Analysis of Behavior, 110, 302-322.

Catania, A. C. (1988). The behavior of organisms as a work in progress. Journal of the Experimental Analysis of Behavior, 50, 277-281.

Catania, A. C. (2013). Learning (5th ed.). Cornwall-on-Hudson, NY: Sloan.

Cooper, J. O., Heron, T. E., & Heward, W. L. (2007). Applied behavior analysis (2nd ed.). Upper Saddle River, NJ: Pearson/Merrill-Prentice Hall.

Donahoe, J. W. (2004). Ships that pass in the night. Journal of the Experimental Analysis of Behavior, 82, 85-93.

Fisher, W. W., Kelley, M. E., & Lomas, J. E. (2003). Visual aids and structured criteria for improving visual inspection and interpretation of single-case designs. Journal of Applied Behavior Analysis, 36, 387-406.

Fraley, L. E. & Vargas, E. A. (1986). Separate disciplines: The study of behavior and the study of the psyche. Behavior Analyst, 9, 47-59.

Hayes, S. C., Barnes-Holmes, D., & Roche, B. (2001). Relational frame theory: A precis. Em S. C. Hayes, D. Barnes-Holmes, & B. Roche (Eds.), Relational frame theory: A post-Skinnerian account of human language and cognition (p. 141-154). Nova York: Kluwer Academic/Plenum Press.

Herrnstein, R. J. (1969). Method and theory in the study of avoidance. Psychological Review, 76, 49-70.

Iwata, B. A., Dorsey, M. F., Slifer, K. J., Bauman, K. E., & Richman, G. S. (1994). Toward a functional analysis of self-injury. Journal of Applied Behavior Analysis, 27, 197-209. (Reimpresso de Analysis and Intervention in Developmental Disabilities, 2, 3-20, 1982)

Johnston, J. M. & Pennypacker, H. S. (1993). Strategies and tactics of behavioral research (2nd ed.). Hillsdale, NJ: Erlbaum.

Keller, F. S. & Schoenfeld, W. N. (1950). Principles of psychology. Nova York: Appleton-Century-Crofts.

Mace, F. C. (1996). In pursuit of general behavioral relations. Journal of Applied Behavior Analysis, 29, 557-563.

Mazur, J. E. (2006). Learning and behavior (6th ed.). Upper Saddle River, NJ: Pearson/Prentice Hall.

Moore, J. (2003). Explanation and description in traditional neobehaviorism, cognitive psychology, and behavior analysis. Em K. A. Lattal & P. N. Chase (Eds.), Behavior theory and philosophy (p. 13-39). New York: Kluwer Academic/Plenum Press.

Morris, E. K., Todd, J. T., Midgley, B. D., Schneider, S. M., & Johnson, L. M. (1990). The history of behavior analysis: Some historiography and a bibliography. Behavior Analyst, 13, 131-158.

Neuringer, A. & Englert, W. (2017). Epicurus and B. F. Skinner: In search of the good life. Journal of the Experimental Analysis of Behavior, 107, 21-33.

Rachlin, H. (2012). Our overt behavior makes us human. Behavior Analyst, 35, 49-57.

Rachlin, H. (2018). Is talking to yourself thinking? Journal of the Experimental Analysis of Behavior, 109, 48-55.

Ryle, G. (1949). The concept of mind. Chicago: University of Chicago Press.

Sidman, M. (2000). Equivalence relations and the reinforcement contingency. Journal of the Experimental Analysis of Behavior, 74, 127-146.

Skinner, B. F. (1938). The behavior of organisms. Acton, MA: Copley.

Skinner, B. F. (1953). Science and human behavior. Nova York: Free Press.

Skinner, B. F. (1969). Contingencies of reinforcement: A theoretical analysis. Englewood Cliffs, NJ: Prentice-Hall.

Skinner, B. F. (1981). Selection by consequences. Science, 213, 501-504.

Smith, T. L. (2017). The epistemologies of parsimony: A review of Ockham's razors: A user's manual by Elliott Sober. Journal of the Experimental Analysis of Behavior, 108, 485-498.

Stokes, T. F. & Baer, D. M. (1977). An implicit technology of generalization. Journal of Applied Behavior Analysis, 10, 349-367.

Tanney, J. (2018). Remarks on the "thickness" of action description: With Wittgenstein, Ryle, and Anscombe. Philosophical Explorations, 21, 170-177.

Uttal, W. R. (2000). The war between mentalism and behaviorism: On the accessibility of mental processes. Mahwah, NJ: Erlbaum.

Watson, J. B. (1913). Psychology as the behaviorist views it. Psychological Review, 20, 158-177.

Welsh, F., Najdowski, A. C., Strauss, D., Gallegos, L., & Fullen, J. A. (2019). Teaching a perspective-taking component skill to children with autism in the natural environment. Journal of Applied Behavior Analysis, 52, 439-450.

PARTE II
Princípios básicos e conceitos

"Dê um peixe a um homem e você o alimentará por um dia; ensine-o a pescar e o alimentará por toda a vida". Este é um provérbio atribuído ao filósofo chinês Lao Tzu e pode ser aplicado à importância de se ensinar aos analistas do comportamento os princípios e os conceitos básicos de nossa área, em vez de apenas fornecer-lhes procedimentos aplicáveis a problemas específicos. Entender os princípios e os conceitos básicos da análise do comportamento não apenas permitirá que os analistas da ABA abordem os problemas específicos socialmente significativos que provavelmente enfrentarão após sua formação (p. ex., ensinar habilidades de comportamento verbal a uma criança com transtorno do espectro autista [TEA]), mas também fornecerá as ferramentas de que precisarão para lidar com novos problemas para os quais não há protocolos (p. ex., ensinar habilidades de lavar as mãos e de distanciamento social para crianças em idade escolar, como ocorreu durante a pandemia de covid-19).

No primeiro capítulo da Parte II (Capítulo 2), Donahoe e Vegas introduzem os princípios do condicionamento do respondente (ou clássico), no qual um estímulo neutro que anteriormente não tinha efeito sobre a resposta-alvo passa a evocá-la de forma confiável após o analista do comportamento emparelhar de maneira consistente esse estímulo anteriormente neutro com outro que evoca consistente e incondicionalmente a resposta-alvo. Esses autores discutem como o condicionamento dos respondentes é importante para o desenvolvimento e a melhora de diversos transtornos clínicos, como a dependência de substâncias e o transtorno de pânico. Em seguida, no Capítulo 3, Catania introduz o leitor às contingências operantes básicas de reforço e punição, bem como os estímulos antecedentes que ocasionam e estabelecem a eficácia dessas contingências. Compreender e analisar contingências operantes em relação aos estímulos que evocam e motivam a resposta são fundamentais para o desenvolvimento de avaliações comportamentais eficazes (p. ex., analisar funções idiossincráticas do comportamento problemático) e intervenções comportamentais (p. ex., desenvolver novos tratamentos com base em funções). No Capítulo 4, Mace, Pritchard e Penney oferecem uma discussão detalhada de esquemas básicos e complexos de reforçamento, incluindo esquemas diferenciais, compostos e concorrentes. Eles oferecem uma série de exemplos que ilustram como esses esquemas de reforçamento são pertinentes ao trabalho aplicado. Spradlin, Simon e Fisher introduzem os processos básicos e os princípios do controle de estímulos no Capítulo 5, que descreve como e por que o comportamento dos indivíduos muda e se adapta às condições de estímulo presentes em diferentes contextos e em diferentes momentos (p. ex., por que os espectadores de um jogo de beisebol cantam durante o período da sétima rodada, ou *inning*, mas não durante outras partes do jogo). Esses autores descrevem como o controle de estímulos é relevante para uma ampla variedade de aplicações clínicas, desde o ensino de discriminações simples (p. ex., atravessar uma rua apenas quando o semáforo está verde) até o ensino de maneiras que promovem o surgimento de comportamentos verbais generativos.

Em uma nova contribuição para esta edição do manual, no Capítulo 6, Podlesnik, Jimenez-Gomez e Kelley discutem duas teorias quantitativas do comportamento com considerável relevância para o trabalho aplicado – a lei da igualação generalizada e a teoria do *momentum* comportamental. A lei da igualação é especialmente relevante para entender como e por que os indivíduos alocam seu tempo e reagem a respostas adaptativas e mal-adaptativas, e a teoria do *momentum* comportamental é pertinente para compreender e reduzir recaídas. Em outro novo acréscimo, o Capítulo 7, DeLeon e colaboradores descrevem a subárea da economia comportamental, que integra princípios da microeconomia e de análise do comportamento para demonstrar e analisar como a demanda por *commodities* (ou seja, reforçadores) se relaciona com o trabalho ou o esforço que um indivíduo coloca para obter esses reforçadores. Eles ilustram como esses conceitos são diretamente aplicáveis a transtornos do controle de impulsos, como o transtorno de déficit de atenção/hiperatividade (TDAH), e a vários comportamentos relacionados à saúde.

2

Condicionamento respondente (pavloviano)

John W. Donahoe e Rocío Vegas

No início do século XX, dois cientistas – um em São Petersburgo, na Rússia, e outro em Cambridge, em Massachusetts – começaram, de forma independente, a busca para descobrir como a experiência individual produzia mudanças duradouras no comportamento. O primeiro cientista foi Ivan Pavlov (1927-1960), um fisiologista cujas pesquisas anteriores sobre digestão lhe renderia um Prêmio Nobel. O segundo foi Edward Thorndike (1903), psicólogo cujo trabalho publicado acabaria por exceder em volume o de qualquer outro psicólogo – do passado ou do presente (Jonçich, 1968). Os métodos utilizados por esses pioneiros diferiam, mas ambos se descreviam seguindo os passos de Darwin: ou seja, tentavam explicar fenômenos complexos como o produto cumulativo de processos mais básicos. Para Darwin, o processo básico era a evolução por meio da seleção natural. Para Pavlov e Thorndike, o processo básico passou a ser conhecido como *seleção por reforçamento* ou simplesmente *reforço*. Darwin estudou sobretudo como as mudanças na *estrutura* poderiam ocorrer em razão da seleção natural. Pavlov e Thorndike estudaram como mudanças na *função* poderiam surgir da seleção por reforçamento. Ambos compartilhavam a crença de que mesmo os fenômenos mais complexos poderiam ser entendidos como o resultado cumulativo de processos seletivos que atuam ao longo do tempo. O processo de seleção descoberto por Darwin geralmente ocorreu durante períodos extremamente longos e poderia ser conhecido em grande parte através da observação naturalista. Já a seleção por reforçamento poderia acontecer de maneira rápida e ser estudada no laboratório.

Os procedimentos de Pavlov e Thorndike diferiam em um aspecto significativamente importante, mas partiam do mesmo ponto – apresentando ao aprendiz um estímulo ao qual este já responderia de forma confiável. Em termos mais técnicos, tanto Pavlov quanto Thorndike apresentaram um *estímulo eliciador* (digamos, comida) que evocava, confiavelmente, um comportamento (digamos, comer). Devido à seleção natural, o sabor e o cheiro dos alimentos provocam uma série de respostas, incluindo salivação, abordagem e alimentação. O experimentador poderia manipular um estímulo eliciador com facilidade e prontamente medir a resposta eliciada. Pavlov e Thorndike diferiram sobre o tipo de evento que precedia de forma confiável o estímulo eliciador e a resposta eliciada. No laboratório de Pavlov, um *estímulo* específico (como o tic-tac de um metrônomo) precedeu a apresentação de comida a um cão. No procedimento de Thorndike, um *comportamento específico* (como mover uma vara) permitia que um gato escapasse de uma gaiola e tivesse acesso à comida. A Figura 2.1 mostra a relação entre os procedimentos de Pavlov e Thorndike. Como essa figura indica, a diferença fundamental entre os dois procedimentos é que um estímulo específico (S_i) precedeu de forma confiável o estímulo eliciador no procedimento de Pavlov, já uma resposta específica (R_j) precedeu de forma confiável o estímulo eliciador no procedimento de Thorndike. B. F. Skinner foi o primeiro a entender plenamente que essa diferença procedural teria efeito profundo no resultado da seleção por reforçamento (Skinner, 1935, 1937).

Skinner (1938) ampliou a análise do condicionamento pavloviano e operante em seu livro seminal *The*

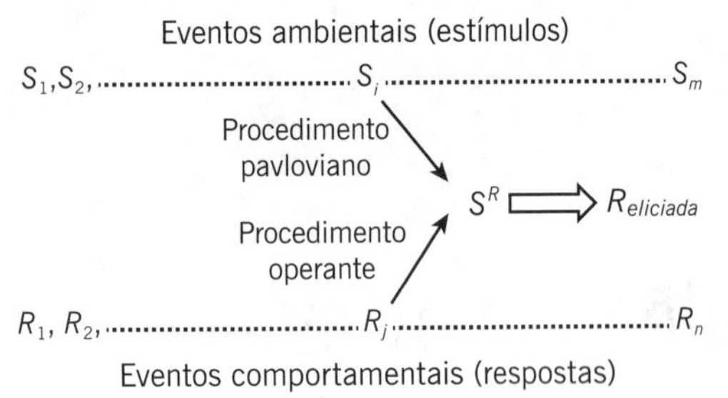

FIGURA 2.1 Eventos fundamentais nos procedimentos pavlovianos (respondentes) e operantes. Em ambos os procedimentos, o aprendiz está imerso em um fluxo de eventos ambientais (*S*) e está respondendo (*R*) na presença deles. O experimentador introduz um estímulo reforçador (S^R) no ambiente nos dois procedimentos. A diferença primordial entre os dois procedimentos é que, no de Pavlov, um estímulo ambiental (aqui, S_i) precede confiavelmente o de reforço, já no procedimento operante, um comportamento específico (aqui, R_j) precede de forma confiável o de reforço. Os termos técnicos pavlovianos para o evento ambiental que precede o estímulo reforçador é *estímulo condicionado* (CS), para o estímulo reforçador é *estímulo incondicionado* (US), e, para a resposta eliciada ($R_{eliciada}$), é *resposta incondicionada* (UR).

behavior of organisms. Ele denominou os dois procedimentos como, respectivamente, *Tipo S* (*stimulus*), ou condicionamento *respondente*, e *Tipo R* (*response*), *ou* condicionamento *operante*. Skinner chamou o procedimento de Pavlov de condicionamento respondente para enfatizar que o comportamento de interesse era uma resposta eliciada (ou seja, um *respondente*) evocada por um *estímulo* específico (o estímulo eliciador). Ele chamou o procedimento de Pavlov de condicionamento Tipo S porque um estímulo específico evocava o comportamento. O condicionamento Tipo R era o procedimento operante. Skinner introduziu o termo *operante* para enfatizar que a resposta (R_j) operava no ambiente para produzir o estímulo eliciador. Skinner chamou o procedimento de condicionamento Tipo R para enfatizar que a relação da resposta do aprendiz com o reforço era fundamental, e que essa resposta não era ocasionada por um estímulo especificável. Nas palavras de Skinner, "existem dois tipos de reflexo condicionado, definidos segundo a correlação do estímulo reforçador com um estímulo ou com uma resposta" (1938, p. 62). "A diferença fundamental está no elemento com que o estímulo reforçador (...) está correlacionado. No Tipo S, é o estímulo (...), no Tipo R, é a resposta" (1938, p. 109). Note-se, sobretudo, que uma distinção processual define (em suas palavras) os dois tipos de condicionamento e não implica necessariamente um processo de condicionamento fundamentalmente diferente.

Skinner citou, sem discordância, as visões dos contemporâneos que propunham que um processo de condicionamento comum estava envolvido nos procedimentos pavloviano e operante. "Uma análise das diferenças entre os dois tipos foi feita por Hilgard (1937), que aponta que ambos os tipos em geral ocorrem juntos, e que o 'reforçamento' é basicamente o mesmo processo em ambos. As distinções presentes [as distinções procedurais de Skinner], no entanto, não são questionadas" (Skinner, 1938, p. 111). Em seguida, Skinner citou o seguinte, também sem discordância: "Mowrer (1937) sustenta a possibilidade de que os dois processos possam por fim ser reduzidos a uma única fórmula" (p. 111). Skinner observou, ainda, que "no Tipo R (...), o processo é muito provavelmente aquele referido na lei do efeito de Thorndike" (p. 111). (Para ver uma apresentação dos pontos de vista de Thorndike em relação ao trabalho atual sobre reforço, consultar Donahoe, 1999.)

Resumindo, Skinner baseou sua distinção presciente entre condicionamento pavloviano (respondente ou Tipo S) e operante (instrumental ou Tipo R) em termos procedurais. Um tratamento teórico unificado do processo de condicionamento envolvido nos dois procedimentos foi uma possibilidade que Skinner tanto antecipou quanto acolheu. A visão de que um processo de condicionamento fundamental ocorre em ambos os procedimentos pode parecer inconsistente com o tratamento de condicionamento de Skinner, mas não é (Donahoe, Burgos, & Palmer, 1993). Descrevemos de maneira breve o melhor entendimento atual do processo de condicionamento, mas introduzimos primeiro termos técnicos associados ao procedimento pavloviano. Esses termos são necessários para a compreensão da literatura experimental sobre condicionamento pavloviano.

Pavlov elaborou um vocabulário técnico para os eventos de estímulo e resposta em seu procedimento. O *estímulo condicionado* (CS, *conditioned stimulus*) foi o evento ambiental que precedeu o estímulo eliciador. O estímulo eliciador foi o *estímulo incondicionado* (US, *unconditioned stimulus*) e a resposta eliciada foi a *resposta incondicionada* (UR, *unconditioned response*). No laboratório de Pavlov, o CS pode ser a apresentação do som do tic-tac de um metrônomo, o US à apresentação do alimento e a UR à eliciação da salivação. Após vários pareamentos de CS com US/UR, o CS evocou uma resposta que se assemelhava à UR no caso típico. Nesse exemplo, após o experimentador emparelhar o som do tic-tac com o alimento, o som do tic-tac evocava a salivação quando apresentado de maneira isolada. A *resposta condicionada* (CR, *conditioned response*) foi a que o CS evocou *após* o experimentador emparelhar de modo repetitivo o CS com o US/a UR, e é o efeito comportamental que os cientistas geralmente medem no procedimento pavloviano. O processo pelo qual o ambiente adquiriu sua capacidade de controlar o comportamento foi denominado *condicionamento*, pois a habilidade do CS de evocar a CR era *condicional* (i.e., dependente de) ao pareamento do CS com o US/a UR.

Em geral, os cientistas chamam o procedimento de Pavlov de *condicionamento clássico* em reconhecimento à sua prioridade histórica. Os cientistas acabaram utilizando o termo *condicionamento* para o procedimento de Thorndike – mas o chamaram de *condicionamento operante* para distingui-lo do procedimento de Pavlov. Como já observado, o procedimento de Thorndike-Skinner diferia do de Pavlov em um aspecto fundamental: o evento que precedeu de forma confiável o estímulo eliciador era uma resposta, não um estímulo. Como o aumento da força da resposta era dependente da apresentação de um estímulo eliciador em ambos os procedimentos, chamamos o estímulo eliciador de *estímulo reforçador*, ou simplesmente *reforçador*. Um estímulo eliciador funciona como reforço em qualquer procedimento de condicionamento.

Rumo a uma concepção unificada do processo de condicionamento

Skinner percebeu que o procedimento de Pavlov permitia uma análise experimental apenas da relação entre o ambiente e o reforçador. Desse modo, o procedimento clássico limitava-se a alterar o estímulo que pudesse controlar uma resposta que já estava eliciada por outro estímulo. O procedimento operante, no qual um reforçador poderia acompanhar *qualquer* resposta, sem considerar o estímulo específico presente naquele momento, abriu a possibilidade de alterar todo o repertório comportamental do aprendiz, e não apenas a resposta eliciada.

Relação temporal entre o CS e o US/UR

Dada uma escolha adequada de CS (estímulo condicionado) e US (estímulo incondicionado), o que deve acontecer para que o condicionamento ocorra? A pesquisa identificou duas variáveis fundamentais: (1) a relação temporal entre CS e US/UR (resposta incondicionada), e (2) uma mudança no comportamento em curso evocado pelo US. Pavlov demonstrou a primeira variável, a relação temporal entre CS e US/UR, conhecida como *contiguidade temporal*. A segunda variável só foi identificada no final da década de 1960, a partir do trabalho de Leon Kamin (1968, 1969), que utilizou um método desenvolvido pelo aluno de Skinner, William Estes (Estes & Skinner, 1941). Kamin constatou que a contiguidade temporal entre CS e US/UR às vezes não era suficiente para produzir condicionamento. O US também teve que evocar uma *mudança* de comportamento em curso, além da contiguidade com o CS. Ou seja, o US teve que evocar comportamentos que já não ocorriam antes de o experimentador apresentar o US. Uma relação CS-US/UR contígua só produziria condicionamento se houvesse tal mudança. Chamamos esse segundo fator de *discrepância comportamental*.

Contiguidade temporal

O procedimento clássico permite analisar os efeitos da relação temporal entre CS e US/UR sobre o condicionamento (Gormezano & Kehoe, 1981; Kirkpatrick & Balsam, 2016). A análise experimental é facilitada porque o experimentador pode controlar a apresentação de ambos os estímulos e pode medir o comportamento relevante. A Figura 2.2 mostra um efeito representativo de variação da relação temporal entre o início do CS e o US (Smith, Coleman, & Gormezano, 1969). Aqui o CS era um estímulo sonoro, o US era um leve choque dado próximo ao olho de um coelho e a CR era o movimento da membrana nictitante (MN) que o choque provocava. (A MN é uma membrana semitransparente que se estende sobre o olho para protegê-lo. Ela está presente em muitos animais, como cães e gatos, mas é vestigial em humanos, em que resta apenas o tecido rosa no canto

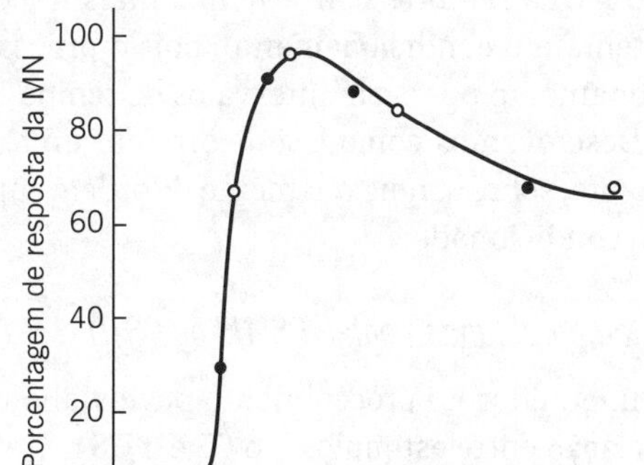

FIGURA 2.2 Efeito do intervalo CS-US sobre a porcentagem de CRs com o procedimento pavloviano. Diferentes grupos de coelhos foram treinados em cada um dos intervalos CS-US. O CS era um som, e o US era um leve choque na região do olho. O choque provocava uma "piscada" da MN em ms (milissegundos). De Donahoe e Palmer (1994/2005), com base nos achados de Smith, Coleman, e Gormezano (1969). Copyright © 2005 John W. Donahoe. Reimpressa com permissão.

nasal de cada olho.) A resposta da MN é especialmente adequada para análise experimental, pois o movimento da membrana é raro, ocorrento apenas quando o olho está "ameaçado". Desse modo, qualquer movimento da MN após o CS é, muito provavelmente, uma CR, e não o resultado de outros fatores.

Após os pareamentos entre CS-US/UR em que os experimentadores treinaram diversos animais com diferentes intervalos entre o CS e o US/UR, os principais achados mostrados na Figura 2.2 foram:

1. Quando o CS veio *após* o US/UR, um procedimento de *retrocondicionamento*, o condicionamento não ocorreu.
2. À medida que o intervalo entre o CS e o US/UR aumentava, a resposta à CR tornou-se mais provável no início e depois atingiu um máximo em um valor relativamente curto (aqui, menos de meio segundo, ou 500 milissegundos).
3. A CR diminuiu quando o intervalo CS-US/UR aumentou ainda mais.

Em resumo, a seleção por reforçamento ocorre em apenas um intervalo relativamente breve durtante um procedimento pavloviano bem controlado. Os estímulos (CSs) que precedem de forma confiável a relação US/UR adquirem controle sobre a CR devido ao reforço. O condicionamento pode ocorrer após apenas um ou alguns pareamentos CS-US/UR, dependendo do regime de treinamento específico (p. ex., Kehoe & Macrae, 1994; Van Willigen, Emmett, Cote, & Ayres, 1987). Relações de longo prazo entre o ambiente e o comportamento podem acontecer apenas preenchendo a lacuna entre o CS e US/URs remotos com eventos mais imediatos que sustentam o condicionamento, pois o processo de condicionamento opera em intervalos de tempo muito curtos. Descrevemos como isso ocorre em uma seção subsequente, sobre condicionamento de ordem superior e reforço condicionado.

Relação temporal fundamental: CS-US ou CS-UR?

O experimentador no procedimento pavloviano manipula a relação entre estímulos – o CS e o US de reforço. Em contraste, vimos que o experimentador no procedimento operante manipula a relação entre uma resposta (o operante) e o estímulo reforçador. Note que, embora o experimentador controle de maneira direta a relação temporal entre o CS e o US, a relação entre o CS e a UR necessariamente também varia (ver Figura 2.3). Desse modo, não está claro se a relação CS-US ou a CS-UR é fundamental para o condicionamento. Separar essas relações pode parecer sem importância, exceto que a diferença entre os eventos que o experimentador manipula nos procedimentos pavloviano e operante levou muitos a interpretar a diferença como mais do que uma distinção processual (p. ex., Rescorla, 1991). De forma específica, às vezes diz-se que o sujeito em um procedimento clássico aprende uma relação estímulo-estímulo, já o sujeito em um procedimento operante aprende uma relação estímulo-resposta. A Figura 2.3 ilustra a relação estímulo-resposta do procedimento operante. Note que o operante reforçado ocorre necessariamente na presença de *algum* estímulo ambiental. Os cientistas chamam o estímulo que guia o comportamento no procedimento operante de *estímulo discriminativo*. Como observou Skinner (1937), "é a natureza do comportamento [operante] que (...) os estímulos discriminativos são praticamente inevitáveis" (p. 273; ver também Catania & Keller, 1981; Dinsmoor, 1995; Donahoe, Palmer, Burgos, 1997). Assim, é provável que algum estímulo ambiental adquira controle sobre o comportamento no procedimento operante, mesmo que o experimentador não possa manipular essa relação diretamente. A ideia de que o participante adquire diferentes *tipos* de relações nos dois procedimentos repousa no fato de que o experimentador manipula diferentes tipos de eventos nos dois procedimentos. É importante determinar se a relação CS-US, uma relação entre dois estímulos, ou a relação CS-UR, uma relação entre um estímulo e uma resposta, é fundamental no procedimento pavloviano.

Donahoe e Vegas (2004) desenvolveram um procedimento experimental em que a UR ocorria com atraso suficiente após o US para que pudessem separar os efeitos da relação CS-UR da CS-US. Os experimentadores injetaram água na boca de um pombo como um US e identificaram os movimentos da garganta que acompanhavam a deglutição como uma UR. A vantagem desse procedimento é que os movimentos da garganta, a UR, começam cerca de 500 milissegundos após a injeção de água, no US, e esses

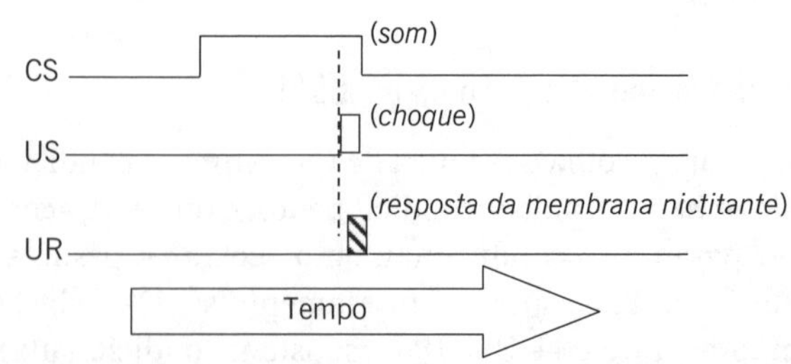

FIGURA 2.3 Esquema dos eventos em um procedimento pavloviano (respondente) típico. Um estímulo ambiental específico (aqui, o CS de um som) precede um estímulo eliciador (aqui, o US de um leve choque na região do olho de um coelho), que evoca uma resposta (aqui, a UR de uma breve resposta da MN).

movimentos continuavam por vários segundos. Assim, o CS poderia ser introduzido *após* o início do US, mas *antes* ou *durante* a UR. Isso produziu uma relação CS-US retrógrada – uma relação que não promove condicionamento com URs de curta duração, como a resposta da MN. Além disso, os experimentadores poderiam introduzir o CS *após* o início do US e da UR, mas ainda assim sobrepor a UR, pois a UR da deglutição permanecia por alguns segundos. O achado central foi que o CS, uma luz, passou a evocar a CR, deglutição, independentemente da relação do CS com o US, desde que o CS precedesse ou se sobrepusesse à UR. Desse modo, o condicionamento no procedimento pavloviano variou de maneira mais sistemática com a relação temporal entre o CS e a UR do que entre o CS e o US. A inferência de que o aprendiz adquiriu um *tipo* diferente de relação com o procedimento pavloviano – uma relação entre dois eventos ambientais (CS-US) em vez de uma relação ambiente-comportamento (CS-UR) – surgiu de uma interpretação errônea da descoberta de que variações na relação CS-US afetavam o condicionamento. A variação da relação temporal entre o CS e o US também variou a relação CS-UR, sendo esta a relação que se mostra fundamental.

A constatação de que a relação do CS com o *comportamento* evocado pelo US permitiu compreender algumas descobertas anteriormente intrigantes. Por exemplo, o condicionamento da MN não ocorre se um CS ocorre *após* um US de choque apresentado perto do olho do coelho, um procedimento de condicionamento retrógrado. No entanto, o condicionamento de uma mudança na frequência cardíaca ocorre com essa mesma preparação (Schneiderman, 1972). Se o condicionamento é dependente da relação CS-UR, esses resultados diferentes podem ser explicados da seguinte forma: a UR da MN é muito rápida e de duração muito curta, já a UR da frequência cardíaca é mais tardia e duradoura. Assim, o procedimento de retrocondicionamento permitiu que o CS precedesse e se sobrepusesse à frequência cardíaca da UR, mas não à UR da MN. O sistema nervoso autônomo controla a frequência cardíaca, importante na resposta emocional. Podemos antecipar que as respostas emocionais mais tardias e duradouras mediadas pelo sistema nervoso autônomo podem ser adquiridas e mantidas em circunstâncias nas quais respostas de ocorrência mais rápida e de menor duração não o são.

Discrepância comportamental produzida pelo estímulo reforçador

Como já observado, experimentos conduzidos por Leon Kamin no final da década de 1960 mostraram que algo além da contiguidade entre o CS e o US/UR era necessário para o condicionamento. Muitos experimentos subsequentes confirmaram e estenderam essas descobertas utilizando os procedimentos pavloviano e operante (p. ex., Fam, Westbrook, & Holmes, 2017; Rescorla & Wagner, 1972; Vom Saal & Jenkins, 1970). Alguns estudos anteriores apontaram em uma direção semelhante, mas seu significado não foi totalmente apreciado (p. ex., Johnson & Cumming, 1968; Rescorla, 1967).

Kamin idealizou um procedimento pavloviano multifásico conhecido como *delineamento de bloqueio*, que está resumido na Tabela 2.1. Kamin condicionou as CRs ao CS1 no grupo experimental de animais durante a fase 1. Ele continuou a emparelhar o CS1 com o US na fase 2, mas o CS1 agora foi acompanhado pelo CS2, um estímulo que entrava e disparava ao mesmo tempo que o CS1. Observe que a relação temporal de CS2 com US/UR também deveria aceitar o condicionamento se a contiguidade CS-US/UR fosse o único requisito: a relação temporal de CS2 com o US foi a mesma que para CS1. Para determinar se cada estímulo havia adquirido a CR, Kamin apresentou CS1 e CS2 de maneira separada em uma fase de teste. Como mostrado na Tabela 2.1, a CR ocorreu para CS1, mas foi atenuada ou eliminada para o CS2. Uma relação temporal efetiva de CS2 com US/UR não condicionou uma CR. O condicionamento prévio ao CS1 *bloqueou* o condicionamento ao CS2.

Uma interpretação possível do bloqueio do condicionamento ao CS2 é que dois CSs não podem ser condicionados de modo simultâneo ao mesmo US. Diversos experimentos de controle eliminaram essa possibilidade. Por exemplo, os experimentadores primeiro condicionaram os animais a um estímulo não relacionado CS3 durante a fase 1 (ver Tabela 2.1). Esses animais receberam, então, o mesmo treinamento do grupo experimental. Os experimentadores apresentaram simultaneamente CS1 e CS2 seguidos de US/UR durante a fase 2. Na sequência, quando eles apresentaram CS1 e CS2 de forma separada aos animais de controle durante a fase de teste, cada estímulo evocou uma CR. Assim, dois estímulos poderiam ser condicionados ao mesmo US simultaneamente, e a explicação do bloqueio teve que ser buscada em outro lugar.

Robert Rescorla e Allan Wagner (1972) ofereceram pela primeira vez uma explicação convincente para o bloqueio. Enunciado em termos comportamentais, e não na linguagem associacionista da formulação original, um estímulo torna-se um CS quando a UR evocada pelo US difere do comportamento ocorrido imediatamente antes da apresentação do US, dada uma relação temporal apropriada com a UR (Donahoe, Crowley,

TABELA 2.1 Delineamento experimental utilizado para demonstrar o bloqueio do condicionamento

	Grupo experimental	Grupo-controle
Fase de condicionamento 1	CS1 (som) ⟶ US (alimento)	CS3 (clique) ⟶ US (alimento)
Fase de condicionamento 2	CS1 (som) + CS2 (luz) } ⟶ US (alimento)	CS1 (som) + CS2 (luz) } ⟶ US (alimento)
Fase de teste	CS1 (som) isoladamente – CR CS2 (luz) isoladamente – sem CR	CS1 (som) isoladamente – CR CS2 (luz) isoladamente – CR

Millard, & Stickney, 1982; Mizunami, Terao, & Alvarez, 2018; Stickney e Donahoe, 1983). Tecnicamente falando, o US deve evocar uma *mudança* ou uma *discrepância comportamental* para que funcione como reforço. No grupo experimental, o experimentador bloqueou o condicionamento à CS2 durante a fase 2, pois o CS1 já estava evocando a CR (p. ex., salivação) *antes* que o US evocasse a UR (também salivação). A UR não constituiu mudança suficiente no comportamento em curso para produzir novos condicionamentos. No grupo-controle, no entanto, quando o CS2 ocorreu durante a fase 2, ele acompanhou um estímulo (CS1) que *ainda não* evocava uma CR, e tanto o CS1 quanto o CS2 tornaram-se estímulos condicionados efetivos.

O significado do requisito de discrepância comportamental é que um estímulo deve evocar uma *mudança* de comportamento para que funcione como reforçador. Na linguagem cotidiana, o aprendiz deve ser *surpreendido* para produzir a resposta provocada. A seleção natural escolheu mecanismos neurais de condicionamento que funcionam apenas quando o aspirante a reforçador evoca uma mudança comportamental. Como possível exemplo cotidiano, os pais que elogiam uma criança independentemente do comportamento desta podem achar que seu elogio se torna ineficaz como reforçador. Elogios frequentes e indiscriminados não surpreendem. Já o elogio parcimonioso dos pais pode continuar a ser um reforço eficaz. Quanto mais privado o aprendiz é do contato com um estímulo, mais vigoroso é o comportamento evocado por esse estímulo, e mais efetivamente ele pode funcionar como reforçador (cf. Donahoe, 1997a; Premack, 1959; Seaver & Bourret, 2020; Timberlake & Allison, 1974). A comida para um animal privado de alimentos evoca uma reação vigorosa ao comer; para um animal saciado, não.

Um princípio unificado de reforço

Nossa compreensão atual das condições necessárias para a seleção por reforçamento pode ser resumida da seguinte forma: se um estímulo evoca uma mudança no comportamento contínuo (discrepância comportamental), então esse estímulo funciona como reforço para os eventos de comportamento ambiental que acompanham a discrepância (contiguidade temporal; Donahoe *et al.*, 1982, 1993).

A Figura 2.1 mostra que, no procedimento pavloviano, o estímulo que precede de forma confiável a discrepância é o CS, e o comportamento que manifesta de maneira consistente a discrepância é a UR. A Figura 2.1 também mostra que, no procedimento operante mais simples, nenhum estímulo específico precede de forma confiável a discrepância, e os eventos que a acompanham são a reposta operante e a UR. Assim, tanto a resposta operante quanto a CR são adquiridas no procedimento operante. O processo básico do condicionamento, a seleção por reforçamento, parece ser o mesmo tanto no procedimento clássico quanto no operante. No entanto, os eventos que acompanham de forma confiável a discrepância nos dois procedimentos são diferentes, e os resultados dos dois procedimentos, portanto, divergem. No procedimento pavloviano, um estímulo específico, o CS, ganha o controle sobre uma resposta específica, a CR, mas quaisquer outras respostas que ocorram no momento da discrepância são descontroladas. No procedimento operante, duas respostas específicas, a operante e a CR, são adquiridas, mas os estímulos antecedentes que acompanham a operante são descontrolados. (Observe que um procedimento operante discriminado especifica os estímulos antecedentes.) Como o processo de creforçamento parece ser fundamentalmente o mesmo nos procedimentos pavloviano e operante, denominamos isso de *princípio do reforço unificado* (Donahoe *et al.*, 1982).

No procedimento pavloviano, nenhuma resposta especificada precede necessariamente a discrepância instigada pela UR, e no procedimento operante simples, nenhum estímulo ambiental específico precede de maneira necessária a discrepância. No entanto, isso não significa que uma resposta diferente da CR não possa ser adquirida no procedimento clássico, ou que nenhum estímulo adquira controle do comportamento no procedimento operante (Donahoe *et al.*, 1997). Na medida em que o condicionamento é promovido por apenas uma única ocorrência de discrepância, outras respostas podem se tornar condicionadas no procedimento pavloviano, e alguns estímulos podem adquirir o controle do operante no procedimento operante. De fato, Skinner (1948) demonstrou que uma resposta operante pode ser condicionada quando os reforçadores ocorrem independentemente do comportamento. As respostas adquiridas pelo participante são as que acontecem por acaso precedendo o reforçador. Assim, um pombo que recebe alimentos de modo ocasional, independentemente de seu comportamento, pode, no entanto, adquirir comportamentos como bicar cabeças de parafuso na parede da câmara de teste ou andar na frente do comedouro (Staddon & Simmelhag, 1970; Timberlake & Lucas, 1985). Uma vez que tal resposta precede o alimento, ela pode ser fortalecida ainda mais por ofertas posteriores de alimento que também seguem essa resposta. Skinner referiu-se a esse fenômeno como *condicionamento supersticioso*. Os experimentadores descobriram um fenômeno semelhante no procedimento pavloviano (Benedict & Ayres, 1972). Quando um experimentador apresenta um CS e um US de forma independente, conjunções casuais do CS com o US podem permitir que o CS adquira o controle da CR, sobretudo quando os pareamentos casuais ocorrem no início do treinamento.

O processo de condicionamento não consegue distinguir entre uma contiguidade casual e uma não casual de um evento com reforçador em uma única ocasião. Talvez o cachorro de Pavlov tenha levantado suas orelhas após ouvir o metrônomo quando o experimentador ofereceu comida. O procedimento poderia, então, fortalecer o comportamento de levantar as orelhas na presença do som do metrônomo e não apenas a CR de salivar. Da mesma forma, o rato de Skinner provavelmente olhou para a barra quando estava prestes a pressioná-la, ou seu pombo olhou para o disco quando estava prestes a bicá-lo antes que a resposta produzisse a disponibilização de alimento. O processo de condicionamento pode discriminar entre relações acidentais e não acidentais entre eventos apenas através de experiências repetidas. Um princípio de reforço unificado acomoda os diferentes resultados no comportamento produzidos por procedimentos respondentes e operantes, ao mesmo tempo em que permite o surgimento ocasional de condicionamento supersticioso em ambos os procedimentos. A seleção natural produziu um processo de condicionamento sensível a relações *confiáveis* entre o ambiente e o comportamento, mas o processo não é infalível.

Reforço condicionado e comportamento complexo

No mundo real, fora do laboratório, muitos estímulos que servem como reforçadores efetivos não provocam respostas prontamente detectáveis no nível de observação comportamental. A conversa com outra pessoa continua quando a outra pessoa se envolve naquele comportamento sutil que chamamos de *prestar atenção*. Porém, prestar atenção não é um comportamento elicidado e inclui comportamentos pouco perceptíveis e significativamente variáveis, como manter contato visual. Além disso, estímulos que servem como reforços no mundo real com frequência parecem atrasados muito além do tempo que a análise experimental indica ser eficaz: o funcionário que chega ao trabalho na segunda-feira pode não receber um pagamento antes da sexta-feira. Como, então, compreender o condicionamento e a manutenção do comportamento humano quando ele aparentemente não satisfaz os requisitos de condicionamento revelados pela análise experimental? O fenômeno do *reforço condicionado* contém uma parte importante da resposta.

Procedimentos de ordem superior e reforço condicionado

A análise experimental do condicionamento com os procedimentos pavloviano e operante utiliza reforçadores que provocam uma resposta que pode ser prontamente medida, como salivar ou comer. O som do tic-tac de um metrônomo era seguido de comida, e a salivação passou a ser evocada pelo som do tic-tac. O experimentador apresentou alimentos que provocavam a ingestão após um rato pressionar a alavanca, o que condicionava tanto o toque na barra quanto a salivação (cf. Shapiro, 1962). Os estímulos que funcionam como reforçadores quando o aprendiz não tem experiência prévia específica com esses estímulos são chamados de *reforçadores incondicionados*. Esses estímulos evocam comportamentos que têm beneficiado a sobrevivência da espécie ao longo do tempo. Estímulos como substâncias de sabor doce, que em geral são ricas em calorias, e estímulos sexuais, ligados ao comportamento reprodutivo, são exemplos.

No entanto, outros estímulos adquirem a capacidade de atuar como reforçadores somente depois de terem sido emparelhados com os reforçadores existentes. Esses são *reforçadores condicionados*, cuja função reforçadora é dependente da experiência individual.

Um estímulo funciona como um reforçador condicionado no procedimento pavloviano após ter sido emparelhado com um reforçador incondicionado. Um CS pode, então, funcionar como um reforço para outro estímulo se o novo estímulo for seguido por um CS que já evoca o comportamento (a CR) devido ao condicionamento prévio. Podemos observar tais efeitos em humanos, por exemplo, quando o pensamento de um estímulo que foi emparelhado com a comida, como a visão de comida, pode funcionar como um CS eficaz. Imagine ver a comida que você pretende comer na sua próxima refeição, especialmente se você estiver com fome. É possível detectar um aumento na salivação? Imaginar um alimento favorito evoca salivação condicionada através da experiência prévia com esse alimento.

Um *procedimento de condicionamento de ordem superior* é um arranjo experimental pavloviano no qual o experimentador emparelha um estímulo previamente neutro com um CS estabelecido. Como exemplo de laboratório, o experimentador primeiro emparelha um CS1, como um som, com alimentos. Após o CS1 evocar uma CR salivar, o experimentador introduz um CS2, como uma luz, que precede o CS1 isolado. Como resultado, o CS2 também adquire a capacidade de evocar uma CR salivar, mesmo que ele nunca tenha sido emparelhado com comida. O CS1 funcionou como reforço condicionado. Se o experimentador continuar o procedimento de ordem superior, mas a sequência CS2-CS1 nunca for seguida por alimentos, o CS1 deixará de funcionar como reforço condicionado. Em experimentos de laboratório sobre condicionamento de ordem superior, a resposta ao CS2 é em geral mantida por apresentar, ocasionalmente, CS1 sozinho, seguido de alimento (cf. Rescorla, 1980).

Também podemos estudar reforçadores condicionados utilizando procedimentos operantes (Williams, 1994a, 1994b). Por exemplo, se o experimentador anteriormente associou o som de ativação do alimentador ao acesso à comida, os ratos podem aprender a pressionar a alavanca quando essa ação for seguida por esse som (Skinner, 1938). Esse procedimento é chamado de *procedimento de reforço condicionado* ou *secundário*, pois o som da operação do alimentador, não do alimento, fortaleceu o operante. Skinner notou que um reforçador deve vir quase imediatamente após um operante para que este seja adquirido. Portanto, o estalido do mecanismo do alimentador foi emparelhado com o alimento antes da introdução da alavanca de resposta na câmara experimental. O clique ocorreu *imediatamente* após o rato pressionar a alavanca e serviu como reforço condicionado para a pressão da alavanca.

Contiguidade temporal e discrepância comportamental são necessárias tanto para o reforço condicionado quanto para o incondicionado. Em apoio à exigência de contiguidade para o reforço condicionado, após um estímulo (CS1) ter se tornado um CS emparelhando-o com um reforçador incondicionado, outro estímulo (CS2) se tornará um CS somente se preceder o CS1 em não mais do que alguns segundos (Kehoe, Gibbs, Garcia, & Gormezano, 1979). Os resultados obtidos com o delineamento de bloqueio mostram que a discrepância comportamental também é necessária para o reforço condicionado: o experimentador primeiro emparelhou um CS1, como um som, com a comida para um pombo. Em seguida, um CS2, como uma luz, acompanhou o som, e o experimentador continuou a emparelhar o estímulo composto de som e luz com comida. Mais tarde, quando o experimentador apresentou dois discos ao pombo, a bicada no disco que produzia o som aumentou, mas a bicada no disco que produzia a luz, não. A luz foi impedida de se tornar um reforçador condicionado (Palmer, 1987). Em resumo, o reforço condicionado e o incondicionado exigem contiguidade temporal e discrepância comportamental.

Papel do reforço condicionado no comportamento complexo

O comportamento humano é cada vez mais adquirido e mantido por reforços condicionados. Imagine o seguinte exemplo: suponha que uma criança já tenha aprendido o alfabeto. Dito isso de forma mais técnica, os estímulos visuais proporcionados pelas letras tornaram-se estímulos discriminativos que controlam a pronúncia dos nomes das letras; B controla /bê/, C controla /se/, D controla /dê/, e assim por diante. Keller e Schoenfeld (1950) propuseram que estímulos discriminativos podem funcionar como reforçadores condicionados quando ocorrem após outras respostas. Dinsmoor (1950) demonstrou de modo experimental que essa conjectura estava correta. (Para ver os estudos, consultar Williams, 1994a, 1994b.) Diante desses achados, suponha que um experimentador peça às crianças que aprenderam a dizer os nomes de letras ao verem uma letra escrita, que escrevam letras quando o experimentador fala o nome de cada uma delas. Quanto mais sua escrita se aproxima da aparência da letra que o experimentador os instruiu a escrever, maior é o reforço condicionado proporcionado pelos estímulos visuais produzidos por sua própria escrita. Resumindo, escrever uma letra produz reforço condicionado imediato, cuja magnitude aumenta à medida que a escrita se aproxima mais da aparência correta da letra. Aprender a falar as letras permitiu que as crianças as escrevessem com pouca ou nenhuma dependência de reforços externos da parte de outros. Os reforçadores condicionados que moldam o comportamento dessa maneira ilustram o processo de creforçamento *condicionado automático* e desempenham um papel especialmente importante na aquisição do comportamento verbal (Donahoe & Palmer, 1994/2005; Petursdottir e Lepper, 2015; Sundberg, Michael, Partington, & Sundberg, 1996; Vaughan & Michael, 1982).

Os analistas do comportamento reconhecem o papel central do reforço na compreensão do comportamento, e o reforço condicionado automático fornece uma explicação convincente da aquisição de alguns aspectos do comportamento complexo. No entanto, para muitos psicólogos, o conceito de reforço condicionado parece recorrer para algo semelhante à magia. A relutância em aceitar o reforço condicionado surge em parte porque o reforçador condicionado com frequência não evoca nenhum comportamento mensurável. Podemos observar apenas um aumento no comportamento que antecede o reforçador condicionado. No entanto, podemos documentar a ocorrência do reforço condicionado de forma independente, passando do nível comportamental para o neural de observação. O breve esboço dos sistemas neurais envolvidos nos reforços incondicionado e condicionado, descrito a seguir, indica que ambas as classes de reforçadores envolvem o mesmo sistema neural básico.

Sistemas neurais de reforço incondicionado e condicionado

A Figura 2.4 apresenta uma visão lateral do córtex cerebral humano. As formas delineadas por linhas tracejadas indicam as estruturas subcorticais e os caminhos *abaixo* do córtex fundamentais para o reforço. Todos os reforçadores incondicionados, incluindo abuso de substâncias, alimentos e estímulos sexuais, ativam células cerebrais (neurônios) que estão em uma área subcortical chamada *área tegmental ventral* (ATV; ver Figura 2.4). Neurônios cujos corpos celulares estão na área tegmentar ventral enviam projeções amplamente distribuídas (axônios) para o córtex pré-frontal. Na Figura 2.4, a seta curva entre a área tegmentar ventral e o córtex pré-frontal indica essas vias. O córtex pré-frontal recebe projeções de áreas sensoriais do cérebro que convergem para neurônios que levam ao comportamento por meio de suas conexões com o córtex motor. Logo, o córtex pré-frontal é a área do cérebro na qual as entradas do ambiente convergem para os neurônios que levam ao comportamento. Devido a isso, as conexões entre esses neurônios são alvos fundamentais para a seleção por reforçamento.

Como as projeções da área tegmentar ventral para o córtex pré-frontal afetam a conectividade dos neurônios pré-frontais sobre os quais as entradas sensoriais convergem e das quais surgem as saídas comportamentais (motoras)? Os axônios da área tegmentar ventral liberam um *neuromodulador* chamado dopamina. Esta é chamada de neuromodulador porque regula os efeitos de outros *neurotransmissores*. Se a dopamina está presente quando um neurônio é ativado por neurotransmissores de seus neurônios de entrada, então as conexões específicas entre os neurônios de entrada ativados e o neurônio-alvo ativado são fortalecidas. Em resumo, as

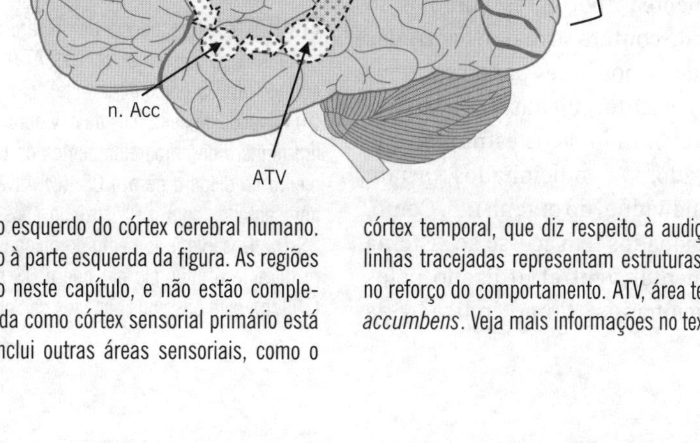

FIGURA 2.4 Vista lateral do lado esquerdo do córtex cerebral humano. A frente do cérebro está em direção à parte esquerda da figura. As regiões corticais estão rotuladas para uso neste capítulo, e não estão completas. Por exemplo, a região designada como córtex sensorial primário está relacionada com a visão e não inclui outras áreas sensoriais, como o córtex temporal, que diz respeito à audição. As formas delineadas com linhas tracejadas representam estruturas subcorticais e vias envolvidas no reforço do comportamento. ATV, área tegmental ventral; n. Acc, núcleo *accumbens*. Veja mais informações no texto.

conexões entre neurônios coativos são fortalecidas se a dopamina também estiver presente. O resultado é que, da próxima vez que o ambiente estimular as mesmas conexões com esses neurônios pré-frontais, os neurônios-alvo terão mais chances de serem ativados. O efeito dessa sequência de eventos é que o comportamento que precedeu o reforço incondicionado torna-se mais provável de se repetir naquele ambiente. O processo neural que fortalece a conectividade entre os neurônios é chamado de *potenciação de longo prazo* (ver uma análise em Donahoe, 2017). A pesquisa mostrou que a produção de dopamina induzida por reforço é eficaz por apenas alguns segundos, o que é consistente com a pesquisa comportamental sobre a importância da contiguidade temporal (Yagishita *et al.*, 2014).

O painel superior (A) da Figura 2.5 mostra a frequência de ativação (disparo) dos neurônios dopaminérgicos na área tegmentar ventral após suco de laranja ser introduzido na boca de um macaco (Schultz, 1997). Note que a explosão de disparo de neurônios dopaminérgicos ocorreu uma fração de segundo após a administração do suco. Quando os neurônios dopaminérgicos entram em modo de explosão, seus axônios liberam dopamina. Esta, então, se difunde brevemente por grandes áreas do córtex pré-frontal e do córtex motor antes de ser degradada. A breve distribuição generalizada de dopamina permite que ela afete as forças das conexões entre neurônios coativos ao longo dessas áreas. O painel do meio (B) da Figura 2.5 mostra a frequência de disparo dos neurônios dopaminérgicos após muitos emparelhamentos do CS (luz) com o US (suco de laranja). Note que o CS causou aumento no disparo de neurônios dopaminérgicos. Como resultado, o CS agora poderia funcionar como reforço condicionado. Tanto os reforçadores condicionados quanto os incondicionados ativam o *mesmo* sistema dopaminérgico.

Reforçadores condicionados e não condicionados ativam o mesmo sistema dopaminérgico, mas por vias diferentes. Os reforçadores incondicionados ativam a área tegmentar ventral por vias relativamente diretas de receptores evolutivamente importantes, como os do paladar, os do olfato e os do contato sexual. As entradas desses receptores têm sido importantes para a sobrevivência e a reprodução e, portanto, sujeitas à seleção natural ao longo do tempo evolutivo. Já os estímulos que funcionam como reforçadores condicionados variam conforme a experiência individual do organismo. Como, então, os reforços condicionados têm acesso ao sistema de reforço da área tegmentar ventral utilizado pelos reforçadores não condicionados? Como indicado na Figura 2.4, quando as conexões dos neurônios do córtex pré-frontal com os neurônios motores são fortalecidas (tornando o comportamento mais provável), as conexões com neurônios em outra estrutura subcortical, chamada *núcleo accumbens*, também são fortalecidas. Os neurônios no núcleo *accumbens*, então, se projetam para os neurônios na área tegmentar ventral. Desse modo, os reforçadores condicionados obtêm acesso ao sistema da área tegmentar ventral através dessa via mais indireta.

Em resumo, quando a dopamina fortalece as conexões entre os neurônios pré-frontais e os neurônios que promovem o comportamento, ela também fortalece as conexões com os neurônios do núcleo *accumbens* e, de lá, para a área tegmentar ventral. Os mecanismos neurais de reforço fortalecem tanto a orientação do comportamento por estímulos ambientais quanto a capacidade desses estímulos de funcionarem como reforçadores condicionados. Embora estímulos que funcionam como reforçadores condicionados também possam servir a outras funções (Bullock & Hackenberg, 2014; Russell, Ingvarsson, Haggar, & Jessel, 2018; Shahan, 2010), sua função de reforço é clara.

Devemos mencionar um aspecto adicional dos mecanismos neurais de reforço. O painel inferior (C) da Figura 2.5 mostra a resposta dos neurônios dopaminérgicos quando o experimentador apresentou o CS, mas não o seguiu pelo US. O CS produziu uma explosão de

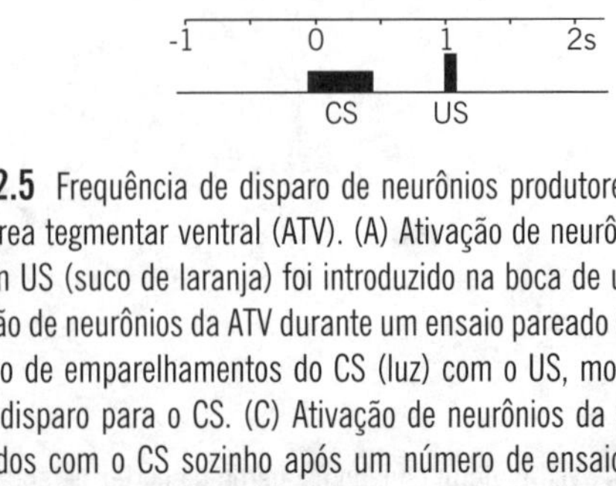

FIGURA 2.5 Frequência de disparo de neurônios produtores de dopamina na área tegmentar ventral (ATV). (A) Ativação de neurônios da ATV quando um US (suco de laranja) foi introduzido na boca de um macaco. (B) Ativação de neurônios da ATV durante um ensaio pareado CS-US após um número de emparelhamentos do CS (luz) com o US, mostrando aumento no disparo para o CS. (C) Ativação de neurônios da ATV quando apresentados com o CS sozinho após um número de ensaios pareados CS-US. Observe o aumento do disparo para o CS e a redução do disparo durante o intervalo em que o US normalmente ocorria. De Donahoe (1997b), com base nos achados de Schultz (1997).

disparo de neurônios dopaminérgicos, mas após uma *diminuição* no disparo no momento em que o US normalmente ocorreria. Naquele momento, o CS inibiu de maneira rápida os neurônios de dopamina na área tegmentar ventral. Isso teve o efeito de impedir que o US servisse como reforço naquele momento. A inibição da atividade dopaminérgica por um CS no procedimento pavloviano ou por um estímulo discriminativo no procedimento operante) durante o tempo em que ocorre o US é a base neural do bloqueio (Donahoe *et al.*, 1993; cf. Schultz, 1997, 2001; Waelti, Dickinson, & Schultz, 2001. Dessa forma, pesquisas comportamentais e neurocientíficas concordam que tanto a contiguidade temporal quanto a discrepância são necessárias para o condicionamento. A neurociência complementa a análise do comportamento (Donahoe. 2017). Como reconheceu Skinner (1988), "A lacuna (...) entre o comportamento e as variáveis das quais ele é função só pode ser preenchida pela neurociência, e quanto mais cedo (...) melhor" (p. 460).

Por fim, considere como os mecanismos neurais do reforço condicionado nos ajudam a compreender a aquisição de comportamentos complexos por aprendizes experientes. Voltemos ao exemplo das crianças que aprendem a *escrever* as letras após aprenderem a *falar* as letras. Quando o comportamento de escrita das crianças produz um estímulo visual que se aproxima da aparência de uma letra bem formada, esse estímulo presumivelmente inicia uma breve explosão de dopamina disparando de maneira proporcional à proximidade entre o estímulo visual corresponde e a letra que controla a pronúncia do respectivo nome. O efeito cumulativo desse processo é que as crianças produzem uma letra progressivamente bem formada. O mesmo processo ocorre com o comportamento de um funcionário de escritório que recebe um pagamento apenas no final da semana. O comportamento é adquirido e mantido não pelo atraso do pagamento, mas por reforços condicionados imediatos. As origens desses reforçadores condicionados variam e incluem estímulos sociais simultâneos (como elogios de colegas) e estímulos produzidos pelo próprio comportamento do trabalhador (como ver que ele fez um bom trabalho). Um trabalho bem feito é aquele que produz estímulos em cuja presença o comportamento passado foi reforçado. Para um aprendiz com uma história apropriada de reforço, estímulos que envolvem os mecanismos neurais do reforço condicionado reforçam contínua e imediatamente sequências de comportamento estendidas no tempo.

Fatores que afetam a mudança comportamental no procedimento clássico

O procedimento clássico é mais adequado para a análise experimental dos efeitos da variação das características do CS e do reforçador (o US) e da relação temporal entre eles. Já o procedimento operante é mais adequado para a análise experimental dos efeitos da variação das características da resposta, do reforçador e da relação temporal entre eles. O condicionamento operante discriminado, considerado por Catania no Capítulo 3 deste livro, permite a análise experimental de todos os três eventos – o estímulo ambiental, o comportamento que ocorre na presença do estímulo e o reforçador.

Características do CS

Os experimentadores têm utilizado muitos tipos de estímulos como CSs no procedimento clássico. Eles incluem os *estímulos exteroceptivos* comuns – visuais, auditivos e táteis – mas também *estímulos interoceptivos*, ou aqueles produzidos pela estimulação de receptores internos. De fato, o condicionamento pavloviano influencia a regulação de muitas respostas intraorgânicas, como pressão arterial, níveis de glicose e outros comportamentos mediados pelo sistema nervoso autônomo (Dworkin, 1993). O comportamento emocional é afetado sobretudo pelas variáveis manipuladas no procedimento pavloviano, devido aos seus efeitos invasivos sobre as respostas autonômicas (Skinner, 1938). Como um exemplo de condicionamento interoceptivo, os estímulos da inserção de uma agulha hipodérmica na pele precedem os efeitos de uma substância injetada, e esses estímulos tornam-se CSs para respostas relacionadas a substâncias. Os efeitos de tais CSs podem ser complexos. Quando os receptores internos nos neurônios sentem o aumento da concentração do composto injetado, o nível desse composto normalmente produzido pelos neurônios diminui. Por exemplo, a cocaína aumenta o nível de dopamina circulante, e receptores nos neurônios que liberam dopamina no cérebro detectam esse aumento. Esses neurônios, então, reduzem sua produção de dopamina. Desse modo, a verdadeira UR não é um aumento da dopamina pela injeção de cocaína, mas uma diminuição na produção de dopamina pelos neurônios, cujos receptores detectam os níveis aumentados de dopamina. Como resultado, para alguém viciado em cocaína, os neurônios mostram *diminuição* condicionada na produção de dopamina quando a pessoa recebe um placebo (ou seja, uma injeção de CS que não é seguida de cocaína) ou apresenta estímulos que já acompanharam a ingestão de substâncias. Diminuições na dopamina induzem sintomas de abstinência, pois o estímulo da injeção produz redução condicionada na produção interna de dopamina (Eikelboom & Stewart, 1982; ver também Sokolowska, Siegel, & Kim, 2002). O condicionamento clássico desempenha um papel importante no comportamento disfuncional, como a adição em substâncias.

O condicionamento clássico também pode afetar o transtorno de pânico (p. ex., Bouton, Mineka, & Barlow, 2001). As histórias de vida dos que sofrem desse transtorno muitas vezes incluem pareamento do estímulo temido com um US aversivo (Acierno, Hersen, & Van Hasselt, 1993).

Embora muitos estímulos possam funcionar como CSs, todos os estímulos não são igualmente eficazes com todos os USs. Como exemplo de laboratório, se o experimentador apresentar alimento a um pombo seguindo um estímulo visual localizado, esse pombo começará a bicar o estímulo visual (Brown & Jenkins, 1968). Esse procedimento, conhecido como *automodelagem*, atende à definição do procedimento clássico. A bicada, que no início era provocada pela visão do alimento, agora é direcionada a um estímulo – a luz localizada – que precede de forma confiável o alimento. No entanto, se o experimentador emparelhar o alimento com um estímulo que não está espacialmente localizado, como um som, a bicada não é observada, embora outras medidas indiquem que o condicionamento tenha ocorrido (Leyland & Mackintosh, 1978). A expressão da CR depende, em parte, do CS com o qual o US é pareado. Alguns exemplos desse fenômeno – chamado de *associabilidade diferencial* – surgem da história do indivíduo. Por exemplo, apresentar o estímulo textual "*NÃO PISQUE*" para um ser humano como um CS antes de um sopro de ar para o olho prejudica o condicionamento do piscar do olho em relação a um estímulo neutro, como a apresentação de uma forma geométrica. Já o condicionamento é facilitado se o CS for "*PISQUE*" (Grant, 1972). A pesquisa também mostrou interações entre o CS e o US no condicionamento de fobias. Estímulos que são frequentemente objetos de fobias, como aranhas, tornam-se CSs de maneira mais rápida quando são emparelhados com um US aversivo, como choque elétrico moderado (Ohman, Fredrikson, Hugdahl, & Rimmo, 1976; Lindström, Golkar, & Olsson, 2015). Quando examinamos as histórias de pessoas com comportamento fóbico, elas geralmente contêm experiências nas quais o objeto da fobia foi emparelhado com um estímulo aversivo (Merckelbach & Muris, 1997).

Casos de associabilidade diferencial também surgem da história da espécie da qual o indivíduo é membro. Os estímulos do paladar (gustativos) ou do olfato (olfativos) tornam-se mais facilmente CSs quando combinados com alimentos e as consequências da ingestão do que os estímulos visuais ou os auditivos (Garcia, Erwin, & Koelling, 1966). Se a náusea é uma consequência da ingestão, como ocorre com venenos, uma aversão a esse alimento é condicionada. Esse fenômeno é chamado de *aversão ao paladar* e, sem dúvida, deve sua ocorrência ao *status* especial que os estímulos olfativos e os gustativos têm em relação à ingestão de alimentos. Ao longo do tempo evolutivo, tais estímulos vieram imediatamente antes da ingestão de alimentos, proporcionando assim a relativa constância das condições ambientais necessárias para que a seleção natural operasse. Sob condições constantes, circuitos neurais especiais são selecionados entre essas modalidades sensoriais e o comportamento associado à ingestão alimentar. As aversões gustativas são geralmente afetadas pelas mesmas variáveis que outras CRs, embora o condicionamento possa acontecer em intervalos mais longos entre o CS nominal e o US, pois a UR (p. ex., náusea) é atrasada (LoLordo & Droungas, 1989). Aversões condicionadas a alimentos ingeridos antes da quimioterapia em geral ocorrem devido aos efeitos indutores de náuseas do tratamento. Regimes de condicionamento adequados, como combinar o tratamento com um alimento não preferido, reduzem as aversões a outros alimentos. Dessa forma, desenvolvem-se aversões gustativas em relação ao alimento não preferido, e não ao alimento normalmente consumido (Bernstein, 1991; Wang, Lee, He, & Huang, 2017).

Características do US/UR

Os estímulos utilizados como US variam quase tanto quanto os utilizados como CSs. Em geral, podemos dividir o US em duas classes: os *apetitivos**, ou estímulos que provocam comportamento de aproximação, e os *aversivos*, ou estímulos que provocam comportamento de fuga. Os US apetitivos, como comida ou água, evocam uma série de comportamentos, incluindo a aproximação do estímulo e uma variedade de respostas consumatórias, quando são apresentados a um animal adequadamente privado. Da mesma forma, estímulos aversivos provocam uma série de comportamentos, incluindo fugir ou atacar e congelar quando o organismo

*N. de R. T. Apetitivos refere-se aos estímulos que são agradáveis ou desejáveis e que os organismos tendem a buscar. Ou seja, são estímulos reforçadores. O termo reforçador, mais usual, é mais técnico e funcional, referindo-se a qualquer estímulo que aumente a probabilidade de um comportamento ocorrer no futuro. Dessa forma, pode-se dizer que ambos tem quase o mesmo significado.

não consegue fugir do estímulo. As CRs condicionadas a estímulos ambientais podem facilitar ou interferir com os operantes quando os reforçadores ocorrem em um procedimento operante. Para interpretar possíveis interações dos respondentes com os condicionamentos operantes, devemos lembrar que a CR total não se restringe necessariamente às CRs que medimos. Os USs geralmente provocam muitas URs, algumas das quais são detectadas com menos facilidade no nível comportamental de mensuração, como alterações da frequência cardíaca, mediadas pelo sistema nervoso autônomo.

Alguns fenômenos associados ao procedimento de condicionamento pavloviano (respondente)

Até o momento, temos nos preocupado com a *aquisição* de relações ambiente-comportamento via procedimento pavloviano e com o processo de creforçamento que produz a aquisição. Nesta seção, examinaremos vários fenômenos encontrados durante a aquisição das relações CS-CR.

Manutenção do condicionamento

A aquisição do condicionamento prossegue de maneira mais rápida quando cada apresentação do CS é seguida por um reforçador – seja um reforço incondicionado ou condicionado. No entanto, o comportamento pode ser mantido em níveis elevados com reforço menos frequente, uma vez adquirido. O painel esquerdo da Figura 2.6 mostra a aquisição de CRs com o preparo da membrana nictitante (MN) em coelhos. Durante a aquisição, todas as apresentações do CS foram seguidas por US/UR. Os três grupos de animais receberam, então, diferentes porcentagens de pareamento CS-US/UR. Um grupo recebeu reforços após 100% das apresentações do CS, e a resposta foi mantida no mesmo nível elevado que durante a aquisição. Os dois grupos restantes receberam uma porcentagem de reforço gradualmente reduzido. O US/UR acompanhou o CS em apenas 50% dos ensaios em um grupo e apenas 25% dos ensaios no outro. Como mostra o painel do meio da Figura 2.6, o desempenho permaneceu relativamente inalterado, embora a porcentagem de CSs reforçados tenha sido substancialmente reduzida. O procedimento é chamado de *reforçamento contínuo*, quando o US/UR acompanha todas as apresentações do CS, e de reforço *intermitente* (ou *parcial*), quando o US/UR segue apenas alguns CSs. Nesses termos, a aquisição eficiente de CRs requer reforçamento contínuo, mas a introdução gradual de reforço intermitente pode manter a resposta.

Generalização de estímulo

O estímulo que precede o reforçador de forma confiável durante a aquisição é o CS. Entretanto, este não é o único estímulo cujo controle da CR é afetado pelo condicionamento. Outros estímulos que compartilham propriedades em comum com o CS também passam a evocar a CR, embora com menor força. Por exemplo, se o CS é um som com frequência de 1.000 Hertz (Hz), então sons de 800 Hz provavelmente evocam CRs, embora em menor grau. Da mesma forma, tons de 600 Hz também podem evocar CRs, mas ainda em menor grau.

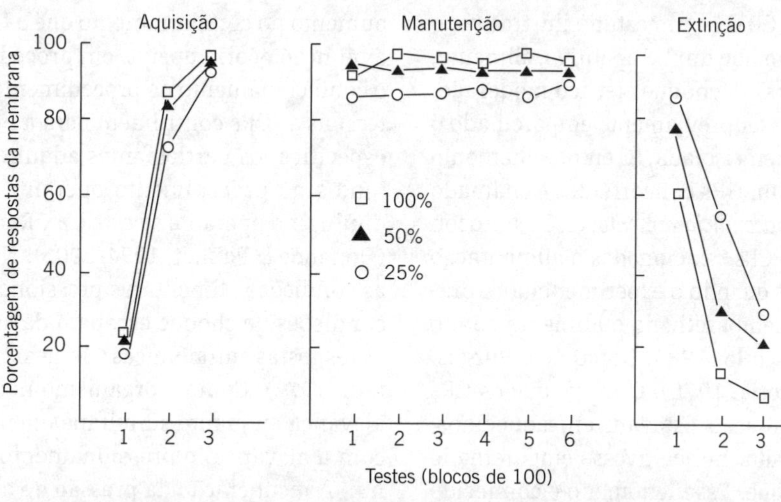

FIGURA 2.6 Aquisição, manutenção e extinção de uma CR de MN pavloviana em coelhos. Durante a aquisição, 100% dos CSs foram seguidos pelo US. Durante a manutenção, diferentes grupos de animais receberam emparelhamento CS-US de 100, 50 ou 25%. Durante a extinção, as apresentações do CS não foram seguidas pelo US. De Donahoe e Palmer (1994/2005), com base nas descobertas de Gibbs, Latham, e Gormezano (1978). Copyright © 2005 John W. Donahoe. Reimpressa com permissão.

Outros estímulos adquirem a capacidade de evocar CRs na proporção de sua semelhança física com o CS de treinamento. Muitos procedimentos clássicos com participantes humanos e não humanos documentaram esse fenômeno, conhecido como *generalização de estímulos* (p. ex., Gynther, 1957; Hupka, Liu, & Moore, 1969). A análise experimental da neurociência é consistente com a comportamental. Responder a um estímulo de generalização ocorre na medida em que o estímulo de generalização ativa os mesmos neurônios sensoriais que o estímulo de treinamento (Thompson, 1965).

Uma segunda fonte de generalização de estímulos surge dos demais estímulos que acompanham o CS. Esses estímulos definem o contexto do estímulo, que raramente evoca a CR por si só, pois o CS presente de modo mais fiel bloqueia o controle por estímulos contextuais. No entanto, o CS e os estímulos contextuais fornecem o composto de estímulo completo com o qual o US/UR é pareado, e o contexto também pode afetar a resposta (Burns, Burgos, & Donahoe, 2011; Donahoe *et al.*, 1997). Às vezes, diz-se que os estímulos contextuais funcionam como *criadores de ocasiões* (Grahame, Hallam, & Geier, 1990).

Controle por estímulos interoceptivos relacionados à CR

À medida que o condicionamento avança, a CR começa a ocorrer durante o CS antes da apresentação do US/UR (Shapiro, 1962). Dessa forma, os estímulos produzidos pela CR podem começar a aparecer antes que a aquisição seja concluída. Como resultado, esses eventos interoceptivos guardam relação temporal com a discrepância comportamental, que lhes permite também adquirir o controle da CR. Em um estudo ilustrativo, o experimentador emparelhou um US apetitivo, alimento, com um estímulo aversivo, choque elétrico moderado, após o experimentador ter previamente emparelhado o CS com comida de maneira isolada. (O emparelhamento de estímulos que evocam URs concorrentes é chamado de *procedimento de contracondicionamento*; cf. Richardson & Donahoe, 1967.) As CRs relacionadas à alimentação estavam enfraquecidas quando o experimentador apresentava o CS após ter emparelhado o alimento com o choque (Colwill & Rescorla, 1985; Donahoe e Burgos, 2000; Holland & Rescorla, 1975). Observe que os CRs relacionados à alimentação estavam enfraquecidos, embora o experimentador nunca tivesse emparelhado o CS em si com o choque. Esse fenômeno é conhecido como *reavaliação*, assim denominado em razão de que emparelhar alimentos com choque diminuiu o *valor* do US de alimento. Uma interpretação dessa descoberta é que o pareamento de alimentos com choque alterou os estímulos interoceptivos que a CR e o CS controlaram de modo conjunto durante o condicionamento, e que essa mudança enfraqueceu as CRs relacionadas à alimentação. Certamente, um conjunto complexo de estímulos, incluindo os efeitos da generalização de estímulos e o controle por estímulos contextuais e interoceptivos, pode influenciar a resposta condicionada (CR).

Extinção

Após um CS adquirir o controle de uma CR, apresentar o CS, mas omitir o US, enfraquece o controle, um *procedimento de extinção*. O painel direito da Figura 2.6 mostra o efeito de um procedimento de extinção sobre uma CR. A porcentagem de apresentações de CS que evocaram uma CR diminuiu de modo mais lento após o reforço intermitente do que após o contínuo. A resposta dos animais que receberam 100% de reforço diminuiu mais rapidamente, seguidos pelos animais que receberam 50 e depois 25% de reforço.

Punição

Punição é um termo que, a rigor, se aplica apenas ao procedimento operante. Em um procedimento de punição, a resposta operante produz um estímulo que diminui a força do operante. Como exemplo de laboratório, a pressão da alavanca reforçada com alimentos pode ser punida com a apresentação ocasional de um choque elétrico moderado. A pressão da alavanca reforçada com alimentos diminui sob esse procedimento, e dizemos que o choque funciona como um punidor. Em contrapartida, o condicionamento com o procedimento pavloviano sempre produz um aumento na resposta, um aumento no comportamento que o US provoca. Embora a punição ocorra apenas em procedimentos operantes, o condicionamento no procedimento clássico é relevante, pois as CRs contribuem para a punição. De maneira específica, os participantes adquirem CRs e operantes juntos no procedimento operante. Essas CRs podem diminuir o operante se este e a CR forem incompatíveis (Donahoe & Palmer, 1994/2005). No exemplo anterior, as condições alimentares pressionam a alavanca, já as condições de choque escapam da alavanca, bem como as respostas autonômicas (Borgealt, Donahoe, & Weinstein, 1972). Como o organismo não pode pressionar a alavanca enquanto simultaneamente escapa da região com a alavanca, o pressionamento da alavanca diminui. A recuperação da pressão da alavanca da punição depende da extinção das respostas de fuga (Estes & Skinner, 1941).

Podemos entender certos efeitos paradoxais dos procedimentos punitivos como produto de interações entre operante e respondentes. Em uma linha de pesquisa, macacos contidos em uma cadeira foram treinados pela primeira vez para morder uma mangueira de borracha para se alimentar. Esta era uma tarefa operante, com a mordida como operante e a comida como reforçador. O experimentador alterou o procedimento para que morder a mangueira continuasse a produzir alimento, mas também um choque elétrico ocasional na cauda. O choque elétrico na cauda de um macaco provocava a mordida da mangueira. A mordida é um componente do comportamento agressivo muitas vezes provocado por estímulos aversivos. Em vez de reduzir a taxa de mordida da mangueira, a adição de choque a aumentou, sobretudo nos momentos em que o choque era mais provável. Em alguns casos, o experimentador conseguiu eliminar completamente o alimento, e o macaco continuava a morder a mangueira, cuja única consequência era agora a entrega ocasional de choque (Branch & Dworkin, 1981; Morse e Kelleher, 1977). Esse comportamento masoquista é compreensível, pelo menos em parte, como um caso em que o operante que produzia comida e o respondente evocado pelo choque eram semelhantes – mordida.

Algumas implicações do condicionamento do respondente para a análise do comportamento aplicada

A maior parte do comportamento humano envolve as contingências operante e respondente – isto é, contiguidade de uma resposta com um reforçador, e contiguidade de um estímulo com um reforçador. Como resultado, as técnicas que os pesquisadores utilizam para modificar o comportamento disfuncional implementam os procedimentos operante e respondente. A compreensão do processo de condicionamento pelo procedimento pavloviano é importante por duas razões principais. Primeiro, as contingências operantes incluem necessariamente contiguidades estímulo-reforçador. Algum estímulo ambiental sempre precede o estímulo reforçador (ou US; ver Figura 2.1). Assim, as respostas evocadas pelo reforço (CRs) são adquiridas inevitavelmente em procedimentos operantes. Em segundo lugar, os relatos correntes dos procedimentos operantes e pavlovianos indicam que ambos os procedimentos envolvem o mesmo processo de condicionamento fundamental. Ou seja, quaisquer estímulos que antecedam a discrepância comportamental adquirem controle sobre quaisquer respostas que acompanhem a discrepância. No procedimento pavloviano, esses estímulos são o CS e o contexto em que o CS ocorre, e o comportamento é a CR (em geral, componentes da UR). No procedimento operante, os estímulos são aqueles que precedem a discrepância (estímulos discriminativos em procedimentos de operante discriminado), e o comportamento é o operante mais a CR. O restante deste capítulo descreve algumas implicações do processo de creforçamento para a compreensão de comportamentos disfuncionais que refletem contingências pavlovianas e operantes.

Qual o papel do reforço condicionado no comportamento disfuncional?

O reforço condicionado desempenha um papel fundamental na aquisição e na manutenção de sequências de comportamento estendidas no tempo. Skinner (1938) ilustrou isso com ratos que, ao pressionarem uma barra, imediatamente ouviam um som de estalo que havia sido previamente emparelhado com comida, fazendo assim a ponte entre o momento antes de o alimento ser realmente ingerido. O efeito do reforço condicionado também foi ilustrado com o exemplo de crianças cujas tentativas de escrever suas letras produzem estímulos que se aproximam imediatamente da aparência das letras que aprenderam a falar antes. O clique produzido pelo pressionamento da barra e os estímulos visuais produzidos pela escrita fornecem reforços condicionados imediatos para o comportamento. O reforço condicionado é mediado pelas vias neurais entre o córtex pré-frontal e o núcleo *accumbens*, e daí para a área tegmentar ventral (ver Figura 2.4). Nesta seção, consideraremos alguns dos possíveis efeitos sobre o reforço condicionado produzido por diminuições na funcionalidade das conexões do córtex pré-frontal ao núcleo *accumbens*. Um estímulo adquire sua capacidade de funcionar como reforçador condicionado através das relações estímulo-reforço manipuladas em procedimentos pavlovianos.

Transtorno de déficit de atenção/hiperatividade

Uma das características comportamentais do transtorno de déficit de atenção/hiperatividade (TDAH) é a dificuldade de sustentar a atividade em uma tarefa na qual o reforço está atrasado. Os reforçadores condicionados que em geral mantêm o comportamento estendido no tempo são relativamente ineficazes, o que permite que outros estímulos concomitantemente disponíveis controlem o comportamento que compete com a tarefa em questão. No vernáculo, uma pessoa com TDAH se distrai com muita facilidade. Como os reforçadores condicionados desempenham um papel importante na manutenção de relações temporalmente estendidas entre ambiente e comportamento, um déficit no reforço condicionado é um provável contribuinte para o TDAH. Em apoio a essa conjectura, estudos descobriram que a introdução de um reforçador condicionado, sobretudo se ocorrer imediatamente após o comportamento, facilita a escolha de um reforço incondicionado maior, porém tardio (Williams, 1994c). O aumento gradual do tempo entre a resposta e o reforço aumenta a escolha do reforço tardio pelas crianças (Schweitzer & Sulzer-Azaroff, 1988). A introdução gradual do atraso permite que estímulos no período de atraso se tornem reforçadores condicionados. Estudos sobre as bases neurais do TDAH são consistentes com a hipótese de que há envolvimento de um déficit nos mecanismos neurais de reforço condicionado (Donahoe & Burgos, 2005; Johansen *et al.*, 2009).

Transtorno do espectro autista

O TEA (ver Kodak, Grow, & Bergmann, Capítulo 23 deste livro) é um foco da análise do comportamento aplicada porque seus métodos são os únicos procedimentos suportados de modo empírico que potencialmente minimizam essa gama muitas vezes debilitante de disfunções comportamentais. Evidências experimentais sugerem que déficits no reforço condicionado e seus mecanismos neurais desempenham um papel importante no TEA (Donahoe, 2018). Os fenômenos comportamentais observados nesse transtorno podem incluir comportamentos repetitivos, como bater as mãos, déficits verbais, como fala atrasada ou ausente, e desafios sociais, como falta de contato visual ao interagir com outras pessoas. Assim, como o mau funcionamento do reforço condicionado pode fornecer *insights* sobre esse conjunto diversificado de déficits comportamentais?

Para estudar o efeito dos reforçadores condicionados no comportamento de pessoas com TEA, o experimentador colocou os participantes em um aparelho que monitorava os níveis de ativação de várias regiões cerebrais durante uma tarefa de escolha (Dichter *et al.*, 2012; Knutson, Adams, Fong, & Hammer, 2001). Quando os neurônios são ativados, sua demanda por oxigênio aumenta, o que aumenta o fluxo sanguíneo naquela região. A ressonância magnética funcional detecta o aumento do fluxo sanguíneo. No experimento, uma escolha correta foi imediatamente seguida por um cifrão ($) ou uma breve visualização de uma imagem. O $ indicava que o participante receberia $1,00 no final da sessão experimental, e destinava-se a servir como reforço condicionado. Para os participantes com TEA, o $ ativava os neurônios no núcleo *accumbens* muito menos do que para os participantes de controle, em que servia como um reforço condicionado eficaz. Já a atividade no núcleo *accumbens* não diferia entre participantes com TEA e de controle quando uma foto de um objeto com propriedades conhecidas de demanda de atenção para pessoas com TEA imediatamente seguia uma resposta correta. As imagens efetivas foram sobretudo de máquinas, automóveis, computadores e outros objetos não sociais que os pesquisadores utilizaram, pois evocaram fixações de movimento ocular de participantes com TEA durante um teste prévio. Em resumo, o $ serviu como reforço condicionado eficaz para participantes de controle, mas não com TEA, medido pelo comportamento de escolha e pelo nível de ativação de neurônios no núcleo *accumbens*. Não foram observados déficits na ativação de neurônios pré-frontais por suas entradas multissinápticas de áreas sensoriais. Desse modo, os neurônios do núcleo *accumbens* teriam sido ativados se houvesse conexões pré-frontais normais com o núcleo *accumbens*. Possíveis causas de tais déficits de neurodesenvolvimento no TEA estão atualmente sendo investigadas (p. ex., Choi *et al.*, 2016; Donahoe, 2018).

Um déficit na responsividade dos neurônios do núcleo *accumbens* aos neurônios do córtex pré-frontal fornece um possível mecanismo pelo qual podemos entender a variabilidade dos sintomas do TEA. Se o número e as origens das conexões de regiões nos neurônios pré-frontais aos neurônios do núcleo *accumbens* diferem para os indivíduos com TEA, então o potencial para que os estímulos que ativam esses neurônios sirvam como reforçadores condicionados será diferente. Por exemplo, suponha que, durante o desenvolvimento neural, estejam faltando conexões de alguns dos neurônios no córtex pré-motor para neurônios no núcleo *accumbens*. Em vez disso, as projeções se formam a partir de neurônios em áreas pré-motoras adjacentes, que controlam os movimentos dos braços e das mãos para o núcleo *accumbens*. Nessas circunstâncias, bater as mãos ativaria a área tegmentar ventral através do núcleo *accumbens* e seria reforçado. Como outro exemplo, suponha que as projeções da região do córtex pré-frontal ativadas pelos movimentos de fala, que em geral vão para o núcleo *accumbens*, estejam ausentes ou diminuídas. Nesse cenário, os movimentos articulatórios que produzem os sons da fala não poderiam se beneficiar do reforço condicionado automático que normalmente auxilia a aquisição do comportamento verbal. Resultariam déficits no comportamento verbal. Por fim, suponha que os neurônios da região do córtex pré-frontal que recebem entradas das áreas sensoriais envolvidas na percepção facial não tenham conexões com o núcleo *accumbens*. Nessas circunstâncias, ver um rosto humano não poderia servir como fonte de reforço condicionado. Em vez disso, os indivíduos podem perceber o contato visual direto com outra pessoa como um gesto de ameaça, a reação típica em outros primatas (Emery, Lorincz, Perrett, Oram, & Baker, 1997).

Se as alterações na conectividade normal das regiões pré-frontais ao núcleo *accumbens* ocorrerem com o TEA, os mecanismos neurais que medeiam o reforço condicionado seriam afetados. A análise experimental sugere algumas ações potencialmente corretivas, se este for o caso. Para indivíduos com déficits especialmente graves, poderíamos utilizar estímulos que funcionam como reforçadores incondicionados, pois acessam o sistema de reforço dopaminérgico diretamente pela área tegmentar ventral. Esses estímulos incluem alimentos e bebidas (Lovaas, 1987). Outros estímulos que exigem atenção, como certas apresentações visuais, também podem ser eficazes. As preferências da linha de base para várias apresentações precisariam ser determinadas para identificar estímulos que poderiam funcionar como reforçadores condicionados (p. ex., Mitchell & Stoffelmayr, 1973; Premack, 1959).

O estabelecimento de reforçadores condicionados requer procedimentos pavlovianos de condicionamento de alta ordem e compostos ou procedimentos de reforço condicionado operante. As pesquisas indicam que, se emparelharmos dois estímulos com um reforçador, alguns neurônios em áreas de associação sensorial do córtex tornam-se ativados *igualmente* por qualquer um dos estímulos. Esses neurônios são chamados *de neurônios codificados por pares* (Sakai & Miyashita, 1991). Se um dos estímulos no par se torna um reforçador condicionado, o outro estímulo também pode se tornar um, mesmo que ele não possa se tornar um reforçador condicionado se fosse emparelhado de maneira separada com o incondicionado. O ideal é que os dois estímulos se tornem equivalentes em sua capacidade de engajar o sistema de reforço condicionado.

O pareamento por modelo (MTS, *matching to sample*) é um procedimento operante que promove a formação de neurônios codificados por pares. Evidências comportamentais demonstram que procedimentos de MTS produzem estímulos que formam classes de equivalência para pelo menos alguns participantes com TEA (McLay *et al.*, 2013; cf. Sidman, 2000). Dessa forma, um estímulo que poderia não funcionar como reforçador condicionado quando pareado separadamente com um reforçador pode se tornar um reforçador condicionado através de sua equivalência com outro estímulo que adquiriu essa função.

No ambiente natural, quais estímulos controlam o comportamento?

Os estímulos que guiam o comportamento são os que ocorreram de forma confiável antes dos reforçadores. Embora não possamos conhecer todos os estímulos no ambiente natural que ocorreram confiavelmente antes dos reforçadores no passado do aprendiz, podemos identificar esses estímulos observando as situações em que o comportamento agora ocorre de maneira habitual. É preciso identificar esses estímulos para que as mudanças comportamentais produzidas por um ambiente terapêutico persistam. Três diretrizes são úteis:

1. Na medida do possível, o ambiente de reparação deve incluir alguns estímulos que controlem o comportamento-alvo no ambiente natural. Dessa forma, maximizamos a generalização do estímulo do ambiente de reparação para o ambiente natural (Stokes & Baer, 1977). Devemos identificar as condições no ambiente natural que precedem o comportamento disfuncional para identificar esses estímulos controladores.
2. Devemos introduzir, no ambiente natural, os estímulos que controlam o comportamento no ambiente reparador, se esses estímulos não ocorrerem no natural. Isso se aplica se a intervenção busca estabelecer um comportamento apropriado ou estabelecer um comportamento que concorra com o comportamento disfuncional. Os reforçadores não selecionam respostas isoladas; selecionam relações ambiente-comportamento (Donahoe *et al.*, 1997).
3. Devemos complementar ou remover as contingências de reforço que mantêm o comportamento disfuncional no ambiente natural com contingências alternativas que mantenham o comportamento adquirido no ambiente remediador. Para isso, devem ser determinadas as condições no ambiente natural que acompanham comportamentos disfuncionais e servem como reforçadores. Esses reforços devem ser removidos, ou devem ser adquiridos comportamentos competitivos que minimizem o contato com eles. Nenhuma intervenção comportamental pode *inocular* uma pessoa contra o efeito de reforçadores de comportamento disfuncional encontrados no ambiente natural.

Há várias maneiras de introduzir estímulos controladores do ambiente reparador no ambiente natural de modo a se alcançar comportamentos alternativos. Esses estímulos podem ser introduzidos de maneira explícita no ambiente natural. Por exemplo, poderíamos emparelhar um cartão vermelho com um estímulo aversivo

(US) no ambiente reparador como um primeiro passo para controlar os gastos compulsivos. Em seguida, inseriríamos o cartão na carteira do gastador compulsivo para que o cartão ficasse visível antes que o dinheiro estivesse acessível. Também podemos condicionar respostas verbais a estímulos presentes no ambiente natural, e essas respostas podem, por sua vez, gerar estímulos verbais que controlam comportamentos alternativos. Continuando com o exemplo do gasto compulsivo, toda vez que a carteira é aberta, reforços são fornecidos no ambiente de correção quando o gastador verbaliza: "eu realmente preciso comprar isso?"

Os estímulos verbais estão potencialmente entre os estímulos mais eficazes para controlar o comportamento no ambiente natural, pois as respostas verbais não são dependentes de apoio externo da mesma forma que a maioria das respostas não verbais. As respostas verbais – e, portanto, os estímulos que produzem – estão potencialmente no repertório comportamental de uma pessoa em qualquer ambiente. Uma segunda vantagem dos estímulos verbais é que eles podem ser produzidos pelo comportamento verbal subvocal, e este não está sujeito a contingências de reforço instituídas por outros (Palmer, 2012). Outras pessoas podem perguntar por que o cartão vermelho está na carteira, pois elas também podem ver esse cartão, mas elas não podem perguntar por que um *pensamento* ocorreu, pois um pensamento é uma resposta verbal subvocal. O comportamento subvocal é privado, isto é, um comportamento cujas propriedades de estímulo são detectáveis apenas pela pessoa que as emite (Donahoe & Palmer, 1994/2005; Skinner, 1957). Se o objetivo é manter respostas vocais ou subvocais verbais, elas também devem ser seguidas por reforçadores. O comportamento privado, às vezes chamado de *comportamento cognitivo*, não é imune aos processos de condicionamento que afetam todo o comportamento.

Que comportamento é mantido pelo ambiente natural?

Como vimos, o comportamento é mantido em um ambiente na medida em que o ambiente contém estímulos em cuja presença o comportamento foi previamente reforçado. Na ausência de reforço, um procedimento de extinção é implementado e a resposta diminui. O reforço intermitente durante o condicionamento aumenta a resistência aos efeitos da extinção, mas a resposta não continuará de maneira indefinida. Desse modo, o ambiente natural deve conter reforços para o comportamento estabelecido no ambiente reparador. Se as relações disfuncionais ambiente-comportamento continuarem a ser reforçadas no ambiente natural, o comportamento disfuncional se repetirá e persistirá, e os reforços mais imediatos o manterão mesmo que suas consequências *a longo prazo* sejam desadaptativas. O comportamento que sofreu extinção no ambiente reparador reaparecerá no ambiente natural se o reparador não contiver *todos os* estímulos que controlam o comportamento disfuncional no ambiente natural.

Para ser eficaz, o procedimento de extinção deve ser continuado substancialmente além do momento em que o ambiente deixa de ocasionar o comportamento. A chamada "extinção abaixo de zero" aumenta a probabilidade de que todos os estímulos que controlam o comportamento tenham perdido o controle (Welker & McAuley, 1978). Se ainda restarem estímulos eficazes, eles promoverão o reaparecimento do comportamento desadaptativo, podendo ser reforçado de novo (Epstein & Skinner, 1980). A recorrência do comportamento após a extinção é chamada de *recuperação espontânea* (Estes, 1955; Pavlov, 1927/1960; Skinner, 1938). Novamente, o ambiente reparador não pode *inocular* o comportamento contra os efeitos dos reforçadores para o comportamento disfuncional proporcionado pelo ambiente natural.

A dependência fornece um exemplo especialmente marcante da recorrência de comportamento disfuncional. Pesquisas com o procedimento clássico mostraram que CRs evocadas no início do processo de condicionamento dão origem a estímulos que adquirem controle sobre a CR de maneira conjunta com o CS. O fenômeno da *reavaliação* documenta a existência de controle por estímulos relacionados à CR (Holland & Rescorla, 1975; Wyvell & Berridge, 2000). No tratamento da dependência, podemos eliminar a *dependência física* retendo a substância no ambiente remediador. No entanto, as CRs relacionadas a substâncias se repetirão na medida em que o ambiente de reparação difere do ambiente em que a pessoa adquiriu a dependência. Além disso, o comportamento operante relacionado à substância será recorrente se for controlado por estímulos interoceptivos de CRs relacionadas a substâncias. Para reduzir o ressurgimento de CRs relacionadas a drogas e os efeitos indesejados dos estímulos que elas produzem, o ambiente de correção deve introduzir de modo gradual estímulos que sejam condicionados para essas CRs, possivelmente incluindo a visão de parafernália de substâncias, com a retenção do reforço em sua presença.

As relações ambiente-comportamento que selecionamos no ambiente reparador perdurarão se os reforçadores que já mantinham o comportamento disfuncional não forem mais encontrados e, além disso, reforçadores imediatos recém-estabelecidos estiverem disponíveis para ocasionar comportamentos alternativos. Eliminar reforçadores já encontrados requer mudança no ambiente natural – muitas vezes uma tarefa assustadora – ou estabelecimento de um comportamento no ambiente de correção que reduza o contato do comportamento disfuncional com esses reforçadores. Para alguém com adição em álcool, um exemplo simplista disso seria pegar um caminho que não passe pelo bar local e ser recebido por um parceiro amável na chegada em casa. Fontes importantes de reforço imediato para o comportamento estabelecido em um ambiente reparador são os estímulos que esse comportamento produz. Por exemplo, comportamentos como ler fluentemente ou escrever facilmente um texto produzem estímulos que são discriminados como característicos de *um trabalho bem feito*. Os estímulos produzidos por tal comportamento já ocorreram antes no ambiente reparador e têm sido motivo de elogios (reforçadores) de outros. Como esses estímulos foram combinados com elogios, eles se tornam estímulos condicionados e podem funcionar como reforçadores condicionados (Catania, 1975). No entanto, devemos continuar a emparelhá-los com outros reforços para manter seu *status* de reforços condicionados. Ser letrado pode melhorar a capacidade de conseguir um emprego, mas o ambiente deve fornecer empregos para que tais estímulos perdurem como reforçadores condicionados. As relações ambiente-comportamento acompanham as contingências momentâneas do reforço, não as consequências remotas. A longo prazo, as intervenções corretivas não conseguem superar as contingências repetidamente encontradas no ambiente natural. Ser de outra forma contradiria tudo o que sabemos da análise experimental de procedimentos respondentes e operantes – esforços iniciados por Pavlov e Thorndike há mais de 100 anos.

Referências

Acierno, R. E., Hersen, M., & Van Hasselt, V. B. (1993). Interventions for panic disorder: A critical review of the literature. *Clinical Psychology Review, 6*, 561-578.

Benedict, J. O., & Ayres, J. J. (1972). Factors affecting conditioning in the truly random control procedure in the rat. *Journal of Comparative and Physiological Psychology, 78*, 323-330.

Bernstein, I. L. (1991). Aversion conditioning in response to cancer and cancer treatment. *Clinical Psychology Review, 2*, 185-191.

Borgealt, A. J., Donahoe, J. W., & Weinstein, A. (1972). Effects of delayed and trace components of a compound CS on conditioned suppression and heart rate. *Psychonomic Science, 26*, 13-15.

Bouton, M. E., Mineka, S., & Barlow, D. H. (2001). A modern learning theory perspective on the etiology of panic disorder. *Psychological Review, 108*, 4-32.

Branch, M. N., & Dworkin, S. I. (1981). Effects of ratio contingencies on responding maintained by schedules of electric-shock presentation (response-produced shock). *Journal of the Experimental Analysis of Behavior, 36*, 191-205.

Brown, P. L., & Jenkins, H. M. (1968). Auto-shaping of the pigeon's key-peck. *Journal of the Experimental Analysis of Behavior, 11*, 1-8.

Bullock, C. E., & Hackenberg, T. D. (2014). The several roles of stimuli in token reinforcement. *Journal of the Experimental Analysis of Behavior, 99*, 1-19.

Burns, R., Burgos, J. E., & Donahoe, J. W. (2011). Pavlovian conditioning: Pigeon nictitating membrane. *Behavioural Processes, 86*, 102-108.

Catania, A. C. (1975). The myth of self-reinforcement. *Behaviorism, 3*, 192-199.

Catania, A. C., & Keller, K. J. (1981). Contingency, contiguity, correlation, and the concept of causality. Em P. Harzem & M. D. Zeiler (Eds.), *Predictability, correlation, and contiguity* (p. 125-167). Nova York: Wiley.

Choi, G. B., Yim, Y. S., Wong, H., Kim, S., Kim, H., Kim, S. V., *et al.* (2016). The maternal interleukin-17a pathway in mice promotes autism-like phenotypes in offspring. *Science, 351*, 933-937.

Colwill, R. M., & Rescorla, R. A. (1985). Postconditioning devaluation of a reinforcer affects instrumental responding. *Journal of Experimental Psychology: Animal Behavior Processes, 11*, 120-132.

Dichter, G. S., Felder, J. N., Green, S. R., Ritenberg, A. M., Sasson, N. J., & Bodfish, J. W. (2012). Reward circuitry function in autism spectrum disorders. *Social Cognitive and Affective Neuroscience, 7*, 160-172.

Dinsmoor, J. A. (1950). A quantitative comparison of the discriminative and reinforcing function of a stimulus. *Journal of Experimental Psychology, 40*, 458-472.

Dinsmoor, J. A. (1995). Stimulus control: Part I. *Behavior Analyst, 18*, 51-68.

Donahoe, J. W. (1997a). Positive reinforcement: The selection of behavior. Em J. R. O'Donohue (Ed.), *Learning and behavior therapy* (p. 169-187). Boston: Allyn & Bacon.

Donahoe, J. W. (1997b). Selection networks: Simulation of plasticity through reinforcement learning. Em J. W. Donahoe & V. P. Dorsel (Eds.), *Neural network models of cognition: Biobehavioral foundations* (p. 336-357). Amsterdam: Elsevier Science.

Donahoe, J. W. (1999). Edward L. Thorndike: The selectionist connectionist. *Journal of the Experimental Analysis of Behavior, 72*, 451-454.

Donahoe, J. W. (2017). Behavior analysis and neuroscience: Complementary disciplines. *Journal of the Experimental Analysis of Behavior, 107*, 301-320.

Donahoe, J. W. (2018). *Autism spectrum disorder: Biobehavioral mechanisms and remediation procedures*. Presentation at the

Berkshire Association for Behavior Analysis and Therapy, Amherst, MA. Recuperado de *http://lcb-online.org/Autism-Spectrum_Disorder_ Biobehavioral_Mechanisms.wmv*.

Donahoe, J. W., & Burgos, J. E. (2000). Behavior analysis and revaluation. *Journal of the Experimental Analysis of Behavior, 74*, 331-346.

Donahoe, J. W., & Burgos, J. E. (2005). Selectionism: Complex outcomes from simple processes. *Behavioural and Brain Sciences, 28*, 429-430.

Donahoe, J. W., Burgos, J. E., & Palmer, D. C. (1993). Selectionist approach to reinforcement. *Journal of the Experimental Analysis of Behavior, 60*, 17-40.

Donahoe, J. W., Crowley, M. A., Millard, W. J., & Stickney, K. A. (1982). A unified principle of reinforcement. Em M. L. Commons, R. J. Herrnstein, & H. Rachlin (Eds.), *Quantitative analyses of behavior: Vol. 2. Matching and maximizing accounts* (p. 493-521). Cambridge, MA: Ballinger.

Donahoe, J. W., & Palmer, D. C. (2005). *Learning and complex behavior*. Richmond, MA: Ledgetop. (Trabalho original publicado em 1994).

Donahoe, J. W., Palmer, D. C., & Burgos, J. E. (1997). The S-R issue: Its status in behavior analysis and in Donahoe and Palmer's *Learning and complex behavior. Journal of the Experimental Analysis of Behavior, 67*, 193-211.

Donahoe, J. W., & Vegas, R. (2004). Pavlovian conditioning: The CS-UR relation. *Journal of Experimental Psychology: Animal Behavior Processes, 30*, 17-33.

Dworkin, B. R. (1993). *Learning and physiological regulation*. Chicago: University of Chicago Press.

Eikelboom, R., & Stewart, J. (1982). Conditioning of drug-induced physiological responses. *Psychological Review, 89*, 507-528.

Emery, N. J., Lorincz, E. N., Perrett, D. I., Oram, M. W., & Baker, C. I. (1997). Gaze following and joint attention in rhesus monkeys (*Macaca mulatta*). *Journal of Comparative Psychology, 111*, 286-293.

Epstein, R., & Skinner, B. F. (1980). Resurgence of responding after the cessation of response-independent reinforcement. *Proceedings of the National Academy of Sciences of the USA, 77*, 6251-6253.

Estes, W. K. (1955). Statistical theory of spontaneous recovery and regression. *Psychological Review, 62*, 145-154.

Estes, W. K., & Skinner, B. F. (1941). Some quantitative properties of anxiety. *Journal of Experimental Psychology, 29*, 390-400.

Fam, J., Westbrook, R. F., & Holmes, N. M. (2017). An examination of changes in behavioral control when stimuli with different associative histories are conditioned in compound. *Journal of Experimental Psychology: Animal Learning and Cognition, 43*(3), 205-218.

Garcia, J., Erwin, F. R., & Koelling, R. A. (1966). Learning with prolonged delay in reinforcement. *Psychonomic Science, 5*, 121-122.

Gibbs, C. M., Latham, S. B., & Gormezano, I. (1978). Classical conditioning of the rabbit nictitating membrane response: Effects of reinforcement schedule on response maintenance and resistance to extinction. *Animal Learning and Behavior, 6*, 209-215.

Gormezano, I., & Kehoe, E. J. (1981). Classical conditioning and the law of contiguity. Em P. Harzem & M. D. Zeiler (Eds.), *Predictability, correlation, and contiguity* (p. 1-45). Nova York: Wiley.

Grahame, N. J., Hallam, S. C., & Geier, L. (1990). Context as an occasion setter following either CS acquisition and extinction or CS acquisition alone. *Learning and Motivation, 21*, 237-265.

Grant, D. A. (1972). A preliminary model for processing information conveyed by verbal conditioned stimuli in classical conditioning. Em A. H. Black & W. F. Prokasy (Eds.), *Classical conditioning: II. Current research and theory* (p. 64-99). Englewood Cliffs, NJ: Prentice-Hall.

Gynther, M. D. (1957). Differential eyelid conditioning as a function of stimulus similarity and strength of response to the CS. *Journal of Experimental Psychology, 53*, 408-416.

Hilgard, E. R. (1937). The relationship between the conditioned response and conventional learning experiments. *Psychological Bulletin, 34*, 61-102.

Holland, P. C., & Rescorla, R. A. (1975). The effect of two ways of devaluing the unconditioned stimulus after first- and second-order appetitive conditioning. *Journal of Experimental Psychology: Animal Behavior Processes, 1*, 355-363.

Hupka, R. B., Liu, S. S., & Moore, J. W. (1969). Auditory differential conditioning of the rabbit nictitating membrane response: V. Stimulus generalization as a function of the position of CS+ and CS- on the frequency dimension. *Psychonomic Science, 15*, 129-131.

Johansen, E. B., Killeen, P. R., Russell, V. A., Tripp, G., Wickens, J. R., Tannock, R., *et al.* (2009). Origins of altered reinforcement effects in ADHD. *Behavioral and Brain Functions, 5*, 1-15.

Johnson, D. F., & Cumming, W. W. (1968). Some determiners of attention. *Journal of the Experimental Analysis of Behavior, 11*, 157-166.

Jonçich, G. (1968). *The sane positivist: A biography of Edward L. Thorndike*. Middleton, CT: Wesleyan University Press.

Kamin, L. J. (1968). Attention-like processes in classical conditioning. Em M. R. Jones (Ed.), *Miami symposium on the prediction of behavior* (p. 9-31). Miami, FL: University of Miami Press.

Kamin, L. J. (1969). Predictability, surprise, attention and conditioning. Em B. A. Campbell & R. M. Church (Eds.), *Punishment and aversive behavior* (p. 279-296). Nova York: Appleton-Century-Crofts.

Kehoe, E. J., Gibbs, C. M., Garcia, E., & Gormezano, I. (1979). Associative transfer and stimulus selection in classical conditioning of the rabbit's nictitating membrane response to serial compound CSs. *Journal of Experimental Psychology: Animal Behavior Processes, 5*, 1-18.

Kehoe, E. J., & Macrae, M. (1994). Classical conditioning of the rabbit nictitating membrane response can be fast or slow: Implications of Lennartz and Weinberger's (1992) two-factor theory. *Psychobiology, 22*, 1-4.

Keller, F. S., & Schoenfeld, W. N. (1950). *Principles of psychology*. Nova York: Appleton-Century-Crofts.

Kirkpatrick, K., & Balsam, P. D. (2016). Associative learning and timing. *Current Opinion in Behavioral Sciences, 8*, 181-185.

Knutson, B., Adams, C. M., Fong, G. W., & Hammer, D. G. (2001). Anticipation of increasing monetary reward selectively recruits nucleus accumbens. *Journal of Neuroscience, 21*(16), RC159.

Leyland, C. M., & Mackintosh, N. J. (1978). Blocking of first- and second-order autoshaping in pigeons. *Animal Learning and Behavior, 6*, 392-394.

Lindström, B., Golkar, A., & Olsson, A. (2015). A clash of values: Fear-relevant stimuli can enhance or corrupt adaptive behavior through competition between Pavlovian and instrumental valuation systems. *Emotion, 15*, 668-676.

LoLordo, V. M., & Droungas, A. (1989). Selective associations and adaptive specializations: Taste aversions and phobias. Em S. B. Klein & R. R. Mowrer (Eds.), *Contemporary learning theories: Instrumental conditioning theory and the impact of biological constraints on learning* (p. 145-179). Hillsdale, NJ: Erlbaum.

Lovaas, I. (1987). Behavioral treatment and normal educational and intellectual functioning in young children with autism. *Journal of Consulting and Clinical Psychology, 55*, 3-9.

McLay, L. K., Sutherland, D., Church, J., & Tyler-Merrick, G. (2013). The formation of equivalence classes in individuals with autism spectrum disorder: A review of the literature. *Research in Autism Spectrum Disorders, 7*, 418-431.

Merckelbach, H., & Muris, P. (1997). The etiology of childhood spider phobia. *Behaviour Research and Therapy, 35*, 1031-1034.

Mitchell, W. S., & Stoffelmayr, B. E. (1973). Application of the Premack principle to the behavioral control of extremely inactive schizrophrenics. *Journal of Applied Behavior Analysis, 6*, 419-423.

Mizunami, M., Terao, K., & Alvarez, B. (2018). Application of a prediction error theory to Pavlovian conditioning in an insect. *Frontiers in Psychology, 9*, 1272.

Morse, W. H., & Kelleher, R. T. (1977). Determinants of reinforcement and punishment. Em W. K. Honig & J. E. R. Staddon (Eds.), *Handbook of operant behavior* (p. 174-200). Englewood Cliffs, NJ: Prentice-Hall.

Ohman, A., Fredrikson, M., Hugdahl, K., & Rimmo, P. A. (1976). The premise of equipotentiality in human classical conditioning: Conditioned electrodermal responses to potentially phobic stimuli. *Journal of Experimental Psychology: General, 105*, 313-337.

Palmer, D. C. (1987). *The blocking of conditioned reinforcement*. Dissertação de doutorado não publicada, Massachusetts University, Amherst, MA.

Palmer, D. C. (2012). The role of atomic repertoires in the interpretation of complex behavior. *Behavior Analyst, 36*, 59-73.

Pavlov, I. P. (1960). *Conditioned reflexes*. Nova York: Dover. (Trabalho original publicado em 1927)

Petursdottir, A. I., & Lepper, T. L. (2015). Inducing novel vocalizations by conditioning speech sounds as reinforcers. *Behavior Analysis in Practice, 8*, 223- 232.

Premack, D. (1959). Toward empirical behavioral laws: I. Positive reinforcement. *Psychological Review, 66*, 219-233.

Rescorla, R. A. (1967). Pavlovian conditioning and its proper control group. *Psychological Review, 74*, 71-80.

Rescorla, R. A. (1980). *Pavlovian second-order conditioning: Studies in associative learning*. Hillsdale, NJ: Erlbaum.

Rescorla, R. A. (1991). Associative relations in instrumental learning: The 18th Bartlett Memorial Lecture. *Quarterly Journal of Experimental Psychology, 43B*, 1-23.

Rescorla, R. A., & Wagner, A. R. (1972). A theory of Pavlovian conditioning: Variations in the effectiveness of reinforcement and nonreinforcement. Em A. H. Black & W. F. Prokasy (Eds.), *Classical conditioning: II. Current research and theory* (p. 64-99). Nova York: Appleton-Century-Crofts.

Richardson, W. K., & Donahoe, J. W. (1967). A test of the independence of the approach and avoidance gradients. *Psychonomic Science, 9*, 569-570.

Russell, D., Ingvarsson, E. T., Haggar, J. L., & Jessel, J. (2018). Using progressive-ratio schedules to evaluate tokens as generalized conditioned reinforcers. *Journal of Applied Behavior Analysis, 51*, 40-52.

Sakai, K., & Miyashita, Y. (1991). Neural organization for the long-term memory of paired associates. *Nature, 254*, 152-159.

Schneiderman, N. (1972). Response system divergencies in aversive classical conditioning. Em A. H. Black & W. F. Prokasy (Eds.), *Classical conditioning: II. Current theory and research* (p. 313-376). Nova York: Appleton-Century-Crofts.

Schultz, W. (1997). Adaptive dopaminergic neurons report value of environmental stimuli. Em J. W. Donahoe & V. P. Dorsel (Eds.), *Neural-network models of cognition: Biobehavioral foundations* (p. 317-335). Amsterdam: Elsevier Science.

Schultz, W. (2001). Reward signaling by dopamine neurons. *Neuroscientist, 7*, 293-302.

Schweitzer, J. B., & Sulzer-Azaroff, B. (1988). Self-control: Teaching tolerance for delay in impulsive children. *Journal of the Experimental Analysis of Behavior, 50*, 173-186.

Seaver, J. P., & Bourret, J. C. (2020). Producing mands in concurrent operant environments. *Journal of Applied Behavior Analysis, 53*, 366-384.

Shahan, T. A. (2010). Conditioned reinforcement and response strength. *Journal of the Experimental Analysis of Behavior, 93*, 269-289.

Shapiro, M. M. (1962). Temporal relationship between salivation and lever pressing with differential reinforcement of low rates. *Journal of Comparative and Physiological Psychology, 55*, 567-571.

Sidman, M. (2000). Equivalence relations and the reinforcement contingency. *Journal of the Experimental Analysis of Behavior, 74*, 127-140.

Skinner, B. F. (1935). Two types of conditioned reflex and a pseudo type. *Journal of General Psychology, 12*, 66-77.

Skinner, B. F. (1937). Two types of conditioned reflex: A reply to Konorski and Miller. *Journal of General Psychology, 16*, 272-279.

Skinner, B. F. (1938). *The behavior of organisms*. Nova York: Appleton-Century-Crofts.

Skinner, B. F. (1948). "Superstition" in the pigeon. *Journal of Experimental Psychology, 38*, 168-172.

Skinner, B. F. (1957). *Verbal behavior*. Nova York: Appleton-Century-Crofts.

Skinner, B. F. (1988). Comments and consequences. Em A. C. Catania & S. Harnad (Eds.), *The selection of behavior: The operant behaviorism of B. F. Skinner* (p. 382-461). Nova York: Cambridge University Press.

Smith, M. C., Coleman, S. R., & Gormezano, I. (1969). Classical conditioning of the rabbit's nictitating membrane response at backward, simultaneous, and forward CS-US intervals. *Journal of Comparative and Physiological Psychology, 69*, 226-231.

Sokolowska, M., Siegel, S., & Kim, J. A. (2002). Intra-administration associations: Conditional hyperalgesia elicited by morphine onset cues. *Journal of Experimental Psychology: Animal Behavior Processes, 28*, 309-320.

Staddon, J. E., & Simmelhag, V. L. (1970). The "superstition" experiment: A reexamination of its implications for the principles of adaptive behavior. *Psychological Review, 78*, 3-43.

Stickney, K., & Donahoe, J. W. (1983). Attenuation of blocking by a change in US locus. *Animal Learning and Behavior, 11*, 60-66.

Stokes, T. F., & Baer, D. M. (1977). An implicit technology of generalization. *Journal of Applied Behavior Analysis, 10*, 349-367.

Sundberg, M. L., Michael, J., Partington, J. W., & Sundberg, C. A. (1996). The role of automatic reinforcement in early language acquisition. *Analysis of Verbal Behavior, 13*, 21-37.

Thompson, R. F. (1965). The neural basis of stimulus generalization. Em D. I. Mostofsky (Ed.), *Stimulus generalization* (p. 154-178). Stanford, CA: Stanford University Press.

Thorndike, E. L. (1903). *Elements of psychology*. Nova York: Seiler.

Timberlake, W., & Allison, J. (1974). Response deprivation: An empirical approach to instrumental performance. *Psychological Review, 81*, 146-164.

Timberlake, W., & Lucas, G. A. (1985). The basis of superstitious behavior: Chance contingency, stimulus substitution, or appetitive behavior? *Journal of the Experimental Analysis of Behavior, 44*, 279-299.

Van Willigen, F., Emmett, J., Cote, D., & Ayres, J. J. B. (1987). CS modality effects in one-trial backward and forward excitatory conditioning as assessed by conditioned suppression of licking in rats. *Animal Learning and Behavior, 15*, 201-211.

Vaughan, M. E., & Michael, J. (1982). Automatic reinforcement: An important but ignored concept. *Behaviorism, 10*, 217-227.

Vom Saal, W., & Jenkins, H. M. (1970). Blocking the development of stimulus control. *Learning and Motivation, 1*, 52-64.

Waelti, P., Dickinson, A., & Schultz, W. (2001). Dopamine responses comply with basic assumptions of formal learning theory. *Nature, 412*, 43-48.

Wang, Y., Lee, H., He, A. B., & Huang, A. C. W. (2017). Examinations of CS and US preexposure and postexposure in conditioned taste aversion: Applications in behavioral interventions for chemotherapy anticipatory nausea and vomiting. *Learning and Motivation, 59*, 1-10.

Welker, R. L., & McAuley, K. (1978). Reductions in resistance to extinction and spontaneous recovery as a function of changes in transportational and contextual stimuli. *Learning and Behavior, 6*, 451-457.

Williams, B. A. (1994a). Conditioned reinforcement: Neglected or outmoded explanatory construct? *Psychonomic Bulletin and Review, 1*, 457-475.

Williams, B. A. (1994b). Conditioned reinforcement: Experimental and theoretical issues. *Journal of the Experimental Analysis of Behavior, 17*, 261-285.

Williams, B. A. (1994c). Context specificity of conditioned-reinforcement effects on discrimination acquisition. *Journal of the Experimental Analysis of Behavior, 62*, 157-167.

Wyvell, C. L., & Berridge, K. C. (2000). Intra-accumbens amphetamine increases the conditioned incentive salience of sucrose reward: Enhancement of reward "wanting" without enhanced "liking" or response reinforcement. *Journal of Neuroscience, 20*, 8122-8130.

Yagishita, S., Hayashi-Takagi, A., Ellis-Davies, G. C. R., Urakubo, H., Ishii, S., & Kasai, H. (2014). A critical time window for dopamine actions on the structural plasticity of dendritic spines. *Science 345*, 1616-1620.

3

Contingências operantes básicas

Efeitos principais e efeitos colaterais

A. Charles Catania

Os manuais costumam ser consultados como recursos para informações sobre tópicos específicos, de modo que este capítulo é organizado como um conjunto de seções um tanto independentes. Inicia-se com uma discussão sobre contingências operantes, em seguida considera alguns aspectos das contingências básicas, conhecidas como *reforço* e *punição*, e suas variantes positivas e negativas, encerrando com algumas implicações dessas contingências e breves levantamentos de algumas questões relacionadas. Para ver tratamentos mais detalhados, consulte Skinner (1938, 1953, 1999); Iversen e Lattal (1991a, 1991b); Catania (2013); diversos volumes do *Journal of the experimental analysis of behavior* e *The behavior analyst*; e duas edições especiais do *European journal of behavior analysis*, uma dedicada às contingências (Arntzen, Brekstad, & Holth, 2006), e outra dedicada ao reforço incontingente (Arntzen, Brekstad, & Holth, 2004).

Contingências de resposta-consequência

Contingências relacionando respostas às suas consequências são propriedades dos ambientes. São relações de probabilidade entre os eventos. Quando uma resposta muda a probabilidade de algum evento, dizemos que a mudança é contingente à resposta. Já quando a mudança é de uma probabilidade relativamente baixa para uma probabilidade de 1,0, costumamos dizer que a resposta produziu o evento. Diz-se que um organismo *entra em contato com uma contingência* quando seu comportamento produz algumas consequências da contingência. Salvo indicação oposta, por conveniência, o termo *contingência* aqui implica uma contingência de resposta-consequência, em vez de contingências mais amplamente concebidas (p. ex., estímulo-estímulo).

Quando as respostas produzem estímulos, a relação contingente é definida por duas probabilidades condicionais: de o estímulo (1) gerar uma resposta e (2) não gerar resposta alguma. Sem ambas as probabilidades especificadas, as relações contingentes não podem ser distinguidas das *contiguidades* temporais incidentais de respostas e estímulos que estão ocorrendo de modo independente ao longo do tempo.

As relações resposta-reforçador envolvem dois termos (a *resposta* e o *reforçador*), mas quando correlacionadas com estímulos *discriminativos* (estímulos que definem a ocasião em que as respostas têm consequências), produzem uma *contingência de três termos*, que envolve antecedentes, comportamento e consequências. Por exemplo, o toque de uma criança em um cartão pode ser reforçado com algo comestível se o cartão for verde, mas não se o cartão for de qualquer outra cor. Nesse caso, verde, como estímulo discriminativo, é o primeiro termo; o toque, como resposta, é o segundo termo; e o comestível, como reforçador, é o terceiro termo. Os antecedentes em geral incluem condições de estabelecimento e estímulos discriminativos. Por exemplo, o comestível pode não servir como reforço se a criança tiver comido alguma coisa muito recentemente.

As discriminações condicionais acrescentam um quarto termo, um quinto, e assim por diante, para outras relações contingenciais de diversas ordens de complexidade. Por exemplo, se uma criança receber bolas ou blocos verdes ou vermelhos, o nome da cor apropriada pode ser reforçado dada a pergunta "que cor?", já o nome da forma apropriada pode ser reforçado dada a pergunta "que forma?" Nesse exemplo, as perguntas são os quartos termos que definem a ocasião para saber se a contingência operacional de três termos é a que envolve cor, nome da cor e reforçador, ou a que envolve forma, nome da forma e reforçador.

Quando uma resposta para a qual uma contingência opera produz um estímulo, este às vezes é chamado de *contingente*. O termo *consequência* pode se referir a tal estímulo, mas os estímulos não são os únicos tipos de consequências. O termo engloba apresentações ou remoções de estímulos, mudanças em contingências ou quaisquer outras alterações ambientais que se seguem a uma resposta. Por exemplo, o alimento produzido por uma resposta é ao mesmo tempo um estímulo e uma consequência, mas o alimento apresentado de maneira independente do comportamento é apenas um estímulo; o choque evitado por uma resposta é um estímulo, mas a consequência da resposta é a ausência de choque, que não é um estímulo; a substituição de um interruptor de luz defeituoso não acende a luz, mas altera as consequências de se operar o interruptor. O termo *consequência* é especialmente útil quando o *status* de um estímulo como possível reforçador ou punidor é desconhecido. As contingências também podem ser organizadas com base no contexto, como quando as respostas são reforçadas conforme sua variabilidade (p. ex., Neuringer, 2004), ou quando, no desamparo aprendido, organismos expostos a ambientes nos quais suas respostas carecem de consequências tornam-se insensíveis a novas contingências (p. ex., Maier, Albin, & Testa, 1973).

Contingências, eventos estabelecedores e causalidade múltipla

Um evento estabelecedor ou motivacional é qualquer circunstância ambiental que altera a eficácia de um estímulo como reforçador ou punidor. Eis alguns exemplos: privação; saciedade; procedimentos que estabelecem estímulos antes neutros como reforçadores condicionais ou como estímulos aversivos condicionais; e apresentações de estímulos que alteram o *status* reforçador ou punitivo de outros estímulos, como quando uma chave de fenda já disponível torna-se um reforço na presença de um parafuso que precisa de aperto (Michael, 1982).

Um *reforçador condicional* ou *condicionado* é um estímulo que funciona como um reforçador devido à sua relação contingente com outro reforçador. Se um reforçador condicional é baseado em vários reforçadores primários diferentes, ele será mais eficaz do que um baseado em uma relação apenas com um único reforçador primário. Esse reforço é chamado de reforçador *generalizado*. Por exemplo, o som de um clique pode servir como reforço generalizado do comportamento de um animal de estimação se esse som tiver sido muitas vezes seguido por comida, oportunidades de brincar e outras consequências significativas.

No que diz respeito ao estabelecimento de eventos, seja no claro ou no escuro, uma lanterna em geral acende quando se liga, mas ligá-la geralmente importa apenas quando se está no escuro. Assim, uma mudança da iluminação interna para a escuridão de uma queda de energia é um evento que estabelece se é provável que alguém ligue a lanterna. Esse não é um estímulo discriminativo, pois se pode ligar a lanterna mesmo que não haja falta de energia.

No entanto, as consequências mudam se a lanterna estiver com a pilha descarregada. A lanterna não funciona mais, então agora é importante encontrar uma pilha nova. Uma vez que se encontra uma pilha para substituir a que estava descarregada, a lanterna funciona de novo. Em outras palavras, a pilha descarregada tem dois efeitos: não apenas um consequencial, pois muda o que ocorreu quando se tenta ligar a lanterna, mas também um efeito de estabelecimento, já que torna importante encontrar uma pilha nova.

Qualquer ocorrência específica de comportamento tem várias causas, embora algumas possam ser mais importantes do que outras. Na análise do comportamento, examinamos as diversas causas do comportamento, uma de cada vez, e avaliamos suas contribuições relativas. A causalidade múltipla funciona no exemplo da lanterna, pois o estabelecimento de eventos em geral caminha com efeitos consequenciais, mas é importante ter clareza sobre qual comportamento está relacionado a cada uma. Nesses exemplos, acender a lanterna é um comportamento com consequências, mas as condições de iluminação estabelecem se é importante ligá-la. Da mesma forma, quando as pilhas acabam, sua substituição é um comportamento com consequências, mas a falha do funcionamento da lanterna estabelece se é importante trocar as pilhas (cf. Michael, 1989).

Distinguindo entre antecedentes causais e contingências causais

Alguns estímulos têm seus efeitos como antecedentes do comportamento, já outros têm seus efeitos como consequências, e, às vezes, os estímulos podem servir aos dois papéis de maneira simultânea. No encadeamento, por exemplo, o estímulo produzido por uma resposta no início de uma sequência tanto reforça essa resposta quanto define a ocasião para a próxima, como quando a abertura de uma porta reforça o giro da maçaneta e permite o comportamento de passar para a sala ao lado. Estímulos que reforçam ou punem algumas respostas também podem eliciar ou ocasionar outras, de modo que as escolhas entre tais consequências em aplicações de reforço devem considerar os principais efeitos reforçadores ou punitivos e seus efeitos colaterais provocadores ou ocasionais.

Pode ser preciso determinar se o comportamento é mantido por suas consequências ou se é produzido mais diretamente por estímulos. A estampagem (*imprinting*) fornece um exemplo disso. Um patinho recém-eclodido em geral segue a primeira coisa em movimento que vê; esse estímulo imitado geralmente é sua mãe. Diz-se que o seguimento do patinho às vezes é provocado pelo estímulo estampado, mas falar em elicitação é enganoso. Uma consequência natural da caminhada é mudar a distância do patinho da de sua mãe. Se a proximidade é importante e requer outro comportamento além da caminhada, este deve substituir a caminhada.

Em um experimento inicial, quando um compartimento escuro contendo um estímulo estampado em movimento estava de um lado de uma janela unidirecional e uma resposta estava disponível do outro lado, que iluminava o lado escuro para que o patinho pudesse vê-la, o comportamento incompatível com o seguimento (como bicar um disco estacionário na parede ou ficar parado em uma plataforma) foi prontamente moldado (Peterson, 1960). Portanto, ao estampar, as apresentações do estímulo a ser estampado estão estabelecendo eventos, não provocando estímulos. Os estímulos estampados, que adquirem seu significado ao serem apresentados em circunstâncias apropriadas, começam como estímulos aos quais o patinho é relativamente indiferente, mas terminam como os que funcionam como reforçadores. Estímulos estampados não provocam seguimento; em vez disso, eles se tornam importantes o suficiente para que possam reforçar diversas respostas, incluindo acompanhar, bicar e ficar parado. Esse ponto deveria ter sido óbvio para os primeiros pesquisadores sobre *imprinting*. Em ambientes naturais, a natação substitui a caminhada quando o patinho segue sua mãe em um corpo d'água. Se caminhar fosse mero comportamento eliciado, ele não deveria fazê-lo.

Relações semelhantes podem ter profundas implicações em ambientes clínicos. Por exemplo, interpretar o comportamento problemático de uma criança hospitalizada como eliciado, quando tem sua origem em contingências de reforço, pode impedir que sejam consideradas opções de tratamento apropriadas. No entanto, o erro de diagnóstico pode ir para qualquer lado. Por exemplo, se tal comportamento tem sua origem em estímulos eliciadores, talvez por razões neurológicas, interpretá-lo como moldado por contingências de reforço poderia de igual modo levar a um tratamento ineficaz, e isso pode ficar ainda mais difícil. Na causalidade múltipla, estímulos eliciadores e contingências de reforço podem operar ao mesmo tempo. Portanto, identificar o papel de um não deve descartar avaliações do outro.

Reforço

Reforçador é um tipo de estímulo, mas o reforço não é estímulo nem resposta. O termo *reforço* indica uma relação entre comportamento e ambiente. A relação inclui pelo menos três componentes: (1) as respostas devem ter consequências; (2) sua probabilidade deve aumentar (ou seja, eles devem se tornar mais prováveis do que quando não têm essas consequências); e (3) o aumento deve ocorrer *porque* eles têm essas consequências, e não por algum outro motivo. Por exemplo, se soubéssemos apenas que a resposta aumentou, não poderíamos dizer que esta deve ter sido reforçada, talvez tenha sido eliciada. Tampouco bastaria saber que a resposta estava agora produzindo algum estímulo que antes não vinha produzindo. Ainda teríamos que saber se a resposta aumentou *porque* o estímulo era sua consequência.

Suponha que um pai abusivo fica irritado sempre que um bebê chora e tenta suprimir o choro batendo na criança. Esta chora e depois apanha, o que gera ainda mais choro. Aqui, a consequência do choro é apanhar, e apanhar produz mais choro, mas não podemos argumentar que a pancada reforça o choro. Dois critérios para reforço são satisfeitos, mas não o terceiro. Os estímulos podem ter outros efeitos juntamente ou no lugar de seus efeitos como consequências da resposta. O choro não aumenta aqui porque apanhar é consequência; apanhar faz chorar mesmo que a criança não esteja chorando no início. Provavelmente, ela acabará aprendendo a suprimir o choro. Nesse ponto, saberemos que o choro foi punido, e não reforçado.

Nos primeiros dias, os cientistas teriam discutido a relação entre uma resposta e seu reforçador em termos de associações – um princípio com precedentes substanciais em psicologia e filosofia –, e não em termos de contingências. Nessa discussão, dizia-se que a aprendizagem ocorria por meio da associação de ideias, e os reflexos condicionais de Pavlov (1927) pareciam ser casos de tais associações. Em um exemplo do trabalho de Pavlov, o som de um metrônomo precedeu de maneira consistente a entrega de comida a um cão, que chegava a salivar ao som do metrônomo. Os cientistas supunham que o aprendizado ocorria através da *contiguidade temporal* dos eventos, ou sua ocorrência juntos no tempo. No entanto, não podemos interpretar essa aprendizagem como associação ou simplesmente como substituição de um estímulo por outro. Emparelhamentos no tempo ou contiguidades não são equivalentes a contingências, e pareamentos por si só não são suficientes para produzir condicionamento do respondente. Dois estímulos podem ocorrer juntos não apenas quando um nunca ocorre sem o outro, mas também quando um às vezes pode ocorrer de modo independente do outro. É preciso especificar uma contingência, ou a probabilidade de um dado o outro. Um relato apenas em termos de associação ou contiguidade é inadequado (p. ex., Catania, 1971; Donahoe & Vegas, 2004).

Especificidade dos reforçadores

Por definição, o reforço sempre aumenta a resposta em relação ao que teria sido sem o reforço. Também por definição, esse aumento deve ser específico para a resposta que produz a consequência. Por exemplo, se o pressionamento de uma alavanca por um rato produz choque e apenas o salto do rato aumenta, seria inapropriado falar em pressionar ou saltar como reforçado.

Como operação, um reforço é a apresentação de um reforçador quando ocorre uma resposta, ele é realizado a partir de respostas, por isso falamos de respostas de reforço em vez de organismos de reforço. Podemos dizer que a bicada de um pombo em uma tecla foi reforçada com comida, mas não que esta reforçou o pombo, ou que o pombo foi reforçado para bicar. A principal razão para essa restrição é que, quando falamos de organismos reforçadores, é muito fácil ser ambíguo omitindo a resposta ou o reforçador, ou ambos. A restrição nos obriga a sermos explícitos sobre o que é reforçado pelo quê. Por exemplo, se nos disseram apenas que uma criança foi reforçada, não sabemos muito sobre as contingências reais. Embora essa restrição gramatical nos obrigue a ser explícitos sobre qual resposta foi reforçada, ela não nos impede de identificar o organismo cujo comportamento teve consequências.

Função e topografia das respostas reforçadas

O reforço cria classes de resposta definidas por suas funções, e não por suas formas ou suas topografias. As contingências comuns selecionam os membros das classes operantes, e o fazem mesmo que as relações entre os membros sejam arbitrárias. O pressionar da alavanca é um pressionar de alavanca, quer o rato a pressione com a pata direita, a pata esquerda, o queixo ou o rabo.

A distinção entre função e topografia é especialmente importante quando elas se relacionam a categorias diagnósticas. O comportamento autolesivo de duas crianças pode ser semelhante na topografia, mas se o comportamento de uma criança é reforçado de maneira social pela atenção, e o da outra é reforçado pela esquiva do cumprimento de pedidos simples, programas de tratamento eficazes, projetados para as duas crianças, terão que ser radicalmente diferentes (Iwata, Pace, Kalsher, Cowdery, & Cataldo, 1990). Deve-se ensinar à primeira criança modos mais eficazes de envolver a atenção dos outros, e ela deve ser levada a situações nas quais a atenção está mais prontamente disponível. À segunda criança, devem ser selecionados pedidos que sejam apropriados à competência da criança, e o cumprimento desses pedidos pela criança deve ser reforçado (no passado, em vez disso, talvez tal comportamento tenha sido punido). O que o comportamento faz é mais importante do que o que parece ser.

Avaliação de reforçadores

Eventos eficazes como reforçadores são muitas vezes descritos em termos de sentimentos positivos ou preferências significativas. Tais descrições estão sujeitas às práticas inconsistentes das comunidades verbais, por isso devemos ter cuidado ao utilizá-las para prever se eventos específicos servirão como reforçadores. É tentador equiparar reforçadores a eventos coloquialmente chamados de "reforços", mas os reforçadores não funcionam porque fazem o organismo "se sentir bem", ou porque o organismo "gosta" deles. Nossa linguagem cotidiana não capta o que é importante sobre os reforçadores. Por exemplo, previsões em equipe sobre os reforçadores que poderiam ser eficazes no manejo do comportamento de pessoas com deficiências profundas foram inconsistentes com os reforçadores identificados pela avaliação sistemática das preferências não verbais de cada indivíduo entre esses eventos (Fisher *et al.*, 1992; Green *et al.*, 1988).

Às vezes, fazemos bons palpites sobre o que serão reforçadores eficazes, pois os reforçadores em geral envolvem eventos com significado biológico óbvio. No entanto, os reforços não se limitam a esses eventos. Por exemplo, estímulos sensoriais, como luzes piscando, podem reforçar de maneira poderosa o comportamento de crianças no espectro autista (Ferrari & Harris, 1981). A restrição também parece ser um reforço improvável, mas, em uma análise do comportamento autolesivo, as restrições que impediam crianças com graves deficiências de desenvolvimento de cutucar ou morder a si mesmas foram eficazes em reforçar respostas arbitrárias, como colocar bolinhas de gude em uma caixa (Favell, McGimsey, & Jones, 1978).

Em última análise, o principal critério para o reforço continua sendo se as consequências do comportamento aumentaram a probabilidade deste. Os reforçadores podem estar correlacionados com outras propriedades, como sentimentos ou preferências relatadas, mas são definidos unicamente por seus efeitos comportamentais.

Atraso do reforço

Os efeitos de um reforçador dependem de outras respostas que o precederam além daquela, em geral mais recente, que o produziu. Desse modo, quando uma resposta é seguida por outra reforçada, o reforçador pode fortalecer ambas. Clínicos e professores precisam considerar esse efeito, pois é importante reconhecer que reforçar uma única resposta correta após uma longa sequência de erros pode fortalecer os erros com a resposta correta.

Suponha que uma tarefa envolva respostas corretas e erros de uma criança ao longo de suas tentativas. Reforçar cada resposta correta e repetir qualquer tentativa com um erro até que a criança acerte garante que qualquer sequência de erros provavelmente será seguida por uma resposta correta reforçada. Por fim, as respostas corretas provavelmente dominarão, pois o reforçador as segue mais de perto, mas os erros podem diminuir apenas lentamente e talvez até continuar de modo indefinido em um nível modesto, embora nunca produzam de fato o reforçador, pois são seguidos, de forma confiável, após um atraso por uma resposta correta reforçada. Assim, sempre reforçando uma única resposta correta após uma sequência de erros provavelmente manterá esses erros.

Professores e clínicos devem estar atentos a tais situações. É provável que um reforçador que segue uma sequência de respostas corretas faça muito mais bem do que um reforçador que segue uma única resposta correta após diversos erros. Desse modo, um professor deve julgar se as respostas corretas são tão raras que devem ser reforçadas, mesmo que precedidas de erros, ou tão frequentes que o reforçador possa esperar até que o aluno tenha feito várias respostas corretas seguidas. Outra forma de reduzir o fortalecimento dos erros é estender o tempo para a próxima tentativa após cada erro.

Muitas aplicações práticas do reforço incluem outros comportamentos que precedem o comportamento que buscamos reforçar. Quando tal comportamento compartilha do efeito do reforçador, podemos concluir de maneira errônea que o reforçador não está fazendo seu trabalho muito bem. No entanto, se o comportamento reforçado inclui classes de resposta que não pretendíamos reforçar, pode simplesmente estar fazendo muito bem um trabalho diferente daquele que queríamos que fizesse. Quando uma resposta é seguida por uma resposta reforçada diferente, o reforçador pode fortalecer ambas, então devemos evitar que comportamentos que não queremos reforçar se aproximem consistentemente de reforçadores produzidos por outras respostas.

Uma intervenção para crianças com TEA que apresentaram erros persistentes ilustra esse princípio (Fisher, Pawich, Dickes, Paden, & Toussaint, 2014). As crianças repetiram erros durante a linha de base, embora cada resposta correta produzisse um reforçador comestível (FR 1).* Para testar se os erros intermitentes persistiam porque os erros muitas vezes precediam uma resposta correta seguida imediatamente por um reforçador, os pesquisadores implementaram um esquema de segunda ordem, no qual colocaram um reforçador comestível em um dos três pequenos recipientes de vidro na frente de uma criança. Após três acertos consecutivos, o terapeuta entregava os três reforçadores acumulados à criança, mas após um erro, o terapeuta esvaziava os reforçadores acumulados dos recipientes, e a criança tinha que recomeçar. Esse procedimento reduziu os erros, garantindo que os reforçadores seguissem apenas sequências de três acertos e, assim, não fossem apresentados logo após os erros.

Relatividade do reforço

O reforço é relativo no sentido de que depende das relações entre a resposta reforçada e o reforçador. Uma resposta menos provável pode ser reforçada por uma oportunidade de se envolver em uma resposta mais provável. A relação inversa não se sustenta. Por exemplo, a comida nem sempre é um reforçador. Quando um dos pais permite que uma criança saia para brincar com os amigos apenas após a criança comer, a oportunidade de brincar pode reforçar o ato de comer.

A reversibilidade da relação de reforço foi amplamente demonstrada (Premack, 1962). Por exemplo, os níveis de privação de comida e de água podem ser selecionados para que beber seja reforçado por uma oportunidade de comer em um momento, e comer seja reforçado por uma oportunidade de beber em outro. Ao fornecer um meio *a priori* para prever se uma oportunidade de se envolver em uma resposta reforçará alguma outra, a relatividade do reforço também evita os problemas de definição circular, inerentes a algumas definições anteriores de reforço.

---

*FR, esquema de razão fixa (*fixed-ratio*).

A significância dos reforçadores baseia-se nas oportunidades de comportamento que eles permitem. Por exemplo, quando o tempo gasto no castigo foi utilizado na tentativa de punir as birras de uma menina de 6 anos com TEA, suas birras aumentaram de maneira substancial, em vez de diminuir. Essa criança muitas vezes se envolvia em autoestimulação, como passar os dedos sobre os olhos para criar cintilação visual, mas esse comportamento era com frequência interrompido pela equipe. Em vez de punir suas birras, o tempo em que ficou isolada no quarto as reforçou, pois o isolamento no quarto permitiu que ela se envolvesse na autoestimulação sem interrupção (Solnick, Rincover, & Peterson, 1977). Da mesma forma, diversos pesquisadores mostraram que o acesso contingente a comportamentos estereotipados e repetitivos pode ser usado para reforçar respostas socialmente apropriadas (Charlop, Kurtz, & Casey, 1990; Fisher, Rodriguez, & Owen, 2013).

A relatividade do reforço nos lembra que não devemos esperar que a eficácia dos reforçadores seja constante em diferentes respostas reforçadas, diferentes indivíduos ou mesmo diferentes momentos do comportamento de um único indivíduo. Quando um reforçador é eficaz em algum comportamento em algum contexto, não devemos supor que ele será eficaz em outro comportamento ou mesmo no mesmo comportamento, mas em outros contextos.

Reforço e extinção: taxa de resposta *versus momentum**

Os efeitos dos reforçadores não são permanentes. Eles têm efeitos temporários; quando o reforço termina, a resposta retorna aos níveis mais baixos anteriores. A diminuição da resposta durante a extinção não requer tratamento separado; pelo contrário, é simplesmente uma propriedade do reforço. Mas o reforço não se limita a manter as taxas de resposta, que são reduzidas quando é descontinuado. Também produz resistência à mudança, ou *momentum* (Nevin, 1992). Duas respostas diferentes com duas histórias diferentes podem ser mantidas em taxas semelhantes, mas uma pode diminuir de maneira mais rápida até a extinção do que a outra. Diz-se que a resposta mais resistente à mudança tem maior *momentum*. A extinção é apenas um tipo de mudança, e outras fontes que podem ser utilizadas para avaliar o *momentum* incluem reforço de respostas concorrentes, estabelecimento de condições e atraso de reforço.

Se os efeitos do reforço são temporários, então, uma vez que criamos um novo comportamento com reforçadores, não podemos contar com sua manutenção após a cessação de nossa intervenção. Considere as crianças aprendendo a ler. Só muito após terem aprendido a nomear letras do alfabeto e a ler palavras inteiras é que talvez estejam prontas para ler histórias, para que a leitura possa tornar-se "a sua própria recompensa". Até que isso aconteça, os professores não têm escolha a não ser organizar contingências artificiais, utilizando consequências extrínsecas (como elogios) para moldar os componentes da leitura. O ensino responsável acrescenta reforçadores extrínsecos somente quando não há consequências intrínsecas eficazes. É importante criar *momentum*, mas se quisermos manter o comportamento depois de terminarmos as consequências artificiais, devemos fazê-lo apenas se houver consequências naturais que assumirão essa manutenção.

Efeitos colaterais do reforço e extinção

A descontinuidade do reforço em extinção tem dois componentes: (1) termina uma contingência entre respostas e reforços, e (2) os reforços deixam de ser entregues. Devido ao primeiro, a resposta anteriormente reforçada diminui. Por causa deste último, podem aparecer efeitos colaterais indesejados da extinção. Por exemplo, a resposta agressiva às vezes é um dos principais efeitos colaterais da extinção (p. ex., Lerman, Iwata, & Wallace, 1999). Se o alimento for subitamente retirado de um rato, privado da comida que estava comendo, ele pode se tornar mais ativo e talvez urinar ou defecar. Se o alimento foi produzido pelo pressionamento de uma alavanca, o rato pode morder essa alavanca. Se houver outros organismos no local, o rato poderá atacá-los (Azrin, Hutchinson, & Hake, 1966). Esses efeitos e outros, embora observados em extinção, não são produzidos pela cessação da contingência de reforço, pois também ocorrem após a cessação de entregas de alimentos independentemente da resposta, em que não houve contingência de reforço. Em ambos os casos, um rato que estava comendo deixa de receber comida. A cessação de uma contingência de reforço em extinção implica de maneira necessária a cessação das entregas de reforços, e os efeitos dessa interrupção são necessariamente sobrepostos à diminuição da resposta já reforçada.

Mesmo que os reforços tenham produzido comportamento problemático, retirá-los ainda pode produzir efeitos colaterais indesejados. É por isso que a extinção não é o método escolhido para eliminar comportamento criado pelo reforço. Suponhamos que um garoto com atraso no desenvolvimento se envolva em

*N. de R.T. Na análise do comportamento, o termo *momentum* é uma metáfora inspirada na física e refere-se à resistência de um comportamento à mudança. É um conceito que ajuda a descrever quão persistente ou estável um comportamento é diante de interrupções ou mudanças no ambiente.

comportamento autolesivo grave, como bater a cabeça ou cutucar os olhos, e descobrimos que seu comportamento é, em grande, parte mantido pela atenção da equipe como um reforçador. Devido ao dano que ele pode fazer a si mesmo se o comportamento autolesivo for ignorado, a extinção pode ser não recomendada. Dar-lhe atenção independentemente do comportamento autolesivo é uma possibilidade (reforço *não contingente*, às vezes também chamado de reforço *livre*) (Catania, 2005; Lattal, 1974; Sizemore & Lattal, 1977); outra é utilizar a atenção para reforçar respostas alternativas e, sobretudo, incompatíveis com a autolesão. Esta diminuirá à medida que as respostas alternativas aumentarem.

Esses efeitos colaterais são uma das razões pelas quais a extinção caiu em desuso em ambientes aplicados, em comparação com procedimentos como o reforço não contingente. O *Journal of applied behavior analysis* publicou relativamente poucos exemplos de extinção com humanos. Em geral, a solução não é tirar os reforços. A melhor maneira de se reduzir o mau comportamento é reforçar o bom, mas às vezes, inadvertidamente, encorajamos o uso da extinção (a alternativa menos eficaz) – em especial quando apresentamos apenas alguns fatos básicos sobre comportamento, como em um curso introdutório de psicologia. Gerações de alunos parecem ter tirado, de relatos superficiais de métodos comportamentais em livros didáticos introdutórios, a mensagem de que se alguém vê uma criança fazendo algo que não aprova, então não se deve reforçar esse comportamento. Em vez disso, deve-se simplesmente ignorá-lo. Ficam sem resposta as inevitáveis perguntas subsequentes, por exemplo, como os pais devem lidar com as coisas quando aparecem outros comportamentos problemáticos mantidos pelo mesmo reforçador. Em vez de ensinar os pais a ignorarem o comportamento de seus filhos, deveríamos ensiná-los a utilizar reforçadores de maneira mais produtiva, mas essa alternativa é mais difícil. O reforço livre não contingente, com a modelagem de outros comportamentos, deve ser recomendado aos pais ou a outros cuidadores, mas fazê-lo apresenta problemas tanto de comunicação quanto de implementação (Hagopian, Crockett, van Stone, DeLeon, & Bowman, 2000).

Por que a extinção permaneceu por tanto tempo como a principal forma de estudar os efeitos do fim das contingências? Uma preocupação é que contiguidades acidentais de respostas e reforçadores não contingentes possam ter efeitos semelhantes aos das contiguidades que são programadas quando os reforçadores são contingentes na resposta. Se os reforçadores não contingentes e os contingentes têm efeitos semelhantes no comportamento no início da transição para o reforço não contingente, então a resposta pode diminuir de modo mais lento do que na extinção. No entanto, tais efeitos são em geral transitórios, então essa não é uma preocupação grande o suficiente para desconsiderar o reforço não contingente em ambientes experimentais ou aplicados. Se taxas maiores ou menores de reforço não contingente estão disponíveis como opções, essa preocupação favorece as taxas mais baixas. Se o comportamento persistir por longos períodos sob tais arranjos, é mais apropriado procurar outras fontes do comportamento do que atribuí-lo a correlações acidentais de respostas e reforçadores.

Reforço positivo e psicologia positiva

O reforço positivo pode ser usado para transformar uma criança com atraso no desenvolvimento que se envolve de forma extensiva em comportamento autolesivo, em alguém que aprendeu habilidades comunicativas e, portanto, foi capacitada para lidar de maneiras mais construtivas com seus cuidadores. Se há reforçadores implicados no desenvolvimento e na manutenção do comportamento autolesivo, retirá-los não é a solução. Reforço não é tudo, mas extinção não é nada. Se os reforços já existem, eles não devem ser desperdiçados; em vez disso, devem ser utilizados de forma construtiva. Todos nós moldamos o comportamento uns dos outros, e quanto mais soubermos sobre como o reforço positivo funciona, maior será a probabilidade de utilizá-lo produtivamente e evitar armadilhas, como as práticas coercitivas que podem ocorrer se o controle sobre os reforços permanecer unilateral. Por essas razões, pode-se pensar que o reforço positivo seria especialmente importante para os praticantes da abordagem chamada *psicologia positiva*. Infelizmente, eles a evitam, juntamente com os eventos estabelecedores que a tornam eficaz; sua retórica implica que atos contingentes de bondade contingentes devem sempre ser substituídos por atos aleatórios (cf. Catania, 2001; Seligman & Csikszentmihalyi, 2000, 2001).

Autorreforço como equívoco

A entrega de um reforçador por um organismo a si mesmo com base em seu próprio comportamento tem sido chamada *de autorreforço*, mas qualquer efeito que tal atividade possa ter não pode ser atribuído à ação dos reforçadores específicos entregues pelo organismo a si mesmo. No chamado "autorreforço", as contingências e o estabelecimento de eventos que modificam o comportamento supostamente reforçado não podem ser separados dos que modificam o comportamento de autorreforço. Por exemplo, um aluno que se comprometeu a ver televisão apenas após concluir um trabalho de casa pode pensar que esse arranjo reforçará o estudo, mas qualquer aumento de estudos que o acompanhe não pode ser atribuído ao ato contingente de o aluno assistir à televisão: ele assumiu o compromisso de lidar com o estudo dessa forma, pois estudar já se tornou importante por outros motivos. Tudo o que levou o aluno a se comprometer com o "autorreforço" do estudo em primeiro lugar provavelmente por si só tornou o estudo mais provável. É impossível separar essas variáveis.

O que antes se denominava *autorreforço*, agora é mais propriamente chamado de *autorregulação* (Bandura, 1976, 1995; Catania, 1975, 1995; Mahoney & Bandura, 1972). Na medida em que a atividade tem efeitos, ela deve fazê-lo porque o indivíduo que parece se "autorreforçar" pode discriminar o comportamento que se qualifica como reforçador do comportamento que não o faz.

Esse uso também resolve o problema de que a linguagem do autorreforço implica no reforço do organismo em vez de reforço do comportamento. Por exemplo, o compromisso de reforçar o próprio estudo envolve estabelecer padrões para a discriminação entre estudo adequado e inadequado, de modo que os alunos que tentam lidar com seus hábitos de estudo dessa forma estão discriminando propriedades de seu próprio comportamento que se tornaram importantes para eles. As contingências que geram essas discriminações são complexas e provavelmente envolvem comportamentos verbais. A linguagem do autorreforço obscurece em vez de esclarecer esses fenômenos.

Punição

Em paralelo ao vocabulário do reforço, um punidor é um tipo de estímulo, mas a punição não é estímulo nem resposta. O termo *punição* indica relação entre comportamento e ambiente. A relação inclui pelo menos três componentes. Em primeiro lugar, as respostas devem ter consequências. Em segundo, sua probabilidade deve diminuir (ou seja, elas devem se tornar menos prováveis do que quando não têm essas consequências). Por fim, em terceiro, a diminuição deve ocorrer *porque* elas têm essas consequências, e não por algum outro motivo. Por exemplo, se soubéssemos apenas que a resposta diminuiu, não poderíamos dizer que ela deve ter sido punida; talvez tenha sido uma resposta previamente reforçada que foi extinta desde então. Nem bastaria saber que a resposta estava agora produzindo algum estímulo que não havia produzido antes. Ainda teríamos que saber se a resposta diminuiu *porque* esse estímulo era sua consequência.

Conforme definida, a punição é o inverso do reforço, sendo definida por diminuições na resposta consequencial, já o reforço é definido por aumentos. O vocabulário da punição é paralelo ao do reforço em seu objetivo: diz-se que as respostas, e não os organismos, são punidas. Se a pressão da alavanca por um rato produz um choque e essa pressão diminui, é apropriado dizer que o rato levou um choque e que a pressão da alavanca foi punida. Isso vai contra o uso coloquial, mas não é apropriado dizer que o rato foi punido. Assim como o reforço, essa distinção gramatical desencoraja ambiguidades na observação e descrição do comportamento.

Parâmetros de punição

Assim como o reforço, a eficácia da punição varia com parâmetros como magnitude e atraso (Azrin & Holz, 1966). Por exemplo, quanto mais intenso e imediato o punidor, mais efetivamente ele reduz o comportamento. Um punidor introduzido na intensidade máxima reduz a resposta de maneira mais eficaz do que um introduzido na intensidade baixa, e aumenta de forma gradual até a intensidade máxima. A eficácia do punidor pode mudar ao longo do tempo, como quando um punidor de baixa intensidade gradualmente se torna ineficaz após muitas apresentações. Tal como acontece com a extinção, é mais fácil reduzir a probabilidade de uma resposta quando alguma outra que produz o mesmo reforçador está disponível do que quando nenhuma resposta alternativa produz esse reforçador. Em uma relação paramétrica especialmente relevante para aplicações humanas, punidores entregues após atrasos curtos são mais eficazes do que aqueles entregues após longos atrasos; com animais de estimação ou crianças, as consequências aversivas entregues em algum momento muito tempo após o comportamento indesejado ocorrer provavelmente não serão muito eficazes. Se a especificação verbal do comportamento sobre o qual o punidor é contingente importa, ela só pode fazê-lo dada uma extensa e sofisticada história verbal por parte do indivíduo na extremidade receptora (Skinner, 1957).

Uma redução na resposta só pode ser estudada se alguma resposta já existir. Uma que nunca é emitida não pode ser punida. Experimentos sobre punição, portanto, em geral sobrepõem punição a resposta reforçada, mas os efeitos da punição também dependem do que continua respondendo. Por exemplo, a punição por choque provavelmente reduzirá a pressão da alavanca reforçada com alimentos se um rato for severamente privado de comida do que se for apenas levemente privado de alimento.

Recuperação da punição

Há restrições éticas ao uso da punição para mudar comportamentos. O uso da punição como componente de intervenções clínicas diminuiu nos últimos anos (cf. Greer, Fisher, Saini, Owen, & Jones, 2016), mas a punição não pode ser eliminada dos ambientes naturais (Perone, 2003). Sem punição, uma criança que tenha sido queimada ao tocar em um fogão quente ou mordida ao se aproximar de um cachorro desconhecido latindo não será desencorajada de fazê-lo de novo mais tarde. As contingências de punição artificial, no entanto, também são limitadas por considerações práticas. Assim como o reforço, os efeitos da punição em geral são temporários, a resposta normalmente se recupera para níveis anteriores após a punição ser interrompida. Isso significa que, assim como os analistas do comportamento devem planejar o que manterá o comportamento quando o reforço terminar, eles também devem planejar ambientes em que as contingências relevantes podem estar ausentes. A longo prazo, pode ser pouco benéfico eliminar o comportamento autolesivo de uma criança com punição em um ambiente hospitalar se a contingência de punição não existir quando a criança voltar para casa. O reforço do comportamento alternativo pode ser mais fácil de manter.

Relatividade da punição

A eficácia dos punidores, como a dos reforçadores, é determinada pelas probabilidades relativas da resposta punida e das respostas evocadas pelo punidor; a punição ocorre quando uma resposta mais provável força o organismo a se engajar em uma resposta menos provável. Mesmo estímulos que em geral servem como reforçadores podem se tornar punidores em condições apropriadas. Por exemplo, a comida que é reforçadora no início de uma festa de fim de ano pode se tornar aversiva no momento em que a refeição terminou. Já eventos que superficialmente parecem aversivos, como cair de uma altura, podem ser reforçadores em algumas circunstâncias (pense no paraquedismo). Tal como os reforçadores, os punidores não podem ser definidos em termos absolutos ou em termos de propriedades físicas comuns, e sim devem ser avaliados em termos da relação entre as respostas punidas e as ocasionadas pelo punidor.

Qualquer estado de coisas pode ser reforçador ou aversivo, dependendo do seu contexto. Suponha que um rato receba choques durante um som, mas durante uma campainha nada aconteça. Se o puxão de uma corrente desliga o som e liga a campainha, o início da campainha reforçará os puxões da corrente; ao puxar a corrente, o rato escapa do som e dos choques que o acompanham. Suponha, no entanto, que o rato em vez disso receba comida durante o som, mas durante a campainha nada ocorra. Agora, se o puxão da corrente desligar o som e ligar a campainha, o início da campainha punirá os puxadores da corrente; ao puxá-la, o rato ocasiona um tempo sem som e sem as entregas de alimentos que o acompanham. Em outras palavras, a campainha serve como reforço ou como punidor, dependendo do seu contexto, mesmo que nada aconteça durante a campainha em qualquer contexto. Da mesma forma, conforme medida pela falta, se um ambiente escolar é punitivo ou reforçado pode depender das condições que prevalecem em casa – como quando ir à escola é punição para uma criança porque significa ter que lidar com um agressor escolar abusivo, mas é reforçado para outra porque é uma forma conveniente de fugir de um pai ainda mais abusivo.

Efeitos colaterais da punição: efeitos eliciadores e discriminativos

É provável que os estímulos aversivos tenham outros efeitos além daqueles que dependem da contingência da punição (p. ex., Azrin, Hutchinson, & McLaughlin, 1965). Assim como o reforço, a punição inclui necessariamente tanto a apresentação do estímulo quanto uma contingência entre respostas e estímulos, de modo que os efeitos das apresentações do estímulo devem ser distinguidos daqueles da contingência. Se um organismo leva um choque ou é beliscado, algumas de suas respostas a esses estímulos podem ter pouco a ver com o fato de terem sido provocadas pelo próprio comportamento do organismo. Para ser qualificada como punição, a redução da resposta deve depender da relação contingente entre respostas e punidores, e não simplesmente da entrega de punidores.

Uma comparação dos efeitos do choque produzido pela resposta e do choque independente da resposta na pressão da alavanca reforçada com alimentos em ratos (Camp, Raymond, & Church, 1967) mostrou que ambos os procedimentos reduziram a pressão da alavanca em relação às condições sem choque, mas que o choque produzido pela resposta teve efeitos substancialmente maiores do que o independente da resposta. Dado que tanto os choques produzidos pela resposta quanto os choques independentes reduziram a resposta, não teria sido possível avaliar o efeito da contingência da punição sem a comparação. A diferença tornou apropriado chamar o choque produzido pela resposta de punidor. Por exemplo, se o choque produzido pela resposta tivesse produzido apenas a mesma redução que o choque independente da resposta, a conclusão apropriada teria sido que a redução dependia inteiramente dos efeitos eliciadores do choque, e que a contingência da punição era irrelevante. Assim como devemos distinguir entre efeitos de entregas de reforçadores e efeitos da relação contingente entre respostas e reforçadores, também devemos distinguir entre efeitos de entregas de punidores e efeitos da relação contingente entre respostas e punidores.

Os punidores também podem adquirir propriedades discriminativas, como quando uma resposta só é reforçada quando também é punida. Por exemplo, um experimento alternou uma condição em que as bicadas de um pombo em uma tecla não tinham consequências com outra condição em que cada bicada produzia um choque e algumas produziam reforçadores de alimentos (Holz & Azrin, 1961). Uma baixa frequência de bicadas foi mantida quando as bicadas não produziam choque, pois então elas também nunca produziam alimento. No entanto, as bicadas aumentavam quando elas começavam a produzir choque, porque só então ocasionalmente produziam alimentos.

Podemos perguntar se esses choques devem de fato ser chamados de punidores. Na verdade, aqui devemos concluir que o choque se tornou um reforço condicional. A principal diferença entre o choque e outros reforçadores mais familiares foi que ele adquiriu seu poder de reforço através de sua relação com a comida; se essa relação tivesse sido descontinuada, ele teria perdido esse poder. Como exemplo de uma possível fonte de masoquismo, esses procedimentos podem ser relevantes para o comportamento humano. Por exemplo, uma criança agredida pode eliciar um pai ao ponto de levar uma surra, pois as agressões são muitas vezes seguidas por mais atenção do pai, então arrependido, do que após interações menos traumáticas entre pais e filhos. A atenção dos pais pode ser um potente reforço e, às vezes, pode anular os efeitos de consequências que, de outra forma, serviriam como punidores.

Esquiva passiva como equívoco

Tem-se argumentado que a punição é redutível à esquiva, no sentido de que todo comportamento diferente da resposta punida evita o punidor. Por exemplo, se um rato é colocado em uma plataforma acima de uma rede eletrificada, não pisar na rede pode ser chamado de esquiva passiva de choque. Ao não responder, o rato evita de maneira passiva o que seria um punidor, mas enquanto a punição é um fenômeno forte, que pode ocorrer em um curto período (a introdução brusca de um punidor forte reduz a resposta com rapidez), a literatura sobre esquiva mostra que, embora a esquiva seja forte, uma vez em vigor, é difícil e demorado iniciá-la. Portanto, a esquiva passiva é mais bem considerada como nome equivocado para a punição. É implausível dizer que comportamentos hipotéticos presumidos como provenientes de relações difíceis de estabelecer podem explicar comportamentos fáceis de estabelecer. Mesmo que a punição funcionasse dessa forma, para que aprendêssemos a não enfiar as mãos no fogo, pois assim evitamos os estímulos proprioceptivos aversivos ocasionados pela aproximação do fogo, isso faria pouca diferença na prática. Para aqueles que têm que tomar decisões sobre se ou quando utilizar punidores, a punição funciona praticamente da mesma forma que qualquer posição teórica que se assuma.

Reforço negativo: fuga e esquiva

Os organismos não só produzem estímulos como também se livram deles. Sem reforço negativo, uma criança não aprenderia a escapar do frio entrando em casa ou a evitar outras pessoas que pudessem trapacear em jogos, intimidar ou mentir. Um rato normalmente não se expõe ao choque, e se este ocorrer, o rato escapa dele quando tiver oportunidade. Se apresentar um estímulo aversivo contingente punir uma resposta, remover ou impedir esse estímulo pode reforçar uma resposta. Quando uma resposta termina ou impede um estímulo aversivo e se torna mais provável por esse motivo, o estímulo é chamado de *reforçador negativo*, e a operação é denominada *reforço negativo*.

No uso tradicional, *positivo* e *negativo*, como modificadores do termo *reforço*, referem-se a se a consequência produzida pela resposta adiciona algo ao ambiente ou retira algo dele – mas veremos mais adiante que há outros critérios melhores para a distinção. O *reforçador negativo* refere-se ao estímulo em si, e não à sua remoção. Se a remoção do choque reforça o pressionar da alavanca de um rato, então o choque, não o período sem choque que se segue à resposta, é o reforçador negativo. O reforço negativo que envolve a remoção de um estímulo que já está presente é chamado de *fuga*. Quando envolve o adiamento ou a prevenção de um estímulo que ainda não foi entregue, é chamado de *esquiva*. Esse vocabulário é consistente com o uso cotidiano: fugimos de circunstâncias aversivas que já existem, mas esquivamos de possíveis circunstâncias aversivas que ainda não aconteceram. Em situações clínicas, a fuga (p. ex., de uma unidade médica) é frequentemente chamada de evasão.

Estímulos que podem ser reforçados por sua apresentação podem punir com sua remoção, e vice-versa. Se sabemos que um estímulo é eficaz como punidor, podemos razoavelmente esperar que ele seja eficaz como reforço negativo, e vice-versa; essa consistência faz parte de nossa justificativa para chamar o estímulo de aversivo. Consistências são esperadas, pois essas categorias têm origem em relações entre as probabilidades de diferentes classes de resposta, mas não devemos aceitar muita coisa sem questionar. O fato de que podemos facilmente reforçar o salto com a remoção do choque, enquanto podemos não puni-lo tão efetivamente com a apresentação do choque, mostra que a simetria do reforço e da punição tem limites. O reforço é mais eficaz se a resposta reforçada for compatível com a ocasionada pelo reforçador. Já a punição é mais eficaz se a resposta punida for incompatível com (ou, pelo menos, independente da) resposta evocada pelo punidor. Desse modo, pode ser fácil reforçar o salto com a remoção do choque (fuga), mas difícil puni-lo com apresentação de choque.

Escape: competição entre contingências e comportamento eliciado

Na fuga, a resposta de um organismo termina um estímulo aversivo. Em ambientes institucionais, crianças com atraso no desenvolvimento às vezes se comportam de forma agressiva, escapando assim de simples exigências que lhes são impostas, como tarefas destinadas a ensiná-las a apertar e soltar botões de roupas. Para duas dessas crianças, a agressividade caiu para níveis próximos de zero quando elas conseguiam fugir de situações de demanda engajando-se em outros comportamentos incompatíveis com a agressão (Carr, Newsom, & Binkoff, 1980). No entanto, esses casos de fuga podem, é claro, implicar que situações típicas de demanda em tais ambientes não fornecem reforços suficientes.

No reforço positivo, o reforçador está ausente quando a resposta reforçada é emitida. Após a resposta, o reforço é apresentado e ocasiona outras respostas. Por exemplo, se a pressão da alavanca por um rato é a resposta reforçada e o alimento é o reforçador, o alimento está ausente enquanto o rato pressiona; o rato não come até que o alimento seja apresentado, após o pressionamento. Desse modo, pressionar a alavanca e comer não competem de maneira direta entre si. Na fuga, no entanto, o reforço negativo está presente antes que a resposta reforçada seja emitida, ele é removido somente após a resposta. Por exemplo, se o reforçador negativo é uma luz brilhante da qual o rato pode fugirpressionando uma alavanca, o rato pode reduzir os efeitos da luz fechando os olhos e escondendo a cabeça em um canto. Qualquer movimento a partir dessa posição é punido por maior exposição à luz, de modo que o rato provavelmente não sairá do canto para pressionar a alavanca. Fazer com que um rato fuja da luz pressionando a alavanca requer procedimentos que reduzam a probabilidade de tais respostas concorrentes (Keller, 1941).

Esquiva: difícil de iniciar, mas fácil de manter

A esquiva envolve a prevenção de um estímulo aversivo por uma resposta; o estímulo aversivo não está presente quando ocorre a resposta reforçada. As duas principais variedades de procedimentos de esquiva são *exclusão* e *adiamento*. Os procedimentos de exclusão são semelhantes a matar um mosquito antes que ele chegue aonde ele pode picar: uma vez atingido, esse mosquito é permanentemente impedido de picar. Os procedimentos de adiamento são semelhantes a colocar moedas em um parquímetro: adia-se o sinal de violação desde que se coloque moedas no medidor e o reinicie, mas sem moedas adicionais o medidor acaba esgotando seu tempo.

Na *esquiva discriminada* ou *sinalizada*, um estímulo (às vezes chamado de *estímulo de alerta*) precede o estímulo aversivo; uma resposta na presença desse estímulo impede o aversivo nessa tentativa. Na *esquiva contínua* ou *de Sidman*, nenhum estímulo exteroceptivo é arranjado. Cada resposta adia o estímulo aversivo (em geral, um leve choque) por um período fixo, chamado *intervalo resposta-choque (R-C)*; na ausência de respostas, os choques são administrados de maneira regular segundo um *intervalo choque-choque (C-C)* (Sidman, 1953). O choque pode ser adiado de forma indefinida, desde que nenhum intervalo R-C termine antes de uma resposta ser emitida.

O sucesso com procedimentos de esquiva às vezes depende de o experimentador escolher uma resposta que o organismo provavelmente emitirá em situações aversivas. Com ratos, por exemplo, respostas como pular um obstáculo ou correr de um lado para o outro da câmara possivelmente serão eliciadas por estímulos aversivos, mesmo na ausência de uma contingência de resposta-choque. Uma vez que a resposta tenha sido produzida pelo choque, ela pode continuar quando este estiver ausente. Assim, as primeiras respostas de esquiva do rato podem ocorrer sobretudo devido à sua eliciação anterior pelo choque.

O comportamento de esquiva pode ser persistente após uma longa história de esquiva; ele pode demorar a se extinguir. No entanto, a consequência da esquiva eficaz é que nada acontece: o evento aversivo é evitado com sucesso. Dado que uma resposta de esquiva não é seguida de perto por choque, as contingências de esquiva envolvem implicitamente atrasos entre as respostas e suas consequências. Logo, apesar da persistência do comportamento de esquiva, uma vez que ele é adequadamente implantado, muitas vezes é difícil iniciá-lo.

Isso pode explicar por que as medidas de segurança e outros procedimentos preventivos com frequência não são moldados por contingências naturais. Alguém que nunca teve uma experiência ruim com fogo pode ser menos propenso a instalar um detector de fumaça do que alguém que a tenha tido. Um problema significativo na medicina é a adesão dos pacientes a certos regimes de tratamento, como tomar medicamentos prescritos. Muitos pacientes param de tomar seus medicamentos uma vez que seus sintomas desapareceram, mesmo que doses adicionais possam ter benefícios contínuos. Com a medicação preventiva, como a vacinação, tomar uma dose de vacina é seguido por nada acontecendo desde o início. Esse problema existe em uma ampla gama de medidas preventivas, desde imunizações até sexo seguro, e desde o uso de equipamentos cirúrgicos estéreis até a purificação da água potável. Dado o que sabemos sobre contingências de esquiva, não é surpresa que tais medidas sejam às vezes difíceis de se moldar e se manter.

Critérios comportamentais para distinguir entre reforço positivo e negativo

Se os estímulos são apresentados ou removidos, isso pode ser um critério menos importante para distinguir o reforço positivo do negativo do que se as respostas geradas pelo reforço ocorrem em momentos em que eles podem competir com a resposta reforçada. Considere a fuga do frio (Weiss & Laties, 1961). Em uma câmara fria, o pressionar da alavanca por um rato acende uma lâmpada de calor. Como esse ato gera energia em forma de calor, ele pode ser chamado de reforço positivo. Mas o frio estimula os receptores de temperatura na pele do rato, e acender a lâmpada de calor acaba com esse efeito do frio. O frio é um evento aversivo potente, portanto, por essa interpretação, o procedimento deve ser chamado de reforço negativo.

A justificativa para a escolha do vocabulário do reforço negativo não está em questões de física, como se algo é apresentado ou retirado, mas nos efeitos comportamentais dos estímulos apresentados antes e após a emissão da resposta reforçada. Considere o comportamento do rato no frio. Antes de pressionar a alavanca reforçada, ele se amontoa em um canto e se arrepia. Essas respostas reduzem a probabilidade de que ele pressione a alavanca. Uma vez que o pressionar da alavanca liga a lâmpada de calor, essas respostas concorrentes se tornam menos prováveis, mas um rato que não está mais com frio não pode fugir do frio. As respostas que competiram com a reforçada ocorreram antes, e não após o reforço, então esse exemplo é mais como a fuga do choque ou da luz brilhante do que como produção de comida ou água. Em geral, a linguagem do reforço negativo é apropriada quando se estabelece que os eventos produzem um comportamento suscetível de competir com a resposta a ser reforçada.

Outro critério possível é se uma situação de reforço é preferida em relação a outra. Em áreas aplicadas, como a gestão, é útil distinguir entre duas contingências de tarefas administrativas: os gerentes fazem com que os funcionários executem tarefas ameaçando ou criticando até que as tarefas sejam concluídas ou, mais raramente, fornecendo elogios e reconhecimento após a conclusão das tarefas. Dada uma escolha, é provável que os funcionários mudem de ambientes nos quais recebem críticas para aqueles em que recebem elogios. Supondo que as reduções nas ameaças mantenham a conclusão da tarefa, podemos chamar isso de contingência de reforço negativo. Supondo que o reconhecimento para a conclusão de tarefas mantenha a conclusão da tarefa, podemos chamar essa contingência de reforço positivo. As preferências dos funcionários por contingências de tarefas justificam essa classificação.

O reforçador no reforço negativo

Quando ocorre uma resposta de esquiva bem-sucedida, sua consequência importante é que nada acontece. Como a ausência de um evento pode afetar o comportamento? Segundo uma visão, a resposta de esquiva é mantida porque o organismo escapa de algumas propriedades da situação que acompanharam estímulos aversivos no passado. Essa visão evoluiu de procedimentos anteriores nos quais um estímulo de alerta precedeu o choque, e o organismo preveniu o choque respondendo na presença do estímulo de alerta. A esquiva foi mais facilmente adquirida quando a resposta de esquiva encerrou o estímulo de alerta e impediu o choque.

No contexto de choques ocasionais, um período sem choque pode servir como reforçador. Pode-se organizar contingências de esquiva em que o organismo pode reduzir o número total de choques em uma sessão ou adiar choques individuais, mesmo que igual número de choques seja possivelmente dado em ambos os casos. As duas condições podem manter a esquiva. Pode-se criar situações nas quais um rato adia choques em ensaios mesmo que isso não reduza a taxa global de choques, ou em que isso reduza a taxa geral de choques, embora a resposta encurte o tempo para o próximo choque (Herrnstein & Hineline, 1966; Hineline, 1970).

Eventos estabelecedores no reforço negativo

Um evento estabelecedor que torna os reforçadores positivos mais eficazes é a privação. É menos provável que a comida reforce o comportamento de um rato que comeu recentemente, do que de um que não come há algum tempo. O evento semelhante para os reforçadores negativos é a *apresentação* (seria chamado de *saciação* se o estímulo fosse comida em vez de choque); a apresentação dos estímulos aversivos faz com que sua remoção seja reforçadora. Tal como acontece com o reforço positivo, esses efeitos estabelecedores devem ser distinguidos dos efeitos discriminativos, dos eliciadores e de outros efeitos de estímulos. Questões de causalidade múltipla podem ser ainda mais prevalentes em casos de controle aversivo do que em casos de reforço positivo (p. ex., ver Sidman, 1958).

O estímulo aversivo é o evento estabelecedor porque não há razão para fugir ou evitar um estímulo aversivo, a menos que ele esteja real ou potencialmente presente. É tentador pensar no estímulo aversivo como sinalizador de uma contingência, mas contingências nas quais as respostas desligam o choque não podem existir na ausência deste. Quando as respostas produzem alimento no reforço positivo, essa contingência pode ser sinalizada se o rato foi ou não privado de alimento.

Um exemplo pode ser relevante. Um rato recebe um choque quando uma luz está acesa ou apagada; quando a luz está acesa, pressionar uma alavanca remove o choque por um tempo, mas quando a luz está apagada, uma pressão de alavanca não tem efeito (Bersh & Lambert, 1975). Nessas circunstâncias, o rato chega a pressionar a alavanca quando a luz está acesa, mas não quando está apagada. O estímulo discriminativo aqui é a luz, pois a contingência entre os pressionamentos da alavanca e a remoção de choque é sinalizada esteja a luz acesa ou apagada. O choque faz com que os períodos livres de choque sejam refoçadores, e sua apresentação é, portanto, um evento estabelecedor. Isso não funciona como estímulo discriminativo porque não sinaliza o funcionamento de uma contingência.

Observe que as contingências que operam no escuro nesse exemplo são devidamente chamadas de contingências de extinção. Pressionar a alavanca remove o choque quando a luz está acesa, mas não quando está apagada; porém, dadas as contingências apropriadas, a ausência de choque seria um reforço eficaz durante qualquer uma delas. Não seria assim se o choque nunca estivesse presente quando a luz estivesse apagada. Em todos esses casos, as contingências referem-se às consequências da resposta, já os eventos estabelecedores ou motivadores dizem respeito a se essas consequências são importantes o suficiente para servir como reforçadores.

Extinção após reforço negativo

Tal como acontece com o reforço positivo e a punição, os efeitos do reforço negativo são temporários. E como acontece com essas outras operações, os efeitos de terminar contingências entre respostas e estímulos aversivos devem ser distinguidos daqueles de simplesmente extinguir os estímulos aversivos. Na fuga do choque, desligá-lo elimina a resposta simplesmente porque não há ocasião para fuga na ausência do choque, mas na esquiva, desligar a fonte do choque tem sido muitas vezes considerado uma operação de extinção. Se a resposta da esquiva for mantida a uma taxa tal que os choques sejam raros, a ausência de choques fará pouca diferença, e a resposta continuará por muito tempo. De fato, uma propriedade muito reconhecida da resposta de esquiva é sua persistência após a interrupção de estímulos aversivos. Por essa razão, às vezes a esquiva tem sido considerada relevante para casos de persistência do comportamento humano, como nas compulsões.

Considere as alternativas. Com o reforço alimentar, podemos organizar a extinção desligando o alimentador ou quebrando a conexão entre as respostas e o alimentador. Ambos têm o mesmo efeito: o alimento não é mais entregue. Não é assim com o reforço negativo. Na fuga ou na esquiva do choque, este continua se as respostas não puderem mais removê-lo ou impedi-lo. Esse procedimento interrompe a contingência de resposta-choque, mas também aumenta o número de choques se a resposta tiver mantido a taxa de choques baixa. Desse modo, por si só, esse procedimento não pode separar os efeitos da mudança da taxa de choques daqueles da mudança da contingência.

A interrupção do estímulo aversivo tem sido o procedimento de extinção mais comum na esquiva, mas em termos de contingências, apresentar o estímulo aversivo enquanto se descontinua as consequências de responder mais rápido são semelhantes à extinção após o reforço positivo. O período da extinção depende de qual operação é utilizada e de como ela altera a taxa na qual os estímulos aversivos ocorrem (p. ex., Hineline, 1981). De qualquer forma, a extinção após o reforço negativo mostra que os efeitos do reforço negativo são temporários.

Punição negativa: tempo-espera (*time out*)

A distinção entre os reforços positivo e negativo é facilmente estendida às punições positiva e negativa (embora casos ambíguos também sejam possíveis aqui). As respostas podem ser punidas por alguns eventos, como choque ou corrida forçada em uma roda de corrida. As respostas também podem ser punidas com a cessação dos eventos. Por exemplo, a remoção de alimentos dependentes do pressionar de uma alavanca por um rato privado de alimentos provavelmente reduzirá a taxa de pressionamento. O problema é que pode ser difícil demonstrar a punição negativa. Se o rato for privado de comida e esta estiver disponível, ele provavelmente comerá em vez de pressionar, então teremos poucas oportunidades de punir o pressionamento da alavanca removendo o alimento. Por esse motivo, os estudos de punição negativa em geral não removeram o reforçador positivo em si. Colocando em paralelo a ênfase na esquiva em vez da fuga nos estudos de reforço negativo, foi removido o estímulo na presença do qual as respostas são reforçadas.

Por exemplo, suponha que duas alavancas estejam disponíveis a um macaco, e que pressionar uma alavanca produza comida sempre que uma luz estiver acesa. Podemos esperar pressionamentos na outra alavanca, mas podemos puni-las fazendo com que cada uma produza um período durante o qual a luz se apaga e que pressionar a primeira alavanca não tenha efeito algum. Tais períodos são chamados de tempo-espera (*time out*), e o procedimento é *punição por time out do reforço positivo* (p. ex., Ferster, 1958). O *time out* originou-se em experimentos como os com pombos, ratos e macacos, mas agora é provavelmente mais conhecido em suas aplicações humanas (p. ex., Wolf, Risley, & Mees, 1964). Por exemplo, o tempo em uma sala de isolamento às vezes tem sido utilizado para punir o comportamento problemático de crianças institucionalizadas. No uso casual do *time out* como punidor por pais e professores, as contingências são muitas vezes aplicadas de forma inconsistente, e o comportamento que ocorre durante o *time out* é com frequência negligenciado. O termo é ocasionalmente estendido a outros casos (p. ex., *time out de esquiva*, durante o qual nenhum choque é dado).

Reforço como seleção: a formação de classes operantes

Uma classe de respostas criadas por suas consequências é chamada de *operante*. Ela é definida por sua função, e não por suas propriedades físicas ou fisiológicas (Skinner, 1935). A classe depende do *reforçamento diferencial*, ou do reforço apenas das respostas que se enquadram na classe. O reforçamento diferencial faz com que a resposta corresponda cada vez mais às propriedades definidoras de uma classe operante. Pode basear-se em qualquer dimensão de resposta, embora a dimensão nem sempre possa ser definida de forma inequívoca. Por exemplo, a originalidade e outras dimensões complexas do comportamento podem definir classes operantes, embora às vezes tenhamos dificuldade em medi-las.

Bicadas de pombos em teclas e pressionamentos de alavanca por ratos são exemplos de classes operantes, mas também o são nossos apertos de botões do elevador ou nosso questionamento sobre o nome de alguém. Às vezes, essas classes são criadas de maneira natural por contingências, mas às vezes as criamos artificialmente. Se colocarmos um pombo em uma câmara experimental, ele pode ou não bicar uma tecla. Em vez de esperar por uma bicada, podemos gerá-la por *modelagem* (ou seja, reforçando de forma sucessiva outras respostas que cada vez mais se aproximam dela). Iniciamos o processo de modelagem operando um comedouro somente quando o pombo se vira em direção à tecla. Após dois ou três movimentos em direção à tecla, reforçamos não apenas qualquer movimento em direção à tecla mas apenas aqueles que incluem movimentos de bicada para frente. Logo, os movimentos do bico do pombo são completos, e um atinge a tecla. Nesse ponto, nosso aparelho assume o controle, e outras bicadas operam o alimentador automaticamente.

Nenhum conjunto de regras para modelagem pode substituir o que se aprende fazendo-o de fato. É fundamental ser sensível às interações momento a momento do comportamento do organismo e à entrega de reforçadores. A modelagem é uma arte aplicável a muitas habilidades: ginástica; tocar um instrumento musical; sedução; caligrafia; e colocar alguém como vítima de um jogo de trapaças/golpe. Em outras palavras, ela pode ser bem ou mal aproveitada, e muitos a utilizam sem nem saber que estão fazendo isso. Assim como acontece com o reforço e a punição, quando a modelagem é bem utilizada, ela pode muito bem ser feita de forma eficaz, já quando é mal utilizada, a melhor defesa contra ela é saber como ela funciona.

Um experimentador experiente pode modelar o pressionamento da tecla por um pombo com apenas 8 a 10 entregas do reforçador. Um modelador que trabalha perto dos limites da extinção – não reforçando agora, dessa forma, muitas das respostas que terão de ser extintas mais tarde, quando o comportamento tiver se aproximado da resposta-alvo –, provavelmente deixará de modelar mais rápido do que aquele que é generoso com reforços, mas arrisca a saciedade antes de atingir o alvo.

A modelagem funciona porque o comportamento é variável. Nesse aspecto, a modelagem é semelhante à seleção em sistemas biológicos: a evolução ocorre quando os ambientes selecionam organismos individuais de populações que variam geneticamente (p. ex., Donahoe, Burgos, & Palmer, 1993). A modelagem é mais óbvia quando utilizada por um adestrador humano, como no ensino de habilidades para um cão de serviço, mas também pode ocorrer como resultado de contingências naturais. Por exemplo, corvos machos em diferentes partes dos Estados Unidos cantam diferentes dialetos do canto dos pássaros (como é comum entre pássaros canoros, a fêmea do corvo não canta). É mais provável que uma fêmea responda com posturas de padrão de acasalamento a canções que soam mais parecidas com as que ela ouvia em sua juventude, que estavam no dialeto dos machos locais. Quando um macho estranho é introduzido, ele começa a cantar em seu próprio dialeto, mas canta com variações, e quanto mais tempo ele passa na presença dela, mais sua canção toma a forma do dialeto local. Suas reações diferenciais são reforçadoras, e moldam sua canção (p. ex., King & West, 1985).

A modelagem pode ser difícil de ver se não se sabe o que procurar; alguém que realmente fez modelagem está mais apto a notá-la em ambientes naturais do que alguém que só leu sobre isso. Desse modo, os pais que sempre esperam um pouco antes de atender uma criança chorando podem não perceber que eles gradualmente moldaram choros mais altos e irritantes. A atenção reforça o choro, e os choros irritantes são, por definição, os mais propensos a chamar a atenção. Se observarmos o que um pai faz quando um filho faz birra, muitas vezes é fácil adivinhar de onde vieram as birras. As contingências que produzem tal comportamento problemático raramente ocorrem de maneira isolada, de modo que outros comportamentos ou outros reforçadores podem provavelmente deslocar o comportamento problemático, mas o desaparecimento espontâneo desse comportamento não deve ser tomado como evidência de que a fonte do comportamento foi independente da modelagem.

A modelagem pode ser demonstrada ao longo de minutos, em vez de dias, anos ou milênios. Se os reforçadores podem fazer tanto com o comportamento quando as contingências são deliberadamente organizadas em períodos relativamente curtos, é razoável supor que eles também afetam o comportamento quando contingências naturais operam durante períodos substanciais ao longo da vida de um organismo, como na aquisição do comportamento verbal pelas crianças. Muitas contingências podem tomar conta do comportamento ao longo de meses ou de anos na vida de uma criança pequena. Algumas podem ser sutis, sobretudo dada a ampla gama de eventos que podem servir como reforçadores. Algumas podem produzir comportamentos desejáveis, e outras podem fazer o oposto. O comportamento autolesivo de uma criança institucionalizada de 9 anos pode parecer resistente à mudança, mas 9 anos é um tempo muito longo para as contingências operarem. Isso não significa que todo esse comportamento seja apenas produto de contingências. No entanto, diante de tais possibilidades, certamente é mais adequado estar atento aos efeitos de tais contingências do que supor que elas não existem.

Classes de ordem superior e contingências operantes

As contingências podem operar em combinação e apresentar desafios específicos quando algumas contingências estão interligadas em outras, em classes de ordem superior. Às vezes, quando uma classe de resposta parece insensível às suas consequências, ela faz parte de uma classe maior cujos outros membros continuam a ter as consequências que antes compartilhava com eles. Nesses casos, as contingências que operam na classe de ordem superior podem substituir aquelas dispostas para a classe original. Por exemplo, uma vez estabelecida a imitação generalizada, uma criança pode continuar a imitar algum exemplo, mesmo que essa imitação em específico nunca seja reforçada. Essa imitação pode parecer insensível a contingências operantes, mas será mantida pelas contingências que operam na classe de ordem superior, desde que a classe dessa ordem mantenha sua integridade.

Em geral, esperaríamos que as subclasses para as quais o reforço foi descontinuado fossem diferenciadas de suas classes de ordem superior, mas isso pode não acontecer se a integridade da classe de ordem superior depender de sua participação em outras classes de ordem superior interligadas que ainda incluam a subclasse (p. ex., jogar o jogo "O mestre mandou" no *playground* pode ajudar a manter a imitação generalizada na sala de aula, mesmo que as respostas imitativas em sala de aula nunca sejam reforçadas). Em alguns casos, isso pode ser um problema, mas em outros pode ser vantajoso, como quando um novo comportamento surge como nova instância da classe de ordem superior (p. ex., a imitação generalizada de um movimento que a criança nunca viu antes).

Agora considere um menino cujo comportamento autolesivo é reforçado pela atenção. Suponhamos que tentemos extinguir seu comportamento autolesivo ignorando-o. Podemos ter problemas desde o início, pois não podemos tolerar o dano que ele pode causar a si mesmo. No entanto, perseveramos e descobrimos que seu comportamento autolesivo não diminui. Uma possibilidade é que não tenhamos identificado de maneira adequada a classe de resposta relevante. Se o propósito desse comportamento é chamar a atenção, ele pode fazer parte de uma classe muito maior de comportamento que inclui falar palavrões, agir, bater ou abusar dos cuidadores no centro de tratamento e diversas outras respostas que possam chamar a atenção (Lalli, Mace, Wohn, & Livezey, 1995). Isso nos diz o quanto a atenção é importante para essa criança. Devemos considerar um programa de tratamento que utilize a atenção para reforçar comportamentos mais eficazes e adequados, mas o exemplo também nos lembra de que não podemos definir classes de resposta pelo que elas parecem ser.

Topografias relacionadas nas classes de ordem superior também podem entrar em hierarquias nas quais algumas subclasses são mais prováveis do que outras. Por exemplo, com comportamento autolesivo grave ou outras formas perigosas de comportamento problemático, as análises funcionais podem envolver riscos de lesão, mas também podem revelar precursores de comportamentos perigosos em tal hierarquia. Reduzir a probabilidade dos precursores também pode reduzir a probabilidade das formas mais perigosas de comportamento que os seguem (Fritz, Iwata, Hammond, & Bloom, 2013). Avaliações de classes de resposta hierárquicas podem, portanto, levar a intervenções baseadas em funções que reduzem os riscos de análises funcionais, reduzindo a probabilidade das topografias mais perigosas na hierarquia.

O critério para definir classes de resposta é a função, e as consequências comuns constituem-se na cola que mantém as classes de comportamento juntas. A classe maior é mantida unida pelas consequências comuns de seus membros, assim como as várias topografias do pressionamento de uma alavanca por um rato (pata esquerda ou direita, ambas as patas, rabo) são unidas pela consequência comum da produção de alimento, mas o caso humano se distingue pela incorporação de uma classe de resposta dentro de outra. No exemplo anterior, o comportamento autolesivo está embutido na classe maior de comportamento de chamar a atenção. Quando uma classe de resposta parece insensível às suas consequências, como quando o comportamento autolesivo parece não extinguir, devemos considerar a possibilidade de que especificamos a classe de modo indevido, e que ela faz parte de uma classe maior cujos outros membros continuam a ter as consequências que ela antes compartilhava com eles. A estrutura hierárquica de algumas classes de comportamento às vezes pode fazer parecer que o reforço não está funcionando, mas pode estar trabalhando em uma classe de resposta maior do que aquela na qual estivemos interessados. Quando o reforço parece não estar funcionando, devemos considerar se a classe de resposta na qual estamos interessados faz parte de outra classe maior (Catania, 1995).

Comportamento verbal e custos ocultos do reforço

O reforço pode ser obscurecido quando o comportamento verbal e o não verbal humano interagem. Por exemplo, o comportamento de seguir instruções é mais do que seguir instruções específicas, é uma classe de comportamento de ordem superior mantida unida por contingências comuns (p. ex., Shimoff & Catania, 1998). Seguir ordens nas forças armadas é produto de contingências sociais amplas e poderosas, muitas vezes baseadas em consequências aversivas, mas em combate real, as contingências de longo prazo que mantêm o seguimento de instruções em geral como uma classe de ordem superior podem ser confrontadas com as consequências imediatas de se seguir uma ordem específica (Skinner, 1969).

O comportamento verbal está envolvido na distinção entre reforçadores intrínsecos e extrínsecos. Uma reforçador *intrínseco* é aquele que tem uma relação natural com as respostas que o produzem, já um *extrínseco* tem relação arbitrária com essas respostas (p. ex., a música é uma consequência intrínseca de tocar um instrumento, mas o elogio do professor de música é extrínseco). Eventos que supostamente atuam como reforçadores, pois sua função foi instruída, têm sido chamados de *reforçadores extrínsecos* (p. ex., quando uma criança é informada de que é importante obter boas notas), mas rotulá-los assim não garante sua eficácia. Têm-se argumentado que as consequências extrínsecas minam a eficácia das intrínsecas e, apesar de muitas evidências em contrário, o argumento persistiu e continua a influenciar o uso de contingências operantes em escolas e outros ambientes (Cameron, Banko, & Pierce, 2001; Cameron & Pierce, 1994; Eisenberger & Cameron, 1996).

Em um experimento (Lepper, Greene, & Nisbett, 1973), um grupo de crianças recebeu estrelas douradas por obras de arte, como pintura a dedo. Depois que as estrelas douradas foram descontinuadas, as crianças desse grupo fizeram menos obras de arte do que as em um segundo grupo que nunca recebeu estrelas douradas. Tais estrelas, reforçadores extrínsecos, teriam minado os intrínsecos, as consequências naturais da pintura. No entanto, as crianças foram avisadas de que ganhariam estrelas douradas, e o experimento não testou a eficácia das estrelas como reforçadores. Não havia dados que mostrassem que as crianças pintavam mais quando recebiam estrelas douradas.

Os efeitos prejudiciais alegados são apenas inconsistentemente demonstráveis, e são pequenos e transitórios quando ocorrem (Cameron *et al.*, 2001; Cameron & Pierce, 1994). É mais provável que surjam problemas com o reforço extrínseco que não está contingente ao desempenho do que com o reforço contingente (Eisenberger & Cameron, 1996). De qualquer forma, se há um efeito, sua transitoriedade e seu pequeno tamanho dificilmente são consistentes com o argumento de que o reforço extrínseco pode arruinar a vida das crianças. Os efeitos não verbais dos reforçadores devem ser distinguidos das contingências sociais que mantêm o controle verbal do comportamento. Quando as situações envolvem comportamento verbal, há uma boa chance de que o controle verbal se sobreponha aos efeitos mais diretos do reforço.

Reforços *versus* subornos

Na literatura dos "custos ocultos o reforço", os reforçadores às vezes têm sido equiparados a subornos (Kohn, 1993), mas é improvável que os arranjos descritos como subornos por tais críticos da prática do reforço envolvam os efeitos diretos dos reforços. A linguagem do suborno tem uma extensa história no direito e na ética como oferta de bens ou favores em troca de tratamento favorável nos negócios, na política ou em outros empreendimentos humanos. Os críticos da prática do reforço estenderam essa linguagem à prática comum dos pais de especificar uma consequência ao pedir a uma criança que faça algo (p. ex., "se guardar seus brinquedos, você poderá assistir à televisão"). Há bons motivos para aconselhar os pais contra a prática de suborno nesse sentido, mas as razões são diferentes das oferecidas pelos críticos. Eles reconheceram de maneira correta os efeitos potencialmente diferentes de consequências naturais e artificiais, mas também confundiram seriamente os casos de controle de estímulos verbais com aqueles envolvendo outros tipos de contingências.

Os pais às vezes reclamam que seus filhos só cooperam com os pedidos quando há retorno imediato e explícito. Esse problema é de controle do estímulo. Os pais às vezes podem dizer: "é hora de guardar seus brinquedos", e, em outros momentos, podem dizer: "se você guardar seus brinquedos, poderá assistir à televisão". Porém, a menos que a criança que atendeu ao pedido tenha a oportunidade de assistir à televisão, independentemente de a contingência ter sido declarada de maneira explícita ou não, a criança aprenderá a cumprir apenas quando o pai declarar isso.

Dado que um suborno especifica o comportamento e suas consequências, as ofertas de suborno funcionam como estímulos que estabelecem a ocasião para contingências específicas. A criança que é frequentemente subornada nesse sentido aprenderá a discriminar entre as condições nas quais os subornos estão em vigor e aquelas em que eles não estão, de modo que o pai que frequentemente utiliza subornos sem dúvida acabará descobrindo que a criança só cumpre quando é oferecido um suborno.

A criança não aprenderá a iniciar um comportamento apropriado se a iniciativa partir de quem oferece o suborno. Portanto, a longo prazo, a obediência motivada por propinas provavelmente interferirá nos efeitos de contingências mais construtivas. Se o reforço tiver algum efeito nesses casos, será no fortalecimento da obediência ao suborno, o que dificilmente é a melhor forma de utilizar reforçadores. Quando esse controle de estímulo não intencional se desenvolve, é importante ensinar os pais a reforçarem a obediência sem declarar explicitamente a contingência ou, pelo menos, reforçá-la tanto quando a contingência é explicitamente declarada como quando não for.

Quanto ao pai que ouviu a linguagem das propinas aplicadas à prática do reforço e, por isso, reluta em entregar reforços, é crucial ensiná-lo a não acompanhar o arranjo de contingências para o comportamento de uma criança com declarações dessas contingências. Esse provavelmente também é um bom conselho para professores e clínicos.

Classes de reforçadores e efeitos específicos do reforçador

As contingências operantes envolvem consequências e, assim como as respostas, podem ser estudadas em termos de classes (Cuvo, 2000). Em geral, reforçadores sucessivos dispostos em ambientes experimentais são semelhantes, mas não idênticos. Por exemplo, pedaços individuais de grãos disponibilizados quando as bicadas de um pombo operam seu comedouro serão ligeiramente diferentes em forma e cor; os abraços, os sorrisos ou os comentários positivos de um pai, que reforçam o comportamento de uma criança, sem dúvida vão variar de um caso para outro.

A discussão das classes de ordem superior examinou as diferentes respostas que podem produzir atenção e, desse modo, manter o comportamento autolesivo de crianças com deficiências graves de desenvolvimento. Por compartilhar suas consequências com outras respostas, como utilizar palavras obscenas ou jogar coisas, o comportamento autolesivo pode fazer parte de uma classe maior que podemos chamar de *comportamento de chamar a atenção*. Nessa classe, alguns tipos de respostas podem ser mais prováveis do que outros, ou podem estar disponíveis de forma distinta em diferentes contextos (Lalli *et al.*, 1995). Por exemplo, uma criança pode ser mais propensa a se envolver em autolesão se não houver nada por perto para jogar, ou mais propensa a gritar obscenidades a determinado público do que para outro. No entanto, sua inclusão em uma classe comum torna provável que essas respostas variem juntas em função de eventos estabelecedores ou outras variáveis.

No entanto, e se a atenção dos funcionários da unidade hospitalar dessa criança não funcionar como a atenção da mãe da criança quando ela visita a unidade? Se descobrirmos que um tipo de atenção não pode substituir o outro, poderemos tratar melhor a atenção dessas duas fontes diferentes como duas classes de reforçadores separadas (cf. Kelly, Roscoe, Hanley, & Schlichenmeyer, 2014). É importante saber sobre esta distinção, pois a avaliação do comportamento problemático na unidade pode apresentar resultados diferentes daquele apresentado na residência da criança. Portanto, intervenções terapêuticas moldadas pela atenção da equipe na unidade podem ser incompatíveis com os comportamentos modelados pela atenção dada em casa pela mãe. Um programa de tratamento eficaz deve lidar com o comportamento da mãe, bem como com o do filho, ou os ganhos do tratamentos realizados na unidade serão perdidos logo após a alta da criança.

A importância das classes de reforçadores tem sido especialmente demonstrada em pesquisas sobre a aquisição de emparelhamento arbitrária entre crianças e organismos não humanos (Dube & McIlvane, 1995; Dube, McIlvane, Mackay, & Stoddard, 1987; Kastak, Schusterman, & Kastak, 2001; Urcuioli, 1991, 2005). Experimentos sobre correspondência arbitrária em geral incorporam procedimentos de correção e outras características que reduzem a proximidade de erros com reforçadores posteriores, e que reduzem a probabilidade de que o organismo atenda a dimensões irrelevantes do ambiente para a tarefa. Apesar disso, algumas crianças, assim como alguns pombos, aprendem de maneira mais lenta.

Em um estudo típico de emparelhamento, todas as respostas corretas, seja para um estímulo de comparação ou outro, produzem o mesmo reforçador. Porém, se os reforçadores, bem como os estímulos e as respostas das tarefas arbitrárias de correspondência entram em classes funcionais, isso pode ser um equívoco. Enquanto as contingências possam funcionar para separar as diferentes classes de emparelhamento, como bicada no verde dada uma amostra quadrada, e bicada no vermelho dada uma amostra circular, os reforçadores comuns podem atuar para mantê-las juntas. Com a tarefa de emparelhamento modificada para as crianças de modo que as respostas corretas das diferentes classes de problemas produzam um reforçador visual diferente (p. ex., diferentes imagens de desenhos animados exibidas em um monitor de vídeo), a aquisição de emparelhamento arbitrária geralmente ocorre muito mais rapidamente do que quando todas as respostas produzem o mesmo reforçador (p. ex., Urcuioli, 2005; Urcuioli & Swisher, 2015). Concluímos que, sempre que possível, devemos arranjar reforços diferentes em vez de um único reforço para a manutenção ou a formação de diferentes classes de respostas.

Reforço e seleção cultural

As relações entre o comportamento e suas consequências nas contingências operantes parecem simples, mas têm propriedades sutis, algumas das quais se tornam evidentes apenas em contextos especiais. Por exemplo, quando os efeitos colaterais não são considerados, as contingências podem parecer ineficazes. Os efeitos colaterais das contingências operantes podem ter afetado sua aceitação, pois permitem que os efeitos das contingências sejam mascarados de várias maneiras. Portanto, é prudente considerar as circunstâncias nas quais as propriedades das contingências operantes podem nos enganar ao implantá-las e avaliar seus efeitos. No interesse de evitar equívocos e mal-entendidos, provavelmente é ainda mais importante lembrarmo-nos deles sempre que apresentarmos o que sabemos sobre contingências operantes àqueles que não dominam a análise do comportamento. Para os que argumentam que essas contingências não devem ser estudadas, pois podem ser mal utilizadas, a tréplica apropriada é que a familiaridade detalhada com suas propriedades pode ser a melhor defesa contra seu mau uso. Sozinhos ou em combinação, os fatores aqui considerados às vezes podem dar a impressão de que contingências operantes não funcionam. Ao examinar melhor, podemos concluir que eles funcionam de maneira mais ubíqua* e mais profunda do que imaginávamos inicialmente.

A seleção *filogênica* é a seleção darwiniana que opera na evolução das espécies. A seleção *ontogênica* é a operante, pois opera na modelagem do comportamento em um período de vida individual. Um terceiro nível é a seleção *sociogênica* ou *cultural*, que envolve a seleção do comportamento à medida que ele é transmitido de um indivíduo para outro (Skinner, 1981). A seleção em qualquer um desses níveis não precisa ser consistente com a seleção nos outros dois. Por exemplo, pode não importar o quão valioso um modo de fazer as coisas é em relação a outro, se um é fácil de passar de um indivíduo para outro, ao passo que outro modo pode ser

*N. de R. T. Ubíquo significa que algo está presente em todo o lugar, ou seja, é onipresente.

transmitido com dificuldade. O modo mais fácil de se transmitir pode se espalhar rapidamente e passar a dominar em uma cultura em relação ao outro, mesmo que esse outro seja mais benéfico a longo prazo.

Um exemplo disso é a aplicação de técnicas de reforço em relação às de punição. Infelizmente, as vantagens do reforço não tornam mais provável que a punição se espalhe por meio de uma cultura (Catania, 2000). O problema é que a punição em geral produz efeitos mais imediatos no comportamento do que um reforço. Aconteça o que acontecer a longo prazo, um pai que grita ou agride uma criança que aparenta estar se comportando mal provavelmente verá alguma mudança imediata no comportamento da criança, como o início do choro. Essa mudança geralmente incluirá a cessação do comportamento pelo qual o pai se preocupava, embora possa ter pouco a ver com o fato de que o comportamento poderá reaparecer em ocasiões posteriores, sobretudo na ausência do pai. Se interromper o comportamento da criança faz parte do que reforça a aplicação da punição pelo genitor, a imediaticidade desse reforçador será um fator importante na manutenção do uso dessa punição genitor.

Já com o reforço, os efeitos da entrega de um reforçador podem não aparecer por algum tempo. Na modelagem, se uma resposta reforçada atual estiver mais próxima da resposta-alvo do que qualquer outra vista antes pelo modelador, a probabilidade de respostas semelhantes aumentará. Mesmo assim, muitas outras respostas podem passar antes que o modelador veja outra igual. Diferentemente do caso da punição, no qual um efeito imediato normalmente é que o comportamento-alvo é interrompido, qualquer efeito imediato de reforço envolve um comportamento não relacionado à resposta-alvo (p. ex., consumir um reforçador comestível). Os períodos durante os quais os reforçadores mudam de resposta subsequente provavelmente desempenham um papel fundamental na determinação de quanto tempo é necessário para o processo de modelagem do comportamento dos alunos. Se isso torna mais fácil ensinar técnicas aversivas do que ensinar as de reforço, talvez seja também por isso que as medidas punitivas são tão comumente utilizadas para manter a ordem civil em tantas culturas.

Mesmo quando o reforço começa a ser mais apreciado em nossa cultura, não devemos ser complacentes em ensinar o que sabemos sobre ele. Apesar das vantagens do reforço, é mais fácil ensinar o uso de punidores do que ensinar o uso de reforçadores, e o reforço pode ser mal compreendido ou ser obscurecido por outros processos de várias maneiras. Algumas pessoas são muito boas na modelagem, mesmo sem instrução explícita, mas, para a maioria dos indivíduos, o uso eficaz de reforçadores tem que ser cuidadosamente ensinado.

Referências

Arntzen, E., Brekstad, A., & Holth, P. (Eds.). (2004). Special issue on noncontingent reinforcement. *European Journal of Behavior Analysis, 5,* 1-108.

Arntzen, E., Brekstad, A., & Holth, P. (Eds.). (2006). Special issue on contingent reinforcement. *European Journal of Behavior Analysis, 7,* 99-185.

Azrin, N. H., & Holz, W. C. (1966). Punishment. Em W. K. Honig (Ed.), *Operant behavior: Areas of research and application* (p. 380-447). Nova York: Appleton-Century-Crofts.

Azrin, N. H., Hutchinson, R. R., & Hake, D. F. (1966). Extinction-induced aggression. *Journal of the Experimental Analysis of Behavior, 9,* 191-204.

Azrin, N. H., Hutchinson, R. R., & McLaughlin, R. (1965). The opportunity for aggression as an operant reinforcer. *Journal of the Experimental Analysis of Behavior, 8,* 171-180.

Bandura, A. (1976). Self-reinforcement: Theoretical and methodological considerations. *Behaviorism, 4,* 135-155.

Bandura, A. (1995). Comments on the crusade against the causal efficacy of human thought. *Journal of Behavior Therapy and Experimental Psychiatry, 26,* 179-190.

Bersh, P. J., & Lambert, J. V. (1975). The discriminative control of free-operant avoidance despite exposure to shock during the stimulus correlated with nonreinforcement. *Journal of the Experimental Analysis of Behavior, 23,* 111-120.

Cameron, J., Banko, K. M., & Pierce, W. D. (2001). Pervasive negative effects of rewards on intrinsic motivation: The myth continues. *Behavior Analyst, 24,* 1-44.

Cameron, J., & Pierce, W. D. (1994). Reinforcement, reward, and intrinsic motivation: A meta-analysis. *Review of Educational Research, 64,* 363-423.

Camp, D. S., Raymond, G. A., & Church, R. M. (1967). Temporal relationship between response and punishment. *Journal of Experimental Psychology, 74,* 114-123.

Carr, E. G., Newsom, C. D., & Binkoff, J. A. (1980). Escape as a factor in the aggressive behavior of two retarded children. *Journal of Applied Behavior Analysis, 13,* 101-117.

Catania, A. C. (1971). Elicitation, reinforcement and stimulus control. Em R. Glaser (Ed.), *The nature of reinforcement* (p. 196-220). Nova York: Academic Press.

Catania, A. C. (1975). The myth of self-reinforcement. *Behaviorism, 3,* 192-199.

Catania, A. C. (1995). Higher-order behavior classes: Contingencies, beliefs, and verbal behavior. *Journal of Behavior Therapy and Experimental Psychiatry, 26,* 191-200.

Catania, A. C. (2000). Ten points every behavior analyst needs to remember about reinforcement. Em J. C. Leslie & D. E. Blackman (Eds.), *Experimental and applied analyses of human behavior* (p. 23-37). Reno, NV: Context Press.

Catania, A. C. (2001). Positive psychology and positive reinforcement. *American Psychologist, 56,* 86-87.

Catania, A. C. (2005). The nonmaintenance of behavior by noncontingent reinforcement. *European Journal of Behavior Analysis, 6*, 89-94.

Catania, A. C. (2013). *Learning* (5ª ed.). Cornwall-on-Hudson, NY: Sloan.

Charlop, M. H., Kurtz, P. F., & Casey, F. G. (1990). Using aberrant behaviors as reinforcers for autistic children. *Journal of Applied Behavior Analysis, 23*, 163-181.

Cuvo, A. J. (2000). Development and function of consequence classes in operant behavior. *Behavior Analyst, 23*, 57-68.

Donahoe, J. W., Burgos, J. E., & Palmer, D. C. (1993). A selectionist approach to reinforcement. *Journal of the Experimental Analysis of Behavior, 60*, 17-40.

Donahoe, J. W., & Vegas, R. (2004). Pavlovian conditioning: The CS-UR relation. *Journal of Experimental Psychology: Animal Behavior Processes, 30*, 17-33.

Dube, W. V., & McIlvane, W. J. (1995). Stimulus-reinforcer relations and emergent matching to sample. *Psychological Record, 45*, 591-612.

Dube, W. V., McIlvane, W. J., Mackay, H. A., & Stoddard, L. T. (1987). Stimulus class membership established via stimulus-reinforcer relations. *Journal of the Experimental Analysis of Behavior, 47*, 159-175.

Eisenberger, R., & Cameron, J. (1996). Detrimental effects of reward: Reality or myth? *American Psychologist, 51*, 1153-1166.

Favell, J. E., McGimsey, J. F., & Jones, M. L. (1978). The use of physical restraint in the treatment of self-injury and as positive reinforcement. *Journal of Applied Behavior Analysis, 11*, 225-241.

Ferrari, M., & Harris, S. L. (1981). The limits and motivating potential of sensory stimuli as reinforcers for autistic children. *Journal of Applied Behavior Analysis, 14*, 339-343.

Ferster, C. B. (1958). Control of behavior in chimpanzees and pigeons by time out from positive reinforcement. *Psychological Monographs, 72*(8, Whole No. 461).

Fisher, W. W., Pawich, T. L., Dickes, N., Paden, A. R., & Toussaint, K. (2014). Increasing the saliency of behavior-consequence relations for children with autism who exhibit persistent errors. *Journal of Applied Behavior Analysis, 47*, 738-748.

Fisher, W. W., Piazza, C. C., Bowman, L. G., Hagopian, L. P., Owens, J. C., & Slevin, I. (1992). A comparison of two approaches for identifying reinforcers for persons with severe and profound disabilities. *Journal of Applied Behavior Analysis, 25*, 491-498.

Fisher, W. W., Rodriguez, N., & Owen, T. (2013). Functional assessment and treatment of perseverative speech about restricted topics in an adolescent with Asperger syndrome. *Journal of Applied Behavior Analysis. 46*, 307-311.

Fritz, J. N., Iwata, B. A., Hammond, J. L., & Bloom, S. E. (2013). Experimental analysis of precursors to severe problem behavior. *Journal of Applied Behavior Analysis, 46*, 101-129.

Green, C. W., Reid, D. H., White, L. K., Halford, R. C., Brittain, D. P., & Gardner, S. M. (1988). Identifying reinforcers for persons with profound handicaps: Staff opinion versus systematic assessment of preferences. *Journal of Applied Behavior Analysis, 21*, 31-43.

Greer, B. D., Fisher, W. W., Saini, V., Owen, T. M., & Jones, J. K. (2016). Improving functional communication training during reinforcement schedule thinning: An analysis of 25 applications. *Journal of Applied Behavior Analysis, 49*, 105-121.

Hagopian, L. P., Crockett, J. L., van Stone, M., DeLeon, I. G., & Bowman, L. G. (2000). Effects of noncontingent reinforcement on problem behavior and stimulus engagement: The role of satiation, extinction, and alternative reinforcement. *Journal of Applied Behavior Analysis, 33*, 433-449.

Herrnstein, R. J., & Hineline, P. N. (1966). Negative reinforcement as shock-frequency reduction. *Journal of the Experimental Analysis of Behavior, 9*, 421-430.

Hineline, P. N. (1970). Negative reinforcement without shock reduction. *Journal of the Experimental Analysis of Behavior, 14*, 259-268.

Hineline, P. N. (1981). The several roles of stimuli in negative reinforcement. Em P. Harzem & M. D. Zeiler (Eds.), *Predictability, correlation, and contiguity* (p. 203-246). Nova York: Wiley.

Holz, W. C., & Azrin, N. H. (1961). Discriminative properties of punishment. *Journal of the Experimental Analysis of Behavior, 4*, 225-232.

Iversen, I. H., & Lattal, K. A. (1991a). *Experimental analysis of behavior: Part 1*. Amsterdam: Elsevier.

Iversen, I. H., & Lattal, K. A. (1991b). *Experimental analysis of behavior: Part 2*. Amsterdam: Elsevier.

Iwata, B. A., Pace, G. M., Kalsher, M. J., Cowdery, G. E., & Cataldo, M. F. (1990). Experimental analysis and extinction of self-injurious escape behavior. *Journal of Applied Behavior Analysis, 23*, 11-27.

Kastak, C. R., Schusterman, R. J., & Kastak, D. (2001). Equivalence classification by California sea lions using class-specific reinforcers. *Journal of the Experimental Analysis of Behavior, 76*, 131-158.

Keller, F. S. (1941). Light aversion in the white rat. *Psychological Record, 4*, 235-250.

Kelly, M. A., Roscoe, E. M., Hanley, G. P., & Schlichenmeyer, K. (2014). Evaluation of assessment methods for identifying social reinforcers. *Journal of Applied Behavior Analysis, 47*, 113-135.

King, A. P., & West, M. J. (1985). Social metrics of song learning. *Learning and Motivation, 15*, 441-458.

Kohn, A. (1993). *Punished by rewards*. Boston: Houghton Mifflin.

Lalli, J. S., Mace, F. C., Wohn, T., & Livezey, K. (1995). Identification and modification of a response-class hierarchy. *Journal of Applied Behavior Analysis, 28*, 551-559.

Lattal, K. A. (1974). Combinations of response reinforcer dependence and independence. *Journal of the Experimental Analysis of Behavior, 22*, 357-362.

Lepper, M. R., Greene, D., & Nisbett, R. E. (1973). Undermining children's intrinsic interest with extrinsic reward: A test of the "overjustification" hypothesis. *Journal of Personality and Social Psychology, 28*, 129- 137.

Lerman, D. C., Iwata, B. A., & Wallace, M. D. (1999). Side effects of extinction: Prevalence of bursting and aggression during the treatment of self-injurious behavior. *Journal of Applied Behavior Analysis, 32*, 1-8.

Mahoney, M. J., & Bandura, A. (1972). Self-reinforcement in pigeons. *Learning and Motivation, 3*, 293-303.

Maier, S. F., Albin, R. W., & Testa, T. J. (1973). Failure to learn to escape in rats previously exposed to inescapable shock depends on nature of escape response. *Journal of Comparative and Physiological Psychology, 85*, 581-592.

Michael, J. (1982). Distinguishing between discriminative and motivational functions of stimuli. *Journal of the Experimental Analysis of Behavior, 37*, 149-155.

Michael, J. (1989). *Concepts and principles of behavior analysis*. Kalamazoo, MI: Association for Behavior Analysis.

Neuringer, A. (2004). Reinforced variability in animals and people. *American Psychologist, 59*, 891-906.

Nevin, J. A. (1992). An integrative model for the study of behavioral momentum. *Journal of the Experimental Analysis of Behavior, 57*, 301-316.

Pavlov, I. P. (1927). *Conditioned reflexes* (G. V. Anrep, Trans.). Londres: Oxford University Press.

Perone, M. (2003). Negative effects of positive reinforcement. *Behavior Analyst, 26*, 1-14.

Peterson, N. (1960). Control of behavior by presentation of an imprinted stimulus. *Science, 132*, 1395-1396.

Premack, D. (1962). Reversibility of the reinforcement relation. *Science, 136*, 255-257.

Seligman, M. E. P., & Csikszentmihalyi, M. (2000). Positive psychology: An introduction. *American Psychologist, 55*, 5-14.

Seligman, M. E. P., & Csikszentmihalyi, M. (2001). Reply to comments. *American Psychologist, 56*, 89-90.

Shimoff, E., & Catania, A. C. (1998). The verbal governance of behavior. Em K. A. Lattal & M. Perone (Eds.), *Handbook of research methods in human operant behavior* (p. 371-404). Nova York: Plenum Press.

Sidman, M. (1953). Two temporal parameters in the maintenance of avoidance behavior by the white rat. *Journal of Comparative and Physiological Psychology, 46*, 253-261.

Sidman, M. (1958). By-products of aversive control. *Journal of the Experimental Analysis of Behavior, 1*, 265-280.

Sizemore, O. J., & Lattal, K. A. (1977). Dependency, temporal contiguity, and response-independent reinforcement. *Journal of the Experimental Analysis of Behavior, 27*, 119-125.

Skinner, B. F. (1935). The generic nature of the concepts of stimulus and response. *Journal of General Psychology, 12*, 40-65.

Skinner, B. F. (1938). *The behavior of organisms: An experimental analysis*. Nova York: Appleton-Century-Crofts.

Skinner, B. F. (1953). *Science and human behavior*. Nova York: Macmillan.

Skinner, B. F. (1957). *Verbal behavior*. Nova York: Appleton-Century-Crofts.

Skinner, B. F. (1969). *Contingencies of reinforcement*. Nova York: Appleton-Century-Crofts.

Skinner, B. F. (1981). Selection by consequences. *Science, 213*, 501-504.

Skinner, B. F. (1999). *Cumulative record* (V. G. Laties & A. C. Catania, Eds.). Cambridge, MA: B. F. Skinner Foundation.

Solnick, J. V., Rincover, A., & Peterson, C. R. (1977). Some determinants of the reinforcing and punishing effects of timeout. *Journal of Applied Behavior Analysis, 10*, 415-424.

Urcuioli, P. J. (1991). Retardation and facilitation of matching acquisition by differential outcomes. *Animal Learning and Behavior, 19*, 29-36.

Urcuioli, P. J. (2005). Behavioral and associative effects of differential outcomes in discrimination learning. *Learning and Behavior, 33*, 1-21.

Urcuioli, P. J., & Swisher, M. J. (2015). Transitive and anti-transitive emergent relations in pigeons: Support for a theory of stimulus-class formation. *Behavioural Processes, 112*, 49-60.

Weiss, B., & Laties, V. G. (1961). Behavioral thermoregulation. *Science, 133*, 1338-1344.

Wolf, M., Risley, T., & Mees, H. (1986). Application of operant conditioning procedures to the behavior problems of an autistic child. *Behaviour Research and Therapy, 1*, 305-312.

4

Esquemas de reforçamento

F. Charles Mace, Duncan Pritchard e Heather Penney

As regras que descrevem a relação entre as respostas e as entregas de reforço são conhecidas como *esquemas de reforçamento*. Os pesquisadores podem organizar essas regras de modo deliberado no contexto de um experimento ou um tratamento comportamental, ou podem supô-las a partir do padrão de respostas a entregas de reforço que ocorrem naturalmente. Em ambos os casos, os esquemas de reforçamento são importantes para serem considerados na análise do comportamento aplicada (ABA, *applied behavior analysis*), pois cada programa tem efeitos previsíveis em uma ou mais dimensões do comportamento. Com esse conhecimento, o analista do comportamento aplicado pode descrever as condições de reforçamento que mantêm o comportamento indesejável e projetar intervenções com maior probabilidade de aumentar o desejável.

Este capítulo discute as dimensões do comportamento que os esquemas de reforçamento podem afetar, bem como apresenta descrições e exemplos de esquemas de reforçamento básicos e combinados.

Esquemas de reforçamento no contexto

É importante compreender os efeitos que os esquemas de reforçamento têm sobre o comportamento no contexto mais amplo em que operam. A unidade básica de análise na ABA é o *operante discriminado*, uma classe de respostas definida tanto pelo efeito que as respostas têm sobre o ambiente quanto pelos estímulos presentes quando elas ocorrem (Catania, 2013). Os eventos que motivam a ocorrência de operantes discriminados são conhecidos como *operações motivadoras* (Laraway, Snycerski, Michael, & Poling, 2003), eventos que precedem ocorrências de operantes discriminados que podem ter efeitos *evocativos* ou *abolidores* sobre o comportamento, ou seja, que aumentam ou diminuem sua ocorrência. Elas alteram a eficácia das consequências do comportamento, estabelecendo ou abolindo seus efeitos reforçadores ou punitivos. *Estímulos discriminativos* são ocorrências antecedentes de estímulos ou eventos que sinalizam ou se correlacionam ao aumento ou diminuição da disponibilidade de reforço ou punição e afetam os operantes discriminados. Segundo analistas do comportamento, os estímulos discriminativos definem a ocasião para que os operantes ocorram, pois predizem as prováveis consequências das respostas. No entanto, os efeitos dos estímulos discriminativos sobre o comportamento dependem da presença ou da ausência de operações motivadoras relacionadas (Laraway *et al.*, 2003).

Em ambientes humanos naturais, os indivíduos são livres para se envolver em qualquer um dos vários operantes discriminados disponíveis de maneira simultânea. Cada um produz uma ou mais consequências, e o indivíduo tem a *escolha* de se engajar em qualquer alternativa (Fisher & Mazur, 1997; Mace & Roberts, 1993). Pesquisadores estudaram extensivamente as variáveis que influenciam a escolha e as quantificaram na *lei da igualação generalizada* (Baum, 1974), que discutiremos rapidamente mais adiante. No entanto, uma das variáveis que afeta a escolha é o esquema relativo de reforçamento que opera para cada alternativa disponível de modo concomitante. Também fornecemos uma estrutura conceitual para entender como as mudanças na motivação relativa e na história relativa de reforço ou de punição influenciam os operantes discriminados concorrentes de forma dinâmica (i.e., massa comportamental; Mace, Gritter, Johnson, Malley, & Steege, 2007; ver Figura 4.1). As histórias de aprendizagem afetam a resistência relativa à mudança ou o momento que cada operante discriminado tem, e podem afetar o valor relativo das alternativas disponíveis simultaneamente e as escolhas que os indivíduos fazem. Nevin e Grace (2000) referem-se a essas histórias como *massa comportamental* no contexto de sua formulação da teoria do *momentum comportamental.*

O objetivo deste prefácio à nossa discussão sobre esquemas de reforçamento é enfatizar que os efeitos desses esquemas sobre o comportamento são *relativos*, não absolutos (Herrnstein, 1961, 1970). Ou seja, a influência de qualquer esquema de reforçamento sobre um operante discriminado dependerá dos fatores relativos que afetam a escolha, incluindo taxa, qualidade e atraso do reforço, bem como esforço, motivação e massa comportamental da resposta. O significado prático desse modelo conceitual é que o analista do comportamento aplicado pode precisar considerar muitos fatores que influenciam tanto o comportamento desejável quanto o indesejável para maximizar a eficácia de suas intervenções.

Dimensões do comportamento afetadas por esquemas de reforçamento

Na prática da ABA, clínicos e pesquisadores fornecem reforços de maneira contingente. Há três tipos gerais de contingências, uma de *razão* – aquela entre o número de respostas que ocorrem e a entrega de um reforçador –, uma de *intervalo* – aquela entre a ocorrência das respostas e a passagem do tempo – e uma de *tempo* – a passagem do tempo sem relação com a ocorrência de respostas. O arranjo de contingências de razão, intervalo e tempo pode afetar a taxa de resposta, a periodicidade e a resistência à mudança.

Taxa de resposta

A *taxa de resposta* é a razão entre o número de respostas por tempo ou a quantidade de respostas dividida pelo tempo. Seu sinônimo é *frequência*. Uma expressão alternativa da taxa de resposta é o tempo médio entre as respostas, ou *tempo inter-resposta* (IRT, *interresponse time*), a média do tempo decorrido entre o término de uma resposta e o início da seguinte na classe de resposta. A taxa de resposta e o IRT têm correlação inversa perfeita, de modo que um aumento unitário na taxa de resposta terá diminuição unitária correspondente no IRT. Na prática da ABA, a taxa de resposta é muitas vezes uma dimensão importante que o analista do comportamento pretende alterar – em geral tentando aumentar a frequência dos comportamentos desejáveis, diminuir a frequência dos indesejáveis ou ambos. Desse modo, conhecer os efeitos de diferentes esquemas de reforçamento sobre a taxa de resposta é importante no planejamento de intervenções.

Periodicidade da resposta

A *periodicidade da resposta* é o padrão das respostas em relação à passagem do tempo. O IRT expressa o tempo médio entre as respostas, já periodicidade das respostas é o padrão de tempo entre respostas ou IRTs individuais durante um período. Em geral, esquemas de reforçamento promovem quatro padrões de periodicidade de resposta. O primeiro é um tempo *constante* entre as respostas com pouca variabilidade nos IRTs individuais, característico dos esquemas de razão variável (VR, *variable-ratio*) e intervalo variável (VI, *variable-interval*). Um segundo padrão é uma *pausa* na resposta após uma taxa de resposta comparativamente mais alta. Tanto

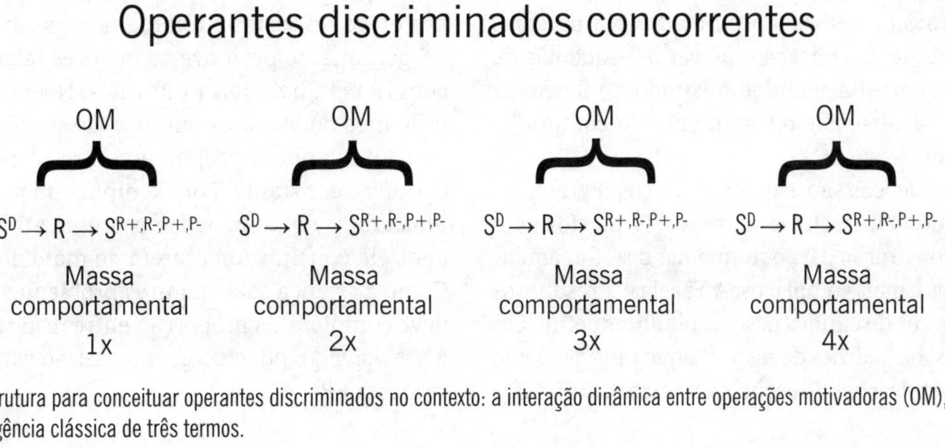

FIGURA 4.1 Estrutura para conceituar operantes discriminados no contexto: a interação dinâmica entre operações motivadoras (OM), massa comportamental e contingência clássica de três termos.

os esquemas de razão fixa (FR, *fixed-ratio*) quanto de intervalo fixo (FI, *fixed-interval*) podem promover pausas temporárias na resposta após a entrega do reforço, antes que a resposta seja retomada. Um terceiro padrão é a *suspensão* da resposta após determinado padrão de resposta. Tempo, extinção e reforçamento diferencial de outro comportamento (DRO, *diferential reinforcement of other behavior*) podem produzir reduções nas taxas de resposta para zero ou próximo de zero. Por fim, a periodicidade da resposta pode mostrar um padrão de *aceleração* (Johnston & Pennypacker, 2009), que se refere a uma mudança progressiva nos IRTs individuais. Os IRTs progressivamente mais curtos refletem a *aceleração* da taxa de resposta, e os progressivamente mais longos refletem a *desaceleração*. Muitos esquemas de reforçamento podem promover esses padrões de resposta, conforme discutiremos nas seções a seguir.

Resistência à mudança

Uma dimensão importante do comportamento que os analistas do comportamento aplicado consideram cada vez mais é sua *resistência à mudança*, a taxa de desaceleração na resposta após a introdução de algum *disruptor de resposta* (Nevin, 1974; Nevin, Mandell, & Atak, 1983). Eventos comuns que interrompem a relação resposta-reforço incluem extinção, saciedade, reforço alternativo, punição, reforço de fonte oculta ou entre sessões e distração. Cada operação pode desacelerar a resposta. Essa dimensão do comportamento é especialmente relevante para o trabalho da ABA, que busca fortalecer a resistência à mudança do comportamento desejável e enfraquecer a resistência à mudança do comportamento indesejável.

Esquemas de reforçamento básicos

Ferster e Skinner (1957) forneceram o trabalho fundamental para os esquemas de reforçamento em sua compilação de mais de 100 demonstrações experimentais dos padrões de resposta promovidos por diversos esquemas. Inúmeras aplicações de vários esquemas de reforçamento em ABA têm demonstrado a relevância destes para a avaliação e o tratamento do comportamento humano.

Esquemas básicos são esquemas únicos de reforçamento aplicados a uma classe de respostas, que formam os blocos de construção para os esquemas de reforçamento combinados e mais complexos. A Tabela 4.1 resume os esquemas básicos discutidos neste capítulo, as definições dos esquemas, os padrões de resposta que cada esquema promove e as aplicações do esquema no trabalho da ABA.

Esquema de razão

Os esquemas de razão do reforçamento especificam o número de respostas que o organismo deve emitir para efetuar a entrega do reforço, independentemente do tempo que o organismo leva para completar o requisito do esquema. No entanto, como taxas de resposta lentas atrasam o tempo para o reforço, os esquemas de razão em geral promovem taxas de resposta relativamente altas com IRTs individuais relativamente constantes, com algumas exceções observadas a seguir. Duas características do esquema influenciam os padrões de resposta promovidos por tais esquemas de razão: (1) a razão entre respostas e reforços e (2) a previsibilidade dessa razão.

Esquema de FR

Em um esquema de FR, o número de respostas necessárias para produzir um reforçamento é constante (inserir um código de área de três dígitos e um número de telefone de sete dígitos para fazer uma chamada é um exemplo de esquema de FR 10). Quando a razão entre respostas e reforçamentos é muito baixa, como no caso do esquema de FR 1 ou do esquema de *reforçamento contínuo* (CRF, *continuos-reinforcement*), as taxas de resposta geralmente são baixas. No entanto, à medida que as entregas de reforçamento se tornam menos frequentes (p. ex., FR 5), as taxas de resposta que o esquema promove aumentam com rapidez e, por fim, suportam taxas de resposta comparativamente altas. À medida que a razão entre respostas e reforços aumenta, as pausas na resposta após a entrega do reforço, ou as *pausas pós-reforço*, também aumentam (Felton & Lyon, 1966). Por fim, à medida que a razão entre respostas e reforços se torna comparativamente alta, pausas na resposta podem surgir antes da entrega do reforço. Trata-se de uma *distorção de razão*, que pode produzir tanto a interrupção temporária da resposta quanto a sua cessação. A previsibilidade da razão entre respostas e reforçamentos em esquemas de FR geralmente promove as maiores taxas de resposta com IRTs individuais uniformes. No entanto, os seres humanos podem apresentar padrões de resposta à FR mesmo quando a proporção entre respostas e reforços não é constante. Por exemplo, um pai pode dizer a uma criança que ela pode fazer uma atividade de lazer após ela concluir uma tarefa de matemática em casa. Como a criança sabe quantos problemas matemáticos deve completar, a proporção entre respostas e reforços é previsível, e pode ocorrer o padrão característico de resposta FR.

TABELA 4.1 Esquemas de reforçamento básicos, exemplos na ABA e os padrões de resposta promovidos

Esquema	Definição	Exemplo na ABA	Padrão de resposta promovido
Razão fixa (FR, *fixed-ratio*)	Os reforços dependem de cada resposta (p. ex., FR 4 – a cada quatro respostas).	Cohen *et al.* (2001) demonstraram padrões de FR medindo as contrações musculares emitidas por estudantes universitários.	Alta frequência de resposta com IRTs comparativamente curtos e uniformes. A pausa na resposta segue as entregas do reforço.
Razão variável (VR, *variable-ratio*)	Os reforços dependem de um número variável de respostas; o número médio de respostas define o esquema.	DeLuca e Holburn (1992) mostraram padrões de VR medindo a taxa de rotações de bicicletas ergométricas em crianças obesas.	Alta frequência de resposta com IRTs comparativamente curtos e uniformes.
Intervalo fixo (FI, *fixed-interval*)	Os reforços dependem da primeira resposta após um intervalo de tempo fixo.	Critchfield *et al.* (2003) analisaram o comportamento de aprovação de projetos de lei do Congresso dos Estados Unidos.	Possível recorte cumulativo de registros quando a medição da passagem do tempo não estiver disponível.
Intervalo variável (VI, *variable-interval*)	Os reforços dependem da primeira resposta após um intervalo de tempo variável; a média desses intervalos define o esquema.	Martens, Lockner, e Kelly (1992) demonstraram padrões de resposta de VI no engajamento acadêmico de crianças de 8 anos com desenvolvimento típico.	Taxas de resposta moderadas com IRTs uniformes, porém mais longos do que esquemas de reforçamento.
Extinção (EXT)	Descontinuação de uma contingência de reforço, seja retendo reforço contingente ou entregando reforços independentemente do comportamento, segundo os esquemas de FT ou VT.	Magee e Ellis (2001) demonstraram o processo de extinção de diversos comportamentos desafiadores (p. ex., comportamento de sair do assento, colocar objetos na boca, gritar e destruir propriedades) exibidos por crianças com deficiências de desenvolvimento.	Quando o reforço contingente é retido –aumento súbito na taxa de resposta (explosão) seguido de redução para zero. Quando a contingência de reforço é descontinuada, mas os reforços são entregues em esquemas FT ou VT – queda acentuada na taxa de resposta para níveis próximos de zero ou zero.
Esquemas de tempo fixo ou variável (FT-VT, *fixed-time – variable time*)	Os reforços são entregues independentemente de qualquer comportamento em intervalos de FT ou VT.	Vollmer *et al.* (1998) utilizaram esquemas de FT para reduzir comportamentos problemáticos (i.e., agressividade, comportamento autolesivo, perturbação e birras) apresentados por crianças e adultos com deficiência intelectual. Mace e Lalli (1991) utilizaram esquemas de VT para reduzir vocalizações bizarras emitidas por um adulto com deficiência intelectual moderada.	Quando combinado com EXT, há queda acentuada na taxa de resposta para níveis próximos de zero ou zero. Quando combinado com esquemas de razão ou intervalo, há redução na classe de reforço de comportamentos.
Reforçamento diferencial de comportamento alternativo (DRA, *differential reinforcement of alternative behavior*)	Os reforços dependem das topografias específicas de comportamento e *não* de outras. Combina esquemas de razão ou intervalo com extinção.	Harding *et al.* (2004) utilizaram esquemas de DRA para aumentar a execução correta de diversas técnicas de artes marciais por adultos.	Taxas de resposta comparativamente mais altas para comportamentos que produzem reforços do que para os que não produzem.

(Continua)

TABELA 4.1 Esquemas de reforçamento básicos, exemplos na ABA e os padrões de resposta promovidos *(Continuação)*

Esquema	Definição	Exemplo na ABA	Padrão de resposta promovido
R – reforçamento diferencial de comportamento de alta (*high*) ou baixa (*low*) taxa (DRH-DRL, *differential reinforcement of high-rate behavior – differential reinforcement of low-rate behavior*)	Os reforços são entregues após um intervalo de tempo especificado se as taxas de resposta estiverem em uma taxa especificada, ou acima (DRH) ou abaixo (DRL) dela.	Lane *et al.* (2007) utilizaram os esquemas de DRH para aumentar a participação de uma criança nas aulas (i.e., quantidade de mãos levantadas e de respostas a perguntas). Wright e Vollmer (2002) utilizaram um esquema de DRL para reduzir a alimentação rápida em um adolescente com deficiência intelectual.	Os esquemas de DRH promovem taxas de resposta superiores ao critério especificado. Os esquemas de DRL promovem taxas de resposta abaixo do critério.
Reforçamento diferencial de outro comportamento (DRO, *differential reinforcement of other behavior*)	Os reforços dependem da ausência de comportamento(s) especificado(s) durante um intervalo de tempo especificado. Também chamado de treinamento por omissão.	Heard e Watson (1999) utilizaram um programa de DRO intervalado para reduzir o comportamento perambulante exibido por pacientes geriátricos. Kahng, Abt, e Schonbachler (2001) utilizaram um esquema de DRO momentâneo para reduzir a taxa de agressão apresentada por uma mulher com deficiências no desenvolvimento.	Taxas baixas ou nulas do comportamento-alvo omitido do reforço. Comportamentos diferentes do alvo aumentam em taxa.

Cohen, Richardson, Klebez, Febbo e Tucker (2001) forneceram aos graduandos de psicologia *biofeedback* auditivo e visual para leituras de eletromiografia de seus antebraços. Os pesquisadores instruíram os participantes a tensionar e relaxar os antebraços de maneira alternada. Diferentes grupos de estudantes receberam *feedback* sobre a possibilidade de seus valores eletromiográficos passarem de abaixo do limiar para acima do limiar, que foram as respostas. Os pesquisadores forneceram *feedback* para essas respostas segundo cinco esquemas diferentes de reforçamento. Dois deles eram esquemas de FR: FR 1 e FR 4. O FR 4 gerou as maiores taxas de resposta, enquanto o FR 1 produziu taxas de resposta que foram aproximadamente metade da maior razão entre respostas e reforços.

Esquemas de VR

Assim como os esquemas de FR, os de VR ou os de *razão aleatória* (RR, *random-ratio*) fornecem reforços contingentes ao número de respostas que o organismo emite. No entanto, nos esquemas de VR, o critério de resposta inter-reforço varia para cada entrega de reforço. O *valor do esquema* é a razão média entre respostas e reforços ao longo da condição de VR. Por exemplo, os reforços entregues após a segunda resposta, em seguida após a sexta resposta e, na sequência, após mais quatro respostas, seriam um esquema VR 4. Exemplos de comportamentos humanos mantidos por esquemas de VR incluem experimentação de restaurantes em busca daqueles que se adequam ao gosto de alguém, compra de bilhetes de loteria, procura de itens extraviados e resposta às perguntas de um professor.

Em geral, os esquemas de VR promovem altas taxas de resposta, com IRTs individuais curtos e uniformes. No entanto, quando a razão entre respostas e reforços excede um limiar, as taxas de resposta diminuem à medida que a razão entre respostas e reforços aumenta. Esse valor pode ultrapassar 200 bicadas por minuto em pombos (Brandauer, 1958). Além disso, a distorção de razão pode ocorrer em menores razões de resposta em relação aos valores do reforço quando os intervalos inter-reforço simples tornam-se muito grandes. Por fim, a imprevisibilidade da razão individual entre respostas e reforços tende a promover curtas pausas pós-reforço.

DeLuca e Holburn (1992) reforçaram as rotações em uma bicicleta ergométrica com objetos preferidos em um esquema de VR para três crianças obesas. Após o cálculo da linha de base das rotações do pedal por minuto, os pesquisadores definiram um valor inicial do esquema de VR em 15% acima da linha de base. Os pesquisadores implementaram dois aumentos adicionais nos valores de VR após os participantes demonstrarem estabilidade em cada condição de VR. O arranjo progressivo do valor do esquema de VR, também conhecido como *esquema VR progressivo*, produziu uma duplicação aproximada das taxas de rotação do pedal.

Esquemas de intervalo

Os esquemas de intervalo do reforço definem o tempo em que as respostas se tornam elegíveis para reforço. O *valor do intervalo* indica o tempo mínimo que deve decorrer até que uma resposta produza reforço. Diferentemente dos esquemas de razão, a taxa de resposta não afeta a taxa de reforçamento; essas taxas são independentes, pois maiores taxas de resposta não produzem maiores taxas de reforçamento nos esquemas de intervalo. A contingência é entre a periodicidade da resposta e a entrega do reforço. Desse modo, os esquemas de intervalo geralmente admitem taxas de resposta mais baixas do que os de razão (Cohen *et al.*, 2001).

Às vezes, os esquemas de intervalo precisam de um procedimento *auxiliar*, de *retenção limitada*, para dar suporte a um padrão de resposta consistente. Uma retenção limitada especifica o tempo que o reforço está disponível assim que o esquema o configura. Logo, uma retenção limitada de 5 segundos significa que, se uma resposta não ocorrer em 5 segundos após se tornar elegível para reforço, o organismo perde a oportunidade de reforço. Esse procedimento promove um padrão de comportamento consistente, que maximiza a obtenção do reforço disponível em um período.

Esquemas de FI

Em um esquema de reforçamento de intervalofixo (FI) a primeira resposta que ocorre após o término de um tempo constante produz reforço. Por exemplo, o reforço está disponível a cada 5 minutos em um esquema de FI de 5 minutos. A previsibilidade da disponibilidade de reforço pode promover um padrão de comportamento sensível a essa periodicidade. No laboratório, sobretudo com participantes não humanos, os esquemas de FR costumam promover aumento nas taxas de resposta no final do intervalo. Quando expresso em um registro cumulativo de respostas, o padrão tem uma aparência de *curva em forma de concha*. Uma pausa pós-reforço, que pode durar mais da metade do intervalo entre os reforços, ocorre após a entrega de cada reforço.

Os pesquisadores especularam se a curva em forma de concha de FI ocorre com humanos em ambientes naturais. Por exemplo, Critchfield, Haley, Sabo, Colbert e Macropoulis (2003) analisaram o comportamento de aprovação de projetos de lei no Congresso dos Estados Unidos durante um período de 52 anos. Cada Congresso de 2 anos compreende duas sessões cuja duração é aproximadamente igual. Critchfield *et al.* grafaram a aprovação de projetos de lei em registros cumulativos, que mostraram que a aprovação de projetos de lei aumentava no final de cada sessão, segundo a curva em concha de FI em experimentos de laboratório com espécies não humanas. No entanto, a curva em concha de FI é um padrão de resposta produtivo somente quando não há meios externos de discriminar o tempo. Quando a preparação sinaliza com clareza o final de um esquema de FI, o padrão de resposta mais parcimonioso seria emitir uma única resposta ao final do intervalo. No caso do comportamento do Congresso, a contingência parece ser entre o número de projetos aprovados e a produção da consequência reforçadora da reeleição, ou doações para campanha, e não o momento da conclusão de qualquer ato legislativo. O consenso de outros pesquisadores é que a curva em concha de FI em humanos é uma ocorrência rara (Hyten & Madden, 1993; Ninness, Ozenne, & McCuller, 2000).

Esquemas de VI

Esquemas de VI ou *intervalos aleatórios* (RI, *random-interval*) tornam as respostas elegíveis para reforço com base em um intervalo médio de tempo decorrido. Por exemplo, um esquema de VI de 15 segundos programaria a entrega de reforço após o 10º segundo, em seguida, depois de mais 20 segundos e, em seguida, após mais 15 segundos. Hantula e Crowell (1994) forneceram um programa em BASIC para derivar valores de intervalo com base na fórmula de Fleshler e Hoffman (1962), de modo que o tempo entre as entregas do reforçador seja verdadeiramente aleatório. Como o intervalo inter-reforçamento é imprevisível, os esquemas de VI promovem taxas de resposta consistentes com tempo de respostas individuais (IRTs) uniformes.

Em geral, os professores dão atenção em um esquema de VI com base em quando eles podem dar atenção, em vez de no número de respostas que um aluno completa. Martens, Lochner, e Kelly (1992) elogiaram o engajamento acadêmico de dois alunos de 8 anos com baixa frequência da linha de base do engajamento acadêmico. O investigador elogiou de maneira alternada em esquemas de VI de 5 minutos e de VI de 2 minutos. Ambos os esquemas melhoraram o engajamento acadêmico; no entanto, o esquema de VI de 2 minutos produziu consistentemente níveis mais altos de engajamento para os dois alunos – uma descoberta coerente com a pesquisa básica com espécies não humanas (Catania & Reynolds, 1968).

Esquemas de extinção

Os esquemas de extinção retêm o reforço para topografias de resposta específicas durante determinados períodos. Os esquemas de extinção podem ter duas formas gerais: primeiro, podemos organizar um esquema de extinção no qual interrompemos o reforço para respostas que reforçamos no passado. Os cientistas usam EXT+ para indicar a extinção após o reforço positivo e EXT– para indicar a extinção após o negativo. Em segundo lugar, podemos organizar um esquema de extinção para respostas que não reforçamos de modo explícito no passado, e não devemos reforçar durante o processo de ensino de uma nova habilidade. Por exemplo, ao ensinar uma criança com TEA a dizer a palavra em inglês *apple*, não reforçaríamos sons vocálicos sem relação com *a*, *p* e *l*.

Magee e Ellis (2001) utilizaram a extinção de maneira isolada para reduzir múltiplos comportamentos indesejáveis para duas crianças. Uma análise funcional mostrou que o comportamento de uma criança de sair do seu assento ocorreu em níveis elevados quando um terapeuta interrompeu instruções contingentes ao comportamento. A extinção de fuga (EXT–) consistiu na apresentação contínua de instruções a cada 10 segundos, independentemente da ocorrência de comportamentos indesejáveis. A análise funcional da segunda criança mostrou que, com a atenção do adulto, ela manteve seu hábito de morder objetos. A extinção por reforço positivo (EXT+) para essa criança envolveu a retenção da atenção após quaisquer respostas indesejáveis. Ambos os esquemas de extinção foram eficazes na redução dos comportamentos de sair do assento e morder objetos. No entanto, Magee e Ellis descobriram que, quando colocavam esses dois comportamentos em extinção, outras topografias de comportamentos indesejáveis apareciam – primeiro, uma criança começou a gritar, e, em seguida, a outra se envolveu em destruição de propriedade. Quando Magee e Ellis colocaram esses comportamentos em extinção, outras topografias de comportamentos indesejáveis começaram a ocorrer. O surgimento sequencial de diversos comportamentos indesejáveis demonstrou que eles eram membros de uma hierarquia de classes de resposta (Lalli, Mace, Wohn, & Livezey, 1995).

Magee e Ellis (2001) ilustraram que os esquemas de extinção podem ter efeitos colaterais, bem como redução de respostas sujeitas à extinção. Tais efeitos incluem explosão da extinção (aumentos iniciais na resposta), agressão induzida pela extinção (atos violentos relacionados e não relacionados à fonte de reforço), comportamento agitado ou emocional, retomada de comportamentos previamente reforçados, contraste comportamental (aumento da ocorrência de comportamentos indesejáveis em ambientes nos quais os indivíduos não utilizam a extinção) e recuperação espontânea (recorrência do comportamento-alvo extinto). Lerman, Iwata e Wallace (1999) examinaram a prevalência de explosões de extinção e agressão induzida pela extinção para 41 indivíduos com comportamento autolesivo que receberam tratamento usando apenas a extinção ou esta mais componentes adicionais do tratamento. Eles descobriram que a explosão de resposta foi evidente em 39% dos casos, 22% mostraram aumento da agressão e 58% não apresentaram nenhum efeito colateral. No entanto, dos casos tratados apenas com extinção, 69% apresentaram explosão de resposta e 29% apresentaram aumento da agressão, em comparação com apenas 15% para qualquer efeito colateral quando tratados com extinção mais outro componente de tratamento. Essas descobertas sugerem a importância de se combinar a extinção com outros programas para evitar efeitos colaterais indesejados.

Esquemas de tempo

Os esquemas de tempo organizam ocorrências de entregas de reforço contingente à passagem do tempo e independentemente do comportamento. Esses reforços são *independentes de resposta* e entregues de forma *não contingente*.* Na ABA, pesquisadores e clínicos utilizam esquemas (1) para *enriquecer* um ambiente e alterar a motivação dos indivíduos para se engajarem em comportamentos indesejáveis para obter reforço (Horner, 1980); (2) para servir como procedimento de controle experimental para demonstrar os efeitos de uma contingência entre uma resposta e um reforço (Thompson & Iwata, 2005); e (3) para reduzir comportamentos indesejáveis. Nossa discussão aqui se concentra nesta última aplicação dos esquemas de tempo.

Esquemas de tempo fixo ou variável

Podemos entregar reforços em esquemas de tempo em intervalos regulares ou fixos (esquemas de FT) ou em intervalos aleatórios ou variáveis (esquemas de VT [*variable time*]). Diversos estudos têm demonstrado que

*Os pesquisadores introduziram o termo *reforço não contingente* (NCR) para descrever programas de tempo fixo (FT) e de tempo variável (VT) (Vollmer, Iwata, Zarcone, Smith, & Mazaleski, 1993). No entanto, Poling e Normand (1999) questionaram a precisão técnica do termo para descrever a entrega não dependente de reforço. Como esta não constitui uma operação ou um processo de reforçamento (i.e., nada é reforçado), o termo NCR parece ser um equívoco, e não o utilizamos em nossa discussão sobre o tema.

os esquemas de tempo são eficazes e eficientes para reduzir muitos comportamentos indesejáveis mantidos por reforços positivo e negativo (Vollmer, Marcus, & Ringdahl, 1995; para críticas, ver Saini, Miller, & Fisher, 2016; Vollmer e Hackenberg, 2001; Wallace, Iwata, Hanley, Thompson, & Roscoe, 2012). Os pesquisadores têm utilizado esquemas de tempo para reduzir a duração e a frequência da exposição à intervenção comportamental aversiva. Por exemplo, Luiselli, Pace e Dunn (2006) compararam a liberação contingente ao comportamento da restrição física terapêutica com a liberação de FT da restrição para reduzir o comportamento agressivo. A liberação de FT reduziu de maneira substancial a duração das restrições individuais e, em alguns casos, a frequência com que os investigadores aplicaram a restrição.

Em uma interessante variação de esquemas de tempo para reduzir comportamentos indesejáveis, Marsteller e St. Peter (2014) efetivamente reduziram o comportamento problemático mantido por contingências sociais e aumentaram um comportamento pró-social alternativo, fazendo uso de um reforçamento diferencial de comportamento alternativo (DRA, *differential reinforcement of alternative behavior*) com quatro crianças com deficiência. No entanto, após o tratamento eficaz com DRA, compararam os efeitos da extinção com o reforço de FT. A extinção após o DRA produziu ressurgimento acentuado do comportamento-problema. Já o esquema de FT após o tratamento com DRA evitou o ressurgimento, apesar da interrupção da dependência entre o reforço e o comportamento alternativo pró-social.

Os esquemas de tempo são uma alternativa de tratamento atraente por diversos motivos. Primeiro, eles geralmente produzem rápida supressão de comportamentos indesejáveis quando o reforço que mantém esses comportamentos é dependente do tempo (Lalli, Casey, & Kates, 1997; Mace & Lalli, 1991). Segundo, adicionar reforço dependente do tempo a um contexto pode reduzir a motivação para se envolver em atos extremos, como comportamentos indesejáveis, para obter reforço. Isso também pode aumentar a probabilidade de comportamentos pró-sociais alternativos, que exigem menos esforço para efetuar o reforço (Ecott & Critchfield, 2004). Terceiro, em relação aos esquemas de extinção, os de tempo muitas vezes evitam uma explosão de extinção. Por exemplo, Vollmer *et al.* (1998) compararam as entregas de FT ao manter o reforço e ao retê-lo (i.e., extinção). Para os três participantes do estudo, uma explosão foi evidente durante a extinção. Já o esquema de FT produziu supressão rápida ou imediata de comportamentos indesejáveis sem explosão de resposta. Observamos que os pesquisadores relataram explosão de resposta quando eles diminuíram a taxa de entrega de reforços por meio de esquemas de tempo, e ela aparentemente se tornou muito escassa. Vollmer, Ringdahl, Roane e Marcus (1997) descobriram que o comportamento indesejável aumentou para aproximadamente cinco vezes a taxa da linha de base durante a redução do esquema de FT; Mace *et al.* (2008) relataram descobertas semelhantes.

Há diversas variações de procedimento nos esquemas de tempo a serem consideradas no planejamento das intervenções. Primeiro, o investigador ou o clínico deve selecionar um valor de esquema que seja suficientemente denso para suprimir comportamentos indesejáveis. Por exemplo, Ringdahl, Vollmer, Borrero e Connell (2001) avaliaram a eficácia dos valores do esquema de tempo inicial quando eles eram semelhantes ou diferentes às taxas de reforçamento da linha de base. Eles descobriram que os valores do esquema de FT que eram como as taxas de reforçamento da linha de base para comportamento indesejável eram menos eficazes do que aqueles que eram diferentes. Essa descoberta foi mantida mesmo quando os valores do esquema de FT foram quatro a nove vezes mais escassos do que as taxas de reforçamento da linha de base. A explicação para essa descoberta contraintuitiva pode ser que taxas diferentes são mais fáceis de se discriminar a partir da linha de base. Uma segunda questão de procedimento é se os esquemas devem ser utilizados em conjunto com a extinção para serem eficazes. Lalli *et al.* (1997) compararam os esquemas de FT com e sem extinção e descobriram que eles foram comparativamente eficazes na redução de comportamentos indesejáveis. No entanto, essa descoberta foi baseada em apenas um participante recebendo intervenção de FT sem extinção. Em terceiro lugar, a maioria dos estudos clínicos usando esquemas de tempo avaliou esquemas de FT, em vez de VT, mas os estudos comparando a eficácia dos esquemas de FT *versus* VT descobriram eficácia semelhante (Carr, Kellum, & Chong, 2001; Van Camp, Lerman, Kelley, Contrucci, & Vorndran, 2000). Sugerimos o uso inicial de esquemas de FT e uma mudança para esquema de VT após o estabelecimento dos efeitos iniciais do tratamento. A previsibilidade da entrega de reforço em esquema de FI e VI e os padrões característicos de resposta que eles promovem logicamente podem se estender aos esquemas de tempo.

Há algum interesse teórico para que o processo ou os processos comportamentais sejam invocados em esquemas de tempo, para torná-los eficazes. A mudança do reforço da linha de base contingente para a entrega de reforço contingente ao tempo envolve duas operações simultâneas. Primeiro, a contingência de resposta-reforço na linha de base é descontinuada, constituindo uma variação de extinção do procedimento. Segundo, as operações motivadoras mudam ao fornecer reforço em um esquema de tempo. Isso presumivelmente exclui a consequência como reforço efetivo para comportamentos indesejáveis e diminui essas mesmas respostas. Kahng, Iwata, Thompson e Hanley (2000) examinaram os padrões de resposta no momento imediatamente após a intervenção no FT. Eles argumentaram que, se os efeitos do FT fossem devidos à extinção, a resposta não seria retomada após o tratamento do FT, pois eles não restabeleceram a contingência de reforço de resposta. Como alternativa, se os efeitos do FT fossem o resultado de operações motivadoras alteradas, eles poderiam esperar que as taxas de resposta fossem retomadas quando o reforço mudasse de disponível para indisponível. Os achados de Kahng *et al.* foram mistos, com dois participantes apoiando os relatos de extinção e operações motivadoras, e um terceiro mostrando uma mudança nos padrões de resposta ao longo do tempo, do apoio ao relato de operações motivadoras até o relato de extinção. Por fim, Ecott e Critchfield (2004) sugeriram que os esquemas de tempo podem ser eficazes, pois a entrega de reforço pode coincidir de maneira temporal com outros comportamentos e resultar em reforço acidental dessas respostas. Em demonstração de laboratório com alunos de graduação, os pesquisadores reforçaram de modo simultâneo dois comportamentos com pontos. Os pesquisadores reforçaram o comportamento-alvo em um esquema de VI de 10 segundos e o comportamento alternativo em um esquema de IVI de 30 segundos (ver, mais adiante, a discussão de esquemas concorrentes de reforço). Depois que a resposta foi estável nessa fase da linha de base, eles sistematicamente variaram a proporção de entrega de reforço para o comportamento-alvo dependente da resposta de 100 para 66, 33 e 0%. Os resultados mostraram que, à medida que a proporção de entrega de reforço dependente do tempo aumentava, as taxas de resposta para o comportamento alternativo também aumentavam. Ecott e Critchfield sugeriram que o reforço acidental de comportamentos alternativos é uma possível explicação do processo comportamental envolvido nos efeitos de tratamento dos esquema de tempo.

Esquemas de reforçamento diferencial

Os esquemas de reforçamento diferenciais especificam as dimensões de comportamento que são e não são elegíveis para reforço. Eles também podem definir os estímulos que devem existir quando as respostas produzem reforço (i.e., um S^D), e os estímulos que devem existir quando as respostas não produzem reforço (i.e., um S^Δ), definindo assim o operante discriminado. Dessa forma, os esquemas de reforçamento diferencial de comportamento envolvem de modo implícito dois tipos de operações: (1) reforço positivo ou negativo e (2) extinção. As dimensões do comportamento sujeito a reforço e extinção incluem formas ou topografias específicas de respostas, taxas de resposta e periodicidade de resposta, bem como o tempo gasto engajando-se em comportamentos específicos.

Na prática da ABA, o analista do comportamento pode alterar de maneira sistemática os critérios de reforço para promover mudanças graduais e progressivas na resposta em direção a um critério-alvo. Quando isso envolve os estímulos discriminativos correlacionados com o reforço, a operação é conhecida como desvanecimento (*fading*). Por exemplo, Flood e Wilder (2004) utilizaram reforçamento diferencial e desvanecimento para aumentar o tempo que um menino de 11 anos, com transtorno de ansiedade de separação, passava longe de sua mãe sem comportamento de angústia, como choro, lamento ou outro comportamento emocional. Os pesquisadores forneceram acesso a itens preferidos, contingente ao cumprimento das metas do menino pelo tempo passado longe da mãe sem comportamento de angústia. Os pesquisadores mudaram as metas de tempo de 3 minutos até 90 minutos ao longo de 27 sessões de tratamento. Os pesquisadores usaram um procedimento semelhante de desvanecimento e reforçamento diferencial para aumentar a distância entre a mãe do menino e a sala de terapia.

Quando as mudanças nas topografias de resposta específicas ou nas taxas de resposta estão sujeitas a mudanças nos critérios de reforço, a operação é conhecida como *modelagem*. Gillis, Hammond Natof, Lockshin e Romanczyk (2009) utilizaram o reforçamento diferencial e a exposição gradual com 18 crianças com TEA que demonstraram medo extremo de procedimentos médicos para aumentar a cooperação com o exame físico. A enfermeira da escola utilizou um procedimento de 17 passos para expor as crianças de maneira gradual à sala de exame e aos instrumentos médicos, como estetoscópio, esfigmomanômetro, termômetro e otoscópio. A enfermeira forneceu vários reforços positivos para completar cada etapa na qual a criança apresentava respostas com pouco ou nenhum medo. Oitenta e três por cento das crianças completaram os 17 passos apresentando respostas com pouco ou nenhum medo. Tiger e Hanley discutem os procedimentos de reforçamento diferencial e sua aplicação de modo mais detalhado no Capítulo 14 deste livro.

Esquemas combinados de reforçamento

Os esquemas de reforçamento combinados compreendem dois ou mais esquemas básicos. Todo esquema básico é um *componente de esquema*. Os pesquisadores podem organizar esses componentes para alternar, para estarem disponíveis ao mesmo tempo, para ocorrerem em sequência, ou em qualquer combinação desses arranjos. Os esquemas combinados são especialmente relevantes para a ABA, pois representam melhor as circunstâncias que os seres humanos encontram na vida cotidiana. Nossa cobertura de esquemas combinados inclui definições, exemplos e uma discussão sobre a relação entre certos esquemas combinados e os desenvolvimentos contemporâneos em ABA, como contraste comportamental, teoria da correspondência e *momentum* comportamental. A Tabela 4.2 resume os esquemas combinados discutidos neste capítulo, definições de esquema, padrões de resposta promovidos por cada esquemas e aplicações no trabalho da ABA.

Esquemas múltiplos e mistos

Em esquemas múltiplos e mistos, dois ou mais componentes de esquemas se alternam em uma sequência aleatória, contrabalanceada ou natural-temporal. A diferença entre esquemas múltiplos e mistos é que os componentes do esquemas estão correlacionados com estímulos distintos em esquemas múltiplos, mas não em mistos. À medida que um indivíduo experimenta os múltiplos, os estímulos correlacionados adquirem controle do estímulo sobre a resposta e tornam-se estímulos discriminativos. Na medida em que os componentes do esquema diferem, a resposta diferencial nesses componentes geralmente ocorre com maior rapidez e é mais pronunciada em esquemas múltiplos do que em mistos.

Os seres humanos encontram diversos esquemas regularmente. Os alunos que frequentam uma sequência de aulas na escola ao longo do dia experimentam um esquema múltiplo. Cada aula é um componente do esquema e está correlacionada a estímulos distintos, como diferentes professores, livros didáticos, salas de aula e disposição de cadeiras. Os professores de cada turma, sem dúvida, reforçam a participação dos alunos nas atividades em sala de aula com esquemas diferentes; alguns utilizam esquemas de razão, outros esquemas de intervalo, e, ainda, outros usam esquemas de reforçamento diferencial de comportamento de alta frequência (DRH). Os seres humanos também encontram esquemas mistos com frequência. Na primeira vez em que lemos um romance, assistimos a um filme ou dirigimos por um local desconhecido, nossos pontos de interesse (i.e., a disponibilidade de reforço) para atenção à atividade variam de uma hora para outra. No entanto, não há indicação de que as propriedades reforçadoras do romance, do filme ou da direção estejam prestes a mudar. Como geralmente não repetimos essas atividades, qualquer estímulo relacionado a mudanças no reforço não desenvolve o controle do estímulo (i.e., o esquema misto não se torna um esquema múltiplo).

Mace, Pratt, Prager e Pritchard (2011) utilizaram um esquema misto para avaliar a eficácia de métodos alternativos de dizer não ao pedido de reforço tangível de uma criança. A criança abordou um adulto usando um computador e pediu para jogar um jogo de computador. Durante uma análise funcional, a negação de acesso ao computador produziu alta frequência de comportamento agressivo e disruptivo. Durante o tratamento, um único terapeuta em um ambiente constante negou acesso ao computador, mas, com alternância, ofereceu outra atividade de reforço ou retardou o acesso ao reforço, contingente ao preenchimento (não preferido) de uma planilha de matemática. O uso de um único terapeuta em um ambiente constante não correlacionou estímulos distintos com os dois métodos alternativos de negar acesso ao computador, tornando o arranjo um esquema misto.

Nós (Pritchard, Hoerger, Mace, Penney, & Harris, 2014) utilizamos um esquema múltiplo para avaliar os efeitos de diferentes taxas de reforçamento na repetição do tratamento. A análise funcional mostrou que a atenção manteve o comportamento-problema do adolescente. O tratamento consistiu em reter a atenção para o comportamento-problema e fornecer atenção para as respostas de comunicação ou fornecer atenção em um esquema de VI VT. Um terapeuta atendeu ao VI VT a uma taxa quatro vezes maior do que um segundo terapeuta. Ambas as taxas de reforçamento reduziram o comportamento-problema, mas, quando os dois terapeutas interromperam o tratamento e forneceram reforço para o comportamento-problema em taxas iguais, a quantidade da recaída foi muito maior para o terapeuta que utilizou as taxas mais altas de reforço de VI VT durante o tratamento.

Tiger e Hanley (2005) utilizaram esquemas múltiplos e mistos para estudar variáveis que promoviam o controle discriminativo das respostas de abordagem social em crianças na educação infantil. Duas crianças sentaram-se de frente para o experimentador, em mesas contendo material acadêmico. O experimentador olhava para baixo, exceto quando ele dava 5 segundos de atenção referente a respostas de abordagem social. O experimentador alternava a apresentação de três componentes do esquema em ordem aleatória para cada criança. No componente FR 1, o experimentador fornecia reforço na forma de atenção para cada resposta de abordagem social. No componente extinção$_1$, ele fornecia reforço para as abordagens sociais de uma criança,

TABELA 4.2 Esquemas de reforço combinados, exemplos na ABA e padrões de resposta promovidos

Esquemas	Definição	Exemplo na ABA	Padrão de resposta promovido
Esquemas múltiplos/ mistos	Alternância de dois ou mais esquemas de reforçamento. Em um esquema múltiplo, cada um é correlacionado com um estímulo distinto (p. ex., um esquema de VR no contexto *A* alterna com um esquema de DRL no contexto *B*). Em um esquema misto, nenhum estímulo distinto é correlacionado com cada esquema (p. ex., um esquema de VR e um esquema de DRL alternam-se no mesmo contexto).	Tiger e Hanley (2005) utilizaram os esquemas MULT e MIX FR 1 EXT_1 EXT_2 para produzir taxas diferenciais de respostas de abordagem social emitidas por crianças na educação infantil.	Padrões de comportamento específicos do esquema são observados em cada componente. Os padrões de resposta específicos do esquema são mais pronunciados em esquemas múltiplos do que em mistos.
Esquemas concorrentes/ conjuntos	Dois ou mais esquemas de reforço estão disponíveis ao mesmo tempo. Em um esquema concorrente, cada esquema é correlacionado com um estímulo distinto (p. ex., uma escolha entre reforço de VR da origem *A* e reforço de VI da origem *B* no mesmo contexto). Em um esquema conjunto, nenhum estímulo distinto é correlacionado com cada esquema (p. ex., o comportamento *A* produz reforço de VR, e o *B* produz reforço de DRH no mesmo contexto).	Conger e Killeen (1974) empregaram os esquemas CONC VI VI para demonstrar a alocação de respostas de frequência dos estudantes universitários.	Esquemas de intervalos simultâneos promovem alocação de respostas a cada esquema de maneira proporcional às taxas relativas de reforçamento obtidas em cada esquema. Esquemas de razão simultânea promovem respostas exclusivas no esquema de reforçamento relativamente mais denso.
Esquemas encadeados/ tandem	Dois ou mais esquemas de reforço estão disponíveis. A conclusão do esquema *A* produz o esquema *B*, e a conclusão do esquema *B* produz reforço. Em um esquema encadeado, cada componente é correlacionado com um estímulo distinto. Em um esquema tandem, nenhum estímulo distinto é correlacionado com cada componente do esquema.	Hoerger e Mace (2006) utilizaram esquemas encadeados simultâneos para medir escolhas impulsivas *versus* autocontroladas feitas por crianças do sexo masculino com e sem sintomas de TDAH.	Padrões de comportamento específicos do esquema são observados em cada componente. Os padrões de resposta específicos são mais pronunciados em esquemas encadeados do que em esquemas tandem.
Esquema conjunto	Dois ou mais esquemas de reforçamento são combinados. Todos os requisitos do esquema devem ser preenchidos para receber o reforço.	Vollmer *et al.* (1997) utilizaram um esquema conjunto FT DRO para reduzir a agressividade em um adolescente com deficiência intelectual.	Padrões de comportamento específicos do esquema são observados em cada componente.
Esquema alternativo	Dois ou mais esquemas de reforçamento estão disponíveis de modo simultâneo. O primeiro esquema concluído produz o reforço.	Bowman *et al.* (1997) utilizaram um esquema ALT FR1 FR 1 EXT para avaliar as preferências de reforço de crianças com deficiência intelectual.	Responder reflete uma preferência por um componente de esquema.

mas não para as da outra. No componente extinção$_2$, ele não fornecia reforço para as abordagens sociais de nenhuma das crianças. No esquema múltiplo, indicado por MULT FR 1 extinção$_1$ extinção$_2$, o experimentador utilizava um arranjo de flores com diferentes cores durante cada componente. O experimentador não usava os arranjos durante o esquema misto (MIX FR 1 extinção$_1$ extinção$_2$). Os alunos experimentavam primeiro o esquema misto, e suas respostas de abordagem social foram indiferentes entre os três componentes, indicando que as crianças não sabiam quando o experimentador forneceria ou não reforço para as respostas de aproximação. No esquema múltiplo seguinte, as respostas de abordagem tornaram-se um pouco diferenciadas para uma criança, mostrando mais abordagens durante o componente FR 1 do que os componentes de extinção. No entanto, as abordagens permaneceram indiferentes para a segunda criança. Para melhorar o controle do estímulo, o experimentador descreveu as regras de reforço e de extinção para cada componente do esquema e como cada um foi correlacionado a um arranjo de cores diferentes, resultando em um esquema múltiplo com regras. Essa condição produziu o maior diferencial de resposta, que continuou após o retorno ao esquema misto.

Contraste comportamental

O contraste comportamental é um fenômeno que resulta de uma interação entre os componentes de esquemas em um esquema múltiplo; ou seja, eventos em um componente do esquema afetam a resposta nos outros componentes. Reynolds (1961) descreveu pela primeira vez essa interação em um experimento com pombos expostos a dois esquemas múltiplos diferentes. No primeiro, o pressionamento de uma tecla era reforçado em um esquema de VI de 3 minutos, quando as teclas de resposta eram iluminadas de maneira alternada em vermelho e verde, resultando em um esquema múltiplo de VI de 3 minutos para ambas as cores. Após uma resposta estável nesse esquema, o experimentador introduziu o segundo esquema múltiplo. Neste, ele alterou o componente verde de VI de 3 minutos para extinção, resultando em um esquema múltiplo de extinção VI de 3 minutos. A Figura 4.2 mostra os resultados do experimento de Reynolds. O contraste comportamental é evidente no segundo esquema múltiplo. Enquanto a resposta diminuiu como o esperado durante o componente de extinção, a resposta no VI de 3 minutos inalterado aumentou de modo substancial. Observe que o aumento da taxa de resposta, evidente no componente inalterado, não produziu um aumento da taxa de reforçamento, pois a taxa de resposta e a de reforço são

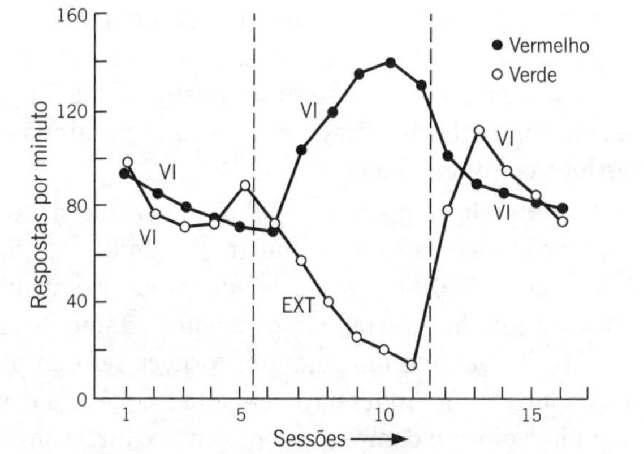

FIGURA 4.2 Ilustração de Reynold (1961) do contraste comportamental no arranjo de esquemas múltiplos: MULT VI de 3 minutos VI de 3 minutos seguidos por MULT VI de 3 minutos EXT resultaram em aumentos relativos nas taxas de resposta no componente VI de 3 minutos inalterado.

amplamente independentes nos esquemas de intervalo. O contraste comportamental nos esquemas de intervalo representa um gasto irracional de respostas e calorias. Esse não seria o caso em esquemas de razão múltipla, nos quais o aumento da resposta no componente inalterado compensaria a perda de reforço no componente de extinção. Há inúmeros relatos para o contraste comportamental (ver Catania, 2013, p. 221).

Há evidências crescentes de que os seres humanos apresentam contraste comportamental. Por exemplo, Hantula e Crowell (1994) apresentaram a estudantes de graduação uma tarefa de investimento informatizado na qual eles gerenciavam dinheiro para um grupo de investimento com o objetivo de maximizar o retorno financeiro. Os experimentadores deram aos alunos inúmeras oportunidades de investir entre US$ 100 e US$ 10 mil em incrementos de US$ 100 em dois mercados diferentes. Os investimentos ganhavam ou perdiam dinheiro. As fases 1 e 3 eram esquemas múltiplos VI iguais. A fase 2 era um esquema múltiplo VI de extinção e a fase 4 era um esquema múltiplo VI de extinção. Durante os esquemas VI iguais, os investimentos foram comparáveis nos dois mercados. No entanto, quando os investimentos em um mercado não mais renderam dinheiro (i.e., extinção), o contraste comportamental ocorreu no mercado com uma taxa de reforçamento inalterada.

Tarbox e Parrot Hayes (2005) expuseram estudantes universitários a esquemas múltiplos VI VI iguais, múltiplos VI de extinção, múltiplos VI VI e esquemas múltiplos VI de extinção. Eles observaram contraste comportamental de maneira consistente apenas quando forneceram aos participantes regras descrevendo as contingências somente no componente de extinção. Eles não observaram contraste quando não deram regras aos participantes ou quando deram regras para todos os componentes. As descobertas são contraintuitivas, mas sugerem que o comportamento verbal interage com contingências diretas de maneiras que ainda não são bem compreendidas.

O contraste comportamental pode ser relevante no trabalho clínico da ABA (ver ilustração em Koegel, Egel & Williams, 1980). Em geral, as intervenções envolvem a descontinuidade do reforço para comportamentos indesejáveis. Quando um cuidador fornece reforço para o comportamento indesejável em alta frequência e, em seguida, coloca o comportamento em extinção em um contexto (p. ex., na escola), efeitos de contraste podem surgir em outros contextos, nos quais o cuidador não implementou a extinção (p. ex., em casa). Isso pode ser mais provável se o reforço do comportamento alternativo pró-social não compensar totalmente a redução do reforço do esquema de extinção. Essa possibilidade deve nortear a seleção de esquemas de reforçamento para o comportamento pró-social e o aconselhamento aos pais, por exemplo, sobre os possíveis efeitos colaterais da intervenção.

Esquemas concorrentes e conjuntos

Os esquemas concorrentes e conjuntos organizam a disponibilidade simultânea de dois ou mais componentes do esquema, de modo que o indivíduo seja livre para alternar entre os componentes. Esse arranjo permite avaliar a preferência relativa pelos componentes do esquemas e o estudo da escolha. Tal como acontece com os esquemas múltiplos e mistos, a diferença entre os esquemas concorrentes e conjuntos é que os componentes nos esquemas concorrentes se correlacionam com estímulos distintos, mas os componentes nos programas conjuntos, não. Esquemas concorrentes são característicos de ambientes humanos em que inúmeras alternativas estão disponíveis e geralmente estão correlacionadas com estímulos distintos. Por exemplo, uma mulher que se desloca para o trabalho com um amigo em um metrô terá muitas alternativas diferentes disponíveis ao mesmo tempo. Ela pode conversar com seu amigo, ler um jornal, fazer palavras cruzadas, ouvir música, observar as pessoas, planejar seu dia de trabalho e assim por diante. Cada uma dessas atividades está relacionada a estímulos distintos, e cada uma fornece reforço segundo algum esquema. Como os esquemas concorrentes de reforço caracterizam os ambientes humanos, essa é a nossa ênfase neste capítulo.

Os experimentadores podem organizar esquemas concorrentes para qualquer combinação de intervalo, razão ou esquemas diferenciais de reforço (Davison & McCarthy, 1988). No entanto, a maioria dos estudos com esquemas concorrentes utilizou esquemas VI concorrentes. Isso ocorre porque os esquemas de razão concorrentes normalmente produzem respostas exclusivas sobre o mais rico dos dois esquemas (Herrnstein & Loveland, 1975). O arranjo de esquemas assimétricos, como o VI concorrente FR simultâneo, pode produzir preferência pelas características qualitativas de um esquema, que independe da quantidade de reforço fornecida por esse esquema (Baum, 1974). Experimentos que organizam esquemas concorrentes VI VI normalmente incluem um procedimento auxiliar, conhecido como *atraso de mudança*, que impõe um breve intervalo durante o qual as respostas não podem ser reforçadas de maneira imediata após o organismo mudar de um esquema para outro. O atraso de mudança reduz a probabilidade de que a mudança de esquema seja reforçada por acidente, em relação à probabilidade de reforço acidental quando a primeira resposta após a mudança de esquema é elegível para reforço.

Teoria da igualação

Esquemas concorrentes promovem um padrão de alocação de respostas muito ordenado. Herrnstein (1961, 1970) formulou a *lei da igualação*, que descreve de forma quantitativa a relação funcional entre taxas relativas de resposta para alternativas concorrentes e taxas relativas de reforçamento obtidas. A lei da igualação estabelece que a taxa relativa de resposta corresponderá ou será igual à taxa relativa do reforçamento. Em sua forma mais simples, a lei da igualação é expressa como $B1/B1 + B2 = r1/r1 + r2$, em que $B1$ e $B2$ são taxas de resposta para dois comportamentos e $r1$ e $r2$ são as taxas de reforçamento obtidas para os dois comportamentos. Podemos reduzir essa equação para $B1/B2 = r1/r2$ e ajustar uma linha para transformações logarítmicas dos dados obtidos na forma de $\log (B1/B2) = a \log (r1/r2) + \log k$, em que a é a inclinação da linha, e $\log k$ é sua interceptação no eixo y (ver em Baum, 1974, e McDowell, 1989, as descrições completas das transformações matemáticas da forma simplificada da lei da igualação). Quando há correspondência perfeita, $a = 1{,}0$ e $\log k = 0$. Valores de $a > 1$ mostram *superigualação (overmatching)*, e valores de $a < 1$ mostram *subigualação (undermatching)*, refletindo a sensibilidade do indivíduo à taxa relativa de reforçamento. Valores de $\log k > 0$ refletem um viés para $B1$, e valores de $\log k < 0$ mostram um viés para $B2$, devido a outras variáveis que não a taxa relativa de reforçamento (ver a seguir).

Conger e Killeen (1974) forneceram uma das primeiras demonstrações da lei da igualação envolvendo o comportamento social humano. Os participantes conversaram com dois experimentadores, que fizeram comentários de aprovação referentes às falas dos participantes. Os experimentadores fizeram comentários sobre diferentes conjuntos de esquemas VI VI concorrentes. Os resultados do estudo mostraram que a quantidade relativa de tempo em que os participantes direcionaram declarações verbais para os dois experimentadores coincidiu com as taxas relativas de atenção do experimentador. Diversos estudos estabeleceram a generalidade da lei da igualação para o comportamento humano em laboratório (Pierce & Epling, 1984) e para muitos comportamentos humanos socialmente relevantes, desde o engajamento acadêmico (Martens *et al.*, 1992) até o desempenho de jogadores de basquete (Vollmer & Bourret, 2000). Embora esses achados sejam geralmente robustos, os resultados de alguns estudos mostram que o desempenho humano se afasta da igualação (Pierce & Epling, 1984). Por exemplo, Mace, Neef, Shade e Mauro (1994) precisaram utilizar diversos procedimentos auxiliares, uma suspensão limitada de 15 segundos e um atraso de mudança para que os adolescentes alocassem seu tempo para problemas aritméticos segundo a igualação

As escolhas são *simétricas* quando diferem apenas pela taxa relativa de reforçamento. No entanto, as escolhas humanas em ambientes naturais são, na maioria das vezes, *assimétricas*. As alternativas de resposta podem diferir ao longo de vários parâmetros do reforço, incluindo qualidade do reforço, atraso do reforço, quantidade de reforço, características do esquema de reforçamento e controle do reforço. Os requisitos de resposta ou os esforços para obter reforço também podem diferir. Baum (1974) propôs uma equação de igualação que acomodava outras variáveis independentes, bem como a taxa relativa de reforçamento. A *lei da igualação generalizada* expressa que $B1/B2 = V1/V2$, em que V refere-se ao *valor* da alternativa dada, conforme definido pela soma dos parâmetros relativos do reforço pelo esforço da resposta.

Mace e Roberts (1993) ilustraram a relevância aplicada da lei da igualação generalizada. Eles deram uma estrutura conceitual para orientar a avaliação funcional de comportamentos indesejáveis e a seleção de tratamentos comportamentais. Recomendaram o uso de uma análise descritiva do comportamento indesejável em condições naturais para identificar a qualidade da consequência do reforço, a magnitude do atraso para o reforço, a quantidade de reforço fornecido e o requisito de resposta para produzir reforço, e estimar o esquema de reforçamento em operação. O analista do comportamento pode utilizar informações da análise descritiva para elaborar uma intervenção que efetivamente concorra com os parâmetros de reforçamento e de custo da resposta que mantêm comportamentos indesejáveis. Mace e Roberts sugeriram que essa ferramenta permite uma abordagem mais refinada para desenvolver intervenções embasadas em variáveis que afetam a escolha.

Esquemas encadeados e esquemas tandem

Esquemas encadeados e esquemas tandem organizam sequências de comportamento que produzem reforço. Ambos os esquemas compreendem dois ou mais componentes dispostos em uma sequência. Em um exemplo com dois componentes, a conclusão dos requisitos do esquema para o *link inicial* produz o início do segundo componente, ou *link terminal*. A conclusão dos requisitos do esquema de *link* terminal produz a entrega de um reforçador. Os componentes nos esquemas encadeados estão relacionados a estímulos distintos, já os componentes nos esquemas tandem, não. O comportamento humano tem contato com esquemas encadeados e tandem regularmente. Por exemplo, diversas sequências de comportamento necessárias para a experiência de tirar férias constituem um esquema encadeado, como planejar as férias (*link* inicial), reservar transporte (*link* provisório) e ir até o local desejado (*link* terminal). A conclusão desses componentes produz acesso aos eventos de reforço disponíveis durante as férias.

Como acontece com os esquemas básicos de reforçamento já discutidos, os encadeados e tandem raramente operam de modo isolado. A característica mais comum dos ambientes humanos naturais é que os *links* iniciais consistam em um esquema concorrente, ou seja, os seres humanos normalmente têm uma escolha de atividades sequenciais e reforçadoras terminais. Esse arranjo é conhecido como *esquemas concorrentes*. Em experimentos de laboratório, os requisitos de esquema do *link* inicial são geralmente idênticos (p. ex., VI 20 segundos e VI 20 segundos simultâneos). No entanto, os reforços do *link* terminal e, às vezes, os requisitos do esquema, diferem. O cumprimento da alternativa de *link* inicial produz o estímulo discriminativo para o *link* terminal associado a essa alternativa. Por exemplo, a conclusão do *link* inicial A produz a apresentação do estímulo discriminativo para o *link* terminal A, e o cumprimento desse requisito do esquemas produz o reforço A. Uma sequência paralela atende aos requisitos de esquema para o *link* inicial B.

Autocontrole

Um desenvolvimento contemporâneo na ABA que utiliza esquemas de cadeia concorrentes é o modelo comportamental de autocontrole. Rachlin e Green (1972) desenvolveram formalmente o modelo em um experimento com pombos. A Figura 4.3 representa um diagrama do procedimento de cadeia concorrente que eles utilizaram. O *link* inicial era um esquema concorrente FR 25 FR 25 com ambas as teclas de resposta iluminadas em branco. O cumprimento correto do esquema FR 25 (sequência superior) escurecia as teclas de resposta e a luz ambiente por *T* segundos. Após o apagão, eles iluminavam a tecla de resposta direita verde e a tecla de resposta esquerda vermelha. O *link* terminal era um esquema concorrente CRF CRF, no qual uma única bicada na tecla verde produzia um apagão de 4 segundos seguido por acesso de 4 segundos a alimentos, e uma única bicada na tecla vermelha produzia acesso imediato a alimentos por 2 segundos seguido por um apagão de 6 segundos. Desse modo, a conclusão correta do *link* inicial FR 25 direito produzia a posterior exposição a uma escolha entre pequeno reforço imediato e grande reforço tardio. Já o cumprimento do esquema FR 25 do *link* inicial esquerdo produzia um apagão semelhante por *T* segundos, seguido pela iluminação da alternativa da tecla verde apenas, com a contingência de reforço com grande atraso. Quando o tempo entre a conclusão do *link* inicial e o início do *link* terminal era curto (p. ex., 0,5 segundo), os pombos escolhiam de forma confiável a alternativa da tecla vermelha. Rachlin e Green descreveram essa escolha como *impulsiva*, pois os pombos perdiam um acesso adicional de 2 segundos à comida disponível por bicar a tecla verde. Assim, o atraso no reforçamento desvalorizava o valor do reforço grande e demorado. Quando os experimentadores variaram o valor de *T*, os pombos mostraram uma mudança em sua

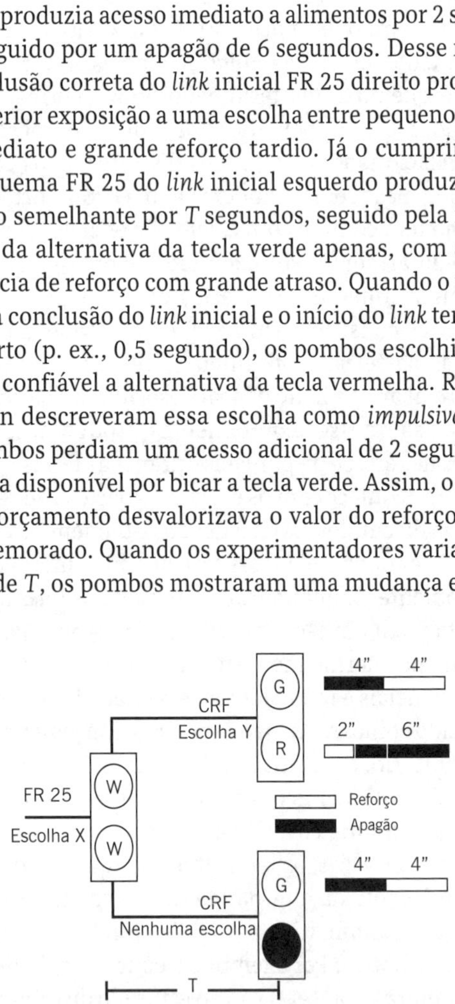

FIGURA 4.3 O esquema de cadeia concorrente de Rachlin e Green (1972) ilustra um modelo comportamental de autocontrole. O *link* inicial (FR 25 FR 25 CONC) apresentava uma escolha entre os esquemas de acesso ao *link* terminal. O cumprimento do *link* superior (direito) produziu um atraso de *T* segundos seguido por esquemas de CRF CRF CONC que apresentaram escolha entre reforço imediato pequeno e reforço tardio grande. O cumprimento do *link* inferior (esquerdo) produziu um atraso de *T* segundos seguido por esquemas CONC CRF EXT e a opção apenas pelo grande reforço atrasado. W, *white* (teclas de resposta iluminadas em branco); G, *green* (teclas de respostas verdes); R, *red* (tecla de resposta vermelha).

preferência pelo *link* inicial. Em geral, à medida que o valor de *T* aumentava, aumentava também a probabilidade de escolher o esquema FR 25 do *link* inicial esquerdo, que, mais tarde, não produziu escolha e apenas a contingência de reforço com grande atraso. Rachlin e Green chamaram a escolha da tecla do *link* inicial esquerda de *resposta de compromisso* – resposta que evitou a tentação de pequenos e imediatos reforços e expôs o pombo apenas à contingência de reforço grande e demorado. Diz-se que o *autocontrole* ocorre quando um indivíduo (1) escolhe o grande reforço atrasado em detrimento do pequeno reforço imediato quando exposto a ambos ou (2) faz a resposta de comprometimento no *link* inicial.

Diversos estudos aplicados têm utilizado esquemas de cadeia concorrente para estudar a impulsividade e o autocontrole. O comportamento de crianças com TDAH é especialmente relevante para esse procedimento, pois uma característica que define esse transtorno é a impulsividade, e um dos principais objetivos clínicos é o desenvolvimento do autocontrole. Por exemplo, diversos estudos descobriram que crianças com TDAH são mais propensas do que seus pares em desenvolvimento típico a escolher um pequeno reforço imediato em vez de um grande reforço atrasado (p. ex., Hoerger & Mace, 2006; Neef, Marckel, *et al.*, 2005; Schweitzer e Sulzer-Azaroff, 1988). Outros estudos têm demonstrado que o comportamento impulsivo é sensível a outras variáveis além do reforço tardio, como o custo da resposta (Hoerger e Mace, 2006). Por fim, pesquisadores têm utilizado esse paradigma para orientar o desenvolvimento de intervenções para promover o autocontrole, como o desvanecimento tardio e o treinamento de comprometimento (Binder, Dixon, & Ghezzi, 2000; DuPaul & Ervin, 1996), e para avaliar a resposta à medicação estimulante (Neef, Bicard, Endo, Coury, & Aman, 2005). Desse modo, o esquema de cadeia concorrente forneceu um modelo conceitual para a compreensão da impulsividade e do autocontrole; um procedimento para avaliar objetivamente a sensibilidade de um indivíduo ao reforço tardio e outras variáveis; e um modelo para identificar intervenções específicas para promover o autocontrole e avaliar intervenções farmacológicas.

Teoria do momentum comportamental

Momentum comportamental é uma metáfora utilizada por Nevin *et al.* (1983) para descrever a tendência de as taxas de resposta da linha de base persistirem após algum disruptor de resposta (ver a discussão anterior sobre resistência à mudança). Assim como na segunda lei do movimento de Newton, o *momentum* comportamental é o produto da massa comportamental pela velocidade comportamental, em que a *velocidade comportamental* é a taxa de resposta da linha de base, e a *massa comportamental* é a resistência da taxa de resposta da linha de base à mudança após a aplicação de quantidades variáveis de algum disruptor de resposta. Quando representamos graficamente as taxas de resposta em quantidades variáveis do disruptor de resposta, como sessões de extinção ou quantidades de alimento pré-sessão, a altura da curva ou a função no eixo *y* é a velocidade comportamental, e a inclinação da função ao longo do eixo *x* é resistência à mudança; a área total sob a curva representa o *momentum* comportamental de uma resposta.

Os pesquisadores utilizaram diversos esquemas de reforçamento para estudar o *momentum* comportamental, incluindo esquemas múltiplos (Nevin *et al.*, 1983), esquemas múltiplos concorrentes (Nevin, Tota, Torquato, & Shull, 1990) e esquemas de cadeia concorrente (Grace & Nevin, 1997). Inúmeros estudos têm demonstrado que a resistência à mudança é uma função das condições de reforço para esses esquemas. Por exemplo, Nevin (1974) e Nevin *et al.* (1983) utilizaram um esquema múltiplo de dois componentes para demonstrar que a resistência à mudança é uma função positiva da taxa de reforçamento na linha de base. Diferentes pares de esquemas MULT VI VI arranjaram uma taxa maior de reforço em um componente do que no outro. Durante as condições de extinção, saciedade e alimento de fonte oculta, a bicagem dos pombos na tecla foi mais persistente no componente com a maior taxa de reforçamento da linha de base. Em uma série subsequente de experimentos, Nevin *et al.* (1990) testaram as hipóteses concorrentes de que a resistência à mudança é uma função das relações resposta-reforçador da linha de base *versus* relações estímulo-reforçador da linha de base. Em seu Experimento 2, a linha de base foi constituída de um esquema múltiplo de três componentes concorrentes (MULT). Em cada componente do MULT, operaram-se dois esquemas concorrentes, nos quais a tecla esquerda foi o primeiro esquema concorrente e a tecla direita foi o segundo: concorrente VI 45/hora VI 15/hora (verde), extinção concorrente VI 15/hora (vermelha) e extinção concorrente VI 60/hora (branca). Nesse arranjo, as contingências de resposta-reforço foram iguais nos componentes das teclas verde e vermelha (15/hora cada) e menores do que no componente da tecla branca (60/hora). Já as contingências estímulo-reforço (i.e., o total de reforços entregues na presença de cada cor) foram iguais nos componentes das teclas verde e branca (60/hora cada) e menores no componente de tecla vermelha (15/hora). Testes de resistência das bicadas na tecla direita à extinção e saciedade mostraram que a resistência à mudança era uma função positiva do número total de reforços entregues em cada componente (contingência do reforço da cor), e não do número de reforços entregues na tecla direita (contingência do reforço da bicada). Diversos pesquisadores replicaram as descobertas gerais de Nevin *et al.* com humanos (p. ex., Cohen *et al.*, 2001; Dube e McIlvane, 2001; Mace *et al.*, 1990; Pritchard *et al.*, 2014).

Ahearn, Clark, Gardenier, Chung e Dube (2003) ilustraram a relevância dos achados de Nevin *et al.* (1990) para o comportamento humano clinicamente importante. Uma análise funcional do comportamento estereotipado de três crianças com TEA sugeriu que o reforço automático manteve a estereotipia. Em seguida, os pesquisadores identificaram objetos preferidos por meio de uma avaliação de preferência. Eles compararam níveis de comportamento estereotipado em uma sequência de condição de teste de controle. A sequência do teste consistiu na linha de base (sem materiais de jogo disponíveis) → entrega VT de um item preferencial → teste (acesso contínuo a um segundo item preferido) → linha de base. A sequência controle consistiu na linha de base → linha de base → teste → linha de base. Ahearn *et al.* descobriram que, embora tanto o VT quanto as condições de teste tenham reduzido o comportamento estereotipado em relação à linha de base, devido à disponibilidade de reforço alternativo, os níveis de estereotipia foram mais altos na condição de teste que se seguiu ao fornecimento do reforço de VT do que na condição de teste que se seguiu à linha de base sem brinquedos disponíveis. Segundo Mace (2000) e Ahearn *et al.*, apesar de intervenções baseadas em DRA e esquemas de FT ou VT reduzirem de forma confiável a ocorrência de comportamento indesejável, essas mesmas intervenções podem ter efeitos de persistência-fortalecimento sobre comportamentos indesejáveis.

Grace e Nevin (2000) propuseram uma teoria unificadora da escolha e do *momentum* comportamental em que as variáveis funcionalmente relacionadas à preferência ou à escolha eram as mesmas relacionadas à resistência à mudança. Tais autores (1997) realizaram um estudo que fundamentou essa teoria; alternaram de maneira aleatória um procedimento de cadeia concorrente e um procedimento de esquemas múltiplos em uma única sessão experimental. Três teclas de resposta foram montadas em uma parede acima de uma revista de alimentos. No procedimento de cadeia concorrente, as teclas laterais acenderam em branco no *link* inicial, que consistia em esquemas concorrentes iguais de VI de 20 segundos VI de 20 segundos. O reforço do *link* inicial consistiu na entrada do *link* terminal e no escurecimento das teclas laterais, bem como na iluminação da tecla central (verde ou vermelha, dependendo se a entrada do *link* terminal era contingente a uma bicada do teclado do *link* inicial esquerdo ou direito). As cores da tecla terminal correlacionaram-se com um esquema VI de taxa maior ou menor. Os pesquisadores apresentaram 36 ciclos do arranjo de cadeia concorrente em cada sessão. Desse modo, o procedimento de cadeia concorrente avaliou a preferência pelo *link* terminal em função da escolha no *link* inicial. O procedimento do esquema múltiplo na sessão experimental envolveu a alternância comum de teclas verdes e vermelhas correlacionadas com os mesmos esquemas de VI utilizados no procedimento de cadeia concorrente. Após esse arranjo de linha de base, os pesquisadores testaram a resistência à mudança por meio de entregas de alimentos de fonte oculta entre os componentes do esquema múltiplo. Grace e Nevin descobriram que a taxa relativa de reforçamento previu comparativamente a preferência pelo esquema de cadeia concorrente e a resistência à mudança no esquema múltiplo.

Mace, Mauro, Boyajian e Eckert (1997) demonstraram o significado aplicado do trabalho de Grace e Nevin. Eles modificaram o procedimento de alta probabilidade (*high-p*), inspirado no *momentum* comportamental, para aumentar sua eficácia. Sabendo que a qualidade do reforço afeta a escolha, Mace *et al.* ponderaram que o fornecimento de um reforço de maior qualidade (alimento) dependente da adesão às instruções de alta probabilidade aumentaria a resistência da adesão à mudança quando apresentassem instrução de baixa probabilidade (*low-p*). O procedimento de alta probabilidade com alimento aumentou a adesão às instruções de baixa probabilidade que não responderam ao procedimento de alta probabilidade sem alimento.

Esquemas conjuntivos e alternativos

Tanto os esquemas conjuntivos quanto os alternativos compreendem dois ou mais componentes do esquema. Nos esquemas conjuntivos, o sujeito deve satisfazer os requisitos do esquema para *todos* os componentes para produzir uma entrega de reforço. Diferentemente de esquemas encadeados, a ordem de conclusão do esquema é irrelevante em esquemas conjuntivos. Já componentes do esquema alternativo estão disponíveis de maneira simultânea. O reforço depende da conclusão de *qualquer um* dos componentes, o que ocorrer primeiro.

Vollmer *et al.* (1997) avaliaram a eficácia dos esquemas de FT para reduzir o comportamento agressivo grave de uma menina de 13 anos com deficiência intelectual grave, para a qual o reforço tangível mantinha a agressividade. Segundo linha de base analítico-funcional, os investigadores deram acesso a uma revista preferida continuamente, resultando em zero ocorrências de agressão. A agressão ressurgiu quando os investigadores tentaram implementar um esquema de FT para reduzir o esquema de reforçamento. Uma análise na sessão da relação temporal entre entregas de reforços de FT e ocorrências de agressão mostrou que entregas programadas de reforços muitas vezes coincidiam (dentro de 10 segundos) com atos agressivos. Isso sugeriu que o esquema de FT poderia ter reforçado acidentalmente o comportamento agressivo. Para evitar essa possibilidade, Vollmer *et al.* introduziram um esquema conjuntivo FT DRO de 10 segundos. O esquema FT configurava o acesso à revista preferida, no entanto, os pesquisadores entregavam a revista apenas se a participante não tivesse se envolvido em agressão durante os últimos 10 segundos do intervalo de FT. Ou seja, a participante tinha que cumprir os requisitos do esquema de FT e DRO para ter acesso à revista. Após uma explosão de resposta inicial, o esquema conjuntivo reduziu a agressão a níveis baixos, e os pesquisadores então reduziram o esquema de FT para um esquema conjuntivo FT 5 minutos DRO 10 segundos.

Tiger, Hanley e Hernandez (2006) utilizaram um esquema alternativo de reforço no contexto de um esquema de cadeia concorrente. Em um esquema de cadeia concorrente, duas alternativas de resposta (A e B) estão disponíveis de modo simultâneo no *link* inicial. O participante pode escolher uma alternativa. A conclusão dos requisitos do esquema para o *link* inicial A conduz ao *link* terminal A, e a conclusão dos requisitos do esquema para o *link* terminal A produz um reforço. O mesmo acontece para os *links* inicial e terminal B. Em geral, a escolha de completar o *link* inicial A *versus* B reflete preferência pelo reforçador associado ao respectivo *link* terminal. Tiger *et al.* avaliaram a preferência de crianças na educação infantil pela *escolha* como reforço independente dos reforços alimentares. O *link* inicial apresentava três planilhas de cores diferentes, cada uma com uma tarefa acadêmica idêntica. A escolha da planilha no *link* inicial era seguida por uma planilha de *link* terminal. As respostas corretas produziam as consequências associadas a cada planilha colorida: (1) escolha de um dos cinco reforços de alimentos idênticos (escolha), (2) um único reforço de alimento idêntico à opção de escolha (sem escolha) e (3) nenhum reforço material. Cinco das seis crianças demonstraram preferência pela alternativa de escolha no *link* inicial, embora essa preferência não tenha persistido para duas das cinco crianças. Embora o estudo tenha utilizado um esquema de cadeia concorrente, ele também representou um esquema alternativo, pois a conclusão de todos os requisitos do esquema para cada alternativa levava aos reforços associados a cada alternativa.

Resumo e considerações finais

Revisamos os esquemas básicos e combinados do reforçamento, bem como fornecemos definições para cada esquema e ilustrações das aplicações dos esquemas na literatura de pesquisa da ABA. Esquemas de reforçamento promovem padrões específicos de resposta, mas o fazem apenas em contexto mais amplo de operantes discriminados concorrentes disponíveis. Tal contexto inclui as condições motivacionais temporárias para cada operante discriminado e sua história específica de reforço ou massa comportamental. Fornecemos uma visão geral de alguns desenvolvimentos contemporâneos na ABA, como contraste comportamental, teoria da igualação, autocontrole e teoria do *momentum* comportamental, e ilustramos que esses tópicos estão relacionados diretamente a esquemas específicos de reforço. O uso deliberado de esquemas de reforçamento oferece ao analista do comportamento aplicado uma ferramenta poderosa para entender as condições que mantêm o comportamento e projetar intervenções muito eficazes.

Referências

Ahearn, W. H., Clark, K. M., Gardenier, N. C., Chung, B. I., & Dube, W. V. (2003). Persistence of stereotypic behavior: Examining the effects of external reinforcers. *Journal of Applied Behavior Analysis, 36*, 439-448.

Baum, W. M. (1974). On two types of deviation from the matching law: Bias and undermatching. *Journal of the Experimental Analysis of Behavior, 22*, 231-242.

Binder, L. M., Dixon, M. R., & Ghezzi, P. M. (2000). A procedure to teach self-control to children with attention deficit hyperactivity disorder. *Journal of Applied Behavior Analysis, 33*, 233-237.

Bowman, L. G., Piazza, C. C., Fisher, W. W., Hagopian, L. P., & Kogan, J. S. (1997). Assessment of preference for varied versus constant reinforcement. *Journal of Applied Behavior Analysis, 30*, 451-458.

Brandauer, C. (1958). *The effects of uniform probabilities of reinforcement on the response rate of the pigeon*. Dissertação de doutorado não publicada, Columbia University.

Carr, J. E., Kellum, K. K., & Chong, I. M. (2001). The reductive effects of noncontingent reinforcement: Fixed-time versus variable-time schedules. *Journal of Applied Behavior Analysis, 34*, 505-509.

Catania, A. C. (2013). *Learning* (5ª ed.). Cornwall-on-Hudson, NY: Sloan.

Catania, A. C., & Reynolds, G. S. (1968). A quantitative analysis of the responding maintained by interval schedules of reinforcement. *Journal of the Experimental Analysis of Behavior, 11*, 327-383.

Cohen, S. L., Richardson, J., Klebez, J., Febbo, S., & Tucker, D. (2001). EMG biofeedback: The effects of CRF, RF, RV, IF, and IV schedules of reinforcement on the acquisition and extinction of increases in forearm muscle tension. *Applied Psychophysiology and Biofeedback, 26*, 179-194.

Conger, R., & Killeen, P. (1974). Use of concurrent operants in small group research: A demonstration. *Pacific Sociological Review, 17*, 399-416.

Critchfield, T. S., Haley, R., Sabo, B., Colbert, J., & Macropoulis, G. (2003). A half century of scalloping in the work habits of the United States Congress. *Journal of Applied Behavior Analysis, 36*, 465-486.

Davison, M., & McCarthy, D. (1988). *The matching law: A review*. Hillsdale, NJ: Erlbaum.

DeLuca, R. B., & Holburn, S. W. (1992). Effects of a variable-ratio reinforcement schedule with changing criteria on exercise in obese and nonobese boys. *Journal of Applied Behavior Analysis, 25*, 671-679.

Dube, W. V., & McIlvane, W. J. (2001). Behavioral momentum in computer presented discriminations in individuals with severe mental retardation. *Journal of the Experimental Analysis of Behavior, 75*, 15-23.

DuPaul, G. J., & Ervin, R. A. (1996). Functional assessment of behaviors related to attention-deficit/hyperactivity disorder: Linking assessment to intervention design. *Behavior Therapy, 27*, 601-622.

Ecott, C. L., & Critchfield, T. S. (2004). Noncontingent reinforcement, alternative reinforcement, and the matching law: A laboratory demonstration. *Journal of Applied Behavior Analysis, 37*, 249-265.

Felton, M., & Lyon, D. O. (1966). The post-reinforcement pause. *Journal of the Experimental Analysis of Behavior, 9*, 131-134.

Ferster, C. B., & Skinner, B. F. (1957). *Schedules of reinforcement*. Nova York: Appleton-Century-Crofts.

Fisher, W. W., & Mazur, J. E. (1997). Basic and applied research on choice responding. *Journal of Applied Behavior Analysis, 30*, 387-410.

Fleshler, M., & Hoffman, H. S. (1962). A progression for generating variable-interval schedules. *Journal of the Experimental Analysis of Behavior, 5*, 529-530.

Flood, W. A., & Wilder, D. A. (2004). The use of differential reinforcement and fading to increase time away from a caregiver in a child with separation anxiety disorder. *Education and Treatment of Children, 27*, 1-8.

Gillis, J. M., Hammond Natof, T., Lockshin, S. B., & Romanczyk, R. G. (2009). Fear of routine physical exams in children with autism spectrum disorders. *Focus on Autism and Other Developmental Disabilities, 24*, 156-168.

Grace, R. C., & Nevin, J. A. (1997). On the relation between preference and resistance to change. *Journal of the Experimental Analysis of Behavior, 67*, 43-65.

Grace, R. C., & Nevin, J. A. (2000). Comparing preference and resistance to change in constant- and variable-duration schedule components. *Journal of the Experimental Analysis of Behavior, 74*, 165-188.

Hantula, D. A., & Crowell, C. R. (1994). Matching and behavioral contrast in a two-option repeated investment simulation. *Journal of Applied Behavior Analysis, 27*, 607-617.

Harding, J. W., Wacker, D. P., Berg, W. K., Rick, G., & Lee, J. F. (2004). Promoting response variability and stimulus generalization in martial arts training. *Journal of Applied Behavior Analysis, 37*, 185-196.

Heard, K., & Watson, T. S. (1999). Reducing wandering by persons with dementia using differential reinforcement. *Journal of Applied Behavior Analysis, 32*, 381-384.

Herrnstein, R. J. (1961). Relative and absolute strength of a response as a function of frequency of reinforcement. *Journal of the Experimental Analysis of Behavior, 4*, 267-272.

Herrnstein, R. J. (1970). On the law of effect. *Journal of the Experimental Analysis of Behavior, 13*, 243-266.

Herrnstein, R. J., & Loveland, D. H. (1975). Maximizing and matching on concurrent ratio schedules. *Journal of the Experimental Analysis of Behavior, 24*, 107-116.

Hoerger, M. L., & Mace, F. C. (2006). A computerized test of self-control predicts classroom behavior. *Journal of Applied Behavior Analysis, 39*, 147-159.

Horner, R. D. (1980). The effects of an environmental enrichment program on the behavior of institutionalized profoundly retarded children. *Journal of Applied Behavior Analysis, 13*, 473-491.

Hyten, C., & Madden, G. J. (1993). The scallop in fixed-interval research: A review with data description. *Psychological Record, 43*, 471-500.

Johnston, J. M., & Pennypacker, H. S., Jr. (2009). *Strategies and tactics of behavioral research* (3ª ed.). Nova York: Routledge.

Kahng, S., Abt, K. A., & Schonbachler, H. E. (2001). Assessment and treatment of low-rate high-intensity problem behavior. *Journal of Applied Behavior Analysis, 34*, 225-228.

Kahng, S., Iwata, B. A., Thompson, R. H., & Hanley, G. P. (2000). A method for identifying satiation versus extinction effects under noncontingent reinforcement schedules. *Journal of Applied Behavior Analysis, 33*, 419-432.

Koegel, R. L., Egel, A. L., & Williams, J. A. (1980). Behavioral contrast and generalization across settings in the treatment of autistic children. *Journal of Experimental Child Psychology, 30*, 422-437.

Lalli, J. S., Casey, S. D., & Kates, K. (1997). Noncontingent reinforcement as treatment for severe problem behavior: Some procedural variations. *Journal of Applied Behavior Analysis, 30*, 127-137.

Lalli, J. S., Mace, F. C., Wohn, T., & Livezey, K. (1995). Identification and modification of a response-class hierarchy. *Journal of Applied Behavior Analysis, 28*, 551-559.

Lane, L. L., Rogers, L. A., Parks, R. J., Weisenbach, J. L., Mau, A. C., Merwin, M. T., *et al.* (2007). Function-based interventions for students who are nonresponsive to primary and secondary efforts: Illustrations at the elementary and middle school levels. *Journal of Emotional and Behavioral Disorders, 15*, 169-183.

Laraway, S., Snycerski, S., Michael, J., & Poling, A. (2003). Motivating operations and terms to describe them: Some further refinements. *Journal of Applied Behavior Analysis, 36*, 407-414.

Lerman, D. C., Iwata, B. A., & Wallace, M. D. (1999). Side effects of extinction: Prevalence of bursting and aggression during the treatment of self-injurious behavior. *Journal of Applied Behavior Analysis, 32*, 1-8.

Luiselli, J. K., Pace, G. M., & Dunn, E. K. (2006). Effects of behavior-contingent and fixed-time release contingencies on frequency and duration of therapeutic restraint. *Behavior Modification, 30*, 442-455.

Mace, F. C. (2000). The clinical importance of choice and resistance to change. *Behavioral and Brain Sciences, 23*, 105-106.

Mace, F. C., Gritter, A. K., Johnson, P. E., Malley, J. L., & Steege, M. W. (2007). Contingent reinforcement in context. *European Journal of Behavior Analysis, 7*, 115-120.

Mace, F. C., & Lalli, J. S. (1991). Linking descriptive and experimental analyses in the treatment of bizarre speech. *Journal of Applied Behavior Analysis, 24*, 553-562.

Mace, F. C., Lalli, J. S., Shea, M. C., Lalli, E. P., West, B. J., Roberts, M., *et al.* (1990). The momentum of human behavior in a natural setting. *Journal of the Experimental Analysis of Behavior, 54*, 163-172.

Mace, F. C., Mauro, B. C., Boyajian, A. E., & Eckert, T. L. (1997). Effects of reinforcer quality on behavioral momentum: Coordinated applied and basic research. *Journal of Applied Behavior Analysis, 30*, 1-20.

Mace, F. C., Neef, N. A., Shade, D., & Mauro, B. C. (1994). Limited matching on concurrent schedule reinforcement of academic behavior. *Journal of Applied Behavior Analysis, 27*, 585-596.

Mace, F. C., Pratt, J. L., Prager, K. L., & Pritchard, D. (2011). An evaluation of three methods of saying 'no' to avoid an escalating response class hierarchy. *Journal of Applied Behavior Analysis, 44*, 83-94.

Mace, F. C., & Roberts, M. L. (1993). Factors affecting selection of behavioral interventions. Em J. Reichle & D. Wacker (Eds.), *Communicative alternatives to challenging behavior: Integrating functional assessment and intervention strategies* (p. 113-133). Baltimore: Brookes.

Mace, F. C., Zangrillo, A. N., Prager, K., Carolan, E., Hoerger, M., Thomas, K., *et al.* (2008). A methodology for maintaining low levels of attention-maintained problem behaviors following variable-time schedule thinning. *European Journal of Behavior Analysis, 9*, 149-156.

Magee, S. K., & Ellis, J. (2001). The detrimental effects of physical restraint as a consequence for inappropriate classroom behavior. *Journal of Applied Behavior Analysis, 34*, 501-504.

Marsteller, T. M., & St. Peter, C. C. (2014). Effects of fixed--time reinforcement schedules on resurgence of problem behavior. *Journal of Applied Behavior Analysis, 47*, 455-469.

Martens, B. K., Lochner, D. G., & Kelly, S. Q. (1992). The effects of variable-interval reinforcement on academic engagement: A demonstration of matching theory. *Journal of Applied Behavior Analysis, 25*, 143-151.

McDowell, J. J. (1989). Two modern developments in matching theory. *Behavior Analyst, 12*, 153-166.

Neef, N. A., Bicard, D. F., Endo, S., Coury, D. L., & Aman, M. G. (2005). Evaluation of pharmacological treatment of impulsivity in children with attention deficit hyperactivity disorder. *Journal of Applied Behavior Analysis, 38*, 135-146.

Neef, N. A., Marckel, J., Ferreri, S. J., Bicard, D. F., Endo, S., Aman, M. G., *et al.* (2005). Behavioral assessment of impulsivity: A comparison of children with and without attention deficit hyperactivity disorder. *Journal of Applied Behavior Analysis, 38*, 23-37.

Nevin, J. A. (1974). Response strength in multiple schedules. *Journal of the Experimental Analysis of Behavior, 21*, 389-408.

Nevin, J. A., & Grace, R. C. (2000). Preference and resistance to change with constant-duration schedule components. *Journal of the Experimental Analysis of Behavior, 74*, 79-100.

Nevin, J. A., Mandell, C., & Atak, J. R. (1983). The analysis of behavioral momentum. *Journal of the Experimental Analysis of Behavior, 39*, 49-59.

Nevin, J. A., Tota, M. E., Torquato, R. D., & Shull, R. L. (1990). Alternative reinforcement increases resistance to change: Pavlovian or operant contingencies? *Journal of the Experimental Analysis of Behavior, 53*, 359-379.

Ninness, H. A. C., Ozenne, L., & McCuller, G. (2000). Fixed-interval responding during computer interactive problem solving. *Psychological Record, 50*, 387-401.

Pierce, W. D., & Epling, W. F. (1984). On the persistence of cognitive explanation: Implications for behavior analysis. *Behaviorism, 12*, 15-27.

Poling, A., & Normand, M. (1999). Noncontingent reinforcement: An inappropriate description of time-based schedules that reduce behavior. *Journal of Applied Behavior Analysis, 32*, 237-238.

Pritchard, D., Hoerger, M., Mace, F. C., Penney, H., & Harris, B. (2014). Clinical translation of animal models of treatment relapse. *Journal of the Experimental Analysis of Behavior, 101*, 442-449.

Rachlin, H., & Green, L. (1972). Commitment, choice and self-control. *Journal of the Experimental Analysis of Behavior, 17*, 15-22.

Reynolds, G. S. (1961). Behavioral contrast. *Journal of the Experimental Analysis of Behavior, 4*, 57-71.

Ringdahl, J. E., Vollmer, T. R., Borrero, J. C., & Connell, J. E. (2001). Fixed-time schedule effects as a function of baseline reinforcement rate. *Journal of Applied Behavior Analysis, 34*, 1-15.

Saini, V., Miller, S. A., & Fisher, W. W. (2016). Multiple schedules in practical application: Research trends and implications for future investigation. *Journal of Applied Behavior Analysis, 49*, 1-24.

Schweitzer, J. B., & Sulzer-Azaroff, B. (1988). Self-control: Teaching tolerance for delay in impulsive children. *Journal of the Experimental Analysis of Behavior, 50*, 173-186.

Tarbox, J., & Parrot Hayes, L. (2005). Verbal behavior and behavioral contrast in human subjects. *Psychological Record, 55*, 419-437.

Thompson, R. H., & Iwata, B. A. (2005). A review of reinforcement control procedures. *Journal of Applied Behavior Analysis, 38*, 257-278.

Tiger, J. H., & Hanley, G. P. (2005). An example of discovery research involving the transfer of stimulus control. *Journal of Applied Behavior Analysis, 38*, 499-509.

Tiger, J. H., Hanley, G. P., & Hernandez, E. (2006). An evaluation of the value of choice with preschool children. *Journal of Applied Behavior Analysis, 39*, 1-16.

Van Camp, C. M., Lerman, D. C., Kelley, M. E., Contrucci, S. A., & Vorndran, C. M. (2000). Variable-time reinforcement schedules in the treatment of socially maintained problem behavior. *Journal of Applied Behavior Analysis, 33*, 545-557.

Vollmer, T. R., & Bourret, J. (2000). An application of the matching law to evaluate the allocation of two- and three-point shots by college basketball players. *Journal of Applied Behavior Analysis, 33*, 137-150.

Vollmer, T. R., & Hackenberg, T. D. (2001). Reinforcement contingencies and social reinforcement: Some reciprocal relations between basic and applied research. *Journal of Applied Behavior Analysis, 34*, 241-253.

Vollmer, T. R., Iwata, B. A., Zarcone, J. R., Smith, R. G., & Mazaleski, J. L. (1993). The role of attention in the treatment of attention-maintained self-injurious behavior: Noncontingent reinforcement and differential reinforcement of other behavior. *Journal of Applied Behavior Analysis, 26*, 9-21.

Vollmer, T. R., Marcus, B. A., & Ringdahl, J. E. (1995). Noncontingent escape as a treatment for self-injurious behavior maintained by negative reinforcement. *Journal of Applied Behavior Analysis, 28*, 15-26.

Vollmer, T. R., Progar, P. R., Lalli, J. S., Van Camp, C. M., Sierp, B. J., Wright, C. S., *et al.* (1998). Fixed-time schedules attenuate extinction-induced phenomena in the treatment of severe aberrant behavior. *Journal of Applied Behavior Analysis, 31*, 529-542.

Vollmer, T. R., Ringdahl, J. E., Roane, H. S., & Marcus, B. A. (1997). Negative side effects of noncontingent reinforcement. *Journal of Applied Behavior Analysis, 30*, 161-164.

Wallace, M. D., Iwata, B. A., Hanley, G. P., Thompson, R. H., & Roscoe, E. M. (2012). Noncontingent reinforcement: A further examination of schedule effects during treatment. *Journal of Applied Behavior Analysis, 45*, 709-719.

Wright, C. S., & Vollmer, T. R. (2002). Evaluation of a treatment package to reduce rapid eating. *Journal of Applied Behavior Analysis, 35*, 89-93.

5

Controle de estímulos e generalização

Joseph E. Spradlin, Jennifer L. Simon e Wayne W. Fisher

Um adolescente pode prontamente aceitar o pedido de sua mãe por um abraço e um beijo na privacidade de sua casa, mas recusar de modo veemente o mesmo pedido na frente de seus colegas. Muitas vezes gritamos e aplaudimos em eventos esportivos, nos sentamos em silêncio e periodicamente cantamos durante um culto na igreja, e sussurramos quando desejamos transmitir informações a um indivíduo sem sermos ouvidos por outros. Esses exemplos ilustram como o comportamento dos seres humanos e o de outras espécies com frequência muda, dependendo das circunstâncias. Quando nosso comportamento muda em resposta a tais circunstâncias ambientais, dizemos que ele está sob *controle de estímulos*. Este último é muito relevante para o analista do comportamento aplicado, pois a maioria dos comportamentos está sob algum grau de controle de estímulos. Dessa forma, neste capítulo, discutimos uma ampla gama de fenômenos que se enquadram no tópico do controle de estímulos. Tais fenômenos incluem discriminações aprendidas através de formação direta ou experiência, como discriminações simples e condicionais; incluem também aquelas aprendidas por meio de processos de generalização, como a generalização de estímulos, a equivalência de estímulos e a generalização recombinativa.

Os pesquisadores têm utilizado o termo *controle de estímulos* de muitas maneiras, com amplas conotações. Podemos definir esse termo quanto às mudanças na probabilidade de uma forma ou uma taxa de um comportamento que ocorrem devido à apresentação de um estímulo. Definido desse modo, o controle de estímulos incluiria as funções discriminativas, eliciadoras e reforçadoras de estímulos (Skinner, 1938). Restringimos a discussão deste capítulo sobretudo ao controle discriminativo – o controle de estímulo que se desenvolve quando apresentamos reforço positivo ou retiramos reforço negativo contingente a uma resposta na presença de um estímulo.

É difícil discutir o tema da discriminação de estímulos sem discutir também seu contraefeito – a generalização. Os pesquisadores têm utilizado o termo *generalização* de diversas maneiras. Os básicos, que trabalham com não humanos em laboratório, normalmente se referem à generalização de estímulos primários. Por exemplo, Jenkins e Harrison (1960) condicionaram uma resposta a ocorrer quando apresentavam um som de 1.000 ciclos por segundo (1.000 cps) e mostraram que a resposta também ocorria quando apresentavam um som de 1.500 ou 670 cps. Os analistas do comportamento aplicado têm usado o termo *generalização* em sentido muito mais amplo. Stokes e Baer (1977) definiram generalização como "qualquer ocorrência de comportamento relevante sob condições de não treinamento (i.e., entre sujeitos, ambientes, pessoas, comportamentos e/ou tempo) sem a programação dos mesmos eventos nas condições que haviam sido programadas em treinamento" (p. 350). Utilizamos o termo *generalização* neste capítulo de maneira um pouco diferente. Para nós, a generalização inclui uma aprendizagem mais rápida de novas discriminações, com base na aprendizagem de discriminações semelhantes no passado (i.e., aprender a aprender; Harlow, 1949).

Os indivíduos entram em contato de modo contínuo com estímulos contextuais ou de fundo, como os visuais, os auditivos, os táteis, os gustativos e os olfativos. Esses estímulos podem ser externos ou produzidos pelo próprio corpo do indivíduo. Se um estímulo específico ganha controle sobre uma resposta específica, isso depende de muitos fatores. Primeiro, depende da saliência do estímulo, ou do quão diferente ele é dos estímulos de fundo (Dinsmoor, 1995b). Um grito em uma biblioteca silenciosa seria saliente, já um sussurro em um jogo de basquete, não. Pesquisadores em estudos laboratoriais típicos de controle de estímulos projetam o ambiente para controlar os estímulos de fundo, reduzindo quaisquer estímulos auditivos ou visuais estranhos. Por exemplo, um pesquisador pode colocar um sujeito não humano em uma câmara fechada, apresentar ruído branco em um nível constante e eliminar qualquer estímulo visual que o distraia. O nível de controle experimental pode não ser tão completo para estudos envolvendo participantes humanos, mas os pesquisadores devem tentar eliminar mudanças nos estímulos de fundo que possam distrair os seres humanos.

Segundo, um estímulo deve ser associado a consequências diferenciais para obter controle sobre uma resposta específica. Um estímulo saliente que ocorre antes de qualquer condicionamento evocará respostas, como virar na direção de um ruído alto. O estímulo torna-se parte do fundo se não ocorrerem contingências diferenciais para respostas específicas na presença repetida do estímulo. Por exemplo, o latido do cachorro de um vizinho pode evocar uma resposta de sobressalto, como virar-se para a fonte do latido, inicialmente. No entanto, o latido torna-se parte dos estímulos de fundo e não evocará mais as respostas iniciais se continuar sem ser seguido por consequências diferenciais.

Terceiro, a resposta deve fazer parte do repertório comportamental do indivíduo para que um estímulo ganhe controle sobre uma resposta. Por exemplo, muitas vezes ensinamos outras formas de comportamento verbal, como língua de sinais ou troca de imagens, para indivíduos não vocais (Landa & Hanley, 2016). Em geral, selecionamos a forma alternativa de comportamento verbal com base nas respostas que o indivíduo já emite, como apontar ou tocar, ou seja, selecionamos uma resposta que já está no repertório dele (p. ex., resposta motora fina), em vez de uma resposta que ele não emitiu (p. ex., fala).

Este capítulo começa com o estabelecimento de discriminações simples e prossegue para o controle de estímulos mais complexo. A primeira seção, sobre o controle de estímulos simples, pode inicialmente parecer bastante distante dos tipos de discriminações complexas exigidas no cotidiano da vida humana. No entanto, a importância de discriminações simples pode se tornar mais evidente em seções posteriores, que abordam discriminações mais complexas.

Estabelecendo o controle por um único estímulo

Estabelecer o controle de estímulos requer um estímulo saliente, um ambiente um tanto controlado e uma resposta-alvo que faça parte do repertório do indivíduo. Podemos colocar a resposta-alvo sob o controle de um estímulo saliente se (1) uma consequência de reforço seguir imediatamente cada resposta-alvo que ocorre na presença do estímulo, (2) o reforço da resposta-alvo não ocorrer na ausência do estímulo e (3) não houver outras condições correlacionadas ao reforço e à ausência de reforço. Queremos garantir que o estímulo relevante esteja controlando a resposta-alvo, e que esta não seja baseada em padrões temporais. Por exemplo, a resposta-alvo poderia ser baseada no tempo, e não na apresentação do estímulo, se apresentarmos um estímulo por 30 segundos uma vez a cada minuto. Portanto, devemos apresentá-lo em um programa de tempo variável.

Em algumas situações, a apresentação do estímulo pode funcionar como reforço para a resposta-alvo que ocorre antes da apresentação do estímulo, sobretudo quando o apresentamos em um esquema independentemente da resposta. Nesse caso, a sequência é a seguinte: resposta-alvo, apresentação do estímulo, resposta-alvo, reforço. A apresentação do estímulo funciona como reforço para a resposta-alvo antes dessa apresentação quando entregamos reforço para essa resposta na presença do estímulo. Esse reforço pode impedir a resposta discriminativa. Portanto, devemos retardar a apresentação do estímulo se uma resposta--alvo ocorrer imediatamente antes da apresentação programada dele, para permitir a extinção de tal resposta durante a ausência do estímulo (Ferster &Perrott, 1968). Utilizamos o termo *atraso de troca* ou *reforçamento diferencial momentâneo de outro comportamento* para nos referirmos à apresentação tardia do estímulo dependendo da resposta antes da apresentação dele. A pesquisa aplicada sobre o controle de estímulos de respostas funcionais de comunicação durante o tratamento de comportamentos-problema incluiu tais contingências para prevenir o reforçamento acidental (p. ex., Fisher, Greer, Fuhrman, & Querim, 2015).

Devemos determinar se a resposta-alvo está sob o controle das propriedades discriminativas do estímulo relevante após ela ocorrer sobretudo quando o estímulo está presente, e não quando está ausente. Uma possibilidade é que o reforçamento pode ter desenvolvido propriedades discriminativas, pois o reforçamento da resposta-alvo provavelmente será seguido por mais reforçamento, e a ausência de reforçamento possivelmente será seguida por mais ausência de reforçamento. Nesse caso, a resposta-alvo pode ocorrer mais após a entrega do reforçador do que depois de uma resposta que não foi reforçada se a entrega do reforçador funcionar como estímulo discriminativo (Blough, 1966). Podemos estar mais confiantes de que o estímulo relevante controla a resposta-alvo se esta começa imediatamente após a apresentação do estímulo e para imediatamente após a cessação dele.

Mesmo quando utilizamos um estímulo saliente e estabelecemos controle sobre uma resposta, outros estímulos semelhantes também podem controlar a resposta. A generalização dos estímulos permite o reforço das respostas na presença de estímulos que inicialmente podem ter sido difíceis de se condicionar. Por exemplo, Fulton e Spradlin (1971) primeiramente estabeleceram controle sobre uma resposta de botões pressionados a um som de 70 decibéis, 500 Hertz, um estímulo importante para pessoas com audição normal, para avaliar a audição de crianças com deficiência intelectual. O controle ocorreu para um som-alvo de 70 decibéis, 500 Hertz, para a maioria dos participantes, e sons menos intensos também controlaram a resposta. A resposta a sons menos intensos do que o alvo de 70 decibéis permitiu aos pesquisadores fornecerem reforçamento de respostas a sons de menor intensidade. A generalização ocorreu para sons de intensidade ainda mais baixa após os pesquisadores fornecerem reforçamento para respostas a sons de menor intensidade. O som manteve o controle do estímulo sobre o pressionamento de botões devido à generalização do estímulo e ao reforçamento das respostas aos sons com intensidade progressivamente menor, até que o som atingisse um nível limiar, o nível de magnitude no qual a resposta deixa de ser discriminativa.

Os pesquisadores têm realizado a maioria dos estudos de controle de estímulos simples, como os já descritos, com estímulos auditivos e visuais. Também podemos utilizar esses procedimentos para estabelecer o controle com estímulos táteis, gustativos e olfativos. Embora o controle com um único estímulo tenha poucos paralelos na vida diária dos indivíduos, o controle de estímulo único é útil para realizar avaliações auditivas de pessoas com deficiência intelectual (Fulton & Spradlin, 1971), bem como para ensinar cães e ratos a encontrar pessoas, narcóticos e explosivos pelo olfato (p. ex., Edwards, La Londe, Cox, Weetjens, & Poling, 2016). Os odores de narcóticos e de explosivos são estímulos salientes para cães e ratos, e os pesquisadores treinaram esses animais para responder aos odores reforçando uma resposta específica, como se sentar e ficar quando o odor está presente, e não quando está ausente.

Controle diferencial de estímulo por estímulos apresentados sucessivamente

Embora a mera detecção de um estímulo seja importante em algumas condições, o controle dele envolve mais frequentemente uma discriminação entre dois estímulos: um positivo, correlacionado com reforçamento, e um negativo, correlacionado com ausência de reforçamento. O pesquisador alterna o positivo (como uma luz vermelha) com um negativo (como uma luz verde) de mesma intensidade e duração de apresentação, para estabelecer discriminação sucessiva. Utilizamos o termo *discriminação sucessiva* porque os estímulos positivos e negativos estão presentes em momentos diferentes. No entanto, a resposta discriminativa nessa condição pode ser lenta e não ocorrer para todos os participantes experimentais.

É provável que o desvanecimento (*fading*) estabeleça discriminação mais rápida entre os estímulos (Terrace, 1966), pois podemos maximizar a diferença entre os positivos e os negativos primeiro e, em seguida, diminuir as diferenças entre os estímulos de maneira gradual. Os métodos para aumentar a diferença entre os estímulos incluem maximizar a saliência do positivo (como uma luz vermelha brilhante) e minimizar a saliência do negativo (como uma luz verde fraca), e apresentar o estímulo positivo por uma longa duração e o negativo por uma breve duração. Maximizar as diferenças entre os estímulos aumenta a probabilidade de haver resposta na presença do estímulo positivo e não haver resposta na presença do negativo. O desvanecimento requer inicialmente um estímulo positivo saliente (como uma luz vermelha brilhante) e um negativo não saliente (como uma luz verde fraca). Estabelecemos a resposta na presença do estímulo positivo, e não na presença do negativo. Em seguida, aumentamos a intensidade do estímulo negativo (como aumentar o brilho da luz verde) até que a intensidade dos estímulos positivo e negativo seja igual, e a resposta ocorra apenas na presença do estímulo positivo. Em seguida, aumentamos de modo gradual a duração da apresentação do estímulo negativo até que as durações das apresentações do positivo e do negativo sejam iguais e a resposta ocorra apenas na presença do positivo.

Macht (1971) utilizou um procedimento semelhante para ensinar uma discriminação entre letras E corretas e invertidas para crianças com deficiência intelectual.

Ele ensinou cada criança a pressionar uma alavanca quando apresentasse a letra E (estímulo positivo) e a não pressionar a alavanca quando apresentasse um quadrado preto sólido (estímulo negativo). Inicialmente, a apresentação das letras E era longa, e ele mostrava o quadrado preto por um breve período quando a resposta pausava. Ele aumentou a duração das apresentações subsequentes do quadrado preto e puniu as respostas em sua presença. Macht estabeleceu a discriminação entre o E correto e o E invertido utilizando variações desse procedimento após a resposta entre o E e o quadrado ser discriminativa. Em seguida, avaliou a visão de cada criança, afastando-a cada vez mais do aparelho que apresentava as letras E correta e invertida.

Quando estabelecemos a primeira discriminação (p. ex., "E" correto e invertido no experimento de Macht) utilizando uma técnica de desvanecimento, a próxima discriminação que estabelecemos (p. ex., A *versus* F) pode não exigir programação extensa, ou podemos ser capazes de estabelecê-la em menos apresentações de estímulos. Além disso, é possível estabelecer discriminações futuras (p. ex., N *versus* M) de maneira mais rápida, mesmo sem desvanecimento. Dinsmoor (1995a) atribuiu esse tipo de melhoria na aprendizagem discriminativa ao controle das respostas dos participantes. Também podemos considerá-lo um caso especial de aprender a aprender ou um conjunto de aprendizado (Harlow, 1949).

Embora o estabelecimento da discriminação entre um E correto e um E invertido possa ser suficiente para a avaliação da visão subjetiva, ele é insuficiente para a maioria dos propósitos educacionais. Por exemplo, é improvável que ensinar a discriminação entre um E correto e um outro invertido estabeleça discriminação entre as letras E e F. Portanto, devemos utilizar diversos estímulos negativos diferentes, como F, P, B e I, e variações do estímulo positivo ao ensinar tal discriminação, como E e E (ver discussão mais completa em Engelmann & Carnine, 1982).

Controle diferencial de estímulo por dois ou mais estímulos apresentados simultaneamente

Uma discriminação simultânea simples envolve a diferenciação entre dois ou mais estímulos apresentados ao mesmo tempo. Sidman e Stoddard (1967) estabeleceram boas discriminações círculo-elipse utilizando um procedimento de desvanecimento com um aparelho com oito teclas translúcidas nas quais projetavam luz e figuras. Inicialmente, houve grande disparidade entre os estímulos positivo (círculo sobre uma tecla branca totalmente iluminada) e negativo (sem figuras e teclas não iluminadas). O treinamento teve início com a apresentação de um estímulo positivo e sete negativos. Tocar no positivo produzia reforço, já tocar em qualquer estímulo negativo, não. Os pesquisadores restabeleciam a etapa anterior de desvanecimento quando os participantes cometiam erros. De modo gradual, os pesquisadores iluminaram os sete estímulos negativos até que tivessem a mesma intensidade do positivo. Em seguida, os pesquisadores introduziram uma linha horizontal nas teclas de estímulo negativo. Após os participantes estarem respondendo ao positivo, os pesquisadores gradualmente mudaram a figura do negativo (i.e., a linha horizontal se transformou em uma elipse muito estreita). A elipse transformou-se em um círculo semelhante a uma elipse, como aquele na tecla de estímulo positivo, após os pesquisadores iluminarem as teclas de estímulo negativo com uma elipse. Por fim, eles estabeleceram o limiar para a discriminação círculo-elipse.

Às vezes, é desejável estender o controle de estímulos que já guiam respostas diferenciais para estímulos que atualmente não o fazem. Um método utilizado pelos pesquisadores para transferir o controle das dimensões do estímulo existente para outras novas é um procedimento de atraso de dicas (Touchette, 1971). Touchette (1971) demonstrou o referido procedimento com três estudantes adultos com deficiência intelectual. Ele estabeleceu uma discriminação entre os estímulos positivo (uma tecla vermelha) e negativo (uma tecla branca) reforçando as respostas à tecla vermelha e não reforçando as respostas à tecla branca. Em seguida, estabeleceu uma nova discriminação entre dois estímulos com disparidade mínima (um E horizontal com as pernas apontadas para cima *versus* um E horizontal com as pernas apontadas para baixo). Primeiro, ele sobrepôs os estímulos positivos e negativos aos vermelhos e brancos, que já controlavam o comportamento. Touchette adiou o início da luz de fundo vermelha atrás do estímulo positivo por 0,5 segundo após a primeira resposta correta. Ele adiou o início do estímulo de fundo vermelho em mais 0,5 segundo e diminuiu sua duração de apresentação em 0,5 segundo para cada resposta incorreta em cada tentativa adicional. A resposta correta ocorreu antes da entrega do *prompt* (i.e., o sinal vermelho) em 10 tentativas com os três alunos. No entanto, essa rápida aquisição de respostas corretas nem sempre ocorre. Pesquisas posteriores sugerem que os alunos podem ter sido atípicos (p. ex., Oppenheimer, Saunders, & Spradlin, 1993).

Oppenheimer *et al.* (1993), utilizando procedimento semelhante com 30 adultos com deficiência intelectual, obtiveram três resultados diferentes. Primeiro, alguns participantes eram como os de Touchette (1971), que responderam antes do início da luz vermelha e estavam corretos. Segundo, alguns participantes responderam antes do início da luz vermelha, mas estavam corretos em apenas 50% das tentativas. Terceiro, alguns participantes nunca responderam antes do início da luz vermelha. Os pesquisadores realizaram novos testes com esse último grupo para determinar (1) se a resposta não ocorreu porque eles não estabeleceram a discriminação entre os *E*s horizontais ou (2) se eles estabeleceram a discriminação entre os dois *E*s horizontais, mas estavam esperando até que a luz vermelha acendesse antes de responder. Oppenheimer *et al.* apresentaram a luz vermelha de maneira simultânea nas teclas atrás do E correto e do incorreto. Alguns participantes não responderam antes de o sinal vermelho acender porque não fizeram a discriminação, ou seja, seu desempenho estava no nível do acaso quando o pesquisador projetou a luz vermelha em ambas as teclas. No entanto, outros participantes responderam corretamente quando o pesquisador projetou a luz vermelha em ambos os *E*s. Portanto, para alguns participantes, a luz vermelha funcionou como um estímulo "vá" para responder discriminativamente entre os *E*s.

O procedimento de atraso de dicas é útil no estudo laboratorial da discriminação e dos processos sensoriais. No entanto, muitas situações de discriminação envolvem respostas diferentes a diferentes estímulos. Os pesquisadores utilizaram variantes da técnica de alerta tardio, como tempo progressivo e constante ou atraso imediato, para ensinar uma discriminação visual de duas escolhas (p. ex., Handen & Zane, 1987). Pesquisadores têm usado procedimentos de atraso de dicas para ensinar habilidades como seleção de letras e números (p. ex., Bradley-Johnson, Sunderman, & Johnson, 1983; Touchette & Howard, 1984), leitura de palavras por sinais (p. ex., Gast, Ault, Wolery, Doyle, & Belanger, 1988; Knight, Ross, Taylor, & Ramasamy, 2003), e seleção e comando (Charlop, Schreibman, & Thibodeau, 1985; Charlop e Walsh, 1986; Halle, Baer, Spradlin, 1981; Halle, Marshall, & Spradlin, 1979; Knight *et al.*, 2003).

Um analista do comportamento poderia apresentar o numeral impresso *1* e, de modo simultâneo, apresentar o estímulo auditivo "um" para ensinar uma criança com fala imitativa a nomear algarismos impressos. O analista do comportamento poderia apresentar reforço para a vocalização quando a criança imita o estímulo auditivo "um". Nas tentativas seguintes, o analista do comportamento apresentaria o estímulo auditivo "um" após um atraso de poucos segundos depois de apresentar o numeral impresso *1*. O analista do comportamento deverá apresentar reforço se a criança nomear o numeral antes que o estímulo auditivo seja apresentado. De maneira ideal, a probabilidade de reforço seria maior para tais respostas preemptivas (Touchette & Howard, 1984). O treinamento sobre o numeral *2* poderia começar após a criança nomear de forma consistente o numeral *1*. Inicialmente, o analista do comportamento deve apresentar o estímulo auditivo "dois" ao mesmo tempo que o algarismo impresso *2*. Esse analista deve, então, fornecer reforço quando a criança imita "dois". As apresentações do numeral impresso *2* devem continuar com um breve atraso antes do estímulo auditivo. Esse procedimento deve continuar até que a criança responda consistentemente antes do estímulo auditivo. Em seguida, o analista do comportamento deve apresentar os algarismos impressos *1* e *2* em ordem aleatória. Primeiro, os estímulos auditivos devem ser apresentados simultaneamente aos algarismos impressos, para evitar erros iniciais. Em seguida, o analista do comportamento deve apresentar os algarismos impressos (*1* ou *2*) 4 a 5 segundos antes do estímulo auditivo. Esse procedimento deve produzir a discriminação muito rapidamente para a maioria das crianças. O analista do comportamento pode introduzir outros algarismos impressos com esse mesmo procedimento. Em muitos casos, o analista pode começar misturando os algarismos impressos quando utiliza a técnica de atraso de dicas. De fato, o treinamento de tato, no qual os pesquisadores intercalam três alvos de forma simultânea, produziu rápida aquisição de múltiplas respostas-alvo e promoveu a generalização em crianças com TEA e deficiência intelectual (p. ex., Leaf *et al.*, 2016; Marchese, Carr, LeBlanc, Rosati, & Conroy, 2012; Wunderlich, Vollmer, Donaldson, & Phillips, 2014).

Controle de estímulo condicional

As discriminações que já discutimos têm sido sucessivas simples ou simultâneas simples, essenciais na vida cotidiana. No entanto, muitas discriminações que os indivíduos fazem durante suas atividades diárias são *condicionais*, nas quais o reforço de uma resposta na presença de um estímulo depende da presença ou da ausência de outros estímulos. Um exemplo de discriminação condicional é passar o sal quando alguém pede para você passá-lo, e passar o pão quando alguém pede isso a você. Ou seja, o comportamento discriminado é condicional porque o estímulo positivo (p. ex., sal, pão) muda, dependendo do pedido (Serna, Dube, & McIlvane, 1997).

A correspondência de identidade simultânea é um procedimento de discriminação condicional muito simples. Pesquisadores têm estudado amplamente esse procedimento em laboratórios com humanos e não humanos. No laboratório, o procedimento típico envolve a apresentação de um estímulo visual da amostra (p. ex., o numeral *2*) ao qual o participante da experiência deve responder. Em seguida, o pesquisador apresenta dois ou mais estímulos de comparação (como *2* e 3, ou *2*, *3*, *4* e 5) após a resposta do participante à amostra. Um dos estímulos de comparação (p. ex., *2*) é idêntico ao da amostra; o estímulo restante (p. ex., 3) ou os estímulos restantes (p. ex., *3*, *4* e 5) diferem do da amostra. A disparidade entre o estímulo de comparação correto e os demais pode ser grande ou pequena. O pesquisador apresenta diferentes estímulos como amostras de um ensaio para outro; desse modo, o estímulo de comparação correto é condicionado à amostra presente. Experimentos de correspondência de identidade envolveram procedimentos simples de tentativa e erro (Saunders, Johnson, Tompkins, Dutcher, & Williams, 1997; Saunders & Sherman, 1986) e procedimentos de desvanecimento (Dube, Iennaco, & McIlvane, 1993). O pesquisador pode apresentar somente o único estímulo de comparação que corresponda ao estímulo amostral, ou as outras comparações podem estar em branco nas primeiras tentativas de uma tarefa de correspondência de identidade com a amostra, utilizando um procedimento de desvanecimento. O pesquisador pode começar a desvanecer o(s) estímulo(s) não compatível(is) após algumas tentativas. Os não compatíveis tornam-se mais visíveis até que a intensidade dos compatíveis corresponda à do estímulo amostral a cada tentativa sucessiva de resposta correta. Em geral, os participantes combinam novos estímulos em sua primeira apresentação após terem combinado alguns estímulos de comparação com as amostras, ou seja, exibem correspondência de identidade generalizada. Participantes não humanos e outros com deficiência intelectual não exibem correspondência generalizada prontamente. Para facilitar a correspondência de identidade generalizada com participantes com TEA e deficiência intelectual, os pesquisadores têm utilizado videomodelagem, correção de erros e desvanecimento de uma tarefa simples de classificação de mesa para a correspondência de identidade composta em uma tela de computador (Alexander, Ayres, Smith, Shepley, & Mataras, 2013; Farber, Dube, Dixon, 2016).

Consideramos a correspondência de identidade generalizada como outro exemplo de generalização. As apostilas pré-acadêmicas usam bastante a correspondência de identidade para ensinar a discriminação de letras e números aos alunos. Em geral, a apostila apresenta a letra ou o número de amostra na margem esquerda e as letras ou os números de escolha em uma linha à direita da amostra. O aluno deverá marcar a escolha correta como resposta. Essa tarefa de apostila é um exemplo de correspondência de identidade; no entanto, não é uma técnica de ensino ideal, pois envolve reforço tardio para respostas corretas.

A correspondência de identidade simultânea requer a discriminação dos estímulos da amostra dos demais estímulos de comparação. Não requer nem garante a discriminação sucessiva entre os estímulos amostrais, pois o estímulo amostral permanece disponível durante todo o ensaio. No entanto, haveria um procedimento de correspondência adiada com a amostra se o professor a removesse após o início das comparações, provavelmente exigindo discriminação sucessiva dos estímulos da amostra (p. ex., Constantine & Sidman, 1975).

Intimamente relacionado com a tarefa de correspondência de identidade está o procedimento de singularidade. Nessa discriminação, o professor apresenta ao aluno uma matriz de três ou mais estímulos, sendo um deles diferente. Sidman e Stoddard (1967) apresentaram essa exposição a seus alunos, mas utilizaram apenas um estímulo (um círculo) como estímulo ímpar correto. Outros pesquisadores apresentaram uma série de ensaios nos quais o estímulo singular (i.e., estímulo positivo) foi diferente em diversos ensaios (p. ex., Dickerson & Girardeau, 1971; Ellis e Sloan, 1959; Smeets & Striefel, 1974; Soraci *et al.*, 1987; Stromer e Stromer, 1989). Por exemplo, o pesquisador pode apresentar o numeral *1* como estímulo positivo único, com dois ou mais números *2* como estímulos negativos em uma tentativa. O pesquisador pode apresentar um único *2* com dois ou mais números *1* em outros ensaios. Nesse caso, a tarefa de singularidade é de discriminação condicional, pois o estímulo designado como correto depende dos outros estímulos. As apostilas pré-acadêmicas têm utilizado bastante o procedimento de singularidade.

Um tipo mais complexo de discriminação condicional é aquele no qual os estímulos de comparação não são fisicamente semelhantes ao estímulo amostral. A correspondência auditiva e visual (p. ex., rotulagem receptiva) consiste na apresentação de uma amostra auditiva, como nomes de objetos ditados, com comparações visuais, como uma matriz de objetos. Por exemplo, a resposta correta é condicionada à amostra apresentada se um professor estiver treinando um aluno para tocar em algarismos impressos específicos (p. ex., *1* e *2*) em resposta a amostras auditivas correspondentes

(p. ex., "um" ou "dois"). Ou seja, a resposta é o algarismo *1* se a amostra auditiva for "um", e a resposta correta será o algarismo *2* se a amostra auditiva for "dois". Tal discriminação condicional depende (1) de uma discriminação sucessiva dos estímulos auditivos "um" e "dois", (2) de uma simultânea entre os algarismos impressos *1* e *2* e (3) da correspondência do estímulo auditivo "um" com o numeral *1*. Nem todas as crianças com desenvolvimento típico aprendem tais discriminações condicionais sem antes aprender as discriminações de componentes. Nesses casos, o analista do comportamento pode estabelecer a resposta condicional ensinando a discriminação de cada componente de modo isolado (ver Saunders & Spradlin, 1993).

O primeiro componente de um procedimento de ensino de componentes é estabelecer discriminações sucessivas entre as amostras numéricas auditivas. Se o aluno emitir comportamento vocal, um professor pode fazer com que esse aluno ecoe os estímulos auditivos. O segundo componente é estabelecer a resposta discriminada aos estímulos de comparação (p. ex., algarismos impressos). O professor pode realizar uma sondagem de correspondência com a amostra dos algarismos. Ele pode implementar o terceiro componente se o aluno apresentar correspondência (p. ex., *1* para *1* e *2* para *2*), caso contrário, o professor deve estabelecer a discriminação entre os algarismos impressos. O terceiro componente é estabelecer a relação entre o estímulo auditivo (p. ex., "um") e a comparação numérica correspondente (p. ex., *1*). O professor pode treinar essa discriminação condicional utilizando um procedimento de atraso de dica (Grow, Carr, Kodak, Jostad, & Kisamore, 2011; Grow, Kodak, & Carr, 2014; Touchette & Howard, 1984) ou um procedimento de bloqueio (Saunders & Spradlin, 1993; Saunders, Williams, 1995; Smeets & Striefel, 1994).

Em geral, o professor ensina a segunda discriminação condicional com programação menos cuidadosa e menos tentativas após ter ensinado a primeira discriminação condicional (p. ex., entre "um" e *1* e "dois" e *2*). O professor pode, então, ensinar a discriminação entre o próximo numeral impresso (p. ex., 3) e a amostra auditiva correspondente (p. ex. "três"), intercalada com tentativas dos algarismos já discriminados. A seleção da nova comparação pode surgir sem treinamento direto quando o professor apresenta a nova amostra e estímulos de comparação (p. ex., a amostra auditiva "três" e o numeral 3) com comparações previamente treinadas (p. ex. o numeral *1* ou o *2*). Pesquisadores têm dado o nome de *exclusão* a esse tipo de desempenho (Dixon, 1977; McIlvane, Kledaras, Lowry, & Stoddard, 1992). Pesquisadores têm demonstrado o surgimento de relações excludentes entre estímulos visuais e auditivos tridimensionais (p. ex., McIlvane & Stoddard, 1981, 1985), entre estímulos visuais e auditivos bidimensionais (p. ex., Wilkinson & Green, 1998; Wilkinson e McIlvane, 1994), e entre estímulos de texto e auditivos (p. ex., de Rose, de Souza, & Hanna, 1996). No entanto, testes de controle pela relação surgida sob diferentes condições (p. ex., múltiplos ensaios com mais de duas comparações previamente desconhecidas) são necessários para garantir o controle pela amostra (Carr, 2003). O professor pode treinar novas relações utilizando uma variação do procedimento usado para ensinar a discriminação condicional inicial se a exclusão não estabelecer a discriminação.

Classes de equivalência

Configurações de propriedades físicas compartilhadas determinam muitas classes de estímulo (p. ex., bolas, carros, gatos, humanos, homens, mulheres, objetos vermelhos). As configurações reais de características físicas compartilhadas que determinam sua inclusão na classe têm sido foco de pesquisa por psicolinguistas, psicólogos cognitivos (Medin & Smith, 1984; Rosch, 1973) e analistas do comportamento (p. ex., Fields *et al.*, 2002; Campos & Reeve, 2001; Galizio, Stewart, & Peregrino, 2004). No entanto, as propriedades físicas compartilhadas não definem muitas classes de estímulos importantes (p. ex., advogados, cartas, médicos, números, ferramentas, brinquedos). Se cada membro é substituível e se eles evocam respostas novas e não treinadas em determinados contextos, isso é definido pelos membros dessas classes (Saunders & Green, 1992; Urcuioli, 2013). Por exemplo, podemos definir brinquedos como uma classe de estímulo porque são itens que as crianças manipulam, e podemos armazená-los em uma caixa de brinquedos. Além disso, é provável que a criança se envolva em um comportamento de brincadeira exploratório e inovador sem qualquer treinamento direto quando encontra um novo item na caixa de brinquedos. Os médicos são uma classe de estímulo porque os chamamos de *médicos*, e qualquer membro com as credenciais apropriadas pode exercer a medicina. Além disso, as pessoas são muito mais propensas a seguir os conselhos relacionados à saúde de alguém chamado *médico* do que alguém chamado *garçom*, por exemplo.

Sidman (1971) estabeleceu uma classe de equivalência utilizando um procedimento de correspondência de símbolos com um estudante de 17 anos com microcefalia e deficiência intelectual. O aluno selecionou 20 figuras quando o pesquisador apresentou suas palavras ditadas (AB) correspondentes e poderia nomear

20 figuras quando o pesquisador apresentou as figuras (BD) antes do estudo. No entanto, ele não nomeou as 20 palavras impressas relacionadas às figuras (CD), não selecionou as palavras impressas em resposta aos seus nomes ditados (AC), não selecionou as palavras impressas que nomeavam as figuras (BC) nem selecionou as figuras quando apresentadas com as palavras impressas (CB). Sidman treinou a seleção de palavras impressas quando apresentou as ditadas (AC) correspondentes ao aluno. Ele fez sondagens após o treinamento para testar se o aluno selecionaria palavras impressas quando recebesse as respectivas figuras (BC) e se o aluno selecionaria as figuras quando recebesse as respectivas palavras impressas (CB). Não só o aluno selecionou as palavras impressas quando Sidman apresentou as palavras ditadas como emergiram as relações BC e CB entre figuras e palavras impressas, independentemente de Sidman indicar as palavras impressas como estímulo amostral ou de comparação. Além disso, o aluno nomeou muitas das palavras impressas (CD) após o treinamento inicial de AC. Esse treinamento estabeleceu 20 classes de estímulo, e cada uma delas consistia na palavra falada, na palavra impressa e nas figuras.

Embora os resultados do estudo de Sidman (1971) tenham sido notáveis, a pesquisa não foi o ideal para demonstrar o desenvolvimento de novas classes de estímulos, pois eles eram comuns (p. ex., *carro, gato, cachorro*) e apenas um aluno participou. O experimento de Sidman levou a uma série de pesquisas direcionadas ao desenvolvimento de classes de estímulos que compartilhavam propriedades físicas não definidoras (Saunders, Saunders, Kirby, & Spradlin, 1988; Saunders, Wachter, & Spradlin, 1988; Sidman, Cresson, & Willson-Morris, 1974; Sidman, Kirk, & Willson-Morris, 1985; Sidman & Tailby, 1982; Spradlin, Cotter, & Baxley, 1973; Spradlin & Saunders, 1986; Wetherby, Karlan, & Spradlin, 1983). Esses e outros estudos levaram a inúmeras discussões teóricas sobre as condições necessárias e suficientes para o desenvolvimento de tais classes (Baer, 1982; Fields & Verhave, 1987; Hayes, Barnes-Holmes, & Roche, 2001; Horne & Lowe, 1996; Saunders e Green, 1992; Sidman, 1994, 2000; Sidman & Tailby, 1982).

A maioria dos estudos de pareamento por modelo (MTS, *matching to sample*) após Sidman (1971) utilizou procedimentos com melhor controle experimental (Sidman *et al.*, 1974; Sidman & Tailby, 1982; Spradlin *et al.*, 1973). Os estímulos experimentais normalmente são formas abstratas (p. ex., #, @, ?) ou estímulos sem sentido (p. ex., *vek, zog*; Fields & Verhave, 1990; Sidman *et al.*, 1974; Sidman & Tailby, 1982; Spradlin *et al.*, 1973). Um procedimento geral consiste em ensinar uma discriminação condicional AB (i.e., apresentar estímulo de amostra A1, fornecer reforço para seleção do estímulo de comparação B1; apresentar estímulo de amostra A2 e fornecer reforço para seleção de estímulo de comparação B2). O pesquisador ensina uma nova discriminação (CB) após estabelecer a discriminação AB. Nesse caso, ele apresenta os estímulos B1 e B2 como amostras e introduz dois novos de comparação, C1 e C2. O pesquisador mistura os ensaios de discriminação condicional AB e BC após o aluno demonstrar a discriminação BC. O pesquisador introduz ensaios de sondagem quando a discriminação estiver quase perfeita nas discriminações AB e BC, e geralmente introduz ensaios de sondagem sem reforço ou *feedback* diferencial, e em uma série de ensaios AB e BC. As primeiras sondagens geralmente são para *simetria* (i.e., A1 é a comparação correta quando B1 é o estímulo da amostra, e A2 é a comparação correta quando B2 é a amostra). Além disso, o pesquisador realiza a sondagem CB para determinar se o aluno selecionará a comparação adequada, B1 e B2, quando são apresentadas as amostras C1 e C2. Em geral, o aluno demonstra simetria (Fields & Verhave, 1990; Pilgrim & Galizio, 1990).

O pesquisador realiza outra sondagem para testar a *transitividade* (p. ex., C1 é a comparação correta quando A1 é a amostra, e C2 é a comparação correta quando A2 é a amostra). Além disso, o pesquisador realiza sondagens para determinar se o aluno selecionará A1 como comparação quando C1 for a amostra, e se o aluno selecionará A2 como comparação quando C2 for a amostra. Essa sondagem final é um teste combinado para simetria e transitividade, pois não pode ser positiva a menos que simetria e transitividade estejam presentes. O aluno demonstra *equivalência* quando esses testes são positivos (Sidman & Tailby, 1982). A maioria dos alunos que recebem esse treinamento passa nesses testes, embora alguma porcentagem dos que aprendem as discriminações condicionais AB e BC sejam reprovados nos testes de equivalência.

O treinamento AB e BC pode estabelecer uma classe de equivalência; no entanto, essas não são as únicas combinações que produzem tal classe. O treinamento das discriminações condicionais AB e AC ou das condicionais BA e CA também produz classes de equivalência. De fato, algumas pesquisas sugerem que ensinar os alunos a selecionar uma única comparação em resposta a múltiplas amostras é um procedimento mais eficaz para se demonstrar a equivalência de estímulos do que os outros dois procedimentos (Spradlin & Saunders, 1986). O professor pode utilizar todos os testes de equivalência quando os estímulos são visuais. No entanto, ele normalmente não apresenta A1 e A2 como comparações se forem estímulos auditivos, devido a problemas em apresentar e discriminar dois estímulos auditivos ao mesmo tempo.

Quando estudamos o desenvolvimento de classes de equivalência em um laboratório, os procedimentos e os resultados podem parecer bastante distantes dos problemas encontrados em nosso cotidiano. No entanto, eles podem não parecer tão remotos com um exemplo de equivalência que encontramos diariamente: a equivalência numérica. Embora muitos alunos aprendam a selecionar os numerais de *1* a *4* em resposta a nomes de números ditados e a nomear os numerais de *1* a *4*, alguns não o fazem. Podemos ensinar a esses alunos três discriminações condicionais (AB, AC e AD), e talvez nove discriminações condicionais adicionais surjam por simetria e transitividade (BA, BC, CA, CB, CD, DA, DC, BD e DB). Além disso, podem surgir numerais, conjuntos (i.e., quantidade) e palavras (BE, CE, DE). As respostas de nomeação são prováveis se um aluno nomear os algarismos ou os conjuntos antes do treinamento (Gast, VanBiervliet, & Spradlin, 1979). Há muitas maneiras de se estabelecer classes de equivalência com números. Por exemplo, um professor pode ensinar o aluno a selecionar (1) algarismos em resposta aos seus nomes ditados (AB), (2) conjuntos em resposta aos seus algarismos impressos (BC) e (3) palavras impressas em resposta aos seus respectivos conjuntos (CD). Um procedimento eficaz para estabelecer os desempenhos se o aluno for verbal seria ensinar a (1) seleção de algarismos impressos em resposta à apresentação de palavras ditadas (AB), (2) nomes dos algarismos impressos (BE), (3) seleção de conjuntos em resposta à apresentação de algarismos impressos (BC), (4) seleção das palavras impressas em resposta à apresentação de conjuntos (CD) e (5) responder de maneira adequada a uma mistura de ensaios a partir das discriminações treinadas (*1*, *2* e *3*). Esse procedimento pode ser redundante se os alunos nomearem numerais impressos após aprenderem a selecionar tais numerais em resposta a nomes de números ditados (AB). No entanto, esse procedimento garante a familiaridade do aluno com os formatos de teste de generalização, e a resposta de nomeação está no repertório do aluno. Além disso, os ensaios de mistura mantêm discriminações condicionais como pré-requisitos (Saunders, Wachter, *et al.*, 1988; Spradlin *et al.*, 1973). Há inúmeras formas de se estabelecer classes de equivalência por meio de discriminações condicionais. Além disso, quatro novas discriminações condicionais (BC, CB, BA e CA) podem surgir quando há três estímulos visuais em cada classe, e treinamos as discriminações condicionais AB e BC. O ensino de três discriminações condicionais (AB, AC, AD) pode produzir nove novas discriminações emergentes (BC, CB, BD, DB, CD, DC, BA, CA, DA) quando o número de estímulos visuais em cada aula aumenta para quatro estímulos, ou seja, o número de potenciais discriminações não ensinadas aumenta significativamente à medida que o número de estímulos em cada classe aumenta. Além disso, Saunders *et al.* (1988) estabeleceram classes de equivalência com até nove membros em cada uma.

Pesquisadores estabeleceram classes de equivalência com estímulos com potencial de uso social, incluindo equivalência entre nomes impressos, nomes ditados e rostos de terapeutas (Cowley, Green, & Braunling-McMorrow, 1992); entre palavras ditadas, objetos e sinais manuais (VanBiervliet, 1977); entre estímulos relevantes para a leitura (de Rose *et al.*, 1996; de Rose, de Souza, Rossito, & de Rose, 1992; Wultz & Hollis, 1980); em habilidades pré-aritméticas (Gast *et al.*, 1979); nas relações monetárias (Stoddard, Brown, Hurlbert, Manoli, & McIlvane, 1989); e na ortografia e na leitura (Mackay, 1985; Mueller, Olmi, & Saunders, 2000; Stromer & Mackay, 1992).

Pesquisas têm demonstrado diversos achados interessantes sobre desempenhos subsequentes após o estabelecimento de classes de equivalência. Primeiro, podemos adicionar novos membros prontamente a uma classe (p. ex., Gast *et al.*, 1979; Saunders, Wachter, *et al.*, 1988). Por exemplo, Saunders, Watcher *et al.* (1988) estabeleceram duas classes de estímulos visuais de oito membros utilizando procedimentos análogos aos já descritos. Os pesquisadores ensinaram os alunos a selecionarem dois estímulos visuais, cada um membro de uma classe de equivalência, em resposta a dois estímulos auditivos diferentes (i.e., sílabas sem sentido) após estabelecerem as duas classes de oito estímulos cada. Três dos quatro alunos selecionaram os sete estímulos restantes em cada aula em resposta às respectivas sílabas sem sentido quando os pesquisadores apresentaram ensaios de sondagem. Eles ensinaram o quarto aluno a selecionar um segundo estímulo em resposta a cada estímulo auditivo. Os alunos selecionaram os seis estímulos restantes de cada classe em resposta aos seus respectivos estímulos auditivos após esse treinamento.

Em segundo lugar, as classes de equivalência são duráveis. Após treinamento e sondagem, Saunders *et al.* (1988) dispensaram seus alunos por 2 a 5 meses e, em seguida, retestaram para verificar se os estímulos auditivos ainda controlavam a seleção dos mesmos estímulos de comparação. Eles não forneceram reforçamento diferencial durante o pré-teste para treinamento de linha de base ou para ensaios de sondagem. As seleções corretas ocorreram imediatamente para três dos quatro alunos. A resposta para o quarto aluno gradualmente se recuperou e voltou aos níveis anteriores, mesmo que os pesquisadores não tenham fornecido reforçamento diferencial para treinamento de linha de base ou para testes de sondagem.

Em terceiro lugar, desempenhos que indicam equivalência são resistentes à mudança em função de modificações nas condições de reforço da linha de base (Pilgrim & Galizio, 1990; Saunders, Saunders *et al.*, 1988). Pilgrim e Galizio (1990) ensinaram a cinco estudantes universitários discriminações condicionais AB e AC, e os alunos demonstraram equivalência após o treinamento. Os pesquisadores então reverteram as contingências para a discriminação de AC (i.e., a seleção de C2 foi reforçada quando um aluno recebeu a amostra A1, e a seleção de C1 foi reforçada quando outro recebeu a amostra A2). A simetria das respostas às relações de CA foi invertida para alguns alunos, mas nenhuma resposta de BC ou CB foi invertida. Saunders *et al.* (1988) constataram que as classes de equivalência eram difíceis de interromper após estabelecidas.

Quarto, condicionar uma resposta operante na presença de um membro da classe produz generalização para outros membros após o estabelecimento de uma classe de equivalência. Barnes e Keenan (1993) demonstraram a transferência de resposta operante de um membro de uma classe de equivalência para outros. Os pesquisadores estabeleceram duas classes de equivalência (A1, B1 e C1; A2, B2 e C2) por meio do treinamento das relações AB e AC com estudantes universitários. Os pesquisadores treinaram os alunos a responder lentamente quando recebiam um estímulo (B1) e rapidamente quando recebiam o segundo estímulo (B2), após os alunos demonstrarem classes de equivalência. Em seguida, os pesquisadores apresentaram os quatro estímulos restantes (A1, C1, A2 e C2). Os alunos emitiram respostas lentas na presença de A1 e C1 e rápidas na presença de A2 e C2. Gast *et al.* (1979) demonstraram uma transferência de controle semelhante de alguns membros de uma classe de equivalência para um membro remanescente dessa classe.

Em quinto lugar, se condicionarmos um ou mais membros de uma classe de equivalência para eliciar uma resposta emocional, outros membros dessa classe eliciarão essa resposta (Dougher, Auguston, Markham, Wulfert, & Greenway, 1994). Dougher *et al.* (1994) estabeleceram duas classes de equivalência de quatro membros (A1, B1, C1 e D1; A2, B2, C2 e D2) por meio do treinamento de discriminações condicionais AB, AC e AD com oito alunos. Os pesquisadores utilizaram dois estímulos (B1 e B2) em um ambiente separado de condicionamento clássico após estabelecerem as duas classes de equivalência de quatro membros. Eles apresentaram B1 e B2 sucessivamente nessa fase. O choque sempre acompanhou B1, mas nunca B2. B1 chegou a eliciar uma resposta galvânica da pele, já B2, não. Seis dos oito estudantes apresentaram respostas galvânicas cutâneas à classe de estímulos da qual B1 fazia parte e não apresentaram essas respostas à classe de estímulos que incluía B2, quando os pesquisadores apresentaram os seis estímulos restantes das duas classes. Esse estudo demonstrou que respostas emocionais podem se desenvolver sem condicionamento direto se os estímulos que as evocam forem membros de uma classe de equivalência.

O texto anterior fornece uma amostra de estudos de equivalência e algumas de suas implicações para a compreensão do desenvolvimento do controle de estímulos. Outros procedimentos além das discriminações condicionais também resultaram no desenvolvimento de classes de equivalência. Por exemplo, se ensinarmos um aluno a dizer uma palavra específica em resposta a um conjunto de estímulos anteriormente não relacionados, é provável que esses estímulos funcionem como uma classe (Reese, 1972). Pesquisadores demonstraram que estímulos apresentados na mesma posição em uma sequência de estímulos funcionam como classes de equivalência ordinal (Mackay, Stoddard, & Spencer, 1989; Sigurdardottir, Green, & Saunders, 1990). Por exemplo, se ensinarmos um aluno a colocar três estímulos (*N*, *B* e *X*) em uma sequência um-dois-três, enquanto o ensinamos a colocar os estímulos *E*, *L* e *Z* em uma sequência um-dois-três, os estímulos *N* e *E* provavelmente se tornarão membros de uma classe de equivalência. Os estímulos *B* e *L* possivelmente se tornarão membros de outra, e os estímulos *X* e *Z* passarão a integrar uma terceira classe. Além disso, estímulos que ocorrem em sequência também podem vir a funcionar como membros de uma classe de equivalência (Stromer & Stromer, 1990a, 1990b).

Por fim, pesquisadores mostraram que a adição de estímulos a uma classe de equivalência preestabelecida só é possível com base em consequências compartilhadas (Dube & McIlvane, 1995). Em resumo, há muitas maneiras de se estabelecer classes de equivalência. Arriscaríamos que dois ou mais estímulos se tornarão membros da mesma classe de equivalência em um contexto sem mudança nas contingências se esses estímulos forem substituíveis.

Observe que o contexto determina a formação de uma classe de estímulos. Por exemplo, se um professor pede a um aluno para colocar brinquedos em uma caixa e ferramentas em outra, o aluno responderá de forma diferente do que se o professor pedir ao aluno que coloque itens macios em uma caixa e duros em outra. Bush, Sidman e de Rose (1989) demonstraram tal controle contextual sobre o pertencimento à classe de equivalência com procedimentos tradicionais de pareamento por modelo.

A pesquisa sobre as implicações aplicadas de procedimentos que promovem a formação de classes de estímulos tem prosseguido um pouco lentamente em comparação com a pesquisa básica sobre esse tema (McLay, Sutherland, Church, & Tyler-Merrick, 2013; Rehfeldt, 2011). No entanto, um ensaio clínico randomizado mostrou que estudantes universitários aprenderam os nomes genéricos e de marca de 32 agentes farmacológicos nas formas escrita e falada mais rapidamente quando a instrução era baseada em equivalência do que quando foi utilizada abordagem mais tradicional, baseada na instrução com *flashcards* (Zinn, Newland, & Ritchie, 2015). Além disso, pesquisas sobre o crescente comportamento verbal complexo têm examinado cada vez mais até que ponto diversos procedimentos de treinamento afetam a melhoria consistente e rápida nas respostas especificamente direcionadas e no surgimento de novas respostas (DeSouza, Akers, & Fisher, 2017; Tincani, Miguel, Bondy, & Crozier, Capítulo 16 deste livro).

Como já observado, esta está longe de ser uma discussão completa sobre equivalência de estímulos e fenômenos relacionados. Remetemos o leitor a Hayes (1991), Hayes *et al.* (2001), Horne e Lowe (1996) e Sidman (1994, 2000) para analisar diversas discussões e interpretações teóricas das condições necessárias e suficientes para o desenvolvimento desse controle de estímulos.

Controle de estímulos baseado na recombinação de componentes estímulo-resposta

Uma das características marcantes do comportamento humano é o grau em que a resposta a estímulos complexos ocorre sem uma experiência prévia direta. Por exemplo, crianças pequenas desenvolvem imitação generalizada para que seu comportamento possa se aproximar do de um modelo, mesmo que nunca tenham tido treinamento direto em imitar o modelo específico (p. ex., Baer, Peterson, & Sherman, 1967; Peterson, 1968). Além disso, os indivíduos podem responder de modo adequado a instruções verbais específicas que nunca encontraram antes (p. ex., Stewart, McElwee, & Ming, 2013; Striefel, Wetherby, & Karlan, 1976). A *generalização recombinativa* ocorre quando um aluno recombina respostas direcionadas durante o treinamento de novas maneiras. Por exemplo, um aluno pode "empurrar o carro" e "soltar a garrafa" se o ensinarmos a "empurrar a garrafa" e "soltar o carro". Striefel *et al.* (1976, 1978) ampliaram trabalhos anteriores demonstrando generalização recombinativa de unidades estímulo-resposta com crianças não vocais com deficiência intelectual. Eles realizaram uma série de estudos para estabelecer o seguimento de instruções com combinações verbo-substantivo (p. ex., "empurrar a garrafa", "soltar o carro"). Primeiro eles ensinaram a resposta imitativa usando instruções, modelos, reforço e *time out*. Eles apresentaram instruções vocais simultâneas (p. ex., "empurrar a garrafa") e modelagem após os participantes exibirem imitação independentemente. Os pesquisadores utilizaram um procedimento de atraso de dicas para treinar respostas independentes após desempenho consistente e ensinaram novos substantivos usando o mesmo procedimento (p. ex., "empurrar a garrafa", após "empurrar o carro") depois que a resposta independente ocorreu para a primeira instrução. Eles misturaram as duas instruções após observar a resposta precisa com cada instrução de maneira isolada e introduziram uma nova instrução verbal com o primeiro substantivo treinado, e, mais tarde, a misturaram com a instrução verbal já ensinada (p. ex., "soltar a garrafa" *versus* "empurrar a garrafa"). O treinamento continuou com outros substantivos até que a resposta fosse precisa com todos os 12 substantivos para ambas as instruções verbais. Eles treinaram verbos novos utilizando o mesmo procedimento.

Outros pesquisadores estenderam a generalização recombinativa para formas mais complexas de seguimento de instruções e acompanhando frases verbais gramaticais descrevendo ações (p. ex., Frampton, Wymer, Hansen, & Shillingsburg, 2016; Goldstein & Mousetis, 1989) e habilidades de leitura e ortografia (Mueller *et al.*, 2000; Saunders, O'Donnell, Vaidya, & Williams, 2003). Ver Goldstein (1984), Saunders (2011), e Wetherby e Striefel (1978) para uma discussão mais completa da pesquisa sobre generalização recombinativa e seu potencial valor na compreensão do desenvolvimento de comportamentos complexos e na orientação de programas de ensino.

Estudos sobre a recombinação de unidades estímulo-resposta (seguimento de instrução) com crianças não vocais com deficiência intelectual podem sugerir um modelo para a compreensão do desenvolvimento da imitação generalizada. Baer *et al.* (1967) ensinaram a imitação de diversos comportamentos diferentes a três crianças com deficiência intelectual. As crianças imitaram novos comportamentos após o treinamento e demonstraram imitação generalizada. Os pesquisadores discutiram esses fenômenos em termos de semelhança de comportamento e classes de resposta. No entanto, a interpretação da semelhança reconhece que a similaridade só ocorre para uma terceira pessoa, que observa tanto a resposta modelada pelo treinamento quanto a imitativa da criança. Do ponto de vista da criança aprendendo a imitar, há pouca semelhança entre os estímulos modelados e a resposta da criança, pois esta apenas observa o comportamento do modelo. De fato, um estudo mais recente descobriu que permitir que a criança se observe utilizando um espelho durante o treinamento de imitação pode facilitar a aquisição de habilidades de imitação (Miller, Rodriguez, & Rourke, 2015).

De certa forma, o treinamento de imitação é outra tarefa de seguimento de instrução. No entanto, os estímulos instrucionais são visuais e não auditivos. Siegel e Spradlin (1978) especularam que a imitação generalizada poderia envolver um processo semelhante ao demonstrado por Striefel *et al.* (1976), ou seja, as crianças aprendem componentes individuais e depois os recombinam quando imitam uma nova resposta motora após receberem treinamento de imitação com respostas motoras específicas. Siegel e Spradlin observaram que 21 das 131 imitações motoras ensinadas a um aluno, que exigia mais exemplares antes de mostrar imitações generalizadas, envolviam a ação de tocar. Eles sugeriram que o aluno poderia tocar em novos objetos ou em partes do corpo sem treinamento adicional após ensiná-lo a tocar em alguns objetos ou em partes do corpo. Além disso, os pesquisadores sugeriram que a imitação generalizada ocorre apenas para modelos no domínio de treinamento geral (p. ex., vocal, motor). Portanto, as crianças podem não imitar movimentos motores finos se o treinamento envolver o acompanhamento de movimentos motores brutos, e podem não imitar modelos vocais se o treinamento envolver movimentos motores não vocais.

Algumas considerações finais

Quase todos os atos ao longo do dia exigem algum tipo de discriminação de estímulo, e ensinar cada discriminação por reforçamento direto seria uma tarefa impossível. No entanto, fazemos muitas discriminações ao longo do dia, que nos permitem responder de modo adequado em um mundo complexo. As páginas deste capítulo talvez forneçam um relato menos intrigante da aquisição de um repertório tão vasto de discriminações. Em nossa discussão sobre discriminações sucessivas simples, notamos que, embora possamos condicionar um único estímulo para controlar uma resposta, outros fisicamente semelhantes também podem controlar essa resposta. A pesquisa de Fulton e Spradlin (1971) sobre o controle do estímulo auditivo demonstrou que, se um aluno aprende a apertar um botão em resposta a um som de 500 Hertz e 70 decibéis, o pressionamento do botão também pode ocorrer em resposta a sons com outras frequências e outros volumes. Assim, é fácil estender o controle do estímulo através de uma gama total de frequências e volumes acessíveis à audição humana. Portanto, ocorre mais aprendizado do que o que ensinamos de forma direta, mesmo em simples discriminações sucessivas. No entanto, o paradigma da equivalência fornece ainda mais exemplos de como um extenso repertório de discriminações pode surgir de muito pouco ensino. No exemplo do número hipotético, os pesquisadores ensinam apenas três discriminações condicionais antes que surjam as nove discriminações condicionais adicionais, e potencialmente três nomes de estímulos. Saunders *et al.* (1988) ensinaram sete discriminações condicionais, e surgiu um repertório total de 56 discriminações condicionais. Em outras palavras, eles ensinaram sete discriminações condicionais e apareceram 49.

A generalização recombinativa fornece um exemplo adicional de como um pouco de treinamento produz um repertório extenso. Striefel *et al.* (1976) ensinaram 31 instruções verbo-substantivo a um aluno com deficiência intelectual, e 113 emergiram sem treinamento. A recombinação de unidades letra-som permite que os alunos respondam de maneira adequada a quase qualquer nova palavra impressa em sua língua nativa após ser ensinado apenas um número limitado de unidades letra-som. Kohler e Malott (2014) recentemente replicaram esses achados com crianças com TEA.

Em suma, pesquisas sobre generalização de estímulos primários, equivalência de estímulos e generalização recombinativa fornecem exemplos de como repertórios comportamentais são adquiridos rapidamente e sugerem métodos para o ensino efetivo de repertórios tão vastos.

Agradecimentos

Agradecemos ao apoio do Schiefelbusch Institute for Life Span Studies e do Department of Applied Behavioral Science, da Universidade do Kansas. Também queremos agradecer a Pat White pela excelente assistência editorial.

Referências

Alexander, J. L., Ayres, K. M., Smith, K. A., Shepley, S. B., & Mataras, T. K. (2013). Using video modeling on an iPad to teach generalized matching on a sorting mail task to adolescents with autism. *Research in Autism Spectrum Disorders, 7*(11), 1346-1357.

Baer, D. M. (1982). Applied behavioral analysis. Em C. T. Wilson & C. M. Franks (Eds.), *Contemporary behavior therapy* (p. 277-309). Nova York: Guilford Press.

Baer, D. M., Peterson, R. F., & Sherman, J. A. (1967). The development of imitation by reinforcing behavioral similarity to a model. *Journal of the Experimental Analysis of Behavior, 10*, 405-416.

Barnes, D., & Keenan, M. (1993). A transfer of functions through derived arbitrary and nonarbitrary stimulus relations. *Journal of the Experimental Analysis of Behavior, 59*, 61-81.

Blough, D. S. (1966). The study of animal sensory processes by operant methods. Em W. K. Honig (Ed.), *Operant behavior: Areas of research and application* (p. 345-379). Nova York: Appleton-Century-Crofts.

Bradley-Johnson, S., Sunderman, P., & Johnson, C. M. (1983). Comparison of delayed prompting and fading for teaching preschoolers easily confused letters and numbers. *Journal of School Psychology, 21*, 327-335.

Bush, K. M., Sidman, M., & de Rose, T. (1989). Contextual control of emergent equivalence relations. *Journal of the Experimental Analysis of Behavior, 51*, 29-45.

Carr, D. (2003). Effects of exemplar training in exclusion responding on auditory-visual discrimination tasks with children with autism. *Journal of Applied Behavior Analysis, 36*, 507-524.

Charlop, M. H., Schreibman, L., & Thibodeau, M. G. (1985). Increasing spontaneous verbal responding in autistic children using a time delay procedure. *Journal of Applied Behavior Analysis, 18*, 155-166.

Charlop, M. H., & Walsh, M. E. (1986). Increasing autistic children's spontaneous verbalizations of affection: An assessment of time delay and peer modeling procedures. *Journal of Applied Behavior Analysis, 19*, 307-314.

Constantine, B., & Sidman, M. (1975). The role of naming in delayed matching to sample. *American Journal of Mental Deficiency, 79*, 680-689.

Cowley, B. J., Green, G., & Braunling-McMorrow, D. (1992). Using stimulus equivalence procedures to teach name-face matching to adults with brain injuries. *Journal of Applied Behavior Analysis, 25*, 461-475.

de Rose, J. C., de Souza, D. G., & Hanna, E. S. (1996). Teaching reading and spelling: Exclusion and stimulus equivalence. *Journal of Applied Behavior Analysis, 29*, 451-469.

de Rose, J. C., de Souza, D. G., Rossito, A. L., & de Rose, T. M. S. (1992). Stimulus equivalence and generalization in reading after matching to sample by exclusion. Em S. C. Hayes & L. J. Hayes (Eds.), *Understanding verbal relations* (p. 69-82). Reno, NV: Context Press.

DeSouza, A. A., Akers, J. S., & Fisher, W. W. (2017). Empirical application of Skinner's verbal behavior to interventions for children with autism: A review. *Analysis of Verbal Behavior, 33*, 229-259.

Dickerson, D. S., & Girardeau, F. L. (1971). Oddity preference by mental retardates. *Journal of Experimental Child Psychology, 10*, 28-32.

Dinsmoor, J. A. (1995a). Stimulus control: Part 1. *Behavior Analyst, 18*, 51-68.

Dinsmoor, J. A. (1995b). Stimulus control: Part 2. *Behavior Analyst, 18*, 253-269.

Dixon, L. S. (1977). The nature of control by spoken words over visual stimulus selection. *Journal of the Experimental Analysis of Behavior, 29*, 433-442.

Dougher, M. J., Auguston, E. M., Markham, M. R., Wulfert, E., & Greenway, D. E. (1994). The transfer of respondent eliciting and extinction functions through stimulus equivalence classes. *Journal of the Experimental Analysis of Behavior, 62*, 331-351.

Dube, W. V., Iennaco, F. M., & McIlvane, W. J. (1993). Generalized identity matching to sample of two-dimensional forms in individuals with intellectual disabilities. *Research in Developmental Disabilities, 14*, 457-477.

Dube, W. V., & McIlvane, W. J. (1995). Stimulus-reinforcer relations and emergent matching to sample. *Psychological Record, 45*, 591-612.

Edwards, T. L., La Londe, K. B., Cox, C., Weetjens, B., & Poling, A. (2016). Effects of schedules of reinforcement on pouched rats' performance in urban search-and-rescue training. *Journal of Applied Behavior Analysis, 49*, 199-204.

Ellis, N. R., & Sloan, W. (1959). Oddity learning as a function of mental age. *Journal of Comparative and Physiological Psychology, 52*, 228-230.

Engelmann, S., & Carnine, D. (1982). *Theory of instruction: Principles and applications*. Nova York: Irvington.

Farber, R. S., Dube, W. V., & Dickson, C. A. (2016). A sorting-to-matching method to teach compound matching to sample. *Journal of Applied Behavior Analysis, 49*, 294-307.

Ferster, C. B., & Perrott, M. C. (1968). *Behavior principles*. Nova York: New Century.

Fields, L., Matneja, P., Varelas, A., Belanich, J., Fitzer, A., & Shamoun, K. (2002). The formation of linked perceptual classes. *Journal of the Experimental Analysis of Behavior, 78*, 271-290.

Fields, L., & Reeve, K. F. (2001). A methodological integration of generalized equivalence classes, natural categories, and crossmodal perception. *Psychological Record, 51*, 67-87.

Fields, L., & Verhave, T. (1987). The structure of equivalence classes. *Journal of the Experimental Analysis of Behavior, 48*, 317-332.

Fields, L., & Verhave, T. (1990). The effects of nodality on the formation of equivalence classes. *Journal of the Experimental Analysis of Behavior, 53*, 345-358.

Fisher, W. W., Greer, B. D., Fuhrman, A. M., & Querim, A. C. (2015). Using multiple schedules during functional communication training to promote rapid transfer of treatment effects. *Journal of Applied Behavior Analysis, 48*, 713-733.

Frampton, S. E., Wymer, S. C., Hansen, B., & Shillingsburg, M. A. (2016). The use of matrix training to promote generative language with children with autism. *Journal of Applied Behavior Analysis, 49*, 869-883.

Fulton, R. T., & Spradlin, J. E. (1971). Operant audiometry with severely retarded children. *Audiology, 10*, 203-211.

Galizio, M., Stewart, K. L., & Pilgrim, C. (2004). Typicality effects in contingency-shaped generalization classes. *Journal of the Experimental Analysis of Behavior, 82*, 253-273.

Gast, D. L., Ault, M. J., Wolery, M., Doyle, P. M., & Belanger, S. (1988). Comparison of constant delay and the system of least prompts in teaching sight word reading to students with moderate retardation. *Education and Training in Mental Retardation, 23*, 117-128.

Gast, D. L., VanBiervliet, A., & Spradlin, J. E. (1979). Teaching number-word equivalences: A study of transfer. *American Journal of Mental Deficiency, 83*, 524-527.

Goldstein, H. (1984). Enhancing language generalization using matrix and stimulus equivalence training. Em S. F. Warren & A. K. Rogers-Warren (Eds.), *Teaching functional language* (Vol. 9, p. 225-249). Baltimore: University Park Press.

Goldstein, H., & Mousetis, L. (1989). Generalized language learning by children with severe mental retardation: Effects of peers' expressive modeling. *Journal of Applied Behavior Analysis, 22*, 245-259.

Grow, L. L., Carr, J. E., Kodak, T. M., Jostad, C. M., & Kisamore, A. N. (2011). A comparison of methods for teaching receptive labeling to children with autism spectrum disorders. *Journal of Applied Behavior Analysis, 44*, 475-498.

Grow, L. L., Kodak, T. M., & Carr, J. E. (2014). A comparison of methods for teaching receptive labeling to children with autism spectrum disorders: A systematic replication. *Journal of Applied Behavior Analysis, 47*, 600-605.

Halle, J. W., Baer, D. M., & Spradlin, J. E. (1981). Teachers' generalized use of delay as a stimulus control procedure to increase language use in handicapped children. *Journal of Applied Behavior Analysis, 14*, 398-409.

Halle, J. W., Marshall, A. M., & Spradlin, J. E. (1979). Time delay: A technique to increase language use and facilitate generalization in retarded children. *Journal of Applied Behavior Analysis, 12*, 431-439.

Handen, B. J., & Zane, T. (1987). Delayed prompting: A review of procedural variations and results. *Research in Developmental Disabilities, 8*, 307-330.

Harlow, H. F. (1949). The formation of learning sets. *Psychological Review, 56*, 51-65.

Hayes, S. C. (1991). A relational control theory of stimulus equivalence. Em L. J. Hayes & P. N. Chase (Eds.), *Dialogues on verbal behavior* (p. 19-40). Reno, NV: Context Press.

Hayes, S. C., Barnes-Holmes, D., & Roche, B. (Eds.). (2001). *Relational frame theory: A post-Skinnerian account of language and cognition*. Nova York: Kluwer Academic/Plenum.

Horne, P. J., & Lowe, C. F. (1996). On the origins of naming and other symbolic behavior. *Journal of the Experimental Analysis of Behavior, 65*, 185-241.

Jenkins, H. M., & Harrison, R. H. (1960). Effects of discrimination training on auditory generalization. *Journal of Experimental Psychology, 59*, 246-253.

Knight, M. G., Ross, D. E., Taylor, R. L., & Ramasamy, R. (2003). Constant time delay and interspersal of known items to teach sight words to students with mental retardation and learning disabilities. *Education and Training in Developmental Disabilities, 38*, 179-191.

Kohler, K. T., & Malott, R. W. (2014). Matrix training and verbal generativity in children with autism. *Analysis of Verbal Behavior, 30*(2), 170-177.

Landa, R., & Hanley, G. P. (2016). An evaluation of multiple--schedule variations to reduce high-rate requests in the picture exchange communication system. *Journal of Applied Behavior Analysis, 49*, 388- 393.

Leaf, J. B., Townley-Cochran, D., Mitchell, E., Milne, C., Alcalay, A., Leaf, J., *et al.* (2016). Evaluation of multiple-alternative prompts during tact training. *Journal of Applied Behavior Analysis, 49*, 399-404.

Macht, J. (1971). Operant measurement of subjective visual acuity in nonverbal children. *Journal of Applied Behavior Analysis, 4*, 23-36.

Mackay, H. A. (1985). Stimulus equivalence in rudimentary reading and spelling. *Analysis and Intervention in Developmental Disabilities, 5*, 373-387.

Mackay, H. A., Stoddard, L. T., & Spencer, T. J. (1989). Symbols and meaning classes: Multiple sequence production and the emergence of ordinal stimulus classes. *Experimental Analysis of Human Behavior Bulletin, 7*, 16-17.

Marchese, N. V., Carr, J. E., LeBlanc, L. A., Rosati, T. C., & Conroy, S. A. (2012). The effects of the question "What is this?" on tact-training outcomes of children with autism. *Journal of Applied Behavior Analysis, 45*, 539-547.

McIlvane, W. J., Kledaras, J. B., Lowry, M. W., & Stoddard, L. T. (1992). Studies of exclusion in individuals with severe mental retardation. *Research in Developmental Disabilities, 13*, 509-532.

McIlvane, W. J., & Stoddard, L. T. (1981). Acquisition of matching-to-sample performances in severe mental retardation: Learning by exclusion. *Journal of Mental Deficiency Research, 25*, 33-48.

McIlvane, W. J., & Stoddard, L. T. (1985). Complex stimulus relations and exclusion in mental retardation. *Analysis and Intervention in Developmental Disabilities, 5*, 307-321.

McLay, L. K., Sutherland, D., Church, J., & Tyler-Merrick, G. (2013). The formation of equivalence classes in individuals with autism spectrum disorder: A review of the literature. *Research in Autism Spectrum Disorders, 7*(2), 418-431.

Medin, D. L., & Smith, E. E. (1984). Concepts and concept formation. *Annual Reviews of Psychology, 35*, 113-138.

Miller, S. A., Rodriguez, N. M., & Rourke, A. J. (2015). Do mirrors facilitate acquisition of motor imitation in children diagnosed with autism? *Journal of Applied Behavior Analysis, 48*, 194-198.

Mueller, M., Olmi, J., & Saunders, K. J. (2000). Recombinative generalization of within-syllable units in prereading children. *Journal of Applied Behavior Analysis, 33*, 515-531.

Oppenheimer, M., Saunders, R. R., & Spradlin, J. E. (1993). Investigating the generality of the delayed-prompt effect. *Research in Developmental Disabilities, 14*, 425-444.

Peterson, R. F. (1968). Some experiments on the organization of a class of imitative behaviors. *Journal of Applied Behavior Analysis, 1*, 225-235.

Pilgrim, C., & Galizio, M. (1990). Relations between baseline contingencies and equivalence probe performances. *Journal of the Experimental Analysis of Behavior, 54*, 213-224.

Reese, H. W. (1972). Acquired distinctiveness and equivalence of cues in young children. *Journal of Experimental Child Psychology, 13*, 171-182.

Rehfeldt, R. A. (2011). Toward a technology of derived stimulus relations: An analysis of articles published in the *Journal of Applied Behavior Analysis*, 1992-2009. *Journal of Applied Behavior Analysis, 44*, 109-119.

Rosch, E. H. (1973). Natural categories. *Cognitive Psychology, 4*, 328-350.

Saunders, K. J. (2011). Designing instructional programming for early reading skills. Em W. W. Fisher, C. C. Piazza, & H. S. Roane (Eds.), *Handbook of applied behavior analysis* (p. 92-109). Nova York: Guilford Press.

Saunders, K. J., Johnson, M. D., Tompkins, B. F., Dutcher, D. L., & Williams, D. C. (1997). Generalized identity matching of two-dimensional forms by individuals with moderate to profound mental retardation. *American Journal of Mental Retardation, 102*, 285-291.

Saunders, K. J., O'Donnell, J., Vaidya, M., & Williams, D. C. (2003). Recombinative generalization of within-syllable units in non-reading adults with mental retardation. *Journal of Applied Behavior Analysis, 36*, 95-99.

Saunders, K. J., & Spradlin, J. E. (1993). Conditional discrimination in mentally retarded subjects: Programming acquisition and learning set. *Journal of the Experimental Analysis of Behavior, 60*, 571-585.

Saunders, K. J., Williams, D. C., & Spradlin, J. E. (1995). Conditional discrimination by adults with mental retardation: Establishing relations between physically identical stimuli. *American Journal on Mental Retardation, 99*, 558-563.

Saunders, R. R., & Green, G. (1992). The nonequivalence of behavioral and mathematical equivalence. *Journal of the Experimental Analysis of Behavior, 57*, 227-241.

Saunders, R. R., Saunders, K. J., Kirby, K. C., & Spradlin, J. E. (1988). The merger and development of equivalence classes by unreinforced conditional selection of comparison stimuli. *Journal of the Experimental Analysis of Behavior, 50*, 145-162.

Saunders, R. R., & Sherman, J. A. (1986). Analysis of the "discrimination failure hypothesis" in generalized matching and mismatching behavior. *Analysis and Intervention in Developmental Disabilities, 6*, 89-107.

Saunders, R. R., Wachter, J., & Spradlin, J. E. (1988). Establishing auditory stimulus control over an eight-member equivalence class via conditional discrimination procedures. *Journal of the Experimental Analysis of Behavior, 49*, 95-115.

Serna, R. W., Dube, W. V., & McIlvane, W. J. (1997). Assessing same/different judgments in individuals with severe intellectual disabilities: A status report. *Research in Developmental Disabilities, 18*, 342-368.

Sidman, M. (1971). Reading and auditory-visual equivalences. *Journal of Speech and Hearing Research, 14*, 5-13.

Sidman, M. (1994). *Equivalence relations and behavior: A research story*. Boston: Authors Cooperative.

Sidman, M. (2000). Equivalence relations and the reinforcement contingency. *Journal of the Experimental Analysis of Behavior, 74*, 127-146.

Sidman, M., Cresson, O., Jr., & Willson-Morris, M. (1974). Acquisition of matching to sample via mediated transfer. *Journal of the Experimental Analysis of Behavior, 22*, 261-273.

Sidman, M., Kirk, B., & Willson-Morris, M. (1985). Six-member stimulus classes generated by conditional-discrimination procedures. *Journal of the Experimental Analysis of Behavior, 43*, 21-42.

Sidman, M., & Stoddard, L. T. (1967). The effectiveness of fading in programming a simultaneous form discrimination for retarded children. *Journal of the Experimental Analysis of Behavior, 10*, 3-15.

Sidman, M., & Tailby, W. (1982). Conditional discrimination vs. matching-to-sample: An expansion of the testing paradigm. *Journal of the Experimental Analysis of Behavior, 37*, 5-22.

Siegel, G. M., & Spradlin, J. E. (1978). Programming for language and communication therapy. Em R. L. Schiefelbusch (Ed.), *Language intervention strategies* (p. 357-398). Baltimore: University Park Press.

Sigurdardottir, Z. G., Green, G., & Saunders, R. R. (1990). Equivalence classes generated by sequence training. *Journal of the Experimental Analysis of Behavior, 53*, 47-63.

Skinner, B. F. (1938). *The behavior of organisms*. Nova York: Appleton-Century-Crofts.

Smeets, P. M., & Striefel, S. (1974). Oddity and match-to--sample tasks as the components of a chained schedule with retarded children. *American Journal of Mental Deficiency, 4*, 462-470.

Smeets, P. M., & Striefel, S. (1994). A revised blocked-trial procedure for establishing arbitrary matching in children. *Quarterly Journal of Experimental Psychology, 47B*, 241-261.

Soraci, S. A., Jr., Deckner, C. W., Haenlein, M., Baumeister, A. A., Murata-Soraci, K., & Blanton, R. L. (1987). Oddity performance in preschool children at risk for mental retardation: Transfer and maintenance. *Research in Developmental Disabilities, 8*, 137-151.

Spradlin, J. E., Cotter, V. W., & Baxley, N. (1973). Establishing a conditional discrimination without direct training: A study of transfer with retarded adolescents. *American Journal of Mental Deficiency, 77*, 556-566.

Spradlin, J. E., & Saunders, R. R. (1986). The development of stimulus classes using match-to-sample procedures:

Sample classification versus comparison classification. *Analysis and Intervention in Developmental Disabilities, 6*, 41-58.

Stewart, I., McElwee, J., & Ming, S. (2013). Language generativity, response generalization, and derived relational responding. *Analysis of Verbal Behavior, 29*, 137-155.

Stoddard, L. T., Brown, J., Hurlbert, B., Manoli, C., & McIlvane, W. J. (1989). Teaching money skills through stimulus class formation, exclusion, and component matching methods: Three case studies. *Research in Developmental Disabilities, 10*, 413-439.

Stokes, T. F., & Baer, D. M. (1977). An implicit technology of generalization. *Journal of Applied Behavior Analysis, 10*, 349-367.

Striefel, S., Wetherby, B., & Karlan, G. R. (1976). Establishing generative verb-noun instruction-following skills in retarded children. *Journal of Experimental Child Psychology, 22*, 247-260.

Striefel, S., Wetherby, B., & Karlan, G. R. (1978). Developing generalized instruction-following behavior in severely retarded people. Em C. E. Meyers (Ed.), *Quality of life in severely and profoundly mentally retarded people: Research foundations for improvement* (Vol. 3, p. 267-326). Washington, DC: American Association on Mental Deficiency.

Stromer, R., & Mackay, H. A. (1992). Delayed constructed-response identity matching improves the spelling performance of students with mental retardation. *Journal of Behavioral Education, 2*, 139-156.

Stromer, R., & Stromer, J. B. (1989). Children's identity matching and oddity: Assessing control by specific and general sample-comparison relations. *Journal of the Experimental Analysis of Behavior, 51*, 47-64.

Stromer, R., & Stromer, J. B. (1990a). The formation of arbitrary stimulus classes in matching to complex samples. *Psychological Record, 41*, 51-66.

Stromer, R., & Stromer, J. B. (1990b). Matching to complex samples: Further study of arbitrary stimulus classes. *Psychological Record, 40*, 505-516.

Terrace, H. S. (1966). Stimulus control. Em W. K. Honig (Ed.), *Operant behavior: Areas of research and application* (p. 271-344). Nova York: Appleton-Century- Crofts.

Touchette, P. E. (1971). Transfer of stimulus control: Measuring the moment of transfer. *Journal of the Experimental Analysis of Behavior, 15*, 347-354.

Touchette, P. E., & Howard, J. S. (1984). Errorless learning: Reinforcement contingencies and stimulus control transfer in delayed prompting. *Journal of Applied Behavior Analysis, 17*, 175-188.

Urcuioli, P. J. (2013). Stimulus control and stimulus class formation. Em G. J. Madden, W. V. Dube, T. D. Hackenberg, G. P. Hanley, & K. A. Lattal (Eds.), *APA handbook of behavior analysis* (Vol. 1, p. 361-386). Washington, DC: American Psychological Association.

VanBiervliet, A. (1977). Establishing words and objects as functionally equivalent through manual sign training. *American Journal of Mental Deficiency, 82*, 178-186.

Wetherby, B., Karlan, G. R., & Spradlin, J. E. (1983). The development of derived stimulus relations through training in arbitrary-matching sequences. *Journal of the Experimental Analysis of Behavior, 40*, 69-78.

Wetherby, B., & Striefel, S. (1978). Application of miniature linguistic system or matrix-training procedures. Em R. L. Schiefelbusch (Ed.), *Language intervention strategies* (p. 317-356). Baltimore: University Park Press.

Wilkinson, K. M., & Green, G. (1998). Implications of fast mapping for vocabulary expansion in individuals with mental retardation. *Augmentative and Alternative Communication, 14*, 162-170.

Wilkinson, K. M., & McIlvane, W. J. (1994). Stimulus organization and learning by exclusion: A preliminary experimental analysis. *Experimental Analysis of Human Behavior Bulletin, 12*, 21-25.

Wultz, S. V., & Hollis, J. H. (1980). Word identification and comprehension training for exceptional children. Em R. L. Schiefelbusch (Ed.), *Nonspeech language and communication: Analysis and intervention* (p. 359-387). Baltimore: University Park Press.

Wunderlich, K. L., Vollmer, T. R., Donaldson, J. M., & Phillips, C. L. (2014). Effects of serial and concurrent training on acquisition and generalization. *Journal of Applied Behavior Analysis, 47*, 1-15.

Zinn, T. E., Newland, M. C., & Ritchie, K. E. (2015). The efficiency and efficacy of equivalence-based learning: A randomized controlled trial. *Journal of Applied Behavior Analysis, 48*, 865-882.

6

Igualação e *momentum* comportamental

Quantificando escolha e persistência

Christopher A. Podlesnik, Corina Jimenez-Gomez e Michael E. Kelley

A lei da igualação e a teoria do *momentum* comportamental são estruturas teóricas quantitativas desenvolvidas para entender como o reforço afeta o comportamento. A lei da igualação descreve como mudanças nas variáveis de reforço relativo influenciam a alocação do comportamento operante ou a escolha. A teoria do *momentum* comportamental afirma que a lei da igualação controla a alocação do comportamento operante, mas propõe que os processos pavlovianos controlam a persistência do comportamento. Este capítulo descreve a correspondência e o *momentum* comportamental como estruturas quantitativas para a compreensão das variáveis que influenciam o comportamento. Também discutimos suas implicações para tratamentos comportamentais.

O principal objetivo da ciência comportamental é identificar relações sistemáticas entre eventos ambientais e comportamento (p. ex., Nevin, 1984). Basicamente, pergunta-se como a mudança de algo no ambiente (i.e., variável independente) afeta o comportamento (i.e., variável dependente). O reforço é uma das principais ferramentas de mudança ambiental que o analista de comportamento aplicado utiliza para efetuar a mudança de comportamento. Contingências entre comportamento e reforço podem ter efeitos poderosos, conforme demonstrado pelas muitas maneiras como os analistas do comportamento o usam em tratamentos para aumentar o comportamento desejável e diminuir o comportamento-problema.

Com todas as formas pelas quais os profissionais podem manipular contingências de reforço, estas podem influenciar o comportamento de maneiras complexas. Em alguns casos, os efeitos imediatos das contingências diferem dos efeitos de longo prazo. Para abordar esses diferentes efeitos do reforço, o objetivo deste capítulo é descrever pesquisas que mostrem como as contingências de reforço afetam (1) a *alocação* do comportamento, (2) a *persistência* do comportamento e (3) a alocação e persistência do comportamento *de maneiras diferentes e talvez contraintuitivas*. Desse modo, argumentaremos que os analistas do comportamento devem cuidar tanto da alocação quanto da persistência do comportamento, que eles podem entender por meio de duas áreas de pesquisa distintas, mas relacionadas. A pesquisa sobre a escolha e a lei da igualação oferece informações sobre as variáveis que influenciam a alocação do comportamento. A pesquisa sobre persistência e teoria do *momentum* comportamental oferece informações sobre variáveis que influenciam tanto a alocação quanto a persistência do comportamento. A literatura sobre a lei da igualação e o *momentum* comportamental é extensa, e a presente revisão é bastante seletiva e direcionada para a introdução dessas áreas.*

*Os interessados em uma integração teórica contemporânea entre escolha e persistência deverão considerar informativa a estrutura descrita por Shahan e Craig (2017).

Alocação de resposta, escolha e lei da igualação

O trabalho do analista do comportamento aplicado é alterar a alocação do comportamento, aumentando o desejável e diminuindo o problemático. O tratamento comportamental mais comumente utilizado, o reforçamento diferencial de comportamento alternativo (DRA, *differential reinforcement of alternative behavior*), reduz ou elimina o reforço contingente no comportamento problemático e oferece reforço funcionalmente equivalente para um comportamento alternativo (Petscher, Rey, & Bailey, 2009). Como essas técnicas são utilizadas com tanta frequência, entender com precisão como as variáveis de reforço determinam a alocação do comportamento é extremamente importante para pesquisadores e profissionais aplicados. A pesquisa sobre escolha, incluindo o trabalho teórico sobre a lei da igualação e as estruturas relacionadas, oferece equações para descrever, explicar ou descrever e explicar como os processos comportamentais subjacentes às contingências de reforço determinam a alocação do comportamento. No entanto, antes de apresentar essas equações, descrevemos achados que oferecem suporte geral de que a alocação de comportamento rastreia o reforço em ambientes clínicos.

Borrero *et al.* (2010) avaliaram se a alocação de comportamentos probemáticos e comportamento apropriado funcionalmente equivalentes seguiria a alocação de reforço em uma situação clínica. Três indivíduos diagnosticados com deficiência intelectual engajaram-se em problemas graves de comportamento em ambientes hospitalares ou escolares. Análises funcionais (Iwata, Dorsey, Slifer, Bauman, & Richman, 1982/1994) identificaram os reforçadores que mantêm o comportamento problemático (p. ex., atenção, fuga de demandas, tangíveis). Os pesquisadores forneceram esses reforços intermitentemente contingentes ao problema e ao comportamento apropriado. Ao fazê-lo, Borrero *et al.* avaliaram se as taxas de ambos os comportamentos correspondiam com precisão às mudanças na alocação de reforço entre o problema e o comportamento apropriado. Ou seja, à medida que a taxa de reforçamento para o comportamento-problema aumentou em relação ao comportamento apropriado, o comportamento-problema aumentou de forma semelhante em relação ao comportamento apropriado e vice-versa?

Borrero *et al.* (2010) organizaram dois esquemas de reforçamento de intervalo variável (VI, *variable-interval*) independentes e simultaneamente disponíveis para os dois comportamentos para determinar se o comportamento-problema e o comportamento apropriado acompanhavam de perto as mudanças na taxa relativa de reforçamento. Os esquemas de VI apresentam reforçadores para a primeira resposta após um tempo médio de duração (p. ex., 60 segundos). No entanto, a disponibilidade desses reforçadores varia no tempo de um reforçador para outro, com duração imprevisível entre a disponibilidade do reforçador. Desse modo, alguns reforçadores ficam disponíveis momentos após o reforçador anterior, e outros depois de um tempo mais longo. É importante ressaltar que os esquemas de VI permitem que as taxas de reforçamento obtidas se aproximem das taxas de reforçamento programadas, o que é importante quando a taxa de reforçamento é a variável independente principal, como normalmente acontece nesses tipos de estudos de escolha (ver Davison & McCarthy, 1988). Os reforçadores para comportamentos problemáticos e alternativos em Borrero *et al.* consistiram em 30 segundos de acesso ao reforçador demonstrado para manter o comportamento-problema durante as análises funcionais.

Borrero *et al.* (2010) organizaram sessões de 10 minutos com os esquemas de VI concorrentes de reforço para comportamento-problema e comportamento apropriado. Eles manipularam as taxas de reforçamento relativo para o comportamento-problema e o comportamento alternativo em condições sucessivas, com cada condição mantendo uma taxa de reforçamento constante por várias sessões (i.e., entre 3 e 20 sessões). Quando os pesquisadores programaram taxas de reforçamento mais altas para o comportamento-problema (p. ex., VI de 20 segundos) do que para o alternativo (p. ex., VI de 60 segundos), as taxas do comportamento-problema costumaram ser maiores do que as taxas do comportamento alternativo. Em contrapartida, quando Borrero *et al.* arranjaram uma taxa de reforçamento maior para o comportamento alternativo do que para o comportamento-problema, as taxas do alternativo aumentaram, e as taxas do comportamento-problema diminuíram. Essas descobertas mostraram que mudanças nas taxas de reforçamento relativo para o comportamento-problema e o comportamento apropriado determinaram a alocação dos participantes para cada comportamento. Desse modo, a taxa de cada resposta dependia da taxa de reforçamento para aquela resposta (p. ex., comportamento-problema) e da taxa de reforçamento para a outra resposta (p. ex., comportamento apropriado). A implicação é que o comportamento em situações de tratamento está relacionado de maneira positiva com o esquema de reforçamento para essa resposta e negativamente com o esquema de reforçamento para outras respostas. O grau de sucesso do tratamento depende não apenas do reforço alocado à resposta-alvo, mas da alocação de reforço para todas as respostas potenciais em uma situação.

Nesse ponto, alguns leitores podem perguntar qual é a utilidade de fornecer reforço para o comportamento problemático quando qualquer tratamento tentará eliminar esse comportamento eliminando seu reforço (i.e., a extinção). Além disso, os leitores também podem se perguntar sobre a relevância de não reforçar todas as instâncias de comportamento apropriado. Em ambientes clínicos de rotina (p. ex., residências), os cuidadores podem inadvertidamente reforçar instâncias do comportamento problemático e não reforçar instâncias do apropriado (Athens & Vollmer, 2010). Portanto, esses métodos de arranjar o reforço intermitente do problema e o comportamento apropriado simulam situações nas quais a integridade do tratamento está comprometida (St. Peter Pipkin, Vollmer, & Sloman, 2010).

Esses métodos também promovem a compreensão de como os processos de reforço influenciam a alocação do problema e o comportamento apropriado, afinal, as variáveis que influenciam os fenômenos comportamentais o fazem no nível dos processos fundamentais. Qualquer tratamento ou correspondente diminuição na integridade do tratamento afeta o comportamento do cliente no nível dos processos comportamentais, nível em que os estudos de escolha e as análises quantitativas, a começar pela lei da igualação, tornam-se relevantes.

A lei da igualação estrita

As descobertas de Borrero *et al.* (2010) enquadram-se não apenas com a noção geral de que o reforço influencia o comportamento clinicamente relevante como também com avaliações quantitativas do comportamento de escolha. De modo específico, a proporção de respostas alocadas entre o comportamento problemático (B_1) e o apropriado (B_2) correspondeu, aproximadamente, à proporção de reforço alocado entre o comportamento problemático (R_1) e o apropriado (R_2). A Figura 6.1 mostra uma versão idealizada de tais descobertas, à qual

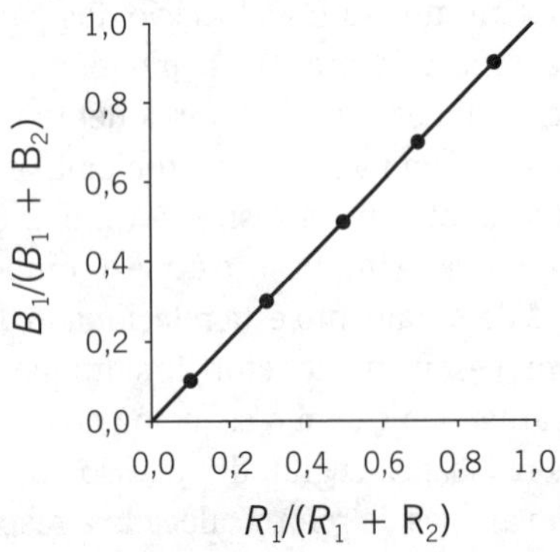

FIGURA 6.1 Relação básica de igualação prevista na equação 1. A equação prevê que a proporção de respostas (*B*) deve ser igual à de reforçadores (*R*).

nos referimos à medida que avançamos. À medida que R_1 aumentou em relação a R_2, B_1 aumentou em relação a B_2, conforme descrito pela equação 1:

$$\frac{B_1}{B_1 + B_2} = \frac{R_1}{R_1 + R_2} \qquad (1)$$

Herrnstein (1961) introduziu a equação 1 para descrever as escolhas dos pombos em situações semelhantes às organizadas por Borrero *et al.* (2010). Especificamente, os pombos bicavam entre duas teclas acesas, com reforçadores de alimento simultaneamente disponíveis em esquemas VI VI (i.e., R_1 *versus* R_2) que mudavam ao longo das condições. Manipulações paramétricas de taxas de reforçamento relativo (i.e., em uma faixa de diferentes níveis da variável independente) produziram taxas proporcionais de comportamento que corresponderam, aproximadamente, às taxas de reforçamento relativo obtidas; essas descobertas geralmente foram consistentes com a Figura 6.1. Assim, as descobertas de Borrero *et al.* em um ambiente clínico assemelharam-se àquelas com pombos em um ambiente de laboratório controlado.

A equação 1 sugere que tanto a taxa de reforçamento para a resposta-alvo quanto a taxa de reforçamento para outras respostas controlam a taxa do comportamento-alvo. Os efeitos de determinada taxa de reforçamento (R_1) dependem do contexto de outras fontes de reforço disponíveis ao mesmo tempo. As taxas de resposta podem ser altas ou baixas, dependendo se uma fonte alternativa de reforço é baixa ou alta, respectivamente (p. ex., Findley, 1958; Herrnstein, 1961, 1970).

A lei quantitativa do efeito

R_2 é a única fonte alternativa de reforço com a qual a equação 1 conta. No entanto, a maioria dos ambientes incluirá diversas fontes de reforço; mesmo em situações experimentais, é provável que existam fontes de reforço diferentes das dispostas explicitamente. Para um pombo em uma câmara operante em grande parte estéril, estas podem incluir reforços para se limpar ou cuidar de outras funções corporais. Os seres humanos podem assobiar ou sonhar acordados. Em condições naturais, as possíveis fontes alternativas de reforço são infinitas. A visão importante de Herrnstein foi que, mesmo esquemas simples de reforçamento (situações com apenas um esquema de reforçamento explicitamente organizado), envolvem necessariamente a escolha entre a fonte programada de reforço e todas as outras fontes de reforço. Ou seja, os organismos escolhem se querem se envolver na resposta-alvo ou em um número indefinido de outras respostas.

Herrnstein (1970) baseou-se na equação 1 para quantificar o efeito de fontes alternativas de reforço em sua lei quantitativa do efeito:

$$B = \frac{kR}{R + R_e} \quad (2)$$

Nessa equação, B é a taxa de resposta absoluta para uma resposta-alvo, R é a taxa de reforçamento contingente, k é um parâmetro que representa as taxas máximas de resposta assintótica e R_e representa a taxa de reforçamento alternativo *não* contingente à resposta-alvo. A equação 2 afirma que B é uma função hiperbólica da taxa de reforçamento, R, mas que a taxa em que B aumenta com R depende de fontes alternativas de reforço.

A Figura 6.2 mostra três funções hiperbólicas resultantes da equação 2. Esta seria ajustada a uma faixa de taxas de resposta plotada em função de uma faixa de taxas de reforçamento, como mostrado na Figura 6.2. R_e e k são parâmetros livres determinados utilizando regressão não linear: a equação determina a forma da reta, e a regressão ajusta os parâmetros livres para melhor ajustar os dados com base nas restrições da equação. A equação 2, ajustada aos pontos de dados geralmente seguindo uma forma hiperbólica, envolve regressão não linear reduzindo a diferença entre os dados e as previsões da equação 2 ajustando R_e e k. Em outras palavras, ajustar funções de regressão não linear aos dados obtidos experimentalmente determina os valores dos parâmetros livres. Todas as três funções hipotéticas na Figura 6.2 têm o mesmo máximo ou assíntota de 100, que o parâmetro k representa. Desse modo, a maior taxa possível em que o organismo pode emitir essa resposta é de 100 por minuto. K depende da rapidez com que o organismo pode emitir a resposta; as respostas-alvo que levam mais tempo para o organismo emitir produzirão um k menor do que as que o organismo pode emitir rapidamente. Respostas fáceis e difíceis podem incluir bicadas em teclas e pressionamento de alavanca, respectivamente, para um pombo, ou adição e multiplicação, respectivamente, para jovens estudantes.

Na Figura 6.2, as três curvas aproximam-se de k em taxas diferentes devido a diferenças em R_e. É importante ressaltar que R_e está em unidades de reforço para a resposta-alvo, R. Em uma situação na qual uma criança pode se envolver em um comportamento de operante livre, como completar problemas de matemática em troca de comestíveis, a disponibilidade de brinquedos provavelmente diminuiria a taxa de conclusão de problemas de matemática. R_e fornece um índice da eficácia da disponibilidade de brinquedos em unidades do reforçador comestível para completar problemas de matemática. Na Figura 6.2, um R_e igual a 1 significa que B atingirá 50% de k com 1 reforçador alternativo por minuto; um R_e de 20 significa que B atingirá 50% de k com 20 reforçadores alternativos por minuto. Dessa forma, R_e caracteriza como as taxas de reforçamento alternativo afetam as de resposta-alvo, com maiores taxas de reforçamento alternativo retardando a aproximação das taxas de resposta a resposta assintótica máxima à medida que a taxa de reforçamento-alvo aumenta. De forma simples, maiores taxas de reforçamento para comportamento alternativo diminuirão as taxas de resposta-alvo, como previsto pela equação 1.

A generalidade nas relações de correspondência (igualação) entre situações e espécies sugere que a alocação do comportamento está em relação legítima com a alocação do reforço (Baum, 1979; Davison & McCarthy, 1988; Kollins, Newland, & Critchfield, 1997; Wearden & Burgess, 1982; Williams, 1988). Tais regularidades consistentes na relação entre as taxas de resposta e de reforço levaram alguns a sugerir que a equação 2 quantifica o processo comportamental subjacente ao reforço, que tradicionalmente tem sido a força da resposta (p. ex., Skinner, 1938; Herrnstein, 1970). Além disso, tais regularidades fornecem justificativa para que os analistas do comportamento tomem decisões baseadas em princípios sobre o tratamento. Por exemplo, essas descobertas justificam perfeitamente o uso de tratamentos DRA que organizam altas taxas de reforçamento para comportamento apropriado (R_2) e eliminam o reforço para o comportamento-problena (R_1). A equação 1 prevê que tais tratamentos de DRA devem produzir alta frequência de comportamento apropriado e eliminar o comportamento-problema, o que geralmente é consistente com a literatura sobre DRA (Petscher *et al.*, 2009) e demonstrado em condições posteriores de Borrero *et al.* (2010). Além disso, se R_2 na equação 1 quantifica o efeito da

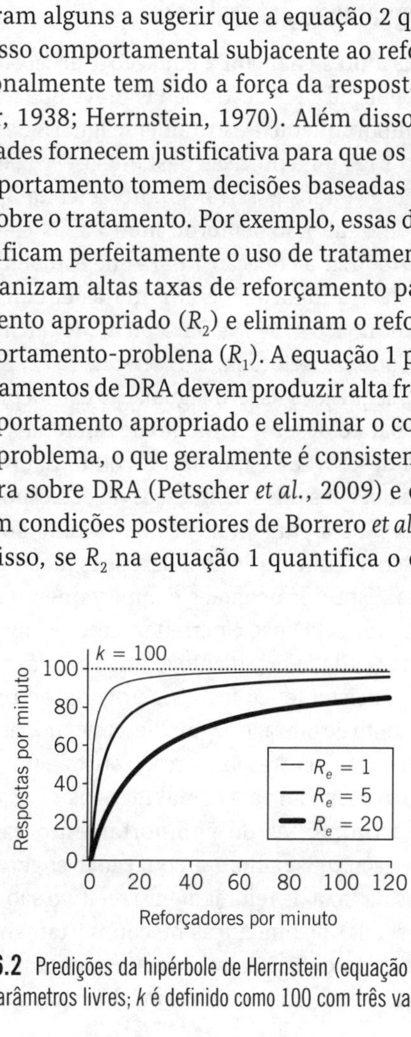

FIGURA 6.2 Predições da hipérbole de Herrnstein (equação 2), com diferentes parâmetros livres; k é definido como 100 com três valores de R_e.

taxa de reforçamento para o comportamento alternativo sobre a taxa do comportamento-problema, então R_e da equação 2 quantifica o efeito do reforço não contingente (NCR, *noncontingent reinforcement*) sobre a taxa de comportamento-problema em unidades da taxa de reforçamento-alvo. Em ambos os casos, uma fonte alternativa de reforço diminui o comportamento-problema, fornecendo reforço para outro comportamento que não a resposta-alvo.

Regularidades na relação entre variáveis independentes e dependentes, como as mostradas nas Figuras 6.1 e 6.2, permitem que os cientistas avaliem variáveis controladoras para desenvolver uma teoria. As teorias permitem que os cientistas organizem as descobertas e desenvolvam estudos baseados em princípios que testam a adequação da teoria, examinando uma série de variáveis potencialmente controladoras da variável dependente. Para essas buscas, é muito importante reforçar a importância da obra de Herrnstein (1961, 1970); ela gerou uma grande quantidade de pesquisa e teoria na área.

A lei da igualação generalizada

Os pesquisadores chamam a equação 1 de *lei da igualação estrita* porque a equação apenas prevê que a proporção de comportamento é estritamente igual à de reforço. A equação 1 faz uma previsão bastante precisa, e apenas um padrão de dados possível suporta a lei da igualação estrita. Como tal, não demorou muito após Herrnstein (1961) introduzir a equação 1 para que estudos provassem que ela era inadequada em muitas circunstâncias (p. ex., Baum, 1974, 1979; Davison & McCarthy, 1988; Fantino, Squires, Delbrück, & Peterson, 1972; Staddon, 1968). Inadequações na lei da igualação estrita preparam o terreno para o desenvolvimento de diferentes abordagens para descrever e explicar a escolha. Baum (1974) descreveu dois desvios sistemáticos da correspondência estrita relevantes para situações de escolha aplicada e para o desenvolvimento de uma descrição mais adequada da escolha. Especificamente, o comportamento de escolha muitas vezes (1) não é perfeitamente sensível a mudanças na taxa de reforçamento relativo e (2) é enviesado de modo consistente em favor de uma opção reforçada em detrimento de outra. A seguir, descrevemos esses desvios em relação à correspondência estrita e um modelo quantitativo proposto para contabilizá-los.

Os determinantes do comportamento são complexos. A escolha segundo a equação 1 sugere que as mudanças na taxa de reforçamento relativo são responsáveis por todas as mudanças no comportamento. Esse simples estado de coisas raramente acontece, mesmo em situações bem-controladas em laboratório (Davison & McCarthy, 1988). No exemplo anterior, Borrero *et al.* (2010) observaram casos nos quais as mudanças nas taxas relativas do comportamento-problema e no comportamento apropriado mudaram menos do que as mudanças nas taxas de reforçamento relativo. Além disso, eles observaram casos em que o comportamento dos participantes foi enviesado para o problema ou comportamento apropriado em todas as razões de reforço. Felizmente, as variáveis que produzem desvios das predições simples da equação 1 estão se tornando compreendidas. Para explicar os desvios da equação 1, Baum (1974) propôs a *lei da igualação generalizada*:

$$\log\left(\frac{B_1}{B_2}\right) = a_r \log\left(\frac{R_1}{R_2}\right) + \log b \qquad (3)$$

A equação 3 é algebricamente idêntica à 1, pois a taxa relativa de comportamento (B_1 *versus* B_2) permanece em função das mudanças na taxa relativa de reforçamento (R_1 *versus* R_2). As mudanças da equação 1 são (1) que a equação 3 é transformada logaritmicamente para produzir uma reta, apesar dos desvios da correspondência estrita, e (2) que dois parâmetros livres (a_r e log b) foram adicionados para caracterizar desvios de correspondência estrita como mudanças na inclinação e na interceptação *y* da reta (Jacobs, Borrero, & Vollmer, 2013; McDowell, 1989; Reed & Kaplan, 2011).

A Figura 6.3 mostra desvios típicos de correspondência estrita e ilustra como a equação 3 caracteriza esses desvios como mudanças da reta em inclinação, interceptação *y* ou ambos. Especificamente, após plotar as razões log-reforço ao longo do eixo *x* e as razões log-resposta ao longo do eixo *y*, utilizamos a regressão linear para ajustar uma linha reta aos dados. Essa linha tem inclinação e interceptação *y* específicos, dada a relação entre os intervalos de razões log-resposta e log-reforçador. O parâmetro a_r na equação 3 é a inclinação da reta e fornece um índice de quão sensível a razão de

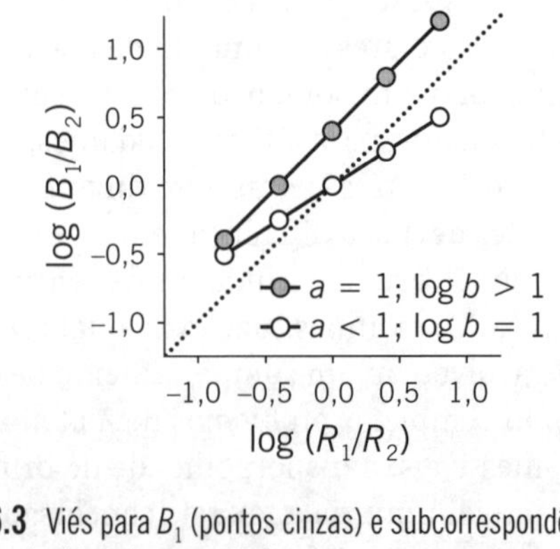

FIGURA 6.3 Viés para B_1 (pontos cinzas) e subcorrespondência (pontos brancos) produzido pela equação 3.

comportamento é às mudanças na razão do reforçador. O parâmetro log *b* na equação 3 é a interceptação *y* da reta e fornece um índice de viés da razão de comportamento em relação a uma fonte de reforço sobre outra.

Se as razões log-comportamento no eixo *y* forem aproximadamente iguais às razões log-reforço no eixo *x*, esta será uma correspondência estrita, como mostra a linha pontilhada na Figura 6.3. Os eixos de log representam cada aumento de 10 vezes com espaçamento igual: uma proporção de 1:10 é igual a –1, 1:1 é igual a 0, 10:1 é igual a 1, 100:1 é igual a 2 e assim por diante. Com correspondência estrita, (1) o parâmetro a_r, indicado pela inclinação, é igual a 1; e (2) o parâmetro log *b*, indicado pela interceptação *y*, é igual a 0. As outras funções da Figura 6.3 revelam desvios em relação à correspondência estrita. Se o intervalo de razões log-comportamento for menor do que o intervalo de razões log-reforço, o parâmetro *a* será menor do que 1 e log *b* será igual a 0 (pontos de dados brancos). Costumamos chamar essa função *de subcorrespondência*, pois as razões log-comportamento são menos extremas do que as razões log-reforçador. Por exemplo, Borrero *et al.* (2010) arranjaram três vezes mais reforço para o comportamento apropriado do que o comportamento-problema em algumas condições e vice-versa; a subcorrespondência teria ocorrido se a razão de comportamento fosse inferior a três vezes maior (p. ex., apenas 2:1). Um *viés* para B_1 ocorre se o intervalo de razões log-comportamento abrange o mesmo intervalo que as razões log-reforço, e a função muda para B_1 e log *b* é maior do que 0 (pontos de dados cinzas).

A Figura 6.3 revela apenas dois dos desvios mais básicos em relação à correspondência estrita. Especificamente, a inclinação da equação pode ser maior do que 1, o que é chamado de *supercorrespondência*; a interceptação *y* pode ser negativa (viés para B_2); e a equação 3 pode descrever múltiplos desvios da correspondência estrita. Ou seja, tanto a inclinação quanto a interceptação *y* podem se desviar ao mesmo tempo da linha pontilhada na Figura 6.3 (p. ex., $a_r < 1$ e log $b > 1$). Quando utilizamos a equação 3 para plotar desvios de correspondência estrita, mudanças na inclinação e na interceptação *y* caracterizam esses desvios. Plotar os mesmos dados usando a equação 1 produz funções curvilíneas muito difíceis de se caracterizar intuitivamente. Desse modo, a complexidade adicional da introdução de logaritmos com a equação 3 é mais do que justificada pela simplificação dos caminhos dos dados e das interpretações e conclusões deles decorrentes.

Por fim, ajustar qualquer equação aos dados requer alguma avaliação de quão bem o modelo explica os dados. Esse aspecto do ajuste do modelo pode se tornar bastante complexo, pois um ajuste do modelo aos dados pode não ser perfeito por diversos motivos. A avaliação de modelos envolve avaliar quanta variância em um conjunto de dados um modelo contabiliza com medições como r^2. Um ajuste imperfeito do modelo pode ser devido à variação aleatória no comportamento, mas um modelo também pode cometer erros sistemáticos na predição, indicando que o modelo faz suposições incorretas. Outra consideração importante é se os parâmetros de um modelo fazem sentido e, portanto, se podemos utilizá-los para dizer algo significativo sobre as variáveis que controlam o comportamento. Ou seja, os parâmetros livres refletem um aspecto relevante e realista do comportamento, ou é o ambiente que orienta os esforços dos analistas do comportamento? Essas questões estão além do escopo deste capítulo, mas outros as discutiram de maneira detalhada em outros lugares (p. ex., Dallery & Soto, 2013; Davison & McCarthy, 1988; Shull, 1991).

Grande parte da nossa discussão sobre escolha e correspondência até agora se concentrou em esclarecer como a equação funciona. Agora, discutiremos quais variáveis podem influenciar a escolha, como a equação explica as variáveis que influenciam a escolha e por que uma compreensão da correspondência pode ser útil para os clínicos comportamentais.

Variáveis que afetam a sensibilidade

A inclinação de uma função ao ajustar a equação de correspondência generalizada aos dados expressa a sensibilidade da escolha às condições de reforço (equação 3). Em Borrero *et al.* (2010), um participante, Greg, engajou-se em comportamento-problema e em comportamento apropriado dentro de 1 segundo um do outro quando ambos produziram acesso a algo tangível. Os pesquisadores observaram que as respostas formavam uma cadeia, apesar de terem organizado esquemas VI separados para as duas respostas, ou seja, os esquemas VI não exigiam a emissão sucessiva de ambas as respostas para produzir reforço. Na equação 1, a alternância rápida entre duas respostas produz uma inclinação próxima de 0, apesar das mudanças paramétricas nas taxas de reforçamento relativo. Borrero *et al.* introduziram um atraso de transição de 5 segundos para separar os dois esquemas de reforçamento VI para o comportamento problemático e apropriado no tempo. A introdução do atraso de mudança aumentou com sucesso a sensibilidade de escolha para os diferentes esquemas VI (Herrnstein, 1961; Shull & Pliskoff, 1967). Em geral, os pesquisadores acreditam que os atrasos de transição aumentam a discriminabilidade entre os dois esquemas de reforçamento disponíveis ao mesmo tempo (Davison & Nevin, 1999) e funcionam de forma semelhante ao aumento da separação espacial entre as respostas (Baum, 1982). Atrasos de transição com maior duração (Shull & Pliskoff, 1967) e barreiras mais obstrutivas entre as respostas (p. ex., Aparicio & Baum, 1997; Baum, 1982) aumentam a sensibilidade a mudanças nas taxas de reforçamento relativo.

Condições antecedentes também podem influenciar a sensibilidade. Um aumento na discriminabilidade entre estímulos antecedentes que sinaliza as alternativas de resposta também aumenta a sensibilidade a mudanças na taxa de reforçamento relativo (Alsop & Davison, 1991; Miller, Saunders, & Bourland, 1980). Quando uma resposta de transição controlou as escolhas dos pombos entre os esquemas VI nesses estudos, maiores diferenças entre estímulos discriminativos sinalizando os dois esquemas VI aumentaram a sensibilidade a mudanças na taxa relativa de reforçamento. Essas descobertas com requisitos de transição e as diferenças nos estímulos antecedentes sugerem que manipulações que aumentam a discriminabilidade entre contingências de reforço aumentarão a sensibilidade a mudanças nas taxas de reforçamento relativo (Davison & Nevin, 1999; Fisher, Pawich, Dickes, Paden, & Toussaint, 2014).

Por fim, variáveis relativas ao organismo influenciam a sensibilidade a mudanças nas taxas de reforçamento relativo. Por exemplo, Oscar-Berman, Heyman, Bonner e Ryder (1980) avaliaram parametricamente uma série de esquemas de reforçamento monetário disponíveis ao mesmo tempo entre participantes com síndrome de Korsakoff *versus* participantes-controle. As taxas de resposta relativas para os participantes com síndrome de Korsakoff mostraram menor sensibilidade a mudanças nas taxas de reforçamento relativo do que as dos participantes-controle. Da mesma forma, Buckley e Rasmussen (2012) avaliaram a correspondência em duas linhagens de ratos: Zucker obesos e magros. Ratos Zucker obesos expressam um fenótipo obeso e comem mais quando alimentados livremente do que ratos Zucker magros. Buckley e Rasmussen descobriram que as taxas de resposta relativa de ratos Zucker obesos foram mais sensíveis a mudanças paramétricas nos esquemas VI de reforçamento alimentar disponíveis de modo simultâneo. Essas descobertas revelam a utilidade do parâmetro de sensibilidade da equação 3 para caracterizar diferenças na responsividade a mudanças nas condições de reforço devido a variáveis relativas a organismos, como diferenças em genes ou em efeitos crônicos *versus* agudos do uso de substâncias (p. ex., Newland, Reile, & Langston, 2004).

Variáveis que afetam o viés

A interceptação *y* de uma função quando a equação de correspondência generalizada é ajustada aos dados expressa viés para uma alternativa reforçada em detrimento de outras (equação 3). Desse modo, a razão log-resposta permanece sensível a mudanças na razão log-reforçador, mas há uma mudança na escolha em direção a uma alternativa. Em Borrero *et al.* (2010), a taxa relativa de comportamento-problema e comportamento apropriado com o participante chamado Greg mostrou sensibilidade a mudanças nas taxas de reforçamento relativo. No entanto, Greg engajou-se de forma confiável em uma taxa mais alta de comportamento apropriado do que de comportamento-problema que a equação 1 previu. Assim, o viés expresso pela interceptação *y* mudou para o comportamento apropriado. Curiosamente, a fuga das demandas manteve uma topografia diferente do comportamento-problema de Greg, e as taxas de resposta relativas mostraram viés para o comportamento-problema em detrimento do comportamento apropriado. Desse modo, o viés pode diferir entre comportamentos problemáticos e apropriados, dependendo das circunstâncias – até para o mesmo indivíduo. Como a estrutura de correspondência nos informa sobre variáveis que produzem viés para uma resposta em detrimento de outra?

Para Greg, em Borrero *et al.* (2010), a causa do viés para uma resposta em detrimento de outra pode não ser clara. Isso pode ter sido devido a diferenças entre o problema e o comportamento apropriado em variáveis de resposta (p. ex., esforço) ou variáveis reforçadoras, como magnitude, imediaticidade e qualidade. Nesses casos, o log *b* da equação 3 quantifica qualquer viés inerente a uma resposta em detrimento de outra. Quando conhecemos as diferenças nas variáveis de resposta e reforço, podemos expandir a equação 3 para explicar os efeitos de outras variáveis além das mudanças na taxa relativa do reforçador (Baum & Rachlin, 1969; Davison & McCarthy, 1988; Grace & Hucks, 2013; Killeen, 1972):

$$\log\left(\frac{B_1}{B_2}\right) = a_r \log\left(\frac{R_1}{R_2}\right) + \left[a_x \log\left(\frac{X_1}{X_2}\right)\right] + \log b \quad (4)$$

Observe que a única diferença entre as equações 3 e 4 é a inclusão da parte entre colchetes da equação 4. Com *R* representando a taxa de reforçadores, *X* é uma variável genérica que pode representar diferenças nas variáveis de resposta e reforço já mencionadas (p. ex., custo da resposta, magnitude do reforçador). A variável *X* também pode representar diferenças na história do reforço (Davison & McCarthy, 1988) no sentido de que o comportamento-problema poderia ter uma história de reforço mais longa do que o comportamento apropriado, causando assim o viés para o comportamento-problema sobre o apropriado. Assim como a taxa relativa de reforçamentos, a equação inclui um parâmetro de sensibilidade, a_x, para explicar a sensibilidade à diferença em X_1

e X_2. Supondo que não haja viés inerente ($\log b = 0$), se a magnitude relativa do reforçador for quatro vezes maior para X_1 do que X_2, mas a razão de resposta relativa for apenas duas vezes maior para B_1 do que B_2, a sensibilidade estimada para a magnitude do reforçador (ou seja, a_m) do $\log b$ seria de 0,5.

O ponto importante é que a equação 4 pode explicar como as diferenças nas variáveis independentes podem enviesar a resposta para perto ou para longe de uma alternativa de resposta ou outra quando manipulamos parametricamente alguma outra variável independente. Muitas vezes manipulamos R_1 e R_2 de modo paramétrico através de condições, e mantemos outras variáveis constantes e iguais. Devemos manter apenas uma variável constante e diferente (p. ex., magnitude relativa do reforçador) enquanto manipulamos parametricamente outra (p. ex., taxa relativa do reforçador) para determinar se as variáveis influenciam o viés. Observe que podemos manter R_1 e R_2 constantes enquanto variamos X_1 e X_2 parametricamente para obter uma estimativa da sensibilidade às mudanças em uma variável caracterizada por X na equação 4 (p. ex., custo da resposta, magnitude do reforçador).

Desafios para a correspondência generalizada

As equações 3 e 4 têm sido úteis para descrever como mudanças nas variáveis de resposta e reforço influenciam a escolha. No entanto, essas equações predizem apenas dados que caem ao longo de linhas retas, pois utilizam regressão linear. Diversos achados produzem funções que violam essa relação exigida entre as razões de resposta e reforçador. Os pesquisadores usaram tais descobertas para avaliar processos potencialmente subjacentes à escolha.

Em um exemplo, Davison e Jones (1995) avaliaram uma gama de razões de reforço além do que os pesquisadores normalmente estudam. Uma linha reta com estimativas de sensibilidade próximas a 1,0 caracterizou bem os dados quando eles avaliaram uma faixa típica de razões reforçador-taxa de 1:10 a 10:1 (i.e., valores logarítmicos de −1 a +1). No entanto, organizar um esquema de reforçamento muito rico *versus* um muito escasso estendeu as razões de reforço muito além da faixa normal – para 1:100 e 100:1 (i.e., valores logarítmicos de −2 a 2). Isso produziu um achatamento da função entre valores logarítmicos de ±1 a ±2. Davison e Jones sugeriram que a discriminação das contingências de resposta e reforço diminuía nessas proporções mais extremas. De maneira específica, os reforços obtidos da alternativa atualmente mais rica tornaram-se mal alocados para a alternativa mais enxuta (ver Davison & Jenkins, 1985). Essa interpretação contingência-discriminabilidade sugere que os processos de controle de estímulos desempenham papel fundamental na escolha, mas estão ausentes inteiramente das equações 1 a 4. A exigência de contingências de resposta-reforçador quase perfeitamente discriminadas para observar razões log-resposta que coincidem estreitamente com as razões log-reforçador é diretamente relevante para os achados já descritos por Alsop e Davison (1991). A redução das diferenças nos estímulos antecedentes sinalizando duas alternativas de resposta reduziu a sensibilidade a mudanças nas taxas de reforçamento relativo. Desse modo, apesar do fato de que as equações 3 e 4 fornecem descrições adequadas de escolha em uma impressionante gama de condições (Davison & McCarthy, 1988; Grace e Hucks, 2013), essas variáveis que afetam o viés e a sensibilidade mostram que a relação de correspondência entre comportamento e reforço não é o único processo que controla a escolha. Os pesquisadores continuam a debater se outros processos são necessários e, em caso afirmativo, quais seriam esses processos (Baum, 2010; Cording, McLean, & Grace, 2011; Elliffe, Davison, & Landon, 2008; Sutton, Grace, McLean, & Baum, 2008). Esse debate está além do escopo deste capítulo.

Escolha e persistência

A correspondência, caracterizada pelas equações 1–4, descreve como as variáveis de reforço influenciam a alocação do comportamento em um ambiente. Dessa forma, a correspondência fornece uma estrutura geral para entender como o comportamento é distribuído entre as fontes de reforço existentes. Observamos que determinada taxa de resposta depende do reforço contingente a essa resposta (p. ex., taxa ou magnitude de reforço) e de todas as outras fontes de reforço disponíveis (p. ex., Herrnstein, 1961, 1970). Assim, uma dada resposta, como o comportamento-problema, diminuirá em taxa se uma resposta alternativa, como o comportamento apropriado, produzir uma taxa de reforçamento maior (p. ex., Borrero *et al.*, 2010). A alocação do comportamento em relação às fontes disponíveis de reforço é apenas uma consideração, sobretudo quando estamos planejando a eficácia dos tratamentos comportamentais a longo prazo. Quais são os fatores que determinam se o comportamento-problema persistirá ou reincidirá, ou se os tratamentos continuarão a ser eficazes? A estrutura teórica do *momentum* comportamental diz respeito principalmente ao papel das condições de aprendizagem ou treinamento na probabilidade de o comportamento reforçado continuar, apesar dos desafios disruptivos para o tratamento.

Mace *et al.* (2010) arranjaram taxas de reforçamento para o comportamento-problema e o comportamento apropriado como aquelas que Borrero *et al.* (2010)

arranjaram. A taxa de comportamento apropriado foi maior quando a taxa de reforçamento foi maior do que aquela para o comportamento-problema. Essas descobertas geralmente são consistentes com as previsões da lei da igualação: as taxas de resposta relativas acompanham as taxas relativas de reforçamento. Além disso, essas descobertas são consistentes com os objetivos dos tratamentos de DRA para reduzir o comportamento-problema. Desse modo, os tratamentos de DRA são bem-sucedidos em alterar a alocação de comportamento apropriado e comportamento-problema, como descreve a lei da igualação.

Mace *et al.* (2010) avaliaram outro componente importante do comportamento: a persistência. Os pesquisadores arranjaram condições de linha de base nas quais o comportamento-problema produziu reforço, e o apropriado não produziu nenhuma consequência diferencial. Após a linha de base, Mace *et al.* organizaram uma sequência de fases em que uma fase de extinção para o comportamento-problema e o comportamento apropriado seguia uma fase da linha de base de reforço para o comportamento-problema e extinção para o comportamento apropriado, ou uma fase de DRA mais reforço para o comportamento-problema. Os pesquisadores contrabalançaram a ordem das fases para que cada participante experimentasse uma fase de extinção precedida por uma de linha de base ou DRA mais reforço para o comportamento-problema. Este diminuiu para taxas próximas de zero em aproximadamente 10 sessões nas fases de extinção que se seguiram às da linha de base. Já o comportamento-problema persistiu por quase três vezes mais tempo e ocorreu em taxas mais altas nas fases de extinção que se seguiram ao DRA mais reforço para as fases do comportamento-problema. Assim, as taxas de comportamento-problema durante o DRA mais reforço para o comportamento-problema foram menores do que as na linha de base, mas o DRA inadvertidamente aumentou a persistência do comportamento-problema durante um desafio de extinção.

Ahearn *et al.* (2003) observaram uma persistência de resposta semelhante quando utilizaram esquemas de NCR para tratar a estereotipia mantida de maneira automática em três crianças com deficiência intelectual. Eles deram aos participantes acesso intermitente a um brinquedo preferido, independentemente do comportamento durante o esquema de NCR, o que diminuiu os níveis de estereotipia em relação à ausência de NCR. A equação 2 prediz a redução da estereotipia com o NCR. Especificamente, o NCR aumentou R_e, que estava em competição com o reforço para se envolver na estereotipia, *R*. Ahearn *et al.* avaliaram, então, a persistência da estereotipia na presença e na ausência do esquema de NCR. Durante a avaliação dessa persistência, eles deram aos participantes acesso intermitente a um brinquedo preferido diferente, independentemente do comportamento durante um esquema de NCR. Embora os níveis de estereotipia tenham diminuído durante o esquema inicial do NCR, eles foram maiores quando a avaliação da persistência seguiu uma fase de NCR *versus* uma da linha de base. Essas descobertas assemelham-se às de Mace *et al.* (2010) com o tratamento de DRA: o reforço adicional apresentado como contingente em uma resposta diferente (DRA) ou não contingente na resposta (NCR) diminuiu a taxa ou o nível de comportamento-problema durante a implementação do tratamento, mas aumentou a persistência do comportamento-problema quando exposto a um disruptor. Portanto, dois tratamentos comportamentais muito comumente implementados pareceram ser eficazes inicialmente, mas comprometeram a eficácia do tratamento em longo prazo, tornando o comportamento-problema mais resistente a outros desafios ambientais ao tratamento.

As descobertas de Mace *et al.* (2010) e Ahearn *et al.* (2003) são semelhantes, pois parecem refletir processos comportamentais comuns. No entanto, por si só, esses achados podem não convencer os leitores da confiabilidade ou da importância desses efeitos. Contudo, os pesquisadores obtiveram efeitos semelhantes repetidamente em muitos arranjos e espécies experimentais – desde peixes, ratos e pombos até humanos com deficiência intelectual e humanos neurotípicos (p. ex., Cohen, 1996; Igaki & Sakagami, 2004; Mace *et al.*, 1990; Mauro & Mace, 1996; Nevin, Tota, Torquato, & Shull, 1990; Nevin & Wacker, 2013; Shahan & Burke, 2004). Além disso, diversos estudos com humanos e não humanos também mostraram que, mesmo quando o reforço alternativo diminui o comportamento, este é suscetível de recair mais tarde na ausência das contingências para o reforço alternativo (p. ex., Kuroda, Cançado, & Podlesnik, 2016; Miranda-Dukoski, Bensemann, & Podlesnik, 2016; Podlesnik & Shahan, 2009, 2010). Portanto, arranjar fontes alternativas de reforço que diminuam a taxa de um comportamento-alvo, mas aumentem sua persistência, é um achado comum e robusto. A teoria do *momentum* comportamental oferece uma estrutura para entender esses efeitos e possíveis maneiras de melhorá-los.

Teoria do *momentum* comportamental

A teoria do *momentum* comportamental assume que duas relações ambientais separadas controlam o comportamento da mesma forma que duas variáveis separadas controlam o movimento dos objetos físicos:

massa e velocidade. Assim como objetos de alta ou de baixa massa podem se mover em alta ou baixa velocidade, comportamentos também têm propriedades como massa e velocidade. A *taxa* de um comportamento é semelhante à *velocidade* de um objeto, e a *persistência* de um comportamento é semelhante à *massa* de um objeto. Desse modo, diferentes comportamentos podem ocorrer em taxas altas ou baixas que são fáceis ou difíceis de interromper. A pesquisa sobre *momentum* comportamental avalia as variáveis que influenciam as taxas de resposta (velocidade comportamental) e persistência (massa comportamental).

Taxa de resposta e relações operantes resposta-reforço

O operante discriminado é a unidade fundamental do comportamento operante, que inclui estímulo discriminativo, uma resposta e uma consequência, segundo Skinner (1969). A teoria do *momentum* comportamental propõe que a relação operante entre resposta e consequências controla a taxa de resposta de maneira consistente com a lei da igualação (Nevin, 2015; Nevin & Grace, 2000). Conforme descrito nas equações 1 a 4, a taxa de um comportamento operante depende da taxa de reforçamento para essa resposta e da taxa de reforçamento para todas as outras respostas. Consistente com a equação 1, Mace *et al.* (2010) observaram que diminuições nas taxas de comportamento problemático (B_1) foram reforçadas em taxas baixas (R_1) quando o comportamento alternativo apropriado (B_2) foi reforçado em uma taxa mais alta (R_2). Consistente com a equação 2, Ahearn *et al.* (2003) observaram diminuições nas taxas de estereotipia (B) mantidas por reforço automático (R) ao fornecer acesso independente de resposta a um brinquedo (R_e). Portanto, as fontes alternativas disponíveis de reforço degradam a eficácia da *relação operante resposta-reforçador*. De maneira específica, elas reduzem a proporção de reforçadores entregues contingentemente à resposta-alvo e, assim, diminuem a correlação entre a resposta e o reforçador. A velocidade do comportamento é um processo operante.

Além disso, contingências resposta-reforçador podem moldar diferentes padrões de resposta (ver Morse, 1966). Por exemplo, o reforçamento diferencial de comportamento de baixa frequência (DRL, *differential reinforcement of low-rate behavior*) produz baixa frequência de resposta ao organizar reforços com tempos de inter resposta suficientemente espaçados. Desse modo, esquemas DRL aumentam a probabilidade de pausa entre as respostas. Já o reforçamento diferencial de comportamento de alta frequência (DRH, *differential reinforcement of high-rate behavior*) produz altas taxas de resposta ao arranjar reforços com pouca ou nenhuma pausa ou explosões de respostas. Os padrões com esquemas de DRL e DRH refletem os efeitos das diferentes contingências na formação das taxas de resposta. Basicamente, as contingências alteram a unidade funcional da resposta. Os esquemas DRL resultam em uma unidade de resposta de *parar-depois-responder*, e o DRH produz explosões de respostas como uma unidade. Essas unidades poderiam mudar em frequência com modificações na taxa de reforçamento, conforme descrito pela lei da igualação (Staddon, 1968). Da mesma forma, esquemas de razão variável (VR, *variable-ratio*) e VI produzem diferentes taxas de resposta mesmo quando a taxa de reforçamento é controlada. A consideração importante para o presente propósito é a ideia de que a própria taxa de resposta é uma dimensão condicional do comportamento (Nevin, 1974). Novamente, a velocidade comportamental é um processo operante.

Como descreve a equação 2, os aumentos nas taxas de resposta com aumentos nas de reforçamento levaram alguns a concluir que a taxa de resposta fornece uma medida inadequada dos processos fundamentais subjacentes aos efeitos de reforço, a *força da resposta* (Herrnstein, 1961, 1970; Nevin & Grace, 2000). Por essas razões, Nevin (1974) ofereceu uma abordagem diferente para avaliar os processos subjacentes ao reforço.

Persistência e relações pavlovianas estímulo-reforço

Nevin (1974) sugeriu que um método mais apropriado para avaliar a força da resposta é avaliar a maneira como a resposta muda quando algum evento disruptivo a desafia – uma medida que ele chamou de *resistência à mudança* (ver também Nevin & Wacker, 2013). Esta avalia as taxas de resposta durante condições de interrupção em comparação com as taxas de resposta da linha de base anteriores; essa é uma medida de persistência comportamental. Por exemplo, introduzir extinção, estímulos distratores ou alimento adicional antes ou durante as sessões pode interromper a resposta mantida pelo alimento em condições de estado estacionário (p. ex., Mace *et al.*, 1990, 2010; Nevin *et al.*, 1990). Esses eventos disruptivos diminuem as taxas de resposta, que podemos comparar entre múltiplas respostas. As respostas persistentes são aquelas que diminuem com menor rapidez com eventos mais disruptivos (p. ex., maiores quantidades de alimento adicional ou sessões sucessivas de extinção), e chamamos essas respostas de *resistentes à mudança*.

Como massa e velocidade são aspectos separáveis do momento físico, as taxas de resposta e persistência são produtos de processos separáveis no *momentum* comportamental (Bell, 1999; Grace, Schwendiman, & Nevin, 1998; Podlesnik, Jimenez-Gomez, Ward, & Shahan,

2006; Podlesnik & Shahan, 2008). A teoria do *momentum* comportamental afirma que a persistência do comportamento resulta de um processo pavloviano (i.e., condicionamento respondente ou clássico). No condicionamento pavloviano, uma resposta condicionada (CR, *conditioned response*) ocorre a um estímulo condicionado (CS, *conditioned stimulus*) quando este forma uma relação preditiva com um estímulo incondicionado evolutivamente relevante (US, *unconditioned stimulus*; Domjan, 2005, 2016; Lattal, 2013; Rescorla, 1988). Um cão saliva (CR) na presença de um som (CS) quando o som prediz de forma confiável o acesso ao alimento (US). Da mesma forma, a teoria do *momentum* comportamental propõe que a persistência comportamental é funcionalmente uma CR expressa na presença do contexto de estímulo discriminativo ambiental que controla o comportamento-alvo. À medida que os CSs que predizem de maneira mais confiável os USs produzem CRs mais robustos, estímulos ambientais mais preditivos de reforço produzirão maior persistência. A partir do operante discriminado, a teoria do *momentum* comportamental afirma que as relações pavlovianas estímulo-reforço controlam a persistência (Nevin & Shahan, 2011):

$$\frac{B_x}{B_0} = 10^{\frac{-x}{r^b}} \tag{5}$$

B_x é a taxa de resposta durante a interrupção, e B_0 é a taxa de resposta do treinamento. Esses termos representam a mudança na velocidade comportamental da linha de base para a interrupção. No lado direito da equação, quaisquer termos no numerador do expoente contribuem para a interrupção da resposta-alvo em relação às taxas de resposta do treinamento; trata-se da força disruptiva, representada pelo termo genérico x. Os termos do denominador contribuem para combater esses efeitos disruptivos; essa é a massa comportamental, uma função da taxa de reforçamento da linha de base, r. Conforme descrevemos, r pode ser contingente à resposta-alvo ou de outras fontes. O parâmetro livre b é o parâmetro de sensibilidade, que dimensiona os efeitos de aumento de persistência de r sobre a resistência à mudança no lado esquerdo da equação. Portanto, maiores valores de x (p. ex., tempo de extinção ou maior saciedade) aumentam o impacto disruptivo dos termos no numerador, e esses efeitos são combatidos por todas as fontes de reforço no denominador. É importante ressaltar que a equação 5 considera dados que a equação 2 não consegue. Especificamente, pode-se conceituar os efeitos dos disruptores como aumentos em R_e na equação 2, sobretudo disruptores comuns, como o livre acesso ao comportamento de manutenção do reforçador. No entanto, a equação 2 não considera a descoberta comum de que as taxas de resposta que são mais baixas na linha de base quando o reforço alternativo está disponível do que quando ele não está podem ser maiores em condições de ruptura (p. ex., Ahearn *et al.*, 2003; Grimes e Shull, 2001; Mace *et al.*, 2010; Nevin *et al.*, 1990).

Mace *et al.* (2010) compararam a resistência à extinção seguindo um esquema DRA que arranjou baixa frequência de reforçamento para o comportamento-problema e maiores taxas de reforçamento para o comportamento apropriado. O comportamento-problema persistiu mais durante a extinção seguindo o cronograma do DRA do que seguindo a condição de linha de base quando apenas o comportamento-problema produziu reforço. Desse modo, a adição de reforço alternativo diminuiu a taxa de comportamento-problema, conforme descrito pela correspondência na equação 2, mas apenas degradando a relação resposta-reforçador do operante. O reforço alternativo adicional com o esquema DRA aumentou a taxa total de reforço global no ambiente atual, em comparação com a ausência do esquema DRA. Como o esquema DRA aumentou a extensão na qual o contexto ambiental atual previu o reforço em geral, o DRA *melhorou* a relação pavloviana estímulo-reforço, em comparação com a ausência do esquema DRA (ver Nevin, 1997; Nevin & Wacker, 2013). Segundo a equação 5, o DRA aumentou r, contrariando assim os efeitos disruptivos da extinção mais do que quando r foi menor durante a linha de base sem DRA. Da mesma forma, Ahearn *et al.* (2003) mostraram que o NCR diminuiu a taxa contínua de estereotipia, mas aumentou sua persistência. A inclusão de um brinquedo preferido como NCR aumentou a taxa de reforçamento global total no ambiente atual, em comparação com o ambiente sem NCR (i.e., r no denominador da equação 5). Assim como no DRA, em Mace *et al.*, Ahearn *et al.* aumentaram a persistência ao aumentar a relação pavloviana estímulo-reforço com o NCR. Maiores taxas de reforçamento na presença de estímulos discriminativos produzem de forma confiável maior persistência quando organizamos (1) todos os reforçadores apresentados de forma contingente à resposta-alvo, (2) uma proporção de reforçadores independentemente da resposta e (3) uma proporção de reforçadores contingentes a uma resposta diferente (Nevin & Wacker, 2013; Podlesnik & DeLeon, 2015). Dessa forma, a massa comportamental é um processo pavloviano e pode ser explicada quantitativamente com modelos como a equação 5. As implicações clínicas das descobertas de Mace *et al.* e Ahearn *et al.* são consideráveis: tratamentos comportamentais comuns, como DRA e NCR, podem diminuir a taxa de comportamento-problema, mas inadvertidamente aumentar sua persistência. Podemos entender como tratamentos comportamentais como DRA e NCR podem reduzir a taxa de um comportamento-problema e, ao mesmo tempo, aumentar sua persistência, separando as relações resposta-reforçador e estímulo-reforçador.

Momentum comportamental e correspondência

Apesar da relação resposta-reforço que rege a taxa de resposta e as relações estímulo-reforço que controlam a persistência, a taxa de resposta e a persistência são funções dos parâmetros situacionais de reforço. A equação 4 descreve como as taxas de resposta relativas correspondem à distribuição dos parâmetros de reforço entre duas opções. Por exemplo, manipular parametricamente a taxa relativa de reforçamento produz uma relação positiva entre a razão log-resposta e a razão log-reforçador – a inclinação da função expressa como a_r. Ao mesmo tempo, arranjar um reforço maior para a alternativa 1 (x_1) do que para a 2 (x_2) produzirá uma mudança na interceptação *y* por meio de uma modificação na resposta em direção a B_1 (ver Cording *et al.*, 2011). Observamos efeitos semelhantes com a persistência.

No estudo de Grace, Bedell e Nevin (2002), o reforço alimentar manteve a resposta dos pombos. Os pesquisadores manipularam parametricamente as taxas de reforçamento relativo entre dois estímulos discriminativos alternados. Dessa maneira, algumas vezes, um estímulo discriminativo sinalizaria uma taxa de reforçamento maior do que o outro, e vice-versa. A cada taxa relativa de reforçamento, Grace *et al.* interromperam a resposta apresentando uma fonte alternativa de resposta de reforço de forma independente durante os tempos de espera do procedimento. Assim como a sensibilidade na escolha, a persistência entre os estímulos discriminativos relacionou-se de modo positivo com a taxa de reforçamento. Além disso, quando os diferentes estímulos discriminativos arranjaram magnitudes de reforço constantes, mas diferentes, ao longo das taxas de reforçamento relativo, a persistência foi enviesada para o estímulo discriminativo que apresentou o reforço de maior magnitude. Ainda, o arranjo das escolhas entre os dois estímulos discriminativos com esquemas de cadeias concorrentes produziu mudanças na razão log-resposta consistentes com a equação 4 e correlacionadas com a persistência relativa, como acabamos de descrever. Portanto, a preferência por estímulos discriminativos e a persistência em estímulos discriminativos parecem estar correlacionadas em função das relações estímulo-reforçador atuais. Assim, Grace *et al.* sugeriram que preferência e persistência fornecem expressões convergentes do mesmo construto subjacente de força de resposta ou massa comportamental. Desse modo, podemos utilizar um esquema de cadeia concorrente para avaliar a preferência do cliente entre estímulos discriminativos (Tiger, Hanley, & Heal, 2006) como uma forma relativamente rápida de determinar quais ambientes ou abordagens de tratamento podem produzir um comportamento mais persistente.

Momentum comportamental e recaída

A persistência correlaciona-se com outra medida de importância em relação aos resultados dos tratamentos comportamentais para o comportamento problemático: a recaída. Quando os tratamentos comportamentais eliminam o comportamento problemático, as circunstâncias ambientais podem produzir uma recorrência dele, ou *recaída do tratamento* (Mace *et al.*, 2010; Pritchard, Hoerger, & Mace, 2014). Muitos eventos contribuem para a recaída do tratamento em condições naturais, o que explica por que existem muitos modelos pré-clínicos para avaliar a recaída do tratamento (Bouton, Winterbauer, & Todd, 2012; Marchant, Li, & Shaham, 2014; Podlesnik & Kelley, 2015; Wathen & Podlesnik, 2018). Discutimos um modelo com relevância direta para tratamentos comportamentais arranjando fontes alternativas de reforço – um modelo chamado *ressurgimento*.

O ressurgimento é o retorno de uma resposta-alvo previamente reforçada e extinta quando extinguimos uma resposta alternativa reforçada mais recentemente (Epstein, 1983; Podlesnik & Kelley, 2014). Por exemplo, Volkert, Lerman, Call e Trosclair-Lasserre (2009) reforçaram instâncias de comportamento-problema segundo um esquema de razão fixa (FR, *fixed-ratio*) 1 em crianças diagnosticadas com TEA ou deficiência intelectual. Em seguida, a extinção do comportamento-problema e o reforço de uma resposta funcional de comunicação praticamente eliminaram o comportamento-problema. Volkert *et al.*, então, introduziram a extinção da resposta de comunicação e a extinção contínua do comportamento-problema, o que produziu aumento no comportamento-problema, ou seja, esse comportamento aumentou ou ressurgiu quando os pesquisadores interromperam o reforço para a resposta alternativa apropriada. Portanto, o ressurgimento modela a recaída do comportamento-problema devido a erros de omissão produzidos pelo tratamento – especificamente, falhas em reforçar respostas de comunicação apropriadas ou outro comportamento alternativo (St. Peter Pipkin *et al.*, 2010).

Obviamente, é provável que a maioria dos erros de omissão não venha a ser tão extrema quanto a extinção completa, como nos procedimentos de ressurgimento.

No entanto, qualquer diminuição na integridade do tratamento aumenta a probabilidade de o comportamento-problema retornar e, potencialmente, o reforço do contato. Além disso, efeitos semelhantes ocorrem quando o reforço independente de resposta é removido, sugerindo que a remoção do NCR também produzirá ressurgimento (Marsteller & St. Peter, 2014; Saini, Fisher, Pisman, 2017; Winterbauer & Bouton, 2010). Portanto, as descobertas com ressurgimento e as já descritas mostram que os tratamentos comportamentais aumentam a persistência do comportamento problemático (Ahearn *et al.*, 2003; Mace *et al.*, 2010). A teoria do *momentum* comportamental concilia esses diferentes efeitos através dos mesmos processos comportamentais (Nevin & Shahan, 2011; Sweeney e Shahan, 2011).

A teoria do *momentum* comportamental afirma que o reforço obtido na presença de um estímulo discriminativo contribui para a persistência das respostas evocadas por este, mesmo quando algumas fontes de reforço podem diminuir as taxas de resposta. Durante os tratamentos de DRA e NCR, o participante obtém reforçamento diferencial ou não contingente no mesmo contexto em que obtém reforço para o comportamento-problema, aumentando assim a relação estímulo-reforço. Além disso, os tratamentos de DRA e NCR servem como disruptores do comportamento-problema, juntamente com a contingência de extinção (quando implementamos uma).* Assim, maiores taxas de reforçamento alternativo tendem a ser mais efetivas na diminuição do comportamento-problema-alvo (p. ex., Carr & Durand, 1985; Kelley, Lerman, & Van Camp, 2002; Leitenberg, Rawson, & Mulick, 1975; Sweeney & Shahan, 2013), o que explica por que DRA e NCR diminuem o comportamento problemático. Durante o desafio de extinção dos procedimentos de ressurgimento, a remoção de DRA ou NCR elimina funcionalmente um disruptor para o comportamento-problema, segundo a teoria do *momentum* comportamental. Desse modo, o comportamento-problema *ressurge* na ausência da força disruptiva de DRA ou NCR, que anteriormente suprimia a resposta.

Shahan e Sweeney (2011) desenvolveram um modelo quantitativo de ressurgimento baseado na teoria do *momentum* comportamental, com base na equação 5. Esse modelo afirma o seguinte: (1) a taxa de reforçamento da linha de base na fase 1 de um procedimento de ressurgimento aumenta a relação pavloviana estímulo-reforço da resposta-alvo; (2) o reforço alternativo (p. ex., DRA, NCR) organizado durante a extinção da resposta-alvo na fase 2 interrompe a resposta-alvo (i.e., enfraquece a relação resposta-reforço); (3) o reforço alternativo disposto durante a fase 2 (p. ex., DRA, NCR) também aumenta a relação pavloviana estímulo-reforço da resposta-alvo; e (4) a remoção do reforço alternativo remove um disruptor do comportamento-alvo, produzindo assim o ressurgimento da resposta-alvo. Desse modo, o reforço alternativo (p. ex., DRA, NCR) pode fortalecer e interromper a resposta-alvo. O modelo quantitativo de ressurgimento de Shahan e Sweeney formaliza essas afirmações na equação 6:

$$\frac{B_t}{B_0} = 10^{\frac{-t\left(kR_a + c + dr\right)}{\left(r+R_a\right)^b}} \qquad (6)$$

B_t é a taxa de resposta no tempo t em extinção (fases 2 e 3), e B_0 é a taxa de resposta em treinamento (fase 1). Como na equação 5, os termos no numerador do expoente contribuem para a interrupção da resposta-alvo, e termos no denominador neutralizam esses efeitos disruptivos. Com isso, a equação 6 expande os fatores que contribuem para a persistência e a recaída, em comparação com a 5. Durante a extinção da resposta-alvo, c é o efeito de remover a contingência entre a resposta e o reforço; d mede o decréscimo na generalização causado pela eliminação da taxa de reforçamento de treinamento r como estímulos (i.e., a ênfase da remoção do reforço); e k mede o efeito disruptivo do reforço alternativo, R_a. No denominador, b é o parâmetro de sensibilidade que ajusta os efeitos de aumento de persistência de r e R_a sobre a resistência à extinção e ressurgimento. Portanto, o tempo em extinção aumenta o impacto disruptivo dos termos no numerador, mas todas as fontes de reforço no denominador combatem esses efeitos disruptivos. A equação 6 explica o ressurgimento da resposta-alvo (1) definindo R_a como a taxa de reforçamento alternativo no numerador e no denominador durante a fase 2, e (2) definindo R_a apenas no numerador como zero quando o reforço alternativo é removido na fase 3. Os pesquisadores utilizaram a equação 6 para descrever o ressurgimento em uma série de experimentos envolvendo ratos, pombos e crianças (Nevin *et al.*, 2017; Shahan & Sweeney, 2011). Em contrapartida, Shahan e Craig (2017) são um recurso útil para descrever limitações na aplicação da teoria do *momentum* comportamental ao ressurgimento.

Em geral, a equação 6 fornece um conjunto de pressupostos baseados na teoria do *momentum*

*Observe que conceituar DRA e NCR como disruptores do comportamento problemático difere dos pressupostos da lei da igualação. Com essa lei, o reforço alternativo compete com o comportamento problemático, aumentando a alocação do comportamento em direção à resposta alternativa. Com o *momentum* comportamental, o próprio reforço alternativo interrompe diretamente o comportamento problemático.

comportamental a partir dos quais se avaliam os fatores ambientais que contribuem para o ressurgimento. De maneira específica, podemos fazer e testar previsões sobre como aspectos comuns e novos de tratamentos comportamentais influenciam a persistência e a recaída do comportamento problemático. Por exemplo, a equação 6 prevê que taxas mais altas de DRA ou de NCR produzirão maior ressurgimento, pois melhoram as relações estímulo-reforço mais do que taxas mais baixas de DRA ou de NCR, que é o que acontece (Leitenberg *et al.*, 1975; Sweeney e Shahan, 2013). Por exemplo, Pritchard, Hoerger, Mace, Penney e Harris (2014) reforçaram o comportamento agressivo mantido pela atenção conforme um esquema VI de 60 segundos em crianças com deficiência intelectual na presença de dois terapeutas diferentes. Mais adiante, eles extinguiram o reforço para o comportamento-problema, e dois terapeutas diferentes reforçaram uma resposta de comunicação a cada 30 segundos ou a cada 120 segundos em média (R_a na equação 6) em um delineamento de múltiplos elementos. Os pesquisadores interromperam o reforço para a resposta de comunicação após o comportamento-problema diminuir, definindo $R_a = 0$ no numerador, o que produziu ressurgimento no comportamento-problema com ambos os terapeutas. O ressurgimento foi maior com o terapeuta cuja taxa de reforçamento para a resposta comunicativa foi mais alta na fase anterior, devido ao maior R_a. Desse modo, a prática comum de fornecer fontes alternativas de reforço com tratamentos DRA e NCR em taxas mais altas efetivamente diminui o comportamento-problema (Carr & Durand, 1985), mas pode tornar o ressurgimento mais provável. Tendo em vista esses problemas com tratamentos comportamentais comuns, discutiremos a seguir algumas abordagens para diminuir a persistência e a recaída do comportamento-problema com tratamentos de DRA e NCR.

Procedimentos para reduzir a persistência e a recaída do comportamento-problema

Pesquisadores translacionais desenvolveram diversas abordagens para reduzir a persistência e a recaída do comportamento-problema causadas pelos tratamentos de DRA e de NCR. Essas abordagens manipulam contingências de reforço e estímulos ambientais.

Métodos com foco em contingências de reforço

A manipulação de contingências de reforço é um método geral para reduzir a probabilidade de que o comportamento-problema ressurja. Uma abordagem específica é diminuir o esquema de reforçamento para a resposta alternativa (p. ex., Hagopian, Toole, Long, Bowman, & Lieving, 2004). Especificamente, os pesquisadores aumentaram de maneira gradual a exigência de resposta para reforço da resposta alternativa, para produzir esquemas de reforçamento mais gerenciáveis para o comportamento alternativo. Infelizmente, esses métodos não eliminaram o ressurgimento em estudos clínicos e translacionais (Hagopian *et al.*, 2004; Lieving & Lattal, 2003; Sweeney & Shahan, 2013; Volkert *et al.*, 2009; Winterbauer & Bouton, 2012). O ressurgimento tende a ocorrer à medida que o esquema de reforçamento para a resposta alternativa se torna mais escasso; isso levou pesquisadores translacionais a identificar maneiras de diminuir a persistência e a probabilidade de recaída do comportamento-problema (DeLeon, Miller, & Podlesnik, 2015; Nevin & Wacker, 2013; Podlesnik & DeLeon, 2015).

Wacker *et al.* (2011) demonstraram outra abordagem para reduzir a recaída do comportamento problemático manipulando contingências de reforço (Leitenberg *et al.*, 1975). Eles forneceram reforçamento diferencial para respostas de comunicação e implementaram a extinção do comportamento-problema de oito crianças com deficiência intelectual. Eles avaliaram o ressurgimento repetidamente ao longo das sessões, organizando a extinção para respostas de comunicação. É importante ressaltar que o ressurgimento geralmente diminuiu ao longo de sucessivas sessões de ressurgimento (Shahan & Sweeney, 2011). Essas descobertas sugerem que uma exposição mais extensa ao reforçamento diferencial para comportamento alternativo ou de comunicação reduz a probabilidade de ressurgimento. Elas também sugerem que a manutenção do tratamento com DRA por períodos prolongados pode melhorar a manutenção dos ganhos do tratamento. A teoria do *momentum* comportamental sugere que os efeitos disruptivos da extinção e do reforço alternativo aumentam com a exposição adicional a essas contingências. Em outras palavras, a força disruptiva do tratamento de DRA aumenta com a exposição adicional, aumentando assim a eficácia a longo prazo desse tratamento. Não sabemos se os mesmos efeitos ocorreriam para os tratamentos de NCR combinados com a extinção.

Uma limitação dessa abordagem é que fazer o tratamento deve envolver poucos ou nenhum erro de comissão ou casos de comportamento-problema reforçador, caso contrário, as relações estímulo-reforço anteriores podem restabelecer a resposta, eliminando assim o progresso do tratamento com DRA. Claramente, os erros produzidos pela integridade do tratamento nem sempre são previsíveis em situações clínicas, de modo que manter alta fidelidade ao tratamento por longos períodos pode ser difícil ou impossível em certas circunstâncias e com certos cuidadores. No entanto, esses dados sugerem que estender a exposição aos tratamentos com DRA poderia aumentar sua eficácia a longo prazo, mas as condições sob as quais essa abordagem é útil ainda precisam ser esclarecidas.

Métodos com foco em estímulos ambientais

Mace *et al.* (2010) introduziram uma abordagem que se baseava sobretudo no controle contextual de estímulos para reduzir os efeitos do aumento de persistência nos tratamentos de DRA. Como o reforço de uma resposta alternativa na presença do mesmo estímulo discriminativo que o comportamento problemático aumenta a relação pavloviana estímulo-reforço, Mace *et al.* argumentaram que o treinamento da resposta alternativa separadamente do comportamento problemático poderia ser uma abordagem eficaz. De maneira específica, fornecer reforço para a resposta alternativa em um contexto separado daquele no qual o comportamento-problema produz reforço nos permite ensinar a resposta alternativa sem melhorar a relação pavloviana estímulo-reforço. Após treinarmos a resposta alternativa no contexto do estímulo alternativo, podemos combinar o contexto do estímulo alternativo com um contexto associado ao comportamento-problema. A combinação de contextos de estímulo deve interromper o comportamento-problema e dar ao indivíduo a oportunidade de se envolver em respostas alternativas apropriadas e receber reforço. Os resultados de Mace *et al.* deram suporte a essa abordagem, e os pesquisadores replicaram e estenderam essas descobertas em estudos com pombos (Podlesnik & Bai, 2015; Podlesnik, Bai, & Elliffe, 2012; Podlesnik, Bai, & Skinner, 2016; Podlesnik, Miranda-Dukoski, Chan, Bland, & Bai, 2017) e por telessaúde com crianças diagnosticadas com TEA (Suess, Schieltz, Wacker, Detrick, & Podlesnik, 2020).

Um esquema múltiplo é outra abordagem de controle de estímulo que os pesquisadores têm utilizado para reduzir a persistência do comportamento-problema. Essa abordagem tem apoio preliminar de estudos clínicos e modelos laboratoriais com pombos (Bland, Bai, Fullerton, & Podlesnik, 2016; Fuhrman, Fisher, & Greer, 2016; Nevin *et al.*, 2016). Fuhrman *et al.* (2016) descobriram que períodos de sinalização nos quais as respostas de comunicação funcional produziriam ou não reforço poderiam reduzir o ressurgimento do comportamento-problema, em comparação com o treinamento tradicional de comunicação funcional. Os terapeutas reforçaram as respostas de comunicação funcional de duas crianças segundo esquemas VI de 20 segundos e extinguiram o comportamento-problema durante a condição de treinamento tradicional. No procedimento de treinamento modificado, os terapeutas usaram cordões com cartões de cores diferentes para sinalizar um esquema múltiplo. Os componentes sinalizados alternaram entre 60 segundos de reforço para respostas de comunicação funcional (S+) e 30 segundos de extinção de respostas de comunicação funcional (S–). A duração dos intervalos S– aumentou ao longo das sessões até que o componente de extinção foi de 240 segundos e o componente de reforço foi de 60 segundos. Durante o teste de ressurgimento, os terapeutas extinguiram as respostas de comunicação funcional e apresentaram o NCR conforme um esquema de tempo variável (VT, *variable time*) de 200 segundos para diminuir a discriminação da contingência de extinção. Os terapeutas só apresentaram o estímulo S– durante o teste de ressurgimento na condição de treinamento modificado. Na maioria dos casos, o procedimento modificado reduziu o ressurgimento em maior extensão do que o procedimento tradicional. Portanto, o estreitamento dos esquemas de reforçamento para respostas de comunicação funcional incorporando períodos sinalizados de S– poderia promover a generalização e a manutenção de tratamentos comportamentais.

Em um estudo laboratorial relacionado que utilizou pombos, Bland *et al.* (2016) reforçaram uma resposta alternativa na presença do mesmo estímulo discriminativo como resposta-alvo de duas maneiras diferentes. Na primeira, uma mudança de estímulo distinta ocorreu quando o reforço alternativo estava disponível conforme um esquema VI. Na outra, nenhuma mudança de estímulo acompanhou a disponibilidade de reforço alternativo. Embora as taxas de resposta-alvo tenham sido maiores com o reforço alternativo sinalizado, a resposta-alvo foi menos persistente no componente com a alternativa sinalizada. Desse modo, a sinalização de reforço alternativo parece ter separado a relação estímulo-reforço do reforço alternativo daquela da resposta-alvo. Portanto, essas descobertas e as de Fuhrman *et al* (2016) mostram que períodos discrimináveis de ausência de reforço durante o treinamento de comunicação funcional podem reduzir a persistência e a recaída do comportamento-problema durante tratamentos comportamentais (Nevin *et al.*, 2016). No entanto, pesquisas futuras devem avaliar métodos para também reduzir a taxa de resposta-alvo na presença do reforço alternativo sinalizado, componente-chave de tratamentos comportamentais que visam a reduzir o comportamento-problema. Os métodos de Fuhrman *et al.* (2016) fornecem uma via promissora a ser explorada (ver também Fisher, Fuhrman, Greer, Mitteer e Piazza, 2020).

As descobertas desses estudos destacam um ponto importante. Estudos translacionais e aplicados produzem evidências para procedimentos individuais que se mostram promissores como tratamento eficaz. Os tratamentos mais eficazes, no entanto, provavelmente incorporarão múltiplas abordagens desenvolvidas em paralelo, como as descritas aqui e em outros lugares (p ex., DeLeon *et al.*, 2015). Determinar os melhores métodos a serem incorporados em tratamentos comportamentais com o objetivo de reduzir a persistência e a probabilidade de recaída do tratamento é um objetivo importante para pesquisadores translacionais.

Problemas adicionais a serem abordados em pesquisas futuras

A lei da igualação e a teoria do *momentum* comportamental dão aos pesquisadores e aos clínicos translacionais ferramentas poderosas para entender e avaliar os fatores que contribuem para a eficácia dos tratamentos comportamentais. No entanto, a ciência por trás dos fatores que contribuem para a eficácia do tratamento permanece incompleta. Discutimos em detalhes duas áreas nas quais pesquisas básicas e translacionais adicionais poderiam melhorar nossa capacidade de entender e implementar tratamentos comportamentais de maneira efetiva.

Em geral, os pesquisadores que avaliam a persistência e a recaída a partir da estrutura da teoria do *momentum* comportamental utilizam esquemas múltiplos de reforçamento (ver Nevin, 1974; Nevin & Grace, 2000). De modo semelhante ao delineamento de múltiplos elementos, múltiplos esquemas alternam condições rapidamente, como diferentes taxas de reforçamento na presença de estímulos anteriores e significativamente diferentes. Esses métodos são eficazes para estabelecer forte controle discriminativo de estímulos anteriores, mas são diferentes da oferta de muitos tratamentos comportamentais. Vários pesquisadores organizaram diferentes taxas de reforçamento entre componentes de esquemas múltiplos e avaliaram a persistência de resposta em estudos com pombos (Cohen, 1998; Cohen, Riley, & Weigle, 1993) e em pesquisa translacional com crianças com deficiência intelectual (Lionello-DeNolf & Dube, 2011). Quando a resistência à ruptura entre componentes de um esquema múltiplo foi avaliada, a persistência foi maior no componente que arranjou maiores taxas de reforçamento. No entanto, o arranjo das mesmas taxas de reforçamento entre condições estendidas não produziu diferenças confiáveis na persistência em função da taxa de reforçamento (Shull & Grimes, 2006). Apesar disso, os pesquisadores avaliaram a maior persistência na presença de NCR (Ahearn *et al.*, 2003) e DRA (Mace *et al.*, 2010) em condições sucessivas organizando reforço para o comportamento-problema na ausência desses tratamentos. Dado que a maioria dos analistas do comportamento implementa tratamentos comportamentais em condições separadas do não tratamento, essa questão tem implicações para a eficácia a longo prazo dos tratamentos comportamentais. Portanto, as condições em que a persistência e a recaída são funções confiáveis da taxa de reforçamento permanecem uma questão importante para pesquisa adicional.

Outra área de preocupação é o efeito de extinção por reforço parcial (Mackintosh, 1974; Nevin, 1988). Esse efeito ocorre quando respostas reforçadas intermitentemente produzem mais respostas durante a extinção do que respostas reforçadas de maneira contínua em um esquema FR 1. Essas descobertas parecem contrárias à teoria do *momentum* comportamental, pois os esquemas FR 1 devem melhorar as relações pavlovianas estímulo-reforço mais do que qualquer esquema de reforçamento intermitente. A teoria do *momentum* comportamental (p. ex., a equação 6) explica o efeito de extinção por reforço parcial da seguinte maneira. A extinção encerra a contingência entre a resposta e o reforço com o parâmetro *c*. Além disso, a remoção do reforço é mais saliente após FR 1 do que após o reforço intermitente, parâmetro *d*. A diminuição *de generalização* é a mudança discriminável nas condições de estímulo e é uma força disruptiva na equação 6 porque está no numerador (Nevin, McLean, & Grace, 2001). Apesar dos muitos casos do efeito de extinção por reforço parcial em intervenções intraparticipantes que avaliam o comportamento operante (p. ex., Nevin & Grace, 2005; Shull & Grimes, 2006), há muitos exemplos nos quais o reforço FR 1 produz maior resistência à extinção do que os esquemas de reforçamento intermitente (p. ex., Lerman, Iwata, Shore, & Kahng, 1996; Schmid, 1988; Theios, 1962). Exatamente quais características contribuem para mudanças na resistência à extinção após reforçamento contínuo ou intermitente não é totalmente evidente. Dado o uso prevalente de esquemas de reforçamento contínuo e extinção em tratamentos comportamentais, é importante entender os fatores que contribuem para a persistência do comportamento durante a extinção. No entanto, a extinção é apenas uma fonte de ruptura, e a teoria do *momentum* comportamental prevê que o comportamento continuamente reforçado deve ser mais resistente a todas as fontes de ruptura além da extinção (p. ex., saciedade, distração).

Considerações finais

A lei da igualação e a teoria do *momentum* comportamental fornecem duas estruturas quantitativas para descrever e explicar o comportamento operante. Os leitores podem querer escolher entre as duas estruturas ou concluir se uma é superior à outra. No entanto, as teorias são como ferramentas diferentes; utilizamos teorias para coisas diferentes. Usamos um cortador de grama para cortar uma seção maior de grama, mas um cortador manual para aparar as bordas. Nenhum dos dois é melhor em geral; eles realizam coisas relacionadas (i.e., cortam a grama), mas têm propósitos diferentes. Como sugere Killeen (1999),

> Se você acha que os modelos são sobre a verdade, ou que existe um modelo de tempo melhor, então você está em apuros. Não há um modelo melhor, assim como não há um modelo melhor de carro ou um modelo melhor de roupa, mesmo que cada um de nós possa ter seus favoritos. Tudo depende do que você quer fazer com o modelo. (p. 275)

Desse modo, a teoria da correspondência e a teoria do *momentum* comportamental têm limitações, mas não devemos avaliá-las pela forma como elas explicam o comportamento fora do domínio relevante – que é a alocação do comportamento para a lei da igualação, e a persistência e recaída do comportamento para a teoria do *momentum* comportamental. Em vez disso, devemos avaliá-las quanto à forma como elas explicam o comportamento nos domínios relevantes (Mazur, 2006). Elas também servem como estruturas para entender o comportamento e colocar questões sobre variáveis que podem ser relevantes para a eficácia de tratamentos comportamentais (Critchfield & Reed, 2009).

Referências

Ahearn, W. H., Clark, K. M., Gardenier, N. C., Chung, B. I., & Dube, W. V. (2003). Persistence of stereotypic behavior: Examining the effects of external reinforcers. *Journal of Applied Behavior Analysis, 36*, 439-448.

Alsop, B., & Davison, M. (1991). Effects of varying stimulus disparity and the reinforcer ratio in concurrent-schedule and signal-detection procedures. *Journal of the Experimental Analysis of Behavior, 56*, 67-80.

Aparicio, C. F., & Baum, W. M. (1997). Comparing locomotion with lever-press travel in an operant simulation of foraging. *Journal of the Experimental Analysis of Behavior, 68*, 177-192.

Athens, E. S., & Vollmer, T. R. (2010). An investigation of differential reinforcement of alternative behavior without extinction. *Journal of Applied Behavior Analysis, 43*, 569-589.

Baum, W. M. (1974). On two types of deviation from the matching law: Bias and undermatching. *Journal of the Experimental Analysis of Behavior, 22*, 231-242.

Baum, W. M. (1979). Matching, undermatching, and overmatching in studies of choice. *Journal of the Experimental Analysis of Behavior, 32*, 269-281.

Baum, W. M. (1982). Choice, changeover, and travel. *Journal of the Experimental Analysis of Behavior, 38*, 35-49.

Baum, W. M. (2010). Dynamics of choice: A tutorial. *Journal of the Experimental Analysis of Behavior, 94*, 161-174.

Baum, W. M., & Rachlin, H. C. (1969). Choice as time allocation. *Journal of the Experimental Analysis of Behavior, 12*, 861-874.

Bell, M. C. (1999). Pavlovian contingencies and resistance to change in a multiple schedule. *Journal of the Experimental Analysis of Behavior, 72*, 81-96.

Bland, V. J., Bai, J. Y. H., Fullerton, J. A., & Podlesnik, C. A. (2016). Signaled alternative reinforcement and the persistence of operant behavior. *Journal of the Experimental Analysis of Behavior, 106*, 22-33.

Borrero, C. S., Vollmer, T. R., Borrero, J. C., Bourret, J. C., Sloman, K. N., Samaha, A. L., *et al.* (2010). Concurrent reinforcement schedules for problem behavior and appropriate behavior: Experimental applications of the matching law. *Journal of the Experimental Analysis of Behavior, 93*, 455-469.

Bouton, M. E., Winterbauer, N. E., & Todd, T. P. (2012). Relapse processes after the extinction of instrumental learning: Renewal, resurgence, and reacquisition. *Behavioural Processes, 90*, 130-141.

Buckley, J. L., & Rasmussen, E. B. (2012). Obese and lean Zucker rats demonstrate differential sensitivity to rates of food reinforcement in a choice procedure. *Physiology and Behavior, 108*, 19-27.

Carr, E. G., & Durand, V. M. (1985). Reducing behavior problems through functional communication training. *Journal of Applied Behavior Analysis, 18*, 111-126.

Cohen, S. L. (1996). Behavioral momentum of typing behavior in college students. *Journal of Behavior Analysis and Therapy, 1*, 36-51.

Cohen, S. L. (1998). Behavioral momentum: The effects of the temporal separation of rates of reinforcement. *Journal of the Experimental Analysis of Behavior, 69*, 29-47.

Cohen, S. L., Riley, D. S., & Weigle, P. A. (1993). Tests of behavioral momentum in simple and multiple schedules with rats and pigeons. *Journal of the Experimental Analysis of Behavior, 60*, 255-291.

Cording, J. R., McLean, A. P., & Grace, R. C. (2011). Testing the linearity and independence assumptions of the generalized matching law for reinforcer magnitude: A residual meta-analysis. *Behavioural Processes, 87*, 64-70.

Critchfield, T. S., & Reed, D. D. (2009). What are we doing when we translate from quantitative models? *Behavior Analyst, 32*(2), 339-362.

Dallery, J., & Soto, P. L. (2013). Quantitative description of environment-behavior relations. Em G. J. Madden (Ed.) & W. V. Dube, T. Hackenberg, G. P. Hanley, & K. A. Lattal (Assoc. Eds.), *APA handbook of behavior analysis: Vol. 1. Methods and principles* (p. 219-249). Washington, DC: American Psychological Association.

Davison, M., & Jenkins, P. E. (1985). Stimulus discriminability, contingency discriminability, and schedule performance. *Animal Learning and Behavior, 13*, 77-84.

Davison, M., & Jones, B. M. (1995). A quantitative analysis of extreme choice. *Journal of the Experimental Analysis of Behavior, 64*, 147-162.

Davison, M., & McCarthy, D. (1988). *The matching law: A research review.* Hillsdale, NJ: Erlbaum.

Davison, M., & Nevin, J. A. (1999). Stimuli, reinforcers, and behavior: An integration. *Journal of the Experimental Analysis of Behavior, 71*, 439-482.

DeLeon, I. G., Podlesnik, C. A., & Miller, J. R. (2015). Applied research on resistance to change: Implications for treatment in autism spectrum disorders. Em F. D. DiGennaro Reed & D. D. Reed (Eds.), *Bridging the gap between science and practice in autism service delivery* (p. 353-374). Nova York: Springer.

Domjan, M. (2005). Pavlovian conditioning: A functional perspective. *Annual Review of Psychology, 56*, 179-206.

Domjan, M. (2016). Elicited versus emitted behavior: Time to abandon the distinction. *Journal of the Experimental Analysis of Behavior, 105*, 231-245.

Elliffe, D., Davison, M., & Landon, J. (2008). Relative reinforcer rates and magnitudes do not control concurrent choice independently. *Journal of the Experimental Analysis of Behavior, 90*, 169-185.

Epstein, R. (1983). Resurgence of previously reinforced behavior during extinction. *Behaviour Analysis Letters, 3*, 391-397.

Fantino, E., Squires, N., Delbrück, N., & Peterson, C. (1972). Choice behavior and the accessibility of the reinforcer. *Journal of the Experimental Analysis of Behavior, 18*, 35-43.

Findley, J. D. (1958). Preference and switching under concurrent scheduling. *Journal of the Experimental Analysis of Behavior, 1*, 123-144.

Fisher, W. W., Fuhrman, A. M., Greer, B. D., Mitteer, D. R., & Piazza, C. C. (2020). Mitigating resurgence of destructive behavior using the discriminative stimuli of a multiple schedule. *Journal of the Experimental Analysis of Behavior, 113*, 263-277.

Fisher, W. W., Pawich, T. L., Dickes, N., Paden, A. R., & Toussaint, K. (2014). Increasing the saliency of behavior-consequence relations for children with autism who exhibit persistent errors. *Journal of Applied Behavior Analysis, 47*, 1-11.

Fuhrman, A. M., Fisher, W. W., & Greer, B. D. (2016). A preliminary investigation on improving functional communication training by mitigating resurgence of destructive behavior. *Journal of Applied Behavior Analysis, 49*, 884-899.

Grace, R. C., Bedell, M. A., & Nevin, J. A. (2002). Preference and resistance to change with constant- and variable-duration terminal links: Independence of reinforcement rate and magnitude. *Journal of the Experimental Analysis of Behavior, 77*, 233-255.

Grace, R. C., & Hucks, A. D. (2013). The allocation of operant behavior. Em G. J Madden (Ed.) & W. V. Dube, T. Hackenberg, G. P. Hanley, & K. A. Lattal (Assoc. Eds.), *APA handbook of behavior analysis: Vol. 1. Methods and principles* (p. 219-249). Washington, DC: American Psychological Association.

Grace, R. C., Schwendiman, J. W., & Nevin, J. A. (1998). Effects of unsignaled delay of reinforcement on preference and resistance to change. *Journal of the Experimental Analysis of Behavior, 69*, 247-261.

Grimes, J. A., & Shull, R. L. (2001). Response-independent milk delivery enhances persistence of pellet-reinforced lever pressing by rats. *Journal of the Experimental Analysis of Behavior, 76*, 179-194.

Hagopian, L. P., Toole, L. M., Long, E. S., Bowman, L. G., & Lieving, G. A. (2004). A comparison of dense-to-lean and fixed-lean schedules of alternative reinforcement and extinction. *Journal of Applied Behavior Analysis, 37*, 323-338.

Herrnstein, R. J. (1961). Relative and absolute strength of response as a function of frequency of reinforcement. *Journal of the Experimental Analysis of Behavior, 4*, 267-272.

Herrnstein, R. J. (1970). On the law of effect. *Journal of the Experimental Analysis of Behavior, 13*, 243-266.

Igaki, T., & Sakagami, T. (2004). Resistance to change in goldfish. *Behavioural Processes, 66*, 139-152.

Iwata, B. A., Dorsey, M. F., Slifer, K. J., Bauman, K. E., & Richman, G. S. (1994). Toward a functional analysis of self-injury. *Journal of Applied Behavior Analysis, 27*, 197-209. (Reimpresso de *Analysis and Intervention in Developmental Disabilities, 2*, 3-20, 1982.)

Jacobs, E. A., Borrero, J. C., & Vollmer, T. R. (2013). Translational applications of quantitative choice models. Em G. J. Madden (Ed.) & W. V. Dube, T. D. Hackenberg, G. P. Hanley, & K. A. Lattal (Eds. Assoc.), *APA handbook of behavior analysis: Vol. 2. Translating principles into practice* (p. 165-190). Washington, DC: American Psychological Association.

Kelley, M. E., Lerman, D. C., & Van Camp, C. M. (2002). The effects of competing reinforcement schedules on the acquisition of functional communication. *Journal of Applied Behavior Analysis, 35*, 59-63.

Killeen, P. (1972). The matching law. *Journal of the Experimental Analysis of Behavior, 17*, 489-495.

Killeen, P. R. (1999). Modeling modeling. *Journal of the Experimental Analysis of Behavior, 71*, 275-280.

Kollins, S. H., Newland, M. C., & Critchfield, T. S. (1997). Human sensitivity to reinforcement in operant choice: How much do consequences matter? *Psychonomic Bulletin and Review, 4*, 208-220.

Kuroda, T., Cançado, C. R. X., & Podlesnik, C. A. (2016). Resistance to change and resurgence in humans engaging in a computer task. *Behavioural Processes, 125*, 1-5.

Lattal, K. M. (2013). Pavlovian conditioning. Em G. J. Madden (Ed.) & W. V. Dube, T. D. Hackenberg, G. P. Hanley, & K. A. Lattal (Assoc. Eds.), *APA handbook of behavior analysis: Vol. 1. Methods and principles* (p. 283-306). Washington, DC: American Psychological Association.

Leitenberg, H., Rawson, R. A., & Mulick, J. A. (1975). Extinction and reinforcement of alternative behavior. *Journal of Comparative and Physiological Psychology, 88*, 640-652.

Lerman, D. C., Iwata, B. A., Shore, B. A., & Kahng, S. W. (1996). Responding maintained by intermittent reinforcement: Implications for the use of extinction with problem behavior. *Journal of Applied Behavior Analysis, 29*, 153-171.

Lieving, G. A., & Lattal, K. A. (2003). Recency, repeatability, and reinforcer retrenchment: An experimental analysis of resurgence. *Journal of the Experimental Analysis of Behavior, 80*, 217-233.

Lionello-DeNolf, K. M., & Dube, W. V. (2011). Contextual influences on resistance to disruption in children with intellectual disabilities. *Journal of the Experimental Analysis of Behavior, 96*, 317-327.

Mace, F. C., Lalli, J. S., Shea, M. C., Lalli, E. P., West, B. J., Roberts, M., *et al.* (1990). The momentum of human behavior in a natural setting. *Journal of the Experimental Analysis of Behavior, 54*, 163-172.

Mace, F. C., McComas, J. J., Mauro, B. C., Progar, P. R., Taylor, B., Ervin, R., *et al.* (2010). Differential reinforcement of alternative behavior increases resistance to extinction: Clinical demonstration, animal modeling, and clinical test of one solution. *Journal of the Experimental Analysis of Behavior, 93*, 349-367.

Mackintosh, N. J. (1974). *The psychology of animal learning.* Nova York: Academic Press.

Marchant, N. J., Li, X., & Shaham, Y. (2013). Recent developments in animal models of drug relapse. *Current Opinion in Neurobiology, 23*, 675-683.

Marsteller, T. M., & St. Peter, C. C. (2014). Effects of fixed--time reinforcement schedules on resurgence of problem behavior. *Journal of Applied Behavior Analysis, 47*, 455-469.

Mauro, B. C., & Mace, F. C. (1996). Differences in the effect of Pavlovian contingencies upon behavioral momentum using auditory versus visual stimuli. *Journal of the Experimental Analysis of Behavior, 65*, 389-399.

Mazur, J. E. (2006). Mathematical models and the experimental analysis of behavior. *Journal of the Experimental Analysis of Behavior, 85*, 275-291.

McDowell, J. J. (1989). Two modern developments in matching theory. *Behavior Analyst, 12*, 153-166.

Miller, J. T., Saunders, S. S., & Bourland, G. (1980). The role of stimulus disparity in concurrently available reinforcement schedules. *Animal Learning and Behavior, 8*, 635-641.

Miranda-Dukoski, L., Bensemann, J., & Podlesnik, C. A. (2016). Training reinforcement rates, resistance to extinction, and the role of context in reinstatement. *Learning and Behavior, 44*, 29-48.

Morse, W. H. (1966). Intermittent reinforcement. Em W. K. Honig (Ed.), *Operant behavior: Areas of research and application* (p. 52-108). Nova York: Appleton-Century-Crofts.

Nevin, J. A. (1974). Response strength in multiple schedules. *Journal of the Experimental Analysis of Behavior, 21*, 389-408.

Nevin, J. A. (1984). Quantitative analysis. *Journal of the Experimental Analysis of Behavior, 42*, 421-434.

Nevin, J. A. (1988). Behavioral momentum and the partial reinforcement effect. *Psychological Bulletin, 103*, 44-56.

Nevin, J. A. (1997). Choice and momentum. Em W. O'Donohue (Ed.), *Learning and behavior therapy* (p. 230-251). Boston: Allyn & Bacon.

Nevin, J. A. (2015). *Behavioral momentum: A scientific metaphor.* Vineyard Haven, MA: Autor.

Nevin, J. A., Craig, A. R., Cunningham, P. J., Podlesnik, C. A., Shahan, T. A., & Sweeney, M. M. (2017). Quantitative models of persistence and relapse from the perspective of behavioral momentum theory: Fits and misfits. *Behavioural Processes, 141*, 92-99.

Nevin, J. A., & Grace, R. C. (2000). Behavioral momentum and the law of effect. *Behavioral and Brain Sciences, 23*, 73-130.

Nevin, J. A., & Grace, R. C. (2005). Resistance to extinction in the steady state and in transition. *Journal of Experimental Psychology: Animal Behavior Processes, 31*, 199-212.

Nevin, J. A., Mace, F. C., DeLeon, I. G., Shahan, T. A., Shamlian, K. D., Lit, K., *et al.* (2016). Effects of signaled and unsignaled alternative reinforcement on persistence and relapse in children and pigeons. *Journal of the Experimental Analysis of Behavior, 106*, 34-57.

Nevin, J. A., McLean, A. P., & Grace, R. C. (2001). Resistance to extinction: Contingency termination and generalization decrement. *Animal Learning and Behavior, 29*, 176-191.

Nevin, J. A., & Shahan, T. A. (2011). Behavioral momentum theory: Equations and applications. *Journal of Applied Behavior Analysis, 44*, 877-895.

Nevin, J. A., Tota, M. E., Torquato, R. D., & Shull, R. L. (1990). Alternative reinforcement increases resistance to change: Pavlovian or operant contingencies? *Journal of the Experimental Analysis of Behavior, 53*, 359-379.

Nevin, J. A., & Wacker, D. P. (2013). Response strength and persistence. Em G. J. Madden (Ed.) & W. V. Dube, T. D. Hackenberg, G. P. Hanley, & K. A. Lattal (Eds. Assoc.), *APA handbook of behavior analysis: Vol. 2. Translating principles into practice* (p. 109-128). Washington, DC: American Psychological Association.

Newland, M. C., Reile, P. A., & Langston, J. L. (2004). Gestational exposure to methylmercury retards choice in transition in aging rats. *Neurotoxicology and Teratology, 26*, 179-194.

Oscar-Berman, M., Heyman, G. M., Bonner, R. T., & Ryder, J. (1980). Human neuropsychology: Some differences between Korsakoff and normal operant performance. *Psychological Research, 41*, 235-247.

Petscher, E. S., Rey, C., & Bailey, J. A. (2009). A review of empirical support for differential reinforcement of alternative behavior. *Research in Developmental Disabilities, 30*, 409-425.

Podlesnik, C. A., & Bai, J. Y. H. (2015). Method of stimulus combination impacts resistance to extinction. *Journal of the Experimental Analysis of Behavior, 104*, 30-47.

Podlesnik, C. A., Bai, J. Y. H., & Elliffe, D. (2012). Resistance to extinction and relapse in combined stimulus contexts. *Journal of the Experimental Analysis of Behavior, 98*, 169-189.

Podlesnik, C. A., Bai, J. Y. H., & Skinner, K. A. (2016). Greater alternative response and reinforcement rates increase disruption of target responding when combining stimuli. *Journal of the Experimental Analysis of Behavior, 105*, 427-444.

Podlesnik, C. A., & DeLeon, I. G. (2015). Behavioral momentum theory: Understanding persistence and improving treatment. Em F. D DiGennaro Reed & D. D. Reed (Eds.), *Bridging the gap between science and practice in autism service delivery* (p. 327-351). Nova York: Springer.

Podlesnik, C. A., Jimenez-Gomez, C., Ward, R. D., & Shahan, T. A. (2006). Resistance to change of responding maintained by unsignaled delays to reinforcement: A response-bout analysis. *Journal of the Experimental Analysis of Behavior, 85*, 329-347.

Podlesnik, C. A., & Kelley, M. E. (2014). Resurgence: Response competition, stimulus control, and reinforcer control. *Journal of the Experimental Analysis of Behavior, 102*, 231-240.

Podlesnik, C. A., & Kelley, M. E. (2015). Translational research on the relapse of operant behavior. *Mexican Journal of Behavior Analysis, 41*, 226-251.

Podlesnik, C. A., Miranda-Dukoski, L., Chan, J. C. K., Bland, V. J., & Bai, J. Y. H. (2017). Generalization of the disruptive effects of alternative stimuli when combined with target stimuli in extinction. *Journal of the Experimental Analysis of Behavior, 108*, 255-268.

Podlesnik, C. A., & Shahan, T. A. (2008). Response – reinforcer relations and resistance to change. *Behavioural Processes, 77*, 109-125.

Podlesnik, C. A., & Shahan, T. A. (2009). Behavioral momentum and relapse of extinguished operant responding. *Learning and Behavior, 37*, 357-364.

Podlesnik, C. A., & Shahan, T. A. (2010). Extinction, relapse, and behavioral momentum. *Behavioural Processes, 84*, 400-411.

Pritchard, D., Hoerger, M., & Mace, F. C. (2014). Treatment relapse and behavioral momentum theory. *Journal of Applied Behavior Analysis, 47*, 814-833.

Pritchard, D., Hoerger, M., Mace, F. C., Penney, H., & Harris, B. (2014). Clinical translation of animal models of treatment relapse. *Journal of the Experimental Analysis of Behavior, 101*, 442-449.

Reed, D. D., & Kaplan, B. A. (2011). The matching law: A tutorial for practitioners. *Behavior Analysis in Practice, 4*, 15-24.

Rescorla, R. A. (1988). Pavlovian conditioning: It's not what you think it is. *American Psychologist, 43*, 151-160.

Saini, V., Fisher, W. W., & Pisman, M. D. (2017). Persistence during and resurgence following noncontingent reinforcement implemented with and without extinction. *Journal of Applied Behavior Analysis, 50*, 377-392.

Schmid, T. L. (1988). A comparison of two behavior reduction procedures: Traditional extinction alone and interpolated reinforcement followed by extinction. *Journal of Mental Deficiency Research, 32*, 289-300.

Shahan, T. A., & Burke, K. A. (2004). Ethanol-maintained responding of rats is more resistant to change in a context with added non-drug reinforcement. *Behavioral Pharmacology, 15*, 279-285.

Shahan, T. A., & Craig, A. R. (2017). Resurgence as choice. *Behavioural Processes, 141*, 100-127.

Shahan, T. A., & Sweeney, M. M. (2011). A model of resurgence based on behavioral momentum theory. *Journal of the Experimental Analysis of Behavior, 95*, 91-108.

Shull, R. L. (1991). Mathematical description of operant behavior: An introduction. Em I. H. Iversen & K. A. Lattal (Eds.), *Experimental analysis of behavior (Part 2)* (p. 243-282). Amsterdam: Elsevier.

Shull, R. L., & Grimes, J. A. (2006). Resistance to extinction following variable-interval reinforcement: Reinforcer rate and amount. *Journal of the Experimental Analysis of Behavior, 85*, 23-39.

Shull, R. L., & Pliskoff, S. S. (1967). Changeover delay and concurrent schedules: Some effects on relative performance measures. *Journal of the Experimental Analysis of Behavior, 10*, 517-527.

Skinner, B. F. (1938). *The behavior of organisms: An experimental analysis*. Nova York: Appleton-Century.

Skinner, B. F. (1969). *Contingencies of reinforcement*. Englewood Cliffs, NJ: Prentice-Hall.

St. Peter Pipkin, C., Vollmer, T. R., & Sloman, K. N. (2010). Effects of treatment integrity failures during differential reinforcement of alternative behavior: A translational model. *Journal of Applied Behavior Analysis, 43*, 47-70.

Staddon, J. E. R. (1968). Spaced responding and choice: A preliminary analysis. *Journal of the Experimental Analysis of Behavior, 11*, 669-682.

Suess, A. N., Schieltz, K. M., Wacker, D. P., Detrick, J., & Podlesnik, C. A. (2020). An evaluation of resurgence following functional communication training conducted in alternative antecedent contexts via telehealth. *Journal of the Experimental Analysis of Behavior, 113*, 278-301.

Sutton, N. P., Grace, R. C., McLean, A. P., & Baum, W. M. (2008). Comparing the generalized matching law and contingency discriminability model as accounts of concurrent schedule performance using residual meta-analysis. *Behavioural Processes, 78*, 224-230.

Sweeney, M. M., & Shahan, T. A. (2013). Behavioral momentum and resurgence: Effects of time in extinction and repeated resurgence tests. *Learning and Behavior, 41*, 414-424.

Theios, J. (1962). The partial reinforcement effect sustained through the blocks of continuous reinforcement. *Journal of Experimental Psychology, 64*, 1-6.

Tiger, J. H., Hanley, G. P., & Heal, N. A. (2006). The effectiveness of and preschoolers' preferences for variations of multiple-schedule arrangements. *Journal of Applied Behavior Analysis, 39*, 475-488.

Volkert, V. M., Lerman, D. C., Call, N. A., & Trosclair-Lasserre, N. (2009). An evaluation of resurgence during treatment with functional communication training. *Journal of Applied Behavior Analysis, 42*, 145-160.

Wacker, D. P., Harding, J. W., Berg, W. K., Lee, J. F., Schieltz, K. M., Padilla, Y. C., *et al.* (2011). An evaluation of persistence of treatment effects during long-term treatment of destructive behavior. *Journal of the Experimental Analysis of Behavior, 96*, 261-282.

Wathen, S. N., & Podlesnik, C. A. (2018). Laboratory models of treatment relapse and mitigation techniques. *Behavior Analysis: Research and Practice, 18*(4), 362-387.

Wearden, J. H., & Burgess, I. S. (1982). Matching since Baum (1979). *Journal of the Experimental Analysis of Behavior, 38*, 339-348.

Williams, B. A. (1988). Reinforcement, choice, and response strength. Em R. C. Atkinson, R. J. Herrnstein, G. Lindzey, & R. D. Luce (Eds.), *Stevens' handbook of experimental psychology: Vol. 2. Learning and cognition* (p. 167-244). Nova York: Wiley.

Winterbauer, N. E., & Bouton, M. E. (2010). Mechanisms of resurgence of an extinguished instrumental behavior. *Journal of Experimental Psychology: Animal Behavior Processes, 36*, 343-353.

Winterbauer, N. E., & Bouton, M. E. (2012). Effects of thinning the rate at which the alternative behavior is reinforced on resurgence of an extinguished instrumental response. *Journal of Experimental Psychology: Animal Behavior Processes, 3*, 279-291.

7

Economia comportamental

Princípios e aplicações

Iser G. DeLeon, Nathalie Fernandez, Kissel J. Goldman, Elizabeth Schieber, Brian D. Greer e Derek D. Reed

> Muitas vezes acontece de o desenvolvimento de dois campos diferentes da ciência caminhar lado a lado por longos períodos, sem que um deles exerça influência sobre o outro. Às vezes, novamente, eles podem entrar em contato mais próximo, quando se percebe que uma luz inesperada é lançada sobre as doutrinas de um pelas do outro.
>
> ERNST MACH (1914)

A *economia comportamental* é a aplicação de princípios psicológicos e comportamentais para entender a escolha ou a tomada de decisão, mas os princípios específicos diferem conforme a escola de pensamento e a direção do fluxo de influência. A economia comportamental mais conhecida pelos analistas do comportamento baseia-se sobretudo na integração da teoria microeconômica e da psicologia operante (Kagel & Winkler, 1972). Essa abordagem estende tanto conceitos da teoria microeconômica, para estudar o consumo em várias espécies em laboratório, quanto conceitos de condicionamento operante, para entender a demanda por *commodities* econômicas (Hursh, Madden, Spiga, DeLeon, & Francisco, 2013). Neste capítulo, nos concentramos na economia comportamental operante e utilizamos o termo *economia comportamental* na veia operante, e não na tradicional.

Uma vantagem da importação da teoria microeconômica para a análise do comportamento é que ela dá aos analistas do comportamento estrutura para compreender as escolhas entre alternativas simultaneamente disponíveis, mas *assimétricas* (i.e., comparar "maçãs com laranjas"). Isso pode ser mais relevante em contextos aplicados, pois as decisões humanas sobre alocação de respostas envolvem com mais frequência respostas que levam a resultados qualitativamente diferentes (Fuqua, 1984). Desse modo, as teorias microeconômicas e as operantes convergem em múltiplos pontos. Por exemplo, ambas estão preocupadas com os fatores que influenciam a escolha sob condições de restrição e o valor relativo dos bens (Hursh *et al.*, 2013; Hursh & Roma, 2016). Os paralelos entre a teoria microeconômica e a análise do comportamento sugerem uma riqueza de relações até então apenas consideradas pelos economistas – novos fenômenos antes ignorados e relações funcionais anteriormente não nomeadas pelos analistas do comportamento.

Neste capítulo, começamos descrevendo tais conceitos e ferramentas, traduzindo da linguagem da microeconomia para a da análise do comportamento, quando necessário. Em seguida, revisamos como os analistas do comportamento aplicaram esses conceitos e ferramentas para entender e promover escolhas benéficas. Grande parte de nossa discussão descreve aplicações em pessoas com transtornos do neurodesenvolvimento devido à predominância de pesquisas sobre essa população na análise do comportamento aplicada. Também nos referimos a pesquisas básicas ou outras aplicadas nas quais a economia comportamental ganhou espaço, como estudos de adições (vícios) e comportamento relacionado à saúde.

Esforço como custo: termos, conceitos e métodos

Os economistas comportamentais assumem que a forma como os indivíduos se comportam para adquirir e consumir reforçadores segue certos princípios microeconômicos que regem a dinâmica populacional. Os analistas do comportamento adotaram princípios amplamente preocupados com o *valor do estímulo*, ou se um reforçador continuará respondendo sob condições de restrição variadas. Nesse contexto, o *valor* envolve as variáveis contextuais que afetam a eficácia do reforço do estímulo, e não uma característica intrínseca dele. A *restrição* envolve contingências que ditam como, quantos, quando e se os reforçadores serão entregues. Essa abordagem assume que a eficácia de um reforço não é uma propriedade estática inerente ao estímulo, muitos fatores podem influenciar sua eficácia. A seguir, definimos alguns dos termos e dos princípios microeconômicos mais importantes nesse contexto comportamental.

Mercadorias e preço unitário

Na economia comportamental, uma mercadoria é um reforço comprado com comportamento, ou seja, um indivíduo paga o custo do reforçador ao atender a uma contingência comportamental. O *preço unitário* descreve a relação custo-benefício de uma mercadoria. Em termos comportamentais, o preço unitário descreve o número de respostas à quantidade de um reforçador. Por exemplo, uma pessoa pode ganhar uma ficha por cinco respostas corretas (custo) em uma planilha; logo, o preço unitário de uma ficha é de cinco respostas.

Consumo

O *consumo* em um contexto econômico-comportamental é uma medida da quantidade de um reforçador ganho durante determinado tempo, como uma sessão de observação. O consumo muitas vezes reflete o número de reforçadores ganhos por dia em pesquisas básicas de economia comportamental. Pode não ser viável avaliar o consumo ao longo de 1 dia ou durante longos períodos em ambientes aplicados com humanos. Desse modo, os pesquisadores geralmente avaliam o consumo durante unidades de tempo menores ou até que um participante ganhe um número máximo de reforçadores disponíveis.

Avaliação do valor do estímulo com funções de demanda

Uma *função de demanda* relaciona o consumo de um reforçador ao seu custo. De modo específico, as funções de demanda quantificam o consumo de reforços em meio ao aumento dos custos. Derivamos essa função variando o preço do reforçador (i.e., o requisito do esquema) e medindo quanto desse reforçador um indivíduo consome a cada preço. Dessa forma, um analista do comportamento pode examinar como as mudanças na quantidade de trabalho que o indivíduo deve completar para produzir um reforçador alteram a quantidade deste que o indivíduo ganha. Por exemplo, se uma única resposta produz o reforço em um esquema de razão fixa (FR, *fixed-ratio*) 1, a análise de demanda quantificaria como o consumo diminui à medida que a disponibilidade do reforçador diminui (i.e., à medida que o esquema de reforçamento muda de FR 1 para esquemas cada vez mais intermitentes). Poderíamos variar o requisito de resposta de FR 5 para FR 10, FR 15, FR 20 e assim por diante. A função de demanda resultante mostraria o número médio de reforçadores ganhos em cada valor de FR. Em geral, os economistas comportamentais interpretam a função de demanda resultante como o grau em que um indivíduo defenderá o *consumo* durante o aumento dos preços *versus* quando o mesmo reforçador era barato (i.e., no esquema FR 1).

O gráfico à esquerda da Figura 7.1, reproduzido de Hursh e Roma (2013), mostra as funções de demanda por pastilhas de alimentos e unidades de solução de sacarina em função do número de respostas necessárias para ganhar uma unidade de cada reforçador, agregada para dois macacos. O consumo (reforçadores por dia) diminuiu para cada reforçador, à medida que o preço (o requisito de FR) aumentou para ambas as funções. Os economistas comportamentais caracterizam tal relação como *lei da demanda*, que descreve a relação inversa característica entre consumo e preço unitário. Essa relação inversa implica que preços unitários mais altos produzem menos consumo. Dito de modo mais simples, o consumo de um reforçador diminui à medida que o número de respostas necessárias para ganhar esse reforçador aumenta, e vice-versa.

A Figura 7.1 mostra que as inclinações das funções geradas são não lineares, como é típico das funções de demanda. Os aumentos iniciais de preços podem

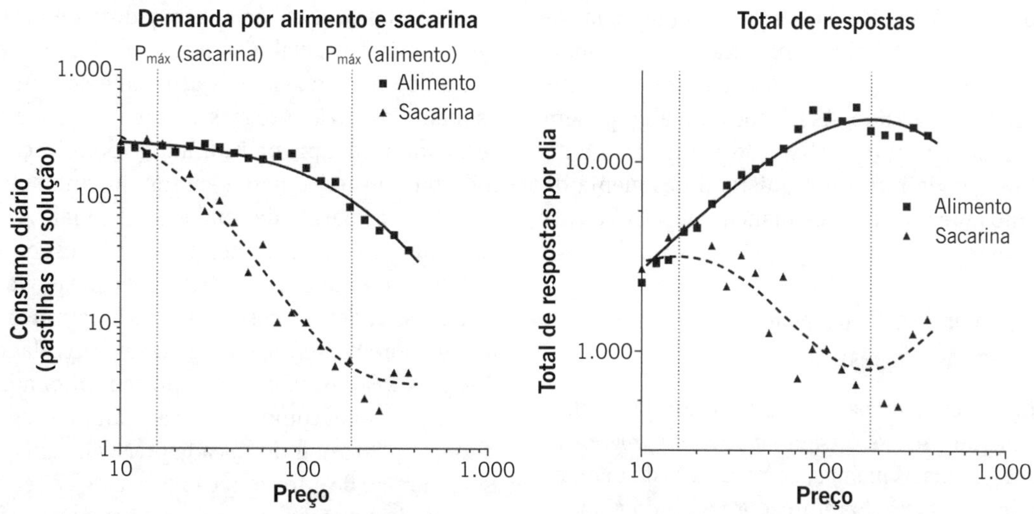

FIGURA 7.1 Funções de demanda (gráfico à esquerda) e funções de trabalho (gráfico à direita) para alimentos e sacarina em uma variedade de preços para dois macacos rhesus. De Hursh e Roma (2013). Copyright © 2013 Society for the Experimental Analysis of Behavior. Reimpresso com permissão.

ter pouco efeito, produzindo apenas pequenas diminuições no consumo. O efeito de aumentos adicionais de preços é maior à medida que o preço aumenta. No gráfico à esquerda da Figura 7.1, as variações de FR 10 para FR 100 produziram pequenas diminuições no número de pastilhas de alimentos ganhas por dia. O consumo começou a diminuir de maneira mais acentuada à medida que o custo ultrapassava FR 100. A representação gráfica das funções de demanda em eixos duplo-logarítmicos facilita a análise visual e quantitativa da relação proporcional entre variações no preço e no consumo (Hursh *et al.*, 2013).

A *elasticidade de preços da demanda* é uma medida da mudança no consumo que acompanha uma mudança de preço. Quando a diminuição do consumo é proporcionalmente menor que o aumento do preço, a inclinação da função de demanda logarítmica dupla é menor do que −1. Nessa faixa de aumentos de preços, descrevemos a demanda como *inelástica*. Já a parte da função do alimento após FR 100, na Figura 7.1, mostra *demanda elástica*. A custos mais elevados, novos aumentos de preços produzem mudanças supraproporcionais no consumo. Devemos esperar quedas mais rápidas no consumo com novos aumentos nos preços após a elasticidade da demanda mudar de inelástica para elástica. Na Figura 7.1, as linhas rotuladas como $P_{máx}$ indicam o preço no qual a demanda passou de inelástica para elástica para cada reforçador. Essa mudança na demanda correspondeu ao preço pelo qual o consumo se tornou muito sensível a novos aumentos de preços. Saber o preço em que essa mudança na demanda ocorre garante que não definamos esquemas de reforçamento que continuam respondendo muito alto ou muito baixo.*

O efeito das alterações de preços no consumo pode diferir entre os reforçadores. Na Figura 7.1, sacarina e pastilhas de alimentos têm diferentes perfis de demanda. O consumo de sacarina diminuiu mais rapidamente do que o consumo de pastilhas de alimentos em aumentos de preço semelhantes. Desse modo, um sujeito pode consumir dois reforçadores da mesma forma quando ambos são baratos, mas o consumo de um pode diminuir com mais rapidez do que o consumo do outro à medida que os preços aumentam. A taxa de diminuição do consumo depende da necessidade e do valor inicial do reforçador e de fatores externos, como a disponibilidade de reforçadores alternativos e restrições nas economias.

O gráfico à direita da Figura 7.1 representa as *funções trabalho*, ou a resposta total para os dois reforços nos preços unitários. A função trabalho apresenta caracteristicamente uma inclinação positiva a preços baixos, à medida que os macacos emitiram mais respostas para defender o consumo (i.e., para ganhar o mesmo número de reforçadores), mesmo que ele tenha se tornado cada vez mais caro. A função demanda passa de inelástica

*Os leitores interessados nos tópicos importantes de quantificação e extrapolação da forma das funções de demanda, derivação de $P_{máx}$ e assim por diante devem consultar Hursh *et al.* (2013) e Hursh e Silberberg (2008). Os interessados em tratamentos relevantes relacionados aos transtornos do neurodesenvolvimento devem consultar Reed, Kaplan, e Becirevic (2015), e Gilroy, Kaplan e Leader (2018).

para elástica ($P_{máx}$) no pico da função trabalho, que começa a inclinar-se para baixo com aumentos adicionais de preço. Assim, as funções trabalho geralmente assumem forma de U invertido. As funções trabalho podem estimar o quão alto um analista do comportamento aplicado poderia definir um requisito do esquema de reforçamento antes de afetar de maneira negativa os níveis de resposta.

Avaliação do valor do estímulo com esquemas de razão progressiva

Um método relacionado para avaliar o valor do estímulo em relação ao preço é o *esquema de razão progressiva* (Hodos, 1961). Tais esquemas, como curvas de demanda, determinam a força do reforçador medindo a quantidade de trabalho que um indivíduo completará para ganhar um reforçador. No entanto, aumentos de custos em esquemas de razão progressiva geralmente ocorrem em uma sessão experimental após cada entrega do reforçador (mas ver Jarmolowicz & Lattal, 2010). O requisito de resposta pode começar em FR 1 em cada sessão e depois aumentar após cada entrega sucessiva de reforçador, frequentemente em progressões aritméticas ou geométricas. O *tamanho de passo* é o número de respostas ou a fórmula para respostas adicionais necessárias. O *ponto de interrupção* é a medida dependente principal, o último valor de esquema que o indivíduo conclui antes de responder a paradas por um tempo especificado (p. ex., 2 ou 5 minutos). Podemos razoavelmente concluir que o estímulo A é um reforço mais efetivo do que o B se a resposta parar após a conclusão de um esquema FR 20 para o estímulo A e após um esquema FR 10 para o B.

Os pesquisadores mostraram os resultados de esquemas de razão progressiva em pesquisa aplicada descrevendo (1) o ponto de interrupção de cada sessão de razão progressiva como um gráfico de linhas entre sessões e condições (p. ex., Francisco, Borrero & Sy, 2008, Fig. 3; Jerome e Sturmey, 2008; Russell, Ingvarsson, Haggar & Jessel, 2018, Fig. 2); (2) a saída total de resposta por sessão (p. ex., Fiske *et al.*, 2015; Tigre, Toussaint & Roath, 2013); (3) o ponto de interrupção médio em sessões repetidas de razão progressiva (Call, Trosclair-Lasserre, Findley, Reavis & Shillingsburg, 2012, Fig. 7.3; DeLeon, Frank, Gregory & Allman, 2009); e (4) a proporção de oportunidades que um participante ou um grupo de participantes ganhou reforço em cada valor do esquema em várias sessões de razão progressiva (Hoffmann, Samaha, Bloom & Boyle, 2017; Roane, Lerman & Vorndran, 2001; Trosclair-Lasserre, Lerman, Call, Addison & Kodak, 2008). Por exemplo, Goldberg *et al.* (2017) utilizaram esquemas de razão progressiva para comparar a eficácia reforçadora de uma atividade solitária ou social. Crianças com TEA ganharam 30 segundos para fazer uma atividade sozinhas em um esquema de razão progressiva que começou com uma resposta para a primeira unidade de reforço, mas aumentou aritmeticamente em um tamanho de passo de 10 respostas para cada unidade adicional. Tal esquema continuou até que a criança parasse de responder por 30 segundos ou indicasse verbalmente que havia terminado de responder. Os pesquisadores repetiram o procedimento, porém o reforçador era fazer a atividade com um dos pais. Os pesquisadores apresentaram a proporção de crianças que "compraram" cada unidade adicional de reforço de 30 segundos a cada preço em cada condição. Esse método de apresentação dos dados é semelhante a uma análise de sobrevivência. A Figura 7.2 apresenta os dados, que se assemelham a uma função de demanda que relaciona o consumo (proporção de crianças pagando cada preço) ao aumento dos preços. Uma proporção maior de crianças pagou mais caro para fazer a atividade com um dos pais, talvez contradizendo as noções convencionais do valor da interação social em crianças com TEA.

Esquemas de razão progressiva são uma forma rápida e eficaz de avaliar o valor do estímulo. Os analistas do comportamento podem identificar pontos de interrupção em esquemas de razão progressiva, comparar diretamente a eficácia do reforço de dois ou mais estímulos e utilizar essas informações para desenvolver procedimentos mais robustos baseados no reforço. Os analistas do comportamento podem construir esquemas de razão progressiva de diversas maneiras, e a representação gráfica dos resultados pode mostrar relações econômicas úteis entre o comportamento e o ambiente.

Fatores que influenciam a demanda

Quando os preços aumentam, a demanda por alguns bens é geralmente mais elástica do que a demanda por outros. As duas curvas da Figura 7.1 refletem essa relação. Nessa figura, o consumo de pastilhas de alimento permaneceu relativamente inalterado mesmo com aumentos de preço tão elevados como FR 100. Já o consumo de sacarina diminuiu de maneira mais rápida com aumentos de preço iguais. Economistas comportamentais avaliaram diversas influências no formato dessas curvas, incluindo a natureza da economia (aberta *versus* fechada) e a facilidade de substituição dos reforçadores.

Economias abertas versus fechadas

Em uma *economia fechada*, o reforçador ou um substituto próximo só está disponível no ambiente de ganhos

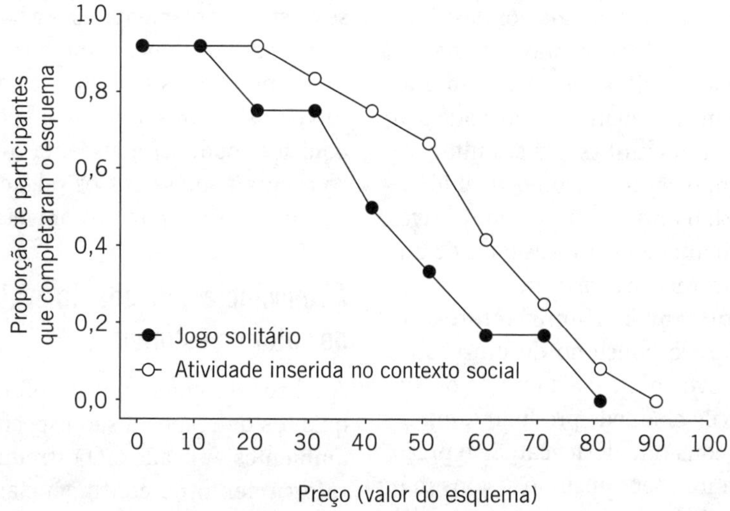

FIGURA 7.2 Análise de sobreviventes de brincadeiras solitárias e brincadeiras sociais como proporção de participantes que completaram cada requisito do esquema. Dados reproduzidos de Goldberg *et al.* (2017).

(Reed, Niileksela & Kaplan, 2013). Por exemplo, uma criança pode ter acesso a um filme de que goste muito para poder terminar os trabalhos escolares, mas esse filme nunca está disponível de outra forma em uma economia fechada. Em uma economia *aberta*, o reforçador ou um substituto próximo está disponível dentro e fora do ambiente de ganhos. Por exemplo, uma criança em uma economia aberta pode ganhar doces ao obedecer às diretrizes de uma clínica, mas o cuidador permite acesso livre aos doces em casa. Os ambientes humanos são tipicamente economias abertas, com múltiplas fontes de reforço.

Diversos estudos econômico-comportamentais aplicados examinaram os efeitos do tipo de economia na resposta a aumentos de preços. Na economia aberta, em Roane, Call e Falcomata (2005), a resposta correta produziu reforço; no entanto, os pesquisadores deram aos participantes reforço suplementar se eles não ganhassem o número máximo de reforçadores possíveis durante a sessão. A resposta correta foi a única forma de os participantes acessarem o reforçador na economia fechada. Ambos os arranjos aumentaram a resposta adaptativa em relação à linha de base, mas a demanda foi mais elástica na economia aberta. Os participantes eram menos propensos a trabalhar pelo reforçador nos requisitos de resposta mais altos quando o reforçador estava disponível fora do ambiente de trabalho na economia aberta. Kodak, Lerman e Call (2007) descobriram que os pontos de interrupção médios de razão progressiva em uma condição sem reforço pós-sessão eram cerca de duas vezes maiores do que aqueles em uma condição com reforço pós-sessão. Esses resultados sugerem que os reforços sustentarão mais respostas se estiverem disponíveis apenas no ambiente de ganho *versus* quando o reforço estiver disponível em outro lugar.

O contínuo da substituição

Substituição é uma variável que influencia a elasticidade da demanda em um contínuo (Green & Freed, 1993). Os estímulos são significativamente substituíveis quando a diminuição do consumo de um estímulo resulta no aumento do consumo do outro quando a renda restringe a escolha ou o número de reforçadores que um indivíduo pode ganhar. Por exemplo, a diminuição do consumo de café pode estar associada ao aumento do consumo de chá. A demanda por mercadorias com muitos substitutos tende a ser mais elástica do que a por mercadorias com poucos ou nenhum substituto. Desse modo, muitas pessoas podem mudar para o chá se o preço do café aumentar significativamente. Já o consumo de óleo para aquecimento tende a permanecer relativamente estável independentemente do preço, pois não tem substituto próximo.

Só podemos determinar a substituição examinando de maneira experimental as mudanças no consumo. De forma específica, aumentamos o preço de um reforçador, mantemos o preço do outro constante e medimos o consumo relativo de cada reforçador em cada valor de esquema concorrente. Lea e Roper (1977) examinaram a demanda de ratos por pastilhas de dieta mista durante aumentos nas exigências do esquema de razão (FR 1, FR 6, FR 11 e FR 16), e respostas separadas não produziram nenhum alimento, sacarose ou pastilhas de dieta mista em um esquema FR 8 constante. À medida que o preço das pastilhas aumentou, a demanda por pastilhas diminuiu mais, e a demanda pelo reforçador alternativo aumentou mais quando as pastilhas estavam simultaneamente disponíveis, e menos quando a consequência menos similar (nenhum alimento) estava simultaneamente disponível. Assim, o estímulo comestível idêntico foi mais substituível, o outro estímulo comestível foi substituível intermediantemente e a ausência de um estímulo comestível não forneceu substituto.

Os indivíduos costumam consumir reforçadores *complementares* juntos; o consumo de um costuma variar de modo positivo com o consumo do outro. O aumento do consumo de chá pode produzir aumentos correspondentes no consumo de açúcar. Se o preço de um complemento diminui seu consumo, o consumo do outro também diminui. Aumentos no preço do chá podem produzir a diminuição do consumo tanto de chá quanto de açúcar. Reforçadores complementares podem influenciar estímulos hipotetizados para funcionar como reforçadores de diversas maneiras. A remoção de um estímulo que estava reforçando o comportamento pode diminuir a eficácia do reforço de outros também presentes. Por exemplo, uma criança pode brincar com uma bola de basquete quando uma cesta está disponível, mas não quando ela não está disponível. A bola de basquete sozinha pode não continuar respondendo se ela e a cesta forem reforços complementares. Da mesma forma, quando um reforçador tem muitas propriedades de estímulo diferentes, a remoção de uma propriedade pode alterar o valor de reforço do estímulo. Por exemplo, a atenção de um terapeuta pode funcionar como reforço, mas a atenção de outro terapeuta pode não funcionar. Como alternativa, elogios com cócegas podem funcionar como reforço, mas elogios com um tapinha nas costas podem não funcionar. Nesses exemplos, a combinação de estímulos ou de características do estímulo interagem de tal forma que um aumento no esforço necessário para obter acesso a qualquer estímulo diminuirá a resposta a ambos os estímulos. Já uma diminuição no esforço necessário para obter acesso a qualquer estímulo aumentará a resposta a ambos os estímulos.

Mercadorias *independentes* são aquelas nas quais o preço de uma mercadoria não tem efeito sobre o consumo de outra. Aumentar os requisitos de resposta para ter acesso a um comprimido não deve mudar a eficácia dos alimentos como reforçador, de modo que o consumo de alimentos permanecerá constante. A independência é muitas vezes desejada na aplicação. Por exemplo, utilizar uma boneca como reforçador seria mais fácil do que usar uma boneca e uma casa de bonecas. No entanto, o uso da boneca e da casa de bonecas pode ser necessário se forem complementares, e a boneca só está reforçando com a casa de bonecas ou outro estímulo independente. Há problemas semelhantes quando reforços substituíveis estão prontamente disponíveis. Por exemplo, a aquisição pode ser mais lenta com a pipoca como reforço programado se outros salgadinhos (i.e., substitutos próximos) estiverem disponíveis gratuitamente.

A relevância aplicada da avaliação do valor do estímulo

Análises do consumo de reforços sob diferentes requisitos de resposta são especialmente relevantes em ambientes aplicados. O estreitamento do esquema de reforçamento de contingências ricas para requisitos de resposta mais rigorosos melhora a praticidade do tratamento e é uma atividade comum para analistas do comportamento. Basicamente, o analista do comportamento criou uma função de demanda quando os requisitos de resposta para produzir o mesmo reforço aumentam entre as sessões.

Implicações para a seleção de reforçadores

Os pesquisadores têm utilizado curvas de demanda e esquemas de razão progressiva para validar predições do valor relativo de estímulos identificados com outros procedimentos de avaliação de preferência (p. ex., Glover, Roane, Kadey & Grow, 2008; Martin, Franklin, Perlman & Bloomsmith, 2018; Penrod, Wallace & Dyer, 2008). Por exemplo, DeLeon *et al.* (2009) mostraram que estímulos identificados como significativamente preferidos em uma avaliação de preferência por estímulos pareados produziram pontos de interrupção médios mais altos em um esquema de razão progressiva do que estímulos identificados como menos preferidos. Fiske *et al.* (2015) mostraram que a saída de resposta total e os pontos de interrupção em esquemas de razão progressiva correspondiam aos reforçadores de fichas e aos reforçadores primários com os quais eles haviam emparelhado os fichas. Já a saída de resposta e os pontos de interrupção para fichas não emparelhadas se aproximaram das condições de controle sem reforço, que eram muito mais baixas. Os pesquisadores também utilizaram curvas de demanda e esquemas de razão progressiva para avaliar a precisão de diferentes formatos de avaliação de preferência (p. ex., Call *et al.*, 2012; Reed *et al.*, 2009).

Respostas de escolha em avaliações de preferência por estímulos tipicamente exigem um esforço mínimo dos sujeitos, como uma resposta de alcance (DeLeon & Iwata, 1996; Fisher *et al.*, 1992; Pace, Ivancic, Edwards, Iwata & Page, 1985; Roane, Vollmer, Ringdahl & Marcus,

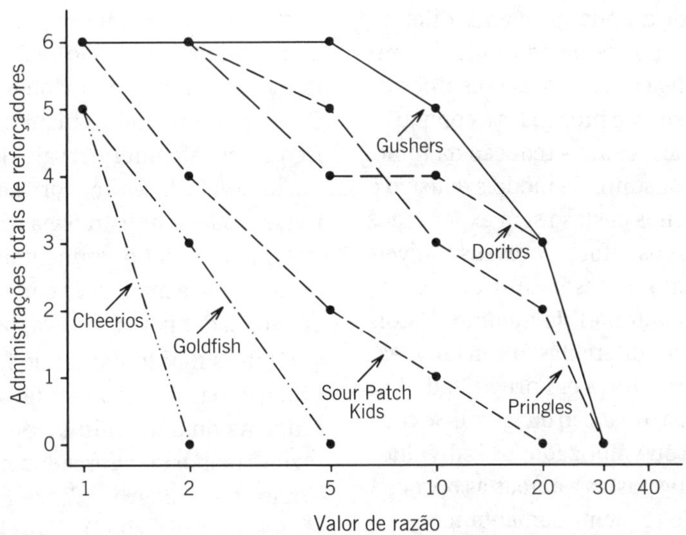

FIGURA 7.3 Funções de demanda de preço próprio mostrando o número total de entregas de reforçadores em vários preços (valores de razão) de cada estímulo. De Reed *et al.* (2009). Reimpresso com permissão da editora (Taylor & Francis Ltd, *www.tandfonline.com*).

1998). Infelizmente, a eficácia relativa do reforço identificada em tais condições de baixo custo nem sempre permanece constante quando os requisitos de resposta aumentam. Pesquisadores têm utilizado curvas de demanda e esquemas de razão progressiva para determinar o valor relativo entre os reforçadores quando o esforço necessário para produzi-los aumenta. Alguns estudos mostraram que reforçadores distintos podem manter níveis de resposta equivalentes quando o preço unitário é baixo, mas aumentos no preço unitário revelam diferenças importantes entre os estímulos na manutenção da resposta, como na Figura 7.1. Por exemplo, Reed *et al.* (2009) avaliaram seis reforçadores comestíveis de forma independente durante esquemas de razão progressiva que começaram com FR 1 e aumentaram após cada segundo reforçador. O participante teve seis oportunidades de ganhar cada reforçador.* A Figura 7.3 mostra que o participante ganhou Cheerios e Goldfish cinco vezes, e os demais alimentos, seis vezes no FR 1. Diferenças notáveis na resposta entre Cheerios, Goldfish e Sour Patch Kids e os outros comestíveis começaram no FR 2, sem resposta no FR 2 para Cheerios, no FR 5 para Goldfish e no FR 20 para Sour Patch Kids. Pringles, Doritos e Gushers mantiveram um número decrescente de respostas até o FR 30, quando a resposta parou. Resultados de Reed *et al.* (2009) e outros estudos com participantes com deficiências do neurodesenvolvimento (p. ex., DeLeon, Iwata, Goh & Worsdell, 1997; Tustin, 1994, 2000) sugerem que os analistas do comportamento devem avaliar a eficácia dos reforçadores em condições que se aproximem de seu uso na prática.

Tustin (1994) foi o primeiro a utilizar de maneira explícita uma estrutura econômico-comportamental com participantes com um transtorno do neurodesenvolvimento. A função de demanda para um reforçador visual teve inclinação mais acentuada quando um reforço auditivo estava simultaneamente disponível em relação à função de demanda para o mesmo reforçador visual quando 5 segundos de interação social estavam disponíveis ao mesmo tempo. Essa descoberta sugeriu que os dois reforçadores sensoriais foram mais substituíveis do que o reforço sensorial e a atenção.

Em DeLeon *et al.* (1997), indivíduos com transtornos do neurodesenvolvimento poderiam pressionar dois painéis de microinterruptores diferentes para produzir dois reforços diferentes conforme esquemas de razão concorrente e progressivamente crescentes. Os participantes não mostraram preferência clara por um reforçador em detrimento do outro quando os dois eram funcionalmente diferentes, como um item comestível e um brinquedo. Em contrapartida, os participantes apresentaram clara preferência por um reforçador à medida que os requisitos do esquema aumentavam de FR 1 para FR 5 ou FR 10 quando os reforçadores simultaneamente disponíveis eram funcionalmente semelhantes, como dois tipos de alimentos. DeLeon *et al.* (1997) sugeriram que a substituição entre reforçadores funcionalmente semelhantes, mas não funcionalmente diferentes, produziu esse efeito. Eles também propuseram que o aumento dos

*Avaliações desse tipo (i.e., avaliar a demanda por cada reforçador independentemente de outros reforçadores) determinam a *demanda por preço próprio*.

requisitos do esquema pode ampliar pequenas diferenças na preferência relativa por reforçadores que compartilham características físicas (como os dois tipos de alimentos), pois eles também são propensos a compartilhar propriedades funcionais, como a redução da fome. Os participantes podiam consumir de modo exclusivo o reforçador preferido ou menos custoso sem experimentar privação quando ambos os reforçadores disponíveis simultaneamente cumpriam a mesma função (p. ex., qualquer alimento reduzia a fome). Já quando os dois estímulos cumpriam funções diferentes, o consumo exclusivo de um reforçador resultava em privação do outro (p. ex., sustento, mas sem diversão ou lazer). Se cada reforçador for importante ou valorizado, os indivíduos podem continuar a alocar respostas a ambas as opções à medida que os requisitos do esquema aumentam.

Implicações para o enfraquecimento de comportamentos indesejáveis

Pesquisadores têm adotado conceitos econômicos para tratar o comportamento-problema por meio de avaliações paramétricas de consequências diferenciais para comportamentos-problema e comportamentos apropriados (DeLeon, Fisher, Herman & Crosland, 2000; DeLeon, Neidert, Anders, Rodriguez-Catter, 2001; Delmendo, Borrero, Beauchamp & Francisco, 2009; Kerwin, Ahearn, Eicher & Burd, 1995; Perry & Fisher, 2001). Alguns pesquisadores manipularam os custos e os benefícios de responder para tratar o comportamento-problema ou para manter os efeitos do tratamento através de mudanças de preço unitário quando os reforços para o comportamento-problema e o comportamento alternativo são simétricos. Outros utilizaram conceitos de substituição. Vamos considerar essas abordagens em seções separadas.

Manipulações de preço unitário

Pesquisadores manipularam os componentes de custo e benefício do preço unitário e avaliaram seus efeitos sobre o comportamento-problema. Por exemplo, Roane, Falcomata e Fisher (2007) mostraram que um esquema de reforçamento diferencial de outro comportamento (DRO, *differential reinforcement of other behavior*), no qual uma ausência de 10 segundos de vocalizações inadequadas produziu 20 segundos de reforço, foi eficaz. Em seguida, aumentaram o intervalo de DRO e mantiveram a quantidade de reforço constante. O DRO tornou-se ineficaz quando o intervalo atingiu 23 segundos. Uma interpretação econômico-comportamental sugere que o participante estava "pagando" com um atraso maior pelo mesmo valor do reforçador (i.e., o preço unitário havia aumentado). Em uma segunda análise, eles novamente aumentaram o intervalo de DRO, mas também aumentaram de maneira proporcional o componente de reforço. O comportamento problemático foi mantido em baixa frequência até um intervalo de DRO de 180 segundos e um intervalo de reforço correspondente de 360 segundos. Desse modo, uma estratégia para aumentar a eficácia dos tratamentos comportamentais através de aumentos de preço envolve mudanças correspondentes na magnitude do reforçador para preservar o preço unitário.

Outros manipularam de forma semelhante o preço unitário parametricamente, variando os requisitos do esquema ou a magnitude do reforçador para produzir razões resposta-reforçador mais favoráveis (Borrero, Francisco, Haberlin, Ross & Sran, 2007; Trosclair-Lasserre *et al.*, 2008). Trosclair-Lasserre *et al.* (2008) mostraram demanda menos elástica para reforçadores de maior magnitude (120 segundos de atenção) do que para reforçadores de menor magnitude (10 segundos de atenção) para duas de quatro crianças cujo comportamento-problema foi mantido por atenção. Outros pesquisadores utilizaram manipulações de preço unitário para informar o desenvolvimento do tratamento (DeLeon *et al.*, 2000; Roane *et al.*, 2001; Wilson e Gratz, 2016). DeLeon *et al.* (2000) utilizaram um esquema abreviado de razão progressiva para prever com precisão a diferença entre esquemas de reforço para comportamentos agressivos e alternativos necessários para manter mais o comportamento alternativo do que a agressão. Roane *et al.* (2001) mostraram que reforçadores com perfis de demanda menos elásticos foram geralmente mais eficazes como reforçadores em esquemas DRO usados para tratar o comportamento-problema do que reforçadores com perfis mais elásticos.

Substituição de estímulos

Diversos estudos de farmacologia comportamental e dependência, com humanos e não humanos, têm usado análises econômicas para examinar se certos compostos podem ser substituídos por substâncias que causam dependência (p. ex., Johnson & Bickel, 2003; Petry & Bickel, 1998; Pope *et al.*, 2019; Shahan, Odum & Bickel, 2000; Smethells, Harris, Burroughs, Hursh & Lesage, 2018). Por exemplo, Pope *et al.* (2019) utilizaram recentemente curvas de demanda para examinar a substituição de goma de nicotina, tabaco de mascar e cigarros eletrônicos. Apenas a substância líquida presente nos cigarros eletrônicos substituiu os cigarros de verdade. A substituição aumentou à medida que a concentração de nicotina no líquido aumentou, mas os efeitos gerais da substituição foram pequenos.

Os pesquisadores também examinaram se os alimentos que promovem a obesidade e alimentos mais saudáveis ou reforçadores de atividade são substituíveis. Por exemplo, Salvy, Nitecki e Epstein (2009) examinaram se atividades sociais com um amigo ou com um par desconhecido substituiriam o alimento em crianças com e sem sobrepeso. A interação social com um par desconhecido, mas não familiar, substituiu a alimentação quando o custo desta aumentou para crianças com e sem sobrepeso. Temple, Legierski, Giacomelli, Salvy e Epstein (2008) avaliaram a demanda por alimentos em um esquema de reforçamento crescente *versus* atividades não alimentares em um esquema constante e baixo. De modo geral, as crianças com excesso de peso completaram valores mais elevados para os alimentos à medida que o preço aumentou do que as crianças sem excesso de peso. Além disso, a demanda por alimentos em crianças com excesso de peso foi menos elástica à medida que os preços aumentavam quando atividades alternativas estavam disponíveis ao mesmo tempo.

Shore, Iwata, DeLeon, Kahng e Smith (1997) foram talvez os primeiros a examinar de maneira explícita a substituição no tratamento do comportamento problemático para indivíduos com transtornos do neurodesenvolvimento. Os participantes mudaram de comportamento autolesivo (SIB, *self-injurious behavior*) para engajamento com itens de lazer preferidos que estavam disponíveis de forma contínua e não contingente, sugerindo que os itens de lazer eram substituíveis pelo reforço automático do SIB. Em um segundo experimento, os participantes tiveram acesso a itens de lazer em um esquema DRO e o SIB aumentou. Em um terceiro experimento, os pesquisadores amarraram o item de lazer a uma corda e mediram o engajamento do item como proporção do comprimento da corda. Desse modo, o comprimento da corda foi a medida de esforço (i.e., até onde um participante tinha que chegar para adquirir o item). O SIB aumentou e o engajamento do item de lazer diminuiu quando a corda tinha metade de seu comprimento original.

Da mesma forma, Zhou, Goff e Iwata (2000) avaliaram a preferência pelo comportamento problemático automaticamente reforçado *versus* o engajamento preferencial em itens de lazer. Os participantes engajaram-se em comportamento problemático quando ambas as respostas estavam livremente disponíveis. O engajamento com itens de lazer substituiu o comportamento problemático quando os participantes utilizavam uma manga restritiva que aumentava o custo da resposta para o comportamento problemático. Os resultados desses estudos demonstram que aumentos no esforço para uma resposta provavelmente aumentarão a resposta que produz um reforçador substituível.

Frank-Crawford, Castillo e DeLeon (2018) examinaram se os reforçadores comestíveis substituiriam a fuga das atividades de instrução. Os participantes podiam optar por completar uma tarefa e ganhar um reforçador comestível, ou fazer uma pausa de 30 segundos sem reforçador comestível. Os requisitos de resposta para o reforçador comestível aumentaram após cada cinco tentativas. Alguns participantes optaram pelo trabalho independentemente do esquema de reforçamento ou do reforçador específico. Já outros optaram por trabalhar quando os requisitos de resposta eram baixos, mas mudaram para fugir à medida que os requisitos de resposta aumentavam. Além disso, diferentes reforçadores comestíveis produziram diferentes perfis de demanda, como na Figura 7.1. Os resultados sugeriram que os analistas do comportamento poderiam utilizar esse procedimento para prever a eficácia relativa dos reforçadores para tratar o comportamento problemático de fuga mantido durante a redução do esquema de reforçamento.

Atraso e probabilidade como custo

Até agora, consideramos sobretudo o custo como o esforço necessário para produzir um reforçador. O *atraso* para o reforço é outro "custo" nos arranjos de escolha. De fato, os poucos estudos que compararam de maneira direta o esforço e o atraso como custos encontraram efeitos paralelos: aumentos em ambos podem resultar na diminuição do consumo de reforçadores (p. ex., Bauman, 1991). Assim, da mesma forma que os aumentos nos requisitos de resposta podem mudar a resposta de itens mais caros, os aumentos no atraso também podem ter esse efeito.

Avaliando o desconto do atraso

Muito do que se sabe sobre o impacto do atraso foi determinado em experimentos sobre *desconto de atraso*. Esse termo geralmente se refere à diminuição do valor subjetivo presente de um reforçador à medida que o atraso aumenta (Mazur, 1987; Critchfield & Kollins, 2001). Em outras palavras, a eficácia de um reforçador pode diminuir em função de atrasos na sua entrega. Uma tarefa de desconto de atraso avalia as preferências entre um reforço menor mais cedo e um reforço maior mais tarde, em atrasos variáveis. Com frequência, os participantes escolhem o reforço maior mais tarde quando a entrega do reforço menor mais cedo e a maior mais tarde são definidas no futuro. Em geral, os investigadores observam mudança na preferência pelo reforço menor mais cedo à medida que seu tempo de entrega se aproxima. Por exemplo, dada uma escolha entre US$ 50 em 9 meses ou

US$ 100 em 1 ano, a maioria dos participantes preferiria o reforço de maior magnitude. Já a *reversão de preferência* ocorre quando, dada uma escolha entre US$ 50 agora ou US$ 100 em 3 meses, surge a preferência pelo reforço menor e mais imediato (Tversky & Thaler, 1990).

Os pesquisadores replicaram os resultados já descritos em todas as espécies (p. ex., Kirby & Herrnstein, 1995; Mazur, 1987; Mazur & Biondi, 2009; Rachlin, Raineri & Cross, 1991); entre indivíduos com abuso de substâncias (p. ex., Bickel, Odum & Madden, 1999; Coffey, Gudleski, Saladin & Brady, 2003); e através de ganhos e perdas monetárias (Odum, Madden & Bickel, 2002), previstos por uma função de desconto hiperbólica. Mazur (1987) foi um dos primeiros pesquisadores a avaliar as taxas de desconto de atraso em pombos utilizando um procedimento de ajuste de atraso. Mazur manteve os valores dos reforços menores e maiores constantes e ajustou o atraso para a entrega de reforços maior em todos os testes. Os pombos selecionaram entre 2 segundos de acesso aos grãos com um atraso de 2 segundos, e 6 segundos de acesso com um atraso ajustado. O atraso para o reforço maior mais tarde, no teste seguinte, aumentava se um pombo selecionasse o reforço maior mais tarde e diminuía se o pombo selecionasse o reforço menor mais cedo. Esse procedimento continuou até que o pombo atingisse um *ponto de indiferença*, no qual selecionou qualquer uma das alternativas em 50% do tempo. Desse modo, o valor subjetivo para o reforço menor mais cedo e a maior mais tarde era aproximadamente igual no ponto de indiferença. Mazur observou que os pontos de indiferença seguem uma função hiperbólica, e sugeriu a seguinte equação de desconto hiperbólico:

$$V = \frac{A}{1 + kD}$$

em que V é o valor subjetivo de um reforço, A é a quantidade do reforço, d é o atraso para o reforço e k é um parâmetro livre que descreve o quanto o atraso afeta o valor de um reforço, também chamado de *taxa de desconto*. Esta última descreve como o atraso diminui de maneira acentuada o valor de um reforço, medida pela taxa de resposta ou escolha de um reforço em detrimento de outro. Em outras palavras, o valor subjetivo de um reforço diminui em função do atraso na entrega desse reforço à medida que k aumenta. Como um parâmetro ajustado, k muitas vezes serve como variável dependente em estudos de desconto de atraso e pode ser considerado um parâmetro de diferenças individuais, sensível às influências de estado e de característica (ver Odum, 2011).

Como alternativa, os investigadores às vezes mantêm o atraso e a quantidade da reforço maior mais tarde constante e ajustam a quantidade do reforço menor mais cedo até que um indivíduo demonstre indiferença no *procedimento de ajuste da quantidade*. Por exemplo, Rachlin *et al.* (1991) avaliaram escolhas entre reforços hipotéticos grandes e atrasados e pequenos e imediatos. Os participantes podiam escolher entre receber US$ 1.000 entregues após períodos de 30 dias a 50 anos, ou um valor que variava de US$ 1 a US$ 1.000 entregues imediatamente. Esses pesquisadores também examinaram o *desconto por probabilidade*, ou até que ponto as chances de realmente receber o reforço maior influenciariam as escolhas contra reforços certos, porém menores. Os participantes do grupo de desconto por probabilidade podiam escolher entre receber US$ 1.000 em probabilidades que variavam de 5 a 100%, ou um valor que variava de US$ 1 a US$ 1.000 entregues com certeza. Por exemplo, os pesquisadores pediram aos participantes que escolhessem entre ter 50% de chance de receber US$ 1.000 ou receber US$ 1 com certeza. Os resultados mostraram que a função de desconto hiperbólico descreveu o desconto tanto para as escolhas tardias quanto para as com resultados probabilísticos.

Determinantes do desconto por atraso

O *efeito da magnitude* é o efeito do reforço no atraso e no desconto por probabilidade e é uma descoberta robusta na literatura de descontos. No desconto por atraso, os indivíduos descontam magnitudes de reforço menores de maneira mais acentuada do que as maiores, com a resposta por reforços menores diminuindo com mais rapidez em aumentos semelhantes de atraso (Green, Fry & Myerson, 1994; Green, Myerson & McFadden, 1997; Odum, Baumann & Rimington, 2006). Em outras palavras, a diminuição do valor subjetivo de reforços atrasados menores é maior do que a diminuição do valor subjetivo de reforços atrasados maiores. Os pesquisadores observaram o efeito oposto quando os reforços são probabilísticos: os indivíduos descontam reforços probabilísticos menores de modo menos acentuado do que os maiores (Estle, Green, Myerson & Holt, 2007). Em geral, os investigadores utilizam reforços hipotéticos nesses procedimentos, para facilitar a avaliação de recompensas de grande magnitude que os investigadores normalmente não podem pagar devido a restrições financeiras (p. ex., US$ 1.000). Reforços hipotéticos também permitem que os investigadores avaliem longos atrasos (p. ex., 50 anos) que podem ser impraticáveis com reforços reais. É importante ressaltar que os estudos não encontraram diferenças no desconto entre reforços reais e hipotéticos entre as preparações (Kirby & Maraković, 1995; Johnson & Bickel, 2002; Lagorio & Madden, 2005).

O *efeito de domínio*, ou o tipo de reforços avaliados, também pode influenciar o desconto. A função hiperbólica também descreve o desconto por reforços não monetários, como álcool (Petry, 2001; Estle *et al.*, 2007), cigarros (Bickel *et al.*, 1999; Odum *et al.*, 2002; Reynolds, Richard, Horn & Karraker, 2004), alimentos (Charlton & Fantino, 2008; Odum & Rainaud, 2003) e resultados sexuais (Johnson & Bruner, 2012; Lawyer, Williams, Prihodova, Rollins & Lester, 2010), mas diferenças na taxa de desconto podem ser observadas entre as classes de reforçadores. Por exemplo, Odum e Rainaud (2003) descobriram que os participantes descontavam dinheiro de maneira menos acentuada do que os alimentos e as bebidas preferidos, que eles descontavam a taxas semelhantes. Charlton e Fantino (2008) teorizaram que o efeito de domínio observado entre as mercadorias de consumo era devido à função metabólica. Eles observaram que os participantes descontavam o dinheiro menos acentuadamente do que a mídia de entretenimento, e descontavam a mídia de entretenimento de modo menos acentuado do que a comida preferida. Assim, os participantes costumam descontar mais acentuadamente os reforços que têm função metabólica direta (p. ex., comida, água, substâncias) em relação àqueles que não têm (p. ex., dinheiro, mídia de entretenimento). No entanto, Charlton e Fantino também explicaram que os efeitos do domínio podem estar relacionados à *fungibilidade* da mercadoria, ou ao grau em que uma mercadoria pode ser trocada por outras. O dinheiro, por exemplo, pode ser trocado por diversos reforçadores primários e secundários, o que pode explicar a taxa mais rasa de desconto para dinheiro *versus* mercadorias menos fungíveis, como alimentos e cartões-presente específicos de mercadorias (Holt, Glodowski, Smits-Seeman & Tiry, 2016).

Desconto por atraso em populações clínicas

Estudos têm mostrado que populações com transtornos por uso de substâncias descontam suas substâncias preferidas de maneira mais acentuada do que reforços monetários (Coffey *et al.*, 2003; Madden, Petry, Badger & Bickel, 1997). Estudos de desconto por atraso com adultos obesos descobriram que eles descontam reforços monetários mais acentuadamente do que adultos de peso médio (Weller, Cook, Avsar & Cox, 2008; Epstein *et al.*, 2014; Bickel *et al.*, 2014). Esses resultados sugerem que indivíduos com transtornos por uso de substâncias e obesidade preferem reforços imediatos a tardios mais do que seus pares sem abuso de substâncias e sem sobrepeso.

Características como idade (Green *et al.*, 1994; Scheres *et al.*, 2006), QI (de Wit, Flory, Acheson, McCloskey & Manuck, 2007) e diagnóstico (Demurie, Roeyers, Baeyens & Sonuga-Barke, 2012) podem afetar as taxas de desconto. Indivíduos com transtornos do controle dos impulsos podem ser especialmente afetados por atrasos no reforço; por isso, estudar descontos com essa população é importante. Pesquisas utilizando reforços monetários hipotéticos e reais entregues em tempo real descobriram que crianças diagnosticadas com transtorno de déficit de atenção/hiperatividade tipo combinado (TDAH-C; combinação hiperativo/impulsivo) apresentam taxas de desconto mais acentuadas para reforços monetários do que crianças diagnosticadas com TDAH tipo desatento (TDAH-I) e seus pares com desenvolvimento típico (Scheres, Tontsch, Thoeny & Kaczkurkin, 2010; Scheres, Tontsch & Thoeny, 2013; Sonuga-Barke, Taylor, Sembi & Smith, 1992). Rosch e Mostofsky (2016) avaliaram descontos para atividades de lazer em crianças com TDAH-C e crianças com desenvolvimento típico. Eles descobriram que as meninas com TDAH-C apresentavam taxa de desconto maior para atividades de lazer do que os meninos com o mesmo transtorno e o grupo em desenvolvimento típico.

Atrasos na entrega de reforços são onipresentes no ambiente natural. Por exemplo, os professores geralmente utilizam *tokens* para unir o atraso entre a resposta-alvo e a entrega do reforço (Hackenberg, 2009). Reed e Martens (2011) conduziram uma avaliação de desconto para reforços monetários hipotéticos com 46 alunos do 6º ano em desenvolvimento típico. Eles implementaram uma intervenção em toda a classe, em que os alunos poderiam ganhar *tokens* trocáveis por itens preferidos pelo comportamento na tarefa. A troca de fichas ocorreu imediatamente após a sessão ou no início da sessão do dia seguinte. Reed e Martens descobriram que as taxas de desconto se correlacionaram com o comportamento na tarefa durante a intervenção. Os alunos que apresentaram pontuações mais altas na avaliação de desconto se envolveram em menos comportamento na tarefa quando ela produziu troca de fichas atrasada. Portanto, a avaliação por desconto de atraso para reforços hipotéticos foi preditiva dos efeitos dos reforços atrasados no comportamento em sala de aula. Os investigadores utilizaram preparações semelhantes de desconto por atraso com crianças pequenas; os resultados sugerem que essas avaliações podem ser úteis para examinar progressões do desenvolvimento, transtornos da aprendizagem e/ou transtornos do neurodesenvolvimento em crianças (ver Staubitz, Lloyd & Reed, 2018).

Leon, Borrero e DeLeon (2016) avaliaram os efeitos dos atrasos para reforçadores primários e condicionados na resposta de indivíduos com transtornos do neurodesenvolvimento. A resposta foi mantida em níveis altos quando os investigadores entregavam comida ou *tokens* imediatamente após a resposta, ou trocavam *tokens* por comida imediatamente após um participante ganhar o *token*. A resposta diminuiu mais à medida que os atrasos na entrega de fichas aumentavam, seguidos por atrasos na troca de fichas. Os atrasos para os reforços de alimentos continuaram respondendo a atrasos mais longos do que os atrasos na entrega ou na troca de fichas.

O reforço tardio também pode afetar a aquisição de habilidades em indivíduos com transtornos do neurodesenvolvimento. Sy e Vollmer (2012) descobriram que, embora alguns participantes tenham aprendido discriminações condicionais durante condições de reforço tardio, outros não. Da mesma forma, Carroll, Kodak e Adolf (2015) mostraram que atrasos no reforço diminuíram a eficiência e a eficácia da instrução de tentativas discretas para uma tarefa de identificação receptiva.

Em resumo, atrasos no reforço podem ter efeito negativo em alguns indivíduos com transtornos do neurodesenvolvimento. Pesquisadores têm utilizado esquemas progressivos para ensinar tais indivíduos a tolerar o atraso no reforço. Por exemplo, Dixon *et al.* (1998) deram a três adultos com tais transtornos uma escolha concorrente entre um reforço de menor e maior magnitude, e pediram a esses adultos que se envolvessem em uma atividade concomitante (p. ex., exercício) durante o atraso para o reforço maior. Dixon *et al.*, gradualmente, aumentaram o atraso para o reforço maior, e descobriram que a seleção do reforço atrasado maior e o tempo engajado na atividade concorrente aumentaram para os três participantes. Outras pesquisas demonstraram que indivíduos com TEA preferiam a atividade à espera sem atividade (Dixon & Cummings, 2001; Dixon, Rehfeldt & Randich, 2003).

Temas emergentes em economia comportamental

Tarefas hipotéticas de compra

Pesquisas recentes estudaram escolhas hipotéticas entre mercadorias com preços diferentes em vez de atrasos (ver discussão de Roma, Reed, DiGennaro Reed & Hursh, 2017). Os investigadores utilizaram uma *tarefa hipotética de compra*, que pede aos participantes que indiquem a quantidade de uma mercadoria que comprariam a preços variados. Tarefas hipotéticas de compra demonstram relações adequadas com o consumo real (p. ex., Amlung, Acker, Stojek, Murphy & MacKillop, 2012), validade preditiva (p. ex., MacKillop & Murphy, 2007), validade de construção (p. ex., MacKillop *et al.*, 2010) e estabilidade temporal (p. ex., Few, Acker, Murphy & MacKillop, 2012). Descobertas econômico-comportamentais com tarefas hipotéticas de compra reproduzem aquelas observadas em laboratórios operantes, sugerindo que eles refletem o comportamento do mundo real. Por exemplo, essas tarefas parecem sensíveis ao tipo de economia (p. ex., Kaplan *et al.*, 2017) e à disponibilidade de substitutos (p. ex., Grace, Kivell & Laugesen, 2014). Elas também demonstram elasticidade consistente em diferentes densidades de preços (p. ex., Reed, Kaplan, Roma & Hursh, 2014) e sequências (p. ex., Amlung & MacKillop, 2012). As propriedades psicométricas sólidas e a correspondência de tarefas hipotéticas de compra com variáveis econômico-comportamentais conhecidas são importantes, pois esses procedimentos são úteis em estudos que seriam antiéticos ou inviáveis de se fazer de outra forma.

Os investigadores utilizaram tarefas hipotéticas de compra para prever como o consumo de várias mercadorias muda em função do preço. Por exemplo, Kaplan e Reed (2018) usaram uma tarefa de compra de álcool para examinar os efeitos do preço da bebida no *happy hour* sobre o consumo excessivo de álcool. Higgins *et al.* (2017) demonstraram a utilidade das tarefas de compra de cigarros na simulação dos efeitos das regulamentações de conteúdo de nicotina e das políticas de preços de cigarros sobre os fumantes. Esses estudos e outros mostram que tarefas hipotéticas de compra fornecem simulação segura de diversos comportamentos de consumo clinicamente importantes e abrem portas para aplicações em larga escala da economia comportamental no nível de políticas públicas.

Patologia do reforçador

Pesquisadores têm utilizado um modelo de *patologia do reforçador* para caracterizar algumas formas de comportamento desadaptativo. Esse modelo classifica o comportamento desadaptativo com base em respostas a reforçadores e manipulação de parâmetros de reforço, como demanda excessiva (i.e., disposição a pagar preços muito mais altos por uma mercadoria) ou sensibilidade excessiva ao atraso (i.e., funções de desconto para a mercdadoria que indicam valor excessivo de imediatidade) em relação à norma (Bickel, Jarmolowicz, Mueller & Gatchalian, 2011).

A patologia do reforçador só recentemente foi definida como os efeitos combinados de (1) alta valorização consistente de um reforçador ou mercadoria em específico e (2) preferência excessiva por reforço imediato, apesar de possíveis resultados negativos (Carr, Daniel, Lin & Epstein, 2011). Por exemplo, a demanda de nicotina por fumantes de cigarros é inelástica em condições de privação (Madden & Bickel, 1999); os fumantes de cigarros atuais também descontam o valor do dinheiro atrasado de maneira mais acentuada do que os ex-fumantes e os que nunca fumaram, e mais para cigarros atrasados do que para dinheiro atrasado (Bickel *et al.*, 1999). Portanto, a relação entre desconto excessivo e demanda pela mercadoria mal utilizada pode explicar transtornos por uso de substâncias, mas pesquisas sobre essa relação têm sido inconclusivas (Bickel, Johnson, Koffarnus, MacKillop & Murphy, 2014). Ratos com desconto acentuado de atraso para alimentos demonstraram demanda inelástica por autoadministração de nicotina (Diergaarde, van Mourik, Pattij, Schoffelmeer & De Vries, 2012). Em contrapartida, Field, Santarcangelo, Sumnall, Goudie e Cole (2006) descobriram que os participantes humanos demonstraram desconto de atraso mais acentuado para reforços monetários, mas que a demanda por cigarros não foi afetada durante a privação de nicotina.

Segundo o modelo da patologia do reforçador, intervir no uso de substâncias deve produzir mudanças nas medidas de demanda e de desconto. Madden e Kalman (2010) monitoraram a demanda de cigarros dos fumantes utilizando uma tarefa de compra durante um tratamento com bupropiona, medicamento que atenua os efeitos reforçadores da nicotina, ou tratamento de aconselhamento. Mudanças na demanda simulada após 1 semana de qualquer um desses tratamentos previram provável cessação. Em um estudo relacionado, McClure, Vandrey, Johnson e Stitzer (2013) descobriram que os participantes que receberam varenicline (medicamento que reduz a ânsia e a abstinência de nicotina) demonstraram maior elasticidade de demanda para compras simuladas de cigarros em um período de recaída programado do que aqueles que receberam placebo. São necessárias pesquisas adicionais sobre os efeitos do tratamento do uso de substâncias na demanda simulada.

Outras variações da economia comportamental

Gostaríamos de terminar enfatizando que os analistas do comportamento não devem ignorar as descobertas muito interessantes de economistas comportamentais mais orientados cognitivamente. Livros populares escritos sob essa perspectiva, como *Predictably irrational* (Ariely, 2008), *Thinking, fast and slow* (Kahneman, 2011) e *Nudge: improving decisions about health, wealth, and happiness* (Thaler & Sunstein, 2008), contêm inúmeras informações sobre os fatores que influenciam a escolha e as táticas para mudar o comportamento humano de formas significativas. Por exemplo, Thaler e Sunstein introduzem o conceito de *arquitetura da escolha*, que envolve como podemos organizar ambientes para promover escolhas benéficas para os seres humanos e nossas culturas. Os analistas do comportamento começaram a desconstruir muitos desses princípios a partir de perspectivas mais comportamentais, como custos afundados (p. ex., Navarro & Fantino, 2005), efeitos de enquadramento (p. ex., Naudé, Kaplan, Reed, Henley & DiGennaro Reed, 2018) e teoria do prospecto (p. ex., Rachlin *et al.*, 1991). Apesar do fato de que a interpretação de tais fenômenos pode diferir dependendo se alguém é um teórico cognitiva ou comportamentalmente orientado, os analistas do comportamento devem sempre estar interessados em procedimentos que influenciam de forma confiável a escolha humana.

Considerações finais

A economia comportamental representa a intersecção de conceitos microeconômicos e a psicologia comportamental. Tanto a economia comportamental tradicional quanto a operante estão ganhando notoriedade na grande mídia e na formulação de políticas públicas (Hursh & Roma, 2013), em parte devido às abordagens válidas e aos resultados socialmente significativos em uma série de aplicações (ver a análise bibliométrica de Costa, Carvalho & Moreira, 2019). A abordagem operante da economia comportamental é totalmente compatível com as dimensões da análise do comportamento e oferece uma lente única para auxiliar em questões básicas (Hursh & Roma, 2016) e práticas (Reed *et al.*, 2013). Embora a análise do comportamento tenha utilizado cada vez mais a economia comportamental para abordar questões aplicadas (ver Gilroy *et al.*, 2018), o campo permanece relativamente pequeno. Conceitos emergentes em economia comportamental, como a teoria da patologia do reforço (p. ex., Bickel *et al.*, 2011) e tarefas hipotéticas de compra (p. ex., Roma *et al.*, 2017), fornecem novas fronteiras empolgantes para abordagens econômico-comportamentais aos aspectos sociais. Dadas as percepções únicas proporcionadas pela economia comportamental, os analistas do comportamento podem efetuar mudanças significativas conceitualmente sistemáticas com princípios analíticos do comportamento.

Agradecimentos

As concessões 5R01HD079113, 5R01HD083214 e 1R01HD093734 do National Institute of Child Health and Human Development forneceram apoio parcial a Brian D. Greer para este trabalho.

Referências

Amlung, M. T., Acker, J., Stojek, M. K., Murphy, J. G., & MacKillop, J. (2012). Is talk "cheap"?: An initial investigation of the equivalence of alcohol purchase task performance for hypothetical and actual rewards. *Alcoholism: Clinical and Experimental Research*, 36, 716-724.

Amlung, M., & MacKillop, J. (2012). Consistency of self-reported alcohol consumption on randomized and sequential alcohol purchase tasks. *Frontiers in Psychiatry, 3*, 65.

Ariely, D. (2008). *Predictably irrational: The hidden forces that shape our decisions*. Nova York: Harper Perennial.

Bauman, R. (1991). An experimental analysis of the cost of food in a closed economy. *Journal of the Experimental Analysis of Behavior, 56*, 33-50.

Bickel, W. K., Jarmolowicz, D. P., Mueller, E. T., & Gatchalian, K. M. (2011). The behavioral economics and neuroeconomics of reinforcer pathologies: Implications for etiology and treatment of addiction. *Current Psychiatry Reports, 13*, 406-415.

Bickel, W. K., Johnson, M. W., Koffarnus, M. N., MacKillop, J., & Murphy, J. G. (2014). The behavioral economics of substance use disorders: Reinforcement pathologies and their repair. *Annual Review of Clinical Psychology, 10*, 641-677.

Bickel, W. K., Odum, A. L., & Madden, G. J. (1999). Impulsivity and cigarette smoking: Delay discounting in current, never, and ex-smokers. *Psychopharmacology, 146*, 447-454.

Bickel, W. K., Wilson, A. G., Franck, C. T., Mueller, E. T., Jarmolowicz, D. P., Koffarnus, M. N., *et al.* (2014). Using crowdsourcing to compare temporal, social temporal, and probability discounting among obese and non-obese individuals. *Appetite, 75*, 82-89.

Borrero, J. C., Francisco, M. T., Haberlin, A. T., Ross, N. A., & Sran, S. K. (2007). A unit price evaluation of severe problem behavior. *Journal of Applied Behavior Analysis, 40*, 463-474.

Call, N. A., Trosclair-Lasserre, N. M., Findley, A. J., Reavis, A. R., & Shillingsburg, M. A. (2012). Correspondence between single versus daily preference assessment outcomes and reinforcer efficacy under progressive-ratio schedules. *Journal of Applied Behavior Analysis, 45*, 763-777.

Carr, K. A., Daniel, T. O., Lin, H., & Epstein, L. H. (2011). Reinforcement pathology and obesity. *Current Drug Abuse Reviews, 4*, 190-196.

Carroll, R. A., Kodak, T., & Adolf, K. J. (2016). Effect of delayed reinforcement on skill acquisition during discrete-trial instruction: Implications for treatment-integrity errors in academic settings. *Journal of Applied Behavior Analysis, 49*, 176-181.

Charlton, S. R., & Fantino, E. (2008). Commodity specific rates of temporal discounting: Does metabolic function underlie differences in rates of discounting? *Behavioural Processes, 77*, 334-342.

Coffey, S. F., Gudleski, G. D., Saladin, M. E., & Brady, K. T. (2003). Impulsivity and rapid discounting of delayed hypothetical rewards in cocaine-dependent individuals. *Experimental and Clinical Psychopharmacology, 11*, 18-25.

Costa, D. F., Carvalho, F. D. M., & Moreira, B. C. D. M. (2019). Behavioral economics and behavioral finance: A bibliometric analysis of the scientific fields. *Journal of Economic Surveys, 33*, 3-24.

Critchfield, T. S., & Kollins, S. H. (2001). Temporal discounting: Basic research and the analysis of socially important behavior. *Journal of Applied Behavior Analysis, 34*, 101-122.

de Wit, H., Flory, J. D., Acheson, A., McCloskey, M., & Manuck, S. B. (2007). IQ and nonplanning impulsivity are independently associated with delay discounting in middle-aged adults. *Personality and Individual Differences, 42*, 111-121.

DeLeon, I. G., Fisher, W. W., Herman, K. M., & Crosland, K. C. (2000). Assessment of a response bias for aggression over functionally equivalent appropriate behavior. *Journal of Applied Behavior Analysis, 33*, 73-77.

DeLeon, I. G., Frank, M. A., Gregory, M. K., & Allman, M. J. (2009). On the correspondence between preference assessment outcomes and progressive-ratio schedule assessments of stimulus value. *Journal of Applied Behavior Analysis, 42*, 729-733.

DeLeon, I. G., & Iwata, B. A. (1996). Evaluation of a multiple-stimulus presentation format for assessing reinforcer preferences. *Journal of Applied Behavior Analysis, 29*, 519-533.

DeLeon, I. G., Iwata, B. A., Goh, H., & Worsdell, A. S. (1997). Emergence of reinforcer preference as a function of schedule requirements and stimulus similarity. *Journal of Applied Behavior Analysis, 30*, 439-449.

DeLeon, I. G., Neidert, P. L., Anders, B. M., & Rodriguez-Catter, V. (2001). Choices between positive and negative reinforcement during treatment for escape-maintained behavior. *Journal of Applied Behavior Analysis, 34*, 521-525.

Delmendo, X., Borrero, J. C., Beauchamp, K. L., & Francisco, M. T. (2009). Consumption and response output as a function of unit price: Manipulation of cost and benefit components. *Journal of Applied Behavior Analysis, 42*, 609-625.

Demurie, E., Roeyers, H., Baeyens, D., & Sonuga-Barke, E. (2012). Temporal discounting of monetary rewards in children with ADHD and autism spectrum disorders. *Developmental Science, 15*, 791-800.

Diergaarde, L., van Mourik, Y., Pattij, T., Schoffelmeer, A. N., & De Vries, T. J. (2012). Poor impulse control predicts inelastic demand for nicotine but not alcohol in rats. *Addiction Biology, 17*, 576-587.

Dixon, M. R., & Cummings, A. (2001). Self-control in children with autism: Response allocation during delays to reinforcement. *Journal of Applied Behavior Analysis, 34*, 491-495.

Dixon, M. R., Hayes, L. J., Binder, L. M., Manthey, S., Sigman, C., & Zdanowski, D. M. (1998). Using a self-control training procedure to increase appropriate behavior. *Journal of Applied Behavior Analysis, 31*, 203-210.

Dixon, M. R., Rehfeldt, R. A., & Randich, L. (2003). Enhancing tolerance to delayed reinforcers: The role of intervening activities. *Journal of Applied Behavior Analysis, 36*, 263-266.

Epstein, L. H., Jankowiak, N., Fletcher, K. D., Carr, K. A., Nederkoorn, C., Raynor, H. A., *et al.* (2014). Women who are motivated to eat and discount the future are more obese. *Obesity, 22,* 1394-1399.

Estle, S. J., Green, L., Myerson, J., & Holt, D. D. (2007). Discounting of monetary and directly consumable rewards. *Psychological Science, 18,* 58-63.

Few, L. R., Acker, J., Murphy, C., & MacKillop, J. (2012). Temporal stability of a cigarette purchase task. *Nicotine Tobacco Research, 14,* 761-765.

Field, M., Santarcangelo, M., Sumnall, H., Goudie, A., & Cole, J. (2006). Delay discounting and the behavioural economics of cigarette purchases in smokers: The effects of nicotine deprivation. *Psychopharmacology, 186,* 255-263.

Fisher, W., Piazza, C. C., Bowman, L. G., Hagopian, L. P., Owens, J. C., & Slevin, I. (1992). A comparison of two approaches for identifying reinforcers for persons with severe and profound disabilities. *Journal of Applied Behavior Analysis, 25,* 491-498.

Fiske, K. E., Isenhower, R. W., Bamond, M. J., Delmolino, L., Sloman, K. N., & LaRue, R. H. (2015). Assessing the value of token reinforcement for individuals with autism. *Journal of Applied Behavior Analysis, 48,* 448-453.

Francisco, M. T., Borrero, J. C., & Sy, J. R. (2008). Evaluation of absolute and relative reinforcer value using progressive-ratio schedules. *Journal of Applied Behavior Analysis, 41,* 189-202.

Frank-Crawford, M. A., Castillo, M. I., & DeLeon, I. G. (2018). Does preference rank predict substitution for the reinforcer for problem behavior?: A behavioral economic analysis. *Journal of Applied Behavior Analysis, 51,* 276-282.

Fuqua, R. W. (1984). Comments on the applied relevance of the matching law. *Journal of Applied Behavior Analysis, 17,* 381-386.

Gilroy, S. P., Kaplan, B. A., & Leader, G. (2018). A systematic review of applied behavioral economics in assessments and treatments for individuals with developmental disabilities. *Review Journal of Autism and Developmental Disorders, 5,* 247-259.

Glover, A. C., Roane, H. S., Kadey, H. J., & Grow, L. L. (2008). Preference for reinforcers under progressive- and fixed--ratio schedules: A comparison of single and concurrent arrangements. *Journal of Applied Behavior Analysis, 41,* 163-176.

Goldberg, M. C., Allman, M. J., Hagopian, L. P., Triggs, M. M., Frank-Crawford, M. A., Mostofsky, S. H., *et al.* (2017). Examining the reinforcing value of stimuli within social and non-social contexts in children with and without high-functioning autism. *Autism, 21,* 881-895.

Grace, R. C., Kivell, B. M., & Laugesen, M. (2014). Estimating cross-price elasticity of e-cigarettes using a simulated demand procedure. *Nicotine and Tobacco Research, 17,* 592-598.

Green, L., & Freed, D. E. (1993). The substitutability of reinforcers. *Journal of the Experimental Analysis of Behavior, 60,* 141-158.

Green, L., Fry, A. F., & Myerson, J. (1994). Discounting of delayed rewards: A life-span comparison. *Psychological Science, 5,* 33-36.

Green, L., Myerson, J., & McFadden, E. (1997). Rate of temporal discounting decreases with amount of reward. *Memory and Cognition, 25,* 715-723.

Hackenberg, T. D. (2009). Token reinforcement: A review and analysis. *Journal of the Experimental Analysis of Behavior, 91,* 257-286.

Higgins, S. T., Heil, S. H., Sigmon, S. C., Tidey, J. W., Gaalema, D. E., Hughes, J. R., *et al.* (2017). Addiction potential of cigarettes with reduced nicotine content in populations with psychiatric disorders and other vulnerabilities to tobacco addiction. *JAMA Psychiatry, 74,* 1056-1064.

Hodos, W. (1961). Progressive ratio as a measure of reward strength. *Science, 134,* 943-944.

Hoffmann, A. N., Samaha, A. L., Bloom, S. E., & Boyle, M. A. (2017). Preference and reinforcer efficacy of high- and low-tech items: A comparison of item type and duration of access. *Journal of Applied Behavior Analysis, 50,* 222-237.

Holt, D. D., Glodowski, K., Smits-Seemann, R. R., & Tiry, A. M. (2016). The domain effect in delay discounting: The roles of fungibility and perishability. *Behavioural Processes, 131,* 47-52.

Hursh, S. R., Madden, G. J., Spiga, R., DeLeon, I. G., & Francisco, M. T. (2013). The translational utility of behavioral economics: The experimental analysis of consumption and choice. Em G. J. Madden (Ed.) & W. V. Dube, T. D. Hackenberg, G. P. Hanley, & K. A. Lattal (Eds. Assoc.), *APA handbook of behavior analysis: Vol. 2. Translating principles into practice* (p. 109-128). Washington, DC: American Psychological Association.

Hursh, S. R., & Roma, P. G. (2013). Behavioral economics and empirical public policy. *Journal of the Experimental Analysis of Behavior, 99,* 98-124.

Hursh, S. R., & Roma, P. G. (2016). Behavioral economics and the analysis of consumption and choice. *Managerial and Decision Economics, 37,* 224-238.

Hursh, S. R., & Silberberg, A. (2008). Economic demand and essential value. *Psychological Review, 115,* 186-198.

Jarmolowicz, D. P., & Lattal, K. A. (2010). On distinguishing progressively increasing response requirements for reinforcement. *Behavior Analyst, 33,* 119- 125.

Jerome, J., & Sturmey, P. (2008). Reinforcing efficacy of interactions with preferred and nonpreferred staff under progressive-ratio schedules. *Journal of Applied Behavior Analysis, 41,* 221-225.

Johnson, M. W., & Bickel, W. K. (2002). Within-subject comparison of real and hypothetical money rewards in delay discounting. *Journal of the Experimental Analysis of Behavior, 77,* 129-146.

Johnson, M. W., & Bickel, W. K. (2003). The behavioral economics of cigarette smoking: The concurrent presence of a substitute and an independent reinforcer. *Behavioural Pharmacology, 14,* 137-144.

Johnson, M. W., & Bruner, N. R. (2012). The sexual discounting task: HIV risk behavior and the discounting of delayed sexual rewards in cocaine dependence. *Drug and Alcohol Dependence, 123*, 15-21.

Kagel, J. H., & Winkler, R. C. (1972). Behavioral economics: Areas of cooperative research between economics and applied behavioral research. *Journal of Applied Behavior Analysis, 5*, 335-342.

Kahneman, D. (2011). *Thinking, fast and slow*. Nova York: Farrar, Straus & Giroux.

Kaplan, B. A., & Reed, D. D. (2018). Happy hour drink specials in the alcohol purchase task. *Experimental and Clinical Psychopharmacology, 26*, 156-167.

Kaplan, B. A., Reed, D. D., Murphy, J. G., Henley, A. J., Reed, F. D. D., Roma, P. G., *et al.* (2017). Time constraints in the alcohol purchase task. *Experimental and Clinical Psychopharmacology, 25*(3), 186-197.

Kerwin, M. E., Ahearn, W. H., Eicher, P. S., & Burd, D. M. (1995). The costs of eating: A behavioral economic analysis of food refusal. *Journal of Applied Behavior Analysis, 28*, 245-260.

Kirby, K. N., & Herrnstein, R. J. (1995). Preference reversals due to myopic discounting of delayed reward. *Psychological Science, 6*, 83-89.

Kirby, K. N., & Maraković, N. N. (1995). Modeling myopic decisions: Evidence for hyperbolic delay-discounting within subjects and amounts. *Organizational Behavior and Human Decision Processes, 64*, 22-30.

Kodak, T., Lerman, D. C., & Call, N. (2007). Evaluating the influence of postsession reinforcement on choice of reinforcers. *Journal of Applied Behavior Analysis, 40*, 515-527.

Lagorio, C. H., & Madden, G. J. (2005). Delay discounting of real and hypothetical rewards: III. Steady-state assessments, forced-choice trials, and all real rewards. *Behavioural Processes, 69*, 173-187.

Lawyer, S. R., Williams, S. A., Prihodova, T., Rollins, J. D., & Lester, A. C. (2010). Probability and delay discounting of hypothetical sexual outcomes. *Behavioural Processes, 84*, 687-692.

Lea, S. E. G., & Roper, T. J. (1977). Demand for food on fixed--ratio schedules as a function of the quality of concurrently available reinforcement. *Journal of the Experimental Analysis of Behavior, 27*, 371-380.

Leon, Y., Borrero, J. C., & DeLeon, I. G. (2016). Parametric analysis of delayed primary and conditioned reinforcers. *Journal of Applied Behavior Analysis, 49*, 639-655.

Mach, E. (1914). *The analysis of sensations and the relation of the physical to the psychical*. Chicago: Open Court.

MacKillop, J., & Murphy, J. G. (2007). A behavioral economic measure of demand for alcohol predicts brief intervention outcomes. *Drug and Alcohol Dependence, 89*, 227-233.

MacKillop, J., O'Hagen, S., Lisman, S. A., Murphy, J. G., Ray, L. A., Tidey, J. W., & Monti, P. M. (2010). Behavioral economic analysis of cue-elicited craving for alcohol. *Addiction, 105*, 1599-1607.

Madden, G. J., & Bickel, W. K. (1999). Abstinence and price effects on demand for cigarettes: A behavioral-economic analysis. *Addiction, 94*, 577-588.

Madden, G. J., & Kalman, D. (2010). Effects of bupropion on simulated demand for cigarettes and the subjective effects of smoking. *Nicotine and Tobacco Research, 12*, 416-422.

Madden, G. J., Petry, N. M., Badger, G. J., & Bickel, W. K. (1997). Impulsive and self-control choices in opioid-dependent patients and non-drug-using control patients: Drug and monetary rewards. *Experimental and Clinical Psychopharmacology, 5*, 256-262.

Martin, A. L., Franklin, A. N., Perlman, J. E., & Bloomsmith, M. A. (2018). Systematic assessment of food item preference and reinforcer effectiveness: Enhancements in training laboratory-housed rhesus macaques. *Behavioural Processes, 157*, 445-452.

Mazur, J. E. (1987). An adjusting procedure for studying delayed reinforcement. Em M. L. Commons, J. E. Mazur, J. A. Nevin, & H. Rachlin (Eds.), *Quantitative analysis of behavior: Vol. 5. The effect of delay and of intervening events on reinforcement value* (p. 55-73). Hillsdale, NJ: Erlbaum.

Mazur, J. E., & Biondi, D. R. (2009). Delay-amount tradeoffs in choices by pigeons and rats: Hyperbolic versus exponential discounting. *Journal of the Experimental Analysis of Behavior, 91*, 197-211.

McClure, E. A., Vandrey, R. G., Johnson, M. W., & Stitzer, M. L. (2012). Effects of varenicline on abstinence and smoking reward following a programmed lapse. *Nicotine and Tobacco Research, 15*, 139-148.

Naudé, G. P., Kaplan, B. A., Reed, D. D., Henley, A. J., & DiGennaro Reed, F. D. (2018). Temporal framing and the hidden-zero effect: Rate-dependent outcomes on delay discounting. *Journal of the Experimental Analysis of Behavior, 109*, 506-519.

Navarro, A. D., & Fantino, E. (2005). The sunk cost effect in pigeons and humans. *Journal of the Experimental Analysis of Behavior, 83*, 1-13.

Odum, A. L. (2011). Delay discounting: I'm a *k*, you're a *k*. *Journal of the Experimental Analysis of Behavior, 96*, 427-439.

Odum, A. L., Baumann, A. A., & Rimington, D. D. (2006). Discounting of delayed hypothetical money and food: Effects of amount. *Behavioural Processes, 73*, 278-284.

Odum, A. L., Madden, G. J., & Bickel, W. K. (2002). Discounting of delayed health gains and losses by current, never- and ex-smokers of cigarettes. *Nicotine and Tobacco Research, 4*, 295-303.

Odum, A. L., & Rainaud, C. P. (2003). Discounting of delayed hypothetical money, alcohol, and food. *Behavioural Processes, 64*, 305-313. Pace, G. M., Ivancic, M. T., Edwards, G. L., Iwata, B. A., & Page, T. J. (1985). Assessment of stimulus preference and reinforcer value with profoundly retarded individuals. *Journal of Applied Behavior Analysis, 18*, 249-255.

Penrod, B., Wallace, M. D., & Dyer, E. J. (2008). Assessing potency of high- and low-preference reinforcers with respect to response rate and response patterns. *Journal of Applied Behavior Analysis, 41*, 177-188.

Perry, A. C., & Fisher, W. W. (2001). Behavioral economic influences on treatments designed to decrease destructive behavior. *Journal of Applied Behavior Analysis, 34*, 211-215.

Petry, N. M. (2001). Delay discounting of money and alcohol in actively using alcoholics, currently abstinent alcoholics, and controls. *Psychopharmacology, 154*, 243-250.

Petry, N. M., & Bickel, W. K. (1998). Polydrug abuse in heroin addicts: A behavioral economic analysis. *Addiction, 93*, 321-335.

Pope, D. A., Poe, L., Stein, J. S., Kaplan, B. A., Heckman, B. W., Epstein, L. H., *et al.* (2019). Experimental tobacco marketplace: Substitutability of e-cigarette liquid for cigarettes as a function of nicotine strength. *Tobacco Control, 28*, 206-211.

Rachlin, H., Raineri, A., & Cross, D. (1991). Subjective probability and delay. *Journal of the Experimental Analysis of Behavior, 55*, 233-244.

Reed, D. D., Kaplan, B. A., & Becirevic, A. (2015). Basic research on the behavioral economics of reinforcer value. Em F. D. DiGennaro Reed & D. D. Reed (Eds.), *Autism service delivery: Bridging the gap between science and practice* (p. 279-306). Nova York: Springer.

Reed, D. D., Kaplan, B. A., Roma, P. G., & Hursh, S. R. (2014). Inter-method reliability of progression sizes in a hypothetical purchase task: Implications for empirical public policy. *Psychological Record, 64*, 671-679.

Reed, D. D., Luiselli, J. K., Magnuson, J. D., Fillers, S., Vieira, S., & Rue, H. C. (2009). A comparison between traditional economical and demand curve analyses of relative reinforcer efficacy in the validation of preference assessment predictions. *Developmental Neurorehabilitation, 12*, 164-169.

Reed, D. D., & Martens, B. K. (2011). Temporal discounting predicts student responsiveness to exchange delays in a classroom token system. *Journal of Applied Behavior Analysis, 44*, 1-18.

Reed, D. D., Niileksela, C. R., & Kaplan, B. A. (2013). Behavioral economics. *Behavior Analysis in Practice, 6*, 34-54.

Reynolds, B., Richards, J. B., Horn, K., & Karraker, K. (2004). Delay discounting and probability discounting as related to cigarette smoking status in adults. *Behavioural Processes, 65*, 35-42.

Roane, H. S., Call, N. A., & Falcomata, T. S. (2005). A preliminary analysis of adaptive responding under open and closed economies. *Journal of Applied Behavior Analysis, 38*, 335-348.

Roane, H. S., Falcomata, T. S., & Fisher, W. W. (2007). Applying the behavioral economics principle of unit price to DRO schedule thinning. *Journal of Applied Behavior Analysis, 40*, 529-534.

Roane, H. S., Lerman, D. C., & Vorndran, C. M. (2001). Assessing reinforcers under progressive schedule requirements. *Journal of Applied Behavior Analysis, 34*, 145-167.

Roane, H. S., Vollmer, T. R., Ringdahl, J. E., & Marcus, B. A. (1998). Evaluation of a brief stimulus preference assessment. *Journal of Applied Behavior Analysis, 31*, 605-620.

Roma, P. G., Reed, D. D., DiGennaro Reed, F. D., & Hursh, S. R. (2017). Progress of and prospects for hypothetical purchase task questionnaires in consumer behavior analysis and public policy. *Behavior Analyst, 40*, 329-342.

Rosch, K. S., & Mostofsky, S. H. (2016). Increased delay discounting on a novel real-time task among girls, but not boys, with ADHD. *Journal of the International Neuropsychological Society, 22*, 12-23.

Russell, D., Ingvarsson, E. T., Haggar, J. L., & Jessel, J. (2018). Using progressive ratio schedules to evaluate tokens as generalized conditioned reinforcers. *Journal of Applied Behavior Analysis, 51*, 40-52.

Salvy, S. J., Nitecki, L. A., & Epstein, L. H. (2009). Do social activities substitute for food in youth? *Annals of Behavioral Medicine, 38*, 205-212.

Scheres, A., Dijkstra, M., Ainslie, E., Balkan, J., Reynolds, B., Sonuga-Barke, E., *et al.* (2006). Temporal and probabilistic discounting of rewards in children and adolescents: Effects of age and ADHD symptoms. *Neuropsychologia, 44*, 2092-2103.

Scheres, A., Tontsch, C., & Thoeny, A. L. (2013). Steep temporal reward discounting in ADHD-combined type: Acting upon feelings. *Psychiatry Research, 209*, 207-213.

Scheres, A., Tontsch, C., Thoeny, A. L., & Kaczkurkin, A. (2010). Temporal reward discounting in attention-deficit/hyperactivity disorder: The contribution of symptom domains, reward magnitude, and session length. *Biological Psychiatry, 67*, 641-648.

Shahan, T. A., Odum, A. L., & Bickel, W. K. (2000). Nicotine gum as a substitute for cigarettes: A behavioral economic analysis. *Behavioural Pharmacology, 11*, 71-79.

Shore, B. A., Iwata, B. A., DeLeon, I. G., Kahng, S., & Smith, R. G. (1997). An analysis of reinforcer substitutability using object manipulation and self-injury as competing responses. *Journal of Applied Behavior Analysis, 30*, 21-40.

Smethells, J. R., Harris, A. C., Burroughs, D., Hursh, S. R., & LeSage, M. G. (2018). Substitutability of nicotine alone and an electronic cigarette liquid using a concurrent choice assay in rats: A behavioral economic analysis. *Drug and Alcohol Dependence, 185*, 58-66.

Sonuga-Barke, E. J. S., Taylor, E., Sembi, S., & Smith, J. (1992). Hyperactivity and delay aversion: 1. The effect of delay on choice. *Journal of Child Psychology and Psychiatry, 33*, 387-398.

Staubitz, J. L., Lloyd, B. P., & Reed, D. D. (2018). A summary of methods for measuring delay discounting in young children. *Psychological Record, 68*, 239-253.

Sy, J. R., & Vollmer, T. R. (2012). Discrimination acquisition in children with developmental disabilities under immediate and delayed reinforcement. *Journal of Applied Behavior Analysis, 45*, 667-684.

Temple, J. L., Legierski, C. M., Giacomelli, A. M., Salvy, S. J., & Epstein, L. H. (2008). Overweight children find food more reinforcing and consume more energy than do nonoverweight children. *American Journal of Clinical Nutrition, 87*, 1121-1127.

Thaler, R. H., & Sunstein, C. R. (2008). *Nudge: Improving decisions about health, wealth, and happiness*. New Haven, CT: Yale University Press.

Tiger, J. H., Toussaint, K. A., & Roath, C. T. (2010). An evaluation of the value of choice-making opportunities in single-operant arrangements: Simple fixed- and progressive-ratio schedules. *Journal of Applied Behavior Analysis, 43*, 519-524.

Trosclair-Lasserre, N. M., Lerman, D. C., Call, N. A., Addison, L. R., & Kodak, T. (2008). Reinforcement magnitude: An evaluation of preference and reinforcer efficacy. *Journal of Applied Behavior Analysis, 41*, 203-220.

Tustin, D. (2000). Revealed preference between reinforcers used to examine hypotheses about behavioral consistencies. *Behavior Modification, 24*, 411-424.

Tustin, R. D. (1994). Preference for reinforcers under varying schedule arrangements: A behavioral economic analysis. *Journal of Applied Behavior Analysis, 27*, 597-606.

Tversky, A., & Thaler, R. H. (1990). Anomalies: Preference reversals. *Journal of Economic Perspectives, 4*, 201-211.

Weller, R. E., Cook, E. W., III, Avsar, K. B., & Cox, J. E. (2008). Obese women show greater delay discounting than healthy-weight women. *Appetite, 51*, 563-569.

Wilson, A. N., & Gratz, O. H. (2016). Using a progressive ratio schedule of reinforcement as an assessment tool to inform treatment. *Behavior Analysis in Practice, 9*, 257-260.

Zhou, L., Goff, G. A., & Iwata, B. A. (2000). Effects of increased response effort on self-injury and object manipulation as competing responses. *Journal of Applied Behavior Analysis, 33*, 29-40.

PARTE III

Mensuração, delineamento e questões metodológicas

A aderência aos fundamentos analíticos centrais de nossa ciência é um dos princípios essenciais da ABA. Enquanto várias partes deste texto se concentram em questões relacionadas a princípios conceituais e aplicação, a Parte III foca mais estritamente nas principais características metodológicas que definem o campo da ABA. Esses tópicos incluem o desenvolvimento de definições operacionais, a coleta de dados e o delineamento experimental. Todos esses tópicos têm uma base bibliográfica bem estabelecida associada a seus princípios fundamentais e seus procedimentos gerais. Nestes capítulos, os autores se esforçaram para apresentar novos desenvolvimentos nessas áreas, ao mesmo tempo em que oferecem um resumo da literatura teórica e histórica de apoio.

A Parte III começa com o Capítulo 8, de Kahng *et al.*, sobre os procedimentos envolvidos na definição e na mensuração de comportamentos-alvo. Nesse capítulo, os autores analisam as principais técnicas envolvidas na mensuração comportamental (p. ex., desenvolvimento de definições operacionais, tipos de vieses, medidas de concordância interobservadores), bem como diferentes procedimentos de observação e coleta de dados. Embora esses procedimentos básicos tenham se desenvolvido pouco desde o surgimento da primeira edição deste manual, Kahng e colaboradores atualizaram seu conteúdo com novas informações, sobretudo nas áreas do recente uso da coleta de dados de observação direta.

O Capítulo 9 descreve a lógica subjacente e o uso aplicado de delineamentos experimentais de sujeito único. Nesse capítulo, DeRosa, Sullivan, Roane, Craig e Kadey oferecem conteúdo sobre os delineamentos normalmente utilizados na ABA (p. ex., reversões, linha de base múltipla concorrente) e sobre tópicos relacionados, como coleta de dados e inspeção visual. Os autores oferecem uma extensão de seu capítulo na primeira edição, expandindo sua discussão sobre inspeção visual para incluir novos desenvolvimentos, discutindo os efeitos de configurações observacionais no delineamento e (mais significativamente) fornecendo uma nova discussão relacionada a delineamentos combinados e análises de componentes/paramétricas.

8

Definição e mensuração do comportamento

SungWoo Kahng, Einar T. Ingvarsson, Anna M. Quigg, Kimberly E. Seckinger, Heather M. Teichman e Casey J. Clay

Uma característica marcante da ABA é a mensuração precisa do comportamento observável (Baer, Wolf, & Risley, 1968). A precisão da mensuração envolve a quantificação confiável e precisa de alguma dimensão do comportamento-alvo. As dimensões da resposta, que fornecem a base para os sistemas de mensuração, englobam características específicas do comportamento, como frequência, duração e latência. Um sistema de observação consiste em regras formalizadas para extrair informações de um fluxo de comportamento. Essas regras especificam o comportamento-alvo; a forma como o analista do comportamento coleta amostras dos eventos; as dimensões dos eventos que o analista do comportamento avalia; a forma como o analista do comportamento registra os dados; e outros aspectos pragmáticos, como ambiente observacional, observadores e custo (Hartmann & Wood, 1982).

Três características de um sistema de mensuração – precisão, validade e confiabilidade – medem seu valor preditivo (Poling, Methot & LeSage, 1995). Um sistema de mensuração é *preciso* se os valores produzidos refletirem os valores verdadeiros da dimensão comportamental alvo. Qualquer discrepância entre os valores obtidos e os verdadeiros constitui *erro de mensuração*. As implicações dessa relação são consideráveis, pois sistemas observacionais com alto grau de erro de mensuração produzem dados que não refletem eventos comportamentais verdadeiros e podem ocasionar ações ineficazes. A *validade* de um sistema de mensuração refere-se à extensão à qual o sistema mede o que pretende medir. Em geral, a observação direta do comportamento-alvo é suscetível de produzir medidas significativamente válidas. No entanto, a validade pode ser prejudicada se (1) o analista do comportamento utilizar medidas indiretas, (2) o analista do comportamento inferir o comportamento-alvo a partir de outros eventos, ou (3) as definições operacionais especificarem aspectos irrelevantes do comportamento. Por exemplo, medir a frequência da cefaleia contando a frequência com que o participante se queixa de dores de cabeça pode não ser uma medida válida, pois o participante pode nem sempre se queixar quando a dor de cabeça está presente e, às vezes, pode se queixar quando nenhuma dor de cabeça está presente. Por fim, definimos *confiabilidade* como a extensão na qual um sistema de mensuração produz resultados consistentes. Uma mensuração é confiável se produzir o mesmo resultado quando a aplicamos ao mesmo comportamento, ou quando observadores diferentes produzem os mesmos resultados de mensuração, registrando independentemente o mesmo comportamento (Johnston & Pennypacker, 1993; Poling *et al.*, 1995).

Dado que múltiplos fatores (p. ex., viés de expectativa, efeitos da verificação de concordância, adequação das definições comportamentais, complexidade dos sistemas de codificação) podem afetar a mensuração do comportamento, um dos principais desafios para os analistas do comportamento é obter um registro do comportamento de um indivíduo que seja completo e preciso (Johnston & Pennypacker, 1993). O objetivo deste capítulo é fornecer descrições dos sistemas de observação e mensuração e as razões para a sua utilização.

Definindo o comportamento operacionalmente

Características gerais das definições comportamentais

Definições comportamentais ou códigos observacionais são descrições de comportamentos-alvo que devem controlar o comportamento de registro dos observadores. Em geral, devemos julgar a adequação das definições comportamentais pela forma consistente e precisa como elas controlam o comportamento de observação e se os dados resultantes permitem que o analista do comportamento tome uma ação efetiva (i.e., obtenha o controle do comportamento socialmente significativo). A atenção aos três aspectos a seguir pode ajudar a aumentar a adequação das definições comportamentais: (1) *objetividade*, ou se as definições se referem a eventos observáveis com os quais dois ou mais observadores podem concordar (i.e., as definições comportamentais devem se referir a comportamentos observáveis, como bater, em vez de conceitos abstratos, como raiva); (2) *clareza*, ou a capacidade dos observadores de ler e parafrasear a definição com precisão; e (3) *completude*, ou a inclusão de aspectos relevantes e a exclusão de aspectos irrelevantes na definição (Cooper, Heron & Heward, 2020).

Além disso, as definições podem incluir uma descrição das condições sob as quais o comportamento-alvo ocorre. Por exemplo, a resposta a perguntas pode ocorrer apenas quando um indivíduo faz uma pergunta, e bater em outro indivíduo como uma instância de agressão pode ocorrer apenas quando outro indivíduo está fisicamente próximo. Por fim, podemos aumentar a eficácia das definições comportamentais incluindo exemplos relevantes e não exemplos de comportamento-alvo, potencialmente melhorando o controle sobre o comportamento de registro dos observadores (Cooper *et al.*, 2020).

Definições topográficas *versus* funcionais

Podemos definir o comportamento segundo a função ou a topografia. As definições *funcionais* descrevem os efeitos da resposta sobre algum aspecto do ambiente. Por exemplo, um analista do comportamento pode definir a abertura de uma porta somente pelo resultado do comportamento de abertura da porta (p. ex., a distância entre a porta e o batente da porta é de pelo menos 1 metro). Os movimentos que trazem esse resultado não são relevantes com definições funcionais; um indivíduo poderia abrir a porta com os dedos dos pés, os dentes ou as mãos. As definições *topográficas* descrevem a forma de comportamento e especificam as propriedades físicas da resposta. Por exemplo, podemos definir a abertura da porta como utilizar as mãos para girar a maçaneta estando em pé e virado para frente (Johnston & Pennypacker, 1993).

Definições topográficas geralmente são importantes na ABA, pois comportamentos socialmente apropriados e inadequados podem ser funcionalmente idênticos, mas topograficamente distintos. Para demonstrar, o comportamento agressivo e as solicitações verbais apropriadas podem produzir maior controle sobre o ambiente social, incluindo o comportamento dos outros e o acesso a itens e atividades preferenciais (p. ex., Bowman, Fisher, Thompson & Piazza, 1997; Torres-Viso, Strohmeier & Zarcone, 2018). Definições topográficas que diferenciem essas duas categorias de resposta são importantes, pois a solicitação adequada é mais apropriada socialmente do que a agressão. No entanto, definições funcionais muitas vezes são úteis na ABA. Por exemplo, os pesquisadores podem colocar o comportamento que produz destruição de propriedade, independentemente da topografia, em uma única categoria de definição (p. ex., Fisher, Lindauer, Alterson & Thompson, 1998). Comportamentos diferentes topograficamente, como chorar e jogar brinquedos, podem produzir a mesma consequência, como a atenção dos pais (p. ex., Fritz, Iwata, Hammond & Bloom, 2013). Podemos agrupar esses comportamentos na mesma classe de resposta quando os definimos por função.

Humanos e máquinas como observadores

Humanos como observadores

Na ABA, normalmente utilizamos observadores humanos para coletar dados. Os observadores humanos podem coletar dados de diversas maneiras, incluindo marcar folhas de dados com um lápis (p. ex., Taravella, Lerman, Contrucci & Roane, 2000), operar um cronômetro (p. ex., Hoch, McComas, Johnson, Faranda & Guenther, 2002) ou pressionar teclas em um teclado de computador (p. ex., Fuhrman, Fisher & Greer, 2016). Os seres humanos, em oposição às máquinas como coletores de dados, têm a vantagem de maior flexibilidade, pois podemos treinar os humanos para receber dados sobre muitas respostas, e eles podem se adaptar a novos ambientes com relativa facilidade (Page & Iwata, 1986). No entanto, observadores humanos são propensos à influência de inúmeros erros e vieses que podem produzir coleta de dados não confiável e imprecisa. Descrevemos os vieses potenciais mais comuns nas próximas seções.

Viés de expectativa

As expectativas do observador sobre os resultados desejáveis podem enviesar a coleta de dados para a congruência com os resultados hipotéticos (Repp, Nieminen, Olinger & Brusca, 1988). Isso é especialmente provável se o *feedback* do supervisor aos observadores corresponder a mudanças no comportamento, em vez de confiabilidade e precisão da mensuração (O'Leary, Kent & Kanowitz, 1975). Podemos reduzir o risco do viés de expectativa garantindo que os observadores desconheçam as questões e as condições experimentais. No entanto, muitas vezes isso é difícil em pesquisas analítico-comportamentais, pois as variáveis independentes com frequência são aparentes por meio de arranjos comportamentais ou ambientais. Verificações periódicas de confiabilidade por observadores novatos treinados no código comportamental, mas não familiarizados com o experimento ou o campo de estudo, podem minimizar esse viés. Os supervisores devem também evitar dar *feedback* que descreva a conformidade dos dados obtidos com os resultados esperados; em vez disso, o *feedback* deve ser centrado na precisão e na confiabilidade da coleta de dados.

Viés do observador

A presença de um segundo observador, que muitas vezes está presente para avaliar a confiabilidade do procedimento de coleta de dados, pode afetar a precisão e a confiabilidade dos dados (Kent, Kanowitz, O'Leary & Cheiken, 1977). De maneira específica, a confiabilidade e a precisão podem aumentar quando um segundo observador realiza tais verificações, mas permanecem menores em outros momentos. Uma solução para esse problema é ter um segundo observador presente durante todas ou a maioria das observações; no entanto, isso pode não ser prático. Como alternativa, podemos realizar verificações de confiabilidade ocultas ou imprevisíveis (Kazdin, 1977). Uma forma de realizar essas verificações de confiabilidade é gravar sessões em vídeo e conduzir verificações de confiabilidade subsequentes para uma amostra de sessões selecionada de modo aleatório.

Reatividade

A *reatividade* é uma mudança no comportamento de um participante em função de ser observado (p. ex., Hartmann, 1984; Repp *et al.*, 1988). Por exemplo, um colaborador que participa de um projeto que envolve a gestão do comportamento organizacional pode trabalhar mais e gerar um produto de maior qualidade em função de ser observado. Isso é indesejável por dois motivos: (1) o analista do comportamento não pode ter certeza de que sua intervenção teve efeito independentemente da reatividade e (2) os ganhos da intervenção podem desaparecer quando a observação termina. Uma solução é utilizar medidas discretas (i.e., organizar as observações de tal forma que os participantes não saibam que estão sendo observados) ou reduzir a obtrusividade da observação (p. ex., utilizando a observação unidirecional). Outra solução é dar tempo aos participantes para se adaptarem à presença de coletores de dados antes de iniciar a avaliação.

Deriva do observador

O controle que as definições comportamentais têm sobre o comportamento dos observadores pode se desgastar com o tempo. Referimo-nos a esse fenômeno como *deriva do observador* (Kazdin, 1977), que pode resultar de tédio, fadiga ou doença, e pode afetar de maneira negativa a precisão e a confiabilidade da observação. Podemos reduzir a deriva do observador e outros erros de registro por meio de treinamento adicional do observador (calibração), utilizando amostras de comportamento-padrão (Mudford, Zeleny, Fisher, Klum & Owen, 2011) e verificações intermitentes por observadores recém-treinados (Hartmann, 1984). Além disso, os supervisores devem limitar o número e a duração das observações e assegurar que os observadores se sintam livres para fazer uma pausa nas sessões de observação quando estiverem cansados.

Treinamento de observadores

A coleta não mecânica de dados requer que observadores humanos reajam ao comportamento à medida que ele ocorre e o convertam para a forma escrita ou a computadorizada. Garantir que os observadores recebam formação adequada reduzirá os riscos já discutidos. Os objetivos do treinamento de observadores são aumentar o controle exercido pelo código de observação e o comportamento dos participantes sobre o comportamento de registro dos observadores, bem como reduzir a probabilidade de controle por fontes irrelevantes. Um método de treinamento simples é fazer com que um observador novato marque uma amostra representativa de comportamento e faça comparações com o registro de um observador experiente. O treinador deve fornecer *feedback* corretivo até que o observador atinja um acordo interobservador suficiente para determinado número de sessões (Hartmann & Wood, 1982). Para fins de treinamento, os observadores podem se beneficiar de amostras de comportamento de registro em vídeo, para que possam visualizar instâncias de comportamento repetidamente, se necessário. De fato, pesquisadores descobriram que o uso de vídeos para treinar observadores humanos é tão eficaz quanto a instrução *in vivo* (Dempsey, Iwata, Fritz & Rolider, 2012). O treinador pode obter amostras de comportamento a partir de estudos-piloto ou observações preliminares, ou pode gerá-las a partir de dramatizações. O uso de amostras de comportamento-padrão em vídeo (p. ex., sessões de dramatização) pode ser útil, pois o treinador pode avaliar a precisão dos observadores comparando seus registros com valores predeterminados. O treinador pode então calibrar o comportamento de registro dos observadores realizando treinamento para melhorar a precisão, se necessário (Johnston & Pennypacker, 1993; Mudford *et al.*, 2011). A tecnologia da computação também pode facilitar a formação dos observadores. Por exemplo, Bass (1987) descreveu um sistema informatizado no qual os observadores assistiam a fitas de vídeo e recebiam *feedback* automático e imediato sobre seu registro.

Concordância interobservador

O analista do comportamento aplicado espera que os pesquisadores relatem concordância interobservador sempre que utilizarem observadores humanos (Page & Iwata, 1986). Para a obtenção dos escores de concordância interobservadores, duas pessoas, um observador primário e um secundário, registram o mesmo comportamento de forma independente, mas simultânea, e calculam a concordância entre os dois registros. Uma recomendação comum é obter concordância entre observadores para uma proporção mínima de sessões (p. ex., 25–30%) entre condições ou fases (Bailey & Burch, 2002; Poling *et al.*, 1995). Altas pontuações de concordância interobservador (p. ex., acima de 80–90%) não indicam por si só a precisão de um sistema de mensuração, pois ambos os observadores podem ser imprecisos, mas ainda assim concordarem (Johnston & Pennypacker, 1993). No entanto, baixas pontuações de concordância interobservador indicam necessidade de ajustes (p. ex., treinamento adicional do observador, definições mais específicas) antes que os observadores possam produzir dados úteis (Poling *et al.*, 1995). Portanto, o analista do comportamento aplicado deve avaliar as pontuações de concordância interobservadores no início do processo. Se os observadores registrarem sessões a partir de vídeos, é arriscado esperar para calcular a concordância interobservador após muitas sessões ou depois do estudo. Se os pesquisadores descobrirem falhas graves no sistema de mensuração após a conclusão da manipulação, a única opção pode ser descartar os dados e começar de novo. Desse modo, os pesquisadores devem utilizar a concordância interobservador como forma proativa para melhorar o sistema de mensuração e como método retroativo para avaliar sua adequação. Seguem-se vários métodos comuns de cálculo da concordância interobservador.

Concordância total

O índice mais simples de concordância interobservador é a *concordância total*, calculada dividindo-se o menor pelo maior número de ocorrências que os dois observadores registraram em uma sessão (Poling *et al.*, 1995). A desvantagem desse procedimento é que ele não determina se os dois observadores registraram as mesmas ocorrências de comportamento (Bijou, Peterson & Ault, 1968). Não recomendamos esse índice se a concordância sobre instâncias específicas de comportamento (em oposição à ocorrência geral) for importante. No entanto, a confiabilidade total pode ser útil e suficiente para estimar a precisão do observador se o foco principal for a ocorrência geral, e não a distribuição da resposta em uma sessão (Rolider, Iwata & Bullock, 2012).

Concordância por intervalo

Índices mais rigorosos comparam o registro por intervalos específicos e relativamente curtos (p. ex., 5-10 segundos) para avaliar melhor se os observadores estão registrando o mesmo comportamento ao mesmo tempo (Bijou *et al.*, 1968; Page & Iwata, 1986). Calculamos a *concordância por intervalo* avaliando a concordância ou a discordância para cada intervalo ou tentativa, e dividindo o número de concordâncias pelo número total de intervalos ou tentativas (p. ex., Cariveau & Kodak, 2017). Essa abordagem talvez seja o método de cálculo de concordância interobservador mais comum na ABA (p. ex., Hanley, Iwata, Lindberg & Conners, 2003; Lannie & Martens, 2004; Thiemann & Goldstein, 2001). Podemos utilizá-lo com qualquer método de coleta envolvendo dados intervalares (p. ex., registro por intervalos parciais e inteiros ou amostragem momentânea; ver adiante) ou dados de teste por ensaio (i.e., respostas corretas *versus* incorretas, em conformidade com as instruções do professor). Cada intervalo ou teste normalmente gera um registro – o comportamento ocorreu ou não –, exceto em caso de concordância bloco a bloco (ver adiante).

A *concordância exata* é uma variante da concordância por intervalo. Intervalos nos quais os observadores registraram o mesmo número de ocorrências são concordâncias exatas (p. ex., Hagopian, Contrucci Kuhn, Long & Rush, 2005). A fórmula para calcular o coeficiente de concordância exato é o número de intervalos com concordância exata dividido pelo número total de intervalos. Embora preciso, esse método pode ser demasiadamente rigoroso para muitos fins práticos (Page & Iwata, 1986; Rolider *et al.*, 2012).

A *concordância bloco a bloco* é um método um pouco menos conservador, mas quase sempre suficiente. Calculamos a concordância total para cada intervalo, calculamos a média dos quocientes ao longo de toda a sessão e convertemos a razão em porcentagem (Bailey & Burch, 2002; Page & Iwata, 1986; North & Iwata, 2005). Concordâncias exatas e bloco a bloco só são aplicadas quando os observadores podem registrar múltiplas ocorrências de comportamento em cada intervalo, como comportamentos-alvo discretos.

Uma variante que é em geral é menos aplicada, utilizada em dados de operação livre, é a análise da janela de tempo (Mudford, Martin, Hui & Taylor, 2009). Essa abordagem requer fluxos de dados com estampa de data/hora para as quais podemos comparar os arquivos de dados de dois observadores segundo a segundo. Um exemplo de concordância para dados de frequência é quando ambos os arquivos contêm uma resposta registrada em uma janela de 1 segundo, e um exemplo de concordância para dados de duração é se a janela de 1 segundo em ambos os arquivos de dados tiver uma ocorrência contínua do comportamento. Podemos modificar o rigor da análise da janela de tempo incluindo um *intervalo de tolerância*. Por exemplo, se usarmos um intervalo de tolerância de ±2, contaríamos uma concordância se o observador secundário registrasse uma resposta em uma janela de 2 segundos antes e 2 segundos após uma resposta registrada pelo observador primário. Os pesquisadores não estudaram de maneira extensiva a análise da janela de tempo. Os dados disponíveis sugerem que ela pode superestimar as estimativas de precisão para comportamentos de alta frequência e baixa duração, mas fornecer estimativas relativamente precisas em taxas e durações mais baixas (Mudford *et al.*, 2009).

Concordância da ocorrência e não ocorrência

O comportamento de baixa frequência produz fluxos de dados com muitos intervalos nos quais o comportamento não ocorre e poucos intervalos nos quais este ocorre. Nesse caso, o analista do comportamento deve avaliar a *concordância da ocorrência* examinando os intervalos em que ambos os observadores concordam com a ocorrência do comportamento (p. ex., Lerman *et al.*, 2005). O analista do comportamento deve avaliar a *concordância da não ocorrência* para o comportamento de alta frequência, examinando os intervalos em que ambos os observadores concordaram sobre a não ocorrência do comportamento. Os índices de concordância da ocorrência e da não ocorrência eliminam o risco de superestimar a concordância interobservador devido ao número desproporcional de intervalos nos quais o comportamento-alvo ocorreu ou não (Bijou *et al.*, 1968; Page & Iwata, 1986).

Sistemas informatizados de coleta de dados

O uso de *notebooks* e dispositivos computadorizados portáteis (p. ex., *tablets*, *smartphones*) para coleta de dados é comum na ABA (p. ex., Slocum, Grauerholz, Peters & Vollmer, 2018). Os sistemas informatizados de coleta de dados operados por observadores humanos têm diversas vantagens potenciais em relação aos métodos com lápis e papel, incluindo maior eficiência da análise de dados e criação de gráficos, bem como redução do risco de comprometimento da confiabilidade e da precisão devido à ambiguidade dos registros escritos (Dixon, 2003; Jackson & Dixon, 2007; Kahng e Iwata, 1998; Whiting & Dixon, 2013).

Além disso, há sistemas informatizados que facilitam a codificação de mídias de áudio e vídeo. Tais sistemas permitem a mensuração de muitos eventos que ocorrem ao mesmo tempo, a detecção precisa da duração da resposta e a análise automática de dados e cálculos de concordância interobservadores (p. ex., Tapp, 2003; Tapp & Walden, 1993). Essa abordagem sofre da limitação de que o observador pode precisar ver cada episódio comportamental diversas vezes; portanto, o tempo gasto pode aumentar de maneira considerável. Os analistas do comportamento só devem utilizar esses tipos de programas de computador se proporcionarem melhorias suficientemente importantes na coleta de dados, considerando o comportamento-alvo e os objetivos finais da coleta de dados.

Vídeos e outras mídias visuais

Podemos melhorar a coleta de dados humana por meio de sessões de gravação de vídeo para visualização posterior. As sessões gravadas em vídeo permitem que o observador marque muitas respostas simultâneas. Tais sessões também são úteis para o treinamento de observadores (Miltenberger, Rapp & Long, 1999). O uso de vídeos permite que o observador registre medidas de duração com mais precisão do que a gravação ao vivo (Miltenberger *et al.*, 1999; Tapp & Walden, 1993). Pesquisas sugerem que a precisão e a confiabilidade geralmente não são afetadas de modo negativo pelo registro de sessões a partir de vídeos, embora a gravação de áudio de baixa qualidade possa afetar o registro das respostas vocais (Kent, O'Leary, Dietz & Diament, 1979). No entanto, o uso de gravações de vídeo para coleta de dados é demorado; isso pode criar um acúmulo de mídia a ser registrada, e dados valiosos podem ser perdidos se as sessões gravadas forem perdidas ou danificadas antes que possam ser visualizadas. Em geral, os analistas do comportamento devem pesar esses custos contra potenciais benefícios ao decidir se devem utilizar a gravação ao vivo ou registrar o comportamento com a ajuda da mídia visual.

Gravação mecânica

Muitas pesquisas laboratoriais em análise do comportamento envolvem medidas de comportamentos-alvo por meio de dispositivos mecânicos (p. ex., gravação automática de pressionamentos de teclas ou pressionamentos de alavanca). As máquinas estão livres de muitas deficiências humanas (p. ex., viés de expectativa, deriva do observador, doença) e podem ser menos custosas (Panos & Freed, 2007). Portanto, os analistas do comportamento podem preferir máquinas a observadores humanos sempre que o comportamento-alvo se presta ao registro mecânico (Johnston & Pennypacker, 1993). No entanto, muitos comportamentos de interesse para os analistas do comportamento não são passíveis de registro mecânico com a tecnologia atual. Apesar disso, os analistas estão usando cada vez mais a gravação mecânica via *software* de computador em certas áreas, sobretudo aquelas que usam instrução baseada em computador. Por exemplo, Connell e Witt (2004) utilizaram instruções baseadas em computador para ensinar relações entre letras maiúsculas e minúsculas impressas, nomes de letras e sons de letras para crianças da educação infantil. O *software* de computador coletou automaticamente os dados durante o estudo, evitando a necessidade de observadores humanos. O registro mecânico pode ser especialmente útil para variáveis dependentes que podem ser difíceis de quantificar com objetividade por observadores humanos. Por exemplo, Wilson, Iwata e Bloom (2012) utilizaram uma medida computadorizada da área da superfície da ferida para medir a gravidade das lesões produzidas pelo comportamento autolesivo. Sigurdsson *et al.* (2011) utilizaram um sistema automatizado para medir os níveis de ruído em um local de trabalho terapêutico. Nesses exemplos, os observadores humanos teriam de se basear em estimativas subjetivas da gravidade das lesões ou dos níveis sonoros ambientais na ausência de medições mecânicas.

Os sistemas mecânicos de coleta de dados têm a vantagem de eliminar completamente o julgamento humano do processo de coleta de dados, excluindo assim as fontes humanas de erro e aumentando de forma potencial a confiabilidade e a precisão da coleta de dados. No entanto, não devemos confiar automaticamente nos dados coletados através desses meios. As máquinas podem apresentar defeito, e os projetistas e programadores humanos podem cometer erros que tornam os sistemas imprecisos ou não confiáveis. Os analistas do comportamento devem realizar testes de calibração ao utilizar um novo sistema de coleta de dados, no qual verificam a saída em relação à entrada de valores conhecidos. A replicação dos resultados em diferentes laboratórios e com diferentes sistemas de coleta de dados é igualmente importante.

Mensuração indireta *versus* direta

A observação direta requer medir o comportamento-alvo sem inferir sua ocorrência a partir de outros eventos (p. ex., produtos do comportamento, lembranças verbais), em geral observando o comportamento como ele ocorre em ambiente natural ou criado. A observação direta maximiza a validade da mensuração, pois diminui a discrepância entre eventos comportamentais reais e o comportamento amostral (Hersen e Barlow, 1976). A observação direta é preferida sempre que possível na análise do comportamento; no entanto, podem surgir situações nas quais são necessárias medidas indiretas. Por exemplo, o comportamento-alvo pode ocorrer secretamente, de modo que a observação direta se torna difícil ou impossível (p. ex., Grace, Thompson & Fisher, 1996). Além disso, os analistas do comportamento podem querer dados sobre eventos passados, caso em que o único recurso pode ser examinar informações arquivadas ou coletar relatórios de informantes por meio de entrevistas, pesquisas ou questionários.

Mensuração indireta

A mensuração indireta envolve inferências sobre o comportamento de interesse a partir de outros comportamentos ou eventos ambientais. A validade e a precisão da mensuração podem ser prejudicadas porque não observamos de modo direto o comportamento-alvo, mas essa abordagem pode ser valiosa para os analistas do comportamento quando a observação direta é impossível ou impraticável.

Registro de produto permanente

A mensuração de resultados de comportamento, como registros administrativos, tarefas concluídas ou bens manufaturados, pode complementar ou substituir a mensuração direta (Kazdin, 1979). O registro de produto permanente envolve o registro do resultado tangível de um comportamento, e não do comportamento em si. Em alguns casos, os produtos podem ser de interesse primário. Por exemplo, podemos registrar a precisão da lição de casa concluída (Kelly, 1976; Miller & Kelley, 1994). Em outros casos, os produtos permanentes não são de interesse primário, mas são importantes indicadores do comportamento-alvo que não é passível de observação direta. Um estudo de Grace *et al.* (1996) ilustrou essa última abordagem. Eles realizaram exames físicos para identificar sinais de autolesão (p. ex., hematomas, arranhões, inchaço, dano no tecido). Os pesquisadores optaram por essa abordagem porque a autolesão do participante estava encoberta, e os observadores não conseguiam analisar o comportamento diretamente. Maglieri, DeLeon, Rodriguez-Catter e Sevin (2000) ofereceram outro exemplo: os pesquisadores implementaram o registro de produto permanente para avaliar o roubo secreto de alimentos. Os observadores registraram a quantidade de alimentos apresentados no início de uma sessão, deixaram o participante sozinho na sala e retornaram posteriormente para registrar a quantidade de alimento restante.

A desvantagem do registro de produto permanente está em sua própria natureza: ele mede os resultados, e não o comportamento em si. Isso pode ser problemático porque o resultado pode ser devido a algo diferente do comportamento-alvo, resultando em dados imprecisos. Por exemplo, medir o desempenho através da análise da lição de casa produzirá medições imprecisas se alguém que não seja o participante tiver concluído o trabalho (p. ex., se um dos pais tiver feito o dever de casa para a criança). Além disso, o comportamento-alvo pode não produzir o resultado medido (p. ex., a autolesão pode não produzir dano no tecido; Grace *et al.*, 1996). Portanto, o analista do comportamento deve ter cautela ao implementar o registro do produto. Observar eventos alternativos que possam produzir o desfecho de interesse pode aumentar a precisão da coleta de dados. Por exemplo, se uma criança cai durante brincadeiras ao ar livre, os hematomas e os arranhões resultantes podem ser difíceis de se distinguir das lesões produzidas por comportamento autolesivo.

Automonitoramento

O automonitoramento ou autorregistro de dados é como a observação direta, na medida em que o observador registra eventos de interesse conforme ocorrem. No entanto, a diferença é que o cliente ou o participante serve como seu próprio observador. O automonitoramento é especialmente útil na mensuração de eventos privados que somente o cliente pode acessar de modo direto, como dores de cabeça e pensamento (Hartmann, 1984; Nelson, 1977). Os analistas do comportamento podem utilizar essa abordagem com um comportamento que é evidente e observável por mais de um indivíduo, mas não é passível de mensuração direta devido a restrições práticas. Por exemplo, os participantes adultos em VanWormer (2004) carregavam pedômetros, que contavam o número de passos dados por cada participante, e se pesavam regularmente para produzir medições de atividade física e de perda de peso. Familiares e amigos serviram como observadores secundários, e os participantes enviaram periodicamente os dados por *e-mail* para a pesquisadora.

O automonitoramento produz dados que, de outra forma, seriam inalcançáveis. No entanto, há pelo menos dois grandes problemas nessa abordagem. Primeiro, os dados autorregistrados podem ser menos precisos do que os diretamente observados, e a precisão e a confiabilidade desses dados são mais difíceis de verificar. Treinar de maneira direta os clientes para observar seu próprio comportamento e utilizar sistemas de mensuração que sejam convenientes e exijam pouco esforço provavelmente ajudará nessa questão. Uma estratégia valiosa de treinamento é colocar contingências inicialmente em relatórios precisos em vez de mudanças de comportamento clinicamente desejáveis, de modo que o analista do comportamento recompense a coleta de dados que concorde com fontes independentes, quaisquer que sejam os outros resultados (Hartmann,1984; Nelson, 1977). Em segundo lugar, a reatividade do observador (i.e., os efeitos da observação sobre o comportamento-alvo) é de especial preocupação no automonitoramento. O analista do comportamento deve tentar avaliar os efeitos da intervenção via automonitoramento e por meio de métodos de coleta de dados menos intrusivos, para garantir que os efeitos da variável independente não sejam devidos exclusiva ou principalmente à reatividade (Cooper *et al.*, 2020). Embora a reatividade inerente ao automonitoramento seja uma ameaça à mensuração eficaz, o analista do comportamento pode usá-la como protocolo de tratamento. O ato de acompanhar sistematicamente o próprio comportamento pode ser uma ferramenta eficaz para a autogestão e a mudança de comportamento (Cooper *et al.*, 2020; Critchfield, 1999).

Entrevistas, enquetes e escalas de avaliação

O analista do comportamento pode utilizar entrevistas estruturadas, enquetes ou escalas de avaliação para coletar informações importantes sobre diversos aspectos do comportamento-alvo, como topografia e correlatos ambientais (Beaver & Busse, 2000; Merrell, 2000). Dependendo da situação, o analista do comportamento pode coletar essas informações do cliente ou de outras pessoas significativas no ambiente do cliente (p. ex., pais, professores). Medições indiretas desse tipo podem gerar informações que podem ser úteis nos estágios iniciais de avaliação (McComas & Mace, 2000; Nay, 1979). Pesquisadores têm usado entrevistas comportamentais, enquetes e escalas de avaliação para gerar hipóteses sobre a função do comportamento potencial (p. ex., Applegate, Matson & Cherry, 1999) e para identificar potenciais reforçadores a serem utilizados em tratamentos subsequentes (Fisher, Piazza, Bowman & Amari, 1996; Northup, 2000). Os pesquisadores utilizaram essas informações para determinar quais estímulos incluir em avaliações subsequentes de preferências ou reforçadores, e quais condições ambientais incluir nas avaliações funcionais. É importante ressaltar que os analistas do comportamento devem confirmar as hipóteses que esses métodos geram por meio de métodos de observação mais rigorosos, de preferência envolvendo a observação direta, pois os relatos dos informantes muitas vezes não correspondem bem ao comportamento de interesse. A observação direta é o padrão-ouro para avaliar a exatidão das medidas indiretas.

Observação direta

A observação direta é mais consistente com a ênfase epistemológica do behaviorismo em comportamento observável, eventos públicos, quantificação, baixos níveis de inferência e na importância das contingências ambientais (Hartmann & Wood, 1982). Vantagens adicionais da observação direta incluem aumento na validade preditiva à medida que a discrepância entre o comportamento amostrado e o comportamento previsto diminui, e uma estreita relação entre o comportamento-alvo e a intervenção (Hersen & Barlow, 1976). Os analistas do comportamento preferem medidas diretas para estudar o comportamento por causa dessas vantagens, e as utilizam amplamente em diversos contextos (p. ex., Alevizos, DeRisi, Liberman, Eckman & Callahan, 1978; Bijou, Peterson, Harris, Allen & Johnston, 1969; Cordes, 1994; Doll & Elliott, 1994; Gresham, Gansle & Noell, 1993; Odom & Ogawa, 1992; Prinz, 1982; Teste, Rose & Corum, 1990; Wasik & Loven, 1980).

As medições diretas podem ser *contínuas* ou *descontínuas*. As contínuas registram todas as instâncias de comportamento. Medições descontínuas, também denominadas *intermitentes*, realizam amostras de todas as possíveis ocorrências de comportamento (Johnston & Pennypacker,1993). Medições contínuas – frequência, duração, latência e intensidade – fornecem o registro mais completo do comportamento, mas podem ser caras e até impraticáveis. Portanto, métodos intermitentes ou descontínuos, como registro por intervalos e amostragem momentânea de tempo, são muitas vezes valiosos. No entanto, o registro descontínuo produz um registro comportamental incompleto e, consequentemente, levanta vários questionamentos sobre a representatividade dos dados. Dessa forma, são importantes os procedimentos observacionais descontínuos que amostram de modo adequado todas as possíveis ocorrências de comportamento para produzir medidas representativas e precisas.

Procedimentos de registro contínuo

O registro contínuo do comportamento é o procedimento de mensuração mais rigoroso e poderoso disponível para os analistas do comportamento. Essa abordagem envolve o registro do comportamento baseado em sua ocorrência em fluxo de tempo natural ininterrupto (Sanson-Fisher, Poole, Small & Fleming, 1979; Hartmann & Wood, 1982). Discutimos a aplicação do registro contínuo a dimensões comportamentais relevantes nos próximos parágrafos.

Frequência. O registro de frequência, também denominado *método de contagem, registro por tentativa* e *registro de eventos*, envolve o registro contínuo de instâncias separadas de comportamento à medida que ocorrem (Hartmann & Wood, 1982; Kazdin, 2001; Repp, Roberts, Slack, Repp & Berkler, 1976). O registro de frequência é mais apropriado quando o número de vezes que um comportamento ocorre é a dimensão de resposta de interesse (Hartmann & Wood, 1982; Schinke & Wong, 1977). No entanto, o analista do comportamento não pode comparar as frequências obtidas em diferentes sessões de observação de forma significativa se os tempos de observação forem desiguais. Nesses casos, esse analista deve converter frequências em *taxa de resposta*, definida como a frequência do comportamento por alguma unidade de tempo (p. ex., minuto, hora, dia; Kazdin, 2001). Quando o comportamento é limitado a oportunidades ou baseado em tentativa, de modo que as respostas-alvo não podem ocorrer na ausência de estímulos especificados (p. ex., instruções, cartões de estímulo), o analista do comportamento deve converter as frequências obtidas em porcentagens ou relatar o número de respostas em relação ao de oportunidades, para que a resposta ocorra. Por exemplo, Gutowski e Stromer (2003) mediram a seleção de estímulos de comparação que ocorreram na presença de estímulos específicos da amostra e, em seguida, converteram as frequências em porcentagens de seleções corretas.

O registro de frequências é mais adequado para medir respostas relativamente discretas que têm duração constante. Alguns exemplos são bater, arremessar objetos, pressionar botões ou teclas e colocar itens em recipientes. Além disso, respostas que costumam ter durações variáveis podem ser passíveis de registro de frequência se o analista do comportamento definir com precisão seu início e seu término. No entanto, esse analista deve considerar o uso de duração em vez de registro de frequência dadas as respostas com durações variáveis. O registro de frequência pode gerar muitas informações sobre o comportamento (Repp *et al.*, 1976), e os observadores podem utilizá-lo com facilidade se a resposta não for excessiva. As medidas de frequência refletem a quantidade de respostas, o que é importante quando o objetivo é aumentar ou diminuir o número de vezes que o comportamento-alvo ocorre (Kazdin, 2001).

Duração. Envolve medir todo o tempo que o participante realiza ou se engaja na resposta-alvo (Kazdin, 2001). O registro de duração é apropriado quando as características temporais de um comportamento são de interesse e quando os comportamentos variam no período em que o cliente se envolve neles. Essa abordagem é mais adequada para os comportamentos contínuos do que para os discretos e de curta duração (Hartmann & Wood, 1982). Os observadores podem medir a duração ligando um cronômetro ou um temporizador no início do comportamento e desligando-o no término do comportamento. A maioria dos sistemas computadorizados de coleta de dados permite que os observadores pressionem as teclas designadas no início e no término do comportamento, e muitos acomodam diversas medições de duração simultâneas. O analista do comportamento pode calcular a proporção do tempo da sessão durante a qual um participante executou o comportamento dividindo a duração total deste pelo tempo total da observação.

Altmann (1974) sugeriu que o registro da duração é apropriado para estados comportamentais *versus* eventos comportamentais. *Estados comportamentais* são os comportamentos com duração apreciável. *Eventos comportamentais* são ocorrências instantâneas do comportamento. O registro da duração é útil para medir a *alocação de tempo*, definida como a quantidade de tempo gasto em certas áreas ambientais (p. ex., sentado em uma cadeira) ou engajado em certas alternativas de resposta (p. ex., fazer lição de casa, praticar um instrumento musical; Kazdin, 2001).

Tal como acontece com outros procedimentos de mensuração contínua, o registro da duração é atraente porque produz mensuração completa da dimensão de resposta de interesse. Assim como a frequência, a duração é compreensível, é socialmente aceitável e pode ser realizada sem uma tecnologia observacional complicada. No entanto, a confiabilidade das medidas de duração pode ser baixa se o início e o término precisos do comportamento forem difíceis de identificar de forma confiável. Por exemplo, observadores que medem o conteúdo da fala podem ter dificuldade em determinar o ponto exato no qual as mudanças no conteúdo (p. ex., tópicos) ocorrem, e a confiabilidade das medidas de duração pode sofrer. No entanto, os observadores podem concordar mais facilmente sobre se um tópico da conversa ocorreu em um intervalo. Desse modo, o registro por intervalo parcial (ver mais adiante) pode ser mais fácil de implementar (p. ex., Lepper, Devine & Petursdottir, 2016). Como alternativa, os analistas do comportamento poderiam definir mudanças nos tópicos de fala pela ocorrência de palavras-chave específicas, permitindo o uso de medições de duração (p. ex., Fisher, Rodriguez & Owen, 2013). Porém, com ambas as abordagens, há algum risco de não conseguir capturar a totalidade do comportamento-alvo. Por exemplo, o registro por intervalo parcial pode superestimar a ocorrência do comportamento, e as palavras-chave nem sempre podem corresponder a alterações reais no conteúdo. No entanto, ambas as abordagens podem produzir dados suficientemente precisos.

Além disso, o registro da duração pode ser trabalhoso, sobretudo se estivermos interessados em múltiplas topografias de resposta, ou se os observadores tiverem que medir o comportamento de muitos indivíduos ao mesmo tempo. Nessas circunstâncias, o analista do comportamento pode utilizar técnicas apropriadas de amostragem de tempo (p. ex., amostragem momentânea de tempo; Kazdin, 2001; ver a seguir).

Latência. Refere-se à quantidade de tempo decorrido entre o início de uma pista ou estímulo específico e o comportamento-alvo (Kazdin, 2001). Assim como a duração, a latência pode ser registrada com o auxílio de cronômetros ou sistemas computadorizados que medem a duração. O registro da latência é apropriado quando estamos interessados na relação entre determinado evento e o início de uma resposta específica. Isso inclui situações nas quais o objetivo é reduzir ou aumentar o tempo entre eventos anteriores e o comportamento-alvo. Por exemplo, os analistas do comportamento muitas vezes estão interessados em reduzir a latência entre a entrega de instruções e sua observância. Wehby e Hollahan (2000) mediram os segundos transcorridos entre a entrega de instruções para se engajar em atividades acadêmicas e o cumprimento das instruções. Eles utilizaram essas medidas para avaliar a eficácia de fornecer uma série de solicitações de alta probabilidade (i.e., solicitações com as quais os participantes provavelmente se envolveriam de imediato) antes da entrega de instruções acadêmicas. As medidas de latência foram recentemente estendidas para a avaliação do comportamento desafiador (p. ex., fuga), o que pode ser benéfico quando o comportamento-alvo não é contínuo ou é específico para um evento evocativo em específico (Hansen *et al.*, 2019; Traub & Vollmer, 2019).

Assim como o registro de frequência e duração, as medições da latência consistem na mensuração completa do comportamento-alvo, e os analistas do comportamento preferem-nas a medidas descontínuas, a menos que restrições práticas exijam o oposto. Além disso, o registro da latência é simples, é relativamente direto e é susceptível de ser aceitável para consumidores e observadores. No entanto, o registro da latência é apropriado apenas para medir uma relação especificamente definida entre condições anteriores e a resposta-alvo. Tal como acontece com outras medições contínuas, restrições práticas (p. ex., mensuração simultânea de múltiplas respostas ou observação de múltiplos clientes) podem exigir o uso de medições descontínuas.

Intensidade. O registro da intensidade envolve medidas de magnitude, resistência, amplitude, força ou custo de uma resposta. Observadores ocasionalmente podem registrar a intensidade por meio de dispositivos mecânicos automatizados, mas os graus de intensidade podem exigir julgamentos que são difíceis para os observadores fazerem de forma confiável sem esses dispositivos (Kazdin, 2001). O registro de intensidade pode ser apropriado para medir gritos, arremessos de um objeto, pancadas, xingamentos, birras e níveis de ruído. Wilson e Hopkins (1973) registraram a intensidade ao examinar os efeitos da música silenciosa contingente sobre os níveis gerais de ruído das salas de aula do ensino médio. O registro da intensidade foi especialmente útil nessa situação, pois o objetivo da intervenção era diminuir os níveis gerais de ruído nas salas de aula.

Procedimentos de registro descontínuo

Medições contínuas produzem os dados comportamentais mais precisos, mas esses métodos podem ser impraticáveis, sobretudo em ambientes aplicados nos quais o analista do comportamento pode ter diversas tarefas importantes e tempo limitado para concluí-las. Portanto, os analistas do comportamento podem optar por procedimentos de mensuração descontínuos, que muitas vezes aumentam a eficiência da coleta de dados. Discutimos as variedades mais comuns de registro descontínuo nos parágrafos a seguir.

Registro por intervalo. O analista do comportamento divide a sessão de observação em períodos de mesma duração, como 10 segundos, e os observadores registram cada intervalo como positivo (i.e., ocorrência) ou negativo (i.e., não ocorrência), segundo critérios específicos. As variedades incluem *registro por intervalo inteiro*, no qual o observador registra um intervalo positivo se o comportamento-alvo ocorrer para todo o intervalo observacional; *registro por intervalo parcial*, no qual o observador registra um intervalo positivo se o comportamento-alvo ocorrer em qualquer ponto durante o intervalo observacional; e *amostragem da atividade predominante*, em que o observador registra um intervalo positivo se o comportamento-alvo ocorrer por mais da metade do intervalo (Adams, 1991; Harrop & Daniels, 1986; Poling *et al.*, 1995; Saudargas & Zanolli, 1990; Tyler, 1979). Como outros procedimentos de mensuração descontínua, o registro por intervalo oferece uma estimativa do comportamento em vez de uma representação de todo o episódio comportamental. Portanto, os analistas do comportamento devem projetar procedimentos de registro por intervalo para minimizar o erro e maximizar a precisão da mensuração.

Pesquisadores avaliaram se o registro por intervalo influencia a precisão dos sistemas de mensuração quando aplicados a comportamentos de diferentes taxas e durações (Wirth, Slaven & Taylor, 2014). Tanto o registro por intervalos inteiros quanto a amostragem da atividade predominante podem oferecer estimativas precisas do tempo em que o comportamento de longa duração ocorre, mas podem subestimar o comportamento instantâneo (Bailey & Burch, 2002; Murphy & Goodall, 1980; Powell, Martindale, & Kulp, 1975). Já o registro por intervalos parciais tende a superestimar a ocorrência geral de comportamento de longa duração, mas tende a subestimar a ocorrência de comportamento instantâneo de alta frequência (Harrop & Daniels,1993; Murphy & Goodall, 1980; Repp *et al.*, 1976). Quando a duração geral é a dimensão de resposta de interesse, o registro por intervalo parcial quase sempre oferece superestimativas (Suen, Ary & Covalt, 1991), sugerindo que o analista do comportamento deve utilizar o registro por intervalo inteiro, amostragem da atividade predominante ou amostragem de tempo momentâneo quando a duração é a dimensão de resposta de interesse (veja uma interpretação alternativa em Harrop & Daniels, 1993). Os analistas do comportamento podem obter estimativas mais precisas de frequência com comprimentos de intervalo mais curtos (p. ex., 10 segundos;

Devine, Rapp, Testa, Henrickson & Schnerch, 2011; Rapp, Colby-Dirksen, Michalski, Carroll, & Lindenberg, 2008). No entanto, comprimentos de intervalo mais curtos não aumentam sistematicamente a precisão das estimativas do comportamento de longa duração (Sanson-Fisher, Poole & Dunn, 1980).

As Figuras 8.1, 8.2 e 8.3 têm demonstrações hipotéticas da sensibilidade das convenções de registro por intervalo com fluxos comportamentais que consistem em ocorrências de diversas taxas e durações. A Figura 8.1 mostra que o registro por intervalos parciais superestima e o registro por intervalos inteiros subestima a frequência e a duração das respostas de taxa moderada e duração variável. A amostragem da atividade predominante, em contrapartida, fornece uma estimativa próxima. A Figura 8.2 mostra que o registro por intervalos parciais fornece uma estimativa relativamente exata, mas ligeiramente conservadora, da frequência

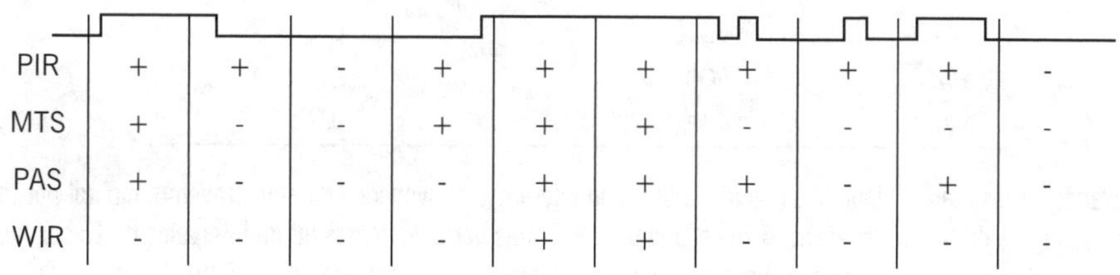

	Porcentagem de tempo gasto	Número de ocorrências
Real	47%	5
Estimativas		
PIR	80%	8
MTS	40%	4
PAS	50%	5
WIR	20%	2

FIGURA 8.1 Demonstração de resultados hipotéticos obtidos utilizando diferentes convenções de amostragem de tempo por meio da análise de uma fita de eventos gravados. A largura da figura representa 150 segundos, e as linhas verticais representam intervalos de 15 segundos. A tabela apresenta os resultados de uma análise dessa fita. PIR, registro por intervalos parciais; MTS, amostragem momentânea de tempo; PAS, amostragem da atividade predominante; WIR, registro em intervalos inteiros. Adaptada em parte de Tyler (1979). Direitos autorais da Elsevier. Adaptada com permissão da editora.

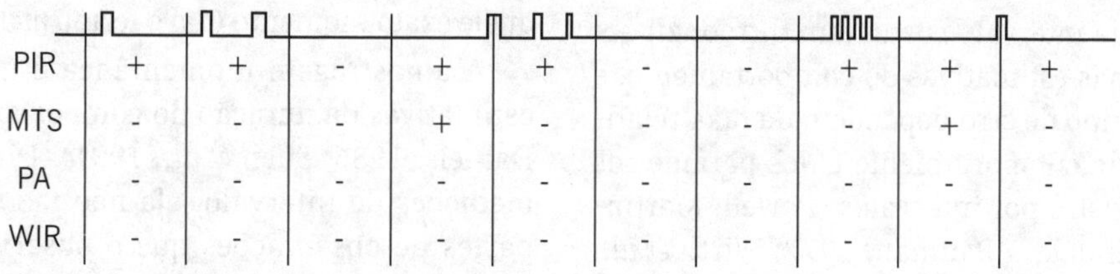

	Porcentagem de tempo gasto	Número de ocorrências
Real	7%	11
Estimativas		
PIT	70%	7
MTS	20%	2
PAS	0%	0
WIR	0%	0

FIGURA 8.2 Demonstração de resultados hipotéticos obtidos utilizando diferentes convenções de amostragem temporal por meio da análise de uma fita de eventos gravados. A largura da figura representa 150 segundos, e as linhas verticais representam intervalos de 15 segundos. A tabela apresenta os resultados de uma análise dessa fita. Abreviaturas como na Figura 8.1. Adaptada em parte de Tyler (1979). Direitos autorais da Elsevier. Adaptada com permissão da editora.

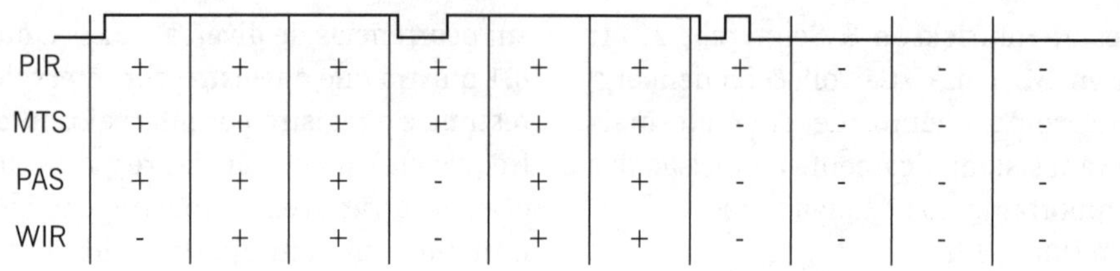

	Porcentagem de tempo gasto	Número de ocorrências
Estimativas reais	57%	3
PIT	70%	70
MTS	60%	6
PAS	50%	5
WIR	40%	4

FIGURA 8.3 Demonstração de resultados hipotéticos obtidos utilizando diferentes convenções de amostragem temporal por meio da análise de uma fita de eventos gravados. A largura da figura representa 150 segundos, e as linhas verticais representam intervalos de 15 segundos. A tabela apresenta os resultados de uma análise dessa fita. Abreviaturas como na Figura 8.1. Adaptada em parte de Tyler (1979). Direitos autorais da Elsevier. Adaptada com permissão da editora.

de uma resposta instantânea de taxa moderada, mas superestima de maneira grosseira sua duração. Tanto a amostragem da atividade predominante quanto o registro por intervalo completo são incapazes de detectar quaisquer respostas em um fluxo comportamental desse tipo. A Figura 8.3 mostra que o registro por intervalos parciais superestima um pouco a duração e a frequência do comportamento de longa duração, ao passo que a amostragem da atividade predominante e o registro por intervalos inteiros subestimam ligeiramente a sua duração e superestimam a frequência.

As medições de intervalo costumam introduzir erros substanciais nas estimativas do comportamento, e a quantidade e o tipo de erro dependem da taxa relativa e da duração do comportamento e dos parâmetros do sistema de registro por intervalos (Powell, Martindale, Kulp, Martindale & Bauman, 1977; Wirth *et al.*, 2014). No entanto, o registro por intervalo, sobretudo o parcial, está entre os procedimentos de mensuração mais utilizados pelos analistas do comportamento (Bailey & Burch, 2002). A conveniência do registro e sua sensibilidade para detectar mudanças nas dimensões relevantes do comportamento em função da intervenção são as prováveis razões para sua popularidade (Harrop & Daniels, 1986, 1993). Por exemplo, o registro por intervalo parcial provavelmente subestimará a magnitude da mudança no comportamento instantâneo de alta frequência e fornecerá uma estimativa conservadora da mudança de comportamento (Harrop & Daniels, 1986; Suen *et al.*, 1991). No entanto, isso não é necessariamente uma limitação do procedimento, pois reduz a probabilidade de erros do tipo I.

Amostragem momentânea. Consiste em registrar um intervalo como positivo se o comportamento-alvo ocorrer em momento predeterminado (Harrop & Daniels, 1986). Um temporizador definido para soar a cada 10 segundos pode solicitar que os observadores avaliem se o comportamento-alvo ocorreu. Quando o cronômetro dispara, os observadores olham para o cliente e registram se ele está realizando o comportamento-alvo naquele exato momento (daí o termo *momentânea*).

A amostragem momentânea é útil para fornecer estimativas da duração do comportamento (Harrop & Daniels, 1986; Suen *et al.*, 1991). Diferentemente das medições de intervalo, ela não faz suposições sobre partes de observações que o observador não amostrou. Este registra um intervalo positivo se ocorrer uma resposta em qualquer ponto do intervalo com registro por intervalo parcial. O observador registra um intervalo negativo, a menos que o comportamento tenha ocorrido durante todo o intervalo com registro por intervalo inteiro. Já a amostragem momentânea só faz suposições sobre os períodos momentâneos nos quais o observador amostrará o comportamento, e o analista do comportamento calcula estimativas de duração proporcional dividindo o número de ocorrências registradas pelo número total de intervalos, o que produz uma estimativa potencialmente imparcial da duração (Suen *et al.*, 1991).

Em geral, os resultados da pesquisa têm mostrado que a amostragem momentânea não superestima ou subestima sistematicamente o comportamento. Os erros nas estimativas costumam ser próximos do aleatório, levando a estimativas precisas da média (Brookshire, Nicholas & Krueger, 1978; Green & Alverson, 1978; Harrop & Daniels, 1986; Mudford, Beale & Singh, 1990; Murphy e Goodall, 1980; Powell *et al.*, 1975, 1977; Repp *et al.*, 1988; Suen *et al.*, 1991; Tyler, 1979). No entanto, Wirth *et al.* (2014) constataram que a amostragem momentânea é enviesada em direção a subestimar quando as durações cumulativas de eventos são baixas e superestimar quando as durações de eventos cumulativas são altas. Harrop e Daniels (1993) advertem que, embora as estimativas momentâneas de amostragem de tempo geralmente correspondam às durações reais do comportamento, estimativas imparciais não são necessariamente precisas quando baseadas em uma única sessão de observação. Em coerência com essa noção, os pesquisadores descobriram que aumentos no período de observação reduzem a magnitude e a variabilidade do erro na amostragem momentânea (Devine *et al.*, 2011; Wirth *et al.*, 2014). Embora não existam diretrizes definitivas para o uso de amostragem momentânea no tempo, o uso desse método pode ser aconselhável em algumas situações, como quando comportamentos de alta frequência e longa duração são de interesse e quando a observação envolve múltiplas respostas ou organismos (Hanley, Cammilleri, Tiger & Ingvarsson, 2007; Murphy & Harrop, 1994). Não recomendamos amostragem momentânea para respostas de curta duração ou que ocorrem com pouca frequência (Arrington, 1943).

As Figuras 8.1, 8.2 e 8.3 fornecem demonstrações hipotéticas da sensibilidade da amostragem momentânea para fluxos comportamentais com ocorrências de resposta de diversas taxas e durações. A Figura 8.1 mostra que a amostragem momentânea fornece ligeira subestimação do comportamento de duração variável e taxa moderada. A Figura 8.2 demonstra que essa amostragem pode subestimar grosseiramente a frequência e a duração da resposta instantânea de taxa moderada. No entanto, é provável que a amostragem momentânea forneça uma estimativa próxima da duração global e uma superestimativa da frequência de comportamentos de duração relativamente longa que ocorrem durante grande parte do período de observação, como demonstrado na Figura 8.3.

A amostragem momentânea tem diversas vantagens. Cameron, Crosbie e Crocker (1988) sugeriram que essa é uma boa escolha porque os pesquisadores podem analisar dados com estatísticas inferenciais, o que pode dar um auxílio comunicativo ao apresentar resultados para psicólogos e outros profissionais que aderem a paradigmas não analíticos comportamentais. Outro benefício fundamental da amostragem momentânea é a facilidade de implementação (Brulle & Repp,1984; Brookshire *et al.*, 1978). Embora a amostragem momentânea não seja um método de observação isento de erros, Murphy e Goodall (1980) sugeriram que ela pode ser a melhor opção disponível quando o registro contínuo não é viável.

Há diversas limitações em potencial na amostragem momentânea, incluindo representação inadequada de certas dimensões comportamentais e insensibilidade à duração, frequência e mudanças de comportamento reais (Repp *et al.*, 1976). Diversos autores relataram que a amostragem momentânea pode não ser tão sensível a pequenas mudanças nas taxas reais de comportamento quanto o registro por intervalos parciais (Harrop & Daniels, 1986; Harrop, Daniels & Foulkes, 1990). Tyler (1979) discutiu a dificuldade em utilizar amostragem momentânea quando o comportamento de interesse não é passível de reconhecimento instantâneo. Apesar dessas reservas, muitos pesquisadores mostraram que medições de amostragem momentânea correlacionam-se muito com medições contínuas (p. ex., Brulle & Repp, 1984; Harrop & Daniels, 1986; Powell *et al.*, 1977).

Como no registro por intervalo, a menor duração do intervalo geralmente produzirá dados mais precisos na amostragem momentânea (Brookshire *et al.*, 1978; Brulle & Repp, 1984; Harrop & Daniels, 1985; Kearns, Edwards & Tingstrom, 1990; Mansell, 1985; Saudargas & Zanolli, 1990). Brulle e Repp (1984) examinaram diferentes comprimentos de intervalo e descobriram que intervalos de 10, 20, 30 e 60 segundos forneceram estimativas precisas da duração média do comportamento-alvo, mas que um intervalo de 120 segundos foi preciso apenas quando o comportamento-alvo ocorreu por mais de 10% da sessão. O intervalo de 240 segundos foi preciso apenas quando o comportamento ocorreu em mais de 20% da sessão. Harrop e Daniels (1985) advertiram que os pesquisadores só deveriam usar intervalos superiores a 30 segundos quando o comportamento-alvo ocorresse durante 25% ou mais do período total de observação. Os resultados de Devine *et al.* (2011) são consistentes com essa última recomendação. Thomson, Holmberg e Baer (1974) examinaram o comprimento dos intervalos e a rotação dos intervalos de observação ao observar comportamentos de múltiplos organismos. Eles sugeriram que a menor porcentagem de erro ocorre quando o comportamento é amplamente disperso pelo esquema de observação.

Algumas pesquisas compararam a precisão da amostragem momentânea e do registro por intervalo. Green, McCoy, Burns e Smith (1982) compararam o registro por intervalo inteiro, registro por intervalo parcial e amostragem momentânea. Eles relataram que a amostragem momentânea proporcionou maior representatividade do comportamento real e produziu menos erros de observador do que outros métodos de registro por intervalo. Wirth *et al.* (2014) verificaram que a amostragem momentânea no tempo resultou, em geral, em menor magnitude absoluta global do erro quando comparada com o registro por intervalos parciais, mas que a variabilidade do erro foi maior com a amostragem momentânea (i.e., por vezes subestimou e por vezes superestimou o comportamento). Como já dito, a magnitude global do erro tende a diminuir com o aumento da duração dos períodos de observação.

Considerações finais

O objetivo deste capítulo foi revisar os métodos de registro observacional, examinar as características de cada método e fornecer aos leitores um método de seleção da técnica observacional ideal. Para auxiliar analistas do comportamento e pesquisadores nessa tarefa, desenvolvemos fluxogramas de decisão (ver Figuras 8.4 e 8.5). Observe que não foram incluídos caminhos que levassem às medidas de intensidade e de latência nos gráficos, devido à natureza descritiva dos rótulos de medidas. O leitor deve, ainda, notar que as referências ao registro por intervalo se referem de maneira invariável ao método dos intervalos parciais, mas que o registro por intervalos inteiros e a amostragem das atividades predominantes podem, por vezes, ser apropriados para respostas que também são relativamente bem captadas por amostragens momentâneas. Para simplificar a tarefa do leitor, incluímos fluxogramas separados descrevendo os caminhos de decisão recomendados que são aplicáveis quando as dimensões comportamentais de interesse são a frequência (Figura 8.4) e a duração (Figura 8.5).

Ao decidir qual sistema de mensuração utilizar, deve-se primeiro perguntar qual dimensão do comportamento – frequência ou duração – é de interesse primário. Podemos dividir as medidas de frequência do comportamento em três categorias, cada uma das quais depende de uma forma diferente de observação (ver Figura 8.4). Produtos permanentes são ideais para casos nos quais o comportamento resulta em um produto tangível que os observadores podem medir (p. ex., número de frases escritas). O registro de eventos (i.e., uma contagem de frequência) é mais adequado para casos em que o comportamento tem início e término claros e definíveis, que os observadores podem contar (p. ex., bater na cabeça com a mão). Por fim, um método de intervalo parcial é mais apropriado para comportamentos que não têm início e término delineados, ou que ocorrem a uma taxa tão alta que os observadores não podem registrá-los com facilidade e precisão. No entanto, os observadores podem utilizar a amostragem momentânea se a observação contínua não for possível ou se as respostas forem de duração desigual. Os observadores devem utilizar medidas de duração quando o comportamento é discreto (p. ex., comportamento sentado), e o observador registra um número gerenciável de topografias de resposta em um indivíduo constantemente durante todo o período de observação. A amostragem momentânea é mais adequada para casos nos quais (1) o comportamento contínuo e não discreto é o alvo; (2) as observações são contínuas ou descontínuas; (3) quando o coletor de dados está observando múltiplas respostas ao mesmo tempo, ou o mesmo comportamento em mais de uma pessoa; ou (4) existe alguma combinação dessas circunstâncias. No entanto, os observadores devem usar o registro por intervalo se o comportamento for não discreto, mas instantâneo (i.e., respostas sem início ou término claramente delineados, mas com durações curtas). Por fim, um método de registro por intervalo produz uma estimativa aproximada da frequência e da duração.

Como os analistas do comportamento utilizam métodos observacionais amplamente, e a correspondência de procedimentos de registro para direcionar comportamentos é fundamental, os métodos discutidos neste capítulo são de suma importância. É provável que a seleção correta dos sistemas de observação produza intervenções mais eficientes e eficazes. Uma compreensão abrangente dos métodos de mensuração ajudará os analistas do comportamento a fornecerem informações precisas sobre os métodos de mensuração, incluindo seus benefícios, suas limitações e suas características.

A seleção de um sistema de mensuração pode ser uma tarefa difícil, e as escolhas entre vários sistemas de mensuração podem ter grande impacto no resultado da coleta de dados e nas decisões subsequentes sobre os dados. Os analistas do comportamento devem encontrar um equilíbrio delicado entre identificar métodos para fornecer os meios de amostragem mais eficientes e representativos, por um lado, e ainda considerar as características únicas do comportamento, por outro. Por conseguinte, os investigadores e os clínicos devem compreender totalmente as nuances entre esses diferentes métodos de registro.

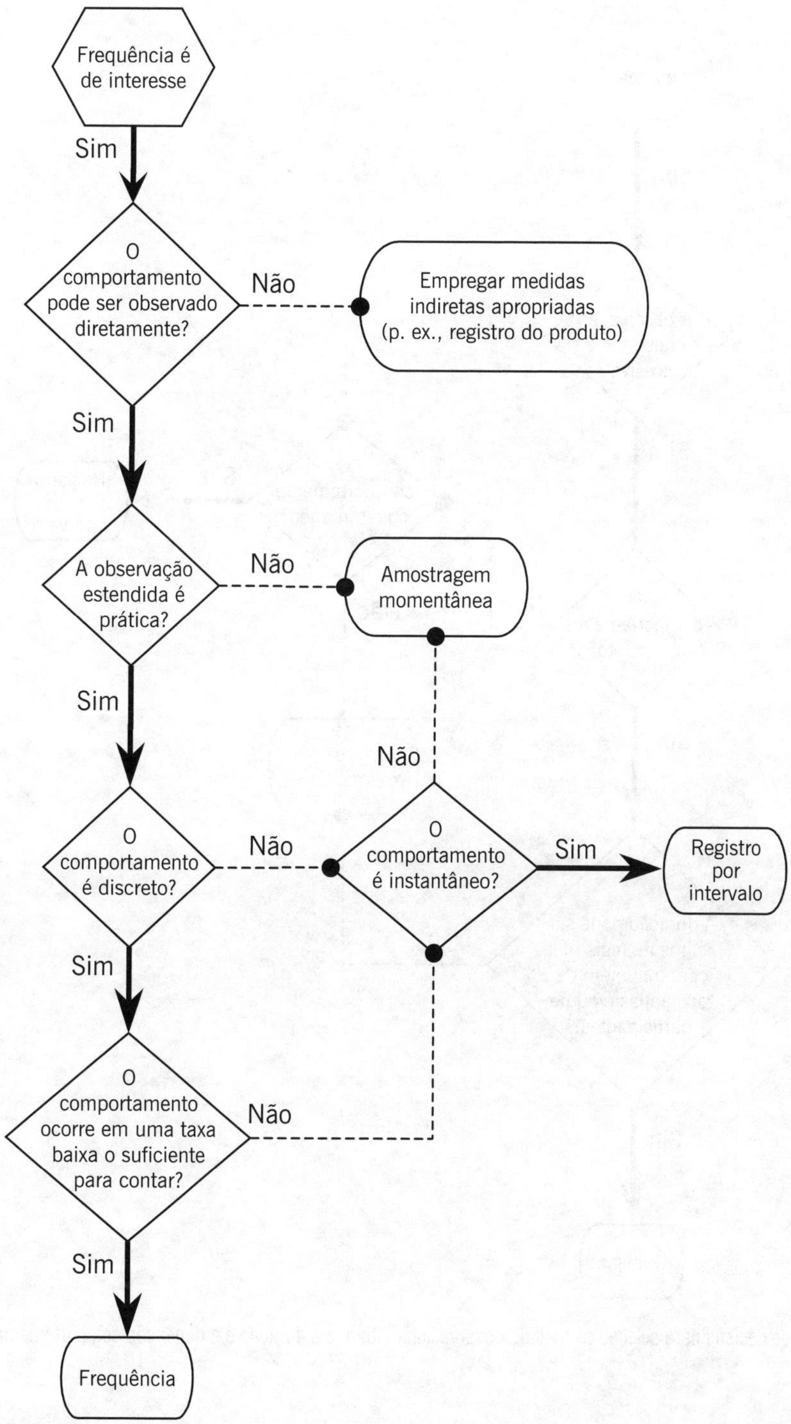

FIGURA 8.4 Fluxograma de decisão para seleção de método observacional quando a frequência é a dimensão comportamental de interesse.

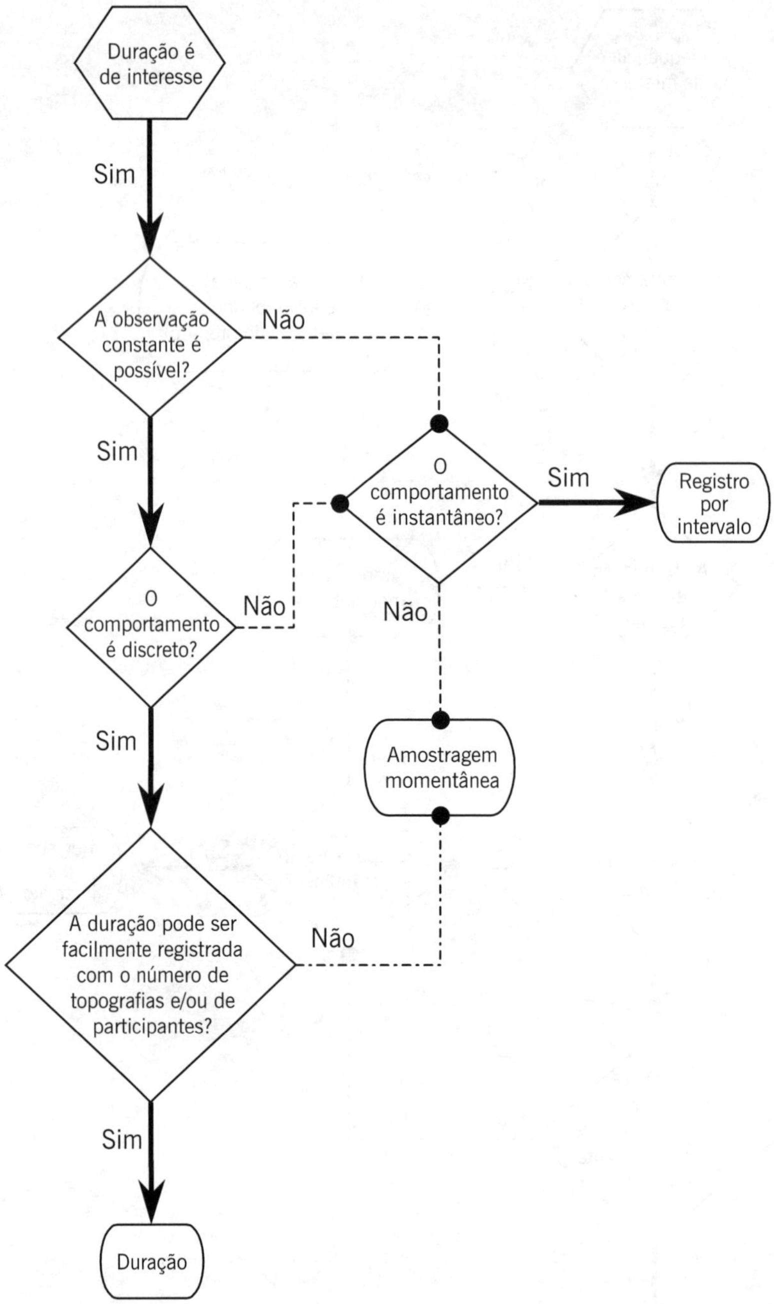

FIGURA 8.5 Fluxograma de decisão para seleção de método observacional quando a duração é a dimensão comportamental de interesse.

Referências

Adams, R. M. (1991). Momentary and partial interval time sampling: A reply to Harrop, Daniels and Foulkes (1990). *Behavioural Psychotherapy, 19*, 333-336.

Alevizos, P., DeRisi, W., Liberman, R., Eckman, T., & Callahan, E. (1978). The behavior observation instrument: A method of direct observation for program evaluation. *Journal of Applied Behavior Analysis, 11*, 243-257.

Altmann, J. (1974). Observational study of behavior: Sampling methods. *Behaviour, 49*, 227-267.

Applegate, H., Matson, J. L., & Cherry, K. E. (1999). An evaluation of functional variables affecting severe problem behaviors in adults with mental retardation by using the Questions about Behavioral Functions Scale (QABF). *Research in Developmental Disabilities, 20*, 229-237.

Arrington, R. E. (1943). Time-sampling in studies of social behavior: A critical review of techniques and results with research suggestions. *Psychological Bulletin, 40*, 81-124.

Baer, D. M., Wolf, M. M., & Risley, T. R. (1968). Some current dimensions of applied behavior analysis. *Journal of Applied Behavior Analysis, 1*, 91-97.

Bailey, J. S., & Burch, M. R. (2002). *Research methods in applied behavior analysis.* Thousand Oaks, CA: SAGE.

Bass, R. F. (1987). Computer-assisted observer training. *Journal of Applied Behavior Analysis, 20*, 83-88.

Beaver, B. R., & Busse, R. T. (2000). Informant reports: Conceptual and research bases of interviews with parents and teachers. Em E. S. Shapiro & T. R. Kratochwill (Eds.), *Behavioral assessment in schools* (2nd ed., p. 257-287). Nova York: Guilford Press.

Bijou, S. W., Peterson, R. F., & Ault, M. H. (1968). A method to integrate descriptive and experimental field studies at the level of data and empirical concepts. *Journal of Applied Behavior Analysis, 1*, 175-191.

Bijou, S. W., Peterson, R. F., Harris, F. R., Allen, K. E., & Johnston, M. S. (1969). Methodology for experimental studies of young children in natural settings. *Psychological Record, 19*, 177-210.

Bowman, L. G., Fisher, W. W., Thompson, R. H., & Piazza, C. C. (1997). On the relation of mands and the function of destructive behavior. *Journal of Applied Behavior Analysis, 30*, 251-265.

Brookshire, R. H., Nicholas, L. S., & Krueger, K. (1978). Sampling of speech pathology treatment activities: An evaluation of momentary and interval time sampling procedures. *Journal of Speech and Hearing Research, 21*, 652-667.

Brulle, A. R., & Repp, A. C. (1984). An investigation of the accuracy of momentary time sampling procedures with time series data. *British Journal of Psychology, 75*, 481-485.

Cameron, D. L., Crosbie, J., & Crocker, A. D. (1988). A fixed interval momentary sampling method for assessing ongoing behaviors induced by dopamine receptor agonists. *Progress in Neuro-Psychopharmacology and Biological Psychiatry, 12*, 595-606.

Cariveau, T., & Kodak, T. (2017). Programming a randomized dependent group contingency and common stimuli to promote durable behavior change. *Journal of Applied Behavior Analysis, 50*, 121-133.

Connell, J. E., & Witt, J. C. (2004). Applications of computer-based instruction: Using specialized software to aid letter-name and letter-sound recognition. *Journal of Applied Behavior Analysis, 37*, 67-71.

Cooper, J. O., Heron, T. E., & Heward, W. L. (2020). *Applied behavior analysis* (3rd ed.). Upper Saddle River, NJ: Pearson.

Cordes, A. K. (1994). The reliability of observational data: I. Theories and methods for speech language pathology. *Journal of Speech and Hearing Research, 37*, 264-278.

Critchfield, T. S. (1999). An unexpected effect of recording frequency in reactive self-monitoring. *Journal of Applied Behavior Analysis, 32*, 389-391.

Dempsey, C. M., Iwata, B. A., Fritz, J. N., & Rolider, N. U. (2012). Observer training revisited: A comparison of *in vivo* and video instruction. *Journal of Applied Behavior Analysis, 45*, 827-832.

Devine, S. L., Rapp, J. T., Testa, J. R., Henrickson, M. L., & Schnerch, G. (2011). Detecting changes in simulated events using partial-interval recording and momentary-time sampling: III. Evaluating sensitivity as a function of session length. *Behavioral Interventions, 26*, 103-124.

Dixon, M. R. (2003). Creating a portable data-collection system with Microsoft® embedded visual tools for the pocket PC. *Journal of Applied Behavior Analysis, 36*, 271-284.

Doll, B., & Elliott, S. N. (1994). Representativeness of observed preschool social behaviors: How many data are enough? *Journal of Early Intervention, 18*, 227-238.

Fisher, W. W., Lindauer, S. E., Alterson, C. J., & Thompson, R. H. (1998). Assessment and treatment of destructive behavior maintained by stereotypic object manipulation. *Journal of Applied Behavior Analysis, 31*, 513-527.

Fisher, W. W., Piazza, C. C., Bowman, L. G., & Amari, A. (1996). Integrating caregiver report with a systematic choice assessment to enhance reinforcer identification. *American Journal on Mental Retardation, 101*, 15-25.

Fisher, W. W., Rodriguez, N. M., & Owen, T. M. (2013). Functional assessment and treatment of perseverative speech about restricted topics in an adolescent with Asperger syndrome. *Journal of Applied Behavior Analysis, 46*, 307-311.

Fritz, J. N., Iwata, B. A., Hammond, J. L., & Bloom, S. E. (2013). Experimental analysis of precursors to severe problem behavior. *Journal of Applied Behavior Analysis, 46*, 101-129.

Fuhrman, A. M., Fisher, W. W., & Greer, B. D. (2016). A preliminary investigation on improving functional communication training by mitigating resurgence of destructive behavior. *Journal of Applied Behavior Analysis, 49*, 884-899.

Grace, N. C., Thompson, R., & Fisher, W. W. (1996). The treatment of covert self-injury through contingencies on response products. *Journal of Applied Behavior Analysis, 29*, 239-242.

Green, S. B., & Alverson, L. G. (1978). A comparison of indirect measures for long-duration behaviors. *Journal of Applied Behavior Analysis, 11*, 530.

Green, S. B., McCoy, J. F., Burns, K. P., & Smith, A. C. (1982). Accuracy of observational data with whole interval, partial interval, and momentary-time-sampling recording techniques. *Journal of Behavioral Assessment, 4*, 103-118.

Gresham, F. M., Gansle, K. A., & Noell, G. H. (1993). Treatment integrity in applied behavior analysis with children. *Journal of Applied Behavior Analysis, 26*, 257-263.

Gutowski, S. J., & Stromer, R. (2003). Delayed matching to two-picture samples by individuals with and without disabilities: An analysis of the role of naming. *Journal of Applied Behavior Analysis, 36*, 487-505.

Hagopian, L. P., Contrucci Kuhn, S. A., Long, E. S., & Rush, K. S. (2005). Schedule thinning following communication training: Using competing stimuli to enhance tolerance to decrements in reinforcer density. *Journal of Applied Behavior Analysis, 38*, 177-193.

Hanley, G. P., Cammilleri, A. P., Tiger, J. H., & Ingvarsson, E. T. (2007). A method for describing preschoolers' activity preferences. *Journal of Applied Behavior Analysis, 40*, 603-618.

Hanley, G. P., Iwata, B. A., Lindberg, J. S., & Conners, J. (2003). Response-restriction analysis: I. Assessment of activity preferences. *Journal of Applied Behavior Analysis, 36*, 47-58.

Hansen, B. D., Sabey, C. V., Rich, M., Marr, D., Robins, N., & Barnett, S. (2019). Latency-based functional analysis in schools: Correspondence and differences across environments. *Behavioral Interventions, 34*, 366-376.

Harrop, A., & Daniels, M. (1985). Momentary time sampling with time series data: A commentary on the paper by Brulle & Rep. *British Journal of Psychology, 76*, 533-537.

Harrop, A., & Daniels, M. (1986). Methods of time sampling: A reappraisal of momentary-time sampling and partial interval recording. *Journal of Applied Behavior Analysis, 19*, 73-77.

Harrop, A., & Daniels, M. (1993). Further reappraisal of momentary-time sampling and partial-interval recording. *Journal of Applied Behavior Analysis, 26*, 277-278.

Harrop, A., Daniels, M., & Foulkes, C. (1990). The use of momentary-time sampling and partial interval recording in behavioral research. *Behavioural Psychotherapy, 18*, 121-127.

Hartmann, D. P. (1984). Assessment strategies. Em D. H. Barlow & M. Hersen (Eds.), *Single case experimental designs: Strategies for studying behavior change* (2nd ed., p. 107-139). Nova York: Pergamon Press.

Hartmann, D. P., & Wood, D. D. (1982). Observational methods. Em A. S. Bellack, M. Hersen, & A. E. Kazdin (Eds.), *International handbook of behavior modification and therapy* (p. 109-133). Nova York: Plenum Press.

Hersen, M., & Barlow, D. H. (1976). *Single case experimental designs: Strategies for studying behavior change*. Oxford, UK: Pergamon Press.

Hoch, H., McComas, J. J., Johnson, L., Faranda, N., & Guenther, S. L. (2002). The effects of magnitude and quality of reinforcement on choice responding during play activities. *Journal of Applied Behavior Analysis, 35*, 171-181.

Jackson, J., & Dixon, M. R. (2007). A mobile computing solution for collecting functional analysis data on a Pocket PC. *Journal of Applied Behavior Analysis, 40*, 359-384.

Johnston, J. M., & Pennypacker, H. S. (1993). *Strategies and tactics of behavioral research* (2nd ed.). Hillsdale, NJ: Erlbaum.

Kahng, S., & Iwata, B. A. (1998). Computerized systems for collecting real-time observational data. *Journal of Applied Behavior Analysis, 31*, 253-261.

Kazdin, A. E. (1977). Artifact, bias, and complexity of assessment: The ABC's of reliability. *Journal of Applied Behavior Analysis, 10*, 141-150.

Kazdin, A. E. (1979). Unobtrusive measures in behavioral assessment. *Journal of Applied Behavior Analysis, 12*, 713-724.

Kazdin, A. E. (2001). *Behavior modification in applied settings* (6th ed.). Belmont, CA: Wadsworth/Thomson Learning.

Kearns, K., Edwards, R., & Tingstrom, D. H. (1990). Accuracy of long momentary-time sampling intervals: Implications for classroom data collection. *Journal of Psychoeducational Assessment, 8*, 74-85.

Kelly, M. B. (1976). A review of academic permanent-product data collection and reliability procedures in applied behavior analysis research. *Journal of Applied Behavior Analysis, 9*, 211.

Kent, R. N., Kanowitz, J., O'Leary, K. D., & Cheiken, M. (1977). Observer reliability as a function of circumstances of assessment. *Journal of Applied Behavior Analysis, 10*, 317-324.

Kent, R. N., O'Leary, K. D., Dietz, A., & Diament, C. (1979). Comparison of observational recordings *in vivo*, via mirror, and via television. *Journal of Applied Behavior Analysis, 12*, 517-522.

Lannie, A. L., & Martens, B. K. (2004). Effects of task difficulty and type of contingency on students' allocation of responding to math worksheets. *Journal of Applied Behavior Analysis, 37*, 53-65.

Lepper, T. L., Devine, B., & Petursdottir, A. I. (2016). Application of a lag contingency to reduce perseveration on circumscribed interests: A brief report. *Developmental Neurorehabilitation, 20*, 313-316.

Lerman, D. C., Parten, M., Addison, L. R., Vorndran, C. M., Volkert, V. M., & Kodak, T. (2005). A methodology for assessing the functions of emerging speech in children with developmental disabilities. *Journal of Applied Behavior Analysis, 38*, 303-316.

Maglieri, K. A., DeLeon, I. G., Rodriguez-Catter, V., & Sevin, B. M. (2000). Treatment of covert food stealing in an individual with Prader-Willi syndrome. *Journal of Applied Behavior Analysis, 33*, 615-618.

Mansell, J. (1985). Time sampling and measurement error: the effect of interval length and sampling pattern. *Journal of Behavior Therapy and Experimental Psychiatry, 16*, 245-251.

McComas, J. J., & Mace, F. C. (2000). Theory and practice in conducting functional analysis. Em E. S. Shapiro & T. R. Kratochwill (Eds.), *Behavioral assessment in schools* (2nd ed., p. 78-103). Nova York: Guilford Press.

Merrell, K. W. (2000). Informant reports: Theory and research in using child behavior rating scales in school settings. Em E. S. Shapiro & T. R. Kratochwill (Eds.), *Behavioral assessment in schools* (2nd ed., p. 233-256). Nova York: Guilford Press.

Miller, D. L., & Kelley, M. L. (1994). The use of goal setting and contingency contracting for improving children's homework performance. *Journal of Applied Behavior Analysis, 27*, 73-84.

Miltenberger, R. G., Rapp, J. T., & Long, E. S. (1999). A low-tech method for conducting real-time recording. *Journal of Applied Behavior Analysis, 32*, 119-120.

Mudford, O. C., Beale, I. L., & Singh, N. N. (1990). The representativeness of observational samples of different durations. *Journal of Applied Behavior Analysis, 23*, 323-331.

Mudford, O. C., Martin, N. T., Hui, J. K. Y., & Taylor, S. A. (2009). Assessing observer accuracy in continuous recording of rate and duration: Three algorithms compared. *Journal of Applied Behavior Analysis, 42*, 527-539.

Mudford, O. C., Zeleny, J. R., Fisher, W. W., Klum, M. E., & Owen, T. M. (2011). Calibration of observational measurement of rate of responding. *Journal of Applied Behavior Analysis, 44*, 571-586.

Murphy, G., & Goodall, E. (1980). Case histories and shorter communications: Measurement error in direct observations: A comparison of common recording methods. *Behaviour Research and Therapy, 18*, 147-150.

Murphy, M. J., & Harrop, A. (1994). Observer effort in the use of momentary-time sampling and partial interval recording. *British Journal of Psychology, 85*, 169-180.

Nay, R. N. (1979). *Multimethod clinical assessment.* Nova York: Gardner Press.

Nelson, R. O. (1977). Methodological issues in assessment via self-monitoring. Em J. D. Cone & R. P. Hawkins (Eds.), *Behavioral assessment: New directions in clinical psychology* (p. 217-240). Nova York: Brunner/Mazel.

North, S. T., & Iwata, B. A. (2005). Motivational influences on performance maintained by food reinforcement. *Journal of Applied Behavior Analysis, 38*, 317-333.

Northup, J. (2000). Further evaluation of the accuracy of reinforcer surveys: A systematic replication. *Journal of Applied Behavior Analysis, 33*, 335-338.

Odom, S. L., & Ogawa, I. (1992). Direct observation of young children's interactions with peers: A review of methodology. *Behavioral Assessment, 14*, 407-441.

O'Leary, K. D., Kent, R. N., & Kanowitz, J. (1975). Shaping data collection congruent with experimental hypotheses. *Journal of Applied Behavior Analysis, 8*, 43-51.

Page, T. J., & Iwata, B. A. (1986). Interobserver agreement: History, theory, and current practice. Em A. Poling & R. W. Fuqua (Eds.), *Research methods in applied behavior analysis: Issues and advances* (p. 99- 126). Nova York: Plenum Press.

Panos, R., & Freed, T. (2007). The benefits of automatic data collection in the fresh produce supply chain. Em *IEEE International Conference on Automation Science and Engineering* (p. 1034-1038). Piscataway, NJ: Institute of Electrical and Electronics Engineers.

Poling, A., Methot, L. L., & LeSage, M. G. (1995). *Fundamentals of behavior analytic research.* Nova York: Plenum Press.

Powell, J., Martindale, A., & Kulp, S. (1975). An evaluation of time-sample measures of behavior. *Journal of Applied Behavior Analysis, 8*, 463-469.

Powell, J., Martindale, B., Kulp, S., Martindale, A., & Bauman, R. (1977). Taking a closer look: Time sampling and measurement error. *Journal of Applied Behavior Analysis, 10*, 325-332.

Prinz, R. J. (1982). Observing and recording children's behavior. *Behavioral Assessment, 4*, 120-121.

Rapp, J. T., Colby-Dirksen, A. M., Michalski, D. N., Carroll, R. A., & Lindenberg, A. M. (2008). Detecting changes in simulated events using partial-interval recording and momentary-time-sampling. *Behavioral Interventions, 23*, 237-269.

Repp, A. C., Nieminen, G. S., Olinger, E., & Brusca, R. (1988). Direct observation: Factors affecting the accuracy of observers. *Exceptional Children, 55*, 29-36.

Repp, A. C., Roberts, D. M., Slack, D. J., Repp, C. F., & Berkler, M. S. (1976). A comparison of frequency, interval and time-sampling methods of data collection. *Journal of Applied Behavior Analysis, 9*, 501-508.

Rolider, N. U., Iwata, B. A., & Bullock, C. E. (2012). Influences of response rate and distribution on the calculation of interobserver reliability scores. *Journal of Applied Behavior Analysis, 45*, 753-762.

Sanson-Fisher, R. W., Poole, A. D., & Dunn, J. (1980). An empirical method for determining an appropriate interval length for recording behavior. *Journal of Applied Behavior Analysis, 13*, 493-500.

Sanson-Fisher, R. W., Poole, A. D., Small, G. A., & Fleming, I. R. (1979). Data acquisition in real time: An improved system for naturalistic observations. *Behavior Therapy, 10*, 543-554.

Saudargas, R. A., & Zanolli, K. (1990). Momentary time sampling as an estimate of percentage time: A field validation. *Journal of Applied Behavior Analysis, 23*, 533-537.

Schinke, S. P., & Wong, S. E. (1977). Coding group home behavior with a continuous real-time recording device. *Behavioral Engineering, 4*, 5-9.

Sigurdsson, S. O., Aklin, W., Ring, B. M., Needham, M., Boscoe, J., & Silverman, K. (2011). Automated measurement of noise violations in the therapeutic workplace. *Behavior Analysis in Practice, 4*, 47-53.

Slocum, S. K., Grauerholz-Fisher, E., Peters, K. P., & Vollmer, T. R. (2018). A multicomponent approach to thinning reinforcer delivery during noncontingent reinforcement schedules. *Journal of Applied Behavior Analysis, 51*, 61-69.

Suen, H. K., Ary, D., & Covalt, W. (1991). Reappraisal of momentary-time sampling and partial-interval recording. *Journal of Applied Behavior Analysis, 24,* 803-804.

Tapp, J. (2003). Procoder for digital video: User manual. Retrieved November 23, 2005, from *http://mingus.kc.vanderbilt.edu/pcdv.*

Tapp, J., & Walden, T. (1993). PROCODER: A professional tape control, coding, and analysis system for behavioral research using videotape. *Behavior Research Methods, Instruments, and Computers, 25,* 53-56.

Taravella, C. C., Lerman, D., Contrucci, S. A., & Roane, H. S. (2000). Further evaluation of low-ranked items in stimulus-choice preference assessments. *Journal of Applied Behavior Analysis, 33,* 105-108.

Test, D. W., Rose, T. L., & Corum, L. (1990). Applied behavior analysis with secondary students: A methodological review of research published from 1968 to 1987. *Education and Treatment of Children, 13,* 45-62.

Thiemann, K. S., & Goldstein, H. (2001). Social stories, written text cues, and video feedback: Effects on social communication of children with autism. *Journal of Applied Behavior Analysis, 34,* 425-446.

Thomson, C., Holmberg, M., & Baer, D. M. (1974). A brief report on a comparison of time-sampling procedures. *Journal of Applied Behavior Analysis, 7,* 623-626.

Torres-Viso, M., Strohmeier, C. W., & Zarcone, J. R. (2018). Functional analysis and treatment of problem behavior related to mands for rearrangement. *Journal of Applied Behavior Analysis, 51,* 158-165.

Traub, M. R., & Vollmer, T. R. (2019). Response latency as a measure of behavior in the assessment of elopement. *Journal of Applied Behavior Analysis, 52,* 422-438.

Tyler, S. (1979). Time-sampling: Matter of convention. *Animal Behaviour, 27,* 801-810.

VanWormer, J. J. (2004). Pedometers and brief e-counseling: Increasing physical activity for overweight adults. *Journal of Applied Behavior Analysis, 37,* 421- 425.

Wasik, B. H., & Loven, M. D. (1980). Classroom observational data: Sources of inaccuracy and proposed solutions. *Behavioral Assessment, 2,* 211-227.

Wehby, J. H., & Hollahan, M. S. (2000). Effects of high-probability requests on the latency to initiate academic tasks. *Journal of Applied Behavior Analysis, 33,* 259-262.

Whiting, S. W., & Dixon, M. R. (2012). Creating an iPhone application for collecting continuous ABC data. *Journal of Applied Behavior Analysis, 45,* 643- 656.

Wilson, C. W., & Hopkins, B. L. (1973). The effects of contingent music on the intensity of noise in junior high home economics classes. *Journal of Applied Behavior Analysis, 6,* 269-275.

Wilson, D. M., Iwata, B. A., & Bloom, S. E. (2012). Computer-assisted measurement of wound size associated with self-injurious behavior. *Journal of Applied Behavior Analysis, 45,* 797-808.

Wirth, O., Slaven, J., & Taylor, M. A. (2014). Interval sampling methods and measurement error: A computer simulation. *Journal of Applied Behavior Analysis, 47,* 83-100.

9

Delineamentos experimentais de sujeito único

Nicole M. DeRosa, William E. Sullivan, Henry S. Roane,
Andrew R. Craig e Heather J. Kadey

Um dos principais objetivos da análise do comportamento aplicada (ABA, *applied behavior analysis*) é entender como variáveis específicas afetam o comportamento socialmente significativo ou produzem mudança de comportamento. Delineamentos experimentais de sujeito único são ideais para esse tipo de análise, pois o foco está no problema, no ambiente ou no indivíduo que é alvo de avaliação (Kazdin, 2016). Delineamentos experimentais de sujeito único envolvem avaliação contínua para medir o comportamento ao longo do tempo. Desse modo, o uso de delineamentos de sujeito único permite que um analista do comportamento determine se uma variável independente (p. ex., intervenção) produziu a mudança desejada na variável dependente alvo (p. ex., agressão). Esses delineamentos também oferecem ao analista do comportamento a flexibilidade de modificar as medições e o método para se adequar ao problema de interesse.

Embora adequados para uso com indivíduos, os delineamentos experimentais de sujeito único na ABA não excluem os de grupo ou de análise estatística (Roane, Ringdahl, Kelley & Glover, 2011). No entanto, os delineamentos de grupo podem não permitir que um analista do comportamento determine variações individuais nos efeitos de uma variável independente sobre a dependente de interesse para determinado indivíduo. Em outras palavras, o analista do comportamento não pode utilizar um delineamento de grupo para determinar os efeitos (p. ex., ótimo, mínimo, sem efeito) que a variável independente tem sobre a mudança de comportamento de um indivíduo. Da mesma forma, o uso da análise estatística pode obscurecer os resultados da mudança de comportamento no nível do indivíduo. Por exemplo, suponha que uma intervenção produza redução estatisticamente significativa na ocorrência de comportamento autolesivo; essas descobertas podem não ter significância clínica se o nível reduzido de autolesão produzir dano tecidual. Já delineamentos experimentais de sujeito único são apropriados para rastrear mudanças contínuas e momentâneas na ocorrência do comportamento-alvo que permitem ao analista do comportamento determinar se a mudança comportamental é clinicamente significativa para o indivíduo.

O objetivo principal do delineamento experimental de sujeito único é demonstrar uma *relação funcional* – os efeitos de uma variável independente sobre uma dependente (Baer, Wolf & Risley, 1968). Uma variável independente é aquela, como a intervenção, que um analista do comportamento pode manipular para afetar uma variável dependente, que em geral é o comportamento-alvo da mudança. Há uma relação funcional quando as mudanças na variável dependente ocorrem apenas durante as manipulações da independente. Desse modo, o analista do comportamento pode utilizar um delineamento experimental de sujeito único para identificar de maneira sistemática variáveis que influenciam a ocorrência do comportamento. Neste capítulo, revisamos a coleta de dados, a inspeção visual dos dados e os delineamentos experimentais específicos de sujeito único, que ilustramos com dados hipotéticos e com dados de nosso trabalho e de outros pesquisadores.

Coleta de dados

O uso efetivo de delineamentos experimentais de sujeito único dependem de uma coleta de dados precisa e confiável. Etapas importantes no desenvolvimento preciso e confiável de um procedimento de coleta de dados incluem a definição do(s) comportamento(s)-alvo, a seleção de um sistema de coleta de dados e a coleta de dados da linha de base (Roane *et al.*, 2011). Além disso, discutem-se outras variáveis que influenciam a coleta de dados em estratégias envolvendo delineamentos experimentais de sujeito único. Vamos nos concentrar em como o ambiente e as condições de observação podem afetar os resultados da coleta de dados, pois essas são variáveis que os analistas do comportamento muitas vezes ignoram.

O desenvolvimento de uma definição operacional para o comportamento-alvo de interesse é um primeiro passo importante no processo de coleta de dados. As definições operacionais devem ser (1) observáveis, (2) baseadas em uma ação e (3) descritivas. A mensuração do comportamento observável é preferível à mensuração de comportamentos difíceis ou impossíveis de se observar, como os estados internos. Os analistas do comportamento medem o comportamento observável para evitar fazer inferências sobre a causa do comportamento, como "ele estava com raiva", e para garantir que o comportamento medido seja uma representação precisa do comportamento de interesse como ocorre no ambiente-alvo. Por exemplo, *bater* é um comportamento observável com início e fim claros, já *estar com raiva* é um estado emocional deduzido. Um observador pode inferir que uma pessoa está com raiva se ela bater em alguém, mas o ato de bater pode ocorrer por outros motivos.

Para desenvolver uma definição operacional, o analista do comportamento deve considerar a ação, e não o resultado do comportamento, a menos que ele esteja utilizando uma medida de produto permanente do comportamento, como o número de problemas de matemática concluídos. O observador deve registrar uma ocorrência do comportamento se ele atender aos parâmetros da definição, independentemente de sua consequência ou sua intenção percebida. Por exemplo, o observador deve registrar um giro de cabeça durante uma observação ao longo de uma refeição se o comportamento observado corresponder à definição operacional (p. ex., a cabeça se movendo 45 graus para longe do utensílio), independentemente de o comportamento ter ocorrido após o som de uma porta se abrindo e alguém entrando na sala. A definição operacional também deve incluir detalhes que diferenciem o comportamento-alvo de outros comportamentos, de modo que dois observadores independentes meçam o comportamento-alvo de forma confiável. Por exemplo, se a definição operacional for tocar em um cartão com pelo menos um dedo no lado da palma da mão, o observador deve registrar a comunicação adequada quando uma criança tocar no cartão com um dedo no lado da palma da mão, mas não quando ela tocar no cartão com outras partes do corpo, como o braço.

O próximo passo na coleta de dados é selecionar um sistema de mensuração apropriado. Existem quatro categorias de mensuração de comportamento: (1) registro de eventos, (2) registro de duração, (3) registro por intervalo e (4) registro de produto permanente (Kahng, Ingvarsson, Quigg, Seckinger & Teichman, 2011; Roane *et al.*, 2011). A definição operacional do comportamento-alvo influenciará qual sistema de mensuração é mais apropriado. Em geral, o registro de eventos é apropriado para respostas discretas – comportamentos com início e fim claros. O observador normalmente registra cada ocorrência do comportamento-alvo. Os eventos registrados em geral são convertidos em uma taxa, como frequência ao longo da unidade de tempo. Em alguns casos, o registro de duração, no qual o observador registra o momento no qual um comportamento ocorre, é apropriado para comportamentos discretos que ocorrem em alta frequência. O registro de duração também é apropriado para comportamentos contínuos, como permanecer na tarefa, sobretudo quando o momento em que o comportamento ocorre é o alvo mais importante para a mudança. O observador pode relatar um registro de duração como uma duração de tempo (p. ex., "a criança chorou por 5 minutos") ou como uma porcentagem de tempo (p. ex., "a criança chorou durante 50% do tempo da sessão"). O registro por intervalo é útil se quisermos saber se o comportamento ocorreu ou não em um intervalo específico. O observador registraria a ocorrência do comportamento se ele ocorresse a qualquer momento durante o intervalo com registro parcial deste, ou se o comportamento ocorresse para todo o intervalo com o registro dele inteiro. Em geral, os dados de intervalo são relatados como porcentagem de intervalos. O registro permanente do produto mede o resultado de um comportamento, como o número de páginas de lição de casa concluídas.

Neste capítulo, daremos uma breve visão geral das definições operacionais e da mensuração do comportamento, mas o leitor pode consultar Kahng *et al.* (Capítulo 8 deste livro) para obter uma revisão mais aprofundada. A seguir, discutimos como as variáveis de ambiente e de condição podem afetar os resultados da coleta de dados.

Efeitos do ambiente

É preciso haver controle cuidadoso de variáveis exteriores, que podem afetar o comportamento, para demonstrar uma relação funcional entre as variáveis independentes e as dependentes. Um analista do comportamento não pode ter certeza de que as mudanças observadas ou a ausência de mudanças observadas na variável dependente são função da manipulação da variável independente na ausência desse controle. O ambiente no qual o analista do comportamento conduz a manipulação da variável independente pode afetar a dependente apesar da manipulação. Uma forma simples de discutir esses efeitos é considerar o ambiente como uma dicotomia entre ambientes naturais e manipulados, embora existam muitas gradações sutis entre os desfechos dessa dicotomia.

A realização de observações no ambiente natural pode ser vantajosa, pois é aí que ocorre o comportamento-alvo. No entanto, a desvantagem é que as variáveis no ambiente podem ser mais difíceis de se controlar. Uma segunda desvantagem relacionada é que podem estar presentes variáveis que podem afetar o comportamento-alvo de forma inconsistente. Os clínicos podem ser mais propensos a realizar manipulações no ambiente natural, sobretudo se esse for o ambiente no qual trabalham. Os pesquisadores clínicos, em contrapartida, muitas vezes optam por realizar experimentos em ambientes manipulados como clínicas ou hospitais, para exercer controle mais rigoroso sobre variáveis estranhas. O controle de tais variáveis permite que os pesquisadores tenham mais confiança sobre a relação identificada entre as variáveis independentes e as dependentes. No entanto, o uso de um ambiente manipulado pode reduzir a confiança na validade social dos achados, ou seja, um pesquisador identificaria a mesma relação entre as variáveis independentes e as dependentes no ambiente natural? Outra desvantagem relacionada do ambiente manipulado é que o este pode exercer sua própria influência sobre o comportamento.

A maioria dos delineamentos experimentais de sujeito único inclui uma medida do comportamento-alvo em uma condição de linha de base. Os analistas do comportamento comparam níveis ou taxas do comportamento-alvo na linha de base e aqueles após a manipulação, para determinar se esta produziu uma mudança no nível ou na taxa do comportamento-alvo. O analista do comportamento pode observar o comportamento na linha de base na presença ou na ausência de manipulações planejadas de antecedentes e consequências. Os analistas do comportamento podem utilizar o termo *observações naturalísticas* para descrever observações do comportamento-alvo na ausência de manipulações planejadas. Medir o comportamento-alvo (como respostas de comunicação) durante uma atividade programada regularmente é um exemplo de observação naturalística, que forneceria informações sobre o número de respostas de comunicação espontânea durante uma atividade de jogo livre.

Observações manipuladas envolvem organizar de modo sistemático antecedentes, consequências ou ambos, muitas vezes com o objetivo de evocar o comportamento-alvo ou identificar os efeitos de antecedentes, consequências ou ambos sobre este. Em alguns casos, o comportamento-alvo pode não ocorrer com frequência suficiente durante observações naturalísticas para que a mensuração seja prática para o analista do comportamento. Nesses casos, o arranjo de antecedentes, consequências ou ambos pode produzir frequência suficiente do comportamento-alvo para observação prática. Observações manipuladas também ajudam a controlar potenciais variáveis estranhas que afetariam o comportamento-alvo e limitariam as conclusões que o analista do comportamento poderia tirar sobre os efeitos da variável independente sobre a dependente. Além disso, observações manipuladas podem ser necessárias ou vantajosas para situações ou comportamentos que podem ser difíceis ou perigosos de se observar em condições naturalistas (p. ex., brincar com armas, comer substâncias estranhas [pica]). No entanto, uma desvantagem é que o analista do comportamento não sabe se o comportamento que ocorre em uma observação manipulada é representativo desse comportamento durante uma observação natural. O comportamento que ocorre durante a observação manipulada pode variar em algum grau daquele em condições mais naturalistas (Kazdin, 2011). Uma forma de resolver essa desvantagem pode ser realizar observações iniciais em condições manipuladas e observações subsequentes em condições naturais, para avaliar a generalidade das observações na condição manipulada.

Lang *et al.* (2008) implementaram análises funcionais em dois ambientes diferentes com dois participantes para avaliar a influência potencial do ambiente de observação sobre o comportamento. Um ambiente era uma sala de avaliação vazia na escola, e o outro era a sala de aula do participante. Os resultados analítico-funcionais foram os mesmos para ambos os ambientes para um participante, indicando que o ambiente não afetou

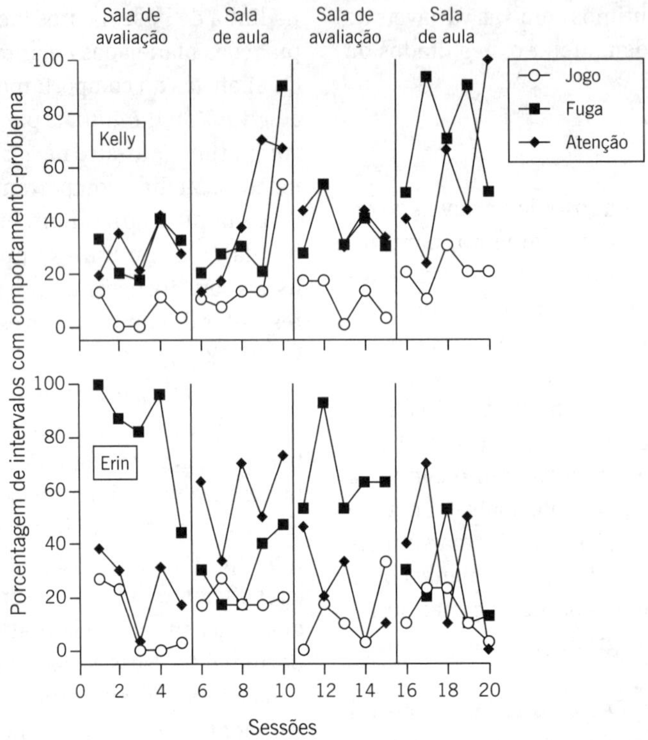

FIGURA 9.1 Resultados de Lang *et al.* (2008) demonstrando correspondência na função de comportamento apesar das diferenças no ambiente (superior) e das variações na função do comportamento entre os ambientes (inferior).

o resultado da avaliação. Os resultados analítico-funcionais foram diferentes para os ambientes do outro, indicando que o ambiente afetou o resultado da avaliação nesse caso. Os resultados aparecem na Figura 9.1 para as análises funcionais que produziram o mesmo resultado (acima) e as análises funcionais que produziram resultados diferentes (abaixo). Tais resultados mostram que os resultados analítico-funcionais podem diferir, dependendo do ambiente no qual a observação ocorre para alguns indivíduos.

O desenvolvimento de definições operacionais e a seleção de um sistema de mensuração, ambiente de observação e condições de observação apropriados são etapas integrantes em delineamentos experimentais de sujeito único. O foco principal desses delineamentos, no entanto, é a demonstração do controle funcional. Portanto, no restante deste capítulo, nos concentraremos na inspeção visual e nas variações em delineamentos experimentais de sujeito único.

Inspeção visual

A inspeção visual de dados gráficos é o principal método de análise de dados de delineamentos experimentais de sujeito único. O objetivo da inspeção visual é fazer previsões sobre a ocorrência futura do comportamento observado, com base (1) no nível, (2) na estabilidade e (3) na tendência dos dados. Outros elementos importantes a serem considerados durante a inspeção visual de dados de delineamentos experimentais de sujeito único incluem (1) imediaticidade dos efeitos; (2) magnitude dos efeitos; e (3) proporção de pontos de dados sobrepostos, o que deve demonstrar claramente que manipulações da variável independente produziram mudanças consistentes e significativas na dependente.

O *nível* de comportamento indica a extensão do problema. Em outras palavras, o nível indica com que frequência o comportamento-alvo ocorre e se os dados gráficos correspondem a outras observações e registros. *Estabilidade* refere-se a flutuações nos dados ao longo do tempo. Níveis estáveis de comportamento são aqueles que ocorrem em uma faixa limitada, de modo que o analista do comportamento pode prever o nível futuro do comportamento-alvo, uma vez que a variável independente não muda. Já os dados instáveis variam em um intervalo mais amplo de um ponto de dados para outro, de modo que o nível futuro do comportamento-alvo é mais difícil de se prever. *Tendência* refere-se a se o comportamento está melhorando ou piorando ao longo do

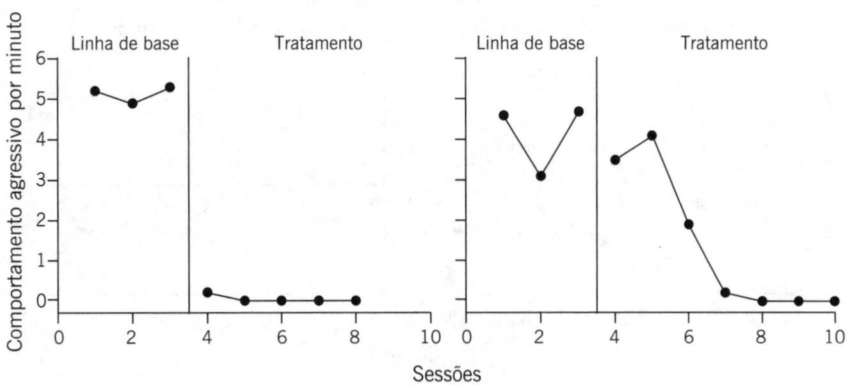

FIGURA 9.2 Exemplo de efeitos imediatos (esquerda) e não imediatos (direita) do tratamento.

tempo. Uma tendência de melhora (p. ex., aumento no número de mordidas ingeridas) pode sugerir uma necessidade menos emergente de intervenção. Em outras palavras, por que intervir em um comportamento que está melhorando? A melhora no alvo antes da intervenção aumenta a dificuldade de determinar se melhorias adicionais no comportamento-alvo são uma função da intervenção ou uma continuação da tendência deste antes da intervenção. Uma tendência de piora pode sugerir necessidade mais imediata de intervenção. Uma melhora em comportamento-alvo que estava piorando antes aumenta nossa confiança de que a intervenção foi a causa da melhora do comportamento, pois a tendência dele é diferente antes e após a intervenção.

Embora nível, estabilidade e tendência sejam os componentes fundamentais da inspeção visual em delineamentos experimentais de sujeito único, um analista do comportamento deve considerar diversas variáveis adicionais ao realizar a inspeção visual. Uma variável é a *imediaticidade* dos efeitos, que se refere à latência entre a introdução ou a retirada da variável independente e uma mudança na variável dependente. Em geral, curta latência entre manipulações de variáveis independentes e mudanças na variável dependente aumenta nossa confiança de que há relação funcional (Horner *et al.*, 2005). A Figura 9.2 apresenta dados hipotéticos de um exemplo (esquerda) e um não exemplo (direita) de efeitos imediatos da manipulação da variável independente sobre a taxa da dependente.

A *magnitude* dos efeitos ao longo do tempo também contribui para a demonstração do controle funcional. Mudanças na inspeção média e visual do nível, da tendência e da estabilidade dos dados dentro e entre condições são maneiras de examinar a magnitude do efeito. Por exemplo, a Figura 9.3, que descreve um subconjunto de dados de DeRosa, Roane, Bishop e Silkowski (2016), mostra uma grande e clara diferenciação entre os caminhos de dados de linha de base e de intervenção, enfatizando a magnitude dos efeitos da intervenção sobre o comportamento-alvo, a ruminação. Os níveis da linha de base da ruminação foram elevados e variáveis (M = 6,5 respostas por minuto entre as fases) em relação à condição de intervenção, o que demonstrou taxas de ruminação estáveis próximas de zero (M = 0,2 resposta por minuto entre as fases). Por fim, a *proporção de pontos de dados sobrepostos* é outro fator que influencia a interpretação dos dados. Proporções menores e maiores de sobreposição de dados suportam e refutam, respectivamente, uma relação causal entre manipulações de variáveis independentes e mudanças na variável dependente. A Figura 9.4 exemplifica pontos de dados sobrepostos (esquerda) e não sobrepostos (direita).

A inspeção visual é o método preferido e mais utilizado para interpretar dados de delineamentos experimentais de sujeito único representados em gráficos (Horner & Kratochwill, 2012), e a interpretação precisa

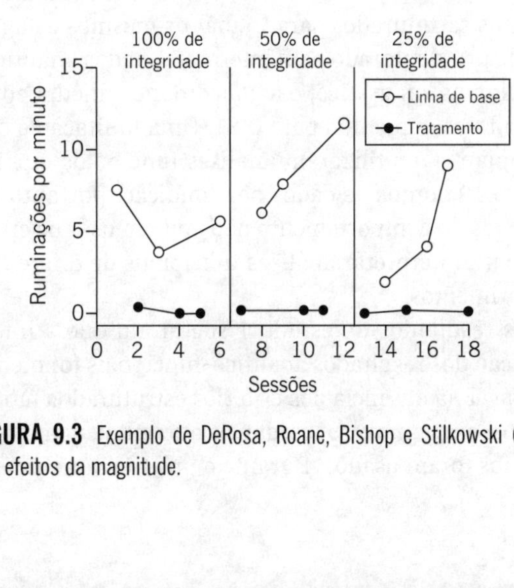

FIGURA 9.3 Exemplo de DeRosa, Roane, Bishop e Stilkowski (2016) dos efeitos da magnitude.

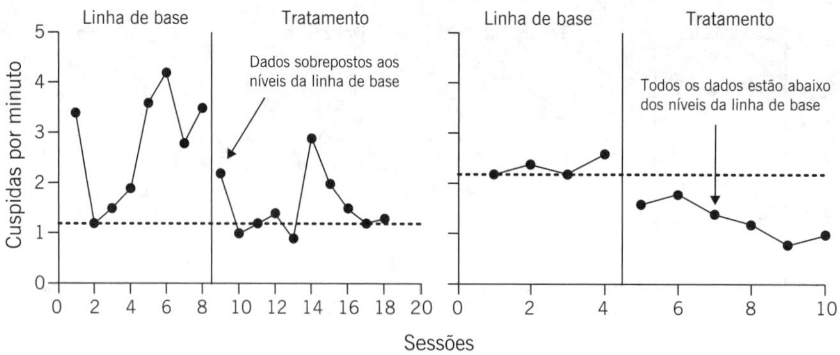

FIGURA 9.4 Exemplo de pontos de dados sobrepostos (à esquerda) e não sobrepostos (à direita) entre fases.

de dados gráficos é fundamental para determinar os efeitos de manipulações experimentais. Uma desvantagem é que as interpretações durante a inspeção visual desses dados podem não ser confiáveis entre indivíduos não treinados. Desse modo, os pesquisadores desenvolveram métodos para reduzir o viés potencial e melhorar a concordância durante a inspeção visual de dados de delineamento experimental de sujeito único. Os resultados desses estudos mostraram que o treinamento adequado melhora a concordância entre avaliadores para níveis aceitáveis (p. ex., Fisher, Kelley & Lomas, 2003; Kahng *et al.*, 2010; O'Grady, Reeve, Reeve, Vladescu & Lake, 2018; Stewart, Carr, Brandt & McHenry, 2007; Wolfe & Slocum, 2015). A generalidade desses resultados pode ser limitada, no entanto, pois a maioria dos estudos utilizou dados de projetos sequenciais (Hagopian *et al.*, 1997).

Hagopian *et al.* (1997) mostraram que a concordância inter avaliadores foi baixa (*M* = 0,46) quando três estagiários de pré-doutorado utilizaram a inspeção visual para interpretar dados analítico-funcionais em gráfico. Hagopian *et al.* desenvolveram critérios estruturados para interpretação desses dados, com base no consenso de especialistas em análise funcional. Eles utilizaram os critérios estruturados para treinar os mesmos estagiários de pré-doutorado para interpretar dados analítico-funcionais em gráfico, e a concordância média entre avaliadores aumentou para 0,81. Uma limitação é que Hagopian *et al* utilizaram análises funcionais que incluíam 10 pontos de dados por condição; portanto, os analistas do comportamento não podiam usar os critérios para interpretar análises funcionais de diferentes comprimentos.

Os resultados do estudo 1 sugeriram que a interpretação dos resultados analítico-funcionais foi menos confiável na ausência dos critérios estruturados modificados, enquanto a concordância aumentou quando os critérios foram usados. Durante o pré-treinamento, no qual os revisores tiveram acesso aos critérios escritos modificados para inspeção visual, a média de concordância entre os revisores e o juiz especialista foi de 0,73 e 0,80, respectivamente, para os estagiários de mestrado e de pós-graduação. Após o treinamento, a concordância interobservador aumentou para ambos os grupos. De maneira específica, a concordância exata entre os revisores de mestrado e o juiz especialista aumentou para uma média de 0,98, já a concordância média exata entre os revisores pós-graduados e o juiz especialista aumentou para 0,95.

Roane, Fisher, Kelley, Mevers e Bouxsein (2013) modificaram os critérios estruturados de Hagopian *et al.* (1997) para aplicá-los em resultados de análises funcionais com durações variadas. Roane *et al.* utilizaram os critérios para treinar indivíduos com diferentes níveis de escolaridade e experiência clínica, o que produziu altos níveis de concordância interobservadores e demonstrou a validade dos critérios modificados. Roane *et al.* utilizaram os critérios para treinar os participantes do mestrado e do pós-bacharelado para interpretar dados analítico-funcionais em forma gráfica, e a concordância entre os participantes do mestrado e do pós-bacharelado e um juiz especialista foi de 0,98 e 0,95, respectivamente. Eles aplicaram os critérios aos dados de 141 análises funcionais e identificaram a contingência de reforço de manutenção para o comportamento-problema em uma porcentagem semelhante de casos em relação àqueles já relatados (p. ex., Hagopian, Rooker, Jessel & DeLeon, 2013; Hanley, Iwata, McCord, 2003). Juntos, esses resultados sugerem que os analistas do comportamento podem utilizar critérios estruturados para melhorar a confiabilidade da inspeção visual e da interpretação de dados analítico-funcionais. Contudo, conforme observam Hagopian *et al.* e Roane *et al.*, esses analistas devem continuar a usar a inspeção visual como método principal e usar critérios estruturados como complemento para a interpretação de dados analítico-funcionais.

Pesquisadores e clínicos reconheceram a necessidade de se avaliar resultados de delineamentos experimentais de sujeito único para expandir o conjunto de evidências científicas disponíveis para revisão em intervenções empiricamente apoiadas (Kratochwill *et al.*, 2010; Pustejovsky & Ferron, 2017). Desse modo, a What Works Clearinghouse elaborou normas para delineamentos experimentais de sujeito único, com base na contribuição de especialistas nacionais. As informações dessas normas se sobrepõem ao conteúdo deste capítulo, incluindo (1) visão geral dos delineamentos experimentais de sujeito único, (2) os tipos de perguntas para as quais um pesquisador ou um clínico pode utilizar um delineamentos experimentais de sujeito único e (3) discussão sobre a validade interna de delineamentos experimentais de sujeito único. O comitê propôs padrões para esses delineamentos, que abordam a validade interna dos delineamentos, e para evidências, que oferecem diretrizes para determinar se as evidências atendem aos padrões descritos. Essas diretrizes fornecem outro exemplo do foco no aumento da objetividade da interpretação de dados de delineamentos experimentais de sujeito único.

A análise estatística é um método bem-aceito para analisar dados de grupo, mas não ganhou ampla aceitação para análise de dados de delineamentos experimentais de sujeito único. Uma razão para a escassez de análise estatística em delineamentos experimentais de sujeito único é seu foco no indivíduo. Os analistas do comportamento normalmente estão interessados em efeitos de intervenção robustos que tenham impacto significativo para o indivíduo. Uma limitação da análise estatística para delineamentos experimentais de sujeito único é que um efeito estatisticamente significativo pode não ser clinicamente relevante, ou um efeito clinicamente relevante pode não ser estatisticamente significativo (Kazdin, 2011). A análise estatística pode ser útil em situações nas quais os efeitos clinicamente relevantes são difíceis de se determinar a partir da inspeção visual. Além disso, o consenso e a aceitação da análise estatística para melhorar em vez de substituir a análise visual estão crescendo (Cohen, Feinstein, Masuda & Vowles, 2014).

Fisher e Lerman (2014) comentaram que o desenvolvimento de uma métrica estatística para estimar tamanhos de efeito para delineamentos experimentais de sujeito único representaria um importante avanço na área. A estimativa de tamanhos de efeito pode aumentar a probabilidade de que os pesquisadores usem dados de pesquisas de delineamentos experimentais de sujeito único em metanálises para determinar o nível de suporte empírico para intervenções comportamentais (ver discussão adicional em Horner & Kratochwill, 2012). Fisher e Lerman observaram que as recomendações de pesquisadores que conduzem análises estatísticas para esses dados mudaram de uma filosofia da estatística como o único método de análise de dados para a estatística como complemento à inspeção visual. Essa mudança provavelmente se tornará mais aceitável, já que há possibilidade de os analistas do comportamento não abandonarem completamente a inspeção visual. Uma barreira para a inclusão da análise estatística à inspeção visual é a complexidade dos procedimentos estatístico-analíticos. Por exemplo, Shadish, Hedges e Pustejovsky (2014) utilizaram uma estatística de diferença de média para analisar dados de delineamentos experimentais de sujeito único que Fisher e Lerman descreveram como fáceis de usar. Já outros pesquisadores (p. ex., Shadish, Zuur & Sullivan, 2014) avaliaram procedimentos estatístico-analíticos que exigem treinamento e habilidades que os analistas do comportamento na prática podem não ter (Fisher & Lerman, 2014). Fisher e Lerman concluíram que pode haver uma compensação entre a adequação dos métodos estatísticos para dados de delineamentos experimentais de sujeito único e a facilidade de uso dos métodos. Além disso, aplicações de análise estatística a dados de delineamentos experimentais de sujeito único são limitadas, e são necessárias replicações para determinar sua adequação. No entanto, pesquisas mais recentes têm identificado o uso de técnicas de randomização como alternativas possíveis às análises estatísticas mais tradicionais. As técnicas de randomização podem ser mais apropriadas para analisar dados de delineamentos experimentais de sujeito único, devido (1) à falta de suposições sobre a distribuição das variáveis de resultado, (2) à capacidade de aplicar os métodos a uma variedade de projetos de pesquisa e (3) à capacidade de se obter resultados significativos quando aplicados a um pequeno *N* de conjuntos de dados (Craig & Fisher, 2019). Em geral, encoraja-se maior colaboração entre estatísticos e analistas do comportamento para preencher a lacuna entre o uso da análise visual e da estatística para dados de delineamentos experimentais de sujeito único (Fisher & Lerman, 2014).

Tipos de delineamentos experimentais de sujeito único

Um dos objetivos do delineamento experimental de sujeito único é mostrar que a manipulação da variável independente é responsável por mudanças na dependente, o que chamamos de validade interna. A validade externa é a extensão em que os resultados de um estudo se estendem além do ambiente experimental. Os analistas do comportamento devem considerar e controlar as ameaças à validade interna e externa durante o desenvolvimento e a execução do arranjo experimental.

Ameaças comuns à validade interna em delineamentos experimentais de sujeito único incluem história, maturação, teste e instrumentação. Essas ameaças podem alterar, contribuir ou ser as únicas responsáveis por mudanças na variável dependente. *História*, nesse contexto, refere-se a eventos que ocorrem simultaneamente à manipulação experimental (Kratochwill *et al.*, 2010). *Maturação* refere-se a mudanças dentro do participante experimental que ocorrem naturalmente ao longo do tempo (por exemplo, envelhecimento; Edgington, 1996; Kratochwill *et al.*, 2010). *Teste* refere-se aos efeitos da mensuração repetida (p. ex., uma pontuação do teste melhora porque o participante fez o teste várias vezes). *Instrumentação* é a maneira como os observadores medem comportamentos, e *desvio do observador*, que é um exemplo de um erro de instrumentação, é uma mudança na maneira como os observadores registram o mesmo comportamento-alvo ao longo do tempo.

As ameaças à validade externa podem não ser aparentes até que os pesquisadores estudem e expandam as condições sob as quais o fenômeno ocorreu originalmente (Kazdin, 2011). A *validade externa* em geral se refere a se os resultados de um estudo podem ser aplicados a outros participantes, ambientes, medições de resposta e agentes de mudança de comportamento (Kazdin, 2011). A *reatividade*, outra ameaça à validade externa, ocorre quando um participante muda seu comportamento por saber que está envolvido em uma manipulação ou uma avaliação experimental. A *sensibilização pré-teste* ocorre quando a mensuração pré-experimental (p. ex., linha de base) produz mudanças no comportamento dos participantes. Por fim, a *interferência de múltiplos tratamentos* ocorre quando o estudo inclui mais de uma manipulação, e manipulações que ocorrem mais cedo no estudo podem afetar a resposta mais adiante neste. No restante desta seção, revisamos as características dos delineamentos experimentais de sujeito único mais comuns. Revisamos também aplicações avançadas de delineamentos experimentais de sujeito único, como análise paramétrica, análise de componentes e delineamentos combinados.

Delineamento de reversão (ABAB)

O delineamento experimental mais básico é a *reversão ABAB*, na qual uma condição (a fase A; p. ex., linha de base) é seguida por outra condição (a fase B; p. ex., intervenção). A demonstração do controle funcional com o delineamento ABAB depende de (1) níveis relativamente estáveis de resposta nas fases A e B, ou níveis previsivelmente instáveis de resposta; (2) diferenças inequívocas no nível de resposta nas fases A e B; (3) tendências de resposta na direção apropriada nas fases A e B; (4) mudanças relativamente imediatas na resposta durante a introdução e a reversão de contingências das fases A e B; (5) nível clinicamente aceitável de resposta se o objetivo for aumentar ou diminuir a resposta-alvo; e (6) mínima sobreposição nos níveis de resposta nas fases A e B. Colocando tudo isso de outra forma, a resposta confiável se desliga e liga com a introdução e reversão de contingências das fases A e B. Outras reversões entre as duas fases, com mudanças correspondentes na resposta-alvo, fortalecem a demonstração de uma relação funcional.

A introdução e a reversão da manipulação experimental são características essenciais, mas também as mais criticadas do delineamento ABAB. Essa crítica é mais relevante quando o analista do comportamento retira ou remove uma intervenção efetiva, sobretudo se a intervenção produziu uma mudança clinicamente significativa em um comportamento perigoso. Embora essa seja uma preocupação válida nesse caso, os efeitos da intervenção devem ser robustos, e a mudança clinicamente significativa na resposta deve retornar quando o analista do comportamento restabelecer a intervenção. O analista do comportamento deve equilibrar as vantagens da demonstração de controle funcional sobre o ressurgimento de níveis anteriores de resposta. Outras limitações incluem a resposta que não retorna às taxas da linha de base durante uma reversão, e o potencial de resposta durante a reversão ocorrer a taxas mais altas do que durante a linha de base inicial.

Delineamento de linha de base múltipla concorrente

Em um *delineamento de linha de base múltipla* concorrente, o analista do comportamento identifica três ou quatro linhas de base que ele pode utilizar para avaliar os efeitos da manipulação experimental (Byiers, Reichle & Symons, 2010). As linhas de base podem ser comportamentos, ambientes ou indivíduos, e cada linha de base é referida como um pilar do delineamento de linha de base múltipla concorrente. O analista do comportamento implementa a manipulação experimental no Pilar 1 quando o nível, a estabilidade e a tendência dos dados são apropriados, e continua a implementar as contingências de linha de base nos outros pilares. O analista do comportamento implementa a manipulação experimental no Pilar 2 se produziu o efeito-alvo no 1, e implementa a manipulação experimental no Pilar 3 se produziu o efeito-alvo no 2. Esse analista implementa a manipulação experimental em diferentes momentos (i.e., escalonados) para cada pilar. O delineamento de linha de base múltipla concorrente demonstra controle funcional quando mudanças na resposta ocorrem imediatamente após a introdução da manipulação experimental para cada pilar da linha de base múltipla. Os níveis de linha de base da resposta devem ser mantidos para cada pilar até que o analista do comportamento implemente a manipulação experimental, e esse recurso controla a passagem do tempo, ou seja, o analista pode atribuir as mudanças na resposta à manipulação experimental. Delineamentos de linha de base múltipla concorrente são apropriados quando a manipulação experimental visa a um comportamento que provavelmente não será revertido (p. ex., habilidades de leitura) ou quando uma reversão para contingências da linha de base pode não ser desejável (p. ex., para comportamento perigoso).

Uma limitação do delineamento de linha de base múltipla é que os efeitos da manipulação experimental podem ser transferidos para a(s) linha(s) de base de um ou mais pilares do delineamento. Os efeitos de transporte (*carry-over*) diminuem a confiança de que a manipulação experimental foi responsável pela mudança na resposta. Além disso, o delineamento de linha de base múltipla concorrente pode resultar em exposição prolongada a contingências basais para alguns alvos, o que pode potencialmente atrasar a mudança de comportamento.

Delineamento de critério variável

A linha de base inicial do *delineamento de critério variável* é como as de outros delineamentos. O delineamento de critério variável difere de outros delineamentos nos quais (1) a manipulação experimental deve produzir mudanças na resposta que correspondam a um critério que muda ao longo do tempo; (2) os níveis de resposta só devem mudar quando o critério mudar; e (3) responder deve, em última análise, corresponder ao objetivo terminal da manipulação. Os outros delineamentos que discutimos até agora produzem demonstração de controle funcional quando o nível e a magnitude da resposta após a manipulação experimental são diferentes daqueles na linha de base. Já o delineamento de critério variável produz uma demonstração de controle funcional quando os níveis de resposta correspondem às mudanças incrementais relativamente pequenas no critério, em vez das grandes mudanças imediatas que em geral esperamos com outros delineamentos. Um componente importante do delineamento de critério variável que os analistas do comportamento muitas vezes ignoram é que o participante deve ter a oportunidade de responder no nível de objetivo terminal, independentemente do critério atual. Por exemplo, se o objetivo terminal de um programa de treinamento é ensinar um indivíduo a classificar 50 facas e 50 garfos, o analista do comportamento deve fornecer ao indivíduo 50 facas e 50 garfos em cada teste, mesmo que o critério seja classificar 10 facas e 10 garfos, 20 facas e 20 garfos, 30 facas e 30 garfos, ou 40 facas e 40 garfos.

Uma limitação do delineamento de critério variável é que a resposta pode não corresponder às mudanças no critério, o que enfraquece a demonstração de controle funcional. Esse delineamento pode ser mais apropriado para intervenções direcionadas à aquisição de habilidades ou para manipulações que incluem esvanecimento e modelagem. Esse delineamento pode ser menos desejável quando o objetivo é uma mudança grande, rápida ou grande e rápida na resposta.

Delineamento multielemento

Como o nome indica, o *delineamento multielemento* envolve a realização de múltiplas manipulações experimentais que o analista do comportamento alterna em rápida sucessão, como de uma sessão para outra. Essa alternância rápida equivale a completar várias "minirreversões". Por exemplo, o analista do comportamento pode avaliar os efeitos do reforço não contingente em uma condição e do tempo limite em outra condição sobre as taxas de comportamento disruptivo. O delineamento produz uma demonstração de controle funcional quando há diferenças na resposta entre as condições. A demonstração ideal de controle funcional com um delineamento multielemento envolve níveis estáveis e diferenciados de resposta entre condições com nenhuma ou mínima sobreposição de dados. O delineamento multielemento é apropriado quando o objetivo é comparar os efeitos de duas ou mais manipulações experimentais, eliminando os efeitos de sequência que são problemáticos com delineamentos de reversão. Os *efeitos em sequência* ocorrem quando uma história com uma condição influencia a resposta durante uma condição subsequente. Os analistas do comportamento podem usar um delineamento multielemento para comparar muitas manipulações antecedentes e consequentes quando o objetivo é a avaliação rápida dos efeitos. Uma vantagem do delineamento multielemento é que ele não requer uma reversão para ou uma única fase de linha de base prolongada, visto que o analista do comportamento pode alternar a linha de base com a manipulação experimental. Além disso, a implementação de uma linha de base não é necessariamente um requisito desse delineamento. O objetivo é avaliar os níveis de resposta durante duas ou mais manipulações experimentais, em vez de comparar os níveis de resposta durante a manipulação experimental com aqueles durante a linha de base.

O delineamento multielemento tem diversas limitações que podem impedir uma demonstração de controle funcional. Tal como acontece com o delineamento de linha de base múltipla concorrente, os efeitos de transição são uma limitação potencial de delineamento multielemento. Os indivíduos também podem ter dificuldade em discriminar entre as condições. Analistas do comportamento que não randomizam a ordem das condições podem observar efeitos de ordem, quando a ordem das condições afeta a resposta. Por fim, a demonstração do controle funcional pode ser mais difícil com comportamentos que mudam de modo lento (p. ex., habilidades de leitura), dadas as condições rápidas e alternadas do delineamento multielemento.

Delineamentos combinados e outras considerações sobre delineamento

Delineamentos experimentais de sujeito único são flexíveis, de modo que o analista do comportamento pode combinar delineamentos individuais para fortalecer a demonstração de controle funcional (Roane *et al.*, 2011). Além disso, a inclusão de mais de um delineamento em uma análise pode mediar diversas desvantagens associadas a delineamentos experimentais individuais de sujeito único. Esta seção fornece um exemplo de caso para demonstrar a flexibilidade de delineamentos experimentais combinados de sujeito único. Também discutimos a flexibilidade de delineamento em relação à avaliação dos efeitos de (1) várias manipulações experimentais e (2) diferentes níveis ou intensidade das manipulações experimentais.

Delineamentos combinados

O analista do comportamento pode precisar de elementos de delineamento adicionais quando uma limitação de um delineamento experimental comum de sujeito único impede a demonstração de uma relação funcional. A Figura 9.5 apresenta um exemplo clínico no qual avaliamos os efeitos diferenciais de duas intervenções sobre o comportamento inadequado na hora das refeições em três participantes. Nosso plano inicial era utilizar um delineamento multielemento para comparar os efeitos da esquiva e da extinção de fuga em participantes individuais, que incorporamos em um delineamento de linha de base múltipla concorrente para avaliar os efeitos da intervenção entre os participantes. O comportamento inadequado na hora das refeições diminuiu para níveis baixos durante a comparação multielemento de esquiva e fuga da extinção. Nós nos perguntamos se ambas as intervenções foram igualmente eficazes, ou se a diminuição simultânea nas taxas de comportamento inadequado na hora das refeições para as duas intervenções foi resultado de efeitos residuais (uma limitação do delineamento multielementar). Em seguida, realizamos uma reversão para a linha de base, testamos os efeitos da extinção de fuga, revertemos novamente para a linha de base e testamos os efeitos da esquiva. Esse exemplo ilustra que os delineamentos experimentais de sujeito único são flexíveis. Quando observamos efeitos de transporte durante a comparação multielemento das duas intervenções, adicionamos uma reversão para fortalecer a demonstração de controle funcional.

Análise de componentes e paramétrica

Muitas vezes, os analistas de comportamento implementam a intervenção em um pacote que inclui diversos componentes. Por exemplo, considere uma criança cujo comportamento disruptivo em sala de aula é mantido pela atenção do adulto. O professor em sala de aula implementa uma intervenção em que ele dá atenção ao levantar de mãos e retém a atenção quando a criança se envolve em comportamento disruptivo. O professor pode ficar mais confiante de que a intervenção produziu aumentos no levantamento de mãos e diminuições no comportamento disruptivo se a resposta da criança mudar apenas quando o professor implementa a intervenção e mantém outras variáveis constantes. Nesta seção, discutimos como o analista do comportamento pode utilizar delineamentos experimentais de sujeito único para examinar os efeitos de (1) componentes de uma intervenção multicomponente e (2) parâmetros de intervenção.

Análise de componentes. É útil quando uma intervenção consiste em múltiplos componentes. Embora um analista do comportamento possa ter demonstrado uma relação funcional entre uma intervenção multicomponente e níveis de resposta, ele pode querer conduzir uma análise de componentes para avaliar os efeitos dos componentes individuais da intervenção (Cooper, Heron, & Heward, 2007).

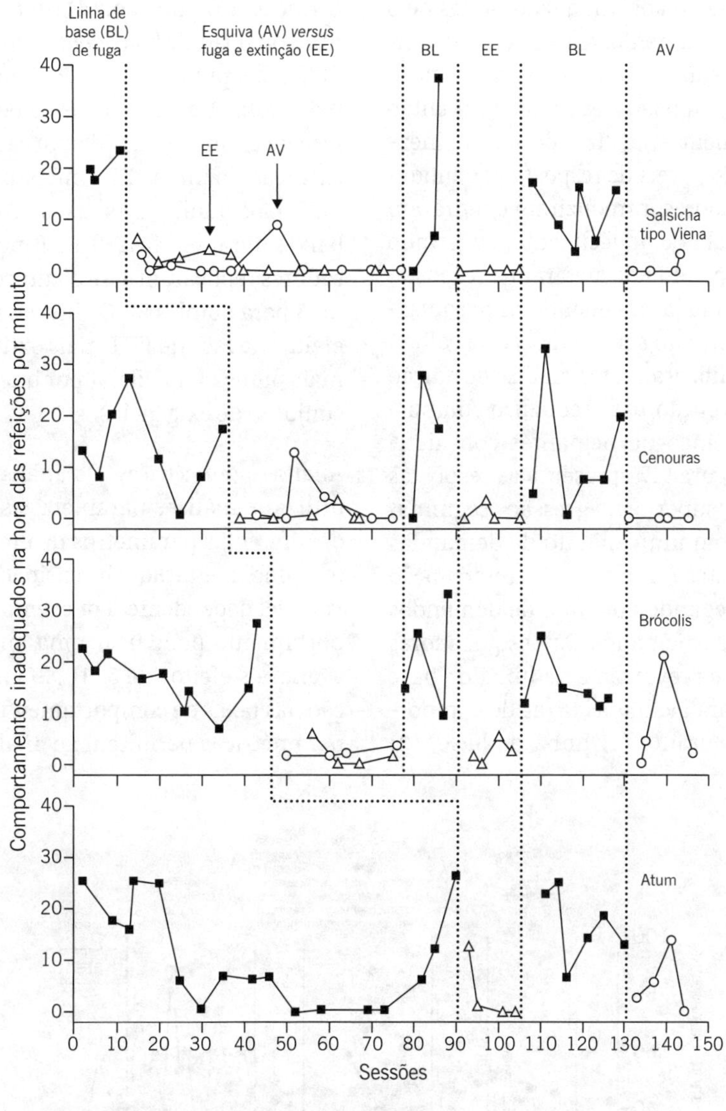

FIGURA 9.5 Exemplo clínico para delineamentos combinados. Os dados circundados representam exemplos de potenciais efeitos de transição na linha de base após a introdução do tratamento na primeira etapa do delineamento de linha de base múltipla concorrente.

Ward-Horner e Sturmey (2010) elaboraram dois métodos para análise de componentes. Em uma *análise de exclusão*, o analista do comportamento implementa inicialmente o pacote de intervenção e, em seguida, remove sistematicamente um componente de cada vez. Em uma *análise de adição*, o analista do comportamento implementa um componente de uma intervenção e, em seguida, introduz componentes individuais ou combinações de componentes. Uma alteração na resposta indica se o componente ou os componentes descartados ou adicionados foram responsáveis por alterações na resposta. A análise de componentes pode ser útil quando a implementação de um pacote de intervenção é indicada, mas a análise dos componentes efetivos também é importante.

Cooper *et al.* (1995) avaliaram os componentes de pacotes de intervenção para aumentar a aceitação e o consumo alimentar de quatro participantes com deficiência intelectual. Representamos os dados de um participante na Figura 9.6. A intervenção consistiu em: (1) escolha do alimento; (2) atenção contingente do adulto para aceitação do alimento; (3) apresentação do alimento até que o alimentador pudesse depositá-lo na boca da criança (i.e., não retirar a colher); e (4) aquecimento, em que a criança teve acesso aos brinquedos antes de o alimentador apresentar o alimento. A aceitação e o consumo de alimentos aumentaram durante a intervenção multicomponente. Os pesquisadores realizaram então uma análise de componentes, utilizando um delineamento multielemento. Os níveis de resposta não mudaram quando os pesquisadores introduziram e retiraram os componentes de escolha e aquecimento, sugerindo que a escolha e o aquecimento não afetaram a resposta. Já os níveis de resposta mudaram quando os pesquisadores introduziram e retiraram a não remoção da colher.

Fisher *et al.* (1993) utilizaram uma análise de adição para avaliar uma intervenção para reduzir o comportamento-problema de cinco participantes com deficiência intelectual. A Figura 9.7 apresenta as respostas por minuto de ruptura (superior), agressão (segunda) e autolesão (terceira) com um conjunto de demandas (demanda 1) e as respostas por minuto de interrupção (inferior) durante um segundo conjunto de demandas (demanda 2) para um participante. Os pesquisadores usaram delineamentos de reversão e de linha de base múltipla concorrente para avaliar as taxas de comportamento do problema durante (1) linha de base, (2) extinção, (3) punição, (4) treinamento de comunicação funcional (FCT, *functional-communication training*), (5) FCT mais punição e (6) FCT mais extinção. Por exemplo, o Pilar 1 mostra taxas de perturbação durante uma fase de extinção seguida por fases de punição sozinha, extinção sozinha, FCT mais punição, FCT sozinha e FCT mais punição. As taxas de interrupção foram mais baixas durante a fase de FCT mais punição, e os pesquisadores replicaram esse efeito no Pilar 2 para agressão e no 3 para autolesão. Os investigadores compararam os efeitos da fase de FCT mais extinção com a fase de FCT mais punição no Pilar 4 por interrupção com o segundo conjunto de exigências.

Análises paramétricas. Os analistas do comportamento utilizam análises paramétricas para avaliar os efeitos de diferentes parâmetros de uma variável independente, como magnitude, intensidade e integridade, sobre a variável dependente. Por exemplo, um analista do comportamento pode usar uma análise paramétrica para avaliar os efeitos de 5, 10, 30 ou 60 segundos de atenção nas taxas de comportamento-problema. As análises paramétricas permitem ao analista determinar o nível

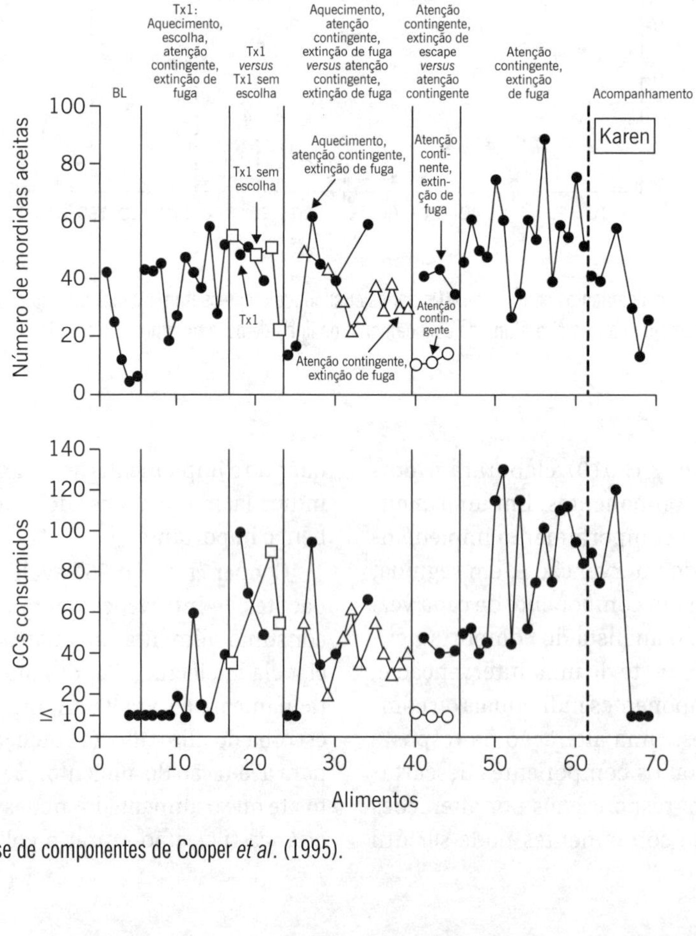

FIGURA 9.6 Exemplo de análise de componentes de Cooper *et al.* (1995).

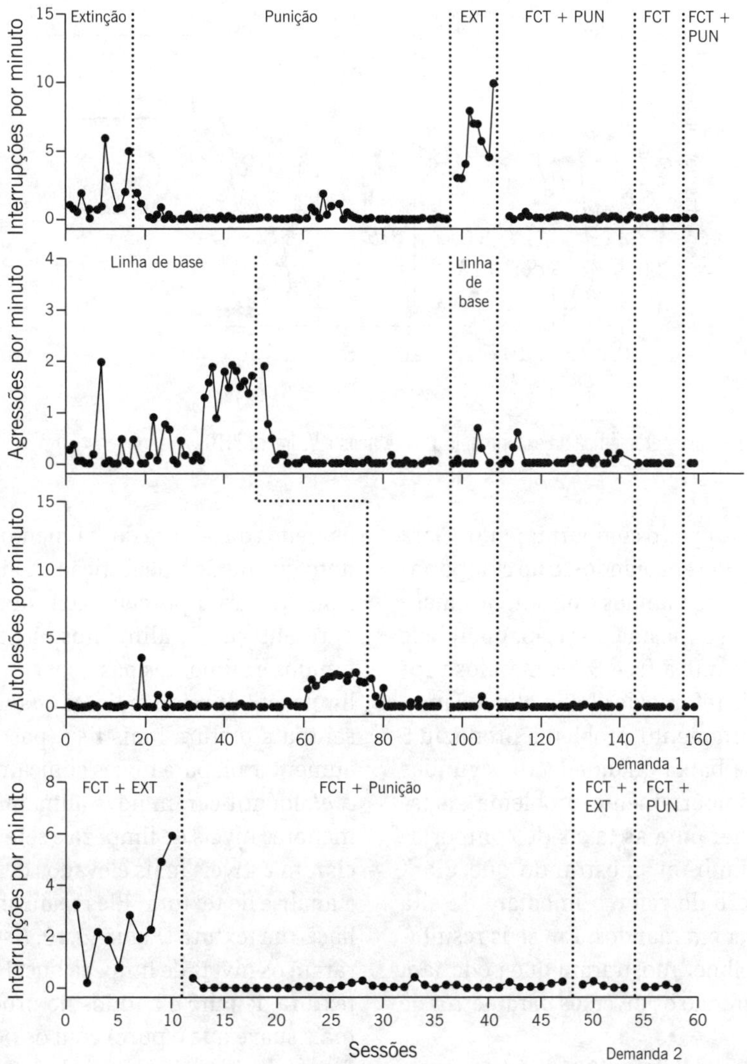

FIGURA 9.7 Exemplo de análise de componentes de Fisher *et al.* (1993). EXT, extinção; FCT, treinamento de comunicação funcional; PUN, punição.

preciso de uma manipulação experimental necessária para produzir e sustentar mudanças na resposta (p. ex., Athens & Vollmer, 2010; Codding & Lane, 2015; Wilder, Atwell & Wine, 2006). Apresentamos a seguir diversos exemplos clínicos de análises paramétricas, destacando seu uso aplicado.

Em um estudo de quatro experimentos, Athens e Vollmer (2010) conduziram análises paramétricas para examinar os efeitos da duração, qualidade e atraso no reforço sob mando e o comportamento-problema. A Figura 9.8 mostra os dados de Lana no Experimento 1, no qual os pesquisadores usaram um delineamento ABAB para examinar os efeitos da duração do reforço. Durante a fase A, a duração do reforço foi igual (30 segundos) para mandos e comportamento-problema. Lana acessou o reforço principalmente engajando-se no comportamento-problema quando mandos e comportamento-problema produziram durações iguais de reforço. Durante a fase B, a duração do reforço foi de 30 segundos para mandos e de 10 segundos para o comportamento-problema. As taxas de mandos aumentaram e as taxas de comportamento-problema diminuíram, mostrando que Lana acessou a maior duração do reforço engajando-se em mandos. Athens e Vollmer replicaram o efeito nas fases A e B subsequentes. A Figura 9.9 mostra os dados de Clark no Experimento 4, no qual os pesquisadores usaram um delineamento ABAB para examinar os efeitos da duração, qualidade e atraso do reforço. Durante a fase A, mandos e comportamento-problema produziram 30 segundos de reforço de alta

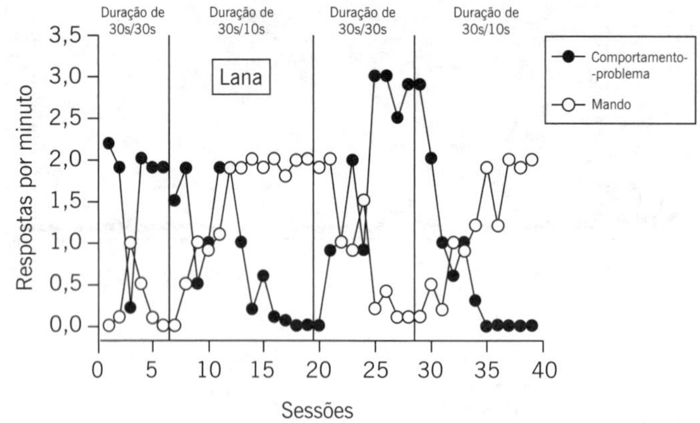

FIGURA 9.8 Exemplo de uma análise paramétrica do experimento 1, de Athens e Vollmer (2010).

qualidade imediatamente após o comportamento. Clark acessou o reforço sobretudo engajando-se no comportamento-problema quando os mandos e o comportamento-problema produziram a mesma duração, qualidade e atraso no reforço. Durante a fase B, os mandos produziram 30 segundos de reforço de alta qualidade imediatamente, e o comportamento-problema produziu 5 segundos de reforço de baixa qualidade 10 segundos após a ocorrência do comportamento-problema. As taxas de mandos aumentaram e as taxas de comportamento-problema diminuíram, mostrando que Clark acessou a maior duração do reforço imediato de alta qualidade ao se envolver em mandos. Em seus resultados gerais, Athens e Vollmer mostraram que poderiam enviesar a resposta alterando os diversos parâmetros de reforço.

Kadey, Piazza, Rivas, e Zeleny (2013) forneceram outro exemplo de análise paramétrica no qual avaliaram os efeitos da textura dos alimentos na *limpeza bucal*, produto que mede a deglutição. A Figura 9.10 (parte superior) mostra a porcentagem de boca limpa durante a apresentação de alimentos picados, alimentos moídos úmidos e alimentos pastosos. Embora os níveis de boca limpa tenham sido maiores quando o alimentador apresentou a textura mais lisa (pastosa), esses níveis não aumentaram para níveis clinicamente aceitáveis. Kadey *et al.* identificaram nove alimentos que se associaram a menores níveis de limpeza e sete alimentos que se associaram a níveis mais elevados de limpeza bucal durante a análise de textura. Eles realizaram uma segunda avaliação da textura (Figura 9.10, a seguir), na qual compararam os níveis de limpeza bucal para os alimentos com textura de purê e batidos no processador (com textura mais suave que o purê) com os nove alimentos associados a níveis mais baixos de limpeza bucal na primeira avaliação da textura. Os maiores níveis de limpeza

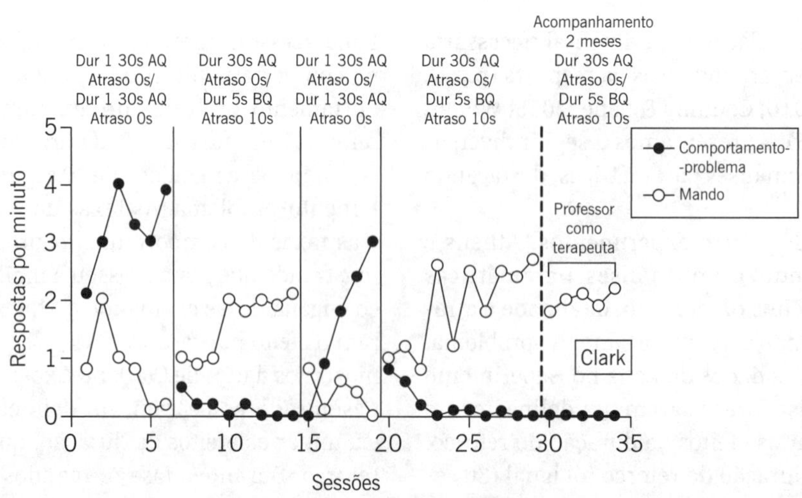

FIGURA 9.9 Exemplo de uma análise paramétrica do experimento 4 de Athens e Vollmer (2010). Dur, duração; AQ, alta qualidade; BQ, baixa qualidade.

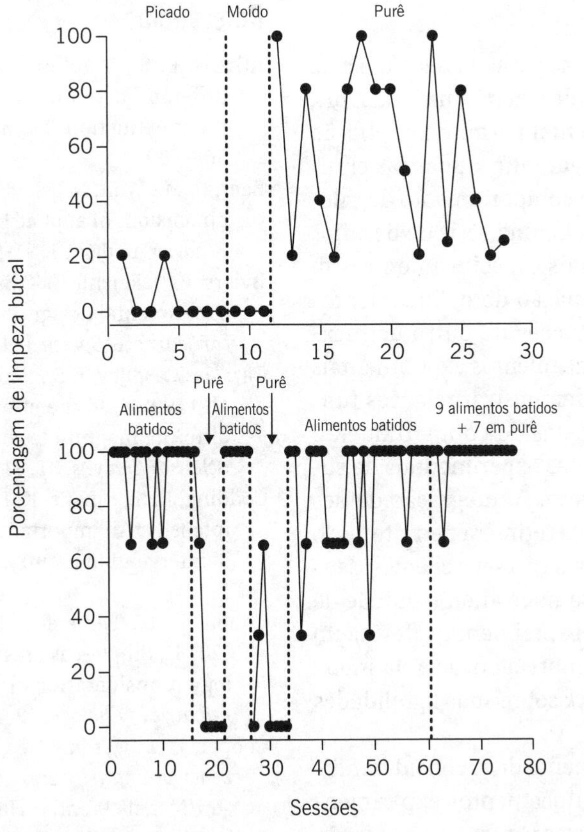

FIGURA 9.10 Exemplo de análise paramétrica de Kadey, Piazza, Rivas e Zeleny (2013).

foram associados com a textura dos alimentos batidos. Essa análise paramétrica permitiu aos pesquisadores identificarem o nível da variável independente – a textura pastosa para sete alimentos e a textura de batidos no processador para nove alimentos – que produziu a mudança direcionada na variável dependente (i.e., aumentos na limpeza bucal).

Como exemplo final, Carr, Bailey, Ecott, Lucker e Weil (1998) realizaram uma análise paramétrica para examinar os efeitos de várias magnitudes do reforço não contingente (NCR). A Figura 9.11 mostra o número de batatas fritas colocadas em um cilindro por minuto para um participante. Durante a linha de base, as respostas produziram comestíveis preferidos em um esquema 3 ou 5 de razão variável (VR, *variable-ratio*). Em seguida, os pesquisadores entregaram magnitudes alta, média e baixa de comestíveis não contingentes, e as respostas não produziram nenhuma consequência diferencial. Os resultados sugeriram que diferentes magnitudes de NCR produziram supressão diferencial da resposta, com as maiores magnitudes associadas aos menores níveis de resposta.

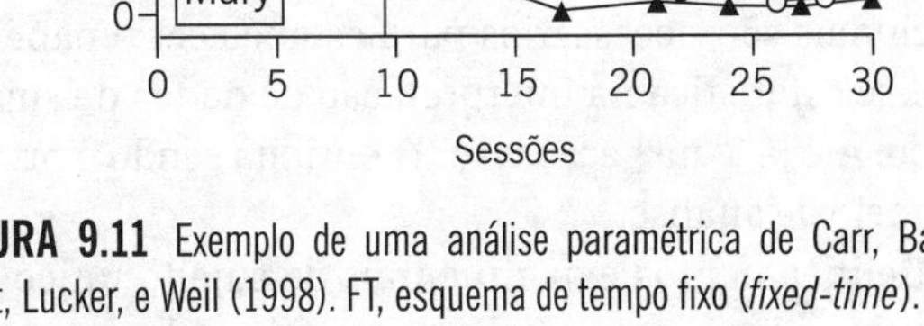

FIGURA 9.11 Exemplo de uma análise paramétrica de Carr, Bailey, Ecott, Lucker, e Weil (1998). FT, esquema de tempo fixo (*fixed-time*).

Resumo

Este capítulo forneceu uma visão geral da relevância de delineamentos experimentais de sujeito único na ABA. Esse tipo de arranjo experimental permite a avaliação sistemática de variáveis para garantir mudanças clínica e socialmente relevantes no comportamento de interesse no nível do indivíduo e em uma série de desafios socialmente significativos. Mais especificamente, um delineamento ou uma combinação de delineamentos pode contrabalançar as limitações de outro delineamento. A flexibilidade de delineamentos experimentais de sujeito único é ideal para demonstrar relações funcionais. Desse modo, os analistas do comportamento devem incorporar delineamentos experimentais de sujeito único em sua prática diária. A integração desses delineamentos na prática clínica rotineira permite que o analista do comportamento forneça a seus clientes, seus pacientes ou seus estudantes a mais alta qualidade de atendimento. Delineamentos experimentais de sujeito único oferecem informações sobre a eficácia da intervenção e dão ao clínico *feedback* sobre suas habilidades clínicas.

Um analista do comportamento deve considerar diversas questões ao utilizar delineamentos experimentais de sujeito único. Os primeiros passos essenciais são desenvolver definições operacionais claramente definidas do comportamento-alvo e selecionar um sistema de mensuração apropriado. Historicamente, a inspeção visual de dados tem sido a principal forma de analisar dados de delineamentos experimentais de sujeito único; no entanto, críticos têm questionado a confiabilidade da inspeção visual. A pesquisa mostrou que o treinamento adequado pode melhorar a precisão e a confiabilidade da inspeção visual entre observadores. A análise estatística pode se tornar uma alternativa viável ou complementar à inspeção visual no futuro, à medida que esses métodos forem aprimorados. No entanto, trabalhos adicionais são necessários para estabelecer o papel da análise estatística na interpretação de dados de sujeito único. Até lá, a inspeção visual continua sendo o principal meio de análise.

Delineamentos experimentais de sujeito único são métodos ideais para analisar os efeitos das manipulações sobre a resposta em nível individual. Assim, essas estratégias de delineamento permitem que o clínico avalie se uma intervenção produziu uma mudança significativa no comportamento. Em geral, a flexibilidade de delineamentos experimentais de sujeito único pode ajudar pesquisadores e clínicos a identificarem os meios mais eficazes para produzir mudanças socialmente significativas no comportamento.

Referências

Athens, E. S., & Vollmer, T. R. (2010). An investigation of differential reinforcement of alternative behavior without extinction. *Journal of Applied Behavior Analysis, 43*, 569-589.

Baer, D. M., Wolf, M. M., & Risley, T. R. (1968). Some current dimensions of applied behavior analysis. *Journal of Applied Behavior Analysis, 1*, 91-97.

Byiers, B. J., Reichle, J., & Symons, F. J. (2012). Single-subject experimental design for evidence-based practice. *American Journal of Speech and Language Pathology, 21*, 397-414.

Carr, J. E., Bailey, J. S., Ecott, C. L., Lucker, K. D., & Weil, T. M. (1998). On the effects of non-contingent delivery of differing magnitudes of reinforcement. *Journal of Applied Behavior Analysis, 31*, 313-321.

Codding, R. S., & Lane, K. L. (2015). A spotlight on treatment intensity: An important and often overlooked component of intervention inquiry. *Journal of Behavioral Education, 24*, 1-10.

Cohen, L. L., Feinstein, A., Masuda, A., & Vowles, K. E. (2014). Single-case research design in pediatric psychology: Considerations regarding data analysis. *Journal of Pediatric Psychology, 39*, 124-137.

Cooper, J. O., Heron, T. E., & Heward, W. L. (2007). *Applied behavior analysis* (2nd ed.) Upper Saddle River, NJ: Pearson/Merrill-Prentice Hall.

Cooper, L. L., Wacker, D. P., McComas, J. J., Brown, K., Peck, S. M., Richman, D., *et al.* (1995). Use of component analyses to identify active variables in treatment packages for children with feeding disorders. *Journal of Applied Behavior Analysis, 28*, 139-153.

Craig, A. R., & Fisher, W. W. (2019). Randomization tests as alternative analysis methods for behavior-analytic data. *Journal of the Experimental Analysis of Behavior, 111*, 309-328.

DeRosa, N. M., Roane, H. S., Bishop, J. R., & Silkowski, E. L. (2016). The combined effects of noncontingent reinforcement and punishment on the reduction of rumination. *Journal of Applied Behavior Analysis, 49*, 680-685.

Edgington, E. S. (1996). Randomized single-subject experimental designs. *Behaviour Research and Therapy, 34*, 567-574.

Fisher, W. W., Kelley, M. E., & Lomas, J. E. (2003). Visual aids and structured criteria for improving visual inspection and interpretation of single-case designs. *Journal of Applied Behavior Analysis, 36*, 387-406.

Fisher, W. W., & Lerman, D. C. (2014). It has been said that, "There are three degrees of falsehoods: Lies, damn lies, and statistics." *Journal of School Psychology, 52*, 243-248.

Fisher, W. W., Piazza, C. C., Cataldo, M. F., Harrell, R., Jefferson, G., & Conner, R. (1993). Functional communication training with and without extinction and punishment. *Journal of Applied Behavior Analysis, 26*, 23-36.

Hagopian, L. P., Fisher, W. W., Thompson, R. H., Owen-DeSchryver, J., Iwata, B. A., & Wacker, D. P. (1997). Toward the development of structured criteria for interpretation of functional analysis data. *Journal of Applied Behavior Analysis, 30*, 313-326.

Hagopian, L. P., Rooker, G. W., Jessel, J., & DeLeon, I. G. (2013). Initial functional analysis outcomes and modifications in pursuit of differentiation: A summary of 176 inpatient cases. *Journal of Applied Behavior Analysis, 46*, 88-100.

Hanley, G. P., Iwata, B. A., & McCord, B. E. (2003). Functional analysis of problem behavior: A review. *Journal of Applied Behavior Analysis, 36*, 147-185.

Horner, R. H., Carr, E. G., Halle, J., McGee, G., Odom, S., & Wolery, M. (2005). Research to identify evidence-base practice in special education. *Exceptional Children, 71*, 165-179.

Horner, R. H., & Kratochwill, T. R. (2012). Synthesizing single-case research to identify evidence-based practices: Some brief reflections. *Journal of Behavioral Education, 21*, 266-272.

Kadey, H. J., Piazza, C. C., Rivas, K. M., & Zeleny, J. (2013). An evaluation of texture manipulations to increase swallowing. *Journal of Applied Behavior Analysis, 46*, 539-543.

Kahng, S. W., Chung, K. M., Gutshall, K., Pitts, S. C., Kao, J., & Girolami, K. (2010). Consistent visual analysis of intra-subject data. *Journal of Applied Behavior Analysis, 43*, 35-45.

Kahng, S., Ingvarsson, E. T., Quigg, A. M., Seckinger, K. E., & Teichman, H. M. (2011). Defining and measuring behavior. Em W. W. Fisher, C. C. Piazza, & H. S. Roane (Eds.), *Handbook of applied behavior analysis* (p. 113-131). Nova York: Guilford Press.

Kazdin, A. E. (2011). *Single-case research design*. Nova York: Oxford University Press.

Kazdin, A. E. (2016). Single-case experimental designs. Em A. E. Kazdin (Ed.), *Methodological issues and strategies in clinical research* (p. 459-483). Washington, DC: American Psychological Association.

Kratochwill, T. R., Hitchcock, J., Horner, R. H., Levin, J. R., Odom, S. L., Rindskopf, D. M., *et al.* (2010). Single-case designs technical documentation. Recuperado de *https://files.eric.ed.gov/fulltext/ED510743.pdf*.

Lang, R., O'Reilly, M., Machalicek, W., Lancioni, G., Rispoli, M., & Chan, J. (2008). A preliminary comparison of functional analysis results when conducted in contrived versus natural settings. *Journal of Applied Behavior Analysis, 41*, 441-445.

O'Grady, A. C., Reeve, S. A., Reeve, K. F., Vladescu, J. C., & Lake, C. M. (2018). Evaluation of computerbased training to teach adults visual analysis skills of baseline-treatment graphs. *Behavior Analysis in Practice, 11*, 254-266.

Pustejovsky, J. E., & Ferron, J. M. (2017). Research synthesis and meta-analysis of single-case designs. Em J. M. Kauffman, D. P. Hallahan, & P. C. Pullen (Eds.), *Handbook of special education* (2nd ed., p. 168-186). Nova York: Routledge.

Roane, H. S., Fisher, W. W., Kelley, M. E., Mevers, J. L., & Bouxsein, K. J. (2013). Using modified visual-inspection criteria to interpret functional analysis outcomes. *Journal of Applied Behavior Analysis, 46*, 130-146.

Roane, H. S., Ringdahl, J. E., Kelley, M. E., & Glover, A. C. (2011). Single-case experimental designs. In W. W. Fisher, C. C. Piazza, & H. S. Roane (Eds.), *Handbook of applied behavior analysis* (p. 132-147). Nova York: Guilford Press.

Shadish, W. R., Hedges, L. V., & Pustejovsky, J. E. (2014). Analysis and meta-analysis of single-case designs with a standardized mean difference statistic: A primer and applications. *Journal of School Psychology, 52*, 15-39.

Shadish, W. R., Zuur, A. F., & Sullivan, K. J. (2014). Using generalized additive (mixed) models to analyze single case designs. *Journal of School Psychology, 52*, 41-70.

Stewart, K. K., Carr, J. E., Brandt, C. W., & McHenry, M. M. (2007). An evaluation of the conservative dual-criterion method for teaching university students to visually inspect AB-design graphs. *Journal of Applied Behavior Analysis, 40*, 713-718.

Ward-Horner, J., & Sturmey, P. (2010). Component analyses using single-subject experimental designs: A review. *Journal of Applied Behavior Analysis, 43*, 685-705.

Wilder, D. A., Atwell, J., & Wine, B. (2006). The effects of varying levels of treatment integrity on child compliance during treatment with a three-step prompting procedure. *Journal of Applied Behavior Analysis, 39*, 369-373.

Wolfe, K., & Slocum, T. A. (2015). A comparison of two approaches to training visual analysis of AB graphs. *Journal of Applied Behavior Analysis, 48*, 472-477.

PARTE IV
Avaliação comportamental

No campo da análise do comportamento aplicada (ABA, *applied behavior analysis*), as contribuições para a avaliação do comportamento mal-adaptativo têm relevância social específica. De fato, os desenvolvimentos na avaliação funcional do comportamento mal-adaptativo resultaram na transformação dessa abordagem no padrão reconhecido de cuidados para identificar os determinantes de tal comportamento. Da mesma forma, os procedimentos analíticos comportamentais no desenvolvimento de habilidades acadêmicas e a identificação de reforços levaram a inúmeros ganhos clínicos em diversas populações. A Parte IV deste livro aborda precedentes históricos e desenvolvimentos recentes em diversas áreas da avaliação comportamental.

No Capítulo 10, Saini, Retzlaff, Roane e Piazza contribuíram com uma revisão atualizada nas áreas de avaliação de preferência de estímulo e identificação de reforçadores. Esse capítulo contém uma visão geral dos tipos básicos de avaliação de preferência (p. ex., avaliação de escolha pareada, avaliação de estímulos múltiplos) e investiga os fatores que podem influenciar a identificação de preferências. A novidade desse capítulo nesta edição é uma discussão de procedimentos que podem ser utilizados para estabelecer novas relações e preferências de reforços, bem como uma visão geral das pesquisas relacionadas à identificação de reforçadores desde a publicação da primeira edição.

Na ABA, a avaliação de um comportamento-alvo normalmente é feita de duas maneiras. Avaliações indiretas são comuns em ambientes aplicados e envolvem a coleta de dados entre vários informantes por meio de combinação de escalas de avaliação, entrevistas e afins. Já as avaliações diretas incluem procedimentos nos quais um analista do comportamento realiza observações naturalistas ou artificiais do cliente em um ambiente de interesse enquanto registra dados sobre a ocorrência do comportamento de interesse, entre outras variáveis. Tanto nas avaliações indiretas quanto nas diretas, houve várias novidades desde a primeira edição deste livro. No Capítulo 11, Gadaire, Kelley e LaRue destacam alguns dos avanços obtidos nas avaliações indiretas, sobretudo relacionados aos novos desenvolvimentos em escalas de avaliação analítico-funcional e entrevistas estruturadas. Da mesma forma, Thompson e Borrero (Capítulo 12) detalham alguns dos avanços em avaliações diretas e observação direta, incluindo atualizações em análises descritivas e de probabilidade, bem como novas recomendações e direções para pesquisas futuras.

Por fim, a análise funcional analógica é considerada a melhor prática na avaliação de comportamentos-alvo dentro do campo. Desse modo, a Parte IV deste livro termina com uma contribuição de Saini, Fisher, Betz e Piazza, no capítulo 13, sobre a história e os métodos dessa abordagem. Embora a história da terminologia e dos principais procedimentos experimentais da análise funcional análoga permaneça inalterada desde a primeira edição, esse capítulo aprofunda as recentes modificações dessa metodologia. Em especial, a edição atual oferece detalhes adicionais sobre novas condições de teste analítico-funcional, procedimentos atualizados para inspeção visual e modificações processuais/de projeto que facilitam a identificação de funções de comportamento.

10

Identificação e aumento da efetividade do reforço positivo

Valdeep Saini, Billie Retzlaff, Henry S. Roane e Cathleen C. Piazza

Os analistas do comportamento costumam utilizar o reforço positivo como componente-chave em programas para aumentar o comportamento apropriado. Um equívoco comum na população leiga é que certos estímulos (p. ex., atividades, itens, alimentos) funcionam como reforço positivo simplesmente devido à topografia do estímulo. Por exemplo, podemos ouvir um pai dizer: "eu utilizei M&Ms como reforço positivo para meu filho durante o treinamento para uso do penico". O analista do comportamento astuto reconhece a potencial falácia nessa afirmação, pois nosso campo define o reforço positivo por seu efeito sobre o comportamento, não pelas características topográficas do estímulo. De maneira específica, definimos *reforço positivo* como a entrega de um estímulo contingente a uma resposta que aumenta a probabilidade futura desta (Cooper, Heron & Heward, 2007). Em outras palavras, um estímulo apresentado após uma resposta é um reforço positivo se a probabilidade da resposta aumentar no futuro. Um estímulo apresentado após uma resposta não é um reforço positivo se a probabilidade desta não aumentar no futuro. Como não podemos identificar o reforço positivo pela topografia de um estímulo, um desafio importante para o analista do comportamento é identificar estímulos que funcionarão como reforço positivo.

Métodos para identificar estímulos preferidos

Antes de 1985, os pesquisadores avaliavam a preferência por estímulos na ausência de avaliação da eficácia do reforço de estímulos preferidos, ou selecionavam potenciais reforçadores positivos de forma um tanto arbitrária, sem utilizar um método para prever se os estímulos funcionariam como reforço. Pace, Ivancic, Edwards, Iwata e Page (1985) descreveram um procedimento para avaliar as preferências de indivíduos com deficiência intelectual e testaram em que medida os estímulos preferidos funcionavam como reforço. Desde a publicação do estudo de Pace *et al.*, pesquisadores avaliaram muitos métodos para identificar estímulos preferidos e testaram se essas avaliações predizem a eficácia de estímulos preferidos como reforço positivo.

Avaliação de preferência por estímulo único

Pace *et al.* (1985) utilizaram uma avaliação de preferência por estímulo único para avaliar as preferências de seis indivíduos com deficiência intelectual. O terapeuta apresentou 16 estímulos, um de cada vez. Os observadores registraram as respostas de aproximação (p. ex., alcances) como medida de preferência. Se o participante se aproximasse do estímulo em 5 segundos após a apresentação, o terapeuta o aplicava ao participante por 5 segundos. Caso o participante não se aproximasse do estímulo nos 5 segundos seguintes à apresentação, o terapeuta solicitava que o participante tocasse no estímulo. Se este não tocasse no estímulo em 5 segundos após o pedido, o terapeuta finalizava essa tentativa e apresentava o estímulo seguinte. Pace *et al.* rotularam estímulos abordados em pelo menos 80% das apresentações *preferidas*, e estímulos abordados em 50% ou menos das apresentações *não preferidas*.

Em seguida, tais autores (1985) analisaram se os estímulos avaliados funcionavam como reforço. Durante a linha de base, uma resposta simples e de operação livre, como uma mão levantada, não produziu nenhuma consequência diferencial. O terapeuta então entregou um estímulo preferido ou não preferido identificado durante a avaliação de preferência após a resposta operante livre. Os resultados indicaram que a apresentação contingente de estímulos preferidos aumentou a resposta, em comparação com a linha de base e a apresentação de estímulos não preferidos, ou seja, os estímulos abordados com maior frequência na avaliação de preferência funcionaram como reforço mais vezes do que os estímulos abordados com menor frequência.

Embora a avaliação de preferência por estímulo único de Pace *et al.* (1985) tenha sido um dos primeiros métodos objetivos de identificação de estímulos preferidos, ela tem limitações. A mais notável é que os participantes podem abordar todos ou a maioria dos estímulos (Fisher *et al.*, 1992; Mazaleski, Iwata, Vollmer, Zarcone & Smith, 1993). Por exemplo, dois dos três participantes de Mazaleski *et al.* (1993) aproximaram-se da maioria dos estímulos apresentados, levantando a questão de se alguns estímulos identificados como significativamente preferidos podem não funcionar como reforçadores efetivos (Paclawskyj &Vollmer, 1995), ou seja, a avaliação de estímulo único pode produzir *falsos positivos*, ou estímulos que parecem ser mais preferidos, mas não funcionam como reforço.

Avaliação de preferência por escolha pareada

Fisher *et al.* (1992) analisaram uma variação da avaliação de preferência de Pace *et al.* (1985) para abordar suas limitações. Eles utilizaram um procedimento de escolha pareada, no qual apresentaram estímulos em pares e solicitaram a cada participante: "escolha um". Eles apresentaram 16 estímulos e parearam cada estímulo uma vez com todos os outros estímulos. A aproximação do participante a um dos dois estímulos produziu acesso a este por aproximadamente 5 segundos. O terapeuta bloqueou as aproximações simultâneas a ambos os estímulos, removeu o par deles e o representou se decorressem 5 segundos sem resposta. O terapeuta solicitava que o participante visse cada estímulo por 5 segundos, reapresentava o par e, em seguida, apresentava o próximo par se houvesse mais 5 segundos sem resposta. A avaliação da escolha identificou uma hierarquia de preferências para os participantes (ver exemplo na Figura 10.1).

Fisher *et al.* (1992) compararam os resultados da avaliação da escolha pareada com os resultados da avaliação por estímulo único de Pace *et al.* (1985). Os resultados mostraram que ambas as avaliações identificaram determinados itens como estímulos de alta preferência. A avaliação por estímulo único identificou diversos estímulos como preferidos que a avaliação por escolha pareada não identificou, como nos achados de Mazaleski *et al.* (1993). Em seguida, Fisher *et al.* utilizaram um arranjo de operantes concorrentes para comparar a efetividade do reforço de estímulos identificados como preferidos em ambas as avaliações com a de estímulos de mesma identificação apenas na avaliação por estímulo único. Os resultados mostraram que os estímulos

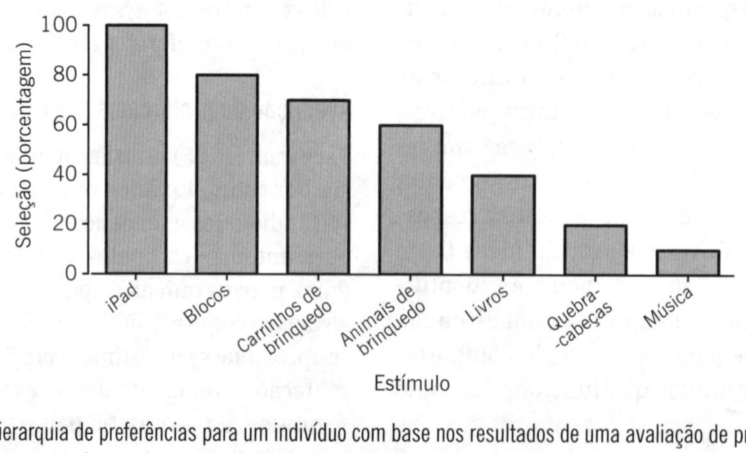

FIGURA 10.1 Exemplo de hierarquia de preferências para um indivíduo com base nos resultados de uma avaliação de preferência de escolha pareada com os nomes dos estímulos apresentados no eixo *x*, e a seleção (porcentagem) no eixo *y*.

identificados como preferidos em ambas as avaliações mantiveram maiores níveis de resposta do que os estímulos com a mesma identificação apenas na avaliação por estímulo único. Desse modo, a avaliação por escolha pareada produziu maior diferenciação entre os estímulos e predisse melhor quais estímulos funcionariam como reforçadores quando avaliados em um arranjo operante-simultâneo. Pesquisadores modificaram a avaliação por escolha pareada de Fisher *et al.* para indivíduos com deficiência visual (Paclawskyj & Vollmer, 1995) e indivíduos com transtorno de déficit de atenção/hiperatividade (TDAH) (Northup, Fusilier, Swanson, Roane & Borrero, 1997).

Uma limitação da avaliação de preferência por escolha pareada de Fisher *et al.* (1992) é seu tempo de administração (Roane, Vollmer, Ringdahl & Marcus, 1998; Windsor, Piché & Lock, 1994). Um longo tempo de administração pode impedir atualizações frequentes de preferências, sobretudo em ambientes nos quais os participantes têm horários concorrentes (p. ex., escolas) ou horários de visitação limitados (p. ex., clínicas). Uma forma de resolver essa limitação é diminuir o número de estímulos apresentados. Fisher *et al.* avaliaram 16 estímulos ou 120 apresentações pareadas que necessitaram de cerca de 1 hora para serem administradas, ou cerca de 30 segundos por tentativa. Reduzir o número de estímulos para sete, por exemplo, reduziria o número de tentativas para 21, e a duração da avaliação para pouco mais de 10 minutos. Um método alternativo para aumentar a eficiência das avaliações de preferência por escolha pareada é avaliar algumas categorias de estímulos (p. ex., alimentos doces, alimentos salgados) em vez de estímulos individuais, e utilizar diferentes estímulos nessa categoria como potenciais reforçadores (p. ex., alimentos salgados; Ciccone, Graff & Ahearn, 2015).

Uma segunda limitação é que a apresentação e a remoção dos estímulos são componentes inerentes à avaliação por escolha pareada (Kang *et al.*, 2011; Tung, Donaldson & Kahng, 2017; Vollmer, Ringdahl, Roane & Marcus, 1997), o que pode ocasionar comportamento-problema quando o terapeuta retira um estímulo. Esse problema pode ser mais provável em indivíduos com comportamento-problema reforçado pelo acesso a itens tangíveis.

Avaliação por estímulos múltiplos

Windsor *et al.* (1994) apresentaram múltiplos estímulos simultaneamente aos participantes com deficiência intelectual para determinar suas preferências relativas por esses estímulos. O terapeuta apresentou seis estímulos ao mesmo tempo a um participante ao longo de uma série de cinco sessões, cada uma contendo 10 tentativas. Cada uma delas começava com um terapeuta perguntando "qual você quer?" enquanto apresentava os estímulos. O terapeuta esperava 20 segundos para que os participantes emitissem uma resposta de seleção (i.e., tentar agarrar um item). O terapeuta fornecia acesso breve ao estímulo se o participante selecionasse um. A tentativa terminava após o participante acessar o estímulo ou ele não responder em 20 segundos. Windsor *et al.* comparavam a avaliação de múltiplos estímulos com uma versão estendida da avaliação por escolha pareada (Fisher *et al.*, 1992). A avaliação de múltiplos estímulos exigiu menos tempo para ser concluída do que a versão estendida da avaliação por escolha pareada, mas produziu resultados menos consistentes entre as administrações. Em geral, a avaliação por escolha pareada produziu uma hierarquia de preferência mais diferenciada para os estímulos avaliados.

Avaliação com múltiplos estímulos sem substituição

DeLeon e Iwata (1996) avaliaram uma extensão de Windsor *et al.* (1994), denominada avaliação com *múltiplos estímulos sem substituição*. Uma limitação do procedimento de Windsor *et al.* foi que alguns participantes nunca selecionavam determinados estímulos, talvez porque estímulos preferidos estivessem disponíveis de maneira constante. DeLeon e Iwata (1996) abordaram essa limitação apresentando toda a gama de estímulos na primeira tentativa e removendo aqueles selecionados em cada tentativa subsequente, resultando na disponibilidade de estímulos que o participante ainda não havia selecionado em cada tentativa. Desse modo, esse procedimento deu oportunidade aos participantes de escolherem entre alternativas menos preferidas, como a avaliação por estímulos pareados.

DeLeon e Iwata (1996) compararam a avaliação com múltiplos estímulos sem substituição com avaliações por escolha pareada e por estímulos múltiplos em três dimensões: (1) ordem da posição dos estímulos preferidos, (2) tempo necessário para administração e (3) número de potenciais reforçadores identificados. As três avaliações identificaram o mesmo estímulo como o preferido para quatro dos sete participantes. Os pesquisadores encontraram altas correlações entre os estímulos preferidos em cada avaliação para os três participantes restantes. A avaliação com múltiplos estímulos com substituição exigiu o menor tempo de administração ($M = 16{,}5$ minutos), seguida da avaliação com múltiplos estímulos sem substituição ($M = 21{,}8$ minutos) e da avaliação por escolha pareada ($M = 53{,}3$ minutos). Por fim, os participantes selecionaram menos itens na avaliação com múltiplos estímulos com substituição, enquanto as avaliações por múltiplos estímulos sem substituição e por escolha pareada produziram melhor diferenciação entre os estímulos avaliados. Os pesquisadores também têm utilizado com sucesso a avaliação com múltiplos estímulos sem substituição para crianças em salas de aula de educação geral (Daly *et al.*, 2009).

Uma limitação tanto da avaliação com múltiplos estímulos com substituição quanto da sem substituição é que cada uma delas exige que o participante discrimine e selecione uma gama relativamente grande de estímulos. Isso limita o número de estímulos que essas avaliações podem avaliar, pois a complexidade da tarefa aumenta à medida que o tamanho da matriz aumenta.

Avaliação por operante livre

Roane *et al.* (1998) desenvolveram uma avaliação de preferência por *operante livre*, na qual os participantes tiveram acesso contínuo a uma matriz de estímulos por 5 minutos. Os participantes puderam interagir com qualquer estímulo ao longo da avaliação, pois todos os estímulos permaneciam disponíveis. Roane *et al.* compararam os resultados da avaliação de preferência por operante livre com os da avaliação por escolha pareada de Fisher *et al.* (1992) em duas dimensões: (1) duração da administração e (2) ocorrência de comportamento-problema. Os resultados mostraram que a duração média da avaliação por operante livre foi menor do que a da avaliação por escolha pareada (5 minutos *versus* 21,7 minutos). Além disso, 85% dos participantes apresentaram níveis significativamente mais altos de comportamento-problema durante a avaliação por escolha pareada. De modo semelhante, Kang *et al.* (2010) mostraram que a avaliação por operante livre foi associada a menor comportamento-problema do que a por múltiplos-estímulos-sem-substituição.

Uma limitação da avaliação por operante livre é que ela pode não produzir uma hierarquia de preferência se o participante alocar seu tempo de maneira exclusiva a um único estímulo. Uma segunda limitação é que ela pode estar associada a níveis mais elevados de comportamento-problema em indivíduos que apresentam tal comportamento reforçado com atenção (Kang *et al.*, 2011).

Restrição de resposta

Embora as avaliações por estímulo único, escolha pareada, múltiplos estímulos sem substituição e operante livre pareçam eficazes para a identificação de reforços, Hanley, Iwata, Lindberg e Conners (2003) observaram que esses procedimentos estão associados a acesso limitado a estímulos, e os participantes muitas vezes demonstram preferências exclusivas por alguns estímulos. Hanley *et al.* levantaram a hipótese de que um método de restrição de resposta combinando procedimentos de avaliação baseados em testes e operante livre poderia resolver essas limitações. Durante a avaliação por restrição de respostas, o terapeuta dava ao participante uma matriz de estímulos e, em seguida, restringia os estímulos individuais com base na interação do participante com estes. Hanley *et al.* basearam suas regras de restrição de estímulos no nível de interação do participante com o estímulo-alvo em relação a outros estímulos. Os resultados mostraram que a avaliação por restrição de resposta produziu um alto grau de consistência para os itens bem posicionados. Uma comparação dessa avaliação com uma avaliação estendida por operante livre mostrou que a por restrição de resposta produziu preferência mais diferenciada e informações mais completas sobre engajamento entre estímulos. As duas principais limitações da avaliação por restrição de resposta são suas múltiplas regras complexas para determinar quando restringir estímulos e seu longo tempo de administração (18 sessões de 5 minutos cada para avaliar sete estímulos, consideravelmente mais longo do que a maioria das outras avaliações de preferência).

Avaliação baseada em duração

DeLeon, Iwata, Conners e Wallace (1999) sugeriram que a duração do engajamento poderia ser uma alternativa para abordar as respostas como medida de preferência, e descreveram um procedimento no qual eles apresentavam estímulos de maneira isolada por 2 minutos para adultos que se envolviam em comportamento-problema grave. Eles compararam os resultados da avaliação baseada na duração com os de uma por múltiplos estímulos sem substituição. A avaliação baseada na duração, que mediu o engajamento de estímulos, produziu hierarquia de preferência mais diferenciada do que a por múltiplos estímulos sem substituição.

Assim como DeLeon *et al.* (1999), Hagopian, Rush, Lewin e Long (2001) apresentaram os estímulos de modo isolado e mediram o nível de engajamento dos participantes com cada estímulo. Avaliações de reforço subsequentes mostraram que os estímulos identificados como significativamente preferidos com base na duração do engajamento funcionaram como reforçadores efetivos. Além disso, os pesquisadores compararam os resultados da avaliação baseada em duração com os de uma por escolha pareada. Os resultados da comparação sugeriram que a avaliação baseada em duração levou menos tempo para ser administrada do que a por escolha pareada, mas produziu classificações de preferência menos estáveis entre as administrações.

Relato vocal

O relato vocal, ou autonomeação, é mais apropriado para indivíduos que conseguem identificar estímulos preferidos vocalmente. Muitos estudos incorporaram a autonomeação para identificar preferências. Por exemplo, Clements e McKee (1968) utilizaram um folheto de uma página (i.e., a lista de eventos de reforço) para identificar as atividades de trabalho preferidas para 16 detentos. Os resultados mostraram aumento na quantidade de trabalho diário realizado pelos detentos quando seu trabalho produziu acesso às atividades selecionadas na lista.

Embora os pesquisadores tenham utilizado pesquisas para identificar estímulos significativamente preferidos para estudantes do ensino fundamental (Fantuzzo, Rohrbeck, Hightower & Work, 1991) e crianças (Tourigny Dewhurst & Cautela, 1980), e adultos (Fox & DeShaw, 1993) com deficiência intelectual, não está claro se os resultados da pesquisa identificaram estímulos que funcionavam como reforço. Pesquisas atuais indicaram que as autonomeações de preferência podem ser limitadas de várias maneiras. Primeiro, a autonomeação de preferência pode não corresponder às preferências observadas. Por exemplo, Northup, George, Jones, Broussard e Vollmer (1996) utilizaram uma pesquisa de reforçadores comuns de sala de aula para identificar preferências diferenciais para quatro crianças diagnosticadas com TDAH e mostraram que a pesquisa efetivamente identificou preferências diferenciais entre os participantes. No entanto, os resultados da pesquisa não coincidiram com os resultados das avaliações sistemáticas de preferência. Desse modo, em alguns casos, a autonomeação de preferências pode não identificar com precisão os estímulos preferidos. Além disso, a autonomeação pode ser apropriada apenas para indivíduos que têm habilidades de linguagem expressiva e receptiva suficientes para indicar suas preferências de maneira vocal (Pace *et al.*, 1985; Rotatori, Fox & Switzky,1979; Wehman, 1976).

Indicação do cuidador

Alguns pesquisadores pediram aos cuidadores (p. ex., membros da equipe, pais) que identificassem os estímulos preferidos de indivíduos que não podem expressar suas próprias preferências. Favell e Cannon (1976), em comparação inicial entre a opinião do cuidador e as preferências individuais observadas, mostraram que os cuidadores não prediziam as preferências de forma confiável. Outros pesquisadores replicaram essas descobertas com diferentes cuidadores, como professores, e diferentes populações de participantes, como estudantes (Fantuzzo *et al.*, 1991; Green *et al.*, 1988; Parsons & Reid, 1990; Windsor *et al.*, 1994).

Embora pesquisas anteriores tenham mostrado que o relato do cuidador não tem sido um método consistentemente eficaz de identificar preferências para alguns indivíduos, o uso da informação do cuidador parece ser um método lógico de identificar estímulos preferidos, sobretudo para indivíduos que não podem autorrelatar suas preferências. Para tanto, Fisher, Piazza, Bowman e Amari (1996) desenvolveram a Reinforcer Assessment for Individuals with Disabilities (RAISD), uma entrevista estruturada que leva os cuidadores a gerarem uma lista de potenciais reforçadores dos domínios auditivo, comestível, olfativo, social, tátil e visual. No estudo de Fisher *et al.*, os cuidadores geraram uma lista de estímulos potencialmente preferidos e ordenaram esses estímulos do mais para o menos preferido, com base em suas previsões de preferência da criança. Os cuidadores também classificaram as supostas preferências da criança para uma lista-padrão de estímulos que Pace *et al.* (1985) utilizaram. Fisher *et al.* (1996) realizaram avaliações por escolha pareada com estímulos gerados pelo cuidador e com estímulos-padrão. Os cuidadores fizeram previsões ligeiramente melhores da preferência da criança com os estímulos identificados via RAISD do que com os estímulos-padrão. Além disso, os estímulos preferidos identificados através do RAISD funcionaram como reforçadores mais efetivos do que os estímulos-padrão preferidos. Esses resultados sugerem que a entrada estruturada do cuidador pode ser um complemento útil para uma avaliação sistemática da preferência de escolha. Cote, Thompson, Hanley e McKerchar (2007) replicaram e ampliaram os resultados de Fisher *et al.* (1996) com professores e crianças pequenas em um contexto de intervenção precoce. Cote *et al.* mostraram que incorporar a nomeação de professores a uma avaliação direta, como a por escolha pareada, poderia identificar reforços mais efetivos para crianças pequenas em salas de aula.

Representações por figuras

As figuras são um método alternativo de identificação de estímulos preferidos para indivíduos que não respondem vocalmente (Conyers *et al.*, 2002; Daley, 1969; Northup *et al.*, 1996). Daley (1969) apresentou uma lista de atividades para cinco crianças com deficiência intelectual. Estas apresentaram preferências diferenciais pelas atividades retratadas com figuras. Northup *et al.* (1996)

avaliaram a precisão de um questionário de reforços, um questionário de escolha pareada verbal e uma avaliação pictórica de escolha pareada para identificação de preferência. As avaliações de escolha pareada verbal e pictórica identificaram categorias de alta e baixa preferência para três dos quatro participantes. Já a pesquisa identificou preferências de forma imprecisa. Uma limitação da representação por figuras é que um participante deve ser capaz de discriminar que as figuras representam itens ou atividades. Por exemplo, Higbee, Carr e Harrison (1999) verificaram que a avaliação por figuras não identificou de modo consistente estímulos que funcionavam como reforço, e sugeriram que alguns indivíduos podem precisar de treinamento de discriminação antes de realizar uma avaliação por figuras de preferência.

Cadeias concorrentes

A maioria dos procedimentos de avaliação de preferência já descritos tem se concentrado na identificação de estímulos preferidos que os analistas do comportamento poderiam utilizar como reforço em programas de treinamento. Os pesquisadores também usaram avaliações de preferência para medir as preferências dos participantes por tratamentos de reforço positivo (Hanley, Piazza, Fisher, Contrucci & Maglieri, 1997), esquemas de reforçamento (Luczynski & Hanley, 2009, 2010, 2014), sistemas motivacionais (Heal & Hanley, 2007), punição e componentes de extinção de intervenções (Giles, St. Peter, Pence & Gibson, 2012; Hanley, Piazza, Fisher & Maglieri, 2005), e preferências por arranjos de escolha e sem escolha (Fisher, Thompson, Piazza, Crosland & Gotjen, 1997; Tiger, Hanley, & Hernandez, 2006), entre outros. Por exemplo, Hanley *et al.* (1997) descreveram um procedimento por cadeias concorrentes para avaliar as preferências dos participantes por treinamento de comunicação funcional, reforço não contingente e extinção como tratamentos para o comportamento-problema. O procedimento por cadeias concorrentes consistiu em parear cada tratamento com um cartão colorido que os participantes selecionavam para entrar em uma sala na qual recebiam o tratamento escolhido. Os resultados de Hanley *et al.* mostraram que o procedimento por cadeias concorrentes forneceu uma medida sensível das preferências dos participantes por tratamentos para o comportamento-problema.

Arranjo em grupo

A maioria dos estudos de avaliação de preferência tem se concentrado em encurtar o tempo de administração para participantes individuais. Já Layer, Hanley, Heal, e Tiger (2008) avaliaram a precisão da avaliação de preferência por várias crianças simultaneamente. Primeiro, os pesquisadores identificaram uma hierarquia de preferência para cada criança de maneira individual. Em seguida, os pesquisadores avaliaram as preferências de três crianças ao mesmo tempo. Durante a avaliação em grupo, cada criança selecionava de forma particular um cartão colorido que os experimentadores já haviam pareado com reforço alimentar específico. Após cada criança selecionar um cartão colorido, o pesquisador colocava os três cartões em uma caixa. Em seguida, o pesquisador sorteava um cartão da caixa, e cada criança do grupo recebia o alimento que estava associado a esse cartão. As comparações dos dados das avaliações individual e em grupo mostraram que ambas produziram registros de preferência semelhantes, mas que a avaliação em grupo identificou os estímulos preferidos de maneira mais eficiente. Da mesma forma, Radley, Dart, Battaglia e Ford (2019) realizaram avaliações de preferência em grupo em uma sala de aula com 19 alunos, com todos os alunos respondendo simultaneamente a uma solicitação (administrada via aplicativo de *smartphone*) para identificar um estímulo preferido. Eles descobriram que o procedimento em grupo era um método válido e rápido de avaliar a preferência em um ambiente de sala de aula.

Hanley, Cammilleri, Tiger e Ingvarsson (2007) mostraram que analistas do comportamento poderiam utilizar amostragem momentânea de tempo para avaliar as preferências de atividade de 20 crianças em uma sala de aula da educação infantil. Eles observaram menos de 10% de taxa de erro quando avaliaram as preferências com um intervalo de amostragem momentâneo de 120 segundos. Análises subsequentes mostraram que os observadores preferiam um intervalo de 90 segundos em relação a outros intervalos, e que a duração desse intervalo identificava com precisão as preferências de atividades para uma sala de aula com crianças.

Métodos de avaliação dos efeitos de reforço

Correlação entre preferência e efetividade do reforço

Os pesquisadores avaliaram se a efetividade do reforço varia de maneira positiva com o grau de preferência (i.e., se as preferências relativas demonstradas nas avaliações de preferência predizem a eficácia relativa do reforçador). Piazza, Fisher, Hagopian, Bowman e Toole (1996) realizaram avaliações de preferência com quatro indivíduos com problemas graves de comportamento para identificar estímulos de alta, média e baixa preferência. Avaliações subsequentes de reforço de operantes concorrentes mostraram que os resultados da avaliação de preferência previram a eficácia de reforço dos estímulos de alta, média e baixa preferência. No entanto, DeLeon, Iwata e Roscoe (1997), e Taravella, Lerman, Contrucci e Roane (2000) mostraram que estímulos de menor classificação podem funcionar como reforço em algumas circunstâncias. Graff e Larsen (2011) demonstraram que a eficácia do reforço de estímulos preferidos pode ser um produto dos estímulos utilizados em uma avaliação de preferência, independentemente da hierarquia de preferência gerada depois.

Lee, Yu, Martin e Martin (2010) adotaram uma abordagem ligeiramente diferente de Piazza *et al.* (1996) para examinar a correspondência entre os efeitos de preferência e de reforço. Lee *et al.* identificaram estímulos que mantiveram uma faixa de taxas de resposta (p. ex., de alta a baixa) durante uma avaliação do reforçador. Em seguida, realizaram avaliações de preferência de estímulo para determinar as preferências dos participantes por aqueles reforçadores identificados. Eles descobriram correspondência quase perfeita entre as avaliações de preferência e reforço para um participante, e correspondência parcial para o outro.

Respostas simples *versus* complexas

A maioria dos pesquisadores tem utilizado respostas simples e operantes livres (p. ex., levantar as mãos, comportamento na cadeira) para avaliar a eficácia dos estímulos como reforço (p. ex., DeLeon & Iwata, 1996; Fisher *et al.*, 1992; Pace *et al.*, 1985; Piazza, Fisher, Hagopian, *et al.*, 1996). Piazza, Fisher, Hagopian, *et al.* (1996) sugeriram que o uso de uma resposta simples e operante livre durante a avaliação do reforço tem diversas vantagens. O objetivo da avaliação do reforço é avaliar se o estímulo funciona como reforço, em vez de ensinar uma resposta específica. Respostas simples são ideais para esses tipos de avaliações, pois indivíduos com níveis funcionais variados em geral podem discriminar as contingências com rapidez, resultando em uma avaliação eficiente em termos de tempo. A falha em emitir uma resposta mais complexa durante uma avaliação de reforço pode ser devida a uma habilidade ou a um déficit motivacional. Em contrapartida, é menos provável que a falha em emitir uma resposta simples seja devida a um déficit de habilidades. No entanto, pode haver situações em que o uso de uma resposta mais complexa (p. ex., comportamento na tarefa) seja desejável (Paramore & Higbee, 2005).

Operantes únicos *versus* concorrentes

Fisher *et al.* (1992) utilizaram um esquema de operantes concorrentes para avaliar a eficácia do reforço de estímulos preferidos. A vantagem de um esquema de operantes concorrentes é que a magnitude da resposta para cada operante é uma função do valor relativo de cada reforçador, em vez de uma função de competição de resposta ou interferência (Catania, 1963; Fisher *et al.*, 1992). O valor do reforço é uma função de sua taxa, magnitude e qualidade, e da imediaticidade da entrega e da quantidade de custo de resposta despendido para obter reforço, em relação aos de outros reforços disponíveis ao mesmo tempo (Fisher & Mazur, 1997). Desse modo, a taxa de cada resposta é uma função do valor de seu reforçador e do valor de outros reforçadores disponíveis simultaneamente. Suponha, por exemplo, que as Respostas A e B produzam ao mesmo tempo os Reforçadores A e B, respectivamente. É provável que o aumento substancial da taxa de reforçamento para a resposta A aumente a taxa da resposta A. É provável que a taxa da resposta B diminua, embora sua taxa de reforçamento permaneça inalterada. Na maioria dos ambientes naturais, diversas fontes de reforço estão disponíveis ao mesmo tempo, e os analistas do comportamento devem avaliar o valor de um dado reforçador em relação a outros reforçadores disponíveis simultaneamente. Os esquemas de operantes concorrentes são ideais para avaliar a força de um reforço em relação a outros reforços disponíveis.

Em alguns casos, o analista do comportamento pode querer avaliar os efeitos absolutos do reforço (p. ex., o Estímulo A funciona como reforço para a Resposta A?). Por exemplo, Roscoe, Iwata e Kahng (1999) mostraram que o reforçador mais efetivo durante um esquema de operantes concorrentes foi o estímulo identificado como significativamente preferido, tanto na avaliação de estímulo único quanto na avaliação de escolha pareada. No entanto, estímulos identificados como significativamente preferidos apenas pela avaliação de estímulo único funcionaram como reforço durante o esquema de operante único. Roscoe *et al.* sugeriram que procedimentos de esquema simultâneo são úteis para a avaliação dos efeitos relativos do reforço (preferência por um reforçador em detrimento de outro), e que arranjos de esquema único podem ser ideais para avaliar os efeitos absolutos do reforço.

Esquemas de razão progressiva

Roane, Lerman e Vorndran (2001) utilizaram esquemas de razão progressiva para avaliar a resposta relativa para dois itens identificados como similarmente preferidos durante uma avaliação de preferência por estímulo (Fisher *et al.*, 1992). Em um esquema de razão progressiva, a necessidade de acesso ao reforço aumenta durante uma única observação (Hodos, 1961). Por exemplo, o requisito de resposta inicial pode ser completar um problema de matemática para receber um brinquedo preferido por 20 segundos. Após a primeira entrega do reforço, o analista do comportamento retira o brinquedo e aumenta o requisito de resposta a dois problemas matemáticos para acessar 20 segundos de reforço. Essa progressão pode continuar até que a resposta cesse por um tempo especificado. Essa avaliação do reforço pode determinar quanto trabalho um participante completará para um reforço específico antes que o participante atinja o *ponto de interrupção*, ou o requisito do esquema no qual o participante não atende ao critério de reforço.

Roane *et al.* (2001) mostraram que os esquemas de razão fixa (FR, *fixed-ratio*) não conseguiram diferenciar estímulos de maior e menor preferência, mas que o aumento das exigências utilizando esquemas de razão progressiva aumentou as diferenças na efetividade do reforçador. Roane *et al.* também mostraram que a identificação precisa de estímulos de maior preferência usando esquemas de razão progressiva foi fundamental, pois os estímulos de maior preferência produziram maiores reduções no comportamento-problema em tratamentos baseados em reforço. Além disso, eles sugeriram que o aumento dentro da sessão nos requisitos de resposta forneceu uma avaliação mais rápida da eficácia relativa do reforço do que a de estímulos em diversas fases de diferentes requisitos de FR (p. ex., DeLeon, Iwata, Goh & Worsdell, 1997).

Call, Trosclair-Lassare, Findley, Reavis e Shillingsburg (2012) utilizaram esquemas de razão progressiva para avaliar a exatidão das avaliações por estímulo pareado e por múltiplos estímulos sem substituição ao longo do tempo. Eles aplicaram uma avaliação de preferência de escolha pareada uma vez, seguida por avaliações diárias de preferência por múltiplos estímulos sem substituição e avaliações por reforço de razão progressiva. Eles avaliaram a correspondência entre os pontos de interrupção e as preferências para as duas avaliações de preferência de estímulo. Descobriram que o estímulo mais bem classificado da avaliação por escolha pareada produziu os pontos de quebra mais altos para todos os sete participantes, já o estímulo mais bem classificado das avaliações diárias de múltiplos estímulos sem substituição correspondeu ao ponto de interrupção mais alto para três dos sete participantes.

Pesquisadores aplicados têm utilizado esquemas de razão progressiva com maior frequência. Em geral, essas aplicações de tais esquemas se enquadram em duas categorias: a ponte entre pesquisa básica e aplicada, e o desenvolvimento de procedimentos de significado terapêutico (Roane, 2008). Exemplos de pesquisa de ponte com esquemas de razão progressiva incluem (1) avaliar os efeitos da avaliação de reforços sob arranjos de razão progressiva única e simultânea (Glover, Roane, Kadey & Grow, 2008); (2) avaliar os efeitos relativos de estímulos significativamente preferidos e menos preferidos sob exigências crescentes de resposta (Francisco, Borrero & Sy, 2008; Penrod, Wallace & Dyer, 2008); e (3) avaliar se o acesso extrassessão ao reforço afeta as taxas de resposta acadêmica (Roane, Call & Falcomata, 2005). Pesquisadores aplicados têm utilizado esquemas de razão progressiva para avaliar (1) preferências por diferentes membros da equipe em um ambiente residencial (Jerome & Sturmey, 2008); (2) a eficácia relativa de diferentes durações de reforço (Trosclair-Lasserre, Lerman, Call, Addison & Kodak, 2008); e (3) se estímulos que funcionam como reforçadores diferencialmente efetivos sob esquema de razão progressiva também são diferencialmente efetivos quando incorporados a tratamentos baseados em reforço ao comportamento-problema (Roane *et al.*, 2001; Smith, Roane & Stephenson, 2009). Apesar dos benefícios potenciais dos esquemas de razão progressiva, analistas do comportamento têm questionado sua utilidade (p. ex., Poling, 2010). Desse modo, os pesquisadores devem realizar estudos adicionais para avaliar a utilidade relativa dos esquemas de razão progressiva em ambientes aplicados.

Questões relacionadas a estímulos específicos como reforço

Escolha como reforço

Pesquisadores avaliaram se a escolha funciona como reforço. Embora estudos iniciais sobre os efeitos da escolha sugerissem que a oportunidade de fazer escolhas funcionava como reforço (Dunlap *et al.*, 1994; Dyer, Dunlap & Winterling, 1990; Powell & Nelson, 1997), esse trabalho foi limitado porque a resposta da escolha produziu acesso a estímulos significativamente preferidos. Assim, a escolha foi confundida com as preferências do indivíduo pelos itens escolhidos nessas investigações.

Fisher *et al.* (1997) abordaram essa questão ao juntar as condições de escolha e não escolha. No Experimento 1, os participantes puderam escolher entre dois estímulos preferenciais disponíveis como reforço na condição de escolha. Os pesquisadores aplicaram o reforço que entregaram na condição sem escolha (controle) ao reforçador que o participante escolheu na condição de escolha. Por exemplo, se o participante escolheu Gummy Bears no primeiro ensaio, Skittles no segundo e M&Ms no terceiro ensaio da condição de escolha, então o investigador entregou Gummy Bears no primeiro ensaio,

Skittles no segundo e M&Ms no terceiro ensaio na condição sem escolha. Os resultados do estudo mostraram que níveis mais elevados de resposta ocorreram na condição de escolha do que na condição sem escolha. No Experimento 2, os participantes podiam escolher entre estímulos de menor preferência na condição de escolha ou poderiam obter acesso a estímulos de maior preferência na condição de não escolha. Sob esses arranjos, os participantes geralmente permitiam que o investigador escolhesse o reforçador.

Uma limitação dessa junção é que ela não controla as flutuações momentâneas da preferência ao longo do tempo (Tiger *et al.*, 2006). Por exemplo, ganhar Skittles na condição de escolha anterior pode reduzir a eficácia de reforço destes na condição subsequente sem escolha. Um controle alternativo para examinar os efeitos da escolha é oferecer opções idênticas em condições de escolha e sem escolha (Tiger *et al.*, 2006). Por exemplo, Thompson, Fisher e Contrucci (1998) proporcionaram a um garoto com transtorno do espectro autista (TEA) a oportunidade de escolher entre três xícaras idênticas de refrigerante na condição de escolha ou ter acesso a uma xícara idêntica de refrigerante que o terapeuta escolheu na condição sem escolha. Seus resultados mostraram que a criança preferiu o arranjo da escolha. Além disso, o participante continuou a selecionar a condição de escolha mesmo quando a taxa de reforçamento foi maior na condição sem escolha. Pesquisas têm mostrado que a escolha funciona como reforço para crianças com deficiência intelectual e TEA (Fisher *et al.*, 1997; Thompson *et al.*, 1998; Toussaint, Kodak & Vladescu, 2016), crianças em idade pré-escolar (Ackerlund Brandt, Dozier, Juanico, Laudont & Mick, 2015; Schmidt, Hanley & Layer, 2009; Tiger *et al.*, 2006) e indivíduos com traumatismo craniencefálico (Tasky, Rudrud, Schulze & Rapp, 2008). Por fim, Graff e Libby (1999) mostraram que os participantes preferiram fazer escolhas durante a sessão em vez de antes dela.

Estímulos comestíveis

DeLeon, Iwata e Roscoe (1997) levantaram a hipótese de que alguns indivíduos, como aqueles com deficiência intelectual ou TEA, podem ser mais propensos a selecionar alimentos durante avaliações de preferência em relação a outros estímulos. Para isso, analisaram se os itens comestíveis eram preferíveis aos itens de lazer e atividades durante uma avaliação de preferência. Eles conduziram avaliações separadas de múltiplos estímulos sem substituição, consistindo apenas em alimentos, apenas itens de lazer e uma combinação de alimentos e itens de lazer. Os participantes mostraram tendência geral de selecionar alimentos em detrimento de itens não alimentícios na avaliação combinada de preferência, embora alimentos significativamente preferidos e itens de lazer significativamente preferidos da avaliação apenas de lazer tenham funcionado como reforço. Da mesma forma, Fahmie, Iwata e Jann (2015) descobriram que os itens comestíveis eram preferíveis aos itens de lazer e resultaram em maiores taxas de resposta em condições de manutenção em indivíduos com e sem TEA. Bojak e Carr (1999) verificaram que a preferência por itens comestíveis persistiu mesmo após as refeições. No entanto, adultos com demência não mostraram uma preferência diferencial por comestíveis em relação a itens de lazer em um estudo de Ortega, Iwata, Nogales-González e Frades (2012). Esses indivíduos muitas vezes apresentam déficits na percepção sensorial, como olfato e paladar, o que pode reduzir o valor dos itens comestíveis (Shiffman, 1997). Essa percepção sensorial alterada pode explicar as descobertas de Ortega *et al.*. No entanto, DeLeon *et al.* sugeriram que os analistas do comportamento devem ser cautelosos ao incluir comestíveis e itens de lazer na mesma avaliação de preferência.

Estímulos sociais

Segundo a Associação Americana de Psiquiatria (2013), déficits na interação social para crianças com TEA incluem, mas não se limitam a, falta de reciprocidade social ou emocional. Essa característica diagnóstica sugere que a interação social pode ser menos propensa a funcionar como reforço para crianças com TEA. No entanto, Nuernberger, Smith, Czapar e Klatt (2012) demonstraram que crianças com TEA preferiam algumas interações sociais quando os pesquisadores apresentavam esses estímulos durante uma avaliação com múltiplos estímulos sem substituição. Essas interações (p. ex., perseguição, cócegas, balanço) funcionaram depois como reforço. Isso foi verdadeiro mesmo para interações nas quais a avaliação com múltiplos estímulos sem substituição identificou como relativamente menos preferidas pelas crianças com TEA. Clay, Samaha, Bloom, Bogoev e Boyle (2013) encontraram resultados semelhantes quando avaliaram preferências por interações sociais e atenção em uma avaliação por escolha pareada com crianças com TEA. Morris e Vollmer (2019) descobriram que interações sociais preferidas poderiam ser identificadas para cinco crianças com TEA. Esses resultados sugerem que as interações sociais podem funcionar como reforço para crianças com TEA, e os analistas do comportamento devem incluí-las nas avaliações de preferência. Esse é um achado importante, uma vez que uma das principais características diagnósticas do TEA é a falta de comportamento social típico e reciprocidade social.

Tecnologia como reforço

Para alguns indivíduos, estímulos que dependem de tecnologia avançada (p. ex., *tablets*) podem ter maior preferência ou eficácia de reforço do que estímulos que não dependem de tecnologia. Hoffmann, Samaha, Bloom e Boyle (2017) compararam a preferência e a efetividade do reforço para estímulos de alta e baixa tecnologia, examinando o tipo e a duração da interação entre os dois tipos de estímulos. Os resultados sugeriram que o tipo de item e a duração do acesso interagiram para influenciar a preferência e a efetividade do reforço. Os participantes preferiram itens de alta tecnologia com maior duração de acesso. No entanto, os participantes preferiram itens de baixa tecnologia em durações curtas. Além disso, os participantes responderam menos quando o item de alta tecnologia foi fornecido por curtas durações e quando o item de baixa tecnologia foi fornecido por longas durações. Esses resultados sugerem que é necessário proporcionar maior tempo de acesso a estímulos que dependem de tecnologia quando dispostos durante o reforço positivo.

Fatores que podem influenciar a efetividade do reforço

Taxa, qualidade, atraso e distribuição do reforço

Neef e seus colaboradores realizaram uma série de estudos (Mace, Neef, Shade & Mauro, 1994; Neef, Mace & Shade, 1993; Neef, Mace, Shea & Shade, 1992; Neef, Shade & Miller, 1994) para avaliar como a taxa, a qualidade e o atraso no reforço afetam a resposta. Os resultados desses estudos sugeriram que os participantes preferiram esquemas de reforçamento associados a maior qualidade (Neef *et al.*, 1992) e menores atrasos no reforço (p. ex., Neef *et al.*, 1993).

Em geral, maior atraso para o reforço reduz mais a efetividade de um reforço do que um atraso mais curto (Fisher & Mazur, 1997). Isso geralmente é verdade mesmo quando um indivíduo tem a escolha entre um reforço maior atrasado e um reforço menor, porém imediato (Madden & Bickel, 2010). No entanto, os indivíduos podem preferir um reforço acumulado maior do que um imediato menor em algumas circunstâncias. Por exemplo, DeLeon *et al.* (2014) descobriram que três dos quatro participantes preferiram acumular e consumir reforçadores maiores mais tarde (p. ex., assistir a 5 minutos de um vídeo no final de uma sessão) em vez do consumo distribuído de reforçadores imediatos menores (p. ex., assistir a 30 segundos do vídeo após cada resposta). Esses resultados sugerem que o reforço acumulado, porém tardio, pode ser tão eficaz quanto o pequeno e imediato, e pode ser ainda o preferido para alguns participantes e para reforços específicos (Bukala, Hu, Lee, Ward-Horner & Fienup, 2015; Fienup, Ahlers & Pace, 2011). A duração do acesso a um reforçador (i.e., acumulado) também pode influenciar hierarquias de preferência durante avaliações sistemáticas de preferência (Steinhilber & Johnson, 2007).

Variação do estímulo

A variação do estímulo é um método que os pesquisadores têm utilizado para aumentar a efetividade do reforço (Bowman, Piazza, Fisher, Hagopian & Kogan, 1997; Egel, 1980, 1981; Wine & Wilder, 2009). Por exemplo, Bowman *et al.* (1997) verificaram que quatro dos seis participantes preferiram apresentação variada *versus* constante de estímulos preferidos; os outros dois participantes preferiram apresentação constante dos estímulos preferidos. Wine e Wilder (2009) ampliaram o trabalho de Bowman *et al.*, examinando os efeitos do reforço variado *versus* constante. Os participantes poderiam ter acesso a (1) estímulos constantes de alta preferência; (2) estímulos constantes de preferência média; (3) estímulos constantes de baixa preferência; ou (4) estímulos variados, nos quais o experimentador selecionava aleatoriamente um estímulo de alta, média ou baixa preferência para entregar ao participante em cada tentativa. Os maiores aumentos na produção de trabalho para ambos os participantes ocorreram na condição de alta preferência constante, e a condição de apresentação variada resultou na produção de trabalho comparável à entrega constante de estímulos de preferência média. Além disso, Keyl-Austin, Samaha, Bloom e Boyle (2012) verificaram que apresentar estímulos variados de preferência média produzia níveis mais altos e resposta mais sustentada do que apresentar esses mesmos estímulos de maneira isolada. No entanto, um único estímulo significativamente preferido resultou em mais respostas totais e declínio mais lento na taxa de resposta intrassessão, em comparação com a resposta mantida por estímulos variados de preferência média.

Estabilidade a longo prazo das preferências

As preferências individuais por estímulos específicos são constantemente flutuantes, com base nas operações estabelecedoras e no contexto ambiental em que os entregamos. Por exemplo, a água pode funcionar como reforço após o consumo de alimentos salgados, mas pode não funcionar como reforço em outros contextos.

Além disso, um indivíduo pode preferir doces, e estes podem funcionar como reforço na maioria das circunstâncias. O valor dos doces, no entanto, pode diminuir se um indivíduo estiver consumindo o mesmo doce todos os dias por 1 semana. Os analistas do comportamento devem considerar se as preferências mudam ao longo do tempo, e elas devem ser reavaliadas de forma periódica. As evidências de estabilidade de preferências ao longo do tempo têm sido um tanto variadas. Por exemplo, os resultados de diversos estudos mostraram que as preferências variam ao longo do tempo (p. ex., Carr, Nicholson & Higbee, 2000; Mason, McGee, Farmer-Dougan & Risley, 1989; Zhou, Iwata, Goff & Shore, 2001). Em contrapartida, Hanley, Iwata e Roscoe (2006) tentaram replicar e ampliar a literatura avaliando preferências por atividades de lazer ao longo de três a 6 meses com 10 adultos com deficiência intelectual. Diferentemente de pesquisadores anteriores, Hanley *et al.* observaram preferências relativamente estáveis para 80% dos participantes. Hanley *et al.* também mostraram que mudanças naturais nas operações estabelecedoras ou nos históricos de condicionamento interromperam a estabilidade das preferências. Da mesma forma, os resultados de Kelley, Shillingsburg e Bowen (2016) foram consistentes com os de Hanley *et al.*, em que as preferências costumavam ser relativamente estáveis ao longo do tempo. Estudos subsequentes mostraram que as mudanças nas preferências ao longo do tempo não afetam necessariamente a efetividade do reforço na prática (Verriden & Roscoe, 2016). DeLeon *et al.* (2001) mostraram que, quando as preferências mudavam ao longo do tempo, os analistas do comportamento podiam utilizar avaliações breves diárias de preferências para monitorar e se ajustar às mudanças nas preferências.

Saciedade *versus* privação

Limitar o acesso ao reforço fora de situações de treinamento ou tratamento é uma estratégia bastante recomendada para manter a motivação de um indivíduo. Kodak, Lerman, e Call (2007) avaliaram se o acesso ao reforço pós-sessão influenciava a resposta. Os resultados do estudo mostraram que os participantes se engajavam em níveis mais altos de resposta quando os pesquisadores restringiam o acesso pós-sessão ao reforçador. Hanley, Tiger, Ingvarsson, e Cammilleri (2009) mostraram que eles poderiam alterar as preferências de atividade de jogo livre de na educação infantil por meio de manipulações de saciedade. As crianças na educação infantil realocavam respondendo a atividades menos preferidas, mas importantes, como zona de instrução, biblioteca e ciências, quando os pesquisadores usavam um procedimento de saciedade com atividades significativamente preferidas. Zhou, Iwata, e Shore (2002) examinaram os efeitos da saciedade e da privação de alimentos como reforço na resposta pré e pós-refeição de nove adultos com deficiência intelectual. Menos da metade dos participantes apresentou taxas de resposta pré-refeição mais altas do que pós-refeição. Os demais participantes apresentaram taxas de resposta pré e pós-refeição comparáveis. Os efeitos da saciedade e da privação podem ser um tanto característicos, dependendo do indivíduo e do tipo de reforço (p. ex., Sy & Borrero, 2009).

Outras considerações sobre reforço e seleção de estímulos

Ensinando novas preferências

De modo ideal, os analistas do comportamento podem identificar diversos estímulos significativamente preferidos para avaliar como reforçadores. No entanto, alguns indivíduos podem ter poucos itens ou atividades que preferem. Em outros casos, estímulos alternativos podem ser mais apropriados para uso como reforçadores no contexto ambiental dado. Os pesquisadores ensinaram os indivíduos a mudarem sua resposta a itens ou atividades já avaliadas como menos preferidas, reorganizando o ambiente. O emparelhamento estímulo-estímulo, o reforço embutido e a manipulação de operações motivadoras são os métodos mais comuns para aumentar a variedade de itens ou atividades que um indivíduo prefere ou para as quais o indivíduo aloca sua resposta.

Procedimentos de emparelhamento

O emparelhamento estímulo-estímulo envolve a apresentação de um estímulo significativamente preferido e um menos preferido em estreita proximidade temporal, de modo que o significativamente preferido siga o menos preferido após um pequeno espaço de tempo. O estímulo menos preferido muitas vezes torna-se um reforço condicionado através de emparelhamento repetido. Pesquisadores têm utilizado essa estratégia para condicionar os sons vocais como reforçadores em crianças com repertório vocal limitado (p. ex., Yoon & Bennett, 2000; Esch, Carr & Michael, 2005). Pesquisadores têm demonstrado que a apresentação simultânea de alimentos ou condimentos menos preferidos com alimentos ou condimentos significativamente preferidos e atenção ou produtos tangíveis significativamente preferidos, em alguns casos, aumenta o consumo ou a seleção dos alimentos menos preferidos (Ahearn, 2003; Piazza *et al.*, 2002; Solberg, Hanley, Layer & Ingvarsson,

2007). Além disso, Hanley, Iwata, Roscoe, Thompson e Lindberg (2003) apresentaram um estímulo significativamente preferido em um horário fixo e uma atividade menos preferida de maneira contínua, e descobriram que o engajamento dos participantes com a atividade menos preferida aumentou. No entanto, os aumentos no consumo de estímulos menos preferidos produzidos por meio do emparelhamento estímulo-estímulo podem se dissipar quando os emparelhamentos terminam. Além disso, os procedimentos de emparelhamento estímulo-estímulo falharam em estabelecer estímulos como preferidos ou como reforço em alguns casos (p. ex., Miguel, Carr & Michael, 2002). Desse modo, os pesquisadores devem continuar a estudar o(s) mecanismo(s) comportamental(is) responsável(is) pelas mudanças na preferência (Ahearn, 2003; Hanley, Iwata, Roscoe, *et al.*, 2003; Piazza *et al.*, 2002; Solberg *et al.*, 2007).

Reforço embutido

Pesquisadores também forneceram estímulos significativamente preferidos dependentes do engajamento com estímulos menos preferidos, para aumentar o engajamento ou a seleção dos estímulos menos preferidos (Hanley, Iwata & Lindberg, 1999; Hanley, Iwata, Roscoe, *et al.*, 2003; Hanley *et al.*, 2009). Hanley *et al.* (2009) ofereceram assentos alternativos, atenção e assistência do professor, itens tangíveis, alimentos ou uma combinação destes em sala de aula para a educação infantil, e estes selecionaram atividades durante o jogo livre com as quais inicialmente se envolveram com menos frequência durante a linha de base. A condição de reforço embutido produziu aumento na porcentagem de intervalos despendidos nas áreas em que essas atividades ocorreram. Hanley *et al.* (2002) forneceram atenção, item tangível comestível, significativamente preferido ou uma combinação desses reforçadores para comportamentos compatíveis com o engajamento em uma atividade menos preferida (p. ex., cada vez que o participante dava um laço). Os pesquisadores observaram maior engajamento com a atividade menos preferida apenas quando eles forneciam reforço para o engajamento com essa atividade.

Operações motivadoras

A restrição de resposta e a saciedade de estímulos significativamente preferidos representam manipulações antecedentes que podem deslocar a alocação de respostas para longe dos estímulos significativamente preferidos e em direção a estímulos menos preferidos (Hanley, Iwata, Roscoe, *et al.*, 2003; Hanley *et al.*, 2006, 2009). Restringir o acesso a estímulos significativamente preferidos por si só pode mudar a resposta a estímulos menos preferidos para alguns indivíduos. O analista do comportamento pode precisar implementar uma contingência do tipo Premack para outros, o que inclui apresentar a atividade preferida contingente ao engajamento na atividade menos preferida, para mudar a resposta (Hanley, Iwata, Roscoe, *et al.*, 2003).

Justificativa excessiva

O efeito da justificativa excessiva, crítica frequentemente citada sobre o reforço, é que a entrega de recompensas extrínsecas pode diminuir a motivação intrínseca para se engajar no comportamento que produziu esses reforços (Deci, 1971; Greene & Lepper, 1974). Por exemplo, um indivíduo pode tocar piano porque é uma atividade preferida. A hipótese da justificativa excessiva prevê que o ato de tocar piano diminuirá se o indivíduo receber o pagamento e, em seguida, este cessar. No entanto, várias metanálises e revisões de justificativa excessiva não encontraram efeitos prejudiciais dos reforços nas medições de motivação intrínseca quando os pesquisadores definiram motivação intrínseca utilizando medições observáveis, como a quantidade de tempo engajado em uma atividade (Cameron, Banko & Pierce, 2001; Cameron & Pierce, 1994; Levy *et al.*, 2017).

Validade ecológica

Os analistas do comportamento normalmente utilizam avaliações de preferência de estímulo e reforço para desenvolver intervenções para estabelecer comportamentos apropriados, diminuir o comportamento-problema ou ambos. O uso de reforçadores com maior validade ou ajuste ecológico deve ser considerado quando os analistas do comportamento estão projetando essas intervenções (Karsten, Carr & Lepper, 2011). Uma forma de determinar a validade ecológica é avaliar se determinado reforço ocorre de modo natural no ambiente de um indivíduo. Outra consideração é se o reforço interfere nas atividades em andamento ou em outros comportamentos apropriados. Por exemplo, dar a uma criança acesso a brinquedos em um ambiente acadêmico pode ser perturbador ou distrair outros alunos na sala de aula. Portanto, os analistas do comportamento devem, sempre que possível, selecionar reforços que interfiram minimamente nas atividades rotineiras, como entregar músicas preferidas por meio de fones de ouvido em vez de alto-falantes. Outros fatores que os analistas do comportamento devem considerar ao selecionar reforçadores incluem seu custo e quaisquer possíveis efeitos colaterais indesejados, como o ganho de peso associado a reforçadores comestíveis.

Considerações finais

Desde 1985, a literatura sobre procedimentos de avaliação de preferência por estímulo e do reforço avançou de modo acentuado. Os pesquisadores identificaram muitos procedimentos eficazes para avaliar a preferência, e cada um desses procedimentos tem pontos fortes e fracos em relação à eficiência de tempo e à precisão. Avaliações por estímulo único podem ser mais apropriadas para indivíduos que não fazem escolhas ou mostram respostas de aproximação quando múltiplos estímulos estão disponíveis, embora a desvantagem seja que alguns indivíduos podem apresentar altos níveis de respostas de abordagem a todos ou à maioria dos estímulos. Avaliações por escolha pareada podem produzir uma hierarquia mais diferenciada quando os indivíduos demonstram comportamento de escolha. Os procedimentos por múltiplos estímulos sem substituição, múltiplos estímulos com substituição e por operação livre têm a vantagem da eficiência de tempo. Procedimentos por cadeias concorrentes são úteis para avaliar as preferências dos indivíduos por procedimentos como tratamentos. Avaliações por duração podem ser úteis para avaliar níveis de comportamento inadequado na presença de estímulos específicos (p. ex., Piazza, Fisher, Hanley, Hilker & Derby, 1996; Ringdahl, Vollmer, Marcus & Roane, 1997). A restrição de resposta combina aspectos de avaliações baseadas em ensaios clínicos e em operações livres, e pode produzir hierarquias de preferência bem diferenciadas. A avaliação vocal pode ser mais apropriada para indivíduos que conseguem vocalizar suas preferências, embora a correspondência entre as preferências vocais e observadas continue sendo questionável. As preferências por meio de figuras podem ser uma medida precisa para alguns indivíduos, mas não para outros. A maioria das pesquisas demonstrou que a preferência é um preditor relativamente bom da efetividade do reforço; no entanto, avaliações por preferência podem subestimar a efetividade de estímulos de menor preferência como reforço.

O método mais preciso de identificação do reforçador é realizar uma avaliação para testar a eficácia dos estímulos preferidos como reforço. Os pesquisadores têm utilizado muitos métodos para conduzir avaliações por reforço. Esquemas de operante simples são bastante adequados para avaliar os efeitos reforçadores absolutos de um estímulo. Já os esquemas de operantes concorrentes oferecem informações sobre os efeitos reforçadores relativos de um estímulo. A maioria dos estudos tem usado respostas simples, com operante livre, como alvo em avaliações de reforço pela facilidade e pela eficiência de tempo, com base no raciocínio de que se um estímulo não funciona como reforço para uma resposta simples, então não é provável que funcione como reforço para uma resposta mais complexa. Os pesquisadores utilizaram esquemas de razão progressiva para avaliar a eficácia relativa do reforçador em muitos contextos.

Os analistas do comportamento podem usar diversos métodos para maximizar a efetividade do reforço, como entregar reforços imediatamente após a resposta-alvo. A variação do estímulo pode ser benéfica em algumas circunstâncias. No mínimo, os analistas do comportamento devem avaliar as preferências de maneira periódica para evitar a saciedade. Eles também podem minimizar a saciedade ao restringir o acesso a reforços fora de contextos de aprendizagem ou tratamento. Além disso, os analistas do comportamento devem avaliar a qualidade dos reforços em potencial concorrentes no ambiente, para garantir que o reforço programado seja de maior qualidade do que os reforços alternativos disponíveis. Por fim, a pesquisa mostrou que a escolha por si só pode funcionar como reforço.

Em resumo, a literatura existente oferece muitos procedimentos para identificar reforçadores positivos eficazes. Algumas questões que ainda surgem incluem estas:

1. Quais procedimentos são mais eficazes e para quais indivíduos?
2. Quais variáveis ou fatores um analista do comportamento deve considerar ao escolher uma avaliação de preferência?
3. Como um analista do comportamento controla diversas variáveis motivacionais ao identificar estímulos preferidos?
4. Qual a melhor abordagem para prosseguir quando uma ou mais avaliações de preferência produzem resultados inconclusivos?
5. Por fim, como um analista do comportamento identifica potenciais reforçadores negativos?

As respostas a essas perguntas, entre outras, refinarão ainda mais nossos métodos para identificar e aprimorar reforçadores positivos.

Referências

Ackerlund Brandt, J. A., Dozier, C. L., Juanico, J. F., Laudont, C. L., & Mick, B. R. (2015). The value of choice as a reinforcer for typically developing children. *Journal of Applied Behavior Analysis, 48*, 344- 362.

Ahearn, W. H. (2003). Using simultaneous presentation to increase vegetable consumption in a mildly selective child with autism. *Journal of Applied Behavior Analysis, 36*, 361-365.

American Psychiatric Association. (2013). *Diagnostic and statistical manual of mental disorders* (5th ed.). Arlington, VA: Autor.

Bojak, S. L., & Carr, J. E. (1999). On the displacement of leisure items by food during multiple-stimulus preference assessments. *Journal of Applied Behavior Analysis, 32*, 515-518.

Bowman, L. G., Piazza, C. C., Fisher, W. W., Hagopian, L. P., & Kogan, J. S. (1997). Assessment of preference for varied versus constant reinforcers. *Journal of Applied Behavior Analysis, 30*, 451-458.

Bukala, M., Hu, M. Y., Lee, R., Ward-Horner, J. C., & Fienup, D. M. (2015). The effects of work-reinforcer schedules on performance and preference in students with autism. *Journal of Applied Behavior Analysis, 48*, 215-220.

Call, N. A., Trosclair-Lasserre, N. M., Findley, A. J., Reavis, A. R., & Shillingsburg, M. A. (2012). Correspondence between single versus daily preference assessment outcomes and reinforcer efficacy under progressive-ratio schedules. *Journal of Applied Behavior Analysis, 45*, 763-777.

Cameron, J., Banko, K. M., & Pierce, W. D. (2001). Pervasive negative effects of rewards on intrinsic motivation: The myth continues. *Behavior Analyst, 24*, 1-44.

Cameron, J., & Pierce, W. D. (1994). Reinforcement, reward, and intrinsic motivation: A meta-analysis. *Review of Educational Research, 64*, 363-423.

Carr, J. E., Nicolson, A. C., & Higbee, T. S. (2000). Evaluation of a brief multiple-stimulus preference assessment in a naturalistic context. *Journal of Applied Behavior Analysis, 33*, 353-357.

Catania, A. C. (1963). Concurrent performances: A baseline for the study of reinforcement magnitude. *Journal of Experimental Animal Behavior, 6*, 299-300.

Ciccone, F. J., Graff, R. B., & Ahearn, W. H. (2015). Increasing the efficiency of paired-stimulus preference assessments by identifying categories of preference. *Journal of Applied Behavior Analysis, 48*, 221-226.

Clay, C. J., Samaha, A. L., Bloom, S. E., Bogoev, B. K., & Boyle, M. A. (2013). Assessing preference for social interactions. *Research in Developmental Disabilities, 34*, 362-371.

Clements, C., & McKee, J. (1968). Programmed instruction for institutionalized offenders: Contingency management and performance contracts. *Psychological Reports, 22*, 957-964.

Conyers, C., Doole, A., Vause, T., Harapiak, S., Yu, D. C. T., & Martin, G. L. (2002). Predicting the relative efficacy of three presentation methods for assessing preferences of persons with developmental disabilities. *Journal of Applied Behavior Analysis, 35*, 49-58.

Cooper, J. O., Heron, T. E., & Heward, W. L. (2007). *Applied behavior analysis* (2nd ed.) Upper Saddle River, NJ: Pearson/Merrill-Prentice Hall.

Cote, C. A., Thompson, R. H., Hanley, G. P., & McKerchar, P. M. (2007). Teacher report and direct assessment of preferences for identifying reinforcers for young children. *Journal of Applied Behavior Analysis, 40*, 157-166.

Daley, M. F. (1969). The "reinforcement menu": Finding effective reinforcers. Em J. D. Krumboltz & C. E. Thorsen (Eds.), *Behavioral counseling: Cases and techniques*. Nova York: Holt, Rinehart & Winston.

Daly, E. J., III, Wells, N. J., Swanger-Gagné, M. S., Carr, J. E., Kunz, G. M., & Taylor, A. M. (2009). Evaluation of the multiple-stimulus without replacement preference assessment method using activities as stimuli. *Journal of Applied Behavior Analysis, 42*, 563-574.

Deci, E. L. (1971). Effects of externally mediated rewards on intrinsic motivation. *Journal of Personality and Social Psychology, 18*, 105-115.

DeLeon, I. G., Chase, J. A., Frank-Crawford, M., Carreau-Webster, A., Triggs, M. M., Bullock, C. E., *et al.* (2014). Distributed and accumulated reinforcement arrangements: Evaluations of efficacy and preference. *Journal of Applied Behavior Analysis, 47*, 293-313.

DeLeon, I. G., Fisher, W. W., Catter, V. R., Maglieri, K., Herman, K., & Marhefka, J. (2001). Examination of relative reinforcement effects of stimuli identified through pretreatment and daily brief preference assessments. *Journal of Applied Behavior Analysis, 34*, 463-473.

DeLeon, I. G., & Iwata, B. A. (1996). Evaluation of a multiple-stimulus presentation format for assessing reinforcer preferences. *Journal of Applied Behavior Analysis, 29*, 519-532.

DeLeon, I. G., Iwata, B. A., Conners, J., & Wallace, M. D. (1999). Examination of ambiguous stimulus preferences with duration-based measures. *Journal of Applied Behavior Analysis, 32*, 111-114.

DeLeon, I. G., Iwata, B. A., Goh, H. L., & Worsdell, A. S. (1997). Emergence of reinforcer preference as a function of schedule requirements and stimulus similarity. *Journal of Applied Behavior Analysis, 30*, 439-449.

DeLeon, I. G., Iwata, B. A., & Roscoe, E. M. (1997). Displacement of leisure reinforcers by food during preference assessments. *Journal of Applied Behavior Analysis, 30*, 475-484.

Dunlap, G., dePerczel, M., Clarke, S., Wilson, D., Wright, S., White, R., & Gomez, A. (1994). Choice making to promote adaptive behavior for students with emotional and behavioral challenges. *Journal of Applied Behavior Analysis, 27*, 505-518.

Dyer, K., Dunlap, G., & Winterling, V. (1990). Effects of choice making on the serious problem behaviors of students with severe handicaps. *Journal of Applied Behavior Analysis, 23*, 515-524.

Egel, A. L. (1980). The effects of constant vs. varied reinforcer presentation on responding by autistic children. *Journal of Experimental Child Psychology, 30*, 455-462.

Egel, A. L. (1981). Reinforcer variation: Implications for motivating developmentally disabled children. *Journal of Applied Behavior Analysis, 14*, 345-350.

Esch, B. E., Carr, J. E., & Michael, J. (2005). Evaluating stimulus-stimulus pairing and direct reinforcement in the establishment of an echoic repertoire of children diagnosed with autism. *Analysis of Verbal Behavior, 21*, 43-58.

Fahmie, T. A., Iwata, B. A., & Jann, K. E. (2015). Comparison of edible and leisure reinforcers. *Journal of Applied Behavior Analysis, 48*, 331-343.

Fantuzzo, J. W., Rohrbeck, C. A., Hightower, A. D., & Work, W. C. (1991). Teachers' use and children's preferences of rewards in elementary school. *Psychology in the Schools, 28*, 175-181.

Favell, J. E., & Cannon, P. R. (1976). Evaluation of entertainment materials for severely retarded persons. *American Journal of Mental Deficiency, 81*, 357-361.

Fienup, D. M., Ahlers, A. A., & Pace, G. (2011). Preference for fluent versus disfluent work schedules. *Journal of Applied Behavior Analysis, 44*, 847-858.

Fisher, W. W., & Mazur, J. E. (1997). Basic and applied research on choice responding. *Journal of Applied Behavior Analysis, 30*, 387-410.

Fisher, W. W., Piazza, C. C., Bowman, L. G., & Amari, A. (1996). Integrating caregiver report with systematic choice assessment to enhance *American Journal on Mental Retardation, 101*, 15-25.

Fisher, W., Piazza, C. C., Bowman, L. G., Hagopian, L. P., Owens, J. C., & Slevin, I. (1992). A comparison of two approaches for identifying reinforcers for persons with severe and profound disabilities. *Journal of Applied Behavior Analysis, 25*, 491-498.

Fisher, W. W., Thompson, R. H., Piazza, C. C., Crosland, K., & Gotjen, D. (1997). On the relative reinforcing effects of choice and differential consequences. *Journal of Applied Behavior Analysis, 30*, 423-438.

Fox, R. A., & DeShaw, J. M. (1993). Milestone reinforcer survey. *Education and Training in Mental Retardation, 28*, 257-261.

Francisco, M. T., Borrero, J. C., & Sy, J. R. (2008). Evaluation of absolute and relative reinforcer value using progressive-ratio schedules. *Journal of Applied Behavior Analysis, 41*, 189-202.

Giles, A. F., St. Peter, C. C., Pence, S. T., & Gibson, A. B. (2012). Preference for blocking or response redirection during stereotypy treatment. *Research in Developmental Disabilities, 33*, 1691-1700.

Glover, A. C., Roane, H. S., Kadey, H. J., & Grow, L. L. (2008). Preference for reinforcers under progressive- and fixed--ratio schedules: A comparison of single- and concurrent-operant arrangements. *Journal of Applied Behavior Analysis, 41*, 163-176.

Graff, R. B., & Larsen, J. (2011). The relation between obtained preference value and reinforcer potency. *Behavioral Interventions, 26*, 125-133.

Graff, R. B., & Libby, M. E. (1999). A comparison of presession and within-session reinforcement choice. *Journal of Applied Behavior Analysis, 32*, 161-173.

Green, C. W., Reid, D. H., White, L. K., Halford, R. C., Brittain, D. P., & Gardner, S. M. (1988). Identifying reinforcers for persons with profound handicaps: Staff opinion versus systematic assessment of preferences. *Journal of Applied Behavior Analysis, 21*, 31-43.

Greene, D., & Lepper, M. R. (1974). Effects of extrinsic rewards on children's subsequent intrinsic interest. *Child Development, 45*, 1141-1145.

Hagopian, L. P., Rush, K. S., Lewin, A. B., & Long, E. S. (2001). Evaluating the predictive validity of a single stimulus engagement preference assessment. *Journal of Applied Behavior Analysis, 34*, 475-485.

Hanley, G. P., Cammilleri, A. P., Tiger, J. H., & Ingvarsson, E. T. (2007). A method for describing preschoolers' activity preferences. *Journal of Applied Behavior Analysis, 40*, 603-618.

Hanley, G. P., Iwata, B. A., & Lindberg, J. S. (1999). Analysis of activity preferences as a function of differential consequences. *Journal of Applied Behavior Analysis, 32*(4), 419-435.

Hanley, G. P., Iwata, B. A., Lindberg, J. S., & Conners, J. (2003). Response-restriction analysis: I. Assessment of activity preferences. *Journal of Applied Behavior Analysis, 36*, 47-58.

Hanley, G. P., Iwata, B. A., Roscoe, E. M., Thompson, R. H., & Lindberg, J. S. (2003). Response-restriction analysis: II. Alteration of activity preferences. *Journal of Applied Behavior Analysis, 36*, 59-76.

Hanley, G. P., Iwata, B. A., & Roscoe, E. M. (2006). Some determinants of changes in preference over time. *Journal of Applied Behavior Analysis, 39*, 189- 202.

Hanley, G. P., Piazza, C. C., Fisher, W. W., Contrucci, S. A., & Maglieri, K. A. (1997). Evaluation of client preference for function-based treatment packages. *Journal of Applied Behavior Analysis, 30*, 459-473.

Hanley, G. P., Piazza, C. C., Fisher, W. W., & Maglieri, K. A. (2005). On the effectiveness of and preference for punishment and extinction components of function-based interventions. *Journal of Applied Behavior Analysis, 38*, 51-65.

Hanley, G. P., Tiger, J. H., Ingvarsson, E. T., & Cammilleri, A. P. (2009). Influencing preschoolers' free-play activity preferences: An evaluation of satiation and embedded reinforcement. *Journal of Applied Behavior Analysis, 42*, 33-41.

Heal, N. A., & Hanley, G. P. (2007). Evaluating preschool children's preferences for motivational systems during instruction. *Journal of Applied Behavior Analysis, 40*, 249-261.

Higbee, T. S., Carr, J. E., & Harrison, C. D. (1999). The effects of pictorial versus tangible stimuli in stimulus-preference assessments. *Research in Developmental Disabilities, 20*, 63-72.

Hodos, W. (1961). Progressive-ratio as a measure of reward strength. *Science, 134*, 943-944.

Hoffmann, A. N., Samaha, A. L., Bloom, S. E., & Boyle, M. A. (2017). Preference and reinforcer efficacy of high- and low-tech items: A comparison of item type and duration of access. *Journal of Applied Behavior Analysis, 50*, 222-237.

Jerome, J., & Sturmey, P. (2008). Reinforcing efficacy of interactions with preferred and non-preferred staff under progressive-ratio schedules. *Journal of Applied Behavior Analysis, 41*, 221-225.

Kang, S., Lang, R. B., O'Reilly, M. F., Davis, T. N., Machalicek, W., Rispoli, M. J., *et al.* (2010). Problem behavior during preference assessments: An empirical analysis and practical recommendations. *Journal of Applied Behavior Analysis, 43*, 137-141.

Kang, S., O'Reilly, M. F., Fragale, C., Aguilar, J., Rispoli, M., & Lang, R. (2011). Evaluation of the rate of problem behavior maintained by different reinforcers across preference assessments. *Journal of Applied Behavior Analysis, 44*, 835-846.

Karsten, A. M., Carr, J. E., & Lepper, T. L. (2011). Description of practitioner model for identifying preferred stimuli with individuals with autism spectrum disorders. *Behavior Modification, 35*, 347-369.

Kelley, M. E., Shillingsburg, M. A., & Bowen, C. N. (2016). Stability of daily preference across multiple individuals. *Journal of Applied Behavior Analysis, 49*, 394-398.

Keyl-Austin, A. A., Samaha, A. L., Bloom, S. E., & Boyle, M. A. (2012). Effects of preference and reinforcer variation on within-session patterns of responding. *Journal of Applied Behavior Analysis, 45*, 637-641.

Kodak, T., Lerman, D. C., & Call, N. (2007). Evaluating the influence of postsession reinforcement on choice of reinforcers. *Journal of Applied Behavior Analysis, 40*, 515-527.

Layer, S. A., Hanley, G. P., Heal, N. A., & Tiger, J. H. (2008). Determining individual preschoolers' preferences in a group arrangement. *Journal of Applied Behavior Analysis, 41*, 25-37.

Lee, M. S. H., Yu, C. T., Martin, T. L., & Martin, G. L. (2010). On the relation between reinforcer efficacy and preference. *Journal of Applied Behavior Analysis, 43*, 95-100.

Levy, A., DeLeon, I. G., Martinez, C. K., Fernandez, N., Gage, N. A., Sigurdsson, S. Ó., *et al.* (2017). A quantitative review of overjustification effects in persons with intellectual and developmental disabilities. *Journal of Applied Behavior Analysis, 50*, 206-221.

Luczynski, K. C., & Hanley, G. P. (2009). Do children prefer contingencies?: An evaluation of the efficacy of and preference for contingent versus noncontingent social reinforcement during play. *Journal of Applied Behavior Analysis, 42*, 511-525.

Luczynski, K. C., & Hanley, G. P. (2010). Examining the generality of children's preference for contingent reinforcement via extension to different responses, reinforcers, and schedules. *Journal of Applied Behavior Analysis, 43*, 397-409.

Luczynski, K. C., & Hanley, G. P. (2014). How should periods without social interaction be scheduled?: Children's preference for practical schedules of positive reinforcement. *Journal of Applied Behavior Analysis, 47*, 500-522.

Mace, F. C., Neef, N. A., Shade, D., & Mauro, B. C. (1994). Limited matching on concurrent schedule reinforcement of academic behavior. *Journal of Applied Behavior Analysis, 27*, 585-596.

Madden, G. J., & Bickel, W. K. (2010). *Impulsivity: The behavioral and neurological science of discounting*. Washington, DC: American Psychological Association.

Mason, S. A., McGee, G. G., Farmer-Dougan, V., & Risley, T. R. (1989). A practical strategy for ongoing reinforcer assessment. *Journal of Applied Behavior Analysis, 22*, 171-179.

Mazaleski, J. L., Iwata, B. A., Vollmer, T. R., Zarcone, J. R., & Smith, R. G. (1993). Analysis of the reinforcement and extinction components in DRO contingencies with self-injury. *Journal of Applied Behavior Analysis, 26*, 143-156.

Miguel, C. F., Carr, J. E., & Michael, J. (2002). The effects of a stimulus-stimulus pairing procedure on the vocal behavior of children diagnosed with autism. *Analysis of Verbal Behavior, 18*, 3-13.

Morris, S. L., & Vollmer, T. R. (2019). Assessing preference for types of social interaction. *Journal of Applied Behavior Analysis, 52*, 1064-1075.

Neef, N. A., Mace, F. C., & Shade, D. (1993). Impulsivity in students with serious emotional disturbance: The interactive effects of reinforcer rate, delay, and quality. *Journal of Applied Behavior Analysis, 26*, 37-52.

Neef, N. A., Mace, F. C., Shea, M. C., & Shade, D. (1992). Effects of reinforcer rate and reinforcer quality on time allocation: Extensions of matching theory to educational settings. *Journal of Applied Behavior Analysis, 25*, 691-699.

Neef, N. A., Shade, D., & Miller, M. S. (1994). Assessing influential dimensions of reinforcers on choice in students with serious emotional disturbance. *Journal of Applied Behavior Analysis, 27*, 575-583.

Northup, J., Fusilier, I., Swanson, V., Roane, H., & Borrero, J. (1997). An evaluation of methylphenidate as a potential establishing operation for some common classroom reinforcers. *Journal of Applied Behavior Analysis, 30*, 615-625.

Northup, J., George, T., Jones, K., Broussard, C., & Vollmer, T. R. (1996). A comparison of reinforcer assessment methods: The utility of verbal and pictorial choice procedures. *Journal of Applied Behavior Analysis, 29*, 201-212.

Nuernberger, J. E., Smith, C. A., Czapar, K. N., & Klatt, K. P. (2012). Assessing preference for social interaction in children diagnosed with autism. *Behavioral Interventions, 27*, 33-44.

Ortega, J. V., Iwata, B. A., Nogales-González, C., & Frades, B. (2012). Assessment of preference for edible and leisure items in individuals with dementia. *Journal of Applied Behavior Analysis, 45*, 839-844.

Pace, G. M., Ivancic, M. T., Edwards, G. L., Iwata, B. A., & Page, T. J. (1985). Assessment of stimulus preference and reinforcer value with profoundly retarded individuals. *Journal of Applied Behavior Analysis, 18*, 249-255.

Paclawskyj, T. R., & Vollmer, T. R. (1995). Reinforcer assessment for children with developmental disabilities and visual impairments. *Journal of Applied Behavior Analysis, 28*, 219-224.

Paramore, N. W., & Higbee, T. S. (2005). An evaluation of a brief multiple-stimulus preference assessment with adolescents with emotional-behavioral disorders in an educational setting. *Journal of Applied Behavior Analysis, 38,* 399-403.

Parsons, M. B., & Reid, D. H. (1990). Assessing food preferences among persons with profound mental retardation: Providing opportunities to make choices. *Journal of Applied Behavior Analysis, 23,* 183-195.

Penrod, B., Wallace, M. D., & Dyer, E. J. (2008). Assessing reinforcer potency of high-preference and low-preference reinforcers with respect to response rate and response patterns. *Journal of Applied Behavior Analysis, 41,* 177-188.

Piazza, C. C., Fisher, W. W., Hagopian, L. P., Bowman, L. G., & Toole, L. (1996). Using a choice assessment to predict reinforcer effectiveness. *Journal of Applied Behavior Analysis, 29,* 1-9.

Piazza, C. C., Fisher, W. W., Hanley, G. P., Hilker, K., & Derby, K. M. (1996). A preliminary procedure for predicting the positive and negative effects of reinforcement-based procedures. *Journal of Applied Behavior Analysis, 29,* 137-152.

Piazza, C. C., Patel, M. R., Santana, C. M., Goh, H., Delia, M. D., & Lancaster, B. M. (2002). An evaluation of simultaneous and sequential presentation of preferred and nonpreferred food to treat food selectivity. *Journal of Applied Behavior Analysis, 35,* 259-270.

Poling, A. (2010). Progressive-ratio schedules and applied behavior analysis. *Journal of Applied Behavior Analysis, 43,* 347-349.

Powell, S., & Nelson, B. (1997). Effects of choosing academic assignments on a student with attention deficit hyperactivity disorder. *Journal of Applied Behavior Analysis, 30,* 181-183.

Radley, K. C., Dart, E. H., Battaglia, A. A., & Ford, W. B. (2019). A comparison of two procedures for assessing preference in a classroom setting. *Behavior Analysis in Practice, 12,* 95-104.

Ringdahl, J. E., Vollmer, T. R., Marcus, B. A., & Roane, H. S. (1997). An analogue evaluation of enriched environment: The role of stimulus preference. *Journal of Applied Behavior Analysis, 30,* 203-216.

Roane, H. S. (2008). On the applied use of progressive-ratio schedules of reinforcement. *Journal of Applied Behavior Analysis, 41,* 155-161.

Roane, H. S., Call, N. A., & Falcomata, T. S. (2005). A preliminary analysis of adaptive responding under open and closed economies. *Journal of Applied Behavior Analysis, 38,* 335-348.

Roane, H. S., Lerman, D. C., & Vorndran, C. M. (2001). Assessing reinforcers under progressive schedule requirements. *Journal of Applied Behavior Analysis, 34,* 145-167.

Roane, H. S., Vollmer, T. R., Ringdahl, J. E., & Marcus, B. A. (1998). Evaluation of a brief stimulus preference assessment. *Journal of Applied Behavior Analysis, 31,* 605-620.

Roscoe, E. M., Iwata, B. A., & Kahng, S. (1999). Relative versus absolute reinforcement effects: Implications for preference assessments. *Journal of Applied Behavior Analysis, 32,* 479-493.

Rotatori, A. F., Fox, B., & Switzky, H. (1979). An indirect technique for establishing preferences for categories of reinforcement for severely and profoundly retarded individuals. *Perceptual and Motor Skills, 48,* 1307-1313.

Schmidt, A. C., Hanley, G. P., & Layer, S. A. (2009). A further analysis of the value of choice: Controlling for illusory discriminative stimuli and evaluating the effects of less preferred items. *Journal of Applied Behavior Analysis, 42,* 711-716.

Shiffman, S. S. (1997). Taste and smell losses in normal aging and disease. *Journal of the American Medical Association, 278,* 1357-1362.

Smith, C. J., Roane, H. S., & Stephenson, K. (2009, May). Evaluation of functional and alternative reinforcers under progressive ratio schedules of reinforcement. Em R. G. Smith (Chair), *Advances in preference and choice research across multiple applied contexts.* Simpósio realizado na 35ª convenção anual da Association for Behavior Analysis, Phoenix, AZ.

Solberg, K. M., Hanley, G. P., Layer, S. A., & Ingvarsson, E. T. (2007). The effects of reinforcer pairing and fading on preschoolers' snack selection. *Journal of Applied Behavior Analysis, 40,* 633-644.

Steinhilber, J., & Johnson, C. (2007). The effects of brief and extended stimulus availability on preference. *Journal of Applied Behavior Analysis, 40,* 767-772.

Sy, J. R., & Borrero, J. C. (2009). Parametric analysis of presession exposure to edible and nonedible stimuli. *Journal of Applied Behavior Analysis, 42,* 833-837.

Taravella, C. C., Lerman, D. C., Contrucci, S. A., & Roane, H. S. (2000). Further evaluation of low-ranked items in stimulus-choice preference assessments. *Journal of Applied Behavior Analysis, 33,* 105-108.

Tasky, K. K., Rudrud, E. H., Schulze, K. A., & Rapp, J. T. (2008). Using choice to increase on-task behavior in individuals with traumatic brain injury. *Journal of Applied Behavior Analysis, 41,* 261-265.

Thompson, R. H., Fisher, W. W., & Contrucci, S. A. (1998). Evaluating the reinforcing effects of choice in comparison to reinforcement rate. *Research in Developmental Disabilities, 19,* 181-187.

Tiger, J. H., Hanley, G. P., & Hernandez, E. (2006). An evaluation of the value of choice with preschool children. *Journal of Applied Behavior Analysis, 39,* 1-16.

Tourigny Dewhurst, D. L., & Cautela, J. R. (1980). A proposed reinforcement survey schedule for special needs children. *Journal of Behavior Therapy and Experimental Psychiatry, 11,* 109-112.

Toussaint, K. A., Kodak, T., & Vladescu, J. C. (2016). An evaluation of choice on instructional efficacy and individual preferences among children with autism. *Journal of Applied Behavior Analysis, 49,* 170-175.

Trosclair-Lasserre, N. M., Lerman, D. C., Call, N. A., Addison, L. R., & Kodak, T. (2008). Reinforcement magnitude: An evaluation of preference and reinforcer efficacy. *Journal of Applied Behavior Analysis, 41,* 203-220.

Tung, S. B., Donaldson, J. M., & Kahng, S. (2017). The effects of preference assessment type on problem behavior. *Journal of Applied Behavior Analysis, 50,* 861-866.

Verriden, A. L., & Roscoe, E. M. (2016). A comparison of preference-assessment methods. *Journal of Applied Behavior Analysis, 49,* 265-285.

Vollmer, T. R., Ringdahl, J. E., Roane, H. S., & Marcus, B. A. (1997). Negative side effects of noncontingent reinforcement. *Journal of Applied Behavior Analysis, 30,* 161-164.

Wehman, P. (1976). Selection of play materials for the severely handicapped: A continuing dilemma. *Education and Training of the Mentally Retarded, 11,* 46-50.

Windsor, J., Piché, L. M., & Locke, P. A. (1994). Preference testing: A comparison of two presentation methods. *Research in Developmental Disabilities, 15,* 439-455.

Wine, B., & Wilder, D. A. (2009). The effects of varied versus constant high-, medium-, and low-preference stimuli on performance. *Journal of Applied Behavior Analysis, 42,* 321-326.

Yoon, S., & Bennett, G. M. (2000). Effects of a stimulus-stimulus pairing procedure on conditioning vocal sounds as reinforcers. *Analysis of Verbal Behavior, 17,* 75-88.

Zhou, L., Iwata, B. A., Goff, G. A., & Shore, B. A. (2001). Longitudinal analysis of leisure-item preferences. *Journal of Applied Behavior Analysis, 34,* 179- 184.

Zhou, L., Iwata, B. A., & Shore, B. A. (2002). Reinforcing efficacy of food on performance during pre- and postmeal sessions. *Journal of Applied Behavior Analysis, 35,* 411-414.

11

Avaliações comportamentais indiretas

Entrevistas e escalas de avaliação

Dana M. Gadaire, Michael E. Kelley e Robert H. LaRue

A avaliação funcional do comportamento é parte essencial da compreensão das variáveis que afetam a ocorrência do comportamento-problema. A Lei de Melhoria da Educação de Indivíduos com Deficiência (*Individuals with Disabilities Education Improvement Act*), de 2004 (IDEA, 2004), garante aos alunos com deficiência o direito a uma avaliação funcional comportamental, destacando sua importância. Os parlamentares criaram e alteraram a lei para garantir educação pública gratuita e adequada para alunos com deficiência. Uma avaliação funcional do comportamento faz parte de um programa abrangente, utilizado por funcionários de escolas públicas, para atender às necessidades específicas de um aluno no ambiente menos restritivo. A lei exige que as escolas públicas forneçam os auxílios de aprendizagem necessários, modificações de teste e outras acomodações educacionais para crianças com deficiência – essas adequações incluem uma avaliação funcional do comportamento quando apropriada.

Uma *avaliação funcional do comportamento* é um processo de coleta de informações, observação, manipulação de variáveis ambientais ou uma combinação dessas atividades para desenvolver tratamentos eficazes, baseados em funções. Existem três componentes gerais de uma avaliação funcional do comportamento: *avaliação indireta, avaliação descritiva* e *análise funcional experimental*. Neste capítulo, focamos nas avaliações comportamentais indiretas, incluindo entrevistas e escalas de avaliação.

Benefícios e limitações da avaliação comportamental indireta

O objetivo da avaliação funcional indireta é identificar variáveis antecedentes (aquelas que ocasionam, evocam ou diminuem o comportamento-alvo) e variáveis de consequência (aquelas que afetam a probabilidade futura do comportamento-alvo). Em geral, uma avaliação funcional indireta reúne essas informações a partir de uma escala de avaliação ou uma entrevista estruturada (Lloyd & Kennedy, 2014). Métodos indiretos de avaliação funcional normalmente exigem treinamento menos intensivo para seu uso e podem ser conduzidos de maneira mais rápida. Para ilustrar, o tempo necessário para uma avaliação funcional indireta pode variar de alguns minutos para completar uma única escala de avaliação a várias horas para comparar os resultados de diversas escalas e realizar uma entrevista. Em contrapartida, outras formas de avaliação, como análise funcional análoga, podem levar vários dias, semanas ou até meses para serem concluídas.

Apesar desses potenciais benefícios, a avaliação funcional indireta pode prestar poucas informações ou identificar de modo incorreto a função do comportamento-alvo. Mais preocupante é que o avaliador pode se comportar como se as informações de uma avaliação indireta fossem adequadas para a prescrição de tratamento na ausência de uma análise funcional análoga (Hanley, 2012).

Por exemplo, a avaliação funcional indireta muitas vezes não inclui a observação direta de um cliente ou dos comportamentos-alvo. Dessa forma, o avaliador depende das lembranças do cuidador sobre a frequência de um comportamento-alvo, os ambientes e as condições em que este é mais e menos provável de ocorrer, as consequências que normalmente acompanham o comportamento-alvo e assim por diante. A avaliação funcional indireta apresenta diversas outras desvantagens. Primeiro, os investigadores geralmente não avaliaram as propriedades psicométricas de medidas de avaliação indireta. De fato, os resultados de alguns estudos mostraram que alguns instrumentos de avaliação funcional indireta não têm níveis aceitáveis de *confiabilidade* (a estabilidade da mensuração ao longo do tempo ou entre parâmetros de estímulo), *validade* (se uma avaliação mede o que os investigadores a projetaram para medir) ou ambos. Por exemplo, pesquisadores relataram altos e baixos níveis de confiabilidade para a Escala de Avaliação da Motivação (Durand & Crimmins, 1988), dependendo de como os investigadores calcularam a confiabilidade e a topografia do comportamento-alvo avaliado (Bihm, Kienlen, Ness & Poindexter, 1991; Iwata, Vollmer & Zarcone, 1990; Paclawskyj, Matson, Rush, Smalls & Vollmer, 2001; Sigafoos, Kerr & Roberts, 1994; Singh *et al.*, 1993). Saini, Ubdegrove, Biran e Duncan (2019) mostraram que tanto a confiabilidade interobservadores quanto a validade concorrente de uma entrevista analítica-funcional aberta eram relativamente baixas. Em geral, os terapeutas pedem aos pais e aos cuidadores que prestem informações sobre os indivíduos-alvo durante as avaliações indiretas. No entanto, Dracobly, Dozier, Briggs e Juanico (2018) mostraram que os especialistas eram mais propensos do que os cuidadores a concordar uns com os outros (confiabilidade interobservadores) e a concordar com outras medidas objetivas (validade). Apesar disso, analistas do comportamento relatam uso frequente de escalas de avaliação e entrevistas estruturadas para avaliar a função do comportamento-problema, provavelmente por serem fáceis de utilizar (Fryling & Baires, 2016). No restante deste capítulo, fornecemos descrições e análises de diversas das escalas de avaliação mais comuns e entrevistas para avaliação comportamental indireta.

Escalas de avaliação

Em geral, as escalas de avaliação incluem perguntas ou afirmações sobre o comportamento ao qual os informantes respondem utilizando uma escala tipo *Likert* para indicar seu nível de concordância com a pergunta ou a afirmação. A maioria das escalas de avaliação inclui uma variedade de níveis de concordância. Por exemplo, uma escala pode incluir esta afirmação: "meu filho se envolve em comportamento-problema em níveis muito acima do que normalmente seria aceito em uma escola". Nessa escala hipotética, os níveis de concordância variam de 1 a 5. Desse modo, o informante indicaria seu nível de concordância com essa afirmação da seguinte forma: 1 – *discordo totalmente*, 2 – *discordo um pouco*, 3 – *nem concordo nem discordo*, 4 – *concordo um pouco* e 5 – *concordo totalmente*. As escalas de avaliação normalmente incluem métodos para resumir os resultados, como adicionar os escores de cada questão para produzir um escore total.

As escalas de avaliação são úteis porque oferecem informações quantificáveis (Hosp, Howell & Hosp, 2003). Algumas escalas de avaliação atribuem valores numéricos às classificações do informante, e os analistas do comportamento podem somar esses valores e analisar os resultados com base nas instruções das escalas de avaliação. Uma vantagem é que os investigadores podem avaliar os dados quantificados quanto à confiabilidade ao longo do tempo, entre os avaliadores e dentro da escala. Os investigadores também podem avaliar a validade comparando os resultados de uma escala com os de escalas com propriedades psicométricas conhecidas, que se propõem a medir a mesma teoria (*validade convergente*) ou uma teoria diferente (*validade discriminante*). Em segundo lugar, os analistas do comportamento podem comparar os resultados de uma escala de avaliação ao longo do tempo, entre avaliadores ou em diferentes configurações para avaliar mudanças na ocorrência do comportamento-alvo nessas dimensões. Terceiro, as escalas de avaliação podem estar livres de alguns vieses que afetam outras medidas, pois suas respostas quantificáveis podem ser menos abertas à interpretação.

As escalas de avaliação têm algumas desvantagens notáveis que merecem consideração (Hanley, 2010, 2012; Iwata, DeLeon & Roscoe, 2013). Embora a geração de resultados quantificáveis para comparação entre avaliadores e tempo possa parecer atraente, essa avaliação muitas vezes produz resultados não confiáveis. Ou seja, dois avaliadores independentes podem produzir resultados diferentes ao classificar o mesmo indivíduo (Newton & Sturmey, 1991; Nicholson, Konstantinidi & Furniss, 2006; Shogren & Rojahn, 2003; Zarcone, Rodgers, Iwata, Rourke & Dorsey, 1991). A seguir, revisamos algumas escalas de avaliação que os analistas do comportamento costumam utilizar para ajudar a identificar o(s) reforçador(es) para o comportamento-problema.

Questionário de Comportamento-Problema

O Questionário de Comportamento-Problema (Lewis, Scott & Sugai, 1994) tem 15 perguntas sobre potenciais eventos antecedentes e consequentes para o comportamento-problema, destinadas sobretudo a professores de sala de aula. O informante indica a porcentagem estimada de tempo em que o evento está presente durante um episódio típico de comportamento-problema, usando este formato da escala de Likert: *Nunca, 10% do tempo, 25% do tempo, 50% do tempo, 75% do tempo, 90% do tempo* ou *Sempre*. O questionário inclui um perfil que o entrevistador preenche, com base nas avaliações do informante para o comportamento-problema. O perfil inclui três categorias principais: pares, adultos e ambientes. Pares e adultos têm, cada um, duas subcategorias: atenção e fuga. Desse modo, o questionário identifica cinco funções potenciais do comportamento-problema. Lewis *et al.* (1994) fornecem critérios de pontuação específicos para identificar a função do comportamento-problema do aluno. Uma limitação do Questionário de Comportamento-Problema é que os investigadores não avaliaram sua confiabilidade e sua validade. Portanto, tais analistas não devem utilizar esse questionário sem avaliação funcional adicional.

Ferramenta de Triagem para Análise Funcional

A Ferramenta de Triagem para Análise Funcional é uma escala de avaliação que fornece informações preliminares sobre variáveis que podem influenciar o comportamento-problema (Iwata & DeLeon, 1996). Tem diversas perguntas abertas sobre o informante; sua relação com o indivíduo-alvo; e a topografia, a frequência, a gravidade e o contexto para ocorrências e não ocorrências do comportamento-problema. Dezesseis perguntas adicionais avaliam antecedentes e consequências que podem afetar o comportamento-problema, que o informante responde em um formato de *sim ou não*. Por exemplo, uma das perguntas é: "a pessoa geralmente se envolve no comportamento-problema com mais frequência quando está doente?". O questionário avalia antecedentes e consequências para reforço social positivo e social negativo, e reforço automático negativo e automático positivo; a categoria com mais respostas *sim* indica um potencial reforçador para o comportamento-problema. Iwata e DeLeon (1996) desenvolveram a Ferramenta de Triagem para Análise Funcional para obter informações dos cuidadores quanto a potenciais antecedentes e consequências para o comportamento-problema que poderiam informar uma análise funcional experimental (Iwata *et al.*, 2013).

Iwata *et al.* (2013) avaliaram a confiabilidade e a validade da Ferramenta de Triagem para Análise Funcional em um experimento de dois estudos. No Estudo 1, os pesquisadores aplicaram a escala a pares de avaliadores para 196 comportamentos-problema. A média de concordância item a item foi de 72% (variação geral, 29–100%; variação para itens individuais, 53–85%; *M* para os maiores totais = 69%). Os coeficientes de concordância de Iwata *et al.* foram comparáveis aos de outros estudos nos quais os pesquisadores avaliaram a concordância para uma escala de avaliação funcional do comportamento (Conroy, Fox, Bucklin & Good, 1996; Duker & Sigafoos, 1998; Sigafoos *et al.*, 1994; Zarcone *et al.*, 1991; ver uma comparação direta dos escores de concordância entre os estudos em Iwata *et al.*, 2013).

No Estudo 2, Iwata *et al.* (2013) analisaram a validade da Ferramenta de Triagem para Análise Funcional, avaliando se seus resultados predizem a condição com maior taxa de comportamento-problema em cada uma das análises funcionais análogas de 59 indivíduos. Os pesquisadores determinaram se os resultados da análise funcional análoga correspondiam aos resultados da Ferramenta de Triagem para Análise Funcional para ambos os informantes, um informante ou nenhum. Os resultados agregados mostraram que a função que um ou ambos os informantes identificaram com a escala correspondia à função que a análise funcional análoga identificou em 64% dos casos. Desse modo, a Ferramenta de Triagem para Análise Funcional não possuía validade preditiva para desfechos analítico-funcionais, provavelmente devido à sua confiabilidade moderada (Iwata *et al.*, 2013).

Embora essa ferramenta não tenha se mostrado adequada como prescritiva, os pesquisadores descreveram maneiras de melhorar o processo de desenvolvimento do tratamento. Primeiro, ela pode melhorar a eficiência e a consistência das entrevistas, pois os entrevistadores fazem as mesmas perguntas em todas as entrevistas. Em segundo lugar, os resultados da ferramenta podem fornecer informações sobre comportamentos idiossincráticos ou condições que, de outra forma, poderiam não ser aparentes. Terceiro, os analistas do comportamento podem conseguir utilizar a concordância do avaliador na Ferramenta para Triagem para Análise Funcional para descartar reforços para o comportamento-problema; isso lhes permitiria realizar menos condições na análise funcional análoga, o que poderia potencialmente reduzir sua duração. De modo geral, os resultados de Iwata *et al.* (2013) são consistentes com a literatura existente, que sugere esses analistas devem utilizar a Ferramenta de Triagem para Análise Funcional como complemento às análises funcionais experimentais.

Escala de Avaliação da Motivação

A Escala de Avaliação da Motivação (Durand & Crimmins, 1988) tem 16 questões sobre potenciais eventos antecedentes e consequentes para o comportamento-problema. Os informantes classificam a frequência com que o indivíduo se engaja no comportamento em resposta a cada pergunta em uma escala de Likert de 1 (*nunca*) a 6 (*sempre*). O avaliador transfere os escores numéricos de cada questão para um guia de pontuação organizado pelos tipos de motivação de atenção, fuga, sensorial e tangível. O maior escore médio entre os quatro tipos de motivação indica o reforçador em potencial para o comportamento-problema. Durand e Crimmins (1988, 1992) relataram que uma avaliação da confiabilidade produziu níveis aceitáveis de confiabilidade interobservadores (concordância entre os avaliadores) e confiabilidade de teste-reteste (concordância em ocasiões separadas). A avaliação da validade comparou os resultados da Escala de Avaliação da Motivação com a observação direta e indicou que a escala previu situações em que o comportamento-problema era mais e menos provável de ocorrer.

No entanto, estudos realizados por outros pesquisadores produziram resultados diferentes (Bihm *et al.*, 1991; Iwata *et al.*, 1990; Paclawskyj, Matson, Rush, Smalls & Vollmer, 2001; Sigafoos *et al.*, 1994; Singh *et al.*, 1993). Por exemplo, Zarcone *et al.* (1991) avaliaram a confiabilidade da Escala de Avaliação da Motivação com um grupo de indivíduos com deficiência intelectual em uma instituição e com um segundo grupo em uma escola. Os informantes de cada indivíduo foram dois membros da equipe que trabalhavam com o indivíduo de maneira regular na instituição ou na escola, respectivamente. Zarcone *et al.* calcularam os coeficientes de confiabilidade relatados por Durand e Crimmins (1988), para comparar diretamente os resultados dos dois estudos. Os coeficientes incluíram (1) uma correlação produto-momento de Pearson que comparou os escores brutos dos dois avaliadores entre os itens do questionário, (2) uma correlação produto-momento de Pearson que comparou os escores médios dos dois avaliadores para as quatro categorias de motivação e (3) uma correlação de ordem de classificação de Spearman para cada par de avaliadores em suas ordens de classificação para cada categoria de motivação. Zarcone *et al.* também calcularam a concordância exata (se os dois avaliadores selecionaram a mesma resposta em cada item da Escala de Avaliação da Motivação) e a concordância para os escores adjacentes (se o escore de um avaliador para um item foi mais ou menos 1 do que o escore outro avaliador sobre o item). Os cinco métodos de confiabilidade produziram coeficientes de 0,27, 0,41, 0,41, 0,20 e 0,40, respectivamente.

Em outro estudo, os coeficientes de confiabilidade para a Escala de Avaliação da Motivação quando a agressão foi o comportamento-alvo foram menores (Sigafoos *et al.*, 1994) do que os relatados por Durand e Crimmins (1988) para o comportamento autolesivo. Por fim, Duker e Sigafoos (1998) avaliaram a confiabilidade, a consistência interna e a validade da teoria da Escala de Avaliação da Motivação em três topografias do comportamento-problema, utilizando dois métodos de cálculo. Os resultados sugeriram que a escala apresentou baixos níveis de confiabilidade e validade de teoria ambígua. Em geral, os resultados desses estudos sugerem que a confiabilidade dessa escala pode não ser tão alta quanto já relatada. Por essa razão, os analistas do comportamento não devem substituir a observação direta ou a manipulação experimental pela Escala de Avaliação da Motivação para determinar a função do comportamento-problema, para desenvolver tratamento ou ambos.

Perguntas sobre Função do Comportamento

A escala de Perguntas sobre Função do Comportamento avalia uma gama mais ampla de potenciais variáveis do que as escalas de avaliação analisadas até o momento. Ela inclui perguntas sobre variáveis comumente avaliadas, atenção social, fuga, reforço tangível e reforço não social, bem como variáveis subinvestigadas, como evitação social e desconforto físico.

Paclawskyj, Matson, Rush, Smalls e Vollmer (2000) avaliaram a confiabilidade teste-reteste, interavaliadores e consistência interna para as Perguntas sobre Função do Comportamento. Os resultados sugeriram que os dados de avaliação foram relativamente estáveis ao longo do tempo, que diversos avaliadores produziram classificações semelhantes e que as subescalas foram homogêneas. Simo-Pinatella *et al.* (2013) avaliaram as propriedades psicométricas das Perguntas sobre Função do Comportamento em espanhol e verificaram que elas tinham boa confiabilidade teste-reteste. Matson, Bamburg, Cherry e Paclawskyj (1999) utilizaram as Perguntas sobre Função do Comportamento para identificar a função do comportamento-problema dos participantes. Para 84% dos participantes, a escala identificou uma *função clara* – definida como uma pontuação mínima de quatro de cinco possíveis endossos em uma subescala, sem outras subescalas contendo endossos significativos (ver Matson & Vollmer, 1995). Em seguida, os pesquisadores avaliaram se poderiam prescrever um tratamento eficaz para os participantes cujos resultados das Perguntas sobre Função do Comportamento identificaram uma função para o comportamento-problema. Os tratamentos baseados nesses resultados foram mais efetivos para diminuir a ocorrência de comportamentos-problema do que os não baseados nesses resultados. Já os resultados das Perguntas sobre Função do Comportamento coincidiram com os resultados de uma análise funcional análoga em 56% dos casos em Paclawskyj *et al.* (2001).

Embora os pesquisadores tenham avaliado as Perguntas sobre Função do Comportamento de maneira mais extensiva do que a maioria das outras avaliações comportamentais funcionais indiretas, são necessárias pesquisas adicionais. Os resultados obtidos até agora não definem muito bem se a escala identifica com precisão a função do comportamento-problema e se os analistas do comportamento podem utilizá-la para desenvolver um tratamento eficaz baseado na função.

Entrevistas

Uma entrevista provavelmente será o primeiro passo na maioria das avaliações. Embora as entrevistas possam assumir muitas formas, neste capítulo nos concentraremos nas entrevistas estruturadas. Na entrevista estruturada, o entrevistador reúne informações sobre a prevalência e a topografia do comportamento-alvo, os ambientes nos quais o comportamento-alvo é mais e menos provável de ocorrer, e antecedentes e consequências da ocorrência do comportamento-alvo. Em geral, o analista do comportamento realiza entrevistas estruturadas com informantes (*versus* autoadministração de uma entrevista estruturada), e a entrevista estruturada orienta o analista do comportamento a fazer as mesmas perguntas na mesma ordem com cada informante.

As entrevistas podem ser úteis para coletar informações anedóticas sobre um comportamento-alvo de informantes com os quais o cliente interage com mais frequência. O formato da entrevista é flexível porque o analista do comportamento pode fazer perguntas de acompanhamento para esclarecer a resposta de um informante. Por exemplo, se um cuidador indica que um cliente se envolve no comportamento-problema "o dia todo", o analista do comportamento pode fazer uma pergunta mais específica, como "você consegue pensar em um momento em que Joey não se envolve em comportamento-problema?". Essas perguntas de acompanhamento podem fornecer detalhes adicionais sobre antecedentes e consequências da ocorrência do comportamento-alvo.

As entrevistas têm diversas desvantagens. O viés é um problema em potencial, ou seja, a forma como o entrevistador faz as perguntas e os tipos de perguntas que são feitas podem enviesar as respostas do informante. Um informante que não entende uma pergunta reluta em revelar informações ou tenta se adequar ao que acredita serem as expectativas do entrevistador pode fornecer informações enganosas ou errôneas. Além disso, a forma como o informante responde às perguntas pode enviesar o comportamento do entrevistador. Por exemplo, um entrevistador pode encerrar prematuramente uma entrevista se um informante prestar informações mínimas e pouco audíveis, não fizer contato visual e com frequência suspirar e olhar para seu relógio durante a entrevista.

Avaliação funcional escolar

Steege e Watson (2009) desenvolveram uma entrevista estruturada para avaliação funcional do comportamento, com o objetivo de reunir informações focadas sobretudo na escola. A entrevista inclui diversos componentes: o Formulário de Triagem para Avaliação Funcional do Comportamento, a Entrevista de Fluxo Comportamental, o Formulário de Avaliação de Variáveis Antecedentes, o Formulário de Avaliação de Variáveis Individuais e o Formulário de Avaliação de Variáveis de Consequência. Analisamos cada um destes a seguir.

O Formulário de Triagem para Avaliação Funcional do Comportamento solicita que o entrevistador pergunte sobre forças comportamentais, comportamentos interferentes, potenciais reforçadores e capacidade comunicativa atual. A Entrevista de Fluxo Comportamental é menos estruturada e tem como objetivo identificar como antecedentes, comportamento e consequências interagem. O entrevistador pede aos informantes que descrevam antecedentes, comportamentos e consequências como uma sequência de eventos à medida que ocorrem no ambiente natural. O Formulário de Avaliação de Variáveis Antecedentes solicita que o entrevistador faça perguntas sobre as variáveis que desencadeiam ou ocasionam o comportamento-alvo. As questões são separadas em quatro domínios: variáveis ambientais, como estimulação auditiva ou visual; variáveis instrucionais, como dificuldade da tarefa e ritmo instrucional; variáveis sociais, como pessoas específicas ou proximidade; e variáveis de transição, como início ou término de atividades ou mudanças na rotina. O Formulário de Avaliação de Variáveis Individuais identifica variáveis pessoais que podem afetar o comportamento-problema, como habilidades de comunicação, acadêmicas, sociais, problemas de saúde, problemas de sono e medicamentos. O Formulário de Avaliação de Variáveis de Consequência identifica eventos que acompanham o comportamento-problema, como atenção social de outras pessoas, acesso a itens ou atividades, fuga de estímulos aversivos ou as consequências sensoriais que o comportamento-problema produz. Esse formulário também avalia parâmetros de reforço, como cronograma, qualidade, magnitude e tempo.

Entrevista de Análise Funcional

A Entrevista de Análise Funcional contém 11 seções projetadas para identificar potenciais reforçadores para o comportamento-problema e leva cerca de 45 a 90 minutos para ser concluída, dependendo da quantidade de informações coletadas (O'Neill, Horner, Albin, Storey & Sprague, 1990). O entrevistador solicita ao informante que descreva (1) o comportamento-problema, (2) eventos ecológicos/ambientais, (3) antecedentes e (4) consequências para o comportamento-problema, (5) a eficiência do comportamento-problema, (6) comportamento alternativo funcional, (7) o modo principal de comportamento comunicativo, (7) coisas a fazer e coisas a evitar, (8) potenciais estímulos preferidos que podem funcionar como reforço para comportamentos alternativos, e (9) a história do comportamento-problema e de tratamentos anteriores. O analista do comportamento pode utilizar os resultados da Entrevista de Análise Funcional para informar avaliação e tratamento adicionais. Descrevemos cada seção a seguir.

Descrição do comportamento

O entrevistador pede ao cuidador que identifique os comportamentos-problema de preocupação e classifique as topografias destes em ordem de importância. O entrevistador utiliza essa seção para desenvolver definições operacionais para o comportamento-alvo. Definições operacionais precisas permitem que observadores objetivos meçam e concordem sobre ocorrências e não ocorrências do comportamento-alvo.

Eventos ecológicos/ambientais

O entrevistador pergunta sobre eventos que possam afetar o comportamento, mas não necessariamente ocorrem de forma contígua a ele. Por exemplo, o entrevistador pode perguntar sobre medicamentos, problemas físicos, rotinas, padrões de sono e padrões de equipe. Pesquisas anteriores mostraram que muito pouco sono ou sintomas de alergia (Kennedy & Meyer, 1996), otite recorrente (O'Reilly, 1997) ou medicação estimulante (Kelley, Fisher, Lomas & Sanders, 2006) podem afetar a probabilidade de comportamento-alvo.

Antecedentes

O entrevistador pergunta sobre eventos ambientais que acontecem antes da ocorrência de comportamento-problema para identificar antecedentes. A literatura sobre operações estabelecedoras (Michael, 1993, 2000) sugere que a identificação de eventos ou condições ambientais que precedem a ocorrência de um comportamento pode fornecer informações sobre a motivação para este, bem como sobre variáveis que aumentam ou diminuem a eficácia do reforçador para o comportamento.

Consequências

O entrevistador pergunta sobre eventos que ocorrem imediatamente após a ocorrência do comportamento-problema. O objetivo dessas perguntas é identificar o reforçador para tal comportamento. Consequências comuns que funcionam como reforço para esse comportamento incluem reforço positivo social na forma de atenção ou acesso a tangíveis, reforço negativo social na forma de fuga de demandas e reforço automático que o comportamento produz (ver Iwata, Dorsey, Slifer, Bauman & Richman, 1982/1994).

Eficiência do comportamento

O entrevistador pergunta sobre a eficiência com que os comportamentos-problema e alternativos produzem reforço. Pesquisas volumosas sugerem que os parâmetros que afetam a resposta incluem custo da resposta, atraso no reforço e qualidade e taxa de reforçamento. As taxas de resposta costumam ser maiores quando o custo da resposta é baixo, o atraso para o reforço é curto e a qualidade e a taxa de reforçamento são altas, em relação à taxa de resposta quando o esforço é alto, o atraso para o reforço é longo e a qualidade e a taxa de reforçamento são baixas (Fisher & Mazur, 1997; Horner & Day, 1991; Mace, Neef, Shade & Mauro, 1996; Neef & Lutz, 2001; Neef, Mace, Shade, 1993; Neef, Shade & Miller, 1994).

Comportamento alternativo funcional

O entrevistador pergunta sobre como o indivíduo-alvo recruta reforço usando comportamentos apropriados, como respostas vocais, gestos, sinais ou adesão.

Modo principal de comunicação

O entrevistador pergunta sobre as habilidades de comunicação do indivíduo-alvo, para determinar se este se comunica com gestos, imagens, língua de sinais, linguagem vocal ou uma combinação destes.

Coisas a fazer/coisas a evitar

O entrevistador pergunta sobre coisas que funcionam bem e não funcionam bem com o indivíduo-alvo, como ritmo instrucional e características do treinador.

Reforçadores potenciais

O entrevistador pergunta sobre os estímulos preferidos do indivíduo-alvo, como atividades ou itens, que podem funcionar como reforçadores para o comportamento apropriado (p. ex., Fisher *et al.*, 1992; Pace, Ivancic, Edwards, Iwata & Page, 1985; Roane, Vollmer,

Ringdahl, Marcus, 1998). O entrevistador pode utilizar essas informações para informar avaliações de preferências de estímulo e reforçadores.

História

O entrevistador pergunta sobre o histórico do comportamento-problema. As perguntas se concentram em quanto tempo esse comportamento ocorreu, bem como em tratamentos eficazes e ineficazes.

Declarações resumidas

O entrevistador utiliza as informações das seções anteriores para desenvolver declarações resumidas que identificam o comportamento-problema, os eventos de configuração e os antecedentes imediatos para esse comportamento e os reforçadores para este.

Ferramenta de Avaliação e Tratamento do Sono

A Ferramenta de Avaliação e Tratamento do Sono (Jin, Hanley & Beaulieu, 2013) é uma entrevista aberta que se concentra em problemas de sono. A entrevista de 10 páginas solicita que os entrevistadores obtenham informações demográficas; história do problema de sono; informações sobre os objetivos do cuidador para o tratamento; descrição de comportamentos específicos, como não adesão, comportamento interferente, problemas para adormecer, problemas para manter o sono e acordar cedo; informações sobre o horário de sono atual; descrição da rotina na hora de dormir; informações sobre o ambiente de sono; descrição dos métodos utilizados pelos cuidadores para promover o sono, como dar mamadeira ou balançar a criança; e informações para auxiliar a distinguir despertar noturno e precoce, despertar confuso e pesadelos.

Jin *et al.* (2013) utilizaram a Ferramenta de Avaliação e Tratamento do Sono para informar tratamentos para três crianças com TEA e problemas de sono. O tratamento informado pela entrevista incluiu (1) manipulação das operações estabelecedoras e estímulos discriminativos para enfraquecer os comportamentos que interferem no sono, (2) ajuste dos horários de sono para diminuir a latência para o início do sono (Piazza & Fisher, 1991) e (3) interrupção dos supostos reforços que mantinham comportamentos que interferem no sono e no despertar noturno. O tratamento reduziu o atraso no início do sono, os comportamentos interferentes no sono e o despertar noturno.

Resumo

Alguns pesquisadores têm encorajado os analistas do comportamento a utilizar escalas de avaliação e entrevistas no contexto de uma avaliação funcional abrangente, em vez de como os únicos métodos de avaliação. A potencial imprecisão das escalas de avaliação e as propriedades psicométricas inadequadas de alguns instrumentos são as prováveis razões para essa recomendação (Fisher, Piazza, Bowman & Amari, 1996; Green & Striefel, 1988; Lennox e Miltenberger, 1989; Umbreit, 1996). A maioria dos autores que desenvolvem e promovem métodos indiretos recomenda combinar entrevistas com observação direta ou análise funcional sistemática (p. ex., Durand, 1990; Umbreit, 1996). Em última análise, é provável que as melhores práticas incluam um pacote de avaliação que contenha uma entrevista estruturada, pelo menos uma escala de avaliação, observação direta e manipulação experimental de variáveis ambientais. Uma combinação desses métodos de avaliação pode produzir as informações mais precisas sobre a topografia do comportamento, as condições sob as quais o comportamento é mais e menos provável de ocorrer, as consequências que em geral seguem o comportamento e as manipulações ambientais que produzirão o resultado desejável.

Referências

Bihm, E. M., Kienlen, T. L., Ness, M. E., & Poindexter, A. R. (1991). Factor structure of the Motivation Assessment Scale for persons with mental retardation. *Psychological Reports, 68*, 1235-1238.

Conroy, M. A., Fox, J. J., Bucklin, A., & Good, W. (1996). An analysis of the reliability and stability of the Motivation Assessment Scale in assessing the challenging behaviors of persons with developmental disabilities. *Education and Training in Mental Retardation and Developmental Disabilities, 31*, 243-250.

Dracobly, J. D., Dozier, C. L., Briggs, A. M., & Juanico, J. F. (2018). Reliability and validity of indirect assessment outcomes: Experts versus caregivers. *Learning and Motivation, 62*, 77-90.

Duker, P. C., & Sigafoos, J. (1998). The Motivation Assessment Scale: Reliability and construct validity across three topographies of behavior. *Research in Developmental Disabilities, 19*, 131-141.

Durand, V. M. (1990). The "aversives" debate is over: And now the work begins. *Journal of the Association for Persons with Severe Handicaps, 15*(3), 140-141.

Durand, V. M., & Crimmins, D. B. (1988). Identifying the variables maintaining self-injurious behavior. *Journal of Autism and Developmental Disorders, 18*, 99-117.

Durand, V. M., & Crimmins, D. B. (1992). *The Motivation Assessment Scale (MAS) administration guide*. Topeka, KS: Monaco & Associates.

Fisher, W. W., & Mazur, J. E. (1997). Basic and applied research on choice responding. *Journal of Applied Behavior Analysis, 30*, 387-410.

Fisher, W. W., Piazza, C. C., Bowman, L. G., & Amari, A. (1996). Integrating caregiver report with systematic choice assessment to enhance reinforcer identification. *American Journal of Mental Retardation, 101*, 15-25.

Fisher, W., Piazza, C. C., Bowman, L. G., Hagopian, L. P., Owens, J. C., & Slevin, I. (1992). A comparison of two approaches for identifying reinforcers for persons with severe and profound disabilities. *Journal of Applied Behavior Analysis, 25*, 491-498.

Fryling, M. J., & Baires, N. A. (2016). The practical importance of the distinction between open and closed-ended indirect assessments. *Behavior Analysis in Practice, 9*, 146-151.

Green, G., & Striefel, S. (1988). Response restriction and substitution with autistic children. *Journal of the Experimental Analysis of Behavior, 50*, 21-32.

Hanley, G. P. (2010). Prevention and treatment of severe problem behavior. Em E. Mayville & J. Mulick (Eds.), *Behavioral foundations of autism intervention* (p. 233-256). Nova York: Sloman.

Hanley, G. P. (2012). Functional assessment of problem behavior: Dispelling myths, overcoming implementation obstacles, and developing new lore. *Behavior Analysis in Practice, 5*, 54-72.

Horner, R. H., & Day, H. M. (1991). The effects of response efficiency on functionally equivalent competing behaviors. *Journal of Applied Behavior Analysis, 24*, 719-732.

Hosp, J. L., Howell, K. W., & Hosp, M. K. (2003). Characteristics of behavior rating scales: Implications for practice in assessment and behavioral support. *Journal of Positive Behavior Interventions, 5*, 201-208.

Individuals with Disabilities Education Improvement Act of 2004, 20 U.S.C. 1400 et seq. (2004).

Iwata, B. A., & DeLeon, I. G. (1996). *Functional Analysis Screening Tool (FAST)*. Gainesville: Florida Center on Self-Injury, University of Florida.

Iwata, B. A., DeLeon, I. G., & Roscoe, E. M. (2013). Reliability and validity of the functional analysis screening tool. *Journal of Applied Behavioral Analysis, 46*(1), 271-284.

Iwata, B. A., Dorsey, M. F., Slifer, K. J., Bauman, K. E., & Richman, G. S. (1994). Toward a functional analysis of self-injury. *Journal of Applied Behavior Analysis, 27*, 197-209. (Reimpresso de *Analysis and Intervention in Developmental Disabilities, 2*, 3-20, 1982)

Iwata, B. A., Vollmer, T. R., & Zarcone, J. R. (1990). The experimental (functional) analysis of behavior disorders: Methodology, applications, and limitations. Em A. C. Repp & N. N. Singh (Eds.), *Perspectives on the use of nonaversive and aversive interventions for persons with developmental disabilities* (p. 301-330). Sycamore, IL: Sycamore.

Jin, C. S., Hanley, G. P., & Beaulieu, L. (2013). An individualized and comprehensive approach to treating sleep problems in young children. *Journal of Applied Behavior Analysis, 46*, 161-180.

Kelley, M. E., Fisher, W. W., Lomas, J. E., & Sanders, R. Q. (2006). Some effects of stimulant medication on response allocation: A double-blind analysis. *Journal of Applied Behavior Analysis, 39*, 243-247.

Kennedy, C. H., & Meyer, K. A. (1996). Sleep deprivation, allergy symptoms, and negatively reinforced problem behavior. *Journal of Applied Behavior Analysis, 29*, 133-135.

Lennox, D. B., & Miltenberger, R. G. (1989). Conducting a functional assessment of problem behavior in applied settings. *Journal of the Association for Persons with Severe Handicaps, 14*, 304-311.

Lewis, T. J., Scott, T. M., & Sugai, G. (1994). The Problem Behavior Questionnaire: A teacher-based instrument to develop functional hypotheses of problem behavior in general education classrooms. *Diagnostique, 19*, 103-115.

Lloyd, B. P., & Kennedy, C. H. (2014). Assessment and treatment of challenging behaviour for individuals with intellectual disability: A research review. *Journal of Applied Research in Intellectual Disabilities, 27*, 187-199.

Mace, F. C., Neef, N. A., Shade, D., & Mauro, B. C. (1996). Effects of problem difficulty and reinforcer quality on time allocated to concurrent arithmetic problems. *Journal of Applied Behavior Analysis, 29*, 11-24.

Matson, J. L., Bamburg, J. W., Cherry, K. E., & Paclawskyj, T. R. (1999). A validity study on the Questions about Behavioral Function (QABF) scale: Predicting treatment success for self-injury, aggression, and stereotypies. *Research in Developmental Disabilities, 20*, 142-160.

Matson, J. L., & Vollmer, T. R. (1995). *User's guide: Questions about Behavioral Function (QABF)*. Baton Rouge, LA: Scientific.

Michael, J. (1993). Establishing operations. *Behavior Analyst, 16*, 191-206.

Michael, J. (2000). Implications and refinements of the establishing operation concept. *Journal of Applied Behavior Analysis, 33*, 401-410.

Neef, N. A., & Lutz, M. N. (2001). A brief computer-based assessment of reinforcer dimensions affecting choice. *Journal of Applied Behavior Analysis, 34*, 57-60.

Neef, N. A., Mace, F. C., & Shade, D. (1993). Impulsivity in students with serious emotional disturbance: The interactive effects of reinforcer rate, delay, and quality. *Journal of Applied Behavior Analysis, 26*, 37-52.

Neef, N. A., Shade, D., & Miller, M. S. (1994). Assessing influential dimensions of reinforcers on choice in students with serious emotional disturbance. *Journal of Applied Behavior Analysis, 27*, 575-583.

Newton, J. T., & Sturmey, P. (1991). The Motivation Assessment Scale: Inter-rater reliability and internal consistency in a British sample. *Journal of Mental Deficiency Research, 35*, 472-474.

Nicholson, J., Konstantinidi, E., & Furniss, F. (2006). On some psychometric properties of the Questions about Behavioral Function (QABF) scale. *Research in Developmental Disabilities, 27*, 337-352.

O'Neill, R. E., Horner, R. H., Albin, R. W., Sprague, J. R., Storey, K., & Newton, J. (1997). *Functional assessment and program development for problem behavior: A practical handbook*. Pacific Grove, CA: Brooks/Cole.

O'Reilly, M. F. (1997). Functional analysis of episodic self--injury correlated with recurrent otitis media. *Journal of Applied Behavior Analysis, 30*, 165-167.

Pace, G. M., Ivancic, M. T., Edwards, G. L., Iwata, B. A., & Page, T. J. (1985). Assessment of stimulus preference and reinforcer value with profoundly retarded individuals. *Journal of Applied Behavior Analysis, 18*, 249-255.

Paclawskyj, T. R., Matson, J. L., Rush, K. S., Smalls, Y., & Vollmer, T. R. (2000). Questions about Behavioral Function (QABF): A behavioral checklist for functional assessment of aberrant behavior. *Research in Developmental Disabilities, 21*, 223-229.

Paclawskyj, T. R., Matson, J. L., Rush, K. S., Smalls, Y., & Vollmer, T. R. (2001). Assessment of the convergent validity of the Questions about Behavioral Function scale with analogue functional analysis and the Motivation Assessment Scale. *Journal of Intellectual Disability Research, 45*, 484-494.

Piazza, C. C., & Fisher, W. W. (1991). A faded bedtime with response cost protocol for treatment of multiple sleep problems in children. *Journal of Applied Behavior Analysis, 24*, 129-140.

Roane, H. S., Vollmer, T. R., Ringdahl, J. E., & Marcus, B. A. (1998). Evaluation of a brief stimulus preference assessment. *Journal of Applied Behavior Analysis, 31*, 605-620.

Saini, V., Ubdegrove, K., Biran, S., & Duncan, R. (2019). A preliminary evaluation of interrater reliability and concurrent validity of open-ended indirect assessment. *Behavior Analysis in Practice, 13*, 114-125.

Shogren, K. A., & Rojahn, J. (2003). Convergent reliability and validity of the Questions about Behavioral Function and the Motivation Assessment Scale: A replication study. *Journal of Developmental and Physical Disabilities, 15*, 367-375.

Sigafoos, J., Kerr, M., & Roberts, D. (1994). Interrater reliability of the Motivation Assessment Scale: Failure to replicate with aggressive behavior. *Research in Developmental Disabilities, 15*, 333-342.

Simo-Pinatella, D., Alomar-Kurz, E., Font-Roura, J., Gine, C., Matson, J. L., & Cifre, I. (2013). Questions about Behavioral Function (QABF): Adaptation and validation of the Spanish version. *Research in Developmental Disabilities, 34*, 1248-1255.

Singh, N. N., Donatelli, L. S., Best, A., Williams, D. E., Barrera, F. J., Lenz, M. W., *et al.* (1993). Factor structure of the Motivation Assessment Scale. *Journal of Intellectual Disability Research, 37*, 65-74.

Steege, M. W., & Watson, T. S. (2009). *Conducting school-based functional behavioral assessments* (2nd ed.). Nova York: Guilford Press.

Umbreit, J. (1996). Functional analysis of disruptive behavior in an inclusive classroom. *Journal of Early Intervention, 20*, 18-29.

Zarcone, J. R., Rodgers, T. A., Iwata, B. A., Rourke, D. A., & Dorsey, M. F. (1991). Reliability analysis of the Motivation Assessment Scale: A failure to replicate. *Research in Developmental Disabilities, 12*, 349-360.

12

Observação direta

Rachel H. Thompson e John C. Borrero

Este capítulo enfoca os métodos de avaliação que envolvem a observação direta do comportamento. Pesquisadores e analistas do comportamento normalmente se referem a esses como métodos *descritivos*, na medida em que as avaliações *descrevem* uma série de eventos que ocorrem de maneira natural, mas não demonstram uma relação funcional entre esses eventos (i.e., não há manipulação experimental). Assim como na avaliação indireta, o objetivo da análise descritiva é identificar o comportamento natural – as relações no ambiente. De modo diferente dos métodos indiretos, a análise descritiva envolve a mensuração do comportamento e de diversos eventos ambientais por meio da observação direta repetida.

Pesquisadores têm utilizado bastante os métodos de análise descritiva nas ciências do comportamento há décadas. De fato, uma das características definidoras da etologia, campo que surgiu da tradição biológica, é a observação direta do comportamento natural (Hine, 1982; Tinbergen, 1951). Um artigo original de Bijou, Peterson e Ault (1968) introduziu essa abordagem no campo da análise do comportamento aplicada (ABA, *applied behavior analysis*). Esse artigo destacou a importância dos estudos descritivos do comportamento, descreveu uma inter-relação ideal entre estudos descritivos e experimentais, e recomendou procedimentos específicos de análise descritiva para melhorar a objetividade e a facilidade de interpretação dos dados descritivos.

Bijou *et al.* (1968) apresentaram um estudo de caso de um menino em um ambiente de educação infantil para ilustrar os principais componentes de uma análise descritiva. Eles descreveram a sala de aula, a rotina, o número de crianças e de adultos presentes e as definições operacionais exatas do comportamento de crianças e de adultos. Eles realizaram observações durante blocos de 3 horas ao longo de 28 dias durante uma das várias atividades em sala de aula, como artes ou horário de lanche. Eles avaliaram a confiabilidade dos observadores e apresentaram dados graficamente para retratar níveis de várias formas de comportamento da criança e do professor. Em suma, os pesquisadores desenvolveram um modelo para análises descritivas e forneceram uma ilustração prática do método em aplicação.

Bijou *et al.* (1968) observaram que estudos experimentais são essenciais para a compreensão do comportamento, na medida em que a manipulação experimental revela relações funcionais entre comportamento e ambiente. No entanto, como apontou Baer (1973), uma demonstração experimental de que determinada variável produz determinada mudança de comportamento indica apenas que a relação é possível. Não se pode concluir necessariamente que essas mesmas circunstâncias influenciam o comportamento em condições naturais. Por exemplo, um analista do comportamento pode demonstrar a aquisição da linguagem de maneira experimental, utilizando um procedimento de modelagem (Ghaemmaghami, Hanley, Jessel & Landa, 2018). Esses resultados indicariam apenas que o analista do comportamento *pode* modelar a linguagem, mas não fornecem evidências diretas de que a linguagem *é* moldada por meio de interações típicas entre pais e filhos. A inclusão de dados descritivos, mostrando que os pais fornecem algum evento potencialmente reforçador após sucessivas aproximações da linguagem, apoiaria a afirmação de que a modelagem é responsável pela aquisição da linguagem fora do laboratório. Desse modo, como apontam Bijou *et al.* e Baer, a análise descritiva é uma ferramenta vital para entender o comportamento natural – as relações ambientais (p. ex., Glodowski, Thompson & Martel, 2019).

Escolhendo um procedimento adequado

Um analista do comportamento pode considerar diversos fatores ao selecionar um método para uma análise descritiva. Talvez o fator mais óbvio seja o objetivo geral da análise descritiva, ou seja, o que o analista do comportamento está tentando fazer ao realizar a análise? Embora tais estudiosos realizem análises descritivas mais comumente para desenvolver hipóteses sobre a função do comportamento, pode haver outros propósitos também. Tais propósitos podem incluir (1) identificar contingências comuns em ambientes naturalistas (p. ex., Borrero, Woods, Borrero, Masler & Lesser, 2010; McComas *et al.*, 2009; McKerchar & Thompson, 2004; Rodriguez, Thompson, Stocco & Schlichenmeyer, 2013; Thompson e Iwata, 2001; Simmons, Akers & Fisher, 2019); (2) estabelecer uma linha de base para avaliar a eficácia da intervenção (p. ex., Rapp, Vollmer, St. Peter, Dozier & Cotnoir, 2004); (3) estudar processos comportamentais básicos (p. ex., reforço, punição, extinção) em circunstâncias naturais (Addison & Lerman, 2009; Borrero, Vollmer, Borrero & Bourret, 2005; Sloman *et al.*, 2005); e (4) estudar modelos quantitativos de comportamento, como a lei da igualação (p. ex., Borrero & Vollmer, 2002; Cero & Falligant, 2020; Oliver, Hall & Nixon, 1999) e *momentum* comportamental (p. ex., Strand, Wahler & Herring, 2000). Embora o foco deste capítulo seja a aplicação de procedimentos de análise descritiva para desenvolver hipóteses sobre a função do comportamento, os analistas do comportamento devem reconhecer que a análise descritiva é um meio bastante flexível e amplamente utilizado de estudar o comportamento natural que eles podem adaptar com facilidade para muitos propósitos.

Uma segunda consideração na seleção dos métodos de análise descritiva envolve os recursos disponíveis. Os métodos mais sofisticados de coleta e análise de dados de análise descritiva envolvem (1) observação direta por observadores treinados e livres de outras responsabilidades (p. ex., assistência ao paciente) durante o período de observação; (2) computadores para coletar, organizar e analisar dados; e (3) a disponibilidade de um profissional treinado para interpretar e utilizar os resultados para tomar decisões de intervenção. Quando esses recursos não estão disponíveis, a única opção razoável pode ser a implementação de procedimentos de análise descritiva que sejam relativamente fáceis e baratos de realizar. Por exemplo, os observadores podem usar lápis e papel durante breves intervalos (p. ex., amostragem momentânea de tempo) para coletar dados ao longo do dia. É importante ressaltar que os analistas do comportamento devem considerar como utilizar os recursos disponíveis para incorporar a análise descritiva em sua prática clínica diária.

Desenvolvendo hipóteses sobre a função do comportamento

Os analistas do comportamento quase sempre utilizam a análise descritiva na prática para desenvolver hipóteses sobre a função do comportamento. Oliver, Pratt e Normand (2015) entrevistaram 682 Analistas de Comportamento Certificados pelo Conselho e relataram que 94% *sempre* ou *quase sempre* realizaram análises descritivas. Da mesma forma, Roscoe, Phillips, Kelly, Farber e Dube (2015) entrevistaram 205 analistas do comportamento no estado de Massachusetts, e 84% dos entrevistados relataram utilizar análise descritiva com mais frequência. Uma descoberta preocupante de ambos os estudos é que os analistas do comportamento relataram muitas vezes usar análises descritivas para gerar hipóteses sobre a função do comportamento, sem fazer uso de análise funcional para verificar a existência de relação funcional. Oliver *et al.* relataram que 63% dos analistas do comportamento informaram que *nunca* ou *quase nunca* realizaram análises funcionais, e a pesquisa de Roscoe *et al.* descobriu que 62% dos analistas do comportamento relataram usar uma análise descritiva na ausência de uma funcional.

A prática de prescrever intervenções com base apenas nos resultados de uma análise descritiva não é sustentada empiricamente. Embora existam relatos isolados de intervenção bem-sucedida com base apenas em dados descritivos (p. ex., VanDerHeyden, Witt & Gatti, 2001), há fortes evidências de fraca correspondência entre análises descritivas e funcionais (p. ex., Camp, Iwata, Hammond & Bloom, 2009; Hall, 2005; Mace & Lalli, 1991; Martens *et al.*, 2019; Pence, Roscoe, Bourret & Ahearn, 2009; Piazza *et al.*, 2003; Thompson & Iwata, 2007). A análise descritiva pode identificar eventos correlacionados, mas não funcionalmente relacionados ao comportamento-alvo, ou pode falhar em identificar fontes de reforço que os cuidadores fornecem apenas de modo intermitente ou sob condições circunscritas que a análise descritiva não amostrou (ver discussão em Lerman & Iwata, 1993). Quando isso ocorre, a intervenção prescrita pode incluir componentes irrelevantes, podem faltar características essenciais ou ambos. Essa falta de correspondência entre análises descritivas e funcionais suscita considerável preocupação quanto à prática de prescrever intervenções baseadas apenas nos resultados de análises descritivas.

Os analistas do comportamento devem utilizar os resultados de tais análises para gerar hipóteses sobre a função do comportamento e informar o desenvolvimento de condições de análise funcional. Os resultados da análise funcional são então usados para avaliar se eventos correlacionados com o comportamento-problema em condições naturais estão funcionalmente relacionados ao comportamento-problema. Hagopian, Rooker, Jessel e DeLeon (2013) descreveram um modelo clínico pelo qual inicialmente utilizaram condições de análise funcional padrão para avaliar o comportamento-problema e modificaram essa análise conforme necessário para obter resultados claros. A análise padronizada produziu um resultado interpretável em apenas 47% dos 176 casos clínicos consecutivos. A análise funcional acabou produzindo resultados claros em 87% dos casos, quando os pesquisadores modificaram antecedentes, consequências, o delineamento experimental ou uma combinação dessas variáveis. Esses resultados sugerem o valor da individualização das análises funcionais. Hagopian et. al realizaram análises funcionais individualizadas apenas depois que uma análise padrão produziu resultados pouco claros (ver também Roscoe, Schlichenmeyer & Dube, 2015). Uma abordagem alternativa é individualizar as condições de análise funcional desde o início, em vez de esperar por resultados de análise funcional pouco claros (ver discussão em Hanley, 2012). Dados de análises descritivas podem ser uma fonte útil de informações para individualizar condições de análise funcional (ver Schlichenmeyer, Roscoe, Rooker, Wheeler & Dube, 2015).

O analista do comportamento deve estruturar a análise descritiva para identificar variáveis idiossincráticas para inclusão em uma análise funcional. Muitas vezes, tais analistas estruturam análises para identificar correlações entre o comportamento-problema e os antecedentes e as consequências descritos por Iwata, Dorsey, Slifer, Bauman e Richman (1982/1994). O analista do comportamento deve expandir as análises descritivas para incluir mais eventos e descrever interações específicas além das que Iwata *et al* avaliaram. Por exemplo, Borrero *et al.* (2010) registraram respostas específicas do cuidador, como provocações, ameaças e declarações de preocupação, em vez de simplesmente registrar a categoria geral de atenção prestada, para identificar potenciais reforçadores para a recusa alimentar. Os analistas do comportamento podem consultar Hanley, Iwata e McCord (2001), Hagopian *et al.* (2013) e Schlichenmeyer *et al.* (2015), para obter orientação sobre como identificar uma gama mais ampla de variáveis a serem mensuradas durante a análise descritiva. O registro narrativo também é um ponto de partida útil para identificar variáveis idiossincráticas correlacionadas com comportamentos-problema (ver Rodriguez *et al.*, 2013).

Variações na mensuração durante a observação direta

Em geral, a observação direta pode envolver *amostragem* periódica ou *registro contínuo* do comportamento e outros eventos ambientais. As considerações para o uso de amostragem ou de registro contínuo incluem o esforço de cada método e a quantidade e a qualidade dos dados resultantes. Os métodos de amostragem envolvem a coleta de dados no final de intervalos específicos. Harding *et al.* (1999) utilizaram um procedimento de amostragem temporal para avaliar o comportamento das crianças ao final de cada intervalo de 10 segundos, enquanto alocavam o restante do registro do intervalo no comportamento do professor. Os procedimentos de amostragem exigem um pouco menos de esforço, dependendo da frequência com que os observadores coletam dados, mas fornecem dados menos abrangentes do que os dos métodos contínuos. Estes envolvem a coleta de dados durante todo o período de observação sobre cada instância da resposta-alvo e, em alguns casos, eventos ambientais que ocorrem em estreita proximidade temporal. Por exemplo, Moss *et al.* (2005) utilizaram o registro contínuo para reunir dados sobre o comportamento autolesivo (SIB, *self-injurious behavior*) de oito participantes com diagnóstico de síndrome de Cornelia de Lange e potenciais eventos evocativos contingente à SIB. Os métodos contínuos são mais trabalhosos do que a amostragem, mas também fornecem amostras mais ricas de dados comportamentais.

O *registro de eventos* (i.e., registrar o número de vezes que uma resposta ocorre) e o registro da *ocorrência* ou *não ocorrência* do comportamento em intervalos relativamente pequenos (p. ex., 10-20 segundos) são métodos de observação contínua. O estudo de Anderson e Long (2002) ilustra ambos os métodos. Os observadores registraram cada vez que o comportamento-problema ocorreu (i.e., registro de eventos) e pontuaram a ocorrência ou não de eventos ambientais potencialmente evocativos (p. ex., períodos de baixa atenção) durante intervalos de 5 segundos.

O registro por intervalos parciais e em intervalos inteiros são opções para registrar a ocorrência ou não de eventos. O *registro por intervalo parcial* envolve a pontuação de um evento se ele ocorrer durante qualquer parte de um intervalo específico, o que pode superestimar a ocorrência de eventos (Gardenier, MacDonald & Green, 2004). Já *o registro por intervalo inteiro* envolve a pontuação de um evento se ele ocorrer durante o intervalo específico, o que pode subestimar a ocorrência de eventos (ver Cooper, Heron & Heward, 2007). A seleção do procedimento de mensuração apropriado dependerá, em parte, se a resposta é de alta ou baixa frequência e se a resposta é direcionada para aumento ou diminuição.

A seguir, descrevemos os métodos de coleta e análise de dados que os analistas do comportamento comumente utilizam. Progredimos de métodos que avaliam relações comportamento-ambiente com resolução relativamente baixa para aqueles com resolução relativamente maior. Cada método de coleta de dados envolve observação contínua ou amostragem periódica do comportamento. Nesta seção, destacamos métodos de síntese de dados e fazemos recomendações específicas sobre as aplicações apropriadas de cada método.

Gráfico de dispersão

O *gráfico de dispersão* é uma forma de análise descritiva utilizada para identificar padrões temporais de um comportamento-alvo sob condições naturais. Em geral, essa forma de avaliação envolve a observação contínua do comportamento e o registro do comportamento-alvo e do tempo durante o qual o comportamento ocorreu. O gráfico de dispersão difere de outras formas de análise descritiva, pois o analista do comportamento não registra eventos ambientais em torno do comportamento-alvo. Além disso, a forma de representação dos dados é diferente da de outros métodos. Na maioria dos casos, o analista do comportamento usa um código para indicar a frequência de comportamento-alvo em uma grade na qual cada célula indica um intervalo de tempo (p. ex., 30 minutos), e cada coluna representa um dia. Por exemplo, uma célula vazia pode indicar que o comportamento-alvo não ocorreu durante o intervalo; uma célula com uma barra pode indicar baixa frequência do comportamento-alvo; e uma célula escurecida pode indicar alta frequência do comportamento-alvo (Touchette, MacDonald & Langer, 1985).

O analista do comportamento estuda os dados por meio da inspeção visual da grade para identificar tempos associados a zero, baixas e altas frequências de comportamento-problema. Se o analista identificar um padrão temporal de comportamento, ele pode utilizar essas informações para modificar características do ambiente, como padrões de equipe ou atividades, que se correlacionam com os momentos problemáticos. O isolamento adicional das condições ambientais associadas ao comportamento-problema pode exigir avaliação adicional se múltiplas variáveis ocorrerem durante os momentos problemáticos. Por exemplo, Arndorfer, Miltenberger, Woster, Rortvedt e Gaffaney (1994) usaram um gráfico de dispersão preenchido pelos pais para identificar momentos durante os quais o comportamento-problema era provável. Os observadores registraram antecedentes e consequências associados ao comportamento-problema durante os momentos identificados através do gráfico de dispersão.

Touchette *et al.* (1985) ilustraram o uso do gráfico de dispersão, apresentando dados sobre os padrões temporais de comportamento-problema apresentados por três participantes. Tal gráfico mostrou que o comportamento-problema estava correlacionado de forma confiável com momentos específicos para dois participantes, e essa informação levou a modificações ambientais, visando a reduzir o comportamento-problema. Os dados do diagrama de dispersão não puderam ser interpretados para o terceiro participante; o comportamento-problema não se correlacionava de forma confiável com nenhum momento em especial. Resultados do estudo de Kahng *et al.* (1998) sugeriram que o terceiro caso poderia ser mais representativo. Esses pesquisadores examinaram gráficos de dispersão que descrevem a frequência de comportamento-problema para 15 participantes e descobriram que nenhum dos conjuntos de dados mostrou padrão temporal previsível. No entanto, os pesquisadores identificaram padrões temporais de comportamento para 12 participantes, utilizando gráficos de controle estatístico dos mesmos dados (Pfadt & Wheeler, 1995). Esses achados sugerem que a principal limitação do diagrama de dispersão pode ser a representação e a análise dos dados, e não a mensuração. Contudo, a utilidade prática do gráfico de dispersão é bastante limitada se o usuário tiver que construir gráficos de controle estatístico para a interpretação dos dados.

Analistas do comportamento relatam o uso frequente de gráficos de dispersão, apesar das limitações do método (Ellingson, Miltenberger & Long, 1999), talvez por serem fáceis de utilizar. A literatura publicada descreve a avaliação do diagrama de dispersão com pouca frequência, mas uma avaliação mais aprofundada desse método pode ser valiosa. Por exemplo, o gráfico de dispersão pode ser mais útil para respostas organizadas temporalmente. Ashbaugh e Peck (1998) utilizaram um gráfico de dispersão para avaliar dados coletados pelos pais sobre distúrbios do sono exibidos por uma menina de 2 anos de idade com desenvolvimento típico. Os dados revelaram muitos intervalos de sono durante as horas programadas de vigília, e muitos intervalos acordados durante as horas programadas de sono. O desvanecimento na hora de dormir e o custo da resposta modificaram esse padrão. Mais recentemente, Maas, Didden, Bouts, Smits e Curfs (2009) utilizaram dados de diagrama de dispersão para avaliar sinais de sonolência e comportamento disruptivo para indivíduos diagnosticados com síndrome de Prader-Willi. Conceitualmente, os analistas do comportamento poderiam utilizar gráficos de dispersão para avaliar os padrões temporais de enurese e alimentação entre populações dependentes (p. ex., adultos mais velhos, bebês em ambientes de cuidados infantis). Os resultados podem ser úteis, por exemplo, na elaboração de intervenções (p. ex., no momento apropriado das visitas programadas ao banheiro) e no desenvolvimento de padrões de equipe (p. ex., alocar mais membros da equipe para tarefas de alimentação em horários específicos).

Registro A–B–C

De modo diferente do diagrama de dispersão, a maioria das análises descritivas envolve o registro de diversos eventos ambientais, como antecedentes e consequências, em torno do comportamento-alvo. Os pesquisadores referem-se a esse tipo de análise como *registro antecedente-comportamento-consequência* (A–B–C, *antecedent-behavior-consequence*), pois seu objetivo é capturar a contingência de três termos. Os eventos registrados são tipicamente aqueles contíguos com o comportamento--alvo (p. ex., Vollmer, Borrero, Wright, Van Camp & Lalli, 2001), mas os pesquisadores têm feito tentativas de registrar eventos mais distantes temporalmente, que possam ocasionar ou evocar o comportamento-alvo (p. ex., Carr, Smith, Giacin, Whelan & Pancari, 2003). Esse método geral pode envolver observação contínua e registro de eventos, ou registro de eventos antecedentes e consequentes apenas quando o comportamento-alvo acontece. Esta seção descreve vários procedimentos de registro e análise A–B–C.

Registro narrativo

O registro narrativo envolve um relato escrito de eventos observados (Thompson, Symons & Felce, 2000). O procedimento é relativamente fácil de se implementar e requer equipamento e treinamento mínimos. Historicamente, os procedimentos de registro narrativo incluíram uma descrição contínua de eventos sem diretrizes específicas para o registro (p. ex., categorias de eventos, definições operacionais; Bijou, Peterson, Harris, Allen & Johnston, 1969); no entanto, algumas formas de registro narrativo impõem maior estrutura às observações. Por exemplo, o Relatório Detalhado de Comportamento (Groden, 1989; Groden & Lantz, 2001) pede que os observadores forneçam descrição narrativa de eventos em categorias específicas antecedentes (p. ex., atividade, social, interpessoal) e consequência (p. ex., implementação de um programa de manejo de comportamento).

Uma vantagem potencial do registro narrativo é o nível de detalhe e a quantidade de informações qualitativas que ele captura quando comparado a outros métodos de análise descritiva. Considerando esses pontos fortes, o registro narrativo pode ser útil para o desenvolvimento de definições operacionais para o problema e o comportamento de substituição (Borrero, Vollmer & Borrero, 2004; Repp & Karsh, 1994; Wahler, Winkel, Peterson & Morrison, 1965) e pode familiarizar o observador com atividades programadas e períodos de transição (Bijou *et al.*, 1969). Além disso, procedimentos de registro narrativo podem identificar variáveis idiossincráticas associadas a comportamentos-problema. Por exemplo, o registro narrativo pode ser útil para determinar características qualitativas de eventos antecedentes que ocorrem de maneira natural (p. ex., entrega de instruções; Borrero *et al.*, 2004) e eventos consequentes (p. ex., qualidade da atenção; Richman & Hagopian, 1999; Rodriguez, Thompson, Schlichenmeyer & Stocco, 2012), que os analistas do comportamento podem testar em uma análise funcional.

É improvável que uma análise descritiva detecte características únicas do comportamento ou do ambiente quando o analista do comportamento desenvolve o sistema de mensuração *a priori*, com base em relações comportamento-ambiente comuns. A natureza flexível do registro narrativo o torna mais apropriado do que métodos de registro mais estruturados para essas aplicações. Da mesma forma, os procedimentos de registro narrativo podem ser úteis para a avaliação e a descrição de comportamentos gerativos ou novos (p. ex., comportamento verbal; Hamo, Blum-Kulka & Hacohen, 2004; Hart & Risley, 1995) que seriam difíceis de especificar ou definir antes das observações.

No entanto, como Bijou *et al.* (1968) apontam, essas potencialidades apresentam, ao mesmo tempo, diversas barreiras à análise de dados narrativos, o que limita de modo severo sua utilidade. Por exemplo, o registro narrativo pode envolver muita inferência do observador, como quando o Relatório Detalhado de Comportamento solicita que os observadores descrevam antecedentes e estados afetivos encobertos (Groden, 1989). Essa confiança na inferência do observador provavelmente limitará tanto a concordância interobservador quanto a identificação de características potencialmente influentes e manipuláveis do ambiente. Além disso, o registro narrativo pode carecer de muitas características quantificáveis do comportamento e do ambiente, dificultando a transformação dos dados em unidades comportamentais (p. ex., respostas individuais, antecedentes específicos) para análise. Em alguns aspectos, os componentes básicos da análise descritiva descritos por Bijou *et al.* representavam uma resposta aos métodos então comuns de registro narrativo que necessitavam de dimensões quantificáveis (p. ex., Barker e Wright, 1955).

Checklist A-B-C

A objetividade associada à análise descritiva é muito melhorada quando os analistas do comportamento identificam e definem operacionalmente os eventos-alvo antes da observação direta, como acontece com uma *checklist* A-B-C. Os observadores registram a ocorrência do comportamento-problema e indicam com uma marca de verificação quais dos diversos antecedentes e consequências estão associados ao comportamento. Aqui, o termo *checklist* refere-se apenas ao fato de que os observadores escolhem a partir de um menu de opções ao registrar antecedentes e consequências. Os leitores não devem confundir essa abordagem com formas indiretas de avaliação (ver Gadaire, Kelley & LaRue, Capítulo 11 deste livro), que envolvem a resposta dos cuidadores a questionários apresentados em formato de *checklist*.

Arndorfer *et al.* (1994) utilizaram essa estratégia para estruturar observações domiciliares de cinco crianças que apresentaram comportamento-problema. Os pesquisadores basearam categorias de antecedentes em informações coletadas durante entrevistas com pais e estruturaram categorias de consequências com base nas funções comuns do comportamento-problema (Iwata *et al.*, 1982/1994). Os observadores assinalaram as categorias apropriadas de antecedentes e de consequências quando o comportamento-problema ocorreu durante as análises descritivas. Esses pesquisadores obtiveram alto nível de concordância interobservador e puderam relacionar os resultados da análise descritiva com características manipuláveis do ambiente.

Embora existam poucos exemplos dessa forma de observação direta na literatura, analistas do comportamento relatam com frequência o uso de uma lista de verificação A-B-C (Ellingson *et al.*, 1999). Tais analistas podem adotar esse método de imediato porque os indivíduos diretamente responsáveis pelo cliente (p. ex., professores, equipe de atendimento direto) podem implementá-lo com relativamente pouco treinamento. Lerman, Hovanetz, Strobel e Tetreault (2009) descobriram que os educadores especiais coletaram dados com mais precisão quando utilizaram um formato estruturado para registrar dados A-B-C do que quando forneceram um relato narrativo de antecedentes e consequências. Além disso, a *checklist* A-B-C tem o potencial de fornecer informações mais objetivas sobre características manipuláveis do ambiente, em comparação com os métodos de gráfico de dispersão ou registro narrativo. Portanto, esse método pode ser útil na coleta de dados preliminares sobre variáveis que cercam o comportamento-alvo e pode ser desejável quando um observador treinado não está disponível.

A *checklist* A-B-C permanece limitada na medida em que oferece pouca informação sobre dimensões quantificáveis do comportamento e eventos ambientais relevantes, embora represente uma melhoria em relação ao registro narrativo no que diz respeito à objetividade. Em geral, os dados da *checklist* A-B-C simplesmente indicam que um comportamento-alvo ocorreu com frequência e duração desconhecidas, e que alguns eventos precederam e seguiram o comportamento sem referência ao tempo entre esses eventos e o comportamento.

Registro de frequência, intervalo e amostra de tempo

Um registro da frequência, da duração ou da ocorrência de eventos comportamentais e ambientais durante a observação contínua (p. ex., Piazza *et al.*, 2003; Vollmer *et al.*, 2001) ou amostras de tempo (Harding *et al.*, 1999) é mais apropriado quando o objetivo é obter informações mais detalhadas sobre dimensões quantificáveis de eventos que ocorrem de modo natural. Esse método de registro A-B-C apresenta vantagens na medida em que permite a mensuração objetiva e a análise de relações entre eventos de dimensões quantificadas. Como resultado, essa abordagem de análise descritiva facilita a integração de métodos e resultados descritivos e experimentais, conforme recomendado por Bijou *et al.* (1968). Portanto, os pesquisadores normalmente utilizam esse método de análise descritiva em estudos envolvendo a integração (p. ex., Galiatsatos & Graff, 2003; Roscoe, Schlichenmeyer & Dube, 2015) ou a comparação (Camp *et al.*, 2009; Pence *et al.*, 2009) dos métodos de avaliação.

Os analistas do comportamento podem ter mais dificuldade em utilizar essa abordagem do que em utilizar métodos alternativos de análise descritiva quando os recursos são limitados. A mensuração da frequência, duração ou ocorrência de um comportamento-alvo e dos eventos ambientais ao seu redor pode envolver um elaborado sistema de codificação que requer treinamento específico para ser desenvolvido e implementado. Além disso, observadores treinados e livres de outras funções podem ser necessários para implementar esse modo mais detalhado de análise descritiva.

Embora métodos manuais de coleta de dados (p. ex., lápis e papel) sejam apropriados para esse tipo de análise, a coleta computadorizada de dados pode facilitar a mensuração e a análise dos dados em alguns casos. Por exemplo, sistemas informatizados podem ser mais apropriados quando medições de resposta múltipla têm impacto negativo na concordância interobservadores, quando mudanças segundo a segundo no comportamento ou no contexto ambiental são essenciais para a análise, ou quando métodos complexos de análise de dados são desejáveis.

Métodos de análise de dados: análises probabilísticas

Os métodos de análise para dados de observação direta variam de simples (p. ex., contabilizar a frequência de antecedentes, comportamento e consequências) a complexos (p. ex., calcular a estatística *Q* de Yule; Rahman, Oliver & Alderman, 2010). Métodos típicos de análise de dados oferecem descrições grosseiras do comportamento e eventos ambientais relacionados para muitos dos procedimentos de análise descritiva já descritos. No entanto, métodos mais complexos de análise de dados oferecem descrições mais refinadas. Nesta seção, nos concentramos em dois métodos que os pesquisadores têm estudado de maneira extensiva dentro e fora da ABA: análises de probabilidades comparativas e análise sequencial com atraso. Podemos realizar ambos os tipos de análises utilizando procedimentos manuais de coleta de dados; no entanto, programas informatizados de coleta e análise de dados podem facilitar essas análises. Contudo, é notável que análises de probabilidades comparativas e análise sequencial com atraso não representam o fim do espectro de complexidade. Leitores interessados em estatísticas que captem o grau de associações sequenciais entre eventos podem começar com Yoder e Symons (2010), e Lloyd, Kennedy e Yoder (2013).

Análises de probabilidade estatística

Muitos pesquisadores têm observado dados de análise descritiva calculando probabilidades condicionais para determinar se há relações entre comportamento e eventos ambientais. As *probabilidades condicionais* avaliam a probabilidade de um evento (p. ex., receber atenção), *uma vez que* outro evento ocorreu (p. ex., agressão). Muitas vezes, as avaliações de probabilidades condicionais envolvem análises da resposta-alvo (p. ex., agressão) e de um reforçador em potencial (p. ex., atenção). Em muitos casos, os pesquisadores calculam e comparam as probabilidades condicionais de diversos eventos (p. ex., atenção, fuga, apresentação do material) para determinar o(s) evento(s) com maior probabilidade condicional, dado o comportamento-alvo (p. ex., Reed, Luiselli, Morizio & Child, 2010). Considera-se, então, esse evento ou esses eventos como provável(is) variável(is) mantenedora(s) (p. ex., Anderson & Long, 2002; Noell, VanDerHeyden, Gatti & Whitmarsh, 2001).

Uma limitação dessa abordagem é que a análise pode identificar variáveis que ocorrem em alta frequência seguindo o comportamento-alvo apenas porque o cuidador apresenta o evento em alta frequência, independentemente da resposta. Por exemplo, é provável que qualquer comportamento-alvo observado seja seguido pela atenção do professor se esta estiver disponível (independentemente do comportamento) quase de maneira contínua durante uma observação. Nesse caso, a probabilidade condicional de atenção seria muito alta, embora o comportamento-alvo não aumente a probabilidade de atenção. Para resolver essa fraqueza, Vollmer *et al.* (2001) recomendam comparar probabilidades condicionais com incondicionais ou de fundo do mesmo evento, para determinar se a probabilidade de um evento (p. ex., atenção) muda devido ao comportamento-alvo (i.e., para detectar uma possível contingência) (ver também Herscovitch, Roscoe, Libby, Bourret & Ahearn, 2009). Uma alternativa conceitualmente semelhante para comparar a probabilidade condicional de um evento ambiental, dado o comportamento-alvo, com a probabilidade incondicional desse evento é comparar a probabilidade condicional com a do evento ambiental, dado que *nenhum comportamento* ocorreu (p. ex., Reed *et al.*, 2010). Embora conceitualmente semelhante, essa abordagem pode ser mais desafiadora, pois requer uma determinação um tanto arbitrária do que define um período sem comportamento (p. ex., Hagopian, Paclawskyj & Contrucci-Kuhn, 2005).

Análises de probabilidade dinâmica

Relacionado de perto ao conceito de análise comparativa-probabilística está o método de análise de atraso-sequencial (Bakeman & Gottman, 1997). Em geral, avaliações de probabilidades comparativas produzem um valor de probabilidade condicional e um valor de probabilidade incondicional. Por exemplo, os observadores podem registrar dados por 4 horas e relatar a probabilidade de atenção dada uma instância da resposta-alvo para toda a observação de 4 horas. Essas informações fornecem uma representação bastante estática do que provavelmente é uma troca muito dinâmica, embora tenha se mostrado útil em avaliações de relações comportamento-ambiente. Já a análise de atraso-sequencial pode fornecer uma descrição mais refinada das trocas no ambiente natural, descrevendo probabilidades comparativas antes e após uma instância da resposta-alvo segundo a segundo.

O termo *atraso* significa que os pesquisadores podem avaliar as relações comportamento-ambiente ou comportamento-comportamento vários segundos antes ou depois da ocorrência da resposta (p. ex., Emerson, Thompson, Reeves, Henderson & Robertson, 1995; Samaha *et al.*, 2009). Por exemplo, um atraso +1 indica que a probabilidade de um evento é calculada 1 intervalo (p. ex., 1 segundo) após a ocorrência da resposta-alvo. Um atraso -1 indica que a probabilidade de um evento ambiental é calculada 1 intervalo (p. ex., 1 segundo) antes da ocorrência da resposta-alvo. Borrero e Borrero (2008) demonstraram o uso da análise de atraso-sequencial. Os pesquisadores levantaram a hipótese de que as ocorrências de comportamento-problema grave, como bater a cabeça, foram precedidas de modo confiável por formas menos graves de comportamento-problema, como gritos, para dois alunos com TEA. Borrero e Borrero descreveram as formas menos graves de comportamento-problema como potenciais *precursoras* de formas mais graves, na medida em que as ocorrências de uma podem ser preditoras confiáveis das ocorrências da outra. Eles avaliaram a probabilidade de comportamento-problema grave, uma vez que era precedido por uma instância de comportamento-problema menos grave (i.e., probabilidade condicional), e compararam com a probabilidade do comportamento-problema menos grave (i.e., a probabilidade incondicional) para quantificar essa relação em potencial. A janela para a análise de atraso-sequencial foi de +50 segundos (i.e., 50 segundos após cada instância de comportamento-problema) e −50 segundos (i.e., 50 segundos antes de cada instância de comportamento-problema). Os resultados para ambos os alunos mostraram aumento acentuado na probabilidade de um precursor potencial nos intervalos de 1 segundo imediatamente antes de uma instância de comportamento-problema.

Vollmer *et al.* (2001) também realizaram análises de probabilidade comparativas e utilizaram uma variação do procedimento de análise de atraso-sequencial descrito por Borrero e Borrero (2008). Os pesquisadores realizaram uma análise descritiva das interações entre os participantes encaminhados para avaliação e intervenção de comportamentos-problema graves e seus cuidadores primários. Em seguida, os pesquisadores compararam a probabilidade de um evento ambiental com a de um evento ambiental associada ao comportamento-problema no contexto de diversas operações de estabelecimento potencial (p. ex., baixa atenção). Os pesquisadores avaliaram probabilidades com defasagens de +5, +10, +15 e +20, utilizando uma variante dos procedimentos de análise de atraso-sequencial, ou seja, os pesquisadores calcularam a probabilidade de um evento dentro de 5, 10, 15 e 20 segundos de determinado tempo para a probabilidade incondicional ou uma instância da resposta-alvo para a probabilidade condicional. Embora o procedimento não forneça o mesmo nível de análise descrito por Borrero e Borrero, o método fornece quatro intervalos para avaliar mudanças probabilísticas, e Vollmer *et al.* relataram que o método foi útil na identificação de *potenciais* contingências entre eventos ambientais e respostas-alvo. Além disso, em relação ao método descrito por Borrero e Borrero (que envolveu análises de ± 50 segundos), as janelas avaliadas por Vollmer *et al.* podem ser mais práticas para os que trabalham em ambientes que não são de pesquisa.

Probabilidades relativas e não absolutas são importantes para análises de probabilidade estatística e dinâmica (p. ex., Rooker, DeLeon, Borrero, Frank-Crawford & Roscoe, 2015). Por exemplo, uma contingência positiva entre agressividade e atenção é improvável se a probabilidade de atenção, dado o comportamento-problema, for 0,20. Já o comportamento-problema aumenta a probabilidade de atenção se esta, dado o comportamento-problema, for 0,1.

Os pesquisadores têm sido os principais usuários das técnicas de análise de dados que acabamos de descrever, e as têm utilizado sobretudo para avaliar dados de análise descritiva para pesquisa (p. ex., Anderson & Long, 2002; Borrero e Borrero, 2008; Doggett, Edwards, Moore, Tingstrom & Wilczynski, 2001; Forman, Hall, Oliver, 2002; Marion, Touchette, Sandman, 2003; Moss *et al.*, 2005; Noell *et al.*, 2001; Woods, Borrero, Laud & Borrero, 2010). Talvez os analistas do comportamento não usem esses métodos devido à sua complexidade. Além disso, embora esses métodos forneçam uma análise mais refinada das relações comportamento-ambiente que ocorrem de maneira natural do que outros métodos de análise descritiva produzem, eles são limitados porque os resultados sugerem correlações entre dois eventos (p. ex., atenção e agressividade), mas não identificam relações funcionais (p. ex., St. Peter *et al.*, 2005).

Recomendações

A mensuração e a análise das relações comportamento-ambiente que ocorrem naturalmente são necessárias para uma compreensão completa do comportamento. No entanto, o papel da análise descritiva na descoberta de potenciais variáveis controladoras para o comportamento-problema é menos claro. Os resultados de duas pesquisas recentes mostram que analistas do comportamento muitas vezes desenvolvem intervenções para comportamentos-problema com base apenas nos resultados da análise descritiva. No entanto, resultados de diversos estudos mostrando pouca correspondência entre resultados de análises descritivas e experimentais levantam preocupações significativas sobre essa prática (Camp *et al.*, 2009; Hall, 2005; Mace & Lalli, 1991; Pence *et al.*, 2009; Thompson & Iwata, 2007).

Há limitações inerentes às informações que podemos obter por meio de análises descritivas, pois esse método é limitado a descrições correlacionais e não funcionais das relações comportamento-ambiente que ocorrem de maneira natural. Portanto, podemos compreender essas relações de forma mais completa combinando métodos descritivos e experimentais. Os dados da análise descritiva fornecem informações sobre os eventos ambientais correlacionados com o comportamento em condições naturais, e a análise experimental identifica aqueles eventos que estão relacionados funcionalmente com o comportamento de interesse.

Descrevemos diversos métodos de análise descritiva que variam em relação ao nível de detalhamento fornecido, bem como ao nível de especialização e quantidade de recursos necessários para conduzir a análise. Desses métodos, o gráfico de dispersão, o registro narrativo e a *checklist* A–B–C geralmente são fáceis de usar, e os responsáveis diretos pelo participante podem implementá-los com o mínimo de treinamento. Uma análise descritiva mais detalhada envolve o registro de um comportamento-alvo e os eventos ao seu redor por meio de registro de frequência, intervalo ou amostra de tempo e a análise de relações entre as variáveis. No entanto, esse método consome muitos recursos e provavelmente exigirá treinamento especial; desse modo, é provável que apenas pessoas treinadas e dedicadas especificamente à avaliação comportamental utilizarão esse tipo de análise descritiva. Os analistas do comportamento que alocam recursos para diversas formas de avaliação devem lembrar que até as análises descritivas mais sofisticadas produzem apenas dados correlacionais. Em muitos casos, análises descritivas revelam correlações entre comportamento-problema e eventos que não exercem controle sobre o comportamento-problema (p. ex., Thompson e Iwata, 2007). Portanto, recomendamos a realização de uma breve análise descritiva para informar o desenvolvimento de condições de análise funcional na maioria dos casos.

Pesquisa futura

Apesar das limitações da análise descritiva, a aparente onipresença de sua implementação (Oliver *et al.* 2015; Roscoe, Phillips, *et al.*, 2015) e a importância de se compreender as condições que naturalmente cercam o comportamento exigem pesquisas adicionais. Um uso importante para a análise descritiva é identificar variáveis para inclusão em uma análise funcional. A flexibilidade do registro narrativo é atraente quando o objetivo do analista do comportamento é identificar variáveis idiossincráticas para inclusão em uma análise funcional. Contudo, a natureza aberta dessa avaliação pode reduzir a precisão do registro (Lerman *et al.*, 2009). Mayer e Di-Gennaro Reed (2013) constataram que os dados narrativos coletados pela equipe de atendimento direto não identificaram com precisão os antecedentes ou as consequências para o comportamento-problema. No mesmo estudo, os pesquisadores demonstraram melhora imediata na precisão após breve treinamento e fornecimento de instruções escritas e detalhadas. Pesquisas futuras devem se concentrar na identificação de métodos de treinamento eficientes para garantir a precisão das análises descritivas.

Neste capítulo, focamos no uso de análises descritivas para gerar hipóteses sobre reforçadores que ocorrem naturalmente para comportamentos-problema. No entanto, pode haver muitos outros usos para a análise descritiva na avaliação comportamental. Por exemplo, pesquisadores e analistas do comportamento podem utilizar a análise descritiva para identificar práticas gerais que parecem promover ou interferir no comportamento desejável. Por exemplo, Austin, Carr e Agnew (1999) sugeriram que análises descritivas poderiam identificar a forma de instrução que produz o desempenho mais preciso e eficiente nas organizações. Os analistas do comportamento também podem usar a análise descritiva para identificar estímulos, respostas ou níveis de resposta socialmente válidos para comunicar o treinamento de habilidades sociais (p. ex., Minkin *et al.*, 1976).

Referências

Addison, L., & Lerman, D. C. (2009). Descriptive analysis of teachers' responses to problem behavior following training. *Journal of Applied Behavior Analysis, 42,* 485-490.

Anderson, C. M., & Long, E. S. (2002). Use of a structured descriptive analysis methodology to identify variables affecting problem behavior. *Journal of Applied Behavior Analysis, 35,* 137-154.

Arndorfer, R. E., Miltenberger, R. G., Woster, S. H., Rortvedt, A. K., & Gaffaney, T. (1994). Home-based descriptive and experimental analysis of problem behaviors in children. *Topics in Early Childhood Special Education, 14,* 64-87.

Ashbaugh, R., & Peck, S. M. (1998). Treatment of sleep problems in a toddler: A replication of the faded bedtime with response cost protocol. *Journal of Applied Behavior Analysis, 31,* 127-129.

Austin, J., Carr, J. E., & Agnew, J. L. (1999). The need for assessment of maintaining variables in OBM. *Journal of Organizational Behavior Management, 19,* 59-87.

Baer, D. M. (1973). The control of the developmental process: Why wait? In J. R. Nesselroade & H. W. Reese (Eds.), *Lifespan developmental psychology: Methodological issues* (p. 187-193). New York: Academic Press.

Bakeman, R., & Gottman, J. M. (1997). *Observing interaction: An introduction to sequential analyses* (2nd ed.). New York: Cambridge University Press.

Barker, R., & Wright, H. (1955). *Midwest and its children: The psychological ecology of an American town.* Oxford, UK: Peterson.

Bijou, S. W., Peterson, R. F., & Ault, M. H. (1968). A method to integrate descriptive and experimental field studies at the levels of data and empirical concepts. *Journal of Applied Behavior Analysis, 1,* 175-191.

Bijou, S. W., Peterson, R. F., Harris, F. R., Allen, K. E., & Johnston, M. S. (1969). Methodology for experimental studies of young children in natural settings. *Psychological Record, 19,* 177-210.

Borrero, C. S. W., & Borrero, J. C. (2008). Descriptive and experimental analyses of potential precursors to problem behavior. *Journal of Applied Behavior Analysis, 41,* 83-96.

Borrero, C. S. W., Vollmer, T. R., & Borrero, J. C. (2004). Combining descriptive and functional analysis logic to evaluate idiosyncratic variables maintaining aggression. *Behavioral Interventions, 19,* 247-262.

Borrero, C. S. W., Vollmer, T. R., Borrero, J. C., & Bourret, J. (2005). A method of evaluating parameters of reinforcement during parent-child interactions. *Research in Developmental Disabilities, 26,* 577-592.

Borrero, C. S. W., Woods, J. N., Borrero, J. C., Masler, E. A., & Lesser, A. D. (2010). Descriptive analyses of pediatric food refusal and acceptance. *Journal of Applied Behavior Analysis, 43,* 71-88.

Borrero, J. C., & Vollmer, T. R. (2002). An application of the matching law to severe problem behavior. *Journal of Applied Behavior Analysis, 35,* 13-27.

Camp, E. M., Iwata, B. A., Hammond, J. L., & Bloom, S. E. (2009). Antecedent versus consequent events as predictors of problem behavior. *Journal of Applied Behavior Analysis, 42,* 469-483.

Carr, E. G., Smith, C. E., Giacin, T. A., Whelan, B. M., & Pancari, J. (2003). Menstrual discomfort as a biological setting event for severe problem behavior: Assessment and intervention. *American Journal of Mental Retardation, 108,* 117-133.

Cero, I., & Falligant, J. M. (2020). Application of the generalized matching law to chess openings: A gambit analysis. *Journal of Applied Behavior Analysis, 53,* 835-845.

Cooper, J. O., Heron, T. E., & Heward, W. L. (2007). *Applied behavior analysis* (2nd ed.). Upper Saddle River, NJ: Pearson/Merrill-Prentice Hall.

Doggett, R. A., Edwards, R. P., Moore, J. W., Tingstrom, D. H., & Wilczynski, S. M. (2001). An approach to functional assessment in general education classroom settings. *School Psychology Review, 30,* 313-328.

Ellingson, S. A., Miltenberger, R. G., & Long, E. S. (1999). A survey of the use of functional assessment procedures in agencies serving individuals with developmental disabilities. *Behavioral Interventions, 14,* 187-198.

Emerson, E., Thompson, S., Reeves, D., Henderson, D., & Robertson, J. (1995). Descriptive analysis of multiple response topographies of challenging behavior across two settings. *Research in Developmental Disabilities, 16,* 301-329.

Forman, D., Hall, S., & Oliver, C. (2002). Descriptive analysis of self-injurious behavior and self-restraint. *Journal of Applied Research in Intellectual Disabilities, 15,* 1-7.

Galiatsatos, G. T., & Graff, R. B. (2003). Combining descriptive and functional analyses to assess and treat screaming. *Behavioral Interventions, 18,* 123-138.

Gardenier, N. C., MacDonald, R., & Green, G. (2004). Comparison of direct observational methods for measuring stereotypical behavior in children with autism spectrum disorders. *Research in Developmental Disabilities, 25,* 99-118.

Ghaemmaghami, M., Hanley, G. P., Jessel, J., & Landa, R. (2018). Shaping complex functional communication responses. *Journal of Applied Behavior Analysis, 51,* 502-520.

Glodowski, K. R., Thompson, R. H., & Martel. L. (2019). The rooting reflex as an infant feeding cue. *Journal of Applied Behavior Analysis, 52,* 17-27.

Groden, G. (1989). A guide for conducting a comprehensive behavioral analysis of a target behavior. *Journal of Behavior Therapy and Experimental Psychiatry, 20,* 163-170.

Groden, G., & Lantz, S. (2001). The reliability of the Detailed Behavior Report (DBR) in documenting functional assessment observations. *Behavioral Interventions, 16,* 15-25.

Hall, S. S. (2005). Comparing descriptive, experimental and informant-based assessments of problem behaviors. *Research in Developmental Disabilities, 26,* 514-526.

Hagopian, L. P., Paclawskyj, T. R., & Contrucci-Kuhn, S. (2005). The use of conditional probability analysis to identify a response chain leading to the occurrence of eye poking. *Research in Developmental Disabilities, 26,* 393-397.

Hagopian, L. P., Rooker, G. W., Jessel, J., & DeLeon, I. G. (2013). Initial functional analysis outcomes and modifications in pursuit of differentiation: A summary of 176 inpatient cases. *Journal of Applied Behavior Analysis, 46,* 88-100.

Hamo, M., Blum-Kulka, S., & Hacohen, G. (2004). From observation to transcription and back: Theory, practice, and interpretation in the analysis of children's naturally occurring discourse. *Research on Language and Social Interaction, 37,* 71-92.

Hanley, G. P. (2012). Functional assessment of problem behavior: Dispelling myths, overcoming implementation obstacles, and developing new lore. *Behavior Analysis in Practice, 5,* 54-72.

Hanley, G. P., Iwata, B. A., & McCord, B. E. (2001). Functional analysis of problem behavior: A review. *Journal of Applied Behavior Analysis, 36,* 147-185.

Harding, J., Wacker, D. P., Cooper, L. J., Asmus, J., Jensen-Kovalan, P., & Grisolano, L. (1999). Combining descriptive and experimental analyses of young children with behavior problems in preschool settings. *Behavior Modification, 23,* 316-333.

Hart, B., & Risley, T. (1995). *Meaningful differences in the everyday experience of young American children.* Baltimore: Brookes.

Herscovitch, B., Roscoe, E. M., Libby, M. E., Bourret, J. C., & Ahearn, W. H. (2009). A procedure for identifying precursors to problem behavior. *Journal of Applied Behavior Analysis, 42,* 697-702.

Hine, R. A. (1982). *Ethology: Its nature and relations with other sciences.* New York: Oxford University Press.

Iwata, B. A., Dorsey, M. F., Slifer, K. J., Bauman, K. E., & Richman, G. S. (1994). Toward a functional analysis of self-injury. *Journal of Applied Behavior Analysis, 27,* 197-209. (Reimpresso de *Analysis and Intervention in Developmental Disabilities, 2,* 3-20, 1982)

Kahng, S. W., Iwata, B. A., Fischer, S. M., Page, T. J., Treadwell, K. R., Williams, D. E., *et al. (1998).* Temporal distributions of problem behavior based on scatterplot analysis. *Journal of Applied Behavior Analysis, 31,* 593-604.

Lerman, D. C., Hovanetz, A., Strobel, M., & Tetreault, A. (2009). Accuracy of teacher-collected descriptive analysis data: A comparison of narrative and structured recording formats. *Journal of Behavioral Education, 18,* 157-172.

Lerman, D. C., & Iwata, B. A. (1993). Descriptive and experimental analyses of variables maintaining self-injurious behavior. *Journal of Applied Behavior Analysis, 26,* 293-319.

Lloyd, B. P., Kennedy, C. H., & Yoder, P. J. (2013). Quantifying contingent relations from direct observation data: Transitional probability comparisons versus Yule's *Q. Journal of Applied Behavior Analysis, 46,* 479-497.

Maas, A. P. H. M., Didden, R., Bouts, L., Smits, M. G., & Curfs, L. M. G. (2009). Scatterplot analysis of excessive daytime sleepiness and severe disruptive behavior in adults with Prader-Willi syndrome: A pilot study. *Research in Developmental Disabilities, 30,* 529-537.

Mace, F. C., & Lalli, J. S. (1991). Linking descriptive and experimental analyses in the intervention of bizarre speech. *Journal of Applied Behavior Analysis, 24,* 553-562.

Marion, S. D., Touchette, P. E., & Sandman, C. A. (2003). Sequential analysis reveals a unique structure for self-injurious behavior. *American Journal on Mental Retardation, 108,* 301-313.

Martens, B. K., Baxter, E. L., McComas, J. J., Sallade, S. J., Kester, J. S., Caamano, M., *et al. (2019).* Agreement between structured descriptive assessments and functional analyses conducted over a telehealth system. *Behavior Analysis: Research and Practice, 19,* 343-356.

Mayer, K. L., & DiGennaro Reed, F. D. (2013). Effects of a training package to improve the accuracy of descriptive analysis data recording. *Journal of Organizational Behavior Management, 33,* 226-243.

McComas, J. J., Moore, T., Dahl, N., Hartman, E., Hoch, J., & Symons, F. (2009). Calculating contingencies in natural environments: Issues in the application of sequential analysis. *Journal of Applied Behavior Analysis, 42,* 413-423.

McKerchar, P. M., & Thompson, R. H. (2004). A descriptive analysis of potential reinforcement contingencies in the preschool classroom. *Journal of Applied Behavior Analysis, 37,* 431-444.

Minkin, N., Braukmann, C. J., Minkin, B. L., Timbers, G. D., Timbers, B. J., Fixsen, D. L., *et al. (1976).* The social validation and training of conversation skills. *Journal of Applied Behavior Analysis, 9,* 127-139.

Moss, J., Oliver, C., Hall, S., Arron, K., Sloneem, J., & Petty, J. (2005). The association between environmental events and self-injurious behaviour in Cornelia de Lange syndrome. *Journal of Intellectual Disability Research, 49,* 269-277.

Noell, G. H., VanDerHeyden, A. M., Gatti, S. L., & Whitmarsh, E. L. (2001). Functional assessment of the effects of escape and attention on students' compliance during instruction. *School Psychology Quarterly, 16,* 253-269.

Oliver, A. C., Pratt, L. A., & Normand, M. P. (2015). A survey of functional behavioral assessment methods used by behavior analysts in practice. *Journal of Applied Behavior Analysis, 48,* 817-829.

Oliver, C., Hall, S., & Nixon, J. (1999). A molecular to molar analysis of communicative and problem behavior. *Research in Developmental Disabilities, 20,* 197-213.

Pence, S. T., Roscoe, E. M., Bourret, J. C., & Ahearn, W. H. (2009). Relative contributions of three descriptive methods: Implications for behavioral assessment. *Journal of Applied Behavior Analysis, 42,* 425-446.

Pfadt, A., & Wheeler, D. J. (1995). Using statistical process control to make data-based clinical decisions. *Journal of Applied Behavior Analysis, 28,* 349-370.

Piazza, C. C., Fisher, W. W., Brown, K. A., Shore, B. A., Patel, M. R., Katz, R. M., *et al. (2003).* Functional analysis of inappropriate mealtime behaviors. *Journal of Applied Behavior Analysis, 36,* 187-204.

Rahman, B., Oliver, C., & Alderman, N. (2010). Descriptive functional analysis of challenging behaviours shown by adults with acquired brain injury. *Neuropsychological Rehabilitation, 20,* 212-238.

Rapp, J. T., Vollmer, T. R., St. Peter, C., Dozier, C. L., & Cotnoir, N. M. (2004). Analysis of response allocation in individuals with multiple forms of stereotyped behavior. *Journal of Applied Behavior Analysis, 37,* 481-501.

Reed, D. D., Luiselli, J. K., Morizio, L. C., & Child, S. N. (2010). Sequential modification and the identification of instructional components occasioning self-injurious behavior. *Child and Family Behavior Therapy, 32,* 1-16.

Repp, A. C., & Karsh, K. G. (1994). Hypothesis-based interventions for tantrum behaviors of persons with developmental disabilities in school settings. *Journal of Applied Behavior Analysis, 27,* 21-31.

Richman, D. M., & Hagopian, L. P. (1999). On the effects of "quality" of attention in the functional analysis of destructive behavior. *Research in Developmental Disabilities, 20*, 51-62.

Rodriguez, N. M., Thompson, R. H., Schlichenmeyer, K. S., & Stocco, C. S. (2012). Functional analysis of arranging and ordering by individuals with an autism spectrum disorder. *Journal of Applied Behavior Analysis, 45*, 1-22.

Rodriguez, N. M., Thompson, R. H., Stocco, C. S., & Schlichenmeyer, K. S. (2013). Arranging and ordering in autism spectrum disorder: Characteristics, severity, and environmental correlates. *Journal of Intellectual and Developmental Disabilities, 38*, 242-255.

Rooker, G. W., DeLeon, I. G., Borrero, C. S., FrankCrawford, M. A., & Roscoe, E. M. (2015). Reducing ambiguity in the functional assessment of problem behavior. *Behavioral Interventions, 30*, 1-35.

Roscoe, E. M., Phillips, K. M., Kelly, M. A., Farber, R., & Dube, W. V. (2015). A statewide survey of practitioners' use and perceived utility of functional assessment. *Journal of Applied Behavior Analysis, 48*, 830-844.

Roscoe, E. M., Schlichenmeyer, K. J., & Dube, W. V. (2015). Functional analysis of problem behavior: A systematic approach to identifying idiosyncratic variables. *Journal of Applied Behavior Analysis, 48*, 289-314.

Samaha, A. L., Vollmer, T. R., Borrero, C., Sloman, K., St. Peter Pipkin, C., & Bourret, J. (2009). Analyses of response--stimulus sequences in descriptive observations. *Journal of Applied Behavior Analysis, 42*, 447-468.

Schlichenmeyer, K. J., Roscoe, E. M., Rooker, G. W., Wheeler, E. E., & Dube, W. V. (2013). Idiosyncratic variables affecting functional analysis outcomes: A review (2001-2010). *Journal of Applied Behavior Analysis, 46*, 339-348.

Simmons, C. A., Akers, J. S., & Fisher, W. W. (2019). Functional analysis and treatment of covert food stealing in an outpatient setting. *Behavioral Development, 24*, 42-57.

Sloman, K. N., Vollmer, T. R., Cotnoir, N., Borrero, C. S. W., Borrero, J. C., Samaha, A. L., *et al. (2005)*. Descriptive analyses of parent reprimands. *Journal of Applied Behavior Analysis, 38*, 373-383.

St. Peter, C., Vollmer, T. R., Bourret, J. C., Borrero, C. S. W., Sloman, K. N., & Rapp, J. T. (2005). On the role of attention in naturally occurring matching relations. *Journal of Applied Behavior Analysis, 38*, 429-433.

Strand, P. S., Wahler, R. G., & Herring, M. (2000). Momentum in child compliance and opposition. *Journal of Child and Family Studies, 9*, 363-375.

Thompson, R. H., & Iwata, B. A. (2001). A descriptive analysis of social consequences following problem behavior. *Journal of Applied Behavior Analysis, 34*, 169-178.

Thompson, R. H., & Iwata, B. A. (2007). A comparison of outcomes from descriptive and functional analyses of problem behavior. *Journal of Applied Behavior Analysis, 40*, 333-338.

Thompson, T., Symons, F. J., & Felce, D. (2000). Principles of behavioral observation: Assumptions and strategies. Em T. Thompson, D. Felce, & F. J. Symons (Eds.), *Behavioral observation: Technology and applications in developmental disabilities* (p. 3-16). Baltimore: Brookes.

Tinbergen, N. (1951). *The study of instinct*. Oxford, UK: Clarendon Press.

Touchette, P. E., MacDonald, R. F., & Langer, S. N. (1985). A scatterplot for identifying stimulus control of problem behavior. *Journal of Applied Behavior Analysis, 18*, 343-351.

VanDerHeyden, A. M., Witt, J. C., & Gatti, S. (2001). Descriptive assessment method to reduce overall disruptive behavior in a preschool classroom. *School Psychology Review, 30*, 548-567.

Vollmer, T. R., Borrero, J. C., Wright, C. S., Van Camp, C., & Lalli, J. S. (2001). Identifying possible contingencies during descriptive analyses of severe behavior disorders. *Journal of Applied Behavior Analysis, 34*, 269-287.

Wahler, R. G., Winkel, G. H., Peterson, R. F., & Morrison, D. C. (1965). Mothers as behavior therapists for their own children. *Behaviour Research and Therapy, 3*, 113-124.

Woods, J. N., Borrero, J. C., Laud, R. B., & Borrero, C. S. W (2010). Descriptive analyses of pediatric food refusal: The structure of parental attention. *Behavior Modification, 34*, 35-36.

Yoder, P., & Symons, F. (2010). *Observational measurement of behavior*. New York: Springer.

13

Análise funcional

História e métodos

Valdeep Saini, Wayne W. Fisher, Alison M. Betz e Cathleen C. Piazza

Os métodos tradicionais de classificação de transtornos de comportamento (p. ex., American Psychiatric Association, 2013) dependem sobretudo de correlações entre os sintomas. Por exemplo, uma criança facilmente distraída, que muitas vezes se mexe e se contorce enquanto está sentada, pode receber um diagnóstico de transtorno de déficit de atenção/hiperatividade (TDAH). Essa abordagem está centrada nas características estruturais das respostas e na medida em que as respostas covariam. Uma alternativa analítico-comportamental à abordagem estrutural é categorizar o comportamento-problema conforme variáveis ambientais das quais o comportamento é uma função.

História e fundamento conceitual da análise funcional

Skinner (1953) adaptou o termo matemático *análise funcional* e o introduziu no campo da análise do comportamento. Segundo Skinner, há *relação funcional* quando uma variável independente produz uma mudança ordenada e previsível em uma dependente. Entre os principais interesses de Skinner estavam os efeitos de eventos ambientais sobre o comportamento humano, e ele utilizou o termo *análise funcional* para descrever um processo para identificar variáveis independentes funcionalmente relacionadas ao comportamento humano. Embora Skinner tenha descrito diversos procedimentos para a realização de uma análise funcional do comportamento, focamos neste capítulo em uma avaliação na qual o analista do comportamento manipula de maneira direta as consequências hipotetizadas para reforçar o comportamento-problema. Utilizamos o termo *análise funcional* para descrever essa avaliação.

Analisando a função do comportamento

No final da década de 1960, pesquisadores começaram a manipular as variáveis ambientais sistematicamente para estudar seus efeitos sobre o comportamento autolesivo (SIB, *self-injurious behavior*) e outros comportamentos-problema. Lovaas, Freitag, Gold e Kassorla (1965), por exemplo, observaram que a frequência do SIB de um participante aumentava quando o terapeuta fornecia atenção na forma de declarações simpáticas após a ocorrência do SIB. Da mesma forma, Lovaas e Simmons (1969) estabeleceram que a atenção era reforço para o SIB de um participante, e que esse comportamento diminuía quando a atenção não acompanhava sua ocorrência.

Carr e colaboradores mostraram que o SIB (Carr, Newsom & Binkoff, 1976) e a agressão (Carr, Newsom & Binkoff, 1980) ocorriam com mais frequência durante uma condição na qual o pesquisador apresentava demandas do que durante condições sem demandas. Esses dados sugerem que a fuga das demandas funcionou como reforço negativo para o comportamento-problema. Já Berkson e Mason (1963, 1964) descobriram que alguns participantes se engajavam em níveis mais altos de movimentos estereotipados em uma condição na qual removiam estímulos preferidos, como itens de lazer, em relação a uma condição em que forneciam acesso a esses itens. Esses resultados sugerem que a estimulação produzida de modo automático pelos movimentos estereotipados pode ter funcionado como reforço automático, pois os movimentos foram mantidos na ausência de consequências sociais.

Hipóteses sobre a motivação do SIB

Os resultados dos estudos já descritos mostraram que mudanças em eventos ambientais produziam mudanças no comportamento-problema, mas os pesquisadores não desenvolveram uma explicação coesa e sistemática para a motivação de comportamentos-problema como o SIB. Carr (1977) analisou a literatura e escreveu um artigo inicial resumindo as hipóteses predominantes sobre a motivação do SIB, que indicou que este (1) é uma resposta aprendida reforçada pelo acesso a consequências sociais preferidas, como atenção; (2) é uma resposta aprendida reforçada pela remoção de eventos não preferenciais, como trabalhos acadêmicos; (3) é uma resposta reforçada pela estimulação sensorial produzida pela resposta; (4) é uma resposta produzida por processos fisiológicos atípicos; e (5) é uma resposta que ajuda a estabelecer limites do ego ou reduzir a culpa. Carr concluiu que diversas variáveis motivacionais, de maneira individual ou em combinação, são capazes de controlar o SIB, e que essas variáveis podem ser diferentes para diferentes indivíduos. Carr recomendou que os pesquisadores manipulassem os antecedentes e as consequências para o SIB, e sugeriu que essas manipulações poderiam servir como testes de validade das hipóteses sobre a motivação do SIB.

Para uma análise funcional do SIB

Iwata, Dorsey, Slifer, Bauman e Richman (1982/1994) publicaram um estudo de referência baseado em parte na análise de Carr (1977) sobre as variáveis motivacionais para o SIB. Iwata *et al.* descreveram e avaliaram um procedimento para avaliar relações funcionais entre variáveis ambientais e SIB, e testar as hipóteses operantes descritas por Carr. A análise funcional consistia em condições de teste e controle que avaliaram se (1) a atenção funcionava como reforço positivo para o SIB na condição de *reprovação social*, (2) a fuga ou esquiva de atividades não preferenciais funcionava como reforço negativo para o SIB na condição de *demanda acadêmica*, (3) a estimulação sensorial produzida pela resposta funcionava como reforço automático para o SIB condição *isolada*, ou (4) uma combinação das variáveis funcionou como reforço para o SIB. Cada condição de análise funcional incluía três componentes (Iwata, Pace, Cowdery & Miltenberger, 1994): um ou mais *estímulos antecedentes* únicos que sinalizavam a consequência para o SIB, uma *operação motivadora* que alterava a efetividade do potencial reforço (Laraway, Snycerski, Michael & Poling, 2003) e uma potencial *consequência de reforço* para SIB.

Condições de análise funcional

Iwata *et al.* (1982/1994) utilizaram três condições de teste (reprovação social, demandas acadêmicas e isolamento) e uma condição de controle (brincar livre) para identificar os reforçadores para o SIB. Utilizamos a estrutura geral descrita por Iwata *et al.* como base para análises funcionais em nossa clínica. No entanto, também realizamos observações prévias de análise funcional, para garantir a continuidade entre o comportamento e os eventos no ambiente natural e aqueles na análise funcional (p. ex., Fisher, Ninness, Piazza & Owen-DeSchryver *et al.*, 1996; Piazza *et al.*, 2003). Durante essas observações, o cuidador realiza uma sessão de demanda, uma de atenção e uma tangível, cada uma com duração de 5 minutos. Podemos fazer modificações em nossas condições de análise funcional com base nessas observações, para que as condições de avaliação se aproximem mais do que observamos no ambiente natural.

Teste de reforço social positivo, atenção

Iwata *et al.* (1982/1994) descreveram uma condição de *desaprovação social* que testava se a atenção adulta funcionava como reforço para o SIB. Nessa condição, o terapeuta desviava sua atenção lendo uma revista ou um livro e fornecia declarações de preocupação ou desaprovação e contato físico gentil (p. ex., tapinha no ombro) para cada ocorrência de SIB.

A justificativa para o arranjo é que o comportamento-problema mantido pelo reforço social positivo em geral ocorre quando a atenção de um adulto é desviada, como quando um cuidador está cozinhando. Comportamentos-problema, como agressividade e SIB, podem ser especialmente eficazes na interrupção dessas atividades e na produção de atenção imediata (como expressões faciais alteradas, contato físico e repreensões) no ambiente natural. Desse modo, o terapeuta simula essas condições desviando sua atenção inicialmente, fornecendo atenção após ocorrências de comportamento-problema e não fornecendo nenhuma consequência diferencial para outros comportamentos participantes, como a comunicação. Alguns analistas do comportamento incluem uma breve interação prévia de atenção entre o terapeuta e o participante, de modo que este experimenta a atenção do terapeuta imediatamente antes da sessão.

Resultados de diversos estudos demonstraram que formas qualitativamente diferentes de atenção podem variar em seus efeitos reforçadores sobre o comportamento-problema (p. ex., Fisher *et al.*, 1996; Kodak, Northup, Kelley, 2007; Piazza *et al.*, 1999). Em nossa clínica, geralmente combinamos o tipo e a qualidade da atenção que o cuidador do participante fornece às nossas observações diretas já descritas. O terapeuta utilizará os mesmos enunciados vocais, métrica, tom e volume que o cuidador usa para fornecer atenção após o comportamento-problema.

No estudo de Iwata *et al.* (1982/1994), os brinquedos estavam ao alcance do participante. Diversos estudos têm mostrado que a disponibilidade independente de resposta de itens preferidos, como os brinquedos, pode reduzir o comportamento-problema reforçado pela atenção a níveis próximos de zero (p. ex., Fisher, O'Connor, Kurtz, DeLeon & Gotjen, 2000). O analista do comportamento pode considerar o uso de itens de baixa preferência na condição de atenção, caso contrário, a análise funcional pode não identificar uma função de atenção responsável pela manutenção do comportamento-problema no ambiente natural.

A *atenção dividida* é uma modificação da condição de atenção na qual o terapeuta oferece atenção a outra criança ou outro adulto até que o participante se envolva em comportamento-problema, o que então produz a atenção do terapeuta (Fahmie, Iwata, Harper & Querim, 2013). A justificativa para essa modificação é que um adulto que presta atenção a outra criança ou outro adulto pode sinalizar disponibilidade de atenção ou aumentar o valor desta como reforço.

Teste para reforço social negativo, fuga

Iwata *et al.* (1982/1994) também descreveram uma condição de *demanda acadêmica*, na qual o terapeuta apresentava demandas para completar tarefas acadêmicas não preferidas. O terapeuta utilizou dicas vocais, de modelo e orientações físicas em sequência para encorajar o indivíduo a completar cada tarefa. O terapeuta elogiava se o participante completasse a tarefa após a dica vocal ou de modelo, ou orientava fisicamente o participante a completar a tarefa se este não a completasse após essa dica. O terapeuta retirava os materiais da tarefa, parava de pedir e se afastava do participante por 30 segundos se este se engajasse no SIB durante a sequência de dicas.

A justificativa para esse arranjo é que as tarefas de aprendizagem são aversivas para alguns indivíduos. O comportamento-problema pode adiar, prevenir ou remover esses eventos aversivos (Iwata, 1987). Por exemplo, um cuidador pode parar de pedir a um menino para escovar os dentes se este se tornar agressivo durante a escovação. Desse modo, o menino pode ser mais propenso a se envolver em agressão novamente no futuro, durante o autocuidado ou outras tarefas, se ele aprender que isso acaba com a atividade aversiva. Beavers, Iwata e Lerman (2013) identificaram o reforço negativo como o mais comum para comportamentos-problema.

A apresentação de ensaios de aprendizagem é uma característica definidora da condição de demanda. Iwata *et al.* (1982/1994) escolheram tarefas que os participantes provavelmente não completariam para aumentar a motivação do participante para fugir. Selecionamos tarefas com base em nossas observações prévias de análise funcional, em relatos de cuidadores ou professores de tarefas que se correlacionam com comportamentos-problema, ou uma combinação desses métodos (Fisher, Adelinis, Thompson, Worsdell & Zarcone, 1998; McComas, Hoch, Paone & El-Roy, 2000). As tarefas que evocam comportamento-problema podem diferir para os participantes individuais, dependendo de variáveis como quantidade de movimento necessária, nível de dificuldade e taxa de apresentação (McCord, Thompson & Iwata, 2001; Smith, Iwata, Goh & Shore, 1995). Assim, a seleção e o uso de tarefas que evocam comportamento-problema no ambiente natural podem aumentar a probabilidade de resultados precisos de análise funcional.

Teste para reforço automático

Iwata *et al.* (1982/1994) descreveram uma condição *isolada*, na qual o participante estava sozinho em uma sala, sem brinquedos ou materiais que funcionassem como estímulo externo. A justificativa para esse arranjo é que alguns comportamentos-problema ocorrem na ausência de reforço social – reforço que outra pessoa medeia ou controla. Em vez disso, a estimulação que o comportamento-problema produz automaticamente reforça o comportamento-problema. A ausência de estimulação na condição isolada aumenta a probabilidade de que nenhum outro reforço disponível possa competir com o reforço automático que o comportamento-problema produz.

O risco de danos para alguns participantes pode superar os benefícios de uma condição isolada. Uma condição de *ignorar* é uma alternativa na qual um terapeuta na sala bloqueia o comportamento-problema do participante para reduzir o risco de lesão, mas não oferece nenhuma consequência programada adicional para tal comportamento. Uma condição de ignorar também pode ser apropriada se o terapeuta suspeitar que o reforço automático mantém um comportamento-problema, como agressão ou destruição de propriedade. Esses casos exigem a presença do terapeuta na sala, para que o participante exiba agressão, ou materiais na sala, para que o participante exiba destruição de propriedade.

Outra variação é um *ambiente preparado*, que dá ao participante os materiais para se engajar no comportamento-problema. Piazza *et al.* (1998) descreveram um procedimento para um ambiente preparado para avaliar o transtorno de pica (consumo de itens não alimentícios, como lascas de tinta). Os pesquisadores identificaram os itens de pica de cada participante e compraram ou confeccionaram itens que serviriam como substitutos. Por exemplo, Piazza *et al.* fizeram lascas de tinta simuladas a partir de farinha e água para participantes que consumiam lascas de tinta (Finney, Russo & Cataldo, 1982). Essa preparação permitiu a Piazza *et al.* observar e medir substitutos para esse transtorno sem expor esses participantes aos riscos associados ao consumo dos materiais não alimentícios no ambiente natural (p. ex., lascas de tinta contendo chumbo).

Querim *et al.* (2013) utilizaram a condição isolada como ferramenta de triagem para prever se o reforço automático ou o social manteria o comportamento-problema. Após conduzir uma série de sessões consecutivas de 5 minutos, eles levantaram a hipótese de que o reforço automático provavelmente manteve um comportamento-problema que persistiu ao longo das sessões, e que o reforço social provavelmente manteve um comportamento-problema que se extinguiu ao longo das sessões. Esse instrumento de triagem previu que o reforço automático ou social manteria o comportamento-problema em 28 de 30 casos.

A retirada e o restabelecimento das consequências do reforço constituem outro método para confirmar o reforçador para o comportamento-problema. Esse método é mais difícil quando o comportamento-problema produz reforço automático. Por exemplo, um terapeuta pode não ser capaz de bloquear ou impedir o SIB se um participante tiver várias topografias que ocorrem ao mesmo tempo em uma taxa alta. Além disso, o analista do comportamento pode não ser capaz de controlar o início ou o término do reforço automático. Uma exceção na literatura foi o estudo de Rincover (1978). Ele hipotetizou que a estimulação auditiva era o reforço automático para virar e girar o objeto estereotipado de um participante. Ele avaliou essa hipótese colocando um tapete sobre a mesa, para atenuar o som dos objetos enquanto virava e girava. Diminuições e aumentos no ato de virar e girar ocorreram com a inclusão e a retirada do tapete, respectivamente.

Condição de controle

Iwata *et al.* (1982/1994) utilizaram uma condição de *brincar livre* como condição de controle da análise funcional. O participante tinha brinquedos; o terapeuta interagia com o participante cerca de uma vez a cada 30 segundos, na ausência de SIB, mas não fornecia nenhuma consequência diferencial após a ocorrência de SIB. A justificativa para esse arranjo é que a atenção não contingente, a ausência de demandas, a presença de brinquedos e a ausência de contingência para comportamentos-problema devem diminuir a motivação do participante para se engajar em comportamentos-problema para ter acesso a atenção, fuga ou reforço automático, respectivamente.

Teste de reforço social positivo, tangível

As crianças podem se envolver em comportamento-problema para acessar um item ou uma atividade preferida, como quando a Criança B bate na Criança A para pegar o caminhão com o qual a Criança A está brincando. Pesquisadores têm testado sistematicamente se o acesso a itens *tangíveis* funciona como reforço para comportamentos-problema (cf. Fisher *et al.*, 1993), o que é um acréscimo ao procedimento original de Iwata *et al.* (1982/1994). O terapeuta dá ao participante o item tangível por um breve momento antes da sessão, inicia esta removendo o item tangível e, em seguida, fornece esse item por cerca de 30 segundos após ocorrências de comportamento-problema. A justificativa para esse arranjo é que a remoção do item tangível deve aumentar a motivação do participante para se envolver em comportamento-problema para acessar o item se este funcionar como reforço para tal comportamento.

Selecionamos o item tangível com base em nossas observações diretas do comportamento do participante ou do relato do cuidador. Realizamos uma avaliação da preferência pelo estímulo (Fisher *et al.*, 1992) e utilizamos o(s) item(ns) preferido(s) da avaliação se o cuidador relatar que o participante se envolve em comportamento-problema para acessar diversos itens tangíveis.

Só conduzimos uma condição tangível se observarmos (ou um cuidador relatar) relação entre um comportamento-problema e um item tangível, devido ao risco de ensinar ao participante uma relação resposta-reforço que não existe atualmente no ambiente natural do indivíduo (Rooker, Iwata, Harper, Fahmie & Camp, 2011; Shirley, Iwata & Kahng, 1999). Por exemplo, Shirley *et al.* (1999) mostraram que as ocorrências automaticamente reforçadas de colocar a mão na boca aumentavam quando o participante recebia um item tangível após as ocorrências de mão na boca. Shirley *et al.* concluíram que o item tangível *tornou-se* um reforço para esse ato, pois os pesquisadores o forneceram após o participante colocar a mão na boca.

Mitigando os riscos da realização de uma análise funcional

A ocorrência de comportamento-problema durante uma análise funcional é necessária para identificar relações resposta-reforço. Portanto, existe a possibilidade de que a análise funcional aumente o risco de danos ao participante, ao cuidador ou ao terapeuta, ou ao ambiente, devido à ocorrência de comportamentos-problema. Iwata *et al.* (1982/1994) implementaram salvaguardas para minimizar os riscos para os participantes de seu estudo. Em primeiro lugar, cada participante recebeu um exame médico e as consultas diagnósticas apropriadas para avaliar seu estado físico e descartar causas orgânicas para o SIB do participante, como dores de cabeça. Em segundo, o médico dos participantes recomendou critérios para encerrar sessões de análise funcional com base no grau de lesão ou no nível de resposta, e observou as sessões de maneira intermitente, modificando os critérios de cessação, se necessário. Terceiro, o terapeuta interrompia a sessão se um participante atendesse ao critério de cessação, e um médico ou um enfermeiro examinava o participante e determinava se as sessões poderiam continuar. Quarto, uma enfermeira examinava os participantes após cada quatro sessões e observava quaisquer problemas do SIB. Iwata *et al.* concluíram que o risco de participação no estudo não foi maior do que o risco que os participantes experimentaram de ocorrência de SIB no ambiente natural, devido às salvaguardas de seu estudo.

A prática-padrão de análise funcional deve incluir salvaguardas para minimizar o risco para os participantes (Weeden, Mahoney & Poling, 2010). Isso pode incluir entrevistar o(s) cuidador(es) para determinar com que frequência, quando e onde o comportamento-problema produziu danos ao participante, a outras pessoas ou ao ambiente. O analista do comportamento deve ter um plano para bloquear ou prevenir o SIB que possa causar danos significativos, como uso de talas de braço para evitar o corte dos olhos ou um capacete, se puder haver uma concussão ao bater com a cabeça (p. ex., Fisher, Piazza, Bowman, Hanley & Adelinis, 1997). Os terapeutas que realizam análises funcionais também devem utilizar equipamentos de proteção, como protetores de braço, se o comportamento-problema (p. ex., morder) puder lhes causar lesões. As análises funcionais devem ter critérios de cessação de sessão quando o comportamento-problema causa ou tem potencial para causar lesão, bem como critérios para retomar as sessões, como quando as lesões cicatrizam ou após consultar um profissional de saúde. Em geral, os analistas do comportamento devem considerar os riscos de modo cuidadoso e só realizar uma análise funcional quando os benefícios claramente superam os riscos.

Kahng *et al.* (2015) avaliaram se a participação em uma análise funcional aumentava o risco de lesão em relação a quando os participantes não estavam nessa análise, com base em registros de 99 pacientes com SIB tratados em um hospital de internação. A frequência de lesão foi comparável durante e fora das análises funcionais. A taxa de lesões ajustada pelo tempo foi maior durante a análise funcional, mas as lesões ocorridas foram relativamente pouco frequentes e de baixa gravidade.

Interpretação de dados da análise funcional

O objetivo de uma análise funcional é identificar o(s) reforçador(es) para o comportamento-problema. Os observadores coletam dados sobre o comportamento em questão por meio da observação direta durante as condições de teste e de controle. O analista do comportamento converte os dados em uma medida comparável entre condições, como respostas por minuto; plota os dados em um gráfico de linhas; e inspeciona visualmente o gráfico de linhas para determinar se os níveis de comportamento-problema são maiores em uma ou em mais condições de teste do que na condição de controle. Em geral, quando os níveis de comportamento-problema são maiores em uma ou em mais condições de teste do que na condição de controle, o analista do comportamento conclui que a análise funcional identificou o(s) reforçador(es) para o comportamento-problema, ou diz que a análise é *diferenciada*. Iwata *et al.* (1982/1994) verificaram que níveis mais elevados de SIB ocorreram em condições específicas de teste para seis dos nove participantes. Os pesquisadores concluíram que os "dados fornecem informações sobre as condições específicas que podem afetar a autolesão" (p. 203).

A inspeção visual é um método razoável de análise de dados quando os resultados da análise funcional são relativamente claros, mas pode não ser o método mais confiável de interpretar tais resultados (Hagopian *et al.*, 1997). Os pesquisadores desenvolveram e utilizaram critérios estruturados para interpretar dados de análise funcional, para resolver o problema da baixa confiabilidade da inspeção visual entre os avaliadores.

Critérios estruturados de inspeção visual

Fisher e colaboradores (Hagopian *et al.*, 1997; Roane, Fisher, Kelley, Mevers & Bouxsein, 2013; Saini, Fisher & Retzlaff, 2018; Saini, Fisher, Retzlaff & Keevey, 2020) desenvolveram e avaliaram critérios estruturados, utilizando interpretações consensuais de dados de análise funcional por um painel de especialistas como variável de critério. A primeira versão de seu procedimento estruturado de inspeção visual incluiu o delineamento de linhas de critério no gráfico de análise funcional, indicando a amplitude e a variabilidade para os níveis de resposta na condição-controle (Hagopian *et al.*, 1997). O interpretador delineou a linha de critério superior (UCL, *upper criterion line*) cerca de um desvio-padrão acima da média para a condição-controle, e a linha de critério inferior (LCL, *lower criterion line*) cerca de um desvio-padrão abaixo da média para a condição-controle. O inspetor visual contou o número de pontos de dados para cada condição de teste que estavam acima da UCL e o número de pontos de dados que estavam abaixo da LCL, e subtraiu o último número do primeiro ($X_{UCL} - X_{LCL}$). Se a diferença fosse maior ou igual à metade do número total de pontos de dados para aquela condição de teste (p. ex., $X_{UCL} - X_{LCL} \geq 5$, com 10 pontos de dados por condição), o intérprete concluía que a condição de teste era diferenciada da condição-controle e que a consequência testada funcionava como reforço para o comportamento-problema. Outros componentes dos critérios estruturados incluíram regras específicas para (1) funções de reforço automático, (2) tendências nos dados, (3) magnitude dos efeitos, (4) resposta de baixo nível e (5) resposta multiplamente controlada. A confiabilidade das interpretações da análise funcional aumentou de uma média de 54% de acertos na linha de base para uma média de 90% de acertos após o treinamento, quando os participantes utilizaram os critérios estruturados. Uma limitação foi que o procedimento se aplicava apenas a análises funcionais com 10 pontos por condição.

Roane *et al.* (2013) modificaram os critérios de inspeção visual de Hagopian *et al.* (1997) utilizando a porcentagem em vez do número de pontos de dados para calcular as diferenças de resposta entre as condições de teste e de controle. Concluíram que a resposta era diferenciada quando 50% ou mais dos pontos de dados para a condição de teste estavam acima da UCL do que abaixo da LCL. Esses critérios modificados aumentaram a concordância entre os revisores especialistas de uma média de 62% na linha de base para 92% após o treinamento, e aumentaram a concordância entre não especialistas e especialistas de uma média de 73% na linha de base para 95% após o treinamento. O procedimento de Roane *et al.* proporcionou maior flexibilidade do que o procedimento de Hagopian *et al.*, pois foi aplicado em análises funcionais com números variados de pontos de dados.

Uma limitação dos critérios, tanto de Hagopian *et al.* (1997) quanto de Roane *et al.* (2013), é que eles aplicaram os critérios *post hoc* (i.e., após completarem a análise funcional). Saini *et al.* (2018) ampliaram o estudo de Roane *et al.*, fornecendo regras para a *inspeção visual em tempo real*, ou seja, Saini *et al.* aplicaram os critérios durante a realização da análise funcional. Eles também acrescentaram um critério para determinar objetivamente quando terminar a análise funcional. Quando Saini *et al.* aplicaram os critérios de inspeção visual em tempo real às análises funcionais publicadas, produziram interpretações bastante convergentes com os critérios de Roane *et al.* Lembre-se de que Roane *et al.* aplicaram seus critérios a todo o conjunto de dados de análise funcional, e sua concordância exata nas funções identificadas foi de 92%. A inspeção visual em tempo real diminuiu a extensão média das análises funcionais em mais de 40%. Desse modo, a inspeção visual em tempo real utilizando critérios estruturados pode produzir interpretações confiáveis e válidas de análises funcionais de maneira mais eficiente (Saini *et al.*, 2020).

Comportamento-problema mantido por uma única função

Quando os níveis de comportamento-problema são mais altos em uma condição de teste do que em outras condições de teste ou na condição-controle, concluímos que o comportamento-problema tem função *única*, ou seja, a consequência na condição de teste com os maiores níveis de comportamento-problema funciona como reforço para esse comportamento. Concluímos que (1) a atenção funciona como reforço social positivo se os níveis de comportamento-problema são mais altos na condição de atenção; (2) a fuga funciona como reforço social negativo se os níveis de comportamento-problema forem mais elevados na condição de demanda; e (3) o reforço automático é o reforçador se os níveis de comportamento-problema são mais altos na condição sozinho ou de ignorar. A análise funcional da Figura 13.1 mostra que as taxas de comportamento-problema de Mike são clara e consistentemente maiores na condição de atenção do que nas outras de teste e de controle. Esses dados sugerem que a atenção funciona como reforço social positivo para o comportamento-problema de Mike. A Figura 13.2 mostra altos níveis de comportamento-problema em diversas condições, porém mais altos na condição de ignorar para Hank. Esse padrão de resposta sugere que a consequência produzida pelo comportamento-problema funciona como reforço automático.

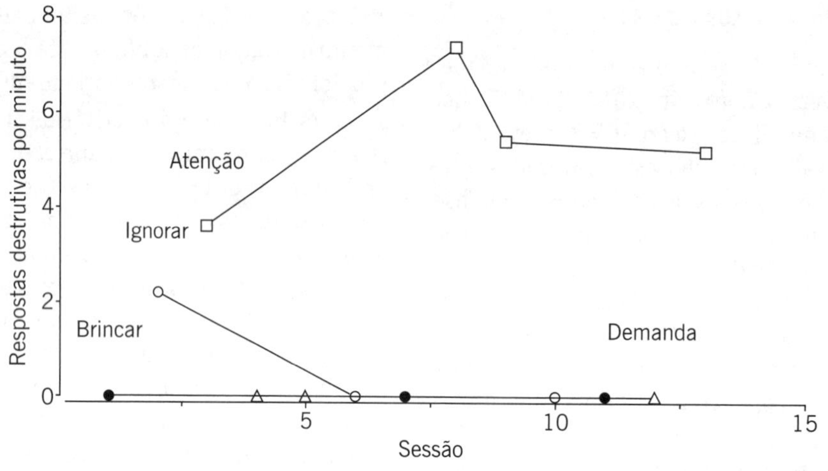

FIGURA 13.1 Exemplo de uma análise funcional em que a atenção contingente funciona como reforço social positivo para o comportamento-problema de Mike.

Comportamento-problema mantido por múltiplas funções

Quando mais de um reforçador mantém um comportamento-problema, os analistas do comportamento utilizam o termo *mantido por múltilplas funções* para descrever o comportamento. Em outras palavras, os níveis de comportamento-problema mantido por múltiplas funções são maiores em mais de uma condição de teste de uma análise funcional em relação à condição-controle. A análise funcional da Figura 13.3 mostra que as taxas de comportamento-problema de Willie são mais altas na condição tangível em relação às outras condições de teste e de controle, e que as taxas de comportamento-problema são maiores na condição de atenção do que na condição-controle. Esses dados sugerem que o item tangível e a atenção funcionam como reforço social positivo para o comportamento-problema.

Análise funcional indiferenciada

A interpretação dos dados da análise funcional pode ser mais difícil quando o comportamento-problema ocorre a taxas relativamente equivalentes entre as condições, as taxas do comportamento-problema são variáveis entre as condições ou o comportamento-problema raramente ou nunca ocorre durante a análise funcional. Nesse caso, o analista do comportamento pode concluir que o comportamento-problema é *indiferenciado*, ou

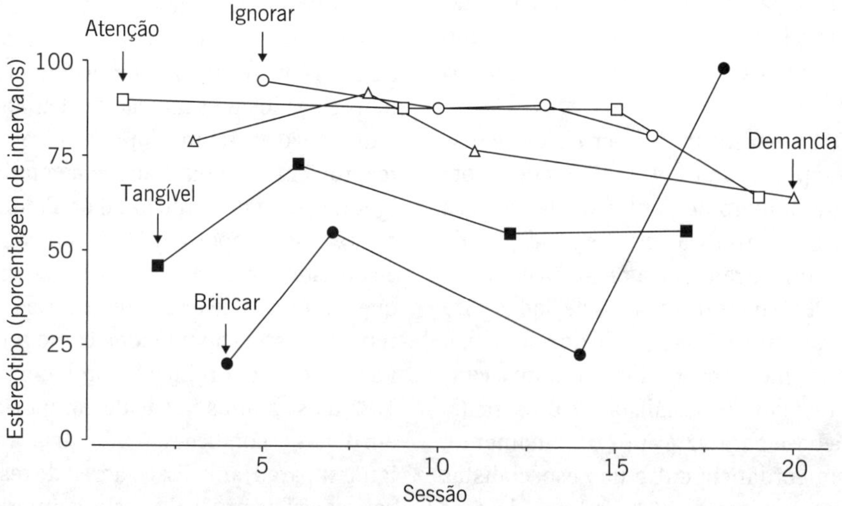

FIGURA 13.2 Exemplo de uma análise funcional em que o reforço automático provavelmente mantém o comportamento-problema de Hank.

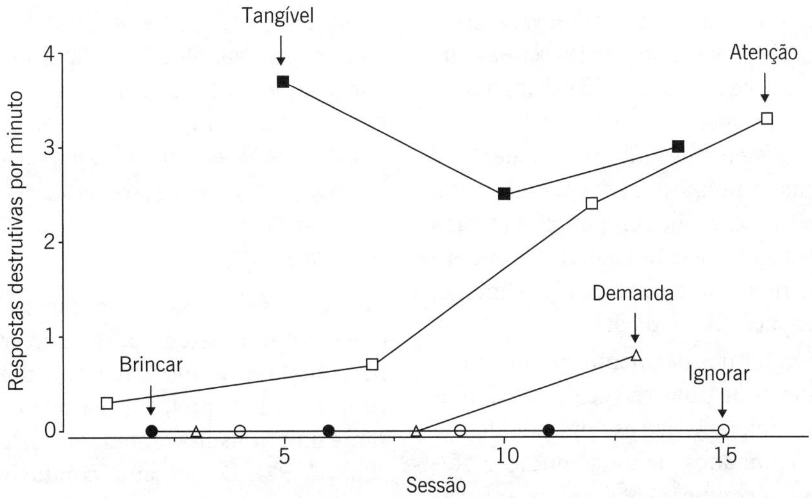

FIGURA 13.3 Exemplo de análise funcional em que múltiplas consequências funcionam como reforço para o comportamento-problema de Willie.

seja, a análise funcional não identificou o reforçador para o comportamento-problema. A Figura 13.4 mostra a resposta indiferenciada, na qual as taxas de comportamento-problema de Lynn são baixas e variáveis entre as condições.

Variáveis que podem afetar a interpretação

Embora esperemos que os antecedentes programados e as consequências de uma análise funcional controlem a resposta, as pesquisas têm mostrado que outros componentes procedurais da análise funcional podem afetar os resultados. Analisamos essas questões a seguir. Na seção seguinte, revisamos os procedimentos para esclarecer dados sobre comportamentos-problema indiferenciados.

Delineamento experimental

O delineamento experimental de sujeito único para a análise funcional é uma variável que pode afetar a clareza dos resultados. Iwata *et al.* (1982/1994) utilizaram um delineamento de múltiplos elementos no qual o terapeuta conduziu séries repetidas de quatro sessões (uma de cada condição), apresentadas em ordem aleatória até que os níveis de SIB estivessem estáveis, os níveis instáveis de SIB persistissem por 5 dias, ou por 12 dias de sessões decorridas. Pesquisas de análise

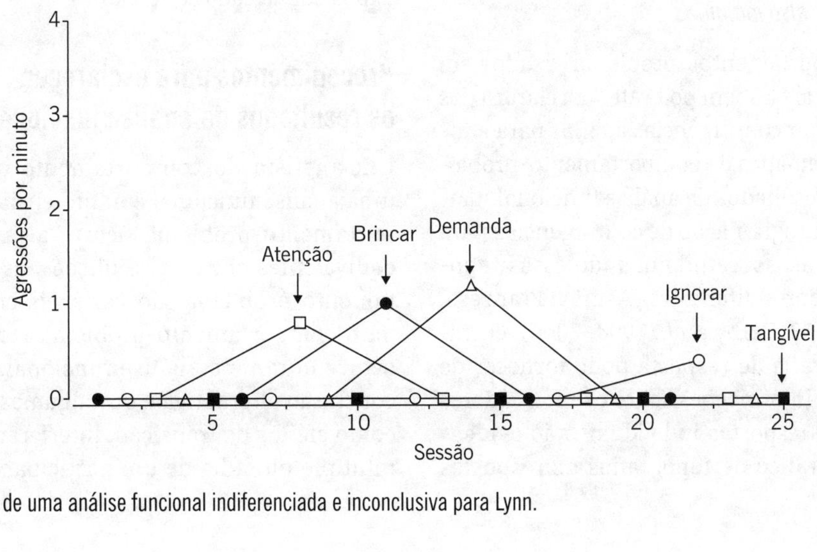

FIGURA 13.4 Exemplo de uma análise funcional indiferenciada e inconclusiva para Lynn.

funcional publicadas na literatura também favoreceram o delineamento de múltiplos elementos (81%; Beavers *et al.*, 2013), provavelmente devido ao seu menor tempo gasto em relação a outras opções de delineamento. Outra vantagem do delineamento de múltiplos elementos é que variáveis externas ao preparo experimental (como privação de sono) podem ser menos propensas a afetar a clareza dos resultados da análise funcional, pois variáveis externas devem afetar cada condição igualmente, devido à rápida alternância de condições.

Uma desvantagem do delineamento de múltiplos elementos é que os efeitos de transição ou de interferência de tratamento múltiplo (em que os antecedentes ou as consequências programados em uma condição afetam a resposta em outra condição) podem afetar a clareza dos resultados. Uma segunda desvantagem é que o participante pode não discriminar entre as condições, devido à sua rápida alternância.

Ordem da sessão

Hammond, Iwata, Rooker, Fritz e Bloom (2013) examinaram os efeitos de uma sequência de condição de análise funcional fixa (ignorar, atenção, brincar e demanda) *versus* uma sequência de condição aleatória. O objetivo foi avaliar se as condições individuais na sequência fixa funcionariam como operações motivadoras para o reforço na condição subsequente. Por exemplo, a privação de atenção na condição de ignorar aumentaria a motivação de um participante para se envolver em comportamento-problema para acessar a atenção em uma condição de atenção subsequente? A sequência fixa produziu resultados mais claramente diferenciados e aumentou a eficiência da análise funcional em 57% em comparação com a sequência aleatória.

Número de respostas-alvo incluídas

O número de comportamentos-problema visados em uma análise funcional também pode afetar a clareza dos resultados. Programar contingências apenas para a topografia mais problemática de comportamento-problema em geral leva a resultados de análise funcional mais claros em relação à programação de contingências para múltiplas topografias, sobretudo quando essas topografias têm reforçadores diferentes (Asmus, Franzese, Conroy & Dozier, 2003; Derby *et al.*, 1994, 2000). O gráfico de cada topografia de resposta pode fornecer de maneira individual informações sobre os reforçadores para topografias de respostas individuais não evidentes em um único gráfico de topografias de respostas combinadas (Derby *et al.*, 1994, 2000). No entanto, Hanley, Iwata e McCord (2003) recomendam minimizar o número de topografias de respostas para as quais o analista do comportamento programa contingências em uma análise funcional, pois resultados inconclusivos podem ser mais prováveis.

Duração da sessão

Cooper, Wacker, Sasso, Reimers e Donn (1990) descreveram um método para realizar uma breve análise funcional do comportamento-problema que produziu resultados interpretáveis para a maioria dos casos durante uma consulta ambulatorial de 90 minutos (Derby *et al.*, 1992). O terapeuta conduziu inicialmente uma sessão de cada condição de teste e uma sessão da condição-controle. O terapeuta identificou o reforçador que produziu os maiores níveis de comportamento-problema na série inicial de sessões, forneceu esse reforço para o comportamento apropriado e colocou comportamento-problema em extinção na sessão seguinte, fornecendo reforço apenas para o comportamento-problema na sessão final.

Wallace e Iwata (1999) analisaram dados de 46 análises funcionais do SIB nas quais a duração da sessão foi de 15 minutos. Eles criaram e interpretaram 138 gráficos, 46 com dados dos primeiros 5 minutos de cada sessão, 46 com dados dos primeiros 10 minutos de cada sessão e 46 com dados da sessão de 15 minutos. Os resultados da amostra de 5 minutos foram os mesmos das sessões de 15 minutos em 94% dos casos. Os resultados da amostra de 10 minutos foram os mesmos das sessões de 15 minutos para 100% dos casos. Nossa prática atual é conduzir sessões de 5 minutos e estender a duração da sessão somente se os resultados forem indiferenciados após exposição repetida a cada condição (p. ex., quatro exposições a cada condição).

Procedimentos para esclarecer os resultados da análise funcional

Um analista do comportamento pode concluir que uma análise funcional é indiferenciada quando o comportamento-problema ocorre a taxas relativamente equivalentes entre as condições, as taxas de comportamento-problema são variáveis entre as condições, ou o comportamento-problema raramente ou nunca ocorre durante a análise funcional. No entanto, uma conclusão alternativa é que algumas outras variáveis – como efeitos de transição, interferência de tratamento múltiplo ou falha de um participante em discriminar as contingências da condição – contribuíram para os resultados pouco claros. Nesses casos, os pesquisadores descreveram e testaram diversos procedimentos para esclarecer os resultados. Hagopian, Rooker, Jessel e DeLeon (2013) modificaram a análise funcional para 176 casos com resultados inicialmente indiferenciados. As modificações incluíram (1) conduzir sessões em um local diferente, (2) implementar a extinção para certos comportamentos-problema ou (3) aumentar a duração da sessão. Essas manipulações identificaram a função do comportamento-problema em 153 dos 176 casos. A seguir, revisamos procedimentos específicos que os pesquisadores têm utilizado para esclarecer resultados de análise funcional indiferenciada.

Fornecendo sessões prolongadas de isolamento ou sem resposta

Vollmer, Marcus, Ringdahl e Roane (1995) sugeriram a realização de sessões consecutivas ou prolongadas de isolamento ou sem resposta (ignorar) quando o comportamento-problema ocorre durante uma análise funcional, mas os resultados são indiferenciados (Querim *et al.*, 2013; Vollmer *et al.*, 1995). O reforço automático é a provável função do comportamento-problema que persiste durante sessões prolongadas de isolamento, pois não há outras condições que causem interferência no tratamento múltiplo, e fontes alternativas de reforço não estão disponíveis na condição isolada. A Figura 13.5 mostra os dados de uma análise funcional indiferenciada seguida de sessões prolongadas de isolamento na fase final. O comportamento-problema foi mantido durante sessões prolongadas de isolamento, sugerindo reforço automático como função.

Reapresentação das condições do teste de reforço social

Quando o comportamento-problema não persiste durante sessões prolongadas, sejam elas de isolamento ou sem resposta, a reapresentação das condições de reforço social da análise funcional em um delineamento de reversão pode esclarecer os resultados. A Figura 13.6 mostra que o comportamento-problema não persistiu durante uma condição de ignorar estendida. O analista do comportamento conduziu então uma reversão entre uma condição de fuga contingente e uma de ignorar. As taxas de comportamento foram maiores nas condições de fuga contingente, sugerindo que a fuga funcionou como reforço negativo para o comportamento-problema. Uma alternativa potencialmente mais eficiente em termos de tempo é realizar uma comparação pareada entre uma condição de teste e a condição-controle (Iwata, Duncan, Zarcone, Lerman & Shore, 1994).

Incluindo estímulos discriminativos adicionais

Algumas análises funcionais podem produzir resultados indiferenciados, pois os estímulos discriminativos associados às condições não controlam o comportamento-problema do participante. A adição de estímulos discriminativos diferentes e salientes em cada condição pode resolver esse problema (Conners *et al.*, 2000). Por exemplo, um terapeuta pode utilizar uma camisa vermelha durante a condição de atenção, uma camisa roxa durante a de demanda e uma camisa amarela durante a condição-controle.

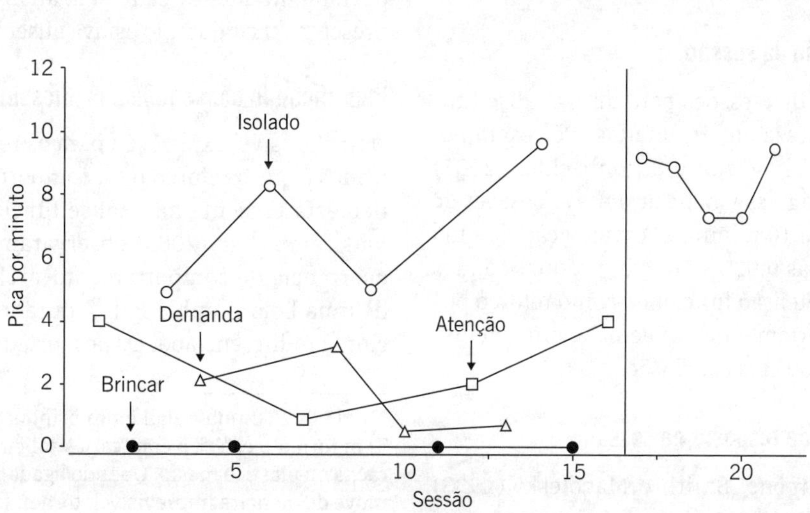

FIGURA 13.5 Exemplo de uma análise funcional com uma condição isolada estendida.

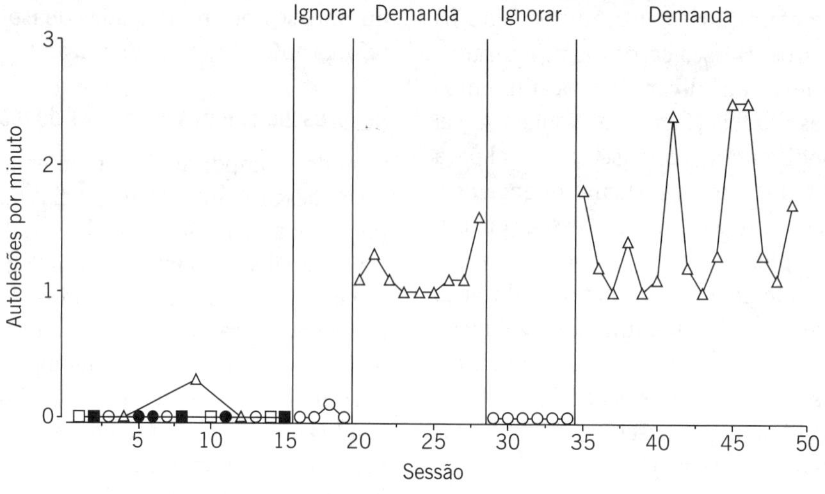

FIGURA 13.6 Exemplo de análise estendida com um delineamento de reversão.

Alterando operações motivadoras, contingências de reforço ou ambas

Outra razão para os resultados indiferenciados da análise funcional é que a operação motivadora para o comportamento-problema pode não estar presente na análise funcional. Alterar uma ou várias das operações motivadoras pode produzir resultados mais diferenciados ou conclusivos. Por fim, uma análise funcional pode produzir resultados indiferenciados ou inconclusivos, pois as consequências que mantêm o comportamento-problema podem não estar presentes na análise funcional. Portanto, adicionar ou alterar as consequências para o comportamento-problema pode produzir resultados mais diferenciados ou conclusivos (Hagopian *et al.*, 2013).

Estendendo a duração da sessão

Estender a duração das sessões para uma análise funcional pode dar clareza aos resultados. Por exemplo, o participante de Kahng, Abt e Schonbachler (2001) nunca demonstrou agressividade durante as sessões de análise funcional de 10 minutos. A realização de uma condição por dia, das 9:00 às 16:00h, produziu dados que sugerem que a atenção funcionou como reforço positivo para o comportamento-problema, e uma análise de tratamento validou essa conclusão.

Analisando padrões de resposta na sessão

Vollmer, Iwata, Zarcone, Smith e Mazaleski (1993) analisaram dados na sessão de um participante cujas taxas de SIB foram altas nas condições isolada e de controle. A análise mostrou que as explosões de extinção ocorreram no início das sessões de controle e isoladas que imediatamente se seguiram a uma sessão de atenção. Esses resultados permitiram concluir que a atenção reforçou o SIB.

Roane, Lerman, Kelley e Van Camp (1999) sugeriram a análise de dados na sessão para determinar os efeitos de mudanças momentâneas na operação estabelecedora sobre o comportamento-problema. Roane *et al.* utilizaram dados na sessão para determinar se o comportamento-problema ocorria quando a operação motivadora da condição estava presente *versus* ausente. Os resultados da análise na sessão geralmente concordaram com os resultados da análise funcional de múltiplos elementos: o comportamento-problema tendeu a ocorrer quando a operação motivadora para esse comportamento identificada pela análise funcional estava presente *versus* quando estava ausente.

Identificando consequências idiossincráticas

Outra possível explicação para os resultados indiferenciados é que o reforço para comportamentos-problema não está presente na análise funcional. Por exemplo, Van Camp *et al.* (2000) observaram correlação entre a ocorrência de comportamento-problema e a presença de uma bola Bumble Ball®* durante uma análise funcional indiferenciada. Os pesquisadores avaliaram essa

*N. de R. T. Bumble Ball é um brinquedo infantil que vibra. Tem formato esférico com várias saliências coloridas de borracha ou plástico macio. Quando ligada, a bola vibra, pula e se move de maneira imprevisível, tornando-a divertida para bebês, crianças e até animais de estimação. Seu design é pensado para estimular o desenvolvimento sensorial e motor, pois incentiva a criança ou o pet a persegui-la e interagir com ela.

relação em condições nas quais (1) o participante tinha a bola, e o terapeuta a retirava por 20 segundos após ocorrências de comportamento-problema; (2) o terapeuta entregava a bola ao participante por 20 segundos após a ocorrência de comportamento-problema; e (3) o participante tinha acesso a brinquedos, mas não a interação social. Os resultados sugeriram que as taxas de comportamento-problema foram maiores quando a bola estava presente, mas que o reforço automático manteve o comportamento-problema. Schlichenmeyer, Roscoe, Rooker, Wheeler e Dube (2013) identificaram mais de 30 variáveis idiossincráticas que influenciaram o comportamento-problema durante análises funcionais publicadas entre 2001 e 2010. Desse modo, os analistas do comportamento devem avaliar se as consequências idiossincráticas reforçam o comportamento-problema.

Nosso grupo de pesquisa tem utilizado avaliações descritivas informais para gerar hipóteses sobre reforçadores idiossincráticos para comportamentos-problema, e essas hipóteses informam nossas condições subsequentes de teste e de controle (Bowman, Fisher, Thompson & Piazza, 1997; Fisher, Adelinis, *et al.*, 1998; Fisher, Lindauer, Alterson & Thompson, 1998; Thompson, Fisher, Piazza & Kuhn, 1998). Por exemplo, Bowman *et al.* (1997) realizaram observações informais de participantes com análises funcionais indiferenciadas e de seus cuidadores. Cada cuidador muitas vezes cumpria os pedidos ou os mandos (pedidos) do participante, mesmo aqueles que não eram razoáveis, como dizer ao adulto para pular em um pé enquanto jogava cartas. Bowman *et al.* levantaram a hipótese de que havia se desenvolvido uma relação precorrente na qual a resposta precorrente (comportamento-problema) aumentava a probabilidade de reforço da resposta atual (o mando). Nesse caso, como o comportamento-problema ocorria quando o cuidador não concordava com o mando do participante, era provável que o cuidador reforçasse o mando para evitar a ocorrência do comportamento-problema.

Bowman *et al.* (1997) realizaram uma análise de mando na qual o terapeuta cumpria os mandos do participante por um a 2 minutos antes do início da sessão de teste. O terapeuta deixava de cumprir os mandos do participante quando a sessão começava, e ocorrências de comportamento-problema produziam 30 segundos de adesão do terapeuta ao mando. O terapeuta cumpria os mandos do participante na condição-controle, e o comportamento-problema não produzia nenhuma consequência diferencial. Esse comportamento ocorreu em alta frequência na condição de teste e em taxas próximas de zero na condição-controle. A análise de mando proporcionou um tratamento que reduziu o comportamento-problema a níveis próximos de zero.

Atualmente, utilizamos as etapas a seguir para identificar reforçadores idiossincráticos para comportamento-problema. Primeiro, entrevistamos os cuidadores para estabelecer (1) a rotina diária do participante, (2) os momentos em que o comportamento-problema é mais provável de ocorrer durante a rotina e (3) quais atividades se correlacionam com a ocorrência desse comportamento. Em seguida, pedimos aos cuidadores que coletem dados descritivos de antecedente-comportamento-consequência (Sulzer-Azaroff & Mayer, 1977), e os terapeutas realizam observações com base na entrevista com o cuidador e em dados descritivos para identificar os antecedentes que evocam ou ocasionam o comportamento-problema e as consequências que o reforçam. Um terapeuta então conduz diversas sessões de um a 2 minutos nas quais apresenta os antecedentes e as consequências identificados para *recriar a cena* (ver Van Houten & Rolider, 1988). Desenvolvemos hipóteses e testamos e controlamos condições se o comportamento-problema ocorrer de forma confiável quando recriamos a cena (p. ex., Bowman *et al.*, 1997).

Roscoe, Schlichenmeyer e Dube (2015) desenvolveram um método sistemático para gerar e testar hipóteses sobre funções idiossincráticas de comportamento-problema quando os resultados iniciais da análise funcional eram indiferenciados. Primeiro, aplicaram questionários a dois informantes familiarizados com cada participante, para identificar potenciais antecedentes idiossincráticos e consequências de comportamentos-problema. Em seguida, Roscoe *et al.* gravaram em vídeo e observaram os participantes quando o comportamento-problema teria ocorrido. Esse método identificou o(s) reforçador(es) desse comportamento para cinco dos seis participantes.

Variações nos procedimentos de análise funcional

Análise funcional baseada em ensaios

Uma análise funcional baseada em ensaios capitaliza eventos que ocorrem de maneira natural, mas também permite que o analista do comportamento manipule variáveis que potencialmente reforçam o comportamento-problema dos participantes em formato de tentativas discretas (Bloom, Iwata, Fritz, Roscoe & Carreau, 2011; Sigafoos & Saggers, 1995). Cada ensaio consiste na apresentação e na remoção da operação motivadora para o suposto reforçador. Por exemplo, a condição de atenção de uma análise funcional baseada em ensaios em uma sala de aula pode consistir em intervalos sequenciais de 2 minutos, em que o professor apresenta a atenção em um intervalo e a remove no intervalo seguinte. Conceitualmente, a apresentação e a remoção da atenção do professor são as condições de teste e de controle, respectivamente. Os observadores coletam dados sobre a ocorrência de comportamento-problema por ensaio, e o analista do comportamento converte as ocorrências em uma porcentagem de tentativas. A Figura 13.7 mostra os resultados de uma análise funcional baseada em ensaios para David, que sugere que a atenção funciona como reforço positivo para a agressão.

Conduzir a avaliação no ambiente em que o comportamento ocorre é uma vantagem da análise funcional baseada em ensaios. Os pesquisadores conduziram análises funcionais baseadas em ensaios clínicos em salas de aula para crianças com desenvolvimento típico (Austin, Groves, Raynish & Francis, 2015) e crianças com TEA (Kodak, Fisher, Paden & Dickes, 2013). Além disso, professores de sala de aula e empregados domésticos que trabalham com adultos com deficiências de desenvolvimento implementaram análises funcionais baseadas em testes com boa integridade processual (Bloom, Lambert, Dayton & Samaha, 2013; Lambert, Bloom, Kunnavatana, Collins & Clay, 2013).

A duração do estudo pode ser uma limitação das análises funcionais baseadas em ensaios. A exposição à operação motivadora é curta e pode ser insuficiente para evocar comportamentos-problema para alguns participantes. No entanto, pesquisas até agora têm mostrado que a análise funcional baseada em ensaios clínicos é um método relativamente simples, eficiente e eficaz para identificar a função do comportamento-problema em ambientes naturais.

Análise funcional no ambiente natural

O método baseado em ensaios não é o único procedimento para realizar uma análise funcional no ambiente natural (p. ex., Broussard & Northup, 1995; Ringdahl & Sellers, 2000; Sigafoos & Saggers, 1995; Umbreit, 1996). Thomason-Sassi, Iwata e Fritz (2013) compararam diretamente os resultados de análises funcionais analógicas e análises funcionais realizadas em ambientes naturais, como no domicílio, com o cuidador como terapeuta. Os resultados dos dois tipos de análises funcionais foram correspondentes para quatro dos cinco participantes. Pesquisas adicionais são necessárias para avaliar a correspondência das análises funcionais analógicas e naturalísticas (Hanley *et al.*, 2003).

Análise funcional baseada em latência

A ocorrência de comportamento-problema pode ser necessária para uma análise funcional para identificar o reforçador do comportamento-problema. Porém, alguns participantes apresentam comportamentos-problema que representam um perigo para si mesmos, cuidadores, funcionários, propriedade ou uma combinação destes. Medir a latência para a ocorrência de comportamento-problema é uma forma de minimizar o risco deste. Como em outros procedimentos de análise funcional, o analista do comportamento apresenta a operação motivadora em sessões de condição de teste; no entanto, a sessão termina quando o participante se envolve em comportamento-problema. Latências mais curtas para a ocorrência de comportamento-problema em uma condição de teste em relação à de controle sugerem que a consequência testada funciona como reforço para o comportamento-problema.

Thomason-Sassi, Iwata, Neidert e Roscoe (2011) examinaram a taxa de resposta e a latência de resposta em 38 análises funcionais e descobriram que a taxa e a latência identificaram o mesmo reforçador para o comportamento-problema em 33 de 38 casos. A análise funcional baseada em latência pode ser eficiente em termos de tempo se o comportamento-problema ocorrer de forma confiável e legal porque a sessão termina após a primeira ocorrência de comportamento-problema ou após

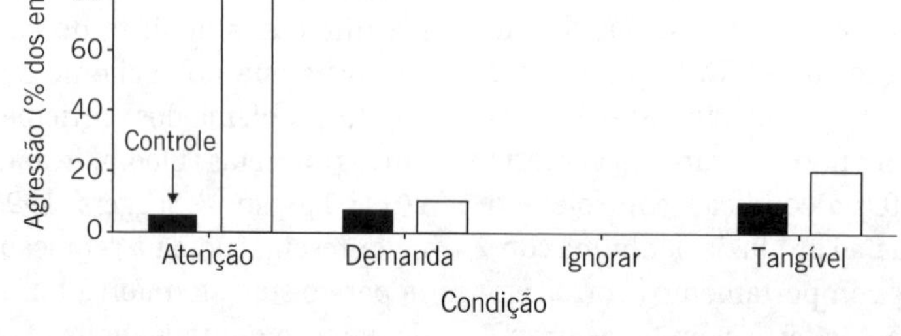

FIGURA 13.7 Exemplo de análise funcional baseada em ensaios.

um tempo específico ter decorrido. A Figura 13.8 mostra os resultados de uma análise funcional baseada em latência para Brian. As latências curtas para o comportamento-problema na condição tangível sugerem que o acesso a itens tangíveis reforça tal comportamento.

Análise funcional de precursores

O risco de dano de algumas formas de comportamento-problema supera de maneira significativa os benefícios de se observar o comportamento em uma análise funcional, como quando algumas ocorrências de cutucar os olhos podem causar cegueira. Uma estratégia que os pesquisadores têm utilizado para resolver esse problema é a *análise funcional de precursores*. Um precursor é um comportamento que ocorre de forma confiável antes que o participante se envolva em um comportamento-problema. Uma análise funcional de precursores é aquela em que o analista do comportamento organiza contingências para o(s) precursor(es) do comportamento-problema, e não para tal comportamento. Se um comportamento precursor estiver na mesma classe de resposta funcional que o comportamento-problema, identificar o reforçador para o precursor identificará o reforçador para o comportamento-problema.

Os pesquisadores utilizaram avaliações descritivas, de dados sequenciais e de probabilidade condicional para identificar precursores do comportamento-problema (Dracobly & Smith, 2012; Fritz, Iwata, Hammond & Bloom, 2013). Fritz *et al.* (2013) identificaram precursores do comportamento-problema para oito participantes, e realizaram uma análise funcional do precursor e outra do comportamento-problema. Os resultados desses dois tipos de análises funcionais identificaram o(s) mesmo(s) reforçador(es) para sete dos oito participantes. Desenvolver uma intervenção baseada na função do comportamento precursor é uma abordagem razoável, sobretudo quando os riscos superam os benefícios da realização de uma análise funcional do comportamento-problema.

Condições sintetizadas

Hanley, Jin, Vanselow e Hanratty (2014) descreveram um procedimento para uma avaliação sintetizada informada por entrevistas abertas com partes interessadas relevantes, como cuidadores e professores, e seguida por uma breve observação estruturada do indivíduo. Mais tarde, Hanley e colaboradores se referiram a essa avaliação como a *análise de contingência sintetizada informada pela entrevista* (IISCA, *interview-informed synthesized contingency analysis*; Ghaemmaghami, Hanley, Jin & Vanselow, 2016). A condição de teste incluiu a apresentação simultânea de múltiplas operações motivadoras (p. ex., apresentação de demandas e privação de itens tangíveis) e múltiplos potenciais reforçadores após o comportamento-problema (p. ex., fuga mais acesso a itens tangíveis). Os pesquisadores compararam a condição de teste com uma de controle que incluía a apresentação contínua e não contingente dos potenciais reforçadores da condição de teste (p. ex., sem demandas mais acesso a itens tangíveis). Hanley *et al.* sugeriram que o método IISCA é muito eficiente porque requer uma condição de teste e uma de controle (Jessel, Hanley & Ghaemmaghami, 2016).

Embora o método IISCA verifique de maneira eficiente que uma ou mais das contingências sintetizadas reforçam o comportamento-problema, ele não pode

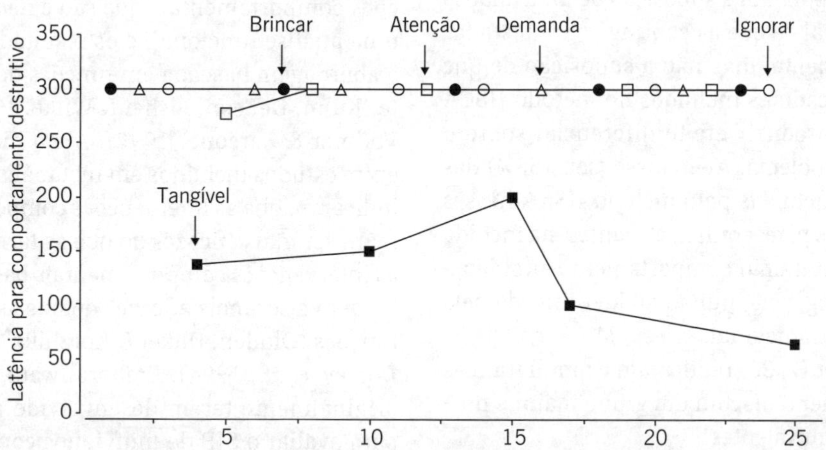

FIGURA 13.8 Exemplo de análise funcional baseada em latência.

determinar se uma, algumas ou todas as contingências individuais são necessárias ou suficientes para o reforço desse comportamento. Por exemplo, em uma contingência sintetizada de fuga contingente e acesso a brinquedos, o analista do comportamento não pode determinar se o comportamento-problema é mantido por (1) reforço negativo como contingência individual, (2) reforço positivo como contingência individual ou (3) combinação de reforçadores negativos e positivos como contingência sintetizada. Além disso, os pesquisadores utilizam entrevista aberta e observações informais para identificar as contingências que eles incluem em um método IISCA. A entrevista aberta é de confiabilidade desconhecida, e observações informais muitas vezes identificam eventos que se correlacionam, mas não reforçam o comportamento-alvo (Thompson e Borrero, 2011).

Fisher, Greer, Romani, Zangrillo e Owen (2016) realizaram comparações intraparticipantes dos resultados de um método IISCA e de uma análise funcional tradicional. Um método IISCA baseia-se no pressuposto de que as múltiplas contingências sintetizadas interagem para reforçar o comportamento-problema, em vez de operar sobre o comportamento de forma independente, mas não testa os efeitos interativos nem os efeitos independentes dessas contingências. Já uma análise funcional tradicional assume que as contingências de potenciais reforçadores (p. ex., atenção, fuga) operam de modo independente no comportamento-problema, e testa essa suposição testando cada contingência isoladamente. Fisher *et al.* verificaram que tanto o método IISCA quanto a análise funcional produziram resultados claros e diferenciados para quatro dos cinco participantes. Em cada um desses quatro casos, os resultados apoiaram a suposição de uma análise funcional tradicional de que as contingências testadas operaram isoladamente, mas não a suposição de que os potenciais reforçadores incluídos no método IISCA interagiram para produzir efeito diferencial sobre o comportamento-problema. Além disso, seis (55%) das 11 contingências incluídas pelo método IISCA nesses quatro participantes pareceram irrelevantes, na medida em que não aumentaram o comportamento-problema em relação à contingência individual identificada pela análise funcional tradicional. Greer, Mitteer, Briggs, Fisher e Sodawasser (2020) replicaram e ampliaram as descobertas de Fisher *et al.* com um grupo maior e produziram achados equivalentes.

Uma limitação dos estudos que comparam procedimentos de análise funcional, como um método IISCA e uma análise funcional tradicional, é que o analista do comportamento não pode determinar a *verdadeira* função do comportamento-problema no ambiente natural do participante antes de conduzir as análises. Retzlaff, Fisher, Akers e Greer (2020) conduziram uma investigação translacional para abordar essa limitação, na qual treinaram uma função (p. ex., fuga) para uma resposta a um problema substituto (p. ex., bater em uma almofada acolchoada) que não tinha história prévia de reforço. Em seguida, realizaram uma análise funcional tradicional, seguida por uma de contingência sintetizada com base no método IISCA e, na sequência, outra análise funcional tradicional para essa resposta recém-estabelecida. A análise funcional tradicional identificou apenas a função treinada do comportamento-problema substituto para todos os seis casos, fornecendo suporte para a validade da tradicional. Em contrapartida, após o comportamento-problema substituto ser exposto à análise de contingência sintetizada, três dos seis participantes mostraram uma nova função do comportamento-problema substituto durante a segunda análise funcional tradicional. Esses resultados sugerem que sintetizar contingências de maneira como a do método IISCA tem o potencial de produzir novas funções de comportamento-problema. Os analistas do comportamento devem considerar esse efeito colateral potencial de um método IISCA antes de utilizar tais análises sintetizadas.

Considerações finais

A análise funcional tem emergido como o método predominante de prescrição de tratamentos comportamentais eficazes para pessoas com deficiência intelectual que apresentam comportamento-problema (Repp, 1994). Diversas investigações compararam intervenções comportamentais que são e não são baseadas em uma análise funcional, e os resultados têm favorecido a abordagem baseada em funções de forma consistente (Kuhn, DeLeon, Fisher & Wilke, 1999; Smith, Iwata, Vollmer & Zarcone, 1992). Além disso, os resultados entre estudos incluídos em metanálises em larga escala indicaram que as intervenções comportamentais costumam ser mais eficazes do que as farmacológicas, e que as intervenções comportamentais baseadas em funções tendem a ser mais eficazes do que as não baseadas em funções (Didden, Duker & Korzilius, 1997; Iwata, Pace, Dorsey, *et al.*, 1994). Embora Iwata *et al.* (1982/1994) originalmente terem desenvolvido seu procedimento para avaliar o SIB de indivíduos com deficiência intelectual, pesquisadores adaptaram esse procedimento e o aplicaram a TDAH (Northup *et al.*, 1997), TEA (Fisher, Piazza, Alterson & Kuhn, 1999), apneia (Kern, Mauk,

Marder & Mace, 1995), bruxismo (Armstrong, Knapp & McAdam, 2014; Lang *et al.*, 2013), comportamento disruptivo (Asmus *et al.*, 1999), ingestão de substâncias (Chapman, Fisher, Piazza & Kurtz, 1993), fuga (Lang *et al.*, 2010; Lehardy, Lerman, Evans, O'Connor & LeSage, 2013; Piazza *et al.*, 1997), problemas alimentares (Piazza *et al.*, 2003), comportamento em animais não humanos (Dorey, Rosales-Ruiz, Smith & Lovelace, 2009; Martin, Bloomsmith, Kelley, Marr & Maple, 2011), descumprimento de regras (*noncompliance*) (Wilder, Harris, Reagan & Rasey, 2007), pica e coprofagia (Ing, Roane & Veenstra, 2011; Piazza *et al.*, 1998), exercício físico (Larson, Normand, Morley & Miller, 2013), fala psicótica (Fisher, Piazza & Page, 1989), ruminação (Woods, Luiselli & Tomassone, 2013) e birras (Repp & Karsh, 1994). Os pesquisadores também modificaram os procedimentos de análise funcional para melhorar sua precisão (p. ex., Vollmer *et al.*, 1995), aplicabilidade a diferentes populações (p. ex., Cooper *et al.*, 1992), aplicabilidade à telessaúde (p. ex., Wacker *et al.*, 2013), eficiência (p. ex., Derby *et al.*,., 1992; Kahng e Iwata, 1999; Wallace & Iwata, 1999), generalidade para ambientes naturais (p. ex., Mace & Lalli, 1991; Thomason-Sassi, Iwata & Fritz, 2013) e uso para identificar reforçadores idiossincráticos (p. ex., Fisher, Lindauer, *et al.*, 1998; Roscoe *et al.*, 2015; Saini, Greer & Fisher, 2015).

Em síntese, o procedimento de análise funcional que Iwata *et al.* (1982/1994) desenvolveram representa, sem dúvida, o mais importante avanço na ABA no último meio século. Trata-se de uma avaliação prescritiva, na medida em que seus resultados informam diretamente a intervenção. A análise funcional geralmente leva a uma intervenção mais efetiva (Didden *et al.*, 1997; Iwata, Pace, Dorsey, *et al.*, 1994). A análise funcional levou ao desenvolvimento de muitas intervenções inovadoras (Bowman *et al.*, 1997; Iwata, Pace, Cowdery, *et al.*, 1994). Por fim, tal análise oferece um método controlado para a realização de investigações epidemiológicas em larga escala para estudar as influências ambientais no comportamento-problema (Iwata, Pace, Dorsey, *et al.*, 1994).

Referências

American Psychiatric Association. (2013). *Diagnostic and statistical manual of mental disorders* (5th ed.). Arlington, VA: Autor.

Armstrong, A., Knapp, V. M., & McAdam, D. B. (2014). Functional analysis and treatment of the diurnal bruxism of a 16-year-old girl with autism. *Journal of Applied Behavior Analysis, 47*, 415-419.

Asmus, J. M., Franzese, J. C., Conroy, M. A., & Dozier, C. L. (2003). Clarifying functional analysis outcomes for disruptive behaviors by controlling consequence delivery for stereotypy. *School Psychology Review, 32*, 624-630.

Asmus, J. M., Wacker, D. P., Harding, J., Berg, W. K., Derby, K. M., & Kocis, E. (1999). Evaluation of antecedent stimulus parameters for the treatment of escape-maintained aberrant behavior. *Journal of Applied Behavior Analysis, 32*, 495-513.

Austin, J. L., Groves, E. A., Reynish, L. C., & Francis, L. L. (2015). Validating trial-based functional analyses in mainstream primary school classrooms. *Journal of Applied Behavior Analysis, 48*, 274-288.

Beavers, G. A., Iwata, B. A., & Lerman, D. C. (2013). Thirty years of research on the functional analysis of problem behavior. *Journal of Applied Behavior Analysis, 46*, 1-21.

Berkson, G., & Mason, W. A. (1963). Stereotyped movements of mental defectives: III. Situation effects. *American Journal of Mental Deficiency, 68*, 409-412.

Berkson, G., & Mason, W. A. (1964). Stereotyped movements of mental defectives: IV. The effects of toys and the character of the acts. *American Journal of Mental Deficiency, 68*, 511-524.

Bloom, S. E., Iwata, B. A., Fritz, J. N., Roscoe, E. M., & Carreau, A. B. (2011). Classroom application of trial-based functional analysis. *Journal of Applied Behavior Analysis, 44*, 19-31.

Bloom, S. E., Lambert, J. M., Dayton, E., & Samaha, A. L. (2013). Teacher-conducted trial-based functional analyses as the basis for intervention. *Journal of Applied Behavior Analysis, 46*, 208-218.

Bowman, L. G., Fisher, W. W., Thompson, R. H., & Piazza, C. C. (1997). On the relation of mands and the function of problem behavior. *Journal of Applied Behavior Analysis, 30*, 251-265.

Broussard, C. D., & Northup, J. (1995). An approach to functional assessment and analysis of disruptive behavior in regular education classrooms. *School Psychology Quarterly, 10*, 151-164.

Carr, E. G. (1977). The motivation of self-injurious behavior: A review of some hypotheses. *Psychological Bulletin, 84*, 800-816.

Carr, E. G., Newsom, C. D., & Binkoff, J. A. (1976). Stimulus control of self-destructive behavior in a psychotic child. *Journal of Abnormal Child Psychology, 4*, 139-153.

Carr, E. G., Newsom, C. D., & Binkoff, J. A. (1980). Escape as a factor in the aggressive behavior of two retarded children. *Journal of Applied Behavior Analysis, 13*, 101-117.

Chapman, S., Fisher, W. W., Piazza, C. C., & Kurtz, P. F. (1993). Functional assessment and treatment of life-threatening drug ingestion in a dually diagnosed youth. *Journal of Applied Behavior Analysis, 26*, 255- 256.

Conners, J., Iwata, B. A., Kahng, S., Hanley, G. P., Worsdell, A. S., & Thompson, R. H. (2000). Differential responding in the presence and absence of discriminative stimuli during multielement functional analyses. *Journal of Applied Behavior Analysis, 33*, 299-308.

Cooper, L. J., Wacker, D. P., Sasso, G. M., Reimers, T. M., & Donn, L. K. (1990). Using parents as therapists to evaluate appropriate behavior of their children: Application to a tertiary diagnostic clinic. *Journal of Applied Behavior Analysis, 23*, 285-296.

Cooper, L. J., Wacker, D. P., Thursby, D., Plagmann, L. A., Harding, J., Millard, T., *et al.* (1992). Analysis of the effects of task preferences, task demands, and adult attention on child behavior in outpatient and classroom settings. *Journal of Applied Behavior Analysis, 25*, 823-840.

Derby, K. M., Hagopian, L., Fisher, W. W., Richman, D., Augustine, M., Fahs, A., *et al.* (2000). Functional analysis of aberrant behavior through measurement of separate response topographies. *Journal of Applied Behavior Analysis, 33*, 113-117.

Derby, K. M., Wacker, D. P., Peck, S., Sasso, G., DeRaad, A., Berg, W., *et al.* (1994). Functional analysis of separate topographies of aberrant behavior. *Journal of Applied Behavior Analysis, 27*, 267-278.

Derby, K. M., Wacker, D. P., Sasso, G., Steege, M., Northup, J., Sigrand, K., *et al.* (1992). Brief functional assessment techniques to evaluate aberrant behavior in an outpatient setting: A summary of 79 cases. *Journal of Applied Behavior Analysis, 25*, 713-721.

Didden, R., Duker, P. C., & Korzilius, H. (1997). Meta-analytic study on treatment effectiveness for problem behaviors with individuals who have mental retardation. *American Journal on Mental Retardation, 101*, 387-399.

Dorey, N. R., Rosales-Ruiz, J., Smith, R., & Lovelace, B. (2009). Functional analysis and treatment of self-injury in a captive olive baboon. *Journal of Applied Behavior Analysis, 42*, 785-794.

Dracobly, J. D., & Smith, R. G. (2012). Progressing from identification and functional analysis of precursor behavior to treatment of self-injurious behavior. *Journal of Applied Behavior Analysis, 45*, 361-374.

Fahmie, T. A., Iwata, B. A., Harper, J. M., & Querim, A. C. (2013). Evaluation of the divided attention condition during functional analyses. *Journal of Applied Behavior Analysis, 46*, 71-78.

Finney, J. W., Russo, D. C., & Cataldo, M. F. (1982). Reduction of pica in young children with lead poisoning. *Journal of Pediatric Psychology, 7*, 197-207.

Fisher, W. W., Adelinis, J. D., Thompson, R. H., Worsdell, A. S., & Zarcone, J. R. (1998). Functional analysis and treatment of problem behavior maintained by termination of "don't" (and symmetrical "do") requests. *Journal of Applied Behavior Analysis, 31*, 339-356.

Fisher, W. W., Greer, B. D., Romani, P. W., Zangrillo, A. N., & Owen, T. M. (2016). Comparisons of synthesized- and individual-reinforcement contingencies during functional analysis. *Journal of Applied Behavior Analysis, 49*, 596-616.

Fisher, W. W., Lindauer, S. E., Alterson, C. J., & Thompson, R. H. (1998). Assessment and treatment of problem behavior maintained by stereotypic object manipulation. *Journal of Applied Behavior Analysis, 31*, 513-527.

Fisher, W. W., Ninness, H. A. C., Piazza, C. C., & OwenDeSchryver, J. S. (1996). On the reinforcing effects of the content of verbal attention. *Journal of Applied Behavior Analysis, 29*, 235-238.

Fisher, W. W., O'Connor, J. T., Kurtz, P. F., DeLeon, I. G., & Gotjen, D. L. (2000). The effects of noncontingent delivery of high- and low-preference stimuli on attention-maintained problem behavior. *Journal of Applied Behavior Analysis, 33*, 79-83.

Fisher, W. W., Piazza, C. C., Alterson, C. J., & Kuhn, D. E. (1999). Inter-response relations among aberrant behaviors displayed by persons with autism and developmental disabilities. Em P. M. Ghezzi, W. L. Williams, & J. E. Carr (Eds.), *Autism: Behavior-analytic perspectives* (pp. 113-135). Reno, NV: Context Press.

Fisher, W., Piazza, C. C., Bowman, L. G., Hagopian, L. P., Owens, J. C., & Slevin, I. (1992). A comparison of two approaches for identifying reinforcers for persons with severe and profound disabilities. *Journal of Applied Behavior Analysis, 25*, 491-498.

Fisher, W. W., Piazza, C. C., Bowman, L. G., Hanley, G. P., & Adelinis, J. D. (1997). Direct and collateral effects of restraints and restraint fading. *Journal of Applied Behavior Analysis, 30*, 105-120.

Fisher, W. W., Piazza, C. C., Cataldo, M., Harrell, R., Jefferson, G., & Conner, R. (1993). Functional communication training with and without extinction and punishment. *Journal of Applied Behavior Analysis, 26*, 23-36.

Fisher, W. W., Piazza, C. C., & Page, T. J. (1989). Assessing independent and interactive effects of behavioral and pharmacologic interventions for a client with dual diagnoses. *Journal of Behavior Therapy and Experimental Psychiatry, 20*, 241-250.

Fritz, J. N., Iwata, B. A., Hammond, J. L., & Bloom, S. E. (2013). Experimental analysis of precursors to severe problem behavior. *Journal of Applied Behavior Analysis, 46*, 101-129.

Ghaemmaghami, M., Hanley, G. P., Jin, S. C., & Vanselow, N. R. (2016). Affirming control by multiple reinforcers via progressive treatment analysis. *Behavioral Interventions, 31*, 70-86.

Greer, B. D., Mitteer, D. R., Briggs, A. M., Fisher, W. W., & Sodawasser, A. J. (2020). Comparisons of standardized and interview-informed synthesized reinforcement contingencies relative to functional analysis. *Journal of Applied Behavior Analysis, 53*, 82-101.

Hammond, J. L., Iwata, B. A., Rooker, G. W., Fritz, J. N., & Bloom, S. E. (2013). Effects of fixed versus random condition sequencing during multielement functional analyses. *Journal of Applied Behavior Analysis, 46*, 22-30.

Hanley, G. P., Iwata, B. A., & McCord, B. E. (2003). Functional analysis of problem behavior: A review. *Journal of Applied Behavior Analysis, 36*, 147-185.

Hanley, G. P., Jin, C. S., Vanselow, N. R., & Hanratty, L. A. (2014). Producing meaningful improvements in problem behavior of children with autism via synthesized analyses and treatments. *Journal of Applied Behavior Analysis, 47*, 16-36.

Hagopian, L. P., Fisher, W. W., Thompson, R. H., OwenDeSchryver, J., Iwata, B. A., & Wacker, D. P. (1997). Toward the development of structured criteria for interpretation of functional analysis data. *Journal of Applied Behavior Analysis, 30*, 313-326.

Hagopian, L. P., Rooker, G. W., Jessel, J., & DeLeon, I. G. (2013). Initial functional analysis outcomes and modifications in pursuit of differentiation: A summary of 176 inpatient cases. *Journal of Applied Behavior Analysis, 46*, 88-100.

Ing, A. D., Roane, H. S., & Veenstra, R. A. (2011). Functional analysis and treatment of coprophagia. *Journal of Applied Behavior Analysis, 44*, 151-155.

Iwata, B. A. (1987). Negative reinforcement in applied behavior analysis: An emerging technology. *Journal of Applied Behavior Analysis, 20*, 361-378.

Iwata, B. A., Dorsey, M. F., Slifer, K. J., Bauman, K. E., & Richmand, G. S. (1994). Toward a functional analysis of self--injury. *Journal of Applied Behavior Analysis, 27*, 197-209. (Reimpresso de *Analysis and Intervention in Developmental Disabilities, 2*, 3-20, 1982)

Iwata, B. A., Duncan, B. A., Zarcone, J. R., Lerman, D. C., & Shore, B. A. (1994). A sequential, test-control methodology for conducting functional analyses of self-injurious behavior. *Behavior Modification, 18*, 289-306.

Iwata, B. A., Pace, G. M., Cowdery, G. E., & Miltenberger, R. G. (1994). What makes extinction work: An analysis of procedural form and function. *Journal of Applied Behavior Analysis, 27*, 131-144.

Iwata, B. A., Pace, G. M., Dorsey, M. F., Zarcone, J. R., Vollmer, T. R., Smith, R. G., *et al.* (1994). The functions of self--injurious behavior: An experimental- epidemiological analysis. *Journal of Applied Behavior Analysis, 27*, 215-240.

Jessel, J., Hanley, G. P., & Ghaemmaghami, M. (2016). Interview-informed synthesized contingency analyses: Thirty replications and reanalysis. *Journal of Applied Behavior Analysis, 49*, 576-595.

Kahng, S., Abt, K. A., & Schonbachler, H. E. (2001). Assessment and treatment of low-rate high intensity problem behavior. *Journal of Applied Behavior Analysis, 34*, 225-228.

Kahng, S., Hausman, N. L., Fisher, A. B., Donaldson, J. M., Cox, J. R., Lugo, M., *et al.* (2015). The safety of functional analyses of self-injurious behavior. *Journal of Applied Behavior Analysis, 48*, 107-114.

Kahng, S., & Iwata, B. A. (1999). Correspondence between outcomes of brief and extended functional analyses. *Journal of Applied Behavior Analysis, 32*, 149-159.

Kern, L., Mauk, J. E., Marder, T. J., & Mace, F. C. (1995). Functional analysis and intervention for breath-holding. *Journal of Applied Behavior Analysis, 28*, 339-340.

Kodak, T., Fisher, W. W., Paden, A., & Dickes, N. (2013). Evaluation of the utility of a discrete-trial functional analysis in early intervention classrooms. *Journal of Applied Behavior Analysis, 46*, 301-306.

Kodak, T., Northup, J., & Kelley, M. E. (2007). An evaluation of the types of attention that maintain problem behavior. *Journal of Applied Behavior Analysis, 40*, 167-171.

Kuhn, D. E., DeLeon, I. G., Fisher, W. W., & Wilke, A. E. (1999). Clarifying an ambiguous functional analysis with matched and mismatched extinction procedures. *Journal of Applied Behavior Analysis, 32*, 99-102.

Lambert, J. M., Bloom, S. E., Kunnavatana, S. S., Collins, S. D., & Clay, C. J. (2013). Training residential staff to conduct trial-based functional analyses. *Journal of Applied Behavior Analysis, 46*, 296-300.

Lang, R., Davenport, K., Britt, C., Ninci, J., Garner, J., & Moore, M. (2013). Functional analysis and treatment of diurnal bruxism. *Journal of Applied Behavior Analysis, 46*, 322-327.

Lang, R., Davis, T., O'Reilly, M., Machalicek, W., Rispoli, M., Sigafoos, J., *et al.* (2010). Functional analysis and treatment of elopement across two school settings. *Journal of Applied Behavior Analysis, 43*, 113-118.

Laraway, S., Snycerski, S., Michael, J., & Poling, A. (2003). Motivating operations and terms to describe them: Some further refinements. *Journal of Applied Behavior Analysis, 36*, 407-414.

Larson, T. A., Normand, M. P., Morley, A. J., & Miller, B. G. (2013). A functional analysis of moderate-to-vigorous physical activity in young children. *Journal of Applied Behavior Analysis, 46*, 199-207.

Lehardy, R. K., Lerman, D. C., Evans, L. M., O'Connor, A., & LeSage, D. L. (2013). A simplified methodology for identifying the function of elopement. *Journal of Applied Behavior Analysis, 46*, 256-270.

Lovaas, O. I., Freitag, G., Gold, V. J., & Kassorla, I. C. (1965). Experimental studies in childhood schizophrenia: Analysis of self-destructive behavior. *Journal of Experimental Child Psychology, 2*, 67-84.

Lovaas, O. I., & Simmons, J. Q. (1969). Manipulation of self--destruction in three retarded children. *Journal of Applied Behavior Analysis, 2*, 143-157.

Mace, F. C., & Lalli, J. S. (1991). Linking descriptive and experimental analyses in the treatment of bizarre speech. *Journal of Applied Behavior Analysis, 24*, 553-562.

Martin, A. L., Bloomsmith, M. A., Kelley, M. E., Marr, M. J., & Maple, T. L. (2011). Functional analysis and treatment of human-directed undesirable behavior exhibited by a captive chimpanzee. *Journal of Applied Behavior Analysis, 44*, 139-143.

McComas, J., Hoch, H., Paone, D., & El-Roy, D. (2000). Escape behavior during academic tasks: A preliminary analysis of idiosyncratic establishing operations. *Journal of Applied Behavior Analysis, 33*, 479-493.

Northup, J., Jones, K., Broussard, C., DiGiovanni, G., Herring, M., Fusilier, I., *et al.* (1997). A preliminary analysis of interactive effects between common classroom contingencies and methylphenidate. *Journal of Applied Behavior Analysis, 30*, 121-125.

Piazza, C. C., Bowman, L. G., Contrucci, S. A., Delia, M. D., Adelinis, J. D., & Goh, H. (1999). An evaluation of the properties of attention as reinforcement for problem and appropriate behavior. *Journal of Applied Behavior Analysis, 32*, 437-449.

Piazza, C. C., Fisher, W. W., Brown, K. A., Shore, B. A., Patel, M. R., Katz, R. M., *et al.* (2003). Functional analysis of inappropriate mealtime behaviors. *Journal of Applied Behavior Analysis, 36*, 187-204.

Piazza, C. C., Fisher, W. W., Hanley, G. P., LeBlanc, L. A., Worsdell, A. S., Lindauer, S. E., *et al.* (1998). Treatment of pica through multiple analyses of its reinforcing functions. *Journal of Applied Behavior Analysis, 31*, 165-189.

Piazza, C. C., Hanley, G. P., Bowman, L. G., Ruyter, J. M., Lindauer, S. E., & Saiontz, D. M. (1997). Functional analysis and treatment of elopement. *Journal of Applied Behavior Analysis, 30*, 653-672.

Querim, A. C., Iwata, B. A., Roscoe, E. M., Schlichenmeyer, K. J., Ortega, J. V., & Hurl, K. E. (2013). Functional analysis screening for problem behavior maintained by automatic reinforcement. *Journal of Applied Behavior Analysis, 46*, 47-60.

Repp, A. (1994). Comments on functional analysis procedures for school-based behavior problems. *Journal of Applied Behavior Analysis, 27*, 409-411.

Repp, A. C., & Karsh, K. G. (1994). Hypothesis-based interventions for tantrum behaviors of persons with developmental disabilities in school settings. *Journal of Applied Behavior Analysis, 27*, 21-31.

Retzlaff, B. J., Fisher, W. W., Akers, J. S., & Greer, B. D. (2020). A translational evaluation of potential iatrogenic effects of single and combined contingencies during functional analysis of target responses. *Journal of Applied Behavior Analysis, 53*, 67-81.

Rincover, A. (1978). Sensory extinction: A procedure for eliminating self-stimulatory behavior in developmentally disabled children. *Journal of Abnormal Child Psychology, 6*, 299-310.

Ringdahl, J. E., & Sellers, J. A. (2000). The effects of different adults as therapists during functional analyses. *Journal of Applied Behavior Analysis, 33*, 247-250.

Roane, H. S., Fisher, W. W., Kelley, M. E., Mevers, J. L., & Bouxsein, K. J. (2013). Using modified visual-inspection criteria to interpret functional analysis outcomes. *Journal of Applied Behavior Analysis, 46*, 130-146.

Roane, H. S., Lerman, D. C., Kelley, M. E., & Van Camp, C. M. (1999). Within-session patterns of responding during functional analyses: The role of establishing operations in clarifying behavioral function. *Research in Developmental Disabilities, 20*, 73-89.

Rooker, G. W., Iwata, B. A., Harper, J. M., Fahmie, T. A., & Camp, E. M. (2011). False-positive tangible outcomes of functional analyses. *Journal of Applied Behavior Analysis, 44*, 737-745.

Roscoe, E. M., Schlichenmeyer, K. J., & Dube, W. V. (2015). Functional analysis of problem behavior: A systematic approach for identifying idiosyncratic variables. *Journal of Applied Behavior Analysis, 48*, 289-314.

Saini, V., Fisher, W. W., & Retzlaff, B. J. (2018). Predictive validity and efficiency of ongoing visual-inspection criteria for interpreting functional analyses. *Journal of Applied Behavior Analysis, 51*, 303-320.

Saini, V., Fisher, W. W., Retzlaff, B. J., & Keevy, M. D. (2020). Efficiency in functional analysis of problem behavior: A quantitative and qualitative review. *Journal of Applied Behavior Analysis, 53*, 44-66.

Saini, V., Greer, B. D., & Fisher, W. W. (2015). Clarifying inconclusive functional analysis results: Assessment and treatment of automatically reinforced aggression. *Journal of Applied Behavior Analysis, 48*, 315-330.

Schlichenmeyer, K. J., Roscoe, E. M., Rooker, G. W., Wheeler, E. E., & Dube, W. V. (2013). Idiosyncratic variables that affect functional analysis outcomes: A review (2001-2010). *Journal of Applied Behavior Analysis, 46*, 339-348.

Shirley, M. J., Iwata, B. A., & Kahng, S. (1999). False-positive maintenance of self-injurious behavior by access to tangible reinforcers. *Journal of Applied Behavior Analysis, 32*, 201-204.

Sigafoos, J., & Saggers, E. A. (1995). Discrete-trial approach to the functional analysis of aggressive behaviour in two boys with autism. *Australian and New Zealand Journal of Developmental Disabilities, 20*, 287-297.

Skinner, B. F. (1953). *Science and human behavior*. New York: Free Press.

Smith, R. G., Iwata, B. A., Goh, H. L., & Shore, B. A. (1995). Analysis of establishing operations for self-injury maintained by escape. *Journal of Applied Behavior Analysis, 28*, 515-535.

Smith, R. G., Iwata, B. A., Vollmer, T. R., & Zarcone, J. R. (1992). Experimental analysis and treatment of multiply controlled self-injury. *Journal of Applied Behavior Analysis, 26*, 183-196.

Sulzer-Azaroff, B., & Mayer, G. (1977). *Applying behavior analysis procedures with children and youth*. Austin, TX: Holt, Rinehart & Winston.

Thomason-Sassi, J. L., Iwata, B. A., & Fritz, J. N. (2013). Therapist and setting influences on functional analysis outcomes. *Journal of Applied Behavior Analysis, 46*, 79-87.

Thomason-Sassi, J. L., Iwata, B. A., Neidert, P. L., & Roscoe, E. M. (2011). Response latency as an index of response strength during functional analyses of problem behavior. *Journal of Applied Behavior Analysis, 44*, 51-67.

Thompson, R. H., & Borrero, J. C. (2011). Direct observation. Em W. W. Fisher, C. C. Piazza, & H. S. Roane (Eds.), *Handbook of applied behavior analysis* (pp. 191- 205). New York: Guilford Press.

Thompson, R. H., Fisher, W. W., Piazza, C. C., & Kuhn, D. E. (1998). The evaluation and treatment of aggression maintained by attention and automatic reinforcement. *Journal of Applied Behavior Analysis, 31*, 103-116.

Thompson, R. J., & Iwata, B. A. (2001). Functional analysis and treatment of self-injury associated with transitions. *Journal of Applied Behavior Analysis, 34*, 195-210.

Umbreit, J. (1996). Functional analysis of disruptive behavior in an inclusive classroom. *Journal of Early Intervention, 20*, 18-29.

Van Camp, C. M., Lerman, D. C., Kelley, M. E., Roane, H. S., Contrucci, S. A., & Vorndran, C. M. (2000). Further analysis of idiosyncratic antecedent influences during the assessment and treatment of problem behavior. *Journal of Applied Behavior Analysis, 33*, 207-221.

Van Houten, R., & Rolider, A. (1988). Recreating the scene: An effective way to provide delayed punishment for inappropriate motor behavior. *Journal of Applied Behavior Analysis, 21*, 187-192.

Vollmer, T. R., Iwata, B. A., Zarcone, J. R., Smith, R. G., & Mazaleski, J. L. (1993). Within-session patterns of self-injury as indicators of behavioral function. *Research in Developmental Disabilities, 14*, 479-492.

Vollmer, T. R., Marcus, B. A., Ringdahl, J. E., & Roane, H. S. (1995). Progressing from brief assessments to extended experimental analyses in the evaluation of aberrant behavior. *Journal of Applied Behavior Analysis, 28*, 561-576.

Wacker, D. P., Lee, J. F., Dalmau, Y. C. P., Kopelman, T. G., Lindgren, S. D., Kuhle, J., *et al.* (2013). Conducting functional analyses of problem behavior via telehealth. *Journal of Applied Behavior Analysis, 46*, 31-46.

Wallace, M. D., & Iwata, B. A. (1999). Effects of session duration on functional analysis outcomes. *Journal of Applied Behavior Analysis, 32*, 175-183.

Weeden, M., Mahoney, A., & Poling, A. (2010). Self-injurious behavior and functional analysis: Where are the descriptions of participant protections? *Research in Developmental Disabilities, 31*, 299-303.

Wilder, D. A., Harris, C., Reagan, R., & Rasey, A. (2007). Functional analysis and treatment of noncompliance by preschool children. *Journal of Applied Behavior Analysis, 40*, 173-177.

Woods, K. E., Luiselli, J. K., & Tomassone, S. (2013). Functional analysis and intervention for chronic rumination. *Journal of Applied Behavior Analysis, 46*, 328-332.

PARTE V

Intervenções para aumentar o comportamento desejável

A análise do comportamento aplicada (ABA, *applied behavior analysis*) tem uma história rica e uma série de procedimentos para promover o desenvolvimento de habilidades e aumentar o comportamento desejável em uma ampla gama de aprendizes. Os tópicos abordados na Parte V refletem a amplitude desses procedimentos e o progresso do ensino de alternativas ao comportamento-problema, ao ensino de novos comportamentos verbais, ao ensino de repertórios de comportamento complexos e, em diversas etapas, ao fornecimento de treinamento de profissionais.

No Capítulo 14, Tiger e Hanley discutem o tema do reforçamento diferencial e as muitas maneiras pelas quais os paradigmas de reforçamento diferencial podem ser utilizados para promover o comportamento desejável e diminuir o desadaptativo. Dá-se atenção aos subtipos de procedimentos de reforçamento diferencial, suas diversas aplicações e as condições nas quais alguns procedimentos podem ser justificados. Na versão atualizada desse capítulo, os autores expandiram a discussão da primeira edição para resumir pesquisas recentes sobre reforçamento diferencial e descrever ferramentas para facilitar a programação para manutenção e aumentar os atrasos para o reforço.

É comum que os analistas do comportamento se concentrem em promover sequências ou cadeias comportamentais estendidas (p. ex., montar uma bicicleta). No Capítulo 15, Noell, Call, Ardoin e Miller atualizaram seu capítulo da primeira edição sobre a construção de comportamentos complexos por meio de controle de estímulos, encadeamento e comportamento estratégico. As novidades desta edição são o foco maior na conceituação de repertórios de comportamento complexos e as novas informações sobre a promoção de manutenção, generalização, autogestão e variabilidade de respostas.

Desde a primeira edição deste livro, houve diversos avanços na área do comportamento verbal. O Capítulo 16, de Tincani, Miguel, Bondy e Crozier, resume grande parte dessa pesquisa recente. O capítulo começa analisando a formulação do comportamento verbal de Skinner antes de abordar as aplicações para o desenvolvimento de repertórios de comportamento verbal. Em seguida, ele fornece um resumo dos desenvolvimentos recentes relacionados a procedimentos e considerações para o ensino de vários componentes do comportamento verbal.

O capítulo final desta seção aborda a formação da equipe. Essa é uma área de importância vital para promover a eficácia de programas de mudança de comportamento. No Capítulo 17, Reid, O'Kane e Macurik destacam as muitas considerações e os procedimentos baseados em dados associados ao treinamento da equipe. É importante ressaltar que esses autores destacam os recentes avanços na aplicação da avaliação funcional e da avaliação de preferência ao treinamento de equipe, e destacam os passos que os analistas do comportamento podem tomar para promover a generalização para além dos ambientes de treinamento. Por fim, o capítulo inclui considerações para a aplicação de procedimentos desenvolvidos em ambientes controlados com crianças a adultos que vivem em ambientes mais naturalistas.

14

Procedimentos de reforçamento diferencial

Jeffrey H. Tiger e Gregory P. Hanley

O termo *reforço* descreve o processo no qual um comportamento se fortalece quando sua ocorrência é seguida por alguma melhoria no ambiente. Aqui, *fortalecido* significa que o comportamento é mais provável de ocorrer no futuro, em condições ambientais semelhantes. O processo de reforçamento é fundamental para a forma como as pessoas interagem e aprendem com o ambiente. Por exemplo, as crianças repetem frases que fazem os pais rirem; os adolescentes utilizam as mesmas roupas que chamaram a atenção de seus amigos; e os adultos chutam uma bola de futebol de forma específica quando isso tiver produzido passes longos e precisos.

Podemos entender muito do aprendizado humano precoce reconhecendo as contingências de reforço e punição regulares, naturais e, muitas vezes, acidentais que os bebês experimentam (Bijou, 1996; Schlinger, 1995). Por exemplo, uma menina pode experimentar reforçadores para agarrar sua comida apenas quando ela aplica a quantidade adequada de força para agarrar. Fazer isso com muita força vai esmagar o alimento ou fazer com que ele escorregue de suas mãos. Agarrar muito suavemente não pegará o alimento. Tais processos de reforço gradual e natural podem, pelo menos em parte, explicar o aprendizado de alcançar, agarrar e depois mastigar, e outros comportamentos importantes, como balbuciar, ficar em pé e andar.

Embora as contingências naturais possam ser responsáveis por grande parte do aprendizado humano, sozinhas elas podem mudar o comportamento de maneira lenta e ineficiente, sobretudo quando os reforços para se engajar em comportamentos importantes são atrasados ou intermitentes, ou quando uma cadeia de comportamento é necessária para produzir reforço. Imagine tentar aprender a dirigir um carro com câmbio manual baseado apenas nas consequências naturais desse comportamento. Duas capacidades distintivas dos seres humanos são as habilidades de transmitir histórias pessoais de aprendizado para outras pessoas por meio de comportamentos verbais, como fala e escrita, e de organizar contingências para desenvolver e refinar comportamentos importantes em outros. Desse modo, podemos aumentar a velocidade com que comportamentos importantes se desenvolvem e, possivelmente, entram em contato com contingências de reforço natural. Nesse sentido, *o reforçamento diferencial* é aplicável como termo *procedural* para descrever o ato de aumentar a ocorrência de um comportamento desejável em outros, arranjando melhorias para acompanhar tal comportamento.

Ao organizar para que os reforçadores ocorram com mais frequência seguindo um comportamento do que seguindo outro, o reforçamento diferencial tem dois efeitos: fortalece o comportamento-alvo e enfraquece outro funcionalmente semelhante. Dado este último efeito, os investigadores utilizaram o reforçamento diferencial para reduzir o comportamento-problema (ver Vollmer, Athens & Fernand, Capítulo 19 deste livro). Segundo muitos relatos, os procedimentos de reforçamento diferencial revolucionaram as práticas educacionais e assistenciais para crianças pequenas, sobretudo crianças com deficiência intelectual e comportamentos-problema graves (Risley, 2005). No entanto, os efeitos acelerativos do reforçamento diferencial também são valiosos para projetar ambientes de ensino e habilitação, e nosso capítulo se concentra principalmente no uso do reforçamento diferencial para desenvolver e refinar novos comportamentos e mantê-los em muitos ambientes.

O reforçamento diferencial como procedimento é enganosamente simples: identifique um comportamento que você gostaria que ocorresse com mais frequência, organize reforçadores para acompanhar a ocorrência do comportamento ou características deste e não apresente esses mesmos reforçadores após ocorrências de outros comportamentos. No entanto, a mudança de comportamento socialmente importante muitas vezes não é tão simples. Os analistas do comportamento desenvolveram uma tecnologia abrangente para aumentar o comportamento desejável através do reforçamento diferencial e têm utilizado essa tecnologia desde o princípio do campo no início da década de 1960. Analisamos esses desenvolvimentos tecnológicos neste capítulo. De maneira específica, fornecemos descrições e exemplos de características do comportamento que os analistas deste podem fortalecer por meio do reforçamento diferencial, e destacamos considerações para analistas que projetam intervenções baseadas em reforçamento diferencial. Além disso, destacamos a diversidade de aplicações com reforçamento diferencial em seu núcleo.

Características do comportamento a serem modificadas com reforçamento diferencial

Nesta seção, definimos características do comportamento que são sensíveis ao reforçamento diferencial e fornecemos exemplos ilustrativos de como esse reforço modificou essas características.

Topografia

Usos comuns de reforçamento diferencial envolvem reforço de comportamento apropriado em vez de comportamento-problema. Costumamos nos referir a esse procedimento como *reforçamento diferencial de comportamento alternativo* (DRA, *differential reinforcement of alternative behavior*). Pinkston, Reese, LeBlanc e Baer (1973) forneceram um exemplo de DRA para interações apropriadas entre pares em vez de agressão. Na linha de base, em geral os professores respondiam a casos de agressão de colegas com repreensões (p. ex., "você não pode fazer isso aqui!") e respondiam com pouca frequência à interação social apropriada, resultando em taxas de agressão relativamente altas. Os pesquisadores então ensinaram os professores a reter a atenção após a agressão e a fornecer atenção quando as crianças se envolviam em interações desejáveis entre colegas. Essa simples manipulação produziu o aumento das interações apropriadas entre os pares e a redução das ocorrências de agressão.

Já no *reforçamento diferencial de outro comportamento* (DRO, *differential reinforcement of other behavior*), o reforço é organizado para períodos em que o comportamento-alvo não ocorre, o que pode produzir deslocamentos de uma topografia para outra. Por exemplo, Protopopova, Kisten e Wynne (2016) entregavam comida de forma remota a cães que historicamente se envolviam em altas taxas de latidos incômodos após períodos em que nenhum latido ocorria. Esse esquema de DRO eliminou latidos incômodos para quatro dos cinco cães. O DRO não é tão preciso quanto o DRA para fortalecer o comportamento-alvo, e topografias de resposta que a contingência de omissão não visou podem surgir e ser fortalecidas (Jessel, Borrero & Becraft, 2015; Jessel & Ingvarsson, 2016).

Taxa

Taxa é o número de respostas emitidas em determinado período. Algumas respostas devem ocorrer repetidamente em um período para serem úteis ou funcionais (p. ex., velocidade de digitação, responder a fatos matemáticos). Muitas pesquisas de reforçamento diferencial se concentram no aumento da taxa de diversos comportamentos socialmente importantes. Em um exemplo criativo recente, Stasolla *et al.* (2017) utilizaram reforçamento diferencial automatizado para aumentar a taxa de locomoção de duas meninas com deficiência múltipla. Quando os sensores ópticos detectaram um passo à frente, o dispositivo automatizado forneceu breve acesso a música, luzes ou vibração tátil, e esse arranjo produziu grandes aumentos na taxa de locomoção. Além disso, essas meninas apresentaram maiores índices de felicidade quando a locomoção produziu reforço do que quando os mesmos reforçadores estavam disponíveis de forma não contingente. Essas descobertas são semelhantes às de estudos nos quais as crianças demonstraram preferência por reforçamento diferencial em detrimento de não contingente durante esquemas de cadeia concorrente (Hanley, Piazza, Fisher, Contrucci & Maglieri, 1997; Luczynski e Hanley, 2009, 2010).

Quando a taxa-base de um comportamento é insuficiente, o *reforçamento diferencial do comportamento de alta frequência* (DRH, *differential reinforcement of high-rate behavior*) pode produzir aceleração na taxa-base do comportamento. Um esquema de DRH organiza a entrega do reforço se o participante emitir um número mínimo de respostas antes do final de um intervalo específico. Ingham e Andrews (1973) utilizaram um procedimento para tratar a gagueira que podemos conceituar como esquema de DRH. Os pesquisadores trataram os participantes para gagueira com *feedback* auditivo no qual um som era emitido quando o participante gaguejava. Esse tratamento produzia uma fala livre de gagueira, mas a fala era lenta e antinatural, segundo os pesquisadores. Ingham e Andrews então entregaram reforço simbólico para taxas progressivamente mais altas de palavras faladas. Esse DRH manteve a fala sem gagueira e aumentou a taxa e a naturalidade das palavras faladas.

Em outros casos, certos comportamentos são socialmente aceitáveis apenas quando ocorrem em taxas moderadas a baixas. Por exemplo, chamar a atenção do professor é um comportamento comum e desejável de crianças pequenas, e é um alvo comum para crianças que não demonstram essa habilidade (p. ex., Stokes, Fowler & Baer, 1978). No entanto, crianças que fazem pedidos frequentes de atenção podem ser perturbadoras para ambientes típicos de sala de aula. No *reforçamento diferencial de comportamento de baixa frequência* (DRL, *differential reinforcement of low-rate behavior*), o reforço é organizado quando um comportamento ocorre abaixo de um determinado limiar. Pesquisadores têm utilizado esquemas de DRL para manter taxas moderadas ou baixas de comportamento, muitas vezes como tratamento inicial para o comportamento-problema. Por exemplo, Austin e Bevan (2011) descreveram o que chamaram de procedimento de DRL em sessão completa com três alunos do ensino fundamental. O professor de sala de aula estabeleceu um critério de resposta máxima para cada aluno, como nove respostas em uma sessão de 20 minutos, e cada aluno que fazia menos solicitações do que seu máximo individualizado recebia um ponto que ele poderia utilizar no sistema de manejo de comportamento em sala de aula. Esse procedimento reduziu o comportamento de solicitação a níveis mais adequados para a sala de aula. Diferentemente das formas de reforçamento diferencial que objetivam níveis zero ou próximos de zero de um comportamento, os esquemas de DRL podem manter o comportamento em taxas baixas, mas veja Jessel e Borrero (2014), e Becraft, Borrero, Davis, Mendres-Smith e Castillo (2018) para estudos baseados em laboratório, incluindo variações de esquemas de DRL que produziram manutenção de resposta em relação à supressão de resposta.

Duração

Duração é a quantidade de tempo que um participante apresenta um comportamento. Para atividades como completar a lição de casa, fazer exercícios ou ler, o número de instâncias de comportamento é menos informativo do que a quantidade de tempo que um participante apresenta o comportamento. Por exemplo, saber que um aluno estudou por 3 horas na semana passada provavelmente é mais informativo do que saber que ele estudou em três ocasiões, sobretudo se as três ocasiões duraram apenas 30 segundos cada. Desse modo, nesses casos, a duração da resposta pode ser um alvo mais importante do que a frequência.

Nossos exemplos anteriores de reforçamento diferencial visam a aumentar a frequência ou a velocidade dos comportamentos, mas os analistas do comportamento também podem utilizar o reforçamento diferencial para sustentar a resposta. Miller e Kelley (1994) ensinaram os pais a usar o reforçamento diferencial para sustentar o engajamento nas tarefas de casa de quatro crianças em idade escolar. Após os pais e a criança definirem uma meta para esse engajamento, os pais forneceram acesso às atividades preferidas quando a criança atingiu ou excedeu a meta. Os investigadores também utilizaram esquemas de DRO para aumentar a duração de outros comportamentos importantes. Por exemplo, Cox, Virues-Ortega, Julio e Martin (2017) organizaram esquemas de DRO para reduzir o movimento excessivo de crianças com transtorno do espectro autista (TEA) durante a ressonância magnética (RM). O esquema de DRO organizou reforço para intervalos livres de movimento, e os participantes aprenderam a ficar parados por até 5 minutos durante sessões simuladas de RM. Essas descobertas são importantes porque o movimento excessivo produz resultados inúteis na RM, com a subsequente necessidade de repetir esse procedimento custoso para obter resultados úteis.

Intensidade

Intensidade é a força física ou a magnitude da resposta-alvo. Por exemplo, o volume no qual um indivíduo emite a fala é parte integrante da capacidade de resposta de um interlocutor. Um indivíduo que fala de maneira muito suave pode não ser ouvido, e a fala excessivamente alta pode ser aversiva para o ouvinte. Fleece *et al.* (1981) demonstraram o uso do reforçamento diferencial da intensidade da resposta para aumentar o volume de fala de duas crianças na educação infantil com deficiência intelectual. Os pesquisadores utilizaram um aparelho sensível ao som que eles calibraram para responder às vocalizações dos participantes que excediam um limiar mínimo, produzindo luzes de cor vermelha e verde na forma de uma árvore de Natal, que era um suposto reforçador. Os pesquisadores aumentaram o limiar mínimo para reforço à medida que as crianças ativavam o dispositivo com sucesso. O volume de fala dos participantes aumentou, mas não excedeu o volume de fala de seus pares.

Latência

Latência é a quantidade de tempo que passa entre a ocorrência de algum evento e a conclusão do comportamento. Por exemplo, podemos definir latência para despertar como o tempo entre o soar de um despertador e a pessoa sair da cama. Tiger, Bouxsein e Fisher (2007) utilizaram reforçamento diferencial das latências de resposta com um adulto autista com nível de suporte baixoque apresentou atraso na resposta às perguntas. Os pesquisadores solicitaram informações ao participante, como o nome de seus irmãos e seus endereços, durante a linha de base. O participante respondeu com precisão, mas a latência média de resposta foi de 24 segundos. Os pesquisadores então organizaram uma contingência de reforçamento diferencial na qual o participante ganhava pontos que podiam ser trocados por acesso a um filme para cada pergunta que respondia dentro de uma latência identificada. Na terceira sessão de reforçamento diferencial, a latência média de resposta do participante foi de 5 segundos.

Tempo entre respostas

O *tempo entre respostas* é o período entre duas instâncias de uma resposta. O reforçamento diferencial de tempos curtos entre respostas produz resposta rápida (i.e., pausa curta entre respostas semelhantes) e o reforçamento diferencial de tempos mais longos entre elas produz resposta lenta (i.e., maior pausa entre respostas semelhantes). Por exemplo, Lennox, Miltenberger e Donnelly (1987) reduziram a alimentação rápida de três adultos com deficiência intelectual severa ao reforçar diferencialmente longos tempos de resposta entre o consumo de mordidas de alimentos. Os pesquisadores utilizaram dados de linha de base para definir um tempo-alvo entre respostas de 15 segundos. Eles bloquearam as tentativas dos participantes de colocar comida na boca mais de uma vez a cada 15 segundos. Lennox *et al.* também levaram o participante a se engajar em uma resposta incompatível durante o intervalo de 15 segundos, e a taxa de consumo de mordidas dos participantes diminuiu.

Considerações para procedimentos de reforçamento diferencial

Os analistas do comportamento podem implementar o reforçamento diferencial de diversas maneiras. Vários parâmetros da relação resposta-reforço afetam a probabilidade de eficácia do reforçamento diferencial. Estes incluem o esforço da resposta-alvo e imediaticidade, esquema, magnitude, tipo e qualidade do reforço. Discutimos cada um desses parâmetros a seguir.

Custo da resposta

É provável que o *custo da resposta* afete a taxa na qual um indivíduo aprende uma resposta. Os indivíduos adquirem respostas que exigem menos esforço de maneira mais rápida do que aquelas que exigem maior esforço, e respostas simples mais rapidamente do que complexas. Horner, Sprague, O'Brien e Heathfield (1990) mostraram a importância do custo da resposta ao ensinar respostas comunicativas alternativas a dois participantes que se engajaram em comportamentos-problema mediados socialmente. A aquisição foi lenta e incompleta, e o comportamento-problema persistiu quando os pesquisadores exigiram que os participantes digitassem uma frase completa em um dispositivo para aumento da comunicação (CAA) para acessar o reforço. Os participantes aprenderam e mantiveram uma alternativa que exigia menos esforço (pressionar uma tecla para gerar a mesma frase) de modo mais rápido, e o comportamento-problema diminuiu e permaneceu baixo. Quando a velocidade de aquisição é importante, diminuir o custo da resposta é uma tática importante a ser considerada. O analista do comportamento ainda pode ensinar respostas mais complexas e que demandam mais esforço, primeiro organizando contingências de reforçamento diferencial para respostas que demandam menos esforço ou mais simples e, em seguida, aumentando gradualmente o custo da resposta e a complexidade desta, necessários para acessar o reforço (ver Hernandez, Hanley, Ingvarsson & Tiger, 2007, para um exemplo dessa estratégia).

Imediaticidade dos reforçadores

A *imediaticidade do reforço* ou *contiguidade do reforço* é o tempo entre uma instância do comportamento e a entrega do reforço (Vollmer & Hackenberg, 2001). Os indivíduos podem adquirir respostas quando um tempo considerável se passa entre a resposta e um evento de reforço (i.e., aquisição sob condições de reforço tardio; Gleeson & Lattal, 1987), e atrasos curtos às vezes podem aumentar a persistência da resposta para reforçadores primários (Leon, Borrero & DeLeon, 2016). No entanto, o processo de aquisição costuma ser substancialmente mais longo ou incompleto, mesmo com breves atrasos (Carroll, Kodak & Adolf, 2016; Gleeson e Lattal, 1987). Os efeitos de enfraquecimento da contingência do reforço tardio estão bem documentados (Fisher, Thompson, Hagopian, Bowman & Krug, 2000; Hanley, Iwata & Thompson, 2001), e às vezes uma única instância de reforço imediato fortalecerá uma resposta (Skinner, 1948). Desse modo, garantir a entrega imediata de reforço seguindo um comportamento-alvo é fundamental para aumentar rapidamente o comportamento através do reforçamento diferencial (Hanley *et al.*, 2001).

No entanto, os atrasos no reforço social e tangível são inevitáveis fora das condições de ensino altamente estruturadas. O reforçamento diferencial ainda é essencial para gerar e manter comportamentos importantes nessas condições. Em um exemplo inicial, Lalli, Casey e Kates (1995) utilizaram o reforçamento diferencial de cadeias de respostas progressivamente crescentes para fortalecer a conclusão da tarefa e manter a comunicação funcional, apesar do atraso consistente para o reforço. Ghaemmaghami, Hanley e Jessel (2016) estenderam esse trabalho mostrando que comportamentos socialmente importantes, como comunicação funcional, tolerância e cumprimento de instruções, se mantiveram apesar dos longos atrasos para o reforço, (1) fornecendo reforço imediato para cada tipo de comportamento pelo menos de maneira intermitente, e (2) fortalecendo progressivamente as cadeias de comportamento apropriado com o término contingente do atraso *versus* término baseado no tempo do atraso. Esse processo fortalece os comportamentos iniciais na cadeia de resposta, mesmo que estes não entrem em contato com muito reforço imediato. O processo também reduz o ressurgimento do comportamento-problema durante os atrasos, fortalecendo o comportamento apropriado durante o atraso. Assim, o comportamento apropriado que ocorre durante o atraso está disponível para reforço quando este termina. Os pesquisadores também mostraram que procedimentos que desenvolvem cadeias de comportamento reduzem os efeitos indesejados dos atrasos no reforço automático. Por exemplo, Slaton e Hanley (2016) mostraram que esquemas encadeados produziram engajamento de itens mais consistente e níveis mais baixos de estereotipia.

Esquemas de reforçamento

Os esquemas de reforçamento especificam o número e o tipo de respostas necessárias para produzir o reforço ou o tempo que deve decorrer antes que o reforço esteja disponível. O esquema de reforçamento especifica as regras para a entrega de reforços. Como Mace, Pritchard e Penney (Capítulo 4 deste livro) descrevem os esquemas de reforçamento de maneira mais detalhada, vamos revisá-los resumidamente aqui.

Esquemas de razão

Os esquemas de *razão* organizam a entrega do reforço com base no número de respostas, que podem ser constantes, variáveis ou progressivas. Em um esquema de *razão fixa* (FR, *fixed-ratio*), o número de respostas necessárias para produzir o reforço permanece constante. Por exemplo, cada resposta produz um reforço em um esquema de FR 1; cada cinco respostas produzem um reforço em um esquema FR 5. Em geral, os analistas do comportamento utilizam esquemas de FR 1 para estabelecer e fortalecer o comportamento. Os esquemas de FR podem produzir um padrão de pausa e execução no qual a resposta ocorre em taxas altas e consistentes até a entrega do reforço; o organismo então faz uma pausa por um período antes que a resposta de alta frequência seja retomada (Ferster & Skinner, 1957; Orlando & Bijou, 1960).

Os esquemas de *razão variável* (VR, *variable-ratio*) organizam a entrega de reforço em torno de um número médio de respostas que muda de ensaio para ensaio. Por exemplo, a entrega do reforço ocorreria após uma média de cinco respostas em um programa de VR 5. Desse modo, a entrega do reforço pode ocorrer após uma, três, cinco, sete ou nove respostas. Os esquemas de VR tendem a produzir altas taxas de resposta sem pausas pós-reforço, e os analistas do comportamento muitas vezes fazem uso desses esquemas para manutenção da resposta (Ferster & Skinner, 1957; Schlinger, Derenne & Baron, 2008).

Os esquemas de *razão progressiva* organizam a entrega de reforços em um cronograma que muda entre as entregas de reforçador. Esses esquemas progridem pela adição de um número fixo de respostas (aumentos aritméticos) ou pela multiplicação de cada valor de esquemas progressivo por uma constante (aumentos geométricos). Por exemplo, um investigador pode utilizar um esquema geométrico de razão progressiva no qual o número de respostas necessárias para produzir reforço dobra após cada entrega do reforçador. Os investigadores usam esquemas de razão progressiva para comparar a força de dois ou mais estímulos como reforçadores (ver DeLeon *et al.*, Capítulo 7 deste livro). Por exemplo, Roane, Lerman e Vorndran (2001) demonstraram que os esquemas de razão progressiva eram mais sensíveis a diferenças na eficácia do reforço de estímulos do que as avaliações tradicionais de preferência.

Esquemas de intervalo

Os esquemas de *intervalo* organizam a entrega de reforço para a primeira resposta que ocorre após um intervalo específico e podem ser fixos ou variáveis. Em um esquema de *intervalo fixo* (FI, *fixed-interval*), a entrega do reforço ocorre para a primeira resposta após intervalos que permanecem constantes. Por exemplo, a primeira resposta após 60 segundos produzirá um reforço em um esquema de 60 segundos de FI. Esquemas de FI podem gerar altas taxas de resposta, sobretudo com respostas de baixo esforço e valores de escala relativamente pequenos (p. ex., Hanley *et al.*, 2001). Esses esquemas costumam produzir um padrão de comportamento recortado em que pouca resposta ocorre no início do intervalo, mas a resposta gradualmente acelera à medida que o intervalo progride (Ferster & Skinner, 1957; Weiner, 1969).

Um esquema de *intervalo variável* (VI, *variable-interval*) organiza o reforço para a primeira resposta que ocorre após um intervalo específico, que varia em torno de uma média definida. Por exemplo, a entrega de reforço pode ocorrer para a primeira resposta após 10, 30, 80 ou 90 segundos em um esquema de VI de 60 segundos. Os esquemas de VI costumam produzir taxas de resposta estáveis com pouca pausa (Orlando & Bijou, 1960).

Magnitude do reforçador

A *magnitude do reforçador* é a quantidade ou a duração de um reforçador. Restrições sociais ou práticas em geral influenciam a magnitude de um reforçador, como quando um professor está disponível apenas por 5 minutos, ou quando alguém quer limitar a quantidade de doces que uma criança consome. No entanto, essas limitações podem influenciar a eficácia dos procedimentos de reforçamento diferencial. Por exemplo, Trosclair-Lasserre, Lerman, Call, Addison e Kodak (2008) mostraram que maiores quantidades de atenção e brinquedos mantiveram a resposta em valores de esquema mais altos do que quantidades menores para três crianças diagnosticadas com TEA. Como a maioria das relações funcionais, existem condições-limite relevantes. Por exemplo, a entrega de quantidades abundantes de reforço pode produzir saciedade do reforço e limitar a eficácia do procedimento de reforçamento diferencial. Portanto, os analistas do comportamento devem basear sua seleção da quantidade ou da magnitude do reforço na praticidade, na aceitabilidade social e na eficácia.

Tipos de reforçadores

Em geral, os analistas do comportamento distinguem entre reforço *positivo* e *negativo*, e reforço *social* e *não social*. Um reforço positivo é aquele que um analista do comportamento apresenta contingente a uma resposta, o que aumenta a probabilidade futura da resposta. Um reforço negativo é aquele que o analista do comportamento retira dependendo em uma resposta, o que aumenta a probabilidade futura de uma resposta. Os reforços sociais são os que podemos controlar, como dizer: "bom trabalho!" ou dar um biscoito a uma criança. Em contrapartida, reforços não sociais ou automáticos são eventos que ocorrem como resultado direto do comportamento (p. ex., obter um biscoito de uma máquina de venda automática; Vaughan & Michael, 1982).

Reforçadores positivos versus negativos

A maioria dos estudos relatados da análise do comportamento aplicada de reforçamento diferencial utilizou reforçadores positivos, como atenção vocal e física, itens comestíveis ou atividades de lazer. Embora os investigadores utilizem menos o reforçamento diferencial negativo (Iwata, 1987), alguns exemplos incluem os estudos de Piazza *et al.* (1997) e Lalli *et al.* (1999). Eles forneceram reforço negativo na forma de uma pausa quando o participante cumpria uma demanda de tarefa.

A correção de erros é um procedimento comum de reforçamento diferencial negativo que os analistas do comportamento incorporam aos programas de ensino. A correção de erros envolve solicitar respostas adicionais quando um aluno comete um erro. Por exemplo, o professor pode apontar para a imagem correta, dizer: "esse é o elefante" e, em seguida, solicitar que a criança "aponte para o elefante" em uma tentativa de correção de erro para identificação receptiva. A pesquisa mostrou que os alunos adquirirão novas habilidades para evitar esses pedidos adicionais (Kodak *et al.*, 2016; McGhan & Lerman, 2013; Rodgers & Iwata, 1991).

Reforçadores automáticos

A maioria dos estudos de reforçamento diferencial na literatura tem utilizado reforçadores sociais. Apesar disso, programar reforços não sociais ou automáticos após a ocorrência do comportamento-alvo é possível e pode ser útil. Por exemplo, Linscheid, Iwata, Ricketts, Williams e Griffin (1990) descreveram um dispositivo para tratar comportamentos autolesivos graves que poderia detectar ocorrências de bater a cabeça e proporcionar um evento preferido, como música ou estimulação visual, quando o bater a cabeça não ocorria por um período especificado.

Os analistas do comportamento também podem organizar o reforço negativo automático diferencial para as respostas-alvo. Por exemplo, Azrin, Ruben, O'Brien, Ayllon e Roll (1968) projetaram um dispositivo que, quando os participantes adquiriam uma postura desleixada, emitia um som baixo que era seguido após 3 segundos por um som alto. Os participantes poderiam corrigir sua postura após o som baixo e evitar o som alto, ou poderiam permanecer eretos e evitar ambos os sons.

Pesquisadores têm mostrado que fornecer acesso a comportamentos estereotipados reforçados de maneira automática pode funcionar como reforço para outras respostas-alvo, como discriminações acadêmicas e habilidades lúdicas (Charlop-Christy & Haymes, 1996; Charlop, Kurtz, & Casey, 1990; Wolery, Kirk & Gast, 1985). Por exemplo, Hanley, Iwata, Thompson e Lindberg (2000) mostraram que o comportamento estereotipado dos participantes persistiu na ausência de consequências sociais durante uma análise funcional experimental, sugerindo que as consequências produzidas pelo comportamento funcionaram como reforço automático. Hanley *et. al* proporcionaram acesso a comportamentos estereotipados contingentes ao brincar com materiais de lazer, o que aumentou o uso destes pelos participantes. Potter, Hanley, Augustine, Clay e Phelps (2013) utilizaram um arranjo semelhante para ensinar brincadeiras complexas e de diversas etapas para adolescentes com TEA. Os participantes podiam se envolver em esteriotipias completando rotinas de jogo cada vez mais complicadas. Slaton e Hanley (2016) ensinaram os participantes a inibir a estereotipia e se envolver de modo adequado com itens, usando o acesso à estereotipia como reforço. Um esquema encadeado de reforço produziu níveis mais altos de engajamento de itens e controle de estímulo da estereotipia do que um em que o acesso a esta era baseado no tempo.

O uso de reforços automáticos em contingências de reforçamento diferencial pode ser desejável por diversas razões adicionais. Em primeiro lugar, a entrega de reforçadores sociais geralmente requer que um cuidador monitore e documente de maneira contínua o comportamento dos participantes. Os procedimentos descritos por Linscheid *et al.* (1990) e Azrin *et al.* (1968) não exigem nenhum dos dois, o que pode aumentar sua utilidade. Em segundo lugar, a entrega automatizada de reforços provavelmente será mais precisa e imediata do que a entrega de reforços por humanos, se o dispositivo funcionar corretamente. Terceiro, os indivíduos podem adquirir habilidades mais prontamente quando a consequência da resposta resulta diretamente do comportamento (Thompson & Iwata, 2000).

Qualidade do reforçador

A *qualidade do reforçador* é a avaliação subjetiva de um estímulo reforçador por um participante. Resultados de diversos estudos mostraram que a atenção à qualidade melhora a eficácia dos esquemas de reforçamento (p. ex., Johnson, Vladescu, Kodak & Sidener, 2017; Mace, Neef, Shade & Mauro, 1996) e sua aceitabilidade pelos participantes (p. ex., Johnson *et al.*, 2017). Presumivelmente, procedimentos eficazes dependem de reforços de qualidade suficiente, e o valor do reforço é peculiar e pode mudar ao longo do tempo.

Estratégias para aumentar ou manter a eficácia dos reforçadores

Operações motivadoras

Uma *operação motivadora* é um evento que altera a eficácia de um estímulo como reforço. Há duas grandes categorias de operações motivadoras (Laraway, Snycerski, Michael & Poling, 2003): as que aumentam temporariamente o valor de um reforçador, chamadas de *operações estabelecedoras*, e as que diminuem temporariamente o valor de um reforçador, chamadas de *operações abolidoras*. A operação estabelecedora mais comum é a privação, e a operação abolidora mais comum é a saciedade. O controle e a manipulação das operações estabelecedoras podem aumentar a eficácia dos procedimentos de reforçamento diferencial. Por exemplo, Goh, Iwata e DeLeon (2000) mostraram que nenhum participante adquiriu um novo comando quando o reforço para este estava disponível em um esquema denso de reforço não contingente (NCR, *noncontingent reinforcement*). Quando os pesquisadores tornaram o esquema NCR progressivamente mais escasso, os participantes adquiriram o novo comando, presumivelmente porque a operação estabelecedora relevante aumentou com diminuições nas entregas de reforços baseados no tempo.

A saciedade é um sério desafio quando um analista do comportamento está organizando contingências de reforço, pois cada entrega de reforço serve como operação abolidora para o reforçador que as respostas subsequentes produzem. Por exemplo, cada gole de água diminui a operação estabelecedora para goles subsequentes de água no curto prazo. Utilizar a menor quantidade de reforço necessária para manter a resposta é uma forma de reduzir a saciedade. Outra é restringir o reforço ao ambiente para o arranjo de contingência. Por exemplo, Roane, Call e Falcomata (2005) demonstraram que a resposta persistia mais quando restringiam o reforçador ao arranjo do esquema de razão progressiva do que quando o reforçador estava disponível fora do arranjo de tal esquema.

Em alguns casos, um analista do comportamento não pode restringir um potencial reforçador de forma ética ou legal. Nesses casos, o analista do comportamento pode programar o treinamento de forma a maximizar a efetividade dos reforços. Por exemplo, o analista poderia agendar uma sessão de treinamento antes do horário regular de almoço do participante e utilizar a comida como reforçador (p. ex., North & Iwata, 2005; Vollmer & Iwata, 1991).

Variação de reforçadores

Diferentes reforçadores de resposta podem retardar a saciedade e prolongar a eficácia do reforçamento diferencial (Bowman, Piazza, Fisher, Hagopian & Kogan, 1997; Egel, 1981; Koehler, Iwata, Roscoe, Rolider & O'Steen, 2005). Por exemplo, Bowman *et al.* (1997) mostraram que cinco dos sete participantes preferiam a entrega variada de três itens menos preferidos à entrega constante de um item mais preferido, e Egel (1981) mostrou que reforçadores variados produziram níveis mais estáveis de resposta correta e comportamento na tarefa para diversas crianças diagnosticadas com TEA.

Escolha de reforçadores

Fornecer uma escolha de reforçadores pode ser um meio simples, mas muito eficaz, de melhorar a eficácia dos procedimentos de reforçamento diferencial (Ackerlund Brandt, Dozier, Juanico, Laudont & Mick, 2015; Dunlap *et al.*, 1994; Dyer, Dunlap & Winterling, 1990; Fisher, Thompson, Piazza, Crosland & Gotjen, 1997; Sellers *et al.*, 2013; Thompson, Fisher & Contrucci, 1998; Tiger, Hanley & Hernandez, 2006; Toussaint, Kodak & Vladescu, 2016). A escolha pode ser eficaz porque produz variação de reforçadores, o que minimiza a saciedade secundária à entrega repetida do mesmo reforçador. Além disso, a escolha capitaliza em operações estabelecedoras que produzam flutuações momentâneas no valor dos reforçadores, pois o participante pode escolher o reforçador que preferir naquele momento.

Também há evidências de que a oportunidade de escolha agrega valor ao reforçamento diferencial além do valor de obtenção do item preferido. Por exemplo, nós (Tiger & Hanley, 2006) mostramos que seis de sete estudantes da educação infantil preferiam se envolver em atividades individuais quando podiam escolher um único comestível de um conjunto de comestíveis idênticos ao dar uma resposta correta, em vez de quando o professor fornecia a mesma quantidade e o mesmo tipo de comestível, do mesmo conjunto, por responder de maneira correta. Observe que a quantidade, a qualidade e o tipo do reforço foram idênticos nas duas condições; a única diferença foi o componente de escolha. Evidenciou-se também que as crianças realizavam de 12 a 16 vezes mais trabalhos acadêmicos na condição de escolha. Esses dados mostram que oportunidades de programação para fazer escolhas podem aumentar a eficácia do reforçamento diferencial.

Sistemas de reforço com fichas

Utilizar reforçadores condicionados que um indivíduo pode trocar posteriormente por itens preferenciais, conhecidos como *reforçadores de backup*, é outra estratégia para diminuir a saciedade. As economias de fichas, por exemplo, envolvem o fornecimento de itens arbitrários, como *tickets*, fichas, adesivos ou pontos, após a ocorrência de comportamentos-alvo. Mais tarde, o indivíduo pode trocar as fichas por itens preferidos (ver Reitman, Boerke & Vassilopoulos, Capítulo 22 deste livro, ou comentários de Hackenberg, 2018; Kazdin, 1982; Kazdin e Bootzin, 1972). Os sistemas de fichas permitem que os cuidadores forneçam diversos reforços contingentes ao comportamento desejável sem afetar de maneira negativa o valor dos reforçadores primários ou de *backup*, e sem interromper tarefas de aprendizagem ou comportamentos complexos para o consumo do reforçador. Por exemplo, Krentz, Miltenberger e Valbuena (2016) usaram reforço simbólico para aumentar a distância percorrida por adultos com sobrepeso e obesidade com deficiência intelectual em um centro de treinamento de adultos.

Procedimentos complementares para desenvolver novos comportamentos

Embora o reforçamento diferencial por si só possa produzir um novo comportamento, combiná-lo com outros procedimentos no ensino de um novo comportamento é muitas vezes mais eficaz. Esta seção descreve procedimentos para complementar o reforçamento diferencial para desenvolver um novo comportamento.

Dicas

Os analistas do comportamento costumam combinar a dica com o reforçamento diferencial para ensinar novos comportamentos. A sequência geral envolve solicitar ao indivíduo que se envolva em uma resposta, fornecendo reforço para a resposta solicitada e gradualmente eliminando a dica ao longo do tempo. O analista pode fornecer dicas de muitas formas (como pedidos vocais, visuais ou de resposta física; pedidos dentro do estímulo; ou pedidos extraestímulo) e pode escolher o pedido com base na modalidade do comportamento-alvo e nas capacidades do indivíduo. Por exemplo, Thompson, McKerchar e Dancho (2004) utilizaram dicas físicas atrasadas e reforçamento diferencial para ensinar três bebês a emitir os sinais manuais de *Por favor* e *Mais* com a comida como reforçador.

Por outro lado, os analistas do comportamento não podem induzir o comportamento-alvo não motor, como vocalizações; portanto, eles devem combinar procedimentos alternativos de alerta com reforçamento diferencial. Bourret, Vollmer e Rapp (2004) utilizaram dicas vocais e de modelo para ensinar vocalizações a duas crianças com TEA. O terapeuta solicitava vocalmente que o participante emitisse a vocalização-alvo (p. ex., "diga *música*"). Vocalizações corretas produziram acesso à música. Se o participante não emitisse a vocalização-alvo, o terapeuta modelava vocalizações progressivamente mais curtas (p. ex., mudando "diga *música*" para "diga *mu*"). À medida que o participante emitia com sucesso a vocalização modelada, o terapeuta exigia que o participante emitisse uma vocalização que se aproximasse mais do alvo antes de receber o reforço.

Uma desvantagem é que o aviso pode produzir dependência imediata. O analista do comportamento pode combinar o reforçamento diferencial com diversas táticas para desaparecer e provavelmente eliminar dicas (ver discussão sobre espontaneidade em Halle, 1987). Thompson *et al.* (2004) e Bourret *et al.* (2004) eliminaram dicas aumentando o atraso entre a apresentação do evento evocativo (como colocar um brinquedo ao alcance de um participante) e as dicas, de modo que o reforço fosse mais imediato para respostas independentes. Outras táticas incluem reter o reforço para respostas motivadas (Touchette & Howard, 1984) ou diminuir a intensidade física das dicas (ver Wolery & Gast, 1984).

Esquemas de modelagem e percentil

Quando a dica não é apropriada para aumentar a resposta, recomendamos a modelagem como ferramenta alternativa. A *modelagem* envolve o reforçamento diferencial de aproximações sucessivas de um comportamento. Para iniciar um procedimento de modelagem, um analista do comportamento deve (1) identificar um comportamento que o indivíduo emite atualmente que se aproxima do alvo; (2) fornecer reforço para esse comportamento; e (3) requerer aproximações mais de perto do comportamento terminal, como formas mais complexas ou diferentes taxas ou durações de comportamento, para a entrega do reforçador. Pesquisadores têm utilizado a modelagem para ensinar muitos comportamentos complexos, incluindo contato visual em crianças com TEA (p. ex., McConnell, 1967), fala vocal em adultos não oralizados diagnosticados com psicose (Sherman, 1965) e uso dos membros em pacientes após AVCs (Taub *et al.*, 1994). Embora esteja entre as ferramentas mais antigas e celebradas dos analistas do comportamento, há poucas regras formalizadas para a modelagem.

Galbicka (1994) descreveu um sistema de modelagem formalizado utilizando *esquemas de percentis*, e pesquisadores publicaram estudos nos quais esquemas de percentis são os pilares de seus procedimentos de mudança de comportamento (Athens, Vollmer & St. Peter Pipkin, 2007; Lamb, Kirby, Morral, Galbicka & Iguchi, 2004; Lamb, Morral, Kirby, Iguchi & Galbicka, 2004). Os esquemas de percentis ditam regras para o momento da entrega do reforço, e essas regras podem ser ajustadas com base em taxas, durações ou tipos de resposta recentes ou locais. O analista do comportamento ordena as respostas das mais simples às mais complexas para organizar esquemas de percentis para comportamentos complexos. O analista do comportamento mantém um fluxo contínuo da ordem temporal e da forma do comportamento, com foco nas respostas mais recentes. Tal analista fornece reforço para uma resposta se ela exceder as qualidades formais do subconjunto mais recente de respostas.

Os analistas do comportamento podem usar esquemas de percentil para moldar taxas ou durações mais altas de resposta. Por exemplo, Atenas *et al.* (2007) utilizaram horários de percentis para aumentar o engajamento de tarefa acadêmica de quatro alunos com deficiência intelectual. Os pesquisadores mediram a duração do engajamento da tarefa para cada participante. Durante a fase de esquema de percentil, se a duração do engajamento excedesse a duração mediana dos 5, 10 ou 20 engajamentos anteriores, dependendo da condição experimental, o engajamento produzia uma ficha que podia ser trocada por alimento. Desse modo, o critério de reforço mudou constantemente, dada a duração recente do engajamento do participante. O esquema de percentil produziu maiores durações de engajamento, com os maiores aumentos nas condições nas quais o comportamento prévio do participante determinou o critério momentâneo de reforço. Por exemplo, Athens *et al.* observaram maiores durações de engajamento quando utilizaram as 20 durações de engajamento anteriores *versus* as 5 anteriores para determinar o critério de reforço.

Encadeamento de respostas e análise de tarefas

Em geral, os comportamentos comumente ensinados não são respostas únicas e unitárias; em vez disso, incluem uma série de comportamentos topograficamente distintos que um participante deve completar em sequência. Os analistas do comportamento normalmente se referem a esses comportamentos como *cadeias de resposta* e ao comportamento de cada componente como um *elo* da cadeia. Fornecer reforço para uma única resposta em uma cadeia ou para toda a cadeia de resposta pode não ser uma forma eficiente ou eficaz de modelar o comportamento. Portanto, os referidos analistas normalmente utilizam dicas e reforçamento diferencial ou modelagem para estabelecer elos individuais da cadeia de resposta e, em seguida, reforçar de maneira diferencial sequências de elos até que um participante produza uma cadeia de resposta inteira. Os analistas do comportamento usam um dos dois procedimentos gerais, chamados de *encadeamento para frente* e *encadeamento para trás*, para ensinar cadeias de resposta. O encadeamento para frente envolve ensinar a cadeia de resposta na mesma ordem na qual o participante vai realizá-la, ou seja, o analista do comportamento reforça diferencialmente a emissão do primeiro comportamento na cadeia, depois o primeiro e o segundo comportamentos, e assim por diante. Em contrapartida, esse analista fornece reforçamento diferencial para o último comportamento da cadeia e adiciona comportamentos da cadeia à contingência de reforçamento diferencial em ordem inversa, no encadeamento para trás.

A *análise de tarefas*, ou a identificação de comportamentos individuais na cadeia de respostas, é necessária antes de ensinar um comportamento complexo. Por exemplo, Neef, Parrish, Hannigan, Page e Iwata (1989) demonstraram a importância da análise de tarefas. Eles ensinaram habilidades de autocauterização a duas jovens com espinha bífida, identificando cada etapa da autocauterização e, em seguida, dividindo a tarefa em seis a 11 etapas componentes. Eles ensinaram cada passo a cada participante, utilizando dica e reforçamento diferencial, até que as duas meninas pudessem autocauterizar independentemente (ver também Noell, Call, Ardoin & Miller, Capítulo 15 deste livro).

Manutenção de resposta e redução de esquemas de reforçamento

Embora esquemas imediatos e densos de reforçamento sejam importantes para o estabelecimento de respostas, os cuidadores podem ter dificuldade em implementá-los com alta integridade em longo prazo. Portanto, a redução de um esquema de reforçamento é uma parte importante da manutenção da resposta.

Um método de redução do esquema de reforçamento é fornecer reforço de maneira intermitente, aumentando progressivamente as necessidades de resposta para reforço. Por exemplo, Van Houten e Nau (1980) utilizaram esquemas de reforço do tipo FR e VR para aumentar os comportamentos de frequência de alunos do ensino fundamental. O esquema fixo previa reforço a cada oito intervalos com comportamento de frequência. Após 5 minutos de comportamento de frequência contínua no esquema de VR, as crianças podiam pegar um item em uma bolsa com itens surpresa, com uma probabilidade de um para oito de retorno. Procedimentos como esses podem permitir que os cuidadores percam algumas ocorrências de um comportamento importante sem enfraquecer inadvertidamente o comportamento.

Uma segunda técnica para tornar o reforçamento diferencial mais prático é incluir atrasos no reforço, o que permite tempo extra para os cuidadores fornecerem o reforçador. No entanto, atrasos no reforço costumam resultar na extinção de comportamentos recém-adquiridos (Fisher *et al.*, 2000; Hanley *et al.*, 2001), e a exposição à extinção pode produzir ressurgimento (i.e., o ressurgimento de comportamentos já reforçados) e aumentar a probabilidade de retorno do comportamento-problema (Fuhrman, Fisher & Greer, 2016). Outros métodos para introduzir atrasos com sucesso incluem a introdução de pequenos atrasos que aumentam de modo gradual (Schweitzer & Sulzer-Azaroff, 1988), fornecer um sinal quando o atraso começa (Vollmer, Borrero, Lalli & Daniel, 1999) e fornecer atividades alternativas durante o atraso (Austin & Tiger, 2015; Fisher *et al.*, 2000; Hagopian, Contrucci Kuhn, Long & Rush, 2005).

Um *esquema múltiplo* é outro método eficaz para reduzir esquemas de reforçamento (Hanley *et al.*, 2001; Tiger & Hanley, 2004). Durante um esquema múltiplo, o analista do comportamento correlaciona períodos de reforço e extinção com sinais discriminativos distintos. Hanley *et al.* (2001) mostraram que esquemas múltiplos mantiveram a gestão social recém-adquirida, embora o reforço estivesse disponível apenas um quinto do tempo. Além disso, nós (Tiger & Hanley, 2006) mostramos que as crianças preferiam condições com reforço sinalizado e extinção em vez daquelas sem sinais. Luczynski e Hanley (2009) mostraram que as crianças preferiam esquemas múltiplos a atrasos brevemente sinalizados.

Slaton e Hanley (2016) mostraram que os alunos preferiam esquemas encadeados de reforço em que o componente de reforço incluísse reforçamento diferencial *versus* reforço não contingente. Ghaemmaghami *et al.* (2016) utilizaram reforço intermitente e imprevisível de diversas respostas alternativas para reduzir o esquema de reforçamento. Ghaemmaghami *et al.* sugeriram que o esquema utilizado por eles era mais parecido com aqueles em ambientes naturais, em que as contingências de reforço são muitas vezes ambíguas.

Reforço diferencial de respostas diversas

Os analistas do comportamento usam o reforçamento diferencial para aumentar a ocorrência de um comportamento-alvo e aumentar a diversidade de comportamentos. Por exemplo, Goetz e Baer (1973) forneceram elogios descritivos (p. ex., "uau, uma torre; isso é novo") para crianças na educação infantil por criarem uma estrutura de blocos que eles não tinham construído naquele dia, e novas formas de construção emergiram. Os pesquisadores utilizaram procedimentos semelhantes para aumentar diversas respostas verbais a perguntas (Lee, McComas & Jawor, 2002), seleções de atividades durante períodos de recreio (Cammilleri & Hanley, 2005) e atividades de artes marciais (Harding, Wacker, Berg, Rick & Lee, 2004). Uma ênfase renovada no uso de esquemas de reforçamento diferencial para promover comportamentos verbais diversos também é aparente na literatura aplicada. Os pesquisadores usaram esquemas de reforçamento diferencial de atraso para aumentar a diversidade de seleções de crianças na educação infantil durante períodos de recreio (Cammilleri & Hanley, 2005), variabilidade de comando em crianças pequenas com TEA (Brodhead, Higbee, Gerencser & Akers, 2016), respostas intraverbais variadas de crianças com TEA (Contreras & Betz, 2016) e nomeação de itens variados de crianças com desenvolvimento típico (Wiskow & Donaldson, 2016).

Contingências de grupo

Quando o comportamento de muitos indivíduos é alvo de intervenção, contingências de grupo dependentes ou interdependentes podem ser úteis. As consequências para o grupo dependem do comportamento de um ou alguns membros deste com uma *contingência de grupo dependente*. Por exemplo, uma sala de aula inteira pode ganhar tempo extra de recreio se uma criança obtiver boa pontuação em um exame (Litow & Pumroy, 1975). Contingências dependentes podem motivar os alunos a ajudarem-se de maneira mútua, como auxiliar uns aos outros a se preparar para um exame (Speltz, Shimamura & McReynolds, 1982) ou ajudar uma criança a se comportar de modo mais adequado. No entanto, contingências de grupo mal delineadas podem causar pressão indesejável dos pares, e algumas crianças podem não preferir contingências de reforço que dependem do comportamento de outra pessoa (p. ex., Speltz *et al.*, 1982). Uma forma de reduzir os efeitos negativos de uma contingência de grupo dependente é selecionar aleatoriamente o aluno de cujo comportamento as contingências dependerão (Cariveau & Kodak, 2017).

Em uma *contingência de grupo interdependente*, o comportamento do grupo determina se este recebe reforço (Litow & Pumroy, 1975). Por exemplo, o grupo recebe reforço se os alunos obtiverem pontuação acima de 80% em um exame. Hirsch, Healy, Judge e Lloyd (2016) utilizaram contingência de grupo interdependente para aumentar o engajamento dos alunos do segundo ano em atividades de educação física; os alunos avaliaram de maneira favorável essa contingência de grupo. As contingências de grupos interdependentes podem envolver a competição entre dois ou mais grupos, com o de maior pontuação recebendo o reforçador, como o Jogo do Bom Comportamento para alunos em salas de aula (Barrish, Saunders & Wolf, 1969) ou o Jogo da Boa Produtividade para funcionários em hospitais (Lutzker & White-Blackburn, 1979). Groves e Austin (2017) descobriram recentemente que as contingências de grupos independentes e interdependentes são eficazes na redução de interrupções verbais, sentar inadequado e comportamentos fora da tarefa dos alunos durante o Jogo do Bom Comportamento, mas os alunos preferiram a contingência de grupo interdependente.

Contingências de sorteio

As contingências de *sorteio* são úteis para aumentar o tempo e o custo-benefício do reforçamento diferencial. Por exemplo, Petry *et al.* (1998) utilizaram um procedimento de reforço do tipo sorteio para diminuir o comportamento verbal inadequado em um centro de tratamento de heroína. Os pacientes ganharam adesivos por se engajarem em comportamento verbal desejável. Os investigadores inseriram os nomes dos destinatários dos adesivos em uma loteria e sortearam um nome no final de cada semana. O vencedor recebeu US$ 25. Esse procedimento gerou o aumento de elogios e gentilezas e a diminuição de palavrões e discussões sobre evasão policial.

Considerações finais

O reforçamento diferencial é um dos procedimentos mais bem pesquisados disponíveis para os analistas do comportamento. Uma compreensão madura do reforçamento diferencial envolve o conhecimento de (1) a amplitude e a complexidade do comportamento que ele afeta, (2) os parâmetros responsáveis ou que aumentam sua efetividade e (3) os procedimentos que podem complementá-lo para produzir mudanças significativas e duradouras em comportamentos socialmente importantes. Esse tipo de entendimento, combinado com a prática supervisionada e dedicada na implementação do reforçamento diferencial, é fundamental para o desenvolvimento de um analista do comportamento eficaz.

Referências

Ackerlund Brandt, J. A., Dozier, C. L., Juanico, J. F., Laudont, C. L., & Mick, B. R. (2015). The value of choice as a reinforcer for typically developing children. *Journal of Applied Behavior Analysis*, *48*, 344-362.

Athens, E. S., Vollmer, T. R., & St. Peter Pipkin, C. C. (2007). Shaping academic task engagement with percentile schedules. *Journal of Applied Behavior Analysis*, *40*, 475-488.

Austin, J. E., & Tiger, J. H. (2015). Providing alternative reinforcers to facilitate tolerance to delayed reinforcement following functional communication training. *Journal of Applied Behavior Analysis, 48*, 663-668.

Austin, J. L., & Bevan, D. (2011). Using differential reinforcement of low rates to reduce children's requests for teacher attention. *Journal of Applied Behavior Analysis, 44*, 451-461.

Azrin, N., Rubin, H., O'Brien, F., Ayllon, T., & Roll, D. (1968). Behavioral engineering: Postural control by a portable operant apparatus. *Journal of Applied Behavior Analysis, 1*, 99-108.

Barrish, H. H., Saunders, M., & Wolf, M. M. (1969). Good Behavior Game: Effects of individual contingencies for group consequences on disruptive behavior in a classroom. *Journal of Applied Behavior Analysis, 2*, 119-124.

Becraft, J. L., Borrero, J. C., Davis, B. J., Mendres-Smith, A. E., & Castillo, M. I. (2018). The role of signals in two variations of differential-reinforcement-of-low-rate procedures. *Journal of Applied Behavior Analysis, 51*, 3-24.

Bijou, S. W. (1996). *New directions in behavior development*. Reno, NV: Context Press.

Bourret, J., Vollmer, T. R., & Rapp, J. T. (2004). Evaluation of a vocal mand assessment and vocal mand training procedures. *Journal of Applied Behavior Analysis, 37*, 129-144.

Bowman, L. G., Piazza, C. C., Fisher, W. W., Hagopian, L. P., & Kogan, J. S. (1997). Assessment of preference for varied versus constant reinforcers. *Journal of Applied Behavior Analysis, 30*, 451-458.

Brodhead, M. T., Higbee, T. S., Gerencser, K. R., & Akers, J. S. (2016). The use of a discrimination-training procedure to teach mand variability to children with autism. *Journal of Applied Behavior Analysis, 49*, 34-48.

Cammilleri, A. P., & Hanley, G. P. (2005). Use of a lag differential reinforcement contingency to increase varied selections of classroom activities. *Journal of Applied Behavior Analysis, 38*, 111-115.

Cariveau, T., & Kodak, T. (2017). Programming a randomized dependent group contingency and common stimuli to promote durable behavior change. *Journal of Applied Behavior Analysis, 50*, 121-133.

Carroll, R. A., Kodak, T., & Adolf, K. J. (2016). Effect of delayed reinforcement on skill acquisition during discrete-trial instruction: Implications for treatment-integrity errors in academic settings. *Journal of Applied Behavior Analysis, 49*, 176-181.

Charlop, M. H., Kurtz, P. F., & Casey, F. G. (1990). Using aberrant behaviors as reinforcers for autistic children. *Journal of Applied Behavior Analysis, 23*, 163-181.

Charlop-Christy, M. H., & Haymes, L. K. (1996). Using obsessions as reinforcers with and without mild reductive procedures to decrease inappropriate behaviors of children with autism. *Journal of Autism and Developmental Disorders, 26*, 527-546.

Contreras, B. P., & Betz, A. M. (2016). Using lag schedules to strengthen the intraverbal repertoires of children with autism. *Journal of Applied Behavior Analysis, 49*, 3-16.

Cox, A. D., Virues-Ortega, J., Julio, F., & Martin, T. L. (2017). Establishing motion control in children with autism and intellectual disability: Applications for anatomical and functional MRI. *Journal of Applied Behavior Analysis, 50*, 8-26.

Dunlap, G., dePerczel, M., Clarke, S., Wilson, D., Wright, S., White, R., *et al.* (1994). Choice making to promote adaptive behavior for students with emotional and behavioral challenges. *Journal of Applied Behavior Analysis, 27*, 505-518.

Dyer, K., Dunlap, G., & Winterling, V. (1990). Effects of choice making on the serious problem behaviors of students with severe handicaps. *Journal of Applied Behavior Analysis, 23*, 515-524.

Egel, A. L. (1981). Reinforcer variation: Implications for motivating developmentally disabled children. *Journal of Applied Behavior Analysis, 14*, 345-350.

Ferster, C. B., & Skinner, B. F. (1957). *Schedules of reinforcement*. New York: Appleton-Century-Crofts.

Fisher, W. W., Thompson, R. H., Hagopian, L. P., Bowman, L. G., & Krug, A. (2000). Facilitating tolerance to delayed reinforcement during functional communication training. *Behavior Modification, 24*, 3-29.

Fisher, W. W., Thompson, R. H., Piazza, C. C., Crosland, K., & Gotjen, D. (1997). On the relative reinforcing effects of choice and differential consequences. *Journal of Applied Behavior Analysis, 30*, 423-438.

Fleece, L., Gross, A., O'Brien, T., Kistner, J., Rothblum, E., & Drabman, R. (1981). Elevation of voice volume in young developmentally delayed children via an operant shaping procedure. *Journal of Applied Behavior Analysis, 14*, 351-355.

Fuhrman, A. M., Fisher, W. W., & Greer, B. D. (2016). A preliminary investigation on improving functional communication training by mitigating resurgence of destructive behavior. *Journal of Applied Behavior Analysis, 49*, 884-899.

Galbicka, G. (1994). Shaping in the 21st century: Moving percentile schedules into applied settings. *Journal of Applied Behavior Analysis, 27*, 739-760.

Ghaemmaghami, M., Hanley, G. P., & Jessel, J. (2016). Contingencies promote delay tolerance. *Journal of Applied Behavior Analysis, 49*, 548-575.

Gleeson, S., & Lattal, K. A. (1987). Response-reinforcer relations and the maintenance of behavior. *Journal of the Experimental Analysis of Behavior, 48*, 383-393.

Goetz, E. M., & Baer, D. M. (1973). Social control of form diversity and the emergence of new forms in children's block building. *Journal of Applied Behavior Analysis, 6*, 209-217.

Goh, H., Iwata, B. A., & DeLeon, I. G. (2000). Competition between noncontingent and contingent reinforcement schedules during response acquisition. *Journal of Applied Behavior Analysis, 33*, 195-205.

Groves, E. A., & Austin, J. L. (2017). An evaluation of interdependent and independent group contingencies during the Good Behavior Game. *Journal of Applied Behavior Analysis, 50*, 552-566.

Hackenberg, T. D. (2018). Token reinforcement: Translational research and application. *Journal of Applied Behavior Analysis, 51*, 393-435.

Hagopian, L. P., Contrucci Kuhn, S. A., Long, E. S., & Rush, K. S. (2005). Schedule thinning following communication training: Using competing stimuli to enhance tolerance to decrements in reinforcer density. *Journal of Applied Behavior Analysis, 38*, 177-193.

Halle, J. W. (1987). Teaching language in the natural environment: An analysis of spontaneity. *Journal of the Association for Persons with Severe Handicaps, 12*, 28-37.

Hanley, G. P., Iwata, B. A., & Thompson, R. H. (2001). Reinforcement schedule thinning following treatment with functional communication training. *Journal of Applied Behavior Analysis, 34*, 17-38.

Hanley, G. P., Iwata, B. A., Thompson, R. H., & Lindberg, J. S. (2000). A component analysis of "stereotypy as reinforcement" for alternative behavior. *Journal of Applied Behavior Analysis, 33*, 285-297.

Hanley, G. P., Piazza, C. C., Fisher, W. W., Contrucci, S. A., & Maglieri, K. A. (1997). Evaluation of client preference for function-based treatments. *Journal of Applied Behavior Analysis, 30*, 459-473.

Harding, J. W., Wacker, D. P., Berg, W. K., Rick, G., & Lee, J. F. (2004). Promoting response variability and stimulus generalization in martial arts training. *Journal of Applied Behavior Analysis, 37*, 185-195.

Hernandez, E., Hanley, G. P., Ingvarsson, E. T., & Tiger, J. H. (2007). An evaluation of the emergence of novel mand forms. *Journal of Applied Behavior Analysis, 40*, 137-156.

Hirsch, S. E., Healy, S., Judge, J. P., & Lloyd, J. W. (2016). Effects of an interdependent group contingency on engagement in physical education. *Journal of Applied Behavior Analysis, 49*, 975-979.

Horner, R. H., Sprague, J. R., O'Brien, M., & Heathfield, L. T. (1990). The role of response efficiency in the reduction of problem behaviors through functional equivalence training: A case study. *Journal of the Association for Persons with Severe Handicaps, 15*, 91-97.

Ingham, R. J., & Andrews, G. (1973). An analysis of a token economy in stuttering therapy. *Journal of Applied Behavior Analysis, 6*, 219-229.

Iwata, B. A. (1987). Negative reinforcement in applied behavior analysis: An emerging technology. *Journal of Applied Behavior Analysis, 20*, 361-378.

Jessel, J., & Borrero, J. C. (2014). A laboratory comparison of two variations of differential-reinforcement-of-low--rate procedures. *Journal of Applied Behavior Analysis, 47*, 314-324.

Jessel, J., Borrero, J. C., & Becraft, J. L. (2015). Differential reinforcement of other behavior increases untargeted behavior. *Journal of Applied Behavior Analysis, 48*, 402-416.

Jessel, J., & Ingvarsson, E. T. (2016). Recent advances in applied research on DRO procedures. *Journal of Applied Behavior Analysis, 49*, 991-995.

Johnson, K. A., Vladescu, J. C., Kodak, T., & Sidener, T. M. (2017). An assessment of differential reinforcement procedures for learners with autism spectrum disorder. *Journal of Applied Behavior Analysis, 50*, 290-303.

Kazdin, A. E. (1982). The token economy: A decade later. *Journal of Applied Behavior Analysis, 15*, 431-445.

Kazdin, A. E., & Bootzin, R. R. (1972). The token economy: An evaluative review. *Journal of Applied Behavior Analysis, 5*, 343-372.

Kodak, T., Campbell, V., Bergmann, S., LeBlanc, B., Kurtz--Nelson, E., Cariveau, T., *et al.* (2016). Examination of efficacious, efficient, and socially valid error-correction procedures to teach sight words and prepositions to children with autism spectrum disorder. *Journal of Applied Behavior Analysis, 49*, 532-547.

Koehler, L. J., Iwata, B. A., Roscoe, E. M., Rolider, N. U., & O'Steen, L. E. (2005). Effects of stimulus variation on the reinforcing capability of nonpreferred stimuli. *Journal of Applied Behavior Analysis, 38*, 469-484.

Krentz, H., Miltenberger, R., & Valbuena, D. (2016). Using token reinforcement to increase walking for adults with intellectual disabilities. *Journal of Applied Behavior Analysis, 49*, 745-750.

Lalli, J. S., Casey, S., & Kates, K. (1995). Reducing escape behavior and increasing task completion with functional communication training, extinction, and response chaining. *Journal of Applied Behavior Analysis, 28*, 261-268.

Lalli, J. S., Vollmer, T. R., Progar, P. R., Wright, C., Borrero, J., Daniel, D., *et al.* (1999). Competition between positive and negative reinforcement in the treatment of escape behavior. *Journal of Applied Behavior Analysis, 32*, 285-296.

Lamb, R. J., Kirby, K. C., Morral, A. R., Galbicka, G., & Iguchi, M. Y. (2004). Improving contingency management programs for addiction. *Addictive Behaviors, 29*, 507-523.

Lamb, R. J., Morral, A. R., Kirby, K. C., Iguchi, M. Y., & Galbicka, G. (2004). Shaping smoking cessation using percentile schedules. *Drug and Alcohol Dependence, 76*, 247-259.

Laraway, S., Snycerski, S., Michael, J., & Poling, A. (2003). Motivating operations and terms to describe them: Some further refinements. *Journal of Applied Behavior Analysis, 36*, 407-414.

Lee, R., McComas, J. J., & Jawor, J. (2002). The effects of differential and lag reinforcement schedules on varied verbal responding by individuals with autism. *Journal of Applied Behavior Analysis, 35*, 391-402.

Lennox, D. B., Miltenberger, R. G., & Donnelly, D. R. (1987). Response interruption and DRL for the reduction of rapid eating. *Journal of Applied Behavior Analysis, 20*, 279-284.

Leon, Y., Borrero, J. C., & DeLeon, I. G. (2016). Parametric analysis of delayed primary and conditioned reinforcers. *Journal of Applied Behavior Analysis, 49*, 639-655.

Linscheid, T. R., Iwata, B. A., Ricketts, R. W., Williams, D. E., & Griffin, J. C. (1990). Clinical evaluation of the self--injurious behavior inhibiting system. *Journal of Applied Behavior Analysis, 23*, 53-78.

Litow, L., & Pumroy, D. K. (1975). Brief technical report: A brief review of classroom group-oriented contingencies. *Journal of Applied Behavior Analysis, 8*, 341-347.

Luczynski, K. C., & Hanley, G. P. (2009). Do children prefer contingencies?: An evaluation of the efficacy of and preference for contingent versus noncontingent social reinforcement during play. *Journal of Applied Behavior Analysis, 42*, 511-525.

Luczynski, K. C., & Hanley, G. P. (2010). Examining the generality of children's preference for contingent reinforcement via extension to different responses, reinforcers, and schedules. *Journal of Applied Behavior Analysis, 43*, 397-409.

Lutzker, J. R., & White-Blackburn, G. (1979). The Good Productivity Game: Increasing work performance in a rehabilitation setting. *Journal of Applied Behavior Analysis, 12*, 488.

Mace, F. C., Neef, N. A., Shade, D., & Mauro, B. C. (1996). Effects of problem difficulty and reinforcer quality on time allocated to concurrent arithmetic problems. *Journal of Applied Behavior Analysis, 29*, 11-24.

McConnell, O. L. (1967). Control of eye contact in an autistic child. *Journal of Child Psychology and Psychiatry, 8*, 249-255.

McGhan, A. C., & Lerman, D. C. (2013). An assessment of error-correction procedures for learners with autism. *Journal of Applied Behavior Analysis, 46*, 626-639.

Miller, D. L., & Kelley, M. L. (1994). The use of goal setting and contingency contracting for improving children's homework performance. *Journal of Applied Behavior Analysis, 27*, 73-84.

Neef, N. A., Parrish, J. M., Hannigan, K. F., Page, T. J., & Iwata, B. A. (1989). Teaching self-catheterization skills to children with neurogenic bladder complications. *Journal of Applied Behavior Analysis, 22*, 237-243.

North, S. T., & Iwata, B. A. (2005). Motivational influences on performance maintained by food reinforcement. *Journal of Applied Behavior Analysis, 38*, 317-333.

Orlando, R., & Bijou, S. W. (1960). Single and multiple schedules of reinforcement in developmentally retarded children. *Journal of the Experimental Analysis of Behavior, 3*, 339-348.

Petry, N. M., Bickel, W. K., Tzanis, E., Taylor, R., Kubik, E., Foster, M., *et al.* (1998). A behavioral intervention for improving verbal behaviors of heroin addicts in a treatment clinic. *Journal of Applied Behavior Analysis, 31*, 291-297.

Piazza, C. C., Fisher, W. W., Hanley, G. P., Remick, M. A., Contrucci, S. A., & Aitken, T. (1997). The use of positive and negative reinforcement in the treatment of escape-maintained destructive behavior. *Journal of Applied Behavior Analysis, 30*, 279-297.

Pinkston, E. M., Reese, N. M., LeBlanc, J. M., & Baer, D. M. (1973). Independent control of a preschool child's aggression and peer interaction by contingent teacher attention. *Journal of Applied Behavior Analysis, 6*, 115-124.

Potter, J. N., Hanley, G. P., Augustine, M., Clay, C. J., & Phelps, M. C. (2013). Treating stereotypy in adolescents diagnosed with autism by refining the tactic of "using stereotypy as reinforcement." *Journal of Applied Behavior Analysis, 46*, 407-423.

Protopopova, A., Kisten, D., & Wynne, C. (2016). Evaluating a humane alternative to the bark collar: Automated differential reinforcement of not barking in a home-alone setting. *Journal of Applied Behavior Analysis, 49*, 735-744.

Risley, T. R. (2005). Montrose M. Wolf (1935-2004). *Journal of Applied Behavior Analysis, 38*, 279-287.

Roane, H. S., Call, N. A., & Falcomata, T. S. (2005). A preliminary analysis of adaptive responding under open and closed economies. *Journal of Applied Behavior Analysis, 38*, 335-348.

Roane, H. S., Lerman, D. C., & Vorndran, C. M. (2001). Assessing reinforcers under progressive schedule requirements. *Journal of Applied Behavior Analysis, 34*, 145-167.

Rodgers, T. A., & Iwata, B. A. (1991). An analysis of error-correction procedures during discrimination training. *Journal of Applied Behavior Analysis, 24*, 775-781.

Schlinger, H. D. (1995). *A behavior analytic view of child development*. New York: Plenum Press.

Schlinger, H. D., Derenne, A., & Baron, A. (2008). What 50 years of research tell us about pausing under ratio schedules of reinforcement. *Behavior Analyst, 31*, 39-60.

Schweitzer, J. B., & Sulzer-Azaroff, B. (1988). Self-control: Teaching tolerance for delay in impulsive children. *Journal of the Experimental Analysis of Behavior, 50*, 173-186.

Sellers, T. P., Bloom, S. E., Samaha, A. L., Dayton, E., Lambert, J. M., & Keyl-Austin, A. A. (2013). Evaluation of some components of choice making. *Journal of Applied Behavior Analysis, 46*, 455-464.

Sherman, J. A. (1965). Use of reinforcement and imitation to reinstate verbal behavior in mute psychotics. *Journal of Abnormal Psychology, 70*, 155-164.

Skinner, B. F. (1948). "Superstition" in the pigeon. *Journal of Experimental Psychology, 38*, 168-272.

Slaton, J., & Hanley, G. P. (2016). Effects of multiple versus chained schedules on stereotypy and functional engagement. *Journal of Applied Behavior Analysis, 49*, 927-946.

Speltz, M. L., Shimamura, J. W., & McReynolds, W. T. (1982). Procedural variations in group contingencies: Effects on children's academic and social behaviors. *Journal of Applied Behavior Analysis, 15*, 533-544.

Stasolla, F., Caffò, A. O., Perilli, V., Boccasini, A., Stella, A., Damiani, R., *et al.* (2017). A microswitch-based program for promoting initial ambulation responses: An evaluation with two girls with multiple disabilities. *Journal of Applied Behavior Analysis, 50*, 345-356.

Stokes, T. F., Fowler, S. A., & Baer, D. M. (1978). Training preschool children to recruit natural communities of reinforcement. *Journal of Applied Behavior Analysis, 11*, 285-303.

Taub, E., Crago, J. E., Burgio, L. D., Groomes, T. E., Cook, E. W., DeLuca, S. C., *et al.* (1994). An operant approach to rehabilitation medicine: Overcoming learned nonuse by shaping. *Journal of the Experimental Analysis of Behavior, 61*, 281-293.

Thompson, R. H., Fisher, W. W., & Contrucci, S. A. (1998). Evaluating the reinforcing effects of choice in comparison to reinforcement rate. *Research in Developmental Disabilities, 19*, 181-187.

Thompson, R. H., & Iwata, B. A. (2000). Response acquisition under direct and indirect contingencies of reinforcement. *Journal of Applied Behavior Analysis, 33*, 1-11.

Thompson, R. H., McKerchar, P. M., & Dancho, K. A. (2004). The effects of delayed physical prompts and reinforcement on infant sign language acquisition. *Journal of Applied Behavior Analysis, 37*, 379-383.

Tiger, J. H., Bouxsein, K. J., & Fisher, W. W. (2007). Treating excessively slow responding of a young man with Asperger syndrome using differential reinforcement of short response latencies. *Journal of Applied Behavior Analysis, 40*, 559-563.

Tiger, J. H., & Hanley, G. P. (2004). Developing stimulus control of preschooler mands: An analysis of schedule--correlated and contingency-specifying stimuli. *Journal of Applied Behavior Analysis, 37*, 517-521.

Tiger, J. H., & Hanley, G. P. (2006). The effectiveness of and preschoolers' preferences for variations of multiple-schedule arrangements. *Journal of Applied Behavior Analysis, 39*, 475-488.

Tiger, J. H., Hanley, G. P., & Hernandez, E. (2006). A further evaluation of the reinforcing value of choice. *Journal of Applied Behavior Analysis, 39*, 1-16.

Touchette, P. E., & Howard, J. S. (1984). Errorless learning: Reinforcement contingencies and stimulus control transfer in delayed prompting. *Journal of Applied Behavior Analysis, 17*, 175-188.

Toussaint, K. A., Kodak, T., & Vladescu, J. (2016). An evaluation of choice on instruction efficacy and individual preference for children with autism. *Journal of Applied Behavior Analysis, 40*, 170-175.

Trosclair-Lasserre, N. M., Lerman, D. C., Call, N. A., Addison, L. R., & Kodak, T. (2008). Reinforcement magnitude: An evaluation of preference and reinforcer efficacy. *Journal of Applied Behavior Analysis, 41*, 203-220.

Van Houten, R., & Nau, P. A. (1980). A comparison of the effects of fixed and variable ratio schedules of reinforcement on the behavior of deaf children. *Journal of Applied Behavior Analysis, 13*, 13-21.

Vaughan, M. E., & Michael, J. L. (1982). Automatic reinforcement: An important but ignored concept. *Behaviorism, 10*, 101-112.

Vollmer, T. R., Borrero, J. C., Lalli, J. S., & Daniel, D. (1999). Evaluating self-control and impulsivity in children with severe behavior disorders. *Journal of Applied Behavior Analysis, 32*, 451-466.

Vollmer, T. R., & Hackenberg, T. D. (2001). Reinforcement contingencies and social reinforcement: Some reciprocal relations between basic and applied research. *Journal of Applied Behavior Analysis, 34*, 241-253.

Vollmer, T. R., & Iwata, B. A. (1991). Establishing operations and reinforcement effects. *Journal of Applied Behavior Analysis, 24*, 279-291.

Weiner, H. (1969). Controlling human fixed-interval performance. *Journal of the Experimental Analysis of Behavior, 12*, 349-373.

Wiskow, K. M., & Donaldson, J. M. (2016). Evaluation of a lag schedule of reinforcement in a group contingency to promote varied naming of categories items with children. *Journal of Applied Behavior Analysis, 49*, 472-484.

Wolery, M., & Gast, D. L. (1984). Effective and efficient procedures for the transfer of stimulus control. *Topics in Early Childhood Special Education, 4*, 52-77.

Wolery, M., Kirk, K., & Gast, D. L. (1985). Stereotypic behavior as a reinforcer: Effects and side-effects. *Journal of Autism and Developmental Disorders, 15*, 149-161.

15

Construção de repertórios complexos a partir de comportamentos discretos

Como estabelecer controle de estímulos, cadeias comportamentais e comportamento estratégico

George H. Noell, Nathan A. Call, Scott P. Ardoin e Sarah J. Miller

A complexidade é uma característica primordial do comportamento humano. Os seres humanos exibem de maneira rotineira um comportamento variado, sutilmente discriminado, que requer planejamento de longo prazo, é mantido por contingências tardias e ambíguas, é iniciado por regras verbais e é recursivo. A complexidade do comportamento humano, a capacidade sutil de adaptação e a incorporação de linguagem rica explicam em grande parte nosso domínio evolutivo sobre a Terra (Ehrlich & Ehrlich, 2008). Essa capacidade maravilhosa também criou grandes desafios para os seres humanos individuais, à medida que as sociedades desenvolveram requisitos comportamentais cada vez mais complexos para uma adaptação bem-sucedida. À medida que a complexidade das expectativas comportamentais aumenta, também aumenta a demanda por ensino eficiente.

As abordagens cognitivo-construtivistas do ensino têm alcançado predominância em muitas áreas, pois enfatizam explicitamente a natureza complexa e variada do material-alvo e seu comportamento correspondente (p. ex., Haywood, 2004; Martens & Daly, 1999; Richardson, 2003). Essa abordagem ao ensino faz sentido para muitos consumidores e é suficiente para muitos alunos. Já os procedimentos de ensino analítico-comportamental têm comumente enfatizado uma abordagem elementar, na qual o analista do comportamento reduz o comportamento complexo a pequenas unidades ensináveis. Para alguns consumidores, essa abordagem inicialmente parece redutora e distante do objetivo de ensinar comportamentos sutis, complexos e adaptativos. Quando os analistas do comportamento procuram estabelecer um comportamento mais complexo, eles tipicamente o alcançam combinando comportamentos mais simples para formar uma cadeia mais complexa, ou elaborando um comportamento mais simples para produzir um mais complexo (p. ex., Sauttfr, LeBlanc, Jay, Goldsmith & Carr, 2011). Devido a diferentes bases conceituais e ênfase em diferentes resultados (p. ex., compreensão *versus* comportamento), abordagens cognitivistas e analítico-comportamentais são comumente vistas como abordagens conflitantes ou concorrentes, mas as duas abordagens têm muito em comum. Por exemplo, ambas identificam alguns dos mesmos procedimentos como eficazes, como a prática com *feedback*, mas fornecem explicações diferentes sobre como e por que os procedimentos são eficazes (Carroll, Kodak & Adolf, 2016, *versus* Trapman, van Gelderen, van Steensel, van Schooten & Hulstijn, 2014). Ambas as abordagens buscam ajudar os indivíduos a desenvolverem repertórios comportamentais complexos que incluem respostas flexíveis e generalizadas a estímulos diversificados.

Um ponto forte da abordagem de construção sistemática e elementar que o ensino analítico-comportamental adota é que comportamentos simplificados podem ser ensinados a indivíduos com dificuldade em adquirir comportamentos novos ou complexos (Luiselli & Hurley, 2005). Em contrapartida, alguns criticaram as abordagens analítico-comportamentais por não conseguirem capturar o significado simbólico ou a estrutura subjacente de comportamentos complexos e por promoverem a dependência de instrutores (Hickey, Moore & Pellegrino, 2001; Kroesbergen, Van Luit & Maas, 2004). Essa crítica ao ensino analítico-comportamental parece bastante razoável quando examinamos estudos para os quais o objetivo era estabelecer uma resposta específica (p. ex., Swain, Lane & Gast, 2015). Ela parece menos sustentável no contexto de abordagens analítico-comportamentais mais amplas e sistemáticas do ensino, como a instrução direta, que enfatizam claramente o significado, a estrutura e os comportamentos que representam a compreensão (Liem & Martin, 2013).

Complexidade: comportamento flexível e diversificado

A complexidade comportamental é difícil de definir, pois existe como comparação relativa de comportamentos dentro dos indivíduos e entre eles. Dirigir até o mercado da esquina para comprar um litro de leite pode ser insuperavelmente complexo para alguns indivíduos; para outros, é bastante simples. Os comportamentos também variam em complexidade. Por exemplo, falar com um amigo que está presente é menos complexo do que enviar um e-mail para ele. Comportamentos que eram complexos se tornarão simples à medida que um indivíduo desenvolve maior habilidade em algum domínio. Decodificar uma única palavra pode ser um processo complexo, que inclui muitas discriminações (Snow, Burns & Griffin, 1998). Mais tarde, no processo de alfabetização, a leitura dessa mesma palavra pode se tornar um simples comportamento no qual o leitor percebe a palavra como estímulo único. Um objetivo comum do ensino é ajudar os alunos a dominarem comportamentos simples que se tornarão elementos de comportamentos mais complexos.

A complexidade aparece em todas as partes da cadeia antecedente-comportamento-consequência (A-B-C, *antecedent-behavior-consequence*). Por exemplo, um comportamento é mais complexo quando seu antecedente é ambíguo (Harding, Wacker, Cooper, Millard & Jensen-Kovalan, 1994); quando ocorre um atraso entre o início do estímulo discriminativo e o comportamento-alvo; ou quando um mesmo estímulo é discriminativo para diferentes repertórios comportamentais, dependendo do contexto (Hughes e Barnes-Holmes, 2014). Estímulos complexos cujas propriedades funcionais mudam ao longo dos contextos são aspectos comuns de interações sociais, atividades acadêmicas e atividades vocacionais.

Os próprios comportamentos são a fonte mais intuitiva de complexidade. Não existe uma definição geralmente aceita de complexidade comportamental na literatura analítico-comportamental. Sugerimos que cinco dimensões importantes devem ser consideradas no estabelecimento de novos comportamentos: (1) habilidades subordinadas e superordenadas, (2) sequenciamento, (3) promoção da variabilidade na resposta, (4) ambiguidade nos critérios naturais e (5) estabelecimento de habilidades de autogestão. A maioria dos comportamentos complexos inclui ou requer várias habilidades subordinadas ou de pré-requisito. Por exemplo, habilidades de decodificação fluente são precursoras de habilidades de busca de texto e compreensão de leitura (National Reading Panel, 2000).

Outro desafio considerável é identificar o nível de proficiência exigido para os comportamentos de pré-requisito antes de ensinar a habilidade-alvo. Que um aluno deve ser capaz de completar operações de soma e subtração corretamente antes de aprender a conferir um extrato de conta bancária pode ser óbvio. No entanto, definir quais operações e quais níveis de precisão e fluência exigir antes de ensinar a habilidade-alvo pode representar um desafio considerável (ver em Kelley, Reitman & Noell, 2002 uma discussão sobre critérios de precisão e fluência em habilidades subordinadas).

Uma segunda fonte de complexidade surge das *cadeias comportamentais*, uma série de comportamentos que ocorrem sequencialmente e produzem estado final consistente (Cooper, Heron & Heward, 2007). Sequências de uma ordem diferente de comportamentos ou variações dentro da cadeia podem produzir o mesmo estado final. Por exemplo, muitas variações bem-sucedidas da cadeia de lavagem das mãos são possíveis, dependendo das preferências pessoais e do contexto ambiental. Cada comportamento em uma cadeia estabelecida produz o reforço condicionado que serve como estímulo discriminativo para o próximo comportamento na cadeia (Cooper *et al.*, 2007).

A exigência de que a competência inclua comportamento variado, necessário para a generalização da resposta, cria uma terceira fonte de complexidade. Por exemplo, iniciar brincadeiras com colegas requer variedade entre ocasiões e materiais disponíveis (Ledbetter-Cho *et al.*, 2015). O comportamento variável que mantém contato com o reforço é uma característica comum dos comportamentos sociais, vocacionais e acadêmicos. Por exemplo, não é provável que a pessoa que conta a mesma piada repetidamente receba reforçamento contínuo para contar piadas, mesmo que ela inicialmente tenha provocado risos. A generalização da resposta e a flexibilidade comportamental são muito desafiadoras para alguns alunos. Indivíduos que precisam de muitas tentativas com estímulos antecedentes e consequentes cuidadosamente controlados para aprender também têm dificuldade em aprender a responder à variabilidade em contextos naturais, e essa é uma das características centrais de algumas deficiências do desenvolvimento (Reitzel *et al.*, 2013).

Uma quarta fonte de complexidade é evidente para comportamentos tão variados que respostas corretas e incorretas são difíceis de se definir. Esses comportamentos são tão comuns na interação humana que podemos descrevê-los como normativos. Por exemplo, uma resposta a uma simples saudação pode ter um número quase infinito de respostas aceitáveis.

Uma quinta fonte de complexidade surge quando o comportamento requer planejamento substancial, monitoramento do progresso e revisão do plano, também conhecido como *controle executivo* (Mahy, Moses & Kliegel, 2014) ou *autogestão* (Gureasko-Moore, DuPaul & White, 2006). O controle executivo ou autogestão, nesse contexto, refere-se à organização e à avaliação das respostas necessárias para completar comportamentos complexos. Embora o termo *controle executivo* normalmente descreva processos internos não observáveis, planejamento, monitoramento de progresso e revisão de planos podem ser comportamentos observáveis.

As consequências do comportamento podem criar uma fonte adicional de complexidade no estabelecimento e na manutenção de comportamentos. Consequências tardias, esquemas de reforçamento e consequências cumulativas de pequena magnitude são extraordinariamente comuns no esforço humano (Malott, 1989) e são muitas vezes problemáticos no estabelecimento e na sustentação do comportamento. As consequências naturais podem ser suficientemente tardias, em horários tão estreitos e tão ambíguos em sua apresentação que são insuficientes para ensinar o comportamento ou mantê-lo existente (Malott, 1989).

O ensino analítico-comportamental geralmente se concentra em respostas específicas, utilizando procedimentos rigidamente controlados que podem produzir respostas inflexíveis e rigidamente controladas. No entanto, devemos conceituar esse resultado como um começo, e não como um fim. Essa abordagem surgiu em parte de demonstrações de que indivíduos considerados "não ensináveis" ou "deficientes" poderiam aprender muito mais e muito mais rápido do que qualquer um pensava ser possível. O sucesso impressionante no uso de princípios de análise do comportamento aplicada (ABA, *applied behavior analysis*) levou à aplicação bem-sucedida desta a indivíduos em desenvolvimento típico (Daly, Persampieri, McCurdy & Gortmaker, 2005; Koscinski & Hoy, 1993). Passar de comportamentos ensináveis discretos para elaborar repertórios flexíveis é um objetivo fundamental do ensino representado na literatura sobre ABA (p. ex., Reid, Lienemann & Hagaman, 2013). No balanço deste capítulo, focalizamos questões importantes para o estabelecimento de novos comportamentos e a elaboração destes para produzir repertórios mais flexíveis e adaptativos. Primeiro, discutimos questões selecionadas na avaliação de comportamentos e indivíduos antes do início do ensino. Em seguida, discutimos muitos procedimentos específicos que os analistas do comportamento podem utilizar para estabelecer novos comportamentos. Apresentamos os procedimentos conforme eles podem surgir na prática, à medida que um analista passa do estabelecimento de uma resposta inicial para a elaboração dessa resposta até a criação de um repertório mais complexo. Desse modo, essas seções progridem da formação e da estimulação para o encadeamento, a instrução de estratégia e, por fim, para a generalização.

Avaliação de comportamentos e indivíduos

Qualquer programa para estabelecer novos comportamentos deve começar com uma avaliação de habilidades, comportamentos, metas e preferências atuais do indivíduo. Podemos conceituar o estabelecimento de novos comportamentos como as respostas a três perguntas. Primeiro, o que esperamos que o aluno faça? Segundo, o que o aluno sabe fazer? Em terceiro lugar, que procedimentos podemos utilizar para desenvolver o que o aluno faz agora, para que ele possa atender às novas expectativas? Embora essas perguntas sejam intuitivas, a complexidade aparece nos detalhes. Por exemplo, a maioria dos indivíduos precisará aprender muitos novos comportamentos que provavelmente se sobrepõem em função e topografia. Muitas vezes, devemos priorizar os comportamentos que vamos ensinar. Neste capítulo, o espaço nos impede de realizar uma ampla consideração de priorização de estratégias. Em geral, devemos objetivar os comportamentos com a maior importância adaptativa possível e aqueles que são pré-requisitos desses comportamentos amplos e importantes. Os pesquisadores têm usado o termo *cúspides comportamentais* para descrever comportamentos que fazem amplas contribuições para o sucesso adaptativo de um indivíduo (Rosales-Ruiz & Baer, 1997). Alguns exemplos óbvios incluem a linguagem falada em contextos sociais e a leitura em contextos educacionais e vocacionais.

O planejamento instrucional deve começar identificando critérios de competência que indiquem quando devemos encerrar a instrução ou mudar para novas metas. O ponto final pode ser habilidades de linguagem oral apropriadas para a idade ou a leitura de texto e a resposta correta às questões de compreensão com estágio intermediário para preparar o aluno para aprender o material adicional. Por exemplo, ensinar uma criança com TEA a articular palavras-alvo em resposta a estímulos antecedentes apropriados tem menos probabilidade de ser um fim do que uma etapa no processo de construção de habilidades de linguagem oral.

Uma vez identificado o objetivo imediato da instrução, podemos identificar os componentes fundamentais do comportamento. Com frequência identificamos aproximações relevantes ou criamos uma análise de tarefa do comportamento. *Aproximações* relevantes são comportamentos topograficamente semelhantes ao alvo e que podemos potencialmente moldar através do reforçamento diferencial para produzir o comportamento-alvo (Isaacs, Thomas & Goldiamond, 1960). Por exemplo, um aluno pode já conseguir ler palavras de nível escolar, mas com fluência insuficiente para ser competente. Nesse caso, podemos utilizar a leitura lenta para moldar a fluente (p. ex., Noell *et al.*, 1998).

Uma *análise de tarefa* é o processo de decompor um comportamento complexo em uma série de componentes discretos, mensuráveis e ensináveis. Por exemplo, os alunos devem ler números e sinais de operação, identificar respostas corretas e escrevê-las para completar os problemas de multiplicação. As três estratégias que os pesquisadores mais recomendam para completar as análises de tarefas são as seguintes: primeiro, podemos observar o desempenho e registrar os passos que indivíduos competentes utilizam para concluir a tarefa. Em segundo lugar, podemos consultar um especialista (indivíduo com experiência em conteúdo especializado ou um recurso publicado especializado). O terceiro passo é simplesmente completar o comportamento-alvo e registrar as etapas que foram necessárias para concluir a tarefa.

Uma vez identificadas as etapas componentes da tarefa-alvo, a avaliação mudará para o aluno. Pediremos a ele que conclua a tarefa e registre quais etapas ele conclui de forma independente. Compararemos o desempenho do aluno com um padrão de desempenho para identificar quais etapas ele realizou com competência e quais precisamos ensinar, incluindo metas instrucionais. Infelizmente, padrões baseados em evidências não estão disponíveis para muitas tarefas, mas podemos aplicar padrões normativos racionais e locais para algumas delas. Padrões adequados em geral exigem atenção a qualidade, precisão e fluência (ver Kelley *et al.*, 2002). Por exemplo, a avaliação pode mostrar que a fluência de leitura do aluno é muito baixa para que ele responda às perguntas de compreensão com precisão. A avaliação do desempenho em leitura pode sugerir que o aluno tem habilidades fundamentais suficientes, mas precisa de construção de fluência, que algumas palavras de visão crítica estão faltando, que as habilidades fônicas/de decodificação são insuficientes para ler palavras novas ou uma combinação desses fatores. Cada um desses resultados sugere um foco inicial diferente para a instrução.

Um dos princípios centrais da ABA é que o ambiente muda o comportamento. Esse fato é tão importante para a avaliação comportamental quanto para o tratamento comportamental. Uma avaliação padronizada pode sugerir que um aprendiz carece de uma habilidade, quando, na verdade, o ambiente de avaliação simplesmente não tinha os suportes necessários para inferir o desempenho do aluno. A ausência de contingências para respostas competentes e reforço para respostas competitivas ou distrações pode produzir avaliações com viés negativo (Noell, Freeland, Witt & Gansle, 2001). Os analistas do comportamento devem realizar avaliação comportamental sob condições variadas que testam as consequências.

A próxima etapa é identificar um procedimento instrucional apropriado para estabelecer ou refinar o comportamento-alvo. Descrevemos a seguir procedimentos específicos de ensino da ABA. Os analistas do comportamento devem observar que o processo de avaliação-tratamento ou avaliação-ensino é recursivo e contínuo. Uma vez iniciado o ensino, os dados de avaliação contínua devem orientar as decisões que mudarão o plano instrucional conforme necessário.

Modelagem

Modelagem é uma abordagem instrucional especialmente importante para alunos que têm baixa probabilidade de exibir o comportamento-alvo mesmo com dica, mas se envolvem em algum comportamento relacionado que podemos utilizar para iniciar a instrução. A modelagem envolve o aumento da probabilidade de ocorrência de um comportamento através da transformação gradual de alguma propriedade de resposta. O reforçamento diferencial de aproximações sucessivas de uma classe operante alvo produz essa transformação. A *modelagem através de topografias* modifica a topografia de uma resposta, e pesquisadores têm demonstrado isso em diversos estudos clássicos (Horner, 1971; Isaacs *et al.*, 1960; Skinner, 1938). Por exemplo, Isaacs *et al.* (1960) modelaram os movimentos oculares de um indivíduo diagnosticado com esquizofrenia comatosa em movimentos labiais, sons da fala e, por fim, palavras reconhecíveis. A *modelagem na topografia* modifica a taxa, a magnitude ou alguma outra propriedade do operante de destino. Pesquisadores usaram esse tipo de modelagem para aumentar a extensão do braço de um atleta durante uma etapa importante no salto com vara (Rea & Williams, 2002) e para aumentar o tempo durante o qual os indivíduos conseguiam prender a respiração antes de medir os níveis de monóxido de carbono exalado durante o tratamento para cessação do tabagismo (Scott, Scott & Goldwater, 1997).

Os alunos normalmente emitem uma distribuição de comportamentos relevantes para a dimensão de resposta direcionada. A modelagem utiliza a extinção e o reforço para deslocar essa distribuição, de modo que a proporção de respostas que contêm a propriedade de resposta desejada aumenta (Galbicka, 1994). O reforçamento diferencial contínuo de respostas acima de um valor de critério produz diferenciação na qual uma proporção crescente de comportamento está no comportamento-alvo ou mais perto dele. Os fatores que afetam a probabilidade de sucesso na conformação incluem propriedades da resposta inicial e a maneira como estabelecemos o critério para reforço. A resposta visada no início do processo deve ocorrer a um nível ou a uma taxa suficiente para permitir o reforço inicial. Deve também aproximar-se do comportamento-alvo, para que possamos reforçar diferencialmente a dimensão de resposta relevante. Por fim, a resposta inicial deve ter variabilidade suficiente para podermos fornecer reforçamento diferencial para respostas que excedam um critério estabelecido, moldando assim a resposta em direção ao alvo. Note que o aumento da variabilidade é um efeito colateral previsível tanto do reforço (Skinner, 1938) quanto da extinção (Lerman & Iwata, 1996), de modo que respostas iniciais que parecem relativamente invariantes podem ser passíveis de modelagem.

Determinar quais respostas reforçar e quais extinguir pode ser um desafio. Se o critério de reforço for muito baixo, reforçaremos uma grande proporção de respostas, e a modelagem prosseguirá lentamente. Em contrapartida, se o critério for muito alto, reforçaremos uma pequena proporção de respostas, e a resposta pode ser extinta. Galbicka (1994) recomendou que os instrutores utilizassem esquemas de percentis para determinar empiricamente o critério de reforço durante a modelagem. Todas as respostas que excedem uma ordem de classificação preestabelecida de uma amostra das respostas anteriores produzem reforço (p. ex., a terceira maior das últimas 10). Pesquisadores têm usado com sucesso essa abordagem para modelar comportamentos como contato visual (Hall, Maynes & Reiss, 2009) e engajamento de tarefa acadêmica (Athens, Vollmer & St. Peter Pipkin, 2007; Clark, Schmidt, Mezhoudi & Kahng, 2016).

A vantagem de um esquema de percentis é que ele atualiza de modo constante a distribuição de respostas que utiliza para estabelecer o critério de reforço à medida que as respostas variam, o que mantém constante a proporção de respostas reforçadas. Até o momento, os pesquisadores conduziram poucos estudos para determinar a ordem de classificação ideal e o número de respostas à amostra para estabelecer um esquema de percentis. Em uma notável exceção, Athens *et al.* (2007) verificaram que os procedimentos do esquema de percentil foram mais efetivos quando basearam o critério de reforço em um número maior de observações. No entanto, o uso de mais observações tem o potencial de diminuir a eficiência, pois devemos adiar o reforço até que o aprendiz tenha emitido um número suficientemente grande de respostas para estabelecer o critério.

Dicas

Quando uma resposta não está no repertório de um aprendiz ou não está sob controle adequado do estímulo, pode ser necessário um estímulo para evocar a resposta para que possamos reforçá-la. *Dicas* são estímulos antecedentes que aumentam a probabilidade de uma resposta desejada. A dica pode ajudar um estímulo a tornar-se discriminativo, aumentando as oportunidades de fornecer reforçamento diferencial em sua presença (Alberto & Troutman, 1986; Cooper *et al.*, 2007; Demchak, 1990; Miltenberger, 2001). Pesquisadores têm utilizado dicas para ensinar comunicação (Matson, Sevin, Fridley & Love, 1990; Williams, Donley & Keller, 2000), habilidades acadêmicas (Noell, Connell & Duhon, 2006; Stevens, Blackhurst & Slaton, 1991), habilidades de lazer (DiCarlo, Reid & Stricklin, 2003; Schleien, Wehman & Kiernan, 1981; Oppenheim-Leaf, Leaf & Call, 2012), habilidades sociais (Krantz & McClannahan, 1993; Garcia-Albea, Reeve, Brothers & Reeve, 2014), habilidades de autoajuda (Pierce & Schreibman, 1994; Taylor, Hughes, Richard, Hoch & Coello, 2004) e habilidades vocacionais (Bennett, Ramasamy & Honsberger, 2013).

Os analistas do comportamento categorizaram as dicas como estímulo e resposta (Schoen, 1986; Wolery & Gast, 1984). As *dicas de estímulo* são aquelas em que alteramos ou apresentamos alguma propriedade do estímulo de critério (Etzel & LeBlanc, 1979). Por exemplo, um professor usa uma dica de estímulo quando coloca duas figuras na frente do aluno, e a imagem correta é maior do que a incorreta. Já *as dicas de resposta* envolvem o comportamento do professor para evocar o comportamento desejado do aluno. Por exemplo, um professor utiliza uma dica de resposta quando aponta para a imagem correta após o aluno não responder quando o professor disse: "Aponte para (a imagem correta)".

Um *roteiro* é uma dica de estímulo que podemos usar para facilitar comportamentos complexos, sobretudo habilidades de conversação. A sutileza é uma vantagem distinta de induzir comportamentos sociais, como conversas com um roteiro, pois dicas mais artificiais (como instruções vocais) podem ser desagradáveis para os parceiros de conversação. Podemos desvanecer o comprimento do roteiro de um texto completo para uma única palavra ou um símbolo (p. ex., Krantz & McClannahan, 1993), ou eliminar totalmente a escrita (p. ex., Garcia-Albea *et al.*, 2014). Os pesquisadores têm utilizado roteiros como intervenção mediada por cuidadores para crianças com TEA para promover interações verbais durante as brincadeiras (Reagon & Higbee, 2009). No entanto, os roteiros são limitados aos alunos que podem ler, e o desvanecimento do roteiro pode ser demorado com alguns alunos.

As dicas de resposta existem ao longo de um espectro de intrusividade na quantidade de assistência necessária para evocar o comportamento desejado, desde as dicas verbais menos intrusivas, as dicas gestuais ou os modelos moderadamente intrusivos, até as dicas físicas mais intrusivas (Cooper *et al.*, 2007; Miltenberger, 2001). Podemos entregar a maioria das dicas em diferentes níveis de intrusividade, como uma dica verbal parcial em vez de uma instrução completa ou uma dica física, para orientar o aluno a apresentar a primeira parte em vez de todo o comportamento.

A *modelagem*, na qual o estímulo antecedente é topograficamente idêntico ao comportamento-alvo, é uma dica que pode ser especialmente eficaz para o ensino de comportamentos complexos (Bandura, Ross & Ross, 1963). A videomodelagem e a dica são métodos para demonstrar o comportamento-alvo sem exigir que um instrutor modele o comportamento cada vez que o aluno recebe a dica. A dica na videomodelagem consiste na filmagem de um indivíduo completando o comportamento, que fornece ao aluno uma visão geral das etapas na sequência de comportamento. A dica em vídeo é um clipe de um indivíduo completando uma etapa de uma sequência de comportamento e um clipe de vídeo da próxima etapa após o aluno concluir a etapa anterior (Domire & Wolfe, 2014). Os pesquisadores têm utilizado ambos os métodos para ensinar cadeias complexas de comportamento, incluindo habilidades sociais e tarefas da vida diária (Ayres e Langone, 2005). Há algumas evidências de que a dica em vídeo pode facilitar a aquisição de respostas encadeadas de maneira mais eficaz do que a videomodelagem (Cannella-Malone *et al.*, 2006).

Diversos fatores podem influenciar a efetividade da modelagem, como a observação do aprendiz do comportamento modelado produzindo reforço, bem como a semelhança entre o modelo e o aprendiz ou entre os estímulos discriminativos apresentados ao modelo e ao aprendiz (Bandura *et al.*, 1963). A automodelagem em vídeo, na qual o aprendiz também é o modelo no vídeo, é uma forma de maximizar a semelhança entre modelo e aprendiz (Buggey & Ogle, 2012). Embora a modelagem seja eficaz, duas de suas limitações são que o aprendiz deve ter habilidades de imitação generalizadas e atender ao modelo durante a instrução. Mais pesquisas são necessárias para identificar os componentes que influenciam a eficácia da videomodelagem e da dica em vídeo, como avaliar os efeitos do tipo de modelagem e da perspectiva de gravação (p. ex., Domire & Wolfe, 2014).

Desvanecimento da dica

A *dependência da dica* ocorre quando a dica ofusca o estímulo critério a tal ponto que ele nunca assume propriedades discriminativas na ausência da dica. Desse modo, devemos transferir o controle do estímulo da dica para o estímulo critério. *Desvanecimento* é um método de remoção gradual de uma dica para que o comportamento possivelmente fique sob controle do estímulo critério na ausência de dicas. Por exemplo, Wichnick-Gillis, Vener e Poulson (2019) utilizaram dicas textuais embutidas em estímulos instrucionais (i.e., roteiros) para ensinar três crianças com TEA a se envolverem em interações sociais. Durante a generalização, os roteiros foram gradualmente desvanecidos, removendo uma palavra de cada vez a partir do final de determinado roteiro, até que todas as palavras fossem desvanecidas.

Desvanecimento de dicas de estímulo

Existem dois métodos principais de desvanecimento de dicas de estímulo: modelagem do estímulo e desvanecimento do estímulo. Na *modelagem do estímulo*, alteramos a propriedade do estímulo critério que é fundamental para a discriminação pretendida, para que o aprendiz possa inicialmente fazer a discriminação. Por exemplo, quando um *chef* está ensinando um *sous-chef* a fazer discriminações sutis de salgabilidade, o treinamento inicial pode incluir amostras com diferenças muito distintas no teor de sal. Uma vez que o aprendiz está fazendo a discriminação de forma confiável, diminuímos gradualmente a propriedade do estímulo alterado até que o estímulo seja representativo do critério (Etzel & LeBlanc, 1979). Desse modo, a diferença na quantidade de sal nas duas amostras durante a modelagem do estímulo pode se tornar menor até que o *sous-chef* seja capaz de detectar diferenças sutis.

No *desvanecimento do estímulo*, alteramos uma propriedade do estímulo de critério diferente da dimensão fundamental para a discriminação (Etzel & LeBlanc, 1979; Wichnick-Gillis *et al.*, 2019). Por exemplo, podemos alterar as dicas de posição ou o tamanho de uma letra-alvo ao ensinar a identificação da letra. Nesse caso, nem a posição nem o tamanho são a dimensão fundamental para discriminar a letra-alvo de outras letras. Em vez disso, a forma da letra é a propriedade fundamental. Durante o desvanecimento do estímulo, aproximamos o tamanho ou a posição da letra-alvo da posição ou tamanho da letra alternativa até que o aprendiz possa discriminar a letra por sua forma.

Uma revisão de estudos comparando a modelagem e o desvanecimento de estímulos descobriu que ambas eram abordagens instrucionais eficazes (Ault, Wolery, Doyle & Gast, 1989). No entanto, a modelagem do estímulo parece ser mais eficaz do que o desvanecimento do estímulo, talvez porque o desvanecimento deste exija que o aprendiz mude a discriminação de uma dimensão de estímulo irrelevante para a dimensão relevante. Fazer essa mudança pode ser difícil para alguns aprendizes – sobretudo aqueles que atendem seletivamente a certas dimensões de estímulos, como alguns indivíduos com TEA (Wolery & Gast, 1984).

Desvanecimento de dica de resposta

Os cinco principais procedimentos de desvanecimento que os pesquisadores estudaram para transferir o controle do estímulo de uma dica de resposta para um estímulo critério são o menos-para-mais, a orientação graduada, o mais-para-menos, o atraso de tempo e a dica simultânea. A *dica menos-para-mais*, ou o sistema de menos dicas, é adaptável a cadeias de comportamento de ensino, como uma série de respostas motoras (p. ex., dobrar roupas) e comportamento discreto, como etiquetagem de objetos. Durante a dica menos-para-mais, o instrutor apresenta o estímulo-critério para que o aprendiz possa emitir a resposta correta de forma independente. Se o aluno não emitir a resposta correta, o instrutor apresentará dicas cada vez mais intrusivas, até que o aluno emita o comportamento-alvo. Por exemplo, um instrutor pode utilizar a dica do menos-para-mais para ensinar um aluno a identificar corretamente as palavras visuais, apresentando primeiro o estímulo de critério, um *flashcard*. O instrutor fornece uma dica mais intrusiva, como a primeira sílaba, se o aluno não der a resposta-alvo antes que um intervalo expire (p. ex., 5 segundos), e uma dica ainda mais intrusiva, a palavra, se o aluno não der a resposta-alvo após a dica anterior. Wolery e Gast (1984) sugeriram que, como instrutores, deveríamos apresentar o estímulo-critério em cada nível de alerta e usar um intervalo de resposta constante após cada dica. Também devemos considerar se dicas sucessivas aumentam a probabilidade do comportamento-alvo. Caso contrário, devemos utilizar a dica menos intrusiva que provavelmente ocasionará o comportamento.

Uma vantagem do desvanecimento menos-para-mais é que o aluno pode emitir o comportamento correto sem dicas. Também pode ser mais fácil de implementar do que outras estratégias, pois dicas mais intrusivas se tornam desnecessárias à medida que o indivíduo aprende a emitir o comportamento-alvo de forma independente (Billingsley & Romer, 1983).

Durante a *orientação graduada*, o instrutor elimina gradualmente a dica de controle, apresentando apenas o nível de dica necessário para evocar o comportamento-alvo. Uma *dica de controle* é aquela que resulta de maneira consistente na exibição do comportamento-alvo pelo aprendiz (Wolery *et al.*, 1992). Podemos utilizar dicas menos-para-mais para identificar dicas de controle, que geralmente incluem orientação física. Por exemplo, pais ensinaram posições de ioga para seus filhos diminuindo de modo gradual a quantidade de orientação física, passando de um apoio físico mais próximo para apenas observar e guiar seus movimentos (Gruber & Poulson, 2015). Podemos usar a orientação graduada para desvanecer a orientação física e transferir o controle do estímulo para outros tipos de dica de controle, como as verbais (Schoen, 1986).

Uma vantagem da orientação graduada é que o aluno pode ser o mais independente possível, pois o instrutor fornece apenas a quantidade mínima de orientação necessária. Uma desvantagem é que o desvanecimento não é sistemático, ele se baseia em julgamentos subjetivos sobre o nível de estímulo exigido (Wolery & Gast, 1984), que o instrutor deve fazer rapidamente, com base nas respostas do aprendiz. Isso pode afetar a integridade da implementação e pode ser difícil de avaliar na ausência de pesquisas sistemáticas.

O *desvanecimento mais-para-menos* começa com a entrega de uma dica de controle, e a quantidade de assistência necessária para que o indivíduo complete o comportamento corretamente varia entre as tentativas em vez de dentro de uma avaliação. O grau de intrusão da dica diminui ou aumenta nas tentativas subsequentes, com base no fato de o aprendiz atender a um critério de domínio ou de falha, respectivamente, para o nível de dica atual. Observe que, se o primeiro nível de dica for uma dica de controle, o aluno deve sempre atender ao critério de domínio, pois a resposta sempre deve ocorrer seguindo essa dica mais intrusiva. A orientação graduada e o desvanecimento mais rápido são adequados para ensinar respostas motoras encadeadas e para alunos que exigem muitos pares de reforços de resposta para alcançar a independência (Wolery & Gast, 1984).

Libby, Weiss, Bancroft e Ahearn (2008) modificaram o desvanecimento de dica mais-para-menos, inserindo atraso entre as dicas de controle para permitir aos alunos uma oportunidade de independência. Esse procedimento de *desvanecimento por atraso de tempo* produziu domínio quase tão rápido quanto o menos-para-mais, mas com menos erros. Os dois tipos de desvanecimento por atraso de tempo, constante e progressivo (O'Neill, McDowell, & Leslie 2018; Snell & Gast, 1981), iniciam-se com tentativas de zero segundo de atraso em que o estímulo-critério e a dica ocorrem ao mesmo tempo. Normalmente, utilizamos mais ensaios de atraso de zero segundo para tarefas difíceis ou alunos com menor atuação. No *desvanecimento progressivo por atraso de tempo*, o tempo entre a apresentação do estímulo-critério e a dica aumenta gradualmente após cada tentativa, diversas tentativas ou cada sessão de instrução (Heckaman, Alber, Hooper & Heward, 1998). Com o *desvanecimento por atraso de tempo constante*, o instrutor atrasa a dica por um tempo especificado após a apresentação do estímulo-critério, e essa latência permanece fixa durante as sessões de instrução (Snell & Gast, 1981).

Algumas vantagens do desvanecimento do atraso de tempo incluem sua baixa taxa de erro e sua simplicidade. O desvanecimento por atraso de tempo constante é especialmente simples de se utilizar, o que pode produzir melhor integridade do tratamento (Wolery *et al.*, 1992). A simplicidade pode ser importante sobretudo quando cuidadores ou supervisores implementam intervenções. Por exemplo, DiPipi-Hoy e Jitendra (2004) mostraram que os pais poderiam implementar procedimentos de atraso de tempo constante com boa fidelidade.

Durante a *dica simultânea*, o instrutor entrega a dica de controle imediatamente após apresentar a demanda (Morse & Schuster, 2004). Ou seja, os ensaios têm atraso de zero segundo, e o instrutor não introduz um atraso. Este conduz uma avaliação antes das sessões de instrução para determinar se o aluno pode emitir a resposta-alvo sem a dica. Os pesquisadores têm usado a dica simultânea para ensinar comportamentos discretos (Tekin-Iftar, Acar & Kurt, 2003), tarefas encadeadas (Parrott, Schuster, Collins & Gassaway, 2000) e tarefas vocacionais (Fetko, Schuster, Harley & Collins, 1999). As vantagens da dica simultânea são a baixa taxa de erro e a simplicidade, mas ela pode ser menos sensível para detectar o momento em que o domínio ocorre. No entanto, os instrutores podem conduzir mais ensaios por vez do que com procedimentos de atraso da dica, e a dica simultânea produz um domínio mais rápido do que outras estratégias de dica (Akmanoglu, Kurt & Kapan, 2015; Schuster, Griffen, Wolery, 1992; Swain *et al.*, 2015).

Estudos comparando métodos de desvanecimento de dica produziram resultados conflitantes. A limitação desses estudos comparativos é que a maioria dos participantes apresentou imitação generalizada, compareceu bem, esperou pela assistência do professor e demonstrou preferências claras por potenciais reforçadores. Wolery e Gast (1984) sugeriram que o atraso de tempo constante pode ser mais eficiente para os alunos que apresentam esses comportamentos, mas que outras estratégias de desvanecimento de dica podem ser mais apropriadas para indivíduos que não possuem essas habilidades. Em geral, a pesquisa mostrou que os métodos de desvanecimento de dica já descritos podem efetivamente transferir o controle do estímulo para um estímulo-critério, pelo menos para algumas tarefas e participantes. Não podemos tirar mais conclusões sobre o desvanecimento de dica além das variáveis peculiares avaliadas, como características dos participantes, tarefas e variações de dica.

Encadeamento

Cada passo ou componente de uma cadeia comportamental tem seus próprios reforçadores condicionados e estímulos discriminativos (Kelleher, 1966; Skinner, 1938), ou seja, a consequência após o preenchimento de cada componente da cadeia comportamental pode funcionar tanto como reforço condicionado para o comportamento anterior quanto como estímulo discriminativo para o próximo. Em geral, concluímos uma análise de tarefa para a cadeia de comportamentos de destino e ensinamos a cadeia utilizando encadeamento direto, inverso ou apresentação de tarefa total.

Durante o *encadeamento direto* e *inverso*, o instrutor ensina um componente da cadeia de comportamento de cada vez. O instrutor ensina cada componente adicional à medida que o aluno atende ao critério de domínio para os componentes anteriores. A diferença é que, no encadeamento inverso, o instrutor ensina a cadeia de comportamento em ordem inversa, começando pelo último componente; já no encadeamento direto, os comportamentos são ensinados na ordem em que ocorrem na cadeia, começando pelo primeiro componente. No encadeamento total ou de tarefa inteira, o aluno apresenta toda a cadeia de comportamento em cada ensaio instrucional.

Durante o *encadeamento inverso*, o instrutor orienta fisicamente o aprendiz a apresentar os componentes da cadeia comportamental até o último, que o aprendiz emite de forma independente (Sternberg & Adams, 1982). O instrutor ensina componentes em ordem inversa, orientando fisicamente cada vez menos componentes (p. ex., dois últimos, três últimos) à medida que o aluno domina cada componente. No *encadeamento inverso com salto à frente* (Spooner, Spooner & Ulicny, 1986), o instrutor não ensina todos os componentes diretamente, para ganhar tempo. Em vez disso, ele conduz uma avaliação contínua para determinar se o aluno pode apresentar alguns componentes sem treinamento.

Uma vantagem potencial do encadeamento inverso é que o aprendiz produz reforço natural ao completar cada componente da cadeia comportamental, enquanto completar os componentes iniciais durante o encadeamento direto produz reforço condicionado (Spooner *et al.*, 1986). No entanto, as consequências naturais produzidas no encadeamento inverso podem não funcionar como reforço para alguns indivíduos. A vantagem da apresentação da tarefa inteira é que o aluno aumenta as oportunidades de reforço condicionado praticando todos os componentes da cadeia de comportamento em cada tentativa. No entanto, a apresentação da tarefa inteira pode ser menos eficiente em termos de tempo. O encadeamento direto pode ser mais fácil de utilizar, pois o instrutor ensina os componentes na ordem em que eles ocorrem na cadeia, e isso pode produzir o melhor desempenho a longo prazo (Watters, 1992).

Smith (1999) mostrou que menos erros ocorreram no início da cadeia durante o encadeamento direto e no final da cadeia durante o encadeamento inverso. Desse modo, um instrutor deve usar o encadeamento direto se for improvável que um aluno complete a cadeia após um erro. Comparações diretas dos diferentes métodos de encadeamento mostraram resultados mistos (Ash & Holding, 1990; Hur & Osborne, 1993; Slocum & Tiger, 2011; Spooner e Spooner, 1984; Spooner, Weber, & Spooner, 1983; Watters, 1992; Wightman & Sistrunk, 1987). Tal como acontece com outros métodos descritos neste capítulo, a aquisição de competências através de diferentes métodos de encadeamento é provavelmente idiossincrática entre populações e muito influenciada pela habilidade-alvo.

Como promover generalização e variedade de resposta

Direcionamos os leitores aos capítulos 5 (Spradlin, Simon & Fisher) e 6 (Podlesnik, Jimenez-Gomez & Kelley) deste livro para ver discussões sobre generalização e métodos úteis para sua facilitação, incluindo descrições de controle de estímulos, classes de equivalência e generalização recombinativa. Vamos revisar algumas questões sobre generalização relevantes ao estabelecimento de comportamentos complexos. Por exemplo, o *treinamento com múltiplos exemplares*, no qual o instrutor solicita e reforça a resposta a vários membros de uma classe de estímulos, pode produzir generalização e promover respostas espontâneas ou variadas (Stokes & Baer, 1977). Por exemplo, Krantz e McClannahan (1993) utilizaram roteiros com conteúdos variados que suscitavam comentários sobre atividades para ensinar crianças com TEA a iniciar interações sociais. Os comentários roteirizados aumentaram, e os espontâneos e não roteirizados também aumentaram para diversos participantes. Essa variabilidade na resposta pode ser importante, pois muitas vezes determina se uma resposta produzirá reforçadores naturais. Por exemplo, os colegas podem perceber um aluno que sempre pede ajuda utilizando uma única frase no mesmo tom de voz como estranho, e podem ignorar ou evitar o aluno. McClannahan e Krantz (2005) utilizaram roteiros para ensinar várias estruturas de comando (p. ex., *eu quero, eu preciso* ou *eu gostaria*) aos participantes e observaram aumentos nas estruturas de comando espontâneas e novas. Da mesma forma, Betz, Higbee, Kelley, Sellers e Pollard (2011) ensinaram respostas variadas a indivíduos com TEA usando dicas de estímulo, cada uma associada a uma cor única. Eles reduziram as dicas de estímulo e usaram as dicas de cor, e reduziram as dicas de cor para dois dos três participantes que continuaram a emitir as respostas variadas.

Podemos promover a variabilidade da resposta manipulando as consequências da resposta. A variabilidade induzida pela extinção é um exemplo no qual a extinção de uma resposta previamente reforçada aumenta a probabilidade de ocorrência de diversas outras respostas (Goetz & Baer, 1973; Sullivan *et al.*, 2020). A variabilidade induzida pela extinção tem o benefício único de eliminar o tempo de instrução para comportamentos que estão no repertório do aluno, mas ocorrem com pouca frequência. Por exemplo, Valentino, Shillingsburg, Call, Burton e Bowen (2011) implementaram a extinção para os comandos sinalizados de crianças com vocalizações limitadas e observaram aumentos nas vocalizações. As chances de extinção do comportamento-alvo original e o surgimento do comportamento-problema são desvantagens da variabilidade induzida pela extinção.

Outro método para produzir variabilidade de resposta é um esquema de reforçamento com defasagem. O instrutor reforça uma resposta em um esquema de defasagem se ela diferir de um número designado de respostas emitidas anteriormente (Falcomata *et al.*, 2018; Page & Neuringer, 1985). Por exemplo, se um indivíduo tivesse emitido anteriormente a resposta *oi* seguida de *olá*, nenhuma dessas saudações seria elegível para reforço como a terceira resposta em um esquema de defasagem 2. Apenas uma nova saudação (p. ex., *bom dia*) produziria reforço; mas para uma quarta saudação, uma nova resposta ou um *oi* produziria reforço, pois essas saudações não estavam entre as duas respostas anteriores. Pesquisadores têm utilizado esquemas de defasagem para estabelecer variedade para o comportamento verbal (Esch, Esch, & Love, 2009; Falcomata *et al.*, 2018; Lee, McComas & Jawor, 2002; Silbaugh, Falcomata & Ferguson, 2018; Wiskow, Matter & Donaldson, 2018) e estruturas de blocos de construção (Napolitano, Smith, Zarcone, Goodkin & McAdam, 2010), e para manter a resposta variável após a descontinuação do esquema de defasagem (Heldt & Schlinger, 2012). Uma desvantagem é que pode surgir a resposta em padrões. O uso de esquemas de defasagem variável pode atenuar esse problema (Lee *et al.*, 2002).

Instrução estratégica

Estratégias são sequências de comportamento mais complexas que incluem avaliação, planejamento, execução e avaliação de um curso de ação. É importante ressaltar que uma estratégia é um processo comportamental pelo qual um indivíduo escolhe, ordena e avalia o comportamento para resolver diversos problemas, em vez de uma sequência comportamental fixa. Podemos distinguir habilidades e estratégias pelos papéis únicos que desempenham no aprendizado e na realização. Alexander e Murphy (1999) descrevem *habilidades* como conhecimentos procedurais que os alunos desenvolvem, o que lhes permite executar tarefas de forma eficaz com rapidez e precisão. Os alunos que alcançam automaticidade ou fluência de habilidades podem atender a dimensões de tarefas mais complexas (p. ex., compreender um texto após dominar a decodificação e a leitura de palavras). Por exemplo, Wagner *et al.* (2011) relataram que a fluência na escrita de cartas individuais contribuiu para a qualidade e a complexidade da escrita de alunos de primeiro e quarto anos. Um objetivo fundamental da educação eficaz é fornecer aos alunos oportunidades suficientes para praticar habilidades fundamentais (p. ex., decodificação, computação de fatos matemáticos básicos), para que eles possam desenvolver fluência adequada para usar essas habilidades básicas de maneira estratégica (Ardoin & Daly, 2007).

Assim como acontece com as habilidades básicas, os alunos aprendem e executam melhor as estratégias quando as ensinamos de maneira explícita, quando o ambiente suporta o uso efetivo de habilidades e quando o ambiente recompensa naturalmente o uso de estratégias (Duffy, Roehler, Sivan & Rackliffe, 1987; Manset-Williamson & Nelson, 2005). Existe uma extensa literatura descrevendo modelos de instrução de estratégias em leitura, escrita e matemática para alunos com e sem dificuldades de aprendizagem (Alexander, Graham & Harris, 1998; Reid *et al.*, 2013).

Os instrutores que utilizam instruções de estratégia eficazes garantem que os alunos tenham as habilidades básicas de pré-requisito, explicam a estratégia para eles, modelam a estratégia e explicam por que eles devem usá-la. Por exemplo, o Desenvolvimento de Estratégia Autorregulada, um currículo validado empiricamente para ensinar estratégias de escrita, envolve explicar aos alunos como bons escritores podem usar uma estratégia (p. ex., planejar, listar ideias principais) e os benefícios de usar a estratégia. Em seguida, os professores modelam a estratégia para os alunos escrevendo redações enquanto são feitas perguntas em voz alta, seguidas de procedimentos de autoinstrução de modelagem (p. ex., autoavaliação e autorreforço). Um segundo componente comum da instrução de estratégia é fornecer aos alunos oportunidades de praticar problemas em uma sequência programada, de problemas mais simples a mais complexos. Os professores fornecem aos alunos *feedback* corretivo, reforço e muitos modelos, permitindo que pratiquem habilidades de forma colaborativa. A prática colaborativa, quando possível, permite que os professores apoiem os alunos enquanto, de modo gradual, proporcionam maior independência a eles. Os professores fornecem aos alunos mnemônicos para lembrar os passos da estratégia e os ensinam a usar automonitoramento, cartões de dicas ou uma combinação destes para promover a independência e a generalização. Os alunos praticam esses passos verbalmente até memorizarem os passos da estratégia. Proporcionar aos alunos oportunidades de praticar estratégias recém-aprendidas em múltiplos exemplares promove a generalização e a adaptação de estratégias (Alber-Morgan, Hessler, & Konrad, 2007). Por exemplo, os professores devem oferecer aos alunos oportunidades de praticar estratégias de leitura e escrita e apoio contínuo em uma variedade de tipos de texto e tarefas de escrita, para que os alunos utilizem essas estratégias de modo eficaz.

Ensinar os alunos a usarem estratégias de autorregulação, como automonitoramento, autorregistro, autoavaliação e autorreforço, promoverá o uso de estratégias (Alexander *et al.*, 1998; Reid *et al.*, 2013). Os professores reúnem-se com os alunos individualmente, revisam o trabalho destes para estabelecer uma linha de base, explicam os benefícios de cada comportamento autorregulador, ajudam os alunos a estabelecerem metas de automonitoramento e modelam verbalmente a estratégia. A pesquisa mostrou que ensinar aos alunos comportamentos de autorregulação aumenta sua compreensão de suas habilidades acadêmicas, o que lhes permite conectar o uso da estratégia e o desempenho bem-sucedido. Os alunos ensinados explicitamente a utilizar comportamentos autorregulatórios experimentam maior aquisição, manutenção e generalização do desenvolvimento de estratégias autorregulatórias (De La Paz, 1999; Pressley & Levin, 1987).

Instrução direta

A *instrução direta* concentra-se em habilidades e estratégias de ensino para um nível de domínio por meio de instrução explícita dirigida pelo professor (Grossen, 2004). Um princípio orientador da instrução direta é que os alunos são capazes de aprender, e a falha em aprender é vista como resultado de ensino inadequado, currículo impróprio ou ambos, em vez de como uma característica do aluno. Siegfried Englemann e Carl Bereiter desenvolveram a instrução direta na década de 1960 para permitir que os alunos que muitos acreditavam que não poderiam aprender a ler aprendessem em um ritmo que lhes permitisse alcançar seus colegas sem deficiência. Mais de 30 anos de pesquisa sugerem que o Programa de Leitura Corretiva (Englemann, 1999) melhora as habilidades de leitura em duas a três vezes a taxa típica se implementado de forma consistente e íntegra, permitindo que alunos com dificuldades alcancem seus pares (ver revisão da pesquisa em Grossen, 1998). Os pesquisadores ampliaram a aplicação da instrução direta para incluir leitura crítica (Darch & Kame'enui, 1987), química (Carnine, 1989), ciências naturais (BFA Educational Media, 1991), escrita expressiva (Walker, Shippen, Alberto, Houchins & Cihak, 2005), história dos Estados Unidos (Carnine, Crawford, Harniss & Hollenbeck, 1994) e resolução de problemas (BFA Educational Media, 1991).

Os currículos de ensino direto compartilham diversas características comuns para garantir que os alunos com várias necessidades tenham sucesso. Por exemplo, a avaliação das necessidades instrucionais de um aluno impulsiona a colocação em um currículo de instrução direta. A avaliação contínua fornece informações sobre o desenvolvimento de habilidades do aluno e a eficácia do professor. Os alunos são comumente colocados em grupos de habilidades homogêneos, para garantir que os alunos de um grupo precisem do mesmo nível de instrução e orientação. Isso também reduz a probabilidade de que alguns alunos dominem as habilidades desejadas ou não tenham as habilidades previamente necessárias para se beneficiar da instrução. Contudo, os agrupamentos são temporários, pois os professores utilizam a avaliação de desempenho individualizada contínua para alterar de maneira adequada a inclusão no grupo.

Os materiais de instrução direta agilizam as aulas quando isso é prático. Englemann recomenda não ensinar informações de que os alunos não precisam, para que os alunos com dificuldades possam recuperar o atraso (Engelmann & Becker, 1978). As aulas de instrução direta são organizadas como sequências lógicas de desenvolvimento, para que os alunos conheçam as regras, os conceitos, as operações e as estratégias necessárias para aprender a habilidade-alvo (Kim & Axelrod, 2005; Kozloff, LaNuiziata, Cowardin & Bessellieu, 2000). Por exemplo, os professores só ensinam sons de letras, não nomes, para os alunos que aprendem a soar palavras, pois os nomes das letras não são necessários para soar palavras. O professor ensina habilidades, conceitos e estratégias generalizáveis, para que os alunos possam aplicar o que aprenderam aos exemplos treinados e à mais ampla gama de novos itens e situações. Engelmann e Becker (1978) referiram-se a isso como *programação de caso geral*. Os professores mostram aos alunos exemplos e não-exemplos em uma sequência específica, permitindo que os alunos reconheçam facilmente as diferenças e generalizem o que aprenderam (Watkins & Slocum, 2004).

Uma percepção equivocada é que a instrução direta se concentra apenas no aprendizado rotineiro e promove a aprendizagem passiva (Adams & Engelmann, 1996; Leontovich, 1999). Resultados de estudos sugerem que a instrução direta promove mais generalização do que programas alternativos apoiados por construtivistas, que comumente argumentam que os professores só devem orientar os alunos à medida que estes descobrem regras e estratégias por conta própria. Para examinar essa questão, Klahr e Nigam (2004) designaram 112 alunos de terceiro e quarto anos para uma instrução direta ou uma condição de descoberta-aprendizagem para ensinar a estratégia de controle de variáveis, um objetivo da ciência elementar. Os professores forneceram aos alunos na condição de instrução direta informações sobre como e por que o controle de variáveis funciona, mostraram exemplos e não exemplos da estratégia e explicaram as diferenças entre os exemplos. Na condição de descoberta-aprendizagem, os professores forneceram aos alunos materiais idênticos, e estes desenvolveram seus próprios experimentos. Os pesquisadores realizaram avaliações de aquisição nas quais os alunos desenvolveram quatro de seus próprios experimentos, e uma avaliação de generalização em que os alunos avaliaram dois projetos de feiras de ciências. Os resultados replicaram estudos anteriores, indicando que a aquisição da estratégia de controle de variáveis foi maior para os alunos na condição de instrução direta (Chen & Klahr, 1999). Além disso, os resultados ampliaram a literatura ao mostrar que os alunos na condição de ensino direto demonstraram mais generalização, com base em suas avaliações das feiras de ciências, do que os alunos na condição de descoberta-aprendizagem. Os resultados de um estudo metanalítico mostraram que as instruções explícitas produziram um tamanho médio de efeito de *d* = -0,38, sugerindo que a instrução explícita produziu maior aprendizado do que a de descoberta não assistida (Alfieri, Brooks, Aldrich & Tenenbaum, 2011).

Os professores ministram aulas de instrução direta em ritmo acelerado, para fornecer aos alunos mais oportunidades de aprendizado e resposta e para manter o envolvimento ativo dos alunos. Professores e alunos utilizam linguagem consistente para definir conceitos, estabelecer regras e empregar estratégias, o que evita confusão por variações na linguagem. Os professores também usam sinais verbais consistentes, sinais não verbais ou ambos para respostas uníssonas frequentes em grupo. Os alunos escrevem suas respostas em quadros brancos; isso facilita o engajamento acadêmico e a prática, bem como a avaliação do desempenho dos alunos (Watkins & Slocum, 2004). Haydon e Hunter (2011) relataram que a resposta em uníssono diminuiu as declarações de rediretriz dos professores e aumentou suas declarações de elogio, e que aumentou o comportamento dos alunos na tarefa, as respostas corretas e as pontuações nos testes.

Os professores utilizam consistentemente um procedimento de modelar-liderar-testar-teste adiado, em que os professores primeiro modelam o conteúdo-alvo e, em seguida, trabalham junto aos alunos por meio de habilidades e operações em conjunto (Kozloff *et al.*, 2000). À medida que os alunos se tornam mais competentes, os professores fornecem menos informações, diminuem suas dicas e diminuem seu *feedback* corretivo de imediato para adiado. Os problemas aumentam em complexidade. Essas mudanças garantem o sucesso inicial e contínuo do aluno, mantendo assim sua motivação para aprender, dominar habilidades e tornar-se mais independente. Ensinar habilidades para dominar aumenta a probabilidade de que os alunos mantenham seu aprendizado e o generalizem e adaptem a novas situações (Binder, 1996). Após a modelagem, os professores testam a aquisição dos alunos por meio de respostas uníssonas e fornecem *feedback* corretivo imediato para erros. Os professores realizam testes adiados em grupo e individualmente mais tarde na mesma aula e durante as aulas subsequentes, para garantir a manutenção e promover a generalização (Kozloff *et al.*, 2000).

Aderir à sequência exata de habilidades e estratégias de ensino e manter a clareza e a consistência das instruções são as chaves para a eficácia da instrução direta. Os professores utilizam roteiros de aula para aumentar a integridade e a planificação da instrução (Watkins & Slocum, 2004). Uma abordagem ou currículo de instrução direta é um método instrucional relativamente abrangente, que incorpora instrução de estratégia explícita no ensino de habilidades básicas e cadeias comportamentais mais complexas. A instrução direta inclui avaliação contínua do progresso e das necessidades do aluno, com revisão do plano recursivo, modelagem, dicas, encadeamento e instrução de estratégia.

Generalização de habilidades complexas

Desde o início do ensino, tanto a instrução estratégica quanto a direta dedicam atenção considerável à generalização. Em geral, o objetivo do ensino é que o aluno demonstre os novos comportamentos no contexto de ensino e através de contextos, pessoas e tempos, e apresente uma gama de comportamentos relacionados que nunca foram explicitamente instruídos. A probabilidade de os alunos reterem e generalizarem a aprendizagem aumenta de forma substancial quando a generalização é parte do currículo, e não uma reflexão tardia (Daly, Martens, Barnett, Witt & Olson, 2007).

Uma técnica para promover a generalização é proporcionar aos alunos inúmeras oportunidades de praticar habilidades e estratégias para promover o domínio. Existem evidências de que ensinar os alunos a um alto nível de fluência, mais do que apenas precisão, promove manutenção, generalização e adaptação (Binder, 1996). Também há dados que sugerem que o *aprendizado excessivo* aumenta ainda mais a retenção e a generalização. O aprendizado excessivo é alcançado levando os alunos a níveis de domínio e, em seguida, fornecendo oportunidades de prática adicionais (Driskell, Copper & Willis, 1992). Por exemplo, Ardoin, Williams, Klubnik e McCall (2009) descobriram que o aprendizado excessivo por meio de maiores oportunidades de responder aprimorou os efeitos de manutenção, mas não aumentou substancialmente a fluência inicial de leitura dos alunos.

O reforço frequente para respostas precisas e fluentes também promove a generalização. A assistência do professor na forma de modelagem e *feedback* de desempenho garante o sucesso. Os professores devem graduar sua assistência de modo que os alunos experimentem o sucesso, mas também devem exigir que os alunos apliquem as habilidades e as estratégias de forma independente em tarefas que aumentem sistematicamente a dificuldade. Os professores devem planejar de maneira sistemática quais respostas acadêmicas reforçar, o que aumentará a probabilidade de generalização de habilidades e permitirá que contingências naturais provavelmente sirvam como reforçadores (Daly *et al.*, 2007).

Os professores devem modelar e proporcionar oportunidades de prática, utilizando diversos exemplos de quando os alunos devem usar a habilidade ou a estratégia-alvo (Troia, 2002), e devem fornecer aos alunos exemplos e não exemplos. Em um estudo de Hicks, Bethune, Wood, Cooke e Mims (2011), professores ensinaram o uso correto da preposição a alunos com deficiência intelectual. Por exemplo, o professor primeiro colocou uma bola em cima de uma caixa e disse: "Isso está sobre" (exemplo), e, depois, colocou a bola a pelo menos 30 centímetros da caixa e disse: "Isso não está sobre" (não exemplo). Em seguida, o professor diminuiu a distância entre a bola e a caixa. Depois disso, o professor substituiu a bola por objetos comuns da sala de aula para demonstrar exemplos e não exemplos de *sobre*. Por fim, os alunos participaram de uma gincana para encontrar exemplos das preposições recém-aprendidas. Os pesquisadores aumentaram de modo gradual a complexidade das tarefas e utilizaram vários exemplos, enquanto ajudavam os alunos a descobrir quando usar e não usar sua habilidade recém-aprendida. Esse sequenciamento proposital ensina aos alunos que habilidades e estratégias se constroem umas sobre as outras e são importantes de serem lembradas (Watkins & Slocum, 2004).

Autogestão

Ensinar novas habilidades complexas de forma alguma garante que os alunos as utilizarão fora do treinamento. De fato, alunos com dificuldades de aprendizagem podem ter as habilidades necessárias para realizar tarefas nos níveis de seus pares, mas simplesmente não usam essas habilidades (Reid *et al.*, 2013). Talvez um alto custo da resposta ou um histórico de reforço inadequado contribua para a ausência de uso de habilidades. Nguyen, Binder, Nemier e Ardoin (2014) relataram que 22% dos alunos do segundo ano em seu estudo não leram textos de compreensão. Os pesquisadores observaram que diversos leitores muito qualificados se engajaram em comportamentos inconsistentes com a leitura para compreensão. A instrução de estratégia e a instrução direta ensinam os alunos a usar habilidades de autorregulação, com o objetivo de que contingências naturais provavelmente mantenham essas habilidades, e que os alunos usem habilidades, estratégias e comportamentos de forma independente em todos os tempos e ambientes (Brooks, Todd, Tofflemoyer & Horner, 2003).

Pesquisas têm mostrado que o automonitoramento modifica o comportamento e melhora o desempenho acadêmico de crianças e adultos com e sem deficiência no desenvolvimento (Delano, 2007; Gureasko-Moore *et al.*, 2006; Plavnick, Ferreri & Maupin, 2010; Silla-Zaleski & Vesloski, 2010). Para ensinar a autogestão, um professor primeiro avalia o desempenho de um aluno e mostra/explica a avaliação para este. O professor fornece exemplos de como ele avaliaria o comportamento do aluno; em seguida, este e o professor avaliam o comportamento do aluno, comparam as avaliações e discutem as diferenças. O professor fornece reforço para avaliações precisas (i.e., *feedback* de desempenho) e de modo gradual retira a assistência à medida que o aluno se torna um autoavaliador preciso (Briesch & Chafouleas, 2009). Idealmente, os alunos utilizam essas habilidades de autorregulação em todos os ambientes, ajudando-os a avaliar problemas, escolher uma estratégia apropriada para usar, avaliar o resultado do uso da estratégia e reforçar a resposta apropriada (Pressley & Levin, 1987; Troia, 2002).

Considerações finais

As abordagens analítico-comportamentais para estabelecer novos comportamentos alcançaram seus sucessos mais marcantes ao permitir que indivíduos cuja capacidade de aprendizagem era percebida como substancialmente limitada aprendessem mais do que se pensava ser possível. O sucesso dos procedimentos de ensino derivados da ABA para alunos com deficiência levou ao uso do ensino analítico-comportamental para permitir uma aprendizagem mais rápida e precisa para pessoas em desenvolvimento típico. Descobertas com alunos em desenvolvimento mais típico têm paralelo com os resultados positivos de populações de alunos com deficiência. As pesquisas têm demonstrado que os alunos com desenvolvimento típico aprendem o material mais rapidamente e com maior precisão quando o ensino inclui uma abordagem sistemática e graduada de instrução direta, com metas cuidadosamente sequenciadas, reforço de respostas e instrução explícita para comportamentos complexos (Grossen, 1998).

Curiosamente, o desenvolvimento de abordagens analítico-comportamentais para o ensino é paralelo ao desenvolvimento de programas instrucionais individuais. A literatura é mais antiga e bem desenvolvida no início da instrução: o estabelecimento de comportamentos discretos. O trabalho em procedimentos como dica, modelagem e encadeamento está bem estabelecido. A literatura de pesquisa sobre o ensino de repertórios comportamentais complexos é mais desenvolvida do que se poderia supor inicialmente, dada a massa da literatura de instrução discreta mais básica, mas, até certo ponto, é fragmentada. Embora parte da literatura relacionada ao estabelecimento do comportamento estratégico apareça em veículos tradicionais de análise do comportamento (p. ex., Ledbetter-Cho *et al.*, 2015), parte dessa literatura aparece em veículos de pesquisa que descreveríamos como mais amplamente educacionais do que analíticos do comportamento, e há simplesmente menos volume do que na literatura sobre respostas discretas.

Os analistas do comportamento engajados no estabelecimento de novos comportamentos devem ter em mente a visão de longo prazo. O objetivo de longo prazo do ensino não é trazer os operantes individuais sob o controle de estímulos, mas ajudar os alunos a desenvolver repertórios complexos e flexíveis que sejam adaptativos, permaneçam em contato com o reforço, confiram vantagem adaptativa e perdurem. O desenvolvimento desses repertórios comportamentais complexos requer uma complexa matriz de comportamento do analista, que passará de procedimentos projetados para ensinar comportamentos discretos para aqueles que apoiam de maneira explícita o desenvolvimento dos comportamentos generalizados e estratégicos que formam classes de resposta flexíveis eficazes.

Referências

Adams, G., & Engelmann, S. (1996). *Research on direct instruction: 25 years beyond DISTAR*. Seattle, WA: Educational Achievement System.

Akmanoglu, N., Kurt, O., & Kapan, A. (2015). Comparison of simultaneous prompting and constant time delay procedures in teaching children with autism the response to questions about personal information. *Educational Sciences: Theory and Practice, 15*(3), 723-737.

Alber-Morgan, S. R., Hessler, T., & Konrad, M. (2007). Teaching writing for keeps. *Education and Treatment of Children, 30*(3), 107-128.

Alberto, P. A., & Troutman, A. C. (1986). *Applied behavior analysis for teachers*. Columbus, OH: Merrill.

Alexander, P. A., Graham, S., & Harris, K. R. (1998). A perspective on strategy research: Progress and prospects. *Educational Psychology Review, 10*, 129-154.

Alexander, P. A., & Murphy, P. K. (1999). What cognitive psychology has to say to school psychology: Shifting perspectives and shared purposes. Em C. R. Reynolds & T. B. Gutkin (Eds.), *The handbook of school psychology* (3rd ed., p. 167-193). New York: Wiley.

Alfieri, L., Brooks, P. J., Aldrich, N. J., & Tenenbaum, H. R. (2011). Does discovery-based instruction enhance learning? *Journal of Educational Psychology, 103*(1), 1-18.

Ardoin, S. P., & Daly, E. J., III. (2007). Introduction to the special series: Close encounters of the instructional kind–How the instructional hierarchy is shaping instructional research 30 years later. *Journal of Behavioral Education, 16*, 1-6.

Ardoin, S. P., Williams, J. C., Klubnik, C., & McCall, M. (2009). Three versus six rereadings of practice passages. *Journal of Applied Behavior Analysis, 42*, 375-380.

Ash, D. W., & Holding, D. H. (1990). Backward versus forward chaining in the acquisition of a keyboard skill. *Human Factors, 32*, 139-146.

Athens, E. S., Vollmer, T. R., & St. Peter Pipkin, C. C. (2007). Shaping academic task engagement with percentile schedules. *Journal of Applied Behavior Analysis, 40*, 475-488.

Ault, M. J., Wolery, M., Doyle, P. M., & Gast, D. L. (1989). Review of comparative studies in the instruction of students with moderate and severe handicaps. *Exceptional Children, 55*(4), 346-356.

Ayres, K. M., & Langone, J. (2005). Intervention and instruction with video for students with autism: A review of the literature. *Education and Training in Developmental Disabilities, 40*(2), 183-196.

Bandura, A., Ross, D., & Ross, S. A. (1963). Vicarious reinforcement and imitative learning. *Journal of Abnormal and Social Psychology, 67*(6), 601-607.

Bennett, K. D., Ramasamy, R., & Honsberger, T. (2013). The effects of covert audio coaching on teaching clerical skills to adolescents with autism spectrum disorder. *Journal of Autism and Developmental Disorders, 43*(3), 585-593.

Betz, A. M., Higbee, T. S., Kelley, K. N., Sellers, T. P., & Pollard, J. S. (2011). Increasing response variability of mand frames with script training and extinction. *Journal of Applied Behavior Analysis, 44*, 357-362.

BFA Educational Media. (1991). *Problem solving with tables, graphs, and statistics*. St. Louis, MO: Autor.

Billingsley, F. F., & Romer, L. T. (1983). Response prompting and the transfer of stimulus control: Methods, research, and a conceptual framework. *Journal of the Association for the Severely Handicapped, 8*(2), 3-12.

Binder, C. (1996). Behavioral fluency: Evolution of a new paradigm. *Behavior Analyst, 19*, 163-197.

Briesch, A. M., & Chafouleas, S. M. (2009). Review and analysis of literature on self-management interventions to promote appropriate classroom behaviors (1988-2008). *School Psychology Quarterly, 24*(2), 106-118.

Brooks, A., Todd, A. W., Tofflemoyer, S., & Horner, R. H. (2003). Use of functional assessment and a selfmanagement system to increase academic engagement and work completion. *Journal of Positive Behavior Interventions, 5*, 144-152.

Buggey, T., & Ogle, L. (2012). Video self-modeling. *Psychology in the Schools, 49*(1), 57-70.

Cannella-Malone, H., Sigafoos, J., O'Reilly, M., de la Cruz, B., Edrisinha, C., & Lancioni, G. E. (2006). Comparing video prompting to video modeling for teaching daily living skills to six adults with developmental disabilities. *Education and Training in Developmental Disabilities, 41*(4), 344-356.

Carnine, D. (1989). Teaching complex content to learning disabled students: The role of technology. *Exceptional Children, 55*, 524-533.

Carnine, D., Crawford, D., Harniss, M., & Hollenbeck, K. (1994). *Understanding U.S. history* (Vols. 1-2). Eugene, OR: Considerate.

Carroll, R. A., Kodak, T., & Adolf, K. J. (2016). Effect of delayed reinforcement on skill acquisition during discrete-trial instruction: Implications for treatment-integrity errors in academic settings. *Journal of Applied Behavior Analysis, 49,* 1-6.

Chen, Z., & Klahr, D. (1999). All other things being equal: Acquisition and transfer of the control of variables strategy. *Child Development, 70,* 1098-1120.

Clark, A. M., Schmidt, J. D., Mezhoudi, N., & Kahng, S. W. (2016). Using percentile schedules to increase academic fluency. *Behavioral Interventions, 31,* 283- 290.

Cooper, J. O., Heron, T. E., & Heward, W. L. (2007). *Applied behavior analysis* (2nd ed.). Upper Saddle River, NJ: Pearson/Merrill-Prentice Hall.

Daly, E. J., III, Martens, B. K., Barnett, D., Witt, J. C., & Olson, S. C. (2007). Varying intervention delivery in response to intervention: Confronting and resolving challenges with measurement, instruction, and intensity. *School Psychology Review, 36*(4), 562-581.

Daly, E. J., III, Persampieri, M., McCurdy, M., & Gortmaker, V. (2005). Generating reading interventions through experimental analysis of academic skills: Demonstration and empirical evaluation. *School Psychology Review, 34*(3), 395-414.

Darch, C. B., & Kame'enui, E. J. (1987). Teaching LD students critical reading skills: A systematic replication. *Learning Disability Quarterly, 10,* 82-91.

De La Paz, S. (1999). Self-regulated strategy instruction in regular education settings: Improving outcomes for students with and without learning disabilities. *Learning Disabilities Research and Practice, 14,* 92- 106.

Delano, M. E. (2007). Improving written language performance of adolescents with Asperger syndrome. *Journal of Applied Behavior Analysis, 40,* 345-351.

Demchak, M. (1990). Response prompting and fading methods: A review. *American Journal on Mental Retardation, 94,* 603-615.

DiCarlo, C. F., Reid, D. H., & Stricklin, S. B. (2003). Increasing toy play among toddlers with multiple disabilities in an inclusive classroom: A more-to-less, child-directed intervention continuum. *Research in Developmental Disabilities, 24,* 195-209.

DiPipi-Hoy, C., & Jitendra, A. (2004). A parent-delivered intervention to teach purchasing skills to young adults with disabilities. *Journal of Special Education, 38*(3), 144-157.

Domire, S. C., & Wolfe, P. (2014). Effects of video prompting techniques on teaching daily living skills to children with autism spectrum disorder: A review. *Research and Practice for Persons with Severe Disabilities,* 39(3), 211-226.

Driskell, J. E., Copper, C., & Willis, R. P. (1992). Effect of overlearning on retention. *Journal of Applied Psychology, 77,* 615-622.

Duffy, G. G., Roehler, L. R., Sivan, E., & Rackliffe, G. (1987). Effects of explaining the reasoning associated with using reading strategies. *Reading Research Quarterly, 22*(3), 347-368.

Ehrlich, P. R., & Ehrlich, A. H. (2008). *The dominant animal.* Washington, DC: Island Press.

Englemann, S. (1999). *Corrective reading program.* Blacklick, OH: Science Research Associates.

Englemann, S., & Becker, W. S. (1978). Systems for basic instruction: Theory and applications. Em A. C. Catania & T. A. Bringham (Eds.), *Handbook of applied behavior analysis* (p. 325-377). New York: Irvington.

Esch, J. W., Esch, B. E., & Love, J. R. (2009). Increasing vocal variability in children with autism using a lag schedule of reinforcement. *Analysis of Verbal Behavior, 25*(1), 73-78.

Etzel, B. C., & LeBlanc, J. M. (1979). The simplest treatment alternative: Appropriate instructional control and errorless learning procedures for the difficult-to-teach child. *Journal of Autism and Developmental Disorders, 9,* 361-382.

Falcomata, T. S., Muething, C. S., Silbaugh, B. C., Adami, S. Hoffman, K., Shpall, C., *et al.* (2018). Lag schedules and functional communication training: Persistence of mands and relapse of problem behavior. *Behavior Modification, 42,* 314-334.

Fetko, K. S., Schuster, J. W., Harley, D. A., & Collins, B. C. (1999). Using simultaneous prompting to teach a chained vocational task to young adults with severe intellectual disabilities. *Education and Training in Mental Retardation and Developmental Disabilities, 34,* 318-329.

Galbicka, G. (1994). Shaping in the 21st century: Moving percentile schedules into applied settings. *Journal of Applied Behavior Analysis, 27,* 739-760.

Garcia-Albea, E., Reeve, S. A., Brothers, K. J., & Reeve, K. F. (2014). Using audio script fading and multiple-exemplar training to increase vocal interactions in children with autism. *Journal of Applied Behavior Analysis, 47,* 325-343.

Goetz, E. M., & Baer, D. M. (1973). Social control of form diversity and the emergence of new forms in children's blockbuilding. *Journal of Applied Behavior Analysis, 62,* 209-217.

Grossen, B. (1998). *The research base for Corrective Reading.* Blacklick, OH: Science Research Associates.

Grossen, B. (2004). Success of a direct instruction model at a secondary level school with high risk students. *Reading and Writing Quarterly, 20,* 161-178.

Gruber, D. J., & Poulson, C. L. (2015). Graduated guidance delivered by parents to teach yoga to children with developmental delays. *Journal of Applied Behavior Analysis, 49,* 1-6.

Gureasko-Moore, S., DuPaul, G. J., & White, G. P. (2006). The effects of self-management in general education classrooms on the organizational skills of adolescents with ADHD. *Behavior Modification, 30,* 159-183.

Hall, S. S., Maynes, N. P., & Reiss, A. L. (2009). Using percentile schedules to increase eye contact in children with fragile X syndrome. *Journal of Applied Behavior Analysis, 42,* 171-176.

Harding, J., Wacker, D. P., Cooper, L. J., Millard, T., & Jensen-Kovalan, P. (1994). Brief hierarchical assessment of potential treatment components with children in an outpatient clinic. *Journal of Applied Behavior Analysis, 27,* 291-300.

Haydon, T., & Hunter, W. (2011). The effects of two types of teacher questioning on teacher behavior and student performance: A case study. *Education and Treatment of Children, 34*(2), 229-245.

Haywood, H. C. (2004). Thinking in, around, and about the curriculum: The role of cognitive education. *International Journal of Disability, Development and Education, 51*, 231-252.

Heckaman, K. A., Alber, S., Hooper, S., & Heward, W. L. (1998). A comparison of least-to-most prompts and progressive time delay on the disruptive behavior of students with autism. *Journal of Behavioral Education, 8*(2), 171-201.

Heldt, J., & Schlinger, H. D. (2012). Increased variability in tacting under a lag 3 schedule of reinforcement. *Analysis of Verbal Behavior, 28*(1), 131-136.

Hickey, D. T., Moore, A. L., & Pellegrino, J. W. (2001). The motivational and academic consequences of elementary mathematics environments: Do constructivist innovations and reforms make a difference? *American Educational Research Journal, 38*, 611-652.

Hicks, S. C., Bethune, K. S., Wood, C. L., Cooke, N. L., & Mims, P. J. (2011). Effects of direct instruction on the acquisition of prepositions by students with intellectual disabilities. *Journal of Applied Behavior Analysis, 44*, 675-679.

Horner, R. D. (1971). Establishing use of crutches by a mentally retarded spina bifida child. *Journal of Applied Behavior Analysis, 4*, 183-189.

Hughes, S., & Barnes-Holmes, D. (2014). Associative concept learning, stimulus equivalence, and relational frame theory: Working out the similarities and differences between human and nonhuman behavior. *Journal of the Experimental Analysis of Behavior, 101*(1), 156-160.

Hur, J., & Osborne, S. (1993). A comparison of forward and backward chaining methods used in teaching corsage making skills to mentally retarded adults. *British Journal of Developmental Disabilities, 39*(77), 108-117.

Isaacs, W., Thomas, J., & Goldiamond, I. (1960). Application of operant conditioning to reinstate verbal behavior in psychotics. *Journal of Speech and Hearing Disorders, 25*, 8-12.

Kelleher, R. T. (1966). Chaining and conditioned reinforcement. Em W. K. Honig (Ed.), *Operant behavior: Areas of research and application* (p. 160-212). Englewood Cliffs, NJ: Prentice-Hall.

Kelley, M. L., Reitman, D., & Noell, G. H. (2002). *Practitioner's guide to empirically based measures of school behavior*. New York: Kluwer Academic/Plenum.

Kim, T., & Axelrod, S. (2005). Direct instruction: An educators' guide and a plea for action. *Behavior Analyst Today, 6*(2), 111-120.

Klahr, D., & Nigam, M. (2004). The equivalence of learning paths in early science instruction: Effects of direct instruction and discovery learning. *Psychological Science, 15*, 661-667.

Koscinski, S. T., & Hoy, C. (1993). Teaching multiplication facts to students with learning disabilities: The promise of constant time delay procedures. *Learning Disabilities Research and Practice, 8*(4), 260-263.

Kozloff, M. A., LaNuiziata, L., Cowardin, J., & Bessellieu, F. B. (2000). Direct instruction: Its contributions to high school achievement. *High School Journal, 84*, 54-77.

Krantz, P. J., & McClannahan, L. E. (1993). Teaching children with autism to initiate to peers: Effects of a script-fading procedure. *Journal of Applied Behavior Analysis, 26*, 121-132.

Kroesbergen, E. H., Van Luit, J. E. H., & Maas, C. J. M. (2004). Effectiveness of explicit and constructivist mathematics instruction for low-achieving students in the Netherlands. *Elementary School Journal, 104*, 233-251.

Ledbetter-Cho, K., Lang, R., Davenport, K., Moore, M., Lee, A., Howell, A., *et al.* (2015). Effects of script training on the peer-to-peer communication of children with autism spectrum disorder. *Journal of Applied Behavior Analysis, 48*, 785-799.

Lee, R., McComas, J. J., & Jawor, J. (2002). The effects of differential and lag reinforcement schedules on varied verbal responding by individuals with autism. *Journal of Applied Behavior Analysis, 35*, 391-402.

Leontovich, M. (1999, August). Direct controversial: Direct instruction makes enemies, converts. *Title I Report*. Lido em julho de 2004, de *www.ncld.org/summit99/keys99-nichd.htm*.

Lerman, D. C., & Iwata, B. A. (1996). Developing a technology for the use of operant extinction in clinical settings: An examination of basic and applied research. *Journal of Applied Behavior Analysis, 29*, 345-382.

Libby, M. E., Weiss, J. S., Bancroft, S., & Ahearn, W. H. (2008). A comparison of most-to-least and least-to-most prompting on the acquisition of solitary play skills. *Behavior Analysis in Practice, 1*(1), 37-43.

Liem, G. D., & Martin, A. J. (2013). Direct instruction. Em J. Hattie & E. M. Anderman (Eds.), *International guide to student achievement* (p. 366-368). New York: Routledge.

Luiselli, J. K., & Hurley, A. D. (2005). The significance of applied behavior analysis in the treatment of individuals with autism spectrum disorders (ASD). *Mental Health Aspects of Developmental Disabilities, 8*, 128-130.

Mahy, C. V., Moses, L. J., & Kliegel, M. (2014). The development of prospective memory in children: An executive framework. *Developmental Review, 34*(4), 305-326.

Malott, R. W. (1989). The achievement of evasive goals. Em S. C. Hayes (Ed.), *Rule-governed behavior: Cognition, contingencies, and instructional control* (p. 269- 322). New York: Plenum Press.

Manset-Williamson, G., & Nelson, J. M. (2005). Balanced, strategic reading instruction for upper-elementary and middle school students with reading disabilities: A comparative study of two approaches. *Learning Disability Quarterly, 28*, 59-74.

Martens, B. K., & Daly, E. J. (1999). Discovering the alphabetic principle: A lost opportunity for educational reform. *Journal of Educational Psychology, 9*, 35-43.

Matson, J. L., Sevin, J. A., Fridley, D., & Love, S. R. (1990). Increasing spontaneous language in three autistic children. *Journal of Applied Behavior Analysis, 23*, 227-233.

McClannahan, L. E., & Krantz, P. J. (2005). *Teaching conversation to children with autism: Scripts and script fading*. Bethesda, MD: Woodbine House.

Miltenberger, R. G. (2001). *Behavior modification: Principles and procedures* (2nd ed.). Belmont, CA: Wadsworth/Thomson Learning.

Morse, T. E., & Schuster, J. W. (2004). Simultaneous prompting: A review of the literature. *Education and Training in Developmental Disabilities, 39*(2), 153-168.

Napolitano, D. A., Smith, T., Zarcone, J. R., Goodkin, K., & McAdam, D. B. (2010). Increasing response diversity in children with autism. *Journal of Applied Behavior Analysis, 43*, 265-271.

National Reading Panel. (2000). *Report of the National Reading Panel. Teaching children to read: An evidence-based assessment of the scientific research literature on reading and its implications for reading instruction* (NIH Publication No. 00-4769). Washington, DC: National Institute of Child Health and Human Development.

Nguyen, K.-V., Binder, K. S., Nemier, C., & Ardoin, S. P. (2014). Gotcha!: Catching kids during mindless reading. *Scientific Studies of Reading, 18*(4), 274-290.

Noell, G. H., Connell, J. M., & Duhon, G. J. (2006). Spontaneous response generalization during whole word instruction: Reading to spell and spelling to read. *Journal of Behavioral Education, 15*(3), 121-130.

Noell, G. H., Freeland, J. T., Witt, J. C., & Gansle, K. A. (2001). Using brief assessments to identify effective interventions for individual students. *Journal of School Psychology, 39*(4), 335-355.

Noell, G. H., Gansle, K. A., Witt, J. C., Whitmarsh, E. L., Freeland, J. T., LaFleur, L. H., *et al.* (1998). Effects of contingent reward and instruction on oral reading performance at differing levels of passage difficulty. *Journal of Applied Behavior Analysis, 31*, 659-664.

O'Neill, S. J., McDowell, C., & Leslie, J. (2018). A comparison of prompt delays with trial-and-error instruction in conditional discrimination training. *Behavior Analysis in Practice, 11*, 370-380.

Oppenheim-Leaf, M. L., Leaf, J. B., & Call, N. A. (2012). Teaching board games to two children with autism spectrum disorder. *Journal of Developmental and Physical Disabilities, 24*(4), 347-358.

Page, S., & Neuringer, A. (1985). Variability is an operant. *Journal of Experimental Psychology: Animal Behavior Processes, 11*(3), 429-452.

Parrott, K. A., Schuster, J. W., Collins, B. C., & Gassaway, L. J. (2000). Simultaneous prompting and instructive feedback when teaching chained tasks. *Journal of Behavioral Education, 10*(1), 3-19.

Pierce, K. L., & Schreibman, L. (1994). Teaching daily living skills to children with autism in unsupervised settings through pictorial self-management. *Journal of Applied Behavior Analysis, 27*, 471-481.

Plavnick, J. B., Ferreri, S. J., & Maupin, A. N. (2010). The effects of self-monitoring on the procedural integrity of a behavioral intervention for young children with developmental disabilities. *Journal of Applied Behavior Analysis, 43*, 315-320.

Pressley, M., & Levin, J. R. (1987). Elaborative learning strategies for the inefficient learner. Em S. J. Ceci (Ed.), *Handbook of cognitive, social, and neuropsychological aspects of learning disabilities* (p. 175-212). Hillsdale, NJ: Erlbaum.

Rea, J., & Williams, D. (2002). Shaping exhale durations for breath CO detection for men with mild mental retardation. *Journal of Applied Behavior Analysis, 35*, 415-418.

Reagon, K. A., & Higbee, T. S. (2009). Parent-implemented script fading to promote play-based verbal initiations in children with autism. *Journal of Applied Behavior Analysis, 42*, 659-664.

Reid, R., Lienemann, T. O., & Hagaman, J. L. (2013). *Strategy instruction for students with learning disabilities* (2nd ed.). New York: Guilford Press.

Reitzel, J., Summers, J., Lorv, B., Szatmari, P., Zwaigenbaum, L., Georgiades, S., *et al.* (2013). Pilot randomized controlled trial of a functional behavior skills training program for young children with autism spectrum disorder who have significant early learning skill impairments and their families. *Research in Autism Spectrum Disorders, 7*(11), 1418-1432.

Richardson, V. (2003). Constructivist pedagogy. *Teachers College Record, 105*(9), 1623-1640.

Rosales-Ruiz, J., & Baer, D. M. (1997). Behavioral cusps: A developmental and pragmatic concept for behavior analysis. *Journal of Applied Behavior Analysis, 30*, 533-544.

Sauttfr, R. A., LeBlanc, L. A., Jay, A. A., Goldsmith, T. R., & Carr, J. E. (2011). The role of problem solving in complex intraverbal repertoires. *Journal of Applied Behavior Analysis, 44*, 227-244.

Schleien, S. J., Wehman, P., & Kiernan, J. (1981). Teaching leisure skills to severely handicapped adults: An age-appropriate darts game. *Journal of Applied Behavior Analysis, 14*, 513-519.

Schoen, S. F. (1986). Assistance procedures to facilitate the transfer of stimulus control: Review and analysis. *Education and Training of the Mentally Retarded, 21*(1), 62-74.

Schuster, J. W., Griffin, A. K., & Wolery, M. (1992). Comparisons of simultaneous prompting and constant time delay procedures in teaching sight words to elementary students with moderate mental retardation. *Journal of Behavioral Education, 2*(3), 302-325.

Scott, D., Scott, L. M., & Goldwater, B. (1997). A performance improvement program for an international-level track and field athlete. *Journal of Applied Behavior Analysis, 30*, 573-575.

Silbaugh, B. C., Falcomata, T. S., & Ferguson, R. H. (2018). Effects of a lag schedule of reinforcement with progressive time delay on topographical mand variability in children with autism. *Developmental Neurorehabilitation, 21*, 166-177.

Silla-Zaleski, V. A., & Vesloski, M. J. (2010). Using DRO, behavioral momentum, and self-regulation to reduce scripting by an adolescent with autism. *Journal of Speech and Language Pathology-Applied Behavior Analysis, 5*(1), 80-87.

Skinner, B. F. (1938). *The behavior of organisms: An experimental analysis.* New York: Appleton-Century-Crofts.

Slocum, S. K., & Tiger, J. H. (2011). An assessment of the efficiency of and child preference for forward and backward chaining. *Journal of Applied Behavior Analysis, 44,* 793-805.

Smith, G. J. (1999). Teaching a long sequence of a behavior using whole task training, forward chaining, and backward chaining. *Perceptual and Motor Skills, 89,* 951-965.

Snell, M. E., & Gast, D. L. (1981). Applying time delay procedure to the instruction of the severely handicapped. *Journal of the Association for the Severely Handicapped, 6*(3), 3-14.

Snow, C. E., Burns, M. S., & Griffin, P. (1998). *Preventing reading difficulties in young children.* Washington, DC: National Academy Press.

Spooner, F., & Spooner, D. (1984). A review of chaining techniques: Implications for future research and practice. *Education and Training of the Mentally Retarded, 19,* 114-124.

Spooner, F., Spooner, D., & Ulicny, G. (1986). Comparisons of modified backward chaining: Backward chaining with leap-aheads and reverse chaining with leap-aheads. *Education and Treatment of Children, 9*(2), 122-134.

Spooner, F., Weber, L. H., & Spooner, D. (1983). The effects of backward chaining and total task presentation on the acquisition of complex tasks by severely retarded adolescents and adults. *Education and Treatment of Children, 6,* 401-420.

Sternberg, L., & Adams, G. L. (1982). *Educating severely and profoundly handicapped students.* Rockville MD: Aspen Systems.

Stevens, K. B., Blackhurst, A. E., & Slaton, D. B. (1991). Teaching memorized spelling with a microcomputer: Time delay and computer-assisted instruction. *Journal of Applied Behavior Analysis, 24,* 153-160.

Stokes, T. F., & Baer, D. M. (1977). An implicit technology of generalization. *Journal of Applied Behavior Analysis, 10,* 349-367.

Sullivan, W. E., Saini, V., DeRosa, N. M., Craig, A. R., Ringdahl, J. E., & Roane, H. S. (2020). Measurement of nontargeted problem behavior during investigations of resurgence. *Journal of Applied Behavior Analysis, 53,* 249-264.

Swain, R., Lane, J. D., & Gast, D. L. (2015). Comparison of constant time delay and simultaneous prompting procedures: Teaching functional sight words to students with intellectual disabilities and autism spectrum disorder. *Journal of Behavioral Education, 24*(2), 210-229.

Taylor, B. A., Hughes, C. E., Richard, E., Hoch, H., & Coello, A. R. (2004). Teaching teenagers with autism to seek assistance when lost. *Journal of Applied Behavior Analysis, 37,* 79-82.

Tekin-Iftar, E., Acar, G., & Kurt, O. (2003). The effects of simultaneous prompting on teaching expressive identification of objects: An instructive feedback study. *International Journal of Disability, Development, and Education, 50*(2), 149-167.

Trapman, M., van Gelderen, A., van Steensel, R., van Schooten, E., & Hulstijn, J. (2014). Linguistic knowledge, fluency and meta-cognitive knowledge as components of reading comprehension in adolescent low achievers: Differences between monolinguals and bilinguals. *Journal of Research in Reading, 37,* S3-S21.

Troia, G. A. (2002). Teaching writing strategies to children with disabilities: Setting generalization as the goal. *Exceptionality, 10,* 249-269.

Valentino, A. L., Shillingsburg, M. A., Call, N. A., Burton, B., & Bowen, C. N. (2011). An investigation of extinction-induced vocalizations. *Behavior Modification, 35*(3), 284-298.

Wagner, R. K., Puranik, C. S., Foorman, B., Foster, E., Wilson, L. G., Tschinkel, E., *et al.* (2011). Modeling the development of written language. *Reading and Writing, 24,* 203-220.

Walker, B., Shippen, M. E., Alberto, P., Houchins, D. E., & Cihak, D. F. (2005). Using the expressive writing program to improve the writing skills of high school students with learning disabilities. *Learning Disabilities Research and Practice, 20,* 175-183.

Watkins, C. L., & Slocum, T. A. (2004). The components of direct instruction. Em N. E. Marchand-Martella, T. A. Slocum, & R. C. Martella (Eds.), *Introduction to direct instruction* (p. 28-65). Boston: Allyn & Bacon.

Watters, J. K. (1992). Retention of human sequenced behavior following forward chaining, backward chaining, and whole task training procedures. *Journal of Human Movement Studies, 22*(3), 117-129.

Wichnick-Gillis, A. M., Vener, S. M., & Poulson, C. L. (2019). Script fading for children with autism: Generalization of social initiation skills from school to home. *Journal of Applied Behavior Analysis, 52,* 451- 466.

Wightman, D. C., & Sistrunk, F. (1987). Part-task training strategies in simulated carrier landing final-approach training. *Human Factors, 29*(3), 245-254.

Williams, G., Donley, C. R., & Keller, J. W. (2000). Teaching children with autism to ask questions about hidden objects. *Journal of Applied Behavior Analysis, 33,* 627-630.

Wiskow, K. M., Matter, A. L., & Donaldson, J. M. (2018). An evaluation of log schedules and prompting methods to increase variability of naming category items in children with autism spectrum disorder. *Analysis of Verbal Behavior, 34,* 100-123.

Wolery, M., & Gast, D. L. (1984). Effective and efficient procedures for the transfer of stimulus control. *Topics in Early Childhood Special Education, 4*(3), 52-77.

Wolery, M., Holcombe, A., Cybriwsky, C., Doyle, P. M., Schuster, J. W., Ault, M. J., *et al.* (1992). Constant time delay with discrete responses: A review of effectiveness and demographic, procedural, and methodological parameters. *Research in Developmental Disabilities, 13*(3), 239-266.

16

Ensino do comportamento verbal

Matt Tincani, Caio Miguel, Andy Bondy e Shannon Crozier

Lori está comendo pipoca em uma sala de aula enquanto prepara uma atividade para seus alunos da pré-escola, que estão no parquinho. Lily entra na sala de aula, aproxima-se de Lori e diz: "pipoca!". Lori sorri e dá pipoca para Lily. Jack entra na sala de aula e vê a pipoca. Ele pega sua mochila sem dizer nada. Lori olha para ele e diz: "o que você quer?", e Jack responde: "pipoca!". Lori sorri e dá pipoca para Jack. Char entra na sala de aula, vê a pipoca e pega a mochila enquanto permanece em silêncio. Lori diz: "o que você quer?", mas Char continua a pegar a mochila enquanto fica em silêncio. Lori, então, diz: "diga *pipoca*". Char imediatamente diz: "pipoca!". Lori sorri e dá pipoca a Char.

Se Lori completasse uma *checklist* com base nessas interações, incluindo a pergunta "cada criança pode dizer *pipoca?*", a resposta correta seria *sim*. No entanto, se fôssemos perguntar a Lori: "cada criança faz a mesma coisa?", a resposta correta seria *não*. Embora a *forma* da resposta *pipoca* seja a mesma, cada exemplo envolve uma relação de controle diferente. A diferença de perspectiva entre a primeira e a segunda perguntas está no cerne de uma análise funcional do comportamento verbal. Embora conhecer a *forma* do comportamento verbal seja útil, compreender seu *controle funcional* é mais importante. Este capítulo revisa como uma análise funcional do comportamento verbal pode fornecer orientações sobre as questões complexas associadas ao ensino da comunicação e da linguagem para aqueles com repertório verbal limitado ou ausente.

Análise do comportamento verbal por Skinner

Em seu livro original, *Verbal Behavior* (*Comportamento Verbal*), Skinner (1957) mostrou como podemos analisar a linguagem utilizando os princípios do condicionamento operante e respondente. Skinner escolheu o termo *comportamento verbal* em vez de *fala*, pois não queria restringir sua análise ao comportamento vocal. Além disso, os tradicionalistas já usavam o termo *linguagem* para se referir a uma habilidade ou um sistema no organismo responsável por gerar a fala. A fonte de controle para a linguagem e o comportamento verbal, respectivamente, foi uma grande diferença entre a abordagem tradicional e a de Skinner. Segundo os tradicionalistas, o controle da linguagem tem origem no organismo. Conforme Skinner, em contrapartida, o controle para o comportamento verbal origina-se de contingências de reforço agindo sobre o comportamento do organismo. A terminologia de Skinner enfatizava que o comportamento verbal é como qualquer outro operante. O termo *comportamento verbal*, que naquela época era "relativamente desconhecido nos modos tradicionais de explicação" (Skinner, 1957, p. 1), preparou o terreno para um afastamento das explicações tradicionais da linguagem.

Skinner (1957) definiu o *comportamento verbal* como "reforçado pela mediação de outras pessoas" (p. 2). Em outras palavras, o comportamento de um *falante* é reforçado ou mediado pelo de um *ouvinte*.* A topografia do comportamento do falante, como vocal, gestual ou visual, é irrelevante nessa definição. Skinner declarou de maneira explícita sua orientação única para o comportamento verbal: "ao definir o comportamento verbal como reforçado pela mediação de outras pessoas, não especificamos nem podemos especificar nenhuma forma, modo ou meio" (p. 14). Às vezes, nosso comportamento influencia o ambiente de formas diretas. Por exemplo, um garotinho amarra seus próprios cadarços e pode correr imediatamente. Outras vezes, nosso comportamento influencia outras pessoas cujas ações levam ao reforço. Por exemplo, o menino pede ao irmão para amarrar seus sapatos e, quando o irmão tiver feito isso, o menino corre atrás dele. Embora o primeiro exemplo não atenda à definição de comportamento verbal, o segundo atende.

A comunidade verbal seleciona formas específicas de comportamento verbal para funcionar de determinadas maneiras. As formas podem ser vocais, como palavras faladas; linhas gráficas, como a escrita; ou posturas e movimentos das mãos, como a língua de sinais. Essas formas de comportamento produzem um efeito no ambiente. Skinner acrescentou um refinamento importante à definição de comportamento verbal quando escreveu: "o ouvinte deve estar respondendo de maneiras que foram condicionadas *precisamente para reforçar o comportamento do falante*" (p. 225, grifo no original). Um indivíduo aprende o comportamento de escuta como membro de uma comunidade verbal. Desse modo, o ouvinte aprende a reagir ao comportamento verbal do falante, e esse é um requisito para que o comportamento seja verbal. No exemplo apresentado, quando o garotinho pergunta ao irmão: "você vai amarrar meus sapatos?", o produto auditivo desse comportamento, o padrão sonoro, serve como um estímulo que evoca a amarração do sapato do irmão. No entanto, observe que o irmão só pode reagir de forma adequada como ouvinte e realizar a tarefa se já tiver aprendido a responder a esse pedido. Em termos leigos, o ouvinte deve entender o falante.**

*Embora comumente utilizemos os termos *falante* e *ouvinte* para nos referirmos ao comportamento vocal (i.e., fala), nos termos de Skinner, o falante é aquele que se comporta (p. ex., falando, assinando, usando figuras), e o ouvinte é aquele que está sendo afetado pelos produtos de resposta do comportamento do falante.

**Durante qualquer episódio verbal, nos comportamos como falantes e ouvintes, como quando fazemos um pedido ou o atendemos, respectivamente. Além disso, podemos reagir como ouvintes ao nosso próprio comportamento verbal, na medida em que podemos compreender e reagir às coisas que dizemos (Miguel, 2016).

Contrastamos a abordagem comportamental defendida por Skinner (1957) com a abordagem tradicional de desenvolvimento e intervenção da linguagem de Chomsky (1965), Brown (1973) e Piaget (1951), que conceituaram a linguagem pela forma ou pela topografia do repertório verbal do aluno (i.e., vocabulário, gramática, sintaxe), com pouca consideração pela função. Do ponto de vista tradicional, o desenvolvimento da linguagem é função de estruturas hipotetizadas inatas do desenvolvimento, neurológicas e cognitivas. Utilizamos o termo *déficit* ou *atraso de linguagem* quando o repertório verbal de um aluno é deficiente em comparação ao de um aluno da mesma idade com desenvolvimento típico. Os proponentes de uma abordagem de linguagem tradicional muitas vezes relacionam déficits de linguagem a anormalidades genéticas ou neurológicas (Lord, Cook, Leventhal & Amaral, 2000). A intervenção tende a se concentrar na aquisição de formas, indo de sons a palavras e até estruturas maiores, com menor atenção à função do comportamento de tais formas (American Speech-Language-Hearing Association, 2016).

Já a abordagem comportamental se concentra na contingência ou na análise funcional da linguagem ou do comportamento verbal. Relações ambiente-comportamento específicas ou contingências de reforço são responsáveis pelo desenvolvimento da linguagem, segundo a abordagem comportamental. Embora Skinner (1957) não tenha revisado extensivamente os déficits de linguagem em seu livro, pesquisadores aplicaram sua análise ao ensino de linguagem para crianças e adultos com dificuldades de linguagem (Barbera & Rasmussen, 2007; Carr & Miguel, 2013; Frost & Bondy, 2002; LaFrance & Miguel, 2014; Sundberg, 2008; Sundberg & Partington, 1998). No entanto, alguns programas de treinamento de linguagem orientados para o comportamento (p. ex., Lovaas, 2003; Maurice, Green & Luce, 1996) não utilizaram a análise de Skinner como referencial para o ensino do comportamento verbal. A nosso ver, tal análise é essencial para o desenvolvimento de programas bem-sucedidos de treinamento do comportamento verbal. Nas próximas seções, ilustramos os princípios básicos da abordagem de Skinner ao comportamento verbal e como podemos aplicá-la em protocolos de treinamento específicos.

Operantes verbais primários

Skinner (1957) identificou e nomeou seis tipos de relações funcionais entre variáveis controladoras e respostas verbais. Estes consistem nas *relações de mando, tato, intraverbal, textual, ecoico* e *audiência*. Ele citou mais dois na seção sobre transcrição: *copiar um texto* e *escrever a partir de um ditado*. Skinner referiu-se a essas relações como *operantes verbais*, pois as classificou pelos antecedentes e pelas consequências que controlam sua forma (i.e., comportamento operante).

Um *mando* é um operante verbal reforçado por uma consequência característica, e as condições relevantes de privação ou de estimulação aversiva controlam a resposta. A privação ou a estimulação aversiva são *operações motivadoras*, ou eventos que alteram o valor de um reforçador. *Operações estabelecedoras* aumentam o valor de um estímulo como reforçador, já *operações abolidoras* diminuem o valor de um estímulo como reforçador* (Michael & Miguel, 2020; Michael, 1993). Por exemplo, comportamentos que produzem água, como tocar em um cartão de comunicação que sinaliza ao terapeuta para oferecer água, costumam aumentar após o consumo de lanches salgados, a operação motivadora neste exemplo. É provável que o aluno emita comportamentos que produziram água no passado nessas condições. Bebês recém-nascidos e choro são outro exemplo. Embora os recém-nascidos chorem reflexivamente, eles aprendem a chorar quando estão com fome porque isso produz comida. Neste exemplo, a privação de alimentos é a operação motivadora, que controlará o choro se este produzir comida. Esses exemplos mostram que os mandos se desenvolvem quando formas de resposta específicas, como tocar em um cartão de comunicação ou chorar, produzem consequências específicas, como água ou comida, respectivamente.

Mandos são únicos entre os operantes verbais, pois são controlados por operações motivadoras relevantes. Já os estímulos discriminativos controlam outros operantes verbais, como tato e intraverbal. Outra diferença entre o mando e outros operantes verbais é que formas específicas de estímulo reforçam o mando. Em contrapartida, estímulos inespecíficos e generalizados reforçam outros operantes verbais.

O *tato* é um operante verbal no qual uma resposta de determinada forma, como vocal, sinal ou escrita, é controlada por um estímulo não verbal ou "um objeto ou evento específico ou propriedade de um objeto ou evento" (Skinner, 1957, p. 82). A presença de um carro, por exemplo, aumenta a probabilidade de o aluno emitir a resposta vocal, em foma de sinal ou escrita *carro*. O objeto evoca a resposta porque a comunidade verbal de língua portuguesa reforçou essa verbalização específica na presença desse objeto. Um objeto pode servir como estímulo discriminativo para diversas formas de resposta. Um carro de brinquedo pode evocar não apenas a resposta *carro* mas também outros tatos, como *veículo*, *vermelho* e *rápido*. É provável que os estímulos ambientais controlem muitas respostas verbais, e discutiremos essa questão mais detalhadamente a seguir.

Skinner (1957) também ilustrou que os tatos podem ocorrer na presença de novos objetos ou eventos aos quais o falante não foi exposto anteriormente se o objeto novo compartilhar propriedades físicas com o estímulo original. Por exemplo, uma criança pode dar a resposta verbal *carro* na presença de um novo exemplar porque compartilha propriedades físicas comuns com o estímulo que estava presente quando a criança aprendeu a dizer, sinalizar ou escrever *carro*. Em seu livro, Skinner referiu-se a esse tipo de generalização de estímulo como *extensão genérica do tato*. Outros tipos de extensões incluem *extensões metafóricas* e *metonímicas*. Uma extensão metafórica ocorre quando o estímulo novo compartilha algumas, mas não todas, características com o estímulo original. A palavra *navegar*, quando se refere à internet, é um exemplo. Uma extensão metonímica ocorre quando o novo estímulo não compartilha nenhuma semelhança física com o original. Em vez disso, eles simplesmente apareceram juntos durante a aquisição do tato. Por exemplo, a frase "*A Casa Branca divulgou um comunicado*" é equivalente a "*O presidente divulgou um comunicado*", pois ele e a Casa Branca geralmente aparecem juntos.

Skinner (1957) identificou outros operantes verbais cujas formas, como o que um aluno diz ou escreve, são todas evocadas por *estímulos discriminativos verbais* (i.e., os produtos do comportamento verbal de outra pessoa). A *relação ecoica* é um desses operantes em que o comportamento do falante é controlado pelo estímulo auditivo decorrente do comportamento vocal de outra pessoa. No caso do ecoico, a resposta tem semelhança formal com o estímulo. Por exemplo, uma menina diz "bola" após seu professor dizer "bola", quando não há bola à vista. *Copiar um texto* é como o ecoico, em que a forma de resposta também tem semelhança formal com o estímulo, e o reforço também pode depender da estreita correspondência entre o estímulo e a resposta. Por exemplo, uma menina escreve a palavra *bola* depois de ver a palavra *bola* impressa. *Ditado* é quando se escreve a partir do que alguém diz. Um exemplo seria escrever a palavra *bola* ao ouvir alguém dizer "bola". Ainda há correspondência entre o estímulo e a resposta, pois padrões sonoros específicos controlam movimentos específicos das mãos. No entanto, não há semelhança física entre eles, pois o estímulo é auditivo, e a resposta produz uma palavra impressa ou um estímulo visual. Assim como o ditado, a *relação textual* consiste na leitura de palavras impressas.

*Operações motivadoras também podem modular a eficácia das consequências como punidoras.

A relação *intraverbal* é uma forma de resposta evocada por um estímulo discriminativo verbal. O estímulo e a resposta são palavras diferentes e não se assemelham. Por exemplo, um pai pergunta: "que dia é hoje?", e a criança responde: "quinta-feira". Ou o professor diz: "dois, quatro, seis...", e o aluno responde: "oito". Nesses casos, não há partes ou subdivisões do estímulo controlando partes ou subdivisões da resposta.

Embora todos os operantes verbais, exceto o mando, sejam mantidos por reforço condicionado generalizado, Skinner sugeriu que "a ação que um ouvinte toma em relação a uma resposta verbal é muitas vezes mais importante para o falante do que o reforço generalizado" (p. 151). Em outras palavras, o comportamento verbal é sensível ao comportamento do ouvinte, como o aceno de um ouvinte enquanto alguém indica o local de um restaurante. Essa observação sugere que, se quisermos estabelecer um repertório de falante eficaz, devemos estabelecer as reações do ouvinte como formas efetivas de reforço (p. ex., Maffei, Singer-Dudek & Keohane, 2014).

O ouvinte

É importante enfatizar o papel do ouvinte nessas relações verbais primárias, incluindo as fontes de controle para o comportamento do ouvinte. Segundo Skinner (1957), uma análise do comportamento tanto do falante quanto do ouvinte é necessária para compreender o "episódio verbal total" (p. 36). O mando beneficia sobretudo o falante, como quando uma menina pede e recebe água. Em contrapartida, outros operantes verbais primários, como o tato, em grande parte beneficiam o ouvinte. Por exemplo, se um orador diz: "vai chover", em resposta a um céu escuro, o ouvinte pode entrar em contato com um reforço que ele não teria contatado de outra forma. O estímulo pode evocar comportamentos do ouvinte, como carregar um guarda-chuva ou adiar uma caminhada ao ar livre. O reforço para o ouvinte é evitar um estímulo aversivo: molhar-se. Desse modo, falantes competentes ampliam o contato do ouvinte com o ambiente estimulante, e esse efeito sobre o ouvinte pode servir como uma importante e sutil fonte de reforço para o comportamento verbal do falante.

Além disso, programas eficazes para o treinamento da linguagem devem ensinar de maneira explícita o falante a engajar o ouvinte. Por exemplo, após os falantes iniciantes aprenderem a fazer pedidos a ouvintes atentos, eles podem precisar aprender a recrutar a atenção de ouvintes desatentos. Em ambientes aplicados, aumentar a consistência da atenção do parceiro comunicativo e das respostas às tentativas comunicativas do falante é um objetivo de intervenção importante (Goldstein, Kaczmarek, Pennington & Shafer, 1992). Isso é necessário para apoiar os esforços do falante em suas tentativas de comunicação.

É importante ressaltar que comunicadores eficazes podem atuar como falantes e ouvintes, o que lhes permite entender (i.e., reagir a) seu próprio comportamento verbal. Infelizmente, crianças pequenas ou com deficiências no desenvolvimento podem não falar prontamente depois de aprender a reagir às palavras como ouvintes, ou vice-versa (Petursdottir & Carr, 2011). Isso sugere que, ao tentar estabelecer habilidades verbais funcionais, devemos ensinar o comportamento do falante e do ouvinte ao mesmo tempo (p. ex., Fiorile & Greer, 2007).

Controle múltiplo

Os operantes verbais discutidos até o momento envolvem o controle por uma única variável, como uma operação motivadora, ou um estímulo verbal ou não verbal. No entanto, a maioria dos comportamentos verbais envolve diferentes topografias sob controle de múltiplas variáveis (Michael, Palmer & Sundberg, 2011). O *controle múltiplo* ocorre quando uma única resposta é controlada por mais de uma variável, ou uma única variável controla mais de uma resposta (Bondy, Tincani & Frost, 2004; Skinner, 1957). O primeiro tipo de controle múltiplo, o *convergente*, ocorre quando a comunidade verbal organiza o reforço para uma forma de resposta na presença de mais de um estímulo. Por exemplo, uma menina recebe reforço por dizer "bola", em resposta à palavra impressa *bola*, uma imagem de uma bola e a pergunta "o que você joga?". O segundo tipo de controle múltiplo, o *divergente*, ocorre quando determinada variável fortalece múltiplas respostas. Um exemplo é quando a privação de líquidos fortalece respostas verbais como "*água, por favor*", "*posso beber alguma coisa?*" e "*estou com sede*".

O controle múltiplo que produz operantes verbais *impuros* (i.e., aqueles em que mais de uma variável se fortalece ao mesmo tempo) pode estar presente no ensino de respostas verbais (Skinner, 1957, p. 151). Por exemplo, um menino privado de líquidos é mais propenso a dizer "suco, por favor", se lhe presentearmos com uma xícara de suco, do que quando a privação ou a xícara de suco é apresentada sozinha. A operação motivadora e o estímulo não verbal têm um efeito combinado, produzindo um operante verbal impuro, que é o mando tato. Diversas variáveis podem se combinar para produzir uma resposta. Quando uma mãe pergunta: "você quer tomar um suco?" com um copo de suco presente, e sua filha diz: "sim, por favor", podemos chamar a resposta da menina de mando-tato-intraverbal, se ela for multiplamente controlada por uma operação motivadora (privação), um estímulo não verbal (copo de suco) e um estímulo verbal (pergunta da mãe). Dessa forma, podemos identificar as fontes potenciais de controle e estabelecer operantes mantidos por múltiplas funções.

A relação entre os diferentes operantes verbais é importante no ensino de habilidades verbais. Por exemplo, será que a aquisição de uma forma de resposta sob um conjunto de variáveis leva à emissão da mesma forma de resposta sob um conjunto diferente de variáveis? Há evidências consideráveis de que os operantes verbais são funcionalmente independentes sob certas condições (Kelley, Shillingsburg, Castro, Addison & LaRue, 2007; LaFrance, Wilder, Normand & Squires, 2009; LaMarre & Holland, 1985; Petursdottir, Carr & Michael, 2005; Twyman, 1996), ou seja, uma topografia de resposta (i.e., palavra) aprendida com um conjunto de variáveis de controle não necessariamente ocorrerá na presença de variáveis diferentes, a menos que seja explicitamente ensinada. Portanto, uma topografia de resposta ensinada como um mando não ocorrerá automaticamente como um tato, ou vice-versa. Por exemplo, um menino que é ensinado a dizer, sinalizar ou escrever *árvore* em resposta à pergunta "o que é isso?" e à imagem de uma árvore pode não responder com *árvore* na presença somente da imagem desta (tato), pois a resposta aprendida envolve uma relação de controle diferente – a imagem da árvore mais a pergunta.

A análise de operantes verbais sob controle múltiplo torna-se especialmente relevante no planejamento de programas de treinamento em comunicação. Embora muitos programas de treinamento de linguagem orientados para o comportamento busquem estabelecer operantes verbais complexos (p. ex., Leaf & McEachin, 1999; Lovaas, 2003; Maurice *et al.*, 1996), eles não descrevem procedimentos para transferir o controle da questão mais o objeto para o objeto em si. Sem procedimentos explícitos de transferência de controle de estímulos, é provável que o aluno desenvolva um repertório bastante seletivo no qual os tatos ocorrerão apenas na presença de objetos acompanhados de perguntas. Já um repertório de tato mais funcional envolve topografias de resposta que ocorrem em diversas combinações de estímulos, incluindo a apresentação do objeto de maneira isolada.

Em geral, os intraverbais estão sob o controle de múltiplos estímulos verbais. Por exemplo, a resposta *torrada* na presença da pergunta "o que você come no café da manhã?" deve estar sob controle dos estímulos verbais *comer* e *café da manhã*. Embora o estímulo *comer* possa evocar várias respostas (controle divergente), incluindo *massa, pizza, torrada* e *brócolis*, a adição do estímulo *café da manhã* servirá para fortalecer a resposta *torrada* (controle convergente). Na ausência de instruções específicas para distinguir entre ambas as características desse estímulo verbal composto, *comer* e *café da manhã*, um aluno pode atender a apenas um componente (i.e., *comer*) e continuar a responder com *torradas* a qualquer pergunta que inclua o estímulo *comer* (p. ex., P: "o que os coelhos comem?" R: *torrada*). Os analistas do comportamento podem prevenir esse tipo de falha, ou *resposta mecânica*, ensinando os alunos a responderem a ambas as características do estímulo verbal complexo no início da instrução (Axe, 2008; DeSouza, Fisher & Rodriguez, 2019; Sundberg & Sundberg, 2011).

A determinação de variáveis de controle auxilia no direcionamento de protocolos de ensino para diversas situações relevantes. Por exemplo, uma habilidade verbal aparentemente simples, como o aprendizado de Martin para dizer "balanço", pode ter muitas fontes possíveis de controle:

1. Martin aprende um ecoico. Ele diz "balanço" quando o professor diz "balanço", e o professor faz elogios.
2. Martin aprende um mando ecoico. Quando seu professor diz "balanço", ele diz "balanço", e seu professor o coloca no balanço.
3. Martin aprende um mando. Martin diz "balanço" para seu professor, e este o coloca no balanço.
4. Martin aprende um mando tato. Ele vê um balanço e diz "balanço" para seu professor. Este o coloca no balanço.
5. Martin aprende um mando intraverbal. Seu professor pergunta "o que você quer fazer?", sem um balanço à vista. Martin diz "balanço", e seu professor o coloca no balanço.
6. Martin aprende um tato puro. Martin vê um balanço e diz "balanço". O professor diz "sim, eu também estou vendo", mas não o coloca no balanço.
7. Martin aprende um intraverbal tato. Quando seu professor aponta para um balanço e pergunta "o que é isso?", Martin diz "balanço". Ele faz elogios, mas não o coloca no balanço.
8. Martin aprende um mando-tato-intraverbal. Ele vê um balanço, e seu professor pergunta "o que você quer fazer?". Martin diz "balanço", e seu professor o coloca no balanço.

O professor de Martin deve determinar quais variáveis são relevantes e organizar de maneira explícita cada variação para ensinar Martin a dizer "balanço".

Selecionando uma modalidade de resposta

Skinner (1957) escreveu que a modalidade não é determinante para que um comportamento possa funcionar como operante verbal. Portanto, gestos, língua de sinais, comunicação baseada em imagens e modalidades de comunicação com base digital podem funcionar como comportamento verbal (Tincani & Zawacki, 2012). Há poucas razões para sugerir que uma modalidade de comunicação é inerentemente melhor do que outras (Bondy *et al.*, 2004; Tincani, 2004). Em vez disso, alguns alunos podem demonstrar maiores taxas de aquisição com uma modalidade, e outros com uma diferente (Lorah *et al.*, 2013). É claro que a modalidade mais comum de comportamento verbal é a fala. No desenvolvimento típico, os bebês adquirem mandos não vocais, como apontar ou gesticular para um objeto enquanto olham para frente e para trás entre o objeto e o pai, antes de desenvolver palavras faladas específicas (Mundy, 1995). A fala surge de sons balbuciantes que parecem ser específicos de espécie, e não de culturas, ou seja, crianças pequenas ao redor do mundo tendem a produzir sons semelhantes, alguns dos quais produzem reforço direto ou automático em determinados grupos linguísticos (Miguel, Carr & Michael, 2002; Werker e Tees, 1999).

Muitas questões podem interferir no desenvolvimento típico da linguagem, desde problemas estruturais associados ao funcionamento oral até dificuldades na aquisição de repertórios imitativos (Fey, 1986). Quando os alunos não falam, a maioria dos intervencionistas tenta promover a fala primeiro (Mirenda, 2003). Quando os alunos não adquirem a fala por meio do padrão típico, pesquisadores identificaram diversas estratégias promissoras para promover o comportamento verbal, embora nenhuma seja universalmente eficaz (Wankoff, 2005). Em linhas gerais, essas estratégias estimulam a produção da fala, muitas vezes sem considerar a função. O terapeuta envolve o aluno em várias atividades lúdicas e de reforço para aumentar a produção de som do aluno. Se os sons ocorrem, o terapeuta tenta reforçar sua frequência. Em seguida, o terapeuta ensina um repertório ecoico. O profissional emite um som e fornece reforço se o aluno repetir o mesmo som. O terapeuta então ensina o aluno a misturar sons em padrões cada vez mais complexos, formando palavras e, em seguida, frases curtas (p. ex., "quero biscoito").

Diversos fatores podem tornar a fala uma modalidade de difícil aquisição para muitos jovens alunos, sobretudo aqueles com deficiências intelectuais ou do desenvolvimento. A produção da fala requer uma coordenação refinada de muitas ações, incluindo a respiração e os movimentos oral-motores. Um repertório imitativo generalizado é especialmente importante para o desenvolvimento da fala (Garcia, Baer & Firestone, 1971; Young, Krantz, McClannahan & Poulson, 1994). Ensinar a um aluno um repertório ecoico é difícil até que esse aluno apresente respostas imitativas generalizadas. Se ele não apresentar tais respostas, é provável que ele não adquira um repertório vocal abrangente. O início da fala por meio do balbucio parece ser relativamente restrito no tempo e pode não estar disponível quando alguns alunos com deficiência iniciam o treinamento da comunicação (Werker & Tees, 2005).

Devemos considerar o treinamento do comportamento verbal por meio de outras modalidades se a fala for uma opção de baixa probabilidade. A maioria dos falantes utiliza linguagem corporal e gestos, que Skinner (1957) chamou de *autoclíticos*, para modificar o significado de seus enunciados. Podemos moldar esses comportamentos na língua de sinais, seja conforme a gramática de uma língua específica ou envolvendo regras gramaticais únicas. Uma vantagem potencial dessa abordagem é que a língua de sinais envolve movimentos topograficamente diferentes das mãos, não necessitando, portanto, de apoio externo (Sundberg & Partington, 1998). As modalidades que usam ícones visuais podem incluir imagens, símbolos ou mídia impressa. Alguns sistemas são de baixa tecnologia, como o Sistema de Comunicação por Troca de Imagens (PECS; Frost & Bondy, 2002); outros são de alta tecnologia ou digitais, como dispositivos geradores de fala (Alzrayer, Banda & Koul, 2014; Tincani e Boutot, 2005). Os alunos podem adquirir habilidades de escrita com um teclado ou um implemento de escrita sem uso prévio da fala (Lovaas & Lovaas, 1999).

Um analista do comportamento deve considerar a facilidade e as dicas necessárias para a aquisição de respostas e o papel das respostas da comunidade verbal a um aluno ao selecionar uma modalidade de comunicação (Mirenda, 2003). Embora atualmente tenhamos pouca evidência empírica para orientar a seleção de modalidades (cf. McLay *et al.*, 2017), o analista do comportamento deve considerar as seguintes questões: primeiro, um aluno que não tem repertório de imitação vocal generalizado pode não aprender a fala prontamente. Nesses casos, tal analista deve considerar um sistema de comunicação suplementar e alternativo. A língua de sinais também pode ser uma alternativa viável para alunos que não têm repertório imitativo vocal. No entanto, um aluno deve ter repertório de imitação motora generalizada para adquirir um vocabulário funcional da língua de sinais devido à sua natureza baseada na topografia.

O analista do comportamento deve considerar um sistema de comunicação alternativo e aumentativo auxiliado ou baseado em dispositivos se o aluno não apresentar habilidades de imitação vocal e motora. Os sistemas auxiliados incluem os baseados em imagens, como o PECS (Frost & Bondy, 2002), e dispositivos geradores de fala (Lorah, Parnell, Whitby & Hantula, 2015). Os fatores relevantes para a seleção de um sistema assistido podem incluir (1) a disponibilidade de um dispositivo ou sistema; (2) a facilidade de uso para os ouvintes primários, como pais, irmãos ou professores; (3) o potencial do dispositivo ou sistema para acomodar vários símbolos de comunicação e vocabulário; e (4) a capacidade do dispositivo ou sistema de produzir um repertório de comportamento verbal independente e funcional para o ouvinte (Tincani, 2007; Tincani e Boutot, 2005).

Ensinando o mando

O mando beneficia de maneira direta o falante; portanto, a avaliação das pessoas, dos itens e dos eventos que funcionam como reforçadores para o aluno é fundamental antes de ensinar o mando. Os pesquisadores desenvolveram estratégias sistemáticas para avaliar as preferências dos alunos por reforçadores, embora uma descrição detalhada deles esteja além do escopo deste capítulo (ver Saini, Retzlaff, Roane & Piazza, Capítulo 10 deste livro). Muitas pesquisas têm se concentrado no ensino do mando como componente do treinamento de comunicação funcional (Durand & Merges, 2001; Greer, Fisher, Saini, Owen & Jones, 2016; Mancil, 2006; Saini, Miller & Fisher, 2016). O objetivo principal do treinamento de comunicação funcional é reduzir o comportamento desafiador ensinando respostas alternativas (i.e., mandos) que produzem as mesmas consequências reforçadoras que o comportamento desafiador (ver Fisher, Greer & Bouxsein, Capítulo 20 deste livro). Outros pesquisadores avaliaram procedimentos para estabelecer repertórios independentes ou espontâneos para alunos que não se envolvem em comportamento desafiador. Diversos estudos estabeleceram a eficácia de procedimentos de solicitação de atraso de tempo para o ensino de repertórios de mando para alunos com deficiências no desenvolvimento (p. ex., Halle, Baer & Spradlin, 1981; Halle, Marshall & Spradlin, 1979; Kratzer, Spooner & Test, 1993; Landa, Hansen & Shillingsburg, 2017; Shillingsburg, Marya, Bartlett & Thompson, 2019). Por exemplo, Halle *et al.* (1981) utilizou um procedimento de solicitação de atraso de 5 segundos para ensinar o mando a alunos com deficiência intelectual e atrasos de linguagem em um ambiente naturalista. O professor arranjou uma dica que poderia evocar um mando, como se aproximar do aluno com um copo de suco. O professor esperou 5 segundos para que o aluno realizasse o mando antes de fazer uma solicitação.

Demora progressiva ou *ensino sem erros* (Karsten & Carr, 2009; Touchette & Howard, 1984) é uma variação do procedimento de atraso, no qual o professor apresenta a dica de modo simultâneo com a solicitação e aumenta gradualmente a duração entre a dica e a solicitação à medida que o aluno faz respostas independentes. Tais procedimentos de atraso utilizam operações estabelecedoras (Michael, 1993) para promover a aquisição de mando. O procedimento de *cadeia interrompida* (Hall & Sundberg, 1997) também utiliza operações estabelecedoras, nas quais o professor impede que o aluno complete uma cadeia de comportamento até que esse aluno execute um mando apropriado. Por exemplo, um professor pode esconder um banquinho de um aluno que normalmente utiliza o banquinho para acessar um jogo em uma prateleira. O professor usaria essa situação para ensinar o aluno a solicitar ajuda para localizar o banquinho ausente. Uma característica comum desses procedimentos é uma manipulação sistemática do ambiente do aluno para promover um repertório funcional de mando (Carnett *et al.*, 2017; Ingvarsson & Hollobaugh, 2013; Landa *et al.*, 2017; Lechago, Carr, Grow, Love & Almason, 2010; Shillingsburg, Bowen, Valentino & Pierce, 2014; Shillingsburg *et al.*, 2019).

Três formas básicas de resposta que os comunicadores iniciantes precisam aprender são pedir uma pausa, pedir ajuda e dizer (ou comunicar de outra forma) *não* a um item ou uma atividade oferecida. Essas habilidades simples são importantes, pois permitem que o aluno exerça controle sobre seu ambiente e o coloque em contato com contingências que serão fundamentais para o desenvolvimento de outras habilidades (Hixson, 2004). Pedir uma pausa ou assistência e comunicar *não* estão sob controle funcional de eventos aversivos, como demandas, tarefas incompletas ou difíceis, ou itens indesejados. A comunicação *não* permite que o aluno fuja ou evite um item ou uma atividade indesejada. Funciona como autoclítico qualificativo em uma função de mando (ver Skinner, 1957, p. 322). Quando um aluno solicita um item ou uma atividade alternativa no contexto de uma situação de fuga ou de esquiva, o pedido também pode funcionar como forma de rejeição mantida em parte por reforço negativo. Tais respostas de escolha podem ter o efeito colateral de reduzir o comportamento desafiador associado a contingências de fuga ou de esquiva.

Pesquisadores validaram diversas estratégias para ensinar comportamentos solicitantes e rejeitadores. As melhores práticas integram a instrução de respostas comunicativas nas rotinas diárias, identificando de maneira sistemática todas as oportunidades potenciais para um aluno se envolver em comportamentos-alvo e incorporando a instrução em eventos naturais (Carnett *et al.*, 2017; Sigafoos, Kerr, Roberts & Couzens, 1994; Ylvisaker & Feeney, 1994). As estratégias para criar oportunidades para o comportamento verbal concentram-se no ensino da comunicação em atividades da vida real. Essas estratégias incluem (1) adiar o acesso a um item ou uma atividade que está presente até que o aluno faça uma solicitação (Halle *et al.*, 1981); (2) reter um item necessário para completar uma atividade preferencial (Cipani, 1988; Lechago *et al.*, 2010); (3) bloquear uma resposta ou interromper uma atividade para criar a necessidade de uma solicitação (Carnett, Bravo & Waddington, 2019; Shafer, 1995; Sigafoos *et al.*, 1994); (4) fornecer apenas parte do que o aluno solicitou para criar uma nova necessidade (Duker, Kraaykamp & Visser, 1994); (5) intencionalmente dar ao aluno o item incorreto (Choi, O'Reilly, Sigafoos & Lancioni, 2010; Sigafoos *et al.*, 1994); ou (6) adiar ofertas de assistência até que o aluno peça ajuda (Rodriguez, Levesque, Cohrs & Niemeier, 2017; Sigafoos & Roberts-Pennell, 1999).

O aluno escapa ou evita itens ou atividades não preferenciais de maneira socialmente aceitável se puder dar uma resposta de rejeição. Os alunos que não comunicam essa necessidade podem adotar um comportamento peculiar de difícil interpretação (Iacono, Carter & Hook, 1998), ou podem aprender a fugir ou evitar atividades por meio de um comportamento desafiador (Carr, 1994). É mais provável que o aluno adquira uma comunicação de fuga ou de esquiva socialmente apropriada em situações nas quais ele é motivado a fugir ou evitar um item ou atividade. O analista do comportamento pode criar um contexto para ensinar o aluno a rejeitar uma oferta de modo adequado se puder identificar itens ou atividades que o aluno está motivado a fugir ou evitar (Chezan, Drasgow, Martin & Halle, 2016; Sigafoos & Roberts-Pennell, 1999).

Existem várias técnicas para ensinar o comportamento de rejeição ou recusa. Primeiro, o analista do comportamento pode fortalecer um comportamento apropriado existente para torná-lo mais eficaz, específico ou consistente (Warren, Yoder, Gazdag, Kim & Jones, 1993). Em segundo lugar, o analista do comportamento pode ensinar novos comportamentos comunicativos encadeando a nova resposta a um comportamento existente e ineficiente (Keen, Sigafoos & Woodyatt, 2001) ou por estímulo (Drasgow, Halle, Ostrosky & Harbers, 1996). Terceiro, o analista do comportamento pode substituir comportamentos comunicativos socialmente inaceitáveis por aceitáveis e funcionalmente equivalentes. Por exemplo, o analista do comportamento poderia ensinar um aluno a apontar para a palavra *parar* em um quadro de comunicação para encerrar uma tarefa em vez de fazer birra (Carr, 1994). Quarto, o analista do comportamento deve ensinar ao aluno que a fuga ou a esquiva nem sempre serão possíveis, mesmo quando o aluno a solicitou adequadamente (Sigafoos, 1998). Embora estejamos sugerindo que devemos inicialmente ensinar a comunicar *não* como um mando, os alunos mais avançados se beneficiarão em adquirir *não* e *sim* como tato e intraverbais. Por exemplo, devemos ensinar a um aluno que consegue falar a dizer "não", se o professor perguntar: "isso é uma girafa?" quando ele apresentar a imagem de uma vaca (tato), e a dizer "sim" quando o professor perguntar: "uma vaca muge?" (intraverbal; ver Shillingsburg, Kelley, Roane, Kisamore & Brown, 2009).

Ensinando outros operantes verbais

Embora muitas pesquisas tenham se concentrado na aquisição de mandos, as pesquisas também mostraram que o repertório de tato é o alicerce para o desenvolvimento de outros comportamentos verbais e não verbais, como mandos, intraverbais, categorização de estímulos e raciocínio analógico (p. ex., Finn, Miguel & Ahearn, 2012; Greer & Du, 2010; Miguel *et al.*, 2015; Miguel & Kobari-Wright, 2013; Miguel, Petursdottir & Carr, 2005; Sprinkle & Miguel, 2012). Além disso, os tatos podem não surgir prontamente após a instrução de discriminação receptiva (Contreras, Cooper & Kahng, 2020; Petursdottir & Carr, 2011), sobretudo se uma criança não tem um repertório ecoico generalizado (Horne & Lowe, 1996). Por essa razão, um analista do comportamento deve priorizar os tatos ao tentar expandir o repertório vocal de um aluno (p. ex., Greer & Du, 2010). O treinamento do tato deve se concentrar inicialmente em estímulos tridimensionais preferenciais, familiares e funcionais, prontamente encontrados no ambiente do aluno; deve, então, mover-se em direção a estímulos bidimensionais complexos, incluindo funções, características, relações e eventos privados (LeBlanc, Dillon & Sautter, 2009).

Os analistas do comportamento devem ensinar ecoicos no início da programação ao ensinar tatos vocais, pois os terapeutas podem utilizar dicas ecoicas para outros operantes verbais (p. ex., Kodak & Clements, 2009). Embora os pesquisadores tenham estudado a imitação vocal generalizada (p. ex., Kymissis & Poulson, 1990), investigações mais recentes têm se concentrado em procedimentos para estabelecer vocalizações em alunos que de outra forma não são vocais. Um desses procedimentos, denominado *emparelhamento estímulo-estímulo*, estabelece as vocalizações como reforçadores condicionados. Desse modo, o estímulo auditivo produzido pela resposta pode funcionar como reforço para as vocalizações que os produziram (Lepper & Petursdottir, 2017; Shillingsburg, Hollander, Yosick, Bowen & Muskat, 2015). Outros procedimentos mais naturalistas evocam vocalizações ao captar o interesse do aluno ao modelar sons vocais (Charlop-Christy, LeBlanc & Carpenter, 1999).

Os analistas do comportamento podem ensinar intraverbais simples na forma de preenchimento de espaços em branco, ao mesmo tempo em que estão ensinando mandos e tatos simples. Em contrapartida, o analista do comportamento deve ensinar intraverbais mais complexos depois que o aluno puder responder à mesma topografia ou palavra como um ouvinte (i.e., discriminação receptiva) e um falante (i.e., tato). Por exemplo, antes que o analista ensine um aluno a dizer "cenoura", quando o aluno ouve "o que um coelho come?", ele deve primeiro aprender a discernir *cenoura* e *comer* e responder como ouvinte ao ouvir essas palavras (Petursdottir, Ólafsdóttir & Aradóttir, 2008). Como acontece com outros operantes verbais, o analista do comportamento pode ensinar intraverbais utilizando procedimentos de atraso de tempo com dicas vocais ou visuais, embora a experiência prévia do aluno com dicas pareça determinar qual será mais eficaz (Coon & Miguel, 2012; Roncati, Souza & Miguel, 2019).

Os analistas do comportamento devem avaliar os repertórios atuais dos alunos antes de ensinar esses operantes verbais e usar os resultados da avaliação para orientar a programação. Infelizmente, muitas avaliações de linguagem se concentram na forma e não na função das respostas verbais (Esch, LaLonde & Esch, 2010), de modo que não medem a força e a amplitude do repertório verbal de um aluno (Carr & Miguel, 2013). Dessa forma, um analista do comportamento pode utilizar avaliações referenciadas por critérios, como a Avaliação de Habilidades Básicas de Linguagem e Aprendizagem – Revisada (ABLLS-R; Partington, 2006) e o Programa de Avaliação e Posicionamento de Marcos do Comportamento Verbal (VB-MAPP; Sundberg, 2008), para avaliar o repertório de um aluno, sugerir metas de intervenção e acompanhar o progresso. Embora muitos analistas do comportamento frequentemente usem essas avaliações, a pesquisa não avaliou suas propriedades psicométricas e sua confiabilidade interobservador (Carr & Miguel, 2013), de modo que os analistas não devem confiar apenas nelas ao tomar decisões clínicas.

Outras questões

As características do aluno podem influenciar a forma como ensinamos habilidades verbais e quais ensinamos. Algumas dessas variáveis podem ser específicas do aluno. Por exemplo, um analista do comportamento deve utilizar os reforços mais potentes de um aluno, identificados por meio de uma avaliação formal de preferência ao iniciar o treinamento de mandos (DeLeon & Iwata, 1996; Fisher *et al.*, 1992; Frost e Bondy, 2002). Outros fatores que podem ser importantes na seleção de respostas verbais para ensinar dizem respeito ao desenvolvimento comportamental do aluno. Por exemplo, os alunos discernem itens e eventos que fazem parte do ambiente público antes que possam tratar de eventos privados (ver Skinner, 1957, p. 131). Em outras palavras, os alunos nomeiam itens comuns, como brinquedos, móveis e pessoas importantes, antes de aprenderem a comentar sobre coisas que acontecem dentro deles, como dor, prazer ou outras alterações emocionais. Portanto, devemos garantir que um aluno possa comentar sobre itens ou eventos em seu ambiente antes de ensinar comentários sobre um possível joelho dolorido.

Estratégias para o ensino do comportamento verbal, como o ensino incidental e o treinamento de resposta pivotal (Koegel & Koegel, 2005), dependem da consciência do professor sobre o repertório atual do aluno, ou seja, essas estratégias buscam expandir os conjuntos de habilidades atuais em pequenos passos. Cada lição depende mais do que o aluno está fazendo do que daquilo que o professor quer que o aluno faça. Desse modo, se um aluno demonstrou clara preferência por uma bola grande em vez de uma pequena e consegue pedir uma bola, ensinar o aluno a solicitar a *bola grande* representa uma resposta-alvo viável. Para os alunos que não gostam de bolas ou que não conseguem pedir uma bola de qualquer tipo, tentar ensinar *grande* dessa forma provavelmente não será eficaz.

Questões relacionadas à produção de resposta também podem influenciar quais habilidades os analistas do comportamento ensinam. É importante ressaltar que tais analistas devem determinar como os problemas na produção podem interferir no aprendizado. Por exemplo, alunos que apresentam algumas respostas vocais podem ter dificuldade na produção ou na mistura de sons; da mesma forma, os alunos que sinalizam podem ter dificuldade em formar ou encadear sinais. Alguns alunos podem selecionar letras em um teclado de maneira mais fácil do que podem produzi-las com um implemento de escrita. Pesquisas sobre fluência (Johnson & Layng, 1992) sugerem que, quando as taxas de produção de respostas básicas (como a taxa de produção de sons individuais, escrever letras individuais ou selecionar figuras específicas) são muito baixas, a aquisição de habilidades mais complexas (como encadear letras para soletrar palavras ou falar com frases cada vez mais complexas) será difícil.

Muitas vezes, atribuir características a um aluno individual com base em uma característica geral da população à qual ele pertence é algo arriscado. No entanto, um analista do comportamento pode considerar tais características em uma base probabilística. Por exemplo, os alunos com transtorno do espectro autista (TEA) costumam ser menos sensíveis aos reforçadores sociais do que os alunos em desenvolvimento típico, sobretudo quando entram pela primeira vez em programas de tratamento. Dessa forma, elogios, sorrisos e palavras de incentivo em geral não são muito motivadores para os alunos com TEA. Esses alunos terão dificuldades para adquirir habilidades que produzem consequências sociais, como tatos, intraverbais e a maioria dos autoclíticos (Fisher *et al.*, 2019). Se um professor substitui as consequências sociais por reforços mais concretos, mas poderosos, como alimentos ou brinquedos, um aluno com TEA pode adquirir um operante verbal que pode permanecer parcialmente controlado pelo item, em vez de um operante controlado por reforçadores condicionados generalizados. A simples substituição de um reforçador por outro pode ter impacto significativo na aquisição de operantes verbais. Nesse caso, a disponibilidade limitada de reforços pode afetar a seleção de habilidades-alvo pelo analista do comportamento. Se as consequências sociais não funcionam como reforço, então ensinar mandos para itens e atividades pode ser mais eficaz do que ensinar operantes verbais com reforçadores sociais.

Os alunos podem ter dificuldade em adquirir habilidades linguísticas sofisticadas se as consequências sociais não funcionarem como reforçadores ou funcionarem apenas como reforçadores fracos (Greer & Keohane, 2006). Por exemplo, alunos com nível de suporte baixo no TEA normalmente desenvolvem habilidades linguísticas globais em pé de igualdade com seus colegas em desenvolvimento típico. No entanto, alguns desses alunos podem ter dificuldade em adquirir habilidades de comunicação relacionadas à eficácia social – desde o uso e a compreensão de trocadilhos e outros jogos de palavras até habilidades mais gerais associadas a namoro bem-sucedido e envolvimento romântico. Dessa forma, um aluno pode contar uma piada, mas não consegue identificar por que ela é engraçada.

Skinner (1957) apontou o papel primordial do reforço social no desenvolvimento da linguagem e do autoconhecimento: "como observamos, é o *reforço social* que leva o indivíduo a conhecer a si mesmo. É somente através do crescimento gradual de uma comunidade verbal que o indivíduo se torna 'consciente'. Ele passa a se ver apenas como os outros o veem, ou pelo menos apenas como os outros insistem em vê-lo" (p. 140, grifo deste autor). Alunos que mostram responsividade limitada às consequências sociais são propensos a mostrar limites concomitantes no desenvolvimento da linguagem.

Para outras populações, como crianças com síndrome de Down, as consequências sociais podem ser reforçadores especialmente poderosos. Nesses casos, lições associadas ao tato, como nomear animais, identificar sons e descrever itens, podem ser reforçadas e adquiridas prontamente. A classificação diagnóstica ou educacional de um aluno não define ou fixa metas educacionais, mas pode sugerir consequências que funcionam e não funcionam como reforçadores.

Os analistas do comportamento devem utilizar muitos reforços ao ensinar o mando. Embora possa ser relativamente fácil manipular o acesso a reforços concretos, como comida, bebida e brinquedos, as lições devem se estender a atividades e eventos sociais com muitos parceiros comunicativos em potencial. De maneira específica, devemos ensinar os alunos a solicitar itens de colegas (Schwartz, Garfinkle & Bauer, 1998) e de adultos; a conversar, brincar e realizar atividades relacionadas com irmãos (Taylor, Levin & Jasper, 1999); e buscar informações (Williams, Pérez-González & Vogt, 2003). Assim, dois objetivos gerais de treinamento são ampliar o leque de reforços associados ao mando e aumentar potenciais mediadores para diversos reforçadores.

Por fim, grande parte deste capítulo concentra-se na aquisição de comportamento verbal e intervenções relacionadas na infância. No entanto, certas deficiências no desenvolvimento, como o TEA, produzem déficits no comportamento verbal que podem persistir ao longo da vida (Shattuck *et al.*, 2007). É provável que esses alunos precisem de intervenções empiricamente apoiadas para aumentar e manter o comportamento verbal funcional até a idade adulta. A continuidade demonstrada nos princípios do comportamento ao longo da vida sugere que a análise de Skinner (1957) é tão relevante para ensinar habilidades de comportamento verbal para adultos quanto para crianças. Contudo, a pesquisa sobre estratégias para ensinar tais habilidades a adultos com deficiências de desenvolvimento é muito menos abundante do que a pesquisa com crianças (p. ex., Bishop-Fitzpatrick, Minshew & Eack, 2014). Evidências preliminares sugerem que a abordagem conceitual e as estratégias de ensino baseadas na análise de Skinner, que produzem comportamento verbal funcional em crianças, também produzem comportamento verbal funcional em adultos com deficiências semelhantes (Bracken & Rohrer, 2014; Nepo, Tincani, Axelrod & Meszaros, 2015). No entanto, os pesquisadores devem se concentrar na natureza específica de estratégias compatíveis com o desenvolvimento e eficazes para melhorar o comportamento verbal em adultos.

Resumo

O trabalho de Skinner (1957) fornece uma plataforma na qual os analistas do comportamento podem desenvolver alvos e estratégias eficazes para ajudar crianças e adultos a adquirir ou melhorar repertórios verbais. Considerar as condições motivacionais e de estímulo relevantes é essencial no ensino de respostas verbais. Os analistas do comportamento podem fornecer orientação crítica sobre a importância do reforço e como o contexto afeta a função de novas respostas ao preparar lições. Nossa ênfase na função, e não na forma do comportamento verbal, também sugere que os analistas do comportamento devem ser hábeis em ajudar os alunos a desenvolver repertórios verbais em várias modalidades, mesmo reconhecendo a importância social da fala. De fato, as técnicas de ensino de respostas verbais descritas neste capítulo acomodam diversas modalidades de resposta, incluindo fala, língua de sinais, sistemas baseados em figuras e outros dispositivos aumentativos.

Referências

Alzrayer, N., Banda, D. R., & Koul, R. K. (2014). Use of iPad/iPods with individuals with autism and other developmental disabilities: A meta-analysis of communication interventions. *Review Journal of Autism and Developmental Disorders, 1,* 179-191.

American Speech-Language-Hearing Association. (2016). Scope of practice in speech-language pathology. Retirado de *www.asha.org/policy/SP2016-00343.*

Axe, J. B. (2008). Conditional discrimination in the intraverbal relation: A review and recommendations for future research. *Analysis of Verbal Behavior, 24,* 159-174.

Barbera, M. L., & Rasmussen, T. (2007). *The verbal behavior approach: How to teach children with autism and related disorders.* Londres: Jessica Kingsley.

Bishop-Fitzpatrick, L., Minshew, N. J., & Eack, S. M. (2014). A systematic review of psychosocial interventions for adults with autism spectrum disorders. Em F. R. Volkmar, B. Reichow, & J. McPartland (Eds.), *Adolescents and adults with autism spectrum disorders* (p. 315-327). Nova York: Springer.

Bondy, A., Tincani, M., & Frost, L. (2004). Multiply controlled verbal operants: An analysis and extension to the Picture Exchange Communication System. *Behavior Analyst, 27,* 247-261.

Bracken, M., & Rohrer, N. (2014). Using an adapted form of the Picture Exchange Communication System to increase independent requesting in deafblind adults with learning disabilities. *Research in Developmental Disabilities, 35,* 269-277.

Brown, R. (1973). *A first language.* Cambridge, MA: Harvard University Press.

Carnett, A., Bravo, A., & Waddington, H. (2019). Teaching mands for actions to children with autism spectrum disorder using systematic instruction, behavior chain interruption, and a speech-generating device. *International Journal of Developmental Disabilities, 65,* 98-107.

Carnett, A., Waddington, H., Hansen, S., Bravo, A., Sigafoos, J., & Lang, R. (2017). Teaching mands to children with autism spectrum disorder using behavior chain interruption strategies: A systematic review. *Advances in Neurodevelopmental Disorders, 1,* 203-220.

Carr, E. G. (1994). Emerging themes in the functional analysis of problem behavior. *Journal of Applied Behavior Analysis, 27,* 393-399.

Carr, J. E., & Miguel, C. F. (2013). The analysis of verbal behavior and its therapeutic applications. Em G. J. Madden (Ed.), *APA handbook of behavior analysis: Vol. 2. Translating principles into practice* (p. 329-352). Washington, DC: American Psychological Association.

Charlop-Christy, M. H., LeBlanc L. A., & Carpenter, M. H. (1999). Naturalistic teaching strategies (NaTS) to teach speech to children with autism: Historical perspective, development, and current practice. *California School Psychologist, 4,* 30-46.

Chezan, L. C., Drasgow, E., Martin, C. A., & Halle, J. W. (2016). Negatively-reinforced mands: An examination of resurgence to existing mands in two children with autism and language delays. *Behavior Modification, 40,* 922-953.

Choi, H., O'Reilly, M., Sigafoos, J., & Lancioni, G. (2010). Teaching requesting and rejecting sequences to four children with developmental disabilities using augmentative and alternative communication. *Research in Developmental Disabilities, 31,* 560-567.

Chomsky, N. (1965). *Aspects of a theory of syntax.* Cambridge, MA: MIT Press. Cipani, E. (1988). The missing item format. *Teaching Exceptional Children, 21,* 25-27.

Contreras, B. P., Cooper, A. J., & Kahng, S. (2020). Recent research on the relative efficiency of speaker and listener instruction for children with autism spectrum disorder. *Journal of Applied Behavior Analysis, 53,* 584-589.

Coon, J. T., & Miguel, C. F. (2012). The role of increased exposure to transfer of stimulus control procedures on the acquisition of intraverbal behavior. *Journal of Applied Behavior Analysis, 45,* 657-666.

DeLeon, I. G., & Iwata, B. A. (1996). Evaluation of a multiple-stimulus presentation format for assessing reinforcer preferences. *Journal of Applied Behavior Analysis, 29,* 519-532.

DeSouza, A. A., Fisher, W. W., & Rodriguez, N. M. (2019). Facilitating the emergence of convergent intraverbals in children with autism. *Journal of Applied Behavior Analysis, 52,* 28-49.

Drasgow, E., Halle, J. W., Ostrosky, M. M., & Harbers, H. M. (1996). Using behavioral indication and functional communication training to establish initial sign repertoire with a young child with severe disabilities. *Topics in Early Childhood Special Education, 16,* 500-521.

Duker, P. C., Kraaykamp, M., & Visser, E. (1994). A stimulus control procedure to increase requesting with individuals who are severely/profoundly intellectually disabled. *Journal of Intellectual Disability Research, 38*, 177-186.

Durand, V. M., & Merges, E. (2001). Functional communication training: A contemporary behavior analytic intervention for problem behavior. *Focus on Autism and Other Developmental Disabilities, 16*, 110-119.

Esch, B. E., LaLonde, K. B., & Esch, J. W. (2010). Speech and language assessment: A verbal behavior analysis. *Journal of Speech-Language Pathology-Applied Behavior Analysis, 5*, 166-191.

Fey, M. (1986). *Language intervention with young children*. Boston: College Hill Press.

Finn, H. E., Miguel, C. F., & Ahearn, W. H. (2012). The emergence of untrained mands and tacts in children with autism. *Journal of Applied Behavior Analysis, 45*(2), 265-280.

Fiorile, C. A., & Greer, R. D. (2007). The induction of naming in children with no prior tact responses as a function of multiple exemplar histories of instruction. *Analysis of Verbal Behavior, 23*, 71-87.

Fisher, W., Piazza, C. C., Bowman, L. G., Hagopian, L. P., Owens, J. C., & Slevin, I. (1992). A comparison of two approaches for identifying reinforcers for persons with severe and profound disabilities. *Journal of Applied Behavior Analysis, 25*, 491-498.

Fisher, W. W., Retzlaff, B. J., Akers, J. S., DeSouza, A. A., Kaminski, A. J., & Machado, M. A. (2019). Establishing initial auditory-visual conditional discriminations and emergence of initial tacts in young children with autism spectrum disorder. *Journal of Applied Behavior Analysis, 52*, 1089-1106.

Frost, L., & Bondy, A. (2002). *The Picture Exchange Communication System (PECS) training manual* (2nd ed.). Newark, DE: Pyramid Products.

Garcia, E. E., Baer, D. M., & Firestone, I. (1971). The development of generalized imitation in topographically determined boundaries. *Journal of Applied Behavior Analysis, 4*, 101-113.

Goldstein, H., Kaczmarek, L., Pennington, R., & Shafer, K. (1992). Peer-mediated intervention: Attending to, commenting on, and acknowledging the behavior of preschoolers with autism. *Journal of Applied Behavior Analysis, 25*, 289-305.

Greer, B. D., Fisher, W. W., Saini, V., Owen, T. M., & Jones, J. K. (2016). Functional communication training during reinforcement schedule thinning: An analysis of 25 applications. *Journal of Applied Behavior Analysis, 49*, 105-121.

Greer, R. D., & Du, L. (2010). Generic instruction versus intensive tact instruction and the emission of spontaneous speech. *Journal of Speech-Language Pathology-Applied Behavior Analysis, 5*, 1-19.

Greer, R. D., & Keohane, D.-D. (2006). The evolution of verbal behavior in children. *Journal of Speech and Language Pathology-Applied Behavior Analysis, 1*, 111-140.

Hall, G., & Sundberg, M. L. (1987). Teaching mands by manipulating conditioned establishing operations. *Analysis of Verbal Behavior, 5*, 41-53.

Halle, J. W., Baer, D., & Spradlin, J. (1981). Teachers' generalized use of delay as a stimulus control procedure to increase language use in handicapped children. *Journal of Applied Behavior Analysis, 14*, 389-409.

Halle, J. W., Marshall, A. M., & Spradlin, J. E. (1979). Time delay: A technique to increase language use and generalization in retarded children. *Journal of Applied Behavior Analysis, 12*, 431-439.

Hixson, M. (2004). Behavioral cusps, basic behavioral repertoires, and cumulative-hierarchical learning. *Psychological Record, 54*, 387-403.

Horne, P. J., & Lowe, C. F. (1996). On the origins of naming and other symbolic behavior. *Journal of the Experimental Analysis of Behavior, 65*, 185-241.

Iacono, T., Carter, M., & Hook, J. (1998). Identification of intentional communication in students with severe and multiple disabilities. *Augmentative and Alternative Communication, 14*, 417-431.

Ingvarsson, E. T., & Hollobaugh, T. (2010). Acquisition of intraverbal behavior: Teaching children with autism to mandado for answers to questions. *Journal of Applied Behavior Analysis, 43*, 1-17.

Johnson, K. R., & Layng, T. J. (1992). Breaking the structuralist barrier: Literacy and numeracy with fluency. *American Psychologist, 47*, 1475-1490.

Karsten, A. M., & Carr, J. E. (2009). The effects of differential reinforcement of unprompted responding on the skill acquisition of children with autism. *Journal of Applied Behavior Analysis, 42*, 327-334.

Keen, D., Sigafoos, J., & Woodyatt, G. (2001). Replacing prelinguistic behaviors with functional communication. *Journal of Autism and Developmental Disorders, 31*, 385-398.

Kelley, M. E., Shillingsburg, M. A., Castro, M. J., Addison, L. R., & LaRue, R. H., Jr. (2007). Further evaluation of emerging speech in children with developmental disabilities: Training verbal behavior. *Journal of Applied Behavior Analysis, 40*, 431-445.

Kodak, T., & Clements, A. (2009). Acquisition of mands and tacts with concurrent echoic training. *Journal of Applied Behavior Analysis, 42*, 839-843.

Koegel, R. L., & Koegel, L. K. (2005). *Pivotal response treatments for autism: Communication, social, and academic development*. Baltimore: Brookes.

Kratzer, D. A., Spooner, F., & Test, D. W. (1993). Extending the application of constant time delay: Teaching a requesting skill to students with severe multiple disabilities. *Education and Treatment of Children, 16*, 235-253.

Kymissis, E., & Poulson, C. L. (1990). The history of imitation in learning theory: The language acquisition process. *Journal of the Experimental Analysis of Behavior, 54*, 113-127.

LaFrance, D. L., & Miguel, C. F. (2014). Teaching language to children with autism spectrum disorder. Em J. Tarbox, D. R. Dixon, P. Sturmey, & J. L. Matson (Eds.), *Handbook of early intervention for autism spectrum disorders: Research, practice, and policy* (p. 403-436). Nova York: Springer.

LaFrance, D. L., Wilder, D. A., Normand, M. P., & Squires, J. L. (2009). Extending the assessment of functions of vocalizations in children with limited verbal repertoires. *Analysis of Verbal Behavior, 25,* 19-32.

LaMarre, J., & Holland, J. G. (1985). The functional independence of mands and tacts. *Journal of the Experimental Analysis of Behavior, 43,* 5-19.

Landa, R. K., Hansen, B., & Shillingsburg, M. A. (2017). Teaching mands for information using 'when' to children with autism. *Journal of Applied Behavior Analysis, 50,* 538-551.

Leaf, R., & McEachin, J. (1999). *A work in progress: Behavior management strategies and a curriculum for intensive behavior treatment of autism.* Nova York: DRL Books.

LeBlanc, L. A., Dillon, C. M., & Sautter, R. A. (2009). Establishing mandado and tact repertoires. Em R. A. Rehfeldt & Y. Barnes-Holmes (Eds.), *Derived relational responding: Applications for learners with autism and other developmental disabilities* (p. 79-108). Oakland, CA: New Harbinger.

Lechago, S. A., Carr, J. E., Grow, L. L., Love, J. R., & Almason, S. M. (2010). Mands for information generalize across establishing operations. *Journal of Applied Behavior Analysis, 43,* 381-395.

Lepper, T. L., & Petursdottir, A. I. (2017). Effects of response--contingent stimulus pairing on vocalizations of nonverbal children with autism. *Journal of Applied Behavior Analysis, 50,* 756-774.

Lorah, E. R., Parnell, A., Whitby, P. S., & Hantula, D. (2015). A systematic review of tablet computers and portable media players as speech generating devices for individuals with autism spectrum disorder. *Journal of Autism and Developmental Disorders, 45,* 3792-3804.

Lorah, E. R., Tincani, M., Dodge, J., Gilroy, S., Hickey, A., & Hantula, D. (2013). Evaluating picture exchange and the iPad™ as a speech generating device to teach communication to young children with autism. *Journal of Developmental and Physical Disabilities, 25,* 637-649.

Lord, C., Cook, E. H., Leventhal, B. L., & Amaral, D. G. (2000). Autism spectrum disorders. *Neuron, 28,* 355-363.

Lovaas, O. I. (2003). *Teaching individuals with developmental delays.* Austin, TX: PRO-ED.

Lovaas, N. W., & Lovaas, E. E. (1999). *The Reading and Writing Program: An alternative form of communication.* Austin, TX: PRO-ED.

Maffei, J., Singer-Dudek, S., & Keohone, D. (2014). The effects of the establishment of adult faces and/ or voices as conditioned reinforcers for children with ASD and related disorders. *Acta de Investigacion Psicologia, 4,* 1621-1641.

Mancil, G. (2006). Functional communication training: A review of the literature related to children with autism. *Education and Training in Developmental Disabilities, 41,* 213-224.

Maurice, C., Green, G., & Luce, S. C. (1996). *Behavioral intervention for young children with autism: A manual for parents and professionals.* Austin, TX: PRO-ED.

McLay, L., Schäfer, M. C., van der Meer, L., Couper, L., McKenzie, E., O'Reilly, M. F., *et al.* (2017). Acquisition, preference and follow-up comparison across three AAC modalities taught to two children with autism spectrum disorder. *International Journal of Disability, Development and Education, 64,* 117-130.

Michael, J. (1993). Establishing operations. *Behavior Analyst, 16,* 191-206.

Michael, J., & Miguel, C. F. (2020). Motivating operations. Em J. O. Cooper, T. E. Heron, & W. L. Heward (Eds.), *Applied behavior analysis* (3rd ed., p. 372-394). Hoboken, NJ: Pearson.

Michael, J., Palmer, D. C., & Sundberg, M. L. (2011). The multiple control of verbal behavior. *Analysis of Verbal Behavior, 27,* 3-22.

Miguel, C. F. (2016). Common and intraverbal bidirectional naming. *Analysis of Verbal Behavior, 32,* 125-138.

Miguel, C. F., Carr, J. E., & Michael, J. (2002). The effects of a stimulus-stimulus pairing procedure on the vocal behavior of children diagnosed with autism. *Analysis of Verbal Behavior, 18,* 3-13.

Miguel, C. F., Frampton, S. E., Lantaya, C. A., LaFrance, D. L., Quah, K., Meyer, C. S., *et al.* (2015). The effects of tact training on the development of analogical reasoning. *Journal of the Experimental Analysis of Behavior, 104,* 96-118.

Miguel, C. F., & Kobari-Wright, V. V. (2013). The effects of tact training on the emergence of categorization and listener behavior in children with autism. *Journal of Applied Behavior Analysis, 46,* 669-673.

Miguel, C. F., Petursdottir, A. I., & Carr, J. E. (2005). The effects of multiple-tact and receptive-discrimination training on the acquisition of intraverbal behavior. *Analysis of Verbal Behavior, 21,* 27-41.

Mirenda, P. (2003). Toward functional augmentative and alternative communication for students with autism: Manual signs, graphic symbols, and voice output communication aids. *Language, Speech, and Hearing Services in Schools, 34,* 203-216.

Mundy, P. (1995). Joint attention and social-emotional approach behavior in children with autism. *Development and Psychopathology, 7,* 63-82.

Nepo, K., Tincani, M., Axelrod, S., & Meszaros, L. (2015). iPod Touch® to increase functional communication of adults with autism spectrum disorder and significant intellectual disability. *Focus on Autism and Other Developmental Disabilities, 32*(3), 209-217.

Partington, J. W. (2006). *The Assessment of Basic Language and Learning Skills-Revised (The ABLLS-R).* Pleasant Hill, CA: Partington Behavior Analysts.

Petursdottir, A. I., & Carr, J. E. (2011). A review of recommendations for sequencing receptive and expressive language instruction. *Journal of Applied Behavior Analysis, 44*, 859-876.

Petursdottir, A. I., Carr, J. E., & Michael, J. (2005). Emergence of mands and tacts of novel objects among preschool children. *Analysis of Verbal Behavior, 21*, 59-74.

Petursdottir, A. I., Ólafsdóttir, A. R., & Aradóttir, B. (2008). The effects of tact and listener training on the emergence of bidirectional intraverbal relations. *Journal of Applied Behavior Analysis, 41*, 411-415.

Piaget, J. (1951). *The psychology of intelligence*. Londres: Routledge & Kegan Paul.

Rodriguez, N. M., Levesque, M. A., Cohrs, V. L., & Niemeier, J. J. (2017). Teaching children with autism to request help with difficult tasks. *Journal of Applied Behavior Analysis, 50*, 717-732.

Roncati, A. L., Souza, A. C., & Miguel, C. F. (2019), Exposure to a specific prompt topography predicts its relative efficiency when teaching intraverbal behavior to children with autism spectrum disorder. *Journal of Applied Behavior Analysis, 52*, 739-745.

Saini, V., Miller, S. A., & Fisher, W. W. (2016). Multiple schedules in practical application: Research trends and implications for future investigation. *Journal of Applied Behavior Analysis, 49*, 421-444.

Schwartz, I. S., Garfinkle, A. N., & Bauer, J. (1998). Communicative outcomes for young children with disabilities. *Topics in Early Childhood Special Education, 18*, 144-159.

Shafer, E. (1995). A review of interventions to teach a mandado repertoire. *Analysis of Verbal Behavior, 12*, 53-66.

Shattuck, P. T., Seltzer, M. M., Greenberg, J. S., Orsmond, G. I., Bolt, D., Kring, S., *et al.* (2007). Change in autism symptoms and maladaptive behaviors in adolescents and adults with an autism spectrum disorder. *Journal of Autism and Developmental Disorders, 37*(9), 1735-1747.

Shillingsburg, M. A., Bowen, C. N., Valentino, A. L., & Pierce, L. E. (2014). Mands for information using "who?" and "which?" in the presence of establishing and abolishing operations. *Journal of Applied Behavior Analysis, 47*, 136-150.

Shillingsburg, M. A., Hollander, D. L., Yosick, R. N., Bowen, C., & Muskat, L. R. (2015). Stimulus-stimulus pairing to increase vocalizations in children with language delays: A review. *Analysis of Verbal Behavior, 31*, 215-235.

Shillingsburg, M. A., Kelley, M. E., Roane, H. S., Kisamore, A., & Brown, M. R. (2009). Evaluation and training of yes-no responding across verbal operants. *Journal of Applied Behavior Analysis, 42*, 209-223.

Shillingsburg, M. A., Marya, V., Bartlett, B. L., & Thompson, T. M. (2019). Teaching mands for information using speech generating devices: A replication and extension. *Journal of Applied Behavior Analysis, 52*, 756-771.

Sigafoos, J. (1998). Assessing conditional use of graphic mode requesting in a young boy with autism. *Journal of Developmental and Physical Disabilities, 10*, 133-151.

Sigafoos, J., Kerr, M., Roberts, D., & Couzens, D. (1994). Increasing opportunities for requesting in classrooms serving children with developmental disabilities. *Journal of Autism and Developmental Disorders, 24*, 631-645.

Sigafoos, J., & Roberts-Pennell, D. (1999). Wrong-item format: A promising intervention for teaching socially appropriate forms of rejecting to children with developmental disabilities? *Augmentative and Alternative Communication, 15*, 135-140.

Skinner, B. F. (1957). *Verbal behavior*. Englewood Cliffs, NJ: Prentice-Hall.

Sprinkle, E. C., & Miguel, C. F. (2012). The effects of listener and speaker training on emergent relations in children with autism. *Analysis of Verbal Behavior, 28*, 111-117.

Sundberg, M. L. (2008). *Verbal Behavior Milestones Assessment and Placement Program (VB-MAPP): A language and social skills assessment program for children with autism or other developmental disabilities*. Concord, CA: AVB Press.

Sundberg, M. L., & Partington, J. W. (1998). *Teaching language to children with autism or other developmental disabilities*. Danville, CA: Behavior Analysts.

Sundberg, M. L., & Sundberg, C. A. (2011). Intraverbal behavior and verbal conditional discriminations in typically developing children and children with autism. *Analysis of Verbal Behavior, 27*, 23-43.

Taylor, B. A., Levin, L., & Jasper, S. (1999). Increasing play-related statements in children with autism toward their siblings: Effects of video modeling. *Journal of Developmental and Physical Disabilities, 11*, 253-264.

Tincani, M. (2004). Comparing sign language and picture exchange training for students with autism and multiple disabilities. *Focus on Autism and Other Developmental Disabilities, 19*, 162-173.

Tincani, M. (2007). Beyond consumer advocacy: Autism spectrum disorders, effective instruction, and public schooling. *Intervention in School and Clinic, 43*, 47-51.

Tincani, M. J., & Boutot, E. A. (2005). Autism and technology: Current practices and future directions. Em D. L. Edyburn, K. Higgins, & R. Boone (Eds.), *The handbook of special education technology research and practice* (p. 413-421). Whitefish Bay, WI: Knowledge by Design.

Tincani, M., & Zawacki, J. (2012). Evidence based practice for communication skill acquisition. Em E. E. Barton & B. A. Harn (Eds.), *Educating young children with autism spectrum disorder* (p. 171-189). Thousand Oaks, CA: Corwin Press.

Touchette, P. E., & Howard, J. S. (1984). Errorless learning: Reinforcement contingencies and stimulus control transfer in delayed prompting. *Journal of Applied Behavior Analysis, 17*, 175-188.

Twyman, J. (1996). The functional independence of impure mands and tacts of abstract stimulus properties. *Analysis of Verbal Behavior, 13*, 1-19.

Wankoff, L. S. (2005). *Innovative methods in language intervention*. Austin, TX: PRO-ED.

Warren, S. F., Yoder, P. J., Gazdag, G. E., Kim, K., & Jones, H. A. (1993). Facilitating prelinguistic communication skills in young children with developmental delay. *Journal of Speech and Hearing Research, 36,* 83-97.

Werker, J. F., & Tees, R. C. (1999). Influences on infant speech processing: Toward a new synthesis. *Annual Review of Psychology, 50,* 509-535.

Werker, J. F., & Tees, R. C. (2005). Speech perception as a window for understanding plasticity and commitment in language systems of the brain. *Developmental Psychobiology, 46,* 233-251.

Williams, G., Pérez-González, L. A., & Vogt, K. (2003). The role of specific consequences in the maintenance of three types of questions. *Journal of Applied Behavior Analysis, 36,* 285-296.

Ylvisaker, M., & Feeney, T. J. (1994). Communication and behavior: Collaboration between speech-language pathologists and behavioral psychologists. *Topics in Language Disorders, 15*(1), 37-54.

Young, J. M., Krantz, P. J., McClannahan, L. E., & Poulson, C. L. (1994). Generalized imitation and response-class formation in children with autism. *Journal of Applied Behavior Analysis, 27,* 685-697.

17

Treinamento e gestão de equipe

Dennis H. Reid, Niamh P. O'Kane e Kenneth M. Macurik

O treinamento e a gestão de equipe representam uma área de foco de longa data na análise do comportamento aplicada (ABA, *applied behavior analysis*). Logo após as demonstrações iniciais da eficácia da análise do comportamento para melhorar o comportamento de pessoas com deficiências na década de 1960, tal análise direcionou sua atenção para a disseminação da tecnologia emergente entre a equipe de profissionais que atuam com pessoas. No início, a preocupação centrou-se no treinamento da equipe em procedimentos comportamentais básicos para uso com pessoas com deficiências no desenvolvimento e relacionadas (p. ex., Gardner, 1972). Pouco tempo depois, os analistas do comportamento reconheceram que os mesmos princípios subjacentes aos procedimentos de mudança de comportamento para pessoas com deficiências de desenvolvimento eram aplicáveis ao desempenho profissional dos membros da equipe (Hollander, Plutchik & Horner, 1973; Quilitch, 1975; Welsch, Ludwig, Radiker & Krapfl, 1973).

O interesse em treinar a equipe de serviço humano para utilizar procedimentos comportamentais e em aplicar estratégias comportamentais para gerenciar o desempenho da equipe continua até hoje. Tal interesse se deve a diversos fatores, incluindo o reconhecimento de que muitos serviços para pessoas com deficiências merecem melhorias (Reid, Parsons & Green, 2012, Capítulo 1). Um fator relacionado é a contínua lacuna entre os procedimentos baseados em evidências para a promoção de comportamentos desejáveis entre pessoas com deficiências e a prestação de serviços diários por parte dos cuidadores dessas pessoas (Lerman, 2009; Neef, 1995). Consideramos o treinamento e a gestão de equipe como uma forma de disseminar a análise do comportamento e preencher essa lacuna (Babcock, Fleming & Oliver, 1998; Parsons, Rollyson & Reid, 2012).

O treinamento e a gestão de equipe têm constituído uma área de foco consistente, mas não ampla, na ABA desde o início dessa área. Investigações sobre o desempenho da equipe de intervenção representam uma pequena porcentagem das pesquisas publicadas em análise do comportamento. No entanto, quando consideramos que os pesquisadores têm abordado o desempenho da equipe por mais de 40 anos, os analistas do comportamento conduziram uma quantidade substancial de pesquisas. Estas produziram informações muito relevantes para melhorar o desempenho da equipe. O objetivo deste capítulo é resumir a base de conhecimento existente a partir de pesquisas analítico-comportamentais sobre treinamento e gestão de equipe. Um propósito adicional é descrever lacunas no conhecimento atual e sugerir áreas para pesquisas futuras.

Foco do capítulo

Área de especialidade da ABA, a *gestão do comportamento organizacional* (OBM, *organizational behavior management*) tem realizado a pesquisa comportamental sobre treinamento e gestão de equipe. Embora a ênfase na gestão do comportamento organizacional mais recentemente tenha sido negócios e indústria, em vez de ambientes de intervenção com pessoas, a pesquisa comportamental continuou nesses últimos cenários. O foco deste capítulo é o treinamento e a gestão de equipe, sobretudo em ambientes de serviço humano. (Para ver uma discussão mais completa da gestão do comportamento organizacional em geral, consultar Wilder & Gravina, Capítulo 32 deste livro.) Os princípios de mudança de comportamento e muitas das aplicações são os mesmos nas duas configurações, mas existem diferenças significativas nos negócios e na indústria *versus* configurações típicas do serviço humano (p. ex., variações nos resultados refletindo operações bem-sucedidas; políticas de equipe; potenciais incentivos de desempenho e reforços).

Tal como acontece com as investigações em análise do comportamento em geral, a maioria das pesquisas da equipe tem como alvo ambientes para pessoas com deficiências intelectuais e outras deficiências no desenvolvimento. Tais configurações também são o foco deste capítulo. No entanto, quando relevante, incluímos pesquisas sobre a melhoria do desempenho da equipe em outros ambientes, especialmente escolas.

Formato do capítulo

Este capítulo consiste em duas seções principais. A primeira resume a tecnologia de treinamento e gestão de equipe desde a pesquisa analítico-comportamental até o momento. A segunda descreve as lacunas atuais na tecnologia e nas áreas que precisam de investigação, com base nas lacunas observadas e nas tendências emergentes em ambientes de assistência a pessoas (saúde, educação e assistência social).

Tecnologia existente de treinamento e gestão de pessoas

Podemos categorizar as pesquisas analítico-comportamentais sobre o desempenho de profissionais que atuam com pessoasem geral em três áreas: (1) treinamento de equipe no desempenho do trabalho, (2) melhoria do desempenho no trabalho contínuo e (3) manutenção do desempenho profissional competente. Embora essas três áreas estejam intimamente relacionadas e muitas vezes se sobreponham, elas representam um meio útil de organizar e descrever investigações sobre o desempenho dos profissionais.

Procedimentos comportamentais para treinamento de profissionais que atuam com pessoas

As primeiras investigações utilizando procedimentos comportamentais para treinar equipes de profissionais que atuam com pessoas envolviam, em geral, o ensino de habilidades básicas de modificação de comportamento para uso com pessoas com deficiências no desenvolvimento (p. ex., Gardner, 1972; Koegel, Russo & Rincover, 1977; Watson e Uzzell, 1980). Duas descobertas importantes resultaram da pesquisa inicial de treinamento de profissionais. Primeiro, os pesquisadores demonstraram que os analistas do comportamento poderiam ensinar profissionais e paraprofissionais a usar procedimentos comportamentais para mudar o comportamento de indivíduos com deficiências significativas. Embora o resultado dessa pesquisa não seja surpreendente agora, ele foi notável na época. A pesquisa demonstrou que os analistas do comportamento poderiam aplicar procedimentos comportamentais em ambientes de trabalho existentes para ensinar habilidades importantes a pessoas com deficiências cognitivas severas e profundas, que anteriormente eram consideradas incapazes de aprender (Whitman, Hantula & Spence, 1990). Essas demonstrações de ensino bem-sucedidas desempenharam um papel fundamental em mudanças significativas nas oportunidades de moradia, vocacionais e educacionais subsequentemente oferecidas a pessoas com deficiências no desenvolvimento nos Estados Unidos, como parte dos movimentos em direção à desinstitucionalização, ao direito à educação e à inclusão comunitária.

Um segundo resultado importante dos estudos iniciais sobre o treinamento da equipe para o uso de procedimentos comportamentais diz respeito ao que constituiu um treinamento efetivo. Pesquisas demonstraram que abordagens típicas de treinamento baseadas em procedimentos verbais (i.e., palestras e material escrito) foram úteis para treinar o conhecimento sobre habilidades profissionais, mas raramente foram eficazes para ensinar a equipe a executar essas habilidades (Gardner, 1972). Foram necessários procedimentos de formação mais orientados para o desempenho, como a modelação e a prática, para ensinar à equipe as competências necessárias para desempenhar as funções (ver resumos em Jahr, 1998; Reid, 2004; Reid, Parsons & Green, 1989, Capítulo 3).

As implicações das descobertas da pesquisa comportamental inicial em relação a procedimentos eficazes de treinamento de profissionais têm se mostrado especialmente dignas de nota. Os resultados destacam uma razão principal para muitos problemas com o desempenho da equipe não competente em intervenção com pessoas: em muitos casos, a equipe pode não ter sido treinada de maneira efetiva para executar as habilidades esperadas pelos supervisores. Os ambientes de intervenções humanas geralmente fornecem treinamento de profissionais, mas o treinamento com frequência se baseia em abordagens verbais que a pesquisa mostrou serem insuficientes para treinar habilidades de desempenho.

A pesquisa de treinamento inicial estabeleceu a base para o desenvolvimento de uma tecnologia de treinamento bastante eficaz para a equipe de serviço humano para executar habilidades de trabalho. O desenvolvimento e a avaliação dessa tecnologia têm sido descritos em diversas revisões (Adkins, 1996; Demchak, 1987; Gravina *et al.*, 2018; Jahr, 1998; Parsons *et al.*, 2012; Reid, 2004), e geralmente nos referimos a isso como *treinamento de habilidades comportamentais*. A tecnologia representa uma abordagem bastante simples para o treinamento de muitas habilidades de trabalho, como o ensino discreto (Clayton & Headley, 2019; Sarokoff & Sturmey, 2004), o desempenho relacionado à segurança (Nabeyama & Sturmey, 2010), as avaliações sistemáticas de preferência (Lavie & Sturmey, 2002), os planos de comportamento baseados na escola (Hogan, Knez & Kahng, 2015) e o serviço cordial (Johnson & Fawcett, 1994).

A seguir, apresentamos uma ilustração prototípica de uma abordagem comportamental para o treinamento de profissionais. A ilustração inclui duas características fundamentais de programas eficazes de treinamento de profissionais: componentes de treinamento *baseados em competências* e *baseados em desempenho* (Reid, Rotholz *et al.*, 2003). *Baseado em competências* refere-se a especificar de maneira clara os comportamentos componentes das habilidades-alvo, estabelecer um critério para executar adequadamente os comportamentos e oferecer treinamento contínuo até que cada treinando atinja o critério (ver revisão em Reid, 2017). *Baseado em desempenho* refere-se a um treinador que demonstra as competências como parte da formação e exige que os treinandos desempenhem as competências pretendidas.

Abordagem prototípica de treinamento de profissionais

A abordagem prototípica de treinamento de profissionais é a seguinte:

1. Especifique as habilidades de destino.
2. Descreva verbalmente as habilidades-alvo e a justificativa para sua importância.
3. Forneça um resumo por escrito das habilidades-alvo.
4. Demonstre o desempenho das habilidades-alvo.
5. Apoie os membros da equipe na prática das habilidades-alvo.
6. Forneça *feedback* positivo e corretivo com base na proficiência da equipe na execução das habilidades-alvo.
7. Repita as etapas 4 a 6 até que os a equipe execute as habilidades-alvo com proficiência.

Embora uma ampla pesquisa tenha validado a eficácia da tecnologia comportamental de treinamento de profissionais, investigações também demonstraram que o treinamento por si só não resultará necessariamente na aplicação adequada das habilidades recém-adquiridas pelos membros da equipe (Alavosius & Sulzer-Azaroff, 1990; Greene, Willis, Levy & Bailey, 1978; Mozingo, Smith, Riordan, Reiss & Bailey, 2006; Smith, Parker, Taubman & Lovaas, 1992). Em suma, o treinamento da equipe é muitas vezes necessário para melhorar o desempenho da equipe no trabalho, mas raramente é suficiente. Para garantir que os membros da equipe apliquem com proficiência as habilidades adquiridas por meio de programas de treinamento de profissionais, procedimentos de gestão de acompanhamento costumam ser necessários durante o desempenho regular dos membros da equipe no trabalho.

Procedimentos comportamentais para melhorar o desempenho do trabalho contínuo da equipe

A segunda grande área de pesquisa analítico-comportamental com profissionais de serviço humano é o uso de procedimentos comportamentais para melhorar o desempenho no trabalho diário. Essa área refere-se a situações em que os funcionários têm as habilidades necessárias para executar suas funções, mas não as utilizam durante o desempenho diário do trabalho. Investigações destinadas a melhorar o desempenho do trabalho contínuo representam a maior área de pesquisa analítico-comportamental envolvendo a equipe de serviço humano.

Os pesquisadores usaram o modelo tradicional *antecedente-comportamento-consequência* (A–B–C, *antecedent-behavior-consequence*) dos analistas do comportamento para melhorar o desempenho contínuo da equipe. O desempenho da equipe é o comportamento. Os pesquisadores utilizam então intervenções antecedentes para alertar ou definir a ocasião para o comportamento, intervenções de consequência para reforçar o comportamento-alvo ou punir o comportamento competitivo ou indesejável, ou uma combinação desses. Outra categoria de intervenções são os procedimentos de autocontrole para auxiliar os funcionários a controlar seu próprio comportamento para melhorar o desempenho no trabalho. Uma quarta categoria são as intervenções multicomponentes, nas quais os analistas do comportamento combinam procedimentos antecedentes, de consequência e de autocontrole.

Diversas análises resumiram pesquisas sobre antecedentes, consequências, autocontrole e intervenções multicomponentes para melhorar o desempenho da equipe (Alvero, Bucklin & Austin, 2001; Phillips, 1998; Reid, 2004; Reid *et al.*, 1989, 2012), e não as repetimos aqui. Em vez disso, resumimos os principais pontos em relação à tecnologia existente para melhorar o desempenho contínuo da equipe com vários procedimentos.

Intervenções antecedentes para melhorar o desempenho da equipe

A abordagem antecedente mais comumente investigada para melhorar o desempenho no trabalho é o treinamento de profissionais. Outras intervenções antecedentes, que os investigadores muitas vezes implementaram após o treinamento inicial, incluíram instruções à equipe para realizar uma tarefa de trabalho (Fielding, Errickson & Bettin, 1971); ter um supervisor ou um modelo individual semelhante de habilidades-alvo no local de trabalho (Gladstone & Spencer, 1977; Wallace, Davis, Liberman & Baker, 1973); e solicitações ou dicas para realizar uma tarefa de trabalho, como cartões de serviço (Sneed & Bible, 1979). Essas intervenções são atraentes porque, com exceção da modelagem, em geral requerem relativamente pouco tempo e esforço. No entanto, as intervenções antecedentes são inconsistentemente eficazes para melhorar o desempenho da equipe (para ver as análises, consultar Phillips, 1998; Reid e Whitman, 1983).

As pesquisas que demonstram a eficácia inconsistente de intervenções antecedentes têm implicações importantes. Intervenções antecedentes, como o fornecimento de instruções vocais ou escritas por um supervisor, representam o método de treinamento mais comumente utilizado para melhorar o desempenho da equipe em ambientes de serviço humano. Como consequência, os supervisores muitas vezes tentam melhorar o desempenho da equipe usando procedimentos que a pesquisa mostrou não serem eficazes de forma consistente (cf. Sturmey, 1998).

O uso contínuo de procedimentos antecedentes, apesar de sua eficácia inconsistente, levanta a questão de por que os supervisores empregam tais estratégias com tanta frequência. Uma resposta provável é um problema generalizado nos ambientes de intervenção com pessoas: a falta de treinamento do supervisor em procedimentos baseados em evidências para melhorar o desempenho da equipe (Reid, Parsons, Lattimore, Towery & Reade, 2005; Sturmey, 1998). Sem conhecimento e habilidades de procedimentos baseados em evidências, os supervisores podem muito bem recorrer a estratégias familiares, como simplesmente dizer aos funcionários o que eles devem fazer. Outra razão provável é que mudanças intermitentes no comportamento de trabalho da equipe após as instruções do supervisor reforçam episodicamente o comportamento instrucional do supervisor.

É evidente que alguns membros da equipe respondem às instruções de supervisão alterando seu comportamento de trabalho em algumas situações. O aumento da pesquisa é necessário para determinar as condições nas quais as instruções e outras intervenções antecedentes provavelmente serão eficazes (cf. Graff & Karsten, 2012). Por exemplo, o comportamento da equipe pode ser mais provável de mudar após uma instrução se o comportamento-alvo envolver um esforço mínimo de resposta ou representar um evento único e discreto, em vez de envolver um esforço mais considerável ou exigir atividade repetida. Os funcionários podem ser mais sensíveis às instruções de supervisão se os supervisores tiverem um histórico de seguir o (não) cumprimento do *feedback* da equipe ou outras consequências. Se as investigações pudessem identificar condições em que os antecedentes são mais e menos eficazes, poderíamos descrever os procedimentos eficazes que os treinadores devem utilizar como rotina.

Intervenções de consequência para melhorar o desempenho da equipe

A pesquisa analítico-comportamental sobre procedimentos de treinamento baseados em consequências tem se concentrado em reforçar o desempenho desejado da equipe. Os investigadores têm direcionado relativamente pouca atenção para punir comportamentos indesejados. As primeiras investigações muitas vezes empregavam consequências tangíveis como potenciais reforços, como dinheiro (Katz, Johnson & Gelfand, 1972), selos comerciais (Bricker, Morgan & Grabowski, 1972) e refeições gratuitas (Shoemaker & Reid, 1980). Devido, em grande parte, a considerações práticas com consequências tangíveis, como o custo para uma agência e a falta de controle de supervisão necessário para fornecer dinheiro de forma frequente e contingente, as investigações recentes visaram consequências mais prontamente disponíveis. A consequência investigada com mais frequência tem sido o *feedback* de desempenho.

Os investigadores forneceram *feedback* dependente do comportamento da equipe-alvo em muitos formatos, incluindo falado (Realon, Lewallen & Wheeler, 1983), escrito (Kneringer & Page, 1999), gráfico (Miles & Wilder, 2009), apresentado em especial a membros individuais da equipe (Shoemaker & Reid, 1980), apresentado publicamente a grupos de funcionários (Cotnoir-Bichelman, Thompson, McKerchar & Haremza, 2006) e uma combinação de formatos (Casey & McWilliam, 2011; Luck, Lerman, Wu, Dupuis & Hussein, 2018). Embora cada tipo de *feedback* tenha vantagens e desvantagens relativas, cada um geralmente tem sido eficaz em aumentar o comportamento da equipe direcionado ao longo do tempo (para ver as análises, consultar Alvero *et al.*, 2001; Balcazar, Hopkins, 1986; Ford, 1980). O tipo de *feedback* mais comumente investigado são os comentários positivos (p. ex., elogios) em relação ao comportamento da equipe-alvo. Existe algum debate a respeito do mecanismo subjacente ao *feedback* contingente como intervenção de mudança de comportamento com a equipe (Alvero *et al.*, 2001). No entanto, há muita evidência demonstrada de que o *feedback* pode melhorar o desempenho da equipe.

Apesar da eficácia frequentemente demonstrada do *feedback* com o desempenho da equipe na literatura de pesquisa, o uso sistemático dele não tem sido prática comum em muitos ambientes de intervenção com pessoas (Harchik, Sherman, Hopkins, Strouse & Sheldon, 1989; Reid, 2004). Há duas razões prováveis para isso. Uma delas é que os supervisores podem não receber treinamento adequado nas habilidades necessárias para fornecer *feedback* eficaz à equipe (Reid *et al.*, 2005; Sturmey, 1998). Uma segunda razão é que fornecer *feedback* sistemático requer um esforço consistente do supervisor. Consequentemente, é provável que o *feedback* eficaz do supervisor à equipe exija formação e *feedback* do supervisor por parte da alta gerência.

Existem poucas pesquisas sobre as consequências para punir o desempenho inadequado da equipe. A pesquisa disponível mostrou que a punição não é uma forma eficaz de mudar o comportamento da equipe de modo consistente (p. ex., Gardner, 1970; Repp & Deitz, 1979). No entanto, os supervisores muitas vezes tentam utilizar a punição para mudar o comportamento dos profissionais. Uma pesquisa inicial indicou que mais de 90% dos supervisores em ambientes que atendem pessoas com deficiências no desenvolvimento dependiam de procedimentos de punição para gerenciar problemas de desempenho da equipe (Mayhew, Enyart & Cone, 1979). Tais resultados são desconcertantes, pois as pesquisas sugerem que essas abordagens não são eficazes e podem até ser prejudiciais para a equipe de uma agência (Sturmey, 1998).

Intervenções de autocontrole para melhorar o desempenho da equipe

Uma área de pesquisa pequena, mas relativamente persistente, sobre a melhoria do desempenho da equipe tem sido a avaliação de procedimentos de autocontrole envolvendo o uso de estabelecimento de metas, autorregistro e (em menor grau) autorreforço. Os pesquisadores utilizaram cada procedimento com uma ou mais outras estratégias de autocontrole. A justificativa principal para avaliar os procedimentos de autocontrole a partir de uma perspectiva gerencial é que os procedimentos têm sido intervenções efetivas de mudança de comportamento em outras áreas que não a gestão de equipe. De maneira lógica, podemos esperar que eles promovam mudança de comportamento entre os profissionais que atuam com pessoas. Além disso, os procedimentos de autocontrole podem exigir menos tempo e esforço dos supervisores, pois os membros da equipe estão implementando os procedimentos para melhorar seu próprio desempenho, em contraste com a exigência de implementação por um supervisor (Williams, Vittorio & Hausherr, 2002).

Investigações sobre intervenções de autocontrole com os profissionais que atuam com pessoastêm relatado resultados mistos. Em alguns casos, os procedimentos de autocontrole produziram melhorias significativas no desempenho da equipe (p. ex., Burgio, Whitman & Reid, 1983; Plavnick, Ferreri & Maupin, 2010), já as melhorias foram inconsistentes ou temporárias entre os membros da equipe em outros (Doerner, Miltenberger & Bakken, 1989; Petscher e Bailey, 2006; Richman, Riordan, Reiss, Pyles & Bailey, 1988; Suda e Miltenberger, 1993). Mesmo na pesquisa anterior, muitas vezes era difícil separar os efeitos dos procedimentos de autocontrole dos efeitos do comportamento do supervisor que estava ocorrendo ao mesmo tempo. Outra preocupação é que o comportamento de supervisão pode ser necessário para promover o uso de procedimentos de autocontrole pela equipe (Adkins, 1996), o que reduz a vantagem de eficiência de tempo dos procedimentos. Uma vantagem potencial dos procedimentos de autocontrole pode ser a manutenção de melhorias no desempenho da equipe que inicialmente acompanharam as intervenções de supervisão (Brackett, Reid & Green, 2007; Kissel, Whitman & Reid, 1983). Apesar disso, a pesquisa geral sobre procedimentos de autocontrole para melhorar o desempenho da equipe sugere que tais abordagens podem ser eficazes, mas as condições sob as quais são eficazes não são claras e justificam pesquisas contínuas.

Intervenções multicomponentes para melhorar o desempenho da equipe

A maioria das intervenções para melhorar o desempenho da equipe tem sido multicomponente. Em geral, o pesquisador realiza um treinamento inicial ou um procedimento instrucional, seguido pela aplicação de consequências no desempenho e nos procedimentos de autocontrole, em menor grau. O objetivo principal da pesquisa com intervenções multicomponentes tem sido demonstrar um meio confiável de melhorar uma área específica do desempenho da equipe. O raciocínio normalmente tem sido que a combinação de diversos procedimentos aumenta a probabilidade de sucesso da intervenção em relação à dependência de apenas um.

Embora diferentes estratégias compreendam intervenções multicomponentes, uma base conceitual subjacente para as intervenções continua sendo o modelo básico A–B–C já observado. Os analistas do comportamento têm tentado simplificar e fornecer mais sistematização às intervenções multicomponentes, empregando um modelo bastante genérico de *supervisão comportamental* (Hawkins, Burgio, Langford & Engel, 1992; Reid & Shoemaker, 1984). Coincidindo com um movimento popular de prestação de serviços centrado no consumidor (Ivancic & Helsel, 1998), Reid e Parsons (2002) desenvolveram a *gestão de resultados comportamentais*, atualização da supervisão comportamental. A gestão de resultados, que tem demonstrado eficácia em diversos contextos de intervenção com pessoas (Parsons, Rollyson & Reid, 2004; Reid, Green & Parsons, 2003; Reid *et al.*, 2005), identifica os resultados desejados para os consumidores de agências alcançarem e especifica os respectivos desempenhos de equipe necessários para auxiliar os consumidores a alcançar os resultados. Resumimos a seguir a abordagem de gestão de resultados para trabalhar com a equipe.

Etapas básicas para gestão de resultados comportamentais

As etapas básicas da gestão de resultados comportamentais são as seguintes:

1. Especifique um resultado-alvo para o consumidor.
2. Especifique o desempenho da equipe necessário para ajudar os consumidores a atingir o resultado desejado.
3. Treine os membros da equipe em comportamento-alvo utilizando procedimentos de treinamento baseados em desempenho e competência.
4. Monitore o desempenho do trabalho dos funcionários.
5. Forneça *feedback* de apoio para o desempenho competente da equipe.
6. Forneça *feedback* corretivo para o desempenho não competente da equipe.

Programas multicomponentes melhoraram o desempenho da equipe em muitas situações. No entanto, devido à dependência de múltiplos componentes de intervenção, essas abordagens exigem certas habilidades de supervisão, além de tempo e esforço consistentes. Essas últimas características provavelmente representam uma razão pela qual abordagens comportamentais sistemáticas e multicomponentes para treinamento e gestão de equipe são mais prevalentes na literatura de pesquisa do que na prática rotineira.

Procedimentos comportamentais para manter o desempenho da equipe

A terceira grande área da pesquisa comportamental sobre o desempenho da equipe é a manutenção da mudança de comportamento após intervenções de treinamento e gestão. Em geral, os analistas do comportamento consideram a manutenção uma subcategoria de treinamento ou pesquisa gerencial, em vez de uma categoria específica em si. No entanto, tratamos a manutenção como sua própria categoria por dois motivos; em primeiro lugar, manter melhorias no desempenho da equipe é fundamental para demonstrar a importância social da pesquisa comportamental no treinamento da equipe. Em segundo, manter o desempenho da equipe-alvo tem se mostrado difícil.

Os analistas do comportamento há muito reconhecem a dificuldade de manter o melhor desempenho da equipe após o treinamento da equipe e as intervenções de gestão. Liberman (1983), por exemplo, reconheceu que os efeitos das intervenções comportamentais sobre o desempenho da equipe em geral terminavam assim que os pesquisadores concluíam seu estudo em um ambiente de serviço humano. Posteriormente, os pesquisadores reconheceram a necessidade de promover a manutenção de melhorias iniciais no desempenho da equipe após intervenções comportamentais (Carr, Wilder, Majdalany, Mathisen & Strain, 2013; Phillips, 1998).

Embora os analistas do comportamento reconheçam a importância de manter a mudança de desempenho da equipe e as dificuldades a esse respeito, eles têm conduzido muito menos pesquisas nessa área do que sobre intervenções de treinamento e gestão para melhorar o desempenho da equipe inicialmente (Downs, Downs & Rau, 2008; van Oorsouw, Embregts, Bosman & Jahoda, 2009). Uma provável razão para a relativa falta de pesquisas de manutenção é o tempo envolvido nessa pesquisa. Os investigadores devem trabalhar com os profissionais da agência para implementar e avaliar inicialmente um programa de treinamento ou de gestão e continuar com observações confiáveis por longos períodos de manutenção. Além disso, manipulações experimentais devem ocorrer após a intervenção inicial, e as observações devem continuar para avaliar variáveis que *afetam funcionalmente* a manutenção.

Apesar dessas dificuldades na realização de pesquisas de manutenção, os dados disponíveis são encorajadores quanto ao uso de procedimentos comportamentais para manter os efeitos de intervenções de treinamento e manejo. Pesquisadores publicaram diversas demonstrações de que a mudança de comportamento da equipe pode ser mantida por até muitos anos (p. ex., Harchik, Sherman, Sheldon & Strouse, 1992; Parsons, Schepis, Reid, McCarn & Green, 1987; Pollack, Fleming, Sulzer-Azaroff, 1994; Richman *et al.*, 1988) e mesmo ao longo de um período de 30 anos (Reid, Parsons & Jensen, 2017). Esses dados sugerem que as intervenções de manejo comportamental são acompanhadas por melhorias sustentadas no desempenho da equipe se alguns componentes das intervenções iniciais permanecerem em vigor. No entanto, pode ser problemático manter os procedimentos do supervisor para manter as mudanças no comportamento da equipe.

Uma forma de manter os efeitos das intervenções de desempenho da equipe é incorporar procedimentos comportamentais, como o *feedback* da supervisão, no sistema de gestão de rotina de uma agência. Embora algumas pesquisas tenham demonstrado efeitos positivos da institucionalização de tais procedimentos na operação de uma agência (Christian, 1983; Fielding & Blasé, 1993), essas descobertas positivas não têm sido consistentes (Green, Rollyson, Passante & Reid, 2002). De modo mais específico, contingências parecem necessárias para garantir que os supervisores realizem a manutenção dos sistemas. Em suma, temos muito a aprender sobre a incorporação de procedimentos de manutenção eficazes na operação rotineira de uma agência.

Lacunas na formação de profissionais e metodologias de gestão, e futuras áreas de investigação

Adquirimos um conhecimento considerável da pesquisa analítico-comportamental sobre treinamento e gestão de equipe. A pesquisa identificou programas de treinamento eficazes, e temos uma metodologia eficaz para ensinar habilidades de desempenho para a equipe de intervenção. Analistas do comportamento têm utilizado o modelo A–B–C como base conceitual para o desenvolvimento de muitos procedimentos, sobretudo em consequências e intervenções multicomponentes. Os resultados têm sido promissores para produzir melhorias de desempenho a longo prazo com os procedimentos comportamentais investigados pelos pesquisadores.

No entanto, a base de conhecimentos e a tecnologia para a formação e a gestão do desempenho da equipe permanecem incompletas. Esta seção fornece uma síntese de lacunas significativas na tecnologia existente e áreas correspondentes que justificam pesquisas futuras. Podemos ver as necessidades de pesquisa analítico-comportamental aplicada sobre treinamento e gestão de equipe a partir de duas perspectivas. A primeira é a pesquisa sobre a expansão da tecnologia para treinamento de funcionários e gestão de seu desempenho. A segunda é como disseminar e incorporar a tecnologia de maneira mais eficaz na operação rotineira de ambientes de serviço humano.

Ampliando a tecnologia de treinamento e gestão de equipe

Assim como sua disciplina-mãe de ABA, a gestão do comportamento organizacional e áreas relacionadas de treinamento e gestão de equipe comportamental estão em constante evolução. Esta ocorre à medida que as pesquisas ampliam a compreensão dos analistas do comportamento humano sobre tal comportamento e sua capacidade de promover outros socialmente valorizados em diferentes contextos. A evolução também ocorre à medida que os pesquisadores comportamentais visam áreas problemáticas novas ou não abordadas antes. O conhecimento e a tecnologia derivados da pesquisa representam o fundamento baseado em evidências que separa o treinamento e a gestão de equipe comportamental de quase todas as outras abordagens de supervisão em ambientes de intervenção com pessoas (Reid & Parsons, 2002). Como tal, antecipamos e desejamos que os pesquisadores continuem a expandir e refinar a tecnologia comportamental de treinamento e gestão de equipe.

Treinamento e gestão de equipe no uso de novas tecnologias comportamentais

De certa forma, a pesquisa sobre treinamento e gestão de equipe em ambientes de serviço humano segue a pesquisa sobre mudança de comportamento de pessoas com necessidades especiais. À medida que a pesquisa em análise do comportamento demonstra novos ou melhores meios de ensinar indivíduos e superar comportamentos desafiadores, por exemplo, analistas do comportamento conduzem treinamento de equipe e pesquisa de gestão para disseminar esses meios para os profissionais que atuam com pessoas.

A pesquisa sobre a avaliação funcional do comportamento desafiador entre pessoas com deficiências no desenvolvimento oferece uma ilustração de como a pesquisa sobre o desempenho da equipe segue outras pesquisas analítico-comportamentais. Os analistas do comportamento têm conduzido muitas pesquisas nas últimas três décadas sobre a avaliação da função do comportamento desafiador e o desenvolvimento de intervenções baseadas na função. Posteriormente, pesquisas abordaram como treinar a equipe em procedimentos de avaliação funcional (Chok, Shlesinger, Studer & Bird, 2012; Moore *et al.*, 2002; Schnell, Sidener, DeBar, Vladescu & Kahng, 2018; Wallace, Doney, Mintz-Resudek & Tarbox, 2004). Desenvolvimentos semelhantes ocorreram em outras áreas, como o treinamento de equipe para identificar as preferências das pessoas com deficiência (Ausenhus & Higgins, 2019; Lavie & Sturmey, 2002; Roscoe, Fisher, Glover & Volkert, 2006). O treinamento e a gestão de equipe no uso de novas tecnologias a partir da pesquisa analítico-comportamental representam uma área de importância contínua.

Expandindo o treinamento de equipe e a pesquisa gerencial para outras áreas de desempenho problemáticas

Embora a pesquisa comportamental tenha abordado muitos tipos de comportamento de equipes de profissionais que atuam com pessoas, diversas áreas importantes de desempenho permanecem frequentemente problemáticas, mas não foram examinadas em profundidade. Um exemplo notável é a rotatividade de profissionais. A alta taxa de rotatividade de profissionais representa uma das questões mais problemáticas enfrentadas em muitos ambientes de intervenção com pessoas, mas a rotatividade tem recebido pouca atenção de pesquisadores comportamentais (Strouse, Carroll-Hernandez, Sherman & Sheldon, 2003).

Outra área de preocupação que tem recebido relativamente pouca atenção diz respeito às agências que fornecem apoio a adultos com transtorno do espectro autista (TEA). A pesquisa e a aplicação analítico-comportamental envolvendo crianças com TEA tem crescido consideravelmente nas últimas duas décadas, com um aumento correspondente (embora em menor grau) no treinamento de equipe para trabalhar nessa área (p. ex., Catania, Almeida, Liu-Constant & DiGennaro Reed, 2009; DiGennaro Reed, Codding, Catania & Maguire, 2010; Graff e Karsten, 2012). No entanto, muitas crianças com TEA que receberam serviços comportamentais intensivos cresceram e entraram em sistemas de atendimento para adultos, que não fornecem o mesmo grau de suporte comportamental. Adultos com deficiências, como o TEA, também têm necessidades que vão além daquelas das crianças, e essas necessidades exigem uma equipe de apoio com habilidades especiais (Reid, 2016). Para ilustrar, muitos adultos com TEA e outras deficiências graves passam grande parte do tempo em ambientes de cuidados (Wehman, 2011). Uma preocupação de longa data com esses ambientes é a falta de envolvimento significativo em atividades entre os consumidores participantes, exemplificada por ocorrências frequentes de consumidores montando o mesmo quebra-cabeça dia após dia, colorindo em livros infantis e estando envolvidos em atividades sem nenhum propósito aparente além de mantê-los ocupados (Reid *et al.*, 2017). Pesquisas sobre treinamento e desempenho de equipe identificaram esse problema relativamente cedo e relataram maneiras de trabalhar com os funcionários para promover um envolvimento mais significativo nas atividades (Dyer, Schwartz & Luce, 1984; Parsons *et al.*, 1987; Reid *et al.*, 1985). No entanto, estudos observacionais recentes indicam que a falta de envolvimento significativo em atividades entre adultos com TEA e outras deficiências graves continua a ser prevalente nos Estados Unidos (Reid *et al.*, 2017).

Treinamento e gestão de equipe no uso de tecnologias comportamentais em novos espaços

Assim como a análise do comportamento está em constante evolução como disciplina profissional, o campo de serviço humano costuma evoluir ao longo do tempo. Se os analistas do comportamento pretendem praticar em locais novos e alterados, como nas casas dos clientes com cuidadores, então as tecnologias comportamentais devem ser acessíveis a esses locais. A aplicação bem-sucedida da análise do comportamento em novos espaços representa outra área para pesquisas futuras.

A mudança da vida institucional para a comunitária para pessoas com deficiência nos Estados Unidos é um exemplo de como precisamos de pesquisas sobre treinamento e gestão de equipe no uso de tecnologias comportamentais em novos espaços. Muitas pesquisas iniciais sobre treinamento de equipe ocorreram em ambientes institucionais. À medida que a tendência de vida comunitária se tornou mais difundida, surgiu a necessidade de demonstrações de como melhorar o desempenho da equipe em ambientes comunitários (Harchik & Campbell, 1998). Por exemplo, muitas pesquisas iniciais sobre o desempenho de equipe institucional envolviam a presença frequente de um supervisor para a implementação da intervenção. Os arranjos de vida comunitária muitas vezes não incluem o envolvimento assíduo do supervisor com a equipe. Como consequência, surgiu a necessidade de investigação sobre formas de melhorar o desempenho da equipe sem a presença frequente de supervisão. Existe uma situação semelhante em muitos programas de intervenção precoce analítico-comportamentais domiciliares para crianças com TEA (p. ex., Ausenhu & Higgins, 2019).

Utilização das novas tecnologias da informação no treinamento e gestão de equipe

A tecnologia revolucionou a disseminação da informação nos últimos anos. Acesso à internet, vídeos e DVDs de treinamento e *software* interativo, por exemplo, estão agora prontamente disponíveis para muitos ambientes de serviço humano (Severtson & Carr, 2012). Assim, os pesquisadores têm direcionado atenção significativa para avaliar e demonstrar a eficácia dessas abordagens para o treinamento (p. ex., Catania *et al.*, 2009; Moore & Fisher, 2007; Rosales, Gongola & Homlitas, 2015; Scott, Lerman & Luck, 2018; Weldy, Rapp & Capocasa, 2014).

As novas tecnologias da informação oferecem muitos recursos atraentes para o treinamento de comportamentos de trabalho importantes para os profissioais de serviço humano. Para ilustrar, DVDs e vídeos de treinamento em outros formatos podem representar um meio de fornecer informações relevantes e demonstrações procedurais que exigem um tempo mínimo do treinador quando comparados aos procedimentos de treinamento mais tradicionais (Macurik, O'Kane, Malanga & Reid, 2008). Continuar investigando avaliações dessas abordagens para o treinamento de equipe parece justificável. No entanto, também é preciso ter cautela. As tecnologias da informação ainda dependem muito da disseminação de informações verbais, com a adição de modelagem baseada em desempenho em muitos casos, e pesquisas anteriores produziram efeitos inconsistentes para o desempenho no nível de domínio do treinamento. Isso pode explicar as inconsistências quanto à efetividade desse tipo de tecnologia de treinamento (p. ex., DiGennaro Reed *et al.*, 2010; Neef, Trachtenberg, Loeb & Sterner, 1991). Justificam-se investigações para determinar formas de incorporar a formação baseada no desempenho com as novas tecnologias da informação.

Ampliando a adoção de treinamento e gestão comportamental

Notamos a falta de adoção generalizada da tecnologia comportamental de treinamento e gestão de equipe em ambientes de intervenção com pessoas, assim como em outros (Babcock *et al.*, 1998; LeBlanc, Raetz & Feliciano, 2011; Reid, 2004). A relevância social da abordagem baseada em evidências para o treinamento e a gestão de equipe permanecerá limitada até que os profissionais que atuam com intervenções a utilizem de forma consistente. As seções a seguir sugerem áreas de pesquisa para facilitar o uso mais amplo da tecnologia existente.

Desenvolvimento de programas de preparação de pessoal em treinamento e gestão de equipe

Um meio de incorporar a tecnologia de treinamento e gestão de equipe em ambientes de serviço humano é garantir que os profissionais que entram nesses ambientes tenham conhecimento sobre a tecnologia e sejam qualificados em sua aplicação. Tradicionalmente, os profissionais recebem pouca ou nenhuma formação nessa área (Schell, 1998). Há indícios de que os programas de preparação de pessoal estão direcionando mais atenção para o treinamento e a gestão comportamental da equipe. Por exemplo, alguns programas universitários para a formação de analistas do comportamento estão incluindo cursos com conteúdo sobre treinamento e gestão de equipe, em parte porque a certificação de analista do comportamento requer conhecimento dessas áreas (Moore & Shook, 2001). No entanto, apenas alguns programas universitários atualmente se concentram na gestão do comportamento organizacional, e sua ênfase é muitas vezes nos negócios e na indústria, em contraste com os ambientes de intervenção com pessoas.

Treino de supervisores no treinamento e gestão comportamental de equipe

Não podemos esperar que os supervisores de intervenção sejam competentes em treinamento e gestão comportamental de equipe, a menos que tenham recebido treinamento nessas áreas. Poucas investigações abordaram supervisores de treinamento em aplicações comportamentais com a equipe (p. ex., Clark *et al.*, 1985; Fleming, Oliver & Bolton, 1996; Methot, Williams, Cummings & Bradshaw, 1996; Parsons & Reid, 1995; Reid *et al.*, 2005). É provável que currículos baseados em evidências para supervisores de treinamento auxiliem na expansão do treinamento de supervisores. A American Association on Intellectual and Developmental Disabilities desenvolveu um desses currículos (Reid, Parsons & Green, 2009).

Na investigação sobre o treinamento de supervisores, é necessária a atenção aos resultados da investigação sobre o treinamento da equipe, como já resumido. Os resultados da pesquisa de treinamento de equipe sugerem que o treinamento do supervisor provavelmente não afetará o seu comportamento, a menos que a alta administração solicite e reforce o desempenho das habilidades treinadas pelo supervisor. Com poucas exceções (p. ex., Gillat & Sulzer-Azaroff, 1994; Methot *et al.*, 1996), faltam pesquisas que abordem o comportamento da alta gerência ou dos executivos em ambientes de intervenção com pessoas.

Mantendo o desempenho da equipe de intervenção

A necessidade de pesquisas sobre a manutenção de melhorias no desempenho da equipe após treinamentos e intervenções gerenciais está intimamente relacionada à necessidade de pesquisas com supervisores e a alta gerência. A investigação até agora sugere que é provável que a melhoria do desempenho da equipe só seja mantida se os supervisores implementarem alguns componentes relevantes das intervenções iniciais. Por sua vez, a alta gerência precisa promover o uso contínuo dos componentes de intervenção pelos supervisores.

A aceitabilidade de procedimentos de gestão comportamental é outra área de pesquisa relevante para a manutenção do desempenho do supervisor. Os analistas do comportamento têm reconhecido a importância de procedimentos de gestão aceitáveis pelos supervisores para promover potencialmente o uso contínuo de habilidades de supervisão (Reid & Whitman, 1983). Da mesma forma, diversos investigadores tentaram avaliar componentes aceitáveis dos procedimentos de supervisão (ver análise em Parsons, 1998). No entanto, como indicou a revisão de Parsons (1998) (ver também Parsons *et al.*, 2012), os pesquisadores têm preocupações em relação à validade de medidas típicas de aceitação de supervisão (i.e., respostas a questionários). Precisamos continuar a investigar a melhoria da aceitabilidade dos procedimentos de gestão para os supervisores e a identificar medidas de aceitabilidade válidas.

A avaliação funcional do desempenho da equipe é outra forma de potencialmente promover a manutenção do comportamento adequado da equipe. Os membros da equipe de intervenção têm muitas tarefas a executar e diversas contingências em seu desempenho de trabalho. Investigações sobre a melhoria do desempenho dos funcionários muitas vezes impõem novas contingências sem aparente consideração pelas já existentes. Como resultado, os membros da equipe voltam a responder às contingências mais comuns quando os investigadores interrompem as da pesquisa. Uma forma de evitar esse obstáculo é identificar quando os supervisores poderiam introduzir novas contingências que não competiriam com as existentes (Green, Reid, Perkins & Gardner, 1991). Por exemplo, Green *et al.* (1991) realizaram uma análise estrutural do desempenho laboral dos funcionários para identificar períodos de comportamento não laboral. Os pesquisadores então aumentaram o desempenho de tarefas selecionadas durante esses períodos de folga. O foco nos períodos de não trabalho permitiu que os funcionários aumentassem o desempenho de funções selecionadas sem competir com suas outras funções.

A investigação de Green *et al.* (1991) também destaca problemas de desempenho da equipe devido a uma aparente falta de contingências em determinadas tarefas de trabalho. Diversas investigações têm abordado a redução do tempo gasto pela equipe em atividades não laborais (Brown, Willis & Reid, 1981; Green *et al.*, 1991; Iwata, Bailey, Brown, Foshee & Alpern, 1976). Essa pesquisa partiu do pressuposto de que a equipe despendia tempo em tais atividades devido à falta de contingências do supervisor sobre tal comportamento ou à falta de contingências sobre o desempenho mais desejado.

Uma análise mais detalhada de contingências ou ausência de contingências no comportamento da equipe em ambientes de serviço humano pode produzir informações relevantes para promover melhorias sustentadas no desempenho da equipe. Pesquisadores têm notado a importância da realização de avaliações funcionais com o desempenho da equipe (Austin, 2000; Sturmey, 1998), e a pesquisa nessa área parece promissora. Especificamente, os pesquisadores têm utilizado a *Checklist* de Diagnóstico de Desempenho – Intervenção com pessoas para projetar intervenções para melhorar o desempenho problemático da equipe, com base em variáveis sistematicamente avaliadas relacionadas à falta de desempenho desejado (Carr *et al.*, 2013; Ditzian, Wilder, King & Tanz, 2015). Apoiamos a continuidade dessa linha de pesquisa e a oferecemos como importante meio de promover a contribuição da ABA para a promoção do desempenho de equipe de alta qualidade.

Referências

Adkins, V. K. (1996). Discussion: Behavioral procedures for training direct care staff in facilities serving dependent populations. *Behavioral Interventions, 11*, 95-100.

Alavosius, M. P., & Sulzer-Azaroff, B. (1990). Acquisition and maintenance of health-care routines as a function of feedback density. *Journal of Applied Behavior Analysis, 23*, 151-162.

Alvero, A. M., Bucklin, B. R., & Austin, J. (2001). An objective review of the effectiveness and essential characteristics of performance feedback in organizational settings. *Journal of Organizational Behavior Management, 21*(1), 3-29.

Ausenhus, J. A., & Higgins, W. J. (2019). An evaluation of real-time feedback delivered via telemedicine: Training staff to conduct preference assessments. *Behavior Analysis in Practice, 12*, 643-648.

Austin, J. (2000). Some thoughts on the field of organizational behavior management. *Journal of Organizational Behavior Management, 20*(3-4), 191-202.

Babcock, R. A., Fleming, R. K., & Oliver, J. R. (1998). OBM and quality improvement systems. *Journal of Organizational Behavior Management, 21*(1), 33-59.

Balcazar, F., Hopkins, B. L., & Suarez, Y. (1986). A critical, objective review of performance feedback. *Journal of Organizational Behavior Management, 7*(3-4), 65-89.

Brackett, L., Reid, D. H., & Green, C. W. (2007). Effects of reactivity to observations on staff performance. *Journal of Applied Behavior Analysis, 40*, 191-195.

Bricker, W. A., Morgan, D. G., & Grabowski, J. G. (1972). Development and maintenance of a behavior modification repertoire of cottage attendants through TV feedback. *American Journal of Mental Deficiency, 77*, 128-136.

Brown, K. M., Willis, B. S., & Reid, D. H. (1981). Differential effects of supervisor verbal feedback and feedback plus approval on institutional staff performance. *Journal of Organizational Behavior Management, 3*(1), 57-68.

Burgio, L. D., Whitman, T. L., & Reid, D. H. (1983). A participative management approach for improving direct-care staff performance in an institutional setting. *Journal of Applied Behavior Analysis, 16*, 37-53.

Carr, J. E., Wilder, D. A., Majdalany, L., Mathisen, D., & Strain, L. A. (2013). An assessment-based solution to a human-service employee performance problem: An evaluation of the Performance Diagnostic Checklist–Human Services. *Behavior Analysis in Practice, 6*, 16-32.

Casey, A. M., & McWilliam, R. A. (2011). The impact of checklist-based training on teachers' use of the zone defense schedule. *Journal of Applied Behavior Analysis, 44*, 397-401.

Catania, C. N., Almeida, D., Liu-Constant, B., & DiGennaro Reed, F. D. (2009). Video modeling to train staff to implement discrete-trial instruction. *Journal of Applied Behavior Analysis, 42*, 387-392.

Chok, J. T., Shlesinger, A., Studer, L., & Bird, F. L. (2012). Description of a practitioner training program on functional analysis and treatment development. *Behavior Analysis in Practice, 5*, 25-36.

Christian, W. P. (1983). A case study in the programming and maintenance of institutional change. *Journal of Organizational Behavior Management, 5*(3-4), 99-153.

Clark, H. B., Wood, R., Kuehnel, T., Flanagan, S., Mosk, M., & Northup, J. T. (1985). Preliminary validation and training of supervisory interaction skills. *Journal of Organizational Behavior Management, 7*(1-2), 95-115.

Clayton, M., & Headley, A. (2019). The use of behavioral skills training to improve staff performance of discrete trial training. *Behavioral Intervention, 34*, 136-143.

Cotnoir-Bichelman, N. M., Thompson, R. H., McKerchar, P. M., & Haremza, J. L. (2006). Training student teachers to reposition infants frequently. *Journal of Applied Behavior Analysis, 39*, 489-494.

Demchak, M. A. (1987). A review of behavioral staff training in special education settings. *Education and Training in Mental Retardation, 22*, 205-217.

DiGennaro Reed, F. D., Codding, R., Catania, C. N., & Maguire, H. (2010). Effects of video modeling on treatment integrity of behavioral interventions. *Journal of Applied Behavior Analysis, 43*, 291-295.

Ditzian, K., Wilder, D. A., King, A., & Tanz, J. (2015). An evaluation of the Performance Diagnostic Checklist–Human Services to assess an employee performance problem in a center-based autism treatment facility. *Journal of Applied Behavior Analysis, 48*, 199-203.

Doerner, M., Miltenberger, R. G., & Bakken, J. (1989). The effects of staff self-management on positive social interactions in a group home setting. *Behavioral Residential Treatment, 4*, 313-330.

Downs, A., Downs, R. C., & Rau, K. (2008). Effects of training and feedback on discrete trial teaching skills and student performance. *Research in Developmental Disabilities, 29*, 235-246.

Dyer, K., Schwartz, I. S., & Luce, S. C. (1984). A supervision program for increasing functional activities for severely handicapped students in a residential setting. *Journal of Applied Behavior Analysis, 17*, 249-259.

Fielding, D. L., & Blasé, K. A. (1993). Creating new realities: Program development and dissemination. *Journal of Applied Behavior Analysis, 26*, 597-613.

Fielding, L. T., Errickson, E., & Bettin, B. (1971). Modification of staff behavior: A brief note. *Behavior Therapy, 2*, 550-553.

Fleming, R. K., Oliver, J. R., & Bolton, D. (1996). Training supervisors to train staff: A case study in a human service organization. *Journal of Organizational Behavior Management, 16*(1), 3-25.

Ford, J. E. (1980). A classification system for feedback procedures. *Journal of Organizational Behavior Management, 2*(3), 183-191.

Gardner, J. M. (1970). Effects of reinforcement conditions on lateness and absence among institutional personnel. *Ohio Research Quarterly, 3*, 315-316.

Gardner, J. M. (1972). Teaching behavior modification to nonprofessionals. *Journal of Applied Behavior Analysis, 5*, 517-521.

Gillat, A., & Sulzer-Azaroff, B. (1994). Promoting principals' managerial involvement in instructional improvement. *Journal of Applied Behavior Analysis, 27*, 115-129.

Gladstone, B. W., & Spencer, C. J. (1977). The effects of modeling on the contingent praise of mental retardation counselors. *Journal of Applied Behavior Analysis, 10*, 75-84.

Graff, R. B., & Karsten, A. M. (2012). Evaluation of a self-instruction package for conducting stimulus preference assessments. *Journal of Applied Behavior Analysis, 45*, 69-82.

Gravina, N., Villacorta, J., Albert, K., Clark, R., Curry, S., & Wilder, D. (2018). A literature review of organizational behavior management interventions in human service settings from 1990 to 2016. *Journal of Organizational Behavior Management, 38*, 191-224.

Green, C. W., Reid, D. H., Perkins, L. I., & Gardner, S. M. (1991). Increasing habilitative services for persons with profound handicaps: An application of structural analysis to staff management. *Journal of Applied Behavior Analysis, 24*, 459-471.

Green, C. W., Rollyson, J. H., Passante, S. C., & Reid, D. H. (2002). Maintaining proficient supervisor performance with direct support personnel: An analysis of two management approaches. *Journal of Applied Behavior Analysis, 35*, 205-208.

Greene, B. F., Willis, B. S., Levy, R., & Bailey, J. S. (1978). Measuring client gains from staff-implemented programs. *Journal of Applied Behavior Analysis, 11*, 395-412.

Harchik, A. E., & Campbell, A. R. (1998). Supporting people with developmental disabilities in their homes in the community: The role of organizational behavior management. *Journal of Organizational Behavior Management, 18*(2-3), 83-101.

Harchik, A. E., Sherman, J. A., Hopkins, B. L., Strouse, M. C., & Sheldon, J. B. (1989). Use of behavioral techniques by paraprofessional staff: A review and proposal. *Behavioral Residential Treatment, 4*, 331-357.

Harchik, A. E., Sherman, J. A., Sheldon, J. B., & Strouse, M. C. (1992). Ongoing consultation as a method of improving performance of staff members in a group home. *Journal of Applied Behavior Analysis, 25*, 599-610.

Hawkins, A. M., Burgio, L. D., Langford, A., & Engel, B. T. (1992). The effects of verbal and written supervisory feedback on staff compliance with assigned prompted voiding in a nursing home. *Journal of Organizational Behavior Management, 13*(1), 137-150.

Hogan, A., Knez, N., & Kahng, S. (2015). Evaluating the use of behavioral skills training to improve school staffs' implementation of behavior intervention plans. *Journal of Behavioral Education, 24*, 242-254.

Hollander, M., Plutchik, R., & Horner, V. (1973). Interaction of patient and attendant reinforcement programs: The "piggyback" effect. *Journal of Consulting and Clinical Psychology, 41*, 43-47.

Ivancic, M. T., & Helsel, W. J. (1998). Organizational behavior management in large residential organizations: Moving from institutional to client-centered care. *Journal of Organizational Behavior Management, 18*(2-3), 61-82.

Iwata, B. A., Bailey, J. S., Brown, K. M., Foshee, T. J., & Alpern, M. (1976). A performance-based lottery to improve residential care and training by institutional staff. *Journal of Applied Behavior Analysis, 9*, 417-431.

Jahr, E. (1998). Current issues in staff training. *Research in Developmental Disabilities, 19*, 73-87.

Johnson, M. D., & Fawcett, S. B. (1994). Courteous service: Its assessment and modification in a human service organization. *Journal of Applied Behavior Analysis, 27*, 145-152.

Katz, R. C., Johnson, C. A., & Gelfand, S. (1972). Modifying the dispensing of reinforcers: Some implications for behavior modification with hospitalized patients. *Behavior Therapy, 3*, 579-588.

Kissel, R. C., Whitman, T. L., & Reid, D. H. (1983). An institutional staff training and self-management program for developing multiple self-care skills in severely/profoundly retarded individuals. *Journal of Applied Behavior Analysis, 16*, 395-415.

Kneringer, M., & Page, T. J. (1999). Improving staff nutritional practices in community-based group homes: Evaluation, training, and management. *Journal of Applied Behavior Analysis, 32*, 221-224.

Koegel, R. L., Russo, D. C., & Rincover, A. (1977). Assessing and training teachers in the generalized use of behavior modification with autistic children. *Journal of Applied Behavior Analysis, 10*, 197-205.

Lavie, T., & Sturmey, P. (2002). Training staff to conduct a paired-stimulus preference assessment. *Journal of Applied Behavior Analysis, 35*, 209-211.

LeBlanc, L. A., Raetz, P. B., & Feliciano, L. (2011). Behavioral gerontology. Em W. W. Fisher, C. C. Piazza, & H. S. Roane (Eds.), *Handbook of applied behavior analysis* (p. 472-486). Nova York: Guilford Press.

Lerman, D. C. (2009). An introduction to the Volume 2, Number 2 of *Behavior Analysis in Practice (BAP)*. *Behavior Analysis in Practice, 2*, 2-3.

Liberman, R. P. (1983). Guest editor's preface. *Analysis and Intervention in Developmental Disabilities, 3*, iii-iv.

Luck, K. M., Lerman, D. C., Wu, W. L., Dupuis, D. L., & Hussein, L. A. (2018). A comparison of written, vocal, and video feedback when training teachers. *Journal of Behavioral Education, 27*, 124-144.

Macurik, K. M., O'Kane, N. P., Malanga, P., & Reid, D. H. (2008). Video training of support staff in intervention plans for challenging behavior: Comparison with live training. *Behavioral Interventions, 23*, 143-163.

Mayhew, G. L., Enyart, P., & Cone, J. D. (1979). Approaches to employee management: Policies and preferences. *Journal of Organizational Behavior Management, 2*(2), 103-111.

Methot, L. L., Williams, W. L., Cummings, A., & Bradshaw, B. (1996). Measuring the effects of a manager-supervisor training program through the generalized performance of managers, supervisors, front-line staff, and clients in a human service setting. *Journal of Organizational Behavior Management, 16*(2), 3-34.

Miles, N. I., & Wilder, D. A. (2009). The effects of behavioral skills training on caregiver implementation of guided compliance. *Journal of Applied Behavior Analysis, 42*, 405-410.

Moore, J. W., Edwards, R. P., Sterling-Turner, H. E., Riley, J., DuBard, M., & McGeorge, A. (2002). Teacher acquisition of functional analysis methodology. *Journal of Applied Behavior Analysis, 35*, 73-77.

Moore, J. W., & Fisher, W. W. (2007). The effects of videotape modeling on staff acquisition of functional analysis methodology. *Journal of Applied Behavior Analysis, 40*, 197-202.

Moore, J., & Shook, G. L. (2001). Certification, accreditation, and quality control in behavior analysis. *Behavior Analyst, 24*, 45-55.

Mozingo, D. B., Smith, T., Riordan, M. R., Reiss, M. L., & Bailey, J. S. (2006). Enhancing frequency recording by developmental disabilities treatment staff. *Journal of Applied Behavior Analysis, 39*, 253-256.

Nabeyama, B., & Sturmey, P. (2010). Using behavioral skills training to promote safe and correct staff guarding and ambulation distance of students with multiple physical disabilities. *Journal of Applied Behavior Analysis, 43*, 341-345.

Neef, N. A. (1995). Research on training trainers in program implementation: An introduction and future directions. *Journal of Applied Behavior Analysis, 28*, 297-299.

Neef, N. A., Trachtenberg, S., Loeb, J., & Sterner, K. (1991). Video-based training of respite care providers: An interactional analysis of presentation format. *Journal of Applied Behavior Analysis, 24*, 473-486.

Parsons, M. B. (1998). A review of procedural acceptability in organizational behavior management. *Journal of Organizational Behavior Management, 18*(2-3), 173-190.

Parsons, M. B., & Reid, D. H. (1995). Training residential supervisors to provide feedback for maintaining staff teaching skills with people who have severe disabilities. *Journal of Applied Behavior Analysis, 28*, 317-322.

Parsons, M. B., Rollyson, J. H., & Reid, D. H. (2004). Improving day-treatment services for adults with severe disabilities:

A norm-referenced application of outcome management. *Journal of Applied Behavior Analysis, 37*, 365-377.

Parsons, M. B., Rollyson, J. H., & Reid, D. H. (2012). Evidence-based staff training: A guide for practitioners. *Behavior Analysis in Practice, 5*, 2-11.

Parsons, M. B., Schepis, M. M., Reid, D. H., McCarn, J. E., & Green, C. W. (1987). Expanding the impact of behavioral staff management: A large-scale, long term application in schools serving severely handicapped students. *Journal of Applied Behavior Analysis, 20*, 139-150.

Petscher, E. S., & Bailey, J. S. (2006). Effects of training, prompting, and self-monitoring on staff behavior in a classroom for students with disabilities. *Journal of Applied Behavior Analysis, 39*, 215-226.

Phillips, J. F. (1998). Applications and contributions of organizational behavior management in schools and day treatment settings. *Journal of Organizational Behavior Management, 18*(2-3), 103-129.

Plavnick, J. B., Ferreri, S. J., & Maupin, A. N. (2010). The effects of self-monitoring on the procedural integrity of a behavioral intervention for young children with developmental disabilities. *Journal of Applied Behavior Analysis, 43*, 315-320.

Pollack, M. J., Fleming, R. K., & Sulzer-Azaroff, B. (1994). Enhancing professional performance through organizational change. *Behavioral Interventions, 9*, 27-42.

Quilitch, H. R. (1975). A comparison of three staff-management procedures. *Journal of Applied Behavior Analysis, 8*, 59-66.

Realon, R. E., Lewallen, J. D., & Wheeler, A. J. (1983). Verbal feedback vs. verbal feedback plus praise: The effects on direct care staff's training behaviors. *Mental Retardation, 21*, 209-212.

Reid, D. H. (2004). Training and supervising direct support personnel to carry out behavioral procedures. Em J. L. Matson, R. B. Laud, & M. L. Matson (Eds.), *Behavior modification for persons with developmental disabilities: Treatments and supports* (p. 73-99). Kingston, NY: NADD Press.

Reid, D. H. (2016). *Promoting happiness among adults with autism and other severe disabilities: Evidence-based strategies.* Morganton, NC: Habilitative Management Consultants.

Reid, D. H. (2017). Competency-based staff training. Em J. K. Luiselli (Ed.), *Applied behavior analysis advanced guidebook: A manual for professional practice* (p. 21-40). San Diego, CA: Elsevier/Academic Press.

Reid, D. H., Green, C. W., & Parsons, M. B. (2003). An outcome management program for extending advances in choice research into choice opportunities for supported workers with severe multiple disabilities. *Journal of Applied Behavior Analysis, 36*, 575-578.

Reid, D. H., & Parsons, M. B. (2002). *Working with staff to overcome challenging behavior among people who have severe disabilities: A guide for getting support plans carried out.* Morganton, NC: Habilitative Management Consultants.

Reid, D. H., Parsons, M. B., & Green, C. W. (1989). *Staff management in human services: Behavioral research and application.* Springfield, IL: Charles C Thomas.

Reid, D. H., Parsons, M. B., & Green, C. W. (2009). *The supervisor training curriculum: Evidence-based ways to promote work quality and enjoyment among support staff.* Washington, DC: American Association on Intellectual and Developmental Disabilities.

Reid, D. H., Parsons, M. B., & Green, C. W. (2012). *The supervisor's guidebook: Evidence-based strategies for promoting work quality and enjoyment among human service staff.* Morganton, NC: Habilitative Management Consultants.

Reid, D. H., Parsons, M. B., & Jensen, J. M. (2017). Maintaining staff performance following a training intervention: Suggestions from a 30-year case example. *Behavior Analysis in Practice, 10*, 12-21.

Reid, D. H., Parsons, M. B., Lattimore, L. P., Towery, D. L., & Reade, K. K. (2005). Improving staff performance through clinician application of outcome management. *Research in Developmental Disabilities, 26*, 101-116.

Reid, D. H., Parsons, M. B., McCarn, J. M., Green, C. W., Phillips, J. F., & Schepis, M. M. (1985). Providing a more appropriate education for severely handicapped persons: Increasing and validating functional classroom tasks. *Journal of Applied Behavior Analysis, 18*, 289-301.

Reid, D. H., Rotholz, D. A., Parsons, M. B., Morris, L., Braswell, B. A., Green, C. W., *et al.* (2003). Training human service supervisors in aspects of PBS: Evaluation of a statewide, performance-based program. *Journal of Positive Behavior Interventions, 5*, 35-46.

Reid, D. H., & Shoemaker, J. (1984). Behavioral supervision: Methods of improving institutional staff performance. Em W. P. Christian, G. T. Hannah, & T. J. Glahn (Eds.), *Programming effective human services: Strategies for institutional change and client transition* (p. 39-61). Nova York: Plenum Press.

Reid, D. H., & Whitman, T. L. (1983). Behavioral staff management in institutions: A critical review of effectiveness and acceptability. *Analysis and Intervention in Developmental Disabilities, 3*, 131-149.

Repp, A. C., & Deitz, D. E. D. (1979). Improving administrative-related staff behaviors at a state institution. *Mental Retardation, 17*, 185-192.

Richman, G. S., Riordan, M. R., Reiss, M. L., Pyles, D. A., & Bailey, J. S. (1988). The effects of self-monitoring and supervisor feedback on staff performance in a residential setting. *Journal of Applied Behavior Analysis, 21*, 401-409.

Rosales, R., Gongola, L., & Homlitas, C. (2015). An evaluation of video modeling with embedded instructions to teach implementation of stimulus preference assessments. *Journal of Applied Behavior Analysis, 48*, 209-214.

Roscoe, E. M., Fisher, W. W., Glover, A. C., & Volkert, V. M. (2006). Evaluating the relative effects of feedback and contingent money for staff training of stimulus preference assessments. *Journal of Applied Behavior Analysis, 39*, 63-77.

Sarokoff, R. A., & Sturmey, P. (2004). The effects of behavioral skills training on staff implementation of discrete-trial teaching. *Journal of Applied Behavior Analysis, 37*, 535-538.

Schell, R. M. (1998). Organizational behavior management: Applications with professional staff. *Journal of Organizational Behavior Management, 18*(2-3), 157-171.

Schnell, L. K., Sidener, T. M., DeBar, R. M., Vladescu, J. C., & Kahng, S. (2018). Effects of computer-based training on procedural modifications to standard functional analyses. *Journal of Applied Behavior Analysis, 51*, 87-98.

Scott, J., Lerman, D. C., & Luck, K. (2018). Computer-based training to detect antecedents and consequences of problem behavior. *Journal of Applied Behavior Analysis, 51*, 784-801.

Severtson, J. M., & Carr, J. E. (2012). Training novice instructors to implement errorless discrete-trial teaching: A sequential analysis. *Behavior Analysis in Practice, 5*, 13-23.

Shoemaker, J., & Reid, D. H. (1980). Decreasing chronic absenteeism among institutional staff: Effects of a low-cost attendance program. *Journal of Organizational Behavior Management, 2*(4), 317-328.

Smith, T., Parker, T., Taubman, M., & Lovaas, O. I. (1992). Transfer of staff training from workshops to group homes: A failure to generalize across settings. *Research in Developmental Disabilities, 13*, 57-71.

Sneed, T. J., & Bible, G. H. (1979). An administrative procedure for improving staff performance in an institutional setting for retarded persons. *Mental Retardation, 17*, 92-94.

Strouse, M. C., Carroll-Hernandez, T. A., Sherman, J. A., & Sheldon, J. B. (2003). Turning over turnover: The evaluation of a staff scheduling system in a community-based program for adults with developmental disabilities. *Journal of Organizational Behavior Management, 23*(2-3), 45-63.

Sturmey, P. (1998). History and contribution of organizational behavior management to services for persons with developmental disabilities. *Journal of Organizational Behavior Management, 18*(2-3), 7-32.

Suda, K. T., & Miltenberger, R. G. (1993). Evaluation of staff management strategies to increase positive interactions in a vocational setting. *Behavioral Residential Treatment, 8*, 69-88.

van Oorsouw, W. M., Embregts, P. J., Bosman, A. M., & Jahoda, A. (2009). Training staff serving clients with intellectual disabilities: A meta-analysis of aspects determining effectiveness. *Research in Developmental Disabilities, 30*, 503-511.

Wallace, C. J., Davis, J. R., Liberman, R. P., & Baker, V. (1973). Modeling and staff behavior. *Journal of Consulting and Clinical Psychology, 41*, 422-425.

Wallace, M. D., Doney, J. K., Mintz-Resudek, C. M., & Tarbox, R. S. F. (2004). Training educators to implement functional analyses. *Journal of Applied Behavior Analysis, 37*, 89-92.

Watson, L. S., & Uzzell, R. (1980). A program for teaching behavior modification skills to institutional staff. *Applied Research in Mental Retardation, 1*, 41-53.

Wehman, P. (2011). Employment for persons with disabilities: Where are we now and where do we need to go? *Journal of Vocational Rehabilitation, 35*, 145-151.

Weldy, C. R., Rapp, J. T., & Capocasa, K. (2014). Training staff to implement brief stimulus preference assessments. *Journal of Applied Behavior Analysis, 47*, 214-218.

Welsch, W. V., Ludwig, C., Radiker, J. E., & Krapfl, J. E. (1973). Effects of feedback on daily completion of behavior modification projects. *Mental Retardation, 11*, 24-26.

Whitman, T. L., Hantula, D. A., & Spence, B. H. (1990). Current issues in behavior modification with mentally retarded persons. Em J. L. Matson (Ed.), *Handbook of behavior modification with the mentally retarded* (p. 9-50). Nova York: Plenum Press.

Williams, W. L., Vittorio, T. D., & Hausherr, L. (2002). A description and extension of a human services management model. *Journal of Organizational Behavior Management, 22*(1), 47-71.

PARTE VI

Intervenções para diminuir o comportamento-problema

Na Parte VI desta edição do manual, os capítulos e sua ordem permanecem iguais aos da primeira edição. No capítulo 18, Smith introduz o leitor ao termo *estímulos antecedentes* e descreve as muitas maneiras pelas quais esses estímulos afetam o comportamento, seu papel na análise funcional e os mecanismos pelos quais eles mudam o comportamento. Os efeitos das operações motivadoras, um tipo de estímulo antecedente, constituem um tema recorrente nos capítulos subsequentes da Parte VI. Desse modo, o capítulo de Smith prepara o terreno para novas pesquisas que os autores dos capítulos subsequentes discutem. Um acréscimo interessante ao Capítulo 18 desta edição é uma revisão de novas pesquisas sobre os efeitos do enriquecimento do ambiente no cérebro e no comportamento humano. No Capítulo 19, Vollmer, Athens e Fernand utilizam o procedimento que Iwata e colaboradores descreveram em seu estudo clássico sobre análise funcional como a estrutura para sua discussão sobre procedimentos de extinção baseados em funções. O capítulo inclui revisões de estudos clássicos e mais recentes que incorporaram a extinção como tratamento para o comportamento-problema. A segunda metade do capítulo é uma revisão dos padrões de resposta associados à extinção e de porque uma compreensão sólida desses padrões é importante na prática clínica.

Fisher, Greer e Bouxsein atualizaram o Capítulo 20, sobre o desenvolvimento de procedimentos de reforço positivo baseados em funções, com foco em novas pesquisas sobre treinamento de comunicação funcional. Eles analisam estudos sobre os efeitos da duração da exposição à operação estabelecedora e sobre os efeitos de esquemas múltiplos na redução do esquema de reforçamento, transferência de efeitos do tratamento e recaída. No Capítulo 21, Lerman e Toole observam que o advento da análise de função melhorou a eficácia dos tratamentos para o comportamento-problema. Dessa maneira, a pesquisa sobre punição não cresceu de modo substancial nos últimos anos fora daquela sobre interrupção e redirecionamento de resposta, que Lerman e Toole analisam. Assim como a punição, os pesquisadores conduziram a maior parte das pesquisas sobre a economia de fichas nas décadas de 1960 e 1970. Reitman, Boerke e Vassilopoulos analisam essa pesquisa no Capítulo 22. Eles também apresentam ao leitor estudos nos quais pesquisadores combinaram fichas com medicamentos para crianças com transtorno de déficit de atenção/hiperatividade (TDAH) e avaliaram a preferência das crianças por programas em que elas ganham *versus* perdem fichas. Em suma, os leitores encontrarão uma infinidade de informações úteis na Parte VI que podem ser aplicadas na prática clínica.

18

Desenvolvimento de intervenções antecedentes para o comportamento-problema

Richard G. Smith

Em geral, as intervenções comportamentais para tratar o comportamento-problema envolvem a manipulação ou a gestão de algum evento ou condição ambiental, com o resultado pretendido para eliminar ou diminuir o comportamento-problema. Utilizamos o termo *intervenção antecedente* quando manipulamos os eventos ou as condições que ocorrem antes do comportamento.

De modo geral, podemos classificar as intervenções antecedentes em duas categorias. As intervenções *padrão* não dependem da identificação das variáveis que definem a ocasião e mantêm o comportamento-problema. Tais intervenções podem ser eficazes para comportamentos-problema mantidos por uma variedade de reforçadores. Exemplos são exercícios antecedentes, enriquecimento do ambiente e equipamentos de proteção e de contenção. Já as intervenções *baseadas em funções* envolvem identificar os antecedentes e as consequências que mantêm o comportamento-problema e, em seguida, manipular diretamente pelo menos um componente dessa contingência operante. Utilizamos o termo *reforçador funcional* para a consequência que mantém o comportamento-problema (Saini, Fisher, Retzlaff & Keevy, 2020). Por exemplo, *reforço não contingente* (NCR, *noncontingent reinforcement*; Vollmer, 1999) é uma intervenção baseada em funções na qual o analista do comportamento planeja a entrega do *reforçador funcional* em um programa baseado no tempo, independentemente da resposta.

Podemos, ainda, classificar as intervenções antecedentes segundo o mecanismo pelo qual elas diminuem o comportamento. Algumas intervenções afetam operações motivadoras para o comportamento-problema (Fisher *et al.*, 2018; Laraway, Snycerski, Michael & Poling, 2003), já outras podem alterar funções discriminativas. *Operações motivadoras* alteram de maneira temporária a eficácia das consequências e a probabilidade momentânea do comportamento que produziu essas consequências no passado (Laraway *et al.*, 2003). Por exemplo, o NCR envolve a apresentação repetida e independente de resposta de reforçadores funcionais; portanto, o NCR pode diminuir o comportamento-problema abolindo a eficácia reforçada dessas consequências via saciedade ou habituação (Murphy, McSweeney, Smith & McComas, 2003). Desse modo, classificaríamos o NCR como um procedimento baseado em operações motivadoras. Outras intervenções antecedentes podem controlar condições ou estímulos associados a consequências diferenciais para o comportamento-problema, alterando assim o controle discriminativo sobre o comportamento. Por exemplo, o comportamento-problema diminuirá em contextos nos quais ele não consegue produzir reforçadores funcionais, e o contexto se tornará um *S-delta.**

*Intervenções baseadas no controle discriminativo requerem manipulação de eventos antecedentes e consequentes para estabelecer e manter sua eficácia; portanto, não as caracterizamos de forma adequada como intervenções exclusivamente antecedentes (i.e., o analista do comportamento deve controlar ativamente as consequências para manter a eficácia do estímulo antecedente).

Por fim, algumas intervenções organizam o ambiente de modo que o comportamento-problema seja difícil ou impossível de emitir. Alguns exemplos são equipamentos de proteção e contenção mecânica.

Nas seções a seguir, descrevo intervenções comportamentais antecedentes destinadas a diminuir ou eliminar o comportamento. Apresento uma breve revisão da literatura para cada intervenção e discuto variações procedurais, propriedades funcionais (i.e., os princípios comportamentais que descrevem seus efeitos), pontos fortes e limitações, começando com intervenções-padrão e seguindo com intervenções baseadas em função.

Intervenções-padrão

Alguns procedimentos antecedentes diminuirão o comportamento, independentemente da função operante do comportamento-problema, ou seja, a identificação do reforço funcional não é necessária ao utilizar essas intervenções. Como resultado, podemos não entender os mecanismos precisos associados aos efeitos desses procedimentos, em comparação com nosso entendimento de procedimentos que correspondem a uma contingência de reforço. Embora a prescrição de intervenção sem a necessidade de uma análise funcional prévia pareça clinicamente conveniente, os procedimentos-padrão têm limitações significativas e produzem efeitos colaterais.

Utilizamos o termo *intervenções padrão* para aquelas cujos efeitos não dependem da função operante do comportamento-problema. O termo *padrão* (ou *default*) não significa que o comportamento-problema ou os efeitos da intervenção não sejam operacionais. Como intervenções baseadas em funções, algumas intervenções-padrão podem alterar estímulos discriminativos (S^ds) ou operações motivadoras para o comportamento-problema. No entanto, identificar o comportamento-problema de manutenção de contingência não é um componente necessário de uma intervenção-padrão potencialmente eficaz.

Exercício antecedente

A pesquisa mostrou que o *exercício antecedente* pode diminuir o comportamento-problema (p. ex., Allison, Basile & MacDonald, 1991; Bachman e Fuqua, 1983; Baumeister e MacLean, 1984; Celiberti, Bobo, Kelly, Harris & Handleman, 1997; Kern, Koegel & Dunlap, 1984; Lochbaum & Crews, 2003, McGimsey & Favell, 1988; Powers, Thibadeau & Rose, 1992). O exercício antecedente envolve os participantes em um programa de atividades de esforço, como exercício aeróbico (p. ex., corrida, caminhada, dança, patinação) ou treinamento de resistência (p. ex., levantamento de peso). O analista do comportamento normalmente realiza observações durante o exercício ou em alguns minutos após a conclusão. Pesquisadores têm utilizado exercícios antecedentes para diminuir comportamento autolesivo (SIB, *self-injurious behavior*; Baumeister & MacLean, 1984), agressão (McGimsey & Favell, 1988; Powers *et al.*, 1992), vocalizações inadequadas (Bachman & Fuqua, 1983; Powers *et al.*, 1992), comportamento de saída da tarefa (Bachman & Fuqua, 1983), comportamento de saída do assento (Celiberti *et al.*, 1997) e estereotipia (Celiberti *et al.*, 1997; Kern *et al.*, 1984; Powers *et al.*, 1992) por pessoas com deficiências no desenvolvimento. Pesquisadores também usaram exercícios antecedentes para tratar a depressão, com diferentes graus de sucesso relatados (Doyne, Chambless & Beutler, 1983); transtorno de pânico (Broocks *et al.*, 1998); e síndromes dolorosas (Turner & Clancy, 1988) em pessoas sem deficiências no desenvolvimento.

O exercício antecedente difere de outras intervenções envolvendo atividade de esforço, como a supercorreção (correção excessiva; *overcorrection*) (Foxx & Azrin, 1972, 1973), pois os participantes se envolvem nele independentemente das ocorrências do comportamento-problema, em geral antes das sessões de observação. Já a supercorreção prescreve atividades de esforço contingentes ao comportamento-problema. Diferentemente da supercorreção, o processo de punição não pode dar conta da eficácia do exercício antecedente na diminuição do comportamento-problema, pois não o apresentamos como consequência para o comportamento-problema.

Mecanismos subjacentes aos efeitos do exercício antecedente

Embora a produção de um estado geral de fadiga seja um relato intuitivamente atraente dos efeitos do exercício antecedente, os resultados da pesquisa parecem inconsistentes com essa interpretação. Por exemplo, aumentos no comportamento na tarefa (Powers *et al.*, 1992), aumentos na resposta apropriada (Kern, Koegel, Dyer, Blew & Fenton, 1982) e a ausência de sinais evidentes de fadiga (Baumeister & MacLean, 1984) após sessões de exercício indicam que os efeitos de diminuição da resposta dessa intervenção são pelo menos um pouco específicos para o comportamento-problema. De fato, pesquisadores relataram *aumentos* em diversas formas de comportamento apropriado após exercícios antecedentes em vários estudos (p. ex., Baumeister & MacLean, 1984; Celiberti *et al.*, 1997; Kern *et al.*, 1982; Powers *et al.*, 1992). Esses resultados são um tanto paradoxais. Essa especificidade de ação parece correlacionar-se mais claramente com a aceitabilidade social das classes de comportamento afetadas: após o exercício, o comportamento-problema diminui, e o socialmente aceitável aumenta.

O exercício antecedente pode alterar a eficácia reforçadora das consequências que mantêm o comportamento-problema (i.e., efeito de operações motivadoras) (Smith & Iwata, 1997). Alguns pesquisadores têm sugerido que o exercício antecedente pode funcionar como *estimulação combinada*, na qual o exercício produz livre acesso à estimulação como aquela produzida pelo comportamento-problema, presumivelmente funcionando como operação abolidora para o reforçador de manutenção. Por exemplo, Morrison, Roscoe e Atwell (2011) observaram diminuições no comportamento-problema automaticamente reforçado durante e após o exercício antecedente para três de quatro participantes, sugerindo que o exercício *desvalorizou* as consequências automaticamente reforçadoras do comportamento-problema. No entanto, poucos estudos investigaram de modo direto os mecanismos subjacentes aos efeitos do exercício antecedente. Os analistas do comportamento costumam adotar um relato de operação abolidora devido a inconsistências conceituais associadas a um relato de controle de estímulo (ou discriminação) desse efeito. Contudo, devemos considerar uma tentativa de relato de operações motivadoras até que existam evidências mais definitivas sobre os mecanismos comportamentais subjacentes à eficácia do exercício antecedente.

Pontos fortes e limitações do exercício antecedente

Os pontos fortes do exercício antecedente são que ele diminui o comportamento-problema, aumenta o comportamento adequado e melhora a saúde física e psicológica. Os programas de exercícios têm benefícios fisiológicos e médicos óbvios, incluindo melhor condicionamento cardiovascular e reforço no tônus muscular e nas habilidades adaptativas. Resultados de alguns estudos sugerem que o exercício antecedente pode diminuir a depressão e a ansiedade e melhorar as medições de saúde psicológica geral (Lochbaum & Crews, 2003).

Uma limitação do exercício antecedente é que seus efeitos parecem ser temporários, limitados a um breve período imediatamente após o exercício. A maioria dos estudos analisou apenas os efeitos a curto prazo do exercício, muitas vezes durante ou logo após as sessões dele; no entanto, os resultados de análises mais temporalmente estendidas sugerem que os efeitos do exercício sobre o comportamento-problema podem ser transitórios (Bachman & Fuqua, 1983; Mays, 2013). Por exemplo, dois dos quatro participantes de um estudo mostraram grandes e imediatas diminuições no comportamento-problema após exercícios vigorosos, porém esses resultados diminuíram ao longo de sessões de observação de 15 minutos imediatamente após, 1 hora e 2 horas após os períodos de exercício (Bachman & Fuqua, 1983). Em contrapartida, um estudo recente acompanhou o comportamento-problema durante dias letivos inteiros e mostrou que os efeitos do exercício antecedente podem persistir por diversas horas (Cannella-Malone, Tullis & Kazee, 2011). Esses resultados inconsistentes indicam que são necessárias pesquisas adicionais para determinar o que altera a durabilidade dos efeitos do exercício antecedente sobre o comportamento-problema. Outra limitação potencial do exercício antecedente é que ele pode ser inconveniente ou impossível de se implementar em algumas situações (p. ex., durante a instrução acadêmica).

Ambiente enriquecido

Outra maneira de organizar condições antecedentes para diminuir o comportamento-problema é fornecer um ambiente enriquecido com estímulos. O enriquecimento do ambiente envolve a disponibilização de itens preferenciais, brinquedos, materiais educativos, itens de lazer e recreação, atividades, interação social ou uma combinação em um programa contínuo e independente da resposta. Diversos estudos têm demonstrado que o enriquecimento do ambiente pode ser uma intervenção eficaz para o SIB e o comportamento-problema estereotipado (Berkson & Davenport, 1962; Berkson & Mason, 1963, 1965; Cuvo, May & Post, 2001; Horner, 1980; Rapp, 2006; Ringdahl, Vollmer, Marcus & Roane, 1997; Saini *et al.*, 2016). Embora o enriquecimento do ambiente possa diminuir o comportamento-problema mantido pelo reforço social, grande parte da literatura sobre ele tem se concentrado no comportamento-problema estereotipado, sugerindo que pode ser mais apropriado tratar o comportamento reforçado de maneira automática.

Mecanismos subjacentes aos efeitos do enriquecimento do ambiente

Há pelo menos dois relatos razoáveis para os efeitos redutores do enriquecimento do ambiente. Primeiro, tal enriquecimento pode envolver competição entre o comportamento direcionado aos estímulos enriquecedores e o comportamento-problema, ou seja, o enriquecimento do ambiente pode diminuir o comportamento-problema de modo indireto, fornecendo fontes alternativas e concorrentes de reforço. Resultados de estudos indicam que o enriquecimento do ambiente é mais eficaz quando os pesquisadores utilizam estímulos significativamente preferidos *versus* menos preferidos (p. ex., Vollmer, Marcus & LeBlanc, 1994). Essa descoberta é consistente com a noção de que estímulos significativamente preferidos competem efetivamente com as consequências na manutenção do comportamento-problema. Um estudo mostrou que conjuntos rotativos de estímulos disponíveis não contingentes produziram diminuições mais duráveis no comportamento-problema do que a disponibilidade contínua de um conjunto de estímulos (DeLeon, Anders, Rodriguez-Catter & Neidert, 2000). Tais resultados sugerem que o participante engajou-se em comportamento-problema para produzir reforço automático quando a efetividade de fontes alternativas de reforço diminuiu, devido ao contato repetido ou prolongado com o conjunto de estímulos únicos. Estímulos alternativos rotativos aparentemente mantiveram a eficácia relativa desses estímulos e diminuíram de maneira mais efetiva o comportamento-problema.

Já o enriquecimento do ambiente pode funcionar como operação abolidora, e pode diminuir o comportamento-problema se suas consequências e as dos materiais enriquecedores do ambiente forem semelhantes. Nesse caso, consideraríamos o enriquecimento do ambiente uma intervenção baseada em funções, pois sua efetividade dependeria de uma *correspondência* funcional ou de uma relação de *substituição* entre os reforçadores que o enriquecimento do ambiente produz e aqueles que mantêm o comportamento-problema. A eficácia do reforçador para o comportamento-problema pode ser reduzida temporariamente ou abolida por meio da saciedade ou da habituação, já que o enriquecimento do ambiente produz o mesmo reforço ou semelhante (Murphy *et al.*, 2003). Pesquisas indicam que a disponibilidade antecedente de estímulos, como aqueles suspeitos de manter o comportamento-problema (estímulos pareados), suprime de modo mais efetivo o comportamento-problema do que a disponibilidade de estímulos incompatíveis (p. ex., Favell, McGimsey & Schell, 1982; Piazza *et al.*, 1998) são consistentes com esse relato. De fato, Piazza, Adelinis, Hanley, Goh e Delia (2000) demonstraram que estímulos pareados foram mais eficazes na diminuição do comportamento-problema do que aqueles que os participantes indicaram ser preferíveis durante uma avaliação de preferência antes da intervenção. Esses resultados indicam que a mera competição entre opções de reforço pode não explicar completamente os efeitos do enriquecimento do ambiente e que, em alguns casos, o enriquecimento do ambiente pode ser qualificado como uma intervenção baseada em funções.

Um corpo substancial de pesquisas sugere que o enriquecimento do ambiente pode ter efeitos diretos e benéficos no cérebro, como aumento da plasticidade no córtex cerebral e aumento da densidade sináptica (Alwis & Rajan, 2014). Além disso, os resultados da pesquisa mostraram que o enriquecimento do ambiente pode produzir melhor aprendizagem e memória, e que pode ser útil para tratar uma série de transtornos neurológicos, como a doença de Alzheimer e o transtorno do espectro autista (TEA). Dessa forma, os efeitos do enriquecimento do ambiente como intervenção para o comportamento-problema podem envolver tanto o condicionamento operante quanto mecanismos neurológicos básicos; no entanto, atualmente não existem evidências diretas das contribuições das alterações neurológicas para esses efeitos.

Pontos fortes e limitações do enriquecimento do ambiente

Na prática, há vários benefícios claros para o uso do enriquecimento do ambiente. Primeiro, tal enriquecimento é simples, direto, de fácil implementação e econômico. Parece ser especialmente eficaz para diminuir o comportamento estereotipado e automaticamente reforçado, pois fornece uma fonte de reforço competitivo ou meio alternativo para acessar o reforço semelhante ao que mantém o comportamento-problema. Fornecer uma ampla gama de formas alternativas de estimulação faz sentido quando a função operante do comportamento-problema não é clara ou é difícil de se avaliar de maneira direta. Nesses casos, a probabilidade de que um estímulo funcione para competir efetivamente ou substituir o reforçador que o comportamento-problema produz pode ser aumentada pelo simples fornecimento de muitas alternativas. Podemos aumentar ainda mais a probabilidade de encontrar um estímulo alternativo efetivo combinando as propriedades sensoriais desses estímulos com as associadas ao comportamento-problema. Embora o enriquecimento do ambiente não ensine diretamente comportamentos novos ou alternativos, a disponibilidade de atividades e itens alternativos parece estar associada a melhorias no comportamento apropriado direcionado a objetos (Horner, 1980).

Contenção, equipamentos de proteção e outras formas de restrição de resposta

Pesquisadores avaliaram os efeitos da contenção, equipamentos de proteção e outros meios para reduzir ou prevenir lesões decorrentes de ocorrências de comportamento-problema (DeRosa, Roane, Wilson, Novak & Silkowski, 2015; Fisher, Piazza, Bowman, Hanley & Adelinis, 1997). Essas intervenções impedem fisicamente a ocorrência ou o cumprimento do comportamento-problema. Embora essas intervenções sejam inquestionavelmente eficazes para diminuir ou eliminar o comportamento-problema, a maioria as considera uma abordagem muito intrusiva, indesejável e inadequada, que os analistas do comportamento só devem utilizar em situações de emergência, como quando o comportamento-problema representa risco imediato e sério para o participante ou outros, ou quando produzirá danos substanciais à propriedade.

Em geral, categorizamos os procedimentos para restringir fisicamente o comportamento-problema por sua forma. A *contenção pessoal* envolve a segurança física e a retenção de partes do corpo pelos cuidadores para que o comportamento-problema não possa ocorrer, e os cuidadores geralmente a usam após o início de um episódio de comportamento-problema (i.e., como uma intervenção baseada em consequências). No entanto, eles também podem utilizar a contenção pessoal como uma intervenção antecedente em situações nas quais é muito provável que o comportamento-problema ocorra. Por exemplo, os cuidadores podem conter fisicamente uma criança durante as consultas odontológicas se ela tiver se envolvido em comportamento-problema durante exames e procedimentos odontológicos anteriores. A contenção mecânica envolve a fixação de membros e partes do corpo com dispositivos projetados para esse fim, como contenções de quatro pontos, talas de braço e camisas de força. Os cuidadores usam de modo mais frequente a contenção mecânica, como a contenção pessoal, para interromper episódios contínuos de comportamento-problema, mas também podem usá-la como intervenção proativa e antecedente quando antecipam o comportamento-problema grave. Por fim, o equipamento de proteção é como a contenção na medida em que os dispositivos mecânicos são usados, porém o equipamento de proteção normalmente permite que o usuário se envolva em movimentos irrestritos, mas evita que o comportamento-problema produza danos (p. ex., um capacete acolchoado para evitar traumas causados por batidas na cabeça). Os equipamentos de proteção são geralmente menos confinantes do que os dispositivos de retenção e podem incluir o uso de dispositivos como óculos de segurança, capacetes e cintos de colo ou de cadeira de rodas. Os cuidadores podem utilizar dispositivos de contenção para prevenir a ocorrência de uma série de comportamentos-problema (p. ex., agressão, destruição de propriedade, SIB), mas os equipamentos de proteção são usados sobretudo para SIB, pois, em geral, os dispositivos protegem o usuário de lesões.

Pontos fortes e limitações dos equipamentos de restrição e proteção

Os equipamentos de contenção e proteção eliminam o comportamento-problema de forma eficaz quando são usados. Eles são projetados de modo específico para restringir ocorrências de comportamento-problema. Dessa forma, nenhum comportamento-problema direcionado normalmente ocorre durante os períodos de restrição. No entanto, as restrições e os equipamentos de proteção têm sérias limitações e efeitos colaterais. Em primeiro lugar, muitos procedimentos de contenção são intrusivos, na medida em que interrompem as atividades em curso e com frequência impedem a ocorrência de comportamentos alternativos apropriados, ou seja, o uso da contenção pode limitar muitas atividades, incluindo a participação em oportunidades de aprendizagem e interações sociais apropriadas. Assim, os procedimentos de contenção restritivos (p. ex., restrições de quatro pontos, camisas de força) não são construtivos porque não ensinam ou incentivam comportamentos alternativos de substituição; na verdade, eles podem impedir ativamente a aquisição de comportamento alternativo se restringirem o comportamento apropriado. Em segundo lugar, a contenção parece ter propriedades aversivas para algumas pessoas. Por exemplo, algumas pesquisas indicaram que a aplicação contingente de contenção pode suprimir o comportamento que a produz (p. ex., Lerman, Iwata, Shore & DeLeon, 1997), um efeito definidor da estimulação aversiva. Portanto, é importante considerar as questões associadas à intervenção aversiva antes de utilizar a contenção. Por exemplo, tentativas de aplicar contenção antecedente podem ocasionar, e muitas vezes ocasionam, evitação ou comportamentos de esquiva, como fuga ou agressão. Além disso, um cuidador pode ameaçar usar a contenção contingente se isso parecer aversivo (p. ex., "se você fizer isso de novo, vou colocá-lo em uma camisa de força!") ou usá-la como punição.

Outra limitação da contenção é que alguns indivíduos que se envolvem em SIB também buscam ativamente oportunidades de serem colocados em restrições ou *autocontenção* (p. ex., Baroff & Tate, 1969). Em casos extremos, os indivíduos podem se envolver em comportamentos-problema para produzir acesso à contenção (Smith, Lerman & Iwata, 1996; Vollmer e Vorndran, 1998). Alguns indivíduos se envolvem em autocontenção quase que de forma contínua, interferindo no engajamento ativo em comportamentos habilitantes ou outros desejáveis. Por fim, restringir a capacidade de um indivíduo de se envolver em um comportamento pode aumentar sua motivação para se envolver nesse comportamento. Por exemplo, resultados de pesquisas mostraram que limitar o acesso a atividades de lazer pode produzir aumentos subsequentes no engajamento em tais atividades, presumivelmente devido à privação de seus aspectos reforçadores (Klatt, Sherman & Sheldon, 2000). Do mesmo modo, o acesso restrito a comportamentos-problema, como SIB, pode aumentar os níveis subsequentes do comportamento para alguns indivíduos (Blevins, 2003; Rapp, 2006). Portanto, a contenção pode apenas adiar e, em última análise, exacerbar o próprio comportamento que se pretende reduzir em alguns casos.

Intervenções baseadas na função

Se conhecermos a função operante do comportamento-problema (i.e., se pudermos identificar o reforçador funcional), podemos desenvolver uma intervenção baseada na função. As intervenções baseadas na função correspondem especificamente a uma contingência de manutenção do reforço. Dessa forma, os procedimentos de intervenção variam segundo a contingência identificada para manter o comportamento-problema. Intervenções antecedentes baseadas em funções manipulam operações motivadoras, estímulos discriminativos ou ambos. A seguir, descrevo as intervenções antecedentes baseadas na função e suas variações procedurais. Após apresentar cada estratégia geral, descrevo variações táticas específicas associadas a essas estratégias, pois elas se relacionam com diferentes tipos de manutenção de contingências para o comportamento-problema.

Reforço não contingente

O reforço não contingente (NCR) envolve a apresentação da consequência de reforço para o comportamento-problema em um esquema baseado no tempo ou independente da resposta (Kettering, Fisher, Kelley & LaRue, 2018). O analista do comportamento muitas vezes retém o reforço funcional quando o participante se envolve em comportamento-problema (i.e., o comportamento-problema é colocado em extinção). Em geral, os esquemas iniciais de NCR são densos, na medida em que o analista do comportamento fornece o reforço funcional com frequência (Hagopian, Fisher & Legacy, 1994). Posteriormente, o analista do comportamento pode reduzir o esquema NCR de modo sistemático, geralmente com base em baixa frequência de comportamento-problema (p. ex., Vollmer, Iwata, Zarcone, Smith & Mazaleski, 1993). O objetivo é alcançar um esquema que seja gerenciável em ambientes naturais, ou os parâmetros efetivos do NCR se tornam aparentes à medida que a redução do esquema adicional produz aumentos inaceitáveis no comportamento-problema. Pesquisas têm mostrado que o NCR é uma intervenção eficaz para SIB (Vollmer *et al.*, 1993), agressão (Lalli, Casey, & Kates, 1997), interrupção (Fisher, Ninness, Piazza & Owen-DeSchryver, 1996), recusa de alimentação (Cooper *et al.*, 1995), vocalizações inadequadas (Falcomata, Roane, Hovanetz, Kettering & Keeney, 2004), transtorno de pica (Goh, Iwata & Kahng, 1999) e pseudoconvulsões (DeLeon, Uy & Gutshall, 2005). Veja uma revisão detalhada e abrangente do NCR em Carr e LeBlanc (2006).

Alguns analistas do comportamento têm criticado o termo *reforço não contingente* como tecnicamente impreciso, pois (1) o reforço envolve contingência por definição (i.e., o processo de creforçamento é definido em parte por uma contingência entre uma resposta e uma consequência), e (2) o alvo do reforço no NCR não é claro (Poling & Normand, 1999). Outros analistas do comportamento reconheceram a validade dessas críticas (Vollmer, 1999), e muitos pesquisadores agora utilizam descritores tecnicamente mais corretos, referindo-se à entrega baseada no tempo de estímulos ou eventos (p. ex., atenção com tempo fixo [FT, *fixed-time*] de 1 minuto). No entanto, muitos pesquisadores continuam a usar o termo NCR e estabeleceram sua utilidade como abreviação para uma classe geral de intervenções envolvendo a entrega independente de resposta de estímulos e eventos (Vollmer, 1999). Portanto, faço uso do termo NCR na discussão a seguir para descrever procedimentos gerais, mas rótulos mais descritivamente precisos para detalhes processuais.

NCR com comportamento-problema mantido por reforço social positivo

Como em todas as intervenções baseadas em funções, os procedimentos de NCR variam conforme as propriedades funcionais do comportamento-problema. Por exemplo, se a atenção do cuidador funciona como reforço positivo para o comportamento-problema, então o NCR consistiria em apresentar a atenção em um esquema baseado no tempo e reter a atenção após o comportamento-problema. Em uma aplicação inicial e influente do NCR, Vollmer *et al.* (1993) mostraram que não proporcionar nenhuma consequência diferencial após o SIB mantido pela atenção de seus participantes e oferecer atenção em um esquema baseado no tempo produziu diminuições imediatas e substanciais no SIB. No início, o terapeuta prestava atenção contínua; no entanto, ele posteriormente reduziu o esquema de reforçamento para uma breve apresentação de atenção a cada 5 minutos. Pesquisadores têm usado NCR para tratar uma variedade de comportamentos-problema mantidos por reforço positivo, incluindo SIB (Vollmer *et al.*, 1993), comportamento destrutivo (Hagopian *et al.*, 1994) e fala bizarra (Mace & Lalli, 1991). Embora a maioria dos procedimentos de NCR programe entregas de estímulos com base no tempo e retenha o reforço funcional para o comportamento problemático (i.e., extinção), diversos estudos mostraram que a apresentação do estímulo por si só – *sem extinção* – pode ser suficiente para produzir diminuições substanciais no comportamento-problema (p. ex., Fisher *et al.*, 1999; Lalli *et al.*, 1997).

Poucos estudos investigaram arranjos de NCR nos quais os pesquisadores apresentaram estímulos diferentes do reforço funcional para o comportamento-problema (i.e., estímulos arbitrários; Fischer, Iwata, Mazaleski, 1997; Fisher, DeLeon, Rodriguez-Catter & Keeney, 2004;

Fisher, O'Connor, Kurtz, DeLeon, & Gotjen; 2000; Hanley, Piazza, & Fisher, 1997). Por exemplo, Hanley *et al.* (1997) mostraram que a apresentação baseada no tempo de um estímulo identificado como preferido por meio da avaliação formal de preferência foi tão eficaz quanto a apresentação de atenção (o reforço funcional para o comportamento-problema) para diminuir o comportamento-problema de dois participantes. Fischer *et al.* (1997) ampliaram essas descobertas, mostrando que o acesso contínuo a estímulos preferidos diminuiu o comportamento-problema positivamente reforçado de dois participantes, mesmo quando o comportamento continuou a produzir o reforço funcional.

Os pesquisadores utilizaram resultados de avaliações de preferência para selecionar os estímulos para arranjos arbitrários de NCR. Fisher *et al.* (2000) mostraram que estímulos identificados como significativamente preferidos por meio da avaliação de preferência por escolha pareada (Fisher *et al.*, 1992) reduziram mais efetivamente o comportamento-problema do que estímulos menos preferidos. Pesquisadores têm utilizado avaliações de estímulos competitivos para identificar empiricamente estímulos preferidos que ocasionam baixos níveis de comportamento-problema e altos níveis de engajamento de estímulos (Fisher *et al.*, 2000; Fisher *et al.*, 2004). Por exemplo, Piazza *et al.* (1998) utilizaram uma avaliação de preferência por escolha pareada para identificar um conjunto de estímulos preferidos. Posteriormente, os terapeutas forneceram cada estímulo aos participantes, enquanto o comportamento-problema continuava a produzir o reforçador de manutenção identificado. Os estímulos competitivos efetivos foram os que ocasionaram baixos níveis de comportamento-problema e altos níveis de engajamento de estímulos durante a avaliação.

A apresentação não contingente de estímulos arbitrários representa uma alternativa promissora, pois potencialmente aumenta o número de estímulos disponíveis e pode diminuir a necessidade de extensa avaliação funcional antes da intervenção. No entanto, o suporte empírico para o uso de estímulos arbitrários no NCR é atualmente limitado, e ainda há várias questões a respeito das condições sob as quais estímulos arbitrários diminuirão ou não o comportamento-problema, como melhor selecionar e apresentar estímulos e os mecanismos subjacentes aos efeitos desse procedimento.

NCR com comportamento-problema mantido por reforço social negativo

O NCR para o comportamento mantido pela fuga de estímulos ou atividades aversivas consiste em proporcionar pausas baseadas no tempo desses eventos. Por exemplo, após análises funcionais indicando que o SIB de dois participantes adultos com deficiências no desenvolvimento foi mantido pela fuga de atividades de treinamento aversivo, Vollmer, Marcus e Ringdahl (1995) implementaram intervenções NCR nas quais apresentaram pausas dessas atividades independentemente do comportamento-problema dos participantes. No início, os esquemas de reforçamento eram muito densos, com um participante não recebendo tarefas de treinamento e o segundo recebendo apenas 15 segundos de treinamento antes de cada intervalo de 20 segundos. No entanto, os pesquisadores diminuíram de modo sistemático a programação das pausas com base em baixos níveis de comportamento-problema durante as sessões anteriores, até que um participante recebeu uma pausa de 30 segundos uma vez a cada 10 minutos, e o segundo recebeu uma pausa de 20 segundos a cada 2,5 minutos. Embora poucos estudos tenham avaliado o uso da fuga não contingente como intervenção, pesquisadores produziram resultados semelhantes com comportamento disruptivo durante a terapia fonoaudiológica (Coleman & Holmes, 1998), comportamento-problema de crianças com deficiências durante a instrução (Kodak, Miltenberger & Romaniuk, 2003) e comportamento disruptivo de crianças sem transtornos durante rotinas odontológicas (O'Callaghan, Allen, Powell & Salama, 2006).

Alguns pesquisadores descobriram que conceder acesso a reforçadores positivos em esquemas baseados no tempo pode produzir diminuições no comportamento-problema mantido pelo reforço negativo. Por exemplo, diversos estudos investigaram a efetividade de esquemas de NCR utilizando reforçadores positivos como intervenção para a recusa alimentar reforçada negativamente (p. ex., Cooper *et al.*, 1995; Piazza, Patel, Gulotta, Sevin & Layer, 2003; Reed *et al.*, 2004; Wilder, Normand & Atwell, 2005). Os resultados desses estudos têm sido variados. Enquanto o NCR positivo diminuiu o comportamento-problema e aumentou a aceitação de alimentos para alguns participantes (Wilder *et al.*, 2005), outros componentes da intervenção, como a extinção, foram necessários para produzir efeitos clinicamente aceitáveis para outros participantes (Piazza *et al.*, 2003; Reed *et al.*, 2004). Ingvarsson, Hanley e Welter (2009) compararam a efetividade do reforço contingente *versus* NCR usando reforços arbitrários para tratar o comportamento disruptivo mantido pela fuga. Quando ambos os esquemas de reforçamento foram implementados sem extinção, os resultados mostraram que o NCR produziu diminuição clinicamente significativa no comportamento disruptivo para um participante. No entanto, a extinção foi finalmente necessária para um segundo participante, e procedimentos adicionais foram necessários para o terceiro participante. Esses resultados ilustram a necessidade de mais pesquisa sobre a efetividade do NCR positivo para tratar o comportamento-problema mantido pelo reforço negativo.

NCR com comportamento-problema mantido por reforço automático

O NCR para comportamento reforçado de maneira automática quase sempre envolve uma tentativa de identificar o reforçador produzido automaticamente para o comportamento, seguido pelo fornecimento desse evento em um esquema baseado no tempo. Em um estudo inovador, Favell *et al.* (1982) proporcionaram acesso não contingente aos estímulos correspondentes às topografias SIB de seis participantes. Por exemplo, os pesquisadores forneceram brinquedos e itens com propriedades visuais marcantes p. ex., brinquedos de cores vivas, luzes) para dois participantes que se envolveram em cutucar os olhos. Os pesquisadores forneceram brinquedos que os participantes podiam colocar na boca ou pequenos itens de alimentação aos participantes que se envolveram em colocar as mãos na boca ou aqueles com comportamento de pica. Os resultados sugeriram que conceder acesso não contingente a itens que pareciam corresponder às propriedades funcionais hipotéticas do comportamento-problema reforçado de modo automático produziu diminuições substanciais em tal comportamento para alguns participantes.

Pesquisas subsequentes investigaram ainda mais a importância de fornecer estímulos que correspondam às propriedades funcionais do comportamento-problema reforçado automaticamente em arranjos NCR. Por exemplo, Piazza *et al.* (1998) realizaram uma série de análises para identificar os reforçadores funcionais específicos para o comportamento de transtorno de pica de três participantes e avaliar os efeitos das intervenções correspondentes aos desfechos. Os resultados indicaram que o comportamento de pica dos participantes foi mantido, pelo menos em parte, por reforço automático. Uma avaliação dos efeitos de estímulos pareados (p. ex., alimentos) *versus* não pareados (p. ex., varinha de luz) mostrou que os estímulos combinados reduziram de maneira mais efetiva esse comportamento de pica para dois participantes. Posteriormente, os pesquisadores realizaram análises de características específicas de estímulos pareados, como sabor e textura. Os resultados indicaram que alimentos com textura mais firme reduziram mais efetivamente o comportamento de pica do que alimentos menos firmes.

Piazza *et al.* (2000) estenderam essa abordagem para outras topografias do comportamento-problema. Esses pesquisadores compararam os efeitos de fornecer acesso a estímulos combinados *versus* incompatíveis para tratar diversas topografias de comportamento reforçado automaticamente (p. ex., subir em móveis, pular de janelas, agressividade, brincar com saliva, levar as mãos à boca) exibidas por três crianças com deficiências no desenvolvimento. Os pesquisadores compararam condições nas quais os estímulos disponíveis correspondiam às propriedades funcionais hipotéticas do comportamento-problema reforçado de modo automático; os estímulos não corresponderam às propriedades funcionais hipotéticas do comportamento-problema reforçado automaticamente; ou não havia brinquedos ou itens de lazer disponíveis. Estímulos combinados quase eliminaram o comportamento-problema para todos os três participantes, embora estímulos não compatíveis também tenham reduzido tal comportamento.

Embora esses resultados realcem a importância de selecionar itens que parecem produzir estimulação, como aqueles suspeitos de manter o comportamento-problema em arranjos de NCR, outras descobertas sugerem que uma correspondência pode nem sempre ser necessária. Diversos pesquisadores têm utilizado avaliações para identificar estímulos competitivos para arranjos de NCR com comportamento-problema reforçado automaticamente (p. ex., Piazza, Fisher, Hanley, Hilker & Derby, 1996; Ringdahl *et al.*, 1997; Shore, Iwata, DeLeon, Kahng & Smith, 1997). Os pesquisadores forneceram aos participantes acesso a estímulos individuais para identificar os que estão associados a altos níveis de engajamento e baixos níveis de comportamento-problema. O uso de avaliações de estímulos competitivos para selecionar estímulos arbitrários para arranjos NCR parece ser uma abordagem promissora, dada a potencial dificuldade de identificar as propriedades funcionais hipotéticas do comportamento-problema reforçado automaticamente.

Mecanismos subjacentes aos efeitos do NCR

Os princípios comportamentais que descrevem os efeitos do NCR têm recebido considerável atenção na literatura. Uma explicação é que o contato frequente e repetido com o reforçador funcional para comportamento-problema durante os esquemas de NCR atua como operação abolidora, o que diminui temporariamente a eficácia do reforçador funcional e diminui a ocorrência da classe de comportamento mantida por esse reforçador (Laraway *et al.*, 2003). Embora a maioria dos pesquisadores se refira à saciedade para explicar essa diminuição na efetividade do reforço, alguns sugerem que a habituação pode explicar melhor esses efeitos

(Murphy *et al.*, 2003). A habituação é uma diminuição na responsividade a estímulos após a apresentação repetida destes (Thompson & Spencer, 1966), sendo tipicamente associada ao comportamento do respondente em vez do comportamento do operante. No entanto, Murphy *et al.* (2003) revisaram resultados de pesquisas que parecem apoiar uma explicação de habituação para muitos fenômenos operantes, incluindo o NCR.

Os dois relatos têm implicações diferentes para a intervenção. Por exemplo, a habituação é facilitada por horários fixos e não variáveis de apresentação de estímulos (p. ex., Broster & Rankin, 1994). Portanto, um relato de habituação prevê que os esquemas de FT devem abolir de modo mais efetivo a efetividade do reforço funcional do que os NCR de tempo variável (VT, *variable time*). Entretanto, alguns resultados de pesquisa básicos sugerem que os NCR VT suprimem mais efetivamente a resposta (p. ex., Lattal, 1972; Neuringer, 1973; Ono, 1987), e os resultados de uma investigação aplicada mostraram reduções ligeiramente mais rápidas em VT do que em condições de FT (Van Camp, Lerman, Kelley, Contrucci & Vorndran, 2000). Outra característica do comportamento habituado é a *especificidade do estímulo*, em que mudanças imprevisíveis no estímulo apresentado interrompem a habituação. Dessa forma, garantir um mínimo de variação no tipo, na magnitude e no modo de apresentação do estímulo deve potencializar os efeitos do NCR. Embora os resultados na pesquisa básica sejam consistentes com esse relato (p. ex., Swithers & Hall, 1994; Whitlow, 1975), nenhuma pesquisa aplicada investigou os efeitos da especificidade do estímulo utilizando esquemas baseadas no tempo.

Independentemente de os efeitos da exposição repetida a estímulos representarem saciedade ou habituação, ambos os relatos são consistentes com a noção de que os esquemas de NCR diminuem o comportamento--problema devido a um efeito abolição-operação, no qual o procedimento produz diminuição no valor do reforçador funcional e diminui nas respostas que produziram esse reforço no passado. Como alternativa, o NCR pode diminuir o comportamento devido a uma interrupção da contingência do reforço. A maioria dos procedimentos de NCR contém um componente de extinção, na medida em que o pesquisador não apresenta o reforço funcional contingente ao comportamento-problema. A apresentação independente da resposta do reforçador funcional interrompe ainda mais a contingência comportamento-reforçador do problema. Portanto, diminuições no comportamento-problema podem ser função da extinção, pelo menos em parte.

Diversos estudos têm investigado as contribuições relativas das operações de extinção e abolição para os efeitos redutores do NCR. Por exemplo, alguns pesquisadores mostraram que, quando combinaram esquemas NCR com esquemas concorrentes de acesso contingente de resposta ao mesmo reforçador, a resposta que produziu reforço contingente foi tipicamente baixa durante esquemas NCR densos, mas aumentou à medida que tais esquemas foram reduzidos (p. ex., Goh, Iwata & DeLeon, 2000; Marcus Vollmer, 1996). Outros observaram que o comportamento-problema ocorria durante os esquemas de NCR sem extinção (p. ex., Kahng, Iwata, Thompson & Hanley, 2000), ou à medida que os pesquisadores diminuíam o esquema de NCR (p. ex., Kahng *et al.*, 2000; Simmons, Smith & Kliethermes, 2003).

A interrupção brusca do NCR deve produzir aumentos imediatos no comportamento-problema conforme um relato de extinção para os efeitos redutores do comportamento de NCR. Em contrapartida, nas funções de NCR como operação abolidora, o comportamento--problema ocorre inicialmente em níveis baixos, seguido por um aumento à medida que ocorre a privação do reforçador funcional. Os resultados das investigações mostraram ambos os efeitos: o comportamento-problema ocorre em níveis relativamente baixos após esquemas NCR densos, mas aumenta quase imediatamente após esquemas NCR mais escassos. Desse modo, parece possível que os efeitos do NCR reflitam uma combinação de extinção e processos motivacionais.

Wallace, Iwata, Hanley, Thompson e Roscoe (2012) examinaram diretamente as contribuições relativas da operação abolidora e extinção durante o NCR com três participantes. No estudo 1, esquemas escassos e densos de NCR com extinção foram igualmente eficazes em produzir reduções grandes e imediatas no comportamento-problema. No estudo 2, os pesquisadores implementaram NCR com e sem extinção em um delineamento multielementar. Os procedimentos foram igualmente eficazes no início para dois participantes em esquemas NCR densos. O NCR sem extinção foi ineficaz para o terceiro participante. O comportamento-problema aumentou durante o NCR sem extinção à medida que os pesquisadores diminuíram o esquema de NCR. Esses resultados, combinados com diferenças já relatadas na persistência dos efeitos do NCR (p. ex., Simmons *et al.*, 2003), e os efeitos de esquemas NCR densos e escassos na resposta em esquemas concorrentes de reforço contingente (p. ex., Goh *et al.*, 2000), sugerem que os processos de abolição e extinção podem se combinar para produzir efeitos de NCR, mas que a dinâmica que influencia suas contribuições relativas (p. ex., diferenças nos esquemas de NCR, quantidades, etc.) aguardam novas pesquisas.

Um relato alternativo dos efeitos do NCR é que a entrega de reforço baseada no tempo produz reforço adventício de comportamentos alternativos que competem com o comportamento-problema. Utilizando uma preparação em laboratório para modelar procedimentos de NCR, Ecott e Critchfield (2004) investigaram os efeitos do NCR em classes de comportamentos direcionados e alternativos. Esses pesquisadores usaram alunos universitários como participantes e projetaram um ambiente experimental no qual eles poderiam (1) medir múltiplos comportamentos e (2) restringir a gama de comportamentos alternativos para capturar mudanças no comportamento alternativo em função do NCR. Os resultados indicaram que o comportamento anteriormente mantido pelo reforço contingente diminuiu e o comportamento alternativo aumentou durante o NCR, sugerindo que este foi reforçado acidentalmente durante o NCR. Os padrões de realocação de resposta nesse experimento foram consistentes com um relato baseado na *lei da igualação* (p. ex., McDowell, 1989), que sustenta que as taxas relativas de resposta entre as opções de resposta correspondem às taxas relativas de reforçamento para essas opções. Esses resultados podem ser especialmente relevantes para arranjos arbitrários de NCR, que parecem inconsistentes com a operação abolidora ou extinção. Uma interpretação da lei da igualação sugere que o NCR pode reforçar o comportamento alternativo, inclinando a balança para o comportamento mantido por reforço alternativo em vez do comportamento-problema. Como normalmente não identificamos comportamentos que possam ser reforçados acidentalmente durante os esquemas de NCR, os analistas do comportamento que os utilizam devem monitorar de perto o comportamento dos participantes para garantir que o NCR não produza reforço adventício de comportamento não direcionado e indesejável.

Pontos fortes e limitações do NCR

Um grande e crescente grupo de pesquisas indica que o NCR pode ser eficaz para diminuir ou eliminar o comportamento-problema. Seus efeitos são rápidos e podem atenuar alguns dos efeitos colaterais negativos da extinção, como explosões de resposta, agressão e fuga ou esquiva do contexto de intervenção (Vollmer *et al.*, 1993). O NCR não produz privação quando os pesquisadores utilizam reforçadores funcionais. Desse modo, o comportamento-problema pode não ressurgir com tanta rapidez se eventos ocasionalmente interromperem os procedimentos de intervenção e o esquema de reforçamento diminuir ou parar temporariamente (Simmons *et al.*, 2003). Pesquisadores têm caracterizado o NCR como benigno, socialmente aceitável e relativamente fácil de se aplicar (Vollmer *et al.*, 1993).

Apesar de seus aparentes pontos fortes, o NCR tem limitações: ele não estabelece diretamente um comportamento alternativo apropriado e pode limitar a eficácia do treinamento devido aos potenciais efeitos da operação abolidora. Por exemplo, Goh *et al.* (2000) mostraram que, embora o NCR tenha diminuído com sucesso o comportamento-problema, os mandos alternativos não aumentaram até que ocorreram diminuições substanciais na densidade do esquema de NCR, o que produziu aumento no comportamento-problema para um participante. Outra limitação potencial é que o NCR pode produzir reforço adventício de comportamento não especificado, que pode incluir o alvo ou outro comportamento-problema. De fato, pesquisadores relataram aparente reforço adventício do comportamento--problema alvo (p. ex., Hagopian, Crockett, van Stone, DeLeon & Bowman, 2000; Vollmer, Ringdahl, Roane, Marcus, 1997). Pesquisadores têm recomendado o uso de esquemas de reforçamento diferencial para superar essa limitação (p. ex., Vollmer *et al.*, 1997).

Estratégias de controle de estímulo

Schaefer (1970) mostrou que o SIB pode ser estabelecido em macacos rhesus pela apresentação de alimento após a resposta. Além disso, os macacos engajaram-se em níveis mais elevados de SIB quando um estímulo de controle que havia sido correlacionado com o procedimento alimentar contingente estava presente do que quando estava ausente. Tais resultados e observações semelhantes sugerem que podemos trazer o comportamento-problema sob *controle de estímulo* através do reforçamento diferencial. O controle de estímulo desenvolve-se quando um evento, um estímulo ou uma condição antecedente regula o comportamento devido a uma história de consequências diferenciais quando está presente *versus* quando está ausente (Michael, 2004). Esses estímulos tornam-se *discriminativos* porque predizem ou sinalizam mudanças em contingências e mudanças de comportamento correspondentes em sua presença.

Embora geralmente consideremos o controle de estímulo um processo comportamental antecedente, ele envolve manipulações antecedentes e consequentes. As consequências diferenciais que produzem o controle discriminativo são, em última instância, responsáveis pela efetividade dos estímulos discriminativos. Portanto, devemos considerar estratégias de controle de estímulo em relação às características e aos efeitos das consequências às quais estão associados. Por exemplo, estímulos antecedentes que foram correlacionados com punição por comportamento-alvo também podem produzir efeitos colaterais negativos, como agressividade e tentativas de fugir do estímulo.

Pesquisadores têm utilizado muitos procedimentos diferentes de controle de estímulo para tratar o comportamento-problema. Por exemplo, pesquisadores têm usado treinamento de discriminação para tratar comportamentos que só são problemáticos quando ocorrem em determinadas circunstâncias. Por exemplo, retirar e consumir alimentos de uma geladeira não é inadequado; no entanto, remover e consumir alimentos que pertencem a outra pessoa (i.e., roubo de alimentos) é inadequado. Maglieri, DeLeon, Rodriguez-Catter e Sevin (2000) emparelharam reprimendas leves e colocaram um adesivo de advertência em alimentos proibidos para diminuir o roubo de alimentos de uma menina com deficiência intelectual moderada e síndrome de Prader-Willi. Posteriormente, essa menina consumiu apenas alimentos sem adesivo de advertência, mesmo quando os pesquisadores atrasaram repreensões contingentes, administraram-nas intermitentemente ou ambos.

Pesquisadores também têm utilizado procedimentos de controle de estímulo para promover a generalização dos efeitos da intervenção em contextos e momentos nos quais os procedimentos de intervenção não podem ser realizados. Por exemplo, Piazza, Hanley e Fisher (1996) implementaram um procedimento de interrupção de resposta para comportamento de pica na presença de um cartão de sinal. Posteriormente, tal comportamento diminuiu quando o cartão estava presente, mesmo quando não implementaram o procedimento de interrupção da resposta. Da mesma forma, McKenzie, Smith, Simmons e Soderlund (2008) proferiram repreensões contingentes a cutucar os olhos quando seu participante estava usando pulseiras, mas não quando estas estavam ausentes. As cutucadas diminuíram quando o participante utilizava as pulseiras, tanto no ambiente de intervenção quanto nos momentos e nos locais em que os pesquisadores não proferiam e nunca haviam proferido repreensões.

Pesquisadores também usaram procedimentos de treinamento de discriminação para sinalizar mudanças em contingências durante intervenções baseadas em reforço para o comportamento-problema. Por exemplo, em certas situações, pode não ser possível fornecer reforçadores funcionais para comunicação adequada (como quando uma criança com SIB mantida pela atenção solicita atenção quando seu cuidador está trocando a fralda de um irmão bebê), ou a resposta alternativa pode ocorrer de maneira excessiva (como quando uma criança solicita atenção continuamente). A resposta de comunicação pode ser extinta, e o comportamento-problema pode aumentar se o cuidador não fornecer reforço para respostas de comunicação imediata e de modo consistente (p. ex., Briggs, Fisher, Greer & Kimball, 2018; Hagopian, Fisher, Sullivan, Acquisto & LeBlanc, 1998). Portanto, procedimentos para reduzir esses efeitos seriam úteis. Fisher, Kuhn e Thompson (1998) ensinaram dois participantes a buscar reforçadores funcionais e alternativos e, posteriormente, correlacionaram estímulos específicos com os reforçadores funcionais e alternativos. Os resultados mostraram que o comportamento-problema diminuiu quando os reforçadores funcionais ou alternativos estavam disponíveis, e que os participantes realizaram mando adequadamente para os reforçadores funcionais e alternativos na presença dos estímulos discriminativos relevantes (i.e., o mando para o reforçador funcional, mas não o mando para o reforçador alternativo, ocorreu na presença do estímulo correlacionado com a disponibilidade do reforçador funcional, e vice-versa). Dessa forma, o procedimento de controle de estímulo controlou o comportamento-problema quando não foi possível a entrega de reforço funcional para a resposta comunicativa. Estudos subsequentes utilizaram treinamento de controle de estímulo, tipicamente com estímulos correlacionados à condição, para gerenciar as taxas e estabelecer controle contextual sobre as respostas comunicativas (p. ex., Fisher, Greer, Fuhrman & Querim, 2015; Hanley, Iwata & Thompson, 2001; Tiger & Hanley, 2004).

Um ponto forte dos procedimentos de controle de estímulo é que eles podem trazer o comportamento sob o controle de contingências com base em consequências, sem a necessidade de contato frequente ou prolongado com essas contingências. Especificamente, um analista do comportamento pode diminuir o uso de consequências aversivas apresentando estímulos antecedentes que ele já correlacionou com essas consequências. Considere os efeitos dos carros de patrulha visíveis no excesso de velocidade nas rodovias. Os motoristas são mais propensos a observar os limites de velocidade na presença de carros de patrulha, que estão correlacionados com maior probabilidade de receber uma multa por excesso de velocidade. A punição frequente por excesso de velocidade não é necessária para haver esse efeito; a polícia só precisa apresentar um estímulo que sinalize maior probabilidade de punição. Todos os estímulos de *alerta* operam com o mesmo princípio: o comportamento indesejado diminui *no momento* não porque é punido, mas porque foi apresentado um sinal alertando que a punição provavelmente seguirá esse comportamento.

Intervenções antecedentes elaboradas especificamente para tratar o comportamento de fuga

Pesquisadores desenvolveram diversas intervenções antecedentes distintas para diminuir o comportamento-problema mantido por reforço negativo na forma de fuga ou esquiva de eventos aversivos. Essas estratégias são especialmente importantes por várias razões. Primeiro, os resultados de revisões abrangentes indicam que a fuga das demandas de tarefas mantém o comportamento de fuga para aproximadamente 32% dos indivíduos que apresentam comportamento-problema grave – proporção maior do que qualquer outra contingência (Beavers, Iwata & Lerman, 2013). Em segundo lugar, os antecedentes que ocasionam fuga e esquiva são muitas vezes mais óbvios e disponíveis para manipulação imediata do que os que ocasionam comportamento positivamente reforçado. Por exemplo, o comportamento de fuga normalmente é motivado pela presença de alguma fonte óbvia de estimulação aversiva, já o reforço positivo é mais frequentemente motivado por operações menos aparentes, como privação. Terceiro, cuidadores e terapeutas geralmente controlam essas fontes de estimulação aversiva, como demandas de tarefas ou solicitações para participar de atividades como educacionais, odontológicas, médicas ou outras rotinas terapêuticas. Desse modo, abordagens antecedentes para o manejo de situações potencialmente aversivas de forma a prevenir ocorrências de comportamentos-problema de fuga são, em certo sentido, como "frutas fáceis de alcançar", na medida em que as condições antecedentes que configuram a ocasião para o comportamento-problema são relativamente óbvias e disponíveis para o cuidador. A seguir, descrevo diversas estratégias antecedentes adaptadas especificamente para o comportamento de fuga. Veja em Miltenberger (2006) uma discussão abrangente das intervenções antecedentes para o comportamento reforçado negativamente.

Eliminação da estimulação aversiva

Talvez a intervenção antecedente mais direta para o comportamento de fuga seja remover o evento aversivo que motiva esse comportamento. Por definição, o comportamento de fuga ocorre na presença de um estímulo aversivo, portanto, a remoção desse estímulo deve eliminar o comportamento de fuga, e uma grande quantidade de literatura indica que sim. A literatura analítico-funcional está repleta de exemplos nos quais o comportamento-problema ocorre na presença, mas não na ausência de demandas de tarefas (p. ex., Carr, Newsom & Binkoff, 1980; Iwata, Dorsey, Slifer, Bauman & Richman, 1982/1994; Iwata *et al.*, 1994). Embora a remoção de demandas de tarefas ou outros estímulos antecedentes aversivos seja inegavelmente eficaz na redução do comportamento-problema mantido pela fuga, essa é uma abordagem impraticável e irrealista para todos os casos, exceto os mais graves. Para a maioria das pessoas, eliminar todas as responsabilidades e os requisitos potencialmente aversivos simplesmente não é possível. Suspender o maior número possível desses eventos em caráter emergencial pode ser necessário em casos extremos, quando a apresentação de demandas de tarefas ou outros eventos estressantes configura a ocasião para comportamentos graves e perigosos. Um analista do comportamento pode reintroduzir os antecedentes do comportamento-problema de maneira sistemática quando o comportamento diminuiu para níveis aceitáveis.

Uma exceção notável em que a remoção da estimulação aversiva é a intervenção de primeira escolha é quando a dor ou o desconforto associados a doença, lesão ou outros fatores biológicos ocasionam o comportamento-problema. Diversos pesquisadores têm sugerido que condições como alergias (Kennedy & Meyer, 1996), constipação (Carr & Smith, 1995), desconforto menstrual (Carr, Smith, Giacin, Whelan & Pancari, 2003; Taylor, Rush, Hetrick & Sandman, 1993), otite (Carr & Smith, 1995; Cataldo e Harris, 1982; O'Reilly, 1995) e privação de sono (Kennedy & Meyer, 1996) podem estar associadas ao comportamento-problema mantido pela fuga. Os cuidadores devem providenciar tratamento imediato para qualquer condição médica ou biológica que suspeitem contribuir para a motivação do SIB. Eles podem considerar intervenções adicionais se o SIB persistir após a intervenção médica.

Desvanecimento de estímulos aversivos

Uma forma de retornar eventos aversivos ao ambiente após sua eliminação é por meio do desvanecimento de estímulos (p. ex., Pace, Ivancic & Jefferson, 1994; Pace, Iwata, Cowdery, Andree & McIntyre, 1993; Zarcone, Iwata, Smith, Mazaleski & Lerman, 1994; Zarcone *et al.*, 1993). O *desvanecimento* é a reintrodução gradual e sistemática de estímulos que ocasionam o comportamento de fuga. Zarcone *et al.* (1993) compararam o desvanecimento mais a extinção com a extinção isolada para reduzir o SIB mantido pela fuga com três participantes. Durante o desvanecimento, os pesquisadores eliminaram as demandas de tarefas que ocasionavam o SIB. Posteriormente, eles reintroduziram as demandas de tarefas de forma lenta e sistemática, sem fornecer nenhuma consequência diferencial para o SIB (i.e., a extinção). A extinção por si só produziu diminuições mais rápidas no SIB, mas também resultou em explosões iniciais de extinção não observadas durante o desvanecimento. As tentativas de utilizar procedimentos de desvanecimento sem extinção encontraram resultados variados. Alguns pesquisadores produziram resultados encorajadores (p. ex., Pace *et al.*, 1994), e outros falharam em manter diminuições iniciais no comportamento-problema sem extinção (p. ex., Zarcone, Iwata, Smith *et al.*, 1994).

Os processos comportamentais subjacentes à eficácia dos procedimentos de desvanecimento não são bem-compreendidos. O desvanecimento com extinção pode permitir que o comportamento entre em contato com contingências de extinção na presença de uma operação estabelecedora relativamente fraca, ou seja, a extinção pode prosseguir de modo mais suave se os estímulos antecedentes que motivam a fuga forem alterados para diminuir sua aversão (Greer, Fisher, Saini, Owen & Jones, 2016). A exposição lenta, mas repetida, pode reduzir a aversão geral dos estímulos quando o desvanecimento é eficaz sem extinção. De fato, *a dessensibilização*, ou a exposição graduada a estímulos que ocasionam fuga ou esquiva, é um procedimento bastante utilizado para tratar fobias (p. ex., Shabani & Fisher, 2006). O mecanismo preciso responsável por esse efeito não é compreendido, embora a habituação ofereça uma explicação potencialmente viável (Murphy *et al.*, 2003).

Sequência de alta probabilidade/ momentum *comportamental*

Assim como o desvanecimento, *sequências de alta probabilidade* (*high-p*) podem ser utilizadas para facilitar a reintrodução de estímulos aversivos no ambiente. Um analista do comportamento entrega diversas solicitações de *high-p* (aquelas com alta probabilidade de adesão e que não ocasionam comportamento de fuga) antes de entregar uma solicitação de *baixa probabilidade* (*low-p*) (aquela que tem baixa probabilidade de adesão, que ocasiona um comportamento-problema de fuga ou ambos). Pesquisadores têm usado sequências de *high-p* para aumentar a adesão a solicitações de *low-p* (p. ex., Mace *et al.*, 1988) e para tratar o comportamento-problema mantido pela fuga (p. ex., Mace & Belfiore, 1990). Pesquisadores usaram a metáfora do *momentum comportamental* para descrever esses efeitos. Segundo esse relato, uma alta densidade de reforço para solicitações de *high-p* aumenta a massa e cria velocidade na conformidade, o que torna essa classe de comportamento resistente à mudança (Nevin, 1996). Desse modo, a conformidade persiste e é improvável que o comportamento-problema de fuga ocorra quando o analista do comportamento apresenta uma solicitação de *low-p*. Pesquisadores têm utilizado sequências de *high-p* com sucesso para tratar a não adesão aos comandos de *fazer* e *não fazer* (Mace *et al.*, 1988), tarefas acadêmicas (Belfiore, Lee, Vargas & Skinner, 1997; Wehby & Hollahan, 2000) e rotinas médicas (McComas, Wacker & Cooper, 1998). No entanto, os resultados da pesquisa sugerem que a extinção pode ser necessária para tratar comportamentos ativos de fuga, como SIB e agressividade. Em alguns casos, o uso da sequência de *high-p* sem extinção pode exacerbar o comportamento de fuga (p. ex., Zarcone, Iwata, Mazaleski & Smith, 1994).

Pesquisas recentes sobre sequências de *high-p* para tratar a recusa ou a seletividade alimentar ilustram tanto a promessa quanto algumas limitações aparentes de tais intervenções. McComas, Wacker *et al.* (2000) mostraram que a adição de uma sequência de *high-p* para fuga da extinção por recusa de morder alimentos melhorou a eficácia da extinção. Posteriormente, Dawson *et al.* (2003) observaram aumentos na aceitação e diminuições no comportamento-problema apenas durante sequências de *high-p* mais extinção de fuga, e não durante sequências apenas de *high-p*. No entanto, outros pesquisadores mostraram que uma sequência de *high-p* sem extinção pode ser suficiente para aumentar a aceitação da mordida para alguns participantes (por exemplo, Ewry & Fryling, 2015; Meier, Fryling & Wallace, 2012; Patel *et al.*, 2006). Curiosamente, estudos relatando resultados bem-sucedidos de sequências de *high-p* sem extinção utilizaram solicitações de *high-p* que eram topograficamente semelhantes ao comportamento visado para aumento. Por exemplo, Meier *et al.* (2012) utilizaram a aceitação de alimentos significativamente preferidos como a resposta de *high-p* que precedeu as solicitações de *low-p* para aceitar mordidas de alimentos não preferidos. Dado que a natureza das solicitações de *high-p* parece ter influenciado a efetividade dessas sequências de solicitações, o(s) mecanismo(s) responsável(is) pelos efeitos da intervenção nesses estudos não estão claros. De maneira específica, as características topográficas das respostas de *high-p* e *low-p* não devem ser relevantes para uma explicação baseada em *momentum* comportamental dos efeitos de sequências de *high-p*. Assim, investigações adicionais serão necessárias para identificar claramente as condições sob as quais as sequências de *high-p* são mais eficazes e os mecanismos comportamentais que produzem seus efeitos.

Alterando o estímulo aversivo

Uma intervenção possível é alterar as características do estímulo ou do evento aversivo que define a ocasião para o comportamento de fuga, a fim de reduzir seu efeito evocativo. Por exemplo, Cameron, Ainsleigh e Bird (1992) mostraram que a fuga de um participante era mais provável de ocorrer durante as rotinas de lavagem com sabão em barra, em vez de sabão líquido. Desse modo, os pesquisadores simplesmente alteraram a tarefa e apresentaram o sabão líquido em vez de sabão em barra durante as rotinas de lavagem. Da mesma forma, pesquisadores mostraram que mudanças como o uso de um computador em vez de lápis e papel para escrever (Ervin, DuPaul,

Kern & Friman, 1998), ou o uso de tabuadas ou uma calculadora como auxiliares de contagem durante tarefas matemáticas (McComas, Hoch, Paone & El-Roy, 2000), podem funcionar como operações abolidoras, diminuindo efetivamente a aversão das tarefas, para que elas não evoquem mais o comportamento de fuga. Apesar desses resultados encorajadores, alterar eventos aversivos para torná-los mais benignos nem sempre pode ser possível (p. ex., quando sabonete líquido, computadores, tabuadas ou calculadoras não estão disponíveis). Assim, o comportamento-problema provavelmente retornará aos níveis antes da intervenção quando não for possível evitar o contato com eventos aversivos.

Alterando o contexto aversivo

Outra forma de reduzir a aversividade dos estímulos antecedentes é alterar características do contexto no qual um analista do comportamento apresenta esses estímulos. Com intervenções contextuais, o analista muda o ambiente ao redor para reduzir a aversividade de estímulos antecedentes. Dessa forma, as intervenções contextuais não envolvem manipulação direta do estímulo ou do evento aversivo em si; em vez disso, o analista do comportamento altera outros aspectos do ambiente, que então diminuem a função evocativa (aversividade) do estímulo ou do evento. Pesquisadores têm mostrado que muitas variáveis contextuais alteram a ocorrência de comportamento-problema de fuga e os manipulam como intervenções. Por exemplo, resultados de estudos mostraram que incorporar demandas de tarefas em histórias agradáveis (Carr, Newsom & Binkoff, 1976) ou em atividades preferidas (Carr & Carlson, 1993) diminui o comportamento de fuga. Da mesma forma, Dunlap, Kern-Dunlap, Clarke e Robbins (1991) aumentaram o comportamento na tarefa e reduziram o comportamento-problema para um participante, alterando a duração da sessão, o tipo de atividade motora e a natureza funcional das tarefas apresentadas.

Diversos pesquisadores têm mostrado que oferecer uma escolha entre atividades supostamente aversivas pode diminuir o comportamento de fuga (p. ex., Dunlap *et al.*, 1994; Dyer, Dunlap & Winterling, 1990; Vaughn e Horner, 1997). Alguns resultados sugerem que esse efeito ocorrerá mesmo se as escolhas dos pesquisadores forem alinhadas às dos participantes (Dyer *et al.*, 1990), ou se os participantes escolherem entre tarefas de baixa preferência que já evocaram altos níveis de comportamento de fuga (Vaughn & Horner, 1997).

Os resultados da pesquisa mostraram que rotinas e eventos temporalmente distantes às vezes podem definir a ocasião para ocorrências posteriores de comportamento-problema Alguns utilizam o termo *eventos de preparação*, mas veja em Smith e Iwata (1997) uma discussão sobre questões a respeito desse termo. Por exemplo, Kennedy e Itkonen (1993) mostraram que o comportamento-problema de uma participante na escola era mais provável de ocorrer nos dias em que ela acordava tarde. O comportamento-problema de uma segunda participante correlacionou-se com o número de paradas em seu trajeto até a escola. O comportamento-problema de cada participante diminuiu quando os pesquisadores eliminaram essas situações de suas rotinas. Quando os analistas do comportamento não conseguem eliminar eventos que definem a ocasião para o comportamento-problema, eles podem ser capazes de neutralizar sua influência. Por exemplo, Horner, Day e Day (1997) descobriram que adiamentos ou atrasos anteriores nas atividades planejadas exacerbaram o comportamento-problema mantido pela fuga de dois participantes durante as rotinas de instrução subsequentes. Os pesquisadores realizaram rotinas *neutralizantes* (a oportunidade de desenhar e escrever para um participante e a oportunidade de reagendar o evento e olhar um anuário para o outro participante) nos dias em que as condições correlacionadas com o comportamento-problema estavam presentes antes das sessões de instrução. O comportamento-problema diminuiu de modo substancial nos dias em que os pesquisadores realizaram rotinas de neutralização.

Outras intervenções baseadas no contexto incluem alterar o tempo das solicitações para evitar a interrupção de atividades preferidas (p. ex., Fritz, DeLeon & Lazarchick, 2004), apresentar estímulos associados a um humor positivo (p. ex., Carr, Magito McLaughlin, Giacobbe-Grieco & Smith, 2003) e a apresentação de *feedback* corretivo antes (como solicitações antecedentes) em vez de após ensaios de tarefas (Ebanks & Fisher, 2003), entre outros. Os efeitos da maioria das estratégias contextuais parecem ocorrer devido aos efeitos da operação abolidora, em que a mudança de uma condição aparentemente não relacionada altera as propriedades motivacionais de eventos aversivos, ou seja, diminuem a aversão dos eventos que motivam a fuga. Pesquisas adicionais serão necessárias para identificar os mecanismos específicos associados à efetividade de diversas estratégias contextuais.

Resumo

Os pesquisadores têm utilizado uma série de intervenções antecedentes para diminuir o comportamento-problema. Algumas estratégias diminuem a motivação para se engajar no comportamento; outras sinalizam consequências diferenciais para o comportamento; e ainda outras impedem fisicamente a ocorrência do comportamento de alguma forma. Embora cada intervenção tenha benefícios e limitações únicas, todas compartilham a característica de que são implementadas antes da ocorrência do comportamento-problema. Desse modo, um ponto forte compartilhado entre as estratégias antecedentes é que elas não exigem a ocorrência de comportamento-problema para sua efetividade (certas intervenções baseadas na discriminação constituem uma possível exceção, como já discutido). Em alguns casos, o comportamento-problema pode não ocorrer após a primeira implementação da intervenção.

Intervenções antecedentes também podem complementar ou acelerar os efeitos das baseadas em consequências. Pesquisadores têm combinado estratégias antecedentes com procedimentos de extinção para diminuir os efeitos colaterais negativos associados à extinção (p. ex., Zarcone, Iwata, Smith *et al.*, 1994). Os pesquisadores também incorporaram estratégias antecedentes em pacotes, incluindo reforçamento diferencial (p. ex., Kodak *et al.*, 2003; Marcus & Vollmer, 1996; Shabani & Fisher, 2006), punição (p. ex., Thompson, Iwata, Conners & Roscoe, 1999) e intervenções farmacológicas (p. ex., Allison *et al.*, 1991).

Uma limitação compartilhada pelas estratégias antecedentes é que elas não constroem ou encorajam novas formas alternativas de comportamento (i.e., não são construtivas), pois o estabelecimento de novos comportamentos ou a manutenção de comportamentos alternativos requer que gerenciemos consequências reforçadoras. Certamente, os analistas do comportamento incorporam manipulações antecedentes, como solicitações e instruções, em intervenções de construção de repertório. Porém, como os analistas também devem gerenciar as consequências que, em última instância, são responsáveis pela eficácia dessas estratégias (i.e., reforço), elas não são consideradas estratégias antecedentes. Além disso, algumas estratégias antecedentes, como NCR, podem interferir na aquisição de comportamentos alternativos devido aos efeitos de habituação ou saciedade. Ao combinar NCR com procedimentos para aumentar o comportamento apropriado, os analistas do comportamento devem monitorar de perto os resultados e usar reforços alternativos ou consequências variadas para garantir o progresso adequado. Desse modo, as estratégias antecedentes – por si só – não estabelecem ou mantêm sistematicamente alternativas positivas ao comportamento-problema.

Embora os pesquisadores tenham mostrado que os procedimentos antecedentes são eficazes no tratamento do comportamento-problema, um analista do comportamento deve implementá-los como componentes em um pacote de intervenção abrangente, que inclua estratégias antecedentes e de consequência. Os antecedentes podem produzir o comportamento, e as consequências, por si só, podem afetar o comportamento que o produz; no entanto, a combinação de ambos pode potencializar os efeitos de cada um, melhorando a capacidade dos antecedentes de evocar ou suprimir comportamentos e proporcionando mais oportunidades de contato com consequências mais efetivas. Assim, os analistas do comportamento devem combinar de maneira cuidadosa antecedentes e consequências em programas de intervenção comportamental para maximizar a eficácia potencial de cada estratégia. Como foi mostrado neste capítulo, diversas estratégias antecedentes comprovadas estão disponíveis para integração em pacotes de intervenção abrangentes para tratar comportamentos-problema e ajudar a estabelecer repertórios alternativos apropriados.

Referências

Allison, D. B., Basile, V. C., & MacDonald, R. B. (1991). Brief report: Comparative effects of antecedent exercise and lorazepam on aggressive behavior of an autistic man. *Journal of Autism and Developmental Disorders, 21*, 89-94.

Alwis, D. S., & Rajan, R. (2014). Environmental enrichment and the sensory brain: The role of enrichment in remediating brain injury. *Frontiers in Systems Neuroscience, 8*, 156.

Bachman, J. E., & Fuqua, R. W. (1983). Management of inappropriate behaviors of trainable mentally impaired students using antecedent exercise. *Journal of Applied Behavior Analysis, 16*, 477-484.

Baroff, G. S., & Tate, B. G. (1968). The use of aversive stimulation in the treatment of chronic self-injurious behavior. *Journal of the American Academy of Child Psychiatry, 7*, 454-470.

Baumeister, A. A., & MacLean, W, E., Jr. (1984). Deceleration of self-injurious and stereotypic responding by exercise. *Applied Research in Mental Retardation, 5*, 385-393.

Beavers, G. A., Iwata, B. A., & Lerman, D. C. (2013). Thirty years of research on the functional analysis of problem behavior. *Journal of Applied Behavior Analysis, 46*, 1-21.

Belfiore, P. J., Lee, D. L., Vargas, A. U., & Skinner, C. H. (1997). Effects of high-preference single-digit mathematics problem completion on multiple-digit mathematics problem performance. *Journal of Applied Behavior Analysis, 30*, 327-330.

Berkson, G., & Davenport, R. K. (1962). Stereotyped movements of mental defectives. *American Journal of Mental Deficiency, 66*, 849-852.

Berkson, G., & Mason, W. A. (1963). Stereotyped movements of mental defectives: III. Situation effects. *American Journal of Mental Deficiency, 68*, 409-412.

Blevins, T. (2003). *The effects of response restriction on non-socially maintained self-injury*. Tese de mestrado não publicada, University of North Texas, Denton, TX.

Briggs, A. M., Fisher, W. W., Greer, B. D., & Kimball, R. T. (2018). Prevalence of resurgence of destructive behavior when thinning reinforcement schedules during functional communication training. *Journal of Applied Behavior Analysis, 51*, 620-633.

Broocks, A., Bandelow, B., Pekrun, G., George, A., Meyer, T., Bartmann, U., *et al.* (1998). Comparison of aerobic exercise, chlomipramine, and placebo in the treatment of panic disorder. *American Journal of Psychiatry, 155*, 603-609.

Broster, B. S., & Rankin, C. H. (1994). Effects of changing interstimulus interval during habituation in *Caenorhabditis elegans*. *Behavioral Neuroscience, 108*, 1019-1029.

Cameron, M. J., Ainsleigh, S. A., & Bird, F. L. (1992). The acquisition of stimulus control of compliance and participation during an ADL routine. *Behavioral Residential Treatment, 7*, 327-340.

Cannella-Malone, H. I., Tullis, C. A., & Kazee, A. R. (2011). Using antecedent exercise to decrease challenging behavior in boys with developmental disabilities and an emotional disorder. *Journal of Positive Behavior Interventions, 13*, 230-239.

Carr, E. G., & Carlson, J. I. (1993). Reduction of severe behavior problems in the community using a multicomponent treatment approach. *Journal of Applied Behavior Analysis, 26*, 157-172.

Carr, E. G., Magito McLaughlin, D., Giacobbe-Grieco, T., & Smith, C. E. (2003). Using mood ratings and mood induction in assessment and intervention for severe problem behavior. *American Journal on Mental Retardation, 108*, 32-55.

Carr, E. G., Newsom, C. D., & Binkoff, J. A. (1976). Stimulus control of self-destructive behavior in a psychotic child. *Journal of Abnormal Child Psychology, 4*, 139-153.

Carr, E. G., Newsom, C. D., & Binkoff, J. A. (1980). Escape as a factor in the aggressive behavior of two retarded children. *Journal of Applied Behavior Analysis, 13*, 101-117.

Carr, E. G., & Smith, C. E. (1995). Biological setting events for self-injury. *Mental Retardation and Developmental Disabilities Research Reviews, 1*, 94-98.

Carr, E. G., Smith, C. E., Giacin, T. A., Whelan, B. M., & Pancari, J. (2003). Menstrual discomfort as a biological setting event for severe problem behavior: Assessment and intervention. *American Journal on Mental Retardation, 108*, 117-133.

Carr, J. E., & LeBlanc, L. A. (2006). Noncontingent reinforcement as antecedent behavior support. In J. Luiselli (Ed.), *Antecedent assessment and intervention: Supporting children and adults with developmental disabilities in community settings* (p. 147-164). Baltimore: Brookes.

Cataldo, M. F., & Harris, J. (1982). The biological basis of self--injury in the mentally retarded. *Analysis and Intervention in Developmental Disabilities, 7*, 21-39.

Celiberti, D. A., Bobo, H. E., Kelly, K. S., Harris, S. L., & Handleman, J. S. (1997). The differential and temporal effects of antecedent exercise on the self-stimulatory behavior of a child with autism. *Research in Developmental Disabilities, 18*, 139-150.

Coleman, C., & Holmes, P. (1998). The use of noncontingent escape to reduce disruptive behaviors in children with speech delays. *Journal of Applied Behavior Analysis, 31*, 687-690.

Cooper, L. J., Wacker, D. P., McComas, J., Brown, K., Peck, S. M., Richman, D., *et al.* (1995). Use of component analysis to identify active variables in treatment packages for children with feeding disorders. *Journal of Applied Behavior Analysis, 28*, 139-153.

Cuvo, A. J., May, M. E., & Post, T. M. (2001). Effects of living room, Snoezelen room, and outdoor activities on stereotypic behavior and engagement by adults with profound mental retardation. *Research in Developmental Disabilities, 22*, 183-204.

Dawson, J. E., Piazza, C. C., Sevin, B. M., Gulotta, C. S., Lerman, D., & Kelly, M. L. (2003). Use of the high-probability instructional sequence and escape extinction in a child with food refusal. *Journal of Applied Behavior Analysis, 36*, 105-108.

DeLeon, I. G., Anders, B. M., Rodriguez-Catter, V., & Neidert, P. L. (2000). The effects of noncontingent access to single--versus multiple-stimulus sets on self-injurious behavior. *Journal of Applied Behavior Analysis, 33*, 623-626.

DeLeon, I. G., Uy, M., & Gutshall, K. (2005). Noncontingent reinforcement and competing stimuli in the treatment of pseudoseizures and destructive behaviors. *Behavioral Interventions, 20*, 203-217.

DeRosa, N. M., Roane, H. S., Wilson, J. L., Novak, M. D., & Silkowski, E. L. (2015). Effects of arm-splint rigidity on self-injury and adaptive behavior. *Journal of Applied Behavior Analysis, 48*, 860-864.

Doyne, E. J., Chambless, D. L., & Beutler, L. E. (1983). Aerobic exercise as a treatment for depression in women. *Behavior Therapy, 14*, 434-440.

Dunlap, G., dePerczel, M., Clarke, S., Wilson, D., Wright, S., White, R., *et al.* (1994). Choice making to promote adaptive behavior for students with emotional and behavioral challenges. *Journal of Applied Behavior Analysis, 27*, 505-518.

Dunlap, G., Kern-Dunlap, L., Clarke, S., & Robbins, F. R. (1991). Functional assessment, curricular revision, and severe behavior problems. *Journal of Applied Behavior Analysis, 24*, 387-397.

Dyer, K., Dunlap, G., & Winterling, V. (1990). Effects of choice making on the serious problem behaviors of students with severe handicaps. *Journal of Applied Behavior Analysis, 23*, 515-524.

Ebanks, M. E., & Fisher, W. W. (2003). Altering the timing of academic prompts to treat destructive behavior maintained by escape. *Journal of Applied Behavior Analysis, 36*, 355-359.

Ecott, C. L., & Critchfield, T. S. (2004). Noncontingent reinforcement, alternative reinforcement, and the matching law: A laboratory demonstration. *Journal of Applied Behavior Analysis, 37*, 249-265.

Ervin, R. A., DuPaul, G. J., Kern, L., & Friman, P. C. (1998). Classroom-based functional and adjunctive assessments: Proactive approaches to intervention selection for adolescents with attention deficit hyperactivity disorder. *Journal of Applied Behavior Analysis, 31*, 65-78.

Ewry, D. M., & Fryling, M. J. (2015). Evaluating the high-probability instructional sequence to increase the acceptance of foods with an adolescent with autism. *Behavior Analysis in Practice, 8*, 1-4.

Falcomata, T. S., Roane, H. S., Hovanetz, A. N., Kettering, T. L., & Keeney, K. M. (2004). An evaluation of response cost in the treatment of inappropriate vocalizations maintained by automatic reinforcement. *Journal of Applied Behavior Analysis, 37*, 83-87.

Favell, J. E., McGimsey, J. F., & Schell, R. M. (1982). Treatment of self-injury by providing alternate sensory activities. *Analysis and Intervention in Developmental Disabilities, 2*, 83-104.

Fischer, S. M., Iwata, B. A., & Mazaleski, J. L. (1997). Noncontingent delivery of arbitrary reinforcers as treatment for self-injurious behavior. *Journal of Applied Behavior Analysis, 30*, 239-249.

Fisher, W. W., DeLeon, I. G., Rodriguez-Catter, V., & Keeney, K. M. (2004). Enhancing the effects of extinction on attention-maintained behavior through noncontingent delivery of attention or stimuli identified via a competing stimulus assessment. *Journal of Applied Behavior Analysis, 37*, 171-184.

Fisher, W. W., Greer, B. D., Fuhrman, A. M., & Querim, A. C. (2015). Using multiple schedules during functional communication training to promote rapid transfer of treatment effects. *Journal of Applied Behavior Analysis, 48*, 713-733.

Fisher, W. W., Greer, B. D., Mitteer, D. R., Fuhrman, A. M., Romani, P. W., & Zangrillo, A. N. (2018). Further evaluation of differential exposure to establishing operations during functional communication training. *Journal of Applied Behavior Analysis, 51*, 360-373.

Fisher, W. W., Kuhn, D. E., & Thompson, R. H. (1998). Establishing discriminative control of responding using functional and alternative reinforcers during functional communication training. *Journal of Applied Behavior Analysis, 31*, 543-560.

Fisher, W. W., Ninness, H. A. C., Piazza, C. C., & Owen-DeSchryver, J. S. (1996). On the reinforcing effects of the content of verbal attention. *Journal of Applied Behavior Analysis, 29*, 235-238.

Fisher, W. W., O'Connor, J. T., Kurtz, P. F., DeLeon, I. G., & Gotjen, D. L. (2000). The effects of noncontingent delivery of high- and low-preference stimuli on attention-maintained destructive behavior. *Journal of Applied Behavior Analysis, 33*, 79-83.

Fisher, W., Piazza, C. C., Bowman, L. G., Hagopian, L. P., Owens, J. C., & Slevin, I. (1992). A comparison of two approaches for identifying reinforcers for persons with severe and profound disabilities. *Journal of Applied Behavior Analysis, 25*, 491-498.

Fisher, W. W., Piazza, C. C., Bowman, L. G., Hanley, G. P., & Adelinis, J. D. (1997). Direct and collateral effects of restraints and restraint fading. *Journal of Applied Behavior Analysis, 30*, 105-120.

Fisher, W. W., Thompson, R. H., DeLeon, I. G., Piazza, C. C., Kuhn, D. E., Rodriquez-Catter, V., *et al.* (1999). Noncontingent reinforcement: Effects of satiation versus choice responding. *Research in Developmental Disabilities, 20*, 411-427.

Foxx, R. M., & Azrin, N. H. (1972). Restitution: A method of eliminating aggressive disruptive behavior of retarded and brain damaged patients. *Behaviour Research and Therapy, 10*, 15-27.

Foxx, R. M., & Azrin, N. H. (1973). The elimination of autistic self-stimulatory behavior by overcorrection. *Journal of Applied Behavior Analysis, 6*, 1-14.

Fritz, J., DeLeon, I. G., & Lazarchick, W. (2004). Separating the influence of escape and access to preferred activities on problem behavior occurring in instructional contexts. *Behavioral Interventions, 19*, 159-171.

Goh, H., Iwata, B. A., & DeLeon, I. G. (2000). Competition between noncontingent and contingent reinforcement schedules during response acquisition. *Journal of Applied Behavior Analysis, 33*, 195-205.

Goh, H., Iwata, B. A., & Kahng, S. (1999). Multicomponent assessment and treatment of cigarette pica. *Journal of Applied Behavior Analysis, 32*, 297-316.

Greer, B. D., Fisher, W. W., Saini, V., Owen, T. M., & Jones, J. K. (2016). Functional communication training during reinforcement schedule thinning: An analysis of 25 applications. *Journal of Applied Behavior Analysis, 49*, 105-121.

Hagopian, L. P., Crockett, J. L., van Stone, M., DeLeon, I. G., & Bowman, L. G. (2000). Effects of noncontingent reinforcement on problem behavior and stimulus engagement: The role of satiation, extinction, and alternative reinforcement. *Journal of Applied Behavior Analysis, 33*, 433-449.

Hagopian, L. P., Fisher, W. W., & Legacy, S. M. (1994). Schedule effects of noncontingent reinforcement on attention-maintained destructive behavior in identical quadruplets. *Journal of Applied Behavior Analysis, 27*, 317-325.

Hagopian, L. P., Fisher, W. W., Sullivan, M. T., Acquisto, J., & LeBlanc, L. A. (1998). Effectiveness of functional communication training with and without extinction and punishment: A summary of 21 inpatient cases. *Journal of Applied Behavior Analysis, 31*, 211-235.

Hanley, G. P., Iwata, B. A., & Thompson, R. H. (2001). Reinforcement schedule thinning following treatment with functional communication training. *Journal of Applied Behavior Analysis, 34*, 17-38.

Hanley, G. P., Piazza, C. C., & Fisher, W. W. (1997). Noncontingent presentation of attention and alternative stimuli in the treatment of attention maintained destructive behavior. *Journal of Applied Behavior Analysis, 30*, 229-237.

Horner, R. D. (1980). The effects of an environmental enrichment program on the behavior of institutionalized profoundly retarded children. *Journal of Applied Behavior Analysis, 13*, 473-491.

Horner, R. H., Day, H. M., & Day, J. R. (1997). Using neutralizing routines to reduce problem behaviors. *Journal of Applied Behavior Analysis, 30*, 601-614.

Ingvarsson, E. T., Hanley, G. P., & Welter, K. M. (2009). Treatment of escape-maintained behavior with positive reinforcement: The role of reinforcement contingency and density. *Education and Treatment of Children, 32*, 371-401.

Iwata, B. A., Dorsey, M. F., Slifer, K. J., Bauman, K. E., & Richman, G. S. (1994). Toward a functional analysis of self--injury. *Journal of Applied Behavior Analysis, 27*, 197-209. (Reprinted from *Analysis and Intervention in Developmental Disabilities, 2*, 3-20, 1982)

Iwata, B. A., Pace, G. M., Dorsey, M. F., Zarcone, J. R., Vollmer, T. R., Smith, R. G., *et al.* (1994). The functions of self-injurious behavior: An experimental-epidemiological analysis. *Journal of Applied Behavior Analysis, 27*, 215-240.

Kahng, S., Iwata, B. A., Thompson, R. H., & Hanley, G. P. (2000). A method for identifying satiation versus extinction effects under noncontingent reinforcement schedules. *Journal of Applied Behavior Analysis, 33*, 419-432.

Kennedy, C. H., & Itkonen, T. (1993). Effects of setting events on the problem behavior of students with severe disabilities. *Journal of Applied Behavior Analysis, 26*, 321-328.

Kennedy, C. H., & Meyer, K. A. (1996). Sleep deprivation, allergy symptoms, and negatively reinforced problem behavior. *Journal of Applied Behavior Analysis, 29*, 133-135.

Kern, L., Koegel, R. L., & Dunlap, G. (1984). The influence of vigorous versus mild exercise on autistic stereotyped behaviors. *Journal of Autism and Developmental Disorders, 14*, 57-67.

Kern, L., Koegel, R. L., Dyer, K., Blew, P. A., & Fenton, L. R. (1982). The effects of physical exercise on self-stimulatory and appropriate responding in autistic children. *Journal of Autism and Developmental Disabilities, 12*, 399-419.

Kettering, T. L., Fisher, W. W., Kelley, M. E., & LaRue, R. H. (2018). Sound attenuation and preferred music in the treatment of problem behavior maintained by escape from noise. *Journal of Applied Behavior Analysis, 51*, 687-693.

Klatt, K. P., Sherman, J. A., & Sheldon, J. B. (2000). Effects of deprivation on engagement in preferred activities by persons with developmental disabilities. *Journal of Applied Behavior Analysis, 33*, 495-506.

Kodak, T., Miltenberger, R. G., & Romaniuk, C. (2003). The effects of differential negative reinforcement of other behavior and noncontingent escape on compliance. *Journal of Applied Behavior Analysis, 36*, 379-382.

Lalli, J. S., Casey, S. D., & Kates, K. (1997). Noncontingent reinforcement as treatment for severe problem behavior: Some procedural variations. *Journal of Applied Behavior Analysis, 30*, 127-137.

Laraway, S., Snycerski, S., Michael, J., & Poling, A. (2003). Motivating operations and terms to describe them: Some further refinements. *Journal of Applied Behavior Analysis, 36*, 407-414.

Lattal, K. A. (1972). Response-reinforcer independence and conventional extinction after fixed-interval and variable--interval schedules. *Journal of the Experimental Analysis of Behavior, 18*, 133-140.

Lerman, D. C., Iwata, B. A., Shore, B. A., & DeLeon, I. G. (1997). Effects of intermittent punishment on self-injurious behavior: An evaluation of schedule thinning. *Journal of Applied Behavior Analysis, 30*, 187-201.

Lochbaum, M. R., & Crews, D. J. (2003). Viability of cardiorespiratory and muscular strength programs for the adolescent with autism. *Complementary Health Practice Review, 8*, 225-233.

Mace, F. C., & Belfiore, P. (1990). Behavioral momentum in the treatment of escape-motivated stereotypy. *Journal of Applied Behavior Analysis, 23*, 507-514.

Mace, F. C., Hock, M. L., Lalli, J. S., West, B. J., Belfiore, P., Pinter, E., *et al.* (1988). Behavioral momentum in the treatment of noncompliance. *Journal of Applied Behavior Analysis, 21*, 123-141.

Mace, F. C., & Lalli, J. S. (1991). Linking descriptive and experimental analysis in the treatment of bizarre speech. *Journal of Applied Behavior Analysis, 24*, 553-562.

Maglieri, K. A., DeLeon, I. G., Rodriguez-Catter, V., & Sevin, B. (2000). Treatment of covert food stealing in an individual with Prader-Willi syndrome. *Journal of Applied Behavior Analysis, 33*, 615-618.

Marcus, B. A., & Vollmer, T. R. (1996). Combining noncontingent reinforcement and differential reinforcement schedules as treatment for aberrant behavior. *Journal of Applied Behavior Analysis, 29*, 43-51.

Mays, M. N. (2013). *Using antecedent aerobic exercise to decrease stereotypic behavior in children with autism.* Dissertação de doutorado não publicada, Georgia State University, Atlanta, GA.

McComas, J., Hoch, H., Paone, D., & El-Roy, D. (2000). Escape behavior during academic tasks: A preliminary analysis of idiosyncratic establishing operations. *Journal of Applied Behavior Analysis, 33*, 479-493.

McComas, J. J., Wacker, D. P., & Cooper, L. J. (1998). Increasing compliance with medical procedures: Application of the high-probability request procedure to a toddler. *Journal of Applied Behavior Analysis, 31*, 287-290.

McComas, J. J., Wacker, D. P., Cooper, L. J., Peck, S., Golonka, Z., Millard, T., *et al.* (2000). Effects of the high-probability request procedure: Patterns of responding to low-probability requests. *Journal of Developmental and Physical Disabilities, 12*, 157-171.

McDowell, J. J. (1989). Matching theory in natural human environments. *Behavior Analyst, 11*, 95-108.

McGimsey, J. F., & Favell, J. E. (1988). The effects of increased physical exercise on disruptive behavior in retarded persons. *Journal of Autism and Developmental Disabilities, 18*, 167-179.

McKenzie, S. D., Smith, R. G., Simmons, J. N., & Soderlund, M. J. (2008). Suppressive effects of a stimulus correlated with reprimands for automatically maintained eye poking. *Journal of Applied Behavior Analysis, 41*, 255-259.

Meier, A. E., Fryling, M. J., & Wallace, M. D. (2012). Using high-probability foods to increase the acceptance of low--probability foods. *Journal of Applied Behavior Analysis, 45*, 149-153.

Michael, J. L. (2004). *Concepts and principles of behavior analysis*. Kalamazoo: Western Michigan University, Association for Behavior Analysis International.

Miltenberger, R. G. (2006). Antecedent intervention for challenging behavior maintained by escape from instructional activities. Em J. Luiselli (Ed.), *Antecedent assessment and intervention: Supporting children and adults with developmental disabilities in community settings* (p. 101-124). Baltimore: Brookes.

Morrison, H., Roscoe, E. M., & Atwell, A. (2011). An evaluation of antecedent exercise on behavior maintained by automatic reinforcement using a three-component multiple schedule. *Journal of Applied Behavior Analysis, 44*, 523-541.

Murphy, E. S., McSweeney, F. K., Smith, R. G., & McComas, J. J. (2003). Dynamic changes in reinforcer effectiveness: Theoretical, methodological, and practical implications for applied research. *Journal of Applied Behavior Analysis, 36*, 421-438.

Neuringer, A. (1973). Pigeons respond to produce periods in which rewards are independent of responding. *Journal of the Experimental Analysis of Behavior, 19*, 39-54.

Nevin, J. A. (1996). The momentum of compliance. *Journal of Applied Behavior Analysis, 29*, 535-547.

O'Callaghan, P. M., Allen, K. D., Powell, S., & Salama, F. (2006). The efficacy of noncontingent escape for decreasing children's disruptive behavior during restorative dental treatment. *Journal of Applied Behavior Analysis, 39*, 161-171.

O'Reilly, M. F. (1995). Functional analysis and treatment of escape-maintained aggression correlated with sleep deprivation. *Journal of Applied Behavior Analysis, 28*, 225-226.

Ono, K. (1987). Superstitious behavior in humans. *Journal of the Experimental Analysis of Behavior, 47*, 261-271.

Pace, G. M., Ivancic, M. T., & Jefferson, G. (1994). Stimulus fading as treatment for obscenity in a brain-injured adult. *Journal of Applied Behavior Analysis, 27*, 301-305.

Pace, G. M., Iwata, B. A., Cowdery, G. E., Andree, P. J., & McIntyre, T. (1993). Stimulus (instructional) fading during extinction of self-injurious escape behavior. *Journal of Applied Behavior Analysis, 26*, 205-212.

Patel, M. R., Reed, G. K., Piazza, C. C., Bachmeyer, M. H., Layer, S. A., & Pabico, R. S. (2006). An evaluation of a high-probability instructional sequence to increase acceptance of food and decrease inappropriate behavior in children with pediatric feeding disorders. *Research in Developmental Disabilities, 27*, 430-442.

Piazza, C. C., Adelinis, J. D., Hanley, G., P., Goh, H., & Delia, M. D. (2000). An evaluation of the effects of matched stimuli on behaviors maintained by automatic reinforcement. *Journal of Applied Behavior Analysis, 33*, 13-27.

Piazza, C. C., Fisher, W. W., Hanley, G. P., Hilker, K., & Derby, K. M. (1996). A preliminary procedure for predicting the positive and negative effects of reinforcement-based procedures. *Journal of Applied Behavior Analysis, 29*, 137-152.

Piazza, C. C., Fisher, W. W., Hanley, G. P., LeBlanc, L. A., Worsdell, A. S., Lindauer, S. E., *et al.* (1998). Treatment of pica through multiple analyses of its reinforcing functions. *Journal of Applied Behavior Analysis, 31*, 165-189.

Piazza, C. C., Hanley, G. P., & Fisher, W. W. (1996). Functional analysis and treatment of cigarette pica. *Journal of Applied Behavior Analysis, 29*, 437-450.

Piazza, C. C., Patel, M. R., Gulotta, C. S., Sevin, B. M., & Layer, S. A. (2003). On the relative contributions of positive reinforcement and escape extinction in the treatment of food refusal. *Journal of Applied Behavior Analysis, 36*, 309-324.

Poling, A., & Normand, M. (1999). Noncontingent reinforcement: An inappropriate description of time-based schedules that reduce behavior. *Journal of Applied Behavior Analysis, 32*, 237-238.

Powers, S., Thibadeau, S., & Rose, K. (1992). Antecedent exercise and its effects on self-stimulation. *Behavioral Residential Treatment, 7*, 15-22.

Rapp, J. T. (2006). Toward an empirical method for identifying matched stimulation for automatically reinforced behavior: A preliminary investigation. *Journal of Applied Behavior Analysis, 39*, 137-140.

Reed, G. K., Piazza, C. C., Patel, M. R., Layer, S. A., Bachmeyer, M. H., & Bethke, S. D. (2004). On the relative contributions of noncontingent reinforcement and escape extinction in the treatment of food refusal. *Journal of Applied Behavior Analysis, 37*, 27-42.

Ringdahl, J. E., Vollmer, T. R., Marcus, B. A., & Roane, H. S. (1997). An analogue evaluation of environmental enrichment: The role of stimulus preference. *Journal of Applied Behavior Analysis, 30*, 203-216.

Saini, V., Fisher, W. W., Retzlaff, B. J., & Keevy, M. (2020). Efficiency in functional analysis of problem behavior: A quantitative and qualitative review. *Journal of Applied Behavior Analysis, 53*, 44-66.

Saini, V., Greer, B. D., Fisher, W. W., Lichtblau, K. R., DeSouza, A. A., & Mitteer, D. R. (2016). Individual and combined effects of noncontingent reinforcement and response blocking on automatically reinforced problem behavior. *Journal of Applied Behavior Analysis, 49*, 693-698.

Schaefer, H. H. (1970). Self-injurious behavior: Shaping head-banging in monkeys. *Journal of Applied Behavior Analysis, 3*, 111-116.

Shabani, D. B., & Fisher, W. W. (2006). Stimulus fading and differential reinforcement for the treatment of needle phobia in a youth with autism. *Journal of Applied Behavior Analysis, 39*, 449-452.

Shore, B. A., Iwata, B. A., DeLeon, I. G., Kahng, S., & Smith, R. G. (1997). An analysis of reinforcer substitutability using object manipulation and self-injury as competing responses. *Journal of Applied Behavior Analysis, 30*, 21-40.

Simmons, J. N., Smith, R. G., & Kliethermes, L. (2003). A multiple-schedule evaluation of immediate and subsequent effects of fixed-time food presentation on automatically maintained mouthing. *Journal of Applied Behavior Analysis, 36*, 541-544.

Smith, R. G., & Iwata, B. A. (1997). Antecedent influences of behavior disorders. *Journal of Applied Behavior Analysis, 30*, 343-375.

Smith, R. G., Lerman, D. C., & Iwata, B. A. (1996). Self-restraint as positive reinforcement for self-injurious behavior. *Journal of Applied Behavior Analysis, 29*, 99-102.

Swithers, S. E., & Hall, W. G. (1994). Does oral experience terminate ingestion? *Appetite, 23*, 113-138.

Taylor, D. V., Rush, D., Hetrick, W. P., & Sandman, C. A. (1993). Self-injurious behavior within the menstrual cycle of developmentally delayed women. *American Journal on Mental Retardation, 97*, 659-664.

Thompson, R. F., & Spencer, W. A. (1966). Habituation: A model phenomenon for the study of neuronal substrates of behavior. *Psychological Review, 73*, 16-43.

Thompson, R. H., Iwata, B. A., Conners, J., & Roscoe, E. M. (1999). Effects of reinforcement for alternative behavior during punishment of self-injury. *Journal of Applied Behavior Analysis, 32*, 317-328.

Tiger, J. H., & Hanley, G. P. (2004). Developing stimulus control of preschooler mands: An analysis of schedule-correlated and contingency-specifying stimuli. *Journal of Applied Behavior Analysis, 37*, 517-521.

Turner, J. A., & Clancy, S. (1988). Comparison of operant behavioral and cognitive-behavioral group treatment for chronic low back pain. *Journal of Consulting and Clinical Psychology, 56*, 261-266.

Van Camp, C. M., Lerman, D. C., Kelley, M. E., Contrucci, S. A., & Vorndran, C. M. (2000). Variable-time reinforcement schedules in the treatment of socially maintained problem behavior. *Journal of Applied Behavior Analysis, 33*, 545-557.

Vaughn, B. J., & Horner, R. H. (1997). Identifying instructional tasks that occasion problem behaviors and assessing the effects of student versus teacher choice among these tasks. *Journal of Applied Behavior Analysis, 30*, 299-312.

Vollmer, T. R. (1999). Noncontingent reinforcement: Some additional comments. *Journal of Applied Behavior Analysis, 32*, 239-240.

Vollmer, T. R., Iwata, B. A., Zarcone, J. R., Smith, R. G., & Mazaleski, J. L. (1993). The role of attention in the treatment of attention-maintained self-injurious behavior: Noncontingent reinforcement and differential reinforcement of other behavior. *Journal of Applied Behavior Analysis, 26*, 9-21.

Vollmer, T. R., Marcus, B. A., & LeBlanc, L. (1994). Treatment of self-injury and hand mouthing following inconclusive functional analyses. *Journal of Applied Behavior Analysis, 27*, 331-344.

Vollmer, T. R., Marcus, B. A., & Ringdahl, J. E. (1995). Noncontingent escape as treatment for self-injurious behavior maintained by negative reinforcement. *Journal of Applied Behavior Analysis, 28*, 15-26.

Vollmer, T. R., Ringdahl, J. E., Roane, H. S., & Marcus, B. A. (1997). Negative side effects of noncontingent reinforcement. *Journal of Applied Behavior Analysis, 30*, 161-164.

Vollmer, T. R., & Vorndran, C. M. (1998). Assessment of self--injurious behavior maintained by access to self-restraint materials. *Journal of Applied Behavior Analysis, 31*, 647-650.

Wallace, M. D., Iwata, B. A., Hanley, G. P., Thompson, R. H., & Roscoe, E. M. (2012). Noncontingent reinforcement: A further examination of schedule effects during treatment. *Journal of Applied Behavior Analysis, 45*, 709-719.

Wehby, J. H., & Hollahan, M. S. (2000). Effects of high-probability requests on the latency to initiate academic tasks. *Journal of Applied Behavior Analysis, 33*, 259-262.

Whitlow, J. W. (1975). Short-term memory in habituation and dishabituation. *Journal of Experimental Psychology: Animal Behavior Processes, 1*, 196-209.

Wilder, D. A., Normand, M., & Atwell, J. (2005). Noncontingent reinforcement as treatment for food refusal and associated self-injury. *Journal of Applied Behavior Analysis, 38*, 549-553.

Zarcone, J. R., Iwata, B. A., Mazaleski, J. L., & Smith, R. G. (1994). Momentum and extinction effects on self-injurious escape behavior and noncompliance. *Journal of Applied Behavior Analysis, 27*, 649-658.

Zarcone, J. R., Iwata, B. A., Smith, R. G., Mazaleski, J. L., & Lerman, D. C. (1994). Reemergence and extinction of self-injurious escape behavior during stimulus (instructional) fading. *Journal of Applied Behavior Analysis, 27*, 307-316.

Zarcone, J. R., Iwata, B. A., Vollmer, T. R., Jagtiani, S., Smith, R. G., & Mazaleski, J. L. (1993). Extinction of self-injurious escape behavior with and without instructional fading. *Journal of Applied Behavior Analysis, 26*, 353-360.

19

Desenvolvendo procedimentos de extinção baseados em função para o comportamento-problema

Timothy R. Vollmer, Elizabeth Athens e Jonathan K. Fernand

Extinção é a operação de descontinuação do reforço contingente à resposta, e o efeito da extinção é a redução da resposta que se segue a essa operação (Catania, 2007). A identificação do reforçador que mantém o comportamento-problema é o primeiro passo no desenvolvimento de um tratamento de extinção. De fato, implementar a extinção com qualquer grau de certeza sem identificar o reforçador para o comportamento-problema não é possível.

Iwata, Dorsey, Slifer, Bauman e Richman (1982/1994) descreveram um procedimento analítico-funcional que melhorou a eficiência e a especificidade com que os investigadores puderam identificar o(s) reforçador(es) para o comportamento-problema. Iwata *et al.*, utilizando análises funcionais, avaliaram a sensibilidade do comportamento autolesivo (SIB, *self-injurious behavior*) de participantes com deficiências no desenvolvimento a (1) reforço positivo socialmente mediado, (2) reforço negativo socialmente mediado e (3) reforço automático. Posteriormente, os pesquisadores conduziram análises funcionais em muitos comportamentos-alvo (p. ex., agressão, destruição de propriedade, fuga, birras) e populações (p. ex., indivíduos com transtorno do espectro autista [TEA], com demência, com lesão cerebral traumática e sem deficiências; ver revisão abrangente em Beavers & Iwata, 2013).

As análises funcionais pré-tratamento têm melhorado a eficácia dos tratamentos de extinção, pois os procedimentos que definem a extinção para o comportamento-problema ditam suas propriedades funcionais (Iwata, Pace, Cowdery & Miltenberger, 1994). Iwata, Pace, Cowdery *et al.* (1994), por exemplo, examinaram os efeitos da extinção com e sem base na função do comportamento-problema. Explicamos os resultados para um participante para ilustrar suas descobertas. Os resultados da análise funcional mostraram que a atenção funcionou como reforço social positivo para o comportamento de bater a cabeça. Os pesquisadores testaram o efeito de dois tipos de extinção putativa: a da atenção, na qual o investigador não prestava mais atenção quando o participante batia a cabeça; e a do reforço automático, em que o pesquisador utilizava um capacete para atenuar as consequências sensoriais produzidas por bater a cabeça. A extinção da atenção, mas não a do reforço automático, diminuiu esse comportamento-problema. Essas descobertas mostraram que (1) a análise funcional identificou o reforçador que mantinha o ato de bater a cabeça, (2) as batidas de cabeça diminuíram quando o examinador interrompeu a entrega do reforço funcional por bater a cabeça e (3) as batidas de cabeça não diminuíram quando o examinador interrompeu a entrega de um estímulo que não era um reforço funcional. Desse modo, a análise funcional foi útil para prescrever a forma e a função corretas do tratamento de extinção.

Neste capítulo, discutimos as três variações funcionais de extinção para comportamento-problema descritas por Iwata, Pace, Cowdery *et al.* (1994): extinção do comportamento-problema mantido por (1) reforço positivo socialmente mediado, (2) reforço negativo socialmente mediado e (3) reforço automático. Além disso, discutimos padrões de resposta associados à extinção, fatores que influenciam a eficácia da extinção e outras considerações práticas.

Variações funcionais da extinção

Extinção do comportamento-problema mantido pelo reforço positivo socialmente mediado

Reforço positivo é tanto a operação de apresentar um estímulo (i.e., um reforçador positivo) contingente à ocorrência de um comportamento, quanto o consequente aumento da resposta que produziu o reforçador (Catania, 2007). *Reforço socialmente mediado* é aquele que outro indivíduo entrega (Iwata, Pace, Dorsey *et al.*, 1994). A extinção é uma abordagem lógica para diminuir o comportamento-problema mantido pelo reforço social positivo, pois a fonte de reforço é entregue por outras pessoas (daí o termo *social*). Se os indivíduos podem fornecer reforço, então devemos ser capazes de ensiná-los a reter o reforço. Por exemplo, se o acesso a itens tangíveis funciona como reforço positivo para o comportamento-problema (p. ex., um cuidador fornece um brinquedo quando uma criança bate em si mesma), a extinção consistiria em interromper a entrega do item tangível quando o comportamento-problema ocorre. Da mesma forma, se o acesso à atenção do adulto funciona como reforço positivo para o comportamento-problema (p. ex., um cuidador diz: "pare", quando a criança tem uma birra), a extinção consistiria em interromper a atenção quando o comportamento-problema ocorre.

Antes da publicação de estudos sobre análise funcional, os investigadores pareciam presumir que o reforço positivo mantinha o comportamento-problema em muitos estudos. Williams (1959), por exemplo, utilizou a extinção na forma de isolamento social para uma criança que apresentava birras na hora de dormir. A cuidadora colocou a criança na cama na hora de dormir, saiu do quarto e não reentrou. As birras diminuíram para taxas de zero em oito sessões, sugerindo que a atenção dos adultos mantinha as birras. Wolf, Risley e Mees (1964) utilizaram o isolamento social para as birras de uma criança. Os pesquisadores imediatamente colocaram a criança em seu quarto de hospital e a deixaram sozinha até que as birras cessassem; estas diminuíram para taxas próximas de zero. No entanto, os resultados de Wolf *et al.* são difíceis de interpretar, pois o procedimento foi estruturalmente semelhante ao *time out*, ou seja, Wolf *et al.* colocaram a criança em isolamento social (*time out*), o que também resultou na interrupção da atenção (extinção). Dessa forma, não está claro se a interrupção do atendimento, a colocação em isolamento social ou ambos foram responsáveis pelos efeitos.

Lovaas e Simmons (1969) levantaram a hipótese de que as consequências sociais reforçavam o comportamento-problema de duas crianças. Tais pesquisadores isolaram cada criança em uma sala de forma não contingente, o que, de início, resultou em taxas relativamente altas de comportamento-problema, seguidas por diminuição gradual nas taxas de comportamento-problema ao longo do tempo. Esses resultados apoiaram a presunção de que o reforço positivo social manteve o comportamento-problema e a eficácia da extinção como tratamento.

Mazaleski, Iwata, Vollmer, Zarcone e Smith (1993) avaliaram os efeitos do reforçamento diferencial de outros comportamentos (DRO, *differential reinforcement of other behavior*) e da extinção sobre o SIB emitido por três mulheres que viviam em um conjunto habitacional do estado para pessoas com deficiência. A análise funcional pré-tratamento indicou que o reforço positivo socialmente mediado (p. ex., atenção) manteve o SIB de cada mulher. Os pesquisadores demonstraram que o SIB persistiu quando eles entregaram estímulos preferidos (p. ex., música) por curtos intervalos nos quais as mulheres se abstiveram de SIB (i.e., DRO). No entanto, o SIB diminuiu quando o componente de extinção necessário estava em vigor (i.e., os investigadores mantiveram a atenção). Esses resultados sugerem que a extinção é necessária para diminuir o comportamento-problema mantido pela atenção e pode ser o componente fundamental dos esquemas de DRO.

Extinção do comportamento-problema mantido por reforço negativo socialmente mediado

O reforço negativo, assim como o reforço positivo, é uma operação e um processo. O *reforço negativo* é a remoção de um estímulo aversivo contingente à ocorrência de um comportamento e ao consequente aumento da resposta que produziu a remoção desse estímulo (Catania, 2007). Além disso, o reforço negativo é socialmente mediado quando outro indivíduo fornece reforço (Iwata, Pace, Dorsey *et al.*, 1994). A abordagem analítico-funcional demonstrou que uma alta proporção de comportamento-problema é sensível a reforços negativos, como fuga de apresentações de mordidas (p. ex., Bachmeyer, Kirkwood, Criscito, Mauzy & Berth, 2019), mudanças ambientais (Fisher, Felber *et al.*, 2019), atividades instrucionais (Iwata, Pace, Kalsher, Cowdery & Cataldo, 1990), atividades de autocuidado (Dowdy, Tincani, Nipe

& Weiss, 2018; Steege, Wacker, Cigrand & Berg, 1990) e proximidade social (Vollmer *et al.*, 1998), entre outros. De fato, resumos em grande escala de resultados analítico-funcionais mostraram que cerca de 33 a 48% do comportamento-problema é sensível ao reforço negativo (Derby *et al.*, 1992; Iwata, Pace, Cowdery *et al.*, 1994).

A descoberta de que uma proporção substancial do comportamento-problema é sensível ao reforço negativo é importante para intervenções de extinção. Como Iwata, Pace, Cowdery *et al.* (1994) ilustraram, as propriedades funcionais do reforço ditam a forma e a função da extinção. Por exemplo, a interrupção da atenção social pode reforçar o comportamento-problema mantido pelo reforço negativo. A descontinuação do reforço negativo requer abordagem de extinção totalmente diferente do que os investigadores já consideraram na literatura sobre análise do comportamento aplicada (ABA, *applied behavior analysis*). Na literatura inicial, os pesquisadores pareciam presumir que o comportamento-problema era mantido apenas pela atenção, já que muitos procedimentos de extinção putativa incluíam *time out* ou ignorar planejado (Fyffe, Kahng, Fittro & Russell, 2004; Pinkston, Reese, LeBlanc, 1973; Wolf *et al.*, 1964). Esses procedimentos foram como a extinção do comportamento-problema positivamente reforçado de modo estrutural, na medida em que os pesquisadores interromperam a atenção. Uma diminuição no comportamento-problema sob esses arranjos de contingência teria fornecido suporte para a suposição de que a atenção reforçava o comportamento-problema. É claro que as práticas de publicação são tais que as revistas publicam sobretudo resultados positivos em vez de negativos, por isso, é impossível dizer quantas tentativas fracassadas de extinção do comportamento-problema reforçado negativamente podem ter ocorrido devido a uma suposição errônea de que a atenção reforçou tal comportamento.

A extinção para o comportamento-problema reforçado negativamente não requer mudança da estimulação aversiva em função desse comportamento e interrupção da contingência de fuga ou esquiva. Hineline (1977) apontou que as primeiras conceituações de extinção do comportamento reforçado negativamente eram incorretas. Por exemplo, alguns pesquisadores acreditavam que a extinção envolvia eliminar o estímulo aversivo que produzia o comportamento de fuga ou de esquiva. No entanto, a simples remoção de demandas instrucionais para eliminar o comportamento de fuga não é extinção, pois não envolve a interrupção de uma relação resposta-reforçador (Smith & Iwata, 1997). Em laboratório, a extinção do comportamento reforçado negativamente envolve a apresentação contínua de estimulação aversiva, apesar da ocorrência de comportamento previamente reforçado por fuga ou esquiva.

Aplicações iniciais de extinção isolada do comportamento reforçado negativamente são difíceis de encontrar porque a maioria desses estudos tinha pelo menos uma variável confusa. Por exemplo, em um estudo de Heidorn e Jensen (1984), o SIB de um participante correlacionou-se com demandas, sugerindo que se tratava de um comportamento de fuga. O tratamento incluiu orientação física para completar a tarefa solicitada quando ocorreu o SIB. De modo conceitual, a continuidade das demandas de tarefas era um procedimento de extinção, pois o SIB não produzia mais fuga. No entanto, o componente de orientação física assemelhava-se à punição, na medida em que os pesquisadores apresentavam suposta estimulação aversiva contingente ao SIB. O tratamento também incluiu outros componentes, como elogios, reforço alimentar e término da sessão, dependendo da adesão. No entanto, a abordagem de Heidorn e Jensen foi inovadora no que diz respeito ao componente de extinção de fuga, a continuação das demandas de tarefas.

Iwata *et al.* (1990) foram os primeiros a aplicar a extinção de fuga de maneira explícita como tratamento para o comportamento-problema com base nos resultados de uma análise funcional. Tal análise mostrou que os participantes apresentaram SIB mantido pela fuga. Os pesquisadores utilizaram uma sequência de solicitação de três etapas para apresentar as demandas de tarefas durante a linha de base e o tratamento. Durante a linha de base, o SIB produziu fuga das demandas de tarefa. Ao longo do tratamento, o SIB não produzia mais fuga, e um investigador orientava cada participante a completar a tarefa se eles se engajassem no SIB. Em cinco dos seis casos, a extinção mais a orientação física diminuíram o SIB. No sexto caso, os investigadores acrescentaram bloqueio de resposta. Um caso adicional envolveu procedimentos diferentes que não foram relevantes para esta discussão, e não incluímos uma descrição disso aqui. Assim como no estudo de Heidorn e Jensen (1984), uma limitação interpretativa da abordagem de Iwata *et al.* foi que a orientação física possivelmente funcionava como punição. Um procedimento de extinção teria continuado a solicitação de três etapas quando o SIB ocorreu, em vez de orientar de forma física a conclusão da tarefa. Portanto, há a possibilidade de que tanto a extinção quanto a punição tenham contribuído para a diminuição do SIB. Entretanto, do ponto de vista prático, a orientação física contingente é mais provável para garantir que nenhuma fuga siga as ocorrências de comportamento-problema.

A recusa da alimentação é um bom exemplo de um distúrbio clínico que os investigadores têm tratado de forma eficaz usando a extinção de fuga como componente de uma intervenção. Na maioria dos estudos, o reforço está disponível para comportamentos alternativos como parte de um pacote de tratamento, e os investigadores não identificaram a função do comportamento (Cooper *et al.*, 1995; Hoch, Babbitt, Coe, Krell, Hackbert, 1994; Piazza, Patel, Gulotta, Sevin & Layer, 2003). Por exemplo, Patel, Piazza, Martinez, Volkert e Santana (2002) compararam os efeitos da entrega de reforço para aceitação ou para *limpeza bucal*, medida resultante da deglutição. Os pesquisadores descobriram que o reforçamento diferencial sem extinção de fuga foi ineficaz para aumentar a aceitação ou a limpeza bucal, ou a diminuição do comportamento inadequado na hora das refeições. Em segundo lugar, eles adicionaram aos procedimentos de reforço a extinção de fuga na forma de não remoção da colher ou do copo, de modo que o comportamento inadequado na hora da refeição não produzia mais fuga. Um alimentador segurava a colher ou o copo perto ou tocando nos lábios da criança até que ela abrisse a boca e permitisse que o alimentador depositasse a comida ou a bebida. O alimentador reapresentava a comida ou a bebida expelida. A aceitação e a limpeza bucal aumentaram para os três participantes, independentemente do alvo de reforçamento diferencial, após o alimentador implementar o procedimento de extinção de fuga.

Em um estudo semelhante, Piazza, Patel *et al.* (2003) compararam os efeitos individuais do reforço positivo isolado e da extinção de fuga isolada, e o efeito combinado do reforço positivo com a extinção de fuga sobre a recusa alimentar e líquida exibida por quatro crianças com recusa total de alimentos. Os resultados indicaram que o reforço positivo isolado não aumentou a aceitação ou diminuiu o comportamento inadequado na hora das refeições, já a fuga da extinção isoladamente aumentou a aceitação. No entanto, os pesquisadores mostraram que a adição de reforço positivo à extinção de fuga produziu níveis mais baixos de comportamento inadequado na hora da refeição em relação à extinção de fuga sozinha para alguns participantes em algumas fases.

Outros pesquisadores realizaram análises funcionais do comportamento inadequado na hora das refeições e utilizaram os resultados para desenvolver um tratamento baseado na função (p. ex., Bachmeyer *et al.*, 2009; Berth *et al.*, 2019; Girolami e Scotti, 2001; Piazza, Fisher *et al.*, 2003). Bachmeyer *et al.* (2009) trataram quatro crianças cujo comportamento inadequado na hora das refeições foi sensível tanto ao reforço social positivo quanto ao social negativo identificado por uma análise funcional pré-tratamento. Os pesquisadores validaram os resultados da análise funcional correspondendo o tratamento a uma (i.e., extinção da atenção com fuga e extinção de fuga com atenção) ou a ambas (i.e., extinção de atenção e de fuga) as funções de comportamento inadequado na hora da refeição. Eles determinaram que a extinção da atenção por si só não diminuiu o comportamento inadequado na hora das refeições nem aumentou a aceitação da mordida. Em comparação, a extinção de fuga por si só efetivamente diminuiu o comportamento inadequado na hora da refeição e aumentou a aceitação da mordida, embora o comportamento inadequado na hora da refeição tenha produzido entrega de atenção. No entanto, o procedimento combinado de extinção de atenção e fuga diminuiu o comportamento inadequado na hora das refeições para níveis próximos a zero e aumentou a aceitação da mordida para 100% dos ensaios. Esses estudos de alimentação pediátrica mostram que a extinção da fuga pode ser um componente necessário no tratamento da recusa alimentar; enfatizam também a importância de identificar relações funcionais para informar o sucesso do tratamento do comportamento inadequado na hora das refeições.

Não há um estudo definitivo sobre os efeitos da extinção de fuga, pois os primeiros estudos sobre a extinção do comportamento reforçado negativamente em geral o confundiam com outros componentes do tratamento (p. ex., punição, reforço), e abordagens mais recentes usavam a extinção em combinação com procedimentos derivados de uma análise funcional (p. ex., reforço negativo diferencial). Uma aplicação pura de extinção de fuga envolveria continuação da estimulação aversiva sem a introdução de alguma outra variável (p. ex., orientação física). Portanto, do ponto de vista conceitual, futuros investigadores devem isolar os efeitos da continuação da estimulação aversiva e da orientação física.

Extinção do comportamento-problema automaticamente reforçado

A característica definidora do reforço automático é que ele não é socialmente mediado, mas o comportamento-problema produz reforço (Vaughan & Michael, 1982). Note que o reforço automático pode ser positivo ou negativo (Hagopian, Rooker & Zarcone, 2015; Hagopian, Rooker, Zarcone, Bonner & Arevalo, 2017). Por exemplo, bater a cabeça pode ser reforçado pela liberação de endorfina (reforço positivo; Sandman & Hetrick, 1995), e coçar-se pode atenuar uma sensação de coceira (reforço negativo). Pesquisadores têm se referido ao comportamento-problema automaticamente reforçado como *autoestimulação* (p. ex., Lovaas, Newsom & Hickman, 1987) ou *comportamento sensorialmente reforçado* (p. ex., Rincover, 1978). O termo *comportamento-problema automaticamente reforçado* é preferido, pois descreve melhor o comportamento que não é mantido socialmente e pode ser uma contingência de reforço positivo ou negativo. Já os termos *autoestimulação* e *comportamento sensorialmente reforçado* deixam de fora a possibilidade de que o comportamento possa ter função de reforço negativo.

A extinção do comportamento-problema automaticamente reforçado é provavelmente mais desafiadora do que a extinção do comportamento-problema socialmente reforçado. O ambiente social controla o reforço socialmente mediado (Vollmer, 1994); portanto, os investigadores podem reorganizar o ambiente para interromper o reforço. Em contrapartida, o comportamento-problema, e não o ambiente social produz reforço automático; desse modo, o comportamento-problema automaticamente reforçado é mais difícil de se controlar através de mudanças no ambiente.

Uma abordagem para a extinção do comportamento automaticamente reforçado é chamada de *extinção sensorial* (Rincover, Cook, Peoples & Packard, 1979). O termo é um nome incorreto, pois é o comportamento-problema que produz reforço que é extinto, e não o reforço sensorial. No entanto, o termo ganhou uso generalizado, por isso o utilizamos aqui por coerência. Durante a extinção sensorial, o investigador termina ou bloqueia a suposta fonte de reforço automático. Por exemplo, Rincover (1978) reduziu a rotação estereotipada do objeto ao bloquear o *feedback* auditivo produzido pelo objeto. Rincover colocou um tapete sobre a mesa na qual o participante girava o objeto, eliminando assim o som que este produzia.

Os pesquisadores usaram abordagens sensoriais semelhantes à extinção como tratamentos para SIB. Por exemplo, Dorsey, Iwata, Reid e Davis (1982) utilizaram um capacete para bloquear os produtos sensoriais de bater a cabeça. Porém, há dificuldades na interpretação dos resultados de alguns estudos de extinção sensorial. A fonte ou as fontes de reforço que os equipamentos de proteção alteraram não são claras, pois os investigadores implementaram o tratamento na ausência de uma análise funcional. Por exemplo, Rincover e Devany (1982) usaram um capacete com um participante e notaram diminuições nas batidas de cabeça, presumivelmente em função da extinção do reforço automático. Uma explicação alternativa é que a atenção do professor mantinha a cabeça batendo, e o professor ignorava bater a cabeça quando a criança estava com capacete, mas não quando estava sem (Vollmer, 1994). Outra interpretação é que a aplicação de equipamentos de proteção funciona como punição. Por exemplo, bater em um capacete duro pode causar dor na mão de um indivíduo.

Mazaleski, Iwata e Rodgers (1994) realizaram uma análise funcional mostrando que o ato de colocar as mãos na boca era automaticamente reforçado, e que as aplicações não contingente e contingente de luvas de forno diminuíam o ato de levar a mão à boca. Mazaleski *et al.* propuseram que os efeitos de luvas não contingentes e contingentes podem ter sido uma função de (1) propriedades aversivas do uso de luvas (p. ex., luvas eram desconfortáveis) ou (2) *time out* da oportunidade de obter reforço automático de levar a mão à boca. Outra possibilidade era de que a extinção sensorial fosse responsável pelo efeito de luvas não contingentes, e que a punição ou o *time out* explicassem o efeito de luvas contingentes (Mazaleski *et al.*, 1994).

O bloqueio de resposta é outro procedimento que os investigadores conceituaram como extinção para o comportamento-problema automaticamente reforçado (Saini *et al.*, 2016). Presumivelmente, o bloqueio impede o reforço automático produzido pela resposta, mas a extinção pode não explicar os efeitos do bloqueio de resposta em todos os casos. Lerman e Iwata (1996a) variaram de maneira sistemática o número de respostas bloqueadas do SIB para distinguir entre efeitos de extinção e punição. Eles levantaram a hipótese de que o bloqueio de resposta intermitente produziria efeitos como um esquema intermitente de reforço se o bloqueio de resposta funcionasse como extinção. Em caso afirmativo, o bloqueio de resposta intermitente manteria ou aumentaria a frequência do SIB. Já o mesmo esquema intermitente de bloqueio de resposta produziria efeitos como um esquema intermitente de punição se o bloqueio de resposta funcionasse como punição. Nesse caso, o bloqueio intermitente diminuiria a frequência do SIB. Lerman e Iwata (1996a) descobriram que o bloqueio de resposta funcionava como punição para uma mulher adulta que praticava cronicamente o ato de levar as mãos à boca, pois as taxas desse comportamento-problema ficaram próximas de zero com o bloqueio intermitente e contínuo das respostas. Como alternativa, Smith, Russo e Le (1999) examinaram a função de bloqueio de resposta no comportamento de cutucar os olhos de uma mulher adulta. Os níveis de cutucada nos olhos aumentaram em relação à linha de base durante o bloqueio intermitente, como o efeito de um esquema intermitente de reforço. Em contrapartida, os níveis de cutucada nos olhos diminuíram durante o bloqueio contínuo, consistente com um esquema de extinção.

Em conjunto, esses resultados indicam que o bloqueio de resposta pode funcionar como extinção em alguns casos e como punição em outros. O bloqueio de resposta seria contraindicado, então, se o investigador não pudesse implementá-lo com integridade quase perfeita se o bloqueio de resposta funcionasse como extinção. Já o bloqueio de resposta intermitente ainda poderia ser eficaz se o bloqueio de resposta funcionasse como punição. Desse modo, uma distinção entre os efeitos de extinção e de punição do bloqueio de resposta tem significado clínico.

Padrões de resposta associados à extinção

Skinner (1938) demonstrou em laboratório de animais que o comportamento operante diminui em frequência, duração e intensidade quando o investigador termina a entrega do reforço. Pesquisadores observaram esses padrões com SIB (Roscoe, Iwata & Goh, 1998), interrupções do sono noturno (Blampied & France, 1993) e vocalizações bizarras (Wilder, Masuda, O'Connor & Baham, 2001), para citar alguns. Além disso, foram observados outros padrões de resposta associados à extinção – alguns dos quais são indesejáveis, como a extinção ou a explosão de resposta, variação de resposta, agressividade, comportamento emocional e recuperação espontânea. Discutimos esses cinco padrões de resposta associados à extinção devido à sua relevância clínica. Os analistas do comportamento devem reconhecer e antecipar esses padrões de resposta e se preparar para eles de acordo (p. ex., fornecer aos cuidadores equipamentos de proteção em caso de agressão induzida pela extinção).

Explosão de extinção

A *explosão de extinção* é o aumento temporário na frequência, na intensidade ou na duração de uma resposta-alvo que pode ocorrer com o início da extinção (Cooper, Heron & Heward, 1987). As explosões de extinção podem ser prejudiciais por pelo menos duas razões. Primeiro, um aumento temporário na frequência, na intensidade ou na duração do comportamento-problema pode produzir maior lesão ou destruição se tal comportamento for perigoso (p. ex., agressão). Em segundo lugar, os cuidadores podem estar menos inclinados a seguir com o tratamento se ele produzir piora do comportamento, mesmo que esta seja temporária (Sloman *et al.*, 2005).

Embora os livros didáticos muitas vezes apresentem a explosão de extinção como efeito colateral comum, dados publicados sugerem que as explosões de extinção podem não ser tão prevalentes quanto se acreditava (p. ex., Lerman & Iwata, 1995; Lerman, Iwata & Wallace, 1999; Woods & Borrero, 2019). Lerman e Iwata (1995) relataram que explosões de extinção ocorreram em 36% de 113 casos publicados e não publicados quando os pesquisadores utilizaram a extinção de maneira isolada. Em contraste, explosões de extinção ocorreram em apenas 12% dos casos quando os investigadores combinaram a extinção com outros procedimentos (p. ex., reforçamento diferencial). Lerman, Iwata e Wallace (1999) descobriram que explosões de extinção ocorreram em 62% dos casos quando os pesquisadores usaram a extinção de modo isolado, e em 39% dos casos quando os pesquisadores utilizaram a extinção com outros procedimentos. Os dados de Lerman *et al.* são especialmente importantes, pois os pesquisadores implementaram o tratamento em um ambiente intensamente controlado, em que a extinção só estava em vigor durante a coleta de dados para o estudo. Dessa forma, esses dados presumivelmente mediram os níveis de resposta no início da extinção, o único momento em que explosões de extinção podem ocorrer. Em contrapartida, Lerman e Iwata conduziram seu estudo em uma unidade de internação na qual os médicos podem estar implementando a extinção ao longo do dia. Tais pesquisadores coletaram dados durante sessões curtas; portanto, esses dados podem não ter medido os níveis de resposta no início da extinção. Essa diferença na implementação da extinção entre os dois estudos poderia explicar a maior porcentagem de casos de explosões de extinção em Lerman *et al.* De modo mais geral, os pesquisadores descobriram que explosões de extinção são mais prováveis com a extinção isolada e menos prováveis com a extinção combinada com outros procedimentos.

Variação de resposta induzida pela extinção

Outro padrão de resposta comumente relatado associado à extinção é a *variação de resposta*, tendência aumentada para que comportamentos novos ou diversos ocorram durante a extinção. Por exemplo, se um adulto nega a uma criança o acesso ao reforço após a criança pedir educadamente pelo reforço, ela pode se envolver em um comportamento alternativo (p. ex., choramingar) para acessar o reforço. Às vezes, a variação da resposta induzida pela extinção é desejável. Por exemplo, a variação de resposta pode produzir aproximações sucessivas de comportamento que um investigador pode diferencialmente reforçar para modelar formas de resposta novas e desejadas (Grow, Kelley, Roane & Shillingsburg, 2008). A variação da resposta pode ser desejável durante o tratamento do comportamento-problema se o comportamento apropriado surgir. Já a variação da resposta é indesejável se outras formas de comportamento-problema surgirem.

Até o momento, nenhum estudo examinou a variação de resposta de maneira explícita durante a implementação da extinção para o comportamento-problema. No entanto, a pesquisa básica tem relatado variação de resposta por décadas (p. ex., Antonitis, 1951). Algumas pesquisas aplicadas relataram variação de resposta quando os pesquisadores implementaram a extinção, embora a variação de resposta não tenha sido o foco do estudo. Por exemplo, Lerman, Kelley, Vorndran e Van Camp (2003) bloquearam o toque da cabeça e dos dentes de um participante, e a torção das mãos aumentou. Da mesma forma, Lerman, Kelley, Van Camp e Roane (1999) implementaram a extinção para gritos, e as palmas aumentaram. Lerman, Kelley *et al.* (1999) forneceram, então, reforço para bater palmas como resposta alternativa. Uma explicação para esses resultados é que as respostas recém-surgidas foram resultados da variação da resposta induzida pela extinção. Uma explicação alternativa é que as respostas recém-surgidas eram membros da mesma classe de resposta funcional, ou seja, as respostas recém-surgidas historicamente produziram o mesmo reforço que a resposta na extinção. Mais pesquisas são necessárias para determinar se a variação de resposta induzida pela extinção ocorre em ambientes aplicados.

Agressão induzida pela extinção

A pesquisa básica mostrou que a agressão pode surgir como resultado da retenção de reforço contingente ou não contingente já apresentado (p. ex., Azrin, Hutchinson & Hake, 1966). As evidências de agressão induzida pela extinção em humanos são bastante claras (p. ex., Frederiksen & Peterson, 1974; Kelly e Hake, 1970; Todd, Morris & Fenza, 1989). Por exemplo, Kelly e Hake (1970) examinaram o efeito da extinção em uma resposta de socos em participantes de laboratório. Os participantes exibiram poucos socos quando o apertar de botões foi eficaz como resposta de esquiva. Os socos aumentaram para sete dos nove participantes quando o pressionamento do botão estava em extinção.

Uma explicação alternativa da agressão induzida pela extinção é que o comportamento agressivo emergente é um membro da mesma classe de resposta funcional que o comportamento na extinção. Se assim for, a agressão pode surgir quando outro comportamento-problema não produz mais reforço. Por exemplo, Vollmer, Iwata, Zarcone, Smith e Mazaleski (1993) relataram que o reforço não contingente e a extinção como tratamento para SIB resultaram em uma explosão de agressão de um participante. Uma possibilidade é que agressão e SIB estivessem na mesma classe de resposta funcional, ou seja, o mesmo reforçador (atenção social em Vollmer *et al.*) manteve a agressão e o SIB. Essa explicação é especulativa, pois Vollmer *et al.* não realizaram uma análise funcional da agressão.

A pesquisa sobre hierarquias de resposta oferece evidências adicionais para uma interpretação de classe de resposta funcional da agressão induzida pela extinção. Por exemplo, Richman, Wacker, Asmus, Casey e Andelman (1999) realizaram análises funcionais nas quais a contingência de reforço para formas leves (p. ex., gritos, interrupções) e graves (p. ex., agressão) de comportamento-problema era a mesma, e eles observaram apenas um comportamento problemático leve. O comportamento-problema grave surgiu quando Richman *et al.*, implementaram a extinção para o comportamento-problema leve, mas continuaram a fornecer reforço para o comportamento-problema grave. Eles descobriram que o mesmo reforçador manteve um comportamento-problema leve e grave. Dois dos três participantes tinham padrão de resposta indicativo de uma hierarquia de classe de resposta na qual o comportamento-problema leve em geral ocorria antes do comportamento-problema grave. Esses dados sugerem que, quando formas graves de comportamento-problema continuam a produzir reforço, como quando um cuidador não pode reter o reforço, a cessação da contingência de reforço para formas menos graves provavelmente produzirá aumento concomitante de formas mais graves de comportamento-problema. Essa maior probabilidade de agressão e comportamento-problema muito mais grave quando outros comportamentos-problema são colocados em extinção destaca a importância de proteger não apenas o cliente, mas terapeutas, cuidadores e outros indivíduos que podem ser afetados pela implementação de um procedimento de extinção.

Comportamento emocional induzido pela extinção

O *comportamento emocional induzido pela extinção* é outro padrão de resposta associado à extinção (Lerman & Iwata, 1996b). Tal comportamento em humanos pode incluir chorar, tentar fugir, protestar, demonstrar que está chateado e outras formas de agitação (p. ex., Baumeister & Forehand, 1971; Rovee-Collier & Capatides, 1979; Sullivan, Lewis, & Alessandri, 1992). Por exemplo, Sullivan *et al.* examinaram a resposta emocional de bebês de 4 meses de idade durante as fases de linha de base, de reforço e de extinção, nas quais as fases de linha de base e de extinção foram processualmente idênticas, exceto que a linha de base precedeu, e a de extinção veio após a história de aprendizado fornecida na fase de reforço. Eles concluíram que o reforço positivo se correlacionou com expressões emocionais positivas (p. ex., expressões faciais) e medidas fisiológicas (p. ex., frequência cardíaca) quando comparado às medidas da linha de base. Em contrapartida, a extinção correlacionou-se com respostas emocionais negativas e medidas fisiológicas. O comportamento emocional induzido pela extinção na pesquisa básica pode incluir limpeza de bigodes em ratos, farejamento e locomoção (Gallup

& Altomari, 1969; Lerman & Iwata, 1996b). Ainda não está claro se o comportamento emocional em humanos (p. ex., chorar) é paralelo à resposta exibida por animais não humanos (p. ex., limpeza de bigodes). O choro e o protesto em humanos podem ser membros da mesma classe de resposta funcional que o comportamento-problema na extinção, em vez de induzidos pelo próprio procedimento de extinção.

Quaisquer que sejam as propriedades funcionais do comportamento emocional, é importante observar sua ocorrência em contextos clínicos. Os cuidadores podem interpretar o comportamento emocional como sinal de desconforto (Blampied & France, 1993; France & Hudson, 1990), e sua ocorrência poderia diminuir a aceitabilidade da extinção e afetar de maneira negativa a integridade com que os cuidadores implementam a extinção. Além disso, o comportamento emocional induzido pela extinção pode ser indicativo de que o contexto do estímulo é aversivo e pode aumentar a probabilidade de comportamento de fuga ou de esquiva. Tal comportamento pode ter impacto negativo se o contexto for um ambiente de aprendizagem, ou se o indivíduo consistentemente tentar fugir ou evitar um cuidador.

Recuperação espontânea

Recuperação espontânea refere-se ao ressurgimento de comportamentos já extintos após um período afastado do contexto no qual o investigador implementou a extinção (Skinner, 1938). As evidências para a recuperação espontânea são amplas na pesquisa básica (p. ex., Hatton, 1965; Lewis, 1956; Miller & Stevenson, 1936; Youtz, 1938), e há alguns relatos disso em pesquisa aplicada (Lerman, Kelley, *et al.*, 1999). Skinner (1938) mostrou que a exposição de uma resposta previamente reforçada à extinção diminuiu a resposta aos níveis de pré-treinamento ao final da primeira exposição. Quando Skinner expôs o sujeito à extinção uma segunda vez, a resposta reapareceu no início da sessão, com diminuição gradual para os níveis de pré-treinamento até o final da sessão. O sujeito repetiu esse padrão durante as exposições subsequentes à extinção, com curvas de resposta gradualmente decrescentes.

A recuperação espontânea é provavelmente um fenômeno importante a ser considerado na aplicação. Por exemplo, suponha que um pai entre no quarto de uma criança com base em um comportamento perturbador na hora de dormir, e a atenção dos pais funcione como reforço. France e Hudson (1990) ensinaram os cuidadores a implementar a extinção, que consistia em eliminar a atenção para o comportamento perturbador na hora de dormir, não entrando no quarto, a menos que uma criança tivesse um problema de saúde. Os pesquisadores observaram o efeito de extinção esperado (i.e., eventual diminuição do comportamento disruptivo noturno). No entanto, breves aumentos no comportamento disruptivo noturno ocorreram periodicamente ao longo das noites, o que pode ter sido em razão do tempo entre os ensaios de extinção.

Há razões práticas para se estar atento à recuperação espontânea. Primeiro, se a recuperação ocorrer de modo inesperado, os cuidadores podem inferir que a intervenção não funciona, e eles podem não continuar a implementá-la. Os clínicos devem informar os cuidadores para esperar a recuperação espontânea, mas também observar que a recuperação deve ser de menor magnitude e mais fácil de eliminar cada vez que ocorre. Em segundo lugar, os médicos podem antecipar a recuperação espontânea e organizar o ambiente de acordo. Por exemplo, os médicos podem implementar precauções de segurança para agressão grave ou SIB, mesmo que ensaios anteriores de extinção tenham produzido taxas baixas ou provavelmente até nulas de comportamento-problema.

Fatores que influenciam a eficácia da extinção

Diversos fatores influenciam a eficácia da extinção. Embora a lista de variáveis em potencial que influenciam a extinção seja longa, algumas variáveis-chave destacadas nesta seção incluem esquema e parâmetros de reforço durante a linha de base; disponibilidade de fontes alternativas de reforço durante o tratamento; e controle de estímulos, incluindo regras.

Esquema de reforço da linha de base

A *resistência à extinção*, persistência em responder durante a extinção, é uma medida que os pesquisadores utilizam para avaliar os efeitos da extinção. Catania (2007) define resistência à extinção como as respostas emitidas, o tempo decorrido ou o número de tentativas até que a resposta atinja um critério de extinção predeterminado, como o número de respostas emitidas antes de decorridos 2 minutos sem a ocorrência de uma resposta. O comportamento mantido em um esquema de reforçamento intermitente geralmente é mais resistente à extinção do que o mantido em um esquema de reforçamento contínuo (Ferster & Skinner, 1957). Quanto mais intermitente o esquema, mais resistente é o comportamento à extinção (Lerman & Iwata, 1996b). A influência do reforço intermitente é conhecida como *efeito de extinção por reforço parcial*. Análises discutindo o efeito de extinção por reforço parcial sugerem que o fenômeno é bastante complexo (p. ex., Lerman & Iwata, 1996b; Lewis, 1960; Mackintosh, 1974).

Pesquisas sobre o efeito da extinção por reforço parcial destacam essa complexidade. Por exemplo, alguns pesquisadores usaram o número total de respostas que ocorrem durante a extinção para avaliar o efeito de extinção por reforço parcial (Lerman & Iwata, 1996b). No entanto, Nevin (1988) argumentou que a proporção da taxa de resposta durante a linha de base é uma medida mais apropriada desse efeito. A diminuição proporcional na resposta quando a extinção segue um esquema de reforçamento intermitente pode ser maior do que a diminuição proporcional na resposta quando a extinção segue um esquema de reforçamento contínuo. MacDonald, Ahearn, Parry-Cruwys, Bancroft e Dube (2013) descobriram que as taxas proporcionais médias de comportamento-problema eram maiores quando a extinção seguia um esquema de reforçamento contínuo do que quando a extinção seguia um de reforço intermitente. Embora a maioria das pesquisas mostre que o comportamento-problema diminui de maneira mais rápida quando a extinção segue um esquema de reforçamento contínuo, os achados às vezes são variados (Lerman, Kelley, Vorndran, Kuhn & LaRue, 2002). Resultados de alguns estudos mostraram que o comportamento-problema diminui mais rapidamente quando a extinção segue um esquema de reforçamento intermitente (p. ex., Siqueland, 1968). Futuros investigadores poderão examinar as condições nas quais isso ocorre.

Parâmetros de reforço da linha de base

Lerman e Iwata (1996b) delinearam diversos outros parâmetros basais de reforço que parecem influenciar a resposta durante a extinção. Esses parâmetros incluem, mas não estão limitados ao número de reforçadores entregues, ao atraso para o reforço e à magnitude do reforço.

Número de reforçadores

A pesquisa comportamental básica tem mostrado geralmente que quanto maior o período de aquisição (i.e., histórico de reforço) ou quanto maior a densidade de entrega do reforçador (mesmo que independente da resposta) antes da extinção ser implementada, mais resistente é o comportamento à extinção (p. ex., Fisher, Saini, *et al.*, 2019; Nevin, Tota, Torquato & Shull, 1990). No entanto, a pesquisa básica também mostrou que os efeitos do número de reforçadores atingem uma assíntota após a qual a resistência à extinção não aumenta mais, às vezes após apenas 100 reforços (Lerman & Iwata, 1996b). Não sabemos se o efeito assintótico do número de reforço na resistência à extinção durante a linha de base se aplica aos seres humanos em ambientes complexos. Se assim for, a resistência à extinção deve atingir seu ponto mais alto rapidamente se o comportamento-problema tiver ocorrido em uma alta frequência na linha de base.

Atraso para o reforço

A pesquisa básica mostrou que o atraso para o reforço antes da implementação da extinção influencia seus efeitos. Segundo Lerman e Iwata (1996b), a literatura sugere que o comportamento-problema é mais resistente à extinção em condições em que os atrasos no reforço são imprevisíveis e variáveis do que em condições sem atraso no reforço. Já a resistência à extinção é menos pronunciada (i.e., a resposta não persiste tanto) se o atraso para o reforço for constante e previsível. Descobertas relacionadas ao atraso têm implicações poderosas para tratamentos baseados em extinção. As consequências para o comportamento-problema geralmente são adiadas, e a duração do atraso em geral é variável (p. ex., Borrero, Vollmer, Borrero & Bourret, 2005) – condições que diminuiriam a eficácia da extinção. A entrega de reforço imediato em um programa contínuo e em um atraso constante pode reduzir os efeitos deletérios do atraso do reforço.

Magnitude do reforço

A pesquisa básica mostra que, se definirmos a magnitude do reforço pela quantidade, então magnitudes menores do reforço durante a linha de base produzem mais resistência à extinção. Se definirmos a magnitude do reforço pela intensidade, então magnitudes maiores do reforço durante a linha de base produzem mais resistência à extinção. A implicação clínica dessas descobertas é que a magnitude ou a intensidade do reforço da linha de base, dependendo da função do comportamento-problema, deve influenciar a resistência à extinção. Por exemplo, o comportamento-problema mantido pelos alimentos pode ser mais resistente à extinção se reforçado durante a linha de base com um pequeno lanche em relação a uma refeição grande. Em contrapartida, o comportamento-problema mantido pela atenção pode ser mais resistente à extinção se reforçado durante a linha de base com atenção de alta intensidade em relação à atenção de baixa intensidade. Algumas pesquisas aplicadas estão começando a avaliar diferenças qualitativas na atenção como reforço. A questão da intensidade do reforçador, no que se refere à atenção social, poderia ser como a questão da atenção de maior qualidade (p. ex.,

Fisher, Ninness, Piazza & Owen-DeSchryver, 1996; Piazza *et al.*, 1999). No entanto, os pesquisadores não avaliaram os efeitos da qualidade do reforço na resistência à extinção no contexto de tratamentos comportamentais.

Extinção combinada com reforço

A extinção é mais efetiva na redução do comportamento-problema quando combinada com reforçamento diferencial ou não contingente (Lalli, Casey & Kates, 1997; Reed *et al.*, 2004; Vollmer *et al.*, 1998). Enfatizamos duas das possíveis razões para essa descoberta.

Primeiro, a disponibilidade de reforço para comportamentos alternativos deve diminuir o comportamento-problema e aumentar o alternativo, segundo os princípios da *lei da igualação* (Herrnstein, 1974). Tal lei postula que a taxa relativa de uma resposta corresponderá à taxa relativa de reforçamento para essa resposta. Por exemplo, se houver duas vezes mais reforçadores disponíveis para comportamentos-problema do que para outros comportamentos, o indivíduo se envolverá em duas vezes mais comportamentos-problema do que outros comportamentos (Borrero & Vollmer, 2002; Martens & Houk, 1989; McDowell, 1988). Borrero e Vollmer (2002) realizaram observações descritivas nas quais observaram o comportamento-problema emitido por quatro crianças com deficiências no desenvolvimento e os eventos ambientais que as seguiram (p. ex., potenciais reforçadores). Após as observações naturalísticas, os pesquisadores identificaram o reforçador funcional mantendo o comportamento-problema de cada criança por meio de uma análise funcional. Posteriormente, eles calcularam a taxa relativa de resposta a partir da observação naturalística e mostraram que ela correspondia à taxa relativa de reforçamento, conforme previsto pela lei da igualação. Além desse estudo, Borrero *et al.* (2010) manipularam de modo experimental as taxas de reforçamento para mostrar que as taxas de resposta ao comportamento-problema se ajustaram de acordo. Portanto, a extinção do comportamento-problema deve produzir uma mudança na resposta deste para um comportamento que produz reforço. Por exemplo, a extinção do comportamento-problema mantido pela atenção e a entrega de atenção para uma resposta de comunicação devem produzir uma redução nesse comportamento e um aumento na resposta de comunicação (Carr & Durand, 1985).

Em segundo lugar, falhas na integridade do tratamento durante a extinção por si só provavelmente terão efeito prejudicial sobre o tratamento, pois essas falhas seriam equivalentes a um esquema de reforçamento intermitente para o comportamento-problema. Em contrapartida, tais falhas podem não ser tão prejudiciais quando combinamos extinção com reforço se o esquema de reforçamento for suficientemente denso, ou seja, não é provável que um indivíduo mude a resposta ao comportamento-problema após um reforço ocasional do comportamento-problema se o reforço estiver disponível diferencialmente para o comportamento alternativo ou não contingente.

Embora a extinção combinada com o reforço seja mais eficaz do que a isolada, o ressurgimento pode ocorrer se o comportamento alternativo recém-adquirido e reforçado (p. ex., conformidade, comunicação) sofrer extinção (Epstein, 1983). *Ressurgimento* é o reaparecimento de um comportamento extinto (p. ex, o comportamento-problema). O esquema de reforçamento para comportamento adequado em uma intervenção de reforço mais extinção afetará a ocorrência ou não do ressurgimento.

Controle de estímulos

Controle de estímulo é a mudança na probabilidade de uma resposta devido à presença, à ausência ou à mudança em um evento de estímulo antecedente (Pierce & Cheney, 2013). Uma forma pela qual o controle de estímulos é relevante para a extinção é durante esquemas múltiplos. *Esquemas múltiplos* são esquemas compostos nos quais diferentes estímulos correlacionados sinalizam dois ou mais esquemas de componentes alternados de reforço, extinção ou punição (Ferster & Skinner, 1957). A pesquisa básica mostrou que os esquemas de extinção sinalizada produzem supressão mais imediata e controle de estímulo sobre a resposta do que os esquemas de extinção não sinalizada (p. ex., esquemas mistos de reforço). As descobertas de estudos aplicados confirmaram as da pesquisa básica (p. ex., Cammilleri, Tiger & Hanley, 2008; Fisher, Greer, Fuhrman, Saini & Simmons, 2018; Fuhrman, Fisher & Greer, 2016; Hanley, Iwata & Thompson, 2001). Por exemplo, Hanley *et al.* (2001) utilizaram componentes de reforço sinalizado e extinção sinalizada durante o treinamento de comunicação funcional e, em seguida, reduziram os esquemas de reforço. Em geral, os resultados mostraram que a extinção era mais eficaz se os pesquisadores a sinalizassem, ou seja, o SIB era muito mais provável no componente de extinção não sinalizada (i.e., esquema misto) do que no componente de extinção sinalizada (i.e., esquema múltiplo). Além disso, os sinais foram eficazes em manter o SIB abaixo dos níveis da linha de base à medida que os pesquisadores diminuíram o reforço e os períodos de extinção aumentaram. O procedimento de redução do esquema (em que os períodos de extinção aumentaram), além de estímulos correlacionados com o esquema que são comuns em pesquisas em esquemas múltiplos, provavelmente serviu para reduzir os efeitos colaterais negativos da extinção. No entanto, mais pesquisas em esquemas múltiplos são necessárias para medir os diversos efeitos colaterais já descritos. Por fim, a pesquisa também sugere que os indivíduos podem preferir intervenções com esquemas de extinção sinalizada e reforço em vez de intervenções com esquemas de extinção não sinalizada e reforço (Tiger, Hanley,& Heal, 2006).

Uma forma específica de controle de estímulos é o instrucional. Pesquisadores têm mostrado que os efeitos da extinção são mais rápidos quando instruções verbais sinalizam um esquema de extinção do que quando não há instruções verbais (Notterman, Schoenfeld & Bersh, 1952; Weiner, 1970). Os efeitos de instruções verbais breves na extinção são comparáveis aos efeitos de sinais presentes durante a duração do componente programado (i.e., de modo contínuo sinalizado; Tiger, Hanley & Larsen, 2008). Um exemplo de instruções verbais como sinal de extinção pode ser "a partir de hoje, não lhe darei um brinquedo quando você gritar". Essa abordagem faz sentido intuitivo quando são consideradas ocorrências diárias comuns, como quando um amigo ou um colega sugere: "não coloque seu dinheiro na máquina de refrigerante; ela está quebrada hoje". Sob tais condições, é muito menos provável que alguém se envolva em uma resposta como colocar dinheiro na máquina. Presumivelmente, a regra mais um teste de extinção produziriam efeito mais rápido do que um teste de extinção apresentado isoladamente de regras se alguém testasse as contingências. Por exemplo, Tiger *et al.* (2008) avaliaram o efeito de fornecer instruções verbais breves (p. ex., dizendo: "é a sua vez" ou "é a minha vez") durante os componentes de reforço e extinção de um esquema múltiplo, em comparação com quando eles não ofereceram essas instruções (i.e., um esquema misto). Eles descobriram que todas as crianças se engajaram em responder de forma discriminada quando os pesquisadores forneceram sinais breves (i.e., as instruções verbais) durante os componentes de reforço e extinção. Além disso, três das quatro crianças envolveram-se em níveis próximos de zero de resposta durante o componente de extinção quando os pesquisadores forneceram instruções verbais no início dos componentes de reforço e extinção, ou quando apenas sinalizaram o componente de reforço.

Considerações práticas

Nesta seção, discutimos três considerações na implementação prática da extinção: (1) o uso da extinção como componente de um pacote de tratamento, (2) estratégias alternativas quando a extinção é impossível ou impraticável e (3) a relação entre extinção e as operações motivadoras.

Pacotes de tratamento

Em aplicações práticas, é provável que os clínicos combinem a extinção com outros procedimentos, como o reforçamento diferencial (McCord, Iwata, Galensky, Ellingson & Thomson, 2001; McCord, Thomson, Iwata, 2001; Piazza, Moes & Fisher, 1996) ou reforço não contingente (Hagopian, Wilson & Wilder, 2001; Hanley, Piazza, Fisher, Contrucci & Maglieri, 1997). Por exemplo, Fyffe *et al.* (2004) utilizaram o treinamento de comunicação funcional e extinção para tratar o comportamento-problema de um participante (i.e., tocar nos outros de forma inadequada). A análise funcional mostrou que a atenção foi o reforço para o comportamento-problema. Fyffe *et al.* ensinaram o participante a solicitar atenção por meio de um cartão de atenção. Durante a extinção, os pesquisadores bloquearam e não forneceram outras consequências diferenciais para o comportamento-problema que diminuiu em relação à linha de base. Estudos semelhantes têm demonstrado a eficácia da extinção combinada com reforçamento diferencial de comportamentos alternativos (Rehfeldt & Chambers, 2003; Wilder *et al.*, 2001), treinamento de comunicação funcional (Fyffe *et al.*, 2004; Hanley, Piazza, Fisher & Maglieri, 2005) e reforço não contingente (Vollmer *et al.*, 1993).

Os investigadores mostraram que componentes antecedentes (p. ex., regras), modificação de operações motivadoras (p. ex., desvanecimento da demanda) ou o uso de eventos consequentes que não o reforço (i.e., punição) influenciam a eficácia da extinção (p. ex., diminuição rápida da resposta em comparação com a extinção isolada; Cote, Thompson & McKerchar, 2005; Lerman *et al.*, 2003; Zarcone, Iwata, Smith, Mazaleski & Lerman, 1994). Por exemplo, Cote *et al.* avaliaram um aviso de 2 minutos ou o acesso a um brinquedo durante as transições entre as atividades em conformidade com a transição e o comportamento-problema. As duas intervenções foram ineficazes quando implementadas de maneira isolada. No entanto, a adição de um dos componentes da intervenção aumentou os efeitos de extinção para dois dos três participantes, ou seja, a adesão para esses participantes aumentou de modo mais rápido e foi mais consistente no pacote de tratamento em relação à extinção isoladamente.

Modificação da extinção

Há circunstâncias nas quais pesquisadores, clínicos ou cuidadores não podem implementar a extinção com alta integridade. Alguns exemplos são a dificuldade de orientação física com um indivíduo grande e forte; o perigo de não proporcionar consequências diferenciadas ao SIB com risco de vida; e a dificuldade de eliminar o reforço automático produzido por um comportamento. Nesses casos, uma abordagem geral pode ser minimizar o reforço para o comportamento-problema e maximizar o reforço para o apropriado (Vollmer, Peters, Kronfli, Lloveras & Ibañez, 2020). Por exemplo, Athens e Vollmer (2010) investigaram parâmetros do reforçador funcional mantendo o comportamento-problema incluindo duração, qualidade, atraso e uma combinação desses parâmetros. Os resultados indicaram que a alteração de cada um dos parâmetros do reforço para favorecer a resposta alternativa (p. ex., aumento da duração) em relação ao comportamento-problema (p. ex., diminuição da duração) produziu diminuição no comportamento problemático, embora a extinção não estivesse em vigor. Além disso, as diminuições mais acentuadas no comportamento-problema ocorreram quando os pesquisadores alteraram todos os parâmetros de reforço para favorecer a resposta alternativa, e essas descobertas foram consistentes entre os comportamentos mantidos por diferentes fontes de reforço socialmente mediado (i.e., atenção, tangível, fuga).

Operações motivadoras

Uma *operação motivadora* é qualquer evento ambiental que altere a eficácia reforçada de outros eventos (p. ex., reforço) e a probabilidade de uma classe de resposta que historicamente produziu esses eventos (Michael, 1993). Identificar as variáveis que alteram a eficácia da fuga, da atenção e do reforço automático pode estabelecer a adequação da extinção como tratamento (Fisher, Greer, Mitteer *et al.*, 2018). Por exemplo, a extinção pode ser inadequada para o comportamento-problema mantido pela fuga em contexto instrucional se as tarefas não forem apropriadas para as habilidades do indivíduo, ou para o comportamento-problema automático ou mantido pela atenção em ambiente estéril. Diversos pesquisadores têm demonstrado métodos para reduzir o comportamento-problema na ausência de extinção (p. ex., exemplo, Lalli *et al.*, 1999; Fritz, Jackson, Stiefler, Wimberly & Richardson, 2017; Slocum & Vollmer, 2015; Vollmer, Marcus & Ringdahl, 1995). Lalli *et al.* (1999) demonstraram que a adesão aumentou e o comportamento-problema diminuiu quando forneceram reforço positivo (itens comestíveis) para a adesão na ausência de extinção. Os clínicos devem alterar as operações motivadoras diretamente se elas forem atípicas (p. ex., demandas excessivamente severas, ambiente estéril) antes de considerar a extinção como tratamento.

Considerações finais

A extinção é um dos princípios comportamentais mais básicos em nosso campo, sendo a operação de reforço descontínuo de uma resposta. Se um investigador pode identificar o reforço para o comportamento-problema, e esse reforço está no controle do investigador, então ele pode interromper a relação resposta-reforçador. A extinção assume diferentes formas, dependendo da fonte de reforço.

Pesquisas básicas e aplicadas têm mostrado que a extinção é eficaz para diminuir o comportamento-problema. Além disso, alguns estudos relataram padrões de resposta associados à extinção, como explosão de extinção, variação de resposta, comportamento emocional, agressividade e recuperação espontânea. As análises na literatura sugerem que esses padrões de resposta podem não ser tão comuns quanto se acreditava, e que os investigadores podem atenuá-los combinando a extinção com outros procedimentos, como o reforço.

Diversos fatores influenciam a eficácia da extinção, incluindo (1) a identificação da função operante do comportamento-problema, (2) o esquema de linha de base do reforço, (3) os parâmetros de linha de base do reforço, (4) o uso de outros procedimentos (p. ex., reforço) e (5) as propriedades discriminativas do ambiente. O reconhecimento dessas variáveis provavelmente melhorará a eficácia de intervenções baseadas em extinção para o comportamento-problema. Os pesquisadores devem considerar alternativas se os cuidadores não puderem implementar a extinção com alta integridade ou se as operações motivadoras forem atípicas.

Referências

Antonitis, J. J. (1951). Response variability in the white rat during conditioning, extinction, and reconditioning. *Journal of Experimental Psychology*, *42*, 273-281.

Athens, E. S., & Vollmer, T. R. (2010). Investigation of differential reinforcement of alternative behavior without extinction. *Journal of Applied Behavior Analysis*, *43*, 569-589.

Azrin, N. H., Hutchinson, R. R., & Hake, D. F. (1966). Extinction-induced aggression. *Journal of the Experimental Analysis of Behavior*, *9*, 191-204.

Bachmeyer, M. H., Kirkwood, C. A., Criscito, A. B., Mauzy, C. R., & Berth, D. P. (2019). A comparison of functional analysis methods of inappropriate mealtime behavior. *Journal of Applied Behavior Analysis*, *52*, 603-621.

Bachmeyer, M. H., Piazza, C. C., Fredrick, L. D., Reed, G. K., Rivas, K. D., & Kadey, H. J. (2009). Functional analysis and treatment of multiply controlled inappropriate mealtime behavior. *Journal of Applied Behavior Analysis, 42*, 641-658.

Baumeister, A. A., & Forehand, R. (1971). Effects of extinction of an instrumental response on stereotyped body rocking in severe retardates. *Psychological Record, 21*, 235-240.

Beavers, G. A., & Iwata, B. A. (2013). Thirty years of research on the functional analysis of problem behavior. *Journal of Applied Behavior Analysis, 46*, 1-21.

Berth, D. P., Bachmeyer, M. H., Kirkwood, C. A., Mauzy, C. R., Retzlaff, B. J., & Gibson, A. L. (2019). Noncontingent and differential reinforcement in the treatment of pediatric feeding problems. *Journal of Applied Behavior Analysis, 52*, 622-641.

Blampied, N. M., & France, K. G. (1993). A behavioral model of infant sleep disturbance. *Journal of Applied Behavior Analysis, 26*, 477-492.

Borrero, C. S. W., Vollmer, T. R., Borrero, J. C., & Bourret, J. (2005). A method for evaluating parameters of reinforcement during parent-child interactions. *Research in Developmental Disabilities, 26*, 577-592.

Borrero, C. S. W., Vollmer, T. R., Borrero, J. C., Bourret, J. C., Sloman, K. N., Samaha, A. L., *et al.* (2010). Concurrent reinforcement schedules for problem behavior and appropriate behavior: Experimental applications of the matching law. *Journal of the Experimental Analysis of Behavior, 93*, 455-469.

Borrero, J. C., & Vollmer, T. R. (2002). An application of the matching law to severe problem behavior. *Journal of Applied Behavior Analysis, 35*, 13-27.

Cammilleri, A. P., Tiger, J. H., & Hanley, G. P. (2008). Developing stimulus control of young children's requests to teachers: Classwide applications of multiple schedules. *Journal of Applied Behavior Analysis, 41*, 299-303.

Carr, E. G., & Durand, V. M. (1985). Reducing behavior problems through functional communication training. *Journal of Applied Behavior Analysis, 18*, 111-126.

Catania, A. C. (2007). *Learning* (4th ed.). Cornwall-on-Hudson, NY: Sloan.

Cooper, J. O., Heron, T. E., & Heward, W. L. (1987). *Applied behavior analysis*. Columbus, OH: Merrill.

Cooper, L. J., Wacker, D. P., McComas, J. J., Brown, K., Peck, S. M., Richman, D., *et al.* (1995). Use of component analyses to identify active variables in treatment packages for children with feeding disorders. *Journal of Applied Behavior Analysis, 28*, 139-153.

Cote, C. A., Thompson, R. H., & McKerchar, P. M. (2005). The effects of antecedent interventions and extinction on toddlers' compliance during transitions. *Journal of Applied Behavior Analysis, 38*, 235-238.

Derby, K. M., Wacker, D. P., Sasso, G., Steege, M., Northup, J., Cigrand, K., *et al.* (1992). Brief functional assessment techniques to evaluate aberrant behavior in an outpatient setting: A summary of 79 cases. *Journal of Applied Behavior Analysis, 25*, 713-721.

Dorsey, M. F., Iwata, B. A., Reid, D. H., & Davis, P. A. (1982). Protective equipment: Continuous and contingent application in the treatment of self-injurious behavior. *Journal of Applied Behavior Analysis, 15*, 217-230.

Dowdy, A., Tincani, M., Nipe, T., & Weise, M. J. (2018). Effects of reinforcement without extinction on increasing compliance with nail cutting: A systematic replication. *Journal of Applied Behavior Analysis, 51*, 924-930.

Epstein, R. (1983). Resurgence of previously reinforced behavior during extinction. *Behaviour Analysis Letters, 3*, 391-397.

Ferster, C. B., & Skinner, B. F. (1957). *Schedules of reinforcement*. Nova York: Appleton-Century-Crofts.

Fisher, W. W., Felber, J. M., Phillips, L. A., Craig, A. R., Paden, A. R., & Niemeier, J. J. (2019). Treatment of resistance to change in children with autism. *Journal of Applied Behavior Analysis, 52*, 974-993.

Fisher, W. W., Greer, B. D., Fuhrman, A. M., Saini, V., & Simmons, C. A. (2018). Minimizing resurgence of destructive behavior using behavioral momentum theory. *Journal of Applied Behavior Analysis, 51*, 831-853.

Fisher, W. W., Greer, B. D., Mitteer, D. R., Fuhrman, A. A., Romani, P. W., & Zangrillo, A. N. (2018). Further evaluation of differential exposure to establishing operations during functional communication training. *Journal of Applied Behavior Analysis, 51*, 360-373.

Fisher, W. W., Ninness, H. A. C., Piazza, C. C., & Owen-DeSchryver, J. S. (1996). On the reinforcing effects of the content of verbal attention. *Journal of Applied Behavior Analysis, 29*, 235-238.

Fisher, W. W., Saini, V., Greer, B. D., Sullivan, W. E., Roane, H. S., Fuhrman, A. M., *et al.* (2019). Baseline reinforcement rate and resurgence of destructive behavior. *Journal of the Experimental Analysis of Behavior, 111*, 75-93.

France, K. G., & Hudson, S. M. (1990). Behavior management of infant sleep disturbance. *Journal of Applied Behavior Analysis, 23*, 91-98.

Frederiksen, L. W., & Peterson, G. L. (1974). Schedule-induced aggression in nursery school children. *Psychological Record, 24*, 343-351.

Fritz, J. N., Jackson, L. M., Stiefler, N. A., Wimberly, B. S., & Richardson, A. R. (2017). Noncontingent reinforcement without extinction plus differential reinforcement of alternative behavior during treatment of problem behavior. *Journal of Applied Behavior Analysis, 50*, 590-599.

Fuhrman, A. M., Fisher, W. W., & Greer, B. D. (2016). A preliminary investigation on improving functional communication training by mitigating resurgence of destructive behavior. *Journal of Applied Behavior Analysis. 49*, 884-889.

Fyffe, C. E., Kahng, S., Fittro, E., & Russell, D. (2004). Functional analysis and treatment of inappropriate sexual behavior. *Journal of Applied Behavior Analysis, 37*, 401-404.

Gallup, G. G., & Altomari, T. S. (1969). Activity as a postsituation measure of frustrative nonreward. *Journal of Comparative and Physiological Psychology*, *68*, 382-384.

Girolami, P. A., & Scotti, J. R. (2001). Use of analog functional analysis in assessing the function of mealtime behavior problems. *Education and Training in Mental Retardation and Developmental Disabilities*, *36*, 207-223.

Grow, L. L., Kelley, M. E., Roane, H. S., & Shillingsburg, M. A. (2008). Utility of extinction-induced response variability for the selection of mands. *Journal of Applied Behavior Analysis*, *41*, 15-24.

Hagopian, L. P., Rooker, G. W., & Zarcone, J. R. (2015). Delineating subtypes of self-injurious behavior maintained by automatic reinforcement. *Journal of Applied Behavior Analysis*, *48*, 523-543.

Hagopian, L. P., Rooker, G. W., Zarcone, J. R., Bonner, A. C., & Arevalo, A. R. (2017). Further analysis of subtypes of automatically reinforced SIB: A replication and quantitative analysis of published datasets. *Journal of Applied Behavior Analysis*, *50*, 48-66.

Hagopian, L. P., Wilson, D. M., & Wilder, D. A. (2001). Assessment and treatment of problem behavior maintained by escape from attention and access to tangible items. *Journal of Applied Behavior Analysis*, *34*, 229-232.

Hanley, G. P., Iwata, B. A., & Thompson, R. H. (2001). Reinforcement schedule thinning following treatment with functional communication training. *Journal of Applied Behavior Analysis*, *34*, 17-38.

Hanley, G. P., Piazza, C. C., Fisher, W. W., Contrucci, S. A., & Maglieri, K. A. (1997). Evaluation of client preference for function-based treatment packages. *Journal of Applied Behavior Analysis*, *30*, 459-473.

Hanley, G. P., Piazza, C. C., Fisher, W. W., & Maglieri, K. A. (2005). On the effectiveness of and preference for punishment and extinction components of function-based interventions. *Journal of Applied Behavior Analysis*, *38*, 51-65.

Hatton, G. I. (1965). Drive shifts during extinction: Effects on extinction and spontaneous recovery of bar-pressing behavior. *Journal of Comparative and Physiological Psychology*, *59*, 385-391.

Heidorn, S. D., & Jensen, C. C. (1984). Generalization and maintenance of the reduction of self-injurious behavior maintained by two types of reinforcement. *Behaviour Research and Therapy*, *22*, 581-586.

Herrnstein, R. J. (1974). Formal properties of the matching law. *Journal of the Experimental Analysis of Behavior*, *21*, 159-164.

Hineline, P. N. (1977). Negative reinforcement and avoidance. Em W. K. Honig & J. E. R. Staddon (Eds.), *Handbook of operant behavior* (pp. 364-414). Englewood Cliffs, NJ: Prentice-Hall.

Hoch, T. A., Babbitt, R. L., Coe, D. A., Krell, D. M., & Hackbert, L. (1994). Contingency contacting: Combining positive reinforcement and escape extinction procedures to treat persistent food refusal. *Behavior Modification*, *18*, 106-128.

Iwata, B. A., Dorsey, M. F., Slifer, K. J., Bauman, K. E., & Richman, G. S. (1994). Toward a functional analysis of self-injury. *Journal of Applied Behavior Analysis*, *27*, 197-209. (Reprinted from *Analysis and Intervention in Developmental Disabilities*, *2*, 3-20, 1982)

Iwata, B. A., Pace, G. M., Cowdery, G. E., & Miltenberger, R. G. (1994). What makes extinction work: An analysis of procedural form and function. *Journal of Applied Behavior Analysis*, *27*, 131-144.

Iwata, B. A., Pace, G. M., Dorsey, M. F., Zarcone, J. R., Vollmer, T. R., Smith, R. G., *et al.* (1994). The functions of self-injurious behavior: An experimental-epidemiological analysis. *Journal of Applied Behavior Analysis*, *27*, 215-240.

Iwata, B. A., Pace, G. M., Kalsher, M. J., Cowdery, G. E., & Cataldo, M. F. (1990). Experimental analysis and extinction of self-injurious escape behavior. *Journal of Applied Behavior Analysis*, *23*, 11-27.

Kelly, J. F., & Hake, D. F. (1970). An extinction induced increase in an aggressive response with humans. *Journal of the Experimental Analysis of Behavior*, *14*, 153-164.

Lalli, J. S., Casey, S. D., & Kates, K. (1997). Noncontingent reinforcement as treatment for severe problem behavior: Some procedural variations. *Journal of Applied Behavior Analysis*, *30*, 127-137.

Lalli, J. S., Vollmer, T. R., Progar, P. R., Wright, C., Borrero, J., Daniel, D., *et al.* (1999). Competition between positive and negative reinforcement in the treatment of escape behavior. *Journal of Applied Behavior Analysis*, *32*, 285-296.

Lerman, D. C., & Iwata, B. A. (1995). Prevalence of the extinction burst and its attenuation during treatment. *Journal of Applied Behavior Analysis*, *28*, 93-94.

Lerman, D. C., & Iwata, B. A. (1996a). A methodology for distinguishing between extinction and punishment effects associated with response blocking. *Journal of Applied Behavior Analysis*, *29*, 231-233.

Lerman, D. C., & Iwata, B. A. (1996b). Developing a technology for the use of operant extinction in clinical settings: An examination of the basic and applied research. *Journal of Applied Behavior Analysis*, *29*, 345-382.

Lerman, D. C., Iwata, B. A., & Wallace, M. D. (1999). Side effects of extinction: Prevalence of bursting and aggression during the treatment of self-injurious behavior. *Journal of Applied Behavior Analysis*, *32*, 1-8.

Lerman, D. C., Kelley, M. E., Van Camp, C. M., & Roane, H. S. (1999). Effects of reinforcement magnitude on spontaneous recovery. *Journal of Applied Behavior Analysis*, *32*, 197-200.

Lerman, D. C., Kelley, M. E., Vorndran, C. M., Kuhn, S. A. C., & LaRue, R. H., Jr. (2002). Reinforcement magnitude and responding during treatment with differential reinforcement. *Journal of Applied Behavior Analysis*, *35*, 29-48.

Lerman, D. C., Kelley, M. E., Vorndran, C. M., & Van Camp, C. M. (2003). Collateral effects of response blocking during the treatment of stereotypic behavior. *Journal of Applied Behavior Analysis*, *36*, 119-123.

Lewis, D. J. (1956). Acquisition, extinction, and spontaneous recovery as a function of percentage of reinforcement and intertrial intervals. *Journal of Experimental Psychology, 51*, 45-53.

Lewis, D. J. (1960). Partial reinforcement: A selective review of the literature since 1950. *Psychological Bulletin, 57*, 1-28.

Lovaas, I., Newsom, C., & Hickman, C. (1987). Self-stimulatory behavior and perceptual reinforcement. *Journal of Applied Behavior Analysis, 20*, 45-68.

Lovaas, O. I., & Simmons, J. Q. (1969). Manipulation of self--destruction in three retarded children. *Journal of Applied Behavior Analysis, 2*, 143-157.

MacDonald, J. M., Ahearn, W. H., Parry-Cruwys, D., Bancroft, S., & Dube, W. V. (2013). Persistence during extinction: Examining the effects of continuous and intermittent reinforcement on problem behavior. *Journal of Applied Behavior Analysis, 46*, 333-338.

Mackintosh, N. J. (1974). *The psychology of animal learning*. Nova York: Academic Press.

Martens, B. K., & Houk, J. L. (1989). The application of Herrnstein's law of effect to disruptive and on-task behavior of a retarded adolescent girl. *Journal of the Experimental Analysis of Behavior, 51*, 17-27.

Mazaleski, J. L., Iwata, B. A., & Rodgers, T. A. (1994). Protective equipment as treatment for stereotypic hand mouthing: Sensory extinction or punishment. *Journal of Applied Behavior Analysis, 27*, 345-355.

Mazaleski, J. L., Iwata, B. A., Vollmer, T. R., Zarcone, J. R., & Smith, R. G. (1993). Analysis of the reinforcement and extinction components in DRO contingencies with self--injury. *Journal of Applied Behavior Analysis, 26*, 143-156.

McCord, B. E., Iwata, B. A., Galensky, T. L., Ellingson, S. A., & Thomson, R. J. (2001). Functional analysis and treatment of problem behavior evoked by noise. *Journal of Applied Behavior Analysis, 34*, 447-462.

McCord, B. E., Thomson, R. J., & Iwata, B. A. (2001). Functional analysis and treatment of self-injury associated with transitions. *Journal of Applied Behavior Analysis, 34*, 195-210.

McDowell, J. J. (1988). Matching theory in natural human environments. *Behavior Analyst, 11*, 95-108.

Michael, J. (1993). Establishing operations. *Behavior Analyst, 16*, 191-206.

Miller, N. E., & Stevenson, S. S. (1936). Agitated behavior of rats during experimental extinction and a curve of spontaneous recovery. *Journal of Comparative Psychology, 21*, 205-231. Nevin, J. A. (1988). Behavioral momentum and the practical reinforcement effect. *Psychological Bulletin, 103*, 44-56.

Nevin, J. A., Tota, M. E., Torquato, R. D., & Shull, R. L. (1990). Alternative reinforcement increases resistance to change: Pavlovian or operant contingencies? *Journal of the Experimental Analysis of Behavior, 53*, 359-379.

Notterman, J. M., Schoenfeld, W. N., & Bersh, P. J. (1952). A comparison of three extinction procedures following heart rate conditioning. *Journal of Abnormal and Social Psychology, 47*, 674-677.

Patel, M. R., Piazza, C. C., Martinez, C. J., Volkert, V. M., & Santana, C. M. (2002). An evaluation of two differential reinforcement procedures with escape extinction to treat food refusal. *Journal of Applied Behavior Analysis, 35*, 363-374.

Piazza, C. C., Bowman, L. G., Contrucci, S. A., Delia, M. D., Adelinis, J. D., & Goh, H. (1999). An evaluation of the properties of attention as reinforcement for destructive and appropriate behavior. *Journal of Applied Behavior Analysis, 32*, 437-449.

Piazza, C. C., Fisher, W. W., Brown, K. A., Shore, B. A., Patel, M. R., Katz, R. M., *et al.* (2003). Functional analysis of inappropriate mealtime behavior. *Journal of Applied Behavior Analysis, 36*, 187-204.

Piazza, C. C., Moes, D. R., & Fisher, W. W. (1996). Differential reinforcement of alternative behavior and demand fading in the treatment of escape-maintained destructive behavior. *Journal of Applied Behavior Analysis, 29*, 569-572.

Piazza, C. C., Patel, M. R., Gulotta, C. S., Sevin, B. M., & Layer, S. A. (2003). On the relative contributions of positive reinforcement and escape extinction in the treatment of food refusal. *Journal of Applied Behavior Analysis, 36*, 309-324.

Pierce, W. D., & Cheney, C. D. (2013). *Behavior analysis and learning* (5th ed.). Nova York: Psychology Press.

Pinkston, E. M., Reese, N. M., LeBlanc, J. M., & Baer, D. M. (1973). Independent control of a preschool child's aggression and peer interaction by contingent teacher attention. *Journal of Applied Behavior Analysis, 6*, 115-124.

Reed, G. K., Piazza, C. C., Patel, M. R., Layer, S. A., Bachmeyer, M. H., Bethke, S. D., *et al.* (2004). On the relative contributions of noncontingent reinforcement and escape extinction in the treatment of food refusal. *Journal of Applied Behavior Analysis, 37*, 27-41.

Rehfeldt, R. A., & Chambers, M. R. (2003). Functional analysis and treatment of verbal perseverations displayed by an adult with autism. *Journal of Applied Behavior Analysis, 36*, 259-261.

Richman, D. M., Wacker, D. P., Asmus, J. M., Casey, S. D., & Andelman, M. (1999). Further analysis of problem behavior in response class hierarchies. *Journal of Applied Behavior Analysis, 32*, 269-283.

Rincover, A. (1978). Sensory extinction: A procedure for eliminating self-stimulatory behavior in developmentally disabled children. *Journal of Abnormal Child Psychology, 6*, 299-310.

Rincover, A., Cook, R., Peoples, A., & Packard, D. (1979). Sensory extinction and sensory reinforcement principles for programming multiple adaptive behavior change. *Journal of Applied Behavior Analysis, 12*, 221-233.

Rincover, A., & Devany, J. (1982). The application of sensory extinction procedures to self-injury. *Journal of Applied Behavior Analysis, 2*, 67-81.

Roscoe, E. M., Iwata, B. A., & Goh, H. (1998). A comparison of noncontingent reinforcement and sensory extinction as treatments for self-injurious behavior. *Journal of Applied Behavior Analysis, 31*, 635-646.

Rovee-Collier, C. K., & Capatides, J. B. (1979). Positive behavioral contrast in 3-month-old infants on multiple conjugate reinforcement schedules. *Journal of the Experimental Analysis of Behavior, 32*, 15-27.

Saini, V., Greer, B. D., Fisher, W. W., Lichtblau, K. R., DeSouza, A. A., & Mitteer, D. R. (2016). Individual and combined effects of noncontingent reinforcement and response blocking on automatically reinforced problem behavior. *Journal of Applied Behavior Analysis, 49*, 693-698.

Sandman, C. A., & Hetrick, W. P. (1995). Opiate mechanisms in self-injury. *Mental Retardation and Developmental Disabilities Research Reviews, 1*, 130-136.

Siqueland, E. R. (1968). Reinforcement patterns and extinction in human newborns. *Journal of Experimental Child Psychology, 6*, 431-432.

Skinner, B. F. (1938). *The behavior of organisms: An experimental analysis*. Englewood Cliffs, NJ: PrenticeHall.

Slocum, S. K., & Vollmer, T. R. (2015). A comparison of positive and negative reinforcement for compliance to treat problem behavior maintained by escape. *Journal of Applied Behavior Analysis, 48*, 563-574.

Sloman, K. N., Vollmer, T. R., Cotnoir, N. M., Borrero, C. S. W., Borrero, J. C., Samaha, A. L., *et al.* (2005). Descriptive analyses of caregiver reprimands. *Journal of Applied Behavior Analysis, 38*, 373-383.

Smith, R. G., & Iwata, B. A. (1997). Antecedent influences on behavior disorders. *Journal of Applied Behavior Analysis, 30*, 343-375.

Smith, R. G., Russo, L., & Le, D. D. (1999). Distinguishing between extinction and punishment effects of response blocking: A replication. *Journal of Applied Behavior Analysis, 32*, 367-370.

Steege, M. W., Wacker, D. P., Cigrand, K. C., & Berg, W. K. (1990). Use of negative reinforcement in the treatment of self-injurious behavior. *Journal of Applied Behavior Analysis, 23*, 459-467.

Sullivan, M. W., Lewis, M., & Alessandri, S. M. (1992). Cross-age stability in emotional expressions during learning and extinction. *Developmental Psychology, 28*, 58-63.

Tiger, J. H., Hanley, G. P., & Heal, N. A. (2006). The effectiveness of and preschoolers' preference for variations of multiple-schedule arrangements. *Journal of Applied Behavior Analysis, 41*, 475-488.

Tiger, J. H., Hanley, G. P., & Larsen, K. M. (2008). A practical variation of a multiple-schedule procedure: Brief schedule-correlated stimuli. *Journal of Applied Behavior Analysis, 41*, 125-130.

Todd, J. T., Morris, E. K., & Fenza, K. M. (1989). Temporal organization of extinction-induced responding in preschool children. *Psychological Record, 39*, 117-130.

Vaughan, M. E., & Michael, J. L. (1982). Automatic reinforcement: An important but ignored concept. *Behaviorism, 10*, 217-227.

Vollmer, T. R. (1994). The concept of automatic reinforcement: Implications for behavioral research in developmental disabilities. *Research in Developmental Disabilities, 15*, 187-207.

Vollmer, T. R., Iwata, B. A., Zarcone, J. R., Smith, R. G., & Mazaleski, J. L. (1993). The role of attention in the treatment of attention-maintained self-injurious behavior: Noncontingent reinforcement and differential reinforcement of other behavior. *Journal of Applied Behavior Analysis, 26*, 9-21.

Vollmer, T. R., Marcus, B. A., & Ringdahl, J. E. (1995). Noncontingent escape as treatment for self-injurious behavior maintained by negative reinforcement. *Journal of Applied Behavior Analysis, 28*, 15-26.

Vollmer, T. R., Peters, K. P., Kronfli, F. R., Lloveras, L. A., & Ibañez, V. F. (2020). On the definition of differential reinforcement of alternative behavior. *Journal of Applied Behavior Analysis, 53*, 1299-1303.

Vollmer, T. R., Progar, P. R., Lalli, J. S., Van Camp, C. M., Sierp, B. J., Wright, C. S., *et al.* (1998). Fixed-time schedules attenuate extinction-induced phenomena in the treatment of severe aberrant behavior. *Journal of Applied Behavior Analysis, 31*, 529-542.

Weiner, H. (1970). Instructional control of human operant responding during extinction following fixed-ratio conditioning. *Journal of the Experimental Analysis of Behavior, 13*, 391-394.

Wilder, D. A., Masuda, A., O'Connor, C., & Baham, M. (2001). Brief functional analysis and treatment of bizarre vocalizations in an adult with schizophrenia. *Journal of Applied Behavior Analysis, 34*, 65-68.

Williams, C. D. (1959). The elimination of tantrum behavior by extinction procedures. *Journal of Abnormal and Social Psychology, 59*, 269.

Wolf, M., Risley, T., & Mees, H. (1964). Application of operant conditioning procedures to the behavior problems of an autistic child. *Behaviour Research and Therapy, 1*, 305-312.

Woods, J. N., & Borrero, C. S. W. (2019). Examining extinction bursts in the treatment of pediatric food refusal. *Behavioral Interventions, 34*, 307-322.

Youtz, R. E. P. (1938). Reinforcement, extinction, and spontaneous recovery in a non-Pavlovian reaction. *Journal of Experimental Psychology, 22*, 305-318.

Zarcone, J. R., Iwata, B. A., Smith, R. G., Mazaleski, J. L., & Lerman, D. C. (1994). Reemergence and extinction of self-injurious escape behavior during stimulus (instructional) fading. *Journal of Applied Behavior Analysis, 27*, 307-316.

20

Desenvolvimento de procedimentos de reforço baseados em função para o comportamento-problema

Wayne W. Fisher, Brian D. Greer e Kelly J. Bouxsein

Quando uma análise funcional mostra que as consequências sociais reforçam o comportamento-problema de um indivíduo, um analista do comportamento pode alterá-las de maneiras que diminuam o comportamento-problema e aumentem o comportamento alternativo apropriado (Carr & Durand, 1985; Fisher *et al.*, 1993; Horner & Day, 1991; Lalli, Casey & Kates, 1995; Wacker *et al.*, 1990). Por exemplo, o analista do comportamento pode ensinar um indivíduo cujo comportamento-problema é reforçado pela atenção do adulto a obter essa atenção por meio de uma resposta de comunicação apropriada – tratamento de reforçamento diferencial chamado *treinamento de comunicação funcional* (FCT, *functional communication training*; Carr & Durand, 1985). Mesmo quando uma análise funcional determina que as consequências produzidas de maneira automática pelo comportamento-problema funcionam como reforço (Piazza *et al.*, 1998), o analista do comportamento pode organizar procedimentos alternativos de reforço de forma a diminuir o comportamento-problema, embora continue a produzir seu reforçador automaticamente (p. ex., Piazza *et al.*, 1998; Vollmer, Marcus & LeBlanc, 1994). Neste capítulo, primeiro discutimos os mecanismos operantes responsáveis pela eficácia dos procedimentos de reforço baseados em função. Em seguida, analisamos os possíveis resultados das análises funcionais e mostramos como os analistas do comportamento podem utilizar esses resultados para desenvolver tratamentos eficazes baseados em reforço para o comportamento-problema.

Mecanismos operantes em tratamentos baseados em função

Iwata *et al.* (Iwata, Pace, Cowdery & Miltenberger, 1994; Iwata, Dorsey, Slifer, Bauman & Richman, 1982/1994) descreveram três mecanismos operantes relacionados à função do comportamento-problema que os analistas do comportamento devem incorporar em uma análise funcional. O primeiro componente de uma condição de análise funcional é seu *estímulo discriminativo*. Cada condição de análise funcional tem um ou mais estímulos antecedentes únicos que se correlacionam e sinalizam o reforço específico para o comportamento-problema nessa condição. Por exemplo, o terapeuta senta-se em uma cadeira lendo uma revista apenas na condição de atenção; o participante está sozinho em uma sala apenas na condição de isolado; o terapeuta apresenta demandas apenas na condição de demanda; e o terapeuta brinca com o participante apenas na condição de brincadeira. Conners *et al.* (2000) mostraram que correlacionar condições de análise funcional com estímulos discriminativos salientes adicionais, como terapeutas únicos e salas de cores diferentes, pode melhorar a eficiência, a clareza ou ambas de uma análise funcional com alguns participantes. Seus resultados também sugeriram que correlacionar as condições de linha de base e de tratamento com estímulos discriminativos únicos e salientes pode proporcionar efeitos de tratamento mais rápidos.

O segundo componente funcional de uma condição de análise funcional é sua *operação motivadora* (Laraway, Snycerski, Michael & Poling, 2003), evento ambiental com dois efeitos. Um efeito de uma operação motivadora é aumentar ou diminuir a motivação para um reforçador (p. ex., pular o almoço aumenta a motivação para um lanche da tarde; comer muito no almoço a diminui). O outro efeito de uma operação motivadora é aumentar ou diminuir a probabilidade de respostas que produziram esse reforço no passado (p. ex., caminhar até a sala de refeição é mais provável após pular o almoço e menos provável após almoçar com fartura). *Operações estabelecedoras* são operações motivadoras que aumentam a motivação para determinado reforçador (Peterson, Lerman & Nissen, 2016) e *operações abolidoras* são as que diminuem a motivação (Laraway *et al.*, 2003).

Cada condição de teste de uma análise funcional tem uma operação estabelecedora específica para aumentar a motivação para o reforçador associado a essa condição. A privação de atenção na condição de atenção e as demandas na condição de demanda aumentam, respectivamente, a efetividade da atenção e a fuga das demandas como reforço, e servem para evocar comportamentos-problemas. Da mesma forma, nenhuma estimulação está disponível, exceto a produzida automaticamente pelo comportamento-problema na condição isolada. Em contrapartida, eliminamos as operações estabelecedoras já mencionadas da condição de brincar com brinquedo, que é a condição de controle, para diminuir a probabilidade de comportamento-problema.

Hammond, Iwata, Rooker, Fritz e Bloom (2013) ampliaram essa lógica avaliando se uma sequência específica de condições de análise funcional poderia fortalecer ainda mais as operações estabelecedoras em cada condição de teste. Os participantes experimentaram duas análises funcionais que diferiram apenas pela ordem das condições. Os terapeutas realizaram a análise funcional na ordem fixa de ignorar, atenção, brincadeira com brinquedo e demanda na análise funcional de sequência fixa. Os terapeutas implementaram essas mesmas condições em uma ordem quase aleatória na outra análise funcional. Apenas a sequência fixa produziu uma função clara para o comportamento-problema com três dos participantes.

Compreender como as operações estabelecedoras influenciam a probabilidade de comportamento-problema durante uma análise funcional é importante não apenas para avaliar a função desse comportamento mas também para desenvolver um tratamento eficaz, ou seja, os analistas do comportamento podem manipular operações estabelecedoras que aumentam a probabilidade de comportamento-problema durante uma análise funcional de forma a diminuir sua probabilidade durante o tratamento. Por exemplo, a entrega baseada no tempo de itens significativamente preferidos (p. ex., comestíveis) pode reduzir o comportamento-problema reforçado negativamente a níveis próximos de zero, abolindo a eficácia da fuga como reforço (Lomas, Fisher & Kelley, 2010; Mevers, Fisher, Kelley & Fredrick, 2014).

O terceiro componente funcional de uma condição de análise funcional é sua *consequência reforçadora*. Um analista do comportamento entrega uma consequência específica seguindo o comportamento-problema em cada condição de teste de uma análise funcional e o faz conforme um esquema denso, em geral, um esquema de razão fixa (FR, *fixed-ratio*) 1. Uma vantagem de entregar um potencial reforçador seguindo o comportamento-problema em um esquema denso e não entregar essa consequência na ausência de tal comportamento é que a contingência deve ser forte e saliente (Vollmer, Borrero, Wright, Van Camp & Lalli, 2001). Contingências diferenciais fortes e salientes nas condições de análise funcional devem levar a resultados mais claros. Uma segunda vantagem potencial é que as taxas de resposta são geralmente muito mais baixas sob esquemas de FR 1 do que sob esquemas intermitentes, o que pode reduzir os riscos associados a comportamento autolesivo (SIB, *self-injurious behavior*) grave ou comportamento agressivo. Uma terceira vantagem potencial de entregar o potencial reforçador em um esquema FR 1 é que diminuições no comportamento-problema podem ocorrer de maneira mais rápida se a extinção for um componente do tratamento (Lerman, Iwata, Shore & Kahng, 1996).

Tratamentos para respostas reforçadas por reforço social positivo

Pesquisas de análise funcional mostraram que o reforço social positivo mantém muitos comportamentos-problema, como agressividade, SIB, pica e destruição de propriedades (Beavers, Iwata & Lerman, 2013; Hanley, Iwata & McCord, 2003). Por exemplo, Iwata, Pace, Dorsey *et al.* (1994) verificaram que o reforço social positivo manteve o SIB de 40 de seus 152 participantes (26%). As reações sociais ao comportamento-problema que podem inadvertidamente funcionar como reforço positivo no ambiente natural incluem a entrega de estímulos preferidos, como atenção, comida, brinquedos, música ou TV.

Em geral, o tratamento baseado em função para o comportamento-problema mantido pelo reforço positivo social manipula um ou mais dos três componentes funcionais de uma análise funcional, já descritos (i.e., o estímulo discriminativo que sinaliza reforço para o comportamento-problema, a operação motivadora que estabelece a eficácia de uma consequência como reforço para o comportamento-problema e a consequência para tal comportamento). Desse modo, uma forma razoável de iniciar o processo de desenvolvimento de um tratamento baseado em função após uma análise funcional ter identificado o(s) reforçador(es) para o comportamento-problema é fazer perguntas relacionadas a esses três componentes funcionais:

1. Como organizar estímulos discriminativos para sinalizar (a) a disponibilidade de reforço para o comportamento alternativo em momentos apropriados e (b) a indisponibilidade de reforço para o comportamento-problema?
2. Como podemos alterar as operações motivadoras relevantes para reduzir a probabilidade de comportamento-problema e aumentar a probabilidade de comportamento apropriado?
3. Como alterar a contingência de reforço para reduzir o comportamento-problema e aumentar o adequado?

Discutimos agora como podemos utilizar essas perguntas para orientar o desenvolvimento de dois tratamentos comumente prescritos para o comportamento-problema reforçado pelo reforço social positivo: FCT e *reforço não contingente* (NCR, *noncontingent reinforcement*).

Treinamento de comunicação funcional

O FCT normalmente manipula a consequência para o comportamento-problema de duas maneiras importantes: (1) um analista do comportamento fornece a consequência que a análise funcional identificou como o reforçador para o comportamento-problema contingente a uma resposta de comunicação apropriada (i.e., uma forma de reforçamento diferencial do comportamento alternativo) e (2) o analista do comportamento não entrega mais essa consequência contingente ao comportamento-problema (i.e., extinção operante). Por exemplo, se a análise funcional indica que a atenção contingente reforça o comportamento-problema, então o analista do comportamento ensina o participante (1) a obter atenção por meio de uma resposta de comunicação apropriada e (2) que o comportamento-problema não produz mais atenção. O primeiro componente, entregar o reforço funcional contingente a uma resposta de comunicação, é importante porque o participante pode receber reforço frequente por meio da resposta de comunicação. Fornecer reforço para a resposta de comunicação minimiza períodos de privação de atenção que podem atuar como operação estabelecedora que evoca o comportamento-problema (Lerman & Iwata, 1995). O segundo componente é importante porque o comportamento-problema torna-se menos provável se o analista implementa a extinção, de modo que tal comportamento deixa de produzir atenção. Os analistas do comportamento muitas vezes utilizam o FCT para tratar comportamentos-problema reforçados por consequências sociais (p. ex., acesso à atenção ou tangíveis, fuga de demandas), pois o FCT normalmente envolve reter o reforçador que acompanha o comportamento-problema e entregá-lo após uma resposta de comunicação adequada. Os pesquisadores têm usado o FCT com pouca frequência para o comportamento-problema mantido pelo reforço automático porque, muitas vezes, é difícil reter reforços que são consequência automática do comportamento (Rapp & Lanovaz, 2014).

Selecionar e ensinar a resposta do treinamento de comunicação funcional

Os investigadores raramente descreveram como selecionaram a resposta do FCT (ver algumas exceções notáveis em Grow, Kelley, Roane, & Shillingsburg, 2008; Horner & Day, 1991), embora esse treinamento seja um dos tratamentos operantes mais pesquisados (Tiger, Hanley, & Bruzek, 2008). Além disso, poucos estudos forneceram detalhes claros e replicáveis sobre como os pesquisadores treinaram a resposta do FCT (p. ex., Fisher *et al.*, 1993; Shirley, Iwata, Kahng, Mazaleski, & Lerman, 1997; Wacker *et al.*, 1990). Horner e Day (1991) estudaram três componentes da resposta do FCT com implicações diretas na seleção de uma resposta apropriada. No primeiro estudo da investigação, eles mostraram que uma resposta simples e menos esforçada era mais eficaz como resposta do FCT do que outra mais complexa e esforçada, ou seja, o comportamento-problema diminuiu mais quando a resposta do FCT foi sinalizar uma única palavra (p. ex., "tempo") em vez de uma frase completa (p. ex., "eu quero ir, por favor"). No segundo estudo, Horner e Day mostraram que a resposta foi mais eficaz quando reforçada em um esquema denso (i.e., FR 1) em vez de um esquema mais escasso (i.e., FR 3). Por fim, no terceiro estudo, eles mostraram que a resposta do FCT foi mais eficaz quando produziu reforço quase imediatamente (após um atraso de 1 segundo) do que quando produziu o mesmo reforço após um atraso mais longo (20 segundos).

DeRosa, Fisher e Steege (2015) ampliaram a pesquisa de Horner e Day (1991) ao mostrar que outro fator importante na previsão da eficácia do FCT é se o terapeuta pode controlar a operação estabelecedora para o comportamento-problema. Primeiro, eles compararam duas formas de FCT que diferiam segundo o tipo de resposta visada. Os terapeutas modelaram a resposta vocal do FCT nos horários prescritos ao longo da sessão na condição de FCT vocal. Os terapeutas na condição de FCT com cartão guiaram fisicamente uma resposta FCT por toque de cartão no mesmo esquema que utilizaram para modelar a resposta vocal. Desse modo, a diferença entre as condições era se o terapeuta podia (condição de FCT com cartão) ou não (condição de FCT vocal) orientar de maneira física a resposta do FCT. A orientação física na condição de FCT com cartão resultou em menor exposição à operação estabelecedora para o comportamento-problema com ambos os participantes. A diminuição da exposição à operação estabelecedora na condição de FCT com cartão correspondeu a taxas mais baixas de comportamento-problema do que na condição de FCT vocal. Em um estudo de acompanhamento, Fisher *et al.* (2018) manipularam diretamente a exposição à operação estabelecedora durante os estágios iniciais do FCT e mostraram que exposições de operação estabelecedora na faixa de cinco a 20 segundos evocaram explosões de extinção em cinco de seis aplicações, já exposições mais curtas à operação estabelecedora produziram reduções rápidas no comportamento-problema sem explosões de extinção.

Desenvolvemos as seguintes diretrizes para selecionar e treinar a resposta do FCT, com base nos estudos de Horner e Day (1991), DeRosa *et al.* (2015) e Tiger *et al.* (2008). A resposta deve ser simples para o participante emitir e facilmente reconhecida por outros indivíduos. Uma resposta que já está no repertório do participante é preferível a uma que não está. Um pedido curto é uma resposta do FCT apropriada (p. ex., "jogue comigo, por favor") para os participantes que falam em frases completas, se o participante imitar de forma confiável um modelo de resposta vocal do FCT. Costumamos ensinar os participantes que não falam e os que falam, mas não imitam um modelo de resposta vocal do FCT, a tocar prontamente em um cartão de imagem que retrate o reforço funcional (p. ex., tocar em um cartão de imagem que mostre o participante e o adulto brincando juntos). Utilizamos a orientação física para ajudar os participantes que não realizam a resposta do FCT de forma independente, e depois entregamos o reforçador. Reduzimos a exposição à operação estabelecedora por meio da entrega de reforço, mesmo que orientemos o participante a completar a resposta no início, o que ajuda a diminuir a probabilidade de evocar o comportamento-problema enquanto estamos treinando a resposta do FCT. Com o tempo, desvanecemos os pedidos físicos até que o participante emita a resposta de forma independente durante 90% das tentativas de treinamento por duas sessões consecutivas. Por fim, entregamos o reforço identificado durante a análise funcional imediatamente (i.e., um atraso de zero segundo) e após cada resposta do FCT (i.e., um esquema FR 1). Em resumo, os componentes críticos são (1) selecionar uma resposta do FCT que seja simples para o participante, e que possamos solicitar e reforçar de forma confiável; (2) reforçar a resposta em um esquema denso; e (3) entregar o reforço o mais imediatamente possível após a resposta.

Entrega do reforçador com base no tempo para o comportamento-problema

Outra abordagem baseada em reforço para o tratamento do comportamento-problema é entregar o reforço funcional em um esquema baseado no tempo (p. ex., Fisher, DeLeon, Rodriguez-Catter & Keeney, 2004; Vollmer, Iwata, Zarcone, Smith & Mazaleski, 1993). Alguns pesquisadores se referiram a essa abordagem como reforço não contingente (NCR), mas outros criticaram o termo porque o efeito pretendido e geralmente observado é uma redução e um enfraquecimento do comportamento-problema. Em vez disso, definimos *reforço* como aumento na resposta devido à apresentação contingente de um reforço positivo ou negativo (Poling & Normand, 1999). Poling e Normand (1999) sugeriram o termo *esquemas de tempo fixo* (FT, *fixed-time)*. Porém, esse termo não reconhece a relação funcional prévia entre o comportamento-problema e o estímulo fornecido em um esquema durante o tratamento ou o fato de que os resultados de uma análise funcional são utilizados para prescrever o tratamento. Usamos o termo *NCR* neste capítulo para sermos coerentes com a literatura aplicada relevante, embora reconheçamos a inconsistência em se referir a um tratamento para reduzir o comportamento-problema como reforço.

Em geral, entregamos o estímulo que já reforçava o comportamento-problema em um esquema denso quando iniciamos os esquemas de NCR. Por exemplo, Vollmer *et al.* (1993) introduziram o NCR como tratamento para SIB reforçado pela atenção. A linha de base foi idêntica à condição de atenção da análise funcional, na qual o terapeuta emitiu 10 segundos de declarações de preocupação ou desaprovação contingentes ao SIB. Os pesquisadores interromperam a contingência entre SIB e atenção (i.e., extinção), e eles ofereceram elogios e conversas gerais, independentemente do SIB, durante o NCR.

A entrega de atenção em um esquema denso e baseado no tempo remove ou diminui a operação estabelecedora para o comportamento-problema, o que muitas vezes resulta em reduções imediatas e grandes na resposta. Por exemplo, Hagopian, Fisher e Legacy (1994) compararam esquemas densos (FT 10 segundos) e escassos (FT 5 minutos) de NCR e descobriram que o esquema denso produziu reduções grandes e imediatas no comportamento-problema, já o esquema escasso produziu reduções menores e menos consistentes. Pesquisadores observaram diferenças semelhantes com maiores e menores magnitudes de reforço em esquemas baseados no tempo, mesmo quando implementaram NCR sem extinção (Roscoe, Iwata & Rand, 2003). Por fim, Fisher *et al.* (2004) mostraram que o NCR com extinção resultou em reduções maiores e mais imediatas no comportamento-problema do que a implementação da extinção de maneira isolada. Os analistas do comportamento podem evitar o emparelhamento contíguo de comportamento-problema e entrega de reforço com base no tempo usando atraso de transição, no qual a ocorrência de comportamento-problema no intervalo de reforço programado atrasa a entrega de reforço (Herrnstein, 1961).

Escolha entre treinamento de comunicação funcional e reforço não contingente

Dado que a pesquisa mostrou que FCT e NCR são tratamentos eficazes para o comportamento-problema, sobretudo quando combinados com extinção ou punição leve (Hagopian, Fisher, Sullivan, Acquisto & LeBlanc, 1998), como um analista do comportamento deve decidir qual usar e quando? Talvez a primeira consideração deva ser se o comportamento-problema é perigoso e suscetível a produzir danos iminentes ao participante ou a outros. O NCR pode ser o tratamento preferido se o risco de dano for elevado, pois o FCT geralmente requer um período de treinamento inicial, e o NCR não, ou seja, o cuidador entrega o reforço em um esquema durante o NCR. Em contrapartida, o cuidador deve monitorar e responder à resposta do FCT do participante durante o FCT, embora a maioria dos participantes aprenda a encontrar o cuidador e recrutar reforço com a resposta do FCT.

Outra consideração importante na escolha entre FCT e NCR é se estabelecer uma resposta de comunicação por si só é um objetivo importante do tratamento. Nesses casos, o FCT é a escolha óbvia. Este também pode ter uma vantagem sobre o NCR quando a quantidade de reforço necessária para reduzir ou eliminar a operação estabelecedora para o comportamento-problema não é clara. Por exemplo, a exposição prolongada à privação de atenção, como quando o cuidador está ao telefone, estabelece a efetividade da atenção como reforço e evoca um comportamento-problema que já produziu atenção. A exposição à operação estabelecedora pode ser mais provável de evocar a resposta do FCT durante este devido ao seu histórico recente de reforço com atenção (cf. Hoffman & Falcomata, 2014).

Tratamentos para respostas reforçadas por reforço social negativo

Em 1987, Iwata descreveu o reforço negativo como tecnologia emergente no campo da análise do comportamento aplicada (ABA, *applied behavior analysis*). A pesquisa sobre o papel único do reforço negativo no desenvolvimento, na manutenção e no tratamento do comportamento-problema tem crescido exponencialmente desde então, apesar das críticas de que a distinção entre reforço positivo e negativo é ambígua, não tem significado funcional e deve ser abandonada (Baron e Galizio, 2005; Michael, 1975).

O campo tem definido *reforço negativo* como aumento na resposta devido à remoção contingente de resposta de um estímulo. No entanto, Baron e Galizio (2005), e Michael (1975) argumentaram que devemos ver o reforço como um aumento na resposta devido a uma mudança ambiental dependente da resposta de uma condição de estímulo para outra. Seu argumento é baseado em parte no fato de que um analista do comportamento pode ter dificuldade em determinar se um indivíduo está respondendo para encerrar um evento ou para obter acesso ao evento oposto em algumas circunstâncias. Por exemplo, uma pessoa liga o termostato para fugir do ar frio ou para ter acesso ao ar quente? Outros analistas têm argumentado que a distinção entre reforço positivo e negativo é tão útil e suficientemente arraigada entre os analistas do comportamento que abandonar a distinção pode ser injustificado; isso certamente é improvável (Iwata, 2006; Lattal & Lattal, 2006; Sidman, 2006).

Ao discutir essa questão, nosso objetivo é duplo. Primeiro, o analista do comportamento aplicado deve reconhecer que há discordância no campo sobre se a distinção entre reforço positivo e negativo é significativa. Mais importante, os analistas do comportamento de ambos os lados desse argumento concordariam que considerar, descrever e analisar as condições de estímulo em vigor antes e após a resposta-alvo são importantes, independentemente de os analistas utilizarem os adjetivos *positivo* ou *negativo* para qualificar o termo *reforço*. Destacamos ambos os lados da mudança de estímulo (1) descrevendo e analisando as operações estabelecedoras relevantes e estímulos discriminativos presentes antes da resposta-alvo e (2) mantendo os termos *reforço positivo* e *reforço negativo* para descrever se a mudança de estímulo envolveu a introdução (reforço positivo) ou a retirada (reforço negativo) de um estímulo após o comportamento-problema.

Pesquisas de análise funcional têm mostrado que a cessação de demandas muitas vezes reforça o comportamento-problema. De fato, Iwata, Pace, Dorsey *et al.* (1994) descobriram que 38% de seus 152 participantes apresentavam SIB mantido por reforço social negativo, uma porcentagem maior do que para qualquer outra função do comportamento. Revisões recentes da literatura de análise funcional também descobriram que uma alta porcentagem de comportamento-problema é reforçada de maneira negativa (Beavers *et al.*, 2013; Hanley *et al.*, 2003). Outras formas de comportamento-problema reforçado negativamente incluem fuga do ruído (Kettering, Fisher, Kelley & LaRue, 2018; McCord, Iwata, Galensky, Ellingson & Thomson, 2001) e da interação social (Hall, DeBernardis & Reiss, 2006).

Escolha entre treinamento de comunicação funcional e reforço não contingente

O FCT e o NCR são tratamentos razoáveis e eficazes para o comportamento-problema reforçado pela fuga de exigências ou outros eventos aversivos, e as questões e as considerações já discutidas, como a seleção da resposta do FCT, são aplicáveis ao comportamento-problema reforçado negativamente. Ensinamos indivíduos cujo comportamento-problema é reforçado pela fuga a solicitar pausas com resposta do FCT (p. ex., dizer "pausa, por favor"; tocar em um cartão de imagem mostrando a criança saindo da mesa de trabalho; Hagopian *et al.*, 1998), quando utilizamos o FCT. Entregamos a fuga em um esquema denso e baseado no tempo (Vollmer, Marcus & Ringdahl, 1995) quando usamos NCR. Na maioria dos casos, geralmente combinamos FCT ou NCR com extinção de fuga (discutido em mais detalhes por Vollmer, Athens & Fernand, Capítulo 19 deste livro).

Uma limitação comum ao FCT e à NCR é que um participante com comportamento-problema reforçado negativamente muitas vezes escapa de todas ou da maioria das demandas instrucionais durante o tratamento inicial. Desse modo, o participante não se beneficia da instrução ou aprende novas habilidades (Fisher *et al.*, 1993). O desvanecimento da demanda ou de instruções, em que um analista do comportamento aumenta gradualmente o número de demandas apresentadas, é uma abordagem para resolver esse problema. Discutiremos essa abordagem mais adiante, à medida que descrevemos procedimentos que aumentam a praticidade do tratamento. Apresentar instruções e entregar reforçamento diferencial por adesão, e não por comunicação (Marcus & Vollmer, 1995) é outra abordagem que os analistas do comportamento usam para reduzir o comportamento-problema.

A seleção da adesão como resposta alternativa no reforçamento diferencial de comportamentos alternativos tem diversas vantagens em potencial. Primeiro, o indivíduo continua a receber instruções e é mais propenso a aprender habilidades que produzirão fontes alternativas de reforço. Em segundo lugar, a exposição contínua às instruções pode produzir habituação e tornar sua apresentação subsequente menos aversiva. Em terceiro lugar, o reforçamento diferencial da adesão pode aumentar a eficácia da extinção de fuga de maneiras únicas e importantes. Por exemplo, Cataldo *et al.* mostraram que o reforço da adesão pode aumentar essa resposta e, de modo concomitante, diminuir o comportamento-problema, mesmo quando as consequências para este permanecem inalteradas (Parrish, Cataldo, Kolko, Neef & Egel, 1986; Russo, Cataldo & Cushing, 1981). Em contrapartida, tratamentos que visam diretamente ao comportamento-problema, como a extinção, podem diminuir tal comportamento e, ao mesmo tempo, aumentar a adesão, embora as consequências para a adesão permaneçam inalteradas. Parish *et al.* (1986) e Russo *et al.* (1981) levantaram a hipótese de que a adesão e o comportamento-problema são membros inversos de uma classe de resposta abrangente, chamada *seguir a instrução*, que pode incluir essas duas respostas topograficamente distintas em contextos ambientais nos quais a adesão historicamente produziu reforço, e o comportamento-problema historicamente produziu punição ou extinção (Parrish *et al.*, 1986).

A seleção de reforços potentes é importante para direcionar o comportamento-problema por meio do reforçamento diferencial da adesão. O reforço negativo diferencial da adesão é uma abordagem para tratar o comportamento-problema mantido pelo reforço negativo. O terapeuta oferece fuga das instruções e não oferece nenhuma consequência diferencial para o comportamento-problema (i.e., fugir da extinção). Vollmer *et al.* (1995) ofereceram fuga na forma de pausas do trabalho em um esquema de FT denso, produzindo reduções imediatas e grandes no SIB. Posteriormente, eles reduziram o horário de pausas com base no tempo do trabalho para 10 minutos para um participante e 2,5 minutos para o outro, utilizando um procedimento de desvanecimento de instruções como aquele que descrevemos adiante.

Considerações adicionais

Outra abordagem para tratar o comportamento-problema reforçado negativamente é fornecer reforço positivo para a adesão. Por exemplo, Lalli *et al.* (1999) mostraram que o reforço da adesão a um alimento preferido aumentou a adesão e diminuiu o comportamento-problema reforçado negativamente, embora tal comportamento continuasse a produzir fuga. Diversos pesquisadores replicaram essa descoberta (p. ex., DeLeon, Neidert, Anders & Rodriguez-Catter, 2001; Kodak, Lerman, Volkert & Trosclair, 2007; Slocum & Vollmer, 2015). Payne e Dozier (2013) discutiram essas descobertas em uma breve análise. O reforçamento diferencial da adesão é especialmente útil quando a extinção de fuga é difícil ou impossível de se implementar (p. ex., quando o participante é maior e mais forte do que o terapeuta).

Lalli *et al.* (1999) sugeriram dois possíveis mecanismos operantes para a efetividade do reforço positivo diferencial da adesão como tratamento para o comportamento-problema reforçado negativamente. Uma possibilidade é que o participante prefira o reforço positivo em relação ao negativo. A outra possibilidade é que a presença de reforço positivo significativamente preferido durante as instruções atue como operação abolidora que diminui a eficácia da fuga como reforço para o comportamento-problema. DeLeon *et al.* (2001) mostraram que um participante escolheu consistentemente o reforço positivo em vez da fuga quando lhe foi dada uma escolha entre esses dois reforçadores após a adesão. Já Lomas *et al.* (2010) reduziram o comportamento-problema reforçado com fuga para níveis próximos de zero com a entrega baseada no tempo variável de alimentos preferidos e elogios, mostrando que um estímulo significativamente preferido no contexto da demanda atuou como operação abolidora e diminuiu a eficácia da fuga como reforço negativo para o comportamento-problema. Esses resultados indicam coletivamente que um ou ambos os mecanismos operantes descritos por Lalli *et al.* podem ser responsáveis por reduções no comportamento-problema reforçado com fuga para determinado indivíduo.

Por fim, existem maneiras adicionais de manipular operações motivadoras para tratar o comportamento-problema reforçado pela fuga. Por exemplo, Smith, Iwata, Goh e Shore (1995) descobriram que o SIB reforçado com fuga era mais provável quando eram apresentadas tarefas novas, quando a duração da sessão de instrução era maior e quando eram apresentadas demandas em taxa mais alta. Outras variáveis que estabelecem a eficácia da fuga como reforço para o comportamento-problema incluem tarefas difíceis (Weeks & Gaylord-Ross, 1981), tarefas menos preferidas (Dunlap, Kern-Dunlap, Clarke & Robbins, 1991), cancelamento de uma atividade planejada e preferida antes da sessão instrucional (Horner, Day & Day, 1997) e privação de sono (O'Reilly, 1995). Em contrapartida, podemos reverter essas operações estabelecedoras para abolir ou diminuir a eficácia da fuga como reforço negativo para o comportamento-problema, como intercalar tarefas menos aversivas (Ebanks & Fisher, 2003; Horner, Day, Sprague, O'Brien & Heathfield, 1991), aumentar gradualmente a taxa ou a aversão das tarefas (Pace, Ivancic & Jefferson, 1994; Pace, Iwata, Cowdery, Andree & McIntyre, 1993) e proporcionar escolhas entre tarefas (Romaniuk *et al.*, 2002).

Tratamentos para respostas reforçadas automaticamente

Nas seções anteriores, discutimos o comportamento-problema reforçado pelas consequências que os indivíduos no ambiente entregam (i.e., reforço mediado socialmente). No entanto, alguns comportamentos-problema persistem em taxas elevadas na ausência de consequências sociais, como quando o participante está sozinho, e consequências que o comportamento-problema produz automática ou intrinsecamente podem reforçar a resposta. Utilizamos o termo *reforço automático* para nos referirmos a uma resposta que produz consequência favorável automaticamente, e essa consequência automática aumenta a probabilidade futura da resposta (Skinner, 1953; Vaughan e Michael, 1982; Vollmer, 1994). Um exemplo cotidiano é o afrouxamento de uma gravata, reforçado pelo alívio do desconforto. Exemplos em potencial entre indivíduos com transtorno do espectro autista (TEA) ou outras deficiências no desenvolvimento incluem o balanço, que pode produzir sensações cinestésicas favoráveis; soltar repetidamente objetos coloridos na frente dos olhos, o que pode produzir sensações visuais favoráveis; alinhar objetos, que podem trazer ordem a um ambiente confuso; e o batimento das mãos, que pode ocorrer durante a excitação fisiológica, pois atenua a excitação e reduz a tensão muscular.

O comportamento-problema reforçado por consequências automaticamente produzidas pela resposta representa um desafio, pois os analistas do comportamento podem não ser capazes de controlar ou mesmo observar essas consequências. Por exemplo, cutucar os olhos é mais provável em participantes com deficiências visuais, mas com as vias sensoriais-neurais visuais intactas (Hyman, Fisher, Mercugliano & Cataldo, 1990). Uma hipótese razoável sobre a função dessa forma única de SIB é que ela ocorre porque a resposta produz uma sensação visual que funciona como reforço para a resposta em alguém privado de tal estimulação. No entanto, testar se essa consequência automática hipotética é o reforço funcional para SIB é difícil, se não impossível, pois a situação não pode ser manipulada durante uma análise funcional ou durante o tratamento (para uma notável exceção, ver Rincover, 1978).

Uma abordagem de tratamento é fornecer ao indivíduo formas alternativas de estimulação apropriada que competem com o reforçador automático para o comportamento-problema (Piazza *et al.*, 1998; Wilder, Draper, Williams & Higbee, 1997). Horner (1980) implementou uma das primeiras aplicações dessa abordagem, embora não a tenha baseado em uma análise funcional. Horner adicionou manipuláveis (como quebra-cabeças, brinquedos de puxar e empurrar e um cavalo de balanço) a um ambiente institucional austero e chamou o tratamento de *ambiente enriquecido*. Esse tratamento simples aumentou o comportamento adaptativo com os manipuláveis e reduziu o SIB e o comportamento estereotipado.

Vollmer *et al.* (1994) refinaram e ampliaram essa abordagem de tratamento (1) prescrevendo o tratamento de ambiente enriquecido com base nos resultados de uma análise funcional na qual o comportamento-problema persistia na ausência de contingências sociais e (2) selecionando os estímulos para o enriquecimento ambiental com base nos resultados de uma avaliação de preferência (Fisher *et al.*, 1992). Piazza *et al.* (1998) refinaram ainda mais essa abordagem ao desenvolver uma avaliação de preferência, chamada de *avaliação de estímulo competitivo*, elaborada de modo específico para identificar estímulos preferidos associados a altos níveis de interação e baixos níveis de comportamento-problema. A avaliação de estímulos competitivos é especialmente adequada para identificar estímulos preferidos para tratamentos baseados em reforço para o comportamento-problema mantido pelo reforço automático e para o comportamento-problema mantido pelo reforço positivo social (p. ex., Fisher, O'Connor, Kurtz, DeLeon & Gotjen, 2000).

A avaliação do estímulo competitivo é simples e envolve uma série de sessões curtas (p. ex., 2 minutos cada). O analista do comportamento apresenta um único estímulo competitivo em cada sessão, e o participante pode interagir com esse estímulo, exibir o comportamento-problema automaticamente reforçado ou ambos. Os observadores registram a interação com estímulos e o comportamento-problema para identificar um ou mais estímulos associados a altos níveis de interação e baixos níveis de comportamento-problema. O analista do comportamento utiliza o estímulo ou os estímulos identificados, apresentando-os ao participante em um esquema baseado no tempo quando o comportamento-problema reforçado automaticamente é mais provável de ocorrer, como "tempos de inatividade" e momentos em que a estimulação alternativa não está disponível.

Como melhorar o aspecto prático dos tratamentos baseados em reforço

Uma crítica comum aos tratamentos comportamentais é que eles são frequentemente trabalhosos em relação a tratamentos medicamentosos ou sociais e muitas vezes exigem que os cuidadores (1) monitorem continuamente o comportamento e (2) entreguem com precisão várias solicitações e consequências. Desse modo, os analistas do comportamento têm trabalhado para desenvolver e validar componentes de tratamento que tornem os tratamentos comportamentais mais fáceis e práticos de se implementar.

Reforço alternativo

Uma abordagem para aumentar a praticidade de tratamentos baseados em reforço é identificar reforçadores alternativos (p. ex., brinquedos) para entregar quando um cuidador teria dificuldade em entregar a consequência que antes reforçava o comportamento-problema (Austin & Tiger, 2015; Hagopian, Contrucci Kuhn, Long & Rush, 2005; Hanley, Piazza & Fisher, 1997; Rooker, Jessel, Kurtz & Hagopian, 2013). Essa abordagem é especialmente útil para o comportamento-problema reforçado pela atenção, pois os cuidadores não estão disponíveis para prestar atenção constantemente (p. ex., quando um cuidador está no banheiro). Entregar brinquedos significativamente preferidos de forma não contingente pode diminuir a probabilidade de que o comportamento-problema reforçado pela atenção ressurja quando um cuidador está ocupado.

Diversos pesquisadores têm mostrado que fornecer reforçadores alternativos com o reforçador funcional (p. ex., uma pausa com brinquedos preferidos) pode produzir diminuições mais robustas no comportamento-problema do que entregar o reforço funcional sozinho (Rooker *et al.*, 2013; Zangrillo, Fisher, Greer, Owen & DeSouza, 2016). Por exemplo, os terapeutas, em Zangrillo *et al.* (2016), ofereceram fuga (i.e., o reforço funcional para o comportamento-problema) após uma resposta de FCT em uma condição, e fuga mais brinquedos preferidos na outra. As taxas de comportamento-problema foram menores, e os níveis de adesão foram maiores para os dois participantes quando o intervalo de fuga incluiu brinquedos preferidos. Pesquisadores relataram descobertas semelhantes ao fornecer múltiplos reforçadores funcionais em vez de um único (Piazza *et al.*, 1997; Piazza, Moes & Fisher, 1996; Rooker *et al.*, 2013).

A seleção de reforço efetivo é importante, independentemente de um analista do comportamento fornecer reforço funcional ou alternativo, quando o reforço funcional não estiver disponível. Fisher *et al.* (2000) descreveram uma adaptação da avaliação de estímulos competitivos (Piazza *et al.*, 1998) para o comportamento-problema reforçado por contingências sociais. Fisher *et al.* apresentaram estímulos de forma individual; o comportamento-problema produziu o reforçador funcional, que foi a atenção, e eles mediram a interação do estímulo e o comportamento-problema. Estímulos associados a altos níveis de interação e baixos níveis de comportamento-problema efetivamente reduziram o comportamento-problema quando os pesquisadores os entregaram em um esquema baseado no tempo, e tal comportamento produziu atenção (Fisher *et al.*, 2000).

Outra abordagem para identificar estímulos alternativos efetivos envolve a observação cuidadosa por um analista do comportamento das consequências produzidas automaticamente pelo comportamento-problema. O objetivo dessas observações é gerar hipóteses sobre a natureza da estimulação produzida pelo comportamento, que o analista do comportamento utiliza para identificar estímulos que produzem a mesma estimulação ou semelhante na ausência de comportamento-problema. Estes têm sido chamados de *estímulos correspondentes* pelos pesquisadores, pois correspondem ao tipo de estimulação produzida pelo comportamento-problema (Piazza, Adelinis, Hanley, Goh & Delia, 2000). Os analistas do comportamento podem conduzir uma avaliação de estímulos competitivos para identificar um ou mais estímulos correspondentes associados a altos níveis de interação e baixos níveis de comportamento-problema após identificarem um conjunto preliminar de estímulos correspondentes. Estímulos correspondentes às vezes produzem maiores reduções no comportamento-problema automaticamente reforçado do que estímulos alternativos (Piazza *et al.*, 1998, 2000), talvez porque reduzam mais efetivamente a operação estabelecedora para o comportamento-problema.

Estreitamento do esquema de reforço

O FCT é um tratamento eficaz para o comportamento-problema, utilizado com frequência pelos analistas do comportamento. No entanto, a implementação inicial é muitas vezes trabalhosa, pois envolve o fornecimento de reforço para a resposta do FCT em um esquema denso, para maximizar a probabilidade de que o comportamento-problema diminua rapidamente para níveis próximos de zero. Os cuidadores podem não conseguir manter um esquema tão denso no ambiente natural (Fisher *et al.*, 1993). Desse modo, os pesquisadores desenvolveram procedimentos para estreitar o esquema de reforço de forma eficaz e eficiente durante o FCT, para (1) manter baixos níveis de comportamento-problema; (2) diminuir a taxa de resposta do FCT, para tornar o tratamento mais fácil e prático de se implementar; e (3) trazer a resposta do FCT sob controle do estímulo, para que ela ocorra em momentos apropriados, mas não enfraqueça porque o reforço está periodicamente indisponível (Fisher, Kuhn & Thompson, 1998; Fyffe, Kahng, Fittro & Russell, 2004; Hanley, Iwata & Thompson, 2001; Saini, Miller & Fisher, 2016).

Uma abordagem prática para estreitar o esquema de reforço é restringir o acesso ao cartão de imagem imediatamente após a entrega do reforço quando a resposta do FCT é uma troca de imagens (Fisher, Greer, Querim & DeRosa, 2014; Greer, Fisher, Saini, Owen, Jones, 2016; Roane, Fisher, Sgro, Falcomata & Pabico, 2004). A ausência do cartão de resposta do FCT serve como estímulo discriminativo para a indisponibilidade de reforço e previne a ocorrência da resposta quando esta não tem possibilidade de produzir reforço. Por exemplo, uma criança não pode solicitar a atenção de um cuidador se o cartão não estiver disponível enquanto o cuidador estiver trocando a fralda de um irmão. O cartão de imagem deverá estar disponível de maneira contínua durante o tratamento inicial. O cuidador inicia o estreitamento do esquema após diversas sessões com altos níveis de resposta do FCT e baixos níveis de comportamento-problema, restringindo o acesso ao cartão (p. ex., colocando-o fora de vista) por alguns segundos após o intervalo de reforço. Com o passar do tempo, o cuidador aumenta progressivamente a duração da indisponibilidade do cartão de imagem. Por exemplo, o cuidador pode dobrar a duração da indisponibilidade do cartão de imagem após cada duas sessões em que os níveis de comportamento-problema permanecem baixos, até atingir um esquema prático. Um objetivo razoável seria apresentar o cartão do FCT uma vez a cada 10-15 minutos e fornecer reforço funcional por 1-3 minutos. É provável que os horários de reforço dos terminais variem entre os participantes e as situações. No entanto, a densidade do reforço deve permanecer suficientemente alta durante todo o estreitamento programado e depois dele, de modo que o participante não experimente longos períodos sem acesso ao reforçador funcional (Roane, Falcomata & Fisher, 2007).

Em geral, utilizamos estímulos discriminativos separados para sinalizar a disponibilidade de reforço quando a resposta do FCT é um operante vocal (p. ex., "toque, por favor" ou "pare, por favor"). Por exemplo, podemos pendurar um grande quadrado de papel verde ou vermelho alternadamente na parede para sinalizar a disponibilidade ou a indisponibilidade de reforço, respectivamente, segundo o esquema de reforço atual (p. ex., Fisher *et al.*, 1998). O papel verde serve como S^D (pronuncia-se "esse-dê") porque sinaliza a disponibilidade de reforço, e o papel vermelho serve como S^Δ (pronuncia-se "esse-delta") porque sinaliza a indisponibilidade de reforço.

Normalmente, realizamos ensaios de treinamento para expor o participante às contingências correlacionadas com cada estímulo discriminativo, como um S^D verde para o reforço do sinal, e um S^Δ vermelho para sinalizar extinção. Estreitamos o esquema de reforço ao longo do tempo, aumentando a duração da presença do S^Δ, diminuindo o tempo de presença do S^D ou ambos (Hanley *et al.*, 2001). Continuamos a estreitar o esquema quando os níveis de comportamento-problema permanecem baixos.

O estreitamento do esquema de reforçamento para o comportamento-problema reforçado pela fuga de instruções normalmente envolve o aumento do número de instruções ou tentativas que o participante deve completar antes que a fuga esteja disponível (p. ex., um esquema de reforçamento em cadeia), que os pesquisadores chamam de *desvanecimento de instruções* ou *de demanda* (Pace *et al.*, 1993; Zarcone *et al.*, 1993). O desvanecimento de instruções pode ser utilizado sozinho (Pace *et al.*, 1994) ou com outros tratamentos, como extinção de fuga (Zarcone *et al.*, 1993) ou FCT (Hagopian *et al.*, 1998). O terapeuta organiza o tratamento com materiais instrucionais presentes quando o desvanecimento de instruções começa, mas não entrega instruções inicialmente (i.e., fuga contínua não contingente). Quando o comportamento-problema permanece baixo na ausência de entrega de instruções, o terapeuta introduz uma única instrução (p. ex., "aponte para o vermelho") na metade da sessão. Subsequentemente, o terapeuta aumenta o número de instruções por sessão de forma gradual (p. ex., adicionando uma instrução após cada sessão na qual o comportamento-problema está pelo menos 90% abaixo da linha de base média; Pace *et al.*, 1993) até atingir um critério, como um período de instrução de 10 minutos.

Geralmente, não reduzimos o número de instruções por sessão quando implementamos o desvanecimento de instruções com o FCT. Em vez disso, introduzimos um esquema encadeado em que o participante deve concluir uma instrução primeiro, para depois apresentarmos um estímulo discriminativo para a disponibilidade de reforço de sinal (i.e., fuga) para a resposta do FCT. Nas sessões seguintes, aumentamos gradualmente o número de instruções que exigimos que o participante complete antes de apresentarmos o estímulo discriminativo e proporcionarmos fuga para a resposta do FCT. Só aumentamos o requisito de resposta (i.e., o número de instruções) se a taxa de comportamento-problema permanecer abaixo de um critério (p. ex., 90% abaixo da linha de base média; Hagopian *et al.*, 1998).

Da mesma forma, há vários procedimentos que aumentam a praticidade e a facilidade dos esquemas de NCR após obtermos reduções iniciais no comportamento-problema com um esquema de NCR denso. Por exemplo, Hagopian *et al.* (1994) gradualmente estreitaram o esquema denso (FT 10 segundos) para um escasso (FT 5 minutos) e obtiveram taxas de comportamento-problema próximas de zero. É importante ressaltar que os efeitos do tratamento foram transferidos da clínica para a sala de aula e mantidos em um acompanhamento de 2 meses.

Estímulos discriminativos

Desenvolver o controle de estímulo sobre a resposta do FCT para que ela ocorra de forma confiável, mas apenas durante a disponibilidade programada de reforço funcional, é importante para o estreitamento do esquema de reforçamento. Um analista do comportamento normalmente apresenta um estímulo discriminativo único (p. ex., cartão verde, pulseira verde) continuamente enquanto o reforço está disponível. O analista do comportamento utiliza um estímulo diferente (p. ex., cartão vermelho, pulseira vermelha) para sinalizar que o reforço não está disponível (i.e., extinção). A incorporação de estímulos discriminativos durante o estreitamento do esquema de reforçamento para a resposta do FCT pode melhorar a eficiência e a eficácia do FCT.

Um estudo de Betz, Fisher, Roane, Mintz e Owen (2013) comparou os efeitos de esquemas de reforço múltiplo e misto para quatro participantes que se envolveram em comportamento-problema. O esquema múltiplo incluía estímulos discriminativos que sinalizavam a disponibilidade de reforço, mas o esquema misto, não. Os terapeutas durante o esquema de reforçamento misto alternaram quase aleatoriamente entre períodos não sinalizados de 60 segundos em que o reforço funcional para a resposta do FCT estava disponível ou indisponível. O procedimento foi idêntico durante o esquema de reforçamento múltiplo, com a adição de estímulos discriminativos como pulseira, vestimenta ou cartão coloridos para sinalizar a disponibilidade e a indisponibilidade de reforço funcional para a resposta do FCT. Os participantes mostraram altas taxas de resposta ao FCT durante o componente de extinção do esquema misto, mas relativamente poucas respostas durante o componente de extinção do esquema múltiplo, indicando que os estímulos facilitaram a discriminação entre os componentes do FCT. Em seguida, os pesquisadores avaliaram se poderiam estreitar o esquema de reforçamento rapidamente com um esquema múltiplo. Os participantes mostraram discriminação quase perfeita entre os componentes durante o rápido estreitamento do esquema, quando estímulos discriminativos sinalizaram a disponibilidade e a indisponibilidade de reforço.

Os resultados de Betz *et al.* (2013) são importantes porque mostram que os analistas do comportamento podem renunciar ao estreitamento demorado do esquema sob algumas condições e chegar de maneira mais rápida aos esquemas de FCT terminais se estabelecerem primeiro o controle discriminativo. Fisher, Greer, Fuhrman e Querim (2015) recentemente ampliaram as descobertas de Betz *et al.* Eles mostraram que outros indivíduos poderiam implementar o tratamento em outros contextos com pouca perda de efeitos do tratamento depois que os participantes prontamente discriminaram entre os componentes do esquema de reforçamento múltiplo durante o FCT, ou seja, o tratamento do FCT mostrou-se portátil e facilmente transferido para outros indivíduos e outros contextos. Greer *et al.* (2019) replicaram essas descobertas e as ampliaram, mostrando que o uso de estímulos discriminativos facilitava a rápida transferência dos efeitos do tratamento dos terapeutas comportamentais para os cuidadores dos participantes.

Greer *et al.* (2016) descreveram outras vantagens em potencial de se estabelecer o controle de estímulos inicialmente durante o FCT. Os pesquisadores resumiram 25 aplicações consecutivas de FCT em que utilizaram estímulos discriminativos para estreitar o esquema de reforçamento. Os resultados indicaram redução de 96% nos níveis de comportamento-problema a partir da linha de base, relativamente poucas respostas do FCT (8%) durante a extinção e apenas uma (4%) aplicação de punição.

Talvez alguns dos dados mais fascinantes sobre estímulos discriminativos durante o FCT mostrem que tais estímulos podem reduzir a probabilidade de recaída do tratamento. Fuhrman, Fisher e Greer (2016) expuseram dois participantes que se envolveram em comportamento-problema a duas sequências de fases em que implementaram o FCT com ou sem estímulos discriminativos. Após as taxas de comportamento-problema terem diminuído com cada tipo de FCT, os investigadores realizaram sessões de extinção nas quais as respostas do FCT nunca produziram reforço. Os pesquisadores fizeram uso do mesmo estímulo discriminativo que usaram durante o FCT (i.e., o S^{Δ}) durante as sessões de extinção que se seguiram ao FCT, para determinar se o uso do estímulo discriminativo para sinalizar a extinção durante algumas fases (i.e., S^{Δ} presente), mas não outras (i.e., S^{Δ} ausente) reduziria o ressurgimento do comportamento-problema. Ambos os participantes emitiram muito menos comportamentos-problema na condição em que os pesquisadores sinalizaram a extinção (i.e., S^{Δ} presente) em relação à condição oposta (i.e., S^{Δ} ausente). Fisher, Fuhrman, Greer, Mitteer e Piazza (2020) replicaram essas descobertas e as ampliaram com quatro participantes adicionais, isolando os efeitos dos estímulos discriminativos e aplicando esses estímulos em um novo contexto. Esses estudos são importantes porque mostram que os analistas do comportamento podem utilizar estímulos discriminativos para atenuar ou mesmo prevenir a recaída do tratamento quando o reforço funcional está indisponível por períodos maiores.

Como abordar problemas comuns em tratamentos baseados em reforço

Hagopian *et al.* (1998) analisaram 21 casos em que implementaram tratamentos baseados em FCT e descobriram que esse treinamento, quando combinado com a extinção, foi eficaz na maioria deles. No entanto, o FCT mais a extinção perderam sua eficácia em cerca de metade dos casos quando eles estreitaram o esquema de reforço. Da mesma forma, Volkert, Lerman, Call e Trosclair-Lasserre (2009) observaram ressurgimento do comportamento-problema na maioria dos casos quando colocaram a resposta do FCT em extinção ou diminuíram rapidamente a frequência de reforço para a resposta de um esquema FR 1 para um FR 12. Como já mencionado, sinalizar períodos prolongados nos quais o reforço estará indisponível pode ajudar a reduzir o ressurgimento (p. ex., Fuhrman *et al.*, 2016). Além disso, o fornecimento de reforçadores substitutos também pode prevenir a ocorrência de problemas de comportamento quando o reforço funcional não está disponível (p. ex., Fisher *et al.*, 2000; Rooker *et al.*, 2013). No entanto, a adição de um componente de punição baseado em função pode ser justificada quando esses tratamentos baseados em reforço são ineficazes (Hagopian *et al.*, 1998; ver discussão detalhada dessa questão em Lerman & Toole, Capítulo 21 deste livro).

Comentários finais

É provável que os tratamentos baseados em reforço funcional sejam eficientes e eficazes, pois os resultados da análise funcional fornecem informações específicas que direcionam o desenvolvimento do tratamento para antecedentes e consequências relevantes, ou seja, os resultados da análise funcional permitem que um analista do comportamento concentre o tratamento nos contextos (p. ex., contextos de demanda quando a fuga é o reforçador, contextos de baixa atenção quando a atenção é o reforçador), em vez de implementar um tratamento em contextos ambientais. O foco em um ou alguns contextos específicos permite uma implementação mais fácil do tratamento no ambiente natural. A análise funcional também especifica um número relativamente pequeno de procedimentos para reduzir o comportamento-problema (p. ex., eliminar a contingência entre o comportamento-problema e seu reforçador) e aumentar o comportamento alternativo apropriado (p. ex., fornecer acesso ao reforçador funcional após resposta de comunicação apropriada). Isso leva a um desenvolvimento de tratamento mais eficiente, na medida em que os resultados da análise funcional prescrevem um tratamento específico e evitam uma abordagem de tentativa e erro na seleção de tratamentos.

Concluindo, resultados precisos de análise funcional promovem o desenvolvimento mais rápido de tratamentos eficazes; maior facilidade de implementação do tratamento no ambiente natural, especificando os contextos em que o tratamento é relevante; e generalização e manutenção dos efeitos do tratamento, utilizando o reforço funcional para manter um comportamento alternativo adequado no ambiente natural (Durand, Berotti & Weiner, 1993).

Referências

Austin, J. E., & Tiger, J. H. (2015). Providing alternative reinforcers to facilitate tolerance to delayed reinforcement following functional communication training. *Journal of Applied Behavior Analysis, 48*, 663-668.

Baron, A., & Galizio, M. (2005). Positive and negative reinforcement: Should the distinction be preserved? *Behavior Analyst, 28*, 85-98.

Beavers, G. A., Iwata, B. A., & Lerman, D. C. (2013). Thirty years of research on the functional analysis of problem behavior. *Journal of Applied Behavior Analysis, 46*, 1-21.

Betz, A. M., Fisher, W. W., Roane, H. S., Mintz, J. C., & Owen, T. M. (2013). A component analysis of schedule thinning during functional communication training. *Journal of Applied Behavior Analysis, 46*, 219-241.

Carr, E. G., & Durand, V. M. (1985). Reducing behavior problems through functional communication training. *Journal of Applied Behavior Analysis, 18*, 111-126.

Conners, J., Iwata, B. A., Kahng, S. W., Hanley, G. P., Worsdell, A. S., & Thompson, R. H. (2000). Differential responding in the presence and absence of discriminative stimuli during multielement functional analyses. *Journal of Applied Behavior Analysis, 33*, 299-308.

DeLeon, I. G., Neidert, P. L., Anders, B. M., & Rodriguez--Catter, V. (2001). Choices between positive and negative reinforcement during treatment for escape-maintained behavior. *Journal of Applied Behavior Analysis, 34*, 521-525.

DeRosa, N. M., Fisher, W. W., & Steege, M. W. (2015). An evaluation of time in establishing operation on the effectiveness of functional communication training. *Journal of Applied Behavior Analysis, 48*, 115-130.

Dunlap, G., Kern-Dunlap, L., Clarke, S., & Robbins, F. R. (1991). Functional assessment, curricular revision, and severe behavior problems. *Journal of Applied Behavior Analysis, 24*, 387-397.

Durand, V. M., Berotti, D., & Weiner, J. (1993). Functional communication training: Factors affecting effectiveness, generalization, and maintenance. Em J. Reichle & D. P. Wacker (Eds.), *Communicative alternatives to challenging behavior: Integrating functional assessment and treatment strategies* (pp. 317-340). Baltimore: Brookes.

Ebanks, M. E., & Fisher, W. W. (2003). Altering the timing of academic prompts to treat destructive behavior maintained by escape. *Journal of Applied Behavior Analysis, 36*, 355-359.

Fisher, W. W., DeLeon, I. G., Rodriguez-Catter, V., & Keeney, K. M. (2004). Enhancing the effects of extinction on attention-maintained behavior through noncontingent delivery of attention or stimuli identified via a competing stimulus assessment. *Journal of Applied Behavior Analysis, 37*, 171-184.

Fisher, W. W., Fuhrman, A. M., Greer, B. D., Mitteer, D. R., & Piazza, C. C. (2020). Mitigating resurgence of destructive behavior using the discriminative stimuli of a multiple schedule. *Journal of the Experimental Analysis of Behavior, 113*, 263-277.

Fisher, W. W., Greer, B. D., Fuhrman, A. M., & Querim, A. C. (2015). Using multiple schedules during functional communication training to promote rapid transfer of treatment effects. *Journal of Applied Behavior Analysis, 48*, 713-733.

Fisher, W. W., Greer, B. D., Mitteer, D. R., Fuhrman, A. M., Romani, P. W., & Zangrillo, A. N. (2018). Further evaluation of differential exposure to establishing operations during functional communication training. *Journal of Applied Behavior Analysis, 51*, 360-373.

Fisher, W. W., Greer, B. D., Querim, A. C., & DeRosa, N. (2014). Decreasing excessive functional communication responses while treating destructive behavior using response restriction. *Research in Developmental Disabilities, 35*, 2614-2623.

Fisher, W. W., Kuhn, D. E., & Thompson, R. H. (1998). Establishing discriminative control of responding using functional and alternative reinforcers during functional communication training. *Journal of Applied Behavior Analysis, 31*, 543-560.

Fisher, W. W., O'Connor, J. T., Kurtz, P. F., DeLeon, I. G., & Gotjen, D. L. (2000). The effects of noncontingent delivery of high- and low-preference stimuli on attention-maintained destructive behavior. *Journal of Applied Behavior Analysis, 33*, 79-83.

Fisher, W., Piazza, C. C., Bowman, L. G., Hagopian, L. P., Owens, J. C., & Slevin, I. (1992). A comparison of two approaches for identifying reinforcers for persons with severe and profound disabilities. *Journal of Applied Behavior Analysis, 25*, 491-498.

Fisher, W., Piazza, C., Cataldo, M., Harrell, R., Jefferson, G., & Conner, R. (1993). Functional communication training with and without extinction and punishment. *Journal of Applied Behavior Analysis, 26*, 23-36.

Fuhrman, A. M., Fisher, W. W., & Greer, B. D. (2016). A preliminary investigation on improving functional communication training by mitigating resurgence of destructive behavior. *Journal of Applied Behavior Analysis, 49*, 884-899.

Fyffe, C. E., Kahng, S. W., Frittro, E., & Russell, D. (2004). Functional analysis and treatment of inappropriate sexual behaviors. *Journal of Applied Behavior Analysis, 37*, 401-404.

Greer, B. D., Fisher, W. W., Briggs, A. M., Lichtblau, K. R., Phillips, L. A., & Mitteer, D. R. (2019). Using schedule-correlated stimuli during functional communication training to promote the rapid transfer of treatment effects. *Behavioral Development, 24*, 100-119.

Greer, B. D., Fisher, W. W., Saini, V., Owen, T. M., & Jones, J. K. (2016). Functional communication training during reinforcement schedule thinning: An analysis of 25 applications. *Journal of Applied Behavior Analysis, 49*, 105-121.

Grow, L. L., Kelley, M. E., Roane, H. S., & Shillingsburg, M. A. (2008). Utility of extinction-induced response variability for the selection of mands. *Journal of Applied Behavior Analysis, 41*, 15-24.

Hagopian, L. P., Contrucci Kuhn, S. A., Long, E. S., & Rush, K. S. (2005). Schedule thinning following communication training: Using competing stimuli to enhance tolerance to decrements in reinforcer density. *Journal of Applied Behavior Analysis, 38*, 177-193.

Hagopian, L. P., Fisher, W. W., & Legacy, S. M. (1994). Schedule effects of noncontingent reinforcement on attention-maintained destructive behavior in identical quadruplets. *Journal of Applied Behavior Analysis, 27*, 317-325.

Hagopian, L. P., Fisher, W. W., Sullivan, M. T., Acquisto, J., & LeBlanc, L. A. (1998). Effectiveness of functional communication training with and without extinction and punishment: A summary of 21 inpatient cases. *Journal of Applied Behavior Analysis, 31*, 211-235.

Hall, S., DeBernardis, M., & Reiss, A. (2006). Social escape behaviors in children with fragile X syndrome. *Journal of Autism and Developmental Disorders, 36*, 935-947.

Hammond, J. L., Iwata, B. A., Rooker, G. W., Fritz, J. N., & Bloom, S. E. (2013). Effects of fixed versus random condition sequencing during multielement functional analyses. *Journal of Applied Behavior Analysis, 46*, 22-30.

Hanley, G. P., Iwata, B. A., & McCord, B. E. (2003). Functional analysis of problem behavior: A review. *Journal of Applied Behavior Analysis, 36*, 147-185.

Hanley, G. P., Iwata, B. A., & Thompson, R. H. (2001). Reinforcement schedule thinning following treatment with functional communication training. *Journal of Applied Behavior Analysis, 34*, 17-38.

Hanley, G. P., Piazza, C. C., & Fisher, W. W. (1997). Noncontingent presentation of attention and alternative stimuli in the treatment of attention-maintained destructive behavior. *Journal of Applied Behavior Analysis, 30*, 229-237.

Herrnstein, R. J. (1961). Relative and absolute strength of response as a function of frequency of reinforcement. *Journal of the Experimental Analysis of Behavior, 4*, 267-272.

Hoffman, K., & Falcomata, T. S. (2014). An evaluation of resurgence of appropriate communication in individuals with autism who exhibit severe problem behavior. *Journal of Applied Behavior Analysis, 47*, 651-656.

Horner, R. D. (1980). The effects of an environmental "enrichment" program on the behavior of institutionalized profoundly retarded children. *Journal of Applied Behavior Analysis, 13*, 473-491.

Horner, R. H., & Day, H. M. (1991). The effects of response efficiency on functionally equivalent competing behaviors. *Journal of Applied Behavior Analysis, 24*, 719-732.

Horner, R. H., Day, H. M., & Day, J. R. (1997). Using neutralizing routines to reduce problem behaviors. *Journal of Applied Behavior Analysis, 30*, 601-614.

Horner, R. H., Day, H. M., Sprague, J. R., O'Brien, M., & Heathfield, L. T. (1991). Interspersed requests: A nonaversive procedure for reducing aggression and self-injury during instruction. *Journal of Applied Behavior Analysis, 24*, 265-278.

Hyman, S. L., Fisher, W., Mercugliano, M., & Cataldo, M. F. (1990). Children with self-injurious behavior. *Pediatrics, 85*, 437-441.

Iwata, B. A. (1987). Negative reinforcement in applied behavior analysis: An emerging technology. *Journal of Applied Behavior Analysis, 20*, 361-378.

Iwata, B. A. (2006). On the distinction between positive and negative reinforcement. *Behavior Analyst, 29*, 121-123.

Iwata, B. A., Dorsey, M. F., Slifer, K. J., Bauman, K. E., & Richman, G. S. (1994). Toward a functional analysis of self-injury. *Journal of Applied Behavior Analysis, 27*, 197-209. (Reimpresso de *Analysis and Intervention in Developmental Disabilities, 2*, 3-20, 1982)

Iwata, B. A., Pace, G. M., Cowdery, G. E., & Miltenberger, R. G. (1994). What makes extinction work: An analysis of procedural form and function. *Journal of Applied Behavior Analysis, 27*, 131-144.

Iwata, B. A., Pace, G. M., Dorsey, M. F., Zarcone, J. R., Vollmer, T. R., Smith, R. G., *et al.* (1994). The functions of self-injurious behavior: An experimentalepidemiological analysis. *Journal of Applied Behavior Analysis, 27*, 215-240.

Kettering, T. L., Fisher, W. W., Kelley, M. E., & LaRue, R. H. (2018). Sound attenuation and preferred music in the treatment of problem behavior maintained by escape from noise. *Journal of Applied Behavior Analysis, 51*, 687-693.

Kodak, T., Lerman, D. C., Volkert, V. M., & Trosclair, N. (2007). Further examination of factors that influence preference for positive versus negative reinforcement. *Journal of Applied Behavior Analysis, 40*, 25-44.

Lalli, J. S., Casey, S., & Kates, K. (1995). Reducing escape behavior and increasing task completion with functional communication training, extinction, and response chaining. *Journal of Applied Behavior Analysis, 28*, 261-268.

Lalli, J. S., Vollmer, T. R., Progar, P. R., Wright, C., Borrero, J., Daniel, D., *et al.* (1999). Competition between positive and negative reinforcement in the treatment of escape behavior. *Journal of Applied Behavior Analysis, 32*, 285-296.

Laraway, S., Snycerski, S., Michael, J., & Poling, A. (2003). Motivating operations and terms to describe them: Some further refinements. *Journal of Applied Behavior Analysis, 36*, 407-414.

Lattal, K. A., & Lattal, A. D. (2006). And yet . . . : Further comments on distinguishing positive and negative reinforcement. *Behavior Analyst, 29*, 129-134.

Lerman, D. C., & Iwata, B. A. (1995). Prevalence of the extinction burst and its attenuation during treatment. *Journal of Applied Behavior Analysis, 28*, 93-94.

Lerman, D. C., Iwata, B. A., Shore, B. A., & Kahng, S. W. (1996). Responding maintained by intermittent reinforcement: Implications for the use of extinction with problem behavior in clinical settings. *Journal of Applied Behavior Analysis, 29*, 153-171.

Lomas, J. E., Fisher, W. W., & Kelley, M. E. (2010). The effects of variable-time delivery of food items and praise on problem behavior reinforced by escape. *Journal of Applied Behavior Analysis, 43*, 425-435.

Marcus, B. A., & Vollmer, T. R. (1995). Effects of differential negative reinforcement on disruption and compliance. *Journal of Applied Behavior Analysis, 28*, 229-230.

McCord, B. E., Iwata, B. A., Galensky, T. L., Ellingson, S. A., & Thomson, R. J. (2001). Functional analysis and treatment of problem behavior evoked by noise. *Journal of Applied Behavior Analysis, 34*, 447-462.

Mevers, J. E. L., Fisher, W. W., Kelley, M. E., & Fredrick, L. D. (2014). The effects of variable-time versus contingent reinforcement delivery on problem behavior maintained by escape. *Journal of Applied Behavior Analysis, 47*, 277-292.

Michael, J. (1975). Positive and negative reinforcement, a distinction that is no longer necessary: Or better ways to talk about bad things. *Behaviorism, 3*, 33-45.

O'Reilly, M. F. (1995). Functional analysis and treatment of escape-maintained aggression correlated with sleep deprivation. *Journal of Applied Behavior Analysis, 28*, 225-226.

Pace, G. M., Ivancic, M. T., & Jefferson, G. (1994). Stimulus fading as treatment for obscenity in a brain-injured adult. *Journal of Applied Behavior Analysis, 27*, 301-305.

Pace, G. M., Iwata, B. A., Cowdery, G. E., Andree, P. J., & McIntyre, T. (1993). Stimulus (instructional) fading during extinction of self-injurious escape behavior. *Journal of Applied Behavior Analysis, 26*, 205-212.

Parrish, J. M., Cataldo, M. F., Kolko, D. J., Neef, N. A., & Egel, A. L. (1986). Experimental analysis of response covariation among compliant and inappropriate behaviors. *Journal of Applied Behavior Analysis, 19*, 241-254.

Payne, S. W., & Dozier, C. L. (2013). Positive reinforcement as treatment for problem behavior maintained by negative reinforcement. *Journal of Applied Behavior Analysis, 46*, 699-703.

Peterson, C., Lerman, D. C., & Nissen, M. A. (2016). Reinforcer choice as an antecedent versus consequence. *Journal of Applied Behavior Analysis, 49*, 286-293.

Piazza, C. C., Adelinis, J. D., Hanley, G. P., Goh, H. L., & Delia, M. D. (2000). An evaluation of the effects of matched stimuli on behaviors maintained by automatic reinforcement. *Journal of Applied Behavior Analysis, 33*, 13-27.

Piazza, C. C., Fisher, W. W., Hanley, G. P., LeBlanc, L. A., Worsdell, A. S., Lindauer, S. E., *et al.* (1998). Treatment of pica through multiple analyses of its reinforcing functions. *Journal of Applied Behavior Analysis, 31*, 165-189.

Piazza, C. C., Fisher, W. W., Hanley, G. P., Remick, M. L., Contrucci, S. A., & Aitken, T. L. (1997). The use of positive and negative reinforcement in the treatment of escape-maintained destructive behavior. *Journal of Applied Behavior Analysis, 30*, 279-298.

Piazza, C. C., Moes, D. R., & Fisher, W. W. (1996). Differential reinforcement of alternative behavior and demand fading in the treatment of escape-maintained destructive behavior. *Journal of Applied Behavior Analysis, 29*, 569-572.

Poling, A., & Normand, M. (1999). Noncontingent reinforcement: An inappropriate description of time-based schedules that reduce behavior. *Journal of Applied Behavior Analysis, 32*, 237-238.

Rapp, J. T., & Lanovaz, M. J. (2014). Introduction to the special issue on assessment and treatment of stereotypy. *Behavior Modification, 38*, 339-343.

Rincover, A. (1978). Sensory extinction: A procedure form eliminating self-stimulatory behavior in developmentally disabled children. *Journal of Abnormal Child Psychology, 6*, 299-310.

Roane, H. S., Falcomata, T. S., & Fisher, W. W. (2007). Applying the behavioral economics principle of unit price to DRO schedule thinning. *Journal of Applied Behavior Analysis, 40*, 529-534.

Roane, H. S., Fisher, W. W., Sgro, G. M., Falcomata, T. S., & Pabico, R. R. (2004). An alternative method of thinning reinforcer delivery during differential reinforcement. *Journal of Applied Behavior Analysis, 37*, 213-218.

Romaniuk, C., Miltenberger, R., Conyers, C., Jenner, N., Jurgens, M., & Ringenberg, C. (2002). The influence of activity choice on problem behaviors maintained by escape versus attention. *Journal of Applied Behavior Analysis, 35*, 349-362.

Rooker, G. W., Jessel, J., Kurtz, P. F., & Hagopian, L. P. (2013). Functional communication training with and without alternative reinforcement and punishment: An analysis of 58 applications. *Journal of Applied Behavior Analysis, 46*, 708-722.

Roscoe, E. M., Iwata, B. A., & Rand, M. S. (2003). Effects of reinforcer consumption and magnitude on response rates during noncontingent reinforcement. *Journal of Applied Behavior Analysis, 36,* 525-539.

Russo, D. C., Cataldo, M. F., & Cushing, P. J. (1981). Compliance training and behavioral covariation in the treatment of multiple behavior problems. *Journal of Applied Behavior Analysis, 14,* 209-222.

Saini, V., Miller, S. A., & Fisher, W. W. (2016). Multiple schedules in practical application: Research trends and implications for future investigation. *Journal of Applied Behavior Analysis, 49,* 421-444.

Shirley, M. J., Iwata, B. A., Kahng, S., Mazaleski, J. L., & Lerman, D. C. (1997). Does functional communication training compete with ongoing contingencies of reinforcement?: An analysis during response acquisition and maintenance. *Journal of Applied Behavior Analysis, 30,* 93-104.

Sidman, M. (2006). The distinction between positive and negative reinforcement: Some additional considerations. *Behavior Analyst, 29,* 135-139.

Skinner, B. F. (1953). *Science and human behavior.* Nova York: Free Press.

Slocum, S. K., & Vollmer, T. R. (2015). A comparison of positive and negative reinforcement for compliance to treat problem behavior maintained by escape. *Journal of Applied Behavior Analysis, 48,* 563-574.

Smith, R. G., Iwata, B. A., Goh, H., & Shore, B. A. (1995). Analysis of establishing operations for selfinjury maintained by escape. *Journal of Applied Behavior Analysis, 28,* 515-535.

Tiger, J. H., Hanley, G. P., & Bruzek, J. (2008). Functional communication training: A review and practical guide. *Behavior Analysis in Practice, 1,* 16-23.

Vaughan, M. E., & Michael, J. L. (1982). Automatic reinforcement: An important but ignored concept. *Behaviorism, 10,* 217-228.

Volkert, V. M., Lerman, D. C., Call, N. A., & TrosclairLasserre, N. (2009). An evaluation of resurgence during treatment with functional communication training. *Journal of Applied Behavior Analysis, 42,* 145-160.

Vollmer, T. R. (1994). The concept of automatic reinforcement: Implications for behavioral research in developmental disabilities. *Research in Developmental Disabilities, 15,* 187-207.

Vollmer, T. R., Borrero, J. C., Wright, C. S., Van Camp, C., & Lalli, J. S. (2001). Identifying possible contingencies during descriptive analyses of severe behavior disorders. *Journal of Applied Behavior Analysis, 34,* 269-287.

Vollmer, T. R., Iwata, B. A., Zarcone, J. R., Smith, R. G., & Mazaleski, J. L. (1993). The role of attention in the treatment of attention-maintained self-injurious behavior: Noncontingent reinforcement and differential reinforcement of other behavior. *Journal of Applied Behavior Analysis, 26,* 9-21.

Vollmer, T. R., Marcus, B. A., & LeBlanc, L. (1994). Treatment of self-injury and hand mouthing following inconclusive functional analyses. *Journal of Applied Behavior Analysis, 27,* 331-344.

Vollmer, T. R., Marcus, B. A., & Ringdahl, J. E. (1995). Noncontingent escape as treatment for self-injurious behavior maintained by negative reinforcement. *Journal of Applied Behavior Analysis, 28,* 15-26.

Wacker, D. P., Steege, M. W., Northup, J., Sasso, G., Berg, W., Reimers, T., *et al.* (1990). A component analysis of functional communication training across three topographies of severe behavior problems. *Journal of Applied Behavior Analysis, 23,* 417-429.

Weeks, M., & Gaylord-Ross, R. (1981). Task difficulty and aberrant behavior in severely handicapped students. *Journal of Applied Behavior Analysis, 14,* 449- 463.

Wilder, D. A., Draper, R., Williams, W. L., & Higbee, T. S. (1997). A comparison of noncontingent reinforcement, other competing stimulation, and liquid rescheduling for the treatment of rumination. *Behavioral Treatments, 12,* 55-64.

Zangrillo, A. N., Fisher, W. W., Greer, B. D., Owen, T. M., & DeSouza, A. A. (2016). Treatment of escapemaintained challenging behavior using chained schedules: An evaluation of the effects of thinning positive plus negative reinforcement during functional communication training. *International Journal of Developmental Disabilities, 62,* 147-156.

Zarcone, J. R., Iwata, B. A., Vollmer, T. R., Jagtiani, S., Smith, R. G., & Mazaleski, J. L. (1993). Extinction of self-injurious escape behavior with and without instructional fading. *Journal of Applied Behavior Analysis, 26,* 353-360.

21

Desenvolvimento de procedimentos de punição baseados em função para o comportamento-problema

Dorothea C. Lerman e Lisa M. Toole

Inúmeros procedimentos baseados no processo de punição são eficazes para tratar o comportamento-problema. Quando a apresentação contingente de um estímulo diminui a probabilidade futura de um comportamento, os analistas do comportamento utilizam o termo *punição positiva*. As variações procedurais da punição positiva examinadas na literatura aplicada incluem a apresentação contingente de repreensões verbais, breve restrição física e demandas. Quando a remoção contingente de um estímulo diminui a probabilidade futura de um comportamento, os analistas do comportamento usam o termo *punição negativa*. Podemos dividir ainda mais a punição negativa em dois procedimentos, *custo de resposta* e *time out* (tempo de espera). O custo de resposta é a remoção contingente de uma quantidade específica de um reforço positivo (p. ex., perda de fichas), e o *time out* é a perda contingente de acesso ao reforço por um tempo específico (p. ex., remoção de reforço por 2 minutos).

Os resultados da pesquisa básica sobre punição conduzida sobretudo com não humanos têm sido fundamentais para o desenvolvimento de uma tecnologia eficaz de punição. A imensa literatura aplicada sobre punição, hoje com mais de 45 anos, tem demonstrado as vantagens e as desvantagens dessa abordagem de tratamento. O objetivo dessa pesquisa tem sido desenvolver punições seguras e eficazes para o comportamento-problema de indivíduos com deficiência intelectual, em especial para as formas mais graves de comportamento-problema – aquelas que colocam esses indivíduos, seus cuidadores ou o ambiente em risco de danos significativos.

No entanto, diversos autores nas últimas décadas observaram que tanto a pesquisa básica quanto a aplicada sobre punição estão em declínio (p. ex., Baron, 1991; Crosbie, 1998; Kahng, Iwata & Lewin, 2002; Lydon, Healy, Moran, 2015; Pelios, Morren, Tesch & Axelrod, 1999). Embora o uso da punição seja controverso há muitos anos, autores atribuem a diminuição da pesquisa aplicada aos avanços na análise funcional do comportamento-problema e ao maior uso de tratamento baseado em função (Kahng *et al.*, 2002; Pelios *et al.*, 1999). Apesar dos avanços no tratamento com extinção e reforço (ver Vollmer, Athens & Fernand, Capítulo 19, e Fisher, Greer,& Bouxsein, Capítulo 20, neste livro), os resultados da pesquisa sugerem que a punição continua sendo uma opção importante para cuidadores de indivíduos com formas graves de comportamento-problema, conforme já definido. A punição pode ser indicada clinicamente quando um analista do comportamento não consegue identificar ou controlar os reforçadores que mantêm o comportamento-problema (p. ex., Fisher *et al.*, 1993; Hagopian, Rooker & Zarcone, 2015; Lindberg, Iwata & Khang, 1999; Raulston, Hansen, Machalicek,

McIntyre & Carnett, 2019; Saini, Greer & Fisher, 2015), ou quando tratamentos baseados na função não produzem resultados aceitáveis (p. ex., Fisher *et al.*, 1993; Hagopian, Fisher, Thibault-Sullivan, Acquisto & LeBlanc, 1998; Hanley, Piazza, Fisher & Maglieri, 2005; Wacker *et al.*, 1990). Por exemplo, resultados de diversos grandes estudos sobre o tratamento com treinamento de comunicação funcional (FCT, *functional communication training*) mostraram que a punição às vezes era necessária para manter os efeitos do tratamento sob esquemas práticos de reforçamento para a resposta comunicativa (Hagopian *et al.*, 1998; Rooker, Jessel, Kurtz & Hagopian, 2013). A punição também pode ser o tratamento escolhido para o comportamento com risco de vida, que um analista do comportamento deve diminuir rapidamente para evitar danos físicos (p. ex., Foxx, 2003).

Avanços na análise funcional do comportamento-problema, no entanto, devem ocasionar melhorias na seleção e no uso de punições em ambientes clínicos. O termo *punição baseada em função* pode parecer contraintuitivo, pois os clínicos são mais propensos a utilizar punição quando a função do comportamento é desconhecida. No entanto, como discutiremos mais detalhadamente a seguir, os clínicos só devem prescrever punição com algum conhecimento das consequências que podem ser relevantes e irrelevantes para a manutenção do comportamento-problema. Para os fins deste capítulo, as *punições baseadas em função* são aquelas que provavelmente serão eficazes, dadas essas informações. Os objetivos deste capítulo são fornecer uma visão geral dos procedimentos de punição, abordagens para selecionar procedimentos de punição, fatores que influenciam os efeitos da punição e estratégias para usar a punição de modo eficaz.

Tipos de procedimentos de punição

A punição pode ser indicada clinicamente se (1) intervenções iniciais baseadas em reforço, extinção e operações estabelecedoras não produzirem diminuições clinicamente aceitáveis no comportamento-problema, ou (2) o comportamento-problema justificar intervenção imediata com procedimentos suscetíveis de produzir diminuições rápidas na resposta, o que pode incluir punição. Conforme descrito nas seções a seguir, uma infinidade de punições seguras e eficazes está disponível para uso clínico. Embora muitas vezes classifiquemos essas variações processuais da punição por forma (como supercorreção [*overcorrection*]), função (como *time out*) ou ambos, muitos procedimentos comumente utilizados incluem múltiplos estímulos punitivos em potencial. Por exemplo, os clínicos frequentemente combinam *time out* com algum tipo de restrição física (p. ex., Fisher, Piazza, Bowman, Kurtz *et al.*, 1994). Além disso, classificamos um procedimento como punição por seus efeitos sobre o comportamento. Desse modo, embora os pesquisadores tenham constatado que os diversos procedimentos descritos a seguir funcionam como punição para alguns indivíduos, eles podem ter funções diferentes para outros. Discutiremos essas funções alternativas mais adiante neste capítulo (ver "Seleção de procedimentos de punição").

A seguir, dividimos os procedimentos em dois grupos para fins organizacionais. O grupo de punição positiva consiste em procedimentos que incluem a apresentação de um estímulo aversivo contingente ao comportamento. O grupo de punição negativa consiste em procedimentos que incluem a remoção de estímulos preferidos ou reforçadores contingentes ao comportamento. O objetivo desta seção é fornecer uma breve descrição e um resumo dos resultados de pesquisas sobre essas variações clínicas da punição.

Procedimentos de punição positiva

Pesquisadores têm mostrado que diversos estímulos diminuem o comportamento-problema quando apresentados como dependentes do comportamento. Esses estímulos incluem repreensões verbais, demandas, contato físico, borrifador de água, certos gostos e cheiros, ruído e choque. Alguns desses estímulos têm sido avaliados em relativamente poucos estudos sobre punição.

Repreensões verbais

Breves declarações de desaprovação ou instrução podem funcionar como punição eficaz para muitos comportamentos-problema, incluindo o comportamento autolesivo (SIB, *self-injurous behavior*), agressão, pica, ruminação e estereotipia. Em diversos estudos, por exemplo, os cuidadores entregaram um severo "Não", ou "Não faça isso, você vai se machucar", contingente ao comportamento-problema para reduzir a frequência do comportamento (p. ex., Dominguez, Wilder, Cheung & Rey, 2014; Maglieri, DeLeon, Rodriguez-Catter & Sevin, 2000; Richman, Lindauer, Crosland, McKerchar & Morse, 2001; Thompson, Iwata, Conners & Roscoe, 1999; Van Houten, Nau, MacKenzie-Keating, Sameoto & Colavecchia, 1982). Resultados de alguns estudos indicam que os analistas do comportamento podem estabelecer uma reprimenda como punição condicionada eficaz (p. ex., Dorsey, Iwata, Ong & McSween, 1980). Diversos estudos avaliaram fatores que influenciam os efeitos redutores das repreensões. As repreensões verbais foram mais eficazes quando pareadas com contato visual e contato físico (p. ex., um aperto firme no ombro), quando a pessoa que fez a repreensão estava fisicamente perto do alvo da repreensão e quando as repreensões eram fornecidas contingentes ao comportamento-problema de outros indivíduos (p. ex., Richman *et al.*, 2001; Van Houten *et al.*, 1982).

Bloqueio de resposta e restrição física

Diversos procedimentos de punição envolvem o contato físico entre o cuidador e aquele que é cuidado. Esses procedimentos diferem em termos de quantidade e duração do contato. O *bloqueio de resposta* é o uso de um breve contato físico para evitar que uma resposta ocorra, e é o menos intrusivo desses procedimentos (p. ex., Giles, St. Peter, Pence & Gibson, 2012; Lalli, Livezey & Kates, 1996; Lerman & Iwata, 1996; Reid, Parsons, Phillips & Green, 1993). Em Reid *et al.* (1993) e Lerman e Iwata (1996), por exemplo, o terapeuta evitou o ato de botar a mão na boca colocando a mão a aproximadamente dois centímetros da boca do participante. Esse comportamento impedia que o participante levasse a mão à boca (i.e., o dorso da mão do terapeuta entrava em contato com a mão do indivíduo). No entanto, os efeitos redutores do bloqueio de resposta podem ser devidos à extinção, e não à punição em alguns casos (Smith, Russo & Le, 1999).

A *restrição física* restringe ou limita o movimento de um indivíduo, diferentemente do bloqueio de resposta, que apenas impede a resposta. Resultados de muitos estudos têm mostrado que inúmeras variações de restrição física efetivamente reduzem o comportamento-problema. Os procedimentos de restrição incluíram *as mãos para baixo*, em que o terapeuta segura as mãos do indivíduo para o lado ou no colo por um tempo especificado (Bitgood, Crowe, Suarez & Peters, 1980; Hagopian *et al.*, 1998; Lerman, Iwata, Shore & DeLeon, 1997; Thompson *et al.*, 1999); imobilização em *cesta*, em que o terapeuta fica atrás do indivíduo, cruza os braços do indivíduo sobre o peito e os segura acima dos pulsos por tempo determinado (Fisher, Piazza, Bowman, Kurtz *et al.*, 1994), e *time out de supressão de movimento*, no qual o terapeuta utiliza a menor quantidade de contato físico necessária para manter o indivíduo imóvel enquanto fica em pé em um canto (Rolider & Van Houten, 1985).

Na maioria dos estudos, o terapeuta usou contato físico breve, como 30-60 segundos, e implementou restrição física em conjunto com outras potenciais punições (p. ex., repreensões verbais, *time out*; Thompson *et al.*, 1999). De fato, o *time out* do reforço positivo era um componente provável de qualquer procedimento de restrição física se o acesso aos estímulos reforçadores não estivesse disponível enquanto o terapeuta continha o indivíduo. Além disso, os terapeutas normalmente usavam alguma forma de contato físico ou restrição com muitas das punições descritas nesta seção (p. ex., correção excessiva, cheiros aversivos, *time out*; p. ex., Cipani, Brendlinger, McDowell & Usher, 1991). Os pesquisadores não exploraram suficientemente a contribuição do contato físico ou da restrição para a eficácia de outros procedimentos.

Supercorreção e outras formas de esforço contingente

Diversas variações procedurais da punição são semelhantes, na medida em que o analista do comportamento exige que o indivíduo se envolva em uma resposta esforçada após o comportamento-problema. Esse tipo de punição é a *supercorreção* (ou correção excessiva) se a resposta contingente for topograficamente semelhante ao comportamento-problema ou relacionada a esse comportamento de alguma outra maneira (p. ex., um comportamento de substituição apropriado). Foxx e Azrin (1972) desenvolveram a supercorreção, e ela consiste em dois componentes procedurais que o analista do comportamento implementa sozinho ou em combinação, dependendo do comportamento-problema. A *supercorreção restitucional* requer que o indivíduo restaure o ambiente físico a um estado melhor do que seu estado original se o comportamento-problema produzir interrupção no ambiente físico. Por exemplo, um analista do comportamento exigiria que um indivíduo que virasse uma lata de lixo na sala de jantar recolhesse essa lata e o lixo e, em seguida, varresse e esfregasse todo o chão da sala de jantar. A *supercorreção da prática positiva* requer que o indivíduo pratique repetidamente um comportamento apropriado e relacionado. Por exemplo, um analista do comportamento exigiria que o indivíduo que virou uma lata de lixo na sala de jantar colocasse repetidamente a lata de lixo de modo suave no chão. Pesquisadores têm implementado a prática positiva isoladamente em diversos estudos com comportamentos que não perturbam o ambiente, como o estereotipado (p. ex., Anderson & Le, 2011; Cipani *et al.*, 1991; Foxx & Azrin, 1973; Peters & Thompson, 2013). Por exemplo, em Peters e Thompson (2013), o terapeuta interrompeu a estereotipia motora e pediu fisicamente aos participantes para se envolverem de forma adequada com materiais de lazer por 30 segundos. Os efeitos diretos e indiretos da supercorreção são semelhantes aos associados a outros procedimentos de esforço contingente descritos a seguir, apesar de algumas afirmações em sentido oposto (ver discussão em MacKenzie-Keating & McDonald, 1990). Por exemplo, os resultados de estudos que avaliaram os efeitos da supercorreção na resposta praticada têm sido inconsistentes, mostrando aumentos, diminuições e nenhuma mudança (p. ex., Peters & Thompson, 2013).

Procedimentos semelhantes que os analistas do comportamento normalmente não classificam como supercorreção incluem *demandas contingentes*, nas quais os pesquisadores exigiam que os indivíduos completassem tarefas que não estavam relacionadas ao comportamento-problema (Fischer & Nehs, 1978; Fisher *et al.*, 1993; Watson, 1993); *prática negativa*, na qual os pesquisadores exigiam que os indivíduos exibissem o comportamento-problema repetidamente (Azrin, Nunn & Frantz, 1980); e *exercício contingente*, em que os pesquisadores exigiam que os indivíduos realizassem movimentos motores não relacionados ao comportamento-problema (Kahng, Abt & Wilder, 2001; Luce, Delquadri & Hall, 1980). A *interrupção e redirecionamento de resposta* é uma intervenção bem-estudada para estereotipia vocal que se assemelha a procedimentos de esforço contingente (Ahearn, Clark, MacDonald & Chung, 2007). Em Ahearn *et al.* (2007), por exemplo, o terapeuta proferiu perguntas ou instruções exigindo respostas vocais contingentes à ocorrência de estereotipia vocal; as perguntas ou as instruções continuaram até que o participante apresentasse três respostas corretas sem se envolver em estereotipia vocal. Resultados de pesquisas sugerem que a interrupção e o redirecionamento da resposta funcionam como punição em alguns casos (p. ex., Ahrens, Lerman, Kodak, Worsdell & Keegan, 2011; Shawler e Miquel, 2015).

Névoa de água

Pesquisadores têm utilizado névoa de água contingente para diminuir o comportamento-problema em indivíduos com deficiências no desenvolvimento em alguns estudos (p ex., Arntzen & Werner, 1999; Dorsey *et al.*, 1980; Friman, Cook & Finney, 1984; Singh, Watson & Winton, 1986). Um terapeuta geralmente implementava o procedimento ficando na frente de um indivíduo com uma garrafa do tipo *squeeze* contendo água em temperatura ambiente, segurando a garrafa de água em uma inclinação para evitar borrifar água diretamente nos olhos do indivíduo e entregando uma névoa de água para cada ocorrência do comportamento-problema.

Sabores e cheiros aversivos

Resultados de estudos mostraram que a entrega contingente de um *sabor aversivo*, como vinagre ou suco de limão, ou *cheiro aversivo*, como amônia aromática, trata com sucesso o comportamento-problema. Em diversos estudos, por exemplo, um terapeuta esguichava uma pequena quantidade de suco concentrado de limão ou vinagre não adoçado na boca, contingente ao comportamento autoestimulatório (Cipani *et al.*, 1991; Friman *et al.*, 1984), ruminação crônica (Sajwaj, Libet & Agras, 1974), masturbação pública (Cook, Altman, Shaw & Blaylock, 1978) e pica (Paisey & Whitney, 1989). O terapeuta aplicava amônia aromática (i.e., sal amoníaco) quebrando uma cápsula de amônia e mantendo-a sob o nariz do indivíduo por um tempo especificado. Pesquisadores têm utilizado esse tratamento para SIB (Altman, Haavik & Cook, 1978; Singh, Dawson & Gregory, 1980a; Tanner & Zeiler, 1975), agressão (Doke, Wolery & Sumberc, 1983) e apneia e hiperventilação (Singh, 1979; Singh, Dawson & Gregory, 1980b). Os pesquisadores não relataram sobre o uso clínico de outros tipos de aromáticos.

Ruído

Pesquisadores têm utilizado a apresentação contingente do ruído como punição para o ato de chupar dedo (Stricker, Miltenberger, Garlinghouse, Deaver & Anderson, 2001; Stricker, Miltenberger, Garlinghouse & Tulloch, 2003), puxar o cabelo (Rapp, Miltenberger & Long, 1998) e alucinações auditivas (Fonagy & Slade, 1982). Em Stricker *et al.* (2001), por exemplo, os participantes utilizavam um dispositivo que detectava automaticamente quando a mão do participante se movia em direção à boca e produzia um som de 65 decibéis quando isso acontecia. O procedimento reduziu o ato de chupar dedo dos dois participantes a níveis próximos de zero. Embora os pesquisadores tenham atribuído os resultados a um aumento na consciência dos participantes sobre o chupar dedo, o som pode ter funcionado como estímulo punitivo. Resultados de um estudo subsequente com o mesmo dispositivo foram consistentes com uma interpretação da punição, pois um som de 90 decibéis foi necessário para reduzir o ato de chupar dedo (Stricker *et al.*, 2003).

Choque

A sociedade considera o *choque elétrico contingente* o mais intrusivo e controverso dos procedimentos de punição, mas pesquisas têm mostrado que ele produz reduções rápidas e duráveis em SIB grave (Duker & Seys, 1996; Linscheid, Iwata, Ricketts, Williams & Griffin, 1990; Salvy, Mulick, Butter, Bartlett & Linscheid, 2004) e agressão (Ball, Sibbach, Jones, Steele & Frazier, 1975; Foxx, 2003). Em estudos anteriores, os pesquisadores aplicaram choque elétrico breve e de intensidade moderada (p. ex., 84 volts) na extremidade do participante (p. ex., perna) por meio de eletrodos que um dispositivo de detecção de movimento ativava (p. ex., o Sistema de Inibição de Comportamento Autolesivo; Linscheid *et al.*, 1990), ou remotamente, por um cuidador ou um terapeuta. Os resultados da pesquisa indicam que o choque não aumenta o risco de efeitos colaterais indesejáveis e pode ser uma alternativa segura a outros procedimentos de punição (p. ex., Linscheid, Pejeau, Cohen & Footo-Lenz, 1994).

Procedimentos de punição negativa

Time out *do reforço positivo*

O *time out*, uma das formas mais comuns de punição, é a perda contingente do acesso a reforçadores positivos ou a retirada da oportunidade de ganhar reforçadores positivos por um período. Os pesquisadores tipicamente removeram o reforço movendo um indivíduo para um ambiente menos reforçador, como uma sala vazia, área separada ou um canto (*time out excludente* ou *recluso*), ou interrompendo o reforço no ambiente atual (*time out não excludente*). Toole, Bowman, Thomason, Hagopian e Rush (2003), por exemplo, utilizaram o tempo de exclusão para tratar a grave agressão de uma menina de 15 anos com deficiência intelectual. A participante teve acesso a diversos itens e atividades de alta preferência ao longo do dia. Um terapeuta a conduziu para uma sala de tratamento acolchoada, utilizando a menor quantidade de assistência física necessária, acompanhando cada caso de agressão. O terapeuta solicitou que a participante permanecesse na sala por 5 minutos. A pesquisa avaliou uma ampla gama de durações de *time out* (p. ex., 15 segundos a 30 minutos); no entanto, os resultados de estudos sobre a relação entre esse parâmetro e a eficácia do tratamento produziram resultados inconsistentes (ver uma análise em Matson & DiLorenzo, 1984). Além disso, pesquisas comparando a eficácia de comprimentos de *time out* de duração fixa com aqueles baseados na ausência de comportamento-problema durante o *time out* (i.e., liberação contingente) sugerem que este último não confere nenhum benefício adicional (p. ex., Donaldson & Vollmer, 2011; Mace, Page, Ivancic & O'Brien, 1986).

Os pesquisadores desenvolveram inúmeras variações procedurais de *time out* não excludente para restringir o acesso ao reforço após o comportamento-problema sem remover o participante do ambiente imediato. Essas variações incluem a *filtro visual*, na qual um pesquisador coloca uma mão, máscara ou um pano sobre os olhos de um indivíduo (Mitteer, Romani, Greer & Fisher, 2015; Singh *et al.*, 1986; Rush, Crockett & Hagopian, 2001); *fita de time out*, na qual um pesquisador retirava uma fita que o participante usava, e o reforço não estava disponível quando o participante não tinha a fita (Foxx & Shapiro, 1978; Salend & Gordon, 1987); *observação contingente*, em que um pesquisador exigia que um participante permanecesse próximo ao ambiente de reforço (Porterfield, Herbert-Jackson & Risely, 1976); e *remoção de itens*, em que um pesquisador encerrava fontes de estimulação contínuas, como música, materiais de lazer e alimentos (Dupuis, Lerman, Tsami & Shireman, 2015; Falcomata, Roane, Hovanetz, Kettering & Keeney, 2004; Keeney, Fisher, Adelinis & Wilder, 2000; Ritschl, Mongrella & Presbie, 1972). Em Falcomata *et al.* (2004), por exemplo, o terapeuta retirou o acesso contínuo a um rádio por 5 segundos em função de falas impróprias. Em alguns estudos, os pesquisadores chamaram essa última forma de *time out de custo de resposta*. No entanto, normalmente classificamos os procedimentos que produzem perda de reforço baseada no tempo como *time out*. Em contrapartida, durante o custo de resposta, os participantes ganham reforço para o comportamento apropriado em vez da passagem do tempo, e os médicos não retornam reforçadores perdidos.

Os pesquisadores muitas vezes combinaram restrição física com *time out* excludente ou não excludente. Por exemplo, um pesquisador pode usar uma cesta para conter um participante ou orientá-lo fisicamente a permanecer em uma posição prescrita enquanto está sentado ou em pé no canto de uma sala (p. ex., Fisher, Piazza, Bowman, Kurtz *et al.*, 1994; Matson & Keyes, 1990; Rolider & Van Houten, 1985). Nenhum estudo avaliou a contribuição de aspectos potencialmente aversivos do contato físico para a eficácia desses procedimentos.

Custo de resposta

A remoção contingente de uma quantidade específica de reforço, como fichas, pode funcionar como punição eficaz. Em geral, o participante obtém reforço via comportamento adequado, como no reforçamento diferencial de comportamento alternativo (DRA, *differential reinforcement of alternative behavior*), ou independentemente do comportamento, como no reforço não contingente, e perde esses reforçadores contingentes ao comportamento-problema. Pesquisadores têm conduzido grande parte da pesquisa sobre custo de resposta no contexto de sistemas de economia de fichas (p. ex., LeBlanc, Hagopian & Maglieri, 2000; Truchlicka, McLaughlin & Swain, 1998). No entanto, os participantes perderam outros reforçadores via custo de resposta, incluindo livros e fitas de áudio (Kahng, Tarbox & Wilke, 2001), dinheiro (Epstein & Masek, 1978; Long, Miltenberger, Ellingson & Ott, 1999), e participação em torneios (p. ex., Allen, 1998). Kahng, Tarbox e Wilke (2001), por exemplo, deram a um garoto que se recusava a alimentar acesso a itens significativamente preferidos, como livros e fitas de áudio. O terapeuta retirava os itens se o menino se recusasse a aceitar comida ou se envolvesse em comportamento-problema e devolvia os itens dependendo da aceitação da comida. De forma surpreendente, poucas pesquisas avaliaram métodos para determinar a quantidade e o tipo de reforços mais apropriados para remover em uma intervenção de custo de resposta.

Seleção de procedimentos de punição

Embora os pesquisadores tenham avaliado inúmeras punições para uso clínico, abordagens eficientes para a prescrição de punições específicas têm recebido menos atenção na literatura. As diretrizes éticas determinam que os analistas do comportamento deem prioridade ao procedimento menos restritivo que seja clinicamente eficaz (p. ex., Behavior Analysis Certification Board, 2016; Van Houten *et al.*, 1988; Vollmer *et al.*, 2011). Inerente a essa abordagem de seleção de intervenções está a necessidade de organizar os procedimentos de punição hierarquicamente segundo seu grau de restrição ou intrusividade (i.e., o quanto cada procedimento limita a liberdade individual ou se intromete na vida de um indivíduo de alguma forma) ou aversividade (i.e., o quanto cada procedimento produz desconforto, dor ou angústia). Em geral, consideramos o *time out* não excludente e o custo de resposta como os procedimentos menos restritivos, seguidos por *time out* excludente, correção excessiva e outras punições físicas. Às vezes, nos referimos a esse arranjo hierárquico como um *sistema de níveis* e o usamos para orientar a avaliação e a seleção das intervenções. Os leitores podem encontrar exemplos de casos e orientações em diversas fontes para utilizar essa abordagem para identificar procedimentos de punição eficazes (p. ex., Alberto & Troutman, 2006; Barton, Brulle & Repp, 1983; Cooper, Heron & Heward, 1987; Couvillon, Kane, Peterson, Ryan & Scheuermann, 2019; Foxx, 1982; Gaylord-Ross, Weeks & Lepner, 1980; Gross, Wright & Drabman, 1981; Lovaas & Favell, 1987; Repp & Deitz, 1978). Alguns estados adotaram políticas que categorizam explicitamente os procedimentos por nível de restrição (Spreat & Lipinski, 1986).

No entanto, as tentativas de aplicar o modelo de tratamento menos restritivo podem, por si só, levantar preocupações éticas. Os clínicos que usam um sistema hierárquico normalmente avaliam os procedimentos de punição em caráter experimental, começando com o procedimento menos restritivo que pode ser eficaz e passando para procedimentos mais restritivos até identificarem uma intervenção eficaz. Para ilustrar, um clínico pode inicialmente avaliar um procedimento de *time out* de 5 minutos para reduzir a perturbação de uma criança, pois a literatura tem demonstrado a eficácia dessa intervenção (p. ex., Clark, Rowbury, Baer & Baer, 1973). Se essa intervenção não reduzir o comportamento da criança, o clínico pode aumentar a duração do *time out*. O clínico pode tentar um procedimento mais restritivo, como a correção excessiva, se o tempo de espera mais longo for ineficaz, e pode continuar avaliando procedimentos cada vez mais restritivos, como a contenção, até identificar um procedimento eficaz.

Esse processo pode ser demorado, retardar o início do tratamento e produzir exposição prolongada a múltiplos procedimentos intrusivos. A suposição de que um procedimento mais restritivo tem maior probabilidade de sucesso do que um menos restritivo não tem suporte empírico. A abordagem hierárquica enfatiza a topografia de uma intervenção *versus* sua função; ignora a possibilidade de que um procedimento intrusivo possa funcionar como punição para algumas pessoas, mas como um reforço para outras, como aconteceu com a névoa de água para alguns participantes em Fisher, Piazza, Bowman, Kurtz *et al.* (1994). De fato, o nível de intrusividade é subjetivo. É preocupante a chance de que a exposição a intervenções progressivamente intrusivas possa promover habituação a potenciais punições, diminuindo a efetividade da punição. Por fim, os clínicos devem considerar diversos fatores adicionais ao selecionar um procedimento de punição, incluindo a imediaticidade dos efeitos, a relevância para a função do comportamento, a gravidade do comportamento e a disposição dos cuidadores em utilizar o procedimento (Iwata, Vollmer & Zarcone, 1990; Van Houten *et al.*, 1988; Vollmer & Iwata, 1993).

Procedimentos de avaliação que identifiquem de forma confiável intervenções eficazes permitiriam que os clínicos selecionassem procedimentos de punição com base em outras preocupações, como nível de restrição, gravidade do comportamento e disposição dos cuidadores para implementar o procedimento. Tal avaliação evitaria a técnica de tentativa e erro que os clínicos normalmente usam para selecionar intervenções. Conforme discutido nas seções a seguir, os pesquisadores consideraram diversas avaliações potenciais. Quando combinadas com uma análise funcional, essas estratégias podem fornecer aos clínicos uma abordagem mais confiável e eficiente para determinar o procedimento eficaz e menos restritivo.

Análise funcional

Conhecer a função do comportamento-problema é especialmente importante quando o clínico decide incluir a punição no tratamento. Diversos procedimentos de punição são exclusivamente indicados ou contraindicados para determinadas funções comportamentais. A punição também será mais eficaz se o clínico combiná-la com extinção e reforçamento diferencial de comportamentos alternativos (p. ex., Azrin & Holz, 1966; Holz, Azrin & Ayllon, 1963; Rawson & Leitenberg, 1973; Thompson *et al.*, 1999). Desse modo, os clínicos devem reter os reforçadores funcionais identificados para o comportamento-problema e fornecer esses reforços para o comportamento apropriado sempre que possível.

Iwata, Dorsey, Slifer, Bauman e Richman (1982/1994) descreveram uma abordagem analítico-funcional abrangente que é útil para identificar opções viáveis quando um clínico está considerando a punição como componente do tratamento. Como Saini, Fisher, Betz e Piazza (Capítulo 13 deste livro) descrevem, a análise funcional experimental efetivamente identifica a função do comportamento-problema para a maioria dos participantes. Além disso, embora os analistas do comportamento utilizem a avaliação para testar possíveis reforçadores para o comportamento-problema, os resultados revelarão sensibilidade ou falta dela a consequências que poderiam funcionar como punições para o comportamento. A análise funcional experimental testa os efeitos de duas variações procedurais de punição comumente utilizadas (repreensões verbais e *time out*) nas condições de *atenção* e *demanda*, respectivamente. Assim, a análise dos resultados da avaliação pode indicar se um procedimento é provável de ser eficaz, improvável de ser eficaz ou especificamente contraindicado para o comportamento-problema.*

Por exemplo, a Figura 21.1 ilustra três possíveis resultados para a condição de atenção da análise funcional. Repreensões verbais e contato físico proferidos durante essa condição podem não ter efeito sobre o comportamento-problema, o que os excluiria como punição (ver gráfico superior). Como alternativa, níveis de comportamento-problema mais baixos na condição de atenção do que na condição de controle (ver gráfico do meio) fornecem alguma indicação de que essa consequência pode ser uma intervenção eficaz. Por fim, os resultados podem mostrar que o comportamento-problema é sensível à atenção como reforço (ver gráfico inferior). Nesse caso, procedimentos de punição que aumentam a atenção verbal ou física de maneira contingente, como bloqueio, supercorreção e restrição física, podem ser contraindicados como punição para o comportamento-problema. Já procedimentos punitivos com diminuição contingente da atenção, como o *time out*, podem ser indicados (Hagopian et al., 1998).

A Figura 21.2 mostra resultados semelhantes para a condição de demanda. Essa condição testa diretamente a remoção contingente de materiais de interação e instrução. Se os níveis de comportamento-problema forem semelhantes aos da condição de controle (ver gráfico superior), a perda de atenção ou de material (i.e., *time out*) podem não ser eficazes. Em contrapartida, o *time out* pode ser viável se os níveis de comportamento-problema forem menores na condição de demanda do que na condição de controle (ver gráfico do meio). Resultados mostrando que a fuga das demandas funciona como reforço para o comportamento-problema indicariam que

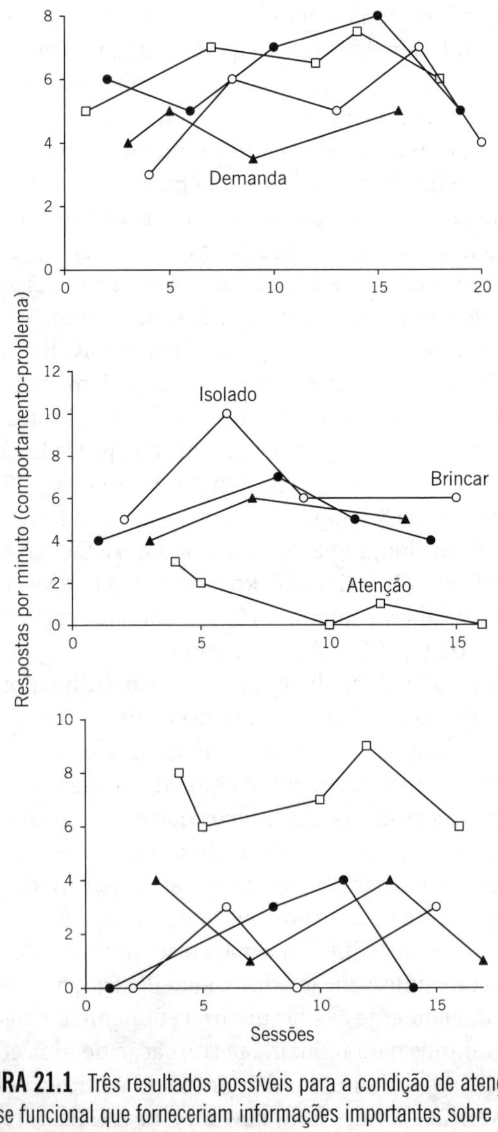

FIGURA 21.1 Três resultados possíveis para a condição de atenção da análise funcional que forneceriam informações importantes sobre potenciais punições (ver mais detalhes no texto).

*Podemos determinar os efeitos punitivos dessas consequências somente se o comportamento ocorrer durante as condições sob as quais as testamos (para que o comportamento entre em contato com as contingências), e se os níveis forem menores do que aqueles em uma condição de controle apropriada.

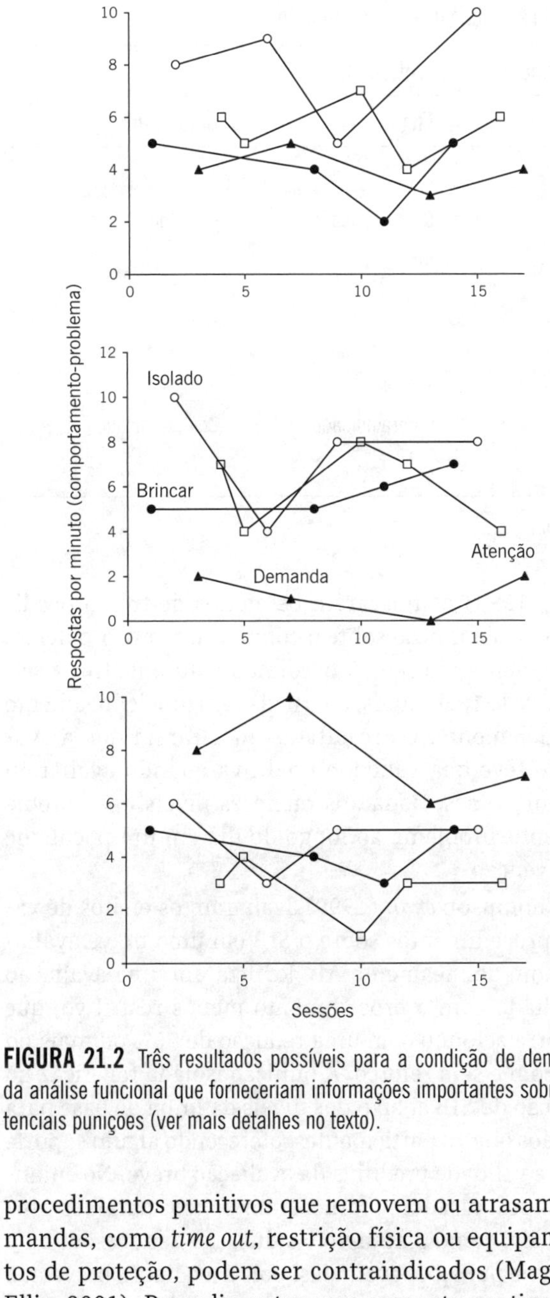

FIGURA 21.2 Três resultados possíveis para a condição de demanda da análise funcional que forneceriam informações importantes sobre potenciais punições (ver mais detalhes no texto).

procedimentos punitivos que removem ou atrasam demandas, como *time out*, restrição física ou equipamentos de proteção, podem ser contraindicados (Magee & Ellis, 2001). Procedimentos com aumento contingente de demandas, como trabalho adicional, exercícios e supercorreção, podem ser indicados para o comportamento-problema mantido pela fuga (Hagopian *et al.*, 1998).

A Tabela 21.1 resume a relação entre os diversos procedimentos de punição descritos na seção anterior e cada função do comportamento. No entanto, mais pesquisas são necessárias para testar essas previsões. Resultados de uma revisão quantitativa de pesquisas aplicadas sobre punição encontraram resultados de tratamento semelhantes, independentemente de os pesquisadores terem realizado uma análise funcional antes do tratamento (Lydon *et al.*, 2015). Não ficou claro se os pesquisadores selecionaram punições com base em resultados analítico-funcionais. Além disso, o reforço automático manteve o comportamento-problema na maioria dos casos, sobretudo em estudos publicados a partir de 2000. O reforço automático é uma função com menor relevância para a seleção de um procedimento de punição.

Embora os resultados da análise funcional possam ajudar a reduzir a lista de opções de intervenção viáveis, avaliações adicionais geralmente serão necessárias para identificar a intervenção mais apropriada e eficaz. Descrevemos as abordagens que a pesquisa aplicada avaliou nas seções a seguir. No entanto, mais pesquisas são necessárias sobre a validade preditiva e a utilidade clínica dessas avaliações. De fato, Lydon *et al.* (2015) constataram que apenas 8,5% dos estudos sobre punição relataram como os pesquisadores selecionaram a punição. Desses, pouco mais da metade relatou utilizar uma avaliação controlada antes da implementação da intervenção.

Avaliação da esquiva de estímulos

Fisher *et al.* descreveram uma abordagem eficiente para identificar potenciais punições (Fisher, Piazza, Bowman, Hagopian & Langdon, 1994; Fisher, Piazza, Bowman, Kurtz *et al.*, 1994). O pesquisador avaliou as respostas dos participantes a diversos procedimentos de punição utilizando um procedimento como o que Pace, Ivancic, Edwards, Iwata e Page (1985) desenvolveram para identificar potenciais reforçadores. Fisher, Piazza, Bowman, Kurtz *et al.* (1994) incluíram *sprays* de água e variações procedurais de *time out*, restrição e esforço contingente na avaliação. Os pesquisadores apresentaram cada potencial punição independentemente de resposta por 15-180 segundos em 10 ensaios, com uma campainha precedendo o início de cada ensaio, para diminuir a probabilidade de condicionamento supersticioso. Os observadores mediram respostas de esquiva (p. ex., jogar-se no chão), vocalizações negativas (p. ex., chorar) e vocalizações positivas (p. ex., rir) durante essas exposições. Os pesquisadores previram que os procedimentos associados às maiores taxas de respostas de esquiva e vocalizações negativas eram mais propensos a funcionar como punições. Posteriormente, compararam a eficácia clínica de procedimentos com níveis baixo, médio e alto dessas respostas em um delineamento multielemento para cada participante. A avaliação apresentou boa validade preditiva. Esse procedimento pode ser útil para avaliar outros tipos de procedimentos (p. ex., retirada de itens preferidos) e certos parâmetros de punição (p. ex., magnitude).

TABELA 21.1 Efetividade prevista dos procedimentos de punição em relação à função do comportamento

	Manutenção do reforçador			
Punição	**Atenção**	**Tangíveis**	**Fuga**	**Automático**
Repreensão verbal	Contraindicada	–	–	–
Bloqueio de resposta/restrição física	Contraindicado	Indicado	Contraindicado	Indicado
Supercorreção/esforço contingente	Contraindicada	–	Indicada	–
Névoa de água	–	–	–	–
Sabor/cheiro aversivo	–	–	–	–
Choque	–	–	–	–
Time out	Indicado	Indicado	Contraindicado	Contraindicado
Custo da resposta	–	Indicado	–	–

Nota. Os traços indicam que o procedimento não é indicado nem contraindicado.

Uma vantagem dessa abordagem é que ela avalia empiricamente diversas potenciais punições em curto espaço de tempo. Os analistas do comportamento podem combinar os resultados da avaliação com outras considerações importantes, como restrição e preferência do cuidador, para prescrever a intervenção mais apropriada. Fisher, Piazza, Bowman, Hagopian e Langdon (1994), por exemplo, pediram aos cuidadores que classificassem cada uma das nove potenciais punições como aceitáveis ou inaceitáveis. Os pesquisadores excluíram aquelas classificadas como inaceitáveis da avaliação de esquiva de estímulos. Além disso, os pesquisadores avaliaram a facilidade de implementação de cada procedimento medindo as respostas de fuga durante a avaliação de esquiva (i.e., o número de vezes que os participantes impediram a implementação com sucesso). Esses dados podem indicar se (1) um alto nível de integridade do tratamento seria possível se os cuidadores implementassem a punição no ambiente natural do participante, e (2) os cuidadores considerariam o procedimento aceitável para uso clínico. Ambos os fatores são importantes a serem considerados na seleção das intervenções.

Avaliação breve da punição

Avaliações breves das punições, conduzidas em conjunto ou em vez de avaliações de esquiva, têm sido úteis para identificar intervenções eficazes. Os pesquisadores avaliam uma ou mais potenciais punições durante sessões breves para prever a eficácia do(s) procedimento(s) quando implementado(s) por períodos mais longos. Por exemplo, Fisher *et al.* (Fisher, Piazza, Bowman, Hagopian & Langdon, 1994; Fisher, Piazza, Bowman, Kurtz *et al.*, 1994) compararam os efeitos de três procedimentos de punição sobre o comportamento-problema, implementando cada procedimento durante três a seis sessões de 10 minutos, alternadas em um delineamento multielemento. Os resultados mostraram que a avaliação teve boa validade preditiva quando avaliaram a punição associada aos menores níveis de comportamento-problema ao longo do dia em um pacote de intervenção.

Thompson *et al.* (1999) avaliaram os efeitos de vários procedimentos sobre o SIB em uma breve avaliação com delineamento AB. Realizaram uma avaliação ampliada com o procedimento menos restritivo, que se correlacionou com uma redução de 75% ou mais no SIB com e sem reforço. A punição isolada foi eficaz na redução do SIB abaixo dos níveis da linha de base para três dos quatro participantes, oferecendo algum suporte para a validade preditiva da avaliação breve. No entanto, os pesquisadores forneceram poucos detalhes processuais, como o número e a duração das sessões ou a gama de punições avaliadas, pois a avaliação breve não foi o foco da investigação. Da mesma forma, Verriden e Roscoe (2018) descobriram que uma avaliação da punição era necessária para diminuir a ocorrência de comportamento-problema automaticamente reforçado, após tentativas de tratamento malsucedidas com abordagens baseadas em reforço.

Como avaliações de esquiva de estímulos (Fisher, Piazza, Bowman, Hagopian & Langdon, 1994; Fisher, Piazza, Bowman, Kurtz *et al.*, 1994), breves avaliações de punição oferecem informações sobre a potencial eficácia de múltiplos procedimentos de punição de maneira eficiente. Os clínicos também podem obter outras medidas relevantes para a seleção da intervenção, como a imediaticidade dos efeitos, a facilidade de implementação e o potencial para efeitos colaterais, durante a realização da avaliação.

Avaliação de atividades

Alguns estudos descreveram outra estratégia potencial para identificar punições eficazes, com base nos trabalhos de Terhune e Premack (1970, 1974) e Allison e Timberlake (1974). Nessa abordagem de avaliação, as observações de linha de base determinaram os períodos relativos de tempo durante os quais os participantes se envolveram em diversas atividades disponíveis gratuitamente. Resultados de alguns estudos previram que uma atividade associada a uma baixa probabilidade de engajamento funcionaria como punição. O arranjo de contingência exigia que o participante se envolvesse na atividade de baixa probabilidade após ocorrências do comportamento-alvo (alta probabilidade). Krivacek e Powell (1978), por exemplo, exigiram que três alunos com deficiência intelectual se engajassem em atividades de baixa probabilidade, como correr, traçar letras e jogar bola, contingente ao comportamento-problema. Os pesquisadores selecionaram atividades nas quais os participantes raramente se engajaram de forma espontânea. Embora o comportamento-problema tenha diminuído durante a intervenção, os pesquisadores não removeram o tempo de engajamento para a atividade de baixa probabilidade do tempo total da sessão nos resultados. Como tal, os resultados são difíceis de interpretar, pois os participantes tiveram menos oportunidade de se envolver no comportamento-alvo durante a intervenção do que durante a linha de base.

Outros pesquisadores previram que qualquer atividade pode funcionar como punição se a contingência exigir que um participante se envolva na atividade em níveis mais altos do que o desejado (Dougher, 1983; Holburn & Dougher, 1986; Realon & Konarski, 1993). Essa abordagem de *saciedade de resposta* para a seleção de intervenções sugere que mesmo atividades com níveis semelhantes ou altos de engajamento em relação ao comportamento-alvo podem funcionar como punições. Realon e Konarski (1993), por exemplo, exigiram que dois participantes com deficiências no desenvolvimento manipulassem materiais de lazer por 5 a 15 segundos após cada ocorrência de SIB. Os pesquisadores selecionaram a duração da punição avaliando os níveis de linha de base do SIB e manipulação de itens. Durante uma condição de controle, os pesquisadores exigiram 1 segundo de manipulação do item para cada ocorrência de SIB – contingência que não estabeleceu a saciedade da resposta. Embora apenas a contingência que produziu a saciedade da resposta tenha sido eficaz, o contato físico necessário para garantir que os participantes manipulassem os itens pelo tempo necessário pode ter funcionado como punição. Desse modo, diferenças na duração do contato físico confundiram a análise da saciedade de resposta. Contudo, resultados de outros estudos sugerem que a saciedade de resposta pode ser um método viável para identificar e organizar contingências de punição (p. ex., Dougher, 1983; Holburn & Dougher, 1986).

Embora mais pesquisas sejam necessárias, as avaliações de atividade são atraentes, pois ampliam a gama de potenciais punições disponíveis para uso clínico. Essa abordagem aumenta a probabilidade de sucesso da intervenção com procedimentos baseados em esforço contingente. Os cuidadores podem achar esses procedimentos mais aceitáveis do que outras punições, sobretudo se a resposta contingente for apropriada e funcional.

Avaliações de escolha

Os analistas do comportamento podem utilizar avaliações adicionais da preferência do cuidador ou do cliente para orientar a seleção da intervenção quando diversas punições eficazes estiverem disponíveis. Tais analistas podem avaliar a preferência do cuidador obtendo relatórios verbais ou classificações de aceitabilidade (p. ex., opiniões sobre a adequação e a disposição para implementar procedimentos), ou pedindo aos cuidadores que escolham entre as intervenções disponíveis. De modo surpreendente, poucos estudos avaliaram a aceitabilidade de intervenções depois que cuidadores ou membros da equipe as implementaram no ambiente natural (Armstrong, Ehrhardt, Cool & Poling, 1997; ver uma notável exceção em Mueller, Edwards & Trahant, 2003). Os resultados da pesquisa sugerem que muitos fatores influenciam as classificações de aceitabilidade, incluindo conhecimento ou experiência com um procedimento, intrusividade do procedimento, complexidade ou facilidade de uso do procedimento, número de tentativas anteriormente malsucedidas de tratar o comportamento e características do cliente, como idade e gravidade do problema (ver as análises em Foxx, McHenry & Bremer, 1996; Lennox e Miltenberger, 1990; O'Brien & Karsh, 1990). Portanto, fazer com que os cuidadores implementem cada procedimento durante breves avaliações antes de avaliar a aceitabilidade ou escolher uma intervenção pode ser benéfico.

Ao selecionar uma intervenção, os analistas do comportamento também podem considerar as preferências dos indivíduos que exibem o comportamento que está sendo visado para redução. Diversos estudos avaliaram métodos de avaliação de preferências de indivíduos com habilidades expressivas-comunicativas limitadas para intervenções (Giles *et al.*, 2012; Hanley, Piazza, Fisher, Contrucci & Maglieri, 1997; Hanley *et al.*, 2005). Os indivíduos com deficiências no desenvolvimento escolheram entre duas ou três intervenções diferentes, ativando um dos três interruptores ou tocando em uma das duas figuras emparelhadas com cada procedimento. Em Hanley *et al.* (2005), por exemplo, duas crianças escolheram entre reforçamento diferencial isolado, reforçamento diferencial mais punição e punição isolada. Curiosamente, ambas as crianças mostraram clara preferência pelo reforçamento diferencial mais punição, alocando a maioria das respostas à escolha associada a esse procedimento.

Como usar a punição de modo eficaz

Os resultados da pesquisa indicam que a punição pode ser bastante eficaz para o tratamento de muitos transtornos de comportamento e é mais eficaz do que o tratamento com reforço ou extinção (p. ex., Barton, Matson, Shapiro & Ollendick, 1981; Grace, Kahng & Fisher, 1994; Hagopian *et al.*, 1998; Wacker *et al.*, 1990). No entanto, a eficácia relativa da extinção, do reforço e da punição pode ser difícil de se prever na aplicação, pois vários fatores relacionados ao uso desses procedimentos podem influenciar os resultados clínicos.

De fato, os resultados da pesquisa básica sugerem que as maneiras como os clínicos comumente implementam a punição em ambientes aplicados podem diminuir a eficácia dessas intervenções. A punição pode não produzir reduções imediatas, substanciais ou sustentadas no comportamento-problema se a consequência for tardia, intermitente, relativamente leve, combinada com reforço para o comportamento-problema, ou precedida pela exposição a uma forma ou um tipo menos intenso de punição, ou se a punição reduzir a quantidade de reforço recebido (ver uma análise em Lerman & Vorndran, 2003). A punição também pode estar associada a muitos efeitos colaterais indesejáveis. Apresentamos a seguir uma breve visão geral dos fatores relacionados ao uso da punição, com uma discussão das descobertas atuais aplicadas sobre estratégias para o uso efetivo da punição.

Contiguidade da punição

Na maioria dos estudos aplicados sobre punição, um terapeuta entregou uma consequência imediatamente após os casos de comportamento-problema. Tal contiguidade foi provavelmente crítica para a eficácia das intervenções, embora poucos estudos aplicados tenham comparado de maneira direta os efeitos da punição imediata e tardia. Em notável exceção, Abramowitz e O'Leary (1990) descobriram que as repreensões verbais foram mais eficazes em diminuir o comportamento de fuga da tarefa nos alunos quando um professor proferiu uma repreensão imediatamente após o início do comportamento, em vez de depois que o comportamento ocorreu continuamente por 2 minutos. Estudos básicos com humanos e não humanos indicam que os procedimentos de punição podem falhar em suprimir a resposta quando a consequência é atrasada em apenas 10-30 segundos (p. ex., Banks & Vogel-Sprott, 1965; Goodall, 1984; Trenholme & Baron, 1975). Quando uma punição é retardada, outras respostas ou múltiplas instâncias do comportamento-alvo provavelmente ocorrerão antes que a consequência seja entregue, enfraquecendo a contingência entre a resposta e sua consequência.

No entanto, alguns estudos aplicados mostraram que a punição tardia é eficaz (p. ex., Azrin & Powers, 1975; Maglieri *et al.*, 2000; Van Houten & Rolider, 1988). Maglieri *et al.* (2000) utilizaram repreensões verbais tardias para reduzir o consumo de alimentos proibidos por uma menina com síndrome de Prader-Willi. O consumo diminuiu para zero quando a terapeuta proferiu uma repreensão verbal após uma sessão de 10 minutos em que a menina consumiu alimentos proibidos. Os pesquisadores não avaliaram os componentes processuais responsáveis pela eficácia da punição tardia (p. ex., instruções do terapeuta, história recente com punição imediata). Resultados de dois estudos (Rolider & Van Houten, 1985; Van Houten & Rolider, 1988) sugerem que a punição tardia pode ser eficaz se uma consequência for emparelhada com estímulos associados ao engajamento no comportamento. Contingente a instâncias anteriores do comportamento-alvo, os pesquisadores nesses estudos exigiram que os participantes se envolvessem na resposta (agressão, roubo) ou ouvissem gravações de áudio de seu comportamento (perturbação). Um terapeuta ou cuidador então imediatamente entregou a punição (repreensões verbais, restrição física). Ambos os procedimentos foram muito eficazes na diminuição do comportamento-problema. Embora os pesquisadores não tenham avaliado o efeito da punição tardia isolada para a maioria dos participantes, essa abordagem pode ter evitado a punição adventícia de quaisquer respostas não direcionadas que ocorreram antes da entrega da consequência. Produtos do comportamento também podem ter adquirido propriedades aversivas condicionadas devido a esse procedimento de emparelhamento. Os pesquisadores devem avaliar outros estímulos que possam preencher o intervalo entre uma resposta e sua consequência, como instruções e punições condicionadas, em pesquisas aplicadas posteriores (Trenholme & Baron, 1975).

Esquema de punição

Resultados de estudos básicos e aplicados sugerem que a punição é mais provável de ser eficaz se ela for entregue dependendo de cada ocorrência do comportamento-alvo, em vez de intermitentemente (p. ex., Azrin, Holz & Hake, 1963; Calhoun & Matherne, 1975; Lerman *et al.*, 1997; Thomas, 1968). No entanto, diversos estudos aplicados têm demonstrado sucesso no tratamento do comportamento-problema com esquemas intermitentes de punição (p. ex., Barton *et al.*, 1987; Cipani *et al.*, 1991; Clark *et al.*, 1973; Dominguez *et al.*, 2014; Romanczyk, 1977). Os pesquisadores têm utilizado diversos esquemas, incluindo esquemas de razão variável (VR, *variable-ratio*) e intervalo fixo (FI, *fixed-interval*), bem como a punição diferencial de altas taxas de resposta. Por exemplo, um esquema de *time out* de VR 4 foi tão eficaz na diminuição da interrupção quanto um esquema contínuo em Clark *et al.* (1973). No entanto, a generalidade das descobertas aplicadas sobre a punição intermitente não é clara, pois a punição pareceu ser confundida com extinção ou outras punições em potencial (p. ex., repreensões verbais) na maioria dos estudos.

Punir cada ocorrência de comportamento pode muitas vezes ser impraticável, sobretudo se a taxa de resposta for relativamente alta. No entanto, o estreitamento gradual do programa de punição pode ser possível após a obtenção de reduções clinicamente significativas no comportamento-problema sob um esquema contínuo (p. ex., Barton *et al.*, 1987; Lerman *et al.*, 1997). Em Lerman *et al.* (1997), por exemplo, o terapeuta conseguiu estreitar o esquema de punição com *time out* ou restrição de razão fixa (FR, *fixed-ratio*) 1 para FI de 300 segundos com dois participantes que se engajaram em SIB mantido por reforço automático. Entretanto, não puderam aumentar o esquema além da FR 1 para outros dois participantes, limitando a generalidade das descobertas. Mais pesquisas são necessárias sobre estratégias para melhorar a efetividade da punição intermitente.

Magnitude da punição

Pesquisas básicas conduzidas principalmente com choque elétrico indicam que maior quantidade ou intensidade de punição produzirá maiores reduções no comportamento se a magnitude não for aumentada de maneira gradual ao longo do tempo (p. ex., Cohen, 1968; Terris & Barnes, 1969). Alguns estudos aplicados mostraram que a intensidade ou a duração da punição influencia a eficácia do tratamento (p. ex., Hobbs, Forehand & Murray, 1978; Richman *et al.*, 2001; Stricker *et al.*, 2003; Williams, Kirkpatrick-Sanchez & Iwata, 1993). Richman *et al.* (2001), por exemplo, mostraram relação positiva entre a altura das repreensões verbais e a redução da apneia exibida por um adolescente com deficiência intelectual. Em Williams *et al.* (1993), um choque de alta intensidade (18,5 miliamperes) foi mais eficaz na redução do SIB do que um choque de baixa intensidade (3,5 miliamperes). No entanto, os resultados da pesquisa aplicada têm sido inconsistentes em relação às descobertas básicas sobre magnitude. Durações mais longas de *time out*, correção excessiva e restrição não produziram reduções maiores e mais confiáveis no comportamento-problema do que durações mais curtas (p. ex., Cole, Montgomery, Wilson & Milan, 2000; Singh, Dawson & Manning, 1981).

Desse modo, aumentar a magnitude de uma punição ineficaz pode ter utilidade clínica limitada e até promover resistência à punição (p. ex., Cohen, 1968; Terris e Barnes, 1969). Durações mais longas de punição por si só também podem levar à habituação. Por esses motivos, os clínicos devem utilizar punições que sejam eficazes quando apresentadas brevemente e em magnitudes que estejam na faixa das relatadas em estudos aplicados.

Disponibilidade de fontes alternativas de reforço

Pesquisas básicas e aplicadas também indicam que a punição será mais eficaz se o reforço estiver prontamente disponível para se engajar em respostas alternativas (p. ex., Holz *et al.*, 1963; Rawson & Leitenberg, 1973; Thompson *et al.*, 1999) ou independentemente da resposta (p. ex., DeRosa, Roane, Bishop & Silkowski, 2016). Thompson *et al.* (1999), por exemplo, verificaram que os níveis de SIB mantidos por reforço automático eram muito menores quando combinavam punição com reforço de manipulação de brinquedos do que quando usavam punição ou reforço de forma isolada. Resultados de estudos básicos mostraram que o aumento da privação para o reforçador manter o comportamento punido reduz a eficácia da punição (p. ex., Azrin *et al.*, 1963). As descobertas básicas sugerem, ainda, que a quantidade total de reforço obtido de outras fontes deve atender ou exceder a obtida antes da punição (i.e., quando o indivíduo pode se envolver livremente na resposta impune; Fantino, 1973). Desse modo, a punição pode ser mais eficaz quando o participante pode obter o(s) reforçador(es) mantenedor(es) para o comportamento-problema ou reforçadores altamente substituíveis pelo(s) reforçador(es) funcional(is) por meio de muitas fontes (p. ex., tanto contingentes quanto independentes da resposta).

Reforço da resposta punida

Muitos estudos aplicados têm mostrado que a punição pode ser eficaz na ausência de extinção (p. ex., Fisher, Piazza, Bowman, Hagopian & Langdon, 1994; Keeney *et al.*, 2000; Lerman *et al.*, 1997; Thompson *et al.*, 1999). Na verdade, os clínicos são mais propensos a utilizar punição quando o comportamento de manutenção do reforçador é desconhecido ou não pode ser controlado. Apesar disso, pesquisas básicas indicam que a punição será mais eficaz se um analista do comportamento retiver ou raramente fornecer reforço para o comportamento-alvo (Azrin & Holz, 1966). A punição pode até adquirir propriedades reforçadoras discriminativas ou condicionadas se um comportamento produzir consistentemente punição e reforço sob certas condições (p. ex., Holz & Azrin, 1961). Assim, os analistas do comportamento devem combinar punição com extinção ou outros procedimentos para reduzir a quantidade de reforço disponível para a resposta punida sempre que possível (ver Vollmer *et al.*, Capítulo 20 deste livro).

Controle de antecedente da resposta punida

Os resultados de pelo menos três estudos aplicados mostraram que o estabelecimento do controle discriminativo sobre a resposta punida combinando um estímulo com punição pelo envolvimento no comportamento aumenta a eficácia de uma intervenção (p. ex., Maglieri *et al.*, 2000; McKenzie, Smith, Simmons & Soderlund, 2008; Piazza, Hanley & Fisher, 1996). Nesses estudos, o pesquisador atrasou ou omitiu a punição enquanto os pesquisadores avaliavam os efeitos do antecedente. Em um estudo já mencionado, Maglieri *et al.* (2000) utilizaram treinamento de discriminação para tratar o roubo de alimentos de uma jovem com síndrome de Prader-Willi. Os pesquisadores colocaram um adesivo laranja em um dos dois recipientes de alimentos proibidos em uma geladeira. Os pesquisadores estabeleceram o adesivo como estímulo discriminativo, repreendendo a menina quando ela consumia comida do recipiente com o adesivo e não fornecendo consequências diferenciais quando ela consumia comida do recipiente sem o adesivo. Como esperado, a menina consumiu comida do recipiente sem o adesivo, mas não do recipiente com o adesivo. O roubo de alimentos diminuiu imediatamente para zero quando os pesquisadores colocaram o adesivo em ambos os recipientes e em recipientes em uma geladeira diferente.

Piazza *et al.* (1996) expuseram um homem com deficiências no desenvolvimento que se queimava com cigarro a um treinamento de discriminação com dois cartões de cores diferentes. Os investigadores puniram a queimadura com interrupção de resposta na presença de um cartão roxo, mas não na presença de um cartão amarelo. Nenhuma queimadura ocorreu na presença do cartão roxo quando os pesquisadores avaliaram posteriormente o controle do estímulo na ausência da contingência da punição. Por fim, McKenzie *et al.* (2008) criaram repreensões por cutucar os olhos quando um participante com deficiência intelectual utilizava pulseiras, e retiveram a punição quando o participante não as utilizava. Posteriormente, o participante não se envolveu em cutucar os olhos quando usava as pulseiras em outros ambientes, embora os pesquisadores não tenham fornecido consequências diferenciais para o comportamento. É preciso pesquisar mais para avaliar a eficácia a longo prazo das técnicas de controle de antecedente.

Uso de punições condicionadas

Os analistas do comportamento podem aumentar a eficácia de punições intermitentes, leves ou tardias, estabelecendo e usando estímulos aversivos condicionados no tratamento. Resultados de estudos básicos e aplicados indicam que estímulos neutros ou ineficazes como punições podem funcionar como punições após serem associados a estímulos punitivos (p. ex., Dixon, Helsel, Rojahn, Cipolone & Lubestsky, 1989; Dorsey *et al.*, 1980; Pescada & Azrin, 1965; Salvy *et al.*, 2004; Vorndran & Lerman, 2006). Por exemplo, uma repreensão verbal isolada foi eficaz em suprimir o comportamento-problema depois que os pesquisadores emparelharam a palavra *não* com uma punição eficaz, como choque ou névoa de água, contingente à resposta em diversos estudos aplicados (p. ex., Dorsey *et al.*, 1980; Lovaas & Simmons, 1969). Estabelecer e utilizar punições condicionadas pode ser especialmente benéfico quando o cuidador retém ou atrasa a punição principal (não condicionada) de forma periódica. Além disso, o condicionamento pode permitir que os cuidadores mantenham os efeitos da intervenção com procedimentos menos intrusivos se ocasionalmente emparelharem a punição condicionada com a punição original (p. ex., Vorndran & Lerman, 2006). No entanto, precisamos de mais pesquisas sobre a manutenção a longo prazo da punição condicionada.

Manutenção dos efeitos da punição

Diversos estudos aplicados relataram a eficácia a longo prazo da punição com choque elétrico, supercorreção, restrição física, repreensões verbais, névoa de água, entre outros (p. ex., Altman *et al.*, 1978; Arntzen & Werner, 1999; Iwata, Rolider & Dozier, 2009; Kazdin, 1971;

Richman *et al.*, 2001; Rolider, Williams, Cummings & Van Houten, 1991; Salvy *et al.*, 2004; Zegiob, Jenkins, Becker & Bristow, 1976). Os pesquisadores normalmente coletaram dados de 6 a 12 meses após a aplicação inicial da punição, durante a qual continuaram, desvaneceram ou retiraram o tratamento original. Pesquisadores relataram resultados clínicos bem-sucedidos em períodos mais longos, de vários anos a 25 anos após o tratamento (Duker & Seys, 1996; Foxx, Bittle & Faw, 1989; Foxx & Livesay, 1984; McGlynn & Locke, 1997). No entanto, a confiabilidade e a validade dos resultados de longo prazo são menos claras, devido à confiança em informações anedóticas, registros de arquivamentos, medições indiretas do resultado e/ou observações circunscritas.

Apesar de inúmeros exemplos de manutenção a longo prazo, o comportamento-problema às vezes ressurge durante e após a retirada do tratamento (p. ex., Arntzen & Werner, 1999; Duker & Seys, 1996; Iwata *et al.*, 2009; Williams *et al.*, 1993). Por exemplo, Ricketts, Goza e Matese (1993), e Williams *et al.* (1993) relataram recaídas no tratamento com choque elétrico contingente 6 e 31 meses, respectivamente, após o início do tratamento. De fato, não podemos determinar a probabilidade de que o tratamento com punição produza efeitos a longo prazo a partir do que é apresentado pela literatura, pois os pesquisadores geralmente não os submetem, e as revistas em geral não publicam falhas de tratamento. Mais importante, poucos estudos avaliaram de forma direta estratégias que poderiam promover o sucesso da manutenção.

No entanto, fatores que se correlacionaram com casos específicos de manutenção bem-sucedida e malsucedida podem sugerir algumas abordagens potenciais para garantir que os efeitos da punição se mantenham a longo prazo. Pesquisadores atribuíram recaídas à habituação ou à tolerância à punição, problemas com consistência ou integridade da intervenção, oportunidades restritas de receber reforço para o comportamento apropriado e reforçamento contínuo do comportamento punido (p. ex., Duker & Seys, 1996; Foxx & Livesay, 1984; Ricketts *et al.*, 1993). A habituação à punição pode ser menos provável de ocorrer com a exposição limitada ou pouco frequente ao estímulo punitivo. Usar punições breves que são bastante eficazes na redução do comportamento-problema, ou alternar aleatoriamente entre várias punições eficazes (p. ex., Charlop, Burgio, Iwata & Ivancic, 1988; Toole *et al.*, 2004), restringiria o contato do indivíduo com o estímulo punitivo. Garantir que os cuidadores continuem a implementar a intervenção de forma correta e consistente, combinando punição com esquemas densos de reforço alternativo e removendo ou reduzindo o reforço para o comportamento-problema, também deve aumentar a probabilidade de manutenção bem-sucedida (p. ex., Foxx, 2003; Foxx & Livesay, 1984; Linscheid, Hartel & Cooley, 1993).

Uma intervenção complexa ou trabalhosa pode ser difícil de sustentar para a equipe ou cuidadores ao longo do tempo, podendo levar à recaída. No entanto, o desvanecimento ou a modificação de componentes do procedimento original para simplificar a implementação podem diminuir a eficácia da intervenção. Diversos estudos de Foxx *et al.* demonstraram abordagem sistemática para o desvanecimento bem-sucedido da punição (ver uma análise em Foxx, 2003). Foxx *et al.* (1989), por exemplo, trataram com sucesso a grave agressão apresentada por um homem com diagnóstico duplo ao longo de 52 meses. A intervenção inicial incluiu punição com choque elétrico contingente, fuga da extinção e reforço da adesão. Como parte do esquema de manutenção, os pesquisadores substituíram o choque elétrico contingente por um procedimento de *time out* não excludente, primeiro combinando as duas punições e, em seguida, interrompendo o choque após 12 meses. Eles só retiraram o choque depois que o participante vinha respondendo regularmente a reforços positivos em sua casa e no ambiente de trabalho. Nos 30 meses seguintes, os pesquisadores diminuíram gradualmente a duração do *time out* de 3 horas para 15 minutos, e a agressividade permaneceu baixa. Os pesquisadores observaram que o procedimento de *time out* havia sido ineficaz antes do tratamento com choque elétrico contingente. Esses resultados sugerem que um plano gradual e muito sistemático para intervenção de desvanecimento é um componente-chave da manutenção a longo prazo.

Generalização dos efeitos da punição por estímulo

Diferentemente da pesquisa sobre manutenção, a pesquisa sobre a generalização dos efeitos da punição por estímulo constatou que tais efeitos raramente se generalizam além do ambiente ou do contexto da intervenção (p. ex., Doke & Epstein, 1975; Lovaas & Simmons, 1969; Marholin & Townsend, 1978; Rollings, Baumeister & Baumeister, 1977). Reduções no comportamento-problema normalmente não ocorriam em contextos que não estavam associados à punição, apesar das tentativas de promover tal transferência (p. ex., Birnbrauer, 1968; Corte, Wolf & Locke, 1971; Tate & Baroff, 1966). Estudos básicos com humanos também tiveram dificuldade em demonstrar generalização (p. ex., O'Donnell & Crosbie, 1998; O'Donnell, Crosbie, Williams & Saunders, 2000).

No entanto, surpreendentemente, os pesquisadores têm conduzido poucos estudos nessa área. São necessárias mais pesquisas sobre estratégias para promover a generalização, pois os cuidadores muitas vezes são incapazes de monitorar de perto o comportamento ou implementar intervenções em ambientes e situações. É provável que o comportamento-problema surja sempre que um cuidador retém uma punição, sobretudo se o comportamento continuar a produzir reforço. O conhecimento atual sobre generalização sugere que os efeitos da punição podem ser mais propensos a se transferir para contextos que se assemelham muito ao ambiente ou à situação de intervenção (p. ex., Guttman & Kalish, 1956; Hoffman & Fleshler, 1965; Honig & Slivka, 1964). De fato, a presença de estímulos que adquiriram controle rígido sobre a resposta pode ajudar a garantir que o comportamento-problema raramente ocorra na ausência da contingência da punição (ver Rollings & Baumeister, 1981).

Resultados de três estudos já descritos sugerem que os pesquisadores podem estabelecer controle discriminativo sobre a resposta punida ao emparelhar um estímulo com punição por se engajar no comportamento (Maglieri *et al.*, 2000; McKenzie *et al.*, 2008; Piazza *et al.*, 1996). Nesses estudos, o comportamento-problema não ocorreu quando os pesquisadores introduziram o estímulo discriminativo (adesivo, cartão colorido ou pulseiras) em ambientes que nunca haviam sido associados à punição. Embora essas descobertas sejam promissoras, precisamos de mais pesquisas sobre a durabilidade dessa estratégia, pois os pesquisadores avaliaram a generalização em apenas algumas sessões.

Por fim, a generalização pode ser mais provável de ocorrer se as condições de intervenção forem modificadas de forma sistemática para se assemelharem àquelas presentes nos contextos de generalização. Por exemplo, um analista do comportamento poderia diminuir a magnitude, o cronograma, a imediaticidade ou o tipo de punição gradualmente (Foxx *et al.*, 1989) e poderia incorporar estímulos do ambiente de generalização (i.e., pessoas, atividades, materiais) no ambiente de intervenção antes de testar a generalização.

Efeitos indiretos da punição

As desvantagens mais comumente descritas da punição incluem o risco de agressão provocada e operante, outras respostas emocionais, como choro, diminuição do comportamento apropriado ou supressão de resposta generalizada, fuga ou esquiva do agente ou situação punitiva e uso indevido da punição pelos cuidadores (p. ex., Kazdin, 2001). Embora estudos básicos e aplicados tenham relatado esses efeitos indiretos, pesquisadores têm realizado poucas análises sistemáticas com problemas clínicos. No entanto, os resultados da pesquisa indicam que a punição pode produzir aumentos ou diminuições de curta duração em respostas apropriadas e inadequadas impunes. Por exemplo, embora diversos estudos tenham relatado aumentos na agressividade ou no choro durante o tratamento com punição (p. ex., Duker & Seys, 1996; Hagopian & Adelinis, 2001), outros estudos mostraram diminuições colaterais em topografias impunes de comportamento-problema alvo, como estereotipias (Cook, Rapp, Gomes, Frazer & Lindblad, 2014), bem como aumentos no afeto positivo ou comportamento apropriado, como submissão e uso de brinquedos (p. ex., Koegel, Firestone, Kramme & Dunlap, 1974; Rolider *et al.*, 1991; Toole *et al.*, 2003). Curiosamente, pesquisadores relataram que algumas dessas formas de resposta, como agressão, choro e uso de brinquedos, diminuem sob punição (Bitgood *et al.*, 1980; Lerman, Kelley, Vorndran & Van Camp, 2003; Linscheid *et al.*, 1990; Thompson *et al.*, 1999). Assim, a probabilidade de se obter efeitos indiretos e as formas que eles podem assumir podem ser difíceis de prever na aplicação.

Descobertas básicas sugerem que a agressão e as respostas emocionais podem ser mais prováveis de ocorrer quando os indivíduos são expostos a estímulos aversivos intensos e inevitáveis (p. ex., Azrin, Hutchinson & Hake, 1966; Hunt & Brady, 1995). Mudanças colaterais também podem ocorrer entre respostas impunes que (1) são funcionalmente equivalentes ao comportamento punido (p. ex., Baker, Woods, Tait & Gardiner, 1986; St. Peter, Byrd, Pence & Foreman, 2016), (2) ocorrem no mesmo contexto que o comportamento punido (p. ex., Bolles, Holtz, Dunn & Hill, 1980) ou (3) costumam vir imediatamente após o comportamento punido (p. ex., Dunham, 1977, 1978). Estudos básicos e aplicados sugerem que minimizar a exposição ao estímulo punitivo com punições breves e muito eficazes, combinar punição com esquemas de reforçamento ricos para comportamentos alternativos e reter reforço para comportamento-problema funcionalmente equivalente podem diminuir a probabilidade de aumentos na agressão e outros efeitos indiretos indesejáveis.

Considerações finais

Inúmeras variações processuais da punição produzem reduções duradouras no comportamento-problema mesmo quando as contingências que mantêm o comportamento são desconhecidas. No entanto, o conhecimento da função do comportamento deve aumentar a probabilidade de selecionar uma punição eficaz, obter reduções de comportamento a longo prazo e desvanecer o tratamento com sucesso. Além disso, as descobertas básicas e aplicadas sugerem que podemos melhorar a eficácia da punição (1) selecionando punições por meio de esquiva, escolha ou avaliações de atividade pré-tratamento; (2) entregando a consequência imediatamente após cada ocorrência do comportamento; (3) garantindo que fontes alternativas de reforço estejam prontamente disponíveis; (4) estabelecendo controle discriminativo sobre a resposta punida; e (5) desenvolvendo e utilizando punições condicionadas. Apesar disso, precisamos de mais pesquisas sobre estratégias para promover os efeitos generalizados e de longo prazo da punição em contextos aplicados.

Referências

Abramowitz, A. J., & O'Leary, S. G. (1990). Effectiveness of delayed punishment in an applied setting. *Behavior Therapy, 21*, 231-239.

Ahearn, W. H., Clark, K. M., MacDonald, R. P. F., & Chung, B. I. (2007). Assessing and treating vocal stereotypy in children with autism. *Journal of Applied Behavior Analysis, 40*, 263-275.

Ahrens, E. N., Lerman, D. C., Kodak, T., Worsdell, A. S., & Keegan, C. (2011). Further evaluation of response interruption and redirection as treatment for stereotypic behavior. *Journal of Applied Behavior Analysis, 44*, 95-108.

Alberto, P. A., & Troutman, A. C. (2006). *Applied behavior analysis for teachers* (7th ed.). Upper Saddle River, NJ: Pearson/Merrill Prentice Hall.

Allen, K. D. (1998). The use of an enhanced simplified habit reversal procedure to reduce disruptive outbursts during athletic performance. *Journal of Applied Behavior Analysis, 31*, 489-492.

Allison, J., & Timberlake, W. (1974). Instrumental and contingent saccharin licking in rats: Response deprivation and reinforcement. *Learning and Motivation, 5*, 231-247.

Altman, K., Haavik, S., & Cook, J. W. (1978). Punishment of self-injurious behavior in natural settings using contingent aromatic ammonia. *Behaviour Research and Therapy, 16*, 85-96.

Anderson, J., & Le, D. D. (2011). Abatement of intractable vocal stereotypy using an overcorrection procedure. *Behavior Interventions, 26*, 134-146.

Armstrong, K. J., Ehrhardt, K. E., Cool, R. T., & Poling, A. (1997). Social validity and treatment integrity data: Reporting in articles published in the *Journal of Developmental and Physical Disabilities*, 1992-1995. *Journal of Developmental and Physical Disabilities, 9*, 359-367.

Arntzen, E., & Werner, S. B. (1999). Water mist punishment for two classes of problem behaviour. *Scandinavian Journal of Behaviour Therapy, 28*, 88-93.

Azrin, N. H., & Holz, W. C. (1966). Punishment. Em W. K. Honig (Ed.), *Operant behavior: Areas of research and application* (p. 380-447). Nova York: Appleton.

Azrin, N. H., Holz, W. C., & Hake, D. F. (1963). Fixed-ratio punishment. *Journal of the Experimental Analysis of Behavior, 6*, 141-148.

Azrin, N. H., Hutchinson, R. R., & Hake, D. F. (1966). Extinction induced aggression. *Journal of the Experimental Analysis of Behavior, 9*, 191-204.

Azrin, N. H., Nunn, R. G., & Frantz, S. E. (1980). Habit reversal vs. negative practice treatment of nailbiting. *Behavoiur Research and Therapy, 18*, 281-285.

Azrin, N. H., & Powers, M. A. (1975). Eliminating classroom disturbances of emotionally disturbed children by positive practice procedures. *Behavior Therapy, 6*, 525-534.

Baker, A. G., Woods, W., Tait, R., & Gardiner, K. (1986). Punishment suppression: Some effects on alternative behavior. *Quarterly Journal of Experimental Psychology: Comparative and Physiological Psychology, 38B*, 191-215.

Ball, T. S., Sibbach, L., Jones, R., Steele, B., & Frazier, L. (1975). An accelerometer-activated device to control assaultive and self-destructive behaviors in retardates. *Journal of Behavior Therapy and Experimental Psychiatry, 6*, 223-228.

Banks, R. K., & Vogel-Sprott, M. (1965). Effect of delayed punishment on an immediately rewarded response in humans. *Journal of Experimental Psychology, 70*, 357-359.

Baron, A. (1991). Avoidance and punishment. Em I. H. Iverson & K. A. Lattal (Eds.), *Experimental analysis of behavior* (Pt. 1, p. 173-217). Amsterdam: Elsevier Science.

Barton, L. E., Brulle, A. R., & Repp, A. C. (1987). Effects of differential schedule of time-out to reduce maladaptive responding. *Exceptional Children, 53*, 351-356.

Barton, R. P., Matson, J. L., Shapiro, E. S., & Ollendick, T. H. (1981). A comparison of punishment and DRO procedures for treating stereotypic behavior of mentally retarded children. *Applied Research in Mental Retardation, 2*, 247-256.

Behavior Analyst Certification Board. (2014). BACB professional and ethical compliance code for behavior analysts. Baixado em 30 de março de 2019, de *www.bacb.com/wp-content/uploads/BACB-ComplianceCode-english_190318.pdf.*

Birnbrauer, J. S. (1968). Generalization of punishment effects. A case study. *Journal of Applied Behavior Analysis, 1*, 201-211.

Bitgood, S. C., Crowe, M. J., Suarez, Y., & Peters, R. D. (1980). Immobilization: Effects and side effects on stereotyped behavior in children. *Behavior Modification, 4*, 187-208.

Bolles, R. C., Holtz, R., Dunn, T., & Hill, W. (1980). Comparisons of stimulus learning and response learning in a punishment situation. *Learning and Motivation, 11*, 78-96.

Calhoun, K. S., & Matherne, P. (1975). The effects of varying schedules of time-out on aggressive behavior of a retarded girl. *Journal of Behavior Therapy and Experimental Psychiatry, 6*, 139-143.

Charlop, M. H., Burgio, L. D., Iwata, B. A., & Ivancic, M. T. (1988). Stimulus variation as a means of enhancing punishment effects. *Journal of Applied Behavior Analysis, 21*, 89-95.

Cipani, E., Brendlinger, J., McDowell, L., & Usher, S. (1991). Continuous vs. intermittent punishment: A case study. *Journal of Developmental and Physical Disabilities, 3*, 147-156.

Clark, H. B., Rowbury, T., Baer, A. M., & Baer, D. M. (1973). Timeout as a punishing stimulus in continuous and intermittent schedules. *Journal of Applied Behavior Analysis, 6*, 443-455.

Cohen, P. S. (1968). Punishment: The interactive effects of delay and intensity of shock. *Journal of the Experimental Analysis of Behavior, 11*, 789-799.

Cole, G. A., Montgomery, R. W., Wilson, K. M., & Milan, M. A. (2000). Parametric analysis of overcorrection duration effects: Is longer really better than shorter? *Behavior Modification, 24*, 359-378.

Cook, J. L., Rapp, J. T., Gomes, L. A., Frazer, T. J., & Lindblad, T. L. (2014). Effects of verbal reprimands on targeted and untargeted stereotypy. *Behavioral Interventions, 29*, 106-124.

Cook, J. W., Altman, K., Shaw, J., & Blaylock, M. (1978). Use of contingent lemon juice to eliminate public masturbation by a severely retarded boy. *Behaviour Research and Therapy, 16*, 131-134.

Cooper, J. O., Heron, T. E., & Heward, W. L. (1987). *Applied behavior analysis*. Columbus, OH: Merrill.

Corte, H. E., Wolf, M. M., & Locke, B. J. (1971). A comparison of procedures for eliminating self-injurious behavior of retarded adolescents. *Journal of Applied Behavior Analysis, 4*, 201-213.

Couvillon, M. A., Kane, E. J., Peterson, R. L., Ryan, J. B., & Scheuermann, B. (2019). Policy and program considerations for choosing crisis intervention programs. *Journal of Disability Policy Studies, 30*, 35-45.

Crosbie, J. (1998). Negative reinforcement and punishment. Em K. A. Lattal & M. Perone (Eds.), *Handbook of research methods in human operant behavior* (p. 163-189). Nova York: Plenum Press.

DeRosa, N. M., Roane, H. S., Bishop, J. R., & Silkowski, E. L. (2016). The combined effects of noncontingent reinforcement and punishment on the reduction of rumination. *Journal of Applied Behavior Analysis, 49*, 680-685.

Dixon, M. J., Helsel, W. J., Rojahn, J., Cipollone, R., & Lubetsky, M. J. (1989). Aversive conditioning of visual screening with aromatic ammonia for treating aggressive and disruptive behavior in a developmentally disabled child. *Behavior Modification, 13*, 91-107.

Doke, L. A., & Epstein, L. H. (1975). Oral overcorrection: Side effects and extended applications. *Journal of Experimental Child Psychology, 20*, 496-511.

Doke, L. A., Wolery, M., & Sumberc, C. (1983). Treating chronic aggression: Effects and side effects of response-contingent ammonia spirits. *Behavior Modification, 7*, 531-556.

Dominguez, A., Wilder, D. A., Cheung, K., & Rey, C. (2014). The use of a verbal reprimand to decrease rumination in a child with autism. *Behavioral Interventions, 29*, 339-345.

Donaldson, J. M., & Vollmer, T. R. (2011). An evaluation and comparison of time-out procedures with and without release contingencies. *Journal of Applied Behavior Analysis, 44*, 693-705.

Dorsey, M. F., Iwata, B. A., Ong, P., & McSween, T. E. (1980). Treatment of self-injurious behavior using a water mist: Initial response suppression and generalization. *Journal of Applied Behavior Analysis, 13*, 343-353.

Dougher, M. J. (1983). Clinical effects of response deprivation and response satiation procedures. *Behavior Therapy, 14*, 286-298.

Duker, P. C., & Seys, D. M. (1996). Long-term use of electrical aversion treatment with self-injurious behavior. *Research in Developmental Disabilities, 17*, 293-301.

Dunham, P. J. (1977). The nature of reinforcing stimuli. Em W. K. Honig & J. E. R. Staddon (Eds.), *Handbook of operant behavior* (p. 98-124). Englewood Cliffs, NJ: Prentice-Hall.

Dunham, P. J. (1978). Changes in unpunished responding during response-contingent punishment. *Animal Learning and Behavior, 6*, 174-180.

Dupuis, D. L., Lerman, D. C., Tsami, L., & Shireman, M. L. (2015). Reduction of aggression evoked by sounds using noncontingent reinforcement and time-out. *Journal of Applied Behavior Analysis, 48*, 669-674.

Epstein, L. H., & Masek, B. J. (1978). Behavioral control of medicine compliance. *Journal of Applied Behavior Analysis, 11*, 1-9.

Falcomata, T. S., Roane, H. S., Hovanetz, A. N., Kettering, T. L., & Keeney, K. M. (2004). An evaluation of response cost in the treatment of inappropriate vocalizations maintained by automatic reinforcement. *Journal of Applied Behavior Analysis, 37*, 83-87.

Fantino, E. (1973). Aversive control. Em J. A. Nevin & G. S. Reynolds (Eds.), *The study of behavior: Learning, motivation, emotion, and instinct* (p. 239-279). Glenview, IL: Scott, Foresman.

Fischer, J., & Nehs, R. (1978). Use of a commonly available chore to reduce a boy's rate of swearing. *Journal of Behavior Therapy and Experimental Psychiatry, 9*, 81-83.

Fisher, W. W., Piazza, C. C., Bowman, L. G., Hagopian, L. P., & Langdon, N. A. (1994). Empirically derived consequences: A data-based method for prescribing treatments for destructive behavior. *Research in Developmental Disabilities, 15*, 133-149.

Fisher, W. W., Piazza, C. C., Bowman, L. G., Kurtz, P. F., Sherer, M. R., & Lachman, S. R. (1994). A preliminary evaluation of empirically derived consequences for the treatment of pica. *Journal of Applied Behavior Analysis, 27*, 447-457.

Fisher, W. W., Piazza, C. C., Cataldo, M. F., Harrell, R., Jefferson, G., & Conner, R. (1993). Functional communication training with and without extinction and punishment. *Journal of Applied Behavior Analysis, 26*, 23-36.

Fonagy, P., & Slade, P. (1982). Punishment vs. negative reinforcement in the aversive conditioning of auditory hallucinations. *Behaviour Research and Therapy, 20*, 483-492.

Foxx, R. M. (1982). *Decreasing behaviors of retarded and autistic persons*. Champaign, IL: Research Press.

Foxx, R. M. (2003). The treatment of dangerous behavior. *Behavioral Interventions, 18*, 1-21.

Foxx, R. M., & Azrin, N. H. (1972). Restitution: A method of eliminating aggressive-disruptive behavior of retarded and brain damaged patients. *Behaviour Research and Therapy, 10*, 15-27.

Foxx, R. M., & Azrin, N. H. (1973). The elimination of autistic self-stimulatory behavior by overcorrection. *Journal of Applied Behavior Analysis, 6*, 1-14.

Foxx, R. M., Bittle, R. G., & Faw, G. D. (1989). A maintenance strategy for discontinuing aversive procedures: A 32-month follow-up of the treatment of aggression. *American Journal on Mental Retardation, 94*, 27-36.

Foxx, R. M., & Livesay, J. (1984). Maintenance of response suppression following overcorrection: A 10- year retrospective examination of eight cases. *Analysis and Intervention in Developmental Disabilities, 4*, 65-79.

Foxx, R. M., McHenry, W. C., & Bremer, B. A. (1996). The effects of a video vignette on increasing treatment acceptability. *Behavioral Interventions, 11*, 131-140.

Foxx, R. M., & Shapiro, S. T. (1978). The timeout ribbon: A nonexclusionary timeout procedure. *Journal of Applied Behavior Analysis, 11*, 125-136.

Friman, P. C., Cook, J. W., & Finney, J. W. (1984). Effects of punishment procedures on the self-stimulatory behavior of an autistic child. *Analysis and Intervention in Developmental Disabilities, 4*, 39-46.

Gaylord-Ross, R. J., Weeks, M., & Lipner, C. (1980). An analysis of antecedent, response, and consequence events in the treatment of self-injurious behavior. *Education and Training of the Mentally Retarded, 15*, 35-42.

Giles, A. F., St. Peter, C. C., Pence, S. T., & Gibson, A. B. (2012). Preference for blocking or response redirection during stereotypy treatment. *Research in Developmental Disabilities, 33*, 1691-1700.

Goodall, G. (1984). Learning due to response-shock contingency in signaled punishment. *Quarterly Journal of Experimental Psychology, 36B*, 259-279.

Grace, N. C., Kahng, S. W., & Fisher, W. W. (1994). Balancing social acceptability with treatment effectiveness of an intrusive procedure: A case report. *Journal of Applied Behavior Analysis, 27*, 171-172.

Gross, A. M., Wright, B., & Drabman, R. S. (1980). The empirical selection of a punisher for a retarded child's self--injurious behavior: A case study. *Child Behavior Therapy, 2*, 59-65.

Guttman, N., & Kalish, H. I. (1956). Discriminability and stimulus generalization. *Journal of Experimental Psychology, 51*, 79-88.

Hagopian, L. P., & Adelinis, J. D. (2001). Response blocking with and without redirection for the treatment of pica. *Journal of Applied Behavior Analysis, 34*, 527-530.

Hagopian, L. P., Fisher, W. W., Thibault-Sullivan, M., Acquisto, J., & LeBlanc, L. A. (1998). Effectiveness of functional communication training with and without extinction and punishment: A summary of 21 inpatient cases. *Journal of Applied Behavior Analysis, 31*, 211-235.

Hagopian, L. P., Rooker, G. W., & Zarcone, J. R. (2015). Delineating subtypes of self-injurious behavior maintained by automatic reinforcement. *Journal of Applied Behavior Analysis, 48*, 523-543.

Hake, D. F., & Azrin, N. H. (1965). Conditioned punishment. *Journal of the Experimental Analysis of Behavior, 8*, 279-293.

Hanley, G. P., Piazza, C. C., Fisher, W. W., Contrucci, S. A., & Maglieri, K. A. (1997). Evaluation of client preference for function-based treatment packages. *Journal of Applied Behavior Analysis, 30*, 459-473.

Hanley, G. P., Piazza, C. C., Fisher, W. W., & Maglieri, K. A. (2005). On the effectiveness of and preference for punishment and extinction components of function-based interventions. *Journal of Applied Behavior Analysis, 38*, 51-65.

Hobbs, S. A., Forehand, R., & Murray, R. G. (1978). Effects of various durations of timeout on the noncompliant behavior of children. *Behavior Therapy, 9*, 652-656.

Hoffman, H. S., & Fleshler, M. (1965). Stimulus aspects of aversive controls: The effects of response contingent shock. *Journal of the Experimental Analysis of Behavior, 8*, 89-96.

Holburn, C. S., & Dougher, M. J. (1986). Effects of response satiation procedures in the treatment of aerophagia. *American Journal of Mental Deficiency, 91*, 72-77.

Holz, W. C., & Azrin, N. H. (1961). Discriminative properties of punishment. *Journal of the Experimental Analysis of Behavior, 4*, 225-232.

Holz, W. C., Azrin, N. H., & Ayllon, T. (1963). Elimination of behavior of mental patients by response-produced extinction. *Journal of the Experimental Analysis of Behavior, 6*, 407-412.

Honig, W. K., & Slivka, R. M. (1964). Stimulus generalization of the effects of punishment. *Journal of the Experimental Analysis of Behavior, 7*, 21-25.

Hunt, H. F., & Brady, J. V. (1995). Some effects of punishment and intercurrent "anxiety" on a single operant. *Journal of Comparative and Physiological Psychology, 48*, 305-310.

Iwata, B. A., Dorsey, M. F., Slifer, K. J., Bauman, K. E., & Richman, G. S. (1994). Toward a functional analysis of self--injury. *Journal of Applied Behavior Analysis, 27*, 197-209. (Reprinted from *Analysis and Intervention in Developmental Disabilities, 2*, 3-20, 1982)

Iwata, B. A., Rolider, N. U., & Dozier, C. L. (2009). Evaluation of timeout programs through phased withdrawal. *Journal of Applied Research in Intellectual Disabilities, 22*(2), 203-209.

Iwata, B. A., Vollmer, T. R., & Zarcone, J. R. (1990). The experimental (functional) analysis of behavior disorders: Methodology, applications, and limitations. Em A. C. Repp & N. N. Singh (Eds.), *Perspectives on the use of nonaversive and aversive interventions for persons with developmental disabilities* (p. 301-330). Sycamore, IL: Sycamore.

Kahng, S., Abt, K. A., & Wilder, D. (2001). Treatment of self--injury correlated with mechanical restraints. *Behavioral Interventions, 16*, 105-110.

Kahng, S., Iwata, B. A., & Lewin, A. B. (2002). Behavioral treatment of self-injury, 1964 to 2000. *American Journal on Mental Retardation, 107*, 212-221.

Kahng, S., Tarbox, J., & Wilke, A. E. (2001). Use of a multicomponent treatment for food refusal. *Journal of Applied Behavior Analysis, 34*, 93-96.

Kazdin, A. E. (1971). The effect of response cost in suppressing behavior in a pre-psychotic retardate. *Journal of Behavior Therapy and Experimental Psychiatry, 2*, 137-140.

Kazdin, A. E. (2001). *Behavior modification in applied settings* (6th ed.). Belmont, CA: Wadsworth/Thomson Learning.

Keeney, K. M., Fisher, W. W., Adelinis, J. D., & Wilder, D. A. (2000). The effects of response cost in the treatment of aberrant behavior maintained by negative reinforcement. *Journal of Applied Behavior Analysis, 33*, 255-258.

Koegel, R. L., Firestone, P. B., Kramme, K. W., & Dunlap, G. (1974). Increasing spontaneous play by suppressing self--stimulation in autistic children. *Journal of Applied Behavior Analysis, 7*, 521-528.

Krivacek, D., & Powell, J. (1978). Negative preference management: Behavioral suppression using Premack's punishment hypothesis. *Education and Treatment of Children, 1*, 5-13.

Lalli, J. S., Livezey, K., & Kates, K. (1996). Functional analysis and treatment of eye poking with response blocking. *Journal of Applied Behavior Analysis, 29*, 129-132.

LeBlanc, L. A., Hagopian, L. P., & Maglieri, K. A. (2000). Use of a token economy to eliminate excessive inappropriate social behavior in an adult with developmental disabilities. *Behavioral Interventions, 15*, 135-143.

Lennox, D. B., & Miltenberger, R. G. (1990). On the conceptualization of treatment acceptability. *Education and Training in Mental Retardation, 25*, 211-224.

Lerman, D. C., & Iwata, B. A. (1996). A methodology for distinguishing between extinction and punishment effects associated with response blocking. *Journal of Applied Behavior Analysis, 29*, 231-234.

Lerman, D. C., Iwata, B. A., Shore, B. A., & DeLeon, I. G. (1997). Effects of intermittent punishment on self-injurious behavior: An evaluation of schedule thinning. *Journal of Applied Behavior Analysis, 30*, 187-201.

Lerman, D. C., Kelley, M. E., Vorndran, C. M., & Van Camp, C. M. (2003). Collateral effects of response blocking during the treatment of stereotypic behavior. *Journal of Applied Behavior Analysis, 36*, 119-123.

Lerman, D. C., & Vorndran, C. M. (2002). On the status of knowledge for using punishment: Implications for treating behavior disorders. *Journal of Applied Behavior Analysis, 35*, 431-464.

Lindberg, J. S., Iwata, B. A., & Kahng, S. (1999). On the relation between object manipulation and stereotypic self--injurious behavior. *Journal of Applied Behavior Analysis, 32*, 51-62.

Linscheid, T. R., Hartel, F., & Cooley, N. (1993). Are aversive procedures durable?: A five year follow-up of three individuals treated with contingent electric shock. *Child and Adolescent Mental Health Care, 3*, 67-76.

Linscheid, T. R., Iwata, B. A., Ricketts, R. W., Williams, D. E., & Griffin, J. C. (1990). Clinical evaluation of the Self--Injurious Behavior Inhibiting System (SIBIS). *Journal of Applied Behavior Analysis, 23*, 53-78.

Linscheid, T. R., Pejeau, C., Cohen, S., & Footo-Lenz, M. (1994). Positive side effects in the treatment of SIB using the Self-Injurious Behavior Inhibiting System (SIBIS): Implications of operant and biochemical explanations of SIB. *Research in Developmental Disabilities, 15*, 81-90.

Long, E. S., Miltenberger, R. G., Ellingson, S. A., & Ott, S. M. (1999). Augmenting simplified habit reversal in the treatment of oral-digital habits exhibited by individuals with mental retardation. *Journal of Applied Behavior Analysis, 32*, 353-365.

Lovaas, O. I., & Favell, J. E. (1987). Protection of clients undergoing aversive/restrictive interventions. *Education and Treatment of Children, 10*, 311-325.

Lovaas, O. I., & Simmons, J. Q. (1969). Manipulation of self--destruction in three retarded children. *Journal of Applied Behavior Analysis, 2*, 143-157.

Luce, S. C., Delquadri, J., & Hall, R. V. (1980). Contingent exercise: A mild but powerful procedure for suppressing inappropriate verbal and aggressive behavior. *Journal of Applied Behavior Analysis, 13*, 583-594.

Lydon, S., Healy, O., Moran, L., & Foody, C. (2015). A quantitative examination of punishment research. *Research in Developmental Disabilities, 36*, 470-484.

Mace, F. C., Page, T. J., Ivancic, M. T., & O'Brien, S. (1986). Effectiveness of brief time-out with and without contingent delay: A comparative analysis. *Journal of Applied Behavior Analysis, 19*(1), 79-86.

MacKenzie-Keating, S. E., & McDonald, L. (1990). Overcorrection: Reviewed, revisited, and revised. *Behavior Analyst, 13*, 39-48.

Magee, S. K., & Ellis, J. (2001). The detrimental effects of physical restraint as a consequence for inappropriate classroom behavior. *Journal of Applied Behavior Analysis, 34*, 501-504.

Maglieri, K. A., DeLeon, I. G., Rodriguez-Catter, V., & Sevin, B. M. (2000). Treatment of covert food stealing in an individual with Prader-Willi syndrome. *Journal of Applied Behavior Analysis, 33*, 615-618.

Marholin, D., & Townsend, N. M. (1978). An experimental analysis of side effects and response maintenance of a modified overcorrection procedure. *Behavior Therapy, 9*, 383-390.

Matson, J. L., & DiLorenzo, T. M. (1984). *Punishment and its alternatives: New perspectives for behavior modification*. Nova York: Springer.

Matson, J. L., & Keyes, J. B. (1990). A comparison of DRO to movement suppression time-out and DRO with two self-injurious and aggressive mentally retarded adults. *Research in Developmental Disabilities, 11*, 111-120.

McGlynn, A. P., & Locke, B. J. (1997). A 25-year follow-up of a punishment program for severe self-injury. *Behavioral Interventions, 12*, 203-207.

McKenzie, S. D., Smith, R. G., Simmons, J. N., & Soderlund, M. J. (2008). Using a stimulus correlated with reprimands to suppress automatically maintained eye poking. *Journal of Applied Behavior Analysis, 41*, 255-259.

Mitteer, D. R., Romani, P. W., Greer, B. D., & Fisher, W. W. (2015). Assessment and treatment of pica and destruction of holiday decorations. *Journal of Applied Behavior Analysis, 48*, 912-917.

Mueller, M. M., Edwards, R. P., & Trahant, D. (2003). Translating multiple assessment techniques into an intervention selection model for classrooms. *Journal of Applied Behavior Analysis, 36*, 563-573.

O'Brien, S., & Karsh, K. G. (1990). Treatment acceptability: Consumer, therapist, and society. Em A. C. Repp & N. N. Singh (Eds.), *Perspectives on the use of nonaversive and aversive interventions for persons with developmental disabilities* (p. 503-516). Sycamore, IL: Sycamore.

O'Donnell, J., & Crosbie, J. (1998). Punishment generalization gradients with humans. *Psychological Record, 48*, 211-232.

O'Donnell, J., Crosbie, J., Williams, D. C., & Saunders, K. J. (2000). Stimulus control and generalization of point-loss punishment with humans. *Journal of the Experimental Analysis of Behavior, 73*, 261-274.

Pace, G. M., Ivancic, M. T., Edwards, G. L., Iwata, B. A., & Page, T. J. (1985). Assessment of stimulus preference and reinforcer value with profoundly retarded individuals. *Journal of Applied Behavior Analysis, 18*, 249-255.

Paisey, T. L., & Whitney, R. B. (1989). A long-term case study of analysis, response suppression, and treatment maintenance involving life-threatening pica. *Behavioral Residential Treatment, 4*, 191-211.

Pelios, L., Morren, J., Tesch, D., & Axelrod, S. (1999). The impact of functional analysis methodology on treatment choice for self-injurious and aggressive behavior. *Journal of Applied Behavior Analysis, 32*, 185-195.

Peters, L. C., & Thompson, R. H. (2013). Some indirect effects of positive practice overcorrection. *Journal of Applied Behavior Analysis, 46*, 613-625.

Piazza, C. C., Hanley, G. P., & Fisher, W. W. (1996). Functional analysis and treatment of cigarette pica. *Journal of Applied Behavior Analysis, 29*, 437-450.

Porterfield, J. K., Herbert-Jackson, E., & Risley, T. R. (1976). Contingent observation: An effective and acceptable procedure for reducing disruptive behavior of young children in a group setting. *Journal of Applied Behavior Analysis, 9*, 55-64.

Rapp, J. T., Miltenberger, R. G., & Long, E. S. (1998). Augmenting simplified habit reversal with an awareness enhancement device: Preliminary findings. *Journal of Applied Behavior Analysis, 31*, 665-668.

Raulston, T. J., Hansen, S. G., Machalicek, W., McIntyre, L. L., & Carnett, A. (2019). Interventions for repetitive behavior in young children with autism: A survey of behavioral practices. *Journal of Autism and Developmental Disorders, 49*, 3047-3059.

Rawson, R. A., & Leitenberg, H. (1973). Reinforced alternative behavior during punishment and extinction with rats. *Journal of Comparative and Physiological Psychology, 85*, 593-600.

Realon, R. E., & Konarski, E. A. (1993). Using decelerative contingencies to reduce the self-injurious behavior of people with multiple handicaps: The effects of response satiation? *Research in Developmental Disabilities, 14*, 341-357.

Reid, D. H., Parsons, M. B., Phillips, J. F., & Green, C. W. (1993). Reduction of self-injurious hand mouthing using response blocking. *Journal of Applied Behavior Analysis, 26*, 139-140.

Repp, A. C., & Deitz, D. E. D. (1978). On the selective use of punishment: Suggested guidelines for administrators. *Mental Retardation, 16*, 250-254.

Richman, D. M., Lindauer, S. E., Crosland, K. A., McKerchar, T. L., & Morse, P. S. (2001). Functional analysis and treatment of breath holding maintained by nonsocial reinforcement. *Journal of Applied Behavior Analysis, 34*, 531-534.

Ricketts, R. W., Goza, A. B., & Matese, M. (1993). A 4-year follow-up of treatment of self-injury. *Journal of Behavior Therapy and Experimental Psychiatry, 24*, 57-62.

Ritschl, C., Mongrella, J., & Presbie, R. J. (1972). Group time-out from rock and roll music and out-of-seat behavior of handicapped children while riding a school bus. *Psychological Reports, 31*, 967-973.

Rolider, A., & Van Houten, R. (1985). Suppressing tantrum behavior in public places through the use of delayed punishment mediated by audio recordings. *Behavior Therapy, 16*, 181-194.

Rolider, A., Williams, L., Cummings, A., & Van Houten, R. (1991). The use of a brief movement restriction procedure to eliminate severe inappropriate behavior. *Journal of Behavior Therapy and Experimental Psychiatry, 22*, 23-30.

Rollings, J. P., & Baumeister, A. A. (1981). Stimulus control of stereotypic responding: Effects on target and collateral behavior. *American Journal of Mental Deficiency, 86*, 67-77.

Rollings, J. P., Baumeister, A. A., & Baumeister, A. A. (1977). The use of overcorrection procedures to eliminate the stereotyped behaviors of retarded individuals: An analysis of collateral behaviors and generalization of suppressive effects. *Behavior Modification, 1*, 29-46.

Romanczyk, R. G. (1977). Intermittent punishment of self-stimulation: Effectiveness during application and extinction. *Journal of Consulting and Clinical Psychology, 45*, 53-60.

Rooker, G. W., Jessel, J., Kurtz, P. F., & Hagopian, L. P. (2013). Functional communication training with and without alternative reinforcement and punishment: An analysis of 58 applications. *Journal of Applied Behavior Analysis, 46*, 708-722.

Rush, K. S., Crockett, J. L., & Hagopian, L. P. (2001). An analysis of the selective effects of NCR with punishment targeting problem behavior associated with positive affect. *Behavioral Interventions, 16*, 127-135.

Saini, V., Greer, B. D., & Fisher, W. W. (2015). Clarifying inconclusive functional analysis results: Assessment and treatment of automatically reinforced aggression. *Journal of Applied Behavior Analysis, 48*, 315-330.

Sajwaj, T., Libet, J., & Agras, S. (1974). Lemon-juice therapy: The control of life-threatening rumination in a six-month-old infant. *Journal of Applied Behavior Analysis, 7*, 557-563.

Salend, S. J., & Gordon, B. D. (1987). A group-oriented timeout ribbon procedure. *Behavioral Disorders, 12*, 131-137.

Salvy, S., Mulick, J. A., Butter, E., Bartlett, R. K., & Linscheid, T. R. (2004). Contingent electric shock (SIBIS) and a conditioned punisher eliminate severe head banging in a preschool child. *Behavioral Interventions, 19*, 59-72.

Shawler, L. A., & Miquel, C. F. (2015). The effects of motor and vocal response interruption and redirection on vocal stereotypy and appropriate vocalizations. *Behavioral Interventions, 30*, 112-134.

Singh, N. N. (1979). Aversive control of breath-holding. *Journal of Behavior Therapy and Experimental Psychiatry, 10*, 147-149.

Singh, N. N., Dawson, M. J., & Gregory, P. R. (1980a). Self-injury in the profoundly retarded: Clinically significant versus therapeutic control. *Journal of Mental Deficiency Research, 24*, 87-97.

Singh, N. N., Dawson, M. J., & Gregory, P. R. (1980b). Suppression of chronic hyperventilation using response-contingent aromatic ammonia. *Behavior Therapy, 11*, 561-566.

Singh, N. N., Dawson, M. J., & Manning, P. J. (1981). The effects of physical restraint on self-injurious behavior. *Journal of Mental Deficiency Research, 25*, 207-216.

Singh, N. N., Watson, J. E., & Winton, A. S. W. (1986). Treating self-injury: Water mist spray versus facial screening or forced arm exercise. *Journal of Applied Behavior Analysis, 19*, 403-410.

Smith, R. G., Russo, L., & Le, D. D. (1999). Distinguishing between extinction and punishment effects of response blocking: A replication. *Journal of Applied Behavior Analysis, 32*, 367-370.

Spreat, S., & Lipinski, D. P. (1986). A survey of state policies regarding use of restrictive/aversive behavior modification procedures. *Behavioral Residential Treatment, 1*, 137-152.

St. Peter, C. C., Byrd, J. D., Pence, S. T., & Foreman, A. P. (2016). Effects of treatment-integrity failures on a response-cost procedure. *Journal of Applied Behavior Analysis, 49*, 308-328.

Stricker, J. M., Miltenberger, R. G., Garlinghouse, M. A., Deaver, C. M., & Anderson, C. A. (2001). Evaluation of an awareness enhancement device for the treatment of thumb sucking in children. *Journal of Applied Behavior Analysis, 34*, 77-80.

Stricker, J. M., Miltenberger, R. G., Garlinghouse, M., & Tulloch, H. E. (2003). Augmenting stimulus intensity with an awareness enhancement device in the treatment of finger sucking. *Education and Treatment of Children, 26*, 22-29.

Tanner, B. A., & Zeiler, M. (1975). Punishment of self-injurious behavior using aromatic ammonia as the aversive stimulus. *Journal of Applied Behavior Analysis, 8*, 53-57.

Tate, B. G., & Baroff, G. S. (1966). Aversive control of self-injurious behavior in a psychotic boy. *Behaviour Research and Therapy, 4*, 281-287.

Terhune, J. G., & Premack, D. (1970). On the proportionality between the probability of not-running and the punishment effect of being forced to run. *Learning and Motivation, 1*, 141-149.

Terhune, J. G., & Premack, D. (1974). Comparison of reinforcement and punishment functions produced by the same contingent event in the same subject. *Learning and Motivation, 5*, 221-230.

Terris, W., & Barnes, M. (1969). Learned resistance to punishment and subsequent responsiveness to the same and novel punishers. *Psychonomic Science, 15*, 49-50.

Thomas, J. R. (1968). Fixed-ratio punishment by timeout of concurrent variable-interval behavior. *Journal of the Experimental Analysis of Behavior, 11*, 609-616.

Thompson, R. H., Iwata, B. A., Conners, J., & Roscoe, E. M. (1999). Effects of reinforcement for alternative behavior during punishment of self-injury. *Journal of Applied Behavior Analysis, 32*, 317-328.

Toole, L. M., Bowman, L. G., Thomason, J. L., Hagopian, L. P., & Rush, K. S. (2003). Observed increases in positive affect during behavioral treatment. *Behavioral Interventions, 18*, 35-42.

Toole, L. M., DeLeon, I. G., Kahng, S., Ruffin, G. E., Pletcher, C. A., & Bowman, L. G. (2004). Re-evaluation of constant versus varied punishers using empirically derived consequences. *Research in Developmental Disabilities, 25*, 577-586.

Trenholme, I. A., & Baron, A. (1975). Immediate and delayed punishment of human behavior by loss of reinforcement. *Learning and Motivation, 6*, 62-79.

Truchlicka, M., McLaughlin, T. F., & Swain, J. C. (1998). Effects of token reinforcement and response cost on the accuracy of spelling performance with middle-school special education students with behavior disorders. *Behavioral Interventions, 13*, 1-10.

Van Houten, R., Axelrod, S., Bailey, J. S., Favell, J. E., Foxx, R. M., Iwata, B. A., *et al.* (1988). The right to effective behavioral treatment. *Journal of Applied Behavior Analysis, 21*, 381-384.

Van Houten, R., Nau, P. A., MacKenzie-Keating, S. E., Sameoto, D., & Colavecchia, B. (1982). An analysis of some variables influencing the effectiveness of reprimands. *Journal of Applied Behavior Analysis, 15*, 65-83.

Van Houten, R., & Rolider, A. (1988). Recreating the scene: An effective way to provide delayed punishment for inappropriate motor behavior. *Journal of Applied Behavior Analysis, 21*, 187-192.

Verriden, A. L., & Roscoe, E. M. (2018). An evaluation of a punisher assessment for decreasing automatically reinforced problem behavior. *Journal of Applied Behavior Analysis, 52*, 205-226.

Vollmer, T. R., Hagopian, L. P., Bailey, J. S., Dorsey, M. F., Hanley, G. P., Lennox, D., *et al.* (2011). The Association for Behavior Analysis International position statement on restraint and seclusion. *Behavior Analyst, 34*, 103-110.

Vollmer, T. R., & Iwata, B. A. (1993). Implications of a functional analysis technology for the use of restrictive behavioral interventions. *Child and Adolescent Mental Health Care, 3*, 95-113.

Vorndran, C. M., & Lerman, D. C. (2006). Establishing and maintaining treatment effects with less intrusive consequences via a pairing procedure. *Journal of Applied Behavior Analysis, 39*, 35-48.

Wacker, D. P., Steege, M. W., Northup, J., Sasso, G., Berg, W., Reimers, T., *et al.* (1990). A component analysis of functional communication training across three topographies of severe behavior problems. *Journal of Applied Behavior Analysis, 23*, 417-429.

Watson, T. S. (1993). Effectiveness of arousal and arousal plus overcorrection to reduce nocturnal bruxism. *Journal of Behavior Therapy and Experimental Psychiatry, 24*, 181-185.

Williams, D. E., Kirkpatrick-Sanchez, S., & Iwata, B. A. (1993). A comparison of shock intensity in the treatment of longstanding and severe self-injurious behavior. *Research in Developmental Disabilities, 14*, 207-219.

Zegiob, L. E., Jenkins, J., Becker, J., & Bristow, A. (1976). Facial screening: Effects on appropriate and inappropriate behaviors. *Journal of Behavior Therapy and Experimental Psychiatry, 7*, 355-357.

22

Economia de fichas

David Reitman, Kyle Boerke e Areti Vassilopoulos

Os pesquisadores desenvolveram os primeiros programas de economia de fichas no início da década de 1960, e estes representaram algumas das primeiras aplicações de inovações experimentais e conceituais em análise do comportamento aplicada (ABA, *applied behavior analysis*; Ferster & Skinner, 1957; Skinner, 1953). Uma insatisfação geral com a qualidade da assistência prestada aos indivíduos em ambientes institucionalizados e o desejo de construir ambientes mais propícios ao desenvolvimento e à manutenção do comportamento adaptativo nesses indivíduos (i.e., um "ambiente totalmente motivador"; Ayllon & Azrin, 1968, p. 24), inspiraram o desenvolvimento da economia de fichas. Ayllon e Azrin (1965) foram os primeiros a relatar resultados positivos com um programa de recompensa baseado em economia de fichas. Os referidos autores inicialmente implementaram uma economia de fichas no Anna State Hospital, em Illinois, com indivíduos com transtornos graves, como esquizofrenia. Eles mostraram que a entrega contingente de reforço de fichas aumentou o trabalho e o comportamento de autocuidado, mas que a entrega não contingente de fichas ou a descontinuação do programa resultaram em reduções drásticas no comportamento adaptativo. Ayllon e Azrin (1968) relataram suas descobertas estendidas em *The token economy: a motivational system for therapy and rehabilitation* (A economia de fichas: um sistema motivacional para terapia e reabilitação).

Definindo a economia de fichas

Economia de fichas são descrições formais de *relações de contingência*, definidas aqui como antecedentes, comportamentos e consequências que modificam ou influenciam o comportamento por meio da entrega de reforço condicionado (Hackenberg, 2018). *Antecedentes* (i.e., estímulos ou dicas discriminativas) são eventos que precedem um comportamento e que indicam que um indivíduo deve apresentar um comportamento especificado como parte de uma economia de fichas. *Comportamentos* são as ações especificadas nas relações de contingência. *Consequências* na forma de reforçadores de *backup* devem acompanhar o desempenho do comportamento de forma confiável. Muitas vezes, o desempenho do comportamento sinaliza a entrega de consequências imediatas e o progresso em direção a incentivos maiores e de longo prazo.

Uma característica-chave de uma economia de fichas é a entrega de reforçadores simbólicos ou de fichas (p. ex., fichas de pôquer, pontos) após o desempenho do comportamento especificado (Miltenberger, 2001). A maioria dos reforçadores condicionados carece de valor inerente e influencia o comportamento, oferecendo aos indivíduos oportunidades de trocá-los por reforçadores de *backup*, como privilégios especiais, comestíveis e atividades (Fiske, Isenhower, Bamond & Lauderdale-Littin, 2020; Leon, Borrero & DeLeon, 2016; Russell, Ingvarsson, Haggar & Jessel, 2018). Desse modo, o objetivo das fichas e dos reforçadores condicionados geralmente é fazer a ponte entre a entrega de reforçadores de *backup* e o desempenho do comportamento (Clark, Lachowicz & Wolf, 1968; Dickerson, Tenhula & Green-Paden, 2005; Jones, Downing, Latkowski, Ferre & McMahon, 1992; Kazdin e Bootzin, 1972).

Os elementos a seguir parecem ser características comuns de programas de gestão de contingência ou de economia de fichas bem formulados (Ivy, Meindi, Overley & Robson, 2017). Primeiro, um analista do comportamento define metas e especifica comportamentos em termos observáveis. Segundo, esse analista identifica reforçadores e punidores em potencial, se aplicável. Terceiro, o analista do comportamento ou seu designado monitora os comportamentos-alvo com frequência e entrega consequências de forma consistente. Quarto, o analista do comportamento desenvolve um programa que é flexível e pode mudar conforme as necessidades do indivíduo ou do programa mudam. Por fim, a colaboração entre todas as partes, um acordo escrito e processos formais de monitoramento são outros elementos do programa considerados necessários para maximizar a eficácia (Miltenberger, 2001). O objetivo de um programa de economia de fichas é fortalecer o comportamento adaptativo ou desejável e diminuir o comportamento-problema ao mesmo tempo (Miltenberger, 2001). Stokes e Baer (1977) recomendaram que os analistas do comportamento suspendessem os programas de economia de fichas o mais rápido possível depois que os programas fossem bem-sucedidos. Curiosamente, uma metanálise de esquemas de reforçamento baseados em prêmios para pessoas com problemas de abuso de substâncias revelou que o monitoramento consistente e o elogio contínuo eram necessários para sustentar os ganhos após o desvanecimento do programa. Embora os programas de economia de fichas tenham produzido abstinência no acompanhamento imediato pós-intervenção, os participantes não mantiveram a abstinência em um acompanhamento de 6 meses (Benishek *et al.*, 2014).

Identificar e definir comportamentos

O primeiro e indiscutivelmente mais importante passo na implementação de um programa de economia de fichas é identificar e definir o comportamento-alvo objetivamente. De fato, Ayllon e Azrin (1968) dedicaram 28 páginas de seu texto inovador ao tema. O comportamento ambíguo ou mal descrito promove mal-entendido e confusão em relação aos objetivos do programa e pode falhar em indicar a entrega consistente de reforço para o comportamento apropriado. Um estudo mostrou que os professores de sala de aula forneceram *feedback* inconsistente sobre os comportamentos dos alunos e reforço pouco frequente para comportamentos positivos em sala de aula antes de implementarem uma economia de fichas. Ambos os comportamentos dos professores melhoraram imediatamente após a implementação da economia de fichas (Kowalewicz & Coffee, 2014).

Moore, Tingstrom, Doggett e Carlyon (2001) avaliaram problemas com a especificação do comportamento-alvo e do *feedback*. Os pesquisadores primeiro analisaram uma economia de fichas ineficaz, a pedido de um psiquiatra da unidade. Sua análise revelou comportamentos-alvo ambíguos, como *seguir instruções, ser simpático* e *estar onde você deveria estar*. Os pesquisadores também observaram que longos atrasos entre a entrega e o resgate de fichas reduziram a eficácia do programa. Os pesquisadores recomendaram o desenvolvimento de definições operacionais para cada comportamento-alvo. Por exemplo, eles definiram *seguir instruções* como "fazer contato visual com o orador e iniciar o cumprimento dentro de 5 a 7 segundos após a solicitação". A equipe forneceu reforço de *backup* com base nos pontos que cada paciente ganhou no dia anterior no programa original. Em vez disso, os pesquisadores dividiram os dias em quatro blocos, e o comportamento durante um bloco determinava os privilégios durante o seguinte. Esses ajustes produziram reduções substanciais no *time out* e um aumento nos pontos ganhos para o comportamento-alvo, como seguir instruções, mas não reduziram diretamente o comportamento-problema.

Identificar reforços condicionados

Pesquisadores têm utilizado fichas, imitação de notas de dólar, botões, adesivos e fichas de pôquer como reforços condicionados (Reynolds & Kelley, 1997). A seleção de reforços condicionados deve ser sensível ao contexto da implementação. Entregar uma ficha de pôquer a um aluno que está trabalhando em uma tarefa acadêmica, como escrever uma redação, poderia atrapalhar o comportamento (Drabman & Tucker, 1974). Alguns pesquisadores entregaram marcas de verificação, rostos sorridentes ou estrelas em um gráfico para reduzir a interrupção potencial da entrega de fichas (Anhalt, McNeil & Bahl, 1998; Higgins, Williams & McLaughlin, 2001; McGinnis, Friman & Carlyon, 1999; Sullivan & O'Leary, 1990). Por exemplo, Higgins *et al.* (2001) desenvolveram uma economia de fichas para um aluno da terceira série com dificuldades de aprendizagem, na qual um professor registrava uma marca de verificação contingente ao comportamento apropriado em um pedaço de papel colado no canto superior esquerdo da mesa do aluno. Desse modo, o aluno poderia receber *feedback* de desempenho sem interrupção significativa. Hupp, Reitman, Northup, O'Callaghan e LeBlanc (2002) modificaram os recipientes de batata frita Pringles e os fixaram a pranchetas. Os pesquisadores entregavam fichas depois que os alunos demonstravam um acerto durante os jogos de *kickball*. Uma característica fundamental da entrega de fichas era que os alunos podiam ouvir a ficha quando ela chegava ao fundo do recipiente, mas não precisavam desviar a atenção do jogo para receber ou reter a fichas.

A inclusão do custo de resposta também pode influenciar a escolha de reforçadores condicionados (Jowett Hirst, Dozier & Payne, 2016). Essa consideração é importante, pois muitos programas de economia de fichas incluem tal contingência (ver Musser, Bray, Kehle & Jenson, 2001). Programas de economia de fichas com custo de resposta podem incluir reforçadores condicionados que o cuidador pode remover facilmente, pois o conflito pode ocorrer quando o cuidador remove a ficha. Apagar um ponto de um quadro negro, virar um cartão ou tirar uma ficha de um recipiente pode ser mais fácil do que remover uma ficha da mão ou do bolso de um cliente. Por exemplo, Salend e Allen (1985) utilizaram tiras de papel de 2,5 × 7,6 centímetros coladas no topo das mesas dos alunos do 2º ano em um estudo que avaliou a diferença entre programas de custos de resposta gerenciados externamente e autogerenciados. O professor removia as tiras de papel dependendo do desempenho do comportamento-problema durante a condição gerenciada externamente.

A maioria dos autores recomenda o emparelhamento do elogio verbal com o reforço condicionado, embora os méritos empíricos do elogio verbal e seu papel no desvanecimento do reforço condicionado sejam desconhecidos (Alberto & Troutman, 2006; Drabman & Lahey, 1974; Drabman e Tucker, 1974; Kirby & Shields, 1972; Paulo & Lentz, 1977). Por fim, os analistas do comportamento podem basear a seleção do reforço condicionado em questões de segurança ou saúde, pois os indivíduos podem engolir fichas pequenas, e as fichas que passam de mão em mão podem facilitar a propagação de doenças.

Identificar reforçadores de *backup*

Reforçadores de backup são itens, atividades ou privilégios que o indivíduo pode trocar por reforçadores condicionados (Kazdin, 2001). Há diversas considerações em sua seleção. Primeiro, os reforços de *backup* devem ter estabelecido propriedades de reforço. Um método comum de identificar reforçadores de *backup* é perguntar ao indivíduo-alvo sobre as consequências preferidas. No entanto, alguns têm questionado a validade dos métodos de avaliação verbal (Northup, 2000). Além disso, as avaliações verbais nem sempre são viáveis para a população-alvo. Por exemplo, avaliações de preferência por estímulos que medem abordagens de participantes a estímulos apresentados individualmente (Pace, Ivancic, Edwards, Iwata & Page, 1985) ou em pares (Fisher *et al.*, 1992) podem ser mais informativas do que métodos verbais para indivíduos com deficiência intelectual. Os analistas do comportamento também podem utilizar a observação comportamental para identificar reforçadores de *backup* (Ayllon & Azrin, 1968). De modo específico, Premack (1959) observou que "qualquer estímulo ao qual a espécie responda pode ser usado como reforçador, desde que a taxa da resposta controlada pelo estímulo seja maior do que a de alguma outra resposta" (p. 227). O princípio de Premack tornou-se a base para a regra de Allyon e Azrin (1968) sobre a probabilidade do comportamento, sugerindo que devemos "observar o que o indivíduo faz quando a oportunidade existe. As atividades prováveis em determinado momento servirão como reforçadores" (Ayllon & Azrin, 1968, p. 60).

Saciedade, uma redução na eficácia do reforço após a entrega repetida do reforçador, pode levar ao fracasso de qualquer programa de economia de fichas. Um método de prevenção da saciedade do reforçador é tornar os reforçadores condicionados trocáveis por uma série de reforços de *backup* (Ayllon & Azrin, 1968; Bowman, Piazza, Fisher, Hagopian & Kogan, 1997; Egel, 1980, 1981; Reese, Sherman & Sheldon, 1998). Por exemplo, Sran e Borrero (2010) atribuíram às crianças condições sem seleção, seleção única ou seleção de reforçador variado em um programa de economia de fichas. Os resultados indicaram que as crianças preferiram condições nas quais os pesquisadores lhes deram a opção de selecionar entre diversos reforços. Os melhores resultados foram associados à máxima variedade.

Outro método de prevenir ou retardar a saciedade do reforçador é tornar trabalhosa a obtenção dos reforçadores de *backup*. Um estudo de DeLeon *et al.* (2011) revelou que estímulos associados a esforço alto ou moderado foram os preferidos e mantiveram seu valor por mais tempo do que estímulos sem exigência de ganho. No entanto, a reavaliação dos reforçadores de *backup* pode ser necessária 1 vez por semana em determinados contextos (Drabman & Tucker, 1974).

Estabelecer esquema de reforço e taxa de câmbio

Existem dois métodos de manipulação da entrega de reforçadores de *backup* para maximizar a eficácia de uma economia de fichas. O primeiro envolve a manipulação do esquema de reforço para reduzir os efeitos da saciedade do reforçador. De maneira específica, um analista do comportamento geralmente usa reforçamento contínuo, como um esquema de razão fixa 1, durante o início de uma economia de fichas para estabelecer uma alta frequência de comportamento. Em seguida, esse analista deve introduzir o reforço intermitente com base em esquemas de razão ou de tempo variável após o comportamento se estabilizar no esquema de reforçamento contínuo (ver Kazdin, 2001). No entanto, poderíamos encontrar pouco apoio empírico para um corpo de pesquisa que demonstra claramente a utilidade do desvanecimento do reforço de esquemas contínuos para intermitentes em uma economia de fichas. Outra abordagem é manipular a quantidade do reforçador condicionado necessária para obter o reforçador de *backup* (i.e., a taxa de troca). Um analista do comportamento geralmente define a taxa de reforçamento na economia de fichas medindo a taxa natural do comportamento apropriado durante a linha de base, o que garante que o indivíduo entrará em contato com a contingência de reforço (Ayllon & Azrin, 1968). Observar a taxa de linha de base permite que o analista do comportamento avalie o número de fichas que um cliente ganhará durante determinado período. Por exemplo, Salend e Allen (1985) relataram que eles deram aos participantes "uma quantidade definida de fichas que representavam o número estabelecido de comportamentos-problema nos quais o sujeito poderia se envolver antes de perder o reforço" (p. 61). Dessa forma, eles basearam o número de fichas disponíveis para cada participante nos níveis de linha de base de desempenho. O analista do comportamento então atribui o preço dos reforçadores de *backup* e cria um menu de reforços com uma variedade de reforçadores de *backup* – alguns baratos (fáceis de ganhar), outros mais caros (difíceis de ganhar) e, ainda, outros com preços no nível intermediário.

Estabelecer o valor dos reforçadores condicionados pode ser um desafio, sobretudo para clientes mais jovens ou com atrasos no desenvolvimento. Pesquisadores têm desenvolvido diversos procedimentos para abordar esse problema. Fazer com que os clientes observem outros durante a troca de fichas às vezes pode estabelecer fichas como reforçadores condicionados (Ayllon & Azrin, 1968). Se surgirem dificuldades, a entrega não contingente de fichas seguida imediatamente por uma oportunidade de trocar as fichas por reforçadores de *backup* pode ser uma abordagem eficaz (Kazdin, 2001).

Atrasos entre períodos de saque ou de resgate, entrega de reforçadores condicionados, o desempenho do comportamento ou alguma combinação dessas variáveis podem reduzir a eficácia de um potencial reforçador para alguns clientes. Nesses casos, reduzir o atraso entre o desempenho da tarefa e a entrega das fichas pode ser suficiente para melhorar o desempenho (Field, Nash, Handwerk & Friman, 2004). Field *et al.* (2004) mostraram que reduzir o número de fichas necessárias para ganhar privilégios e dobrar os tempos de troca pela metade resultou em diminuição de episódios comportamentais intensos e aumento nos pontos ganhos em comparação com a linha de base. Já Reed e Martens (2011) descobriram que atrasos prolongados entre o desembolso de fichas e o saque não reduziram a eficácia de uma economia de fichas. De fato, o comportamento das crianças com menores níveis de impulsividade melhorou mesmo quando os atrasos nas trocas foram relativamente longos.

Em uma extensão do trabalho anterior, Hupp *et al.* (2002) avaliaram os efeitos separados e combinados da medicação e de uma economia de fichas sobre os sintomas de crianças pequenas com transtorno de déficit de atenção/hiperatividade (TDAH) durante um jogo de *kickball*. Mais importante, o estudo também comparou os efeitos do reforço atrasado prometido com o reforço atrasado real auxiliado pela entrega imediata de fichas. Os pesquisadores forneceram fichas dependentes do comportamento "esportivo". Os resultados indicaram que o atraso dos reforços prometidos não aumentou o comportamento esportivo durante os jogos de *kickball*, embora os reforços atrasados entregues por meio de fichas tenham aumentado o comportamento esportivo para todas as cinco crianças observadas. Curiosamente, a medicação estimulante teve pouco ou nenhum efeito positivo sobre o comportamento esportivo nessa amostra de crianças pequenas.

Mais recentemente, Pelham *et al.* (2014) avaliaram os efeitos da medicação (i.e., metilfenidato) e do tratamento comportamental em diversas doses e combinações. Os pesquisadores atribuíram crianças diagnosticadas com TDAH em um programa de verão a tratamento comportamental de alta, moderada ou baixa intensidade com uma economia de fichas, ou nenhum tratamento comportamental e medicação em dose alta, moderada ou baixa, ou placebo. Os resultados indicaram que a economia de fichas e a medicação produziram melhorias substanciais na adesão das crianças. Mais importante, uma combinação de baixas doses das duas modalidades teve grandes efeitos benéficos sobre o comportamento infantil. Além disso, a dose mais alta de medicação produziu apenas benefícios adicionais mínimos quando combinada com tratamento comportamental de alta intensidade.

Manter registros

A criação de um gráfico diário ou semanal pode ter muitos benefícios, incluindo o fornecimento de registro visual da melhoria do cliente, que pode aumentar a adesão às tarefas relacionadas à terapia (Reitman & Drabman, 1996). De fato, a pesquisa sugere que as pessoas que implementam economia de fichas e outros tipos de programas de gestão de comportamento podem não reconhecer as melhorias de seus clientes sem esses auxílios. Por exemplo, Reitman, Murphy, Hupp e

O'Callaghan (2004) descobriram que as avaliações de um professor de sala de aula sobre o comportamento infantil geralmente permaneceram inalteradas, embora um programa de economia de fichas tenha reduzido de maneira significativa os problemas de comportamento em sala de aula. Já o uso de revisões periódicas de gráficos ou dados comportamentais semelhantes na presença dos clientes pode servir para facilitar mudanças mais robustas no comportamento ou talvez mudanças mais consistentes nas percepções daqueles que interagem com as pessoas em intervenções comportamentais. Durante a revisão do gráfico, os profissionais ou paraprofissionais (no caso de pais, supervisores ou outros) podem fornecer aos clientes elogios e *feedback* sobre o progresso, o cumprimento das recomendações ou ambos. Após essa consultoria, terapeutas e clientes, incluindo pessoas como professores e administradores de sala de aula, podem decidir conjuntamente alterar o plano de tratamento com base no *feedback* do desempenho (Hawkins & Mathews, 1999).

Decidir se o custo de resposta é justificado

O *custo de resposta* ou a *penalidade de comportamento* (Clark, 1996) é um procedimento de punição negativa no qual o implementador remove os reforçadores de fichas condicionados de uma forma contingente à resposta (Azrin & Holz, 1966). Clínicos e pesquisadores há muito utilizam o custo de resposta em economia de fichas para reduzir a frequência do comportamento-problema (Eluri, Andrade, Trevino & Mahmoud, 2016; Kazdin, 1971, 1972; Miltenberger, 2001; Reynolds & Kelley, 1997; Witt & Elliot, 1982). O custo de resposta não restringe o acesso ao reforço de forma direta, diferentemente de muitas outras técnicas redutoras (p. ex., *time out*; Reynolds & Kelley, 1997). De fato, os participantes de um programa de economia de fichas podem continuar a ganhar reforçadores condicionados para o desempenho de comportamentos adaptativos, apesar de perderem fichas quando emitem comportamentos-problema.

Uma etapa importante na implementação de um programa de economia de fichas é determinar se o uso do custo de resposta é necessário para efetuar a mudança de comportamento. Ao decidir se deve utilizar o custo de resposta, um analista do comportamento deve perguntar se o comportamento-problema de um cliente está inibindo o desempenho do comportamento adaptativo. Se a resposta for sim, o custo de resposta provavelmente será benéfico na redução do desempenho do comportamento-problema. No entanto, Miltenberger (2001) adverte que programas de economia de fichas que utilizam penalidade de comportamento podem falhar se o analista do comportamento não estabelecer tal programa antes da implementação do custo de resposta. Outra consideração é que a penalidade deve resultar na remoção de fichas e no acesso a reforçadores de *backup* sem resultar na perda completa de fichas. A perda completa de fichas ganhas e a perda de oportunidades de trocar fichas por reforçadores de *backup* podem causar a falha do programa (Kazdin, 1972; Miltenberger, 2001).

Nos últimos 50 anos, a maioria dos estudos tem sugerido equivalência entre programas que utilizam e não utilizam o custo de resposta. Kaufman e O'Leary (1972) avaliaram os efeitos diferenciais do reforço e do custo de resposta sobre os comportamentos acadêmico e social. Os pesquisadores atribuíram aleatoriamente adolescentes em um hospital a uma condição de reforço na qual os adolescentes começavam cada sessão sem fichas e podiam ganhar fichas durante todo o período, ou a uma condição de custo de resposta em que os adolescentes começavam o período com 10 fichas, que os pesquisadores removiam após infrações das regras. Os adolescentes podiam trocar fichas por reforçadores de *backup* da loja da escola. De maneira curiosa, as duas condições foram igualmente eficazes na redução do comportamento-problema. Um estudo mais recente de Donaldson, DeLeon, Kahng e Fisher (2014) avaliou a eficácia de uma condição de *ganho* (i.e., economia de fichas), uma condição de *perda* (i.e., custo de resposta) e uma condição de *escolha* na qual os alunos poderiam selecionar uma das condições. Na condição de ganho, os alunos começavam com zero fichas e podiam ganhar fichas por permanecerem na tarefa e por se envolverem em comportamento não disruptivo. Durante a condição de perda, os alunos começavam com 10 fichas e perdiam uma ficha por se envolverem em comportamento fora da tarefa ou disruptivo. Como em pesquisas anteriores, tanto as condições de ganho quanto as de perda reduziram os comportamentos disruptivos dos alunos a níveis próximos de zero. Curiosamente, os alunos pareceram preferir a condição de perda, e os autores notaram vantagens significativas para a condição de perda em relação ao tempo necessário para manter o programa de economia de fichas.

Envolver os participantes e treinar a equipe

Em geral, a implementação de programas de economia de fichas começa com uma explicação formal das regras da economia de fichas para os clientes. Um analista do comportamento deve consultar os clientes durante o desenvolvimento do programa bem antes da implementação. Uma reunião formal garante que os clientes entendam como ganhar fichas, quando e onde resgatar fichas, pelo que as fichas podem ser trocadas e quanto custam os reforçadores de *backup*. Por fim, esse analista deve informar aos clientes sobre quais comportamentos resultam em ganho e em perda de fichas.

Embora os analistas do comportamento considerem a entrega consistente de fichas um componente-chave para a mudança de comportamento, os pesquisadores ainda precisam estabelecer o nível exato de consistência necessário para alcançar a eficácia. Em contrapartida, pesquisas sobre fidelidade ao tratamento revelaram que algumas intervenções implementadas com menos de 100% de fidelidade (Noell, Gresham & Gansle, 2002; Northup, Fisher, Kahng & Harrell, 1997) podem manter a eficácia. Qualquer que seja o nível exato de consistência necessário, melhorias na integridade podem exigir treinamento extensivo da equipe (p. ex., equipe do hospital, professores, pais). Desse modo, para maximizar a probabilidade de sucesso, pode ser preciso que haja supervisão contínua da equipe e um nível adicional de gestão de contingência. Isso pode implicar elogios e outros incentivos para os membros da equipe que consistentemente entregam reforçadores condicionados e de *backup*; *feedback* construtivo para erros; e reciclagem periódica da equipe para eliminar desvios (Miltenberger, 2001).

O treinamento da equipe surge como oportunidade única para melhorar a generalidade dos efeitos do tratamento para intervenções comportamentais, incluindo o custo de resposta. No entanto, os pesquisadores têm dedicado pouca atenção a esse importante tópico. Basta dizer que os programas de economia de fichas provavelmente variam muito na fidelidade de implementação e de eficácia (ver Noell *et al.*, 2005).

Eliminação gradual do programa

Os professores nos perguntam periodicamente como poderíamos recomendar a eles que "subornem" os alunos para que se comportem. Eles também nos perguntam: "que mensagem isso lhes ensinaria quando entrassem no mundo real? Como poderíamos, como profissionais, recomendar que ensinássemos os alunos a trabalhar apenas quando eles sabem que vamos recompensá-los?". Não obstante a observação de que poucos (ou nenhum) adultos trabalham sem compensação, acreditamos que é improvável que convençamos as pessoas fortemente contrárias ao reforço extrínseco a aceitá-lo (ver Reitman, 1988, para uma discussão extensa sobre essa questão). Em vez disso, normalmente sugerimos que os melhores programas de economia de fichas são os que eliminamos de forma deliberada.

Paul e Lentz (1977) apresentaram um dos melhores exemplos dessa eliminação gradual. Em seu estudo agora clássico, os pesquisadores trabalharam com pacientes psicóticos institucionalizados de quatro hospitais estaduais no centro de Illinois. Os pesquisadores alocaram pacientes em um dos três grupos de tratamento, com 28 pacientes em cada grupo: terapia ambiental, terapia de aprendizagem social com um programa de economia de fichas e grupo-controle. Os pesquisadores acompanharam os pacientes por mais de 10 anos. Eles ofereceram uma opção única aos pacientes do grupo de aprendizagem social para reduzir a dependência do programa de economia de fichas. Em um programa de economia de fichas com sistema convencional de níveis, os indivíduos ganham oportunidades de participar de ambientes mais reforçadores, mas permanecem participantes da economia de fichas. Em uma reviravolta única, Paul e Lentz diminuíram a quantidade de tempo de programa necessário à medida que os pacientes avançavam pelos níveis do programa, e os pacientes no nível mais alto, o 4, podiam comprar para si mesmos a saída do programa. Especificamente, os pacientes no nível 1, o de entrada, se envolviam em 6 horas de aulas e atividades programadas todos os dias e ganhavam fichas pelo comportamento adaptativo (p. ex., autocuidado, arrumar a cama e comportamento apropriado na hora das refeições). Os pacientes que progrediram para o nível 2 participavam de 3 horas de aulas e atividades, e se envolviam em tarefas individuais nas outras três. Os pacientes dos níveis 3 e 4 se envolviam em 4 a 6 horas de tarefas individuais e não compareciam às aulas e às atividades programadas. Os pacientes tinham a oportunidade de ganhar mais fichas, e o critério para ganhá-las subia a cada nível. Os pacientes no nível 4 podiam comprar um "cartão de crédito" que lhes dava acesso ilimitado aos reforçadores se continuassem a atender aos requisitos do nível. Os pesquisadores também incluíram um componente de desvanecimento para aumentar o sucesso do programa. Este incluía um "dia de pagamento" de atraso para o reforçador, no qual os pacientes recebiam uma quantidade fixa de fichas à medida que se graduavam do nível 1 para o 2. Esse componente ensinava os pacientes a planejar da mesma forma que fariam fora do ambiente hospitalar. Além disso, Paul e Lentz forneceram aos funcionários e aos pacientes regras sobre a implementação e o uso do programa de economia de fichas.

Existem diversas técnicas eficazes para reduzir a dependência de contingências extrínsecas ou arbitrárias e promover a generalização e a manutenção da mudança de comportamento (O'Callaghan, Reitman, Northup, Hupp & Murphy, 2003; Stokes & Baer, 1977). Por exemplo, um analista do comportamento pode empregar *contingências indiscriminadas* para facilitar a generalização das contingências de um programa de economia de fichas. Tal analista deve "deixar claro os limites das contingências de treinamento; em especial, ocultar, quando possível, o ponto em que essas contingências param de operar, se possível por reforço tardio" (Stokes & Baer, 1977, p. 287). O reforço intermitente (p. ex., esquemas de razão variável ou de tempo variável) também parece facilitar a generalização (Ferster e Skinner, 1957). Aumentar o custo dos reforçadores de *backup* ou atrasar a oportunidade de resgatar *tokens* são outras abordagens para programas de desvanecimento de fichas. Encorajamos os leitores a consultar Stokes e Baer (1977), para obter uma lista completa de técnicas para promover a generalização.

Por fim, Sullivan e O'Leary (1990) utilizaram um delineamento de reversão para estudar a eficácia de procedimentos de desvanecimento para programas de economia de fichas e de custo de resposta. Os resultados sugeriram que os dois tipos de programas foram igualmente eficazes para aumentar a duração do comportamento na tarefa. No entanto, apenas metade das crianças do programa de economia de fichas apresentou altos níveis de manutenção.

Considerações adicionais

Aceitabilidade do tratamento

Theodore, Bray e Kehle (2004) verificaram que, embora as avaliações dos professores não refletissem mudanças de comportamento aparentes por meio da observação direta, os professores relataram uma experiência favorável com o programa de economia de fichas. Reitman *et al.* (2004) relataram resultados semelhantes. McGoey e DuPaul (2000) sugeriram que um programa de economia de fichas de reforço totalmente positivo e um programa de custo de resposta eram igualmente eficazes na redução do comportamento disruptivo em sala de aula. De modo curioso, as classificações de aceitabilidade dos professores favoreceram o procedimento de custo de resposta. Quando questionados, alguns professores comentaram que esse procedimento era bem menos demorado do que "pegar as crianças sendo boas". Discutimos os méritos relativos dos programas somente de custo de resposta de maneira mais detalhadamente ao final deste capítulo.

Contingências individuais *versus* grupais

Drabman, Spitalnik e Spitalnik (1974) realizaram um dos primeiros estudos explorando a eficácia relativa de contingências grupais e individuais. Eles incluíram quatro condições experimentais: reforço individual; reforço grupal determinado pela criança mais perturbadora do grupo; reforço do grupo determinado pela criança menos perturbadora do grupo; e reforço do grupo determinado por uma criança escolhida aleatoriamente no grupo. Embora as condições fossem igualmente eficazes na redução do comportamento disruptivo, o professor preferiu o reforço do grupo determinado por uma criança selecionada de forma aleatória no grupo, por ser o mais rápido e mais fácil de utilizar. As crianças, em contrapartida, classificaram o reforço do grupo determinado pela criança menos perturbadora do grupo como preferido; no entanto, o professor não gostou desse procedimento. Nem o professor nem os alunos preferiram a condição de reforço individual. Crianças e professores preferiram uma contingência de grupo interdependente com custo de resposta em vez de uma com reforço, em um estudo de Lee, Penrod e Price (2017).

Reitman *et al.* (2004) forneceram dados adicionais sobre a efetividade das contingências individuais *versus* grupais. As crianças ganharam oportunidades de participar do jogo de bola ao alvo (ver Anhalt *et al.*, 1998), no qual as chances de jogar uma bola de velcro em um alvo permitiam o acesso a várias atividades de reforço, e os pesquisadores condicionavam os tangíveis ao comportamento de crianças selecionadas aleatoriamente; ao grupo; ou a uma das três crianças-alvo ou "estrela", a contingência individual. Durante a linha de base, o professor recebeu treinamento e explicou o programa de economia de fichas para sua turma. Tal programa também continha um custo de resposta no qual o professor poderia mover um marcador para baixo (que era a consequência negativa), dependendo do comportamento disruptivo. Embora as taxas iniciais de comportamento disruptivo tenham sido um pouco baixas (M = 15% dos intervalos para cada um dos três participantes), os resultados indicaram que a economia de fichas reduziu as taxas de violações de regras em sala de aula para contingências individuais e em grupo. Um estudo de Kowalewicz e Coffee (2014) utilizou um delineamento de critério variável para mostrar que uma contingência interdependente de grupo baseada em um motivador misterioso como parte de uma intervenção de nível 1 em uma escola primária melhorou o comportamento. É importante ressaltar que os efeitos foram mantidos no acompanhamento. Sete dos oito professores de sala de aula indicaram que provavelmente utilizariam a intervenção de contingência de grupo novamente, pois exigia treinamento mínimo, e os requisitos de coleta de dados e de tempo eram práticos.

Acompanhamento, manutenção e generalização

LePage *et al.* (2003) utilizaram uma economia de fichas em uma unidade psiquiátrica de internação aguda para reduzir as agressões a funcionários e pacientes. Os pacientes se inscreviam de maneira voluntária no programa e ganhavam selos por desempenharem comportamentos necessários para uma transição bem-sucedida para a comunidade. Alguns exemplos desse tipo de comportamento eram tomar medicação, marcar consultas em tempo hábil e tomar banho. Os pesquisadores implementaram o custo de resposta para grandes violações das regras de segurança, que exigem a presença da polícia na unidade, como bater em outra pessoa ou destruir propriedades. Os pacientes resgatavam fichas por privilégios, como passes externos, filmes, aluguel de aparelhos de som ou itens da loja de fichas (p. ex., lanches, bebidas, cartões telefônicos). O programa foi efetivo em um seguimento de 2 anos. Os acidentes de paciente e de funcionário diminuíram 48 e 21%, respectivamente. Por fim, um estudo de O'Callaghan *et al.* (2003) utilizou modificações de treinamento baseadas no trabalho de Stokes e Baer (1977) para facilitar a generalização de habilidades sociais para jogos sem programas de economia de fichas.

A crítica e as recomendações de Drabman e Tucker (1974) sobre falhas de programas de economia de fichas fornecem um relato extraordinariamente abrangente de deficiências e possíveis correções para problemas de implementação muitas vezes encontrados em ambientes escolares. Eles identificaram três classes principais de falhas: *baseada em programa, baseada em professor* e *baseada em cenário*. As falhas baseadas em programas incluíram má definição ou monitoramento deficiente do comportamento-alvo, ou ambos. Problemas baseados em professores ou funcionários incluíram falha em recompensar aproximações do comportamento (modelagem), alterar programas sem consultar os dados e ignorar comportamentos disruptivos que produziam reforço social dos colegas. Falhas baseadas em configurações incluíram problemas com mudanças discriminatórias de comportamento para muitas crianças ao mesmo tempo. Mais importante, Drabman e Tucker ofereceram recomendações para escolher e distribuir fichas e gerenciar mudanças diárias em um programa de economia de fichas baseado em sala de aula.

Embora muitos anos tenham se passado desde a introdução da economia de fichas, ainda há dúvidas sobre sua eficácia. De modo específico, Maggin, Chafouleas, Goddard e Johnson (2011) realizaram uma análise crítica, utilizando critérios desenvolvidos por meio da What Works Clearinghouse, para avaliar o rigor experimental das pesquisas existentes sobre programas de economia de fichas. Maggin *et al.* concluíram que as economias de fichas em ambientes acadêmicos não atendiam aos padrões baseados em evidências, embora tenham concluído que os dados eram favoráveis ao seu uso. Especificamente, recomendaram o desenvolvimento de procedimentos sistemáticos para avaliar a fidelidade à implementação e diretrizes para o treinamento de equipe.

Desafios: problemas de aplicação

Existem muitas limitações dos programas de economia de fichas, e a maioria é como as dos procedimentos de modificação de comportamento em geral (ver Reitman, Hupp & O'Callaghan, 2005). Uma das mais duradouras, mas menos devastadoras, é a *crítica à não cura* (Kendall, 1989) – a noção de que os efeitos do tratamento normalmente não persistem após a suspensão deste. É claro que podemos aplicar essa crítica com igual medida aos medicamentos psicotrópicos considerados muito eficazes, como os estimulantes. Outra preocupação diz respeito às questões éticas levantadas pela imposição de contingências a grupos vulneráveis, como crianças e adultos com deficiência intelectual. Felizmente, a maioria dos analistas do comportamento procura minimizar esse risco promovendo um processo colaborativo entre um terapeuta e um cliente no qual ambas as partes contribuem de igual modo, ou tão igualmente quanto a deficiência ou o *status* do cliente podem permitir. Outro fator a ser considerado é o direito ao tratamento efetivo, que pode ditar o uso em curto prazo de estratégias de mudança de comportamento para facilitar o objetivo de longo prazo de maior liberdade e independência (Reitman, 1988).

A implementação de um programa de economia de fichas pode apresentar desafios consideráveis de treinamento e recursos. Por exemplo, as pessoas encarregadas da administração de uma economia de fichas devem cumprir os termos do acordo ou do contrato. Os professores ou os funcionários que prestam cuidados diretos devem se precaver contra reagir ao descumprimento ou à agressão de maneiras que sejam inconsistentes com as regras do programa de economia de fichas. O custo de resposta requer a remoção imparcial de pontos ou fichas de uma pessoa potencialmente volátil. As reações emocionais do administrador do programa podem minar o programa de economia de fichas, fornecendo reforços sociais ou baseados em atenção para o comportamento-problema. Dessa forma, os administradores podem se tornar incapazes ou não dispostos a continuar com um programa de economia de fichas, pois pode ser necessário que cuidadores e funcionários suportem comportamento antissocial significativo e comprometam recursos materiais para apoiar as contingências do programa. Os analistas do comportamento devem buscar apoio de parentes, conselheiros ou outros funcionários para um cuidador, funcionário ou professor que pareça sobrecarregado.

Embora um desafio adicional esteja um pouco além do escopo deste capítulo, alguns pesquisadores têm argumentado que uma falha em dar conta das *operações motivadoras* (eventos que influenciam a eficácia de estímulos condicionados como reforçadores) pode comprometer a eficácia dos procedimentos de gestão de contingência (Laraway, Snycerski, Michael & Poling, 2003). Por exemplo, receber US$ 20 por cortar o gramado de um vizinho reduziria a probabilidade de uma criança completar tarefas em casa se ela estivesse participando de um programa doméstico baseado sobretudo em reforços monetários. Pesquisadores anteriores observaram que a falha em considerar privação, saciedade e fontes concorrentes de reforço condenou muitos a um programa de economia de fichas (Allyon & Azrin, 1968; Drabman & Tucker, 1974).

A maioria dos programas de economia de fichas requer repertórios bem desenvolvidos de habilidades organizacionais, de comunicação e de negociação. Assim, as pessoas encarregadas de administrar programas de economia de fichas devem ensinar as habilidades de pré-requisito conforme necessário ou modificar o programa de economia de fichas para reduzir as demandas sobre as pessoas que o implementam. No entanto, os dados sugerem que os programas de economia de fichas podem ser benéficos mesmo nas circunstâncias mais difíceis (ver Ayllon & Azrin, 1968; Drabman & Tucker, 1974; Field *et al.*, 2004).

Programas somente de custo de resposta

Os pesquisadores têm buscado abordagens menos intensivas em recursos para programas de economia de fichas, como programas envolvendo apenas custo de resposta (Donaldson *et al.*, 2014), ou programas em grupo em vez de individualizados (Kowalewicz & Coffee, 2014; Mikami *et al.*, 2013; Reed & Martens, 2011). Por exemplo, resultados de um estudo de Conyers *et al.* (2004) sugeriram que os implementadores podem favorecer programas somente de custo de resposta em detrimento de programas positivos mais complexos e com uso intensivo de recursos. Conyers *et al.* forneceram fichas aos participantes e, posteriormente, removeram fichas em casos de comportamentos disruptivos (p. ex., choro ou não conformidade). O comportamento disruptivo diminuiu de 67% durante a linha de base para 5% após a implementação do custo de resposta. Na fase de replicação do estudo, o comportamento disruptivo aumentou para uma média de 52% e, posteriormente, retornou para 5% após o restabelecimento do custo de resposta.

Uma possível falha nos programas de custo de resposta decorre da máxima frequentemente repetida de que os procedimentos de punição não ensinam respostas apropriadas (Reitman, 1998). Além disso, Azrin e Holz (1966) observaram em sua extensa revisão que a punição muitas vezes provoca uma resposta relacionada à fuga do indivíduo-alvo. No entanto, os pesquisadores devem continuar a explorar maneiras de simplificar a entrega e melhorar a eficácia no mundo real dos programas de economia de fichas. Diversos aspectos dos programas somente de custo de resposta são atraentes do ponto de vista da efetividade. Primeiro, o uso da punição (negativa, no caso) é comum na sociedade. Por exemplo, cobranças de devolução tardia de livros de biblioteca, multas por excesso de velocidade ou estacionamento, cobranças de cheque especial no banco ou cobranças extras por exceder os minutos de celular são exemplos cotidianos de custo de resposta (Kazdin, 2001; Miltenberger, 2001). Desse modo, embora os procedimentos baseados em punições certamente tenham seus detratores (ver Sidman, 1989), a familiaridade pode ser um benefício na promoção da aceitabilidade e da adesão.

Resumo e perspectivas para pesquisas futuras

Pesquisadores têm utilizado programas de economia de fichas com sucesso em casas, prisões, ambientes recreativos, ambientes educacionais, hospitais, empresas e indústria (Drabman *et al.*, 1974; Gendreau, Listwan, Kuhns & Exum, 2014; Hupp *et al.*, 2002; Kahng, Boscoe & Byrne, 2003; Kazdin, 2001; McNamara, 1971). Podemos distinguir os programas de economia de fichas nesses ambientes pelas consequências selecionadas (reforçadores e punidores), pela identidade dos contratantes (p. ex., o profissional de ajuda, pai, professor, colega, irmão) e pelo ambiente de intervenção (p. ex., escola, clínica de saúde mental, hospital). Os programas de economia de fichas têm abordado uma ampla gama de problemas, como esquizofrenia, deficiência intelectual, TDAH, transtorno de oposição desafiante e transtorno do espectro autista.

Pesquisadores também têm usado programas de economia de fichas com crianças e adolescentes para influenciar comportamentos que não justificariam um diagnóstico psiquiátrico, como interação social, frequência escolar, produtividade acadêmica e tempo na tarefa (Kowalewicz & Coffee, 2014; Miltenberger, 2001; Truchlicka, McLaughlin & Swain, 1998). Pesquisadores têm utilizado programas de economia de fichas com adultos para reduzir testes positivos de cocaína e maconha (Budney, Higgins, Delany, Kent & Bickel, 1991), diminuir acidentes de trabalho (Fox, Hopkins & Anger, 1987), melhorar as práticas de direção segura entre motoristas de entrega de *pizza* (Ludwig & Geller, 1991) e aumentar a adesão a regimes médicos ou de reabilitação (Gottlieb, 2000).

A economia de fichas tem sido bem representada em ambientes acadêmicos. Por exemplo, Staats, Staats, Schutz e Wolf (1962) aumentaram a proficiência em leitura com um programa no qual os indivíduos podiam trocar fichas por pequenas bugigangas e comestíveis. Esse estudo estabeleceu que tanto os reforçadores tangíveis imediatamente entregues quanto os reforçadores de fichas poderiam diminuir os comportamentos relacionados à fuga em um contexto acadêmico. O'Leary e Becker (1967) também avaliaram a eficácia de programas de economia de fichas em salas de aula. O'Leary, Becker, Evans e Saudargas (1969) avaliaram como o contexto da sala de aula influenciou a eficácia de programas de economia de fichas projetados para reduzir o comportamento desviante das crianças. Eles avaliaram fatores como um programa em si, regras, estrutura de aula e reforço social. Os programas de economia de fichas diminuíram o comportamento disruptivo para quase 86% dos participantes, enquanto as outras condições experimentais não produziram diferença significativa.

Por fim, embora o campo tenha considerado a eficácia da economia de fichas tão bem estabelecida quanto qualquer outra na literatura comportamental (Kazdin, 2001), os pesquisadores conduziram muitos dos estudos originais antes da aplicação de padrões mais recentes e rigorosos para pesquisas empíricas. Assim, afirmações sobre a eficácia de programas de economia de fichas exigem suporte empírico adicional (Maggin *et al.*, 2011). De qualquer forma, os desafios de implementação e disseminação ainda são abundantes. Entre os principais desafios estão a integridade da intervenção, o treinamento e a consultoria – assuntos de grande relevância para levar tratamentos eficazes ao público com maior regularidade. Reitman *et al.* conduziram uma série de estudos para avaliar se poderiam utilizar programas de economia de fichas para aumentar o comportamento social apropriado em ambientes atléticos (ver Reitman *et al.*, 2005). Por exemplo, Hupp e Reitman (1999) implementaram uma economia de fichas durante um acampamento de basquete para crianças diagnosticadas com TDAH. As fichas consistiam em "moedas de basquete" que os pesquisadores entregavam dependendo do comportamento esportivo, como torcer pelos colegas, e as crianças podiam trocá-las por diversos reforçadores de *backup*. O programa de economia de fichas melhorou o comportamento esportivo, já as discussões sobre o valor de um bom espírito esportivo, não. Talvez mais importante, reforçar o comportamento apropriado pareceu diminuir o comportamento antiesportivo, mesmo que os pesquisadores não tenham visado diretamente ao comportamento antiesportivo (p. ex., agressão verbal ou física). Claramente, mais estudos são necessários para estabelecer se as habilidades sociais aprendidas e dominadas no contexto de um ambiente esportivo podem ser generalizadas e mantidas em ambientes não atléticos. Consulte Conner-Smith e Weisz (2003), Noell *et al.* (2005), ou ambos para obter excelentes introduções a esses assuntos.

Pesquisa básica e folclore clínico

Embora este capítulo tenha analisado um número substancial de estudos que avaliam a eficácia de procedimentos de gestão e contingência da economia de fichas e sua aplicação a diversos comportamentos humanos, uma grande quantidade de especulação e folclore clínico parece guiar a maior parte da aplicação desse procedimento popular. Por exemplo, os pesquisadores muitas vezes extrapolam a partir da pesquisa básica que os reforçadores condicionados podem se tornar reforçadores poderosos por direito próprio (p. ex., Jones *et al.*, 1992). No entanto, poucos ou nenhum dos estudos experimentais rigorosos apoiam essa afirmação. Além disso, existem poucas pesquisas sobre exatamente como a economia de fichas exerce sua influência, embora os pesquisadores hipotetizem que os programas de economia de fichas podem aumentar a consciência do comportamento apropriado do indivíduo-alvo, possivelmente conferindo propriedades de reforço condicionadas ao gerente de comportamento (ver Risley, 2005). O que complica essa questão é o fato de que muitos procedimentos de gestão de contingência também dependem bastante de estímulos verbais (ver Hayes, 1989).

São necessários estudos ponte adicionais para comunicar questões como a identificação de estímulos reforçadores e o(s) ponto(s) em que a saciedade para esses estímulos ocorre(m). Existem muitos métodos de preferência de estímulo, mas falta consenso sobre quais são mais adequados para quais populações. Da mesma forma, alguns estímulos que funcionam como reforço podem ser impraticáveis (p. ex., um ambiente hospitalar no qual os pacientes podem ganhar iPods como reforçadores de *backup*) ou exigir a entrega consistente de recursos consideráveis da equipe (p. ex., recompensar uma criança com 15 minutos do tempo de uma pessoa da equipe durante cada dia escolar). Mesmo questões relativamente simples de saciedade do reforçador (p. ex., frequência de variação de reforçadores, monitoramento da saciedade em ambientes aplicados) aparecem sob pesquisa, deixando o analista do comportamento com pouca orientação prática informada pela pesquisa. Felizmente, trabalhos recentes de analistas do comportamento aplicados começaram a reavaliar os programas de economia de fichas, com o objetivo de misturar elementos de pesquisa básica e aplicada. Esses estudos poderiam levar a maior clareza sobre como maximizar o rendimento clínico e a praticidade de programas de economia de fichas em ambientes aplicados (cf. DeLeon *et al.*, 2011; Donaldson *et al.*, 2014; Reed & Martens, 2011; Sran & Borrero, 2010).

Como nota final, Paul e Lentz (1977) conduziram um estudo longitudinal inovador sobre o impacto de um programa de economia de fichas baseado em níveis. Mais de 40 anos depois, esse continua sendo um dos poucos estudos a relatar impacto de longo prazo e socialmente significativo de um programa instrucional baseado em fichas. Além disso, a ênfase dos pesquisadores no desvanecimento para promover a manutenção e a generalização do programa permaneceu surpreendentemente nova. Uma avaliação superficial das muitas salas de aula que utilizam economia de fichas provavelmente revelará pouca atenção aos esforços para desvanecer tais programas ao longo do ano letivo, ou para fazê-lo de forma sistemática ao longo dos anos escolares. Assim, embora este capítulo tenha documentado uma extensa literatura preocupada com a economia de fichas, suas muitas variações e os muitos ambientes em que pesquisadores e clínicos a utilizam sugerem que há necessidade contínua de avaliação dessa conhecida intervenção.

Referências

Alberto, P. A., & Troutman, A. C. (2006). *Applied behavior analysis for teachers* (7th ed.). Upper Saddle River, NJ: Pearson/ Merrill Prentice Hall.

Anhalt, K., McNeil, C. B., & Bahl, A. B. (1998). The ADHD classroom kit: A whole-classroom approach for managing disruptive behavior. *Psychology in the Schools, 35*, 67-79.

Ayllon, T., & Azrin, N. H. (1965). The measurement and reinforcement of behavior of psychotics. *Journal of the Experimental Analysis of Behavior, 8*, 357-383.

Ayllon, T., & Azrin, N. H. (1968). *The token economy: A motivational system for therapy and rehabilitation*. Nova York: Appleton-Century-Crofts.

Azrin, N. H., & Holz, W. C. (1966). Punishment. Em W. K. Honig (Ed.), *Operant behavior: Areas of research and application* (p. 790-826). Nova York: Appleton-Century-Crofts.

Benishek, L. A., Dugosh, K. L., Kirby, K. C., Matejkowski, J., Clements, N. T., Seymour, B. L., *et al.* (2014). Prize-based contingency management for the treatment of substance abusers: A meta-analysis. *Addiction, 109*, 1426-1436.

Bowman, L. G., Piazza, C. C., Fisher, W. W., Hagopian, L. P., & Kogan, J. S. (1997). Assessment of preference for varied versus constant reinforcers. *Journal of Applied Behavior Analysis, 30*, 451-458.

Budney, A. J., Higgins, S. T., Delany, D. D., Kent, L., & Bickel, W. K. (1991). Contingent reinforcement of abstinence with individuals abusing cocaine and marijuana. *Journal of Applied Behavior Analysis, 24*, 657-665.

Clark, L. (1996). *SOS!: Help for parents*. Bowling Green, KY: Parents Press.

Clark, M., Lachowicz, J., & Wolf, M. (1968). A pilot basic education program for school dropouts incorporating a token reinforcement system. *Behaviour Research and Therapy, 6*, 183-188.

Conner-Smith, J. K., & Weisz, J. R. (2003). Applying treatment outcome research in clinical practice: Techniques for adapting interventions to the real world. *Child and Adolescent Mental Health, 8*, 3-10.

Conyers, C., Miltenberger, R., Maki, A., Barenz, R., Jurgens, M., Sailer, A., *et al.* (2004). A comparison of response cost and differential reinforcement of other behavior to reduce disruptive behavior in a preschool classroom. *Journal of Applied Behavior Analysis, 37*, 411-415.

DeLeon, I. G., Gregory, M. K., Frank-Crawford, M. A., Allman, M. J., Wilke, A. E., Carreau-Webster, A. B., *et al.* (2011). Examination of the influence of contingency on changes in reinforcer value. *Journal of Applied Behavior Analysis, 44*(3), 543-558.

Dickerson, F. B., Tenhula, W. N., & Green-Paden, L. D. (2005). The token economy for schizophrenia: Review of the literature and recommendations for future research. *Schizophrenia Research, 75*, 405-416.

Donaldson, J. M., DeLeon, I. G., Kahng, S., & Fisher, A. B. (2014). Effects of and preference for conditions of token earn versus token loss. *Journal of Applied Behavior Analysis, 47*(3), 537-548.

Drabman, R. S., & Lahey, B. B. (1974). Feedback in the classroom behavior modification: Effects on the target and her classmates. *Journal of Applied Behavior Analysis, 7*, 591-598.

Drabman, R. S., Spitalnik, R., & Spitalnik, K. (1974). Sociometric and disruptive behavior as a function of four types of token reinforcement programs. *Journal of Applied Behavior Analysis, 7*, 93-101.

Drabman, R. S., & Tucker, R. D. (1974). Why classroom token economies fail. *Journal of School Psychology, 12*, 178-188.

Egel, A. L. (1980). The effects of constant vs. varied reinforcer presentation on responding by autistic children. *Journal of Experimental Child Psychology, 30*, 455-463.

Egel, A. L. (1981). Reinforcer variation: Implications for motivating developmentally disabled children. *Journal of Applied Behavior Analysis, 14*, 345-350.

Eluri, Z., Andrade, I., Trevino, N., & Mahmoud, E. (2016). Assessment and treatment of problem behavior maintained by mand compliance. *Journal of Applied Behavior Analysis, 49*, 383-387.

Ferster, C. B., & Skinner, B. F. (1957). *Schedules of reinforcement*. Nova York: Appleton-Century-Crofts.

Field, C. E., Nash, H. M., Handwerk, M. L., & Friman, P. C. (2004). A modification of the token economy for nonresponsive youth in family-style residential care. *Behavior Modification, 28*, 438-457.

Fisher, W., Piazza, C. C., Bowman, L. G., Hagopian, L. P., Owens, J. C., & Slevin, I. (1992). A comparison of two approaches for identifying reinforcers for persons with severe and profound disabilities. *Journal of Applied Behavior Analysis, 25*, 491-498.

Fiske, K. E., Isenhower, R. W., Bamon, M. J., & Lauderdale-Littin, S. (2020). An analysis of token reinforcement using a multiple-schedule assessment. *Journal of Applied Behavior Analysis, 53*, 563-571.

Fox, D. K., Hopkins, B. L., & Anger, W. K. (1987). The long-term effects of a token economy on safety performance in open-pit mining. *Journal of Applied Behavior Analysis, 20*, 215-224.

Gendreau, P., Listwan, S. J., Kuhns, J. B., & Exum, M. L. (2014). Making prisoners accountable: Are contingency management programs the answer? *Criminal Justice and Behavior, 41*(9), 1079-1102.

Gottlieb, H. (2000). Medication nonadherence: Finding solutions to a costly medical problem. *Drug Benefit Trends, 12*, 57-62.

Hackenberg, T. D. (2018). Token reinforcement: Translational research and application. *Journal of Applied Behavior Analysis, 51*, 393-435.

Hawkins, R. P., & Mathews, J. R. (1999). Frequent monitoring of clinical outcomes: Research and accountability in clinical practice. *Education and Treatment of Children, 22*, 117-135.

Hayes, S. C. (Ed.). (1989). *Cognition, contingencies and rule-governed behavior*. Nova York: Plenum Press.

Higgins, J. W., Williams, R. L., & McLaughlin, T. F. (2001). The effects of a token economy employing instructional consequences for a third-grade student with learning disabilities: A data-based case study. *Education and Treatment of Children, 24*, 99-106.

Hupp, S. D. A., & Reitman, D. (1999). Improving sports skills and sportsmanship in children diagnosed with attention deficit/hyperactivity disorder. *Child and Family Behavior Therapy, 21*, 35-51.

Hupp, S. D. A., Reitman, D., Northup, J., O'Callaghan, P., & LeBlanc, M. (2002). The effects of delayed rewards, tokens, and stimulant medication on sportsmanlike behavior with ADHD-diagnosed children. *Behavior Modification, 26*, 148-162.

Ivy, J. W., Meindl, J. N., Overley, E., & Robson, K. M. (2017). Token economy: A systematic review of procedural descriptions. *Behavior Modification, 41*, 708-737.

Jones, R. N., Downing, R. H., Latkowski, M. E., Ferre, R. C., & McMahon, W. M. (1992). Levels systems as shaping and fading procedures: Use in a child inpatient psychiatry setting. *Child and Family Behavior Therapy, 14*, 15-37.

Jowett Hirst, E. S., Dozier, C. L., & Payne, S. W. (2016). Efficacy and preference for reinforcement and response cost in token economies. *Journal of Applied Behavior Analysis, 49*, 329-345.

Kahng, S. W., Boscoe, J. H., & Byrne, S. (2003). The use of an escape contingency and a token economy to increase food acceptance. *Journal of Applied Behavior Analysis, 36*, 349-353.

Kaufman, K. F., & O'Leary, K. D. (1972). Reward, cost, and self-evaluation procedures for disruptive adolescents in a psychiatric hospital school. *Journal of Applied Behavior Analysis, 5*, 293-309.

Kazdin, A. E. (1971). The effect of response cost in suppressing behavior in a pre-psychotic retardate. *Journal of Behavior Therapy and Experimental Psychiatry, 2*, 137-140.

Kazdin, A. E. (1972). Response cost: The removal of conditioned reinforcers for therapeutic change. *Behavior Therapy, 3*, 533-546.

Kazdin, A. E. (2001). *Behavior modification in applied settings* (6th ed.). Pacific Grove, CA: Brooks/Cole.

Kazdin, A. E., & Bootzin, R. R. (1972). The token economy: An evaluative review. *Journal of Applied Behavior Analysis, 5*, 343-372.

Kendall, P. C. (1989). The generalization and maintenance of behavior change: Comments, considerations, and the "no-cure" criticism. *Behavior Therapy, 20*, 357-364.

Kirby, F. D., & Shields, F. (1972). Modification of arithmetic response rate and attending behavior in a seventh-grade student. *Journal of Applied Behavior Analysis, 5*, 79-84.

Kowalewicz, E. A., & Coffee, G. (2014). Mystery motivator: A Tier 1 classroom behavioral intervention. *School Psychology Quarterly, 29*(2), 138-156.

Laraway, S., Snycerski, S., Michael, J., & Poling, A. (2003). Motivating operations and terms to describe them: Some further refinements. *Journal of Applied Behavior Analysis, 36*, 407-414.

Lee, K., Penrod, B., & Price, J. N. (2017). A comparison of cost and reward procedures with interdependent group contingencies. *Behavior Modification, 41*, 21-44.

Leon, Y., Borrero, J. C., & DeLeon, I. G. (2016). Parametric analysis of delayed primary and conditioned reinforcers. *Journal of Applied Behavior Analysis, 49*, 639-655.

LePage, J. P., Delben, K., Pollard, S., McGhee, M., Vanhorn, L., Murphy, J., *et al.* (2003). Reducing assaults on an acute psychiatric unit using a token economy: A 2-year follow-up. *Behavioral Interventions, 18*, 179- 190.

Ludwig, T. D., & Geller, E. S. (1991). Improving the driving practices of pizza deliverers: Response generalization and moderating effects of driving history. *Journal of Applied Behavior Analysis, 24*, 31-44.

Maggin, D. M., Chafouleas, S. M., Goddard, K. M., & Johnson, A. H. (2011). A systematic evaluation of token economies as a classroom management tool for students with challenging behavior. *Journal of School Psychology, 49*(5), 529-553.

McGinnis, J. C., Friman, P. C., & Carlyon, W. D. (1999). The effect of token rewards on "intrinsic" motivation for doing math. *Journal of Applied Behavior Analysis, 32*, 375-379.

McGoey, K. E., & DuPaul, G. J. (2000). Token reinforcement and response cost procedures: Reducing the disruptive behavior of preschool children with attention-deficit/hyperactivity disorder. *School Psychology Quarterly, 15*, 330-343.

McNamara, J. R. (1971). Teacher and students as sources for behavior modification in the classroom. *Behavior Therapy, 2*, 205-213.

Mikami, A. Y., Griggs, M. S., Lerner, M. D., Emeh, C. C., Reuland, M. M., Jack, A., *et al.* (2013). A randomized trial of a classroom intervention to increase peers' social inclusion of children with attention-deficit/hyperactivity disorder. *Journal of Consulting and Clinical Psychology, 81*(1), 100-112.

Miltenberger, R. G. (2001). *Behavior modification: Principles and procedures* (2nd ed.). Belmont, CA: Wadsworth/Thomson Learning.

Moore, J. W., Tingstrom, D. H., Doggett, R. A., & Carlyon, W. D. (2001). Restructuring an existing token economy in a psychiatric facility for children. *Child and Family Behavior Therapy, 23,* 53-59.

Musser, E. H., Bray, M. A., Kehle, T. J., & Jenson, W. R. (2001). Reducing disruptive behaviors in students with serious emotional disturbance. *School Psychology Review, 30,* 294-304.

Noell, G. H., Gresham, F. M., & Gansle, K. A. (2002). Does treatment integrity matter?: A preliminary investigation of instructional implementation and mathematics performance. *Journal of Behavioral Education, 11,* 51-67.

Noell, G. H., Witt, J. C., Slider, N. J., Connell, J. E., Gatti, S. L., Williams, K., *et al.* (2005). Treatment implementation following behavioral consultation in schools: Comparison of three follow-up strategies. *School Psychology Review, 34,* 87-106.

Northup, J. (2000). Further evaluation of the accuracy of reinforcer surveys: A systematic replication. *Journal of Applied Behavior Analysis, 33,* 335-338.

Northup, J., Fisher, W. W., Kahng, S. W., & Harrell, R. T. (1997). An assessment of the necessary strength of behavioral treatments for severe behavior problems. *Journal of Developmental and Physical Disabilities, 9,* 1-16.

O'Callaghan, P. M., Reitman, D., Northup, J., Hupp, S. D. A., & Murphy, M. A. (2003). Promoting social skills generalization with ADHD-diagnosed children in a sports setting. *Behavior Therapy, 34,* 313-330.

O'Leary, K. D., & Becker, W. C. (1967). Behavior modification of an adjustment class: A token reinforcement program. *Exceptional Children, 9,* 637-642.

O'Leary, K. D., Becker, W. C., Evans, M. B., & Saudargas, R. A. (1969). A token reinforcement program in a public school: A replication and systematic analysis. *Journal of Applied Behavior Analysis, 2,* 3-13.

Pace, G. M., Ivancic, M. T., Edwards, G. L., Iwata, B. A., & Page, T. J. (1989). The use of behavioral assessment to prescribe and evaluate treatments for severely handicapped children. *Journal of Applied Behavior Analysis, 18,* 173-178.

Paul, G. L., & Lentz, R. J. (1977). *Psychosocial treatment of chronic mental patients: Milieu versus social-learning programs.* Cambridge, MA: Harvard University Press.

Pelham, W. E., Burrows-MacLean, L., Gnagy, E. M., Fabiano, G. A., Coles, E. K., Wymbs, B. T., *et al.* (2014). A dose-ranging study of behavioral and pharmacological treatment for children with ADHD. *Journal of Abnormal Child Psychology, 42*(6), 1019-1031.

Premack, D. (1959). Toward empirical behavioral laws: 1. Positive reinforcement. *Psychological Review, 66,* 219-233.

Reed, D. D., & Martens, B. K. (2011). Temporal discounting predicts student responsiveness to exchange delays in a classroom token system. *Journal of Applied Behavior Analysis, 44*(1), 1-18.

Reese, M. R., Sherman, J. A., & Sheldon, J. B. (1998). Reducing disruptive behavior of a group home resident with autism and mental retardation. *Journal of Autism and Developmental Disorders, 28,* 159-165.

Reitman, D. (1998). Punished by misunderstanding: A critical evaluation of Kohn's *Punished by Rewards* and its implications for behavioral interventions with children. *Behavior Analyst, 21,* 143-157.

Reitman, D., & Drabman, R. S. (1996). Read my fingertips: A procedure for enhancing the effectiveness of time-out with argumentative children. *Child and Family Behavior Therapy, 18,* 35-40.

Reitman, D., Hupp, S. D. A., & O'Callaghan, P. M. (2005). Sport skill training. Em A. M. Gross & R. S. Drabman (Eds.), *Encyclopedia of behavior modification and cognitive behavior therapy: Vol. 2. Clinical child applications* (p. 1050-1054). Thousand Oaks, CA: SAGE.

Reitman, D., Murphy, M. A., Hupp, S. D. A., & O'Callaghan, P. M. (2004). Behavior change and perceptions of change: Evaluating the effectiveness of a token economy. *Child and Family Behavior Therapy, 26,* 17-36.

Reynolds, L. K., & Kelley, M. L. (1997). The efficacy of a response cost-based treatment package for managing aggressive behavior in preschoolers. *Behavior Modification, 21,* 216-230.

Risley, T. (2005). Montrose M. Wolf (1935-2004). *Journal of Applied Behavior Analysis, 38,* 279-287.

Russell, D., Ingvarsson, E. T., Haggar, J. L., & Jessel, J. (2018). Using progressive ratio schedules to evaluate tokens as generalized conditioned reinforcers. *Journal of Applied Behavior Analysis, 51,* 40-52.

Salend, S. J., & Allen, E. M. (1985). Comparative effects of externally managed and self-managed responsecost systems on inappropriate classroom behavior. *Journal of School Psychology, 23,* 59-67.

Sidman, M. (1989). *Coercion and its fallout.* Boston: Authors Cooperative.

Skinner, B. F. (1953). *Science and human behavior.* Nova York: Macmillan.

Sran, S. K., & Borrero, J. C. (2010). Assessing the value of choice in a token system. *Journal of Applied Behavior Analysis, 43*(3), 553-557.

Staats, A. W., Staats, C. K., Schutz, R. E., & Wolf, M. (1962). The conditioning of textual responses using "extrinsic" reinforcers. *Journal of the Experimental Analysis of Behavior, 5,* 33-40.

Stokes, T. F., & Baer, D. M. (1977). An implicit technology of generalization. *Journal of Applied Behavior Analysis, 10,* 349-367.

Sullivan, M. A., & O'Leary, S. G. (1990). Maintenance following reward and cost token programs. *Behavior Therapy, 21,* 139-149.

Theodore, L. A., Bray, M. A., & Kehle, T. J. (2004). A comparative study of group contingencies and randomized reinforcers to reduce disruptive classroom behavior. *School Psychology Quarterly, 19,* 253-271.

Truchlicka, M., McLaughlin, T. F., & Swain, J. C. (1998). Effects of token reinforcement and response cost on the accuracy of spelling performance of middle school special education students with behavior disorders. *Behavioral Interventions, 13,* 1-10.

Witt, J. C., & Elliot, S. N. (1982). The response cost lottery: A time efficient and effective classroom intervention. *Journal of School Psychology, 20,* 155- 161.

PARTE VII

Subespecialidades em análise do comportamento aplicada

Reorganizamos a ordem dos capítulos da Parte VII desta edição do *Manual de análise do comportamento aplicada*. Além disso, há três novos capítulos sobre as subespecialidades de transtornos alimentares pediátricos, consultoria com professores e telessaúde. O Capítulo 23, de Kodak, Grow e Bergman, abre a Parte VII com uma revisão dos tratamentos comportamentais do transtorno do espectro autista (TEA). Kodak *et al.* discutem as mudanças nos critérios para o diagnóstico de TEA e os comportamentos associados ao diagnóstico desse transtorno. O capítulo também oferece um resumo das pesquisas mais recentes sobre os efeitos dos tratamentos analítico-comportamentais aplicados, que os leitores certamente acharão instrutivos. O Capítulo 24, de Friman, fornece ao leitor um resumo perspicaz das contribuições que os analistas do comportamento aplicados podem fazer ao campo da medicina pediátrica. Ele discute três problemas de comportamento rotineiros que os pediatras comumente enfrentam – problemas na hora de dormir, enurese e encoprese – e descreve intervenções relevantes de análise do comportamento para ilustrar seus pontos. O Capítulo 25, de Piazza e Kirkwood, apresenta uma conceituação analítico-comportamental dos transtornos alimentares pediátricos. Os autores também abordam muitas considerações práticas associadas à avaliação e ao tratamento dos transtornos alimentares em crianças.

Martens, Daly, Begeny e Sullivan organizaram sua discussão do Capítulo 26, sobre abordagens comportamentais para a educação, em torno de um modelo chamado *hierarquia de aprendizagem/instrução*. Esse modelo promove o desenvolvimento dinâmico do desempenho de habilidades competentes. Os autores forneceram um contexto histórico para as abordagens comportamentais da educação, além de descrever estudos mais recentes que avaliam estratégias para um ensino efetivo. O Capítulo 27, de DiGennaro Reed, Hagermoser Sanetti e Codding, sobre a consultoria para professor, é um novo e bem-vindo acréscimo ao *Manual de análise do comportamento aplicada*. Os autores introduzem seu tema no marco da legislação federal (dos Estados Unidos) que alterou o panorama da educação pública. Os autores definem a *consultoria comportamental*, discutem diferentes modelos de consultoria e fornecem orientações sobre procedimentos para maximizar a eficácia da consultoria. Miltenberger, Gross, Valbuena e Sanchez utilizam o exemplo das armas de fogo para introduzir o leitor à literatura comportamental sobre treinamento de habilidades de segurança, no Capítulo 28. Esses autores fornecem uma visão abrangente dos fatores que contribuem para ferimentos e morte por armas de fogo, como a prevalência da posse de armas, práticas de armazenamento de armas e leis que regulam a compra de armas, para citar apenas alguns. Em seguida, os autores revisam a literatura sobre treinamento em segurança de armas de fogo e o suporte empírico para as diversas intervenções.

No Capítulo 29, Silverman, Holtyn, Jarvis e Subramaniam oferecem uma discussão atualizada sobre a análise do comportamento e o tratamento da dependência de substâncias. Os autores descrevem os primeiros estudos sobre intervenções para tal dependência, formando o arcabouço para trabalhos mais recentes. Em seguida, eles descrevem de maneira explícita os avanços que os pesquisadores fizeram nas intervenções para a dependência de substâncias desde a publicação de seu capítulo, na primeira edição deste manual. Baker, LeBlanc, MacNeill e Raetz abordam o tema da gerontologia comportamental no Capítulo 30. Esses autores acreditam que os analistas do comportamento conduzirão pesquisas mais valiosas para a comunidade de mais idade em geral se usarem a literatura não analítica do comportamento para informar suas pesquisas. Os autores revisam os recentes avanços na avaliação analítico-comportamental e nas intervenções informadas pela avaliação para pessoas idosas, e descrevem como tais avaliações e intervenções podem ter impacto social positivo. No Capítulo 31, Wacker, Schieltz, Suess e Lindgren descrevem os serviços de telessaúde que prestam na Universidade de Iowa desde a década de 1990. Esses pioneiros na área de prestação de serviços de telessaúde descrevem as maneiras pelas quais outras disciplinas têm utilizado a telessaúde e descrevem um modelo de prestação de serviços para a análise do comportamento aplicada (ABA, *applied behavior analysis*).

Os capítulos da Parte VII até agora estão centrados nas intervenções voltadas para destinatários individuais. Wilder e Gravina, em contrapartida, discutem no Capítulo 32 a aplicação dos princípios analítico-comportamentais a grupos e organizações. Eles definem a *gestão do comportamento organizacional*, descrevem as diferenças entre a gestão do comportamento organizacional e a psicologia organizacional-industrial, oferecem ao leitor uma história do campo e explicam como os analistas do comportamento podem aplicar os princípios de seu campo a grupos e organizações.

Em suma, a Parte VII deste manual mostra a profundidade e a amplitude da ABA e as contribuições significativas que os analistas do comportamento podem fazer para muitas questões socialmente importantes.

23

Tratamento comportamental do transtorno do espectro autista

Tiffany Kodak, Laura L. Grow e Samantha C. J. Bergmann

O transtorno do espectro autista (TEA) é um transtorno do neurodesenvolvimento evidente na primeira infância. Os sistemas de classificação padrão já incluíam TEA em uma categoria de diagnósticos relacionados, incluindo transtorno autista, transtorno de Asperger, transtorno de Rett, transtorno desintegrativo da infância e transtorno invasivo do desenvolvimento sem outra especificação. Atualmente, os clínicos baseiam o diagnóstico do TEA nos critérios diagnósticos estabelecidos pelo *Manual diagnóstico e estatístico de transtornos mentais*, quinta edição (DSM-5; American Psychiatric Association, 2013). O DSM-5 não inclui mais diagnósticos diferenciais como transtorno de Asperger ou transtorno invasivo do desenvolvimento sem outra especificação. Os médicos diagnosticam indivíduos com TEA se eles preencherem os critérios diagnósticos revisados, descritos a seguir.

Indivíduos diagnosticados com TEA demonstram duas áreas principais de comprometimento (American Psychiatric Association, 2013). Primeiro, esses indivíduos apresentam comprometimento persistente na comunicação social recíproca e na interação social, que pode causar dificuldades na reciprocidade social e emocional, afeto reduzido e falta de resposta às interações sociais. Os déficits na comunicação social incluem padrões de fala estranhos e repetitivos e habilidades de fala e linguagem nitidamente atrasadas, e podem incluir completa falta de linguagem falada. Indivíduos com TEA também podem ter dificuldades no contato visual, relacionamento com colegas e habilidades para brincar. A segunda área central do comprometimento consiste em anormalidades marcantes nos padrões de comportamento, caracterizadas por interesses ou atividades restritas, repetitivas ou estereotipadas. Crianças com TEA podem se envolver em comportamentos repetitivos, como colocar repetidamente itens em filas e movimentos corporais estereotipados, como balançar e bater as mãos. Elas podem apresentar atividades restritas, como consumir apenas certos alimentos (p. ex., *nuggets* de frango, batatas fritas); envolver-se em comportamento-problema se as atividades não ocorrerem em uma ordem específica; ou resistir a mudanças no ambiente, como fazer birra se um motorista fizer um trajeto diferente para a escola. Indivíduos com TEA também podem apresentar hiper ou hiporreatividade à estimulação sensorial (p. ex., tapar os ouvidos na presença de sons altos, maior tolerância à dor). Os médicos podem especificar a gravidade do TEA em três níveis (Nível 1, *Exigindo suporte;* Nível 2, *Exigindo suporte substancial*; ou Nível 3, *Exigindo suporte muito substancial*), com base no grau de comprometimento na comunicação e na interação social e na gravidade dos comportamentos restritos e repetitivos (American Psychiatric Association, 2013).

Nos últimos 30 anos, a prevalência do TEA aumentou. Estimativas recentes de prevalência indicam que esse transtorno ocorre em 1 em cada 54 crianças (Centers for Disease Control and Prevention, 2020). Essa estimativa de prevalência é muito maior do que as estimativas obtidas na década de 1980 e no início dos anos 2000 (Burd, Fisher & Kerbeshian, 1987; Centers for Disease Control and Prevention, 2020). Diversos fatores podem influenciar as aparentes tendências crescentes nos diagnósticos de TEA, incluindo maior conscientização sobre as características do transtorno, melhores instrumentos de avaliação, diagnóstico precoce, expansão dos critérios diagnósticos para incluir casos que estavam abaixo do limiar, segundo os critérios do DSM-IV-TR (American Psychiatric Association, 2000, 2013), confusão em relação às medidas de prevalência *versus* incidência e questões sobre o delineamento de estudos que avaliam a prevalência de TEA (Hill, Zuckerman & Fombonne, 2015; Volkmar, Lord, Bailey, Schultz & Klin, 2004). Devido a esses problemas, não sabemos se o aparente crescimento na prevalência do TEA reflete aumento real na proporção de crianças acometidas pelo transtorno.

Características associadas do transtorno do espectro autista

Várias condições médicas e excessos ou déficits comportamentais se correlacionam com um diagnóstico de TEA (American Psychiatric Association, 2013). Embora certas características ou condições possam ser mais comuns em indivíduos com TEA, as características associadas não fazem parte dos critérios diagnósticos desse transtorno. As características que revisamos a seguir incluem distúrbios do sono e da alimentação, atrasos no treinamento esfincteriano, problemas graves de comportamento e condições genéticas e médicas (Zwaigenbaum *et al.*, 2015).

Problemas de sono

Indivíduos com TEA apresentam maior incidência de problemas de sono, incluindo aumento do sono diurno (Piazza, Fisher, Kieswetter, Bowman & Moser, 1990) e diminuição do total, birras ao deitar e despertar noturno frequente (Kodak & Piazza, 2008). Problemas de sono podem causar diminuição do funcionamento cognitivo, aumento dos níveis de comportamento autolesivo e outros problemas graves de comportamento, e aumento dos níveis de estresse parental (Kodak & Piazza, 2008; McStay, Dissanayake, Scheeren, Koot & Begeer, 2014). Como resultado, muitos indivíduos com TEA se beneficiariam do tratamento para problemas de sono, dado o impacto negativo que esses problemas podem ter, tanto para as crianças quanto para seus cuidadores. Uma descrição de tratamentos comportamentais para problemas de sono está fora do escopo deste capítulo. Consulte Kodak e Piazza (2008) para ver uma descrição detalhada dos tratamentos que os pesquisadores utilizaram para tratar os problemas de sono de indivíduos com TEA e outros déficits do desenvolvimento.

Transtornos alimentares

A prevalência de transtornos alimentares é substancialmente maior em indivíduos diagnosticados com TEA do que em crianças com desenvolvimento típico, e até 90% das crianças com TEA apresentam pelo menos algum comportamento inadequado na hora das refeições (DeMeyer, 1979; Sharp *et al.*, 2013). A seletividade alimentar é um tipo de problema comum em indivíduos com TEA, talvez devido aos interesses rígidos e restritos característicos dessa população (Schreck, Williams & Smith, 2004). Crianças que apresentam seletividade alimentar podem consumir alimentos suficientes para satisfazer suas necessidades calóricas gerais, mas podem não satisfazer suas necessidades nutricionais diárias devido ao consumo limitado de alimentos ricos em macro e micronutrientes (Piazza, 2008). Tratamentos baseados nos princípios da ABA têm sido muito eficazes em aumentar a variedade de alimentos consumidos e em diminuir o comportamento inadequado na hora das refeições em indivíduos com seletividade alimentar. Para ver uma descrição das intervenções comportamentais eficazes para crianças com transtornos alimentares, consulte Kodak e Piazza (2008), Volkert e Piazza (2012), e dois ensaios clínicos randomizados recentes de Piazza e colaboradores (Peterson, Piazza, Ibanez, & Fisher, 2019; Peterson, Piazza & Volkert, 2016).

Atraso no treinamento esfincteriano

Muitos indivíduos com transtornos do neurodesenvolvimento não concluem o treinamento esfincteriano com sucesso antes dos 6 anos de idade. De fato, mais da metade dos pais de crianças com TEA relatam preocupações com relação ao treinamento esfincteriano e à incontinência (Williams, Oliver, Allard & Sears, 2003). Azrin e Foxx (1971) desenvolveram um pacote de tratamento comportamental intensivo para treinamento esfincteriano para adultos com deficiências de desenvolvimento; ele inclui reforço para evacuações no vaso sanitário, carga de fluidos, viagens programadas ao banheiro e correção excessiva. Diversos estudos avaliaram variações desse pacote de tratamento com indivíduos com TEA e outras deficiências de desenvolvimento (p. ex., LeBlanc, Carr, Crossett, Bennett & Detweiler, 2005).

Apesar da efetividade dos procedimentos desenvolvidos por Azrin e Foxx (1971) há 50 anos, pesquisadores têm levantado preocupações quanto à adequação do uso de procedimentos punitivos em tratamentos de higiene (Cicero & Pfadt, 2002). Como resultado, os pesquisadores desenvolveram novos tratamentos que incluem manipulações de antecedentes e procedimentos baseados em reforço para aumentar a frequência de evacuações continentes (p. ex., Hagopian, Fisher, Piazza & Wierzbicki, 1993) e fezes (Piazza, Fisher, Chinn & Bowman, 1991). Hagopian *et al.* (1993) utilizaram um procedimento de hidroestimulação para aumentar a continência urinária em um jovem do sexo masculino com deficiência intelectual. Os resultados indicaram que o procedimento de hidroestimulação aumentou as evacuações continentes, mantendo baixos níveis de comportamento autolesivo que ocorria durante outros tratamentos de higiene pessoal.

Muitos pacotes de tratamento de treinamento esfincteriano incluem vários componentes, como programação para se sentar e usar roupas íntimas. Greer, Neidert e Dozier (2015) realizaram treinamento esfincteriano com 20 crianças com idades entre 19 e 39 meses, incluindo uma criança diagnosticada com TEA. Os pesquisadores implementaram um pacote de treinamento esfincteriano que incluía um programa denso de uso do vaso sanitário, uso de roupas íntimas e reforçamento diferencial por permanecer seco com seis das 20 crianças, incluindo a criança com TEA. Duas dessas crianças, incluindo a criança com TEA, apresentaram melhora no uso do vaso sanitário com o pacote. As 14 crianças restantes participaram de uma análise de componentes e iniciaram o treinamento esfincteriano com um dos seguintes: um cronograma intenso de idas ao vaso sanitário, uso de roupas íntimas ou reforçamento diferencial; posteriormente, os pesquisadores adicionaram componentes se os acidentes não diminuíssem. O uso de roupas íntimas melhorou a micção no vaso sanitário para dois dos quatro participantes. Nem o cronograma intenso de idas ao vaso sanitário nem o reforçamento diferencial por permanecer seco melhorou a micção no vaso sanitário para qualquer participante. No geral, os resultados indicaram que a substituição de fraldas por roupas íntimas melhorou o comportamento de higiene, mas precisamos de mais pesquisas para identificar componentes que possam fortalecer esse efeito.

Pesquisas futuras podem se concentrar em comparar a eficácia relativa de diferentes abordagens para o treinamento esfincteriano e medir potenciais efeitos colaterais ou problemas que surjam a cada intervenção. Por exemplo, a correção excessiva ou as frequentes idas ao banheiro podem evocar um comportamento-problema, e um estímulo com água pode ser difícil de desvanecer.

Comportamento-problema grave

Indivíduos com TEA são mais propensos a se envolver em comportamento-problema grave, incluindo comportamento autolesivo, agressivo e disruptivo; descumprimento; fuga; e pica (American Psychiatric Association, 2000). Pesquisadores têm utilizado procedimentos de análise funcional para identificar as variáveis ambientais que mantêm o comportamento-problema de indivíduos com transtornos do neurodesenvolvimento (p. ex., Iwata, Dorsey, Slifer, Bauman & Richman, 1982/1994). Os pesquisadores utilizam então os resultados desses procedimentos para informar o tratamento. Embora a avaliação e o tratamento do comportamento-problema grave sejam fundamentais para esquemas de intervenção para muitos indivíduos com TEA, outros capítulos deste livro revisam a análise funcional e o tratamento do comportamento-problema. Saini, Fisher, Betz e Piazza (Capítulo 13) descrevem a análise funcional experimental; Vollmer, Athens e Fernand (Capítulo 19) descrevem tratamentos de extinção baseados em funções; Fisher, Greer e Bouxsein (Capítulo 20) descrevem tratamentos de reforço baseados em função; e Lerman e Toole (Capítulo 21) descrevem os tratamentos de punição baseados na função.

Condições associadas e síndromes genéticas

Indivíduos com TEA podem apresentar algum grau de comprometimento intelectual, embora a proporção de indivíduos com deficiência intelectual como comorbidade varie entre os estudos, com estimativas variando de 18 (Levy *et al.*, 2010) a 70% (Matson & Shoemaker, 2009). Além disso, diversas condições médicas e síndromes genéticas são mais comuns em indivíduos com TEA. Aproximadamente 16% dos indivíduos com esse transtorno são diagnosticados com epilepsia (Levy *et al.*, 2010), com o início das crises ocorrendo durante a infância ou a adolescência (Rutter, 1970). Síndromes genéticas, incluindo esclerose tuberosa e síndrome do X frágil, também estão associadas ao TEA. Consulte Volkmar *et al.* (2004) para obter mais informações sobre a relação entre essas sínromes genéticas e o TEA.

Intervenção comportamental intensiva precoce

A intervenção comportamental intensiva precoce (EIBI, *early intensive behavioral intervention*) é uma abordagem de tratamento abrangente para crianças com TEA (Roane, Fisher & Carr, 2016). Inclui um currículo abrangente e hierarquicamente organizado implementado por vários anos, com o objetivo de melhorar o funcionamento geral da criança (Smith, 1999). Os analistas do comportamento desenvolvem procedimentos para programas de EIBI baseados em princípios de condicionamento operante, como reforço, controle de estímulos e generalização, para aumentar o comportamento adaptativo e reduzir o comportamento-problema. O terapeuta EIBI oferece inúmeras oportunidades de aprendizagem para a criança, utilizando procedimentos instrucionais e de reforço cuidadosamente programados. O programa visa a diversas áreas de funcionamento em uma sequência de desenvolvimento para melhorar várias áreas de habilidades amplas. Os alvos educacionais para a programação EIBI geralmente incluem habilidades pré-acadêmicas e acadêmicas, comportamento verbal, habilidades sociais e habilidades de brincar independente. Em geral, os programas EIBI duram de 25 a 40 horas por semana, durante 2 a 3 anos, e incluem instrução individualizada em muitos ambientes, como casa, comunidade e escola (National Autism Center, 2009, 2015). Resultados de pesquisas com cuidadores e prestadores de serviços mostram que EIBI é um dos tratamentos mais comuns e solicitados para crianças com TEA (Green *et al.*, 2006; Stahmer, Collings, & Palinkas, 2005).

O Projeto de Autismo Jovem, da Universidade da Califórnia, em Los Angeles (UCLA), é um estudo de resultados histórico que documentou melhorias substanciais em aproximadamente 47% das crianças com TEA que receberam EIBI (Lovaas, 1987), e esses ganhos no funcionamento foram mantidos até a adolescência (McEachin, Smith & Lovaas, 1993). O sucesso dos estudos iniciais sobre EIBI levou a pesquisas adicionais e ampla divulgação. EIBI é o modelo de tratamento abrangente mais estudado para crianças pequenas com TEA (Reichow, 2012). Até o momento, a pesquisa comparou (1) diferentes intensidades de EIBI (p. ex., Smith, Eikeseth, Klevstrand & Lovaas, 1997), (2) EIBI e outros tratamentos (p. ex., Eikeseth, Smith, Jahr & Eldevik, 2002; Howard, Sparkman, Cohen, Green & Stanislaw, 2005) e (3) modelos clínicos *versus* gerenciados por cuidadores (p. ex., Sallows & Graupner, 2005; Smith, Groen & Wynn, 2000).

Pesquisadores estabeleceram critérios para analisar o suporte empírico para EIBI em estudos experimentais (p. ex., Horner *et al.*, 2005; Reichow, Volkmar & Cicchetti, 2008; Reichow & Wolery, 2009). Embora os critérios específicos difiram um pouco, os critérios de rigor experimental, verificação do diagnóstico e medidas de integridade do procedimento têm se sobreposto de maneira considerável. Metanálises realizadas com diversos critérios têm buscado identificar variáveis que predizem o desfecho de intervenções comportamentais com crianças pequenas com TEA. Em geral, pesquisas sobre a relação entre o QI de uma criança no início do tratamento e se a criança se beneficia do EIBI produziram resultados mistos ou insignificantes (Reichow, 2012). Características dos programas EIBI que produzem melhores resultados, como escores mais altos de QI, melhor comportamento adaptativo e aumento das habilidades de linguagem, incluem maior intensidade de tratamento (Makrygianni & Reed, 2010; Virues-Ortega, 2010), maior duração do tratamento (Makrygianni & Reed, 2010; Virues-Ortega, 2010), inclusão do treinamento de cuidadores (Makrygianni & Reed, 2010) e treinamento de supervisores com o modelo UCLA (Reichow & Wolery, 2009).

Resultados de metanálises e revisões sistemáticas produziram forte consenso de que o EIBI é um tratamento eficaz para muitos déficits comportamentais e excessos do TEA (Reichow & Wolery, 2009). O National Standards Project identificou o EIBI, que chamou de *tratamento comportamental abrangente para crianças pequenas*, como uma intervenção estabelecida para crianças com TEA (National Autism Center, 2009, 2015). Uma intervenção estabelecida tem evidências disponíveis suficientes para permitir que os investigadores determinem *com confiança* que a intervenção produz resultados positivos para indivíduos com TEA (National Autism Center, 2015, p. 34). O EIBI tem o maior suporte empírico de todos os modelos de tratamento abrangente para crianças com TEA (Reichow, 2012).

Modelos de intervenção precoce baseados em ABA

Pesquisadores desenvolveram diversos modelos de intervenção baseados nos princípios da ABA para melhorar os resultados de crianças com TEA. Os modelos descritos a seguir demonstraram eficácia em estudos publicados em periódicos revisados por pares, e seus autores publicaram manuais de tratamento disponíveis comercialmente. Revisamos cada modelo em detalhes e descrevemos as principais diferenças entre eles. Por fim, fornecemos recomendações para integrar os modelos para maximizar a aprendizagem.

Treinamento em ambiente natural

As características essenciais do *treinamento em ambiente natural* são a ênfase em interações dirigidas à criança, técnicas que aumentam a motivação para responder e a generalização de habilidades. Os analistas do comportamento normalmente realizam treinamento em ambientes naturais – também chamados de *abordagens de linguagem natural* (LeBlanc, Esch, Sidener & Firth, 2006) e *estratégias de ensino naturalista* (National Autism Center, 2015) – em locais como a casa, com ênfase no treinamento de cuidadores para promover oportunidades de aprendizagem durante o período de lazer. Esse modelo capitaliza as operações estabelecedoras que ocorrem de forma natural para ensinar habilidades de linguagem funcional, embora a literatura sobre o modelo não descreva as operações estabelecedoras como um componente. O treinamento em ambiente natural incorpora oportunidades de escolha, avaliações de preferência frequentes e variação de reforço entre os ensaios para aumentar a probabilidade de ocasionar vocalizações. Esse treinamento intercala tarefas dominadas para manter a motivação da criança para responder. O analista do comportamento programa o treinamento em ambientes tipo brincar livre, para diminuir a semelhança entre o ambiente de treinamento e os ambientes acadêmicos ou de trabalho típicos. O treinamento em ambiente natural normalmente visa a solicitações de itens na parte inicial do tratamento, para estabelecer uma relação funcional entre a resposta vocal (p. ex., *dinossauro*) e reforçadores associados (p. ex., acesso breve a um dinossauro de brinquedo).

O treinamento em ambiente natural utiliza recomendações de Stokes e Baer (1977) para treinar e promover a generalização. Desse modo, a abordagem enfatiza o treinamento de múltiplos exemplares, o treinamento entre ambientes e terapeutas e o uso de contingências intermitentes para promover a generalização da linguagem (LeBlanc *et al.*, 2006). Após a criança demonstrar um repertório verbal estabelecido, o analista do comportamento programa contingências intermitentes que mais se aproximam das contingências em ambientes naturais (p. ex., a escola). A criança é mais propensa a usar sua linguagem recém-adquirida em muitos ambientes, devido à ênfase do treinamento em ambientes naturais na generalização das habilidades linguísticas entre ambientes e terapeutas. O treinamento em ambiente natural inclui várias estratégias de ensino, como o paradigma da linguagem natural e o treinamento de resposta pivotal.

Ensino incidental

Hart e Risley (1968) desenvolveram estratégias de *ensino incidental* a partir de suas experiências de ensino de linguagem para crianças na educação infantil em ambientes naturais. O terapeuta conduz estratégias de ensino incidental em ambientes não estruturados, como o tempo livre em uma sala de aula. O ensino incidental é dirigido à criança, e um terapeuta utiliza a iniciação de uma criança como oportunidade de aprendizagem. O objetivo é ensinar a criança a responder a múltiplas dicas no ambiente natural com linguagem espontânea.

Programas de ensino incidental incorporam estímulos discriminativos que sinalizam a disponibilidade da atenção do adulto para tentativas de linguagem (Hart & Risley, 1975). Essa discriminação é importante, pois é improvável que as tentativas de comunicação da criança produzam reforço, a menos que um adulto esteja atendendo às vocalizações da criança. O terapeuta inicia um ensaio de aprendizagem quando a criança demonstra interesse em um item apontando ou gesticulando para ele. O terapeuta se aproxima fisicamente da criança, entra em contato visual e exibe um olhar questionador (Hart & Risley, 1975). Se a criança não emitir uma vocalização espontânea, o terapeuta fornece um pedido. Por exemplo, se a criança não diz: "brinquedo, por favor", após olhar para um brinquedo na prateleira, o terapeuta faz a solicitação "diga 'brinquedo, por favor'". O terapeuta então retira as solicitações quando a criança responde com precisão após pedidos menos intrusivos. Hart e Risley (1975) recomendam alternar entre algumas solicitações específicas do contexto, como "o que é isso?" ou "o que você quer?". Limitar a variedade do pedido garante que ele funcione como estímulo discriminativo para a resposta vocal correta. Por exemplo, a pergunta "o que é isso?" requer que a criança forneça um rótulo para o estímulo indicado, e a pergunta "o que você quer?" requer que ela forneça um rótulo para o estímulo que é de seu interesse (Hart & Risley, 1975). A variação limitada do pedido é uma variável que distingue o ensino incidental de outros procedimentos de treinamento em ambientes naturais.

Pesquisas anteriores mostraram que o ensino incidental com crianças da educação infantil desfavorecidas foi eficaz em produzir variabilidade nas respostas verbais, generalização para novos terapeutas (Hart & Risley, 1975) e preferência por atividades lúdicas que incorporassem o ensino incidental (Hart & Risley, 1968). Pesquisas sobre ensino incidental com crianças com TEA indicaram que o treinamento produziu generalização da linguagem (p. ex., McGee, Krantz, Mason & McClannahan, 1983).

McGee, Krantz e McClannahan (1985) compararam o ensino incidental e os procedimentos de ensino tradicional (p. ex., ensinar em uma mesa em uma sala específica com o mínimo de distrações). Eles empregaram ambas as estratégias para treinar as crianças a utilizar preposições, e os resultados indicaram que a aquisição de preposições-alvo não variou entre os procedimentos de ensino. As sessões de ensino incidental foram mais longas do que as de ensino tradicional, mas o ensino incidental produziu mais uso correto de preposição durante as sessões de generalização do que o ensino tradicional. Esse estudo destaca a necessidade de pesquisas adicionais comparando estratégias de ensino para identificar procedimentos que produzam (1) aquisição rápida, (2) níveis mais altos de atendimento, (3) generalização de habilidades entre ambientes e terapeutas e (4) a menor quantidade de tempo instrucional necessária para produzir o domínio das habilidades-alvo. Pesquisas futuras também devem identificar preferências das crianças por estratégias de treinamento de linguagem, como aquelas conduzidas com outras intervenções comportamentais (Hanley, Piazza, Fisher, Contrucci & Maglieri, 1997; Hanley, Piazza, Fisher & Maglieri, 2005; Schmidt, Hanley & Layer, 2009).

O ensino incidental inclui apenas uma tentativa de aprendizagem por episódio de ensino, o que é uma grande limitação. Pode haver intervalos prolongados entre ensaios, dependendo da latência para o início do próximo ensaio pela criança. Charlop-Christy e Carpenter (2000) desenvolveram um procedimento de ensino revisado chamado *múltiplas sessões de ensino incidental* para tratar dessa limitação. O procedimento é como o ensino incidental, mas inclui várias aprendizagens ou tentativas práticas após a criança iniciar uma interação. O terapeuta apresenta dois ensaios práticos após o primeiro ensaio iniciado pela criança, para fornecer oportunidades adicionais de aprendizagem a ela. A esse respeito, diversas sessões de ensino incidental combinam procedimentos de ensino incidental e de treinamento discreto. A pesquisa em múltiplas sessões de ensino incidental é limitada; portanto, precisamos de estudos adicionais sobre sua efetividade e sua eficiência.

Paradigma da linguagem natural

Koegel, O'Dell e Koegel (1987) desenvolveram o *paradigma da linguagem natural* como uma combinação de treinamento de linguagem e brincadeira, para tornar o aprendizado divertido para uma criança e o terapeuta. O treinamento começa com o terapeuta fornecendo à criança escolhas entre estímulos de alta preferência. Uma oportunidade de aprendizado começa quando a criança seleciona um item preferido (p. ex., um leão de brinquedo). O terapeuta restringe o acesso ao item preferido e modela uma frase curta (p. ex., "o leão ruge"), enquanto simultaneamente modela uma atividade motora apropriada (p. ex., abrir a boca do leão). O terapeuta utiliza a modelagem para reforçar maiores aproximações da vocalização-alvo ao longo das tentativas. Desse modo, o terapeuta inicialmente fornece reforço para tentativas de ecoar o modelo do terapeuta – por exemplo, se a criança faz o som "rrrr" depois que o terapeuta diz: "o leão ruge". O terapeuta fornece acesso breve ao item preferido (p. ex., 3 a 5 segundos) após uma resposta correta, e combina o reforço social (p. ex., elogio) com as oportunidades de brincar. Em geral, o terapeuta repete a vocalização-alvo várias vezes durante o intervalo de reforço. Por exemplo, ele diz "o leão ruge" diversas vezes enquanto a criança brinca com o leão. Após o breve intervalo de reforço, o terapeuta restringe o acesso ao item e modela uma frase diferente (p. ex., "leão amarelo"). Se a criança não emitir uma vocalização após dois modelos da resposta-alvo, o terapeuta remove o item e fornece à criança escolhas entre os estímulos de alta preferência (Charlop-Christy & Kelso, 1997). O objetivo da variação de reforço é prevenir a saciedade e manter a motivação da criança para responder durante as tentativas de aprendizagem.

Os terapeutas costumam usar um procedimento de atraso gradual do pedido para promover a linguagem espontânea (Walker, 2008). O terapeuta insere uma pausa entre a apresentação do estímulo discriminativo (p. ex., o leão de brinquedo) e o modelo do terapeuta (p. ex., "o leão ruge"). O terapeuta aumenta a duração da pausa à medida que as habilidades de linguagem da criança melhoram. A linguagem espontânea deve surgir à medida que a criança emite vocalizações apropriadas diante do modelo de atraso do terapeuta. O procedimento de atraso de pedido gradual auxilia a transferência do controle do estímulo do modelo do terapeuta para os estímulos antecedentes apropriados (Walker, 2008).

O treinamento no paradigma da linguagem natural envolve a alternância repetida de brinquedos entre o terapeuta e a criança em um ambiente que se aproxima das condições de jogo no ambiente natural. O treinamento também facilita a generalização, direcionando múltiplas respostas em diferentes exemplos de estímulos em novos cenários de jogo. Por exemplo, o terapeuta pode modelar "o leão ruge", com o leão, mas pode dizer: "o urso ruge", com um urso. Além disso, o terapeuta fornece muitos descritores para cada estímulo, de modo que a criança aprende múltiplas respostas vocais para um brinquedo. Variações nas respostas modeladas podem diminuir a probabilidade de a criança se envolver em vocalizações repetitivas com itens (p. ex., sempre dizer "leão amarelo" quando vê um leão de brinquedo).

Pesquisas sobre o paradigma da linguagem natural mostram que as crianças adquirem rapidamente habilidades linguísticas direcionadas e generalizam a linguagem entre ambientes (Gianoumis, Seiverling & Sturmey, 2012; Koegel *et al.*, 1987; Laski, Charlop & Schreibman, 1988). No entanto, diversas variáveis de procedimento merecem consideração adicional. A modelagem de respostas-alvo pode ser difícil quando múltiplos terapeutas implementam o paradigma da linguagem natural em momentos diferentes, pois o paradigma não delineia os critérios para identificar alvos a reforçar e alvos a extinguir. O paradigma da linguagem natural também não possui definições operacionais claras para o comportamento-alvo, e a coleta de dados pode interromper o fluxo do treinamento, ou seja, o terapeuta pode ter dificuldade em coletar dados sobre sua resposta modelada e a resposta da criança sem interromper substancialmente o fluxo da sessão lúdica.

Laski *et al.* (1988), e Gillett e LeBlanc (2007) treinaram cuidadores para implementar o paradigma da linguagem natural com seus filhos, e os resultados indicaram que as vocalizações dos participantes aumentaram. Gillett e LeBlanc também descobriram que as vocalizações solicitadas no início do estudo se tornaram espontâneas após a intervenção. Da mesma forma, Spector e Charlop (2018) treinaram irmãos de crianças com TEA para implementar com precisão o paradigma da linguagem natural, e duas das três crianças com TEA apresentaram melhora na fala. Assim, as crianças podem se beneficiar do paradigma da linguagem natural, apesar de suas limitações. No entanto, são necessárias mais pesquisas sobre a eficácia desse paradigma em crianças que necessitam de modelagem extensiva para adquirir comportamento verbal vocal ou receber intervenção para melhorar as habilidades lúdicas.

Treinamento de resposta pivotal

Outra estratégia de treinamento em ambiente natural é chamada de *treinamento de resposta pivotal*, pois se concentra em *áreas essenciais*, habilidades que produzem melhorias colaterais em outras áreas de habilidades. A intervenção geralmente ocorre em ambientes naturais, como a casa da criança. A maioria das oportunidades de intervenção capitaliza os estímulos ambientais naturais e operações estabelecedoras. Por exemplo, se uma criança se aproxima de um grupo de balanços, senta-se no balanço e espera que um adulto a empurre, o adulto modela uma vocalização (p. ex., "balanço") e empurra o balanço quando a criança imita a resposta modelada. Depois disso, o adulto pode parar momentaneamente o balanço, segurando-o no ar, dar um olhar de expectativa e fornecer uma oportunidade independente para a criança dizer: "balanço". Se a criança emitir uma vocalização relevante, o adulto continuará empurrando a criança no balanço.

Cuidadores e professores implementam treinamento de resposta pivotal em muitos ambientes. Pesquisas mostram que cuidadores, professores e outros funcionários da escola podem implementar o treinamento de resposta pivotal com alta integridade após o treinamento por meio de um pacote de treinamento por vídeo, *feedback* contínuo e um modelo de aprendizagem autodirigido (Nefdt, Koegel, Singer & Gerber, 2010; Robinson, 2011; Schreibman & Koegel, 2005). Embora estudos mostrem que os pesquisadores treinaram cuidadores e educadores para implementar o treinamento de resposta pivotal com sucesso, precisamos de mais pesquisas para identificar estratégias de treinamento eficazes e de baixo custo.

Comportamento verbal aplicado

A abordagem do comportamento verbal aplicado para a intervenção precoce para TEA é baseada na abordagem funcional do comportamento verbal de Skinner (1957). A abordagem funcional de Skinner define um operante verbal com base em suas características topográficas (p. ex., uma criança dizendo "vermelho"), eventos antecedentes que ocasionam ou evocam a resposta (p. ex., um pai apontando para uma imagem de uma bola vermelha) e os eventos consequentes que reforçam a resposta (p. ex., um pai dizendo: "muito bem, a bola é vermelha").

A taxonomia do comportamento verbal de Skinner (1957) inclui sete operantes verbais elementares, e os esquemas de intervenção precoce tipicamente se concentram em cinco deles: *mando, tato, ecoico, intraverbal* e *autoclítico*. O tratamento geralmente começa com o treinamento de mando, pois esse operante verbal tem o benefício mais direto para o falante (Skinner, 1957). Um *mando* é um operante verbal (p. ex., "bebida, por favor") que uma operação estabelecedora relevante evoca (p. ex., andar pela rua em um dia quente) e a entrega da consequência solicitada reforça (p. ex., dar uma bebida à criança). Os analistas do comportamento devem conduzir o treinamento com mando utilizando os eventos antecedentes e consequentes apropriados, ou seja, o treinamento com mando tende a ser mais eficaz quando as operações estabelecedoras relevantes estão presentes ou presumidamente presentes, e a consequência relacionada ao mando da criança está disponível após uma resposta apropriada.

Os terapeutas que utilizam uma abordagem comportamental verbal aplicada também se preocupam com o controle dos estímulos. Mandos devem ocorrer na presença das operações estabelecedoras e estímulos discriminativos relevantes (p. ex., um ouvinte que normalmente responde à vocalização da criança). No entanto, esses terapeutas geralmente incluem pedidos antecedentes componentes de outros operantes verbais no início do treinamento. Por exemplo, um terapeuta comportamental verbal aplicado pode incluir um pedido intraverbal (p. ex., "o que você quer?") ou um pedido ecoico (p. ex., "beber"), para aumentar a probabilidade de que a criança emita a resposta-alvo (p. ex., a criança dizendo "beber") e que a resposta-alvo entre em contato com o reforçador relevante (p. ex., entrega da bebida). Com o tempo, o terapeuta rapidamente desvanece esses pedidos para estabelecer um operador verbal *puro*.

Uma vez que a criança adquire múltiplos mandos, o terapeuta combina antecedentes que controlam operantes verbais treinados com outros antecedentes para ensinar funções adicionais da linguagem (p. ex., treinamento combinado de mando-tato). O terapeuta programa esses antecedentes em oportunidades de aprendizagem para produzir a resposta-alvo e usa o desvanecimento para transferir o controle da resposta verbal de um conjunto de condições de estímulo para outro. Diversos estudos têm mostrado que os terapeutas podem transferir o controle do estímulo de um operante verbal (p. ex., um tato) para outro (p. ex., um intraverbal) durante o treinamento (p. ex., Miguel, Petursdottir & Carr, 2005). Além disso, Skinner (1957) descreveu a maioria dos comportamentos verbais vocais como impuros ou sob múltiplas fontes de controle. Dessa forma, estudos que avaliem maneiras de promover o surgimento de operantes não treinados após a intervenção, ou que desenvolvam o comportamento verbal sob múltiplas fontes de controle, devem orientar as práticas de tratamento no comportamento verbal (p. ex., Finn, Miguel & Ahearn, 2012; Michael, Palmer, Sundberg, 2011).

O relato de Skinner (1957) sobre o comportamento verbal melhorou os procedimentos de treinamento da comunicação, colocando ênfase no treinamento inicial e destacando a necessidade de treinamento intraverbal (Sundberg & Michael, 2001). As abordagens anteriores ao treinamento da comunicação se concentravam sobretudo no treinamento do tato e negligenciavam em grande parte o treinamento do comportamento intraverbal, ou seja, os pesquisadores ensinavam os indivíduos com TEA a tatear a maioria dos itens em seu ambiente, mas as crianças não conseguiam conversar com os outros. Esse procedimento de treinamento limitado não ensinou as habilidades necessárias para que indivíduos com TEA funcionem em ambientes típicos ou estabeleçam relacionamentos entre pares. Nesse sentido, a conceituação skinneriana e a inclusão do mando e do treinamento intraverbal têm avançado na qualidade do tratamento dispensado às crianças em esquemas de treinamento de comunicação (Sundberg e Michael, 2001).

Treinamento de tentativas discretas

Lovaas e colaboradores desenvolveram o treinamento de tentativas discretas no início da década de 1970 como intervenção comportamental para crianças com TEA (Lovaas, Koegel, Simmons & Long, 1973). Esse modelo enfatiza uma abordagem de ensino muito estruturada, na qual a criança e o terapeuta sentam-se à mesa, e o terapeuta treina diversas habilidades durante tentativas de aprendizagem discreta com breves intervalos entre os ensaios. O profissional divide as habilidades em componentes e ensina esses componentes até que a criança os domine. Posteriormente, o terapeuta ensina a criança a combinar componentes em sequências de comportamento maiores. O terapeuta entrega itens significativamente preferidos (em geral, pequenos itens comestíveis) e elogia a criança após as respostas corretas. As sessões, às vezes chamadas de *exercícios*, consistem em um número específico de ensaios que podem envolver a apresentação do mesmo estímulo discriminativo em um formato de ensaio em massa (p. ex., apresentar repetidamente ensaios de "tocar no cão" ao longo de uma sessão).

Os primeiros estudos avaliando o treinamento de tentativa discreta para crianças pequenas com TEA relataram aumentos substanciais nos escores de QI, diminuições no comportamento inadequado (p. ex., comportamento autoestimulatório e comportamento-problema) e aumentos nas interações sociais espontâneas (Lovaas, 1987; Lovaas *et al.*, 1973). O treinamento de tentativa discreta geralmente produz rápida aquisição de habilidades, pois permite instrução rápida para maximizar o número de oportunidades de aprendizado em um breve período.

O treinamento de tentativa discreta tem diversas vantagens adicionais em relação a outros modelos de intervenção precoce. Em primeiro lugar, envolve procedimentos de treinamento bem definidos e diretos, fáceis de ensinar a membros inexperientes da equipe. Segundo, o treinamento de tentativa discreta pode ser adequado para ensinar certos operantes verbais (p. ex., tatos, ecoicos), pois é mais semelhante ao formato de instrução típico em sala de aula (p. ex., sentar-se em uma mesa e responder a perguntas) do que outros modelos de intervenção. Por fim, a coleta de dados durante os ensaios de aprendizagem pode ser mais fácil com essa abordagem do que com outros modelos (Sundberg & Partington, 1999).

Características únicas dos modelos de intervenção precoce

Muitos modelos de intervenção precoce baseados no comportamento têm diferentes abordagens de treinamento linguístico, métodos de ensino e terminologia. Tanto o treinamento em ambiente natural quanto o comportamento verbal aplicado enfatizam procedimentos de treinamento naturalístico que se concentram em solicitações de ensino (treinamento em ambiente natural) ou mandos (comportamento verbal aplicado) em condições nas quais a criança é motivada a obter o item solicitado. Os procedimentos maximizam os efeitos das operações estabelecedoras relevantes, realizando avaliações de preferência frequentes, restringindo o acesso aos itens fora dos ensaios de ensino, ou ambos. As habilidades ensinadas no treinamento discreto variam daquelas do treinamento em ambiente natural e do comportamento verbal aplicado, pois as tentativas discretas incorporam estímulos discriminativos verbais específicos (p. ex., "o que é isso?") em vez de programar ensaios para trazer a resposta sob controle antecedente (Skinner, 1957). O treinamento de tentativas discretas pode produzir respostas corretas em cada ensaio, mas pode ser necessário treinamento extensivo para generalizar essas habilidades para outros ambientes menos estruturados. Dessa forma, os defensores do treinamento em ambiente natural e do comportamento verbal aplicado afirmaram que o treinamento em tentativas discretas pode não promover a generalização de habilidades tanto quanto outros modelos de intervenção precoce (Sundberg & Michael, 2001).

Cada modelo utiliza terminologia diferente. O treinamento em ambiente natural e o em tentativas discretas fazem distinção entre o ensino de linguagem receptiva e expressiva. O ensino da linguagem *receptiva* normalmente se refere ao treinamento de discriminações condicionais audiovisuais (p. ex., ensinar uma criança a apontar para uma figura após a apresentação de um estímulo auditivo). Os defensores do comportamento verbal aplicado referem-se a esse tipo de treinamento como *ensino do comportamento de ouvinte*. O ensino da linguagem *expressiva* geralmente se refere a ensinar as crianças a tatear um item na presença de um estímulo não verbal (p. ex., uma figura) e um estímulo verbal (p. ex., "o que é isso?"). A distinção entre linguagem receptiva e expressiva é consistente com uma abordagem estrutural do desenvolvimento da linguagem (Leaf & McEachin, 1999; Maurice, Green & Luce, 1996; ver análise em Petursdottir & Carr, 2011). Como alternativa, os terapeutas comportamentais verbais aplicados abordam o treinamento da comunicação a partir de uma perspectiva funcional e consideram os eventos antecedentes e consequentes para o comportamento verbal durante o ensino (Lerman *et al.*, 2005).

O ambiente de intervenção também varia de modo substancial, sobretudo no início do treinamento. Os treinamentos em ambiente natural e de linguagem de comportamento verbal aplicado ocorrem em ambientes naturais e se concentram no estabelecimento de repertórios de mando. Esse ensino acontece durante o tempo de brincadeiras livres, como as atividades pouco estruturadas nas salas de aula da pré-escola. No treinamento de tentativas discretas, por sua vez, uma criança não é treinada no ambiente natural até que ela domine diversas habilidades que são pré-requisitos durante o trabalho individual (p. ex., atendimento, cumprimento de instruções). Ou seja, o treinamento de tentativas discretas ensina operantes verbais (em geral, tato e ecoicos) durante atividades individuais em uma mesa ao longo do primeiro ou dos dois primeiros anos de tratamento, posteriormente seguido pela prática em outros ambientes menos estruturados (p. ex., o 2º ano de intervenção precoce).

Diferenças no ambiente de treinamento linguístico alteram de modo substancial a maneira como cada abordagem trata de questões motivacionais. O treinamento em ambiente natural descreve a motivação como a disposição da criança em responder por itens preferidos. Um terapeuta fornece escolhas frequentes entre itens significativamente preferidos para encorajar a criança a participar do tratamento. A abordagem do comportamento verbal aplicado envolve o estabelecimento de operações que aumentam momentaneamente a eficácia de um estímulo reforçador e aumentam a probabilidade de comportamento que produziu esse estímulo no passado. Assim, o terapeuta programa operações estabelecedoras que ocorrem naturalmente no treinamento com mando, como a realização de treinamento após a criança não ter tido acesso a diversos itens significativamente preferidos por um período (Kelley, Shillingsburg, Castro, Addison & LaRue, 2007). Por fim, o treinamento de tentativas discretas fornece itens significativamente preferidos (p. ex., alimentos) após as respostas corretas durante cada ensaio. O treinamento de tentativas discretas coloca menos ênfase em variáveis motivacionais, e um terapeuta normalmente não conduz avaliações de preferência frequentes durante os ensaios. Em vez disso, esse profissional alterna vários itens alimentares significativamente preferidos em todos os ensaios para diminuir a probabilidade de saciedade.

Combinando modelos de intervenção precoce

Cada abordagem para a intervenção precoce tem pontos fortes únicos que os terapeutas podem utilizar em uma abordagem eclética que inclui várias intervenções empiricamente validadas e baseadas em ABA. Por exemplo, um terapeuta pode usar o treinamento em ambientes naturais para ensinar habilidades sociais, como alternar a vez e compartilhar brinquedos. O terapeuta pode treinar as funções dos operantes verbais utilizando a abordagem do comportamento verbal aplicado no ambiente natural enquanto a criança adquire outras habilidades (como o comportamento de participar e seguir instruções) durante o treinamento discreto. O terapeuta pode capitalizar as operações estabelecedoras que ocorrem naturalmente, usando certos itens significativamente preferidos apenas durante o treinamento linguístico e restringindo-os em outros momentos. O terapeuta pode implementar o treinamento de tato durante o treinamento de tentativa discreta para aumentar a duração média do enunciado da criança no contexto da função de vocalização (comportamento verbal aplicado). Por exemplo, o treinamento pode se concentrar em ensinar tato e estruturas autoclíticas correspondentes durante a construção de brinquedos durante os ensaios de aprendizagem (p. ex., "isso é uma cauda"; Finn *et al.*, 2012).

O terapeuta pode incorporar a taxonomia do comportamento verbal de Skinner (1957) para ensinar habilidades com treinamento em ambiente natural ou treinamento de tentativas discretas. Por exemplo, um terapeuta pode ensinar *sim* e *não* como operante intraverbal de mando com uma abordagem de comportamento verbal aplicado. O terapeuta pode perguntar à criança se ela quer assistir a vídeos significativamente preferidos em alguns ensaios ou vídeos não preferidos em outros. O terapeuta pode utilizar treinamento de tentativas discretas e programar os antecedentes e consequências relevantes no contexto do treinamento. A combinação de treinamento de tentativas discretas com outros modelos de intervenção precoce capitaliza os pontos fortes de diversos modelos, incorporando operações estabelecedoras que ocorrem de forma natural, e os ensaios de aprendizagem são mais orientados para a criança porque o terapeuta oferece a ela vídeos preferidos ou não preferidos antes de cada ensaio.

Considerações clínicas e pesquisas futuras

Estabelecer um ambiente de reforço

Em muitos casos, a identificação de estímulos reforçadores é um fator crítico para o sucesso de esquemas de aquisição de comportamento. Os analistas do comportamento geralmente conduzem avaliações sistemáticas de preferência para identificar uma hierarquia de itens ou atividades potencialmente reforçadoras. Muitas pesquisas têm se concentrado no desenvolvimento de métodos eficazes e eficientes para avaliar as preferências por estímulos entre indivíduos com deficiências de desenvolvimento (ver Saini, Retzlaff, *et al.*, Capítulo 10 deste livro).

Uma avaliação de preferência pode fornecer oportunidades para os indivíduos selecionarem os reforços para as próximas sessões de ensino em um esquema de intervenção precoce. Embora especialistas comportamentais recomendem avaliações de preferência frequentes e sistemáticas para controlar possíveis flutuações na preferência por reforçadores ao longo do tempo, os esquemas de intervenção precoce variam bastante na frequência com que avaliam as preferências. Um estudo de Love, Carr, Almason e Petursdottir (2009) constatou que a maioria dos esquemas de intervenção precoce (i.e., 65%) avaliou a preferência diversas vezes ao dia, já alguns esquemas (i.e., 19%) realizaram avaliações de preferência trimestral ou anualmente. Pesquisas indicam que as avaliações de preferência frequentes e breves são mais eficazes do que as abrangentes e menos frequentes para identificar potenciais reforçadores (DeLeon *et al.*, 2001). Apesar de pesquisas apoiarem o uso de avaliações de preferência frequentes, alguns esquemas de intervenção precoce podem realizar avaliações de preferência com menos frequência devido a restrições de tempo ou de recursos. Os pesquisadores responderam a essa questão clínica desenvolvendo avaliações de preferência breves que são mais eficientes em termos de tempo para implementar em ambientes naturais (p. ex., Carr, Nicolson & Higbee, 2000). Além disso, pesquisadores desenvolveram pacotes de autoinstrução para ajudar os membros da equipe sem acesso a instrutores especializados a conduzir avaliações de preferência com crianças de modo preciso (Graff & Karsten, 2012).

Em conjunto com avaliações de preferência frequentes, os clínicos podem intercalar oportunidades de escolha ao longo da programação educacional para aumentar as propriedades reforçadoras da instrução em geral (Laski *et al.*, 1988; Toussaint, Kodak & Vladescu, 2016). Além disso, pesquisas sugerem que os indivíduos podem preferir contextos instrucionais que incorporam oportunidades de fazer escolhas entre reforçadores a ambientes que fornecem reforçadores idênticos selecionados por um terapeuta (Tiger, Hanley & Hernandez, 2006). Existem múltiplas oportunidades para integrar escolhas em uma sessão de ensino típica durante a intervenção precoce (p. ex., seleção de tarefas e reforçadores). Pesquisas anteriores demonstraram que fornecer escolhas entre tarefas pode produzir maior engajamento na tarefa (Dunlap *et al.*, 1994) e diminuição do comportamento-problema (Romaniuk *et al.*, 2002). A escolha entre reforçadores também pode levar a uma aquisição de habilidades mais eficiente (Toussaint *et al.*, 2016). Diversos parâmetros de reforço, como taxa de reforçamento, qualidade, imediaticidade e magnitude, podem influenciar a escolha do indivíduo e alterar a eficácia dos estímulos reforçadores incluídos em ensaios de aprendizagem com intervenção precoce. Futuras pesquisas deverão determinar em que medida as variáveis de escolha influenciam a aquisição de novas habilidades.

Avaliação e identificação de competências-alvo

Um analista do comportamento deve avaliar o nível de competência atual de um indivíduo em vários domínios para selecionar alvos apropriados para intervenção. As informações de uma avaliação formal de competências permitem ao clínico (1) medir diversos repertórios comportamentais importantes, (2) identificar áreas que se beneficiariam da intervenção e (3) acompanhar o progresso educacional ao longo do tempo. Muitos programas formais de avaliação estão disponíveis comercialmente para clínicos e pesquisadores.

Avaliação das Competências Básicas de Aprendizado e Linguagem – Revisada

A Avaliação das Competências Básicas de Aprendizado e Linguagem - Revisada (ABLLS-R, *Assessment of Basic Learning and Language Skills – Revised*) é um instrumento para identificar áreas que necessitam de intervenção para crianças com TEA e outras deficiências do neurodesenvolvimento (Partington, 2006). A ABLLS-R inclui competências educacionais agrupadas em 25 áreas (p. ex., competências sociais, competências motoras). O relato de Skinner (1957) sobre o comportamento verbal constitui a base para os componentes de linguagem da ABLLS-R. Essa avaliação tem diretrizes que os clínicos podem utilizar para desenvolver metas para planos educacionais individualizados. O autor da ABLLS-R também foi coautor de um livro, *Teaching language to children with autism or other developmental disabilities* (Sundberg & Partington, 1998), como um manual de tratamento complementar para muitas competências que a ABLLS-R avalia. Essa avaliação reúne informações (1) durante entrevistas com cuidadores e outros indivíduos que estão familiarizados com a criança (p. ex., professores), (2) durante observações naturalísticas e (3) em testes de competências específicas.

Programa de Avaliação e Colocação de Marcos de Comportamento Verbal

O Programa de Avaliação e Colocação de Marcos de Comportamento Verbal (VB-MAPP, *Verbal Behavior Milestones Assessment and Placement Program*) avalia o nível atual de vários comportamentos de linguagem e relacionados para identificar competências-alvo educacionais em indivíduos com TEA e outras deficiências do desenvolvimento (Sundberg, 2008). O VB-MAPP inclui três seções principais: a avaliação de marcos, a avaliação de barreiras e a avaliação de transição. Assim como o ABLLS-R, o VB-MAPP inclui informações coletadas pela (1) entrevista com cuidadores e outros familiarizados com a criança, (2) coleta de dados durante observações naturalísticas e (3) realização de testes de competências específicas.

A avaliação de marcos avalia o repertório comportamental atual da criança ao longo de 16 dimensões do comportamento (p. ex., resposta do ouvinte) dispostas em uma sequência de desenvolvimento em três níveis. Os três níveis medem competências típicas de crianças entre zero e 18 meses, 18 e 30 meses, e 30 e 48 meses, respectivamente. A avaliação de barreiras avalia 24 barreiras linguísticas e de aprendizagem (p. ex., dependência da solicitação) que podem interferir no progresso durante a programação educacional. O analista do comportamento deve abordar as barreiras identificadas durante essa avaliação antes de focar em outros objetivos. A avaliação de transição reúne informações sobre competências específicas necessárias para obter ganhos educacionais em ambientes menos restritivos. A avaliação tem três categorias principais: a 1 mede a independência acadêmica (p. ex., competências em grupo) e determina o nível de apoio que a criança precisa. A categoria 2 avalia os padrões de aprendizagem (p. ex., taxa de aquisição de competências) e determina a prontidão da criança para adquirir competências fora da instrução individual. A categoria 3 avalia competências de autoajuda (p. ex., habilidades de ir ao banheiro), espontaneidade (p. ex., adaptabilidade à mudança) e autodireção (p. ex., habilidades de brincar isoladamente).

Sistema de Treinamento Relacional para Promover o Surgimento de Conhecimento Avançado

O Sistema de Treinamento Relacional para Promover o Surgimento de Conhecimento Avançado (PEAK, *Promoting the Emergence of Advanced Knowledge*) é uma ferramenta de avaliação e currículo que se baseia nos princípios da ABA. Ele inclui quatro módulos, cada um dos quais contém 184 habilidades. Os módulos são divididos pela conceituação do autor de distintas modalidades de aprendizagem, que incluem a aprendizagem contingencial direta no módulo de treinamento direto, a generalização de habilidades para novos estímulos e contextos de aprendizagem no módulo de generalização, a formação de classes de equivalência de estímulos no módulo de equivalência e a transformação de quadros relacionais em respostas relacionais derivadas mais complexas no módulo de transformação. O analista do comportamento completa as avaliações PEAK para cada módulo em uma modalidade indireta (pesquisa) ou direta (interação real com o cliente). O analista avaliará uma habilidade diretamente se o cuidador não souber se a criança domina a habilidade. Os módulos de equivalência e de transformação também contêm uma pré-avaliação das relações de estímulo arbitrário para avaliar se uma criança pode derivar relações de novo estímulo após receber informações do analista do comportamento. A duração da avaliação pode variar de 1 a 4 horas, dependendo do tamanho e da complexidade do repertório verbal da criança.

Após a avaliação, o analista do comportamento fornece aos terapeutas metas e instruções breves sobre como ensinar as habilidades deficitárias que a avaliação identificou. A maioria das pesquisas publicadas sobre o PEAK se concentrou no primeiro módulo, o de treinamento direto. Pesquisadores relataram correlações entre este e o QI, linguagem expressiva e receptiva, e outras avaliações comportamentais da linguagem, como o VB-MAPP (Dixon *et al.*, 2014, 2015). Um estudo de implementação do PEAK mostrou que profissionais de cuidados diretos sem histórico de ABA ou treinamento discreto implementaram o PEAK com 60 a 80% de precisão após a revisão do manual. Após uma a quatro sessões de treinamento de habilidades comportamentais com duração de 10 a 45 minutos, a mesma equipe implementou o PEAK com 100% de precisão (Belisle, Rowsey & Dixon, 2016).

Autism Curriculum Encyclopedia

Desenvolvido por profissionais do New England Center for Children, a Autism Curriculum Encyclopedia (ACE) é um pacote de *software* educacional de 2 mil habilidades (*www.acenecc.org*). A ACE inclui três avaliações: a de competências básicas, a de competências ACE e a de preferência. A avaliação de habilidades básicas mede 52 habilidades básicas, como emparelhamento figura-objeto, solicitação de assistência e seguir instruções de uma etapa. A de competências ACE identifica alvos específicos para alunos individuais e inclui *links* para protocolos que os analistas do comportamento podem utilizar para ensinar habilidades direcionadas. Por fim, a avaliação de preferência inclui 12 avaliações, instruções e planilhas de dados para cada avaliação, e uma ferramenta para ajudar os profissionais a selecionar a avaliação ideal para conduzir. A ACE inclui procedimentos para acompanhar o progresso dos alunos e medir os resultados ao longo dos anos.

Manuais curriculares de intervenção precoce

Diversos manuais curriculares de intervenção precoce baseados nos princípios da ABA estão disponíveis comercialmente (p. ex., Leaf & McEachin, 1999; Lovaas, 2003). Muitas das recomendações e das estratégias nos currículos publicados estão enraizadas no manual de tratamento original associado ao Young Autism Project, da UCLA, *Teaching developmentally disabled children: the ME book* (Lovaas, 1981), que usou treinamento de tentativas discretas como principal estratégia instrucional (p. ex., Leaf & McEachin, 1999). Já o manual de Sundberg e Partington (1998) faz referência à análise de Skinner (1957) do comportamento verbal como marco conceitual para o treinamento da linguagem. A maioria dos supervisores de intervenção precoce utiliza mais de um manual publicado ao elaborar um currículo para determinado cliente, embora diferentes manuais recomendem diferentes métodos de treinamento (Love *et al.*, 2009).

Procedimentos instrucionais

Identificação de estratégias instrucionais eficazes e eficientes

Desenvolver os procedimentos de ensino mais eficazes e eficientes para alunos com TEA é uma área de pesquisa importante e crescente. Uma forma de melhorar um programa de ensino é utilizar avaliações para identificar estratégias que produzam os melhores resultados para cada aluno. Enquanto avaliações estruturadas (p. ex., o VB-MAPP e o ABLLS-R) estão disponíveis para avaliar o repertório atual de competências de um aluno e acompanhar o progresso ao longo do tempo, essas avaliações podem não identificar uma intervenção específica ou os componentes críticos da intervenção para ensinar competências ausentes. Pesquisas sugerem que os alunos respondem de forma idiossincrática a diferentes dicas, estratégias de desvanecimento de dicas e procedimentos de correção de erros (p. ex., McGhan & Lerman, 2013; Seaver & Bourret, 2014). Nesses casos, o analista do comportamento deve basear a seleção de estratégias de ensino nos resultados de uma avaliação destinada a adequar os procedimentos de ensino ao indivíduo.

Pesquisadores avaliaram diversos tipos de instrução baseada em avaliação com indivíduos com TEA. Algumas avaliam competências que podem ser componentes de competências mais avançadas (i.e., pré-requisitos; Kodak *et al.*, 2015). Os resultados da avaliação de competências poderiam informar a programação instrucional para promover uma instrução eficaz. Outras avaliações identificam estratégias instrucionais específicas para ensinar uma competência específica. Por exemplo, McGhan e Lerman (2013), e Carroll, Joachim, St. Peter e Robinson (2015) projetaram e analisaram avaliações para identificar procedimentos eficazes e eficientes de correção de erros para alunos com TEA e transtorno de déficit de atenção/hiperatividade (TDAH). Os resultados de ambos os estudos validaram e demonstraram a utilidade clínica dessas avaliações para selecionar procedimentos de correção de erros. Da mesma forma, Kodak, Clements e LeBlanc (2013) analisaram uma avaliação rápida para identificar quais estratégias de ensino levavam à aquisição de discriminações condicionais audiovisuais (p. ex., identificação receptiva) em alunos com TEA.

Os estudos iniciais que avaliaram a instrução baseada em avaliação foram positivos; no entanto, a generalidade dos resultados da avaliação entre tarefas ou características do aluno permanece obscura. Embora os pesquisadores tenham começado a abordar esse tema (Bourret, Vollmer & Rapp, 2004; Fisher, Kodak & Moore, 2007; Kodak *et al.*, 2015; Kodak, Fisher, Clements, Paden & Dickes, 2011; Lerman, Vorndran, Addison & Kuhn, 2004; Seaver & Bourret, 2014), precisamos de mais pesquisas sobre métodos empíricos para adequar as estratégias instrucionais às características do aprendiz. Pesquisas futuras devem explorar a utilidade dessas estratégias baseadas em avaliação como componentes de programas abrangentes de EIBI.

Identificando estratégias de dicas eficazes

Os analistas do comportamento muitas vezes usam dicas de resposta ou de estímulo para aumentar a probabilidade de uma resposta correta. Avaliar e selecionar dicas eficazes são práticas recomendadas, e ambas requerem consideração cuidadosa das variáveis do aprendiz e da tarefa (Wolery & Gast, 1984). Antes de iniciar uma intervenção, um analista do comportamento deve avaliar se um aluno tem as competências de pré-requisito relevantes a dicas específicas para ocasionar respostas corretas. Por exemplo, as dicas de modelo são mais apropriadas para alunos que exibem um repertório de imitação. Além disso, as dicas podem ser diferencialmente eficazes, dependendo da tarefa (Lerman *et al.*, 2004; McComas *et al.*, 1996). Por exemplo, um programa de imagens pode ser mais eficaz para atividades como fazer um lanche, já uma dica gestual pode facilitar as iniciações sociais.

Pesquisas têm buscado desenvolver e analisar avaliações para identificar estratégias efetivas de dicas, componentes de instrução e consequências para indivíduos com TEA. Por exemplo, Seaver e Bourret (2014) desenvolveram uma avaliação que comparou (1) dicas para alunos individuais, (2) estratégias de desvanecimento de dica e (3) as estratégias de dica e desvanecimento mais e menos eficazes com uma nova competência. Esses pesquisadores descobriram que dicas eficazes e estratégias de desvanecimento de dicas variavam entre os indivíduos, mas a avaliação identificou com precisão as estratégias ideais para os alunos em todas as tarefas. Lerman *et al.* (2004) descobriram eficácia diferencial de dicas entre os tipos de competências. Por exemplo, um participante exigiu dicas físicas para adquirir discriminações condicionais audiovisuais de números e para completar quebra-cabeças, mas o reforçamento diferencial sem dicas foi suficiente para produzir a aquisição de números correspondentes. Pesquisas futuras devem avaliar a generalidade dos resultados da instrução baseada em avaliação entre competências e tipos de dicas. Além disso, pesquisas futuras podem se concentrar na identificação de habilidades ou de déficits específicos do aprendiz, preditivos da eficácia relativa de diversos estímulos e dicas de resposta.

Identificando estratégias de desvanecimento das dicas

Os analistas do comportamento normalmente incorporam dicas de resposta e de estímulo em procedimentos instrucionais durante as sessões iniciais de ensino e reduzem as dicas o mais rápido possível (i.e., desvanecimento das dicas). O objetivo do desvanecimento das dicas é transferir o controle de estímulos das dicas feitas pelo terapeuta para estímulos no ambiente natural, que deverão evocar respostas apropriadas (Walker, 2008). Os pesquisadores desenvolveram e avaliaram vários procedimentos de desvanecimento das dicas (p. ex., dica de menos para mais; Horner & Keilitz, 1975). Diversos estudos compararam a eficácia relativa e a eficiência das técnicas de desvanecimento das dicas (p. ex., Seaver & Bourret, 2014). Em geral, pesquisas indicam que a maioria dos procedimentos de desvanecimento das dicas é eficaz para o ensino de muitas competências novas (Ault, Wolery, Doyle & Gast, 1989). No entanto, a eficiência dos procedimentos varia, ou seja, o número de sessões necessárias para ensinar novas competências varia de forma considerável entre diferentes procedimentos de dica. As competências específicas do aprendiz ou da tarefa podem afetar a eficiência dos procedimentos de alerta (Wolery & Gast, 1984). Por exemplo, o desvanecimento dentro do estímulo pode ser ideal para aprendizes que atendem a características irrelevantes dos estímulos (i.e., controle de estímulo com falha), já uma dica de correspondência de identidade pode ser bem adequada para alunos com competências de assistência mais fracas (Fisher *et al.*, 2007). Outra consideração é a do treinamento e do esforço necessários para implementar diversas técnicas de desvanecimento das dicas. Por exemplo, o desvanecimento dentro do estímulo requer muita preparação e materiais. Pesquisas futuras podem avaliar como o nível de competência do aluno, as características da tarefa e as considerações práticas (p. ex., tempo e esforço) influenciam a eficiência de várias estratégias de desvanecimento de dicas.

Manutenção e generalização

Um dos principais objetivos da intervenção precoce é que a criança exiba competências previamente aprendidas durante a instrução direta (i.e., manutenção das competências ao longo do tempo) e se envolva nessas competências em muitos ambientes e em situações novas (i.e., generalização de competências). Infelizmente, muitos esquemas de intervenção precoce falham em programar de maneira adequada para manutenção e generalização de competências (Smith, 1999). Além disso, os ganhos educacionais obtidos durante a intervenção com frequência não se generalizam para outras topografias de resposta (p. ex., aprender a adicionar a terminação *-ndo* uma palavra nova) ou para variações de respostas exigidas em outros contextos (Charlop, Schreibman & Thibodeau, 1985). Dessa forma, pesquisas futuras devem avaliar variáveis que promovam e interfiram na manutenção e na generalização das competências adquiridas por meio da intervenção precoce.

Manutenção. Maurice *et al.* (1996) recomendam avaliar a manutenção 1 vez por semana durante 3 a 6 semanas para medir se uma criança continua a exibir a competência recentemente dominada. Quando os dados demonstram que a criança manteve uma competência-alvo (p. ex., respostas corretas durante as sondagens semanais de manutenção), a criança pode continuar a praticá-la em momentos relevantes, mas sem coleta de dados adicionais sobre a competência dominada.

Muitos manuais de intervenção precoce recomendam modificações nos procedimentos de ensino em andamento para aumentar a probabilidade de que crianças com TEA apresentem manutenção de competências após o treinamento. Por exemplo, Lovaas (2003) recomendou modificar tanto o esquema quanto o tipo de reforço fornecido para respostas corretas – procedimentos que também podem promover a generalização. Além disso, quando o analista do comportamento utiliza reforçadores arbitrários (p. ex., alimentos) para treinar uma nova tarefa, ele deve programar reforçadores de ocorrência natural (p. ex., elogios, saudações com as mãos) em tratamento e manutenção, para garantir que o comportamento não seja extinto no ambiente natural uma vez que os reforços arbitrários cessem.

Generalização. Ocorre quando uma criança exibe competências adquiridas em um ambiente ou com uma pessoa em outros ambientes ou com outras pessoas, sem treinamento direto. Stokes e Baer (1977) descreveram sete técnicas para avaliar e promover a generalização. As técnicas específicas mais relevantes para a intervenção precoce incluem a formação de exemplares suficientes e a utilização de contingências indiscriminadas. Treinar exemplares suficientes envolve (1) ensinar diferentes respostas ao mesmo estímulo, como múltiplas maneiras de fazer um elogio; e (2) ensinar a criança a se envolver na resposta correta por meio de muitos estímulos diferentes e relevantes, como ensinar a criança a falar *cão* na presença de diferentes exemplos de cães que compartilham algumas características. Às vezes, a generalização pode ocorrer quando o analista do comportamento inclui apenas dois exemplos de resposta, terapeutas ou ambientes durante o treinamento (p. ex., Stokes, Baer & Jackson, 1974), porém mais exemplos são necessários em outros momentos (p. ex., Wunderlich, Vollmer, Donaldson & Phillips, 2014). Pesquisas futuras devem se concentrar em determinar as condições ideais para alcançar a generalização do estímulo.

Outra técnica comportamental de grande relevância no treinamento para generalização é o uso de contingências indiscriminadas. Ao utilizar contingências indiscriminadas, o analista do comportamento normalmente fornece reforço para o comportamento apropriado em um esquema intermitente (p. ex., intervalo variável de 30 segundos). Por exemplo, Freeland e Noell (2002) avaliaram se a conclusão dos problemas matemáticos era mantida quando a resposta correta não produzia mais reforço após uma fase em que (1) cada resposta correta produzia reforço ou (2) a resposta correta produzia reforço intermitente. Os resultados indicaram que a resposta foi mantida apenas após uma fase de reforço intermitente. Embora a maioria dos analistas do comportamento geralmente diminua o esquema de reforço após uma criança dominar competências em esquemas de intervenção precoce, poucos estudos avaliaram o esquema de reforço necessário para manter as competências em ambientes diferentes do ambiente de treinamento.

Integridade do tratamento

Muitos estudos demonstrando a eficácia de modelos de intervenção precoce envolveram protocolos experimentais rigorosos nos quais clínicos substancialmente treinados atuaram como terapeutas. No entanto, a maioria dos prestadores de serviços diretos na prática tem menos formação e experiência do que os terapeutas na pesquisa publicada. Desse modo, é improvável que os terapeutas na prática implementem intervenções ABA com os mesmos níveis de integridade relatados na literatura (p. ex., Reed, Osborne & Corness, 2007; Smith, Flanagan, Garon & Bryson, 2015).

O impacto da integridade do tratamento sobre a efetividade das intervenções comportamentais tem recebido cada vez mais atenção nos últimos anos (Fryling, Wallace & Yassine, 2012). Carroll, Kodak e Fisher (2013) conduziram um estudo inicial para identificar a prevalência de falhas na integridade do tratamento quando professores de sala de aula de crianças com TEA implementaram treinamento de tentativa discreta. Os resultados mostraram que professores e paraprofissionais cometeram erros frequentes durante o treinamento de tentativas discretas: (1) corrigir apenas aproximadamente 40% dos erros após respostas incorretas; (2) não fornecer instruções claras durante aproximadamente 50% dos ensaios de ensino; e (3) não entregar reforço de forma consistente (os professores entregaram reforço apenas para cerca de 20% das respostas corretas). Embora a ocorrência frequente de erros instrucionais durante o treinamento em sala de aula seja motivo de preocupação, não ficou claro se esses erros afetaram de forma negativa a aprendizagem. Portanto, Carroll *et al.* (2013) realizaram um segundo experimento para avaliar o impacto desses erros instrucionais comuns na aprendizagem das crianças. Os autores compararam a instrução de alta integridade (na qual o terapeuta não cometeu erros) com a instrução de baixa integridade (na qual o terapeuta cometeu erros durante 67% das tentativas) e com uma condição de controle sem instrução. Os pesquisadores basearam a porcentagem de instrução de baixa integridade no número médio de erros cometidos por professores e paraprofissionais utilizando treinamento de tentativas discretas com crianças com TEA durante observações em sala de aula. Os resultados mostraram que os participantes adquiriram rapidamente competências na condição de instrução de alta integridade, mas não adquiriram competências semelhantes na condição de instrução de baixa integridade. Na verdade, a maioria dos participantes não aprendeu competências direcionadas durante a instrução de baixa integridade, apesar de participarem de um número três vezes maior de sessões de instrução. Os participantes adquiriram as competências quando os pesquisadores usaram instrução de alta integridade com as competências inicialmente atribuídas à condição de baixa integridade.

Estudos semelhantes avaliando a diminuição na integridade do tratamento descobriram que os erros que ocorrem em 33 a 100% dos ensaios afetaram o aprendizado (p. ex., DiGennaro Reed, Reed, Baez & Maguire, 2011; Jenkins, Hirst, DiGennaro Reed, 2015; Noell, Gresham & Gansle, 2002). No entanto, não está claro se esses estudos controlados que manipularam componentes específicos da instrução representam os tipos e a frequência de erros que ocorrem durante a implementação de intervenções ABA em residências, escolas e clínicas. Pesquisas adicionais deverão avaliar a quantidade mínima de integridade do tratamento necessária para produzir resultados positivos no tratamento. Investigações como essas podem auxiliar no desenvolvimento de diretrizes para a integridade do tratamento na prática.

Considerações finais

A intervenção precoce baseada nos princípios da ABA é um componente crítico de qualquer tratamento abrangente para crianças diagnosticadas com TEA. Embora diversas estratégias comportamentais de intervenção precoce tenham produzido resultados impressionantes com pequenos grupos de crianças com TEA, a maioria dos estudos de resultado que avaliam a implementação em larga escala de procedimentos de intervenção precoce tem se concentrado no modelo baseado na UCLA (i.e., treinamento em tentativas discretas; p. ex., Smith *et al.*, 2000). Assim, os pesquisadores devem conduzir ensaios clínicos randomizados e controlados de outros modelos comportamentais de intervenção precoce, como treinamento em ambiente natural e comportamento verbal aplicado, para identificar estratégias adicionais eficazes. Além disso, muitos profissionais combinam vários modelos de intervenção precoce baseados no comportamento. Pesquisas futuras poderão avaliar a utilidade de combinar as abordagens comportamentais de intervenção precoce para tirar proveito das características únicas de cada modelo.

Apesar de um aumento na pesquisa de intervenção precoce nos últimos 40 anos, precisamos de consideravelmente mais pesquisas para delinear estratégias de ensino ideais para crianças com TEA. Por exemplo, precisamos de pesquisas para avaliar o impacto das variáveis do aprendiz e da tarefa na eficácia de determinadas estratégias de intervenção. Pesquisas futuras podem se concentrar no desenvolvimento de avaliações sistemáticas de potenciais variáveis que interagem com a efetividade dos procedimentos de aquisição. Informações de uma avaliação desse tipo podem levar a melhor identificação de procedimentos que resultem em rápida aquisição de competências. Melhorar nossas tecnologias de ensino existentes e desenvolver novas tecnologias provavelmente melhorará os resultados para crianças com TEA tratadas com intervenção precoce.

Referências

American Psychiatric Association. (2000). *Diagnostic and statistical manual of mental disorders* (4th ed., com revisão de texto). Washington, DC: Autor.

American Psychiatric Association. (2013). *Diagnostic and statistical manual of mental disorders* (5th ed.). Arlington, VA: Autor.

Ault, M. J., Wolery, M., Doyle, P. M., & Gast, D. L. (1989). Review of comparative studies in the instruction of students with moderate and severe handicaps. *Exceptional Children, 55*, 346-356.

Azrin, N. H., & Foxx, R. M. (1971). A rapid method of toilet training the institutionalized retarded. *Journal of Applied Behavior Analysis, 4*, 89-99.

Belisle, J., Rowsey, K. E., & Dixon, M. R. (2016). The use of *in situ* behavioral skills training to improve staff implementation of the peak relational training system. *Journal of Organizational Behavior Management, 36*, 71-79.

Bourret, J., Vollmer, T. R., & Rapp, J. T. (2004). Evaluation of a vocal mand assessment and vocal mand training procedures. *Journal of Applied Behavior Analysis, 37*, 129-144.

Burd, L., Fisher, W., & Kerbeshian, J. (1987). A prevalence study of pervasive developmental disorders in North Dakota. *Journal of the American Academy of Child and Adolescent Psychiatry, 26*, 700-703.

Carr, J. E., Nicolson, A. C., & Higbee, T. S. (2000). Evaluation of a brief multiple-stimulus preference assessment in a naturalistic context. *Journal of Applied Behavior Analysis, 33*, 352-357.

Carroll, R. A., Joachim, B. T., St. Peter, C. C., & Robinson, N. (2015). A comparison of error-correction procedures on skill acquisition during discrete-trial instruction. *Journal of Applied Behavior Analysis, 48*(2), 257-273.

Carroll, R. A., Kodak, T., & Fisher, W. W. (2013). An evaluation of programmed treatment-integrity errors during discrete-trial instruction. *Journal of Applied Behavior Analysis, 46*, 379-394.

Centers for Disease Control and Prevention. (2020, 25 de março). Data and statistics on autism spectrum disorder. Retirado de *www.cdc.gov/ncbddd/autism/data.html*.

Charlop, M. H., Schreibman, L., & Thibodeau, M. G. (1985). Increasing spontaneous verbal responding in autistic children using a time delay procedure. *Journal of Applied Behavior Analysis, 18*, 155-166.

Charlop-Christy, M. H., & Carpenter, M. H. (2000). Modified incidental teaching sessions: A procedure for parents to increase spontaneous speech in their children with autism. *Journal of Positive Behavior Interventions, 2*, 98-112.

Charlop-Christy, M. H., & Kelso, S. E. (1997). *How to treat the child with autism: A guide to treatment at the Claremont Autism Center*. Claremont, CA: Claremont McKenna College.

Cicero, F. R., & Pfadt, A. (2002). Investigation of a reinforcement-based toilet training procedure for children with autism. *Research in Developmental Disabilities, 23*, 319-331.

DeLeon, I. G., Fisher, W. W., Rodriguez-Catter, V., Maglieri, K., Herman, K., & Marhefka, J. (2001). Examination of relative reinforcement of stimuli identified through pretreatment and daily brief preference assessments. *Journal of Applied Behavior Analysis, 34*, 463-473.

DeMeyer, M. K. (1979). *Parents and children in autism*. Nova York: Wiley.

DiGennaro Reed, F. D., Reed, D. D., Baez, C. N., & Maguire, H. (2011). A parametric analysis of errors of commission during discrete-trial training. *Journal of Applied Behavior Analysis, 44*, 611-615.

Dixon, M. R., Belisle, J., Stanley, C. R., Rowsey, K. E., Daar, J. H., & Szelkey, S. (2015). Toward a behavior analysis of complex language: Evaluating the relationship between PEAK and the VB-MAPP. *Journal of Developmental and Physical Disabilities, 27*, 223-233.

Dixon, M. R., Carman, J., Tyler, P. A., Whiting, S. W., Enoch, M., & Daar, J. H. (2014). Peak relational training system for children with autism and developmental disabilities: Correlation with Peabody Picture Vocabulary Test and assessment reliability. *Journal of Developmental and Physical Disabilities, 26*, 603-614.

Dunlap, G., dePerczel, M., Clarke, S., Wilson, D., White, R., & Gomez, A. (1994). Choice making to promote adaptive behavior for students with emotional and behavioral challenges. *Journal of Applied Behavior Analysis, 27*, 505-518.

Eikeseth, S., Smith, T., Jahr, E., & Eldevik, S. (2002). Intensive behavioral treatment at school for 4- to 7-year-old children with autism: A 1-year comparison controlled study. *Behavior Modification, 26*, 49-68.

Finn, H. E., Miguel, C. F., & Ahearn, W. H. (2012). The emergence of untrained mands and tacts in children with autism. *Journal of Applied Behavior Analysis, 45*, 265-280.

Fisher, W. W., Kodak, T., & Moore, J. W. (2007). Embedding an identity-matching task within a prompting hierarchy to facilitate acquisition of conditional discriminations in children with autism. *Journal of Applied Behavior Analysis, 40*, 489-499.

Freeland, J. T., & Noell, G. H. (2002). Programming for maintenance: An investigation of delayed intermittent reinforcement and common stimuli to create indiscriminable contingencies. *Journal of Behavioral Education, 11*, 5-18.

Fryling, M. J., Wallace, M. D., & Yassine, J. N. (2012). Impact of treatment integrity on intervention effectiveness. *Journal of Applied Behavior Analysis, 45*, 449-453.

Gianoumis, S., Seiverling, L., & Sturmey, P. (2012). The effects of behavior skills training on correct teacher implementation of natural language paradigm teaching skills and child behavior. *Behavioral Interventions, 27*, 57-74.

Gillett, J. N., & LeBlanc, L. A. (2007). Parent-implemented natural language paradigm to increase language and play in children with autism. *Research in Autism Spectrum Disorders, 1*(3), 247-255.

Graff, R. B., & Karsten, A. M. (2012). Evaluation of a self-instruction package for conducting stimulus preference assessments. *Journal of Applied Behavior Analysis, 45*, 69-82.

Green, V. A., Pituch, K. A., Itchon, J., Choi, A., O'Reilly, M., & Sigafoos, J. (2006). Internet survey of treatments used by parents of children with autism. *Research in Developmental Disabilities, 27*, 70-84.

Greer, B. D., Neidert, P. L., & Dozier, C. L. (2016). A component analysis of toilet-training procedures recommended for young children. *Journal of Applied Behavior Analysis, 49*, 69-84.

Hagopian, L. P., Fisher, W., Piazza, C. C., & Wierzbicki, J. J. (1993). A water-prompting procedure for the treatment of urinary incontinence. *Journal of Applied Behavior Analysis, 26*, 473-474.

Hanley, G. P., Piazza, C. C., Fisher, W. W., Contrucci, S. A., & Maglieri, K. A. (1997). Evaluation of client preference for function-based treatment packages. *Journal of Applied Behavior Analysis, 30*, 459-473.

Hanley, G. P., Piazza, C. C., Fisher, W. W., & Maglieri, K. A. (2005). On the effectiveness of and preference for punishment and extinction components of function-based interventions. *Journal of Applied Behavior Analysis, 38*, 51-65.

Hart, B. M., & Risley, T. R. (1968). Establishing use of descriptive adjectives in the spontaneous speech of disadvantaged preschool children. *Journal of Applied Behavior Analysis, 1*, 109-120.

Hart, B., & Risley, T. R. (1975). Incidental teaching of language in the preschool. *Journal of Applied Behavior Analysis, 8*, 411-420.

Hill, A. P., Zuckerman, K., & Fombonne, E. (2015). Epidemiology of autism spectrum disorders. Em M. D. Robinson-Agramonte (Ed.), *Translational approaches to autism spectrum disorder* (p. 13-38). Cham, Switzerland: Springer International.

Horner, R. D., & Keilitz, I. (1975). Training mentally retarded adolescents to brush their teeth. *Journal of Applied Behavior Analysis, 25*, 491-498.

Horner, R. H., Carr, E. G., Halle, J., McGee, G., Odom, S., & Wolery, M. (2005). The use of single-subject research to identify evidence-based practice in special education. *Exceptional Children, 71*, 165-179.

Howard, J. S., Sparkman, C. R., Cohen, H. G., Green, G., & Stanislaw, H. (2005). A comparison of intensive behavior analytic and eclectic treatments for young children with autism. *Research in Developmental Disabilities, 26*, 359-383.

Iwata, B. A., Dorsey, M. F., Slifer, K. J., Bauman, K. E., & Richman, G. S. (1994). Toward a functional analysis of self--injury. *Journal of Applied Behavior Analysis, 27*, 197-209. (Reimpresso de *Analysis and Intervention in Developmental Disabilities, 2*, 3-20, 1982)

Jenkins, S. R., Hirst, J. M., & DiGennaro Reed, F. D. (2015). The effects of discrete-trial training commission errors on learner outcomes: An extension. *Journal of Behavioral Education, 24*, 196-209.

Kelley, M. E., Shillingsburg, M. A., Castro, M. J., Addison, L. R., & LaRue, R. H., Jr. (2007). Further evaluation of emerging speech in children with developmental disabilities: Training verbal behavior. *Journal of Applied Behavior Analysis, 40*, 431-445.

Kodak, T., Clements, A., & LeBlanc, B. (2013). A rapid assessment of instructional strategies to teach auditory-visual conditional discriminations to children with autism. *Research in Autism Spectrum Disorders, 7*, 801-807.

Kodak, T., Clements, A., Paden, A. R., LeBlanc, B., Mintz, J., & Toussaint, K. A. (2015). Examination of the relation between an assessment of skills and performance on auditory-visual conditional discriminations for children with autism spectrum disorder. *Journal of Applied Behavior Analysis, 48*, 52-70.

Kodak, T., Fisher, W. W., Clements, A., Paden, A. R., & Dickes, N. (2011). Functional assessment of instructional variables: Linking assessment and treatment. *Research in Autism Spectrum Disorders, 5*, 1059-1077.

Kodak, T., & Piazza, C. C. (2008). Assessment and behavioral treatment of feeding and sleeping disorders in children with autism spectrum disorders. *Child and Adolescent Psychiatric Clinics of North America, 17*, 887-905.

Koegel, R. L., O'Dell, M. C., & Koegel, L. K. (1987). A natural language paradigm for teaching non-verbal autistic children. *Journal of Autism and Developmental Disorders, 17*, 187-199.

Laski, K. E., Charlop, M. H., & Schreibman, L. (1988). Training parents to use the natural language paradigm to increase their autistic children's speech. *Journal of Applied Behavior Analysis, 21*, 391-400.

Leaf, R., & McEachin, J. (1999). *A work in progress: Behavior management strategies and a curriculum for intensive behavior treatment of autism*. Nova York: DRL Books.

LeBlanc, L. A., Carr, J. E., Crossett, S. E., Bennett, C. M., & Detweiler, D. D. (2005). Intensive outpatient behavioral treatment of primary urinary incontinence of children with autism. *Focus on Autism and Other Developmental Disabilities, 20*, 98-105.

LeBlanc, L. A., Esch, J., Sidener, T. M., & Firth, A. M. (2006). Behavioral language interventions for children with autism: Comparing applied verbal behavior and naturalistic teaching approaches. *Analysis of Verbal Behavior, 22*, 49-60.

Lerman, D. C., Parten, M., Addison, L. R., Vorndran, C. M., Volkert, V. M., & Kodak, T. (2005). A methodology for assessing the functions of emerging speech in children with autism. *Journal of Applied Behavior Analysis, 38*, 303-316.

Lerman, D. C., Vorndran, C., Addison, L., & Kuhn, S. A. (2004). A rapid assessment of skills in young children with autism. *Journal of Applied Behavior Analysis, 37*, 11-26.

Levy, S., Giarrelli, E., Li-Ching, L., Schieve, L., Kirby, R., Cunniff, C., *et al.* (2010). Autism spectrum disorder and co-occurring developmental, psychiatric, and medical conditions among children in multiple populations of the United States. *Journal of Developmental and Behavioral Pediatrics, 31*, 267-275.

Lovaas, O. I. (1981). *Teaching developmentally disabled children: The ME book*. Baltimore: University Park Press.

Lovaas, O. I. (1987). Behavioral treatment and normal educational and intellectual functioning in young autistic children. *Journal of Consulting and Clinical Psychology, 55*, 3-9.

Lovaas, O. I. (2003). *Teaching individuals with developmental delays: Basic intervention techniques*. Austin, TX: PRO-ED.

Lovaas, O. I., Koegel, R., Simmons, J. Q., & Long, J. (1973). Some generalization and follow-up measures on autistic children in behavior therapy. *Journal of Applied Behavior Analysis, 6*, 131-166.

Love, J. R., Carr, J. E., Almason, S. M., & Petursdottir, A. I. (2009). Early and intensive behavioral intervention for autism: A survey of clinical practices. *Research in Autism Spectrum Disorders, 3*, 421-428.

Makrygianni, M. K., & Reed, P. (2010). A meta-analytic review of the effectiveness of behavioural early intervention programs for children with autism spectrum disorders. *Research in Autism Spectrum Disorders, 4*, 577-593.

Matson, J. L., & Shoemaker, M. (2009). Intellectual disability and its relationship to autism spectrum disorders. *Research in Developmental Disabilities, 30*, 1107-1114.

Maurice, C., Green, G., & Luce, S. C. (1996). *Behavioral intervention for young children with autism: A manual for parents and professionals*. Austin, TX: PRO-ED.

McComas, J. J., Wacker, D. P., Cooper, L. J., Asmus, J. M., Richman, D., & Stoner, B. (1996). Brief experimental analysis of stimulus prompts for accurate responding on academic tasks in an out-patient clinic. *Journal of Applied Behavior Analysis, 29*, 397-401.

McEachin, J. J., Smith, T., & Lovaas, O. I. (1993). Long-term outcome for children with autism who received early intensive behavioral treatment. *American Journal on Mental Retardation, 97*, 359-372.

McGee, G. G., Krantz, P. J., Mason, D., & McClannahan, L. E. (1983). A modified incidental-teaching procedure for autistic youth: Acquisition and generalization of receptive object labels. *Journal of Applied Behavior Analysis, 16*, 329-338.

McGee, G. G., Krantz, P. J., & McClannahan, L. E. (1985). The facilitative effects of incidental teaching on preposition use by autistic children. *Journal of Applied Behavior Analysis, 18*, 17-31.

McGhan, A. C., & Lerman, D. C. (2013). An assessment of error-correction procedures for learners with autism. *Journal of Applied Behavior Analysis, 46*, 626-639.

McStay, R. L., Dissanayake, C., Scheeren, A., Koot, H. M., & Begeer, S. (2014). Parenting stress and autism: The role of age, autism severity, quality of life and problem behaviour of children and adolescents with autism. *Autism, 18*, 502-510.

Michael, J., Palmer, D. C., & Sundberg, M. L. (2011). The multiple control of verbal behavior. *Analysis of Verbal Behavior, 27*, 3-22.

Miguel, C. F., Petursdottir, A. I., & Carr, J. E. (2005). The effects of multiple-tact and receptive-discrimination training on the acquisition of intraverbal behavior. *Analysis of Verbal Behavior, 21*, 27-41.

National Autism Center. (2009). *National Standards Project*. Randolph, MA: Autor.

National Autism Center. (2015). *Findings and conclusions: National Standards Project, Phase 2*. Randolph, MA: Autor.

Nefdt, N., Koegel, R., Singer, G., & Gerber, M. (2010). The use of a self-directed learning program to provide introductory training in pivotal response treatment to parents of children with autism. *Journal of Positive Behavioral Interventions, 12*, 23-32.

Noell, G. H., Gresham, F. M., & Gansle, K. A. (2002). Does treatment integrity matter?: A preliminary investigation of instructional implementation and mathematics performance. *Journal of Behavioral Education, 11*, 51-67.

Partington, J. W. (2006). *Assessment of Basic Language and Learning Skills– Revised*. Pleasant Hill, CA: Behavior Analysts.

Peterson, K. M., Piazza, C. C., Ibañez, V. F., & Fisher, W. W. (2019). Randomized controlled trial of an applied behavior analysis intervention for food selectivity in children with autism spectrum disorder. *Journal of Applied Behavior Analysis, 52*, 895-917.

Peterson, K. M., Piazza, C. C., & Volkert, V. M. (2016). A comparison of a modified sequential oral sensory approach to an applied behavior-analytic approach in the treatment of food selectivity in children with autism spectrum disorder. *Journal of Applied Behavior Analysis, 49*, 485-511.

Petursdottir, A. I., & Carr, J. E. (2011). A review of recommendations for sequencing receptive and expressive language instruction. *Journal of Applied Behavior Analysis, 44*, 859-876.

Piazza, C. C. (2008). Feeding disorders and behavior: What have we learned? *Developmental Disabilities Research Reviews, 14*, 174-181.

Piazza, C. C., Fisher, W., Chinn, S., & Bowman, L. (1991). Reinforcement of incontinent stools in the treatment of encopresis. *Clinical Pediatrics, 30*, 28-32.

Piazza, C. C., Fisher, W., Kiesewetter, K., Bowman, L., & Moser, H. (1990). Aberrant sleep patterns in children with Rett syndrome. *Brain and Development, 12*, 488-493.

Reed, P., Osborne, L. A., & Corness, M. (2007). The real-world effectiveness of early teaching interventions for children with autism spectrum disorder. *Exceptional Children, 73*, 417-433.

Reichow, B. (2012). Overview of meta-analyses on early intensive behavioral intervention for young children with autism spectrum disorders. *Journal of Autism and Developmental Disorders, 42*, 512-530.

Reichow, B., Volkmar, F. R., & Cicchetti, D. V. (2008). Development of the evaluative method for evaluating and determining evidence-based practices in autism. *Journal of Autism and Developmental Disorders, 38*, 1311-1319.

Reichow, B., & Wolery, M. (2009). Comprehensive synthesis of early intensive behavioral interventions for young children with autism based on the UCLA Young Autism Project. *Journal of Autism and Developmental Disorders, 39*, 23-41.

Roane, H. S., Fisher, W. W., & Carr, J. E. (2016). Applied behavior analysis as treatment for autism spectrum disorder. *Journal of Pediatrics, 175*, 27-32.

Robinson, S. E. (2011). Teaching paraprofessionals of students with autism to implement pivotal response treatment in inclusive school settings, using a brief video feedback treatment package. *Focus on Autism and Other Developmental Disabilities, 26*, 105-118.

Romaniuk, C., Miltenberger, R., Conyers, C., Jenner, N., Jurgens, M., & Ringenberg, C. (2002). The influence of activity choice on problem behaviors maintained by escape versus attention. *Journal of Applied Behavior Analysis, 35*, 349-362.

Rutter, M. (1970). Psychological development: Predictions from infancy. *Journal of Child Psychology and Psychiatry, 11*, 49-62.

Sallows, G. O., & Graupner, T. D. (2005). Intensive behavioral treatment for children with autism: Four-year outcome and predictors. *American Journal on Mental Retardation, 110*, 417-438.

Schmidt, A. C., Hanley, G. P., & Layer, S. A. (2009). A further analysis of the value of choice: Controlling for illusory discriminative stimuli and evaluating the effects of less preferred items. *Journal of Applied Behavior Analysis, 42*, 711-716.

Schreck, K. A., Williams, K., & Smith, A. F. (2004). A comparison of eating behaviors between children with and without autism. *Journal of Autism and Developmental Disorders, 34*, 433-438.

Schreibman, L., & Koegel, R. L. (2005). Training for parents of children with autism: Pivotal responses, generalization, and individualization of intervention. Em E. D. Hibbs & P. S. Jensen (Eds.), *Psychosocial treatments for child and adolescent disorders: Empirically based strategies for clinical practice* (p. 605-631). Washington, DC: American Psychological Association.

Seaver, J. L., & Bourret, J. C. (2014). An evaluation of response prompts for teaching behavior chains. *Journal of Applied Behavior Analysis, 47*, 777-792.

Sharp, W. G., Berry, R. C., McCracken, C., Nuhu, N. N., Marvel, E., *et al.* (2013). Feeding problems and nutrient intake in children with autism spectrum disorders: A meta-analysis and comprehensive review of the literature. *Journal of Autism and Developmental Disorders, 43*, 2159-2173.

Skinner, B. F. (1957). *Verbal behavior*. Nova York: Appleton-Century-Crofts.

Smith, I. M., Flanagan, H. E., Garon, N., & Bryson, S. E. (2015). Effectiveness of community-based early intervention based on pivotal response treatment. *Journal of Autism and Developmental Disorders, 45*, 1858-1872.

Smith, T. (1999). Outcome of early intervention for children with autism. *Clinical Psychology: Science and Practice, 6*, 33-49.

Smith, T., Eikeseth, S., Klevstrand, M., & Lovaas, O. I. (1997). Intensive behavioral treatment for preschoolers with severe mental retardation and pervasive developmental disorder. *American Journal on Mental Retardation, 102*, 238-249.

Smith, T., Groen, A., & Wynn, J. (2000). Randomized trial of intensive early intervention for children with pervasive developmental disorder. *American Journal on Mental Retardation, 105*, 269-285.

Spector, V., & Charlop, M. H. (2018). A sibling-mediated intervention for children with autism spectrum disorder: Using the natural language paradigm (NLP). *Journal of Autism and Developmental Disorders, 48*(5), 1508-1522.

Stahmer, A. C., Collings, N. M., & Palinkas, L. A. (2005). Early intervention practices for children with autism: Descriptions from community providers. *Focus on Autism and Other Developmental Disabilities, 20*, 66-79.

Stokes, T. F., & Baer, D. M. (1977). An implicit technology of generalization. *Journal of Applied Behavior Analysis, 10*, 349-367.

Stokes, T. F., Baer, D. M., & Jackson, R. L. (1974). Programming the generalization of a greeting response in four retarded children. *Journal of Applied Behavior Analysis, 7*, 599-610.

Sundberg, M. L. (2008). *Verbal Behavior Milestones Assessment and Placement Program*. Concord, CA: AVB Press.

Sundberg, M. L., & Michael, J. (2001). The benefits of Skinner's analysis of verbal behavior for children with autism. *Behavior Modification, 25*, 698-724.

Sundberg, M. L., & Partington, J. W. (1998). *Teaching language to children with autism or other developmental disabilities*. Pleasant Hill, CA: Behavior Analysts. Sundberg, M. L., & Partington, J. W. (1999). The need for both discrete trial and natural environment language training for children with autism. Em P. M. Ghezzi, W. L. Williams, & J. E. Carr (Eds.), *Autism: Behavior analytic perspectives* (p. 139-156). Reno, NV: Context Press.

Tiger, J. H., Hanley, G. P., & Hernandez, E. (2006). An evaluation of the value of choice with preschool children. *Journal of Applied Behavior Analysis, 39*, 1-16.

Toussaint, K. A., Kodak, T., & Vladescu, J. C. (2016). An evaluation of choice on instructional efficacy and individual preferences among children with autism. *Journal of Applied Behavior Analysis, 49*(1), 170-175.

Virues-Ortega, J. (2010). Applied behavior analytic intervention for autism in early childhood: Meta-analysis, meta-regression and dose-response meta-analysis of multiple outcomes. *Clinical Psychology Review, 30*, 387-399.

Volkert, V. M., & Piazza, C. C. (2012). Pediatric feeding disorders. Em P. Sturmey & M. Hersen (Eds.), *Handbook of evidence-based practice in clinical psychology* (p. 323-338). Hoboken, NJ: Wiley.

Volkmar, F. R., Lord, C., Bailey, A., Schultz, R. T., & Klin, A. (2004). Autism and pervasive developmental disorders. *Journal of Child Psychology and Psychiatry, 45*, 135-170.

Walker, G. (2008). Constant and progressive time delay procedures for teaching children with autism: A literature review. *Journal of Autism and Developmental Disorders, 38*, 261-275.

Williams, G., Oliver, J. M., Allard, A. M., & Sears, L. (2003). Autism and associated medical and familial factors: A case control study. *Journal of Developmental and Physical Disabilities, 15*, 335-349.

Wolery, M., & Gast, D. L. (1984). Effective and efficient procedures for the transfer of stimulus control. *Topics in Early Childhood Special Education, 4*, 52-77.

Wunderlich, K. L., Vollmer, T. R., Donaldson, J. M., & Phillips, C. L. (2014). Effects of serial and concurrent training on acquisition and generalization. *Journal of Applied Behavior Analysis, 47*, 1-15.

Zwaigenbaum, L., Bauman, M. L., Choueiri, R., Kasari, C., Carter, A., Granpeesheh, D., *et al.* (2015). Early intervention for children with autism spectrum disorder under 3 years of age: Recommendations for practice and research. *Pediatrics, 136*(Suppl. 1), S60-S81.

24

Pediatria comportamental

Integrando a análise do comportamento aplicada com a medicina pediátrica

Patrick C. Friman

Poucas crianças nos Estados Unidos têm um provedor de cuidados de saúde mental, mas todas têm um provedor de cuidados de saúde médica. O atendimento médico fornecido se enquadra na rubrica geral de atenção primária pediátrica, e um provedor de cuidados pediátricos primários é o primeiro profissional que um cuidador preocupado com os problemas de comportamento de seu filho contata. Cerca de um quarto das crianças atendidas na atenção primária apresentam sintomas que atendem aos critérios para um transtorno comportamental ou emocional (Costello, Edelbrock *et al.*, 1988; Horwitz, Leaf, Leventhal, Forsyth & Speechley, 1992), e outros 40% ou mais podem apresentar comportamentos ou emoções subclínicas que causam preocupação aos seus cuidadores (Costello & Shugart, 1992). Essas proporções são encontradas em ambientes urbanos (p. ex., Costello, Edelbrock *et al.*, 1988) e rurais (Polaha, Dalton & Allen, 2011). Como resultado, pesquisadores têm se referido aos pediatras como "guardiões" dos serviços de saúde mental infantil (Dulcan *et al.*, 1990; Costello, Burns *et al.*, 1988) e ao local de suas práticas como "ambientes de saúde mental de fato" (Green *et al.*, 2017; Jenssen, Buttenheim & Fiks, 2019; Regier, Goldberg & Taube, 1978; cf. Polaha *et al.*, 2011). A *análise do comportamento aplicada* (ABA, *applied behavior analysis*) é uma ciência poderosa, especializada em comportamento, na análise deste e no desenvolvimento de métodos para influenciá-lo de maneiras socialmente adaptativas. A *pediatria comportamental* é o ramo da pediatria que enfoca a relação entre comportamento e assistência à saúde pediátrica (Blum e Friman, 2000; Christophersen, 1982; Friman, 2005a, 2008; Friman e Blum, 2003). A mensagem central deste capítulo é que a integração da ABA com a pediatria comportamental amplia o escopo de tal análise do comportamento, expande a prática efetiva e melhora os cuidados de saúde pediátricos para crianças.

A pediatria comportamental é um campo amplo, que inclui quatro domínios básicos de pesquisa e de prática: (1) a avaliação e o tratamento de problemas de comportamento infantil de alta frequência e de baixa intensidade (rotina) apresentados em ambientes de atenção primária à saúde; (2) a influência de variáveis fisiológicas sobre problemas de comportamento infantil; (3) a influência de variáveis comportamentais sobre problemas médicos infantis; e (4) variáveis contextuais fundamentais nos três primeiros domínios. A alta prevalência de problemas comportamentais apresentados em ambientes pediátricos e o crescente reconhecimento da relação recíproca entre preocupações médicas e problemas de comportamento infantil levaram a um drástico crescimento da pediatria comportamental nos últimos 40 anos. A ABA fez contribuições significativas ao longo desse tempo, e estas, juntamente com o crescimento contínuo da pediatria comportamental, fornecem múltiplas oportunidades para analistas do comportamento aplicados trabalharem em ambientes de cuidados de saúde infantil.

Relação entre pediatria e análise do comportamento aplicada

Como já indicado, os provedores de cuidados primários (diversas subespecialidades fornecem cuidados primários para crianças, mas a mais comum, de longe, é a pediatria; doravante, utilizo o termo *pediatra* para me referir aos provedores, e *pediatria*, aos ambientes) são os profissionais mais propensos a fornecer intervenções iniciais para problemas comportamentais ou emocionais das crianças (Christophersen, 1982; Costello, Burns *et al.*, 1988; Costello, Edelbrock, 1988; Dulcan *et al.*, 1990). Eles são mais propensos a usar aconselhamento de suporte, tratamento comportamental prescritivo ou encaminhamento (Blum & Friman, 2000; Friman e Blum, 2003; Friman, 2005a, 2008). A ABA tem contribuído de maneira substancial para o desenvolvimento, a implementação e a avaliação de intervenções pediátricas, sobretudo o tratamento comportamental prescritivo, para muitos dos problemas de comportamento que as crianças apresentam inicialmente na atenção primária (Christophersen, 1982; Friman, 2005a, 2008; Friman e Blum, 2003). O princípio que informa essas intervenções – de que o comportamento é influenciado por suas circunstâncias atuais e históricas – é familiar e aceito pela maioria dos pediatras. Desse modo, tais profissionais da atenção primária incorporaram muitas dessas intervenções na prática, incluindo intervenções para disciplina infantil, incontinência, distúrbios do sono, transtornos de hábitos e sintomas de transtorno de déficit de atenção/hiperatividade (TDAH; p. ex., Blum e Friman, 2000; Blum, Williams, Friman & Christophersen, 1995; Christophersen e Friman, 2010; Christophersen & Mortweet, 2013; Friman, 2002; Friman Schmitt, 1989).

Neste capítulo, discuto quatro problemas que os analistas do comportamento tratam, estudam, ou tratam e estudam, cada um representando um dos quatro domínios básicos da pediatria comportamental: (1) dificuldades na hora de dormir, representando problemas de comportamento rotineiros; (2) constipação e encoprese retentiva, representando influências fisiológicas no comportamento; (3) enurese noturna, representando influências comportamentais nos problemas médicos; e (4) adesão a prescrições médicas, representando variáveis contextuais fundamentais para problemas nos três primeiros domínios.

Problemas rotineiros de comportamento

O pediatra é um dos profissionais mais confiáveis dos Estados Unidos. Quase todas as famílias têm prestadores de cuidados pediátricos para seus filhos – e, diferentemente do estigma que resulta de entrar em contato com um profissional de saúde mental sobre o problema de uma criança, o estigma resulta de *não* entrar em contato com um provedor de cuidados pediátricos sobre o problema de uma criança. Portanto, o pediatra é quase sempre o primeiro profissional a tomar conhecimento dos problemas de comportamento infantil. A maioria destes são problemas de baixa intensidade e alta frequência que não são necessariamente representativos da verdadeira patologia. No entanto, pelos relatos dos cuidadores, muitas vezes são perturbadores para as famílias e difíceis de resolver (Christophersen, 1982; Condes, 1980; Friman, 2005a, 2008). Além disso, uma porcentagem significativa deles se deteriorará em condições mais graves se não forem resolvidos. Um exemplo clássico envolve problemas na hora de dormir.

Problemas na hora de dormir

Ensinar as crianças a ir para a cama, dormir e permanecer dormindo durante toda a noite é difícil para muitas famílias na cultura norte-americana, na medida em que pelo menos 30% das famílias enfrentam problemas de sono 3 ou mais noites por semana (Friman & Schnoes, 2020; Lozoff, Wolf & Davis, 1985). Os problemas relatados pelos cuidadores incluem dificuldades na hora de dormir, como resistência para ir para a cama; agitação e choro na cama; e acordar à noite com agitação, choro e saídas não autorizadas do quarto. Em geral, os pediatras abordam esses problemas prescrevendo medicamentos soporíficos, mas esses medicamentos produzem efeitos colaterais, e os ganhos do tratamento normalmente se perdem quando a medicação é retirada (Christophersen & Mortweet, 2013; Edwards & Christophersen, 1994).

Tratamento comportamental para problemas na hora de dormir

O principal componente das intervenções comportamentais mais eficazes para problemas na hora de dormir envolve um dos primeiros procedimentos documentados e mais frequentemente utilizados pela ABA: a extinção. À medida que as crianças desenvolvem hábitos de sono, muitas vezes aprendem a associar fatores ambientais específicos ao autoaquietamento e à indução do sono. Esforços mal informados do cuidador para ajudar as crianças a dormir (p. ex., acalmar, abraçar ou se deitar com a criança até que o início do sono ocorra) geralmente resultam em associações de sono problemáticas que atenuam o processo de adormecer. Infelizmente, quando esse cuidador está ausente na hora de dormir, a criança fica sem o estímulo mais fortemente associado ao sono. A resposta da criança à ausência do cuidador em geral envolve choro prolongado e intenso, que se assemelha a uma explosão de extinção (Blampied & Bootzin, 2013; Edwards e Christophersen, 1994; Ferber, 2006; Friman, 2005b; Friman & Schnoes, 2020). Em geral, essa resposta motiva o cuidador a intervir, seja acalmando ainda mais ou disciplinando a criança – o que, infelizmente, costuma agravar o problema. Respostas calmantes ao choro podem reforçá-lo, respostas disciplinares ao choro muitas vezes provocam mais choro, e ambas as respostas do cuidador interferem no aprendizado da criança para se autoaquietar (Blampied & Bootzin, 2013; Friman, 2005b; Friman & Schnoes, 2020; Lozoff *et al.*, 1985; Schnoes e Reimers, 2009). Não é surpresa que, após tentativas fracassadas de resolver o problema por conta própria, os cuidadores cujos filhos apresentam problemas na hora de dormir muitas vezes pedem conselhos a seus pediatras. Descrevo a seguir os quatro procedimentos que os profissionais têm maior probabilidade de prescrever, todos derivados da ABA.

Extinção. A abordagem de extinção para problemas na hora de dormir envolve a não visita do cuidador ao quarto da criança após ela ir para a cama. Com efeito, resta à criança chorar. Em geral, a extinção funciona com maior rapidez do que outras abordagens, mas apresenta problemas que atenuam sua eficácia geral: (1) o choro pode ser muito aversivo aos cuidadores, sobretudo durante as primeiras noites de tratamento; (2) chorar e gritar podem chamar a atenção dos vizinhos, com consequências previsivelmente problemáticas; e (3) o choro prolongado e o grito afetam de maneira diferencial os cuidadores, o que pode causar discórdia conjugal ou do casal (Adams & Rickert, 1989; Edwards e Christophersen, 1994; Rickert e Johnson, 1988). Desse modo, a extinção é uma abordagem comportamental direta para problemas na hora de dormir da criança, com validade social limitada. Para melhorar a validade social, pesquisadores do sono desenvolveram outros métodos multicomponentes que empregam a extinção, mas incluem outros procedimentos para diminuir sua intensidade e sua aversão para os cuidadores.

Extinção graduada. A extinção graduada envolve aconselhar os cuidadores a ignorar o comportamento-problema na hora de dormir por intervalos de tempo específicos que aumentam de modo gradual, geralmente começando com um intervalo de 5 minutos no primeiro episódio, 10 minutos no segundo e 15 minutos para episódios subsequentes na noite 1 (p. ex., Adams & Rickert, 1989). Esses intervalos aumentam ao longo de 1 semana, terminando com 35 minutos para o primeiro episódio na noite 7, 40 minutos para o segundo e 45 minutos para todos os episódios e todas as noites subsequentes. Embora as crianças possam ter birras por mais de 45 minutos à noite, as pesquisas (Adams & Rickert, 1989; ver também Edwards & Christophersen, 1994) e uma grande quantidade de experiência clínica descrita por Ferber (2006) sugerem que muito poucas o fazem. Apesar de o mecanismo responsável pela efetividade da extinção graduada ser desconhecido, uma possível explicação é que aumentar a exigência de resposta para 45 minutos de choro pode inclinar tanto o programa que os efeitos reforçadores do sono superam os da visita do cuidador.

Rotinas positivas. O procedimento de rotinas positivas envolve um híbrido de extinção e um ritual de reforço na hora de dormir. Nesse procedimento, um cuidador decide sobre um horário preferido de dormir para a criança e estabelece o horário em que ela normalmente adormece. Começando pouco antes do momento no qual a criança geralmente adormece, o cuidador envolve a criança em diversas atividades silenciosas que não duram mais do que 20 minutos no total. Durante as atividades, o cuidador emite instruções fáceis de seguir e fornece reforço abundante para a adesão. Estes são seguidos pela instrução de cessação "agora vá para a cama e vá dormir", ou algo equivalente – um procedimento consistente com a sequência instrucional de alta probabilidade nas pesquisas sobre *momentum* comportamental (Mace *et al.*, 1988). Se a criança sair do leito a qualquer momento após o término das rotinas e da instrução de cessação, o cuidador a coloca de volta na cama, informando à criança que a rotina acabou e que é hora de dormir. O cuidador ignora o choro ou as palavras proferidas. Em intervalos específicos (p. ex., 1 semana), o cuidador atrasa a rotina positiva por cinco a 10 minutos. Esse atraso continua até que o cuidador chegue na hora de dormir preferida para a criança, o que pode levar de 6 a 8 semanas ou mais. A comparação experimental do procedimento de rotinas positivas com a extinção programada mostrou que ambos melhoraram o comportamento de dormir para as crianças, mas os cuidadores que utilizaram rotinas positivas relataram melhorar de maneira significativa as relações conjugais, sugerindo um procedimento socialmente mais válido (Adams & Rickert, 1989).

Passe na hora de dormir. O programa de passe na hora de dormir envolve (1) exigir que a criança vá para a cama; (2) oferecer à criança um pequeno objeto (p. ex., um cartão de notas plastificado) trocável por uma viagem "gratuita" para fora do quarto ou uma visita do cuidador após ser colocada na cama, para satisfazer um pedido aceitável (p. ex., uma bebida, um abraço ou uma ida ao banheiro); (3) fazer com que a criança entregue o passe após usá-lo; e (4) utilizar a extinção a partir de então (Schnoes, 2011). No estudo inicial, o programa eliminou as altas taxas de choro, chamamento e saída do quarto após a hora de dormir que duas crianças (de 3 e 10 anos) exibiam. Além disso, os cuidadores alcançaram esses resultados bem-sucedidos sem uma "explosão de extinção" durante os períodos iniciais de intervenção, e um grande grupo de cuidadores da amostra classificou a intervenção como mais aceitável do que a extinção isolada (Friman *et al.*, 1999). Os pesquisadores replicaram os resultados do programa de passe para dormir em uma análise de sujeito único de quatro crianças de 3 anos (Freeman, 2006) e um ensaio randomizado envolvendo 19 crianças com idades entre 3 e 6 anos (Moore, Fruzetti & Friman, 2007). O passe na hora de dormir pode alcançar sua efetividade por meio do reforçamento diferencial de comportamento alternativo (Vollmer & Iwata, 1992), em que a solicitação e a entrega do passe permitem que a criança acesse reforçadores potentes na hora de dormir, e o cuidador coloca os problemas na referida hora em extinção.

Essa breve discussão sobre os problemas da criança na hora de dormir e seu tratamento não está de forma alguma completa. Ela envolve apenas quatro intervenções derivadas da ABA que os profissionais usam com mais frequência e têm mais apoio empírico (para outras intervenções, consulte Burke, Kuhn & Peterson, 2004; Friman, 2005b; Friman & Schnoes, 2020; Honaker & Meltzer, 2014).

Influência de variáveis fisiológicas nos problemas de comportamento infantil

O pressuposto fundamental da ABA é que o comportamento ocorre em função das circunstâncias ambientais, mas essa posição não exclui a influência de variáveis fisiológicas. Pelo contrário, muitas variáveis fisiológicas podem ser causais, mas são resultados de contingências ambientais que ocorreram em contexto filogenético (Skinner, 1966). Variáveis fisiológicas muitas vezes desempenham um papel inicial nos problemas de comportamento que se apresentam na pediatria. Por exemplo, a dor de estômago da criança causada por variáveis fisiológicas (p. ex., vírus da gripe) pode levar à falta à escola. Enquanto está em casa, reforços como evitar tarefas escolares e contato com respostas compreensivas dos cuidadores influenciam o comportamento da criança. Essas influências, por sua vez, podem resultar em queixas de dor de estômago que não envolvem variáveis fisiológicas, uma condição às vezes referida como *dor abdominal recorrente* (Finney, Lemanek, Cataldo, Katz & Fuqua, 1989). Há muitos outros exemplos, mas o que quero discutir aqui é a constipação – variável fisiológica que pode causar problemas no banheiro, que vão desde a resistência até uma categoria diagnóstica de boa-fé conhecida como *encoprese retentiva*.

Encoprese retentiva

Definição

A encoprese funcional, queixa comum em pediatria (representando 3 a 5% dos encaminhamentos), é um distúrbio no qual as crianças, voluntária ou involuntariamente, passam fezes para um local inadequado, em geral suas roupas (Christophersen & Friman, 2010; Friman, 2017, 2019). A encoprese não é diagnosticada se o problema é devido exclusivamente a uma anormalidade anatômica ou neurológica que impeça a continência. Os critérios atuais do *Manual diagnóstico e estatístico de transtornos mentais*, 5ª edição (DSM-5; American Psychiatric Association, 2013) são os seguintes: (1) passagem inadequada de fezes pelo menos 1 vez por mês por pelo menos 3 meses; (2) idade cronológica (ou equivalente em desenvolvimento) de pelo menos 4 anos; e (3) não devido exclusivamente aos efeitos fisiológicos diretos de uma substância (p. ex., laxante) ou de uma condição médica geral, exceto por um mecanismo envolvendo constipação. O DSM-5 distingue dois subtipos de encoprese: um com constipação e incontinência por transbordamento e outro sem esses sintomas. Concentro-me na encoprese com constipação e transbordamento, pois esse subtipo tem causa fisiológica (i.e., constipação). A etiologia da encoprese sem constipação permanece desconhecida (Beaudry-Bellefeuille, Booth & Lane, 2017).

Fisiologia relevante

O intestino grosso, ou cólon, é a extremidade distal do trato alimentar, composto sequencialmente de esôfago, estômago, intestino delgado e cólon. Aqui, farei uma descrição rudimentar do sistema, pois os analistas do comportamento devem entender a fisiologia que fornece a lógica do tratamento eficaz (para revisões mais completas, consulte Weinstock & Clouse, 1987; Whitehead & Schuster, 1985). O cólon é um órgão em forma de tubo com uma parede muscular. Ele conecta o intestino delgado ao reto e ao ânus e tem três funções principais: absorção de fluidos, armazenamento e evacuação. O armazenamento prolongado e a evacuação planejada são as características definidoras da continência fecal.

As contrações musculares das paredes do cólon, chamadas de *peristaltismo*, produzem um movimento semelhante a uma onda que move resíduos através do cólon; diversos eventos externos (p. ex., refeição, movimentação) estimulam esses movimentos. O cólon absorve a umidade dos resíduos que se movem por ele, criando fezes semissólidas.

O reto, receptáculo oco na extremidade distal do cólon, geralmente contém poucas fezes (ou nenhuma) até que as contrações musculares na parede colônica impulsionem as fezes para dentro dele, o que produz distensão. A distensão estimula receptores sensoriais na mucosa retal e nos músculos da superfície pélvica, resultando em relaxamento do esfíncter interno, o que facilita a defecação. Esse processo é involuntário, mas a criança pode contrair o canal anal e inibir a defecação contraindo o esfíncter anal externo e o músculo puborretal, que possui função relacionada. Quando a criança suprime o desejo de defecar, o reto acomoda as fezes retidas através da maleabilidade adaptativa de sua estrutura e termina o relaxamento de reflexo do esfíncter interno. O *momentum* diminui de maneira gradual, e parte da matéria fecal no reto retorna ao cólon descendente por meio do retroperistaltismo.

Etiologia

Os médicos podem rastrear entre 80 e 95% dos casos de encoprese até uma variável causal primária, a constipação (Hatch, 1988; Levine, 1982). Embora as definições para constipação variem, crianças que frequentemente ficam dois ou mais dias sem evacuar são provavelmente propensas à constipação. Em geral, cuidadores de crianças com encoprese se queixam de que as crianças sujam deliberadamente suas roupas, mas essa atribuição geralmente é falsa (Levine, 1982). A principal causa de escape fecal é a retenção fecal (constipação), que normalmente não é causada por problemas característicos ou psicopatológicos (Friman, 2002; Friman, Mathews, Finney & Christophersen, 1988; Gabel, Hegedus, Wald, Chandra & Chaponis, 1986). A retenção é geralmente resultado de inúmeros fatores, muitos dos quais estão além do controle imediato da criança (Levine, 1982). Esses fatores incluem predisposição constitucional (i.e., tempo de trânsito gastrintestinal lento); dieta; força insuficiente para passagem de fezes duras; e passagem dolorosa ocasional ou frequente de fezes endurecidas, resultando em reforço negativo para segurar as fezes. Em casos raros, a retenção pode estar relacionada ao abuso sexual. Algumas crianças – sobretudo aquelas com constipação extrema, falha de tratamento ou ambas – têm limiar aumentado de consciência da distensão retal, um esfíncter interno possivelmente fraco, uma tendência a contrair o esfíncter externo durante o ato de defecar ou uma combinação desses fatores (Meunier, Marechal & De Beaujeu, 1979; Wald, Chandra, Chiponis & Gabel, 1986). Os efeitos combinados desses fatores são menor probabilidade de passagem voluntária de fezes e maior probabilidade de retenção fecal.

A retenção fecal crônica causa impactação fecal, que aumenta o cólon, produz diminuição da motilidade do sistema intestinal e, ocasionalmente, resulta em passagem involuntária de fezes grandes e líquidas devido à infiltração de matéria fecal mole. Os médicos muitas vezes se referem a essa infiltração como *diarreia paradoxal*, pois as crianças retêm grandes massas de fezes e estão funcionalmente constipadas, mas seu cólon permite a passagem de fezes moles ao redor da massa, o que resulta em diarreia (Levine, 1982). A relação da impactação fecal com a encoprese está bem estabelecida, e 80% dos pacientes apresentam impactação fecal acompanhando incontinência fecal na primeira consulta clínica via exame clínico, e 90% na radiografia do abdome inferior (Davidson, 1958; Levine, 1982).

Avaliação

Antes ou logo após a consulta inicial, o analista do comportamento deve encaminhar uma criança com encoprese ao pediatra para realizar um exame médico. Isso geralmente inclui verificação rotineira da história, palpação abdominal, exame retal e, às vezes, uma radiografia do abdome, para determinar a extensão da impactação fecal. Um enema de bário raramente é necessário, a menos que as características do exame sugiram doença de Hirschsprung. Problemas anatômicos e neurológicos raros podem causar retenção fecal e escape fecal. Problemas neurológicos incluem a doença de Hirschsprung, e defeitos anatômicos incluem uma variedade de malformações e localizações do ânus, que um exame físico pode detectar e que requerem tratamento médico (Hatch, 1988).

Além das avaliações comportamentais de rotina, a entrevista comportamental para encoprese deve incluir questões relacionadas à constipação. Estas incluem perguntar se (1) há um longo período entre as evacuações; (2) os movimentos intestinais são atipicamente grandes (p. ex., ficar parado no vaso sanitário); (3) a matéria fecal sempre tem odor incomumente fétido; (4) a matéria fecal é sempre dura, difícil ou dolorosa de passar; (5) a criança queixa-se de não conseguir sentir o movimento ou chegar ao banheiro a tempo; e (6) a criança sempre esconde roupas íntimas sujas. Uma resposta afirmativa a uma ou mais dessas perguntas é muito sugestiva de encoprese retentiva, e esconder roupas íntimas sugere uma história que inclui alguma forma de punição.

A encoprese não é bem compreendida fora da comunidade médica, e interpretações caracterológicas e psicopatológicas prevalentes na cultura ocidental provavelmente influenciarão a interpretação da condição por um cuidador, o que pode influenciar como a criança vê o problema. O analista do comportamento pode iniciar o tratamento da encoprese durante a avaliação, fornecendo informações precisas que "desmistificam" o problema. Por fim, a avaliação deve incluir perguntas sobre dieta e horário das refeições. Dietas pobres em fibras e refeições irregulares podem contribuir para a encoprese (Köppen *et al.*, 2016).

Tratamento

Durante os últimos 40 anos, diversos estudos experimentais descritivos e controlados têm apoiado uma abordagem multicomponente para o tratamento da encoprese crônica retentiva, em parte derivada do trabalho pioneiro de Davidson (1958), Christophersen e Rainey (1976), Levine (1982) e Wright (1975). O analista do comportamento pode abordar o primeiro componente durante a avaliação, desmistificando todo o processo de eliminação e suas manifestações desordenadas. Em geral, isso significa fornecer informações sobre a dinâmica intestinal e a relação do problema com a constipação. Em segundo lugar, o cuidador deve remover a impactação fecal com enemas, laxantes ou ambos, sob a orientação do pediatra. Terceiro, a criança deve sentar-se no vaso sanitário por cerca de 5 minutos uma ou duas vezes por dia. Quarto, os cuidadores devem promover a higienização adequada com encorajamento, e não com coerção. Além disso, não devem reservar seus elogios e seu carinho para quando houver eliminação adequada; os cuidadores devem elogiar pelo simples ato de sentar-se no vaso sanitário. Em quinto lugar, os cuidadores devem dar à criança um amaciante de fezes como óleo mineral ou outro laxante sob a orientação do pediatra, para facilitar a passagem de fezes duras. Sexto, o cuidador deve aumentar a quantidade de fibras alimentares da criança. Sétimo, o cuidador deve incentivar e ajudar a criança a aumentar seu nível de atividade e ingestão de líquidos, para aumentar e manter a motilidade do cólon. Oitavo, os pés da criança devem estar em uma superfície plana durante os episódios de uso do banheiro. A colocação dos pés é crucial para a manobra de Valsalva, o *momentum* necessário para produzir uma evacuação. Nono, o cuidador deve recompensar a criança pelos movimentos intestinais no banheiro. Essas recomendações são discutidas com maior profundidade nas análises de Christophersen e Friman (2010), e Friman (2019).

A literatura sobre essa abordagem ou suas variações progrediu o suficiente para levar a estudos em grupo (p. ex., Stark *et al.*, 1997). Por exemplo, em um estudo com 58 crianças com encoprese, 60% estavam completamente continentes após 5 meses, e aquelas que não atingiram continência total tiveram redução média de 90% nos acidentes (Lowery, Srour, Whitehead & Schuster, 1985). No entanto, nem todas as crianças têm sucesso com a abordagem convencional, e pesquisadores desenvolveram métodos aumentativos para essas crianças. De maneira típica da ABA, o desenvolvimento desses métodos aumentativos começou com o estudo de comportamentos associados ao fracasso do tratamento (Stark, Spirito, Lewis & Hart, 1990). A incorporação de métodos de manejo comportamental relevantes para os comportamentos, o ensino dos cuidadores para utilizá-los e o tratamento em grupo produziram uma redução de 83% nos acidentes em 18 crianças com encoprese resistentes ao tratamento, e as crianças mantiveram a diminuição dos acidentes ou até melhoraram em um acompanhamento de 6 meses (Stark, Owens-Stively, Spirito, Lewis & Guevremont, 1990).

A premissa geral desta seção – de que variáveis fisiológicas podem influenciar ou causar problemas de comportamento – não é controversa nem mesmo na ABA, uma ciência dedicada a variáveis ambientais. A constipação é uma dessas variáveis, e há muitas outras (p. ex., anorexia devido ao refluxo gastroesofágico, atividades restritas devido à dor). Devido ao componente fisiológico desses problemas, sérias consequências para a saúde do tratamento malsucedido muitas vezes são parte dos componentes comportamentais que contribuem para o problema. Por exemplo, a retenção fecal extrema pode ser fatal, e mesmo casos rotineiros podem diminuir seriamente a posição social e aumentar o isolamento social em crianças afetadas. Em razão dos componentes comportamentais desses problemas, uma intervenção exclusivamente médica é insuficiente para tratamento eficaz. Um método que forneça ou auxilie a entrega dos componentes médicos do tratamento enquanto aborda os componentes comportamentais é necessário e, portanto, a pediatria comportamental é um contexto ideal. Além disso, embora muitos tipos de problemas de comportamento decorram de influências fisiológicas, o problema mais frequente é alguma forma de não adesão a um regime de tratamento para as dimensões fisiológicas. Como exemplo, a cooperação com o tratamento prescrito para encoprese é tão necessária para o sucesso que o treinamento de controle instrucional costuma ser um componente do tratamento (Christophersen & Friman, 2010; Friman, 2017, 2019). Além disso, embora os pesquisadores tenham feito progressos na melhoria da adesão pediátrica, ela continua sendo um dos problemas mais crônicos da medicina pediátrica (ver a discussão sobre a adesão, mais adiante). Portanto, esse domínio da pediatria comportamental oferece muitas oportunidades para analistas do comportamento aplicados interessados em trabalhar em ambientes de cuidados de saúde pediátricos.

Influência de variáveis comportamentais nos problemas médicos infantis

Nesta seção, discuto a influência do comportamento sobre as variáveis fisiológicas, com ênfase no tratamento de problemas comportamentais de base fisiológica que os pediatras muitas vezes veem. Há décadas, as ciências da saúde têm demonstrado relações entre comportamento infantil e saúde. Como exemplos, comer alimentos nutritivos e praticar exercícios modestos podem melhorar a saúde cardiovascular das crianças; a obtenção de sono suficiente pode melhorar a resiliência emocional e a adaptabilidade das crianças; e manter uma higiene pessoal adequada pode diminuir a suscetibilidade das crianças a doenças infecciosas. Historicamente, a ABA tem demonstrado uma série de resultados saudáveis de mudanças de comportamento (p. ex., Friman & Christophersen, 1986; Finney *et al.*, 1993; Irwin, Cataldo, Matheny, 1992; Stark *et al.*, 1993). Uma revisão atualizada dessa literatura está além do escopo deste capítulo. Aqui, eu me concentro apenas no *biofeedback*, um tratamento que envolve a manipulação de variáveis comportamentais para melhorar a saúde, e uso o tratamento da enurese noturna como o principal exemplo.

O *biofeedback* envolve o uso de equipamentos elétricos ou eletromecânicos para medir e aumentar a saliência de estímulos associados a processos fisiológicos pertinentes e treinar os pacientes a discriminá-los e controlá-los para melhorar sua própria saúde. O penúltimo objetivo do *biofeedback* é treinar os pacientes para alterar os processos fisiológicos em direções saudáveis, e o objetivo final é treiná-los para fazê-lo sem o *biofeedback* (Culbert, Kajander & Reaney, 1996). A maioria dos tratamentos de *biofeedback* (p. ex., manometria anorretal combinada com eletromiografia para tratamento da incontinência fecal) requer instrumentação sofisticada e treinamento especializado para usá-la; assim, o pediatra pode não incorporá-los prontamente às práticas de atenção primária. No entanto, a enurese noturna, problema de comportamento de base fisiológica que é uma das queixas comportamentais mais frequentes nos primeiros cuidados da pediatria, é muito responsiva ao tratamento de alarme de urina – forma minimamente técnica e não complicada de *biofeedback* utilizada prontamente em ambientes de atenção primária (Christophersen & Friman, 2010; Friman, 2017, 2019). A seguir, explico rapidamente a enurese noturna, sua fisiologia relevante e seu tratamento baseado em alarmes.

Enurese noturna

Definição

Os critérios atuais para enurese noturna e diurna no DSM-5 (American Psychiatric Association, 2013) são os seguintes: (1) micção repetida na cama ou na roupa; (2) pelo menos 2 ocorrências por semana durante pelo menos 3 meses, ou um número suficiente de ocorrências para causar prejuízo ou sofrimento clinicamente significativo; (3) idade cronológica de 5 anos, ou, para crianças com atraso no desenvolvimento, idade mental de pelo menos 5 anos; e (4) não se deve exclusivamente aos efeitos diretos de uma substância (por exemplo, diuréticos) ou de uma condição médica geral (por exemplo, diabetes). Existem três subtipos de enurese – apenas noturna, apenas diurna e mista (noturna e diurna). Existem dois cursos: o curso primário inclui crianças que nunca estabeleceram continência, e o curso secundário envolve crianças que voltam a ter acidentes após estabelecer continência. Aqui discuto sobretudo a enurese noturna, que os pesquisadores estimam que ocorra em até 20% das crianças do 1º ano (Christophersen & Friman, 2010; Friman, 2017, 2019).

Fisiologia relevante

A bexiga é um órgão elástico, oco e com uma parede constituída por músculo detrusor. Sua forma lembra um balão de cabeça para baixo com um pescoço longo e estreito; ela tem duas funções basicamente mecânicas, armazenamento e liberação de urina (Vincent, 1974). O armazenamento prolongado e a liberação volitiva são as propriedades definidoras da continência urinária. Na infância, a distensão da bexiga leva à contração desta e à evacuação automática (não volitiva) da urina. À medida que as crianças amadurecem, a capacidade do sistema nervoso central de inibir a contração da bexiga aumenta, o que normalmente coincide com o desenvolvimento da continência na primeira infância (Berk & Friman, 1990; Koff, 1995).

Os componentes do sistema urogenital que estão sob controle volitivo para estabelecer a continência são os músculos da base pélvica. Exceto durante a micção iminente ou real, esses músculos permanecem em um estado de tônus ou contração parcial involuntária, o que mantém o colo da bexiga em posição elevada e fechada (Vincent, 1974). Mesmo após o início da micção, a contração dos músculos da base pélvica pode elevar o colo da bexiga bruscamente e interromper a micção. Essas respostas inibitórias urinárias não estão presentes ou são esporádicas para crianças com enurese noturna (Christophersen & Friman, 2010; Friman, 2017, 2019; ver também Houts, 1991).

Etiologia

Embora a enurese noturna tenha forte base genética, sua causa exata é desconhecida. Durante décadas, pesquisadores tentaram vinculá-la à psicopatologia causal, mas pesquisas contemporâneas (Friman, Handwerk, Swearer, McGinnis & Warzak, 1998) e diversas revisões de pesquisas mais antigas (Christophersen & Friman, 2010; Friman, 2017, 2019) sugerem que a maioria das crianças com enurese não apresenta psicopatologia clinicamente significativa, e, quando o fazem, a psicopatologia é mais provável de ser um desfecho do que uma causa de enurese noturna. Estudos da enurese noturna fisiologicamente orientados sugerem que algumas crianças afetadas podem ter dificuldade em concentrar sua urina durante a noite e produzir mais urina à noite do que seus pares não enuréticos (Lackgren, Neveus & Stenberg, 1997; Rittig, Knudsen, Norgaard, Pedersen & Djurhuus, 1989). No entanto, a importância geral desse fator é controversa, pois a proporção de crianças com enurese que apresentam problemas de concentração urinária pode ser pequena (Eggert e Kuhn, 1995). A enurese noturna é geralmente vista de maneira mais produtiva como um déficit nas habilidades necessárias para prevenir a micção durante o sono (Christophersen & Friman, 2010; Friman, 2017, 2019; Houts, 1991).

Avaliação

Assim como no caso de uma criança com encoprese, o analista do comportamento deve encaminhar uma criança com enurese noturna a um pediatra para uma avaliação médica antes de iniciar o tratamento. Embora as causas fisiopatológicas da enurese noturna sejam muito raras, elas são reais e devem ser descartadas. Existem diversos outros elementos necessários para uma avaliação completa da enurese noturna, mas estes estão bem documentados em outras fontes. Refiro-me a eles porque a intenção desta seção é meramente descrever o tratamento baseado em alarmes (p. ex., Christophersen & Friman, 2010; Friman, 2017, 2019).

Tratamento

Os tratamentos mais comuns para a enurese noturna são o alarme de urina e os medicamentos acetato de desmopressina (DDAVP) e imipramina. Esses medicamentos podem proporcionar alívio sintomático (aproximadamente 25-40% das crianças estarão secas na maioria das noites ao tomá-los). No entanto, a enurese geralmente retorna quando as medicações são interrompidas (Moffatt, 1997). Mais importante, ambos os medicamentos têm sido associados a efeitos adversos. Para a imipramina, os efeitos colaterais comuns já causam preocupação, pois abrangem vários sistemas, desde sintomas extrapiramidais no sistema nervoso central até urticária e prurido da pele (Skidmore-Roth, 2010). Para o DDAVP, os efeitos colaterais mais graves são hiponatremia, convulsões e morte; a ocorrência destes levou a Food and Drug Administration dos Estados Unidos a se pronunciar contra o uso da fórmula do DDAVP (*spray* nasal) mais utilizada para o tratamento da enurese (Hatti, 2007).

O alarme de urina é um sistema de comutação sensível à umidade, que soa quando a criança urina. Pesquisadores relataram que o emparelhamento repetido do despertar pelo alarme com episódios de umidade é o tratamento mais eficaz para a enurese (Christophersen & Friman, 2010; Friman, 2017, 2019). Sua taxa de sucesso é maior (aproximadamente 75%) e sua taxa de recaída, menor (aproximadamente 41%) do que as de qualquer outro tratamento medicamentoso ou baseado em habilidades (Shepard, Poler & Grabman, 2017).

O alarme de urina é uma forma simples de tratamento de *biofeedback*, pois sua função principal é fornecer *feedback* para um evento fisiológico (micção) que ocorre abaixo da consciência. O *feedback*, o alarme tocando, aumenta a saliência da micção e ajuda a criança a finalmente estabelecer o autocontrole urinário. No entanto, o mecanismo pelo qual o alarme melhora a enurese ainda é desconhecido. Alterações na secreção de hormônios que afetam a capacidade de concentrar urina ou alterações na inibição cerebral da contração da bexiga são pelo menos teoricamente possíveis, mas não foram investigadas. O relato atual predominante envolve uma combinação de condicionamento clássico dos músculos da base pélvica e condicionamento operante de comportamentos volitivos relacionados à continência via evitação do alarme (Christophersen & Friman, 2010; Friman, 2017, 2019; Houts, 1991). Nesse relato, as crianças não são necessariamente treinadas a despertar pelo alarme, apenas para acionar seu sistema inibidor de micção, mesmo que estejam dormindo – uma habilidade que seria difícil de ensinar sem o *feedback* sensorial que o alarme fornece.

O alarme de enurese produz a cura de forma lenta e, durante as primeiras semanas de uso desse alarme, o despertar ocorre apenas após micção completa, se ocorrer. Um estudo utilizando o tamanho da mancha de urina nos lençóis sujos como medida dependente mostrou que, antes de noites livres de acidentes, a mancha diminuía cada vez mais em noites sucessivas, sugerindo um processo gradual de obtenção de continência (Ruckstuhl & Friman, 2003). Em outras palavras, as propriedades de *feedback* do alarme gradual, mas inexoravelmente fortaleceram as habilidades necessárias para evitá-lo. A habilidade central envolve a contração dos músculos da base pélvica, causando elevação sustentada do colo da bexiga, o que interrompe ou impede a micção. O aumento da consciência sensorial da necessidade urinária e acordar para urinar são resultados possíveis, mas são menos prováveis e, na verdade, inferiores ao sono sustentado e livre de acidentes durante a noite.

No entanto, aumentar a consciência sensorial da necessidade urinária antes de acidentes diurnos é um componente-chave no tratamento com suporte mais empírico para enurese diurna. Apenas dois estudos estão disponíveis, pois os pesquisadores estudaram minimamente a enurese diurna, e o primeiro utilizou uma conceituação muito mais simples (Halliday, Meadow & Berg, 1987). De modo específico, esse estudo inicial apenas sugeriu que o alarme servia como um lembrete para urinar. Um colega e eu (Friman &Vollmer, 1995) conduzimos um estudo subsequente utilizando a conceituação de *biofeedback* com uma jovem que inicialmente não respondia ao impulso e ao início urinários, mas que rapidamente se tornou responsiva com o uso do alarme. A diminuição da latência entre o início do alarme e a resposta adequada foi característica das curvas de aprendizado durante o tratamento baseado em alarme para enurese noturna e tratamentos de *biofeedback* em geral.

A maioria dos tratamentos de *biofeedback* é muito mais complexa tecnicamente do que o alarme de urina, e os médicos os utilizam para diversas preocupações comportamentais de base fisiológica que muitas vezes se apresentam inicialmente em ambientes pediátricos. Dentre os processos fisiológicos que podemos monitorar estão a tensão muscular, a temperatura da pele, a frequência respiratória, a pressão arterial e a umidade da pele (transpiração) (Friman, 2009). Pesquisadores e clínicos têm usado dispositivos de *biofeedback* sensíveis a esses processos no tratamento de uma série de distúrbios, incluindo dores de cabeça, outras variedades de dor crônica, asma, bruxismo, transtornos de ansiedade, distúrbios do sono e disfunção do sistema nervoso autônomo (Culbert *et al.*, 1996). Além disso, as evidências de que o *biofeedback* pode gerar respostas operantes que levam ao controle sobre processos fisiológicos há muito tempo considerados fora da volição, como temperatura da pele e pressão arterial, estão aumentando. Por exemplo, pesquisadores têm utilizado métodos de aprimoramento da consciência baseados verbalmente para alterar o nível de mediadores do sistema imunológico na saliva (Olness, Culbert & Uden, 1989) e para diminuir a recorrência de úlceras crônicas na boca (Andrews & Hall, 1990). De modo coletivo, o grande corpo de pesquisas que documentam a eficácia do alarme de urina e a literatura ainda maior sobre a eficácia do tratamento de *biofeedback* para uma grande variedade de condições médicas ressaltam o potencial de pesquisa e clínico representado pela influência de variáveis comportamentais na fisiologia. Esse potencial, por sua vez, representa uma excelente oportunidade para analistas do comportamento aplicados interessados em trabalhar em ambientes pediátricos.

Variáveis contextuais

Uma ampla gama de variáveis contextuais influencia a efetividade dos serviços de saúde e sua prestação. Essas variáveis não são específicas de nenhum problema específico que se apresenta em um sistema de saúde, mas têm a capacidade de influenciar todas elas. Por exemplo, a comunicação do médico é central, mas não específica, para cuidar de problemas tratados em ambientes de cuidados de saúde, embora seu papel possa variar dependendo do problema em questão. Por exemplo, uma comunicação eficaz pode ser menos crítica para tratamentos como "os efeitos do tempo" (p. ex., "vamos apenas observar isso por um tempo e ver se a criança se recupera") do que seria para uma intervenção médica complexa. Uma variável contextual diretamente relacionada é a comunicação com o paciente. Por exemplo, se os pacientes relatam sintomas de modo incompleto ou não fazem perguntas críticas, o cuidado que recebem pode ser inadequado (p. ex., Finney *et al.*, 1990). Escolhi a adesão ao tratamento para este capítulo como exemplo de uma variável contextual que afeta a assistência médica.

Adesão ao tratamento

Definição

A adesão ao tratamento é tão central para a medicina pediátrica que este capítulo provavelmente deveria ter começado com ela. É verdade que problemas de comportamento rotineiros são preocupações muito frequentes na medicina pediátrica, mas a adesão ao tratamento é sempre uma preocupação, pois começa com a adesão à própria consulta pediátrica. A eficácia do tratamento é uma questão discutível se as famílias não mantiverem as consultas ou não seguirem os tratamentos prescritos.

As taxas estimadas de abandono giram em torno de 50%, tanto para os serviços psicológicos (Kazdin, 1996) quanto médicos (Rapoff, 2010). Embora a adesão ao tratamento seja problemática em populações clínicas, ela é especialmente desafiadora em crianças e adolescentes, pois em geral há pelo menos duas fontes de não adesão: as crianças/os adolescentes e seus cuidadores (Watson, Foster & Friman, 2006). Desse modo, estabelecer níveis aceitáveis de adesão requer que sejam avaliadas as variáveis da criança e do cuidador que a facilitem ou impeçam a adesão.

A literatura pertinente destaca três termos que se sobressaem: *adesão, conformidade* e *integridade. Conformidade* e *adesão* são basicamente sinônimos, mas *adesão* ganhou espaço nos últimos anos (ver Rapoff, 2010), e uso esse termo aqui. *Adesão* e *integridade*, no entanto, não são sinônimos, pois a integridade do tratamento refere-se à fidelidade com que o clínico realiza o tratamento. A adesão refere-se ao grau em que os pacientes mantêm as consultas e seguem de forma precisa e consistente os passos dos tratamentos prescritos. Por exemplo, uma prescrição de rotina para encoprese retentiva funcional inclui aumento de líquidos, fibras, ida programada ao banheiro, amaciadores de fezes e incentivos, bem como redução do consumo de produtos lácteos, alimentos processados, coerção, punição e idas irregulares ou prolongadas ao banheiro. A avaliação da adesão ao tratamento envolve a determinação do número de passos prescritos efetivamente seguidos (precisão) e da regularidade das aplicações (consistência).

Embora a não adesão do paciente sempre tenha sido o foco principal na pesquisa de adesão ao tratamento, clínicos e pesquisadores agora percebem que a integridade do tratamento entre os médicos também deve ser um alvo. A comunicação do clínico sobre o tratamento tem efeito significativo sobre a probabilidade de adesão, e a precisão e a consistência são dimensões da comunicação. Variáveis adicionais incluem treinamento e experiência do clínico, habilidade interpessoal, capacidade de manifestar autoridade sem instigar resistência e senso de tempo. Outras variáveis não tão evidentes e possivelmente mais manipuláveis incluem a especificidade das recomendações de tratamento; a padronização dos protocolos de tratamento; e o fornecimento de auxílios instrucionais de apoio, como apostilas, gravações de áudio e vídeo e comunicações por *e-mail* ou baseadas na internet. Por exemplo, conforme descrevemos, a incontinência é um problema que se apresenta com frequência na pediatria, e há protocolos de tratamento empiricamente respaldados para suas formas mais comumente apresentadas (enurese e encoprese). Esses tratamentos incluem informações sobre fisiologia relevante, dieta, horários de higiene, contingências comportamentais, níveis de atividade e envolvimento do cuidador. Para maximizar a integridade, um clínico entregaria verbalmente informações cobrindo esses detalhes e complementaria a entrega com auxílios instrucionais de apoio. Outros exemplos incluem regimes para doenças crônicas e protocolos de tratamento empiricamente suportados para transtornos de comportamento.

Avaliação da adesão

A adesão é um comportamento observável e mensurável e, portanto, adequado à avaliação comportamental. O comportamento primordial de adesão é a manutenção da consulta, e sua avaliação é direta: o paciente manteve a consulta? Os demais comportamentos de adesão a serem avaliados são determinados pela natureza do problema a ser tratado. Para problemas agudos, como otite média ou garganta inflamada, os comportamentos de interesse primário são relativamente simples; em geral, eles envolvem repouso e tomar a medicação prescrita por tempo abreviado. Para as doenças crônicas, os comportamentos de interesse costumam ser mais complexos. Eles normalmente envolvem diversas linhas do tempo e classes de comportamento. A vasta literatura sobre avaliação comportamental oferece algumas orientações sobre a seleção de comportamentos-alvo que podem prontamente informar como e o que avaliar quando a adesão a um regime complexo para uma condição crônica é o foco (p. ex., Friman, 2009).

Uma revisão completa da avaliação está muito além do escopo deste capítulo. Limito-me a fornecer uma descrição superficial. Há pelo menos quatro opções para selecionar comportamentos de regime-alvo. A primeira é a mais direta, mas provavelmente a mais difícil, e consiste em medir todos os comportamentos relevantes para a adesão ao regime. A segunda envolve visar apenas aos comportamentos mais problemáticos ou aversivos para os outros. Por exemplo, crianças com enurese são frequentemente menos incomodadas por roupas de cama sujas do que seus cuidadores. A terceira envolve direcionar comportamentos mais imediatamente cruciais para a saúde e o bem-estar de um paciente. Por exemplo, a adesão às injeções diárias de insulina é mais imediatamente crítica para a manutenção da saúde no diabetes melito do que os cuidados com os pés. A quarta envolve direcionar os comportamentos mais fáceis de mudar; a lógica aqui é criar *momentum* para mudanças maiores (cf. Mace *et al.*, 1988).

A próxima questão envolve quem faz a avaliação e quem é avaliado – questões especialmente importantes em pediatria, pois embora as crianças sejam os alvos do tratamento, seus cuidadores geralmente são os receptores do regime e são sempre parcialmente (e muitas vezes totalmente) responsáveis por realizá-lo. Desse modo, tanto uma criança quanto um cuidador podem com frequência ser o foco da avaliação. Além disso, como é típico na maioria dos ramos da medicina, há múltiplas fontes de informação, incluindo médicos, enfermeiros, terapeutas e equipe de apoio. Por exemplo, em nossa pesquisa de agendamento inicial, a equipe do balcão de recepção ambulatorial forneceu dados críticos de avaliação (Friman, Finney, Rapoff & Christophersen, 1985).

A última questão envolve como avaliar a adesão, e a literatura descreve múltiplas estratégias. Aqui, discuto brevemente apenas as mais comuns. No entanto, essa dimensão da avaliação da adesão parece ser limitada apenas pelos recursos, pela engenhosidade e pela criatividade dos pesquisadores. Em suma, a melhor forma de avaliar a adesão apresenta um potencial de crescimento para os analistas do comportamento. Os tipos que listo aqui incluem ensaios de medicamentos, observação direta, monitoramento eletrônico, contagem de comprimidos, estimativas dos provedores e relatos de pacientes e cuidadores (Rapoff, 2010). Há vantagens e desvantagens em cada um. Em seguida, discuto a avaliação funcional da adesão e algumas preocupações gerais sobre procedimentos.

Ensaios de medicamentos. Os ensaios de medicamentos variam em sofisticação, desde a observação de um marcador biodisponível que faz parte ou é adicionado a um medicamento até diversos tipos de testes, que vão desde a determinação de níveis simples de açúcar no sangue (algo que o paciente ou os cuidadores do paciente fazem) até o teste de vários metabólitos (algo que apenas um técnico de laboratório pode fazer). No entanto, a interpretação adequada de um ensaio de medicamentos quase sempre envolve algum conhecimento básico de farmacologia clínica, sobretudo no que diz respeito à absorção, à distribuição e à eliminação de medicamentos (ou não) no organismo. As vantagens dos ensaios incluem quantificação objetiva, utilidade clínica e informações sobre relações dose-resposta. Suas desvantagens incluem horizontes temporais abreviados, despesa, invasividade, necessidade de leituras especializadas e variabilidade de leituras devido a várias causas (p. ex., revestimentos entéricos, conteúdo do estômago, presença de outras substâncias, idade, sexo, hábitos).

Observação. Embora a observação direta seja considerada uma condição *sine qua non* para a pesquisa analítico-comportamental, na verdade, ela é limitada nas pesquisas sobre adesão. A maioria das medidas é indireta, como ensaios (já mencionados) ou contagens de comprimidos (ver a seguir), mas o uso limitado da observação direta não é tanto um obstáculo, mas uma oportunidade. É provável que as medidas indiretas dominem o campo, mas a observação direta pode complementá-las quando isso for viável. No entanto, expandir a avaliação para incluir a observação direta geralmente exigirá observadores diferentes daqueles da equipe de pesquisa, pois, embora os tratamentos sejam prescritos em ambientes clínicos, em geral eles são realizados em outros lugares (p. ex., casa, escola). Os candidatos mais prováveis são familiares ou funcionários da escola, mas há outras possibilidades. Por exemplo, um estudo sobre adesão à dieta utilizou conselheiros de acampamento como observadores (Lorenz, Christensen & Pitchert, 1985). A validade é a principal vantagem das observações diretas. Eles são medidas diretas de adesão e acumulam todas as vantagens científicas que os analistas do comportamento têm apregoado por décadas (p. ex., Johnston & Pennypacker, 2009; Rapoff, 2010). Suas desvantagens envolvem principalmente o acesso. Como já indicado, pouco do regime de tratamento típico é realizado no ambiente clínico. Os requisitos do regime são distribuídos de maneira temporal ao longo dos dias e das noites dos pacientes, e situacionalmente ao longo dos cenários de suas vidas. O custo dos recursos necessários para realizar observações diretas representativas dos comportamentos de adesão necessários para a maioria dos regimes é proibitivo. No entanto, quando a acessibilidade não é uma preocupação significativa, os analistas do comportamento devem incluir a observação direta na avaliação da adesão.

Monitores eletrônicos. A revolução na tecnologia eletrônica ocorrida nas últimas décadas expandiu de forma significativa as opções de avaliação para os pesquisadores da adesão. Por exemplo, os pesquisadores agora podem monitorar se um paciente pega comprimidos ou líquidos de frascos de medicamentos, ou um inalante de um inalador, e podem armazenar os dados obtidos eletronicamente e recuperá-los mais tarde para análise. A pesquisa sobre monitoramento eletrônico é tão extensa que uma força-tarefa de psicologia pediátrica a identificou como uma medida *bem estabelecida* (Quittner, Modi, Lemanek, Levers-Landis & Rapoff, 2008). A principal vantagem do monitoramento eletrônico é que ele pode fornecer medidas objetivas de um amplo espectro de comportamentos de adesão de modo contínuo (se necessário) e em tempo real. Nenhum outro método tem essa vantagem. A principal desvantagem é que os dados do monitoramento eletrônico fornecem apenas uma medida indireta do comportamento de adesão. Um paciente pode não tomar os comprimidos retirados de um frasco, pode não engolir um líquido de um dispensador e pode dispensar a névoa de um inalador no ar em vez de inalá-la para os pulmões. Assim, independentemente de outras medidas que indiquem que o paciente ingeriu o medicamento, é provável que o analista do comportamento considere o monitoramento eletrônico apenas como uma medida complementar.

Contagem de comprimidos. A longa tradição de utilizar a contagem de comprimidos como medida de adesão começou a desaparecer com o advento do monitoramento eletrônico. Seu uso é simples: o pesquisador apenas conta os comprimidos que restam no recipiente do medicamento e os compara com o regime prescrito. Obviamente, esse é um método primitivo quando comparado aos dados em tempo real disponíveis a partir do monitoramento eletrônico. Dessa maneira, embora a contagem de comprimidos seja uma medida do comportamento de adesão e qualquer medida seja melhor do que nenhuma, ela não compartilha nenhuma das vantagens do monitoramento eletrônico e todas as suas desvantagens.

Estimativas do provedor. A obtenção de estimativas do provedor geralmente envolve pedir aos provedores médicos que preencham escalas que avaliam a adesão. As mais comuns envolvem escalas do tipo Likert, cujos itens dizem respeito a julgamentos sobre a probabilidade de ter ocorrido adesão e sua extensão. De maneira mais primitiva, os profissionais apenas respondem *sim* ou *não* quando questionados se acreditam que um paciente tem seguido ou seguirá um regime. A principal vantagem das estimativas do provedor é a viabilidade, pois exigem pouco esforço ou despesa. Uma pequena quantidade de evidências sugere que elas são mais precisas do que as classificações globais dos pacientes e seus cuidadores. As desvantagens serão óbvias para os analistas do comportamento. As estimativas do provedor envolvem apenas pedir opiniões de provedores, e opiniões, mesmo de especialistas bem estabelecidos, estão sujeitas a vieses e outras ameaças bem conhecidas à validade (Rapoff, 2010). Além disso, a não ser por algumas formas de validade social, as opiniões são totalmente insatisfatórias como medida inicial para os analistas do comportamento.

Relatos de pacientes e cuidadores. Relatos de pacientes e cuidadores são apenas variações de autorrelatos – método fundamental para a pesquisa em psicologia convencional, psiquiatria, algumas ciências sociais relacionadas e pesquisa médica clínica. No entanto, a não ser pela validade social, os analistas do comportamento praticamente nunca os usam como fonte primária de dados de avaliação. As razões são imediatamente evidentes para tais analistas: o comportamento é o assunto em consideração, e os relatos deste são considerados apenas como comportamento, não como medidas de comportamento. Embora alguns analistas do comportamento respeitados tenham reconhecido a utilidade potencial dos autorrelatos e sugerido métodos para aumentar seu rigor (p. ex., reduzir o viés, aumentar a validade; Critchfield, Tucker & Vuchinich, 1998), os pesquisadores analíticos do comportamento permanecem céticos quanto ao seu uso como fonte de dados. Pesquisadores que não são analistas do comportamento que estudam a adesão são muito menos céticos e desenvolveram diversos métodos de autorrelato, incluindo escalas de avaliação global, entrevistas estruturadas e diários. Como apenas um exemplo, os diários do sono são um elemento básico das abordagens clínicas e científicas dos problemas de sono na pediatria (p. ex., Ferber e Kryger, 1995). O analista do comportamento que contempla pesquisas que envolvam avaliação de adesão deve considerar o acoplamento de medidas de autorrelato com as medidas mais objetivas favorecidas na análise do comportamento. Isso poderia expandir o escopo da pesquisa e a possibilidade de ter pesquisas de adesão orientadas para análise do comportamento aceitas nas principais revistas médicas. Embora a pesquisa (ou pelo menos uma parte dela) pudesse ser difícil para os analistas do comportamento acreditarem, a vantagem de exportar a dimensão analítico-comportamental da pesquisa para a medicina convencional poderia compensar seu custo – e compensaria, na minha opinião.

Avaliação funcional. Há pouca menção à função na literatura sobre adesão. Novamente, os analistas do comportamento devem ver isso como oportunidade, e não como razão para evitar essa importante área de investigação. Embora o que se segue seja elementar para tais analistas, vale a pena mencionar: determinar a função de um comportamento, se envolve autolesão ou não adesão, é um método bem estabelecido para projetar tratamentos informados pelas funções identificadas.

Preocupações gerais sobre procedimentos. Há múltiplas questões a serem abordadas na busca da pesquisa de adesão que menciono apenas brevemente aqui, mas a brevidade de minhas observações está inversamente relacionada à sua importância. Além do espaço limitado, a razão para uma breve menção a essas preocupações é que elas são fundamentais para todos os métodos implantados para medir o comportamento humano. A primeira é a reatividade. Todos os sistemas de mensuração são reativos, e a parte dos dados resultante da reatividade não reflete o comportamento que está sendo medido. Em segundo lugar, as medidas empregadas devem ser representativas desse comportamento (nesse caso, a adesão). Por exemplo, comprimidos ausentes de um recipiente de comprimidos não são necessariamente uma representação precisa de medicação consumida. As medidas diretas, quando possíveis e factíveis, são sempre preferidas em relação às medidas indiretas, pois captam de maneira mais completa e precisa a essência da adesão. Por exemplo, observar diretamente um paciente entrando em uma clínica é superior a perguntar a um cuidador se seu filho compareceu à sua consulta. Os padrões de mensuração, sobretudo confiabilidade e validade, são considerações essenciais em todos os sistemas de mensuração, e a avaliação da adesão não é exceção. A interpretação é importante, porque os dados não falam por si. Descobrir que um paciente tomou um comprimido significa pouco sem informações sobre a importância, o significado e a relevância (para o regime) desse comprimido. A adesão a um regime médico é uma atividade clínica, e seus dados de avaliação devem ter utilidade clínica demonstrável. Como contraexemplo, muitas das informações solicitadas nos pacotes que os pacientes recebem em ambientes médicos têm pouca ou nenhuma relação com sua condição médica ou seu tratamento.

Melhorar a adesão

Educação em saúde. Há duas formas de intervenção em pediatria comportamental, sendo a educação em saúde uma delas (o tratamento prescritivo é a outra). Alguma quantidade de educação em saúde acompanha todo o tratamento prescrito na pediatria (p. ex., ver as discussões sobre problemas na hora de dormir, encoprese e enurese, anteriormente), e uma grande parte diz respeito à importância de seguir o regime de tratamento. Como exemplo, mensagens de educação em saúde sobre a importância de completar o esquema são agora parte-padrão dos esquemas de antibióticos prescritos. Isso nem sempre foi assim. Os pacientes muitas vezes interrompiam o esquema assim que seus sintomas diminuíam. A interrupção prematura, no entanto, pode levar à recorrência dos sintomas e à resistência ao tratamento. Em estudos pediátricos que avaliam o uso de educação em saúde para aumentar a adesão, dentre os alvos mais típicos estão esquemas de antibióticos para otite média; os resultados são variados, com apenas cerca de metade dos estudos disponíveis mostrando benefício significativo (Rapoff, 2010). No entanto, essa taxa de reprovação de 50% pode ser mais um reflexo dos métodos educacionais do que da própria educação em saúde. Por exemplo, um teste de três métodos educacionais para promover a adesão a um regime para reduzir o comportamento infantil perigoso mostrou que um vídeo educativo com modelagem foi tão eficaz quanto uma demonstração em casa e mais eficaz do que os materiais educacionais fornecidos pela American Academy of Pediatrics (Linnerooth *et al.*, 2002). O ponto para os analistas do comportamento é que a educação em saúde é um componente primordial da medicina pediátrica, e que um de seus propósitos fundamentais é promover a adesão. A extensão em que o faz em suas formas atualmente empregadas, a extensão na qual essas formas poderiam ser melhoradas e o desenvolvimento de novos métodos comportamentalmente informados são oportunidades ricas para a pesquisa analítico-comportamental.

Monitoramento. O monitoramento, quer seu alvo seja a dinâmica subatômica (Heisenberg, 1958/1999) ou o comportamento humano (Friman, 2009), afeta o comportamento do objeto monitorado. A direção da mudança no comportamento humano é determinada por sua valência social: comportamentos socialmente aceitáveis tendem a aumentar em frequência, e os socialmente inaceitáveis tendem a diminuir em frequência (Nelson, 1977). Como uma situação hipotética, imagine a quantidade e a direção da mudança de comportamento que resultaria de apontar uma câmera de vídeo para um grupo. Na medicina pediátrica, o principal monitor é quase sempre um cuidador. Pesquisadores têm utilizado o monitoramento para aumentar a adesão em uma ampla gama de programas, desde encoprese funcional (O'Brien, Ross & Christophersen, 1986) até dieta e exercícios (Rapoff, 2010).

Dicas e lembretes. Embora dicas e lembretes possam desempenhar um papel importante em praticamente todos os regimes médicos, os profissionais os usam mais para manter consultas do que para qualquer outra dimensão da medicina pediátrica. Os telefonemas de lembrete são agora parte básica de praticamente todas as subespecialidades médicas que envolvem tratamento prescritivo, embora nem sempre tenha sido assim. Por exemplo, a Pediatria Ambulatorial da Faculdade de Medicina da Universidade do Kansas relatou rotineiramente altas taxas de não comparecimento em consultas pediátricas. O departamento não utilizou dicas ou lembretes. Nosso grupo de pesquisa implementou uma intervenção envolvendo lembretes enviados por correio e telefone, que resultou em um aumento de cerca de 20% nos agendamentos mantidos e uma diminuição de 20% nos compromissos não mantidos (cancelamentos não foram incluídos no banco de dados). Essas melhorias na manutenção das consultas foram acompanhadas por economias substanciais de custos (Friman *et al.*, 1985). Replicamos esses resultados em uma clínica de treinamento composta por residentes de pediatria (Friman, Glasscock, Finney & Christophersen, 1987). Estudos como esses levaram ao uso praticamente universal de sistemas de lembretes na medicina moderna e são evidências de que pesquisas baseadas no comportamento podem exercer influência significativa sobre como os profissionais lidam com a não adesão em ambientes médicos. Essa influência vai muito além da manutenção de compromissos. Alguma forma de alerta poderia potencialmente melhorar a adesão a qualquer regime médico a ser seguido fora de um ambiente clínico. Como apenas um exemplo de pesquisa potencial nessa área, a pesquisa sobre aplicativos de solicitação baseados em *smartphones* para melhorar a adesão é limitada. Porém, a onipresença dos *smartphones*, com sua capacidade quase ilimitada de aplicativos, apresenta uma oportunidade para analistas de comportamento empreendedores avaliarem seu potencial para aumentar a adesão a consultas e regimes médicos.

Incentivos. Presumivelmente, o incentivo mais poderoso para aderir a um regime médico envolve reforço negativo na forma de alívio rápido dos sintomas. No entanto, nem todas as consultas resultam em tratamento, e nem todo tratamento resulta em alívio rápido. Como apenas um exemplo deste último, o regime para diabetes juvenil requer diversos comportamentos difíceis (p. ex., restrições alimentares, cuidados com os pés), dolorosos (p. ex., injeções de insulina, testes de açúcar no sangue) ou ambos, mas que não fornecem alívio imediato dos sintomas. Desse modo, a adição de reforço positivo sob a forma de incentivos tangíveis pode ser útil. Um exemplo envolve economia de fichas para promover a adesão a regimes na artrite reumatoide juvenil. A forma básica envolve quatro componentes principais: (1) análise de tarefas do regime em etapas prontamente executáveis, (2) fornecimento de fichas dependente da conclusão de etapas, (3) retirada de fichas dependente da falha em concluir etapas e (4) organização de troca regular de fichas por reforços acordados. Um dos regimes mais difíceis de se seguir envolve a abstenção de substâncias viciantes, e os programas de incentivo têm sido mais eficazes do que praticamente qualquer outro método para alcançar esse resultado (p. ex., Higgins, Heil & Sigmon, 2013). Apesar dessa extraordinária gama de aplicações eficazes documentadas, que vão desde a realização de passos simples em um regime de artrite reumatoide juvenil até o cumprimento da abstinência prescrita das substâncias mais viciantes conhecidas pela humanidade, os programas de incentivo para melhorar a adesão aos regimes médicos têm recebido apenas modesta atenção dos pesquisadores em geral e ainda menos dos analistas do comportamento em específico.

Abordagens diversas. Existem diversas outras abordagens para promover a adesão em populações pediátricas, embora pesquisas que as avaliem diretamente sejam escassas. A intervenção disciplinar é um exemplo. A literatura que mostra que intervenções disciplinares baseadas no comportamento (p. ex., tempo de saída, tempo de entrada) podem melhorar a adesão está tão bem estabelecida que não precisa ser citada aqui. A não adesão a um regime médico é uma forma de abandono, e a resistência infantil é um fator frequente. O quanto as estratégias disciplinares podem melhorar a adesão é um tema digno de investigação analítico-comportamental.

A governança de regras é outro aspecto do comportamento que quase certamente desempenha um papel significativo na adesão. Skinner (1969) descreveu regras como estímulos que especificam contingências, e Hayes (1989) caracterizou o comportamento governado por regras como comportamento sob o controle de estímulos verbais. Quando os investigadores de orientação cognitiva se referem à *autogestão* para promover a adesão (cf. Rapoff, 2010), eles estão realmente se referindo ao comportamento governado por regras. No entanto, o relato cognitivo enfatiza o eu como agente e desenfatiza o papel do ambiente (i.e., comunidade verbal). Isso pode explicar por que há tão poucas pesquisas mostrando que o automanejo pode melhorar a adesão. Ainda não há explicação para o motivo pelo qual não existem pesquisas analítico-comportamentais avaliando o papel que a governança de regras desempenha na adesão.

Uma última opção envolve várias formas de psicoterapia. De uma perspectiva cognitiva, a doença mental envolve alguma combinação de distorção cognitiva e níveis de neurotransmissores. Apesar de ser muito teórica nessa fase de seu desenvolvimento, essa perspectiva parece operar no nível do dogma na psicologia e na psiquiatria convencionais. Do ponto de vista comportamental, a doença mental envolve comportamento verbal desadaptativo e contingências ambientais. Independentemente da perspectiva, a chamada doença, quando presente, pode interferir na adesão. As abordagens convencionais (p. ex., cognitivas) empregam alguma combinação de medicação e psicoterapia direta para resolver a doença e aumentar a adesão. As abordagens comportamentais empregam educação em saúde para corrigir o problema da governança de regras (p. ex., as vacinas não causam transtorno do espectro autista) e gestão de contingência para melhorar os comportamentos relacionados à adesão. Testar essas abordagens para melhorar a adesão umas às outras pode ser interessante.

Esta seção sobre adesão é superficial. A não adesão a regimes médicos é a maior ameaça à saúde e ao bem-estar das crianças nos Estados Unidos. Esse problema é tão bem reconhecido que normalmente requer um livro inteiro para ser abordado (p. ex., O'Donohue & Levensky, 2006; Rapoff, 2010; Stuart, 1982). Embora a seção termine este capítulo sobre pediatria comportamental, provavelmente deveria ter sido a seção introdutória (como já observado), pois os tratamentos apresentados nas três primeiras dimensões da pediatria comportamental são discutíveis se os pacientes não mantiverem consultas ou seguirem esquemas. Uma das principais preocupações dos analistas do comportamento no século XXI é como aproximar mais o nosso campo do normal da vida cotidiana. Quase todas as crianças dos Estados Unidos têm um médico de cuidados primários. Desse modo, qualquer pesquisa ou intervenção que tenha como alvo a pediatria em geral, como a adesão, é, por definição, convencional. Analistas de comportamento empreendedores podem pensar em seguir esse caminho.

Considerações finais

A pediatria comportamental é um campo diversificado que inclui pesquisa e tratamento de problemas comuns de comportamento infantil, pesquisa sobre as interações entre fisiologia e comportamento que afetam a saúde infantil e tratamentos derivados dos achados dessa pesquisa. A ABA é uma ciência que realiza pesquisas sobre interações entre variáveis ambientais e comportamentais e avalia intervenções para problemas socialmente significativos derivados dessa pesquisa. A integração da pediatria comportamental e da ABA não só beneficia ambos os campos, mas, na verdade, amplia a eficácia dos pediatras – os principais responsáveis pela saúde infantil no país – e, assim, contribui para a saúde das crianças. Limitei minha discussão a quatro áreas problemáticas, cada uma representando um domínio da pediatria comportamental. Isso representa uma revisão muito abreviada da pediatria comportamental e do papel potencial da ABA, e há muitos aspectos da pediatria comportamental que não abordei (p. ex., cólica infantil, comportamentos de oposição, transtornos de hábitos, transtornos de ansiedade e depressivos, doenças crônicas e dor). Para uma amostra mais ampla, consulte diversos documentos de origem (p. ex., Allen, Barone & Kuhn, 1993; Blum & Friman, 2000; Christophersen, 1982; Friman, 2005a, 2008; Friman e Blum, 2003).

Apesar de suas muitas contribuições para a pediatria comportamental, a ABA ainda não está amplamente disponível e aceita na comunidade médica pediátrica. Remediar o problema da disponibilidade limitada é o objetivo primordial deste capítulo; espero que o número de analistas do comportamento aplicados interessados em pediatria comportamental aumente. Remediar o problema da aceitação limitada é uma preocupação importante, mas subsidiária neste capítulo. No entanto, sugiro algumas táticas que podem ajudar. Por exemplo, analistas do comportamento aplicados interessados em colaborar com pediatras em nível local devem participar e se apresentar em conferências e palestras pediátricas. Eles também devem participar de discussões sobre manejo de casos em ambientes pediátricos e se oferecer para ajudar os médicos a implementar avaliações comportamentais e tratamentos. Se esses contatos resultarem em um encaminhamento, o envio imediato de *feedback* baseado em dados sobre os efeitos das intervenções ABA ao pediatra de referência para inclusão no prontuário do paciente não apenas espelha a prática-padrão entre médicos em todos os domínios da medicina como também é provável que leve a mais encaminhamentos. Além disso, as crescentes demandas de terceiros pagadores por documentação do tratamento e seus efeitos podem tornar o *feedback* baseado em dados necessário para o reembolso contínuo dos custos decorrentes do tratamento contínuo necessário. Esse fato, aliado ao valor que a ABA atribui à coleta contínua de dados, torna os analistas do comportamento aplicados cada vez mais atraentes como colaboradores da medicina pediátrica. Tais analistas também poderiam se envolver mais em organizações profissionais médicas e, assim, fornecer um recurso comunitário para questões relativas ao comportamento. Mais sistemicamente, incorporar os fenômenos clínicos referidos por estruturas hipotéticas como depressão, ansiedade ou temperamento em teorias analítico-comportamentais e tornar esses fenômenos o foco das avaliações e intervenções ABA poderia gerar avanços no campo e aumentar sua aceitação (p. ex., Friman, Hayes & Wilson, 1998; ver também Friman, 2010). Por fim, e consistente com o objetivo principal deste capítulo, projetar e testar tratamentos para problemas que muitas vezes se apresentam em ambientes pediátricos contribui para o reconhecimento da ABA como um recurso e aceitação dela pelos pediatras como uma ciência valiosa (Riley & Freeman, 2019). Talvez mais do que qualquer outra subespecialidade da medicina, a pediatria é uma especialidade pragmática, e tratamentos eficazes e eficientes superam prontamente as diferenças ideológicas.

Em conclusão, o grande e crescente corpo de evidências documentando as muitas maneiras pelas quais a ABA tem sido encontrada para influenciar o comportamento, com o papel mutuamente determinante desempenhado pelo comportamento e fisiologia, sugere que uma parceria entre analistas do comportamento aplicados e pediatras beneficiaria a saúde das crianças nos Estados Unidos. Argumentei neste capítulo que a pediatria comportamental é o local ideal para essa parceria.

Referências

Adams, L. A., & Rickert, V. I. (1989). Reducing bedtime tantrums: Comparison between positive routines and graduated extinction. *Pediatrics, 84*, 756-761.

Allen, K. D., Barone, V. J., & Kuhn, B. R. (1993). A behavioral prescription for promoting applied behavior analysis within pediatrics. *Journal of Applied Behavior Analysis, 26*, 493-502.

American Psychiatric Association. (2013). *Diagnostic and statistical manual of mental disorders* (5th ed.). Arlington, VA: Autor.

Andrews, V. H., & Hall, H. R. (1990). The effect of relaxation/imagery training on recurrent apthous stomatitis. *Psychosomatic Medicine, 52*, 526-535.

Beaudry-Bellefeuille, I., Booth, D., & Lane, S. J. (2017). Defecation-specific behavior in children with functional defecation issues: A systematic review. *Permanente Journal, 21*, 17-47.

Berk, L. B., & Friman, P. C. (1990). Epidemiologic aspects of toilet training. *Clinical Pediatrics, 29*, 278-282.

Blampied, N. M., & Bootzin, R. R. (2013). Sleep: A behavioral account. Em G. Madden (Ed.), *Handbook of behavior analysis* (p. 425-454). Washington, DC: American Psychological Association.

Blum, N., & Friman, P. C. (2000). Behavioral pediatrics: The confluence of applied behavior analysis and pediatric medicine. Em J. Carr & J. Austin (Eds.), *Handbook of applied behavior analysis* (p. 161-186). Reno, NV: Context Press.

Blum, N., Williams, G., Friman, P. C., & Christophersen, E. R. (1995). Disciplining young children: The role of verbal instructions and reason. *Pediatrics, 96*, 336-341.

Burke, R. V., Kuhn, B. R., & Peterson, J. L. (2004). A "storybook" ending to children's bedtime problems: The use of a rewarding social story to reduce bedtime resistance and frequent night waking. *Journal of Pediatric Psychology, 29*, 389-396.

Christophersen, E. R. (1982). Incorporating behavioral pediatrics into primary care. *Pediatric Clinics of North America, 29*, 261-295.

Christophersen, E. R., & Friman, P. C. (2010). *Elimination disorders*. Cambridge, MA: Hogrefe.

Christophersen, E. R., & Mortweet, S. M. (2013). *Treatments that work with children* (2nd ed.). Washington, DC: American Psychological Association.

Christophersen, E. R., & Rainey, S. K. (1976). Management of encopresis through a pediatric outpatient clinic. *Journal of Pediatric Psychology, 4*, 38-41.

Costello, E. J., Burns, B. J., Costello, A. J., Edelbrock, C., Dulcan, M., & Brent, D. (1988). Service utilization and psychiatric diagnosis in pediatric primary care: The role of the gatekeeper. *Pediatrics, 82*, 435-441.

Costello, E. J., Edelbrock, C., Costello, A. J., Dulcan, M., Burns, B. J., & Brent, D. (1988). Psychopathology in pediatric primary care: The new hidden morbidity. *Pediatrics, 82*, 415-424.

Costello, E. J., & Shugart, M. A. (1992). Above and below the threshold: Severity of psychiatric symptoms and functional impairment in a pediatric sample. *Pediatrics, 90*, 359-368.

Critchfield, T. S., Tucker, J. A., & Vuchinich, R. E. (1998). Self-report. Em A. Lattal & M. Perone (Eds.), *Handbook of research methods in human operant behavior* (p. 435-470). Nova York: Plenum Press.

Culbert, T. P., Kajander, R. L., & Reaney, J. B. (1996). Biofeedback with children and adolescents: Clinical observations and patient perspectives. *Journal of Developmental and Behavioral Pediatrics, 17*, 342-350.

Davidson, M. (1958). Constipation and fecal incontinence. *Pediatric Clinics of North America, 5*, 749-757.

Dulcan, M. K., Costello, E. J., Costello, A. J., Edelbrock, C., Brent, D., & Janiszewski, S. (1990). The pediatrician as gatekeeper to mental healthcare for children: Do caregivers' concerns open the gate? *Journal of the American Academy of Child and Adolescent Psychiatry, 29*, 453-458.

Earls, F. (1980). Prevalence of behavior problems in 3-year-old children: A cross national replication. *Archives of General Psychiatry, 37*, 1153-1157.

Edwards, K. J., & Christophersen, E. R. (1994). Treating common bedtime problems of young children. *Journal of Developmental and Behavioral Pediatrics, 15*, 207-213.

Eggert, P., & Kuhn, B. (1995). Antidiuretic hormone regulation in patients with primary nocturnal enuresis. *Archives of Diseases in Childhood, 73*, 508-511.

Ferber, R. (2006). *Solve your child's bedtime problems: New and expanded edition*. Nova York: Fireside.

Ferber, R., & Kryger, M. (1995). *Principles and practice of sleep medicine in the child*. Filadélfia: Saunders.

Finney, J. W., Brophy, C. J., Friman, P. C., Golden, A. S., Richman, G. S., & Ross, A. F. (1990). Promoting parent-provider interaction during child health supervision visits. *Journal of Applied Behavior Analysis, 23*, 207-214.

Finney, J. W., Lemanek, K. L., Cataldo, M. F., Katz, H. P., & Fuqua, R. W. (1989). Pediatric psychology in primary health care: Brief targeted therapy for recurrent abdominal pain. *Behavior Therapy, 20*, 283-291.

Finney, J. W., Miller, K. M., & Adler, S. P. (1993). Changing protective and risky behaviors to prevent child-to-parent transmission of cytomegalovirus. *Journal of Applied Behavior Analysis, 26*, 471-472.

Freeman, K. A. (2006). Treating bedtime resistance with the bedtime pass: A systematic replication and component analysis with 3-year-olds. *Journal of Applied Behavior Analysis, 39*, 423-428.

Friman, P. C. (2002). *The psychopathological interpretation of common child behavior problems: A critique and related opportunity for behavior analysis*. Discurso convidado na 28ª convenção anual da Association for Behavior Analysis, Toronto, ON, Canadá.

Friman, P. C. (2005a). Behavioral pediatrics. Em M. Hersen (Ed.), *Encyclopedia of behavior modification and therapy* (v. 2, p. 731-739). Thousand Oaks, CA: SAGE.

Friman, P. C. (2005b). *Good night, we love you, we will miss you, now go to bed and go to sleep: Managing bedtime problems in young children*. Boys Town, NE: Girls and Boys Town Press.

Friman, P. C. (2008). Primary care behavioral pediatrics. Em M. Hersen & A. Gross (Eds.), *Handbook of clinical psychology* (v. 2, p. 728-758). Hoboken, NJ: Wiley.

Friman, P. C. (2009). Behavioral assessment. Em M. Hersen, D. Barlow, & M. Nock (Eds.), *Single case experimental designs* (3rd ed., p. 91-143). Boston: Allyn & Bacon.

Friman, P. C. (2010). Come on in, the water is fine: Achieving mainstream relevance through integration with primary medical care. *Behavior Analyst, 33*, 19-36.

Friman, P. C. (2017). Incontinence. Em A. Wetzel (Ed.), *The SAGE encyclopedia of abnormal and clinical psychology* (p. 1296-1298). Thousand Oaks, CA: SAGE.

Friman, P. C. (2019). Incontinence in the child: A biobehavioral perspective. Em T. H. Ollendick, S. W. White, & B. A. White (Eds.), *The Oxford handbook of clinical child and adolescent psychology* (p. 367-381). Nova York: Oxford University Press.

Friman, P. C., & Blum, N. J. (2003). Primary care behavioral pediatrics. Em M. Hersen & W. Sledge (Eds.), *Encyclopedia of psychotherapy* (p. 379-399). Nova York: Academic Press.

Friman, P. C., & Christophersen, E. R. (1986). Biobehavioral prevention in primary care. Em N. Krasnegor, J. D. Arasteh, & M. F. Cataldo (Eds.), *Child health behavior: A behavioral pediatrics perspective* (p. 254- 280). Nova York: Wiley.

Friman, P. C., Finney, J. W., Rapoff, M. A., & Christophersen, E. R. (1985). Improving pediatric appointment keeping: Cost effectiveness and social validation of reminders and reduced response requirement. *Journal of Applied Behavior Analysis, 18*, 315-323.

Friman, P. C., Glasscock, S. G., Finney, J. W., & Christophersen, E. R. (1987). Reducing effort with reminders and a parking pass to improve appointment keeping for patients of pediatric residents. *Medical Care, 25*, 83-86.

Friman, P. C., Handwerk, M. L., Swearer, S. M., McGinnis, C., & Warzak, W. J. (1998). Do children with primary nocturnal enuresis have clinically significant behavior problems? *Archives of Pediatrics and Adolescent Medicine, 152*, 537-539.

Friman, P. C., Hayes, S. C., & Wilson, K. (1998). Why behavior analysts should study emotion: The example of anxiety. *Journal of Applied Behavior Analysis, 31*, 137-156.

Friman, P. C., Hoff, K. E., Schnoes, C., Freeman, K. A., Woods, D. W., & Blum, N. (1999). The bedtime pass: An approach to bedtime crying and leaving the room. *Archives of Pediatric and Adolescent Medicine, 153*, 1027-1029.

Friman, P. C., Mathews, J. R., Finney, J. W., & Christophersen, E. R. (1988). Do children with encopresis have clinically significant behavior problems? *Pediatrics, 82*, 407-409.

Friman, P. C., & Schmitt, B. D. (1989). Thumb sucking: Guidelines for pediatricians. *Clinical Pediatrics, 28*, 438-440.

Friman, P. C., & Schnoes, C. (2020). Pediatric prevention: Sleep dysfunction. *Pediatric Clinics of North America, 67*, 559-571.

Friman, P. C., & Vollmer, D. (1995). Successful use of the nocturnal urine alarm for diurnal enuresis. *Journal of Applied Behavior Analysis, 28*, 89-90.

Gabel, S., Hegedus, A. M., Wald, A., Chandra, R., & Chaponis, D. (1986). Prevalence of behavior problems and mental health utilization among encopretic children. *Journal of Developmental and Behavioral Pediatrics, 7*, 293-297.

Green, C., Storfer-Isser, A., Stein, R. E. K., Garner, A. S., Kerker, B. D., Szilagyi, M., *et al.* (2017). Which pediatricians comanage mental health conditions? *Academic Pediatrics, 17*, 479-486.

Halliday, S., Meadow, S. R., & Berg, I. (1987). Successful management of daytime enuresis using alarm procedures: A randomly controlled trial. *Archives of Diseases in Children, 62*, 132-137.

Hatch, T. F. (1988). Encopresis and constipation in children. *Pediatric Clinics of North America, 35*, 257-281.

Hatti, M. (2007). 2 deaths spur bed-wetting drug warning: FDA warns that some patients taking desmpopressin may be at risk of seizure and death. Recuperado em 11 de julho de 2016, de *www.webmd.com/children/news/20071204/2-deaths-spur-bedwetting-drugwarning*.

Hayes, S. C. (1989). *Rule-governed behavior: Cognition, contingencies, and instructional control.* Nova York: Plenum Press.

Heisenberg, W. (1999). *Physics and philosophy.* Amherst, NY: Prometheus. (Trabalho original publicado em 1958)

Higgins, S. T., Heil, S. H., & Sigmon, S. C. (2013). Voucher based contingency management in the treatment of substance abuse disorders. Em G. Madden (Ed.), *APA handbook of behavior analysis* (p. 481-500). Washington, DC: American Psychiatric Association.

Honaker, S. M., & Meltzer, L. J. (2014). Bedtime problems and night wakings in young children: An update of the evidence. *Pediatric Respiratory Reviews, 15*, 333-339.

Horwitz, S. M., Leaf, P. J., Leventhal, J. M., Forsyth, B., & Speechley, K. N. (1992). Identification and management of psychosocial and developmental problems in community-based, primary care pediatric practices. *Pediatrics, 89*, 480-485.

Houts, A. C. (1991). Nocturnal enuresis as a biobehavioral problem. *Behavior Therapy, 22*, 133-151.

Irwin, C. E., Cataldo, M. F., Matheny, A. P., & Peterson, L. (1992). Health consequences of behaviors: Injury as a model. *Pediatrics, 90*, 798-807.

Jenssen, B. P., Buttenheim, A. M., & Fiks, A. G. (2019). Using behavioral economics to encourage parent behavior change: Opportunities to improve clinical effectiveness. *Academic Pediatrics, 19*, 4-10.

Johnston, J. M., & Pennypacker, H. S. (2009). *Strategies and tactics of behavioral research* (3rd ed.). Nova York: Routledge.

Kazdin, A. E. (1996). Dropping out of child therapy: Issues for research and implications for clinical practice. *Clinical Child Psychology and Psychiatry, 1*, 133-156.

Koff, S. A. (1995). Why is desmopressin sometimes ineffective at curing bed wetting. *Scandinavian Journal of Urology and Nephrology, Supplementum, 173*, 103-108.

Koppen, I. J., von Gontard, A., Chase, J., Cooper, C. S., Rittig, C. S., Bauer, S. B., *et al.* (2016). Management of functional nonretentive fecal incontinence in children: Recommendations from the International Children's Continence Society. *Journal of Pediatrics, 12*, 56-64.

Lackgren, G., Neveus, T., & Stenberg, A. (1997). Diurnal plasma vasopressin and urinary output in adolescents with monosymptomatic nocturnal enuresis. *Acta Paediatrica, 86*, 385-390.

Levine, M. D. (1982). Encopresis: Its potentiation, evaluation, and alleviation. *Pediatric Clinics of North America, 29*, 315-330.

Linnerooth, P. J. N., Walsh, M., Spear, S., Niccols, R., Maestretti, J., Pulido, L., *et al.* (2002). *Reducing infant potentially dangerous behavior: A randomized controlled trial of three interventions for preventing unintentional child injury.* Artigo apresentado na 36ª convenção anual da Association for Advancement of Behavior Therapy, Reno, NV.

Lorenz, R. A., Christensen, N. K., & Pitchert, J. W. (1985). Diet related knowledge, skill, and adherence among children with insulin dependent diabetes mellitus. *Pediatrics, 75*, 872-876.

Lowery, S., Srour, J., Whitehead, W. E., & Schuster, M. M. (1985). Habit training as treatment of encopresis secondary to chronic constipation. *Journal of Pediatric Gastroenterology and Nutrition, 4*, 397-401.

Lozoff, B., Wolf, A. W., & Davis, N. S. (1985). Bedtime problems seen in pediatric practice. *Pediatrics, 75*, 477-483.

Mace, F., Hock, M. L., Lalli, J. S., West, B. J., Belfiore, P., Pinter, E., *et al.* (1988). Behavioral momentum in the treatment of noncompliance. *Journal of Applied Behavioral Analysis, 21*, 123-142.

Meunier, P., Marechal, J. M., & De Beaujeu, M. J. (1979). Rectoanal pressures and rectal sensitivity in chronic childhood constipation. *Gastroenterology, 77*, 330-336.

Moffatt, M. E. (1997). Nocturnal enuresis: A review of the efficacy of treatments and practical advice for clinicians. *Journal of Developmental and Behavioral Pediatrics, 18*, 49-56.

Moore, B. A., Fruzetti, A. E., & Friman, P. C. (2007). Evaluating the Bedtime Pass Program for child resistance to bedtime: A randomized controlled trial. *Journal of Pediatric Psychology, 32*, 283-287.

Nelson, R. (1977). Assessment and therapeutic functions of self-monitoring. Em M. Hersen, R. M. Eisler & P. M. Miller (Eds.), *Progress in behavior modification* (v. 5, p. 263-308). Nova York: Academic Press.

O'Brien, S., Ross, L. V., & Christophersen, E. R. (1986). Primary encopresis: Evaluation and treatment. *Journal of Applied Behavior Analysis, 19*, 137-145.

O'Donohue, W. T., & Levensky, E. R. (2006). *Promoting treatment adherence.* London: SAGE.

Olness, K., Culbert, T., & Uden, D. (1989). Self-regulation of salivary immunoglobulin A by children. *Pediatrics, 83*, 66-71.

Polaha, J., Dalton, W. T., & Allen, S. (2011). The prevalence of emotional and behavior problems in pediatric primary care serving rural children. *Journal of Pediatric Psychology, 36*, 652-660.

Quittner, A. L., Modi, A. C., Lemanek, K. L., Levers-Landis, C. E., & Rapoff, M. A. (2008). Evidence-based assessment of adherence to medical treatments in pediatric psychology. *Journal of Pediatric Psychology, 33*, 916-936.

Rapoff, M. A. (2010). *Adherence to pediatric medical regimens* (2nd ed.). Nova York: Springer.

Regier, D. A., Goldberg, I. D., & Taube, C. A. (1978). The de facto US mental health system. *Archives of General Psychiatry, 35*, 685-693.

Rickert, V. I., & Johnson, M. (1988). Reducing nocturnal awaking and crying episodes in infants and young children: A comparison between scheduled awakenings and systematic ignoring. *Pediatrics, 81*, 203-212.

Riley, A. R., & Freeman, K. A. (2019). Impacting pediatric primary care: Opportunities and challenges for behavioral research in a shifting healthcare landscape. *Behavior Analysis, 19*, 23-38.

Rittig, S., Knudsen, U. B., Norgaard, J. P., Pedersen, E. B., & Djurhuus, J. C. (1989). Abnormal diurnal rhythm of plasma vasopressin and urinary output in patients with enuresis. *American Journal of Physiology, 256*, F644-F671.

Ruckstuhl, L. E., & Friman, P. C. (2003). *Evaluating the effectiveness of the vibrating urine alarm: A study of effectiveness and social validity.* Paper presented at the 29th annual convention of the Association for Behavior Analysis, São Francisco, CA.

Schnoes, C. J. (2011). The bedtime pass. Em M. Perlis, M. Aloia, & B. Kuhn (Eds.), *Behavioral treatments for sleep disorders: A comprehensive primer of behavioral sleep medicine interventions* (p. 293-298). Boston: Elsevier.

Schnoes, C. J., & Reimers, T. M. (2009). Assessment and treatment of child and adolescent sleep disorders. Em D. McKay & E. A. Storch (Eds.), *Cognitive-behavior therapy for children: Treating complex and refractory cases* (p. 293-324). Nova York: Springer.

Shepard, J. A., Poler, J. E., & Grabman, J. H. (2017). Evidence-based psychosocial treatments for pediatric elimination disorders. *Journal of Clinical Child and Adolescent Psychology, 46*, 767-797.

Skidmore-Roth, L. (2010). *Mosby's nursing drug reference* (23rd ed.). St. Louis, MO: Elsevier. Skinner, B. F. (1966). The phylogeny and ontogeny of behavior. *Science, 153*, 1205-1213.

Skinner, B. F. (1969). *Contingencies of reinforcement*. Nova York: Appleton-Century-Crofts.

Stark, L. J., Knapp, L. G., Bowen, A. M., Powers, S. W., Jelalian, E., Evans, S., *et al.* (1993). Increasing caloric consumption in children with cystic fibrosis: Replication with 2-year follow-up. *Journal of Applied Behavior Analysis, 26*, 435-450.

Stark, L. J., Opipari, L. C., Donaldson, D. L., Danovsky, D. A., Rasile, D. A., & DelSanto, A. F. (1997). Evaluation of a standard protocol for retentive encopresis: A replication. *Journal of Pediatric Psychology, 22*, 619-633.

Stark, L. J., Owens-Stively, J. A., Spirito, A., Lewis, A. V., & Guevremont, D. (1990). Group behavioral treatment of retentive encopresis. *Journal of Pediatric Psychology, 15*, 659-671.

Stark, L. J., Spirito, A., Lewis, A. V., & Hart, K. J. (1990). Encopresis: Behavioral parameters associated with children who fail medical management. *Child Psychiatry and Human Development, 20*, 169-179.

Stuart, R. B. (1982). *Adherence, compliance, and generalization in medicine*. Nova York: Brunner/Mazel.

Vincent, S. A. (1974). Mechanical, electrical and other aspects of enuresis. Em J. H. Johnston & W. Goodwin (Eds.), *Reviews in pediatric urology* (p. 280-313). Nova York: Elsevier.

Vollmer, T. R., & Iwata, B. A. (1992). Differential reinforcement as treatment for behavior disorders: Procedural and functional variations. *Research in Developmental Disabilities, 13*, 393-417.

Wald, A., Chandra, R., Chiponis, D., & Gabel, S. (1986). Anorectal function and continence mechanisms in childhood encopresis. *Journal of Pediatric Gastroenterology and Nutrition, 5*, 346-351.

Watson, T. S., Foster, N., & Friman, P. C. (2006). Treatment adherence in children and adolescents. Em W. T. Odonohue & E. R. Levensky (Eds.), *Promoting treatment adherence* (p. 343-351). London: SAGE.

Weinstock, L. B., & Clouse, R. E. (1987). A focused overview of gastrointestinal physiology. *Annals of Behavioral Medicine, 9*, 3-6.

Whitehead, W. E., & Schuster, M. M. (1985). *Gastrointestinal disorders: Behavioral and physiological basis for treatment*. Nova York: Academic Press.

Wright, L. (1975). Outcome of a standardized program for treating psychogenic encopresis. *Professional Psychology, 6*, 453-456.

25

Uma abordagem analítico-comportamental dos transtornos alimentares pediátricos

Cathleen C. Piazza e Caitlin A. Kirkwood

A alimentação é única em relação a outros comportamentos discutidos neste livro, pois o alimento* funciona como estímulo apetitivo, e a alimentação é onipresente em todas as espécies. Os organismos requerem ingestão calórica relativamente constante, e a produção metabólica não pode exceder a ingestão calórica por muito tempo. Muitos organismos adaptaram mecanismos únicos para o *habitat* em que se alimentam, que promovem a aquisição consistente de calorias e nutrientes. Por exemplo, a arara-azul, arara nativa da América do Sul, tem um bico que pode exercer centenas de quilos de pressão por polegada quadrada; esse bico é ideal para quebrar as cascas duras das nozes de palma que são um componente importante da dieta da ave (Borsari & Ottoni, 2005). Alguns organismos têm adaptações que lhes permitem reduzir as necessidades metabólicas, armazenar nutrientes ou ambos para responder a mudanças previsíveis em seu *habitat* que afetam a disponibilidade de alimentos. Por exemplo, ursos negros suprimem sua taxa metabólica basal em 25% durante os 5 a 7 meses por ano em que hibernam (Toien *et al.*, 2011). Apesar das adaptações de um organismo para se alimentar em um *habitat* específico ou durante mudanças ambientais previsíveis, mudanças imprevisíveis nas condições ambientais, como a seca, podem ameaçar a capacidade do organismo de acessar calorias e nutrientes de forma consistente. Não surpreendentemente, a natureza até forneceu a alguns organismos a capacidade de se adaptar a mudanças imprevisíveis na disponibilidade de alimentos. Por exemplo, algumas espécies de aves que normalmente exibem estreita faixa de comportamento de forrageamento desenvolvem estratégias para identificar fontes alternativas de alimento quando este se torna escasso em seu *habitat* típico (Diquelou, Griffin & Sol, 2016).

Mesmo quando ocorrem mudanças que interrompem a disponibilidade de alimentos, a motivação para se alimentar em geral não é interrompida (Diquelou *et al.*, 2016). Na verdade, os profissionais nos Estados Unidos muitas vezes estão tão confiantes sobre as propriedades reforçadoras dos alimentos que sua resposta a um cuidador de uma criança com baixo crescimento é "a criança vai comer quando ela ficar com fome". No entanto, há exceções a esse adágio desgastado pelo tempo? E se sim, por que isso acontece e quais são as condições de estímulo sob as quais ocorre?

Definição

Usamos o termo *transtorno alimentar* para crianças que não consomem calorias, hidratação ou nutrientes suficientes para ganhar peso e crescer, para manter a hidratação ou para atender às suas necessidades nutricionais de macro e micronutrientes. Os transtornos alimentares são heterogêneos e podem incluir recusa alimentar;

*Utilizamos o termo *alimento* aqui para significar a fonte de energia (quilocalorias) e nutrientes de um organismo.

recusa em comer certos tipos ou texturas de alimentos; dependência de uma fonte de nutrição limitada ou inadequada ao desenvolvimento, como a dependência de mamadeira em uma criança de 3 anos de idade; e déficits de habilidades, como incapacidade de se autoalimentar ou passar para texturas apropriadas para a idade ou o estágio de desenvolvimento. O *Manual diagnóstico e estatístico de transtornos mentais*, 5ª edição (DSM-5; American Psychiatric Association, 2013) utiliza o termo *transtorno alimentar evitativo/restritivo* para se referir ao seguinte: (1) uma criança apresenta um transtorno alimentar ou de alimentação caracterizado por falha persistente em atender às necessidades nutricionais adequadas, às necessidades energéticas ou ambas, com perda de peso significativa, deficiência nutricional significativa, necessidade de alimentação enteral ou suplementos nutricionais orais, ou interferência óbvia no funcionamento psicossocial; (2) o transtorno não é mais bem explicado pela falta de alimentos disponíveis ou por uma prática culturalmente admissível associada; (3) o transtorno alimentar não ocorre apenas durante o curso da anorexia nervosa ou da bulimia nervosa, e não há evidência de perturbação na maneira como com o peso ou a forma corporal são vivenciados pela criança; e (4) o transtorno alimentar não é atribuído a uma condição médica concomitante ou mais bem explicada por outro transtorno mental, e se o transtorno alimentar ocorre no contexto de outra condição ou transtorno, sua gravidade excede o que é rotineiramente associado a essa condição ou transtorno e merece atenção clínica adicional.

Uma nosologia diagnóstica como o DSM-5 é útil para descrever as características de um transtorno alimentar, mas nos diz pouco sobre por que tais condições ocorrem ou como desenvolver intervenções eficazes. Embora diversas crianças possam ter a mesma expressão topográfica de um transtorno alimentar, como baixo ganho de peso, a etiologia desse transtorno pode ser diferente entre as crianças. Por exemplo, uma criança com baixo crescimento pode ter retardado o esvaziamento gástrico, queixar-se de estar cheia e recusar-se a comer após consumir uma pequena quantidade de alimentos (Stein, Everhart & Lacy, 2015). Já outra criança pode apresentar déficits nas habilidades motoras orais. Embora a criança coma com frequência e pareça motivada a comer (p. ex., pede comida), as refeições são longas, e a criança não consegue consumir calorias suficientes para ganhar peso e crescer. Uma terceira criança pode vomitar com frequência, e o baixo ganho de peso é resultado indireto da doença do refluxo gastroesofágico. Nessas amplas apresentações topográficas dos transtornos alimentares, crianças individuais podem apresentar diferentes comportamentos que contribuem para seus transtornos, como produção excessiva de saliva, incapacidade de mastigar, incapacidade de lateralizar a língua, postura de boca aberta, impulso persistente da língua, retenção de comida na boca, mau fechamento labial, recusa, cuspir comida e vômitos (Arvedson & Brodsky, 2002).

Variáveis dependentes

A alimentação consiste em uma cadeia complexa de comportamentos, que inclui colocar alimentos sólidos ou líquidos na boca; lateralizar o alimento aos molares e mastigar, se necessário; formar um bolo (uma massa de comida ou de bebida) na língua; elevar a língua; e impulsionar o bolo alimentar para a faringe (Derkay & Schechter, 1998). Uma criança com transtorno alimentar pode ter dificuldades com um ou mais comportamentos na cadeia. Desse modo, a intervenção pode ter como alvo um ou mais comportamentos alimentares problemáticos, e a intervenção para um comportamento pode afetar a ocorrência de outros. Fornecemos ao leitor definições operacionais e uma discussão das variáveis dependentes que os pesquisadores têm utilizado; percebemos que a lista não é completa, e que o campo não possui definições operacionais padrão para esses comportamentos.

Aceitação, a ocorrência do alimento sólido ou do líquido entrando na boca, é muitas vezes a primeira na cadeia de comportamentos alimentares que os pesquisadores visam para intervenção. Em LaRue *et al.* (2011), observadores pontuaram a ocorrência de aceitação se uma criança se inclinasse em direção à colher ou ao copo e abrisse a boca na ausência de vocalizações negativas e comportamento inadequado, de modo que o alimentador pudesse depositar todo o bolo alimentar (exceto uma quantidade menor do que o tamanho de uma ervilha) ou qualquer quantidade de líquido na boca dentro de 5 segundos após a apresentação. Observe que a definição de LaRue *et al.* incluiu qualificadores como "inclinou-se para a colher ou o copo na ausência de vocalizações negativas" e "dentro de 5 segundos da apresentação". LaRue *et al.* incluíram esses qualificadores para garantir que os observadores estivessem medindo o comportamento das crianças, e não o dos alimentadores. Os observadores pontuaram a aceitação se uma criança se inclinasse para frente logo após a apresentação do alimento sólido ou do líquido e abrisse a boca para que o alimentador pudesse colocá-lo na boca da criança. Em contrapartida, os observadores não pontuaram aceitação se a criança estava com a boca aberta porque estava chorando, o que dava ao alimentador a oportunidade de colocar o alimento na boca. De modo ideal, a intervenção aumenta a adesão à alimentação, e a distinção entre adesão da criança e o comportamento do alimentador é importante para determinar o progresso. Os observadores de LaRue *et al.* pontuaram a ocorrência de aceitação para cada apresentação de alimento sólido ou líquido e converteram as ocorrências em uma porcentagem após dividir as ocorrências de aceitação pelo número de alimentos apresentados.

As crianças, em Peterson, Piazza e Volkert (2016), se autoalimentaram, e "observadores pontuaram a ocorrência de aceitação quando a criança utilizou o utensílio ou seus dedos para colocar todo o alimento em sua boca dentro de 8 segundos da apresentação, não incluindo a colocação do alimento na boca durante a reapresentação" (p. 5). Peterson *et al.* converteram as ocorrências de aceitação em porcentagem após dividirem o número de pedaços de alimento aceitos pelo número de pedaços apresentados. Peterson *et al.* descreveram a apresentação do pedaço como um alimento medindo 0,6 × 0,6 × 0,6 centímetro, e o alimentador restringiu o operante apresentando apenas um pedaço de cada vez. Os observadores pontuaram a aceitação somente se a criança colocasse todo o pedaço em sua boca dentro de 8 segundos após o alimentador colocá-lo na frente da criança. A aceitação, nesse caso, transmitia informações sobre a quantidade de alimento que entrava na boca da criança e era responsável pelo número de pedaços disponíveis para a criança aceitar de sessão em sessão.

Comportamento inadequado na hora da refeição pode referir-se a inúmeros comportamentos que perturbam a alimentação e que diferem ao longo de muitas dimensões. Alguns pesquisadores abordaram esse dilema conceituando o comportamento inadequado na hora das refeições como o que uma criança emite com suas partes externas do corpo, como cabeça, mãos, braços e pernas, que impede que sólidos, líquidos ou ambos entrem ou permaneçam na boca. Esses pesquisadores separaram o comportamento inadequado na hora da refeição de outros que a criança emite com a boca, como expulsão e retenção, e comportamentos com base fisiológica putativa, como tosse, engasgos e vômitos. Por exemplo, observadores em Ibañez, Piazza e Peterson (2019) pontuaram comportamento inadequado na hora da refeição "quando o utensílio estava ao alcance do braço da criança, e esta virava a cabeça 45° ou mais para longe do utensílio durante uma apresentação de mordida ou bebida; usava a mão para entrar em contato com o utensílio, o alimento ou a bebida, ou com a mão ou o braço do alimentador em qualquer lugar do cotovelo para baixo enquanto o alimentador estava apresentando o alimento; jogava alimentos, líquidos ou utensílios; ou tapava a boca com a mão, o babador ou os brinquedos" (p. 1009). Observe que a definição operacional de Ibañez *et al.* qualifica que o utensílio deve estar ao alcance da criança, pois o comportamento definido só pode ocorrer quando um utensílio está presente. Os observadores pontuaram a frequência de comportamento inadequado na hora da refeição e a converteram em uma taxa dividindo o número de comportamentos inadequados na hora da refeição pelo tempo em que o utensílio esteve ao alcance da criança. O controle da presença do utensílio pode ser importante nos casos em que a duração da presença do utensílio pode diferir de maneira acentuada de fase para fase ou de condição para condição.

Expulsão é o alimento sólido ou líquido que sai da boca. Por exemplo, Wilkins, Piazza, Groff e Vaz (2011) definiram expulsão para líquidos como cada vez que qualquer quantidade de líquido (tamanho de ervilha ou maior) que a criança não havia engolido era visível fora dos lábios após qualquer quantidade de líquido ter passado pelo plano dos lábios; e expulsão para sólidos como cada vez que qualquer quantidade de alimento (tamanho de ervilha ou maior) que a criança não havia engolido era visível fora dos lábios após todo o bolo alimentar ter passado pelo plano dos lábios. Os observadores em Wilkins *et al.* pontuaram a frequência de expulsões e apresentaram os dados como expulsões por mordida. Como acontece com muitos comportamentos alimentares, a oportunidade de se envolver na expulsão afetará as taxas desta, e o clínico deve considerar qual método de apresentação de dados é mais apropriado para abordar o problema clínico ou a questão de pesquisa. Por exemplo, o clínico pode calcular as expulsões por mordida se a oportunidade de expulsar for fixa (p. ex., com base no número de pedaços apresentados), mas as por oportunidade se a chance de expulsar variar, como durante a reapresentação.

Boca limpa é uma medida de produto da deglutição que utilizamos com frequência, pois a deglutição é difícil de se medir de forma confiável em nossa experiência clínica. Por exemplo, observadores em Kadey, Piazza, Rivas e Zeleny (2013) pontuaram "boca limpa se nenhum alimento maior do que uma ervilha estivesse na boca [da criança], a menos que a ausência de alimento fosse resultado de expulsão" (p. 540). O alimentador, em Kadey *et al.*, verificou a boca da criança 30 segundos após a mordida entrar na boca dela dizendo: "mostre-me". O exame bucal deu aos observadores a oportunidade de marcar boca limpa ou *resíduo*, o inverso da boca limpa. Por exemplo, observadores em Wilkins *et al.* (2014) pontuaram "resíduo se toda a mordida (com exceção de alimentos menores do que uma ervilha) entrasse na boca da criança, e alimentos maiores do que uma ervilha estivessem na boca da criança na verificação de 30 segundos" (p. 4). Kadey *et al.* e Wilkins *et al.*, respectivamente, converteram a boca limpa ou o resíduo em porcentagem após dividir o número de ocorrências de boca limpa ou resíduo, respectivamente, pelo número de pedaços que entraram na boca da criança. Observe que o denominador, em Kadey *et al.* e Wilkins *et al.*, foi o número de pedaços que entraram na boca, o que significa que nenhuma oportunidade de limpeza ou resíduo na boca ocorria se nenhum pedaço de alimento entrasse na boca da criança, o que é importante que os leitores lembrem ao interpretar dados de estudos que utilizam essa medida. Observe também que Kadey *et al.* e Wilkins *et al.* fizeram uma ressalva de que a criança poderia ter a boca limpa se uma pequena quantidade de alimento permanecesse nela, pois mesmo os alimentadores típicos podem ter resíduos na boca após a deglutição. Os pesquisadores basearam o tamanho do resíduo (tamanho da ervilha nesses estudos) na quantidade de alimento apresentado. Em ambos os estudos, os tamanhos dos bolos foram uma colher de plástico pequena nivelada para seis crianças, uma colher de plástico pequena de meio nível para quatro crianças e uma colher de bebê nivelada para duas crianças em Wilkins *et al.*, e uma colher de plástico pequena nivelada para a criança em Kadey *et al.* O tamanho do resíduo aceitável poderia mudar se o bolo apresentado fosse maior ou menor. Por exemplo, o resíduo aceitável em Volkert, Peterson, Zeleny e Piazza (2014) era o tamanho de um grão de arroz, pois o bolo apresentado era um pedaço de alimento medindo 0,6 × 0,6 × 0,6 centímetro.

Embora a mastigação seja uma habilidade alimentar importante, há relativa escassez de pesquisas analítico-comportamentais aplicadas no ensino da mastigação de crianças com transtornos alimentares. Em uma notável exceção, Volkert *et al.* (2014) pontuaram uma *mastigação* "cada vez que os dentes e/ou a mandíbula da criança completavam um movimento para cima e para baixo com os dentes separados pelo menos 1,3 centímetro após uma dica verbal ou de modelo enquanto o alimento era visível em qualquer lugar da boca, exceto no centro da língua ou entre os dentes da frente" (p. 708). Uma limitação dessa definição é que ela não diferenciava mastigações rotativas de um padrão de mastigação imaturo, como mordiscar (Volkert, Piazza, Vaz & Frese, 2013). No entanto, uma característica única e importante de Volkert *et al.* (2014) foi que os pesquisadores incluíram uma medida de mastigação. Definiram *mastigação* como alimento com pedaços não maiores do que 0,2 × 0,2 centímetro em um meio líquido na verificação da mastigação. Essa verificação foi semelhante à da boca descrita por Kadey *et al.* (2013), mas os observadores determinaram se a criança havia mastigado em vez de engolido a mordida. Uma direção futura importante para a pesquisa em transtornos alimentares pediátricos é desenvolver medidas mais sofisticadas de mastigação, talvez utilizando métodos automatizados (Hadley, Krival, Ridgel, Hahn & Tyler, 2015), o que permitirá aos investigadores determinar se as habilidades mastigatórias de uma criança são apropriadas para a sua idade, o seu nível de desenvolvimento ou uma combinação destes.

Etiologia

Pesquisas sugerem que a etiologia dos transtornos alimentares é complexa e multifatorial (Rommel, Meyer, Feenstra & Veereman-Wauters, 2003). Por exemplo, Rommel *et al.* (2003) caracterizaram os transtornos alimentares de 700 crianças encaminhadas para avaliação e tratamento de dificuldades alimentares graves como médicas (86%), motoras orais (61%) e/ou comportamentais (18%). Causas combinadas, como médicas, comportamentais e/ou motoras orais, para o transtorno alimentar ocorreram em mais de 60% das crianças. Outros pesquisadores descobriram que tais transtornos têm causas neurológicas (62%), estruturais (53%), comportamentais (43%), cardiorrespiratórias (34%) e metabólicas (12%), com a maioria das crianças tendo causas em duas ou mais categorias ao mesmo tempo (Burklow, McGrath, Valerius & Rudolph, 2002; Davis, Bruce, Cojin, Mousa, & Hyman, 2010). Esses transtornos também são prevalentes em grupos diagnósticos específicos, como crianças com transtorno do espectro autista (TEA), paralisia cerebral e síndrome de Down (Bandini *et al.*, 2010).

A alta prevalência de condições clínicas e disfunção motora oral em crianças com transtornos alimentares sugere que fatores biológicos desempenham um papel importante na etiologia e na manutenção dessas condições. Crianças com problemas médicos crônicos que afetam de maneira direta o sistema digestivo, como defeitos congênitos do trato gastrintestinal, retardo do esvaziamento gástrico, alergias alimentares, doença do refluxo gastresofágico, má absorção ou distúrbios metabólicos, podem associar a alimentação a fadiga, náuseas, dor ou uma combinação destas. Por exemplo, crianças com doença do refluxo gastresofágico podem associar a alimentação à dor que ocorre quando o excesso de ácido irrompe no esôfago. A náusea desempenha um papel importante no desenvolvimento de aversões alimentares (Schafe & Bernstein, 1996), e, quando a náusea é combinada com a alimentação, as aversões ao gosto podem se desenvolver após apenas um ou alguns ensaios, podem generalizar para diferentes alimentos e podem ser muito resistentes ao tratamento.

Pesquisadores estimam que os transtornos alimentares ocorrem em 40 a 70% das crianças com condições médicas crônicas (Davis *et al.*, 2010; Douglas & Byron, 1996;

Lukens & Silverman, 2014; Thommessen, Heiberg, Kase, Larsen & Riis, 1991), sugerindo que a presença de outros problemas médicos crônicos, como a displasia broncopulmonar, pode contribuir para a etiologia dos transtornos alimentares. Lactentes com história clínica complexa estão sujeitos a inúmeros exames diagnósticos invasivos e procedimentos que envolvem manipulação da face e da boca, como a laringoscopia. Essas crianças podem vir a associar a apresentação de itens à boca com desconforto, dor ou ambos. Do ponto de vista da criança, uma colher pode ser indistinguível de um laringoscópio ou outros dispositivos que os profissionais utilizam durante procedimentos médicos e exames invasivos. Cuidadores de crianças cronicamente hospitalizadas e clinicamente frágeis costumam relatar aversões orais que afetam a alimentação e outras atividades associadas à face e à boca, como lavar o rosto e escovar os dentes.

A disfunção motora oral pode incluir dificuldades de sucção, problemas com a propulsão do bolo, incapacidade de lateralizar o alimento de um lado para outro, dificuldades para engolir e propulsão da língua, e esses problemas podem afetar a capacidade e a motivação da criança para comer (Darrow & Harley, 1998). A recusa alimentar da criança pode causar ou exacerbar a disfunção motora oral preexistente e contribuir ainda mais para o fracasso dessa criança em desenvolver habilidades motoras orais adequadas, ou seja, uma criança que se recusa a comer não tem a oportunidade de praticar essa habilidade e não desenvolve a motricidade oral para comer com competência.

Quando a alimentação é combinada com uma experiência aversiva, a criança pode desenvolver comportamentos de recusa, como bater na colher, virar a cabeça ou cobrir a boca para evitar comer. Esses comportamentos podem se tornar mais frequentes em função das respostas do cuidador ao comportamento da criança durante as refeições. Borrero, Woods, Borrero, Masler e Lesser (2010) realizaram observações de 25 crianças com transtornos alimentares e seus cuidadores, para descrever e quantificar as respostas dos cuidadores ao comportamento inadequado das crianças na hora das refeições. Os pesquisadores compararam as probabilidades condicionais de um cuidador fornecendo atenção, fuga ou um item tangível após a recusa ou a aceitação às probabilidades incondicionadas de cada evento. As observações indicaram que os cuidadores persuadiam, retiravam a colher, ameaçavam retirar itens preferidos, apresentavam alimentos favoritos ou se envolviam em uma combinação desses eventos após o comportamento de recusa. A fuga na forma de retirada da colher ou término da refeição, e a atenção na forma de provocação, repreensão e declarações de preocupação seguiram com mais frequência o comportamento de recusa. Da mesma forma, Piazza, Fisher *et al.* (2003) observaram cuidadores e crianças com transtornos alimentares durante as refeições. Os cuidadores responderam ao comportamento inadequado na hora da refeição com uma ou mais das seguintes consequências: (1) fugir de mordidas de comida ou do alimento, (2) persuadir ou repreender (p. ex., "coma suas ervilhas, elas são boas para você") ou (3) oferecer um brinquedo ou uma comida preferida.

Avaliação

Um analista do comportamento deve considerar o encaminhamento de uma criança com transtorno alimentar para ser avaliada por uma equipe interdisciplinar, tendo em vista as evidências de que a causa desses transtornos é multifatorial (Rommel *et al.*, 2003). O objetivo da avaliação deve ser determinar se déficits anatômicos, médicos ou de habilidades motoras orais contribuem para o transtorno alimentar da criança e se ela é um alimentador oral seguro. Os membros dessa equipe podem incluir um analista do comportamento, um nutricionista, um gastroenterologista ou o médico principal da criança e um terapeuta ocupacional ou fonoaudiológico. Um analista do comportamento não deve subestimar as consequências negativas da alimentação de uma criança antes da avaliação adequada. No mínimo, ele deve consultar o médico principal da criança, descrever o curso proposto de avaliação e tratamento e obter autorização médica para iniciar a terapia. A falha em identificar uma condição médica ou déficits de habilidades motoras orais antes de iniciar a terapia pode resultar em agravamento do transtorno alimentar ou até em morte. Por exemplo, introduzir uma variedade de alimentos para promover a ingestão adequada de nutrientes é uma meta razoável para uma criança com transtorno alimentar, mas uma reação a uma alergia alimentar não identificada pode causar anafilaxia, um evento grave e potencialmente fatal (Sicherer & Sampson, 2010). Além disso, algumas crianças com disfunção motora oral não manejam consistências específicas de sólidos, líquidos ou ambos, e outras crianças não são alimentadoras orais seguras com sólidos ou líquidos de qualquer consistência. A disfunção motora oral pode estar associada à aspiração devido à entrada de sólidos ou de líquidos nas vias aéreas, o que pode causar problemas médicos, como pneumonia. Uma avaliação por um especialista em deglutição, em geral um terapeuta ocupacional ou um fonoaudiólogo, pode determinar se a disfunção motora oral pode estar causando ou contribuindo para o transtorno alimentar de uma criança e determinar se a criança é uma alimentadora oral segura (Schwarz,

Corredor, Fisher-Medina, Cohen & Rabinowitz, 2001). Um nutricionista calcula as necessidades calóricas, de hidratação e nutricionais da criança e determina se ela necessita de modificações na dieta. Por exemplo, uma criança com um distúrbio de armazenamento de glicogênio requer monitoramento cuidadoso dos níveis de açúcar no sangue e dieta que restringe açúcares simples. Quedas nos níveis de açúcar no sangue podem causar convulsões, coma e até a morte (Goto, Arah, Goto, Terauchi & Noda, 2013).

Os resultados da avaliação interdisciplinar podem indicar que a criança necessita de tratamento médico, manipulações de consistência ou de textura, dieta especial ou alguma combinação, e essas intervenções podem resolver o transtorno alimentar da criança. No entanto, algumas crianças podem não começar a se alimentar ou podem não se alimentar bem mesmo após intervenção interdisciplinar, especialmente caso se envolvam em comportamento de recusa. Nesses casos, um analista do comportamento qualificado pode manipular antecedentes e consequências da hora da refeição para determinar se eles afetam o comportamento de recusa da criança.

Piazza, Fisher *et al.* (2003) utilizaram análises funcionais analógicas para avaliar os efeitos das consequências do cuidador sobre o comportamento infantil. Comportamentos inadequados na hora da refeição, como bater na colher e virar a cabeça, produziram atenção, como provocações e breves repreensões verbais, durante a condição de *atenção*; uma pausa na apresentação do alimento sólido ou líquido, durante a condição de *fuga*; acesso a um item tangível, como um alimento preferido, durante a condição de *tangibilidade*; e nenhuma consequência diferencial, durante a condição de *controle*. A fuga da apresentação de alimentos funcionou como reforço negativo para o comportamento inadequado na hora das refeições de nove das 10 crianças que apresentaram resposta diferencial durante as análises funcionais. O acesso à atenção do adulto ou a itens tangíveis funcionou como reforço positivo para o comportamento inadequado na hora das refeições de oito das 10 crianças que apresentaram resposta diferencial durante as análises funcionais. Girolami e Scotti (2001) descobriram que a fuga da apresentação dos alimentos e das demandas da hora das refeições para duas crianças, e o acesso contingente a brinquedos e atenção para uma criança, funcionaram como reforço para problemas de comportamento na hora das refeições, como agressividade e cuspir comida. Najdowski *et al.* (2008) treinaram cuidadores para realizar análises funcionais nas quais um cuidador colocava um prato de alimento não preferido na mesa, na frente de uma criança, nas condições de atenção, fuga e tangibilidade; e um alimento preferido na condição-controle. O cuidador lavava a louça nas condições de atenção e controle e prestava atenção após o comportamento inadequado na hora das refeições na condição de atenção. O cuidador sentava-se ao lado da criança; fornecia dicas contínuas para "dar uma mordida"; acompanhava a criança com o prato se ela saísse da cadeira; utilizava a dica em três etapas; e retirava a comida se a criança tivesse comportamento inadequado na hora da refeição na condição de demanda. Diferentemente dos estudos de Piazza, Fisher *et al.* (2003), e de Girolami e Scotti (2001), a fuga foi o único reforço identificado para o comportamento inadequado na hora das refeições. Najdowski *et al.* observaram que a preparação experimental que eles utilizaram pode ter explicado a diferença nas descobertas.

Bachmeyer, Kirkwood, Criscito, Mauzy e Berth (2019) realizaram duas análises funcionais com três crianças com transtornos alimentares: uma com o procedimento que Piazza, Fisher *et al.* (2003) descreveram, e uma com o procedimento que Najdowski *et al.* (2008) descreveram. Bachmeyer *et al.*, então, compararam variações de extinção combinadas com os resultados de cada análise funcional. Ambas as análises identificaram fuga e atenção como reforço para o comportamento inadequado na hora das refeições, e fuga e extinção da atenção foram necessários para alcançar um desfecho clinicamente aceitável para um participante. Para os outros dois participantes, o procedimento de Piazza, Fisher, *et al.* identificou múltiplos reforçadores para o comportamento inadequado na hora da refeição, mas o procedimento de Najdowski *et al.* identificou apenas a fuga como reforço para o comportamento inadequado na hora da refeição. Para esses dois participantes, a intervenção combinada com os reforçadores identificados pelo procedimento de Piazza, Fisher *et al.* produziu um resultado clinicamente aceitável, mas a intervenção combinada com o reforçador identificado pelo procedimento de Najdowski *et al.*, não.

A resposta diferencial demonstrada pelos participantes entre as condições de teste e de controle em Bachmeyer *et al.* (2019), Girolami e Scotti (2001), Najdowski *et al.* (2008) e Piazza, Fisher *et al.* (2003) sugere que, mesmo que a etiologia de um transtorno alimentar pediátrico seja múltipla e complexa, eventos ambientais podem reforçar comportamentos inadequados na hora das refeições. Essa descoberta é importante, pois (1) podemos não ser capazes de identificar a causa do transtorno alimentar da criança; (2) mesmo que identifiquemos a causa, esta pode ser imutável, como um histórico de prematuridade; e (3) a causa subjacente pode não estar relacionada à(s) condição(ões) mantenedora(s) do comportamento (Iwata *et al.*,

1982/1994). No entanto, podemos mudar a forma como respondemos ao comportamento inadequado da criança na hora das refeições, e tais mudanças podem ser eficazes como tratamento.

Tratamento

Avaliações de tratamentos baseados em teorias de condicionamento operante têm constituído a maior parte das pesquisas de intervenção em transtornos alimentares pediátricos. Kerwin (1999) pesquisou revistas médicas e psicológicas revisadas por pares para identificar estudos que relatavam intervenções psicossociais ou comportamentais para transtornos alimentares pediátricos. Ela utilizou os critérios modificados da Task Force on Promotion and Dissemination of Psychological Procedures (Força-Tarefa de Promoção e Disseminação de Procedimentos Psicológicos, 1995) para identificar estudos metodologicamente rigorosos que atendessem aos critérios e para classificar intervenções para transtornos alimentares pediátricos bem-estabelecidas, provavelmente eficazes ou promissoras. A análise dos 29 estudos que preencheram os critérios indicou que as únicas intervenções bem-estabelecidas foram as comportamentais que incluíram (1) reforço positivo do comportamento alimentar apropriado e ignorar o inadequado na hora das refeições, e (2) reforço positivo do comportamento alimentar apropriado e orientação física do comportamento alimentar apropriado (p. ex., Ahearn, Kerwin, Eicher, Shantz & Swearingin, 1996; Kerwin, Ahearn, Eicher & Burd 1995; Linscheid, Oliver, Blyler & Palmer, 1978; Piazza, Anderson, Fisher, 1993; Riordan, Iwata, Finney, Wohl & Stanley, 1984; Riordan, Iwata, Wohl & Finney, 1980; Stark, Powers, Jelalian, Rape & Miller, 1994).

Volkert e Piazza (2012) ampliaram Kerwin (1999), utilizando os mesmos critérios para identificar estudos de intervenções para transtornos alimentares pediátricos e categorizar o nível de suporte empírico para essas intervenções. Volkert e Piazza identificaram 74 estudos que atenderam aos critérios de inclusão. A análise desses estudos mostrou que o reforçamento diferencial de comportamentos alternativos, a extinção de fuga e a extinção de fuga putativa, e a orientação física para autoalimentação foram intervenções bem-estabelecidas; sucção não nutritiva (Field *et al.*, 1982; Sehgal, Prakash, Gupta, Mohan & Anand, 1990) e estimulação oral (Fucile, Gisel & Lau, 2002; Rocha, Moreira, Pimenta, Ramos & Lucena, 2007) provavelmente foram intervenções eficazes; e suporte oral (Boiron, Nobrega, Roux, Henrot & Saliba, 2007; Einarsson-Backes, Deitz, Price, Glass & Hays, 1994), desvanecimento de estímulos (p. ex., Shore, Babbit, Williams, Coe & Snyder, 1998) e apresentação simultânea sem extinção de fuga (p. ex., Ahearn, 2003; Buckley & Newchok, 2005; Piazza *et al.*, 2002) foram intervenções promissoras. Assim como Kerwin, Volkert e Piazza descobriram que a maioria das intervenções empiricamente apoiadas eram analítico-comportamentais. No entanto, diferentemente de Kerwin, eles descobriram que três intervenções (sucção não nutritiva, estimulação oral e suporte oral) não incorporaram princípios ou procedimentos analíticos do comportamento. Esses estudos foram publicados em revistas das áreas de medicina do desenvolvimento, terapia ocupacional, otorrinolaringologia e pediatria, e se concentraram no aumento da ingestão oral em prematuros. Para os propósitos deste capítulo, revisamos as intervenções que visam a aumentar a aceitação, diminuir o comportamento inadequado na hora das refeições, diminuir a expulsão, aumentar a limpeza bucal e diminuir os resíduos, e ensinar habilidades mastigatórias.

Aceitação

Os resultados da análise de Volkert e Piazza (2012) mostraram que o *reforçamento diferencial de comportamento alternativo* foi uma intervenção bem-estabelecida para transtornos alimentares pediátricos. Os pesquisadores têm utilizado o reforçamento diferencial de diversas maneiras que incluem, mas não se limitam a reforço imediato (Patel, Piazza, Martinez, Volkert & Santana, 2002) ou tardio (Kern & Marder, 1996; Riordan *et al.*, 1984) com estímulos que os pesquisadores selecionaram de maneira arbitrária (Kern & Marder, 1996; Casey, Cooper-Brown, Wacker & Rankin, 2006) ou com avaliações sistemáticas de preferência (Buckley, Strunck & Newchok, 2005), ou com fichas que a criança poderia trocar por interrupção de refeição (Kahng, Boscoe & Byrne, 2003). Por exemplo, Peterson, Volkert e Zeleny (2015) utilizaram reforçamento diferencial para duas crianças com transtorno alimentar para aumentar o autoconsumo de líquidos usando um copo. Os pesquisadores realizaram uma avaliação de estímulos múltiplos sem reposição antes de cada sessão e usaram os três estímulos preferidos como reforço para o autoconsumo. Quando o autoconsumo da criança com a quantidade menor de líquido aumentou com o reforçamento diferencial, os pesquisadores aumentaram a quantidade de líquido no copo.

Stark *et al.* (1996) alocaram aleatoriamente nove crianças com fibrose cística para uma intervenção comportamental ou um grupo-controle em lista de espera e utilizaram as calorias consumidas e o ganho de peso como variáveis dependentes. A intervenção comportamental multicomponente incluiu elogio do cuidador, uma ficha com estrelas e acesso a privilégios por um comportamento alimentar adequado. A ingestão calórica aumentou para 1.032 calorias por dia e o ganho de peso médio foi de 1,7 kg para o grupo que recebeu a intervenção comportamental, em comparação com 244 calorias e 0 kg, respectivamente, para o grupo-controle. Os participantes mantiveram níveis mais altos de ingestão calórica em relação à linha de base nos acompanhamentos de 3 e 6 meses. Outros pesquisadores utilizaram o reforçamento diferencial de forma isolada e em combinação com outros procedimentos, como o custo de resposta (Kahng, Tarbox & Wilke, 2001), para aumentar a aceitação de sólidos (Werle, Murphy & Budd, 1993), líquidos (Kelley, Piazza & Fisher, 2003) ou ambos (Roth, Williams & Paul, 2010). Um estudo demonstrou aumento da aceitação e diminuição do comportamento autolesivo durante o reforço não contingente (Wilder, Normand & Atwell, 2005).

A manipulação de antecedentes é outro método que pesquisadores têm usado para aumentar a aceitação de alimentos ou líquidos de crianças com transtornos alimentares. Por exemplo, Meier, Fryling, e Wallace (2012), e Patel *et al.* (2007) utilizaram *instruções de alta probabilidade* (*high-p*), como "coloque uma colher vazia na boca", que eram semelhantes às do comportamento-alvo (p. ex., "dê uma mordida") para aumentar a aceitação. A *apresentação simultânea* é um procedimento antecedente no qual o alimentador apresenta os alimentos preferidos e os não preferidos juntos, como uma ervilha não preferida em uma batata frita preferida. Por exemplo, Ahearn (2003) adicionou condimentos para aumentar o consumo de vegetais, e Tiger e Hanley (2006) adicionaram achocolatado para aumentar o consumo de leite. Piazza *et al.* (2002) compararam apresentação *simultânea* e *sequencial* em uma extensão de Kern e Marder (1996). O alimentador apresentava uma mordida de alimento não preferido em uma mordida de alimento preferido na condição simultânea ou apresentava a mordida de alimento preferido se a criança comesse a mordida do não preferido na condição sequencial. A aceitação aumentou para dois dos três participantes na condição simultânea, mas não sequencial. Já a aceitação para o terceiro participante aumentou quando o alimentador implementou apresentação e orientação física simultâneas, mas não quando o alimentador implementou apresentação e orientação física de modo sequencial.

Aceitação e comportamento inadequado na hora das refeições

Antes de os pesquisadores começarem a conduzir análises funcionais do comportamento inadequado na hora das refeições, eles desenvolveram procedimentos para a extinção da fuga putativa, com base na suposição de que a fuga de alimentos sólidos ou líquidos funcionava como reforço negativo para o comportamento inadequado na hora da refeição. Os procedimentos mais estudados pelos pesquisadores são a *não remoção da colher* (Hoch, Babbitt, Coe, Krell & Hackbert, 1994) e a *orientação física* (Ahearn *et al.*, 1996), e ambos envolvem a interrupção da hipotética relação resposta-reforçador. Ahearn *et al.* (1996) mostraram que a não retirada da colher e a orientação física aumentaram a aceitação. Durante a não retirada da colher, o alimentador mantinha o alimento perto dos lábios da criança até que ele pudesse depositar o alimento na boca. Durante a orientação física, o alimentador aplicava uma pressão suave na junção das mandíbulas para abrir a boca e depositava a mordida caso a criança não o aceitasse. Ahearn *et al.* avaliaram a aceitabilidade do cuidador para as intervenções, perguntando a cada um deles qual tratamento preferia. Todos os cuidadores optaram pela orientação física, que foi associada a menos comportamentos corolários (como interrupções) para todas as crianças e a menor duração das refeições para duas das três crianças.

Estudos de Hoch *et al.* (1994) e Ahearn *et al.* (1996) são representativos de outros sobre suposta extinção em fuga, em que pesquisadores incluíram o reforçamento diferencial ou não contingente (Cooper *et al.*, 1995) em um pacote de intervenção. Piazza, Patel, Gulotta, Sevin e Layer (2003) tentaram esclarecer as contribuições relativas do reforço positivo e da suposta extinção de fuga. O reforço positivo diferencial da boca limpa, no qual o alimentador fornecia atenção e itens tangíveis para o comportamento de boca limpa e inadequado no momento da refeição, produziu fuga e não foi eficaz para aumentar a aceitação ou diminuir o comportamento inadequado na hora da refeição. A aceitação aumentou, e o comportamento inadequado nas refeições diminuiu apenas quando o alimentador implementou a extinção da fuga putativa. O comportamento inadequado na hora da refeição e as vocalizações negativas foram menores para algumas crianças durante o reforçamento diferencial e a extinção da fuga putativa em relação à extinção deste de maneira isolada, mas as diferenças foram muitas vezes pequenas ou não replicadas nas fases subsequentes. Piazza, Patel *et al.* concluíram que a suposta extinção da fuga foi necessária para aumentar a aceitação e diminuir o comportamento inadequado na hora das refeições, mas que o reforço positivo diferencial para a limpeza bucal pode ter contribuído para níveis mais baixos de comportamento inadequado no momento da refeição, vocalizações negativas ou ambos para algumas crianças, quando combinados com a extinção da fuga putativa. Um estudo de Reed *et al.* (2004)

produziu resultados semelhantes para reforço não contingente e extinção de fuga putativa, exceto que os efeitos de tal reforço sobre o comportamento inadequado na hora da refeição e as vocalizações negativas foram menos robustos do que os para reforço positivo diferencial em Piazza, Patel *et al.* (2003).

Peterson, Piazza, Ibañez e Fisher (2019) conduziram um ensaio clínico randomizado e controlado para avaliar os efeitos de uma intervenção analítico-comportamental (reforço não contingente e não remoção da colher) em relação a um controle em lista de espera para determinar se a seletividade alimentar de crianças pequenas com TEA se resolveria ao longo do tempo sem intervenção. De modo aleatório, os pesquisadores alocaram três crianças para a intervenção analítico-comportamental e três para o grupo-controle em lista de espera. O consumo aumentou para as três crianças do grupo analítico-comportamental, mas não para as crianças do grupo-controle em lista de espera.

Os pesquisadores basearam as intervenções analítico-comportamentais aqui descritas na suposição de que a fuga de mordidas ou de bebidas funcionaria como reforço para o comportamento inadequado na hora das refeições na ausência de uma análise funcional formal (Ahearn *et al.*, 1996; Cooper *et al.*, 1995; Hoch *et al.*, 1994). Em contrapartida, Bachmeyer *et al.* (2009) utilizaram uma análise funcional para determinar que a fuga de mordidas ou de bebidas e a atenção do adulto reforçavam o comportamento inadequado na hora das refeições de quatro crianças com transtornos alimentares. Bachmeyer *et al.* avaliaram então os efeitos de variações de extinção que correspondiam a um ou a ambos os reforçadores funcionais: (1) extinção de fuga e atenção após comportamento inadequado na hora das refeições, (2) extinção da atenção e fuga após comportamento inadequado na hora das refeições e (3) extinções da fuga e da atenção. Os resultados mostraram que as variações de extinção que interromperam a entrega dos reforçadores por comportamento inadequado no momento da refeição, identificadas pela análise funcional (fuga e atenção), foram necessárias para reduzir o comportamento inadequado no referido momento para taxas clinicamente aceitáveis e aumentar a aceitação para níveis altos e estáveis. LaRue *et al.* (2011) testaram os efeitos de uma intervenção baseada em reforço negativo (reforço negativo diferencial e não retirada da colher com reapresentação) com 11 crianças cujo comportamento inadequado na hora da refeição era mantido pela fuga. A limpeza bucal produziu uma pausa de 30 segundos das apresentações de mordida ou de bebida durante o reforço negativo diferencial. A aceitação aumentou, e o comportamento inadequado na hora da refeição diminuiu quando o alimentador implementou a não retirada da colher e a reapresentação. O reforço negativo diferencial para limpeza bucal não teve efeito sobre o comportamento, isoladamente ou em combinação com a não retirada da colher e a representação.

Os estudos sobre extinção de fuga aqui revisados incluíram manipulações de consequências, como reforçamento diferencial para aceitação e não remoção da colher (p. ex., Piazza, Patel *et al.*, 2003; Reed *et al.*, 2004). Os pesquisadores também testaram manipulações antecedentes com extinção de fuga ou suposta extinção de fuga para aumentar a aceitação. Para tal aumento, Patel *et al.* (2006) combinaram instruções de alta probabilidade (*high-p*), semelhantes àquelas para a instrução de baixa probabilidade (*low-p*), com a não remoção da colher. Já Dawson *et al.* (2003) mostraram que instruções de *high p* não afetaram de forma diferencial os níveis de aceitação quando combinadas com a não retirada da colher.

Mueller, Piazza, Patel, Kelley e Pruett (2004) utilizaram a *mistura*, variação de apresentação simultânea, com reforço positivo diferencial ou não contingente e não retirada da colher para aumentar o consumo de duas crianças com transtorno alimentar. Misturar alimentos preferidos e não preferidos, como iogurte preferido misturado com purê de ervilhas não preferido, produziu aumento na aceitação e na limpeza bucal, e diminuiu o comportamento inadequado na hora das refeições. Os pesquisadores aumentaram de maneira gradual a proporção de alimentos não preferidos a preferidos, até que as crianças estivessem consumindo apenas os não preferidos.

Mueller *et al.* (2004) utilizaram um componente de *desvanecimento* para alcançar o resultado desejado; outros pesquisadores usaram diversos procedimentos de desvanecimento com a não remoção da colher ou a orientação física. Groff, Piazza, Volkert e Jostad (2014) fizeram uso de uma seringa para depositar sólidos e líquidos na boca de uma criança que cerrou os dentes durante a apresentação, aumentaram gradualmente o volume de sólidos e de líquidos na seringa e, em seguida, passaram desta para a colher com sólidos e o copo com líquidos. Durante o desvanecimento, os pesquisadores colaram a seringa em uma colher ou em um copo, de modo que a ponta da seringa se projetasse da ponta da colher ou da borda do copo em 5 centímetros, e aproximaram a ponta da seringa da ponta da colher ou da borda do copo. A criança começou a comer de colher e beber do copo sem a seringa durante as sessões de sondagem que o alimentador realizava entre as etapas de desvanecimento. Outras dimensões sobre as quais os pesquisadores conduziram o desvanecimento incluem número de mordidas (Najdowski, Wallace, Doney & Ghezzi, 2003), mamadeira para colher (Johnson & Babbitt, 1993), demandas de *high-p* e *low-p* (Penrod, Gardella & Fernand, 2012), líquido para comida de bebê (Bachmeyer, Gulotta & Piazza, 2013), tipo de líquido preferido para não preferido (Luiselli, Ricciardi & Gilligan, 2005), volume líquido (Hagopian, Farrell & Amari, 1996), tamanho da porção (Freeman & Piazza, 1998), distância da colher (Rivas, Piazza, Patel & Bachmeyer, 2010), variedade de alimentos (Valdimarsdottir, Halldorsdottir & Sigurådóttir, 2010), colher para copo (Babbitt, Shore, Smith, Williams & Coe, 2001) e textura (Luiselli & Gleason, 1987; Shore *et al.*, 1998).

Intervenções alternativas

Pesquisas recentes compararam os efeitos de intervenções analítico-comportamentais para transtornos alimentares pediátricos com aqueles que são populares entre profissionais não analíticos do comportamento. Por exemplo, Addison *et al.* (2012) compararam os efeitos de uma intervenção analítico-comportamental com uma *intervenção de integração sensorial*. Uma fonoaudióloga e duas terapeutas ocupacionais desenvolveram intervenções de integração sensorial individualizadas para os dois participantes. A aceitação e a quantidade consumida aumentaram, e o comportamento inadequado na hora da refeição diminuiu durante a intervenção analítico-comportamental, mas não na de integração sensorial. Peterson *et al.* (2016) conduziram um ensaio clínico randomizado e controlado de uma abordagem analítico-comportamental *versus* uma *abordagem sequencial-oral-sensorial* modificada para tratar a seletividade alimentar de seis crianças pequenas com TEA. Peterson *et al.* alocaram três crianças de maneira aleatória para a intervenção analítico-comportamental e três crianças para a intervenção sequencial--oral-sensorial modificada, compararam os efeitos em novos alimentos-alvo saudáveis e testaram a generalização dos efeitos da intervenção. O consumo de novos alimentos-alvo saudáveis aumentou para as crianças do grupo de intervenção analítico-comportamental, mas não para as crianças do grupo sequencial-oral-sensorial modificado. Peterson *et al.*, então, implementaram a intervenção analítico-comportamental com as crianças previamente designadas para o grupo de intervenção sequencial-oral-sensorial modificada. O consumo de novos alimentos-alvo saudáveis aumentou durante a intervenção analítico-comportamental, e Peterson *et al.* observaram um efeito em potencial da generalização para alimentos que haviam sido expostos à intervenção sequencial-oral-sensorial modificada.

Expulsão

Resultados de estudos de análise funcional mostram que a fuga da mordida ou da bebida funciona como reforço negativo para o comportamento inadequado na hora das refeições, mas tal comportamento na hora das refeições provavelmente não é o único que produz fuga. Por exemplo, Coe *et al.* (1997) utilizaram a não retirada da colher para aumentar a aceitação de duas crianças com transtorno alimentar e observaram aumentos simultâneos na expulsão. Esses pesquisadores levantaram a hipótese de que o reforço negativo na forma de fuga da deglutição de alimentos reforçava a expulsão. A *reapresentação*, ou pegar o alimento expelido e colocá-lo de volta na boca, ou forçar uma nova mordida do mesmo alimento, resultou em níveis quase zero de expulsão.

Embora Coe *et al.* (1997), e Sevin, Gulotta, Sierp, Rosica e Miller (2002) demonstrassem a eficácia da reapresentação, outros constataram que esta não foi eficaz de forma consistente. Por exemplo, Wilkins *et al.* (2011) acrescentaram uma *dica de queixo* quando a não retirada da colher mais a reapresentação não diminuíam a expulsão. Durante a dica de queixo, o alimentador fazia uma leve pressão para cima no queixo da criança enquanto ele depositava o alimento sólido ou líquido durante a reapresentação, o que reduziu a expulsão. Shalev, Milnes, Piazza e Kozisek (2018) compararam uma *dica de queixo modificado*, no qual o alimentador esperava a mandíbula da criança relaxar e, em seguida, colocava uma leve pressão ascendente no queixo enquanto depositava a bebida, com assentos *reclinados*, em que o alimentador reclinava a cadeira de sua posição ereta. A expulsão diminuiu e foi equivalente para as duas intervenções. Patel, Piazza, Santana e Volkert (2002) avaliaram os efeitos de *tipo e textura dos alimentos* (Munk & Repp, 1994) sobre a expulsão. As taxas de expulsão eram maiores quando o alimentador apresentava carne em relação a outros alimentos, e a expulsão diminuía quando os pesquisadores baixaram a textura da carne.

A *manipulação de utensílios* é outra estratégia utilizada pelos pesquisadores para diminuir a expulsão (Dempsey, Piazza, Groff & Kozisek, 2011; Gulotta, Piazza, Patel, & Layer, 2005; Hoch, Babbitt, Coe, Duncan, & Trusty, 1995; Volkert, Vaz, Piazza, Frese & Barnett, 2011). Por exemplo, Girolami, Boscoe e Roscoe (2007) mostraram que apresentar e reapresentar mordidas em um Nuk, utensílio com cerdas que os cuidadores utilizam para iniciar a escovação com os bebês, reduziu as expulsões em relação à apresentação e à reapresentação das porções em uma colher, ou em uma colher e em um Nuk, respectivamente. Wilkins *et al.* (2014)

compararam a apresentação de porções em uma colher ou Nuk com 12 crianças durante a intervenção inicial. A aceitação aumentou, e o comportamento inadequado na hora das refeições diminuiu em oito das 12. Cinco dessas oito apresentaram menores níveis de expulsão, e quatro das oito apresentaram maiores níveis de limpeza bucal quando o alimentador apresentou as porções no Nuk.

Boca limpa e resíduos

Hoch *et al.* (1994) propuseram que o alimentador deve fornecer reforço para um comportamento que ocorre no início da cadeia de comportamentos alimentares, como a aceitação, e depois deslocar o reforço para um comportamento que ocorre mais tarde na cadeia, como a deglutição. Para tanto, Patel, Piazza, Martinez *et al.* (2002) compararam os efeitos do reforço positivo diferencial para aceitação *versus* boca limpa. Quando esse reforço não aumentou a aceitação ou a boca limpa, o alimentador acrescentou a extinção da fuga putativa. A aceitação e a boca limpa aumentaram, e o comportamento inadequado na hora das refeições diminuiu. Patel *et al.* concluíram que o ponto da cadeia no qual o alimentador forneceu reforçamento diferencial não foi tão importante quanto a extinção da fuga putativa para aumentar a aceitação e a boca limpa e diminuir o comportamento inadequado na hora das refeições.

Duas intervenções baseadas em consequências que os pesquisadores têm usado para aumentar a boca limpa e diminuir os resíduos são a *redistribuição* (Girolami *et al.*, 2007; Gulotta *et al.*, 2005; Levin, Volkert & Piazza, 2014; Sevin *et al.*, 2002; Stubbs, Volkert, Rubio & Ottinger, 2017) e o *enxágue* (Vaz, Piazza, Stewart, Volkert & Groff, 2012). Por exemplo, Sevin *et al.* (2002) utilizaram uma escova Nuk durante a redistribuição para retirar o alimento residual da boca do participante e colocá-lo na língua. A redistribuição aumentou a boca limpa e diminuiu os resíduos. Volkert *et al.* (2011) obtiveram resultados semelhantes utilizando uma *colher invertida* durante a redistribuição. O alimentador retirava o alimento residual com uma colher, inseria a colher com a porção na boca do participante, girava a colher 180° e a arrastava ao longo da língua em direção aos lábios para depositar a mordida previamente acumulada. O alimentador em Vaz *et al.* (2012) dava à criança um enxágue (um líquido ou sólido que a criança consistentemente aceitava e engolia) para reduzir a quantidade de resíduos. O alimentador apresentou o enxágue imediatamente após depositar a porção-alvo na boca da criança para duas crianças, ou 15 segundos após depositar a mordida-alvo para uma terceira criança.

Os pesquisadores nos estudos aqui descritos usaram um Nuk ou uma colher invertida para redistribuir alimentos acumulados. Pesquisadores também avaliaram os efeitos da manipulação de utensílios como intervenção antecedente (Dempsey *et al.*, 2011; Sharp, Odom & Jaquess, 2012; Stubbs *et al.*, 2017). Por exemplo, Sharp, Harker e Jaquess (2010) compararam os efeitos da apresentação em uma colher vertical, uma invertida ou um Nuk. Os níveis de boca limpa aumentaram para a colher invertida e o Nuk, mas não foram clinicamente aceitáveis. Outros estudos mostraram aumentos clinicamente aceitáveis na boca limpa e diminuições nos resíduos com a apresentação da colher invertida (Rivas, Piazza, Kadey, Volkert & Stewart, 2011; Sharp *et al.*, 2012; Stubbs *et al.*, 2017), apresentação do Nuk (Gulotta *et al.*, 2005; Sevin *et al.*, 2002), ou uma combinação de colher invertida e dica de queixo (Dempsey *et al.*, 2011).

A textura ou a consistência alimentar é outra variável antecedente que afeta os níveis de boca limpa e resíduos (Bachmeyer *et al.*, 2013; Kadey *et al.*, 2013; Patel, Piazza, Layer, Coleman & Swartzwelder, 2005; Sharp & Jaquess, 2009). Por exemplo, Kadey *et al.* (2013) avaliaram a textura e o tipo de alimento para identificar as possíveis causas dos resíduos de uma garotinha. Primeiro, os pesquisadores compararam os níveis de limpeza bucal com comida picada (comida sólida cortada em pequenos pedaços), comida moída úmida (pequenos pedaços de comida em meio úmido) e comida pastosa (comida sólida misturada até ficar homogênea). Os resultados mostraram que os níveis de boca limpa foram mais altos com pastosos, mas mesmo esses níveis não foram aceitáveis clinicamente. Quando os pesquisadores apresentaram os alimentos de maneira individualizada, eles determinaram que a criança tinha a boca limpa com alguns alimentos pastosos, mas não outros. Os pesquisadores moeram os alimentos em um liquidificador durante uma segunda avaliação de textura, e os níveis de boca limpa foram mais altos do que com as outras texturas.

Por fim, os pesquisadores utilizaram o desvanecimento para aumentar os níveis de boca limpa e diminuir os resíduos de alimentos. Por exemplo, o objetivo da criança em Patel, Piazza, Kelly, Ochsner, e Santana (2001) era aumentar a ingestão de uma bebida calórica densa com leite integral. A criança recusou a mistura, mas bebeu água. Portanto, os pesquisadores adicionaram e aumentaram de modo gradual a quantidade da bebida em pó na água e, posteriormente, substituíram a água por leite. Outras dimensões ao longo das quais os pesquisadores têm desvanecido para aumentar a boca limpa e diminuir os resíduos deixados são de líquido para comida de bebê (Bachmeyer *et al.*, 2013), de colher para copo (Groff, Piazza, Zeleny & Dempsey, 2011), de seringa para colher e de seringa para copo (Groff *et al.*, 2014).

Mastigação

A mastigação é uma habilidade que surge na alimentação típica de crianças à medida que o cuidador aumenta a textura dos alimentos apresentados, que em geral é por volta dos 12 meses de idade. Em nossa experiência, muitas crianças com transtornos alimentares não iniciam a mastigação aos 12 meses de idade ou por volta disso quando o cuidador aumenta a textura dos alimentos. No entanto, os cuidadores com frequência baseiam a textura dos alimentos apresentados na idade da criança, e não nas habilidades mastigatórias dela. Um descompasso entre a textura dos alimentos apresentados e as habilidades mastigatórias da criança aumenta o risco de aspiração, sobretudo se ela engolir o alimento sem mastigá-lo suficientemente (Patel *et al.*, 2005). Crianças sem habilidades mastigatórias adequadas podem desenvolver comportamentos compensatórios inadequados, como utilizar a língua para empurrar o alimento contra o céu da boca. Muitas vezes vemos esse comportamento surgir quando o cuidador apresenta sólidos que podem ser derretidos, como biscoitos, bolachas e batatas fritas. A criança aprende que pode usar a língua para umedecer e quebrar o sólido derretido, e esse comportamento não muda quando o cuidador apresenta alimentos que não derretem ou se desfazem com a saliva, como as carnes. Essas crianças chegam a um impasse no qual consomem sólidos derretidos e pequenas quantidades de alimentos mais difíceis, como pizza, mas não conseguem avançar. Elas frequentemente têm refeições em excesso e não consomem calorias suficientes para o ganho de peso e o crescimento, pois suas habilidades de mastigação não são eficientes e eficazes. Descobrimos que ensinar uma criança a mastigar é a estratégia mais eficaz para avançar na textura.

Por exemplo, nosso grupo avaliou uma intervenção multicomponente para aumentar a mastigação por mordida, avaliar a mastigação e eliminar a deglutição precoce, que os observadores pontuaram na verificação mastigatória se nenhum alimento estivesse visível na boca e o alimento não estivesse ausente por expulsão (Volkert *et al.*, 2014). Os cuidadores serviram como alimentadores e usaram instruções verbais, de modelo e físicas graduadas para ensinar as crianças em passos sequenciais a mastigar (1) em um pedaço de tubo vazio de 7,6 centímetros por 0,6 centímetro de diâmetro, (2) em uma porção de alimento medindo 0,6 × 0,6 × 0,6 centímetro no tubo, (3) em uma tira de alimento medindo 0,6 × 0,6 × 5,1 centímetros na metade de um tubo, e (4) em uma tira de alimento medindo 0,6 × 0,6 × 5,1 centímetros. As etapas finais incluíram apresentar uma porção de alimento medindo 0,6 × 0,6 × 0,6 centímetro e aumentar o tamanho da porção para uma criança.

Volkert *et al.* (2013) observaram que uma limitação da literatura sobre mastigação é que os estudos não mensuraram a mastigação. Garantir que a criança mastigou alimentos aceitos é importante para reduzir o risco de aspiração. Volkert *et al.* utilizaram uma dica vocal, "mastigue *X* vezes", para uma criança e elogiaram se ela atendesse ao critério mastigatório. O alimentador verificou 30 segundos após a entrada da porção na boca da criança para determinar se ela a mastigou, o que Volkert *et al.* definiram como alimento com pedaços não maiores do que 0,2 × 0,2 centímetro em um meio líquido após a mastigação. As mordidas por porção e a mastigação aumentaram durante a intervenção.

Treinamento do cuidador

O treinamento do cuidador é um dos aspectos mais importantes (se não o mais importante) da intervenção para os transtornos alimentares pediátricos, uma vez que os cuidadores geralmente servem como alimentadores ou estão presentes na hora das refeições. Werle *et al.* (1993) utilizaram diversas técnicas de treinamento, como discussão, apostilas, dramatizações, ensaio comportamental, *feedback* verbal e revisão ocasional de fitas de vídeo, para treinar três cuidadores a utilizar dicas específicas e gerais e reforço positivo. Os resultados indicaram aumento da oferta de alimentos-alvo e de dicas específicas para dois cuidadores, com aumento adicional da atenção positiva para um terceiro cuidador. Werle *et al.* observaram aumento simultâneo na aceitação de alimentos-alvo entre as crianças e diminuição na recusa alimentar à medida que o treinamento continuava.

Anderson e McMillan (2001) treinaram dois cuidadores de uma criança com transtorno alimentar para implementar uma intervenção alimentar com integridade acima de 90%; os pesquisadores usaram instruções verbais e escritas, modelagem, revisão de vídeo e *feedback* de desempenho durante e após os serviços de alimentação em casa. Mueller *et al.* (2003) avaliaram quatro diferentes pacotes de treinamento multicomponente para aumentar a integridade da intervenção para cuidadores que implementam intervenções de alimentação pediátrica. No estudo 1, protocolos escritos, instruções verbais, modelagem do terapeuta e treinamento de ensaio aumentaram a integridade da intervenção dos cuidadores para níveis elevados. Mueller *et al.*, então, avaliaram os efeitos dos componentes do pacote de treinamento no estudo 2. Mueller *et al.* designaram seis cuidadores para uma das três condições de treinamento com dois cuidadores por condição: protocolos escritos e instruções verbais; protocolos escritos, instruções verbais e modelagem; e instruções escritas, instruções verbais e ensaio. Cada pacote de treinamento produziu altos níveis de integridade e manutenção da intervenção durante um período de 3 meses. Outros pesquisadores ensinaram os cuidadores a utilizar dicas gerais e específicas (Pangborn, Borrero & Borrero, 2013; Werle *et al.*, 1993), procedimentos de análise funcional (Najdowski *et al.*, 2003, 2008), intervenção (p. ex., desvanecimento da demanda, reforçamento diferencial, extinção de fuga; Anderson & McMillan, 2001; Najdowski *et al.*, 2003, 2010; Pangborn *et al.*, 2013; Seiverling, Williams, Sturmey & Hart, 2012) e coleta de dados (Najdowski *et al.*, 2003).

Considerações finais

As consequências negativas de um transtorno alimentar para a saúde podem ser graves e substanciais, podendo incluir desidratação, limitação do crescimento, desnutrição grave e perda de peso substancial (Babbitt *et al.*, 2001; Palmer & Horn, 1978; Piazza & Carroll-Hernandez, 2004). Déficits de calorias, nutrição ou ambos podem causar problemas de comportamento, saúde e aprendizagem a longo prazo (Freedman, Dietz, Srinivasan & Berenson, 1999). Crianças pequenas podem estar em maior risco para o impacto negativo de um transtorno alimentar, pois os efeitos mais prejudiciais da ingestão calórica inadequada, má nutrição ou ambos ocorrem antes dos 5 anos de idade, período crítico do desenvolvimento cerebral (Winick, 1969). Esses transtornos também podem afetar o desenvolvimento social da criança, pois aquelas com transtornos alimentares muitas vezes perdem oportunidades sociais importantes, como festas de aniversário, devido à sua incapacidade ou à sua falta de vontade de comer. Os transtornos alimentares com frequência também têm impacto negativo nas famílias, pois podem causar estresse e depressão no cuidador (Franklin & Rodger, 2003; Singer, Sing, Hill & Jaffe, 1990), e são financeiramente onerosos para as famílias e para a sociedade (Nebraska Legislature, 2009; Williams, Riegel, Gibbons & Field, 2007).

A etiologia dos transtornos alimentares é multiplamente controlada e complexa (Rommel *et al.*, 2003), e os comportamentos que constituem um transtorno alimentar são heterogêneos. As nosologias diagnósticas atuais descrevem as características desses transtornos, mas não são prescritivas. Historicamente, pesquisadores levantaram a hipótese de que a fuga da alimentação funciona como reforço negativo para o comportamento inadequado na hora das refeições, com base nos resultados de estudos nos quais a extinção da fuga putativa foi eficaz para aumentar a aceitação e diminuir o comportamento inadequado na hora das refeições (Cooper *et al.*, 1995; Hoch *et al.*, 1994; Kerwin *et al.*, 1995; Patel, Piazza, Martinez *et al.*, 2002; Piazza, Patel *et al.*, 2003; Reed *et al.*, 2004). Estudos de análise funcional confirmaram que a fuga funcionou como reforço negativo para o comportamento inadequado na hora das refeições da maioria das crianças nesses estudos (Allison *et al.*, 2012; Bachmeyer *et al.*, 2009; Girolami & Scotti, 2001; Kirkwood, Piazza & Peterson, no prelo; LaRue *et al.*, 2011; Najdowski *et al.*, 2008; Piazza, Fisher *et al.*, 2003), mas alguns estudos constataram que a atenção do adulto e os itens tangíveis também funcionavam como reforço (Bachmeyer *et al.*, 2009; Girolami & Scotti, 2001; Piazza, Fisher *et al.*, 2003). Há poucos estudos sobre intervenções baseadas em função (Allison *et al.*, 2012; Bachmeyer *et al.*, 2009; Bachmeyer *et al.*, 2019; Kirkwood *et al.*, no prelo; LaRue *et al.*, 2011; Najdowski *et al.*, 2003). Os resultados desses estudos sugerem que podemos utilizar os resultados de uma análise funcional do comportamento inadequado na hora das refeições para prescrever intervenções efetivas para aumentar a aceitação e diminuir o comportamento inadequado nesse momento.

No entanto, a complexidade dos transtornos alimentares exige que refinemos nossos procedimentos de análise funcional para identificar as características do ambiente alimentar que estabelecem fuga ou outros estímulos como reforço. Resultados de estudos sobre desvanecimento sugerem que podemos alterar as propriedades de estímulos associados a altos níveis de aceitação e baixos níveis de comportamento inadequado na hora das refeições para produzir alimentação adequada. Podemos identificar essas variáveis antecedentes *a priori*? A maioria das crianças emite alguma forma de comportamento adequado. Como podemos identificar esse comportamento e usá-lo para prescrever uma intervenção alimentar eficaz?

Da mesma forma, embora os analistas do comportamento tenham avaliado procedimentos para reduzir a expulsão e os resíduos da boca, sabemos pouco sobre o que causa esses comportamentos. Eles fazem parte de uma cadeia de fuga e esquiva e, à medida que conseguimos extinguir um comportamento, será que outro surge para tomar seu lugar? Eles são o resultado de um déficit de habilidades motoras orais, no qual a criança não tem habilidades para manejar sólidos ou líquidos de forma eficaz? São o resultado de uma etiologia combinada? A abordagem sistemática e baseada em dados, utilizada pelos analistas do comportamento, é ideal para responder a essas perguntas, mas ainda não as aplicamos aos transtornos alimentares pediátricos.

Por fim, a intervenção para um transtorno alimentar requer conhecimentos que vão muito além da ABA. Um analista do comportamento deve reconhecer quando consultar outro profissional, como um alergista, um gastroenterologista pediátrico ou um fonoaudiólogo. O treinamento inadequado pode levar a erros na terapia que podem ter sérias consequências, como anafilaxia por contaminação cruzada, aspiração quando a criança não é um alimentador oral seguro para o alimento ou o líquido apresentado, ou engasgos porque a textura apresentada é inadequada para as habilidades mastigatórias da criança. "Descobrir o que você não sabe" é uma habilidade essencial para analistas do comportamento que trabalham com crianças com transtornos alimentares.

Referências

Addison, L. R., Piazza, C. C., Patel, M. E., Bachmeyer, M. H., Rivas, K. M., Milnes, S. M., *et al.* (2012). A comparison of sensory integrative and behavioral therapies as treatment for pediatric feeding disorders. *Journal of Applied Behavior Analysis, 45*, 455-471.

Ahearn, W. H. (2003). Using simultaneous presentation to increase vegetable consumption in a mildly selective child with autism. *Journal of Applied Behavior Analysis, 36*, 361-365.

Ahearn, W. H., Kerwin, M. E., Eicher, P. S., Shantz, J., & Swearingin, W. (1996). An alternating treatments comparison of two intensive interventions for food refusal. *Journal of Applied Behavior Analysis, 29*, 321-332.

Allison, J., Wilder, D. A., Chong, I., Lugo, A., Pike, J., & Rudy, N. (2012). A comparison of differential reinforcement and noncontingent reinforcement to treat food selectivity in a child with autism. *Journal of Applied Behavior Analysis, 45*, 613-617.

American Psychiatric Association. (2013). *Diagnostic and statistical manual of mental disorders* (5th ed.). Arlington, VA: Autor.

Anderson, C. M., & McMillan, K. (2001). Parental use of escape extinction and differential reinforcement to treat food selectivity. *Journal of Applied Behavior Analysis, 34*, 511-515.

Arvedson, J. C., & Brodsky, L. (2002). *Pediatric swallowing and feeding: Assessment and management* (2nd ed.). Albany, NY: Singular.

Babbitt, R. L., Shore, B. A., Smith, M., Williams, K. E., & Coe, D. A. (2001). Stimulus fading in the treatment of adipsia. *Behavioral Interventions, 16*, 197-207.

Bachmeyer, M. H., Gulotta, C. S., & Piazza, C. C. (2013). Liquid to baby food fading in the treatment of food refusal. *Behavioral Interventions, 28*, 281-298.

Bachmeyer, M. H., Kirkwood, C. A., Criscito, A. B., Mauzy, C. R., & Berth, D. P. (2019). A comparison of functional analysis methods of inappropriate mealtime behavior. *Journal of Applied Behavior Analysis, 52*, 603-621.

Bachmeyer, M. H., Piazza, C. C., Frederick, L. D., Reed, G. K., Rivas, K. D., & Kadey, H. J. (2009). Functional analysis and treatment of multiply controlled inappropriate mealtime behavior. *Journal of Applied Behavior Analysis, 42*, 641-658.

Bandini, L. G., Anderson, S. E., Curtin, C., Cermak, S., Evans, E. W., Scampini, R., *et al.* (2010). Food selectivity in children with autism spectrum disorders and typically developing children. *Journal of Pediatrics, 157*, 259-264.

Boiron, M., Nobrega, L. D., Roux, S., Henrot, A., & Saliba, E. (2007). Effects of oral stimulation and oral support on non-nutritive sucking and feeding performance in preterm infants. *Developmental Medicine and Child Neurology, 49*, 439-444.

Borrero, C. S. W., Woods, J. N., Borrero, J. C., Masler, E. A., & Lesser, A. D. (2010). Descriptive analysis of pediatric food refusal and acceptance. *Journal of Applied Behavior Analysis, 43*, 71-88.

Borsari, A., & Ottoni, E. B. (2005). Preliminary observations of tool use in captive hyacinth macaws (*Anodorhynchus hyacinthinus*). *Animal Cognition, 8*, 48-53.

Buckley, S. D., & Newchok, D. K. (2005). An evaluation of simultaneous presentation and differential reinforcement with response cost to reduce packing. *Journal of Applied Behavior Analysis, 38*, 405-409.

Buckley, S. D., Strunck, P. G., & Newchok, D. K. (2005). A comparison of two multicomponent procedures to increase food consumption. *Behavioral Interventions, 20*, 139-146.

Burklow, K. A., McGrath, A. M., Valerius, K. S., & Rudolph, C. (2002). Relationships between feeding difficulties, medical complexity, and gestational age. *Nutrition in Clinical Practice, 17*, 373-378.

Casey, S. D., Cooper-Brown, L. J., Wacker, D. P., & Rankin, B. E. (2006). The use of descriptive analysis to identify and manipulate schedules of reinforcement in the treatment of food refusal. *Journal of Behavioral Education, 15*, 41-52.

Coe, D. A., Babbitt, R. A., Williams, K. E., Hajimihalis, C., Snyder, A. M., Ballard, C., *et al.* (1997). Use of extinction and reinforcement to increase food consumption and reduce expulsion. *Journal of Applied Behavior Analysis, 30*, 581-583.

Cooper, L. J., Wacker, D. P., McComas, J. J., Brown, K., Peck, S. M., Richman, D., *et al.* (1995). Use of component analyses to identify active variables in treatment packages for children with feeding disorders. *Journal of Applied Behavior Analysis, 28*, 139-153.

Darrow, D. H., & Harley, C. M. (1998). Evaluation of swallowing disorders in children. *Otolaryngologic Clinics of North America, 31*, 405-418.

Davis, A. M., Bruce, A., Cocjin, J., Mousa, H., & Hyman, P. (2010). Empirically supported treatments for feeding difficulties in young children. *Current Gastroenterology Reports, 12,* 189-194.

Dawson, J. E., Piazza, C. C., Sevin, B. M., Gulotta, C. S., Lerman, D., & Kelley, M. L. (2003). Use of the high-probability instructional sequence and escape extinction in a child with food refusal. *Journal of Applied Behavior Analysis, 36,* 105-108.

Dempsey, J., Piazza, C. C., Groff, R. A., & Kozisek, J. M. (2011). A flipped spoon and chin prompt to increase mouth clean. *Journal of Applied Behavior Analysis, 44,* 961-965.

Derkay, C. S., & Schechter, G. L. (1998). Anatomy and physiology of pediatric swallowing disorders. *Otolaryngologic Clinics of North America, 31,* 397-404.

Diquelou, M. C., Griffin, A. S., & Sol, G. D. (2016). The role of motor diversity in foraging innovations: A cross-species comparison in urban birds. *Behavioral Ecology, 27,* 584-591.

Douglas, J. E., & Byron, M. (1996). Interview data on severe behavioural eating difficulties in young children. *Archives of Disease in Childhood, 75,* 304-308.

Einarsson-Backes, L. M., Dietz, J., Price, R., Glass, R., & Hays, R. (1994). The effect of oral support on sucking efficiency in preterm infants. *American Journal of Occupational Therapy, 48,* 490-498.

Field, T., Ignatoff, E., Stinger, S., Brennan, J., Greenberg, R., Widmayer, S., *et al.* (1982). Nonnutritive sucking during tube feedings: Effects on preterm neonates in an intensive care unit. *Pediatrics, 70,* 381-384.

Franklin, L., & Rodger, S. (2003). Parents' perspectives on feeding medically compromised children: Implications for occupational therapy. *Australian Occupational Therapy Journal, 50,* 137-147.

Freedman, D. S., Dietz, W. H., Srinivasan, S. R., & Berenson, G. S. (1999). The relation of overweight to cardiovascular risk factors among children and adolescents: The Bogalusa Heart Study. *Pediatrics, 103,* 1175-1182.

Freeman, K. A., & Piazza, C. C. (1998). Combining stimulus fading, reinforcement, and extinction to treat food refusal. *Journal of Applied Behavior Analysis, 31,* 691-694.

Fucile, S., Gisel, E., & Lau, C. (2002). Oral stimulation accelerates the transition from tube to oral feeding in preterm infants. *Journal of Pediatrics, 141,* 230-236.

Girolami, P. A., Boscoe, J. H., & Roscoe, N. (2007). Decreasing expulsions by a child with a feeding disorder: Using a brush to present and re-present food. *Journal of Applied Behavior Analysis, 40,* 749-753.

Girolami, P. A., & Scotti, J. R. (2001). Use of analog functional analysis in assessing the function of mealtime problem behavior. *Education and Training in Mental Retardation and Developmental Disabilities, 36,* 207-223.

Goto, A., Arah, O. A., Goto, M., Terauchi, Y., & Noda, M. (2013). Severe hypoglycemia and cardiovascular disease: Systematic review and meta-analysis with bias analysis. *British Journal of Medicine, 347,* 1-11.

Groff, R. A., Piazza, C. C., Volkert, V. M., & Jostad, C. M. (2014). Syringe fading as treatment for feeding refusal. *Journal of Applied Behavior Analysis, 47,* 834-839.

Groff, R. A., Piazza, C. C., Zeleny, J. R., & Dempsey, J. R. (2011). Spoon-to-cup fading as treatment for cup drinking in a child with intestinal failure. *Journal of Applied Behavior Analysis, 44,* 949-954.

Gulotta, C. S., Piazza, C. C., Patel, M. R., & Layer, S. A. (2005). Using food redistribution to reduce packing in children with severe food refusal. *Journal of Applied Behavior Analysis, 38,* 39-50.

Hadley, A. J., Krival, K. R., Ridgel, A. L., Hahn, E. C., & Tyler, D. J. (2015). Neural network pattern recognition of lingual-palatal pressure for automated detection of swallow. *Dysphagia, 30,* 176-187.

Hagopian, L. P., Farrell, D. A., & Amari, A. (1996). Treating total liquid refusal with backward chaining and fading. *Journal of Applied Behavioral Analysis, 29,* 573-575.

Hoch, T. A., Babbitt, R. L., Coe, D. A., Duncan, A., & Trusty, E. M. (1995). A swallow induction avoidance procedure to establish eating. *Journal of Behavior Therapy and Experimental Psychiatry, 26,* 41-50.

Hoch, T. A., Babbitt, R. L., Coe, D. A., Krell, D. M., & Hackbert, L. (1994). Contingency contacting: Combining positive reinforcement and escape extinction procedures to treat persistent food refusal. *Behavior Modification, 18,* 106-128.

Ibañez, V. F., Piazza, C. C., & Peterson, K. M. (2019). A translational evaluation of renewal of inappropriate mealtime behavior. *Journal of Applied Behavior Analysis, 52,* 1005-1020.

Iwata, B. A., Dorsey, M. F., Slifer, K. J., Bauman, K. E., & Richman, G. S. (1994). Toward a functional analysis of self--injury. *Journal of Applied Behavior Analysis, 27,* 197-209. (Reimpresso de *Analysis and Intervention in Developmental Disabilities, 2,* 3-20, 1982)

Johnson, C. R., & Babbitt, R. L. (1993). Antecedent manipulation in the treatment of primary solid food refusal. *Behavior Modification, 17,* 510-521.

Kadey, H., Piazza, C. C., Rivas, K. M., & Zeleny, J. (2013). An evaluation of texture manipulations to increase swallowing. *Journal of Applied Behavior Analysis, 46,* 539-543.

Kahng, S., Boscoe, J. H., & Byrne, S. (2003). The use of an escape contingency and a token economy to increase food acceptance. *Journal of Applied Behavior Analysis, 36,* 349-353.

Kahng, S., Tarbox, J., & Wilke, A. E. (2001). Use of a multicomponent treatment for food refusal. *Journal of Applied Behavior Analysis, 34,* 93-96.

Kelley, M. E., Piazza, C. C., & Fisher, W. W. (2003). Acquisition of cup drinking using previously refused foods as positive and negative reinforcement. *Journal of Applied Behavior Analysis, 36,* 89-93.

Kern, L., & Marder, T. J. (1996). A comparison of simultaneous and delayed reinforcement as treatments for food selectivity. *Journal of Applied Behavior Analysis, 2,* 243-246.

Kerwin, M. E. (1999). Empirically supported treatments in pediatric psychology: Severe feeding problems. *Journal of Pediatric Psychology, 24*, 193-214.

Kerwin, M. E., Ahearn, W. H., Eicher, P. S., & Burd, D. M. (1995). The costs of eating: A behavioral economic analysis of food refusal. *Journal of Applied Behavior Analysis, 28*, 245-260.

Kirkwood, C. A., Piazza, C. C., & Peterson, K. M. (no prelo). A comparison of function- and nonfunction-based extinction for inappropriate mealtime behavior. *Journal of Applied Behavior Analysis*.

LaRue, R. H., Stewart, V., Piazza, C. C., Volkert, V. M., Patel, M. R., & Zeleny, J. (2011). Escape as reinforcement and escape extinction in the treatment of feeding problems. *Journal of Applied Behavior Analysis, 44*, 719-735.

Levin, D. S., Volkert, V. M., & Piazza, C. C. (2014). A multi-component treatment to reduce packing in children with feeding and autism spectrum disorders. *Behavior Modification, 38*, 940-963.

Linscheid, T. R., Oliver, J., Blyler, E., & Palmer, S. (1978). Brief hospitalization for the behavioral treatment of feeding problems in the developmentally disabled. *Journal of Pediatric Psychology, 12*, 451-459.

Luiselli, J. K., & Gleason, D. L. (1987). Combining sensory reinforcement and texture fading procedures to overcome chronic food refusal. *Journal of Behavior Therapy and Experimental Psychiatry, 18*, 149-155.

Luiselli, J. K., Ricciardi, J. N., & Gilligan, K. (2005). Liquid fading to establish milk consumption by a child with autism. *Behavioral Interventions, 20*, 155-163.

Lukens, C. T., & Silverman, A. H. (2014). Systematic review of psychological interventions for pediatric feeding problems. *Journal of Pediatric Psychology, 39*, 903-917.

Meier, A. E., Fryling, M. J., & Wallace, M. D. (2012). Using high-probability foods to increase the acceptance of low-probability foods. *Journal of Applied Behavior Analysis, 45*, 149-153.

Mueller, M. M., Piazza, C. C., Moore, J. W., Kelley, M. E., Bethke, S. A., Pruett, A., *et al.* (2003). Training parents to implement pediatric feeding protocols. *Journal of Applied Behavior Analysis, 36*, 545-562.

Mueller, M. M., Piazza, C. C., Patel, M. R., Kelley, M. E., & Pruett, A. (2004). Increasing variety of foods consumed by blending nonpreferred foods into preferred foods. *Journal of Applied Behavior Analysis, 37*, 159-170.

Munk, D. D., & Repp, A. C. (1994). Behavioral assessment of feeding problems of individuals with severe disabilities. *Journal of Applied Behavior Analysis, 27*, 241-250.

Najdowski, A. C., Wallace, M. D., Doney, J. K., & Ghezzi, P. M. (2003). Parental assessment and treatment of food selectivity in natural settings. *Journal of Applied Behavior Analysis, 36*, 383-386.

Najdowski, A. C., Wallace, M. D., Penrod, B., Tarbox, J., Reagon, K., & Higbee, T. S. (2008). Caregiver-conducted experimental functional analyses of inappropriate mealtime behavior. *Journal of Applied Behavior Analysis, 41*, 459-465.

Najdowski, A. C., Wallace, M. D., Reagon, K., Penrod, B., Higbee, T. S., & Tarbox, J. (2010). Utilizing a home-based parent training approach in the treatment of food selectivity. *Behavioral Interventions, 25*, 89-107.

Nebraska Legislature. (2009). *Fiscal note: Legislative fiscal analyst estimate*. LB 243, Revision 01.

Palmer, S., & Horn, S. (1978). Feeding problems in children. Em S. Palmer & S. Ekvall (Eds.), *Pediatric nutrition in developmental disorders* (p. 107-129). Springfield, IL: Charles C Thomas.

Pangborn, M. M., Borrero, C. S. W., & Borrero, J. C. (2013). Sequential application of caregiver training to implement pediatric feeding protocols. *Behavioral Interventions, 28*, 107-130.

Patel, M. R., Piazza, C. C., Kelley, M. L., Ochsner, C. A., & Santana, C. M. (2001). Using a fading procedure to increase fluid consumption in a child with feeding problems. *Journal of Applied Behavior Analysis, 34*, 357-360.

Patel, M. R., Piazza, C. C., Layer, S. A., Coleman, R., & Swartzwelder, D. M. (2005). A systematic evaluation of food textures to decrease packing and increase oral intake in children with pediatric feeding disorders. *Journal of Applied Behavior Analysis, 38*, 89-100.

Patel, M. R., Piazza, C. C., Martinez, C. J., Volkert, V. M., & Santana, C. M. (2002). An evaluation of two differential reinforcement procedures with escape extinction to treat food refusal. *Journal of Applied Behavior Analysis, 35*, 363-374.

Patel, M. R., Piazza, C. C., Santana, C. M., & Volkert, V. M. (2002). An evaluation of food type and texture in the treatment of a feeding problem. *Journal of Applied Behavior Analysis, 35*, 183-186.

Patel, M. R., Reed, G. K., Piazza, C. C., Bachmeyer, M. H., Layer, S. A., & Pabico, R. S. (2006). An evaluation of a high-probability instructional sequence to increase acceptance of food and decrease inappropriate behavior in children with pediatric feeding disorders. *Research in Developmental Disabilities, 27*, 430-442.

Patel, M. R., Reed, G. K., Piazza, C. C., Mueller, M., Bachmeyer, M. H., & Layer, S. A. (2007). Use of a high-probability instructional sequence to increase compliance to feeding demands in the absence of escape extinction. *Behavioral Interventions, 22*, 305- 310.

Penrod, B., Gardella, L., & Fernand, J. (2012). An evaluation of a progressive high-probability instructional sequence combined with low-probability demand fading in the treatment of food selectivity. *Journal of Applied Behavior Analysis, 45*, 527-537.

Peterson, K. M., Piazza, C. C., Ibañez, V. F., & Fisher, W. W. (2019). Randomized controlled trial of an applied behavior analysis intervention for food selectivity in children with autism spectrum disorder. *Journal of Applied Behavior Analysis, 52*, 895-917.

Peterson, K. M., Piazza, C. C., & Volkert, V. M. (2016). Comparison of a modified sequential oral sensory approach to an applied behavior analytic approach in the treatment of food selectivity in children with autism spectrum disorders. *Journal of Applied Behavior Analysis, 49*, 485-511.

Peterson, K. M., Volkert, V. M., & Zeleny, J. R. (2015). Increasing self-drinking for children with feeding disorders. *Journal of Applied Behavior Analysis, 48*, 436-441.

Piazza, C. C., Anderson, C., & Fisher, W. W. (1993). Teaching self-feeding skills to patients with Rett syndrome. *Developmental Medicine and Child Neurology, 35*, 991-996.

Piazza, C. C., & Carroll-Hernandez, T. A. (2004) Assessment and treatment of pediatric feeding disorders. Em R. E. Tremblay, R. G. Barr, & R. Peters (Eds.), *Encyclopedia on early childhood development* [Online]. Montreal: Centre of Excellence for Early Childhood Development. Recuperado em 29 de julho de 2013, em *www.excellence-earlychildhood.ca/documents/Piazza-Carroll-HernandezANGxp.pdf.*

Piazza, C. C., Fisher, W. W., Brown, K. A., Shore, B. A., Patel, M. R., Katz, R. M., *et al.* (2003). Functional analysis of inappropriate mealtime behaviors. *Journal of Applied Behavior Analysis, 36*, 187-204.

Piazza, C. C., Patel, M. R., Gulotta, C. S., Sevin, B. M., & Layer, S. A. (2003). On the relative contribution of positive reinforcement and escape extinction in the treatment of food refusal. *Journal of Applied Behavior Analysis, 36*, 309-324.

Piazza, C. C., Patel, M. R., Santana, C. M., Goh, H., Delia, M. D., & Lancaster, B. M. (2002). An evaluation of simultaneous and sequential presentation of preferred and nonpreferred food to treat food selectivity. *Journal of Applied Behavior Analysis, 35*, 259-270.

Reed, G. K., Piazza, C. C., Patel, M. R., Layer, S. A., Bachmeyer, M. H., Bethke, S. D., *et al.* (2004). On the relative contributions of noncontingent reinforcement and escape extinction in the treatment of food refusal. *Journal of Applied Behavior Analysis, 37*, 27-41.

Riordan, M. M., Iwata, B. A., Finney, J. W., Wohl, M. K., & Stanley, A. E. (1984). Behavioral assessment and treatment of chronic food refusal in handicapped children. *Journal of Applied Behavior Analysis, 17*, 327-341.

Riordan, M. M., Iwata, B. A., Wohl, M. K., & Finney, J. W. (1980). Behavioral treatment of food refusal and selectivity in developmentally disabled children. *Applied Research in Mental Retardation, 1*, 95-112.

Rivas, K. D., Piazza, C. C., Kadey, H. J., Volkert, V. M., & Stewart, V. (2011). Sequential treatment of a feeding problem using a pacifier and flipped spoon. *Journal of Applied Behavior Analysis, 44*, 387-391.

Rivas, K. D., Piazza, C. C., Patel, M. R., & Bachmeyer, M. H. (2010). Spoon distance fading with and without escape extinction as treatment for food refusal. *Journal of Applied Behavior Analysis, 43*, 673-683.

Rocha, A. D., Moreira, M. E. L., Pimenta, H. P., Ramos, J. R. M., & Lucena, S. L. (2007). A randomized study of the efficacy of sensory-motor-oral stimulation and non-nutritive sucking in very low birthweight infant. *Early Human Development, 83*, 385-388.

Rommel, N., DeMeyer, A. M., Feenstra, L., & Veereman-Wauters, G. (2003). The complexity of feeding problems in 700 infants and young children presenting to a tertiary care institution. *Journal of Pediatric Gastroenterology and Nutrition, 37*, 75-84.

Roth, M. P., Williams, K. E., & Paul, C. M. (2010). Treating food and liquid refusal in an adolescent with Asperger's disorder. *Clinical Case Studies, 9*, 260-272.

Schafe, G. E., & Bernstein, I. L. (1996). Taste aversion learning. Em E. D. Capaldi (Ed.), *Why we eat what we eat: The psychology of eating* (p. 31-51). Washington, DC: American Psychological Association.

Schwarz, S. M., Corredor, J., Fisher-Medina, J., Cohen, J., & Rabinowitz, S. (2001). Diagnosis and treatment of feeding disorders in children with developmental disabilities. *Pediatrics, 108*, 671-676.

Sehgal, S. K., Prakash, O., Gupta, A., Mohan, M., & Anand, N. K. (1990). Evaluation of beneficial effects of nonnutritive sucking in preterm infants. *Indian Pediatrics, 27*, 263-266.

Seiverling, L., Williams, K., Sturmey, P., & Hart, S. (2012). Effects of behavioral skills training on parental treatment of children's food selectivity. *Journal of Applied Behavior Analysis, 45*, 197-203.

Sevin, B. M., Gulotta, C. S., Sierp, B. J., Rosica, L. A., & Miller, L. J. (2002). Analysis of response covariation among multiple topographies of food refusal. *Journal of Applied Behavior Analysis, 35*, 65-68.

Shalev, R. A., Milnes, S. M., Piazza, C. C., & Kozisek, J. M. (2018). Treating liquid expulsion in children with feeding disorders. *Journal of Applied Behavior Analysis, 51*, 70-79.

Sharp, W. G., Harker, S., & Jaquess, D. L. (2010). Comparison of bite-presentation methods in the treatment of food refusal. *Journal of Applied Behavior Analysis, 43*, 739-743.

Sharp, W. G., & Jaquess, D. L. (2009). Bite size and texture assessments to prescribe treatment for severe food selectivity in autism. *Behavioral Interventions, 24*, 157-170.

Sharp, W. G., Odom, A., & Jaquess, D. L. (2012). Comparison of upright and flipped spoon presentations to guide treatment of food refusal. *Journal of Applied Behavior Analysis, 45*, 83-96.

Shore, B. A., Babbitt, R. L., Williams, K. E., Coe, D. A., & Snyder, A. (1998). Use of texture fading in the treatment of food selectivity. *Journal of Applied Behavior Analysis, 31*, 621-633.

Sicherer, S. H., & Sampson, H. A. (2010). Food allergy. *Journal of Allergy and Clinical Immunology, 125*, S116-S125.

Singer, L. T., Sing, L. Y., Hill, B. P., & Jaffe, A. C. (1990). Stress and depression in mothers of failure to thrive children. *Journal of Pediatric Psychology, 15*, 711-720.

Stark, L. J., Mulvihill, M. M., Powers, S. W., Jelalian, E., Keating, K., Creveling, S., *et al.* (1996). Behavioral intervention to improve calorie intake of children with cystic fibrosis: Treatment versus wait list control. *Journal of Pediatric Gastroenterology and Nutrition, 22*, 240-253.

Stark, L. J., Powers, S. W., Jelalian, E., Rape, R. N., & Miller, D. L. (1994). Modifying mealtime interactions of children with cystic fibrosis and their parents via behavioral parent training. *Journal of Pediatric Psychology, 19*, 751-768.

Stein, B., Everhart, K. K., & Lacy, B. E. (2015). Gastroparesis: A review of current diagnosis and treatment options. *Journal of Clinical Gastroenterology, 49*, 550-558.

Stubbs, K. H., Volkert, V. M., Rubio, E. K., & Ottinger, E. (2017). A comparison of flipped-spoon presentation and redistribution to decrease packing in children with feeding disorders. *Learning and Motivation, 62*, 103-111.

Task Force on Promotion and Dissemination of Psychological Procedures. (1995). Training in and dissemination of empirically validated treatments: Report and recommendations. *Clinical Psychologist, 48*, 3-23.

Thommessen, M., Heiberg, A., Kase, B. F., Larsen, S., & Riis, G. (1991). Feeding problems, height and weight in different groups of disabled children. *Acta Paediatrica, 5*, 527-533.

Tiger, J. H., & Hanley, G. P. (2006). Using reinforcer pairing and fading to increase the milk consumption of a preschool child. *Journal of Applied Behavior Analysis, 39*, 399-403.

Toien, O., Blake, J., Edgar, D. M., Grahn, D. A., Heller, H. G., & Barnes, B. M. (2001). Hibernation in black bears: Independence of metabolic suppression from body temperature. *Science, 331*, 906-909.

Valdimarsdottir, H., Halldorsdottir, L. Y., & Sigurådóttir, Z. G. (2010). Increasing the variety of foods consumed by a picky eater: Generalization of effects across caregivers and settings. *Journal of Applied Behavior Analysis, 43*, 101-105.

Vaz, P. C. M., Piazza, C. C., Stewart, V., Volkert, V. M., & Groff, R. A. (2012). Using a chaser to decrease packing in children with feeding disorders. *Journal of Applied Behavior Analysis, 45*, 97-105.

Volkert, V. M., Peterson, K. M., Zeleny, J. R., & Piazza, C. C. (2014). A clinical protocol to increase chewing and assess mastication in children with feeding disorders. *Behavior Modification, 38*, 705-729.

Volkert, V. M., & Piazza, C. C. (2012). Pediatric feeding disorders. Em P. Sturmey & M. Hersen (Eds.), *Handbook of evidence-based practice in clinical psychology: Vol. 1. Child and adolescent disorders* (p. 323-337). Hoboken, NJ: Wiley.

Volkert, V. M., Piazza, C. C., Vaz, P. C. M., & Frese, J. (2013). A pilot study to increase chewing in children with feeding disorders. *Behavior Modification, 37*, 391-408.

Volkert, V. M., Vaz, P. C. M., Piazza, C. C., Frese, J., & Barnett, L. (2011). Using a flipped spoon to decrease packing in children with feeding disorders. *Journal of Applied Behavior Analysis, 44*, 617-621.

Werle, M. A., Murphy, T. B., & Budd, K. S. (1993). Treating chronic food refusal in young children: Home-based parent training. *Journal of Applied Behavior Analysis, 26*, 421-433.

Wilder, D. A., Normand, M., & Atwell, J. (2005). Noncontingent reinforcement as treatment for food refusal and associated self-injury. *Journal of Applied Behavior Analysis, 38*, 549-553.

Wilkins, J. W., Piazza, C. C., Groff, R. A., & Vaz, P. C. M. (2011). Chin prompt plus re-presentation as treatment for expulsion in children with feeding disorders. *Journal of Applied Behavior Analysis, 44*, 513-522.

Wilkins, J. W., Piazza, C. C., Groff, R. A., Volkert, J. M., Kozisek, J. M., & Milnes, S. M. (2014). Utensil manipulation during initial treatment of pediatric feeding problems. *Journal of Applied Behavior Analysis, 47*, 1-16.

Williams, K. E., Riegel, K., Gibbons, B., & Field, D. G. (2007). Intensive behavioral treatment for severe feeding problems: A cost-effective alternative to tube feeding? *Journal of Developmental and Physical Disabilities, 19*, 227-235.

Winick, M. (1969). Malnutrition and brain development. *Journal of Pediatrics, 74*, 667-679.

26

Abordagens comportamentais aplicadas à educação

Brian K. Martens, Edward J. Daly III, John C. Begeny e William E. Sullivan

O poder e a precisão com que os primeiros analistas do comportamento utilizaram princípios de condicionamento operante para mudar o comportamento resultaram em aplicações quase imediatas à educação. Por exemplo, o modelo de instrução programada de Skinner (1954) usava máquinas de ensino para fornecer aos alunos *feedback* imediato e reforço para responder de maneira correta em muitas tarefas fortemente sequenciadas (p. ex., fatos aritméticos). O reforço frequente, a prática em ritmo próprio, e o estímulo e o desvanecimento – o que Skinner originalmente chamou de *desaparecimento* – produziram um aprendizado agradável, ocorreram com rapidez e envolveram poucos erros (Skinner, 1984). Keller (1968) mostrou como aplicar esses mesmos princípios para criar um sistema personalizado de ensino para estudantes universitários. Os materiais curriculares para o sistema personalizado de cursos de ensino de Keller consistiam em 30 ou mais pequenas unidades de conteúdo, cada uma associada ao seu próprio conjunto de perguntas e exercícios de estudo. Os alunos eram livres para estudar e assistir às aulas quando quisessem, mas o sistema prescrevia breves exames sobre o material em cada "unidade". Os instrutores registraram graficamente o desempenho nesses testes unitários e exigiram domínio antes de avançar no currículo.

Esses exemplos sugerem que as abordagens comportamentais da educação são caracterizadas por uma ênfase no *fazer* em vez de *saber*. A primeira e mais importante característica do treinamento de habilidades comportamentais é a mensuração repetida da resposta do aluno. Medir a precisão de resposta e, em seguida, a fluência (responder com precisão, rapidez e em diferentes contextos) permite que o professor avalie os resultados da aprendizagem em relação aos objetivos instrucionais e fornece a base para instruções variadas (Christ, Zopluoglu, Monaghen & Van Norman, 2013; Fuchs & Fuchs, 1986; Reschly, 2004). Com foco na resposta como unidade básica de análise, a tarefa do aluno passa a ser a de emitir repertórios de resposta gradualmente mais refinados, coordenados e eficazes sob condições de estímulo cada vez mais exigentes e naturalistas (Martens, Daly & Ardoin, 2015). O professor atua mais como formador ou *coach* do que como palestrante ou educador, para promover altas taxas de resposta independente correta por parte do aluno (Keller, 1968), ou seja, o professor facilita a aprendizagem ao arranjar repetidas oportunidades de resposta na presença de materiais curriculares diversos; às vezes com modelagem, estímulo e correção de erros; e sempre com reforçamento diferencial para respostas corretas ou desejadas (Martens *et al.*, 2015). Dos pontos de vista do professor e do aluno, as abordagens comportamentais para o treinamento de habilidades tornam a aprendizagem ativa, rápida, relativamente livre de erros e mais reforçadora do que punitiva (Miltenberger, 2016).

Os fundamentos do treinamento de habilidades comportamentais permaneceram inalterados desde sua criação: (1) materiais de estímulo bem sequenciados ligados de forma horizontal entre habilidades relacionadas e verticalmente por dificuldade; (2) oportunidades breves e repetidas de resposta na presença desses estímulos; (3) modelagem, estímulo e *feedback* do professor para aumentar a probabilidade de acerto na resposta; (4) reforçamento diferencial para estabelecer e fortalecer o controle do estímulo sobre a resposta correta; e (5) monitoramento frequente do desempenho para informar o planejamento instrucional e avaliar os resultados da aprendizagem (Fuchs, Fuchs & Speece, 2002; Martens & Witt, 2004).

Os profissionais consideram abordagens comportamentais de treinamento de habilidades como prática-padrão ao ensinar sobre vida diária, comunicação e outros comportamentos adaptativos para indivíduos com transtornos do neurodesenvolvimento (p. ex., Carroll, Joachim, St. Peter & Robinson, 2015; Lerman, Hawkins, Hillman, Shireman & Nissen, 2015; Marion, Martin, Yu, Buhler & Kerr, 2012), e ao remediar déficits nas habilidades acadêmicas básicas das crianças (Daly, Martens, Barnett, Witt & Olson, 2007; Daly, Neugebauer, Chafouleas & Skinner, 2015). Pesquisadores têm aplicado abordagens de instrução comportamental ao desempenho atlético (p. ex., Brobst & Ward, 2002; Kladopoulos & McComas, 2001; Tai & Miltenberger, 2017), nos ensinos secundário e superior (Cavanaugh, Heward & Donelson, 1996; Saville, Zinn, Neef, Van Norman & Ferreri, 2006; Stocco, Thompson, Hart & Soriano, 2017), durante a formação de professores em serviço (DiGennaro, Martens & McIntyre, 2005; Hogan, Knez & Kahng, 2015; Luck, Lerman, Wu, Dupuis & Hussein, 2018), e no ensino de importantes habilidades de segurança às crianças (Dickson & Vargo, 2017; Houvouras & Harvey, 2014). Embora a eficácia dessas técnicas tenha levado ao desenvolvimento de programas abrangentes de monitoramento comportamental e de desempenho (p. ex., Direct Instruction, Precision Meeting), as escolas públicas não utilizam os programas ou suas técnicas componentes (Begeny & Martens, 2006; Lindsley, 1992; Saville *et al.*, 2006).

Organizamos o material deste capítulo vagamente em torno de um modelo para o desenvolvimento dinâmico do desempenho de habilidades competentes, conhecido como *hierarquia de aprendizagem/instrucional* (Daly, Lentz & Boyer, 1996; Haring, Lovitt, Eaton & Hansen, 1978; Martens & Witt, 2004). Em coerência com esse modelo, iniciamos com uma discussão sobre o controle de estímulos como base do desempenho competente, as estratégias de instrução para aquisição inicial de habilidades e os componentes do treinamento em tentativas discretas. Em seguida, discutimos (1) maneiras de fortalecer a resposta e o controle de estímulos por meio da construção da fluência, (2) maneiras de apresentar materiais curriculares em formato de operação livre e organizar reforço para a prática produtiva, e (3) benefícios da resposta fluente para manter o desempenho em condições mais exigentes. A seção a seguir discute os desafios que os educadores comportamentais enfrentam ao tentar programar a generalização de habilidades e as maneiras de refinar ainda mais a instrução e a avaliação de desempenho para produzir repertórios de resposta generativa. A partir de uma perspectiva um tanto restrita sobre a instrução de habilidades comportamentais, ampliamos o foco deste capítulo para discutir três exemplos de programas/sistemas de instrução com orientação comportamental: os programas Helping Early Literacy with Practice Strategies (Ajudando a Alfabetização Precoce com Estratégias de Prática), Direct Instruction (Instrução Direta) e o Morningside Model of Generative Instruction (Modelo Morningside de Instrução Generativa), incluindo pesquisas que apoiam sua eficácia. Nessa seção, também abordamos se os professores utilizam ou recebem treinamento nessas e em outras técnicas empiricamente apoiadas. A última seção deste capítulo descreve como o treinamento em habilidades comportamentais e o monitoramento do progresso formam a base de um modelo hierárquico de prestação de serviços conhecido como *resposta à intervenção*, que os professores utilizam bastante nas escolas antes de determinar que as crianças são elegíveis para a educação especial (p. ex., Balu *et al.*, 2015).

Estratégias para o ensino eficaz

A hierarquia de aprendizagem/instrucional como modelo dinâmico de ensino

Haring *et al.* (1978) propuseram a hierarquia de aprendizagem/instrucional para descrever como o desempenho das habilidades das crianças melhora ao longo do tempo com o treinamento, e como os professores devem modificar os procedimentos instrucionais à medida que o desempenho melhora. Embora muitas vezes a hierarquia de aprendizagem/instrucional seja referida como modelo de estágio, talvez ela seja mais bem-caracterizada como abordagem dinâmica de ensino que envolve monitorar de perto a proficiência com a qual um aluno executa uma habilidade e, em seguida, adaptar a instrução e o reforço para fortalecer a resposta desse aluno. O professor define a habilidade-alvo e seus estímulos controladores. Por exemplo, uma meta pode ser a leitura oral de textos com 150 palavras no nível da terceira série. O professor controla rigorosamente os estímulos de treinamento inicialmente e mede como o aluno executa as habilidades (Martens *et al.*, 2015; Martens & Eckert, 2007). O objetivo é aumentar a resposta de maneira gradual ao longo de um *continuum* à medida que a leitura precisa, rápida, sustentada e generalizada está sob o controle de estímulo – ou seja, à medida que a leitura se torna precisa e fluente. Durante os estágios posteriores do treinamento, quando o professor utiliza estímulos mais diversos e naturalistas para ocasionar a resposta, ele mede a proficiência por *quando* o aluno executa uma habilidade ou pela gama de condições sob as quais o aluno continua a exibir desempenho competente.

Uma vez que o professor identifica a firmeza da resposta de um aluno, ele utiliza a hierarquia de aprendizagem/instrucional para selecionar procedimentos de treinamento e reforço que pesquisas anteriores mostraram que melhor promovem a aprendizagem. Por exemplo, um aluno pode ler de modo provisório com baixa precisão, e outro aluno pode ler com alta precisão e fluência durante breves sequências de desempenho. A hierarquia de aprendizagem/instrucional fornece a estrutura para a Direct Instruction (Gersten, Carnine & White, 1984), discutida mais adiante neste capítulo, e os pesquisadores a usaram para projetar, implementar e avaliar intervenções para muitos problemas de desempenho acadêmico (p. ex., Szadokierski, Burns & McComas, 2017; Daly Martens, 1994).

Controle do estímulo

Fundamental para o desempenho competente de qualquer habilidade é o desenvolvimento do *controle do estímulo*, ou seja, colocar a resposta do aluno sob controle de estímulos-chave no ambiente. Deixar de escrever a resposta correta para um problema de matemática ou uma palavra ditada significa falta de controle de estímulos. Já deixar de escrever a resposta correta ao trabalhar em uma sala de aula barulhenta sugere que o controle do estímulo pode não ser forte o suficiente para que o desempenho permaneça estável diante da distração. Desse modo, o primeiro objetivo do treinamento de habilidades é estabelecer o controle de estímulos, proporcionando ao aluno oportunidades de responder com modelagem, estímulo e *feedback*, além de reforçamento diferencial para a resposta correta. À medida que as tentativas de prática se acumulam, a necessidade de assistência do aluno diminui, o controle dos estímulos aumenta, o desempenho do comportamento se torna mais eficiente e o aluno discrimina melhor as condições em que o comportamento produz reforço.

Por exemplo, Chafouleas, Martens, Dobson, Weinstein e Gardner (2004) avaliaram os efeitos de três intervenções envolvendo prática, *feedback* e reforço com crianças que apresentaram diferentes níveis de linha de base de fluência na leitura oral. Os dois alunos cuja leitura oral estava sob controle de estímulo das palavras impressas foram os que mais se beneficiaram da prática isolada por meio de leituras repetidas. Esses foram os alunos com maior fluência e menores taxas de erro na linha de base. Já os com as maiores taxas de erro da linha de base se beneficiaram mais da prática combinada com *feedback* de desempenho ou *feedback* mais reforço. Esses alunos apresentaram a menor firmeza da resposta, e a intervenção provavelmente foi eficaz, pois os componentes adicionais da intervenção ajudaram a trazer uma leitura rápida e precisa sob o controle do estímulo do texto.

Aquisição

O treinamento em nível de aquisição concentra-se em fornecer aos alunos assistência suficiente para executar de maneira correta uma habilidade que não estava em seu repertório antes e, em seguida, reforçar diferencialmente o desempenho preciso da habilidade na presença de seus estímulos evocadores. A precisão é o primeiro e mais básico critério de desempenho que um aluno deve atender ao aprender qualquer habilidade. Promover o controle do estímulo com reforço para uma resposta correta pode ser tão simples quanto elogiar uma criança por dizer "vermelha!" após o professor mostrar à criança uma maçã e pedir-lhe que diga sua cor, ou tão complexo quanto dar a um aluno uma nota A em uma composição sobre a Guerra Civil em resposta a uma tarefa de casa sobre história americana. Ensaios de aquisição de três períodos (i.e., antecedente-comportamento-consequência) podem ocorrer no ambiente natural quando oportunidades de modelar e reforçar uma habilidade-alvo se apresentam, como no ensino incidental, ou de modo isolado sob controle de um treinador, como no treinamento de tentativa discreta (Wolery, Bailey & Sugai, 1988).

A pesquisa mostrou que o treinamento de tentativa discreta é eficaz para o ensino de muitas habilidades e envolve a apresentação de (1) um comando e um estímulo discriminativo na presença do qual esperamos que o aluno emita a resposta, (2) um estímulo para aumentar a probabilidade de uma resposta correta, (3) uma oportunidade de emitir a resposta, (4) *feedback* corretivo para respostas incorretas, e (5) reforçamento diferencial para resposta correta. Muitas crianças com transtornos do neurodesenvolvimento, como o transtorno do espectro autista (TEA), não imitam adultos, exibem comportamento repetitivo ou estereotipado, prestam pouca atenção a dicas sociais, têm comunicação limitada e podem não emitir mandos (i.e., solicitar) informações (Marion *et al.*, 2012; Smith, 2001). Como resultado, essas crianças podem não adquirir habilidades para explorar, brincar, imitar e falar da mesma forma que seus pares em desenvolvimento típico. Os analistas do comportamento geralmente utilizam treinamento de tentativas discretas para ensinar a essas crianças habilidades sociais, de comunicação e de autoajuda importantes (p. ex., Valentino, LeBlanc, Veazey, Weaver & Raetz, 2019). O treinamento de tentativa discreta inclui o ensino de habilidades de maneira isolada; solicitar, orientar e reforçar a resposta correta; e realizar muitos testes de aprendizagem por sessão.

Uma vez que um aluno possa executar uma habilidade com precisão sendo assistido, o professor retira ou gradualmente desvanece a assistência, para transferir o controle para o estímulo discriminativo. Os procedimentos para o desvanecimento sistemático dos estímulos podem envolver a retirada intermitente ou a redução gradual de sua intensidade, o aumento da latência para sua apresentação ou o uso de estímulos progressivamente menos intrusivos (Cengher, Budd, Farrell & Fienup, 2018; Wolery *et al.*, 1988). Uma preocupação estratégica durante a aquisição é como desvanecer ou retirar estímulos de forma a manter a resposta correta (Cividini-Motta & Ahearn, 2013). Em geral, os professores abordam essa preocupação medindo respostas corretas e erros em cada nível de estímulo e alterando a intrusividade do estímulo com base nos dados de desempenho resultantes. Por exemplo, se a precisão é alta quando o professor fornece assistência, então pode ser preciso reduzir a assistência para promover uma resposta independente. Se a precisão for baixa, sem melhora ao longo do tempo, o aluno pode precisar de mais assistência, ou o professor deve ensinar a habilidade usando materiais mais fáceis (Wolery *et al.*, 1988). Se houver apenas erros, o professor pode precisar ensinar habilidades de pré-requisito ou componentes antes de continuar. Em contrapartida, se a precisão é alta e estável na ausência de assistência, então o professor pode precisar reestruturar a situação de treinamento para criar fluência.

Fluência

Uma vez que o aluno tenha atingido o critério desejado de precisão, de responder com o treinamento de tentativa discreta (p. ex., 90% de tentativas corretas em três sessões consecutivas), o treinamento muda para a construção da fluência. Binder (1996) definiu *fluência* como "a combinação fluída de precisão mais velocidade que caracteriza o desempenho competente" (p. 164). Em virtude de sua ênfase na taxa de resposta, a construção da fluência requer arranjos de treinamento de operantes livres em vez de discretos (Johnson & Layng, 1996). Em um arranjo de operante livre, o professor dá aos alunos materiais de estímulo suficientes, como uma planilha de 30 problemas de adição, para que eles pratiquem sequências de desempenho cronometradas durante as quais eles têm liberdade para emitir quantas respostas quiserem. Durante as sequências de desempenho de operantes livres, a taxa de respostas precisas, como palavras lidas corretamente por minuto, substitui a porcentagem de tentativas corretas como medida do desempenho do aluno. Uma característica fundamental da construção da fluência é o reforçamento diferencial de um desempenho cada vez mais eficiente e fluente, o que fortalece o controle dos estímulos. Pesquisas têm sugerido que a prática de habilidades produtivas deve incluir (1) tarefas, materiais ou ambos, aos quais o aluno possa responder com alta precisão e com o mínimo de assistência (i.e., materiais instrucionalmente combinados); (2) oportunidades de prática breves e repetidas com *feedback* e reforço; (3) monitoramento e mapeamento do desempenho; e (4) critérios de desempenho para aumentar a dificuldade do material (Daly *et al.*, 2007).

Uma preocupação estratégica com a construção da fluência, que envolve a exposição a material que aumenta a dificuldade, é exatamente onde iniciar a prática em uma sequência curricular verticalmente vinculada. Dependendo da habilidade, o professor pode determinar o ponto de partida quando o aluno atinge um critério de fluência com material mais fácil, como leitura de passagens (Daly, Martens, Kilmer & Massie, 1996), ou material que difere na proporção de itens conhecidos e desconhecidos, como o treinamento em uma lista de palavras (MacQuarrie, Tucker, Burns & Hartman, 2002). Como exemplo, Martens *et al.* (2007) avaliaram os efeitos de um programa de leitura pós-escolar baseado em fluência com 15 alunos de segunda e terceira séries com baixo desempenho. O currículo incluía quatro passagens em cada um dos seis níveis de série, sequenciadas por dificuldade dentro e entre as séries. Os pesquisadores exigiram que os alunos atendessem a um critério de retenção de leitura correta de 100 palavras por minuto na ausência de prática 2 dias após o treinamento para avançar para uma passagem mais difícil no currículo. O treinamento ocorreu 3 vezes por semana e consistiu na correção de erros de frase para palavras perdidas no pré-teste, escuta de uma prévia da passagem e três leituras repetidas da passagem. Componentes adicionais do programa incluíram definição de metas, gráficos e reforço de fichas para atender ao critério de fluência. Os resultados mostraram que, após o equivalente a 5 semanas e meia de treinamento, as crianças avançaram entre dois e três níveis de série, em média, na dificuldade de passagens que conseguiam ler acima do critério de retenção. Os pesquisadores também observaram ganhos significativos pré e pós-intervenção para crianças em cada nível de série em passagens de generalização não treinadas.

Manutenção e generalização

Uma vez que o aluno atinja um nível desejado de fluência durante execuções relativamente breves, como 2 minutos de computação matemática ou 1 minuto de leitura oral, o professor pode fortalecer ainda mais o desempenho modificando as condições de treinamento para se aproximar mais do ambiente natural. A progressão da construção da fluência para a manutenção e a generalização envolve o fortalecimento do controle de estímulos e a programação da diversidade de estímulos. O professor fortalece o controle do estímulo por meio do reforçamento diferencial de respostas corretas e, em seguida, de respostas rápidas aos estímulos discriminativos (como números de dois dígitos e o sinal de multiplicação), ao longo do tempo e sob muitas condições de estímulo (como sozinho com o instrutor, em sala de aula durante um exercício em grupo ou em casa para a lição de casa). O professor também programa a diversidade de estímulos variando de maneira sistemática as características dos estímulos discriminativos (como apresentar problemas de cálculo matemático de forma vertical em planilhas ou horizontalmente em problemas de história).

Um pressuposto básico dos modelos de resposta à intervenção é que os alunos mostrarão diferenças individuais ao se beneficiarem de ensaios instrucionais. Pesquisas têm mostrado que, para alguns alunos, a firmeza da resposta após a intervenção aumentará o suficiente para produzir fluência de leitura oral generalizada (Daly, Martens *et al.*, 1996), já para outros isso pode não acontecer (p. ex., Daly, Martens, Hamler, Dool & Eckert, 1999). A generalização é um resultado importante da intervenção e muitas vezes requer programação explícita (Stokes & Baer, 1977). Os pesquisadores avaliaram diversas estratégias para promover a fluência generalizada de leitura oral, que incluem treinar de forma vaga com várias passagens com pouca sobreposição de palavras; treinamento com estímulos comuns, como passagens com muita sobreposição de palavras ou rimas codificadas por cores; treinamento com passagens contendo múltiplos exemplares de palavras-chave ou frequentes; treinamento para objetivos de fluência funcional, como 100 palavras lidas corretamente por minuto; e treinamento em habilidades amplamente aplicáveis, como a mistura de fonemas (Ardoin, McCall & Klubnik, 2007; Bonfiglio, Daly, Martens, Lan-Hsiang & Corsaut, 2004; Daly, Chafouleas, Persampieri, Bonfiglio & LaFleur, 2004; Daly, Martens *et al.*, 1996; Martens *et al.*, 2007; Martens, Werder, Hier & Koenig, 2013; Martens *et al.*, 2019; Mesmer *et al.*, 2010).

Com relação à construção da fluência, surgem três questões: (1) qual taxa de desempenho devemos exigir para promover a manutenção e a generalização de uma habilidade; (2) como devemos projetar atividades de construção de fluência para habilidades mais complexas ou compostas; e (3) como devemos providenciar reforço para apoiar a prática ao longo do tempo? Os defensores do ensino de precisão adotaram e, posteriormente, abandonaram três *abordagens referenciadas por normas* para responder à primeira pergunta. Tais abordagens incluíram comparações com pares típicos, pares competentes e adultos competentes (Johnson & Layng, 1996). Os objetivos de fluência referenciados por normas eram problemáticos porque nem sempre previam a generalização – desempenho fluente ao longo do tempo em diferentes circunstâncias, com materiais diferentes ou em tarefas mais complexas (Binder, 1996). Como resultado, os pesquisadores desenvolveram objetivos de fluência *funcionais*, indicando níveis de desempenho acima dos quais os alunos teriam probabilidade de manter a fluência sob condições de prática mais exigentes. Resumidos pela sigla RESAA, os pesquisadores têm utilizado esses objetivos para prever a *retenção* (*retention*) na ausência da prática; *resistência* (*endurance*) em sequências de desempenho mais longas; *estabilidade* (*stability*) diante da distração; *aplicação* (*application*) a tarefas mais complexas; e *adução* (*adduction*), o surgimento espontâneo de novas formas de habilidade (Johnson & Layng, 1996). Por exemplo, McDowell e Keenan (2001) treinaram um menino de 9 anos com transtorno de déficit de atenção/hiperatividade (TDAH) para dizer fonemas exibidos em cartões de memorização com níveis crescentes de fluência. Antes que o desempenho atingisse uma meta de fluência de 60-80 sons corretos por minuto, as sondagens de resistência mostraram redução na fluência e no comportamento durante a tarefa. O menino manteve o comportamento na tarefa e a fluência em níveis elevados após atingir o objetivo da fluência.

Com relação à segunda questão, uma implicação da hierarquia de aprendizagem/instrucional é que os alunos devem praticar habilidades de pré-requisito ou componentes para altos níveis de fluência antes que os professores exijam que esses alunos as combinem em habilidades mais complexas ou compostas (Binder, 1996). Isso pode ser relativamente fácil de realizar quando um professor está treinando habilidades simples ou básicas na primeira vez que aparecem em uma sequência curricular, se o professor puder dar tempo suficiente para a prática no dia da instrução. Contudo, para construir fluência em habilidades mais complexas, a situação se torna mais desafiadora. Considere a fluência de leitura oral, por exemplo. Mesmo após o professor ter identificado um ponto de partida para a construção da fluência no currículo, déficits em uma ou mais habilidades componentes podem atenuar os efeitos da prática e do reforço com texto conectado. Por exemplo, o professor pode identificar um ponto de partida, como passagens do final da primeira série para um aluno da terceira com dificuldades significativas de leitura, mas os problemas do aluno com a visão, o vocabulário de palavras e a decodificação podem impedi-lo de alcançar a fluência. Nesse caso, o professor pode precisar fornecer treinamento em nível de fluência ou mesmo de aquisição de maneira isolada sobre as habilidades do componente deficiente, com oportunidades de praticar a habilidade composta. Pesquisas têm mostrado que a disfluência cumulativa é "talvez o fator isolado mais importante no fracasso de longo prazo do aluno" (Binder, 1996, p. 184), e a fluência cumulativa acelera o processo de aprendizagem e até leva ao surgimento espontâneo de novas habilidades, como discutiremos na próxima seção.

Pesquisas anteriores mostraram que os professores podem manter altas taxas de desempenho acadêmico utilizando esquemas intermitentes de razão fixa para apoiar a prática (McGinnis, Friman & Carlyon, 1999), esquemas de razão múltipla, em que a magnitude do reforço aumenta de forma progressiva à medida que a taxa de conclusão aumenta (Lovitt & Esveldt, 1970), e até esquemas de loteria, em que as chances de reforço podem ser tão baixas quanto 50% (Martens *et al.*, 2002). Evidências preliminares também sugerem que os alunos podem preferir diferentes contingências de reforço à medida que aumentam sua proficiência nas habilidades. Por exemplo, Lannie e Martens (2004) deram aos alunos a oportunidade de completar dois conjuntos de problemas de matemática, ambos fáceis ou ambos difíceis. A conclusão dos problemas de cada conjunto produziu uma contingência de reforço diferente. Os alunos podem ganhar reforços pelo comportamento na tarefa em intervalos específicos enquanto trabalham em um conjunto de problemas ou pelo número de problemas concluídos corretamente do outro conjunto. Os alunos do estudo escolheram um reforço para o tempo na tarefa quando trabalhavam com problemas difíceis, mas mudaram para reforço para o número de problemas completados de modo correto ao trabalhar com problemas fáceis, pois essa contingência maximizava a quantidade de reforço por sessão.

A função e a análise de repertórios de resposta generativa

Como sugerido na seção anterior, a resposta do aluno em uma sala de aula deve ser muito previsível para qualquer pessoa familiarizada com o currículo. Em um currículo bem sequenciado, as demandas de resposta serão repetitivas para muitos dos repertórios comportamentais ensinados no início do currículo, como leitura de texto ou cálculos básicos de matemática, à medida que os professores os incorporam em repertórios comportamentais cada vez mais complexos, presumivelmente preparando os alunos para a vida além da sala de aula (p. ex., para elaborar relatórios). Embora as demandas de resposta possam ser previsíveis, os estímulos acadêmicos que as ocasionam estão continuamente mudando à medida que o tempo, os exemplos e os cenários mudam. Algumas dessas mudanças de estímulo ocorrem de forma natural, mas o professor deverá programá-las.

No entanto, uma limitação que os professores enfrentam é que eles não podem ensinar todas as relações estímulo-resposta possíveis enquanto preparam os alunos para o comportamento acadêmico futuro. A conceituação de Alessi (1987) sobre a tarefa do professor é mais perspicaz para compreender como promover e analisar a generalização da resposta acadêmica. Uma abordagem econômica e eficiente para o ensino é treinar *repertórios de resposta generativa*, que permitem que os alunos respondam e até combinem respostas treinadas de novas maneiras para diferentes configurações de estímulos e demandas de tarefas. Esses repertórios de resposta são generativos no sentido de que um aluno agora é capaz de aplicar respostas já aprendidas de maneiras que um professor não instruiu. Esses repertórios de resposta também podem ser *recombinativos* na medida em que o aluno pode combinar respostas de maneiras novas, gerando assim um novo repertório de respostas. Os resultados são repertórios comportamentais novos e mais sofisticados, para responder de modo adaptável a diferentes condições de estímulo. Portanto, o professor deve se esforçar para ensinar um conjunto generativo de respostas como um subconjunto de todas as respostas possíveis (o conjunto universal de todas as combinações de estímulo-resposta possíveis para a classe de resposta). As respostas treinadas são generativas e funcionais se contribuírem para a capacidade do aluno de responder de modo adequado na presença de estímulos não ensinados. Após o professor colocar a resposta do aluno sob controle de estímulo para o conjunto generativo, a generalização do estímulo prossegue até que o aluno atinja um limiar de resposta com o conjunto generativo que se correlaciona com o aumento da resposta correta para itens do conjunto universal. O professor realiza a mensuração com o conjunto de respostas generativas para avaliar o domínio e com amostras do conjunto universal para avaliar a generalização (Alessi, 1987).

Repertórios generativos na fluência em leitura oral

Essa conceituação de generalização talvez seja a mais apropriada para as habilidades acadêmicas básicas que servem de base para todas as outras habilidades em um currículo. A fluência na leitura oral e a mistura de fonemas são exemplos de habilidades acadêmicas básicas que ganharam destaque na comunidade educacional em geral. Documentos confiáveis como relatórios do National Reading Panel (2000) e do National Research Council (Snow, Burns & Griffin, 1998) estabeleceram seu papel crítico no desenvolvimento da leitura. No caso da fluência de leitura oral, a leitura de palavras do aluno deve estar sob o controle do estímulo do texto, que consiste em configurações variadas de letras separadas por espaços e sinais de pontuação. Essas letras, é claro, são organizadas em palavras que ele deve ler ou decodificar com rapidez para entender ou fornecer um relato verbal do conteúdo do texto. As palavras aparecem em diferentes ordens nos textos, com as convenções gramaticais restringindo um pouco a ordem, e o aluno deve ser capaz de ler palavras de maneira fluente em todos os textos para a leitura funcional de palavras. O currículo define o conjunto gerador de repertórios de respostas, e o professor aplica diferentes estratégias para colocar a resposta do aluno sob o controle de textos, que se tornam progressivamente difíceis ao longo do currículo. Se o professor simplesmente mede o desempenho do aluno nos textos instrucionais, ele não sabe se a resposta por palavras instruídas ocorrerá em outros textos que contenham as mesmas palavras. Se o aluno não conseguir generalizar a leitura de palavras para outros textos, a leitura não se tornará uma habilidade funcional para outras tarefas que o aluno precisará realizar (p. ex., ler para se preparar para uma prova de história).

Pesquisadores analisaram a generalização da leitura de palavras manipulando a sobreposição de palavras em duas passagens e medindo a resposta dos alunos (Daly, Martens *et al.*, 1996; Martens *et al.*, 2019). Duas passagens têm *alta sobreposição de palavras* se muitas das mesmas palavras aparecem nas duas passagens, mas as histórias são diferentes e as palavras estão em uma ordem diferente (Daly, Martens *et al.*, 1996). A manipulação da sobreposição de palavras entre textos pode facilitar a mensuração da fluência generalizada de leitura oral. Por exemplo, Daly, Martens *et al.* (1996) encontraram maior generalização para instrução em passagens com alta sobreposição de palavras do que em passagens com baixa sobreposição de palavras, com o mesmo nível de dificuldade. A sobreposição de palavras interagiu com o nível de dificuldade, de modo que foram observados maiores ganhos para os materiais mais fáceis do que para os mais difíceis.

Pesquisadores analisaram a fluência de leitura generalizada com base na sobreposição de palavras para identificar intervenções de leitura potencialmente eficazes por meio de breves análises experimentais breves (Daly, Bonfiglio, Mattson, Persampieri & Foreman-Yates, 2005; Daly *et al.*, 1999). Por exemplo, Daly, Persampieri, McCurdy e Gortmaker (2005) realizaram breves análises experimentais utilizando um delineamento experimental de sujeito único para avaliar se os déficits de leitura de dois alunos eram baseados em habilidades, desempenho ou ambos. Eles usaram os resultados de tais análises para identificar intervenções individualizadas. Uma intervenção foi uma estratégia instrucional que incluiu leituras repetidas, escuta prévia de passagens, correção de erros de leitura de frase e correção de erro de separação de sílabas. A outra intervenção foi uma contingência de reforço. Inicialmente, eles combinaram a estratégia instrucional e as condições de reforço em um pacote de intervenção e alternaram o pacote de intervenção com uma condição de controle. Em seguida, compararam os efeitos das intervenções individuais de maneira isolada, alternando a estratégia instrucional e a condição de reforço. Por fim, compararam o pacote de intervenção com a intervenção individual que produziu o maior nível de resposta quando avaliaram os efeitos da estratégia instrucional e as condições de reforço isoladamente. Nesse tipo de análise experimental breve, um analista do comportamento compara o desempenho em passagens com alta sobreposição de palavras com passagens do mesmo nível de dificuldade e baixa sobreposição de palavras, avaliando as diferenças entre as intervenções. Passagens com baixa sobreposição de palavras servem como controles para o nível de dificuldade e variáveis estranhas que podem afetar a resposta ao longo do tempo. A avaliação da fluência na leitura oral é suficientemente sensível para detectar diferenças durante condições de alternância rápida. As intervenções resultantes são mais robustas e mais propensas a causar melhorias generalizadas ao longo do tempo, pois a análise é uma medida direta da resposta generalizada (Daly, Persampieri *et al.*, 2005).

Daly, Persampieri *et al.* (2005) utilizaram os resultados da análise experimental breve para identificar a intervenção mais eficiente que produziu o maior nível de resposta. A contingência de reforço foi mais eficaz para um aluno. A intervenção que combinou estratégias instrucionais com a contingência de reforço foi mais eficaz para o segundo aluno. Os pesquisadores ensinaram os alunos a autogerenciar a intervenção de leitura e mediram de forma correta as palavras lidas por minuto durante o monitoramento contínuo do desempenho deles. Ambos os alunos demonstraram melhora substancial na fluência de leitura oral em uma série de leitura independente.

A análise conceitual prévia da resposta generativa sugere que a leitura de palavras deve generalizar não apenas para configurações não ensinadas de palavras instruídas, como as mesmas palavras em textos novos, mas também para palavras não ensinadas. O conjunto universal de palavras deve incluir todas as palavras que possam aparecer em textos com a dificuldade apropriada para determinado nível do currículo (p. ex., primeira série *versus* segunda). Muitas dessas palavras podem não compartilhar propriedades de estímulo com o conjunto gerador. No entanto, os alunos devem ser capazes de lê-las. Os professores podem experimentar esse conjunto utilizando passagens com o mesmo nível de dificuldade, mas com baixa sobreposição de palavras. Por exemplo, Daly, Persampieri *et al.* (2005) utilizaram uma série de leitura para mensuração ao longo do tempo e uma série independente para instrução. Eles usaram o conjunto universal para avaliar a eficácia das intervenções instrucionais derivadas empiricamente, o que permitiu conclusões subsequentes sobre a generalização da fluência de leitura de palavras para materiais de leitura não ensinados.

Gortmaker, Daly, McCurdy, Persampieri e Hergenrader (2007) utilizaram uma breve análise experimental para identificar potenciais intervenções de tutoria parental para três alunos com dificuldades de aprendizagem. Durante tal análise, os pesquisadores apresentaram passagens de alta e baixa sobreposição de palavras em relação às passagens de intervenção em um delineamento de múltipla sondagem e em um delineamento de múltiplos participantes na linha de base, respectivamente. Os resultados da análise identificaram intervenções de leitura que os pais utilizariam. Melhorias em função da tutoria parental em passagens com alta e baixa sobreposição de palavras validaram a eficácia da intervenção de tutoria. A intervenção melhorou a fluência de leitura generalizada dos alunos para palavras instruídas em uma nova ordem (medida pelo desempenho nas passagens com alta sobreposição de palavras) e para palavras não instruídas em textos novos (medida em passagens com baixa sobreposição de palavras).

Repertórios generativos em consciência fonológica

A capacidade de manipular sons em palavras é uma habilidade ainda mais básica do que a leitura de palavras. A mistura de fonemas (as unidades básicas da fala) para formar palavras é fundamental para o sucesso de um aluno em se tornar um leitor (National Reading Panel, 2000). Déficits experienciais na mistura de fonemas colocam os alunos em risco significativo para classificação como tendo dificuldade de aprendizagem (Vellutino, Scanlon & Tanzman, 1998). Como um pré-requisito para a leitura de palavras, a habilidade de um aluno de misturar sons para formar palavras em resposta a estímulos textuais é muito generalizável quando ele atinge a proficiência. A combinação de respostas permite que o aluno leia uma palavra que não conseguiu ler antes. A mistura de fonemas é um excelente exemplo de repertório recombinativo de resposta generativa, pois os alunos devem combinar sons baseados em estímulos textuais como base para se tornarem bons leitores. Podemos pensar na resposta fonêmica como um *repertório de resposta mínima* (Alessi, 1987; Skinner, 1957), pois (1) há uma correspondência ponto a ponto entre o estímulo textual e a resposta, e (2) a resposta verbal é a menor resposta sob o controle do estímulo da exibição textual.

Daly *et al.* (2004) demonstraram a superioridade de trazer fonemas *versus* palavras inteiras sob controle de estímulos para melhorar a leitura generalizada de palavras. Nesse estudo, eles compararam duas condições que equipararam em relação a oportunidades de resposta, reforçamento diferencial e grau de sobreposição de fonemas entre palavras treinadas e de generalização. Eles tornaram indiscriminadas as oportunidades de avaliação e de reforço entre as condições, de modo que os alunos não podiam associar palavras a uma condição. A diferença crítica entre as duas condições foi o tamanho da resposta que os pesquisadores trouxeram sob controle de estímulo. Eles treinaram fonemas na condição de mistura de fonemas e palavras visuais na condição de visão-leitura de palavras. Eles reorganizaram as letras correspondentes aos fonemas em palavras desconhecidas para medir a generalização em ambas as condições. Desse modo, os pesquisadores treinaram os alunos a ler uma variante sem sentido de cada palavra desconhecida que continha os mesmos fonemas. Os alunos dominaram muito mais palavras na condição de mistura de fonemas do que na condição de visão-leitura de palavras. Esse método de medir a generalização para a mistura de fonemas representa um ponto de partida sólido para a elaboração de futuras análises experimentais de como esses repertórios de resposta mínima podem, em última análise, permitir que o aluno leia e compreenda o texto conectado.

Programas instrucionais acadêmicos baseados nos princípios da análise do comportamento

As aplicações da análise do comportamento em programas e intervenções instrucionais acadêmicas eficazes são de longo alcance, e uma discussão de cada programa ou intervenção que integra elementos da instrução comportamental está fora do escopo deste capítulo. Na verdade, muitos criadores de programas e educadores em geral podem não ver um programa ou intervenção como derivado analítico-comportamental, mesmo que integre princípios comportamentais. Em vez disso, a maioria dos educadores e pesquisadores da educação geralmente discute práticas instrucionais eficazes como práticas baseadas em evidências, seja de forma científica ou com base na pesquisa (p. ex., Brownell, Smith, Crockett & Griffin, 2012; National Reading Panel, 2000; Wood & Blanton, 2009), em vez de atribuir essas práticas a determinado paradigma educacional ou psicológico. Claramente, no entanto, muitas práticas que os educadores descrevem como baseadas em evidências incorporam diversos elementos-chave de um paradigma analítico-comportamental; assim, poderíamos considerá-las como encaixando-se em um quadro geral de instrução comportamental.

Para ilustrar, evidências de pesquisa pelo menos nos últimos 20 anos têm exigido instrução sistemática e explícita em fonética nos níveis das séries iniciais, sobretudo para crianças com risco de desenvolver dificuldades de leitura posteriores (Archer & Hughes, 2011; National Reading Panel, 2000). Programas de leitura como o Open Court Reading (Adams *et al.*, 2005) e o Sound Partners (Vadasy *et al.*, 2000) são dois exemplos que fornecem tal instrução. Embora os pesquisadores não tenham desenvolvido tais programas apenas a partir de princípios analítico-comportamentais, muitos elementos-chave desses programas, como instrução explícita, estímulos sistemáticos e oportunidades frequentes de resposta, sem dúvida mapeiam as características da instrução de habilidades comportamentais. Descrevemos três exemplos que combinam técnicas comportamentais com programas instrucionais abrangentes, currículos, modelos ou sistemas projetados para melhorar as habilidades acadêmicas dos alunos. Discutimos a efetividade de cada programa e fornecemos estimativas sobre a formação e o uso deles pelos educadores.

Helping Early Literacy with Practice Strategies

A Helping Early Literacy with Practice Strategies (HELPS, Ajudando a Alfabetização Precoce com Estratégias de Prática) oferece dois programas de leitura estruturados e especificamente projetados para melhorar a fluência de leitura dos alunos. Os professores podem implementar os programas em contexto individual (Begeny, 2009) ou em pequenos grupos (Begeny, Ross, Greene, Mitchell & Whitehouse, 2012), e os materiais estão atualmente disponíveis em inglês e espanhol. Os programas HELPS integram cada uma das cinco características listadas no início deste capítulo que são mais relevantes para abordagens comportamentais de instrução, e incluem ferramentas específicas para monitorar e promover forte fidelidade de implementação. Os pesquisadores basearam os componentes instrucionais da HELPS em pesquisas existentes sobre instrução e intervenção da fluência de leitura (p. ex., Chard, Vaughn & Tyler, 2002; National Reading Panel, 2000; Morgan & Sideridis, 2006; Therrien, 2004), e o processo de desenvolvimento utilizou métodos iterativos e outros princípios de pesquisa baseada em projeto (p. ex., Anderson & Shattuck, 2012; Shernoff *et al.*, 2011). Os programas HELPS incluem leitura repetida de texto instrucionalmente apropriado, modelagem, correção de erros de leitura de frases, procedimentos de sinalização verbal para que os alunos leiam com fluência e para compreensão, estabelecimento de metas, *feedback* de desempenho com gráficos e um sistema de reforço motivacional.

A implementação de sessões HELPS requer 8 a 12 minutos cada. O programa inclui um manual do professor e um vídeo de treinamento *on-line*, com três protocolos primários para auxiliar os educadores na fidelidade de implementação: (1) um fluxograma que exibe visualmente cada componente instrucional e a sequência adequada; (2) instruções breves e roteirizadas que o educador fornece ao(s) aluno(s); e (3) uma folha de dicas e lembretes. O fluxograma e as instruções roteirizadas promovem uma forte fidelidade de implementação dos procedimentos principais, e a folha de dicas e lembretes auxilia o educador com a qualidade da implementação (p. ex., implementação de alta qualidade de cada procedimento principal e uso de comportamentos mais propensos a envolver e motivar cada aluno). Os programas HELPS também incluem uma série de 100 passagens de leitura sequenciadas de forma sistemática, uma avaliação de posicionamento para combinar as passagens curriculares com o nível de habilidade do aluno e outros materiais para ajudar os educadores a alcançar alta fidelidade de implementação.

As pesquisas mostram que o programa HELPS pode melhorar a fluência e a compreensão da leitura oral para muitas populações, incluindo leitores comuns, alunos com dificuldades ou deficiências de leitura e alunos aprendizes de língua inglesa quando um professor, um assistente de professor, um voluntário da escola ou um pai o implementa aproximadamente 3 vezes por semana (p. ex., Begeny, Braun *et al.*, 2012; Begeny *et al.*, 2010; Begeny, Mitchell, Whitehouse, Samuels & Stage, 2011; Begeny, Ross *et al.*, 2012; Mitchell & Begeny, 2014). A pesquisa também apoia a fidelidade de implementação (Begeny, Easton, Upright, Tunstall & Ehrenbock, 2014; Begeny, Upright, Easton, Ehrenbock & Tunstall, 2013) e os materiais de monitoramento do progresso (Begeny *et al.*, 2015) que complementam ou são incorporados diretamente aos procedimentos de implementação do programa HELPS.

Direct Instruction

Como o caso dos programas Open Court Reading e Sound Partners, já mencionados, os pesquisadores que desenvolveram o Direct Instruction (Instrução Direta) não o basearam especificamente em princípios da análise do comportamental, embora essa abordagem da instrução claramente se enquadre em uma estrutura comportamental (Becker, 1992; Fredrick, Deitz, Bryceland & Hummel, 2000). Segundo Becker (1992), o Direct Instruction é "uma abordagem sistemática para a concepção e a entrega de uma série de procedimentos para a construção e a manutenção de habilidades cognitivas básicas" (p. 71). De modo específico, o Direct Instruction é um currículo instrucional baseado em habilidades, no qual os professores promovem o desenvolvimento sequencial das competências dos alunos seguindo rotinas instrucionais roteirizadas (Becker, 1992; Gersten *et al.*, 1984). Em geral, os professores utilizam instrução em pequenos grupos e estratégias instrucionais, como modelagem, e reforço positivo, como elogios, para respostas precisas. Além disso, as aulas do Direct Instruction garantem que os professores permitam que os alunos obtenham prática suficiente com material direcionado e recebam oportunidades frequentes de responder com *feedback* corretivo.

No Project Follow Through, um dos maiores experimentos educacionais já realizados, o Direct Instruction foi um dos diversos programas instrucionais usados de forma independente com milhares de alunos representando vários níveis socioeconômicos e etnias nos Estados Unidos. Esse projeto em grande escala teve como objetivo avaliar cada programa comparando os escores pré e pós-teste em várias medidas com um grupo-controle semelhante (ver revisão detalhada desse estudo em Watkins, 1997). Embora o Project Follow Through tenha apresentado limitações importantes, como uso inconsistente de elementos de delineamento experimental, a análise dos dados sugeriu que os alunos que receberam Direct Instruction tiveram melhor desempenho do que os que receberam qualquer outro programa instrucional nas medidas de habilidades básicas, de compreensão e medidas afetivas, como autoestima (Becker, 1992; Watkins, 1997). Adams e Engelmann (1996) conduziram posteriormente uma revisão metanalítica de 37 estudos que avaliaram a eficácia do Direct Instruction após a conclusão do Project Follow Through. Os autores relataram que "as intervenções do Direct Instruction têm demonstrado produzir desempenho superior com alunos regulares da educação infantil, da fundamental e da secundária, alunos de educação especial e adultos. O Direct Instruction também produziu resultados superiores com diversas populações minoritárias, incluindo os que não falam inglês" (p. 3).

Uma revisão mais recente do Direct Instruction pela What Works Clearinghouse (WWC), do Instituto de Educação dos Estados Unidos, encontrou apenas dois estudos que atenderam aos seus *padrões de evidência* (i.e., seus padrões de metodologia de pesquisa) para análise. A WWC relatou que um estudo de Direct Instruction não teve "efeitos discerníveis sobre linguagem oral, conhecimento de impressão, cognição e habilidades matemáticas de alunos de educação especial" (WWC, 2007), e que o outro estudo, uma revisão do Reading Mastery do currículo de Direct Instruction, teve "efeitos potencialmente positivos no desempenho de leitura de alunos de língua inglesa" (WWC, 2006). Mais adiante, descrevemos o uso e o treinamento dos educadores em Direct Instruction.

Morningside Model of Generative Instruction

O Morningside Model of Generative Instruction (Modelo Morningside de Instrução Generativa, Johnson & Street, 2004, 2012, 2013) é um modelo instrucional desenvolvido a partir do trabalho de Johnson e seus colaboradores na Morningside Academy em Seattle, Washington. Fundada por Kent Johnson em 1980, a Morningside Academy oferece educação escolar para alunos dos ensinos fundamental e médio que não tiveram sucesso acadêmico em suas escolas anteriores. Os principais componentes instrucionais da Morningside Academy incluem (1) grupos de alunos conforme seus repertórios de entrada e níveis de desempenho instrucional; (2) um currículo cuidadosamente sequenciado de habilidades acadêmicas fundamentais componentes e compostas (leitura, escrita, matemática, raciocínio e resolução de problemas); (3) instrução explícita e direta em componentes; e (4) mensuração diária do desempenho, com foco na construção da fluência em cada uma das habilidades descritas na sequência instrucional (Johnson & Street, 2013). O Morningside Model of Generative Instruction "depende da crença de que repertórios comportamentais complexos surgem sem instrução explícita quando repertórios de componentes bem selecionados são sequenciados de forma adequada, cuidadosamente instruídos e bem ensaiados" (Johnson & Street, 2004, p. 26). Em outras palavras, o Morningside Model of Generative Instruction busca explicitamente construir repertórios de resposta generativa por meio de sequenciamento instrucional apropriado, práticas instrucionais eficazes e domínio de habilidades pelos alunos.

Embora a realização de pesquisas rigidamente controladas sobre seus programas educacionais não seja um objetivo importante da Morningside Academy, os educadores rotineiramente coletam dados pré e pós-resultado sobre o pacote instrucional, incluindo a implementação do Morningside Model of Generative Instruction em 128 escolas parceiras e distritos escolares nos Estados Unidos e no Canadá. A coleta de dados varia de medidas referenciadas por critérios diários a testes anuais referenciados por normas. Dados coletados ao longo de

35 anos na Morningside Academy e suas escolas parceiras demonstram que seu modelo educacional é eficaz, sobretudo em comparação com programas educacionais típicos. Por exemplo, em uma escola pública rural na Colúmbia Britânica que implementou o modelo Morningside de instrução generativa, a porcentagem de alunos com desempenho no nível de sua série na escrita aumentou de 39 para 80% em 9 meses. Em uma escola separada na Colúmbia Britânica, o número de alunos lendo na faixa abaixo da média diminuiu 24% em 1 ano letivo, e o número de alunos lendo na faixa acima da média aumentou em 35%. Johnson e Street (2004, 2012) descreveram resultados semelhantes em cada uma das principais áreas acadêmicas e em diversos níveis de ensino e tipos de escola (p. ex., rural, urbana).

Formação de professores e uso de práticas e programas de instrução comportamental

Algumas publicações oferecem informações sobre os níveis de treinamento e o uso de práticas de instrução comportamental por educadores. Na década de 1990, diversos autores observaram que a maioria dos professores não utilizava tais práticas, sobretudo os educadores em salas de aula do ensino regular (p. ex., Axelrod, 1996; Binder, 1991; Fredrick *et al.*, 2000; Hall, 1991). Os dados já apresentados sobre HELPS, Direct Instruction e Morningside Model of Generative Instruction sugerem que pelo menos alguns programas orientados para o comportamento são amplamente utilizados, estão incluídos no desenvolvimento profissional ou alguma combinação destes. Além disso, dois estudos mais recentes abordaram o tema por meio de pesquisas.

Begeny e Martens (2006) solicitaram aos professores de mestrado em formação dos ensinos fundamental e médio, e educação especial que estimassem o quanto de curso e treinamento aplicado eles receberam em diversas práticas de instrução e mensuração comportamental durante suas formações de graduação e de pós-graduação. Os resultados indicaram que os alunos de cada tipo de programa de graduação receberam pouco ou nenhum curso ou treinamento aplicado na maioria das práticas instrucionais listadas pela pesquisa (p. ex., estímulo, modelagem, desvanecimento). Além disso, a formação dos professores em práticas de avaliação comportamental (como o uso de gráficos para tomar decisões instrucionais) e programas instrucionais (como o Direct Instruction) foi especialmente baixa, mesmo para educadores especiais.

Alguns anos depois, Burns e Ysseldyke (2009) pesquisaram com professores de educação especial (N = 174) e psicólogos escolares (N = 333) sobre o uso de oito diferentes práticas baseadas em evidências com efeitos pequenos, médios e grandes em pesquisas metanalíticas. Os educadores especiais utilizaram uma escala tipo Likert de 5 pontos para avaliar a frequência com que utilizavam cada prática. Os pesquisadores entrevistaram psicólogos escolares porque eles trabalham em estreita colaboração com educadores especiais e puderam oferecer observações sobre o uso que os professores fazem, na pesquisa, das oito práticas baseadas em evidências. Dessa forma, a pesquisa pediu aos psicólogos educacionais que classificassem as práticas pela frequência com que observavam as práticas em sala de aula para alunos com deficiências. Os resultados mostraram que a maioria dos professores de educação especial relatou utilizar a análise do comportamento aplicada (ABA, *applied behavior analysis*) quase todos os dias (55% dos entrevistados) ou pelo menos 1 vez por semana (16%). Além disso, 83% relataram usar instrução direta (a abordagem geral, e não o programa específico de Direct Instruction) quase todos os dias. Os psicólogos educacionais indicaram que observaram a instrução direta com a maior frequência das oito práticas da pesquisa, e classificaram a ABA em quinto lugar.

Essas descobertas sugerem que há pelo menos algumas evidências de que as práticas de instrução comportamental são prevalentes em muitas salas de aula dos Estados Unidos. Como o referido país e as políticas do estado enfatizaram o uso de práticas baseadas em evidências, das quais muitas integram características centrais consistentes com a ciência da ABA, o uso continuado ou mesmo mais difundido e o treinamento em práticas de instrução comportamental em um futuro próximo parecem plausíveis.

Modelos de resposta à intervenção baseados na escola

Os modelos de resposta à intervenção estão se tornando mais prevalentes nas escolas atuais. A resposta à intervenção é um modelo de prevenção em diversas camadas, no qual o professor combina práticas baseadas em evidências com as necessidades instrucionais e comportamentais dos alunos (Ardoin, Wagner & Bangs, 2016). Esses modelos baseiam-se na noção de que os educadores podem ordenar a seriedade dos problemas dos alunos ao longo de um *continuum* e prestar serviços em níveis graduados (Tilly, 2008). Uma descrição abrangente da resposta à intervenção está fora do escopo deste capítulo; portanto, vamos discuti-la apenas a partir de uma perspectiva analítico-comportamental. Ao fazê-lo, descrevemos (1) as influências legislativas na resposta à intervenção, (2) as características fundamentais dos modelos de resposta à intervenção e

(3) o papel que os princípios e os procedimentos analíticos comportamentais desempenham na implementação da resposta à intervenção.

Influências legislativas

O No Child Left Behind Act de 2001 e o Individuals with Disabilities Education Improvement Act de 2004 levaram a reformas importantes na prática educacional norte-americana, enfatizando a mensuração do desempenho dos alunos para a tomada de decisões de alto risco (Reschly & Bergstrom, 2009). Várias disposições do No Child Left Behind Act têm ajudado no desenvolvimento e na implementação de respostas à intervenção (Burns & Gibbons, 2008). Dentre elas destacam-se (1) coleta e revisão frequentes de dados sobre o desempenho dos alunos, (2) uso de procedimentos instrucionais e de intervenção baseados em evidências e (3) ênfase na prevenção e na identificação precoce de problemas acadêmicos. Essas disposições levaram as escolas a se concentrarem nos resultados de aprendizagem dos alunos, coletando dados que os professores utilizam para tomar decisões educacionais (Tilly, 2008). De maneira mais notável, o No Child Left Behind Act tornou as escolas responsáveis pelo aprendizado dos alunos, criando contingências, como reforços e sanções, para os profissionais da educação pelos resultados dos alunos.

O Individuals with Disabilities Education Improvement Act de 2004 introduziu a resposta à intervenção como método alternativo para identificar alunos com dificuldades específicas de aprendizagem. Historicamente, uma discrepância entre a pontuação de um aluno em uma medida de capacidade cognitiva administrada de forma individual e o desempenho acadêmico identificava o aluno como tendo uma dificuldade de aprendizagem. Os educadores têm caracterizado essa abordagem como um modelo de *espera para reprovação*, pois a criança não recebe serviços até que seu nível de desempenho caia significativamente abaixo do de colegas da mesma série ou da mesma idade. Gresham (2009) sugeriu que o atraso nos serviços diminui sua efetividade. Além de vincular a resposta à intervenção com a classificação da deficiência, o Individuals with Disabilities Education Improvement Act promoveu o uso de intervenções e suportes comportamentais positivos nas escolas. Intervenções e suportes comportamentais positivos estão alinhados com a resposta à intervenção para prevenir problemas de comportamento, ensinando e reforçando comportamentos apropriados com intervenções baseadas em evidências que os professores aplicam de modo sistemático aos alunos, com base nos níveis de necessidade demonstrados pelos alunos (Sugai & Horner, 2009).

Características da resposta à intervenção

A resposta à intervenção é a prática de implementar instrução e intervenções baseadas em evidências, avaliar sistematicamente o progresso do aluno e alterar a instrução e a intervenção para se alinhar às necessidades dele (Buffman, Mattos & Webber, 2009; Burns & Gibbons, 2008; Sugai & Horner, 2009). Embora a estrutura recomendada de resposta à intervenção tenha variado um pouco na literatura, surgiu um consenso em torno de um modelo de três camadas (Burns, Deno & Jimerson, 2007) com seis características críticas (Fuchs & Fuchs, 1998; Fuchs *et al.*, 2002; Sugai & Horner, 2009):

1. As intervenções e a instrução são baseadas em evidências.
2. Os educadores combinam as intervenções com as necessidades dos alunos ao longo de um *continuum* graduado que aumenta em intensidade, frequência, duração e individualização.
3. Os educadores utilizam um protocolo padronizado de resolução de problemas para avaliação e tomada de decisão educacional.
4. Os educadores usam regras de decisão baseadas em dados para avaliar o progresso do aluno e alterar a instrução atual, a intervenção atual ou ambas.
5. Os educadores oferecem instrução e intervenções baseadas em evidências com alta fidelidade.
6. Existe um sistema para triar e identificar os alunos que não estão tendo progresso adequado.

Os educadores dão aos alunos instruções universais e estratégias de gestão comportamental que eles implementam com alta fidelidade no nível de prevenção, o Nível 1. Aproximadamente 10-20% dos alunos não responderão de forma adequada e precisarão de intervenção mais intensiva, dado o *continuum* de problemas dos alunos. Em geral, as escolas realizam *triagem universal* para (1) avaliar a eficácia da instrução e das intervenções no Nível 1, (2) identificar alunos com dificuldades, para que a escola possa fornecer serviços adicionais imediatamente e (3) estabelecer normas baseadas na escola, para ajudar na avaliação do desempenho dos alunos. A triagem universal envolve a avaliação das habilidades acadêmicas básicas dos alunos pelo menos 3 vezes por ano, utilizando sondagens-padrão semelhantes aos currículos (Buffman *et al.*, 2009; Burns & Gibbons, 2008; Erchul & Martens, 2010; Tilly, 2008). As escolas identificam e monitoram os alunos *em risco* que pontuam abaixo de um critério ou percentil em uma medida de triagem universal, para determinar se eles estão fazendo progresso adequado no Nível 1.

Normalmente, as escolas usam uma abordagem de *dupla discrepância* para determinar se um aluno está fazendo progresso adequado. Essa abordagem compara o *nível de desempenho* e a *taxa de progresso* do aluno com os dos colegas. Como exemplo, uma escola identificará um aluno como em risco se ele pontuar abaixo do percentil 25 na fluência de leitura oral durante a triagem universal. A escola deve, então, medir repetidamente as habilidades de leitura desse aluno ao longo do tempo. A escola rotulará o progresso dele como inadequado se ele continuar a pontuar abaixo de um critério e a exibir uma taxa de progresso significativamente inferior à dos colegas típicos (p. ex., Burns & Senesac, 2005).

Os alunos com progresso inadequado no Nível 1 recebem intervenções do Nível 2. Cerca de 5 a 15% da população estudantil precisará de intervenções de Nível 2 para complementar os suportes de Nível 1. Observe que os serviços do Nível 2 complementam em vez de substituir os suportes do 1. Em geral, os educadores combinam as intervenções de Nível 2 com problemas específicos dos alunos e as implementam em um formato de grupo pequeno com alta fidelidade. De forma ideal, esses pequenos grupos consistem em alunos com problemas ou necessidades educacionais semelhantes. Os educadores monitoram os alunos no Nível 2 pelo menos 1 vez por mês e usam novamente a abordagem de dupla discrepância para avaliar a eficácia da intervenção e determinar se um aluno precisa de intervenção mais individualizada, intervenção mais intensiva ou ambas. Os educadores removem as intervenções de Nível 2 quando as taxas de aquisição e de progresso de habilidades de um aluno se tornam iguais ou excedem as de seus pares (Buffman *et al.*, 2009; Burns & Gibbons, 2008; Erchul & Martens, 2010; Tilly, 2008).

Por fim, os educadores reservam intervenções de Nível 3 para alunos que mostram progresso inadequado no 2. Aproximadamente 5% da população estudantil receberá intervenções de Nível 3. Um educador geralmente as entrega em formato individual, com alta fidelidade e com maior intensidade, duração e frequência do que as intervenções de Nível 2. Novamente, as intervenções do Nível 3 complementam em vez de substituir o suporte do 1. Os educadores monitoram o progresso dos alunos semanalmente no Nível 3 e utilizam a abordagem de dupla discrepância. Os educadores retornam os alunos com progresso adequado no Nível 3 para o 1 ou o 2 e fornecem intervenções mais intensivas, ou fazem um encaminhamento para avaliação de educação especial para qualquer aluno que continue a mostrar progresso inadequado no Nível 3.

Análise do comportamento aplicada e implementação da resposta à intervenção

A resposta à intervenção e a ABA estão intimamente relacionadas, pois ambas enfatizam o comportamento do aluno, a modificação dos antecedentes e as consequências instrucionais, e a mensuração da mudança de comportamento quando os educadores manipulam essas variáveis de forma sistemática (Ardoin *et al.*, 2016). Basicamente, a ABA fornece uma estrutura na qual os educadores podem identificar comportamentos-alvo, desenvolver e combinar intervenções com esses comportamentos e avaliar essas intervenções medindo mudanças no comportamento (Martens & Ardoin, 2010). Nesta seção, descrevemos como educadores aplicam princípios da ABA no contexto de um modelo de resposta à intervenção nas escolas.

Ardoin *et al.* (2016) delinearam diversas considerações que os membros da equipe de apoio ao aluno devem ter ao selecionar comportamentos-alvo para determinado aluno. Primeiro, a equipe deve considerar a relevância social dos comportamentos-alvo para o aluno, a escola e a família. Em segundo lugar, a equipe deve selecionar um comportamento substituto apropriado se o objetivo for diminuir o comportamento-problema. O comportamento-alvo não deve ser mais trabalhoso do que o comportamento-problema e deve produzir as mesmas consequências com qualidade, razão e atraso semelhantes. Selecionar comportamentos acadêmicos alvo é um pouco mais difícil. O objetivo da instrução acadêmica geralmente é que os alunos concluam tarefas compostas, que exigem várias habilidades pré-requisitadas. Portanto, os membros da equipe devem coletar dados sobre a tarefa composta e sobre as principais habilidades de pré-requisito (Daly *et al.*, 2007; Martens & Ardoin, 2010).

Após a seleção de um comportamento-alvo, os membros da equipe devem considerar uma intervenção apropriada com base em evidências para melhorar o desempenho dos alunos no Nível 2 ou no 3. Eles podem tomar decisões informadas sobre possíveis modificações no ambiente por meio da avaliação direta das habilidades e do comportamento dos alunos no ambiente educacional (Barnett, Daly, Jones & Lentz, 2004; Gresham, Watson & Skinner, 2001). Daly, Martens, Witt e Dool (1997) sugeriram que os déficits dos alunos no desempenho acadêmico podem estar relacionados de maneira funcional a variáveis instrucionais de diversas formas: (1) falta de motivação, (2) oportunidades insuficientes para praticar a habilidade, (3) assistência inadequada em como executar a habilidade, (4) falha em variar os materiais curriculares para promover a generalização e (5) uso de material muito difícil para o nível de habilidade de um aluno.

Pesquisadores implementaram breves análises experimentais para testar intervenções acadêmicas combinadas a essas funções hipotéticas (Daly *et al.*, 1997; Daly, Murdoch, Lillenstein, Webber & Lentz, 2002; Martens, Eckert, Bradley & Ardoin, 1999). Delineamentos experimentais de sujeito único podem ser excepcionalmente adequados para avaliar relações funcionais entre variáveis instrucionais e desempenho acadêmico do aluno quando utilizados como parte de um modelo maior de resolução de problemas, baseado em dados (Barnett *et al.*, 2004). Por exemplo, Jones *et al.* (2009) descreveram uma abordagem sistemática de resolução de problemas para melhorar a fluência de leitura oral de seis alunos de terceira e quarta séries. A *identificação de problemas* utilizou passagens dos Indicadores Dinâmicos de Habilidades Básicas de Alfabetização Precoce em toda a escola como medidas de triagem universal para identificar crianças em risco de fracasso na leitura. A *análise de problemas* aplicou cada um dos quatro componentes instrucionais baseados em evidências (reforço contingente à taxa, leituras repetidas, escuta prévia da passagem mais correção de erros de leitura de frase, e treinamento em material mais fácil) a uma passagem diferente, com dificuldade equivalente, em uma breve análise experimental com reversão. Os pesquisadores realizaram uma análise estendida de três a 10 ensaios após terem identificado um ou mais componentes instrucionais eficazes. A análise ampliada avaliou os efeitos dessas estratégias combinadas. Os pesquisadores, então, implementaram o pacote instrucional mais eficaz 2 vezes por semana pelo restante do ano letivo como a fase final, a *avaliação do problema*. Os alunos apresentaram grandes aumentos na fluência de leitura oral durante a análise ampliada dos pacotes de intervenção, e três dos seis alunos apresentaram ganhos consistentemente acima de um patamar de aumento de 1 palavra por semana durante a avaliação do problema.

Por fim, a mensuração repetida da eficácia da intervenção entre níveis como parte do histórico cumulativo de intervenção de um aluno é vital para a saúde de qualquer modelo de resposta à intervenção (Daly *et al.*, 2007). As equipes devem medir o comportamento dos alunos de maneira contínua ao longo do tempo; caso contrário, podem correr o risco de continuar com intervenções ineficazes (Ardoin *et al.*, 2016). As equipes devem medir o comportamento inadequado e apropriado no ambiente real de aprendizagem durante as intervenções comportamentais. Martens *et al.* (2015) sugerem que as equipes meçam os efeitos diretos da intervenção sobre o material treinado e os efeitos generalizados sobre as medidas de resultados globais para o desempenho acadêmico. Avaliar ambos os conjuntos de dados pode ajudar a determinar se os alunos não estão respondendo à intervenção ou se estão respondendo, mas falhando em generalizar o que aprendem.

Considerações finais

Um grande número de crianças nos Estados Unidos continua a ter dificuldades significativas com habilidades acadêmicas básicas. O National Center for Education Statistics (2015) relatou que 31% dos alunos da quarta série leem abaixo do nível básico, e o número de crianças classificadas como tendo dificuldades de aprendizagem aumentou 351% de 1976 e 1977 para 1998 e 1999 (U.S. Department of Education, 2000). Muitos citaram a falha em adotar práticas baseadas em evidências como razão para a relativa ineficácia do sistema de ensino público americano com alunos de baixo desempenho (p. ex., Lindsley, 1992; Snow *et al.*, 1998). Como observado por Carnine (1992), o dogma, não a ciência, muitas vezes ditou a reforma educacional ao longo dos anos, permitindo que modismos percorressem as escolas sem melhorias demonstráveis no ensino. Neste capítulo, mostramos que métodos de ensino eficazes baseados nos princípios da análise do comportamento estão disponíveis para os educadores já há algum tempo. O No Child Left Behind Act de 2001 e o Individuals with Disabilities Education Improvement Act de 2004 criaram oportunidades para que os analistas do comportamento se tornem mais ativos ao promover a adoção dessas práticas baseadas em evidências, e esperamos que o material deste capítulo continue a estimular esforços nessa direção.

Referências

Adams, G. L., & Engelmann, S. (1996). *Research on Direct Instruction: 25 years beyond DISTAR*. Seattle, WA: Educational Achievement Systems.

Adams, M., Adcock, I., Bereiter, C., Brown, A., Campione, J., Carruthers, I., *et al.* (2005). *Open Court Reading*. DeSoto, TX: SRA/McGraw-Hill.

Alessi, G. (1987). Generative strategies and teaching for generalization. *Analysis of Verbal Behavior*, *5*, 15-27.

Anderson, T., & Shattuck, J. (2012). Design-based research: A decade of progress in education research? *Educational Researcher*, *41*, 16-25.

Archer, A. L., & Hughes, C. A. (2011). *Explicit instruction: Effective and efficient teaching*. Nova York: Guilford Press.

Ardoin, S. P., McCall, M., & Klubnik, C. (2007). Promoting generalization of oral reading fluency: Providing drill versus practice opportunities. *Journal of Behavioral Education*, *16*, 54-69.

Ardoin, S. P., Wagner, L., & Bangs, K. E. (2016). Applied behavior analysis: A foundation for response to intervention.

Em S. R. Jimerson, M. K. Burns, & A. M. VanDerHeyden (Eds.), *Handbook of response to intervention: The science and practice of multi-tiered systems of support* (2nd ed., p. 29-42). Nova York: Springer.

Axelrod, S. (1996). What's wrong with behavior analysis? *Journal of Behavioral Education, 6*, 247-256.

Balu, R., Pei, Z., Doolittle, F., Schiller, E., Jenkins, J., & Gersten, R. (2015). *Evaluation of response to intervention practices for elementary school reading* (NCEE 2016-4000). Washington, DC: National Center for Education Evaluation and Regional Assistance, Institute of Education Sciences, U.S. Department of Education.

Barnett, D. W., Daly, E. J., Jones, K. M., & Lentz, F. E. (2004). Response to intervention empirically based special service decisions from single-case designs of increasing and decreasing intensity. *Journal of Special Education, 38*(2), 66-79.

Becker, W. C. (1992). Direct Instruction: A twenty year review. Em R. P. West & L. A. Hamerlynck (Eds.), *Designs for excellence in education: The legacy of B. F. Skinner* (p. 71-112). Longmont, CO: Sopris West.

Begeny, J. C. (2009). *Helping Early Literacy with Practice Strategies (HELPS): A one-on-one program designed to improve students' reading fluency*. Raleigh, NC: Helps Education Fund.

Begeny, J. C., Braun, L. M., Lynch, H. L., Ramsay, A. C., & Wendt, J. M. (2012). Initial evidence for using the HELPS reading fluency program with small instructional groups. *School Psychology Forum: Research in Practice, 6*, 50-63.

Begeny, J. C., Easton, J. E., Upright, J. J., Tunstall, K. R., & Ehrenbock, C. A. (2014). The reliability and user-feasibility of materials and procedures for monitoring the implementation integrity of a reading intervention. *Psychology in the Schools, 51*, 517-533.

Begeny, J. C., Laugle, K. M., Krouse, H. E., Lynn, A. E., Tayrose, M. P., & Stage, S. A. (2010). A control-group comparison of two reading fluency programs: The Helping Early Literacy with Practice Strategies (HELPS) program and the Great Leaps K-2 reading program. *School Psychology Review, 39*, 137-155.

Begeny, J. C., & Martens, B. K. (2006). Assessing preservice teachers' training in empirically-validated behavioral instruction practices. *School Psychology Quarterly, 21*, 262-285.

Begeny, J. C., Mitchell, R. C., Whitehouse, M. H., Samuels, F. H.., & Stage, S. A. (2011). Effects of the HELPS reading fluency program when implemented by classroom teachers with low-performing second-grade students. *Learning Disabilities Research and Practice, 26*, 122-133.

Begeny, J. C., Ross, S. G., Greene, D. J., Mitchell, R. C., & Whitehouse, M. H. (2012). Effects of the Helping Early Literacy with Practice Strategies (HELPS) Reading Fluency program with Latino English language learners: A preliminary evaluation. *Journal of Behavioral Education, 21*, 134-149.

Begeny, J. C., Upright, J. J., Easton, J. E., Ehrenbock, C. A., & Tunstall, K. R. (2013). Validity estimates and functionality of materials and procedures used to monitor the implementation integrity of a reading intervention. *Journal of Applied School Psychology, 29*, 284-304.

Begeny, J. C., Whitehouse, M. H., Methe, S. A., Codding, R. S., Stage, S. A., & Neupert, S. (2015). Do intervention-embedded assessment procedures successfully measure student growth in reading? *Psychology in the Schools, 52*, 578-593.

Binder, C. V. (1991). Marketing measurably effective instructional methods. *Journal of Behavioral Education, 1*, 317-328.

Binder, C. (1996). Behavioral fluency: Evolution of a new paradigm. *Behavior Analyst, 19*, 163-197.

Bonfiglio, C. M., Daly, E. J., Martens, B. K., Lan-Hsiang, R. L., & Corsaut, S. (2004). An experimental analysis of reading interventions: Generalization across instructional strategies, time, and passages. *Journal of Applied Behavior Analysis, 37*, 111-114.

Brobst, B., & Ward, P. (2002). Effects of posting, goal setting, and oral feedback on the skills of female soccer players. *Journal of Applied Behavior Analysis, 35*, 247-257.

Brownell, M. T., Smith, S. J., Crockett, J. B., & Griffin, C. C. (2012). *Inclusive instruction: Evidence-based practices for teaching students with disabilities*. Nova York: Guilford Press.

Buffman, A., Mattos, M., & Webber, C. (2009). *Pyramid response to intervention: RTI, professional learning communities, and how to respond when kids don't learn*. Bloomington, IN: Solution Tree.

Burns, M. K., Deno, S. L., & Jimerson, S. R. (2007). Toward a unified response-to-intervention model. Em S. R. Jimerson, M. K. Burns, & A. M. VanDerHeyden (Eds.), *Handbook of response to intervention: The science and practice of assessment and intervention* (p. 428-440). Nova York: Springer.

Burns, M. K., & Gibbons, K. A. (2008). *Implementing response-to--intervention in elementary and secondary schools: Procedures to assure scientific-based practices*. Nova York: Routledge.

Burns, M. K., & Senesac, B. V. (2005). Comparison of dual discrepancy criteria to assess response to intervention. *Journal of School Psychology, 43*, 393-406.

Burns, M. K., & Ysseldyke, J. E. (2009). Reported prevalence of evidence-based instructional practices in special education. *Journal of Special Education, 43*, 3-11.

Carnine, D. (1992). Expanding the notion of teachers' rights: Access to tools that work. *Journal of Applied Behavior Analysis, 25*, 13-19.

Carroll, R. A., Joachim, B. T., St. Peter, C., & Robinson, N. (2015). A comparison of error-correction procedures on skill acquisition during discrete-trial instruction. *Journal of Applied Behavior Analysis, 48*, 257-273.

Cavanaugh, R. A., Heward, W. L., & Donelson, F. (1996). Effects of response cards during lesson closure on the academic performance of secondary students in an earth science course. *Journal of Applied Behavior Analysis, 29*, 403-406.

Cengher, M., Budd, A., Farrell, N., & Fienup, D. M. (2018). A review of prompt-fading procedures: Implications for effective and efficient skill acquisition. *Journal of Developmental and Physical Disabilities, 30*, 155-173.

Chafouleas, S. M., Martens, B. K., Dobson, R. J., Weinstein, K. S., & Gardner, K. B. (2004). Fluent reading as the improvement of stimulus control: Additive effects of performance--based interventions to repeated reading on students' reading and error rates. *Journal of Behavioral Education, 13*, 67-81.

Chard, D. J., Vaughn, S., & Tyler, B. J. (2002). A synthesis of research on effective interventions for building reading fluency with elementary students with learning disabilities. *Journal of Learning Disabilities, 35*, 386-406.

Christ, T. J., Zopluoglu, C., Monaghen, B. D., & Van Norman, E. R. (2013). Curriculum-based measurement of oral reading: Multi-study evaluation of schedule, duration, and dataset quality on progress monitoring outcomes. *Journal of School Psychology, 51*, 19-57.

Cividini-Motta, C., & Ahearn, W. H. (2013). Effects of two variations of differential reinforcement on prompt dependency. *Journal of Applied Behavior Analysis, 46*, 640-650.

Daly, E. J., III, Bonfiglio, C. M., Mattson, T., Persampieri, M., & Foreman-Yates, K. (2005). Refining the experimental analysis of academic skill deficits: Part I. An investigation of variables affecting generalized oral reading performance. *Journal of Applied Behavior Analysis, 38*, 485-498.

Daly, E. J., III, Chafouleas, S. M., Persampieri, M., Bonfiglio, C. M., & LaFleur, K. (2004). Teaching phoneme segmenting and blending as critical early literacy skills: An experimental analysis of minimal textual repertoires. *Journal of Behavioral Education, 13*, 165-178.

Daly, E. J., III, Lentz, F. E., & Boyer, J. (1996). The instructional hierarchy: A conceptual model for understanding the effective components of reading interventions. *School Psychology Quarterly, 11*, 369-386.

Daly, E. J., III, & Martens, B. K. (1994). A comparison of three interventions for increasing oral reading performance: Application of the instructional hierarchy. *Journal of Applied Behavior Analysis, 27*, 459-469.

Daly, E. J., III, Martens, B. K., Barnett, D., Witt, J. D., & Olson, S. C. (2007). Varying intervention delivery in response to intervention: Confronting and resolving challenges with measurement, instruction, and intensity. *School Psychology Review, 36*, 562-581.

Daly, E. J., III, Martens, B. K., Hamler, K. R., Dool, E. J., & Eckert, T. L. (1999). A brief experimental analysis for identifying instructional components needed to improve oral reading fluency. *Journal of Applied Behavior Analysis, 32*, 83-94.

Daly, E. J., III, Martens, B. K., Kilmer, A., & Massie, D. (1996). The effects of instructional match and content overlap on generalized reading performance. *Journal of Applied Behavior Analysis, 29*, 507-518.

Daly, E. J., III, Martens, B. K., Witt, J. C., & Dool, E. J. (1997). A model for conducting a functional analysis of academic performance problems. *School Psychology Review, 26*, 554-574.

Daly, E. J., III, Murdoch, A., Lillenstein, L., Webber, L., & Lentz, F. E. (2002). An examination of methods for testing treatments: Conducting brief experimental analyses of the effects of instructional components on oral reading fluency. *Education and Treatment of Children, 25*, 288-316.

Daly, E. J., III, Neugebauer, S. R., Chafouleas, S. M., & Skinner, C. H. (2015). *Interventions for reading problems: Designing and evaluating effective strategies* (2nd ed.). Nova York: Guilford Press.

Daly, E. J., III, Persampieri, M., McCurdy, M., & Gortmaker, V. (2005). Generating reading interventions through experimental analysis of academic skills: Demonstration and empirical evaluation. *School Psychology Review, 34*, 395-414.

Dickson, M. J., & Vargo, K. K. (2017). Training kindergarten students lockdown drill procedures using behavioral skills training. *Journal of Applied Behavior Analysis, 50*, 407-412.

DiGennaro, F. D., Martens, B. K., & McIntyre, L. L. (2005). Increasing treatment integrity through negative reinforcement: Effects on teacher and student behavior. *School Psychology Review, 34*, 220-231.

Erchul, W. P., & Martens, B. K. (2010). *School consultation: Conceptual and empirical bases of practice*. Nova York: Springer.

Fredrick, L. D., Deitz, S. M., Bryceland, J. A., & Hummel, J. H. (2000). *Behavior analysis, education, and effective schooling*. Reno, NV: Context Press.

Fuchs, L. S., & Fuchs, D. (1986). Effects of systematic formative evaluation: A meta-analysis. *Exceptional Children, 53*, 199-208.

Fuchs, L. S., & Fuchs, D. (1998). Treatment validity: A unifying construct for reconceptualizing the identification of learning disabilities. *Learning Disability Quarterly, 13*, 204-219.

Fuchs, L. S., Fuchs, D., & Speece, D. L. (2002). Treatment validity as a unifying construct for identifying learning disabilities. *Learning Disability Quarterly, 25*, 33-45.

Gersten, R., Carnine, D., & White, W. A. T. (1984). The pursuit of clarity: Direct instruction and applied behavior analysis. Em W. L. Heward, T. E. Heron, D. S. Hill, & J. Trap-Porter (Eds.), *Focus on behavior analysis in education* (p. 38-57). Columbus, OH: Merrill.

Gortmaker, V. J., Daly, E. J., III, McCurdy, M., Persampieri, M. J., & Hergenrader, M. (2007). Improving reading outcomes for children with learning disabilities: Using brief experimental analysis to develop parent-tutoring interventions. *Journal of Applied Behavior Analysis, 40*, 203-221.

Gresham, F. M. (2009). Using response to intervention for identification of specific learning disabilities. Em A. Akin-Little, S. G. Little, M. A. Bray, & T. J. Kehle (Eds.), *Behavioral interventions in schools: Evidence-based positive strategies* (p. 205-220). Washington, DC: American Psychological Association.

Gresham, F. M., Watson, T. S., & Skinner, C. H. (2001). Functional behavioral assessment: Principles, procedures, and future directions. *School Psychology Review, 30*(2), 156-172.

Hall, R. V. (1991). Behavior analysis and education: An unfulfilled dream. *Journal of Behavioral Education, 1*, 305-316.

Haring, N. G., Lovitt, T. C., Eaton, M. D., & Hansen, C. L. (1978). *The fourth R: Research in the classroom*. Columbus, OH: Merrill.

Hogan, A., Knez, N., & Kahng, S. (2015). Evaluating the use of behavioral skills training to improve school staffs' implementation of behavior intervention plans. *Journal of Behavioral Education, 24*, 242- 254.

Houvouras, A. J., IV, & Harvey, M. T. (2014). Establishing fire safety skills using behavioral skills training. *Journal of Applied Behavior Analysis, 47*, 420-424.

Individuals with Disabilities Education Improvement Act of 2004, Pub. L. No. 108-446, 20 U.S.C. 1400 et seq. (2004).

Johnson, K. R., & Layng, T. V. J. (1996). On terms and procedures: Fluency. *Behavior Analyst, 19*, 281-288.

Johnson, K., & Street, E. M. (2004). *The Morningside Model of Generative Instruction: What it means to leave no child behind*. Concord, MA: Cambridge Center for Behavioral Studies.

Johnson, K., & Street, E. M. (2012). From the laboratory to the field and back again: Morningside Academy's 32 years of improving students' academic performance. *Behavior Analyst Today, 13*, 20-40.

Johnson, K., & Street, E. M. (2013). *Response to intervention and precision teaching: Creating synergy in the classroom*. Nova York: Guilford Press.

Jones, K. M., Wickstrom, K. F., Noltemeyer, A. L., Brown, S. M., Schuka, J. R., & Therrien, W. J. (2009). An experimental analysis of reading fluency. *Journal of Behavioral Education, 18*, 35-55.

Keller, F. S. (1968). "Good-bye teacher . . . " *Journal of Applied Behavior Analysis, 1*, 79-89.

Kladopoulos, C. N., & McComas, J. J. (2001). The effects of form training on foul-shooting performance in members of a women's college basketball team. *Journal of Applied Behavior Analysis, 34*, 329-332.

Lannie, A. L., & Martens, B. K. (2004). Effects of task difficulty and type of contingency on students' allocation of responding to math worksheets. *Journal of Applied Behavior Analysis, 37*, 53-65.

Lerman, D. C., Hawkins, L., Hillman, C., Shireman, M., & Nissen, M. A. (2015). Adults with autism spectrum disorder as behavior technicians for young children with autism: Outcomes of a behavioral skills training program. *Journal of Applied Behavior Analysis, 48*, 233-256.

Lindsley, O. R. (1992). Why aren't effective teaching tools widely adopted? *Journal of Applied Behavior Analysis, 25*, 21-26.

Lovitt, T. C., & Esveldt, K. A. (1970). The relative effects on math performance of single- versus multiple-ratio schedules: A case study. *Journal of Applied Behavior Analysis, 3*, 261-270.

Luck, K. M., Lerman, D. C., Wu, W. L., Dupuis, D. L., & Hussein, L. A. (2018). A comparison of written, vocal, and video feedback when training teachers. *Journal of Behavioral Education, 27*, 124-144.

MacQuarrie, L. L., Tucker, J. A., Burns, M. K., & Hartman, B. (2002). Comparison of retention rates using traditional, drill sandwich, and incremental rehearsal flash card methods. *School Psychology Review, 31*, 584-595.

Marion, C., Martin, G. L., Yu, C. T., Buhler, C., & Kerr, D. (2012). Teaching children with autism spectrum disorder to mand "Where?" *Journal of Behavioral Education, 21*, 273-294.

Martens, B. K., & Ardoin, S. P. (2010). Assessing disruptive behavior within a problem-solving model. Em G. G. Peacock, R. A. Ervin, E. J. Daly, III, & K. W. Merrell (Eds.), *Practical handbook of school psychology: Effective practices for the 21st century* (p. 157-174). Nova York: Guilford Press.

Martens, B. K., Ardoin, S. P., Hilt, A., Lannie, A. L., Panahon, C. J., & Wolfe, L. (2002). Sensitivity of children's behavior to probabilistic reward: Effects of a decreasing-ratio lottery system on math performance. *Journal of Applied Behavior Analysis, 35*, 403-406.

Martens, B. K., Daly, E. J., & Ardoin, S. P. (2015). Applications of applied behavior analysis to school-based instructional intervention. Em H. S. Roane, J. L. Ringdahl, & T. S. Falcomata (Eds.), *Clinical and organizational applications of applied behavior analysis* (p. 125-150). Nova York: Elsevier.

Martens, B. K., & Eckert, T. L. (2007). The instructional hierarchy as a model of stimulus control over student *and* teacher behavior: We're close but are we close enough? *Journal of Behavioral Education, 16*, 83-91.

Martens, B. K., Eckert, T. L., Begeny, J. C., Lewandowski, L. J., DiGennaro, F., Montarello, S., *et al.* (2007). Effects of a fluency-building program on the reading performance of low-achieving second and third grade students. *Journal of Behavioral Education, 16*, 39-54.

Martens, B. K., Eckert, T. L., Bradley, T. A., & Ardoin, S. P. (1999). Identifying effective treatments from a brief experimental analysis: Using single-case design elements to aid decision making. *School Psychology Quarterly, 14*(2), 163-181.

Martens, B. K., Werder, C. S., Hier, B. O., & Koenig, E. A. (2013). Fluency training in phoneme blending: A preliminary study of generalized effects. *Journal of Behavioral Education, 22*, 16-36.

Martens, B. K., & Witt, J. C. (2004). Competence, persistence, and success: The positive psychology of behavioral skill instruction. *Psychology in the Schools, 41*, 19-30.

Martens, B. K., Young, N. D., Mullane, M. P., Baxter, E. B., Sallade, S. J., Kellen, D., *et al.* (2019). Effects of word overlap on generalized gains from a repeated readings intervention. *Journal of School Psychology, 74*, 1-9.

McDowell, C., & Keenan, M. (2001). Developing fluency and endurance in a child diagnosed with attention deficit hyperactivity disorder. *Journal of Applied Behavior Analysis, 34*, 345-348.

McGinnis, J. C., Friman, P. C., & Carlyon, W. D. (1999). The effect of token rewards on "intrinsic" motivation for doing math. *Journal of Applied Behavior Analysis, 32*, 375-379.

Mesmer, E. M., Duhon, G. J., Hogan, K., Newry, B., Hommema, S., Fletcher, C., *et al.* (2010). Generalization of sight word accuracy using a common stimulus procedure: A preliminary investigation. *Journal of Behavior Education, 19*, 47-61.

Miltenberger, R. G. (2016). *Behavior modification: Principles and procedures* (6th ed.). Boston: Cengage Learning.

Mitchell, C., & Begeny, J. C. (2014). Improving student reading through parents' implementation of a structured reading program. *School Psychology Review, 43*, 41-58.

Morgan, P. L., & Sideridis, G. D. (2006). Contrasting the effectiveness of fluency interventions for students with or at risk for learning disabilities: A multilevel random coefficient modeling meta-analysis. *Learning Disabilities: Research and Practice, 21*, 191-210.

National Center for Education Statistics. (2015). The nation's report card: Mathematics and reading assessments. Recuperado em 9 de fevereiro de 2015, de *www.nationsreportcard.gov/reading_math_2015/#?grade=4.*

National Reading Panel. (2000). *Report of the National Reading Panel. Teaching children to read: An evidencebased assessment of the scientific research literature on reading and its implications for reading instruction* (NIH Publication No. 00-4769). Washington, DC: National Institute of Child Health and Human Development.

No Child Left Behind Act of 2001, Pub. L. No. 107-110, 20 U.S.C. 6301 (2002).

Reschly, D. J. (2004). Paradigm shift, outcomes, criteria, and behavioral interventions: Foundations for the future of school psychology. *School Psychology Review, 33*, 408-416.

Reschly, D. J., & Bergstrom, M. K. (2009). Response to intervention. Em T. B. Gutkin & C. R. Reynolds (Eds.), *The handbook of school psychology* (4th ed., p. 434-460). Hoboken, NJ: Wiley.

Saville, B. K., Zinn, T. E., Neef, N. A., Van Norman, R., & Ferreri, S. J. (2006). A comparison of interteaching and lecture in the college classroom. *Journal of Applied Behavior Analysis, 39*, 49-61.

Shernoff, E. S., Mariñez-Lora, A. M., Frazier, S. L., Jakobsons, L. J., Atkins, M. S., & Bonner, D. (2011). Teachers supporting teachers in urban schools: What iterative research designs can teach us. *School Psychology Review, 40*, 465-485.

Skinner, B. F. (1954). The science of learning and the art of teaching. *Harvard Educational Review, 24*, 86-97.

Skinner, B. F. (1957). *Verbal behavior.* Acton, MA: Copley. Skinner, B. F. (1984). *A matter of consequences*. Nova York: New York University Press.

Smith, T. (2001). Discrete trial training in the treatment of autism. *Focus on Autism and Other Developmental Disabilities, 16*, 86-92.

Snow, C. E., Burns, M. S., & Griffin, P. (1998). *Preventing reading difficulties in young children.* Washington, DC: National Academy Press.

Stocco, C. S., Thompson, R. H., Hart, J. M., & Soriano, H. L. (2017). Improving the interview skills of college students using behavioral skills training. *Journal of Applied Behavior Analysis, 50*, 495-510.

Stokes, T. F., & Baer, D. M. (1977). An implicit technology of generalization. *Journal of Applied Behavior Analysis, 10*, 349-367.

Sugai, G., & Horner, R. H. (2009). Responsiveness-to-intervention and school-wide positive behavior supports: Integration of multi-tiered system approaches. *Exceptionality, 17*(4), 223-237.

Szadokierski, I., Burns, M. K., & McComas, J. J. (2017). Predicting intervention effectiveness from reading accuracy and rate measures through the instructional hierarchy: Evidence for a skill-by-treatment interaction. *School Psychology Review, 46*, 190-200.

Tai, S. S., & Miltenberger, R. G. (2017). Evaluating behavioral skills training to teach safe tackling skills to youth football players. *Journal of Applied Behavior Analysis, 50*, 849-855.

Therrien, W. J. (2004). Fluency and comprehension gains as a result of repeated reading: A meta-analysis. *Remedial and Special Education, 25*, 252-261.

Tilly, W. D. (2008). The evolution of school psychology to science-based practice: Problem solving and the three-tiered model. Em A. Thomas & J. Grimes (Eds.), *Best practices in school psychology V* (p. 17- 35). Bethesda, MD: National Association of School Psychologists.

U.S. Department of Education. (2000). *Twenty-second annual report to Congress on the implementation of the Individual with Disabilities Education Act.* Washington, DC: U.S. Government Printing Office.

Vadasy, P. F., Wayne, S., O'Conner, R., Jenkins, J., Firebaugh, M., & Peyton, J. (2000). *Sound Partners* [programa curricular]. Longmont, CO: Cambium Learning Group/Sopris West.

Valentino, A. L., LeBlanc, L. A., Veazey, S. E., Weaver, L. A., & Raetz, P. B. (2019). Using a prerequisite skills assessment to identify optimal modalities for mand training. *Behavior Analysis in Practice, 12*, 22-32.

Vellutino, F. R., Scanlon, D. M., & Tanzman, V. S. (1998). The case for early intervention in diagnosing specific reading disability. *Journal of School Psychology, 36*, 367-397.

Watkins, C. L. (1997). *Project Follow Through: A case study of contingencies influencing instructional practices of the educational establishment.* Concord, MA: Cambridge Center for Behavioral Studies.

What Works Clearinghouse (WWC). (2006). WWC intervention report: Reading Mastery/SRA/McGraw Hill. Retrieved February 2016, from *https://ies.ed.gov/ncee/wwc/Docs/InterventionReports/WWC_Reading_Mastery_092806.pdf.*

What Works Clearinghouse (WWC). (2007). WWC intervention report: Direct Instruction, DISTAR, and Language for Learning. Recuperado em fevereiro de 2016, de *https://ies.ed.gov/ncee/wwc/Docs/InterventionReports/techappendix13_212.pdf.*

Wolery, M., Bailey, D. B., & Sugai, G. M. (1988). *Effective teaching: Principles and procedures of applied behavior analysis with exceptional students.* Boston: Allyn & Bacon.

Wood, K. D., & Blanton, W. E. (2009). *Literacy instruction for adolescents: Research-based practice.* Nova York: Guilford Press.

27

Consultoria em avaliação e intervenção comportamental para professores

Florence D. DiGennaro Reed, Lisa M. Hagermoser Sanetti e Robin S. Codding

Nos Estados Unidos, o Individuals with Disabilities Education Improvement Act (IDEA) de 2004 exige que os estados e as agências locais de educação ofereçam aos alunos com deficiência educação pública apropriada e gratuita no ambiente menos restritivo, e enfatiza o direito a uma educação de *alta qualidade*. Essas e outras reformas educacionais, como No Child Left Behind Act de 2001, exigem acomodações e instruções modificadas para garantir que os alunos com deficiência participem do currículo de educação geral na medida máxima apropriada com colegas sem deficiência. Tais diretrizes obrigam os professores a apoiar as necessidades educacionais de um grupo cada vez mais diversificado de alunos com necessidades individualizadas (Putnam, Handler, Rey & McCarty, 2005). Os professores já têm muitas responsabilidades para a aprendizagem dos alunos, como oferecimento de instrução curricular básica; identificação das necessidades individuais de aprendizagem; instrução diferenciada; e criação de um ambiente de sala de aula positivo, seguro e envolvente para os alunos. Os professores também assumem um papel importante na promoção e no apoio ao uso de estratégias de prevenção e de intervenção baseadas em evidências.

Não podemos esperar que os professores dominem as habilidades para atender às necessidades únicas de cada aluno que educarão durante sua carreira, devido às muitas responsabilidades e pressões que já enfrentam. De fato, nos Estados Unidos, 4,2% dos indivíduos de 17 anos ou menos foram diagnosticados com deficiência em 2013 (Houtenville, Brucker & Lauer, 2014); esse percentual representa mais de três milhões de alunos de escolas públicas que podem precisar de serviços especializados. Os professores muitas vezes são os principais responsáveis pela implementação de práticas preventivas, como a gestão eficaz da sala de aula e planos de intervenção acadêmica e comportamental (Forman, Olin, Hoagwood, Crowe & Saka, 2009; Fahmie & Luczynski, 2018; Forman *et al.*, 2013; Long *et al.*, 2016). No entanto, eles se beneficiariam da *expertise* de um profissional com formação e experiência para avaliar e tratar desafios acadêmicos e comportamentais em sala de aula. Posteriormente, as crescentes demandas sobre os educadores e a maior responsabilização por educação de qualidade facilitaram o desenvolvimento da consultoria escolar como um serviço que um ou mais profissionais oferecem aos educadores (Luiselli & Diament, 2002).

A *consultoria comportamental* – modelo que se baseia nos princípios da análise do comportamento – tem décadas de apoio empírico e evidências científicas demonstrando sua eficácia e sua popularidade (p. ex., Sheridan *et al.*, 2012; Sheridan, Welch & Orme, 1996). A consultoria comportamental é o tipo mais amplamente avaliado (Sheridan *et al.*, 1996), com estudos focados sobretudo nos resultados do cliente (Kratochwill, Altschaefl & Bice-Urbach, 2014). Os pesquisadores documentaram melhorias em muitos resultados de clientes (p. ex., atividades da vida diária, acadêmicas, de comportamento, desafios socioemocionais, diagnósticos de saúde mental) e ambientes (p. ex., casa, escola, comunidade; Sheridan *et al.*, 1996). Tais resultados são válidos em muitos delineamentos de avaliação, incluindo o de sujeito único (p. ex., Beaulieu, Hanley & Roberson, 2012), avaliações longitudinais (p. ex., Kratochwill, Elliott & Busse, 1995) e ensaios clínicos randomizados (p. ex., Sheridan *et al.*, 2012). Com o passar do tempo, surgem novos ramos de pesquisa na consultoria comportamental, como a teleconsulta (Machalicek *et al.*, 2009) e a consulta por pares (Gormley & DuPaul, 2015), que informarão a próxima iteração dos diversos modelos de consulta.

O que é consultoria comportamental?

Análise do comportamento aplicada (ABA, *applied behavior analysis*), terapia comportamental e abordagens de avaliação e intervenção da escola teórica comportamental serviram como base inicial para a consultoria comportamental (p. ex., Kratochwill & Bergan, 1990). Três características fundamentais da referida consultoria a diferenciam da prestação de serviços tradicional. Primeiro, a prestação de serviços é indireta: o consultor (p. ex., um analista do comportamento) normalmente não tem contato direto com o cliente (p. ex., aluno), mas trabalha com o consultado (p. ex., um pai, professor), que fornece serviços de intervenção ao cliente. Em segundo lugar, o consultor utiliza estratégias de resolução de problemas para atender às necessidades do consultado e às do cliente. Por fim, o consultor utiliza seus conhecimentos de teoria comportamental e consultoria para disponibilizar informações relevantes ao consultado. O principal objetivo da consultoria comportamental é utilizar um modelo triádico e indireto de prestação de serviços para maximizar as contribuições interdependentes do consultor (especialista em teoria e consultoria comportamental) e do consultado (especialista no cliente e em ambientes relevantes) para produzir mudança no comportamento do cliente (Kratochwill *et al.*, 2014).

Papéis e responsabilidades do consultor, do consultado e do cliente

Todos no processo de consultoria – consultor, consultado e cliente – têm um papel que inclui responsabilidades específicas. A seguir, vamos descrever esses papéis e as responsabilidades correspondentes.

Consultor

Os consultores comportamentais têm três responsabilidades principais. Em primeiro lugar, devem ter conhecimento e fluência no processo de consultoria. Um consultor é responsável por orientar de maneira hábil o consultado e cumprir os objetivos para as etapas do modelo (ver a seguir). Segundo, o consultor é responsável por fornecer as informações necessárias ao consultado. Por exemplo, o consultor pode fornecer informações sobre (1) a teoria subjacente à hipótese dele de que os componentes da intervenção são apropriados para um cliente, (2) técnicas de avaliação e intervenção, (3) latência esperada para os resultados do cliente e/ou (4) modificações apropriadas nos componentes da intervenção. Além disso, o consultor é responsável por fornecer ao consultado recursos para implementar o plano de avaliação e intervenção de forma eficaz e consistente (p. ex., folhas de dados, materiais de intervenção). O consultor pode precisar trabalhar com o consultado para obter recursos necessários, mas que não estão no controle imediato do consultado, como o tempo de liberação para o consultado se preparar para a intervenção e o espaço físico para implementá-la. Por fim, o consultor tem a responsabilidade ética e profissional de garantir que o consultado forneça a intervenção ao cliente conforme planejado, a fim de maximizar seu benefício em potencial. Em outras palavras, a consultoria não termina após o consultor elaborar um plano de intervenção para um consultado; esse profissional deve continuar a apoiar o consultado na sua implementação, garantindo que o cliente está acessando a intervenção conforme planejado.

Consultado

Os consultados têm até quatro responsabilidades durante a consultoria. Primeiro, o consultor é responsável por especificar e descrever o(s) comportamento(s)-problema. Dado o foco comportamental desse modelo de consultoria, o profissional esperará que o consultado auxilie na definição operacional do(s) comportamento(s)-problema e na identificação de antecedentes, condições sequenciais e consequências. Em segundo lugar, o consultado é responsável por avaliar o procedimento de intervenção (Ele é suficientemente capaz de implementar a intervenção? A intervenção é aceitável?) e resultados (O cliente está apresentando progresso? O cliente atingiu os objetivos da consulta?). Terceiro, o consultado é responsável por trabalhar com o cliente para implementar a intervenção, uma responsabilidade crítica. Não é provável que o cliente se beneficie da intervenção se o consultado não a implementar. Por fim, alguns consultados serão responsáveis pela supervisão de outros indivíduos que auxiliam na implementação da intervenção. Por exemplo, um professor pode supervisionar um paraprofissional que implementa a intervenção que um consultor e o professor desenvolveram para um aluno.

Cliente

Em geral, os clientes têm uma responsabilidade no processo de consultoria, que é responder à intervenção, comunicando, assim, os objetivos da consultoria. Por exemplo, se um cliente está melhorando, o objetivo da consultoria pode ser continuar a intervenção por um período específico e, em seguida, desenvolver um plano sistemático baseado em dados para a intervenção de desvanecimento ou suportes de consulta. Como alternativa, se um cliente não estiver progredindo, ou se sua taxa de progresso não for aceitável, esses dados informarão ao consultor e ao consultado que eles precisam se envolver novamente no processo de solução de problemas. Consultores e consultados podem decidir envolver clientes capacitados na definição e na avaliação de seus objetivos, uma técnica de intervenção eficaz (p. ex., O'Leary & Dubey, 1979).

Modelos de consultoria

Pesquisadores desenvolveram e avaliaram inúmeros modelos de consultoria comportamental nos últimos 40 anos. Além disso, analistas do comportamento publicaram muitos textos delineando estratégias de consultoria; talvez o mais popular deles seja de Bailey e Burch (2010). Não revisamos esses textos aqui, pois eles não descrevem modelos de consultoria *avaliados empiricamente*, embora possam ser informativos. Pelo contrário, nota-se sobreposição entre estratégias e modelos de consultoria, quando aplicável. Descrevemos de forma breve três modelos de consultoria empiricamente apoiados que os pesquisadores implementaram com mais frequência.

Consultoria para resolução de problemas

Historicamente, a consultoria para resolução de problemas seguiu um processo de quatro etapas (Bergan & Kratochwill, 1990); no entanto, os pesquisadores identificaram um quinto estágio como melhor prática (Kratochwill *et al.*, 2014). Embora apresentemos aqui as etapas em ordem linear, elas são fluídas na prática; as etapas muitas vezes se sobrepõem, e consultores e consultados podem retornar a uma etapa anterior para cumprir as metas da consultoria (Gilles, Kratochwill, Felt, Schienebeck & Vaccarello, 2011). A primeira etapa, *estabelecimento de relacionamentos*, enfoca a importância de desenvolver uma relação produtiva entre o consultor e o consultado. A pesquisa demonstra de maneira consistente que confiança, abertura, flexibilidade, genuinidade e comunicação positiva são essenciais para facilitar a colaboração durante o processo de consultoria (Dinnebeil, Hale & Rule, 1996; Gilles *et al.*, 2011; Kratochwill *et al.*, 2014). Apesar de a competência na identificação e na análise de problemas ser necessária para o sucesso da consultoria, elas podem não ser suficientes. A integração de conhecimentos técnicos em consultoria e teoria comportamental com habilidades interpessoais positivas é essencial para maximizar os resultados da consultoria (Kratochwill *et al.*, 2014). A segunda etapa, *identificação do problema*, concentra-se na definição operacional do comportamento-problema, do comportamento esperado e da discrepância entre estes. Os pesquisadores consideram essa a etapa mais crítica, pois a identificação precisa do problema prediz o planejamento e a implementação eficazes (Bergan & Tombari, 1975, 1976). A terceira etapa, *análise do problema*, inclui a análise das condições ambientais que ocasionam o comportamento-problema, o desenvolvimento de hipóteses sobre a(s) função(ões) desse comportamento e a elaboração de um plano de intervenção. O consultor pode recomendar a coleta de dados adicionais, normalmente utilizando técnicas de avaliação comportamental (p. ex., registro antecedente-comportamento-consequência [A–B–C, *antecedent-behavior-consequence*], amostragem de tempo, observação direta, análise funcional). A quarta etapa, *implementação do plano*, concentra-se na implementação da intervenção pelo consultor. Este (1) garante a disponibilidade de materiais, (2) garante que o consultor tem as habilidades para implementar a intervenção, (3) monitora a implementação do consultado e o progresso do cliente, (4) realiza *check-ins* regulares ou interage com o consultado, (5) analisa dados de forma regular e (6) toma decisões baseadas em dados sobre a necessidade de revisão da intervenção. A quinta etapa, *avaliação do plano*, concentra-se na avaliação baseada em dados da eficácia do plano e do alcance das metas. A avaliação do plano não é necessariamente o fim do processo de consultoria, pois o consultor pode desenvolver novas metas de manutenção, generalização, outros comportamentos, ou uma combinação destes.

Modelo integrado de consultoria escolar

As seguintes fontes explicam o modelo integrado de consultoria escolar: (1) o modelo de consultoria comportamental de Bergan e Kratochwill (1990), (2) o modelo de consultoria em saúde mental de Caplan (1963), (3) a pesquisa sobre comunicação relacional (Erchul & Chewning, 1990) e (4) a pesquisa em psicologia social sobre poder social e influência social (Erchul & Martens, 2010). Esse modelo inclui três etapas: precursores da consultoria, processo de consultoria e resultados da consultoria. Durante a fase de precursores, um consultor deve ter ou desenvolver uma compreensão geral das operações do ambiente de consultoria (i.e., escolas e salas de aula) e deve entrar completa e sistematicamente no ambiente de consultoria. O consultor deve compreender os processos de intervenção e encaminhamento no ambiente da consultoria, as expectativas do consultor no que se refere à relação consultiva, os esforços e as intervenções de resolução de problemas previamente implementados e a percepção do consultado sobre os fatores responsáveis pelo comportamento-problema (Erchul & Martens, 2010).

O processo de consultoria começa após o consultor entrar no ambiente desta. Nesse modelo, o processo é centralizado em três tarefas inter-relacionadas: resolução de problemas, influência social e apoio e desenvolvimento. O processo de resolução de problemas baseia-se no modelo de Bergan e Kratochwill já descrito. Tal modelo enfatiza o uso da influência social pelo consultor durante o processo de resolução de problemas, pois muitas vezes os consultores precisam alterar as atitudes e as crenças dos consultados, a fim de beneficiar os clientes. Conforme delineado no modelo de French e Raven (1959), há seis bases de poder social: (1) *poder coercitivo*, no qual o consultado percebe que o consultor pode puni-lo se ele não cumprir; (2) *poder de reforço*, no qual o consultado percebe que o consultor pode recompensá-lo pelo cumprimento; (3) *poder legítimo*, no qual o consultado acredita que o consultor tem o direito legítimo de influenciar suas crenças ou suas atitudes com base em sua posição; (4) *poder de especialista*, no qual o consultado percebe que o consultor tem *expertise* na área de interesse do consultor; (5) *poder de referência*, no qual o consultor é capaz de influenciar o consultado por meio da identificação real ou percebida do consultado com o consultor; e (6) *poder informacional*, no qual o consultor é capaz de influenciar o consultado, fornecendo informações lógicas ao consultado sobre a necessidade de mudança. Pesquisadores têm utilizado essas bases de poder social para desenvolver inúmeras estratégias de influência social, e consultores podem utilizar essas estratégias no processo de resolução de problemas. Uma revisão completa do poder social e da influência social está além do escopo deste capítulo; os leitores interessados devem consultar Erchul e Martens (2010).

Durante o processo de consultoria, o modelo integrado de consultoria escolar enfatiza a importância de apoiar os esforços dos consultados como professores e agentes de intervenção, ao mesmo tempo em que os capacita a se tornarem solucionadores de problemas capazes e independentes (Witt & Martens, 1988). Isso pode incluir conectar os consultores com recursos, fornecer apoio emocional e desenvolver suas habilidades profissionais (p. ex., treinamento em avaliação e intervenção).

Consultoria comportamental conjunta

Os jovens que demonstram comportamentos desafiadores geralmente o fazem em diversos ambientes e contextos (p. ex., casa, escola, comunidade; Sheridan *et al.*, 2012). A consultoria comportamental conjunta está fundamentada na teoria dos sistemas ecológicos (Bronfenbrenner, 1979), na qual o consultor envolve de forma ativa os cuidadores como coconsultores com os professores, abordando assim as perspectivas e as contribuições únicas dos ambientes primários nos quais os jovens se desenvolvem. A consultoria comportamental conjunta promove relações positivas entre cuidador e professor, incorpora a colaboração e a resolução de problemas baseada em dados e implementa intervenções baseadas em evidências em ambientes domésticos e escolares (Sheridan *et al.*, 2012).

A consultoria comportamental conjunta inclui quatro etapas implementadas de forma colaborativa entre o consultor e os cuidadores e os professores consultados (Sheridan & Kratochwill, 2008). Na primeira etapa, *identificação conjunta de necessidades*, o consultor e os consultados trabalham juntos para (1) identificar as necessidades mais urgentes do cliente em ambientes domésticos e escolares, (2) selecionar e definir operacionalmente os comportamentos-alvo, (3) escolher os cenários e os objetivos específicos da consultoria e (4) coletar dados de linha de base entre os cenários. Os objetivos do consultor nessa etapa da consultoria comportamental conjunta incluem desenvolver a relação entre o(s) cuidador(es) e os professores e identificar os pontos fortes e as capacidades do cliente, da família e da escola, visando a promover o alcance das metas. Na segunda etapa, *análise conjunta de necessidades*, o consultor revisa os dados para identificar variáveis ambientais em todos os cenários que podem influenciar o comportamento-alvo, com foco específico na definição de eventos, condições ecológicas e variáveis entre sistemas. O consultor desenvolve hipóteses sobre a função do comportamento-alvo, e, juntamente com os consultados, se envolve em uma abordagem colaborativa e baseada em pontos fortes para desenvolver um plano de intervenção em ambientes domésticos e escolares. Na terceira etapa, *implementação do plano intersistêmico*, cuidador(es) e professores implementam o plano de intervenção em casa e na escola, com apoio contínuo do consultor. A implementação simultânea entre ambientes aumenta a probabilidade de generalização e manutenção como resultado das consultorias comportamentais conjuntas (Sheridan, Clarke &

Burt, 2008). Na quarta etapa, *avaliação conjunta do plano*, os dados comportamentais formam a base de uma discussão entre o consultor, o(s) cuidador(es) e o professor sobre os próximos passos (p. ex., identificação de novas metas, intervenção contínua).

Envolvimento do professor com avaliação e intervenção comportamentais

Apesar de um interesse mutuamente compatível em ajudar as crianças a se tornarem aprendizes independentes e eficazes, os professores encontram muitas barreiras que os consultores devem considerar. O aumento dos padrões de responsabilização e a adoção da Common Core State Standards Initiative levaram a demandas crescentes sobre o tempo dos professores e intensificaram e acrescentaram responsabilidades de ensino (Maras, Splett, Reinke, Stormont & Herman, 2014). Essas mudanças estão ocorrendo em um clima de quedas persistentes nos orçamentos escolares, levando a uma noção sempre presente de ter que fazer mais com menos. Simultaneamente, o tempo alocado na jornada escolar para planejamento e colaboração com outros profissionais frequentemente é mínimo, embora os professores relatem querer mais oportunidades de colaboração (Long *et al.*, 2016; Maras *et al.*, 2014). Bosworth Gingiss, Potthoff e Roberts-Gray (1999) identificaram esses recursos decrescentes (i.e., materiais, equipe, financiamento, instalações e tempo) como alguns dos mais importantes preditores da implementação efetiva de intervenções baseadas na escola.

Pesquisadores têm realizado investigações para avaliar a formação de professores em práticas orientadas para o comportamento (Begeny & Martens, 2006; Stormont, Reinke & Herman, 2011a, 2011b). Professores de educação geral em formação nos níveis primário e secundário relatam baixos níveis de curso e treinamento aplicado na maioria dos conceitos, das estratégias, dos programas e das práticas de avaliação instrucionais que são orientados para o comportamento. Cerca de 43% dos professores estagiários indicaram não ter treinamento sobre os itens avaliados em um estudo (Begeny & Martens, 2006). Por exemplo, 40% ou mais dos professores relataram não ter recebido nenhum curso ou oportunidades de treinamento aplicado com instrução direta, sistemas personalizados de instrução, mensuração baseada em currículo, gráficos do desempenho do aluno, delineamento de sujeito único, uso de ensaios cronometrados para prática repetida de habilidades acadêmicas, estratégias para promover a generalização de habilidades ou uso de notas guiadas.

A maioria dos professores de educação geral relatou falta de familiaridade com intervenções e programas comportamentais baseados em evidências, como o jogo do bom comportamento (Barrish, Saunders & Wolf, 1969) ou o programa de prevenção de *bullying* de Olweus (Olweus, 1991). Apenas 57% sabiam se os profissionais de suas escolas realizavam avaliações funcionais comportamentais e implementavam intervenções no comportamento (Stormont *et al.*, 2011a). Muitos professores também relataram a necessidade de mais treinamento em gestão de sala de aula e intervenções comportamentais (Reinke, Stormont, Herman, Puri & Goel, 2011). Em todas as pesquisas, professores atuantes e professoras em treinamento em educação especial (1) relataram significativamente mais cursos e treinamento aplicado em avaliação acadêmica, (2) concordaram, em taxas significativamente mais altas, que o uso de práticas baseadas em evidências na intervenção comportamental é importante, e (3) classificaram práticas não baseadas em evidências (p. ex., ter uma discussão com uma criança após mau comportamento) como menos aceitáveis do que professores atuantes e professores em treinamento na educação geral as classificaram (Begeny & Martens, 2006; Stormont *et al.*, 2011b).

Apesar dos baixos níveis de treinamento em práticas comportamentais e da pouca familiaridade com programas específicos baseados em evidências, a grande maioria dos professores concorda sobre a importância do uso de práticas de intervenção comportamental baseadas em evidências, como (1) identificar gatilhos e reforçadores para o comportamento-problema; (2) habilidades de ensino utilizando exemplos, prática e *feedback*; (3) reforçar e praticar expectativas comportamentais; (4) adaptar estratégias instrucionais para aumentar o engajamento e as oportunidades de sucesso; e (5) observar e registrar o comportamento (Stormont *et al.*, 2011b). Além disso, os professores em grande parte concordam que não devem usar práticas não baseadas em evidências, como reprovação e suspensão. Portanto, determinar o conhecimento básico dos professores sobre princípios, conceitos e habilidades comportamentais é importante quando o consultor está estabelecendo suas próprias responsabilidades e as dos professores para o planejamento, o desenvolvimento e a implementação da intervenção. Por exemplo, dadas as oportunidades limitadas que os professores tiveram para criar gráficos de dados, essa responsabilidade pode ser mais adequada para um consultor. Considerando as barreiras na escola, como tempo e recursos limitados, é importante trabalhar com os professores para reduzir essas barreiras por meio de apoio consultivo.

Avaliação comportamental

O modelo de prestação indireta de serviços que compreende a consultoria comportamental exige que os professores assumam um papel ativo na avaliação comportamental. Décadas de pesquisa documentaram que consultores podem treinar professores para conduzir a avaliação comportamental de forma eficaz (p. ex., Watson, Ray, Sterling-Turner & Logan, 1999), incluindo avaliações de preferência por estímulos (p. ex., Lerman, Tetreault, Hovanetz, Strobel & Garro, 2008) e diversas técnicas de avaliação funcional do comportamento (p. ex., Watson *et al.*, 1999).

Avaliação da preferência por estímulos

A identificação de estímulos que servem como reforçadores aumenta a probabilidade de que procedimentos baseados em reforço surtam os efeitos desejados. Como resultado, treinar professores para conduzir avaliações de preferência, em vez de confiar na intuição ou no relato dos pais, é um esforço que vale a pena. Lerman *et al.* (2008) treinaram com sucesso professores com formações e experiências variadas para conduzir procedimentos de avaliação de preferência de estímulo único, escolha pareada e estímulo múltiplo sem substituição. Os pesquisadores realizaram um treinamento de 6 horas diárias durante 5 dias; abordaram muitos temas; e incluíram palestra, discussão, modelagem, dramatização e prática adicional com *feedback*. Os professores não apenas atenderam aos critérios de domínio durante o treinamento como também mantiveram as habilidades por até 6 meses após o treinamento com apenas um breve *feedback*. A pesquisa também documentou que os professores podem treinar outros para realizar avaliações de preferência de forma eficaz utilizando um modelo de treinamento piramidal ou de treinamento do instrutor, consistindo em instrução, modelagem, prática e *feedback* (Pence, St. Peter & Tetreault, 2012).

Avaliação funcional do comportamento

Diversos estudos têm mostrado que os consultores podem treinar professores e outros funcionários da escola para implementar procedimentos de avaliação funcional do comportamento, incluindo avaliações indiretas e diretas (p. ex., Loman & Horner, 2014; Maag & Larson, 2004) e análises funcionais (p. ex., Kunnavatana, Bloom, Samaha & Dayton, 2013; Moore *et al.*, 2002; Wallace, Doney, Mintz-Resudek & Tarbox, 2004) em salas de aula de educação geral e especial. Os formatos de treinamento incluíram instrução individual, *workshops* e formatos de grupo (Wallace *et al.*, 2004), bem como usos de tecnologia inovadora, como videoconferência (Suess, Wacker, Schwartz, Lustig & Detrick, 2016), mesmo em outros continentes (Alnemary, Wallace, Symon & Barry, 2015). Os procedimentos de treinamento geralmente envolvem treinamento de habilidades comportamentais, que descrevemos em detalhes na próxima seção. As pesquisas têm demonstrado que professores experientes podem treinar seus colegas de forma eficaz para implementar análises funcionais (Pence, St. Peter & Giles, 2014). Essas descobertas são especialmente importantes, considerando as diretrizes federais que exigem que as escolas realizem avaliações funcionais comportamentais (IDEA, 2004) e pesquisas que indicam maiores reduções no comportamento-problema dos alunos quando os professores utilizam intervenções baseadas em funções (Rispoli *et al.*, 2015).

Professores como agentes efetivos de intervenção

Um corpo crescente de literatura tem documentado que os professores podem servir como agentes de mudança muito eficazes para melhorar os resultados dos alunos quando recebem treinamento baseado em evidências, consulta eficaz e apoio de acompanhamento. Pesquisadores têm usado apoios consultivos apropriados para treinar professores de educação geral e especial para implementar planos de comportamento individualizados multicomponentes (p. ex., Codding, Feinburg, Dunn & Pace, 2005; DiGennaro, Martens, & McIntyre, 2005; DiGennaro Reed, Codding, Catania & Maguire, 2010; Kaufman, Codding, Markus, Tryon, & Kyse, 2013; Mouzakitis, Codding & Tryon, 2015; Sanetti, Collier-Meek, Long, Byron & Kratochwill, 2015), aumentar declarações de elogio específicas do comportamento (p. ex., Jenkins, Floress, & Reinke, 2015), fornecer instruções de tentativa discreta (p. ex., Catania, Almeida, Liu-Constant & DiGennaro Reed, 2009), usar intervenções acadêmicas (p. ex., Gilbertson, Witt, Singletary & VanDerHeyden, 2007; Noell *et al.*, 2005), melhorar a gestão da sala de aula (p. ex., Codding, Livanis, Pace & Vaca, 2008; Codding & Smyth, 2008; Oliver, Wehby, & Nelson, 2015; Slider, Noell & Williams, 2006) e aprimorar os processos de resolução de problemas de equipes de professores (p. ex., Burns, Peters & Noell, 2008; Duhon, Mesmer, Gregerson & Witt, 2009; Newton, Horner, Algozzine, Todd & Algozzine, 2012).

Formação

Em sua metanálise, Joyce e Showers (2002) indicaram que *workshops* tradicionais em serviço, que disseminam conhecimentos e conscientizam sobre práticas educativas, não se traduzem em habilidades que os professores retêm ou utilizam em sala de aula. Em vez disso, a implementação bem-sucedida da intervenção é facilitada por (1) instrução didática sobre a intervenção; (2) modelagem da intervenção; (3) encenação e prática de implementação da intervenção, com *feedback* imediato e correção de erros; e (4) apoio contínuo ao acompanhamento.

O treinamento em habilidades comportamentais é uma abordagem para esse modelo de treinamento (Parsons, Rollyson & Reid, 2012; Sarokoff & Sturmey, 2004). Durante esse treinamento, o instrutor (1) descreve a intervenção-alvo, (2) fornece um protocolo escrito ou uma breve descrição da intervenção, (3) demonstra a intervenção, (4) exige que o professor (ou o consultor) pratique a intervenção, (5) fornece *feedback* durante a prática e (6) repete os passos 4 e 5 até que o professor tenha alcançado o domínio. Recomendamos que o consultor informe ao professor a justificativa para implementar uma intervenção. O consultor deve dizer ao professor como a intervenção ajudará os alunos a atingir os objetivos esperados e como a intervenção é coerente com o contexto e a missão da escola. O protocolo escrito deve incluir apenas os passos essenciais que um professor precisa seguir. Informações estranhas ou explicações e exemplos extensos podem reduzir a probabilidade de que os professores utilizem esses protocolos escritos. Um teste pós-treinamento pode ser útil para avaliar a compreensão do professor sobre a intervenção (DiGennaro Reed *et al.*, 2010).

O consultor deve modelar a implementação da intervenção para o professor após a introdução da explicação verbal e do protocolo escrito. O consultor pode modelar a intervenção de forma convencional ou *in vivo*, usando dramatizações durante as quais o consultor serve como implementador, e o professor, como aliado. O consultor também pode utilizar vídeos autocriados ou acessados pela internet (DiGennaro Reed *et al.*, 2010; Slider *et al.*, 2006). Um teste de pós-modelagem pode ser útil para avaliar a compreensão do professor sobre a intervenção. O teste pode descrever cenários de encenação e pedir ao professor que identifique erros de omissão e de delegação (Slider *et al.*, 2006).

O consultor deve agendar um horário para que o professor pratique a implementação da intervenção durante as encenações, revezando-se nos papéis de implementador e aluno. O consultor pode conduzir essas oportunidades de prática ao mesmo tempo com duplas ou grupos de professores, ou pode ter um par ou um grupo modelando a intervenção para o grupo maior que participa do treinamento (Parsons *et al.*, 2012). Durante esse tempo, o consultor deve circular pela sala para cada dupla ou grupo, corrigir os erros imediatamente e dar *feedback* sobre a implementação da intervenção. Devido à importância dessa etapa, pode ser útil ter mais de um consultor para auxiliar no fornecimento de *feedback*. Os professores se beneficiam ao receber elogios específicos do comportamento para a implementação correta da intervenção e o *feedback* corretivo, com instruções e modelagem adicional, para a implementação incorreta.

O último aspecto do treinamento de habilidades comportamentais é garantir que os professores atendam a um nível de critério estabelecido pelo consultor, pelo treinador ou ambos. Por exemplo, seria útil que cada professor implementasse a intervenção comportamental com 100% de precisão (Parsons *et al.*, 2012). O consultor pode organizar testes durante a formação para avaliar o desempenho, nos quais cada professor pratica a implementação da intervenção com o treinador ou o consultor após duas oportunidades para praticar a intervenção com um parceiro. Uma estratégia alternativa é filmar os professores praticando a intervenção uns com os outros e pontuar seu desempenho após o treinamento (Sarokoff & Sturmey, 2004). O consultor pode realizar treinamentos adicionais e testes de proficiência com professores que não atendam ao critério de domínio.

Embora esses procedimentos de treinamento tenham melhorado a integridade da intervenção, dados de duas metanálises sugerem que o treinamento por si só não produz implementação sustentada (Noell *et al.*, 2014; Slider *et al.*, 2006; Solomon, Klein & Politylo, 2012). Noell *et al.* (2014) verificaram que a implementação média da intervenção do consultor foi de 36%, independentemente de o consultor ter utilizado treinamento em habilidades comportamentais ou outros procedimentos de treinamento-padrão. Esses dados são coerentes com as recomendações de Joyce e Duches (2002), indicando que os professores precisam de apoio contínuo no acompanhamento. Duas novas estratégias antecedentes, escolha da intervenção e planejamento da implementação, têm se mostrado promissoras para sustentar a adesão à intervenção após o treinamento (Dart, Cook, Collins, Gresham & Chenier, 2012; Sanetti, Kratochwill & Long, 2013). Descrevemos essas duas abordagens a seguir.

Opções de intervenção "test-driving" e escolha de uma intervenção. Dart *et al.* (2012) realizaram um estudo no qual os professores utilizaram uma das três intervenções (p. ex., automonitoramento, *check-in/check-out* e custo da resposta). Os professores utilizaram cada intervenção uma vez durante um intervalo de 30 minutos, que o professor e o consultor identificaram durante uma reunião. Os professores coletaram amostras de cada intervenção ao longo de 2 dias com um aluno-alvo em sua sala de aula. Os professores, então, classificaram cada intervenção da menos para a mais aceitável. Cada professor acabou por implementar a intervenção que escolheu como mais aceitável. A oportunidade de experimentar diferentes intervenções e escolher a mais aceitável produziu uma implementação sustentada e precisa da intervenção.

Planejamento de implantação para logística e barreiras. Sanetti *et al.* (2013) desenvolveram um modelo de treinamento que enfatiza o planejamento pré-implementação. Primeiro, o professor e o consultor desenvolvem uma ação e um plano de enfrentamento. Durante o processo de planejamento da ação, eles (1) definem as etapas de intervenção; (2) adaptam essas etapas ao contexto de sala de aula do professor; (3) estabelecem os detalhes logísticos da aplicação da intervenção (i.e., quando, com que frequência, por quanto tempo, onde, por quem); e (4) identificam os recursos necessários para facilitar a implementação (Sanetti *et al.*, 2013). O planejamento de ações cristaliza os papéis do consultor e os do professor de forma a garantir também maior viabilidade de implementação. O planejamento de enfrentamento requer que o professor e o consultor identifiquem até quatro barreiras e desenvolvam estratégias para abordar ou reduzir cada uma delas. Um consultor pode conduzir o planejamento de ação e enfrentamento durante uma reunião de 20 minutos (Sanetti *et al.*, 2015). Descobertas empíricas sugerem que o planejamento da implementação, quando fornecido após consulta e treinamento-padrão, resulta em maior adesão e qualidade da intervenção (Sanetti *et al.*, 2015; Sanetti, Collier-Meek, Long, Kim & Kratochwill, 2014; Sanetti *et al.*, 2013).

Apoio contínuo no acompanhamento

O modelo-padrão de consultoria comportamental pressupõe que os consultores se reúnam com os professores semanalmente e realizem entrevistas para avaliar como o plano está indo (Bergan & Kratochwill, 1990). Durante essa entrevista, um consultor pergunta a um professor se ele está implementando o plano, e se o(s) aluno(s)-alvo está(ão) melhorando. O consultor agenda um horário para as perguntas dos professores. O consultor não analisa protocolos ou dados de intervenção. Essa forma de reunião de acompanhamento não é eficaz para melhorar a implementação da intervenção (Noell *et al.*, 2005, 2014). No entanto, uma descoberta importante na literatura é o benefício do apoio consultivo contínuo após treinamento formal. Três estratégias específicas que melhoram a implementação da intervenção dos professores incluem *feedback* de desempenho, automonitoramento e *coaching*. Descrevemos essas estratégias a seguir.

Feedback de desempenho. Tem uma rica base bibliográfica, com evidências que apoiam sua eficácia em facilitar a adesão a planos de intervenção acadêmica e comportamental (Noell *et al.*, 2014). De fato, os pesquisadores estabeleceram o *feedback* de desempenho como prática baseada em evidências (Fallon, Collier-Meek, Maggin, Sanetti & Johnson, 2015). Os resultados da implementação apenas com *feedback* de desempenho são superiores (Noell *et al.*, 2014) aos de automonitoramento ou variações de *feedback* de desempenho (p. ex., cancelamento de reunião, ensaio dirigido). Os consultores podem fornecer *feedback* de desempenho em qualquer periodicidade (p. ex., todos os dias, semanalmente) após a observação direta da integridade da intervenção dos professores. Os pesquisadores têm utilizado *feedback* de desempenho apenas quando a integridade da intervenção atinge um limiar (p. ex., <75%). O intervalo entre as observações diretas da integridade da intervenção e o *feedback* aos professores pode ser tão curto quanto algumas horas ou até 1 semana sem afetar os resultados da integridade da intervenção (Solomon *et al.*, 2012).

Em geral, os consultores fornecem *feedback* de desempenho verbalmente durante reuniões individuais com um professor, mas um consultor também pode fornecer *feedback* de desempenho durante reuniões em equipe ou por *e-mail*, ou notas escritas (DiGennaro, Martens & Kleinmann, 2007; Fallon *et al.*, 2015). O *feedback* de desempenho inclui (1) revisão dos dados de adesão à intervenção com os professores, fornecidos gráfica, verbalmente ou ambos; (2) elogio às etapas de intervenção implementadas com precisão e qualidade; (3) *feedback* corretivo para erros de omissão e delegação; (4) revisão do plano de intervenção; e (5) oportunidade para os professores fazerem perguntas e resolverem problemas com barreiras para implementação. Os materiais necessários para o *feedback* do desempenho incluem o plano ou o protocolo de intervenção e os dados observacionais sobre a integridade da intervenção. Os consultores geralmente revisam as exibições gráficas dos dados de implementação do professor, dados dos alunos ou ambos. As reuniões de *feedback* de desempenho também podem incluir ensaio dirigido, no qual um professor pratica componentes de intervenção que ele omitiu ou implementou de forma incorreta, e cancelamento de reuniões de *feedback* de desempenho, dependendo de uma implementação precisa que atenda a um critério (p. ex., DiGennaro *et al.*, 2007; DiGennaro *et al.*, 2005). Os pesquisadores também incorporaram a definição de metas com reuniões de *feedback* de desempenho

(Codding & Smyth, 2008; Duchaine, Jolivette & Fredrick, 2011; Hall & Macvean, 1997; Hawkins & Heflin, 2011; Myers, Simonsen & Sugai, 2011).

Automonitoramento. Trata-se de uma alternativa promissora para melhorar a implementação por professores de instrução de tentativas discretas (Belfiore, Fritts & Herman, 2008), economia de fichas (Pelletier, McNamara, Braga-Kenyon & Ahearn, 2010; Petscher & Bailey, 2006; Plavnick, Ferreri & Maupin, 2010) e planos de apoio comportamental (Mouzakitis *et al.*, 2015). O automonitoramento exige que os professores registrem seu próprio comportamento; no entanto, os pesquisadores fornecem apoio e treinamento consideráveis para garantir que os professores registrem de modo correto a precisão da implementação. Nesses estudos, o automonitoramento do professor ocorreu (1) imediatamente após um *pager* sinalizar que um professor implementou uma etapa de intervenção, (2) depois que o professor visualizou um vídeo de si mesmo implementando uma intervenção, (3) por meio do preenchimento de uma *checklist* no mesmo dia em que o professor implementou a intervenção, ou (4) com uma combinação dessas estratégias. Os pesquisadores observaram níveis mais altos de implementação e maior consistência quando incluíram apoios adicionais, como utilizar um *pager*, solicitar aos professores que executassem etapas no plano de intervenção, assistir a um vídeo de si mesmos ou seguir *feedback* de desempenho escrito ilustrando comparações entre os dados de integridade do consultor e do professor.

Coaching. Os dois modelos comuns de *coaching* são supervisão e lado a lado (i.e., *in vivo;* Blakely, 2001; Joyce & Showers, 1995). O *coaching* de supervisão envolve a observação de um professor implementando uma estratégia ou uma intervenção, seguida do *feedback* descritivo para o professor sobre pontos fortes e desafios. Durante o *coaching* lado a lado, o *coach* (1) modela a intervenção em sala de aula; (2) fornece elogios imediatos *in vivo* e *feedback* corretivo após o professor implementar a intervenção; (3) solicita as etapas de intervenção quando necessário; e (4) fornece modelagem adicional quando necessário. O consultor pode implementar o *coaching* em qualquer frequência ou duração (p. ex., uma sessão, semanalmente). Revisões sistemáticas sugerem que o *coaching* melhora a implementação da intervenção dos professores. Há menos evidências sobre se essas melhorias se traduzem em melhores resultados dos alunos, e apenas uma pequena porcentagem dos estudos existentes analisou a fidelidade do processo de *coaching* (Kretlow & Bartholomew, 2010; Stormont, Reinke, Newcomer, Marchese & Lewis, 2015).

Desvanecimento do apoio de consultoria usando um processo baseado em dados

Os professores podem manter altos níveis de integridade na implementação, sobretudo com *feedback* de desempenho, após o consultor remover os apoios de acompanhamento (Noell *et al.*, 2014). Os consultores podem promover a manutenção desvanecendo o apoio ou a intensidade da intervenção. O *desvanecimento dinâmico* é uma estratégia comum que os pesquisadores têm utilizado (p. ex., DiGennaro *et al.*, 2007; DiGennaro *et al.*, 2005; Kaufman *et al.*, 2013); trata-se de um programa cada vez menor de apoio ao acompanhamento, dependente da implementação da intervenção dos professores. Por exemplo, vamos supor que um consultor inicialmente forneça apoio de acompanhamento 2 vezes por semana após cada observação de um professor. Após esse professor demonstrar 100% de precisão na implementação da intervenção por três sessões consecutivas, o consultor pode fornecer apoio de acompanhamento 1 vez por semana. O consultor poderia reduzir o programa para uma vez a cada 2 semanas, quando o professor atendesse ao critério pela segunda vez. O apoio de acompanhamento retorna a um programa mais intenso se o professor não puder manter altos níveis de implementação precisa. Gross, Duhon e Doerksen-Klopp (2014) utilizaram um desenho de critério variável para avaliar uma variação de desvanecimento dinâmico que os autores chamaram de *desvanecimento com contingências indiscriminadas*. Inicialmente, o consultor dava apoio de acompanhamento diário. O consultor diminuiu o apoio de acompanhamento para dias alternados e, depois, para semanalmente cada vez que a integridade da implementação do professor foi de 100% por 2 dias consecutivos.

Outra opção pode ser *diminuir a intensidade do apoio de acompanhamento*. Mouzakitis *et al.* (2015) removeram o *feedback* de desempenho fornecido pelo consultor após combinar tal *feedback* com o automonitoramento. Dois dos três professores mantiveram níveis aceitáveis de adesão à intervenção quando o consultor utilizou apenas o automonitoramento. O terceiro professor precisou de ambos os componentes de apoio para ser bem-sucedido.

Considerações finais

Neste capítulo, resumimos modelos empiricamente apoiados de consultoria comportamental e delineamos os papéis e as responsabilidades dos indivíduos no processo de consultoria. Descrevemos as diversas barreiras que os professores encontram na relação consultiva e defendemos que os consultores trabalhem ao lado dos professores, para reduzir essas barreiras por meio do apoio consultivo. Concluímos o capítulo com pesquisas que documentam o uso efetivo de professores na avaliação e na intervenção comportamental, o que requer uma abordagem baseada em evidências para o treinamento e o apoio contínuo de acompanhamento.

Referências

Alnemary, F. M., Wallace, M., Symon, J. B. G., & Barry, L. M. (2015). Using international videoconferencing to provide staff training on functional behavioral assessment. *Behavioral Interventions, 30*, 73-86.

Bailey, J., & Burch, M. (2010). *25 essential skills and strategies for the professional behavior analyst: Expert tips for maximizing consulting effectiveness*. Nova York: Routledge.

Barrish, H. H., Saunders, M., & Wolf, M. M. (1969). Good Behavior Game: Effects of individual contingencies for group consequences on disruptive behavior in a classroom. *Journal of Applied Behavior Analysis, 2*, 119-124.

Beaulieu, L., Hanley, G. P., & Roberson, A. A. (2012). Effects of responding to a name and group call on preschoolers' compliance. *Journal of Applied Behavior Analysis, 45*(4), 685-707.

Begeny, J. C., & Martens, B. K. (2006). Assessing preservice teachers' training in empirically validated behavioral instruction practices. *School Psychology Quarterly, 21*, 262-285.

Belfiore, P. J., Fritts, K. M., & Herman, B. C. (2008). The role of procedural integrity: Using self-monitoring to enhance discrete trial instruction (DTI). *Focus on Autism and Other Developmental Disabilities, 23*(2), 95-102.

Bergan, J. R., & Kratochwill, T. R. (1990). *Behavioral consultation and therapy*. Nova York: Plenum Press.

Bergan, J. R., & Tombari, M. L. (1975). The analysis of verbal interactions occurring during consultation. *Journal of School Psychology, 13*, 209-226.

Bergan, J. R., & Tombari, M. L. (1976). Consultant skill and efficiency and the implementation and outcomes of consultation. *Journal of School Psychology, 14*, 3-14.

Blakely, M. R. (2001). A survey of levels of supervisory support and maintenance of effects reported by educators involved in direct instruction implementation. *Journal of Direct Instruction, 1*, 73-83.

Bosworth, K., Gingiss, P. M., Potthoff, S., & Roberts-Gray, C. (1999). A Bayesian model to predict the success of the implementation of health and education innovations in school-centered programs. *Evaluation and Program Planning, 22*, 1-11.

Bronfenbrenner, U. (1979). *The ecology of human development: Experimental by nature and design*. Cambridge, MA: Harvard University Press.

Burns, M. K., Peters, R., & Noell, G. H. (2008). Using performance feedback to enhance implementation fidelity of the problem-solving team process. *Journal of School Psychology, 46*, 537-550.

Caplan, G. (1963). Types of mental health consultation. *American Journal of Orthopsychiatry, 3*, 470-481.

Catania, C. N., Almeida, D., Liu-Constant, B., & DiGennaro Reed, F. D. (2009). Video modeling to train staff to implement discrete trial instruction. *Journal of Applied Behavior Analysis, 42*, 387-392.

Codding, R. S., Livanis, A., Pace, G. M., & Vaca, L. (2008). Using performance feedback to improve intervention integrity of class-wide behavior plans: An investigation of observer reactivity. *Journal of Applied Behavior Analysis, 41*, 417-422.

Codding, R. S., & Smyth, C. A. (2008). Using performance feedback to decrease classroom transition time and examine collateral effects on academic engagement. *Journal of Educational and Psychological Consultation, 18*, 325-345.

Codding, R. S., Feinburg, A. B., Dunn, E. K., & Pace, G. M. (2005). Effects of immediate performance feedback on implementation of behavior support plans. *Journal of Applied Behavior Analysis, 38*, 205-219.

Dart, E. H., Cook, C. R., Collins, T. A., Gresham, F. M., & Chenier, J. S. (2012). Test driving interventions to increase intervention integrity and student outcomes. *School Psychology Review, 41*, 467-481.

DiGennaro, F. D., Martens, B. K., & Kleinmann, A. E. (2007). A comparison of performance feedback procedures on teachers' intervention implementation integrity and students' inappropriate behavior in special education classrooms. *Journal of Applied Behavior Analysis, 40*, 447-461.

DiGennaro, F. D., Martens, B. K., & McIntyre, L. L. (2005). Increasing intervention integrity through negative reinforcement: Effects on teacher and student behavior. *School Psychology Review, 34*, 220-231.

DiGennaro Reed, F. D., Codding, R., Catania, C., & Maguire, H. (2010). Effects of video modeling on intervention integrity of behavior support plans. *Journal of Applied Behavior Analysis, 43*, 291-295.

Dinnebeil, L. A., Hale, L. M., & Rule, S. (1996). A qualitative analysis of parents' and service coordinators' descriptions of variables that influence collaborative relationships. *Topics in Special Education, 16*, 322-347.

Duchaine, E. L., Jolivette, K., & Fredrick, L. D. (2011). The effect of teacher coaching with performance feedback on behavior-specific praise in inclusion classrooms. *Education and Treatment of Children, 34*, 209-227.

Duhon, G. J., Mesmer, E. M., Gregerson, L., & Witt, J. C. (2009). Effects of public feedback during RTI team meetings on teacher implementation integrity and student academic performance. *Journal of School Psychology, 47*, 19-37.

Erchul, W. P., & Chewning, T. G. (1990). Behavioral consultation from a request-centered relational communication perspective. *School Psychology Quarterly, 5*, 1-20.

Erchul, W. P., & Martens, B. K. (2010). *School consultation: Conceptual and empirical bases of practice*. Nova York: Springer.

Fahmie, T. A., & Luczynski, K. C. (2018). Preschool life skills: Recent advancements and future directions. *Journal of Applied Behavior Analysis, 51*, 183-188.

Fallon, L. M., Collier-Meek, M. A., Maggin, D. M., Sanetti, L. M. H., & Johnson, A. J. (2015). Is performance feedback an evidence-based practice?: A systematic review and evaluation. *Exceptional Children, 81*, 227-246.

Forman, S. G., Olin, S. S., Hoagwood, K. E., Crowe, M., & Saka, N. (2009). Evidence-based intervention in schools: Developers' views of implementation barriers and facilitators. *School Mental Health, 1*, 26-36.

Forman, S. G., Shapiro, E. S., Codding, R. S., Gonzales, J. E., Reddy, L. A., Rosenfield, S. A., et al. (2013). Implementation science and school psychology. *School Psychology Quarterly, 28*(2), 77-100.

French, J. R. P., & Raven, B. H. (1959). The bases of social power. Em D. Carwright (Ed.), *Studies in social power* (p. 159-167). Ann Arbor, MI: Institute for Social Research.

Gilbertson, D., Witt, J. C., Singletary, L. L., & VanDerHeyden, A. (2007). Supporting teacher use of intervention: Effects of response dependent performance feedback on teacher implementation of a math intervention. *Journal of Behavioral Education, 16*, 311-326.

Gilles, C. N. R., Kratochwill, T. R., Felt, J. N., Schienebeck, C. J., & Vaccarello, C. A. (2011). Problem solving consultation: Applications in evidence-based prevention and intervention. Em M. A. Bray & T. J. Kehle (Eds.), *The Oxford handbook of school psychology* (p. 666-667). Nova York: Oxford University Press.

Gormley, M. J., & DuPaul, G. J. (2015). Teacher-to-teacher consultation: Facilitating consistent and effective intervention across grade levels for students with ADHD. *Psychology in the Schools, 52*(2), 124- 138.

Gross, T., Duhon, G. J., & Doerksen-Klopp, B. (2014). Enhancing intervention integrity maintenance through fading with indiscriminable contingencies. *Journal of Behavioral Education, 23*, 108-131.

Hall, L. J., & Macvean, M. L. (1997). Increases in the communicative behaviours of students with cerebral palsy as a result of feedback to, and the selection of goals by, paraprofessionals. *Behaviour Change, 14*, 174-184.

Hawkins, S. M., & Heflin, L. J. (2011). Increasing secondary teachers' behavior-specific praise using a video self--modeling and visual performance feedback intervention. *Journal of Positive Behavior Interventions, 1*, 97-108.

Houtenville, A. J., Brucker, D. L., & Lauer, E. A. (2014). *Annual compendium of disability statistics: 2014*. Durham: University of New Hampshire, Institute on Disability.

Individuals with Disabilities Education Improvement Act (IDEA) of 2004, Pub. L. No. 108-446, 20 U.S.C. 1400 e seguintes (2004).

Jenkins, L. N., Floress, M. T., & Reinke, W. (2015). Rates and types of teacher praise: A review and future directions. *Psychology in the Schools, 52*, 463-476.

Joyce, B., & Showers, B. (1995). The evolution of peer coaching. *Improving Professional Practice, 53*(6), 12- 16.

Joyce, B., & Showers, B. (2002). *Student achievement through staff development*. Alexandria, VA: Association for Supervision and Curriculum Development.

Kaufman, D., Codding, R. S., Markus, K. A., Tryon, G. S., & Kyse, E. N. (2013). Effects of verbal and written performance feedback on intervention adherence: Practical application of two delivery formats. *Journal of Educational and Psychological Consultation, 23*, 264-299.

Kratochwill, T. R., Altschaefl, M. R., & Bice-Urbach, B. (2014). Best practices in problem-solving consultation: Applications in prevention and intervention systems. Em P. L. Harrison & A. Thomas (Eds.), *Best practices in school psychology: Data-based and collaborative decision making* (p. 461-482). Bethesda, MD: National Association of School Psychologists.

Kratochwill, T. R., & Bergan, J. R. (1990). *Behavioral consultation in applied settings: An individual guide*. Boston: Kluwer Academic.

Kratochwill, T. R., Elliott, S. N., & Busse, R. T. (1995). Behavior consultation: A five-year evaluation of consultant and client outcomes. *School Psychology Quarterly, 10*(2), 87-117.

Kretlow, A. G., & Bartholomew, C. C. (2010). Using coaching to improve the fidelity of evidence-based practices: A review of studies. *Teacher Education and Special Education, 33*, 279-299.

Kunnavatana, S. S., Bloom, S. E., Samaha, A. L., & Dayton, E. (2013). Training teachers to conduct trial-based functional analyses. *Behavior Modification, 37*, 707-722.

Lerman, D. C., Tetreault, A., Hovanetz, A., Strobel, M., & Garro, J. (2008). Further evaluation of a brief, intensive teacher-training model. *Journal of Applied Behavior Analysis, 41*, 243-248.

Loman, S. L., & Horner, R. H. (2014). Examining the efficacy of a basic functional behavioral assessment training package for school personnel. *Journal of Positive Behavior Interventions, 16*, 18-30.

Long, A. C. J., Hagermoser Sanetti, L. M., Collier-Meek, M. A., Gallucci, J., Altschaefl, M., & Kratochwill, T. R. (2016). An exploratory investigation of teachers' intervention planning and perceived implementation barriers. *Journal of School Psychology, 55*, 1-26.

Luiselli, J. K., & Diament, C. (Eds.). (2002). *Behavior psychology in the schools: Innovations in evaluation, support, and consultation*. West Hazleton, PA: Haworth Press.

Maag, J. W., & Larson, P. J. (2004). Training a general education teacher to apply functional assessment. *Education and Treatment of Children, 27*, 26-36.

Machalicek, W., O'Reilly, M., Chan, J. M., Rispoli, M., Lang, R., Davis, T., et al. (2009). Using videoconferencing to support teachers to conduct preference assessments with students with autism and developmental disabilities. *Research in Autism Spectrum Disorders, 3*, 32-41.

Maras, M. A., Splett, J. W., Reinke, W. M., Stormont, M., & Herman, K. C. (2014). School practitioners' perspectives on planning, implementing, and evaluating evidence-based practices. *Children and Youth Services Review, 47*, 314-322.

Moore, J. W., Edwards, R. P., Sterling-Turner, H. E., Riley, J., DuBard, M., & McGeorge, A. (2002). Teacher acquisition of functional analysis methodology. *Journal of Applied Behavior Analysis, 35*, 73-77.

Mouzakitis, A., Codding, R. S., & Tryon, G. (2015). The effects of self-monitoring and performance feedback on the intervention integrity of behavior support plan implementation. *Journal of Positive Behavior Interventions, 17*, 223-234.

Myers, D. M., Simonsen, B., & Sugai, G. (2011). Increasing teachers' use of praise with a response-to-intervention approach. *Education and Treatment of Children, 34*, 35-59.

Newton, S. J., Horner, R. H., Algozzine, B., Todd, A. W., & Algozzine, K. (2012). A randomized wait-list controlled analysis of the implementation integrity of team-initiated problem solving processes. *Journal of School Psychology, 50*, 421-441.

No Child Left Behind Act of 2001, Pub. L. No. 107-110, 20 U.S.C. 6301 (2002).

Noell, G. H., Gansle, K. A., Mevers, J. L., Knox, R. M., Mintz, J. C., & Dahir, A. (2014). Improving intervention plan implementation in schools: A meta-analysis of single subject design studies. *Journal of Behavioral Education, 23*, 168-191.

Noell, G. H., Witt, J. C., Slider, N. J., Connell, J. E., Gatti, S. L., Williams, K. L., et al. (2005). Treatment implementation following behavioral consultation in schools: A comparison of three follow-up studies. *School Psychology Review, 34*, 87-107.

O'Leary, S. G., & Dubey, D. R. (1979). Applications of self-control procedures by children: A review. *Journal of Applied Behavior Analysis, 12*(3), 449-465.

Oliver, R. M., Wehby, J. H., & Nelson, J. R. (2015). Helping teachers maintain classroom management practices using a self-monitoring checklist. *Teaching and Teacher Education, 51*, 113-120.

Olweus, D. (1991). Bully/victim problems among schoolchildren: Basic facts and effects of a school-based intervention program. Em D. J. Pepler & K. H. Rubin (Eds.), *The development and intervention of childhood aggression* (p. 411-448). Hillsdale, NJ: Erlbaum.

Parsons, M. B., Rollyson, J. H., & Reid, D. H. (2012). Evidence-based staff training: A guide for practitioners. *Behavior Analysis in Practice, 5*(2), 2-11.

Pelletier, K., McNamara, B., Braga-Kenyon, P., & Ahearn, W. H. (2010). Effect of video self-monitoring on procedural integrity. *Behavioral Interventions, 25*, 261-274.

Pence, S. T., St. Peter, C. C., & Giles, A. F. (2014). Teacher acquisition of functional analysis methods using pyramidal training. *Journal of Behavioral Education, 23*, 132-149.

Pence, S. T., St. Peter, C. C., & Tetreault, A. S. (2012). Increasing accurate preference assessment implementation through pyramidal training. *Journal of Applied Behavior Analysis, 45*, 345-359.

Petscher, E. S., & Bailey, J. S. (2006). Effects of training, prompting, and self-monitoring on staff behavior in a classroom for students with disabilities. *Journal of Applied Behavior Analysis, 39*, 215-226.

Plavnick, J. B., Ferreri, S. J., & Maupin, A. N. (2010). The effects of self-monitoring on the procedural integrity of a behavioral intervention for young children with developmental disabilities. *Journal of Applied Behavior Analysis, 43*, 315-320.

Putnam, R. F., Handler, M. W., Rey, J., & McCarty, J. (2005). The development of behaviorally based public school consultation services. *Behavior Modification, 29*, 521-537.

Reinke, W. M., Stormont, M., Herman, K. C., Puri, R., & Goel, N. (2011). Supporting children's mental health in schools: Teacher perceptions of needs, roles, and barriers. *School Psychology Quarterly, 26*, 1-12.

Rispoli, M., Ninci, J., Burke, M. D., Zaini, S., Hatton, H., & Sanchez, L. (2015). Evaluating the accuracy of results for teacher implemented trial-based functional analyses. *Behavior Modification, 39*, 627-653.

Sanetti, L. M. H., Collier-Meek, M. A., Long, A. C. J., Byron, J., & Kratochwill, T. R. (2015). Increasing teacher intervention integrity of behavior support plans through consultation and implementation planning. *Journal of School Psychology, 53*, 209-229.

Sanetti, L. M. H., Collier-Meek, M. A., Long, A. C. J., Kim, J., & Kratochwill, T. R. (2014). Using implementation planning to increase teachers' adherence and quality to behavior support plans. *Psychology in the Schools, 51*, 879-895.

Sanetti, L. M. H., Kratochwill, T. R., & Long, A. C. J. (2013). Applying adult behavior change theory to support mediator-based intervention implementation. *School Psychology Quarterly, 28*, 47-62.

Sarokoff, R. A., & Sturmey, P. (2004). The effects of behavioral skills training on staff implementation of discrete-trial teaching. *Journal of Applied Behavior Analysis, 37*, 535-538.

Sheridan, S. M., Bovaird, J. A., Glover, T. A., Garbacz, A., Witte, A., & Kwon, K. (2012). A randomized trial examining the effects of conjoint behavioral consultation and the mediating role of the parent-teacher relationship. *School Psychology Review, 41*, 23-46.

Sheridan, S. M., Clarke, B. L., & Burt, J. D. (2008). Conjoint behavioral consultation: What do we know and what do we need to know? Em W. P. Erchul & S. M Sheridan (Eds.), *Handbook of research in school consultation* (p. 171-202). Mahwah, NJ: Erlbaum.

Sheridan, S. M., & Kratochwill, T. R. (2008). *Conjoint behavioral consultation: Promoting family-school connections and interventions* (2nd ed.). Nova York: Springer.

Sheridan, S. M., Welch, M., & Orme, S. F. (1996). Is consultation effective?: A review of outcome research. *Remedial and Special Education, 17*, 341-354.

Slider, N. J., Noell, G. H., & Williams, K. L. (2006). Providing practicing teachers classroom management professional development in a brief study format. *Journal of Behavioral Education, 15*, 215-228.

Solomon, B. G., Klein, S. K., & Politylo, B. C. (2012). The effect of performance feedback on teachers' intervention integrity: A meta-analysis of single-case literature. *School Psychology Review, 41*, 160-175.

Stormont, M., Reinke, W., & Herman, K. (2011a). Teachers' characteristics and ratings for evidence-based behavioral interventions. *Behavioral Disorders, 37*, 19-29.

Stormont, M., Reinke, W., & Herman, K. (2011b). Teachers' knowledge of evidence-based interventions and available school resources for children with emotional and behavioral problems. *Journal of Behavioral Education, 20*, 138-147.

Stormont, M., Reinke, W. M., Newcomer, L., Marchese, D., & Lewis, C. (2015). Coaching teachers' use of social behavior interventions to improve children's outcomes: A review of the literature. *Journal of Positive Behavior Interventions, 17*, 69-82.

Suess, A. N., Wacker, D. P., Schwartz, J. E., Lustig, N., & Detrick, J. (2016). Preliminary evidence on the use of telehealth in an outpatient behavior clinic. *Journal of Applied Behavior Analysis, 49*, 686-692.

Wallace, M. D., Doney, J. K., Mintz-Resudek, C. M., & Tarbox, R. S. F. (2004). Training educators to implement functional analyses. *Journal of Applied Behavior Analysis, 37*, 89-92.

Watson, T. S., Ray, K. P., Sterling-Turner, H., & Logan, P. (1999). Teacher-implemented functional analysis and intervention: A method for linking assessment to intervention. *School Psychology Review, 28*, 292- 302.

Witt, J. C., & Martens, B. K. (1988). Problems with problem-solving consultation: A re-analysis of assumptions, methods, and goals. *School Psychology Review, 17*, 211-226.

28

Ensino de habilidades de segurança para crianças

Raymond G. Miltenberger, Amy C. Gross, Diego Valbuena e Sindy Sanchez

Em suas vidas, as crianças podem encontrar inúmeras ameaças à segurança pessoal. Especialistas em segurança dividem essas ameaças em duas categorias: (1) situações frequentes, nas quais uma criança tem repetidas oportunidades de se envolver em comportamento seguro e (2) situações de baixa incidência, mas com risco de vida, nas quais a criança pode ter apenas uma oportunidade de se envolver em comportamento seguro com sucesso (Miltenberger, 2008). Exemplos de situações frequentes que exigem comportamento seguro incluem andar de carro, andar de bicicleta e atravessar a rua. Exemplos de comportamento seguro nessas situações incluem os usos do cinto de segurança e de capacete e olhar para os dois lados antes de atravessar, respectivamente. Exemplos de situações de baixa incidência, mas com risco de vida, incluem tentativa de sequestro, incêndios domésticos (p. ex., Garcia, Dukes, Brady, Scott & Wilson, 2016) e encontrar uma arma de fogo sem vigilância. Exemplos de comportamento seguro nessas situações incluem, respectivamente: dizer "não", sair da área e contar a um adulto; evacuação imediata da casa; e não tocar na arma de fogo, sair da área e avisar um adulto. O uso de um comportamento seguro por uma criança em tais situações pode salvar sua vida. Muitas ameaças à segurança exigem que a criança emita diversas respostas para manter sua segurança, e nos referimos a essas respostas como *habilidades de segurança*.

Embora o uso de habilidades de segurança durante ameaças a esta que ocorrem com frequência seja importante para prevenir lesões acidentais ou morte, neste capítulo, nos concentramos nas habilidades de segurança para ameaças à segurança de baixa incidência, mas com risco de vida. Em especial, nos concentramos no ensino de habilidades de segurança apropriadas na presença de uma arma de fogo sem vigilância (Maxfield, Miltenberger & Novotny, 2019). Revisamos o problema das lesões e das mortes por arma de fogo, e discutimos duas abordagens para a prevenção destas: modificar o comportamento dos pais para promover o armazenamento seguro de armas de fogo (Violano *et al.*, 2018) e ensinar às crianças habilidades de segurança apropriadas na presença de uma arma de fogo sem vigilância, com ênfase no treinamento em habilidades comportamentais.

Ferimentos e mortes por arma de fogo

Prevalência de ferimentos e mortes por arma de fogo

As armas de fogo ferem ou matam centenas de crianças nos Estados Unidos (Parikh, Silver, Patel, Iqbal & Goyal, 2017). Entre 2009 e 2013, uma média de 3.061 crianças de zero a 19 anos sobreviveram a ferimentos não intencionais por arma de fogo, e 951 crianças de zero a 19 anos morreram de suicídio ou por tiroteios não intencionais (Brady Campaign to Prevent Gun Violence, s.d.-a). Ferimentos e mortes por arma de fogo na infância muitas vezes não são deliberados. A Academia Americana de Pediatria (AAP, 2000) relatou que as porcentagens de mortes não intencionais causadas por armas de fogo para crianças menores de 5 anos, de 5 a 9 anos, de 10 a 14 anos e de 15 a 19 anos foram de 24, 26, 21 e 5%, respectivamente. Armas de fogo mataram de maneira acidental mais de 1.500 crianças entre 1996 e 2001 (Common Sense about Kids and Guns, s.d.). Apenas os acidentes com veículos causaram mais mortes não intencionais do que as armas de fogo (Kellerman, 1993; Zavoski, Lapidus, Lerer & Banco, 1995).

As pistolas, armas de fogo projetadas para serem seguradas e disparadas com uma mão, causam mais ferimentos e mortes não intencionais por esse tipo de arma do que as espingardas e os fuzis, armas de fogo projetadas para serem seguradas e disparadas com as duas mãos (AAP, 2000; Grossman, Reay & Baker, 1999; Knight-Bohnhoff & Harris, 1998; Zavoski *et al.*, 1995). O acesso fácil a essas armas aumenta o risco de ferimentos e mortes acidentais por arma de fogo (Hemenway & Solnick, 2015; Miller, Azrael & Hemenway, 2001; Miller, Azrael, Hemenway & Vriniotis, 2005; Ordog *et al.*, 1988). De fato, a maioria dos incidentes ocorre nas casas das vítimas ou de amigos ou familiares das vítimas (Common Sense about Kids and Guns, s.d.; DiScala e Sege, 2004; Eber, Annest, Mercy & Ryan, 2004; Grossman *et al.*, 1999; Kellerman & Reay, 1986; Wintemute, Teret, Kraus, Wright & Bradfield, 1987).

Prevalência da posse de armas

As taxas relatadas de posse de armas de fogo variam, com 20 a 40% das famílias possuindo pelo menos uma arma (Common Sense about Kids and Guns, s.d.; Haught, Grossman & Connell, 1995; National Opinion Research Center, 2014; Schuster, Franke, Bastian, Sor & Halfon, 2000; Senturia, Christoffel & Donovan, 1994). Ter uma arma de fogo aumenta em cinco vezes a probabilidade de possuir outra (Senturia *et al.*, 1994), e os domicílios que contêm um membro do sexo masculino são mais propensos a ter uma arma de fogo do que aqueles sem um homem (Knight-Bohnhoff & Harris, 1998; Schuster *et al.*, 2000). Mais da metade dos domicílios que têm arma de fogo possuem uma pistola. Os pais são mais propensos a ter um fuzil, uma espingarda e um revólver, respectivamente (Schuster *et al.*, 2000). Os proprietários de revólveres citam a proteção com maior frequência como motivo para manter a arma de fogo em casa (AAP, 2000; Dresang, 2001; Haught *et al.*, 1995; Wiley & Casey, 1993). No entanto, uma arma de fogo em casa tem muito mais probabilidade de matar um membro da família ou um amigo do que proteger a família de um estranho (AAP, 2000; Dresang, 2001; Kellerman, 1993; Kellerman & Reay, 1986).

Fatores de risco para ferimentos e mortes por arma de fogo

Dois importantes fatores de risco associados a ferimentos não intencionais por arma de fogo e mortes de crianças são as práticas de armazenamento inseguro (i.e., o proprietário armazena a arma de fogo destrancada, municiada, perto da munição) e a tendência das crianças de brincar com as armas de fogo que encontram (Himle & Miltenberger, 2004). Diversos investigadores documentaram que muitos proprietários de armas de fogo não conseguem armazenar suas armas com segurança (p. ex., Azreal, Cohen, Salhi & Miller, 2018; Azrael, Miller, Hemenway, 2000; Crifasi, Doucette, McGinty, Webster & Barry, 2018), e que as crianças costumam brincar com tais armas quando as encontram (Hardy, 2002; Hardy, Armstrong, Martin & Strawn, 1996; Jackman, Farah, Kellerman & Simon, 2001).

Comportamento e crenças dos pais sobre armas de fogo

Comportamento de armazenamento de armas de fogo

Muitos pais não guardam suas armas de fogo com segurança, embora o acesso a estas esteja tão intimamente associado a ferimentos e mortes por arma de fogo na infância. Menos da metade dos pais relatou armazenar suas armas de fogo da maneira mais segura, isto é, trancadas, não municiadas e separadas das munições (Farah & Simon, 1999; Stennies, Ikeda, Leadbetter, Houston & Sacks, 1999; Wiley & Casey, 1993). Mais importante, 13 a 30% dos pais relataram guardar suas armas de fogo engatilhadas e municiadas, que é a prática de armazenamento mais insegura (Common Sense about Kids and Guns, s.d.; Farah Simon, 1999; Hemenway, Solnick & Azrael, 1995; Miller *et al.*, 2005; Schuster *et al.*, 2000; Senturia *et al.*, 1994; Stennies *et al.*, 1999). Muitos proprietários de armas de fogo relataram armazenar as suas de alguma forma entre esses dois extremos (Stennies *et al.*, 1999). Quase metade dos proprietários de armas de fogo relatou guardar munição separadamente das suas armas (Haught *et al.*, 1995; Hendricks & Reichert, 1996).

Os investigadores mostraram que os dispositivos de segurança à prova de crianças para armas de fogo previnem ferimentos e mortes por esse tipo de arma. O General Accounting Office (1991) revisou laudos de médicos legistas e avaliadores e concluiu que dispositivos de segurança à prova de crianças e indicadores de arma municiada poderiam ter evitado cerca de 8 e 23% das lesões não intencionais e das mortes, respectivamente. Vernick *et al.* (2003) determinaram que um ou mais dentre três dispositivos de segurança – armas de fogo personalizadas (Crifasi, O'Dwyer, McGinty, Webster & Barry, 2019), indicadores de câmara municiada e segurança do pente – poderiam ter evitado 45% das mortes não intencionais. Infelizmente, menos da metade dos pais proprietários de armas de fogo utilizam tais dispositivos de segurança (Common Sense about Kids and Guns, s.d.; Haught *et al.*, 1995; Schuster *et al.*, 2000).

Crenças sobre segurança de armas de fogo

Os resultados de pesquisas mostraram que os pais que possuem e não possuem armas de fogo diferem em suas crenças de segurança sobre essas armas.

Knight-Bohnhoff e Harris (1998) entrevistaram pais proprietários e não proprietários de armas de fogo sobre seus conhecimentos e suas crenças sobre ferimentos e mortes não intencionais por arma de fogo. Pais proprietários de armas desse tipo relataram que o treinamento de segurança baseado em educação era estratégia suficiente para evitar ferimentos e mortes não intencionais por arma de fogo (Knight-Bohnhoff & Harris, 1998), já os pais que não possuíam tais armas eram mais propensos a acreditar que mantê-las fora de casa era a melhor forma de se evitar tais ferimentos e mortes (Farah & Simon, 1999). Os pais proprietários dessas armas preferiram obter informações de segurança de uma organização de armas de fogo, e os pais que não as possuíam optaram por obter informações de segurança da polícia. Os pais que tinham armas de fogo afirmaram que (1) estariam dispostos a conversar com o pediatra de seus filhos sobre essas armas e (2) acreditavam em estatísticas sobre maiores riscos do que benefícios ao possuir armas de fogo. No entanto, esses pais não retiravam as armas de suas casas, embora a maioria relatasse que seguiria as recomendações de manter as armas de fogo trancadas e não municiadas (Webster, Wilson, Duggan & Pakula, 1992). Pais não proprietários de tais armas afirmaram que as informações do pediatra que os atendia os tornariam menos propensos a comprar uma arma de fogo no futuro.

Webster *et al.* (1992) pesquisaram pais em um consultório de pediatria e descobriram que os que tinham armas de fogo estavam mais dispostos do que os que não tinham a confiar essas armas às crianças em uma idade muito mais jovem. Quatorze por cento dos proprietários de armas de fogo estavam dispostos a confiar uma arma de fogo a uma criança com menos de 12 anos, e 39% estavam dispostos a confiar uma arma de fogo a uma criança entre 12 e 15 anos. Vinte e seis por cento dos proprietários de armas de fogo disseram que nunca confiariam em uma criança com uma arma dessas. Em contrapartida, apenas 3% dos não proprietários estavam dispostos a confiar uma arma de fogo a uma criança com menos de 12 anos, e 9% estavam dispostos a confiar uma arma desse tipo a uma criança entre 12 e 15 anos. Quarenta e dois por cento dos não proprietários disseram que nunca confiariam uma arma dessas a uma criança (Webster *et al.*, 1992). Pais proprietários e não proprietários de armas de fogo disseram que confiariam armas de fogo a seus próprios filhos em uma idade média de 9 anos, mas que não confiariam a outras crianças até os 21 anos (Farah & Simon, 1999). Os pais que tinham armas de fogo eram mais propensos do que os que não tinham a acreditar que as crianças saberiam diferenciar entre as armas reais e as de brinquedo em uma idade mais precoce, bem como eram mais propensos a pensar que seus próprios filhos poderiam fazer esse julgamento de forma confiável (Farah & Simon, 1999; Webster *et al.*, 1992).

Muitos pais, independentemente do *status* de posse de arma de fogo, estavam confiantes de que seus filhos não tocariam ou brincariam com tal arma se a oportunidade surgisse (Common Sense about Kids and Guns, s.d.; Farah & Simon, 1999). Os pais relataram conversar com seus filhos sobre segurança de armas de fogo (Farah & Simon, 1999; Knight-Bohnhoff & Harris, 1998), mas a maioria relatou não discutir a posse dessas com os pais dos amigos de seus filhos (Brady Campaign to Prevent Gun Violence, s.d.-b). Dos que não discutiram o assunto com os pais dos amigos, a maioria disse não ter pensado nisso; alguns presumiram que não havia armas de fogo nas casas dos pais dos amigos, ou que esses pais guardavam suas armas com segurança (Brady Campaign to Prevent Gun Violence, s.d.-b).

Comportamento infantil

Embora os pais tendam a acreditar que seus filhos não vão tocar ou brincar com uma arma de fogo, muitas vezes isso não acontece. Hardy *et al.* (1996) constataram que 19% das crianças cujos pais possuíam uma arma desse tipo relataram brincar com ela sem o conhecimento dos pais. Além disso, 24% mais crianças do que os pais verificaram que elas sabiam que seus pais mantinham uma arma de fogo em casa, e 67% das crianças afirmaram que sabiam onde a arma de fogo estava localizada e tinham acesso a ela (Hardy *et al.*, 1996). Hardy (2002) fez perguntas semelhantes a pais e filhos sobre segurança de armas desse tipo. Quando os pesquisadores perguntaram aos pais se seus filhos brincariam com uma arma de fogo, 41% disseram que *sim*, 32% disseram que *não* e 27% não tinham certeza. Curiosamente, 40% das crianças cujos pais responderam *não* brincaram com uma arma de fogo, assim como 59% das crianças dos pais inseguros. Ainda, quando os pesquisadores colocavam as crianças em uma sala com diversos brinquedos, armas de fogo de brinquedo e armas de fogo reais, mas não municiadas, as crianças frequentemente tocavam e brincavam com as reais (Hardy, 2002; Jackman *et al.*, 2001).

Jackman *et al.* (2001) enviaram duplas ou trios de meninos de 8 a 12 anos para uma sala na qual os investigadores haviam colocado uma arma de fogo em uma gaveta. Esses pesquisadores descobriram que pelo menos uma criança manuseava a arma de fogo em 76% dos grupos, e pelo menos uma criança puxava o gatilho em 48% dos grupos. Apenas uma vez (5%) uma criança saía do quarto e relatava, para um adulto, ter encontrado a arma. Quase todas as crianças que tocaram na arma (93%) e puxaram o gatilho (94%) receberam informações de segurança da arma de fogo em algum momento. Hardy (2002) obteve resultados semelhantes: 53% das crianças brincavam com a arma na sala, e apenas 1 em cada 70 crianças relatava, para um adulto, ter encontrado a arma de fogo. Além disso, as crianças não eram capazes de discriminar entre armas de fogo reais e de brinquedo tão bem quanto os pais acreditavam. Na verdade, cerca de metade das crianças que encontraram a arma de fogo não tinha certeza se era real ou um brinquedo (Hardy, 2002; Jackman *et al.*, 2001). As crianças foram mais propensas a identificar uma arma de fogo como um brinquedo quando era real do que a identificá-la como real quando era um brinquedo (Hardy, 2002).

Prevenção de ferimentos e mortes por arma de fogo na infância

Os dois principais fatores de risco para ferimentos e mortes por arma de fogo na infância são as armas acessíveis e a tendência das crianças de brincar com as que encontram. Portanto, duas abordagens para a prevenção de ferimentos por arma de fogo são (1) promover o armazenamento seguro dessas armas pelos pais e (2) avaliar e ensinar habilidades de segurança infantil.

Promoção de práticas de armazenamento seguro

Investigadores e membros da comunidade têm utilizado diversas estratégias para promover o armazenamento seguro de armas de fogo. Essas estratégias incluíram legislação que torna crime o armazenamento de uma arma de fogo onde ela é acessível às crianças, bem como esforços de pediatras, médicos, meios de comunicação de massa e outros para educar os pais sobre os perigos dessas armas e a necessidade de armazenamento seguro (p. ex., Himle & Miltenberger, 2004; Jostad & Miltenberger, 2004).

Legislação sobre armas

A Flórida foi o primeiro estado a implementar uma lei que punia quem armazenava ou deixava uma arma de fogo municiada onde uma criança pudesse acessá-la. A Lei de Prevenção de Acesso da Criança teve resultados positivos na Flórida durante seu primeiro ano de implementação, com uma queda de 50% nas mortes por armas de fogo. A partir de 1997, 19 outros estados adotaram leis semelhantes (Cummings, Grossman, Rivara & Koepsell, 1997). Cummings *et al.* (1997) avaliaram se essas leis eram efetivas na redução da taxa de mortalidade de menores de 15 anos. No geral, a taxa de mortalidade foi 23% menor do que o esperado nos estados que adotaram leis de armazenamento seguro. O estudo também constatou que a queda nos óbitos foi maior para crianças menores de 10 anos do que para aquelas entre 10 e 14 anos.

Webster e Starnes (2000) também avaliaram a efetividade da Lei de Prevenção de Acesso da Criança na redução das mortes por arma de fogo. Eles não encontraram nenhuma mudança nas taxas de mortalidade por tal arma em estados em que a pena era uma contravenção, mas uma diminuição nessas mortes em estados onde a pena era um crime. No entanto, quando excluíram os dados da Flórida da análise, a diminuição nas taxas de mortalidade por arma de fogo após a implementação da Lei de Prevenção de Acesso da Criança não foi estatisticamente significativa. A Flórida pode ter sido tão bem-sucedida porque foi o primeiro estado a implementar a lei; por isso, a lei recebeu muita publicidade. A Flórida também tinha a pena mais severa, e a taxa de mortalidade antes da implementação era bastante alta, então havia mais espaço para mudanças. Pesquisadores continuam a levantar hipóteses sobre as razões do sucesso na Flórida, mas não em outros estados (Webster & Starnes, 2000).

Educação dos pais

Grossman, Mang e Rivara (1995) avaliaram as crenças e as práticas de médicos de família e pediatras em relação à segurança de armas de fogo e práticas de armazenamento seguro. Eles descobriram que muitos médicos de família e pediatras concordaram que eles deveriam ser responsáveis por aconselhar as famílias sobre armas desse tipo, mas isso não estava no topo de sua lista de prioridades. Cerca de um terço afirmou não saber o que dizer aos pais, e metade admitiu que nunca aconselhou uma família sobre segurança de arma de fogo. Os médicos de família foram mais propensos a promover o ensino do uso seguro dessas armas pelas crianças quando estas tinham "idade suficiente", e os pediatras foram mais propensos a concordar que os indivíduos não deveriam manter armas de fogo em casas com crianças. Os pediatras estavam mais dispostos a sugerir aos pais a retirada de tais armas, mas ambos os grupos duvidavam que as famílias seguissem esse conselho. Tanto os médicos de família quanto os pediatras disseram que orientariam os pais a armazenarem munições e armas de fogo de forma separada, e acharam que os pais seriam receptivos a essa sugestão (Grossman *et al.*, 1995).

Grossman *et al.* (2000) avaliaram a efetividade da educação médica, dos materiais escritos sobre armazenamento seguro e de um cupom de desconto para a compra de dispositivos de armazenamento seguro sobre o comportamento de posse e armazenamento de armas de fogo dos pais. O programa não produziu mudanças significativas no comportamento de posse ou armazenamento em comparação com o dos controles. Sidman *et al.* (2005) avaliaram os efeitos de uma campanha de mídia e cupons de desconto para caixas com tranca sobre as práticas de armazenamento de proprietários de armas de fogo em King County, Washington. Os autores realizaram pesquisas telefônicas para avaliar as práticas de armazenamento no município de intervenção e em nove municípios-controle em diferentes estados, e constataram que a intervenção não produziu mudanças estatisticamente significativas nas práticas de armazenamento seguro.

Coyne-Beasley, Schoenbach e Johnson (2001) avaliaram a eficácia do programa Love Our Kids, Lock Your Guns (ame nossas crianças, tranque suas armas) sobre as práticas de armazenamento seguro dos participantes. Os investigadores ofereceram enquete, aconselhamento individualizado, informações de segurança e um cadeado de arma de fogo com instruções sem custo para os indivíduos no estacionamento de um *shopping*. Coyne-Beasley *et al.* avaliaram a efetividade do programa após 6 meses. Quase todos os participantes acharam que o programa foi útil. No acompanhamento, 77% dos participantes disseram que trancaram suas armas de fogo, em comparação com 48% na linha de base; 72% disseram que utilizaram o cadeado da arma de fogo, contra nenhum na linha de base; e apenas 7% armazenaram suas armas municiadas e destravadas, em comparação com 18% na linha de base. Após o programa, os participantes com filhos eram mais propensos do que os sem filhos a trancar suas armas de fogo.

Embora a pesquisa de Coyne-Beasley *et al.* (2001) ilustre um programa bem-sucedido na promoção do armazenamento seguro de armas de fogo, os investigadores fizeram contato pessoal com proprietários individuais dessas armas e distribuíram cadeados para elas; essa é uma prática que consome muito tempo e recursos, e que as comunidades provavelmente não aplicarão em grande escala. Em geral, as pesquisas sobre a mudança das práticas de armazenamento de armas de fogo têm produzido resultados mistos, com muitos programas não produzindo mudanças. Além disso, essa pesquisa utilizou autorrelatos de práticas de armazenamento, por isso precisamos interpretar os resultados com cautela. McGee, Coyne-Beasley e Johnson (2003) concluíram que não se sabe claramente quais intervenções ou componentes de intervenção aumentam a probabilidade de armazenamento seguro de armas de fogo. Certamente, o campo necessita de mais pesquisas para avaliar estratégias para promover práticas de armazenamento seguro por proprietários de armas de fogo. O armazenamento seguro desse tipo de arma diminuiria a ameaça à segurança infantil e a necessidade de ensinar às crianças habilidades de segurança com armas de fogo.

Avaliação e ensino de competências de segurança infantil

Avaliação das competências em segurança infantil

Dado que os métodos para promover o armazenamento seguro de armas de fogo não foram bem-sucedidos, uma abordagem alternativa é ensinar habilidades de segurança com essas armas para crianças. Os pesquisadores utilizaram três métodos para avaliar se as abordagens de ensino são eficazes: autorrelato, dramatização e avaliações *in loco*. Os comportamentos-alvo são os mesmos em todos os procedimentos de avaliação e ensino: "pare o que está fazendo, não toque na arma de fogo, saia da sala e informe a um adulto". A maioria dos investigadores utilizou uma escala de zero a 3 (0 = *tocou na arma de fogo, independentemente de completar etapas posteriores*; 1 = *não tocou na arma de fogo*; 2 = *não tocou na arma de fogo e saiu imediatamente do quarto*; e 3 = *não tocou na arma de fogo, saiu imediatamente da sala e informou a um adulto que encontrou a arma*). Em todos os métodos de avaliação, um professor (ou outro avaliador) não fornece *feedback* a uma criança sobre suas respostas durante a avaliação, pois o objetivo é observar e medir o que a criança faz antes ou após o ensino.

Autorrelato. Trata-se de um método pelo qual a criança declara o que faria ao se deparar com uma arma de fogo sem supervisão. O professor descreve uma situação na qual a criança desacompanhada encontra uma arma de fogo (p. ex., "imagine que você está na casa de seu amigo brincando no porão, enquanto os pais dele estão no andar de cima. Você está brincando de esconde-esconde e, quando abre um armário para se esconder, vê uma arma de fogo nele. O que você faria?"). A criança então responde dizendo ao professor o que faria (p. ex., "eu pararia de brincar e não tocaria na arma de fogo; então eu subiria as escadas e contaria aos pais do meu amigo imediatamente").

Embora as avaliações de autorrelato sejam eficientes em termos de tempo em relação às avaliações nas quais uma criança realiza o comportamento, suas limitações superam seus benefícios, ou seja, uma criança pode descrever a habilidade de segurança de maneira verbal, mas pode não demonstrar as habilidades quando encontra uma arma de fogo (p. ex., Gatheridge *et al.*, 2004; Himle, Miltenberger, Gatheridge & Flessner, 2004). Devido ao potencial do autorrelato de produzir falsos positivos, em que a criança afirma que realizaria as habilidades corretas, mas não as realiza na situação real, não recomendamos o autorrelato para avaliar habilidades de segurança de arma de fogo.

Dramatização. Durante as avaliações de dramatização, o professor apresenta à criança um cenário e pede que ela demonstre o que faria naquela situação. Por exemplo, o professor pode colocar uma arma de fogo não municiada ou uma de brinquedo em cima de uma mesa e dizer à criança: "finja que entrou no escritório de seu pai e encontrou uma arma de fogo em cima da mesa dele. Agora, finja que sou seu pai e me mostre o que você faria". O professor, então, caminharia até outra sala e esperaria que a criança demonstrasse o que faria.

Os pesquisadores consideram as avaliações de dramatização superiores aos autorrelatos, pois a criança deve demonstrar o que faria na presença de uma arma de fogo. No entanto, pesquisas mostram que o comportamento que a criança demonstra durante a dramatização pode não corresponder ao que ela faz quando encontra uma arma de fogo (p. ex., Gatheridge *et al.*, 2004; Himle, Miltenberger, Gatheridge, *et al.*, 2004). Não recomendamos avaliações de dramatização, dado o perigo de uma criança encontrar uma arma de fogo desacompanhada e os falsos positivos associados a avaliações de dramatização.

Avaliações in loco. Representam o método mais válido para avaliar habilidades de segurança (Miltenberger, Sanchez & Valbuena, 2015). Três características essenciais devem estar presentes durante uma avaliação *in loco* das habilidades de segurança de armas de fogo. Primeiro, a criança deve encontrar uma arma desse tipo sem supervisão no ambiente natural. Em segundo lugar, a criança não deve saber que alguém a está observando. Terceiro, a criança não deve estar na presença de um adulto quando encontrar a arma de fogo. É importante ressaltar que os investigadores e os clínicos devem utilizar uma arma de fogo desmuniciada ou réplica realista para garantir a segurança da criança. As avaliações *in loco* simulam uma situação da vida real e capturam se o comportamento da criança está sob o controle do estímulo da arma de fogo e não do observador. Recomendamos que os investigadores e os clínicos usem avaliações *in loco* das habilidades de segurança com armas de fogo, devido às deficiências das avaliações de autorrelato e de dramatização, conforme já descrito (p. ex., Himle, Miltenberger, Gatheridge *et al.*, 2004; Gatheridge *et al.*, 2004).

Ensino de habilidades de segurança para crianças

Os investigadores utilizaram duas abordagens para ensinar habilidades de segurança com armas de fogo para crianças. Uma é informativa, e a outra é a aprendizagem ativa. Em uma abordagem informativa, o professor fala sobre os perigos das armas de fogo e descreve as habilidades de segurança associadas a essas armas, muitas vezes com a criança ensaiando verbalmente as habilidades de segurança. Em geral, a modelagem ao vivo ou videomodelagem faz parte da abordagem informativa. As habilidades de segurança associadas a uma arma de fogo são não tocá-la, afastar-se dela e relatar sua presença a um adulto (p. ex., Gatheridge *et al.*, 2004; Himle, Miltenberger, Gatheridge, *et al.*, 2004; Kelso, Miltenberger, Waters, Egemo-Helm & Bagne, 2007). Em uma abordagem de aprendizagem ativa, o professor fornece instruções e modelagem, e a criança pratica as habilidades de segurança em situações simuladas. O professor elogia o desempenho correto e oferece *feedback* corretivo para o desempenho incorreto (Gatheridge *et al.*, 2004; Himle, Miltenberger, Flessner & Gatheridge, 2004; Miltenberger *et al.*, 2004).

Treinamento informativo. Hardy *et al.* (1996) avaliaram uma abordagem de treinamento informativo para ensinar habilidades de segurança com armas de fogo filmando crianças de forma sorrateira ao encontrarem uma arma de fogo em uma brinquedoteca antes e após receberem informações sobre segurança com arma de fogo. As avaliações pré e pós-ensino consistiram em duas crianças brincando em uma sala que continha uma arma de fogo desmuniciada, uma arma de fogo de brinquedo e outros brinquedos. A intervenção foi uma sessão de 30 minutos, em que um policial disse a crianças e pais que uma criança nunca deveria tocar em uma arma de fogo sem permissão dos pais; uma criança deve informar a um adulto se encontrar uma arma de fogo ou se outra criança estiver brincando com uma arma; e todas as armas de fogo são perigosas, a menos que um adulto diga o oposto. Hardy *et al.* descobriram que as crianças do grupo de treinamento eram tão propensas a tocar e brincar com a arma de fogo real após o treinamento quanto as crianças do grupo-controle. Hardy (2002) relatou resultados semelhantes.

O Programa Eddie Eagle GunSafe é um treinamento comumente utilizado para crianças, distribuído pela National Rifle Association (Himle, Miltenberger, Gatheridge *et al.*, 2004). Esse programa usa diversos materiais e atividades (como cartazes, livros para colorir, vídeos, materiais de recorte, cartões de sequenciamento com o lema de segurança e certificados e adesivos para usar como reforços), a fim de prestar informações sobre habilidades de segurança com armas de fogo. Durante o treinamento, as crianças recebem informações, recitam o lema de segurança e respondem verbalmente com o lema de segurança a cenários hipotéticos durante cinco sessões de treinamento de 15 minutos. Consideramos essa uma abordagem informativa, pois a criança não realiza de fato os comportamentos-alvo (parar, não tocar, sair da área e contar para um adulto) em uma situação na qual encontra uma arma de fogo desacompanhada. O Programa Eddie Eagle GunSafe já treinou mais de 15 milhões de crianças, mas há poucos estudos avaliando sua eficácia.

Himle, Miltenberger, Gatheridge *et al.* (2004) descobriram que crianças de 4 e 5 anos treinadas com o Programa Eddie Eagle GunSafe podiam dizer ao investigador o que deveriam fazer quando encontrassem uma arma de fogo durante uma avaliação de autorrelato. No entanto, elas não tiveram desempenho melhor do que as crianças não treinadas quando o investigador pediu que elas encenassem o que fariam se encontrassem uma arma de fogo sem vigilância. Além disso, as crianças treinadas não realizaram as habilidades corretas de segurança durante as avaliações *in loco*. Gatheridge *et al.*

(2004) também avaliaram a eficácia do Programa Eddie Eagle GunSafe em crianças de 6 e 7 anos. Essas crianças tiveram um bom desempenho na avaliação de autorrelato e um pouco melhor na avaliação de dramatização do que as do grupo-controle. No entanto, as crianças treinadas não realizaram as habilidades de segurança durante as avaliações *in loco*.

A pesquisa mostrou que as abordagens informacionais já revisadas podem não ser eficazes para ensinar às crianças habilidades de segurança com armas de fogo. Essa conclusão é consistente com pesquisas que mostram que abordagens informacionais não são eficazes para ensinar habilidades de segurança para outras ameaças à segurança, como sequestro e abuso sexual (p. ex., Beck & Miltenberger, 2009; Miltenberger *et al.*, 2013; Miltenberger & Hanratty, 2013; Poche, Yoder, Miltenberger, 1988).

Habilidades comportamentais e treinamento in loco. A ineficácia das abordagens informacionais para o ensino de habilidades de segurança não deve surpreender, pois elas não exigem que as crianças executem a habilidade de segurança de maneira correta durante o treinamento (Gatheridge *et al.*, 2004; Hardy, 2000; Hardy *et al.*, 1996; Himle, Miltenberger, Gatheridge *et al.*, 2004). Já o treinamento em habilidades comportamentais é uma abordagem que requer ensaio ativo da criança até que ela domine as habilidades em diversas situações simuladas. Pesquisas têm mostrado que o treinamento com habilidades comportamentais é eficaz para aquele em habilidades de prevenção de sequestro (Carroll-Rowan & Miltenberger, 1994; Johnson *et al.*, 2005, 2006; Marchand-Martella & Huber, 1996; Olsen-Woods, Miltenberger, Forman, 1998; Poche, Brouwer & Swearingen, 1981; Poche *et al.*, 1988), habilidades de prevenção de abuso sexual (Lumley, Miltenberger, Long, Rapp & Roberts, 1998; Miltenberger *et al.*, 1999; Miltenberger & Thiesse-Duffy, 1988; Miltenberger, Thiesse-Duffy, Suda, Kozak & Bruellman, 1990), habilidades de segurança de pedestres (Yeaton & Bailey, 1978) e habilidades de segurança contra incêndio (Jones, Kazdin & Haney, 1981; Jones, Ollendick, McLaughlin & Williams, 1989).

O treinamento em habilidades comportamentais envolve instruções, modelagem, ensaio e *feedback*. O professor dá instruções descrevendo a ameaça à segurança e as habilidades de segurança a serem utilizadas em resposta à ameaça. Em seguida, o professor modela as habilidades de segurança em situações simuladas de ameaça à segurança. Em seguida, a criança ensaia as habilidades de segurança durante uma dramatização. O professor elogia o desempenho correto e oferece *feedback* corretivo para o desempenho incorreto. O ensaio e o *feedback* continuam até que a criança execute as habilidades de segurança de forma correta e imediatamente quando o professor apresenta à criança uma série de ameaças de segurança simuladas (p. ex., Himle & Miltenberger, 2004; Miltenberger, 2008). Como resultado, a criança deverá se envolver nas habilidades de segurança quando confrontada com uma situação da vida real envolvendo uma ameaça de segurança semelhante.

Pesquisas avaliando o treinamento nas habilidades comportamentais para o ensino das de segurança para crianças e adultos com deficiência intelectual têm produzido muitas descobertas. Em primeiro lugar, o treinamento em habilidades comportamentais é eficaz na produção de aquisição de habilidades, embora nem sempre estas sejam generalizadas para outros contextos ou mantidas ao longo do tempo (Marchand-Martella & Huber, 1996; Miltenberger *et al.*, 2004; Poche *et al.*, 1981). Em segundo lugar, o treinamento em habilidades comportamentais parece ser mais eficaz com indivíduos do que com grupos de crianças (Carroll-Rowan & Miltenberger, 1994; Johnson *et al.*, 2005; Miltenberger & Olsen, 1996). Terceiro, o treinamento em habilidades comportamentais não é eficaz em alguns casos até que os pesquisadores adicionem *treinamento in loco*; isto é, as crianças aprendem com treinamento em habilidades comportamentais, mas não as utilizam até que o treinamento ocorra no ambiente natural (Johnson *et al.*, 2005; Miltenberger *et al.*, 1999). Quarto, o treinamento em habilidades comportamentais é mais eficaz do que abordagens informativas que não envolvam a realização do comportamento no contexto em que ele pode ocorrer (Gatheridge *et al.*, 2004; Himle, Miltenberger, Gatheridge, *et al.*, 2004). Por fim, o treinamento em habilidades comportamentais pode ser demorado, pois algumas crianças precisam de inúmeras sessões antes de adquirir e generalizar as habilidades (Johnson *et al.*, 2005; Miltenberger *et al.*, 1999).

Pesquisadores têm utilizado o treinamento *in loco* com aquele em habilidades comportamentais em situações nas quais o treinamento em habilidades comportamentais sozinho não tem sido eficaz no ensino de habilidades de segurança com armas de fogo. O treinamento *in loco* tem os mesmos componentes que o em habilidades comportamentais (i.e., instruções, modelagem, ensaio e *feedback*), mas o investigador ou o clínico conduz o treinamento imediatamente após uma avaliação *in loco* com falha. No momento no qual a criança não consegue realizar a habilidade de segurança, o pesquisador entra na área, encerra a avaliação e inicia o treinamento *in loco*. O investigador discute a ameaça à segurança, revisa os aspectos corretos e incorretos do desempenho e pede à criança que ensaie as habilidades enquanto fornece *feedback* adicional (p. ex., Miltenberger *et al.*, 2004, 2005, 2009, 2013).

Miltenberger e colaboradores avaliaram o treinamento em habilidades comportamentais para o ensino de habilidades de segurança com armas de fogo para crianças, ampliando a literatura existente sobre treinamento em habilidades comportamentais em situações de ameaça, como sequestro e abuso sexual (Gatheridge *et al.*, 2004; Himle, Miltenberger, Flessner *et al.*, 2004; Himle, Miltenberger, Gatheridge *et al.*, 2004; Miltenberger *et al.*, 2004, 2005, 2009). Himle, Miltenberger, Gatheridge *et al.* (2004) compararam as habilidades de segurança com armas de fogo para crianças de 4 e 5 anos, atribuídas ao treinamento em habilidades comportamentais, com o Programa Eddie Eagle GunSafe ou com um grupo-controle. Os pesquisadores mantiveram o tempo de treinamento consistente entre os dois tipos, conduzindo o treinamento durante cinco breves sessões. Os investigadores conduziram o Programa Eddie Eagle com pequenos grupos, conforme as instruções nos materiais de treinamento do programa. Da mesma forma, os pesquisadores forneceram instruções e modelagem para pequenos grupos de crianças designadas para o grupo de treinamento em habilidades comportamentais. As crianças do grupo de treinamento em habilidades comportamentais ensaiaram as habilidades e receberam *feedback* individual em cenários nos quais encontraram uma arma de fogo real, mas desmuniciada, em casa para promover a generalização. Após o treinamento, os pesquisadores realizaram avaliações de autorrelato, dramatização e *in loco* e constataram que as crianças de ambos os grupos de treinamento pontuaram significativamente mais do que as crianças do grupo-controle na medida de autorrelato, ou seja, as crianças de ambos os grupos de treinamento poderiam dizer o que fazer quando encontrassem uma arma de fogo. As crianças do grupo de treinamento em habilidades comportamentais pontuaram significativamente mais do que as crianças dos grupos Eddie Eagle e controle na avaliação de dramatização. De fato, todas as crianças do grupo de treinamento em habilidades comportamentais não tocaram na arma de fogo, saíram da sala e relataram ter encontrado tal arma para um adulto. Por fim, as habilidades não se generalizaram para avaliações *in loco* para crianças de nenhum grupo; as pontuações da avaliação *in loco* foram semelhantes para os três grupos.

Esse estudo destaca a importância de múltiplos procedimentos de avaliação para avaliar a amplitude da aquisição e da generalização de habilidades (Himle, Miltenberger, Gatheridge *et al.*, 2004). Os resultados também sugerem que o fracasso das crianças nos grupos de treinamento em realizar as habilidades tanto nas avaliações de dramatização (grupo Eddie Eagle) quanto nas avaliações *in loco* (ambos os grupos de treinamento) pode ter refletido um desempenho, e não um déficit de habilidades, ou seja, as crianças em ambos os grupos de treinamento poderiam autorrelatar as habilidades de segurança corretas, e aquelas no grupo de treinamento em habilidades comportamentais poderiam desempenhar as habilidades de segurança corretas. Já as crianças do grupo Eddie Eagle não realizaram as habilidades de segurança durante as avaliações de *role-play* ou *in loco*, e as do grupo de treinamento em habilidades comportamentais não realizaram as habilidades durante a avaliação *in loco*. Outros estudos sobre treinamento em habilidades de segurança relataram descobertas semelhantes (Lumley *et al.*, 1998; Miltenberger *et al.*, 1999).

Himle, Miltenberger, Flessner *et al.* (2004) avaliaram procedimentos para promover a generalização das habilidades de segurança com armas de fogo desde sessões de treinamento até avaliações *in loco* com crianças de 4 e 5 anos. Os pesquisadores treinaram oito crianças de maneira individual em duas sessões de treinamento em habilidades comportamentais de 30 minutos. Em cada sessão, o treinador dava instruções à criança e modelava as habilidades de segurança. A criança ensaiava as habilidades em diversos cenários nos quais encontrava uma arma de fogo. O treinador fornecia elogios e *feedback* corretivo até que a criança executasse as habilidades corretamente cinco vezes consecutivas. Os investigadores avaliaram então as habilidades de segurança durante uma avaliação *in loco*. Eles realizaram até três sessões de treinamento de reforço se uma criança não executasse as habilidades de forma correta durante a avaliação *in loco*. As sessões de reforço eram como as de treinamento inicial. Os pesquisadores implementavam treinamento *in loco* se uma criança ainda não se envolvesse nas habilidades de segurança corretas após a terceira sessão de reforço. Imediatamente após a criança não se envolver nas habilidades corretas de segurança com arma de fogo durante uma avaliação *in loco*, o investigador entrava na situação de avaliação, repetia vocalmente e modelava as habilidades de segurança, e solicitava que a criança ensaiasse a habilidade de segurança até executá-la corretamente cinco vezes consecutivas. Nenhuma criança realizou as habilidades corretas de segurança durante a linha de base. Três crianças realizaram as habilidades corretas após o treinamento em habilidades comportamentais e sessões de reforço. As outras cinco crianças realizaram as habilidades corretas somente após a adição do treinamento *in loco*. As avaliações de seguimento ocorreram no domicílio de cada criança entre 2 semanas e 2 meses após o treinamento. Todas as crianças realizaram as habilidades corretas durante o acompanhamento, exceto uma, que não relatou a arma de fogo a um adulto. Essa criança apresentou as habilidades corretas durante uma avaliação subsequente (Himle, Miltenberger, Flessner *et al.*, 2004).

Em estudo semelhante, Miltenberger *et al.* (2004) avaliaram o treinamento em habilidades comportamentais individuais com treinamento *in loco*, conforme necessário, para o ensino de habilidades de segurança para seis crianças de 6 e 7 anos. Três das crianças realizaram as habilidades corretas durante as avaliações *in loco* após duas a quatro sessões de treinamento em habilidades comportamentais, mas as outras três crianças precisaram de treinamento *in loco* antes de exibirem as habilidades consistentemente durante as avaliações *in loco*. Todas as crianças generalizaram as habilidades para suas residências e as mantiveram 5 meses após o treinamento. Os resultados de Himle, Miltenberger, Flessner *et al.* (2004) e Miltenberger *et al.* (2004) demonstraram a importância do treinamento *in loco* para o ensino de habilidades de segurança para crianças: o treinamento *in loco* produziu desempenho correto para todas as crianças quando aquele em habilidades comportamentais sozinho não foi eficaz.

Gatheridge *et al.* (2004) compararam a efetividade do Programa Eddie Eagle GunSafe e o treinamento em habilidades comportamentais implementado em pequenos grupos de crianças de 6 e 7 anos. Além disso, eles avaliaram o treinamento *in loco* com crianças que não apresentaram as habilidades após o Programa Eddie Eagle GunSafe ou o treinamento em habilidades comportamentais. Os resultados mostraram que as crianças dos grupos de treinamento em habilidades comportamentais e Eddie Eagle apresentaram pontuações mais altas de habilidades de segurança do que as do grupo-controle em uma avaliação de autorrelato; ou seja, as crianças de ambos os grupos de treinamento poderiam dizer ao investigador o que fazer ao encontrar uma arma de fogo. As crianças de ambos os grupos de treinamento também tiveram um desempenho significativamente melhor do que as do grupo-controle durante as avaliações de dramatizações, nas quais o investigador descreveu um cenário em que uma criança encontra uma arma de fogo desacompanhada e disse à criança para representar o que faria naquele cenário. As crianças do grupo de treinamento em habilidades comportamentais tiveram um desempenho significativamente melhor do que as crianças do grupo Eddie Eagle durante as avaliações de dramatização, pois todas as crianças do grupo de treinamento em habilidades comportamentais se engajaram nas habilidades corretas de segurança. Essas descobertas foram consistentes com as de Himle, Miltenberger, Gatheridge *et al.* (2004) para crianças de 4 e 5 anos do grupo Eddie Eagle em relação aos grupos de treinamento em habilidades comportamentais. As crianças desse grupo do estudo de Gatheridge *et al.* também tiveram desempenho significativamente melhor do que as dos grupos Eddie Eagle e controle durante as avaliações *in loco*. A maioria das crianças do grupo de treinamento em habilidades comportamentais em Gatheridge *et al.* realizou as habilidades corretas de segurança durante as avaliações *in loco*. Em contrapartida, as crianças de 4 e 5 anos de Himle, Miltenberger, Gatheridge *et al.* não realizaram as habilidades corretas de segurança durante as avaliações *in loco*. Quase todas as crianças do grupo Eddie Eagle em Gatheridge *et al.* não demonstraram habilidades corretas de segurança até participarem do treinamento *in loco*, enquanto a maioria das crianças do grupo de treinamento em habilidades comportamentais demonstrou habilidades corretas de segurança sem treinamento *in loco*.

Os resultados da pesquisa sugerem que as crianças muitas vezes não demonstram habilidades corretas de segurança durante a avaliação *in loco* após o treinamento em habilidades comportamentais, mas demonstram generalização das habilidades de segurança após a adição do treinamento *in loco* (Himle, Miltenberger, Flessner *et al.*, 2004; Miltenberger *et al.*, 2004). Consequentemente, Miltenberger *et al.* (2005) implementaram duas sessões de treinamento em habilidades comportamentais seguidas de uma avaliação *in loco* dentro de 30 minutos da segunda sessão de treinamento, com 10 crianças de 4 e 5 anos. Se uma criança não executou as habilidades de segurança durante a avaliação *in loco*, um novo instrutor entrou na situação de avaliação e conduziu o treinamento *in loco*. Os resultados mostraram que todas as 10 crianças realizaram as habilidades após receberem duas sessões de treinamento em habilidades comportamentais seguidas de uma avaliação *in loco*, e as habilidades foram generalizadas e mantidas durante um período de acompanhamento de 3 meses. Além disso, cinco das crianças participaram de uma avaliação *in loco* da díade, na qual encontraram a arma de fogo acompanhadas por um colega, e todas as cinco se engajaram nas habilidades corretas de segurança. Esses resultados sugerem que a inclusão do treinamento *in loco* mais cedo no treinamento pode melhorar a efetividade e a eficiência do treinamento em habilidades comportamentais (Miltenberger *et al.*, 2005). Uma explicação alternativa é que o treinamento *in loco* por si só teria sido eficaz.

Embora nenhum estudo tenha avaliado o treinamento *in loco* sozinho para ensinar habilidades de segurança com armas de fogo, os resultados de Miltenberger *et al.* (2009) podem fornecer uma indicação dos efeitos do treinamento *in loco* de maneira isolada. Nessa pesquisa, um grupo recebeu treinamento em habilidades comportamentais; um grupo recebeu treinamento *in loco* simulado com os mesmos componentes do treinamento em habilidades comportamentais, além de discussão de cenários da vida real durante a instrução, videoclipes de crianças encontrando armas de fogo sozinhas e com um desafio em pares, e ensaio com um desafio em pares; e um grupo não recebeu treinamento. Na primeira avaliação pós-treinamento, os pesquisadores não encontraram diferenças nas pontuações entre os três grupos, sugerindo que nenhum dos dois procedimentos de treinamento foi eficaz. Os pesquisadores realizaram então uma sessão de treinamento *in loco* para as crianças dos três grupos que não se engajaram nas habilidades corretas. As crianças dos três grupos demonstraram as habilidades de segurança, não havendo diferenças significativas entre os grupos após o treinamento *in loco*. Esses resultados sugerem que o treinamento *in loco* por si só pode ser suficiente para o ensino de habilidades de segurança, uma vez que as crianças do grupo-controle adquiriram as habilidades após o treinamento *in loco* isoladamente. Miltenberger *et al.* (2013) obtiveram resultados semelhantes, nos quais o treinamento *in loco* isolado foi eficaz para ensinar habilidades de prevenção de sequestro a crianças que faziam parte de um grupo-controle sem tratamento. Embora esses resultados sejam promissores, a área necessita de mais pesquisas para avaliar o treinamento *in loco* como uma intervenção isolada.

Considerações finais

Podemos tirar diversas conclusões dos resultados dos estudos que avaliaram o treinamento em habilidades comportamentais para o ensino de habilidades de segurança com armas de fogo para crianças. Primeiro, o treinamento em habilidades comportamentais, abordagem em que uma criança pratica as habilidades-alvo de segurança e recebe *feedback*, é superior ao Programa Eddie Eagle GunSafe, abordagem informativa sem prática ou componentes de *feedback*. Essa descoberta é coerente com outras pesquisas que demonstram que a prática de habilidades com *feedback* é necessária para que os programas de treinamento tenham efeito (p. ex., Beck e Miltenberger, 2009; Poche *et al.*, 1988). O Quadro 28.1 mostra a sequência de passos no treinamento em habilidades comportamentais para o ensino de habilidades de segurança com armas de fogo para crianças.

Em segundo lugar, o número de sessões de treinamento em habilidades comportamentais necessárias para que as crianças realizem as habilidades de segurança varia. Em alguns casos, as crianças realizaram-nas após duas sessões de treinamento; em outros, as crianças não realizaram as habilidades após cinco sessões de treinamento. Essa descoberta foi consistente em crianças de 4 a 7 anos e sugere que os pesquisadores devem repetir avaliações de habilidades de segurança para determinar quantas sessões de treinamento as crianças precisam para demonstrar o uso generalizado de habilidades.

Terceiro, algumas crianças não realizam habilidades de segurança até que participem do treinamento *in loco*. Todas as que participaram de tal treinamento realizaram habilidades de segurança após uma a três sessões de treinamento (a maioria depois de apenas uma sessão), independentemente de quantas sessões do treinamento em habilidades comportamentais precederam o *in loco*. O mecanismo comportamental subjacente à eficácia do treinamento *in loco* não está claro. Uma possibilidade é que ele simplesmente envolve o reforço de casos de generalização – estratégia conhecida para promover a generalização (Stokes & Baer, 1977). Outra possibilidade é que ser observado exibindo o comportamento incorreto e ter que ensaiar as habilidades de segurança funcione

QUADRO 28.1 Passos no ensino de habilidades de segurança com armas de fogo para crianças

1. Forneça instruções.
   a. Descreva os perigos de brincar com armas de fogo e as habilidades de segurança a serem utilizadas ao encontrar uma arma de fogo desacompanhada ("não toque, fuja e conte a um adulto").
   b. Dê exemplos para ilustrar as habilidades de segurança em diferentes situações.
2. Modele as habilidades de segurança.
   a. Simule uma situação na qual você encontra uma arma de fogo (usando uma arma desmuniciada ou uma réplica de arma de fogo real) e demonstre as habilidades de segurança: "não toque nela, fuja da arma de fogo e conte a um adulto sobre ela".
   b. Descreva a importância das habilidades após modelá-las.
3. Proporcione a oportunidade de ensaio.
   a. Configure um cenário no qual a criança possa encontrar uma arma de fogo (p. ex., em uma prateleira no quarto dos pais) e coloque uma arma (desmuniciada ou uma réplica de arma de fogo real) na situação simulada.
   b. Peça à criança que lhe mostre as habilidades de segurança.
   c. Durante o ensaio, configure a situação para que a criança tenha que sair correndo da sala e avisar a um adulto em outra sala sobre a arma de fogo encontrada.
4. Forneça elogios e *feedback*.
   a. Forneça elogios descritivos para o ensaio correto das habilidades de segurança ou para qualquer aspecto das habilidades que a criança executou de maneira correta.
   b. Forneça instruções adicionais para melhoria (*feedback*) se a criança executou qualquer aspecto das habilidades de segurança de modo incorreto.
5. Repita com diversos cenários.
   a. Peça à criança que ensaie as habilidades de segurança com elogios e *feedback* em diversos cenários diferentes.
   b. Crie cada cenário para representar uma situação na qual a criança possa encontrar uma arma de fogo em sua casa ou na casa de um amigo.
6. Realize a avaliação *in loco*.
   a. Realize a avaliação *in loco* colocando uma arma de fogo ou uma réplica desmuniciada em um local onde a criança vai encontrá-la, registrando o comportamento desta.
   b. A avaliação *in loco* deve ocorrer sem o conhecimento da criança.
7. Realize treinamento *in loco* conforme a necessidade.
   a. Se a criança não conseguir utilizar as habilidades durante a avaliação *in loco*, entre na sala e realize o treinamento.
   b. Revise as habilidades de segurança.
   c. Peça à criança que ensaie de três a cinco vezes corretamente na situação.

repetidamente como punição por comportamento incorreto, e que evitar a observação e o ensaio funcione como reforço negativo das habilidades de segurança.

Quarto, as respostas das crianças às diferentes avaliações não foram consistentes, mostrando que diferentes repertórios estão envolvidos na (1) descrição vocal das habilidades de segurança apropriadas, (2) demonstração das habilidades na presença do investigador e (3) utilização das habilidades durante as avaliações *in loco* da criança. Os resultados da pesquisa mostram que as crianças podem demonstrar habilidades de segurança em dramatizações, mas não conseguem realizar habilidades de segurança durante as avaliações *in loco*. Como tal, notamos a falha em realizar as habilidades durante as avaliações *in loco* como déficit de desempenho, não de habilidades. Criamos a hipótese de que o treinamento *in loco* funciona como gestão de contingência, e não como treinamento em habilidades. Portanto, o treinamento em habilidades comportamentais pode ser mais apropriado para o ensino de habilidades, já o *in loco* pode ser mais apropriado para reforçar o uso de habilidades, mas os investigadores devem avaliar essa hipótese em estudos futuros.

Perspectivas futuras

Há diversas áreas para pesquisas futuras para melhorar os métodos de ensino de habilidades de segurança para crianças. Uma direção para tais pesquisas é avaliar os fatores que influenciam a efetividade do treinamento em habilidades comportamentais. Os resultados da pesquisa até o momento sugerem que o treinamento em habilidades comportamentais é superior às abordagens informativas, e que um formato individual para treinamento em habilidades comportamentais é superior a um formato de grupo. No entanto, pesquisas futuras devem investigar (1) se há diferenças relacionadas à idade na efetividade do treinamento em habilidades comportamentais; (2) se modificações no treinamento em habilidades comportamentais aumentariam sua efetividade para crianças de diferentes idades; (3) qual o método mais eficiente de treinamento em habilidades de segurança; e (4) quais os efeitos únicos e interativos do treinamento em habilidades comportamentais e do treinamento *in loco*.

Futuros investigadores poderão avaliar se déficits de habilidades, de desempenho ou ambos estão na base de por que as crianças não utilizam habilidades de segurança durante as avaliações *in loco*. A identificação dos fatores que contribuem para demonstrar habilidades de segurança em sessões de treinamento, mas não durante a avaliação *in loco*, pode informar os procedimentos de treinamento. Por exemplo, contingências de reforço para brincar com arma de fogo (p. ex., reforço positivo automático para brincar com arma de fogo, reforço negativo automático na forma de evitar o ridículo dos colegas por demonstrar habilidades de segurança) podem substituir as contingências de reforço para executar habilidades de segurança corretas. O comportamento controlado por regras (p. ex., uma criança acredita que haveria uma consequência negativa ao relatar a arma de fogo) também pode funcionar para suprimir a demonstração de habilidades de segurança. Essas explicações são especulativas, mas podem ser direcionadas para pesquisas futuras.

Outra área para pesquisas futuras é incorporar avaliações de díades e desafios de pares no treinamento e na avaliação. Com exceção de dois estudos (Miltenberger *et al.*, 2005, 2009), as pesquisas até o momento têm se concentrado na avaliação de habilidades quando a criança encontra, sozinha, a arma de fogo. No entanto, as crianças podem encontrar uma arma dessas enquanto estão com outras crianças. Estudos futuros poderiam avaliar cenários nos quais uma criança-alvo em uma díade ou um grupo de crianças infiltradas da pesquisa encontra uma arma de fogo. Os investigadores poderiam programar os infiltrados a responder de diversas maneiras (p. ex., uma criança infiltrada desafia a criança-alvo a brincar com a arma de fogo; Miltenberger *et al.*, 2009).

Outro tópico para pesquisas futuras pode ser avaliar estratégias para melhorar a eficiência do treinamento em habilidades comportamentais e aumentar sua acessibilidade. Em estudos, pesquisadores treinados (p. ex., estudantes de pós-graduação em análise do comportamento) conduzem treinamento em habilidades comportamentais com crianças individuais ou pequenos grupos, normalmente em um punhado de sessões. Esse método requer a presença de indivíduos treinados com tempo para realizar o treinamento necessário. É pouco provável que as comunidades implementem de forma ampla esse treinamento, a menos que ele se torne mais eficiente. O treinamento em pares é uma estratégia potencial para melhorar a eficiência da formação em competências de segurança. Jostad, Miltenberger, Kelso e Knudson (2008) utilizaram o treinamento em habilidades comportamentais para ensinar quatro crianças de 6 e 7 anos a usar o treinamento em habilidades comportamentais para ensinar habilidades de segurança a seis crianças de 4 e 5 anos. As crianças de 6 e 7 anos realizaram de duas a cinco sessões de treinamento em habilidades comportamentais e treinamento *in loco*, se necessário, com as crianças de 4 e 5 anos. Ambos os grupos se engajaram corretamente nas habilidades de segurança durante a avaliação. Esses resultados e os de um estudo semelhante de Tarasenko, Miltenberger, Brower-Breitwieser e Bosch (2010) sugerem que o treinamento entre pares pode ser um método eficaz de ensino de habilidades de segurança; no entanto, a área necessita de mais pesquisas.

A formação de pais ou professores para serem treinadores pode ser outra alternativa para melhorar a eficiência da formação em competências de segurança. Mais crianças poderiam receber treinamento se professores e pais pudessem ensinar habilidades de segurança para seus alunos e seus filhos, respectivamente. Por exemplo, o Programa Eddie Eagle GunSafe foi projetado para ensinar pais ou professores a realizar treinamentos. Infelizmente, as pesquisas feitas até o momento não mostraram que ele é eficaz (Gatheridge *et al.*, 2004; Himle, Miltenberger, Gatheridge *et al.*, 2004; Kelso *et al.*, 2007). Resultados promissores de Gross, Miltenberger, Knudson, Bosch e Brower-Breitwieser (2007) fornecem suporte preliminar para a eficácia de um programa instrucional para ensinar pais a utilizar o treinamento em habilidades comportamentais para ensinar habilidades de segurança a seus filhos. Gross *et al.* demonstraram que três de quatro pais que leram um manual de instruções e assistiram a uma videomodelagem usaram habilidades comportamentais e treinamento *in loco* de maneira correta para ensinar habilidades de segurança a seus filhos de 4 a 7 anos. Vanselow e Hanley (2014) avaliaram um programa computadorizado de treinamento em habilidades comportamentais para ensinar uma série de habilidades de segurança. Embora os resultados tenham mostrado que o treinamento informatizado foi efetivo para poucas crianças, isso representa um uso interessante da tecnologia para aumentar a acessibilidade de programas de treinamento em habilidades de segurança. Hanratty, Miltenberger e Florentino (2016) avaliaram um manual de treinamento para ensinar uma professora de pré-escola a realizar treinamento em habilidades comportamentais para ensinar habilidades de segurança a seus alunos de 3 e 4 anos. Esse treinamento não foi efetivo. Os pesquisadores, então, implementaram treinamento *in loco* e incentivos, incluindo acesso a atividades de lazer, e as crianças demonstraram as habilidades. São necessárias pesquisas adicionais para desenvolver e avaliar a efetividade de tais programas, com o objetivo final de promover ampla disseminação.

Referências

American Academy of Pediatrics (AAP), Committee on Injury and Poison Prevention. (2000). Firearm-related injuries affecting the pediatric population. *Pediatrics, 105*, 888-895.

Azrael, D., Cohen, J., Salhi, C., & Miller, M. (2018). Firearm storage in gun-owning households with children: Results of a 2015 national survey. *Journal of Urban Health, 95*, 295-304.

Azrael, D., Miller, M., & Hemenway, D. (2000). Are household firearms stored safely?: It depends whom you ask. *Pediatrics, 106*, e31-e36.

Beck, K., & Miltenberger, R. (2009). Evaluation of a commercially available abduction prevention program. *Journal of Applied Behavior Analysis, 42*, 761-772.

Brady Campaign to Prevent Gun Violence. (s.d.-a). Sensible gun laws save lives. Recuperado em 28 de julho de 2015, de *www.bradycampaign.org*.

Brady Campaign to Prevent Gun Violence. (s.d.-b). Firearm facts. Recuperado em 1 de junho de 2015, de *www.bradycampaign.org*.

Carroll-Rowan, L., & Miltenberger, R. (1994). A comparison of procedures for teaching abduction prevention to preschoolers. *Education and Treatment of Children, 17*, 113-128.

Common Sense about Kids and Guns. (s.d.). Arquivo de fatos. Recuperado em 28 de julho de 2015, de *www.kidsandguns.org*.

Coyne-Beasley, T., Schoenbach, V. J., & Johnson, R. M. (2001). "Love Our Kids, Lock Your Guns": A community-based firearm safety counseling and gun lock distribution program. *Archives of Pediatrics and Adolescent Medicine, 155*, 659-664.

Crifasi, C. K., Doucette, M. L., McGinty, E. E., Webster, D. W., & Barry, C. L. (2018). Storage practice of US gun owners in 2016. *American Journal of Public Health, 108*, 532-537.

Crifasi, C. K., O'Dwyer, J. K., McGinty, E. E., Webster, D. W., & Barry, C. L. (2019). Desirability of personalized guns among current gun owners. *American Journal of Preventive Medicine, 57*, 191-196.

Cummings, P., Grossman, D. C., Rivara, F. P., & Koepsell, T. D. (1997). State gun safe storage laws and child mortality due to firearms. *Journal of the American Medical Association, 278*, 1084-1086.

DiScala, C., & Sege, R. (2004). Outcomes in children and young adults who are hospitalized for firearms-related injuries. *Pediatrics, 113*, 1306-1312.

Dresang, L. T. (2001). Gun deaths in rural and urban settings: Recommendations for prevention. *Journal of the American Board of Family Practice, 14*, 107-115.

Eber, G. B., Annest, J. L., Mercy, J. A., & Ryan, G. W. (2004). Nonfatal and fatal firearm-related injuries among children aged 14 years and younger: United States, 1993-2000. *Pediatrics, 113*, 1686-1692.

Farah, M. M., & Simon, H. K. (1999). Firearms in the home: Parental perceptions. *Pediatrics, 104*, 1059- 1063.

Garcia, D., Dukes, C., Brady, M. P., Scott, J., & Wilson, C. L. (2016). Using modeling and rehearsal to teach fire safety to children with autism. *Journal of Applied Behavior Analysis, 49*, 699-704.

Gatheridge, B. J., Miltenberger, R. G., Huneke, D. F., Satterlund, M. J., Mattern, A. R., Johnson, B. M., *et al.* (2004). Comparison of two programs to teach firearm injury prevention skills to 6- and 7-year-old children. *Pediatrics, 114*, 294-299.

General Accounting Office. (1991). Accidental shootings: Many deaths and injuries caused by firearms could be prevented. Recuperado em 6 de agosto de 2020, de *www.gao.gov/assets/160/150353.pdf*.

Gross, A., Miltenberger, R., Knudson, P., Bosch, A., & Brower-Breitwieser, C. (2007). Preliminary evaluation of a parent training program to prevent gun play. *Journal of Applied Behavior Analysis, 40*, 691-695.

Grossman, D. C., Cummings, P., Koepsell, T. D., Marshall, J., D'Ambrosio, L., Thompson, R. S., *et al.* (2000). Firearm safety counseling in primary care pediatrics: A randomized, controlled trial. *Pediatrics, 106*, 22-26.

Grossman, D. C., Mang, K., & Rivara, F. P. (1995). Firearm injury prevention counseling by pediatricians and family physicians. *Archives of Pediatrics and Adolescent Medicine, 149*, 973-977.

Grossman, D. C., Reay, D. T., & Baker, S. A. (1999). Self-inflicted and unintentional firearm injuries among children and adolescents: The source of the firearm. *Archives of Pediatrics and Adolescent Medicine, 1538*, 875-882.

Hanratty, L., Miltenberger, R., & Florentino, S. (2016). Evaluating the effectiveness of a teaching package utilizing behavioral skills training and *in situ* training to teach gun safety skills in a preschool classroom. *Journal of Behavioral Education, 25*, 310-323.

Hardy, M. S. (2002). Teaching firearm safety to children: Failure of a program. *Developmental and Behavioral Pediatrics, 23*, 71-76.

Hardy, M. S., Armstrong, F. D., Martin, B. L., & Strawn, K. N. (1996). A firearm safety program for children: They just can't say no. *Journal of Developmental and Behavioral Pediatrics, 17*, 216-221.

Haught, K., Grossman, D., & Connell, F. (1995). Parents' attitudes toward firearm injury prevention counseling in urban pediatric clinics. *Pediatrics, 96*, 649-653.

Hemenway, D., & Solnick, S. J. (2015). Children and unintentional firearm death. *Injury Epidemiology, 2*, 26.

Hemenway, D., Solnick, S. J., & Azrael, D. R. (1995). Firearm training and storage. *Journal of the American Medical Association, 273*, 46-50.

Hendricks, C. M., & Reichert, A. (1996). Parents' self-reported behaviors related to health and safety of very young children. *Journal of School Health, 66*, 247-251.

Himle, M., & Miltenberger, R. (2004). Preventing unintentional firearm injury in children: The need for behavioral skills training. *Education and Treatment of Children, 27*, 161-177.

Himle, M. B., Miltenberger, R. G., Flessner, C., & Gatheridge, B. (2004). Teaching safety skills to children to prevent gun play. *Journal of Applied Behavior Analysis, 37*, 1-9.

Himle, M. B., Miltenberger, R. G., Gatheridge, B., & Flessner, C. (2004). An evaluation of two procedures for training skills to prevent gun play in children. *Pediatrics, 113*, 70-77.

Jackman, G. A., Farah, M. M., Kellerman, A. L., & Simon, H. K. (2001). Seeing is believing: What do boys do when they find a real gun? *Pediatrics, 107*, 1247-1250.

Johnson, B. M., Miltenberger, R. G., Egemo-Helm, K., Jostad, C. J., Flessner, C., & Gatheridge, B. (2005). Evaluation of behavioral skills training for teaching abduction-prevention skills to young children. *Journal of Applied Behavior Analysis, 38*, 67-78.

Johnson, B. M., Miltenberger, R. G., Knudson, P., Egemo-Helm, K., Kelso, P., Jostad, C., *et al.* (2006). A preliminary evaluation of two behavioral skills training procedures for teaching abduction prevention skills to school-age children. *Journal of Applied Behavior Analysis, 39*, 25-34.

Jones, R. T., Kazdin, A. E., & Haney, J. I. (1981). Social validation and training of emergency fire safety skills for potential injury prevention and life saving. *Journal of Applied Behavior Analysis, 14*, 249-260.

Jones, R. T., Ollendick, T. H., McLaughlin, K. J., & Williams, C. E. (1989). Elaborative and behavioral rehearsal in the acquisition of fire emergency skills and the reduction of fear of fire. *Behavior Therapy, 20*, 93-101.

Jostad, C. M., & Miltenberger, R. G. (2004). Firearm injury prevention skills: Increasing the efficiency of training with peer tutoring. *Child and Family Behavior Therapy, 26*, 21-35.

Jostad, C. M., Miltenberger, R. G., Kelso, P., & Knudson, P. (2008). Peer tutoring to prevent gun play: Acquisition, generalization, and maintenance of safety skills. *Journal of Applied Behavior Analysis, 41*, 117-123.

Kellerman, A. L. (1993). Preventing firearm injuries: A review of epidemiologic research. *American Journal of Preventive Medicine, 9*(Suppl. 1), 12-15.

Kellerman, A. L., & Reay, D. T. (1986). Protection or peril?: An analysis of firearm-related deaths in the home. *New England Journal of Medicine, 314*, 1557- 1560.

Kelso, P., Miltenberger, R., Waters, M., Egemo-Helm, K., & Bagne, A. (2007). Teaching skills to second and third grade children to prevent gun play: A comparison of procedures. *Education and Treatment of Children, 30*, 29-48.

Knight-Bohnhoff, K., & Harris, M. B. (1998). Parent's behaviors, knowledge, and beliefs related to unintentional firearm injuries among children and youth in the Southwest. *Journal of Pediatric Health Care, 12*, 139-146.

Lumley, V. A., Miltenberger, R. G., Long, E. S., Rapp, J. T., & Roberts, J. A. (1998). Evaluation of a sexual abuse prevention program for adults with mental retardation. *Journal of Applied Behavior Analysis, 31*, 91-101.

Marchand-Martella, N., & Huber, G. (1996). Assessing the long-term maintenance of abduction prevention skills by disadvantaged preschoolers. *Education and Treatment of Children, 19*, 55-58.

Maxfield, T. C., Miltenberger, R. G., & Novotny, M. A. (2019). Evaluating small-scale simulation for training firearm safety skills. *Journal of Applied Behavior Analysis, 52*, 491-498.

McGee, K. S., Coyne-Beasley, T., & Johnson, R. M. (2003). Review of evaluations of educational approaches to promote safe storage of firearms. *Injury Prevention, 9*, 108-111.

Miller, M., Azrael, D., & Hemenway, D. (2001). Firearm availability and unintentional firearm deaths. *Accident Analysis and Prevention, 33*, 477-484.

Miller, M., Azrael, D., Hemenway, D., & Vriniotis, M. (2005). Firearm storage practices and rates of unintentional firearm deaths in the United States. *Accident Analysis and Prevention, 37*, 661-667.

Miltenberger, R. (2008). Teaching safety skills to children: Prevention of firearm injury as an exemplar of best practice in assessment, training, and generalization of safety skills. *Behavior Analysis in Practice, 1*, 30-36.

Miltenberger, R. G., Flessner, C., Gatheridge, B., Johnson, B., Satterlund, M., & Egemo, K. (2004). Evaluation of behavioral skills training procedures to prevent gun play in children. *Journal of Applied Behavior Analysis, 37*, 513-516.

Miltenberger, R., Fogel, V., Beck, K., Koehler, S., Graves, R., Noah, J., *et al.* (2013). Examining the efficacy of the Stranger Safety abduction prevention program and parent conducted *in situ* training. *Journal of Applied Behavior Analysis, 46*, 817-820.

Miltenberger, R. G., Gatheridge, B. J., Satterlund, M., Egemo-Helm, K. R., Johnson, B. M., Jostad, C., *et al.* (2005). Teaching safety skills to prevent gun play: An evaluation of *in situ* training. *Journal of Applied Behavior Analysis, 38*, 395-398.

Miltenberger, R., Gross, A., Knudson, P., Jostad, C., Bosch, A., & Brower Breitwieser, C. (2009). Evaluating behavioral skills training with and without simulated *in situ* training for teaching safety skills to children. *Education and Treatment of Children, 32*, 63-75.

Miltenberger, R., & Hanratty, L. (2013). Teaching sexual abuse prevention skills to children. Em D. S. Bromberg & W. T. O'Donohue (Eds.), *Handbook of child and adolescent sexuality: Developmental and forensic psychology* (p. 419-447). Londres: Elsevier.

Miltenberger, R. G., & Olsen, L. A. (1996). Abduction prevention training: A review of findings and issues for future research. *Education and Treatment of Children, 19*(1), 69-82.

Miltenberger, R. G., Roberts, J. A., Ellingson, S., Galensky, T., Rapp, J. T., Long, E. S., *et al.* (1999). Training and generalization of sexual abuse prevention skills for women with mental retardation. *Journal of Applied Behavior Analysis, 32*, 385-388.

Miltenberger, R., Sanchez, S., & Valbuena, D. (2015). Teaching safety skills to children. Em H. S. Roane, J. E. Ringdahl, & T. S. Falcomata (Eds.), *Clinical and organizational applications of applied behavior analysis* (p. 477-499). Londres: Elsevier.

Miltenberger, R., & Thiesse-Duffy, E. (1988). Evaluation of home-based programs for teaching personal safety skills to children. *Journal of Applied Behavior Analysis, 21*, 81-88.

Miltenberger, R. G., Thiesse-Duffy, E., Suda, K. T., Kozak, C., & Bruellman, J. (1990). Teaching prevention skills to children: The use of multiple measures to evaluate parent versus expert instruction. *Child and Family Behavior Therapy, 12*, 65-87.

National Opinion Research Center. (2014). General Social Survey final report: Trends in gun ownership in the United States, 1972-2014. Recuperado em 1 de agosto de 2014, de *www.norc.org/PDFs/GSS%20 Reports/GSS_Trends%20in%20Gun%20 Ownership_US_1972-2014.pdf.*

Olsen-Woods, L. A., Miltenberger, R. G., & Forman, G. (1998). Effects of correspondence training in an abduction prevention training program. *Child and Family Behavior Therapy, 20*, 15-34.

Ordog, G. J., Wasserberger, J., Schatz, I., Owens-Collins, D., English, K., Balasubramanian, S., *et al.* (1988). Gunshot wounds in children under 10 years of age: A new epidemic. *American Journal of Diseases of Children, 142*, 618-622.

Parikh, K., Silver, A., Patel, S. J., Iqbal, S. F., & Goyal, M. (2017). Pediatric firearm-related injuries in the United States. *Hospital Pediatrics, 7*, 303-312.

Poche, C., Brouwer, R., & Swearingen, M. (1981). Teaching self-protection to young children. *Journal of Applied Behavior Analysis, 14*, 169-176.

Poche, C., Yoder, P., & Miltenberger, R. (1988). Teaching self-protection to children using television techniques. *Journal of Applied Behavior Analysis, 21*, 253-261.

Schuster, M. A., Franke, T. M., Bastian, A. M., Sor, S., & Halfon, N. (2000). Firearm storage patterns in US homes with children. *American Journal of Public Health, 90*, 588-594.

Senturia, Y. D., Christoffel, K. K., & Donovan, M. (1994). Children's household exposure to guns: A pediatric practice-based survey. *Pediatrics, 93*, 469-475.

Sidman, E. A., Grossman, D. C., Koepsell, T. D., D'Ambrosio, L., Britt, J., Simpson, E. S., *et al.* (2005). Evaluation of a community-based handgun safe-storage campaign. *Pediatrics, 115*, e654-e661.

Stennies, G., Ikeda, R., Leadbetter, S., Houston, B., & Sacks, J. (1999). Firearm storage practices and children in the home, United States, 1994. *Archives of Pediatrics and Adolescent Medicine, 153*, 586-590.

Stokes, T. F., & Baer, D. M. (1977). An implicit technology of generalization. *Journal of Applied Behavior Analysis, 10*, 349-367.

Tarasenko, M. A., Miltenberger, R. G., Brower-Breitwieser, C., & Bosch, A. (2010). Evaluation of peer training for teaching abduction prevention skills. *Child and Family Behavior Therapy, 32*, 219-230.

Vanselow, N. R., & Hanley, G. P. (2014). An evaluation of computerized behavior skills training to teach safety skills to young children. *Journal of Applied Behavior Analysis, 47*, 51-69.

Vernick, J. S., O'Brien, M., Hepburn, L. M., Johnson, S. B., Webster, C. W., & Hargarten, S. W. (2003). Unintentional and undetermined firearm related deaths: A preventable death analysis for three safety devices. *Injury Prevention: Journal of the International Society for Child and Adolescent Injury, 9*, 307-311.

Violano, P., Bonne, S., Duncan, T., Pappas, P., Christmas, A. B., Goldberg, S., *et al.* (2018). Prevention of firearm injuries with gun safety devices and storage: An Eastern Association for the Surgery of Trauma systemic review. *Journal of Trauma and Acute Care Surgery, 84*, 1003-1011.

Webster, D. W., & Starnes, M. (2000). Reexamining the association between child access prevention gun laws and unintentional shooting deaths of children. *Pediatrics, 106*, 1466-1469.

Webster, D. W., Wilson, M. E. H., Duggan, A. K., & Pakula, L. C. (1992). Parents' beliefs about preventing gun injuries to children. *Pediatrics, 89*, 908-914.

Wiley, C. C., & Casey, R. (1993). Family experiences, attitudes, and household safety practices regarding firearms. *Clinical Pediatrics, 32*, 71-76.

Wintemute, G. J., Teret, S. P., Kraus, J. F., Wright, M. A., & Bradfield, G. (1987). When children shoot children: 88 unintended deaths in California. *Journal of the American Medical Association, 257*, 3107-3109.

Yeaton, W. H., & Bailey, J. S. (1978). Teaching pedestrian safety skills to young children: An analysis and one-year follow-up. *Journal of Applied Behavior Analysis, 11*, 315-329.

Zavoski, R. W., Lapidus, G. D., Lerer, T. J., & Banco, L. I. (1995). A population-based study of severe firearm injury among children and youth. *Pediatrics, 96*, 278-282.

29

Análise do comportamento e tratamento da dependência de substâncias

Avanços recentes nas pesquisas sobre reforço por abstinência

Kenneth Silverman, August F. Holtyn, Brantley P. Jarvis e Shrinidhi Subramaniam

Muitas evidências em animais e em humanos, em pesquisas laboratoriais básicas e ensaios clínicos randomizados, sugerem que a dependência de substâncias é um comportamento operante mantido e modificável por suas consequências (Silverman, DeFulio & Everly, 2011). Esse corpo de pesquisa serve como uma base rica para aplicar os princípios do condicionamento operante ao tratamento da dependência de substâncias. Os pesquisadores aplicaram princípios operantes ao tratamento dessa dependência de diversas maneiras, mas eles os aplicaram de modo mais direto e indiscutivelmente com a maior eficácia no reforço direto da abstinência de substâncias. Sob procedimentos de reforço da abstinência, os pacientes recebem uma consequência desejável condicionada a fornecer evidências objetivas de abstinência medicamentosa. Um capítulo da primeira edição deste livro forneceu o contexto e a visão geral de cerca de 40 anos de pesquisa sobre o desenvolvimento e a avaliação de intervenções de reforço da abstinência para a dependência de substâncias (Silverman, Kaminski, Higgins & Brady, 2011). Neste capítulo, fornecemos uma breve visão geral do capítulo original e, em seguida, apresentamos um resumo qualitativo e seletivo e uma discussão da pesquisa que os pesquisadores publicaram desde que escrevemos o capítulo original.

Panorama das pesquisas sobre reforço da abstinência até 2011

Por mais de 40 anos, pesquisadores têm aplicado intervenções de reforço da abstinência para tratar a dependência em diversas populações de adultos e adolescentes que utilizaram muitas substâncias comumente abusadas (Silverman, Kaminski *et al.*, 2011).

Primeiros estudos

Os primeiros estudos aplicaram intervenções de reforço da abstinência para tratar os chamados "alcoólatras de Skid Row";* adultos inscritos no tratamento com metadona que continuaram a usar narcóticos, benzodiazepínicos e álcool durante o tratamento; profissionais da saúde que abusaram de diversas substâncias; e tabagistas (Silverman, Kaminski *et al.*, 2011). Embora esses primeiros estudos diferissem de maneira considerável nos cenários e nos procedimentos usados para aplicar contingências de reforço de abstinência, eles

*N.T. O termo "alcoólatras de Skid Row" é utilizado com frequência para se referir a indivíduos que lutam contra o alcoolismo e que frequentam ou vivem em Skid Row, bairro no centro de Los Angeles conhecido por sua alta concentração de pobreza, falta de moradia e abuso de substâncias.

"estabeleceram uma base científica sólida para o desenvolvimento de intervenções de reforço de abstinência e ilustraram uma gama de aplicações criativas e úteis de uma tecnologia de reforço de abstinência" (Silverman, Kaminski *et al.*, 2011, p. 453).

Reforço baseado em *voucher*

Higgins *et al.* (1991) desenvolveram e testaram uma intervenção de reforço da abstinência para tratar adultos dependentes de cocaína. A intervenção oferecia aos participantes *vouchers* monetários, que podiam ser trocados por bens e serviços, pelo fornecimento rotineiro de amostras de urina negativas para cocaína. É importante ressaltar que a intervenção do *voucher* utilizava um cronograma de pagamento escalonado para a abstinência sustentada, no qual o valor dos *vouchers* aumentava à medida que o número de amostras consecutivas de urina negativas para cocaína aumentava. Essa intervenção de reforço da abstinência baseada em *voucher* mostrou-se eficaz e versátil. Nos 20 anos seguintes, os pesquisadores aplicaram e avaliaram a eficácia da intervenção baseada em *voucher* na promoção da abstinência de cocaína em adultos com dependência primária dessa substância; adultos e pacientes tratados com metadona e que continuavam a consumir cocaína durante esse tratamento; abstinência de narcóticos em pacientes que continuavam a consumi-los durante o tratamento com metadona; interrupção do tabagismo em diversas populações de tabagistas; e abstinência do uso de maconha (Silverman, Kaminski *et al.*, 2011).

Petry, Martin, Cooney e Kranzler (2000) desenvolveram uma variação da intervenção de reforço de abstinência baseada em *vouchers*, na qual os participantes ganhavam a oportunidade de tirar prêmios de um aquário contingente a amostras de hálito negativas para álcool ou urina negativa para substâncias. Os prêmios possíveis tinham valores monetários pequenos, grandes, gigantescos ou inexistentes, e um participante tinha a chance de sacar o valor de um prêmio em qualquer ocasião. Para reforçar a abstinência sustentada, os pesquisadores utilizaram um cronograma de reforço escalonado para abstinência sustentada no qual o número de sorteios aumentava à medida que o número de amostras consecutivas negativas para álcool ou outras substâncias crescia. O procedimento de reforço da abstinência baseado em prêmios foi eficaz, e a National Institute on Drug Abuse's Clinical Trials Network avaliou o procedimento em dois ensaios clínicos randomizados controlados em múltiplos locais (Peirce *et al.*, 2006; Petry, Alessi, Marx, Austin & Tardif, 2005).

Dallery e Glenn (2005) desenvolveram uma nova abordagem baseada na internet para reforçar a cessação do tabagismo que se mostrou eficaz e conveniente. Sob esse sistema, os participantes forneceram amostras de monóxido de carbono (CO) expiradas em frente a uma câmera de vídeo conectada à internet. O vídeo, que incluía a leitura no medidor de CO, incluía a hora atual, era transmitido pela internet e avaliado pela equipe. Os participantes recebiam um *voucher* monetário se o nível de CO exibido no medidor atendesse ao critério de reforço.

Análises e metanálises

Análises e metanálises têm mostrado que as intervenções de reforço da abstinência estão entre as intervenções psicossociais mais eficazes para o tratamento da dependência de substâncias (p. ex., Dutra *et al.*, 2008; Lussier, Heil, Mongeon, Badger & Higgins, 2006; Pilling, Strang, Gerada & National Institute for Clinical Excellence [NICE], 2007). Por exemplo, uma metanálise avaliou 34 estudos controlados que avaliaram a eficácia de intervenções de reforço de abstinência (chamadas de *gestão de contingência* naquele artigo); prevenção de recaídas; terapia cognitivo-comportamental (TCC) geral; e tratamentos que combinam TCC e controle de contingência. Nessa metanálise, o efeito mais forte foi para intervenções de gestão de contingência (Dutra *et al.*, 2008).

Melhoria dos resultados

Intervenções de reforço da abstinência são claramente eficazes na promoção da abstinência das substâncias mais comumente abusadas e em diversas populações. No entanto, as intervenções têm duas limitações principais: (1) não são eficazes para todos os pacientes e (2) muitos pacientes retomam o uso da substância quando a intervenção de reforço de abstinência termina (Silverman, Kaminski *et al.*, 2011). Como descrito no capítulo original, a efetividade das intervenções de reforço de abstinência pode variar em função de parâmetros familiares de condicionamento operante que afetam qualquer contingência de reforço operacional.

Aumento da eficácia

Conclusões de revisões e metanálises sugerem que parâmetros como imediaticidade e frequência de requisitos de reforço e resposta (i.e., abstinência de substâncias únicas *versus* múltiplas) alteram a eficácia das intervenções de reforço de abstinência. No entanto, estudos individuais mostram de maneira mais clara que a magnitude do reforço determina a efetividade dessas intervenções (Silverman, Kaminski *et al.*, 2011). Por exemplo, um estudo demonstrou que alguns pacientes que utilizaram cocaína durante o tratamento com metadona não iniciaram a abstinência da referida substância de abuso quando lhes foi oferecida uma intervenção de *voucher* padrão, na qual eles poderiam ganhar até cerca de US$ 1.150 em *vouchers* para fornecer amostras de urina negativas para cocaína 3 vezes por semana durante 12 semanas. Subsequentemente, em um período cruzado intrapaciente, muitos desses pacientes resistentes ao tratamento iniciaram a abstinência sustentada de cocaína quando lhes foi oferecida uma intervenção de *voucher* com maior valor, na qual eles poderiam ganhar até US$ 3.400 em *vouchers* para fornecer amostras de urina negativas para cocaína 3 vezes por semana durante 9 semanas. É importante ressaltar que eles alcançaram taxas significativamente mais altas de abstinência de cocaína do que durante condições de reforço com valores baixos ou nulos (Silverman, Chutuape, Bigelow & Stitzer, 1999). Um estudo também mostrou que uma intervenção de reforço de abstinência poderia se tornar ineficaz se o valor do reforço diminuísse demais (Petry *et al.*, 2004).

Prevenção de recaída

A recaída ao uso de substâncias é comum após o tratamento do abuso de substâncias, independentemente do tipo de tratamento (McLellan, Lewis, O'Brien, & Kleber, 2000). Relativamente poucos estudos avaliaram intervenções que poderiam prevenir a recaída ao uso de substâncias após a cessação de uma intervenção de reforço de abstinência, embora os pesquisadores tenham observado recaída de forma confiável desde os primeiros estudos de tais intervenções (Silverman, Kaminski *et al.*, 2011). Diversos estudos avaliaram se o reforço da abstinência produziria efeitos duradouros se os pesquisadores o combinassem com a terapia de prevenção de recaída cognitivo-comportamental, uma intervenção de aconselhamento projetada para prevenir a recaída. Os resultados desses estudos mostraram que o reforço de abstinência baseado em *voucher* produziu maiores taxas de abstinência durante o tratamento do que a TCC quando os pesquisadores apresentaram cada um de maneira isolada, e o tratamento combinado não aumentou as taxas de abstinência em comparação com a intervenção de *voucher* isoladamente durante ou após o tratamento (Silverman, Kaminski *et al.*, 2011).

Resultados de alguns estudos sugeriram que os pesquisadores poderiam utilizar o reforço de abstinência como intervenção de manutenção para sustentar a abstinência e prevenir recaídas, pelo menos enquanto a intervenção de reforço de abstinência continuasse (p. ex., Preston, Umbricht & Epstein, 2002; Silverman, Robles, Mudric, Bigelow & Stitzer, 2004). Por exemplo, um estudo mostrou que pacientes mantidos com metadona poderiam manter a abstinência de cocaína por até 1 ano se a contingência de reforço de abstinência estivesse em vigor para esse período (Silverman *et al.*, 2004).

Disseminação

No momento em que escrevemos nosso capítulo da edição anterior, os profissionais da comunidade não haviam utilizado de forma ampla as intervenções de reforço da abstinência (Silverman, Kaminski *et al.*, 2011). A maioria dos esforços para aplicar tais intervenções buscou integrar essas contingências em clínicas de tratamento de abuso de substâncias.

Os recursos disponíveis para as clínicas de tratamento de tal abuso restringiram as aplicações de intervenções de reforço de abstinência nessas clínicas. Os pesquisadores tentaram "usar reforçadores que [estavam] disponíveis nas clínicas, criar maneiras de pagar por reforços e utilizar reforços de baixo custo" (Silverman, Kaminski *et al.*, 2011, p. 464). Doses de metadona para levar para casa, com pacientes que recebem tratamento com ela, provaram ser um reforço que as clínicas poderiam fornecer a um custo adicional relativamente pequeno. Os pesquisadores utilizaram contratos de depósito, nos quais os pacientes depositavam dinheiro no início do tratamento e que poderiam ganhar de volta alcançando e mantendo a abstinência de substâncias durante o tratamento, desde os primeiros dias da pesquisa sobre intervenções de reforço da abstinência (Elliott & Tighe, 1968).

Os pesquisadores tentaram reduzir o valor monetário do reforço para tornar as intervenções mais práticas. No entanto, reduzir o valor do reforço teve o efeito indesejável de reduzir e possivelmente eliminar a eficácia das intervenções (p. ex., Glasgow, Hollis, Ary & Boles, 1993; Petry *et al.*, 2004). O National Institute on Drug Abuse Clinical Trials Network realizou investigações em múltiplos locais em larga escala, nas quais os pesquisadores efetivamente usaram reforços de abstinência com maior valor, que foram eficazes em estudos controlados anteriores (p. ex., Peirce *et al.*, 2006). Esses estudos ilustraram tanto a efetividade das intervenções de reforço da abstinência quanto a disposição dos programas de tratamento comunitário em aplicar essas intervenções, pelo menos quando fontes externas financiaram os reforçadores. O Reino Unido forneceu a maior evidência de que as comunidades poderiam adotar intervenções de reforço da abstinência. Com base em uma revisão rigorosa dos tratamentos psicossociais para a dependência de substâncias, o NICE recomendou o uso rotineiro de intervenções de reforço baseadas em *vouchers* para o tratamento da dependência de drogas (uso indevido de substâncias) no Serviço Nacional de Saúde do Reino Unido (Pilling *et al.*, 2007). Isso resultou na oferta de reforço baseado em *vouchers* pelo Serviço Nacional de Saúde como uma das suas intervenções para o tratamento da toxicodependência.

Diversos pesquisadores procuraram utilizar reforçadores disponíveis fora do ambiente clínico padrão para o tratamento da dependência de substâncias (Silverman, Kaminski *et al.*, 2011). Destacam-se três programas de pesquisa sobre esse método. Milby *et al.* (1996) investigaram o uso da terapia de moradia e trabalho contingente à abstinência para promover a abstinência em adultos dependentes de cocaína em situação de rua. Ries *et al.* (2004) utilizaram os benefícios por incapacidade da Previdência Social dos Estados Unidos de forma contingente para promover a abstinência de substâncias em adultos com doença mental grave. Por fim, Silverman (2004) utilizou o acesso ao emprego contingente à abstinência em uma série de estudos para iniciar e manter a abstinência de substâncias em adultos desempregados com longas histórias de dependência.

Avanços recentes nas pesquisas sobre reforço da abstinência

Na época em que foi escrita a edição anterior deste livro, as conclusões sobre pesquisas a respeito de intervenções de reforço da abstinência eram relativamente simples (Silverman, Kaminski *et al.*, 2011): (1) Essas intervenções promoviam a abstinência das substâncias mais comumente abusadas e em diversas populações e cenários; (2) havia necessidade de se desenvolver procedimentos para aumentar a proporção de pacientes que alcançaram abstinência quando expostos a essas intervenções; (3) havia necessidade de desenvolver procedimentos que promovessem a abstinência a longo prazo e evitassem recaídas; e (4) havia a necessidade de desenvolver aplicações práticas de intervenções de reforço da abstinência que garantissem a ampla aplicação desses procedimentos na sociedade. No restante deste capítulo, revisamos os estudos realizados desde que concluímos a edição anterior, com especial atenção para saber se pesquisas recentes confirmaram e ampliaram nossas conclusões anteriores.

Utilidade geral das intervenções de reforço da abstinência

Revisões e metanálises publicadas nos últimos anos têm confirmado que as intervenções de reforço da abstinência são muito eficazes na promoção da abstinência das substâncias mais comumente abusadas e em diversas populações (Benishek *et al.*, 2014; Cahill, Hartmann-Boyce & Perera, 2015; Castells *et al.*, 2009; Davis *et al.*, 2016). Essas revisões e metanálises também confirmaram que esse tipo de intervenção nem sempre é eficaz e raramente produz efeitos evidentes após a cessação das intervenções.

Duas análises dessas intervenções destacam achados importantes e consistentes sobre sua efetividade (Benishek *et al.*, 2014; Davis *et al.*, 2016). Primeiro, a duração das intervenções de reforço de abstinência é relativamente curta, com uma média de 12 semanas, tanto em Davis *et al.* (2016) quanto em Benishek *et al* (2014), e mediana de 8 e 12 semanas em Davis *et al.* e Benishek *et al.*, respectivamente. Davis *et al.* revisaram intervenções de gestão de contingência baseadas em *voucher* e dinheiro para transtornos por uso de substâncias (TUSs) de 2009 a 2014; eles relataram que 43 de 51 estudos (84%) mostraram efeitos significativos das intervenções de reforço de abstinência, e o restante (16%) não produziu efeitos significativos. Dos 22 estudos que produziram efeitos significativos enquanto as intervenções de reforço de abstinência estavam em vigor e avaliaram a abstinência pós-tratamento, apenas sete (32%) mostraram efeito estatisticamente significativo no acompanhamento. Entre 2000 e 2013, Benishek *et al.* realizaram uma metanálise de intervenções de reforço de abstinência baseadas em prêmios. Os resultados foram semelhantes aos que Davis *et al.* relataram. Dezoito dos 19 estudos (95%) relataram efeito significativo enquanto as intervenções baseadas em prêmios estavam em vigor. Os efeitos dessas intervenções diminuíram nos 6 meses após a interrupção das intervenções. Seis dos nove estudos (66%) com uma avaliação de seguimento de 3 meses mostraram efeito significativo das intervenções de reforço de abstinência baseadas em prêmios. Dois dos seis estudos (33%) com uma avaliação de acompanhamento de 6 meses mostraram efeito de intervenção significativo. Uma análise que combinou dados do acompanhamento de 6 meses mostrou que os efeitos gerais das intervenções baseadas em prêmios não eram detectáveis naquele momento.

As revisões e as metanálises mais recentes documentam a eficácia dos princípios de condicionamento operante no tratamento da dependência de substâncias. As intervenções de reforço da abstinência aumentam de forma significativa a abstinência de substâncias enquanto as intervenções estão em vigor e, ocasionalmente, após a cessação (Benishek *et al.*, 2014; Cahill *et al.*, 2015; Castells *et al.*, 2009; Davis *et al.*, 2016). No entanto, tais revisões e metanálises resumem a literatura por significância estatística e tamanhos de efeito, mas não destacam completamente a importância clínica e as limitações das intervenções de reforço de abstinência: que proporção de pacientes não respondem a tais intervenções? Estas têm papel clinicamente útil se não mantiverem a abstinência ao longo do tempo?

Pesquisas recentes identificaram métodos para promover a abstinência em pacientes resistentes ao tratamento e promover a abstinência a longo prazo? Nesta seção, resumimos os resultados dos estudos selecionados para lançar alguma luz sobre essas questões.

Tabagismo

Um dos maiores desafios da aplicação de intervenções de reforço da abstinência para a cessação do tabagismo é o problema prático da coleta de amostras frequentes de CO da respiração dos participantes. A meia-vida curta do CO expirado é a razão para esse problema. Conforme descrito em nosso capítulo da edição anterior deste livro, Dallery e colaboradores (p. ex., Dallery & Glenn, 2005) desenvolveram uma nova intervenção, incluindo uma tecnologia de vídeo baseada na internet para resolver esse problema prático. Os participantes utilizam esse sistema para fornecer amostras de CO da respiração na frente de uma câmera de vídeo conectada à internet. O *software* transmite o vídeo do participante fornecendo a amostra de respiração e o nível de CO exibido no medidor para o pesquisador. O participante recebe um *voucher* monetário se o nível de CO exibido no medidor atender ao critério de reforço de abstinência. Na época da edição anterior deste livro, evidências limitadas haviam demonstrado a eficácia dessa abordagem, mas dois ensaios clínicos randomizados controlados mais recentes forneceram evidências rigorosas e do mundo real (Dallery, Raiff & Grabinski, 2013; Dallery *et al.*, 2017). Em um estudo (Dallery *et al.*, 2013), os pesquisadores alocaram de maneira aleatória tabagistas interessados em parar de fumar a um grupo dependente do nível de CO e a um não dependente. Os participantes do grupo dependente poderiam ganhar até US$ 530 em *vouchers* para fornecer duas amostras de CO da respiração por dia que confirmassem a abstinência recente do fumo durante um período de 7 semanas. Os participantes não dependentes (grupo-controle) ganhariam *vouchers* independentemente dos níveis de CO de suas amostras de respiração. Os participantes do grupo dependente forneceram de forma significativa mais amostras de respiração negativas para CO do que os participantes do grupo-controle. Como em estudos anteriores de reforço da abstinência, a intervenção de cessação do tabagismo não foi eficaz para todos os participantes, e estes não mantiveram os efeitos em acompanhamentos de 3 e 6 meses.

Conforme relatado na edição anterior deste capítulo, o reforço da abstinência baseada em *vouchers* pode ter efeitos profundos em mulheres grávidas que fumam cigarros durante a gravidez. As gestantes na intervenção de reforço de abstinência inicialmente ganharam *vouchers* para fornecer amostras de ar expirado negativas para CO e, em seguida, para fornecer amostras de urina negativas para cotinina. Essa intervenção foi eficaz na promoção da cessação do tabagismo em gestantes e produziu aumentos significativos no crescimento fetal (Heil *et al.*, 2008). Uma análise mais recente, que combinou dados coletados em três estudos, confirmou que a intervenção de reforço de abstinência baseada em *vouchers* foi eficaz na promoção da cessação do tabagismo em uma amostra maior de gestantes; também ampliou os achados da pesquisa anterior, mostrando que a intervenção baseada em *vouchers* produziu aumento significativo do peso ao nascer para bebês e reduziu a porcentagem de bebês com baixo peso ao nascer (Higgins *et al.*, 2010). Novamente, como em estudos anteriores de reforço de abstinência, a intervenção baseada em *vouchers* não foi eficaz para todas as participantes. Por exemplo, 34% das mulheres estavam abstinentes ao final do tratamento. A análise combinada mostrou que os efeitos da intervenção de reforço de abstinência baseada em *vouchers* ainda eram evidentes e estatisticamente significativos após a cessação da intervenção, embora as taxas de abstinência tenham diminuído de modo progressivo ao longo do período de 12 e 24 semanas após o parto. Até 24 semanas após o parto, apenas 14% das mulheres expostas à intervenção baseada em *voucher* abstiveram-se do fumo.

Os pesquisadores também utilizaram o reforço da abstinência para promover a cessação do tabagismo em pacientes em um programa residencial de tratamento de abuso de substâncias (Alessi & Petry, 2014), em pacientes mantidos com opioides (Dunn, Saulsgiver & Sigmon, 2011), em fumantes na Espanha (Secades-Villa, Garcia-Rodriguez, Lopez-Nunez, Alonso-Perez & Fernandez-Hermida, 2014) e em mulheres indígenas grávidas na Nova Zelândia (Glover, Kira, Walker & Bauld, 2015). Dois estudos relacionados avaliaram os efeitos de incentivos financeiros na promoção da cessação do tabagismo em adultos socioeconomicamente desfavorecidos (Kendzor *et al.*, 2015) e adultos em situação de rua (Businelle *et al.*, 2014). Em geral, esses estudos confirmaram achados anteriores de que as intervenções de reforço de abstinência (1) foram eficazes na promoção da cessação do tabagismo, (2) não foram eficazes para todos os participantes e (3) não preveniram a recaída pós-intervenção de forma confiável. Alguns estudos mostraram que as intervenções de reforço de abstinência poderiam produzir efeitos ainda evidentes e estatisticamente significativos nas semanas após a cessação (p. ex., Kendzor *et al.*, 2015; Secades-Villa *et al.*, 2014). As taxas de abstinência após a cessação do reforço desta, no entanto, foram consistentemente menores do que essas taxas enquanto o reforço de abstinência estava em vigor. Desse modo, mesmo nos estudos com efeitos significativos pós-intervenção na cessação do tabagismo, a recaída deste após a interrupção de uma intervenção de reforço da abstinência continua sendo um problema.

Opioides

Três estudos avaliaram os efeitos do reforço baseado em prêmios na abstinência e retenção de narcóticos no tratamento com metadona para pacientes na China. Um estudo randomizado mostrou efeitos evidentes do reforço baseado em prêmios na retenção de pacientes em tratamento com metadona em uma das duas clínicas, mas o sistema baseado em prêmios não afetou as taxas de abstinência de narcóticos nem na clínica nem em geral (Hser *et al.*, 2011). Um segundo estudo designou de forma aleatória pacientes tratados com metadona para manutenção-padrão com essa substância com ou sem reforço baseado em prêmios por abstinência e retenção de narcóticos (Jiang *et al.*, 2012). Esse estudo mostrou que a intervenção de reforço baseado em prêmios não teve efeito sobre a retenção do tratamento ou da abstinência de narcóticos. Um estudo final atribuiu aleatoriamente as clínicas ao reforço baseado em prêmios para abstinência e retenção de narcóticos no tratamento com metadona ou para a manutenção-padrão com esta, e encontrou um efeito pequeno, mas significativo, do reforço baseado em prêmios, tanto na retenção do tratamento quanto na abstinência de narcóticos (Chen *et al.*, 2013). Dessa maneira, esses estudos sobre a intervenção de reforço baseado em prémios sobre a abstinência de narcóticos na China produziram efeitos mistos sobre a abstinência de narcóticos. Apenas um dos estudos mostrou que o reforço baseado em prêmios aumentou a abstinência de substâncias. Assim como em outros estudos, o reforço da abstinência de narcóticos não foi eficaz para todos os participantes, e o único estudo que mostrou um aumento da abstinência de narcóticos durante a intervenção não avaliou os efeitos pós-intervenção.

Estimulantes (cocaína, anfetamina ou metanfetamina)

Um estudo avaliou os efeitos do reforço baseado em prêmios sobre a abstinência de cocaína em uma amostra relativamente pequena ($N = 19$) de adultos dependentes dessa substância recebendo tratamento em uma clínica ambulatorial de saúde mental (Petry, Alessi & Rash, 2013). Os participantes foram aleatoriamente designados para receber ou não um reforço da abstinência de cocaína durante um período de 8 semanas. O estudo mostrou efeitos mistos na abstinência de cocaína. Os resultados foram significativos apenas para a maioria das semanas consecutivas de abstinência de cocaína e para uma proporção das amostras esperadas que eram negativas para essa substância. Os resultados não foram significativos para a proporção de amostras submetidas que foram negativas para cocaína. O estudo não avaliou os efeitos pós-intervenção.

Em outro estudo, 60 pacientes em uma unidade ambulatorial de um hospital psiquiátrico na Suíça foram designados de modo aleatório para receber TCC com ou sem reforço baseado em prêmios pela abstinência de cocaína durante um período de 24 semanas (Petitjean *et al.*, 2014). O estudo não mostrou efeitos da intervenção de reforço baseada em prêmios em diversas medidas de abstinência de cocaína, mas mostrou efeitos na porcentagem de amostras de urina negativas para essa substância em semanas selecionadas durante o estudo. Não houve diferenças significativas entre os grupos na avaliação de acompanhamento de 6 meses.

Em um estudo, 127 homens que faziam sexo rotineiramente com outros homens e que utilizavam metanfetamina foram designados de forma aleatória para uma intervenção de reforço de abstinência baseada em *vouchers* durante 12 semanas ou para uma condição-controle (Menza *et al.*, 2010). Os participantes da intervenção baseada em *vouchers* poderiam ganhar até cerca de US$ 450 em *vouchers* durante a intervenção de 12 semanas para fornecer amostras de urina sem metanfetamina duas ou 3 vezes por semana. O estudo não mostrou efeito significativo da intervenção com *voucher* sobre o uso de metanfetamina durante ou após o tratamento.

Um estudo designou de maneira aleatória 176 pacientes ambulatoriais com doença mental grave e dependência de estimulantes para uma intervenção de 12 semanas, na qual eles receberam reforço baseado em prêmios por amostras de urina negativas para estimulantes ou prêmios independentes do resultado (McDonell *et al.*, 2013). Durante o tratamento, os participantes designados para receber a intervenção baseada em prêmios forneceram muito mais amostras de urina negativas para estimulantes (mais de 80% negativas) do que os participantes designados para a condição independente (controle) (igual ou inferior a 70% negativas). Os participantes atribuídos aos prêmios dependentes do resultado pareceram fornecer muito mais amostras de urina negativas para estimulantes (46%) do que os atribuídos a prêmios independentes (35%) 16, 20 e 24 semanas após a cessação da intervenção. No entanto, os resultados desse estudo foram limitados devido aos altos níveis de dados ausentes durante o período de acompanhamento, e as diferenças significativas entre os grupos não foram mantidas em todos os métodos de manipulação de amostras de urina ausentes.

Outro estudo avaliou os efeitos da dosagem flexível de metadona e de uma intervenção com *vouchers* que reforçou a abstinência de cocaína em pacientes em um programa de tratamento com metadona (Kennedy *et al.*, 2013). Após uma linha de base de 6 semanas, os participantes que continuaram a utilizar narcóticos e cocaína foram aleatoriamente designados para uma de quatro condições: reforço baseado em *vouchers* pela abstinência de cocaína, dosagem flexível de metadona, dosagem flexível de metadona e reforço baseado em *vouchers* pela abstinência de cocaína, ou um grupo-controle sem tratamento. Os participantes da intervenção com *vouchers* poderiam ganhar até US$ 1.418 em *vouchers* para fornecer amostras de urina sem cocaína todas as segundas, quartas e sextas-feiras ao longo de 16 semanas. Embora o estudo tenha examinado os efeitos da dosagem flexível de metadona e do reforço da abstinência de cocaína baseado em *vouchers* sobre o uso de narcóticos e cocaína, revisamos aqui apenas os efeitos da intervenção baseada em *vouchers*. O grupo exposto à intervenção baseada em *vouchers* apresentou taxas significativamente mais altas de amostras de urina negativas para cocaína durante o tratamento do que o grupo que não recebeu nenhuma das duas intervenções. Surpreendentemente, o grupo exposto tanto à dosagem flexível quanto ao reforço da abstinência de cocaína à base de *vouchers* não forneceu de forma significativa mais amostras de urina negativas para cocaína do que o grupo que não recebeu nenhuma intervenção. Como em outros estudos, embora a intervenção baseada em *vouchers* tenha aumentado a abstinência de cocaína, nem todos os participantes responderam à intervenção. Apenas cerca de metade das amostras de urina dos participantes do grupo exposto apenas à intervenção baseada em *vouchers* foram negativas para cocaína. Esse estudo não avaliou os resultados pós-tratamento.

Maconha

Litt, Kadden e Petry (2013) designaram 215 adultos dependentes de maconha para um dos três tratamentos ambulatoriais de 9 semanas: uma condição de manejo de caso (controle); uma condição que combina terapia de melhoria motivacional, TCC e reforço baseado em prêmios para a conclusão da lição de casa; e uma condição que combina terapia de melhoria motivacional, TCC e reforço baseado em prêmios para abstinência de maconha. O estudo avaliou os efeitos dessas intervenções sobre o uso autorreferido de maconha nos meses após a cessação da intervenção. Nenhuma das intervenções experimentais que incluíram reforço baseado em prêmios aumentou a abstinência autorrelatada de tal substância em relação à condição-controle. No entanto, a intervenção que incluiu o reforço baseado em prêmios para a abstinência de maconha produziu aumentos transitórios na abstinência desta nos meses de 5 a 8, em comparação com o reforço baseado em prêmios para a conclusão da lição de casa. Não houve diferenças significativas entre os grupos ao final do tempo de acompanhamento, nos meses de 11 a 14.

Três estudos controlados avaliaram os efeitos de intervenções de reforço da abstinência sobre o uso de maconha em adolescentes. No primeiro desses estudos, 31 adolescentes com transtorno por uso de maconha que estavam inscritos em um programa de tratamento ambulatorial foram aleatoriamente designados para receber cuidados usuais, ou cuidados usuais mais reforço de abstinência baseado em prêmios (Killeen, McRae-Clark, Waldrop, Upadhyaya & Brady, 2012). Após um período de *washout* (eliminação de substâncias) de 2 semanas, os participantes do grupo de reforço de abstinência baseado em prêmios poderiam ganhar a oportunidade de sortear prêmios por fornecer amostras de hálito sem álcool e amostras de urina negativas para maconha, cocaína, narcóticos, metanfetamina e anfetamina; os participantes do grupo-controle ganhavam dois sorteios por fornecer amostras, independentemente do resultado do hálito ou do exame de urina. A intervenção com prêmios vigorou por 10 semanas. O estudo não mostrou diferença nos resultados da análise de urina entre os dois grupos em qualquer medida de uso de substâncias. Embora esse estudo tenha incluído o uso de outras substâncias na intervenção de reforço de abstinência e nas medidas de desfecho, a maconha foi a substância predominante utilizada nesse estudo, e houve níveis muito baixos de uso de outras além da maconha em ambos os grupos.

Em um segundo estudo, 59 adolescentes entre 14 e 18 anos que preenchiam os critérios do *Manual diagnóstico e estatístico de transtornos mentais*, 4ª edição (DSM-IV, *Diagnostic and Statistical Manual of Mental Disorders, fourth edition*) para abuso ou dependência de *cannabis* e apresentavam evidências recentes de uso desta, mas nenhum uso de outras substâncias além do álcool e do tabaco, foram aleatoriamente designados para uma de duas condições: TCC e reforço de abstinência baseado em *vouchers*, ou TCC e *vouchers* não contingentes. A condição de *voucher* começou na semana 3 e continuou até a semana 10, e os participantes podiam ganhar até US$ 242 em *vouchers* para fornecer amostras de urina sem substâncias. Os pesquisadores testaram amostras de urina para *cannabis*, cocaína, opioides, benzodiazepínicos, anfetaminas e metanfetamina. Os participantes trocaram os *vouchers* por cartões de presente. Não houve diferenças significativas entre os grupos nas medidas de uso de maconha durante ou após o tratamento.

Em um estudo final, 153 adolescentes com idades entre 12 e 18 anos que atendiam aos critérios do DSM-IV para abuso ou dependência de *cannabis* e mostraram evidências recentes de uso de maconha, mas não eram dependentes de outra substância, foram aleatoriamente designados para um dos três grupos (Stanger, Ryan, Scherer, Norton & Budney, 2015). Todos os grupos receberam terapia de aprimoramento motivacional e TCC por 14 semanas. Dois grupos receberam intervenção adicional de gestão de contingências, um com um componente de treinamento dos pais e outro sem treinamento dos pais. Após um período de *washout* de 2 semanas, os participantes dos grupos de gestão de contingência iniciaram a intervenção de gestão desta (semanas 3-14). Durante essa intervenção, os participantes puderam ganhar um reforço baseado em *vouchers* para amostras de urina coletadas 2 vezes por semana que fossem negativas para todas as substâncias avaliadas (maconha, cocaína, opioides, benzodiazepínicos, anfetaminas e metanfetamina). Os participantes na condição de *vouchers* podiam ganhar até US$ 590 em *vouchers* trocáveis por cartões de presente para fornecer amostras de urina sem substâncias. Além disso, os participantes receberam uma intervenção de reforço de abstinência baseada em prêmios, na qual eles poderiam ganhar até cerca de US$ 135 em prêmios por fornecer amostras de urina sem substâncias durante as semanas 1-4. Por fim, os pais poderiam ganhar sorteios de prêmios por desenvolver e utilizar um contrato de monitoramento de abuso de substâncias. A intervenção de controle de contingência produziu aumentos significativos na abstinência de maconha durante e no final do tratamento. Nos dois grupos expostos à intervenção de gestão de contingência, 48% dos participantes alcançaram 4 ou mais semanas de abstinência contínua durante o tratamento, e apenas 30% dos participantes do grupo não expostos à intervenção de gestão de contingência o fizeram. As taxas de abstinência diminuíram entre o final do tratamento e o acompanhamento de 3 meses, e os três grupos apresentaram taxas semelhantes de abstinência nesse acompanhamento.

Álcool

Os pesquisadores realizaram pesquisas limitadas sobre intervenções de reforço da abstinência para o uso de álcool, pelo menos em parte, pois medidas não estavam disponíveis para detectar o uso deste de forma confiável além de uma janela relativamente breve de várias horas desde a última bebida. Os pesquisadores podem usar testes de álcool no hálito, mas os participantes podem testar álcool negativo nestes ao permanecer abstinentes dessa substância por várias horas antes de fornecer uma amostra de hálito.

Desde que nossa edição anterior foi publicada, três estudos avaliaram a eficácia do uso de uma pulseira com sensor de álcool transdérmico como parte de uma intervenção de reforço de abstinência para o uso deste. Um participante utiliza essa pulseira, chamada de Secure Continuous Remote Alcohol Monitor (SCRAM, Monitor Remoto de Álcool Seguro e Contínuo), presa ao tornozelo. O participante pode usar a pulseira de forma contínua, inclusive no chuveiro. A pulseira inclui recursos que detectam remoção e adulteração. Um dos estudos utilizou esse acessório em uma intervenção de gestão de contingência, mas não incluiu um delineamento experimental adequado para avaliar sua eficácia (Barnett, Tidey, Murphy, Swift & Colby, 2011).

O segundo estudo utilizou um delineamento cruzado intraparticipante para avaliar a eficácia de uma intervenção de gestão de contingência, incluindo o uso da pulseira SCRAM, na promoção da abstinência de álcool (Dougherty *et al.*, 2014). Nesse estudo, os participantes ($N = 26$) foram expostos a condições de gestão de contingência de US$ 0 e US$ 25 em ordem contrabalanceada, seguidas por uma condição de gestão de contingência de US$ 50. Cada condição esteve em vigor por 4 semanas. Na condição de US$ 0, os pesquisadores não deram aos participantes instruções sobre o consumo de álcool. Durante as condições de US$ 25 e US$ 50, os participantes poderiam ganhar US$ 25 e US$ 50 por semana, respectivamente, se sua concentração de álcool transdérmico nunca excedesse 0,03 gramas por decalitro (g/dl; essa concentração correspondia a beber de leve a moderado) em qualquer dia da semana. A condição de incentivo de US$ 25 reduziu de modo significativo os episódios de consumo de álcool e o consumo pesado em relação à condição de US$ 0. Além disso, os participantes expostos à de US$ 25 seguida pela de US$ 0 tiveram menos consumo frequente e menos consumo pesado na condição de US$ 0 do que os expostos à de US$ 0 seguida pela de US$ 25. Esse resultado demonstrou que a condição de $25 produziu alguns efeitos duradouros de transferência sobre a bebida que persistiram após a condição de $25 terminar. Havia poucas diferenças nos resultados de beber entre as condições de US$ 25 e US$ 50, exceto que a de US$ 50 foi mais eficaz na redução do consumo pesado no final de semana do que a de US$ 25.

Um terceiro estudo utilizando a tecnologia SCRAM incluiu 80 adultos dependentes de álcool em um estudo de três fases que incluiu uma de observação, uma de gestão de contingência e uma de acompanhamento (Dougherty, Karns *et al.*, 2015). Em cada visita clínica semanal durante as fases de observação e de gestão de contingência, e mensalmente durante a fase de acompanhamento, os participantes completaram entrevistas de Retrocesso da Linha do Tempo sobre a bebida. Durante a fase inicial de observação, cada participante utilizou uma pulseira SCRAM sem consequências explícitas por beber. Durante a fase de gestão de contingência, um participante ganhava US$ 50 por semana se a pulseira SCRAM mostrasse que a concentração de álcool transdérmico do participante permanecia abaixo de 0,03 g/dl todos os dias da semana. Durante a fase de acompanhamento, os participantes retornaram à clínica todos os meses por 3 meses e completaram entrevistas de acompanhamento da linha do tempo sobre a bebida nos últimos 28 dias. Os dados de concentração transdérmica de álcool mostraram que o consumo pesado de álcool foi significativamente menor durante a fase de contingência do que durante a de observação (Dougherty, Karns *et al.*, 2015). Os dias autorrelatados de bebida e de bebida pesada foram significativamente menores durante a fase de contingência e as fases de acompanhamento do que durante a de observação (Dougherty, Lake *et al.*, 2015). Embora o estudo pareça mostrar que os efeitos da intervenção de gestão de contingência sobre o consumo de álcool dos participantes foram mantidos no período de acompanhamento, o estudo não incluiu um delineamento experimental rigoroso que permitisse uma demonstração clara de sua eficácia.

Um pequeno estudo avaliou o uso de etil-glicuronídeo, um metabólito do álcool, em uma intervenção de reforço de abstinência baseada em *vouchers* (McDonell *et al.*, 2012). Os laboratórios podem medir o etil-glicuronídeo em amostras de urina. Essa medida pode ser útil em intervenções de reforço da abstinência, pois fornece uma janela de detecção mais longa do que as amostras de álcool no ar expirado. Esse estudo utilizou um delineamento de reversão intraparticipante para avaliar a eficácia da intervenção baseada em *vouchers* na promoção da abstinência de álcool em 10 adultos que preenchiam os critérios do DSM-IV para dependência dessa substância. Quatro dos 10 participantes não completaram a condição de retorno à linha de base, o que limita o valor do projeto de pesquisa. Dada essa limitação, o estudo forneceu algumas evidências preliminares da eficácia do reforço de amostras de urina negativas para etil-glicuronídeo na promoção da abstinência de álcool nos participantes do estudo.

Outro estudo avaliou a eficácia do uso da tecnologia do celular para observar, registrar e reforçar testes negativos de alcoolemia em um bafômetro (Alessi &Petry, 2013). Nesse estudo, 30 participantes que utilizavam álcool regularmente foram designados maneira aleatória para apenas monitoramento ou para monitoramento mais gestão de contingência. Os pesquisadores deram celulares e bafômetros aos participantes de ambos os grupos e instruíram cada um a usar o celular para gravar em vídeo uma amostra de respiração no bafômetro dentro de 1 hora após receber uma mensagem de texto para fornecer uma amostra. Os pesquisadores disseram aos participantes que receberiam uma mensagem três vezes por dia e pagaram aos participantes para fornecer amostras válidas (i.e., com a leitura do bafômetro gravada no vídeo) dentro de 1 hora após o recebimento da mensagem. Além disso, os participantes do grupo de monitoramento mais gestão de contingência receberam *vouchers* para fornecer amostras válidas no prazo indicando abstinência recente de álcool (i.e., negativo para álcool no hálito, <0,02 g/dl) sob um cronograma crescente de abstinência sustentada de álcool. A intervenção com *vouchers* esteve em vigor por 4 semanas, e os participantes puderam ganhar até US$ 340 em *vouchers* para fornecer testes negativos para álcool no hálito. Ambos os grupos forneceram taxas comparáveis de amostras de hálito, mas os participantes do grupo de monitoramento mais gestão de contingência forneceram significativamente mais amostras negativas para álcool no hálito (87%) do que os participantes do grupo somente monitoramento (67%). Os pesquisadores não avaliaram as taxas de uso de álcool após o fim do reforço de abstinência baseado em *vouchers*.

Policonsumo de substâncias

Petry, Weinstock e Alessi (2011) avaliaram os efeitos de uma intervenção de gestão de contingência de grupo sobre o uso de múltiplas substâncias. Nesse estudo, 239 pacientes ambulatoriais inscritos em duas clínicas de tratamento de abuso de substâncias baseadas na comunidade foram designados aleatoriamente para o tratamento-padrão ou para o gestão de contingência. Ambos os grupos forneceram duas amostras de urina e respiração por semana durante 12 semanas. Os participantes do grupo de gestão de contingência receberam uma intervenção de reforço baseada em prêmios, na qual puderam ganhar sorteios de prêmios por comparecer à clínica e por fornecer amostras de urina e de hálito negativas para cocaína, metanfetamina, opioides e álcool. Os pesquisadores tiraram de um chapéu tiras de papel com os nomes dos participantes para identificar os que poderiam sortear prêmios. O número de tiras de cada participante aumentou à medida que aumentava o tempo de comparecimento deste ao ambulatório e das amostras negativas para substância. Os cinco primeiros participantes cujos nomes foram selecionados sortearam um prêmio cada; a sexta pessoa cujo nome foi selecionado sorteou cinco prêmios. Essa intervenção de gestão de contingência aumentou de forma significativa o número de dias atendidos, semanas contínuas de frequência e maior tempo de abstinência de todas as substâncias e de cada uma das substâncias testadas. Não houve efeito sobre o percentual de amostras negativas durante ou após o tratamento.

Em outro estudo, 170 adultos vivendo com HIV que preenchiam os critérios do DSM-IV para abuso ou dependência de cocaína ou opioides e que eram membros de um centro de entrega de serviços para pessoas com HIV, foram aleatoriamente designados para um grupo de facilitação de 12 passos ou para um grupo de gestão de contingência (Petry, Weinstock, Alessi, Lewis & Dieckhaus, 2010). Durante 24 semanas, ambos os grupos forneceram amostras semanais de hálito testadas para álcool e amostras de urina testadas para opioides e cocaína. Os participantes na condição de gestão de contingência receberam uma intervenção de reforço baseada em prêmios, na qual puderam sortear prêmios dependendo da conclusão das atividades de saúde e para enviar amostras de hálito e urina sem substâncias. Os participantes na condição de gestão de contingência alcançaram durações significativamente mais longas de abstinência sustentada de todas as substâncias e da cocaína, sobretudo durante o tratamento. Não houve efeito sobre o percentual de amostras negativas durante ou após o tratamento.

Um estudo alocou de forma aleatória 305 adolescentes com transtornos relacionados ao uso de álcool e outras substâncias em um programa de tratamento residencial para uma de quatro condições: uma condição-controle de cuidados habituais, uma condição de gestão de contingência, uma condição de cuidado contínuo assertiva ou uma condição que combinava gestão de contingência e cuidados contínuos assertivos (Godley *et al.*, 2014). Adolescentes na condição de gestão de contingência receberam reforço por completar atividades pró-sociais e por fornecer amostras de urina e hálito negativas para álcool, anfetamina/metanfetamina, maconha, cocaína e narcóticos ao longo de 12 semanas. Os participantes designados para o grupo de gestão de contingência alcançaram porcentagens significativamente mais altas de dias autorrelatados de abstinência de substâncias e álcool durante os 12 meses após a alta do programa de tratamento residencial (65%) do que os participantes designados para a condição-controle de cuidados habituais (53%). Curiosamente, o grupo exposto tanto à gestão de contingência quanto às intervenções assertivas de cuidados continuados não diferiu da condição-controle de cuidados habituais.

Holtyn *et al.* (2014a, 2014b) avaliaram os efeitos de uma intervenção de reforço da abstinência baseada no emprego na promoção da abstinência de heroína e cocaína em adultos fora de tratamento que consumiram substâncias injetáveis. Os pesquisadores convidaram adultos desempregados fora de tratamento que se injetavam substâncias para comparecer a um local de trabalho terapêutico e os encaminharam para o tratamento com metadona. Após um período de indução de 4 semanas, os pesquisadores convidaram os participantes a comparecer ao local de trabalho por 26 semanas e os designaram de modo aleatório para um grupo de reforço de trabalho; um grupo de metadona e reforço de trabalho; ou um grupo de abstinência, metadona e reforço do trabalho. Os participantes do reforço de trabalho poderiam trabalhar no local terapêutico independentemente de terem se inscrito no tratamento com metadona ou fornecido amostras de urina sem substâncias. Os participantes da metadona e do reforço do trabalho tiveram que se inscrever no tratamento com metadona para ter acesso ao local de trabalho e manter a remuneração máxima. Os participantes de abstinência, metadona e reforço de trabalho tiveram que se inscrever no tratamento com metadona para ter acesso ao local de trabalho, bem como tiveram que fornecer amostras de urina negativas para narcóticos e cocaína para manter a remuneração máxima no local de trabalho. Uma análise de intenção de tratamento mostrou que nem todos os participantes responderam às contingências de reforço de abstinência, mas que os participantes de abstinência, metadona e reforço de trabalho forneceram significativamente mais amostras de urina negativas para narcóticos e para cocaína do que os participantes de reforço de trabalho durante o tratamento. Os participantes não mantiveram esses efeitos no acompanhamento de 6 meses (Holtyn *et al.*, 2014a). Uma análise intragrupo dos participantes de abstinência, metadona e reforço de trabalho confirmou que a abstinência de narcóticos e cocaína aumentou quando contingências de reforço de abstinência para essas duas substâncias foram aplicadas de maneira sequencial (Holtyn *et al.*, 2014b).

Melhoria dos resultados

No momento em que escrevíamos o capítulo da edição anterior deste livro, os pesquisadores claramente precisavam desenvolver procedimentos para aumentar a proporção de pacientes que alcançam abstinência quando expostos a intervenções de reforço da abstinência e procedimentos que promovam abstinência a longo prazo e previnam recaídas. Os estudos publicados desde essa análise anterior e já descritos confirmam a necessidade de se aumentar a proporção desses pacientes. Esta seção revisa estudos selecionados que os pesquisadores conduziram desde a edição anterior para abordar essas questões.

Aumento da eficácia

Alteração de parâmetros de reforço. Festinger, Dugosh, Kirby e Seymour (2014) avaliaram os benefícios potenciais de oferecer dinheiro em espécie em vez de *vouchers* para reforço da abstinência de cocaína. Em um programa de tratamento com metadona da Filadélfia, eles alocaram de forma aleatória 222 admissões consecutivas que atendiam aos critérios do DSM-IV para dependência de cocaína para um controle de cuidados habituais, uma intervenção de reforço de abstinência baseado em dinheiro ou uma intervenção de reforço de abstinência baseado em *vouchers*. Eles pediram aos participantes que fornecessem amostras de urina 3 vezes por semana durante 12 semanas. Os participantes dos grupos de reforço de abstinência baseado em dinheiro e *vouchers* poderiam ganhar até cerca de US$ 1.000 por fornecer amostras de urina sem cocaína durante o período de 12 semanas em dinheiro ou *vouchers*, respectivamente. Os participantes de ambos os grupos de reforço de abstinência alcançaram durações significativamente mais longas de abstinência de cocaína (6 semanas para cada grupo) do que os participantes do grupo-controle de cuidados habituais (4 semanas), mas os dois grupos de reforço de abstinência não diferiram de modo significativo entre si. Esse estudo mostrou que os reforços baseados em dinheiro e em *vouchers* foram eficazes na promoção da abstinência de cocaína, mas o dinheiro não proporcionou nenhum benefício em relação aos *vouchers*.

Dois estudos avaliaram o benefício potencial de se aumentar o valor do reforço no início de uma intervenção de reforço de abstinência, para aumentar a porcentagem geral de participantes que alcançam abstinência sustentada. Higgins *et al.* (2014) avaliaram o benefício de aumentar o valor do reforço no início de uma intervenção que promova a cessação do tabagismo em gestantes fumantes. Eles designaram aleatoriamente 130 mulheres para receber a intervenção revisada de reforço de abstinência baseada em *vouchers*, a intervenção normal de reforço de abstinência, ou *vouchers* não dependentes. Os participantes de ambos os grupos de reforço de abstinência receberam *vouchers* sob o mesmo esquema de reforço escalonado para abstinência sustentada que os estudos anteriores utilizaram. Os participantes da intervenção baseada em *vouchers* revisada receberam grandes *vouchers* de bônus para a cessação do tabagismo durante as primeiras 6 semanas da intervenção. Para manter os ganhos totais comparáveis entre os dois grupos de reforço de abstinência, os participantes na condição baseada em *vouchers* revisada receberam avaliações e *vouchers* menos frequentes no final do tratamento. Ambas as intervenções de reforço de abstinência baseadas em *vouchers* aumentaram a prevalência pontual de cessação do tabagismo no início da gravidez, a porcentagem de amostras negativas e o número médio de amostras negativas consecutivas, em comparação com a condição-controle. No entanto, ambas as intervenções não diferiram entre si nessas medidas. Em geral, a intervenção revisada baseada em *vouchers* não pareceu melhorar os resultados em relação à intervenção normal baseada em *vouchers*. Nenhuma das intervenções de reforço de abstinência aumentou de forma significativa a cessação do tabagismo na avaliação pós-parto de 24 semanas após a cessação das intervenções.

Da mesma forma, Ledgerwood, Arfken, Petry e Alessi (2014) tentaram melhorar a eficácia do reforço baseado em prêmios para a cessação do tabagismo, aumentando a probabilidade de reforço no início do período de tratamento. Eles designaram de modo aleatório participantes fumantes de cigarro ($N = 81$) para receber cuidados-padrão, reforço tradicional baseado em prêmios para a cessação do tabagismo ou uma intervenção de reforço baseada em prêmios aprimorada para a cessação do tabagismo, na qual a probabilidade de reforço aumentou no início do tratamento. Ambas as intervenções de reforço da abstinência aumentaram o percentual de cessação do tabagismo durante o tratamento, em comparação com a condição de cuidado-padrão. No entanto, os dois grupos de reforço não diferiram entre si na cessação do tabagismo durante ou após o tratamento. Nenhuma intervenção de reforço de abstinência produziu efeitos significativos na cessação do tabagismo, em comparação com o tratamento-padrão, que foram evidentes no acompanhamento de 2 ou 6 meses após a cessação das intervenções.

Em outro estudo, 100 adultos que injetavam substâncias e fumavam cigarros foram aleatoriamente alocados em um grupo-controle de cuidados normais, em um grupo de gestão de contingência, em um grupo de idade pulmonar ou em um grupo que recebeu uma intervenção de controle de contingência e idade pulmonar (Drummond *et al.*, 2014). Os participantes da intervenção de gestão de contingência receberam incentivos monetários para amostras de CO que indicassem abstinência recente do fumo; no entanto, essa intervenção utilizou um valor de incentivo global muito baixo e testes de CO pouco frequentes. Os pesquisadores disseram aos participantes na intervenção da idade pulmonar a equivalência de idade de seus pulmões, com base em avaliações espirométricas. Nenhuma intervenção afetou as taxas biologicamente verificadas de cessação do tabagismo em 6 meses.

Em um estudo com indivíduos interessados em parar de fumar, Lamb, Kirby, Morral, Glabicka e Iguchi (2010) compararam um esquema de reforço fixo em que o critério para o reforço era um valor constante de CO (CO < 4 partes por milhão [ppm]) com um esquema de percentil no qual os pesquisadores ajustaram o critério para reforço gradual e individualmente para exigir valores progressivamente menores de CO para a obtenção do reforço. No geral, os dois esquemas não produziram diferenças na taxa geral de participantes que estavam abstinentes no final do tratamento ou no número total de amostras de respiração negativas para CO. Houve algumas evidências de que o esquema de percentil foi mais eficaz para um subgrupo de fumantes de difícil tratamento.

Romanowich e Lamb realizaram uma série de estudos para avaliar intervenções de reforço de abstinência parametricamente diferentes para promover a cessação do tabagismo em adultos que planejavam (Romanowich & Lamb, 2014, 2015) e não planejavam (Romanowich & Lamb, 2010, 2013) parar de fumar. Um dos estudos comparou um esquema de reforço fixo no qual o critério para o reforço era um valor constante de CO (CO < 3 ppm) com um esquema de percentil em que os pesquisadores ajustaram o critério para o reforço de modo gradual e individual, para exigir valores progressivamente menores de CO para a obtenção do reforço (Romanowich & Lamb, 2014). Diferentemente do esperado, o estudo não mostrou benefício geral do esquema de percentil. Outro estudo comparou o enquadramento dos incentivos como perdas ou ganhos (Romanowich & Lamb, 2013). Planejar incentivos como perdas pode ter melhorado a abstinência mais do que planejar incentivos como ganhos, mas planejar incentivos como perdas não produziu aumentos estatisticamente significativos nas taxas gerais de abstinência em comparação com o planejamento de incentivos como ganhos. Outro estudo comparou esquemas de reforçamento escalonados *versus* descendentes, nos quais o valor dos incentivos monetários para a cessação do tabagismo (CO < 3 ppm) aumentava ou diminuía, respectivamente, com visitas consecutivas (Romanowich & Lamb, 2010). Amostras perdidas ou que não atendiam ao critério de abstinência não afetavam o valor do incentivo, como acontece em esquemas típicos de reforço de abstinência. O esquema de reforço (escalonamento *versus* descendente) não afetou as taxas gerais de término do tabagismo. Por fim, um estudo comparou o valor fixo do reforço para abstinência (CO < 3 ppm), o valor crescente do reforço para abstinência sustentada e uma condição-controle (Romanowich & Lamb, 2015). As duas condições de reforço da abstinência produziram taxas globais significativamente maiores de abstinência do tabagismo do que o grupo-controle, mas não diferiram entre si quanto à abstinência geral do tabagismo. Contudo, o esquema de reforçamento escalonado produziu períodos mais longos de abstinência sustentada do que o programa fixo.

Petry, Alessi, Barry e Carroll (2015) compararam a eficácia de diferentes magnitudes de reforço de prêmios e *vouchers* na promoção da abstinência de cocaína em pacientes tratados com metadona. Esse estudo designou de forma aleatória 240 pacientes mantidos com metadona que utilizaram cocaína para um grupo-controle de cuidados normais ou para uma das três intervenções de reforço de abstinência: uma intervenção de gestão de contingência com prêmio de US$ 300, uma intervenção de gestão de contingência com prêmio de US$ 900 ou uma intervenção de reforço com *voucher* de US$ 900. Todas as três intervenções de reforço de abstinência aumentaram a de cocaína (porcentagem de amostras de urina negativas para substâncias e maior tempo de abstinência), em comparação com o grupo-controle de cuidados normais. No entanto, as três intervenções não diferiram entre si. Assim como em outros estudos, nenhuma intervenção de reforço de abstinência a promoveu em todos os participantes. A intervenção-controle de cuidados normais, a de gestão de contingência com prêmio de US$ 300, a de gestão de contingência com prêmio de US$ 900 e a com *voucher* de US$ 900 produziram amostras de urina negativas para 36, 56, 55 e 59%, respectivamente. Como na maioria dos outros estudos, nenhum dos grupos diferiu entre si no acompanhamento de 12 meses.

Combinando reforço de abstinência com farmacoterapia. Os pesquisadores elaboraram diversos estudos randomizados e controlados para determinar se a farmacoterapia pode aumentar os efeitos de uma intervenção de reforço de abstinência. Dois estudos avaliaram o potencial benefício da combinação de bupropiona com reforço de abstinência para promover a cessação do tabagismo. Tidey, Rohsenow, Kaplan, Swift e Reid (2011) avaliaram os efeitos da bupropiona e do reforço da abstinência de forma isolada e em combinação ao longo de 4 semanas na promoção da cessação do tabagismo em 57 adultos com esquizofrenia, que não procuravam tratamento para a cessação do tabagismo. Os participantes na intervenção de reforço de abstinência ganharam dinheiro sob um cronograma crescente para abstinência sustentada por fornecer amostras de urina 3 vezes por semana mostrando uma redução de 25% nos níveis de cotinina da amostra anterior ou um valor abaixo de 80 nanogramas por mililitro (ng/ml; i.e., negativo para cotinina). O valor do incentivo começou em US$ 25 para a primeira amostra de urina reduzida ou negativa e aumentava em US$ 5 para cada amostra reduzida ou negativa consecutiva. O estudo mostrou que a intervenção de reforço de abstinência aumentou a cessação do tabagismo em comparação com uma condição não contingente, mas que a bupropiona não aumentou a cessação do tabagismo em comparação com o placebo e não aumentou os efeitos da intervenção de reforço de abstinência.

Gray *et al.* (2011) avaliaram os efeitos da bupropiona e do reforço da abstinência de modo isolado e em combinação ao longo de 6 semanas na promoção da cessação do tabagismo em 134 adolescentes entre 12 e 21 anos que procuravam tratamento para a referida cessação. Os participantes da intervenção de reforço de abstinência poderiam ganhar pagamentos em dinheiro por fornecer evidências objetivas de cessação do tabagismo no final da primeira semana e, em seguida, 2 vezes por semana durante as 5 semanas restantes. Ao final da primeira, amostras de ar expirado negativas para CO (CO ≤ 7 ppm) confirmaram a cessação do tabagismo. Posteriormente, a abstinência baseou-se no autorrelato de cessação do tabagismo e cotinina na urina (≤100 ng/ml). O valor dos pagamentos em dinheiro começou em US$ 10 e aumentava em US$ 3 para cada amostra consecutiva que atendia aos critérios de abstinência. Os participantes poderiam ganhar US$ 275 no total. Os participantes-controle (os não designados para a intervenção de reforço de abstinência) ganharam US$ 10 por participar de cada visita. Todos os participantes também foram aleatoriamente designados para receber bupropiona SR ou um placebo. O estudo não mostrou qualquer efeito do reforço da abstinência de forma isolada em comparação com a condição-controle (quando combinado com placebo) ou da bupropiona isoladamente em comparação com placebo (quando combinado com controle). A bupropiona combinada com reforço de abstinência produziu taxas mais altas de cessação do tabagismo do que o placebo combinado com reforço de abstinência durante as semanas 3 e 4, mas não durante as semanas 5 e 6. Assim como em outros estudos, os resultados não mostraram efeitos da intervenção com reforço de abstinência na avaliação de 12 semanas de acompanhamento.

Três estudos avaliaram o potencial benefício de combinar medicação com reforço de abstinência para promover a abstinência de cocaína. Schmitz, Lindsay, Stotts, Green e Moeller (2010) compararam levodopa--carbidopa com um placebo em três diferentes condições de reforço baseadas em *vouchers*: reforço por frequência, reforço por adesão à medicação e reforço por abstinência. Os participantes foram adultos que preenchiam os critérios do DSM-IV para dependência de cocaína e estavam em tratamento ambulatorial. Os participantes em todas as três condições poderiam ganhar *vouchers* todas as segundas, quartas e sextas-feiras pelo comportamento-alvo atribuído à sua condição (frequência, adesão à medicação ou abstinência de cocaína, respectivamente). Os participantes poderiam ganhar *vouchers* no valor de US$ 2,50 inicialmente. O valor dos *vouchers* aumentava em US$ 1,25 para cada ocorrência consecutiva do comportamento-alvo. Os participantes também poderiam ganhar um bônus de US$ 10 por três ocorrências consecutivas do comportamento-alvo. A intervenção do *voucher* vigorou por 12 semanas, e os participantes poderiam ganhar até US$ 997,50. A levodopa-carbidopa não afetou amostras de urina negativas para cocaína em participantes que ganharam *vouchers* para frequência ou adesão à medicação; no entanto, a medicação pareceu aumentar a abstinência de cocaína em relação ao placebo em participantes que ganharam *vouchers* para amostras de urina negativas para cocaína. Embora esses resultados sugiram que a levodopa-carbidopa pode aumentar a eficácia do reforço de *voucher* na promoção da abstinência de cocaína, houve altas taxas de atrito nesse estudo (apenas 35% dos participantes ainda estavam em tratamento ao final das 12 semanas), o que limita as conclusões que podemos tirar do estudo.

Winstanley, Bigelow, Silverman, Johnson e Strain (2011) avaliaram a eficácia da combinação de fluoxetina com reforço da abstinência de cocaína em adultos dependentes desta inscritos no tratamento com metadona. Os participantes na condição de intervenção com *voucher* poderiam ganhar até US $ 1.155 em *vouchers* por fornecer amostras de urina negativas para cocaína todas as segundas, quartas e sextas-feiras por 12 semanas. Os participantes foram aleatoriamente designados para receber reforço baseado em *vouchers* por abstinência de cocaína, fluoxetina, reforço baseado em *vouchers* por abstinência tanto de cocaína quanto de fluoxetina, ou nenhum dos dois. O reforço baseado em *vouchers* sozinho pareceu aumentar a abstinência de cocaína, mas a adição de fluoxetina não aumentou a abstinência de cocaína e pode ter diminuído a abstinência. O grupo que recebeu placebo mais reforço por abstinência de cocaína à base de *voucher* alcançou a maior porcentagem de amostras de urina negativas para a substância; esse grupo forneceu 69% de amostras de urina negativas para cocaína, em comparação com 35% de amostras negativas no grupo com placebo.

Umbricht *et al.* (2014) avaliaram a eficácia do topiramato e do reforço de abstinência baseado em *vouchers* na promoção da abstinência de cocaína em pacientes dependentes de cocaína mantidos com metadona. Os participantes da intervenção com *vouchers* poderiam ganhar até US$ 1.155 em *vouchers* por fornecer amostras de urina negativas para cocaína todas as segundas, quartas e sextas-feiras durante 12 semanas. Os participantes foram aleatoriamente designados para receber reforço baseado em *vouchers* por abstinência de cocaína, topiramato, baseado em *vouchers* por abstinência tanto de cocaína quanto de topiramato, ou nenhum dos dois.

Embora a retenção do estudo tenha sido alta, nem o topiramato nem a intervenção com *vouchers* afetaram o uso de cocaína nesse estudo.

Contingências em grupo. Dallery e colaboradores realizaram uma série de estudos para avaliar o benefício potencial de organizar contingências para a cessação do tabagismo em que os ganhos de cada participante dependiam do comportamento do grupo (Dallery, Meredith, Jarvis & Nuzzo, 2015; Meredith & Dallery, 2013; Meredith, Grabinski & Dallery, 2011). Eles utilizaram essa contingência para recrutar reforço social e testar se a combinação de reforço financeiro e social aumentaria as taxas de abstinência. Os pesquisadores deram aos participantes acesso a fóruns *on-line* e os incentivaram a oferecer apoio aos membros de seu grupo para promover a comunicação e o reforço social.

Em um estudo, os participantes atribuídos a uma condição-controle sem *vouchers* forneceram de forma significativa menos amostras de hálito negativas para CO (35%) do que quando foram expostos a uma condição na qual poderiam ganhar *vouchers* para amostras de hálito negativas para CO, mesmo o reforço do *voucher* podendo ser independente (56%) ou dependente (53%) dos resultados de CO de outros participantes em seu grupo (Meredith & Dallery, 2013). O acréscimo de contingências sociais por meio do arranjo de reforço financeiro para amostras negativas para CO com base nos resultados do grupo não aumentou o percentual de participantes que pararam de fumar, e o acesso ao fórum *on-line* também não teve impacto. Outro estudo designou aleatoriamente os participantes para receber todos os *vouchers* dependentes da cessação do tabagismo (amostras negativas para CO) de todos os membros do grupo (grupo completo), ou para receber alguns *vouchers* dependentes da cessação do tabagismo de cada participante e alguns *vouchers* dependentes da cessação do tabagismo do grupo (grupo misto). O arranjo de todo o contingente de reforço para a cessação do tabagismo no grupo não afetou os resultados da referida cessação durante a intervenção (grupo completo, 18% negativos para CO; grupo misto, 29% negativos para CO) ou após a cessação (grupo completo, 9% negativos para CO; grupo misto, 14% negativos para CO). Outro estudo (Halpern *et al.*, 2015), descrito em detalhes mais adiante, também não conseguiu mostrar qualquer benefício de uma intervenção com incentivo baseada em grupo.

Prevenção de recaída

Combinação de reforço da abstinência com intervenções de aconselhamento. Alguns pesquisadores levantaram a hipótese de que a combinação de intervenções de reforço de abstinência com terapia de prevenção de recaída cognitivo-comportamental poderia prevenir ou reduzir a recaída após a cessação das intervenções de reforço de abstinência. Embora os primeiros estudos não tenham conseguido demonstrar tais efeitos (Silverman, Kaminski, *et al.*, 2011), diversos estudos publicados desde a escrita deste capítulo, na edição anterior deste livro, investigaram essa possibilidade. Carroll *et al.* (2012) alocaram aleatoriamente 127 adultos que atendiam aos critérios do DSM-IV para dependência atual de *cannabis* em quatro grupos: TCC isolada, reforço por abstinência baseado em prêmios isolado, TCC com reforço por adesão ao tratamento (participando de sessões de aconselhamento e completando a lição de casa) ou TCC mais reforço por abstinência baseado em prêmios. Em todas as intervenções de reforço baseadas em prêmios, os participantes podiam ganhar até cerca de US$ 250 em prêmios ao longo de 12 semanas. Nas intervenções com reforço por abstinência, os participantes puderam ganhar prêmios sorteados por fornecerem amostras de urina que testaram negativo para *cannabis* em 12 avaliações semanais. A intervenção com reforço por abstinência isoladamente não produziu melhores resultados do que a TCC isolada. Além disso, a TCC não melhorou os resultados quando adicionada à intervenção com reforço por abstinência, seja durante o tratamento ou durante o período de acompanhamento de 1 ano. De fato, o acréscimo da TCC pode ter tido um efeito deletério nos resultados do uso de *cannabis*.

Krishnan-Sarin *et al.* (2013) realizaram um ensaio clínico randomizado controlado de quatro semanas que comparou TCC isolada, reforço por abstinência isolado e TCC mais reforço de abstinência em 72 alunos do ensino médio que fumavam cigarros. Os pesquisadores determinaram a abstinência com amostras de respiração negativas para CO e amostras de urina negativas para cotinina, coletadas diariamente durante as semanas 1 e 2 e a cada 2 dias nas semanas 3 e 4. O ponto de corte do CO foi <7 ppm. O ponto de corte para cotinina inicialmente exigiu diminuição da última leitura ou <100 ng/mL e, em seguida, mudou para a exigência fixa de <100 ng/mL. Durante o tratamento, os grupos que receberam apenas reforço por abstinência e TCC mais reforço por abstinência alcançaram taxas mais altas de cessação do tabagismo do que o grupo que recebeu apenas TCC, mas não diferiram entre si. A combinação da TCC com a intervenção por reforço de abstinência não aumentou a abstinência durante o período de acompanhamento. De fato, os participantes expostos apenas à intervenção por reforço de abstinência tiveram as maiores taxas de abstinência pós-tratamento dos três grupos.

Ling, Hillhouse, Ang, Jenkins e Fahey (2013) alocaram aleatoriamente 202 adultos dependentes de opioides inscritos no tratamento com buprenorfina sublingual para quatro condições diferentes de tratamento de 16 semanas: TCC, reforço baseado em prêmios pela abstinência de opioides, TCC e reforço baseado em prêmios pela abstinência de opioides, ou nenhum deles (tratamento médico). O estudo não mostrou diferença nas taxas de abstinência de opioides entre nenhuma das condições, seja durante o tratamento ou nas avaliações de acompanhamento após a cessação das condições por 16 semanas.

McKay *et al.* (2010) designaram aleatoriamente 100 adultos que preenchiam os critérios do DSM-IV para dependência atual de cocaína e que mantiveram 2 semanas de frequência regular em tratamento ambulatorial intensivo para quatro condições de tratamento: tratamento normal, reforço baseado em *vouchers* por abstinência de cocaína, aconselhamento cognitivo-comportamental para prevenção de recaída ou reforço baseado em *vouchers* por abstinência de cocaína mais aconselhamento cognitivo-comportamental para prevenção de recaída. As principais análises mostraram que o reforço por abstinência de cocaína baseado em *vouchers* produziu aumentos significativos na abstinência, mas que o aconselhamento cognitivo-comportamental para prevenção de recaída não teve efeito sobre a abstinência. Portanto, o acréscimo do aconselhamento cognitivo-comportamental para prevenção de recaída ao reforço por abstinência de cocaína baseado em *vouchers* não produziu aumentos significativos na abstinência em comparação com o reforço baseado em *vouchers* por abstinência de cocaína isoladamente, seja durante ou após o tratamento.

Dois estudos de Tevyaw *et al.* (2009) avaliaram o benefício da combinação de terapia de aprimoramento motivacional com reforço por abstinência. Em um estudo, os pesquisadores designaram aleatoriamente 110 alunos universitários que fumavam, mas não estavam procurando tratamento, para receber uma intervenção de reforço por abstinência de 3 semanas para cessação do tabagismo, terapia de aprimoramento motivacional, reforço não dependente ou intervenção de reforço por abstinência e terapia de aprimoramento motivacional. Durante o tratamento, a intervenção de reforço por abstinência aumentou a cessação do tabagismo, mas a terapia de aprimoramento motivacional não produziu efeitos benéficos, isoladamente ou quando combinada com a intervenção por reforço de abstinência. Nenhum dos grupos diferiu no acompanhamento pós-intervenção.

Em um segundo estudo, 184 adultos em tratamento residencial de 28 dias que atendiam aos critérios do DSM-IV para TUS e fumavam pelo menos 10 cigarros por dia foram aleatoriamente designados para receber reforço baseado em *vouchers* para cessação do tabagismo, terapia de aprimoramento motivacional, reforço não dependente ou reforço baseado em *vouchers* mais terapia de aprimoramento motivacional (Rohsenow *et al.*, 2015). Durante o tratamento, o reforço baseado em *vouchers* aumentou as taxas de cessação do tabagismo, mas a terapia de aprimoramento motivacional não teve efeito sobre a cessação do tabagismo, isoladamente ou quando combinada com reforço baseado em *vouchers*. Durante o período de acompanhamento após a cessação das intervenções, não houve efeito principal da intervenção de reforço baseado em *vouchers* ou de aprimoramento motivacional, e pouquíssimos participantes (≤7,5%) em qualquer grupo estavam abstinentes no acompanhamento.

Dois estudos avaliaram os benefícios da combinação de terapia de reforço comunitário com reforço por abstinência. Um estudo designou de maneia aleatória 170 adultos dependentes de narcóticos em tratamento com buprenorfina para receberem reforço baseado em *vouchers* por abstinência de narcóticos e cocaína durante 12 semanas, ou reforço baseado em *vouchers* por abstinência de narcóticos e cocaína, além de aconselhamento com a abordagem de reforço comunitário (Christensen *et al.*, 2014). A combinação do reforço por abstinência baseado em *vouchers* com aconselhamento aumentou a retenção do tratamento e o número total de amostras de urina sem substâncias, em comparação com o reforço por abstinência baseado em *vouchers* apenas. Não ficou claro se as taxas diferenciais de retenção do tratamento entre os dois grupos confundiram a medida de abstinência. Ambos os grupos não diferiram no maior período de abstinência contínua.

Schottenfeld, Moore, e Pantalon (2011) designaram aleatoriamente 145 mulheres dependentes de cocaína que estavam grávidas ou tinham a custódia de crianças pequenas para receber reforço baseado em *voucher* por abstinência de cocaína mais aconselhamento com a abordagem de reforço comunitário, *vouchers* não contingentes mais aconselhamento com a abordagem de reforço comunitário, facilitação em 12 passos mais *vouchers* não contingentes ou facilitação de 12 passos mais reforço de abstinência baseado em *vouchers*. O reforço por abstinência de cocaína baseado em *vouchers* aumentou a abstinência em comparação com os *vouchers* não contingentes, tanto durante como após o tratamento. O aconselhamento com a abordagem de reforço comunitário não afetou a abstinência de cocaína em comparação com a facilitação em 12 passos. Não houve interação entre o tipo de aconselhamento e o reforço por abstinência baseado em *vouchers*.

Reforço por abstinência como intervenção de manutenção. Diversos estudos avaliaram se o arranjo de exposição prolongada ao reforço por abstinência poderia promover abstinência de longo prazo e evitar recaídas (Aklin *et al.*, 2014; DeFulio & Silverman, 2011; Kirby *et al.*, 2013; Roll, Chudzynski, Cameron, Howell & McPherson, 2013). Esses estudos ampliaram a pesquisa sobre a ideia de que o reforço por abstinência poderia ser utilizado como intervenção de manutenção (DeFulio, Donlin, Wong & Silverman, 2009; Silverman, 2004; Silverman, Kaminski *et al.*, 2011; Silverman, Robles, Mudric, Bigelow & Stitzer, 2004). DeFulio *et al.* (2009) avaliaram o reforço baseado no emprego como intervenção de manutenção no tratamento da toxicodependência. Nesse estudo, os pesquisadores convidaram adultos que haviam usado cocaína enquanto estavam inscritos no tratamento comunitário com metadona para participar de uma fase inicial de 6 meses de uma intervenção terapêutica no local de trabalho para iniciar a abstinência de substâncias e estabelecer as habilidades de trabalho necessárias. Durante essa fase, os pesquisadores exigiram que os participantes fornecessem amostras de urina sem cocaína e sem narcóticos para obter e manter o acesso ao local de trabalho. Os participantes que iniciaram a abstinência de cocaína e narcóticos e adquiriram as habilidades necessárias durante essa fase inicial de 6 meses foram contratados em uma empresa de entrada de dados modelo por 1 ano e aleatoriamente designados a um grupo somente para emprego ou um grupo para emprego contingente à abstinência. Como empregados, os participantes podiam trabalhar 30 horas semanais e recebiam remuneração quinzenal. Os participantes designados para a condição somente de emprego poderiam trabalhar independentemente de seus resultados de análise de urina, como em um emprego típico. Em contrapartida, os pesquisadores exigiram que os participantes designados para o emprego contingente à abstinência fornecessem amostras de urina sem substâncias para trabalhar e manter a remuneração máxima. Análises de amostras mensais de urina coletadas de participantes de ambos os grupos ao longo do ano de emprego na empresa de entrada de dados mostraram que os participantes com emprego contingente à abstinência forneceram significativamente mais amostras negativas de cocaína do que os participantes somente de emprego.

Em um relatório mais recente, DeFulio e Silverman (2011) relataram os resultados de abstinência para o ano durante o emprego e o ano após o emprego na empresa de entrada de dados modelo, com base em amostras de urina coletadas em intervalos de 6 meses. Durante o ano de emprego, os participantes com emprego contingente à abstinência forneceram significativamente mais amostras de urina negativas para cocaína do que os controles somente de emprego (83 *versus* 54%). No entanto, durante o ano de acompanhamento, quando a contingência de reforço por abstinência baseada no emprego terminou, os dois grupos forneceram taxas semelhantes de amostras de urina negativas para cocaína (44 *versus* 50%). Esse estudo mostrou que os pesquisadores poderiam utilizar o reforço por abstinência para manter a abstinência de cocaína por até 1 ano, mas que os efeitos da intervenção com esse reforço não persistiram após sua cessação.

Três outros estudos confirmaram que os pesquisadores poderiam estender os efeitos de uma intervenção com reforço por abstinência prolongando a duração das contingências de reforço por abstinência (Aklin *et al.*, 2014; Kirby *et al.*, 2013; Roll *et al.*, 2013). O estudo de Kirby *et al.* (2013) é especialmente importante, pois avaliou de modo experimental o efeito da duração do reforço de abstinência baseado em *vouchers* sobre os resultados de abstinência. Esse estudo designou de modo aleatório 130 pacientes dependentes de cocaína mantidos com metadona para reforço-padrão por abstinência de cocaína durante 12 semanas ou para reforço por abstinência de cocaína estendido, durante 36 semanas. Não houve diferença significativa entre os dois grupos na abstinência de cocaína durante as 12 semanas iniciais, quando ambos os grupos receberam reforço baseado em *vouchers*. Os participantes expostos à intervenção prolongada alcançaram significativamente mais abstinência de cocaína durante as 24 semanas seguintes do que aqueles no programa de 12 semanas, que não estavam mais recebendo *vouchers*. É importante ressaltar que os dois grupos não diferiram na abstinência de cocaína durante um período de acompanhamento de 12 semanas, quando nenhum dos grupos recebeu reforço baseado em *vouchers*.

Disseminação

A disseminação de intervenções com reforço por abstinência tem permanecido relativamente limitada desde a publicação deste capítulo na edição anterior deste livro. No entanto, duas aplicações em grande escala merecem destaque. Primeiro, o Department of Veterans Affairs (VA), dos Estados Unidos, disseminou o reforço por abstinência baseado em prêmios como prática baseada em evidências para TUSs e o implementou em todo o sistema de tratamento do VA (Petry, DePhilippis, Rash, Drapkin & McKay, 2014). O VA implementou intervenções de gestão de contingência baseadas em prêmios em mais de 70 clínicas de tratamento por abuso de substâncias nos Estados Unidos. Esse programa ilustra a adoção e a disseminação do reforço da abstinência em cenários clínicos do mundo real.

Dois estudos de Halpern *et al.* (2015, 2018) representam importantes aplicações em larga escala de incentivos em ambientes do mundo real. O estudo de Halpern *et al.* (2015) avaliou a eficácia dos incentivos financeiros na promoção da cessação do tabagismo em 2.538 funcionários da CVS Caremark ou seus parentes e amigos nos Estados Unidos. Os participantes foram aleatoriamente designados para um grupo-controle de cuidados normais ou para uma das quatro intervenções de reforço por abstinência para promover a cessação do tabagismo: um grupo de reforços individuais, um de reforços colaborativos, um de depósito individual ou um de depósito competitivo. Os participantes dos grupos de reforços colaborativos e de depósito competitivo foram colocados em grupos de seis cada e puderam se comunicar com outros membros do grupo por meio de uma sala de bate-papo baseada na internet. Os participantes dos grupos de depósito individual e depósito competitivo tiveram que enviar um depósito de US$ 150 para participar de suas respectivas condições. Os participantes dos dois grupos de incentivos individuais poderiam ganhar US$ 200 por fornecer evidências bioquimicamente confirmadas de término do tabagismo em 14 dias, 30 dias e 6 meses, além de um bônus de US$ 200 por evidências de cessação do tabagismo em 6 meses. Os participantes do grupo de reforços colaborativos que forneceram a medida bioquimicamente confirmada de cessação do tabagismo nas avaliações de 14 dias, 30 dias e 6 meses ganharam US$ 100 para cada um dos seis membros do grupo que atenderam ao critério de cessação naquele momento (i.e., até US$ 600 por vez). Além disso, os participantes nessa condição ganharam um bônus de US$ 200 por fornecer evidências de cessação do tabagismo em 6 meses. Os participantes do grupo de depósito competitivo poderiam ganhar até US$ 1.200 a cada vez por fornecer a medida bioquimicamente confirmada de cessação do tabagismo, mas o valor ganho era dividido pelo número de participantes que forneceram a medida bioquimicamente confirmada de cessação do tabagismo.

O estudo de Halpern *et al.* (2015) ilustra diversos pontos-chave. Primeiro, as intervenções de reforços individuais e reforços colaborativos promoveram de maneira significativa mais cessação do tabagismo do que o grupo-controle de cuidados normais, incluindo a avaliação de acompanhamento de 12 meses que os pesquisadores realizaram 6 meses após a cessação das intervenções de incentivo. Esses resultados confirmam o achado geral de que intervenções de reforço da abstinência podem ser efetivas. Em segundo lugar, embora as intervenções de reforços individuais e colaborativos tenham sido eficazes na promoção da cessação do tabagismo, elas tiveram eficácia em apenas cerca de um quarto dos participantes, no máximo, e a porcentagem de participantes que mantiveram a cessação do tabagismo diminuiu ao longo do tempo. Esse resultado confirma a descoberta geral de que, embora o reforço da abstinência possa ser efetivo, muitas pessoas não respondem a tais intervenções. Em terceiro lugar, embora as taxas de cessação do tabagismo para os participantes dos grupos de reforços individuais e colaborativos ainda fossem significativamente mais altas do que para os participantes do grupo-controle de cuidados normais no acompanhamento de 12 meses, a porcentagem de participantes que ainda estavam abstinentes nos dois grupos de reforço havia diminuído substancialmente nesse acompanhamento, e menos de 9% dos participantes desses grupos ainda estavam abstinentes naquele momento. Esse resultado confirma a descoberta de que, mesmo quando as intervenções de reforço por abstinência produzem efeitos de longo prazo após a cessação das intervenções, muitas pessoas continuam a recair no uso de substâncias nas semanas e nos meses subsequentes. Por fim, embora os pesquisadores tenham visto os depósitos como uma forma potencialmente viável de financiar intervenções de incentivo, menos de 20% dos participantes concordaram em pagar depósitos, e as taxas gerais de cessação do tabagismo foram baixas e em geral não significativamente diferentes daquelas para o grupo-controle de cuidados habituais. Uma análise secundária mostrou que os que pagaram um depósito eram propensos a se tornar abstinentes, o que sugere que os contratos de depósito podem ser úteis para um subconjunto da população. No entanto, com base em uma análise de intenção de tratamento, os contratos de depósito não foram uma forma especialmente útil de financiar intervenções de reforço por abstinência.

Considerações finais

Revisões, metanálises e resumos detalhados de estudos individuais publicados nos últimos anos confirmaram que as intervenções de reforço da abstinência são muito eficazes na promoção da abstinência das substâncias mais comumente abusadas e em diversas populações. No entanto, ainda precisamos melhorar essas intervenções. Conforme detalhado neste capítulo, os estudos não têm mostrado de forma consistente que as intervenções de reforço da abstinência são eficazes. Estudos que mostram que essas intervenções são efetivas também apontam que elas não são efetivas para todos os participantes, e a proporção de falhas terapêuticas costuma ser grande. Além disso, muitos estudos mostram que os efeitos das intervenções com reforço por abstinência não persistem após a cessação das intervenções. Mesmo em estudos que constataram que essas intervenções têm efeitos detectáveis pós-tratamento, a proporção de pacientes que permanecem abstinentes no período pós-tratamento diminui de forma confiável ao longo do tempo.

Os esforços para aumentar a eficácia das intervenções com reforço por abstinência ou para produzir efeitos mais duradouros após o fim das intervenções – manipulando parâmetros das intervenções, combinando-as com farmacoterapias ou combinando-as com tratamentos psicossociais – têm tido muito pouco sucesso. Como detalhado em nosso capítulo anterior (Silverman, Kaminski *et al.*, 2011) e no atual, aumentar a magnitude do reforço pode aumentar de modo substancial a eficácia das intervenções de reforço por abstinência, e organizar a exposição prolongada a tais intervenções pode prevenir recaídas e promover abstinência de longo prazo, pelo menos enquanto a intervenção continua.

As limitações das intervenções com reforço por abstinência identificadas neste capítulo levantam questões sobre sua utilidade clínica: que proporção de pacientes não respondem a essas intervenções? Tais intervenções têm um papel clinicamente útil se não mantiverem a abstinência ao longo do tempo? Pouco mudou em nossa compreensão dos benefícios e das limitações das intervenções com reforço por abstinência nos últimos anos. Em geral, elas podem ser eficazes na promoção da abstinência em alguns pacientes, mas não atendem às necessidades de uma proporção substancial de pacientes e quase sempre falham em promover a abstinência sem recaídas quando a intervenção termina.

Dado que os custos das intervenções com reforço por abstinência podem ser mínimos em pacientes que não a iniciam, a falha em iniciar a abstinência em alguns pacientes não é um grande custo para os provedores de tratamento e não diminui o valor dessas intervenções para os pacientes que respondem. Encontrar maneiras de aumentar a proporção de pacientes que respondem a essas intervenções é um foco importante para a comunidade científica, mas, na ausência dessas melhorias, as intervenções com reforço por abstinência existentes ainda podem ter valor.

Em algumas aplicações, tais intervenções que promovem abstinência de curto prazo podem ter efeitos profundos na saúde (p. ex., Higgins *et al.*, 2010). Exceto nos casos em que a exposição de curto prazo a uma intervenção tem benefícios claros para a saúde, não está claro que as intervenções com reforço por abstinência sejam clinicamente úteis se proporcionarem apenas uma pausa de curto prazo no uso de substâncias. Muitos veem a dependência destas como um problema crônico (McLellan *et al.*, 2000). A recaída ao uso de substâncias é comum após a cessação da maioria dos tratamentos (McLellan *et al.*, 2000), e o reforço da abstinência obviamente não é exceção a esse padrão. Reconhecendo a natureza de recaída crônica da dependência de substâncias, DuPont, Compton e McLellan (2015) recomendaram uma *recuperação de 5 anos* como um padrão para avaliar tratamentos para dependência de substâncias por pesquisadores e clínicos. Um período de avaliação de 5 anos obviamente colocaria exigências financeiras e práticas consideráveis aos pesquisadores e órgãos de financiamento para organizar e apoiar esses estudos de longo prazo. Estudos típicos aplicam intervenções que duram 12 semanas e realizam avaliações de acompanhamento de seis e 12 meses para avaliar os efeitos a longo prazo da intervenção. Desse modo, um período de avaliação de 5 anos representa um desafio significativo para a comunidade científica.

Nesse ponto, organizar o reforço por abstinência como uma intervenção de manutenção parece ser o meio mais provável de se manter a abstinência a longo prazo (DeFulio *et al.*, 2009; Kirby *et al.*, 2013; Silverman, DeFulio & Sigurdsson, 2012; Silverman *et al.*, 2004). No entanto, os pesquisadores não identificaram métodos práticos de organizar a exposição de longo prazo a intervenções de reforço por abstinência. Silverman e colaboradores tentaram utilizar o emprego como veículo para manter o reforço por abstinência baseada no emprego de longo prazo (Silverman, 2004; Silverman *et al.*, 2012; Silverman, Holtyn & Morrison, 2016), mas outros pesquisadores não adotaram esse método. Os programas de saúde dos médicos exigem que os médicos com deficiência se submetam a testes aleatórios de substâncias por 5 anos e permaneçam em abstinência durante todo esse tempo para continuar exercendo a medicina. Esse modelo mostra alguma promessa real ao abordar a natureza crônica da dependência de substâncias (DuPont, McLellan, White, Merlo & Gold, 2009). As intervenções com reforço por abstinência têm grande potencial e podem ser mais úteis na abordagem do problema crônico e persistente da dependência de substâncias se os pesquisadores puderem desenvolver métodos eficazes e práticos que garantam a abstinência a longo prazo e ao longo da vida.

Agradecimentos

Joseph V. Brady contribuiu para a versão deste capítulo na primeira edição deste livro.

O National Institute on Drug Abuse (Instituto Nacional de Abuso de Drogas) e o National Institute of

Allergy and Infectious Diseases (Instituto Nacional de Alergias e Doenças Infecciosas) dos National Institutes of Health (Institutos Nacionais de Saúde), sob as concessões R01DA037314, R01DA019497, R01AI117065 e T32DA07209, deram suporte à preparação deste capítulo. O conteúdo é de nossa exclusiva responsabilidade e não representa necessariamente as opiniões oficiais dos National Institutes of Health.

Referências

Aklin, W. M., Wong, C. J., Hampton, J., Svikis, D. S., Stitzer, M. L., Bigelow, G. E., *et al.* 2014). A therapeutic workplace for the long-term treatment of drug addiction and unemployment: Eight-year outcomes of a social business intervention. *Journal of Substance Abuse Treatment, 47*, 329-338.

Alessi, S. M., & Petry, N. M. (2013). A randomized study of cellphone technology to reinforce alcohol abstinence in the natural environment. *Addiction, 108*, 900-909.

Alessi, S. M., & Petry, N. M. (2014). Smoking reductions and increased self-efficacy in a randomized controlled trial of smoking abstinence-contingent incentives in residential substance abuse treatment patients. *Nicotine and Tobacco Research, 16*, 1436-1445.

Barnett, N. P., Tidey, J., Murphy, J. G., Swift, R., & Colby, S. M. (2011). Contingency management for alcohol use reduction: A pilot study using a transdermal alcohol sensor. *Drug and Alcohol Dependence, 118*, 391-399.

Benishek, L. A., Dugosh, K. L., Kirby, K. C., Matejkowski, J., Clements, N. T., Seymour, B. L., *et al.* (2014). Prize-based contingency management for the treatment of substance abusers: A meta-analysis. *Addiction, 109*, 1426-1436.

Businelle, M. S., Kendzor, D. E., Kesh, A., Cuate, E. L., Poonawalla, I. B., Reitzel, L. R., *et al.* (2014). Small financial incentives increase smoking cessation in homeless smokers: A pilot study. *Addictive Behaviors, 39*, 717-720.

Cahill, K., Hartmann-Boyce, J., & Perera, R. (2015). Incentives for smoking cessation. *Cochrane Database of Systematic Reviews, 5*, CD004307.

Carroll, K. M., Nich, C., Lapaglia, D. M., Peters, E. N., Easton, C. J., & Petry, N. M. (2012). Combining cognitive behavioral therapy and contingency management to enhance their effects in treating cannabis dependence: Less can be more, more or less. *Addiction, 107*, 1650-1659.

Castells, X., Kosten, T. R., Capella, D., Vidal, X., Colom, J., & Casas, M. (2009). Efficacy of opiate maintenance therapy and adjunctive interventions for opioid dependence with comorbid cocaine use disorders: A systematic review and meta-analysis of controlled clinical trials. *American Journal of Drug and Alcohol Abuse, 35*, 339-349.

Chen, W., Hong, Y., Zou, X., McLaughlin, M. M., Xia, Y., & Ling, L. (2013). Effectiveness of prize-based contingency management in a methadone maintenance program in China. *Drug and Alcohol Dependence, 133*, 270-274.

Christensen, D. R., Landes, R. D., Jackson, L., Marsch, L. A., Mancino, M. J., Chopra, M. P., *et al.* (2014). Adding an Internet-delivered treatment to an efficacious treatment package for opioid dependence. *Journal of Consulting and Clinical Psychology, 82*, 964-972.

Dallery, J., & Glenn, I. M. (2005). Effects of an Internet-based voucher reinforcement program for smoking abstinence: A feasibility study. *Journal of Applied Behavior Analysis, 38*, 349-357.

Dallery, J., Meredith, S., Jarvis, B. P., & Nuzzo, P. A. (2015). Internet-based group contingency management to promote smoking abstinence. *Experimental and Clinical Psychopharmacology, 23*, 176-183.

Dallery, J., Raiff, B. R., & Grabinski, M. J. (2013). Internet-based contingency management to promote smoking cessation: A randomized controlled study. *Journal of Applied Behavior Analysis, 46*, 750-764.

Dallery, J., Raiff, B. R., Kim, S. J., Marsch, L. A., Stitzer, M., & Grabinski, M. J. (2017). Nationwide access to an Internet-based contingency management intervention to promote smoking cessation: A randomized controlled trial. *Addiction, 112*, 875-883.

Davis, D. R., Kurti, A. N., Skelly, J. M., Redner, R., White, T. J., & Higgins, S. T. (2016). A review of the literature on contingency management in the treatment of substance use disorders, 2009-2014. *Preventive Medicine, 92*, 36-46.

DeFulio, A., Donlin, W. D., Wong, C. J., & Silverman, K. (2009). Employment-based abstinence reinforcement as a maintenance intervention for the treatment of cocaine dependence: A randomized controlled trial. *Addiction, 104*, 1530-1538.

DeFulio, A., & Silverman, K. (2011). Employment-based abstinence reinforcement as a maintenance intervention for the treatment of cocaine dependence: Postintervention outcomes. *Addiction, 106*, 960-967.

Dougherty, D. M., Hill-Kapturczak, N., Liang, Y., Karns, T. E., Cates, S. E., Lake, S. L., *et al.* (2014). Use of continuous transdermal alcohol monitoring during a contingency management procedure to reduce excessive alcohol use. *Drug and Alcohol Dependence, 142*, 301-306.

Dougherty, D. M., Karns, T. E., Mullen, J., Liang, Y., Lake, S. L., Roache, J. D., *et al.* (2015). Transdermal alcohol concentration data collected during a contingency management program to reduce at-risk drinking. *Drug and Alcohol Dependence, 148*, 77-84.

Dougherty, D. M., Lake, S. L., Hill-Kapturczak, N., Liang, Y., Karns, T. E., Mullen, J., *et al.* (2015). Using contingency management procedures to reduce at-risk drinking in heavy drinkers. *Alcoholism: Clinical and Experimental Research, 39*, 743-751.

Drummond, M. B., Astemborski, J., Lambert, A. A., Goldberg, S., Stitzer, M. L., Merlo, C. A., *et al.* (2014). A randomized study of contingency management and spirometric lung age for motivating smoking cessation among injection drug users. *BMC Public Health, 14*, 761.

Dunn, K. E., Saulsgiver, K. A., & Sigmon, S. C. (2011). Contingency management for behavior change: Applications to promote brief smoking cessation among opioid-maintained patients. *Experimental and Clinical Psychopharmacology, 19,* 20-30.

DuPont, R. L., Compton, W. M., & McLellan A. T. (2015). Five-year recovery: A new standard for assessing effectiveness of substance use disorder treatment. *Journal of Substance Abuse Treatment, 58,* 1-5.

DuPont, R. L., McLellan, A. T., White, W. L., Merlo, L. J., & Gold, M. S. (2009). Setting the standard for recovery: Physicians' health programs. *Journal of Substance Abuse Treatment, 36,* 159-171.

Dutra, L., Stathopoulou, G., Basden, S. L., Leyro, T. M., Powers, M. B., & Otto, M. W. (2008). A meta-analytic review of psychosocial interventions for substance use disorders. *American Journal of Psychiatry, 165,* 179-187.

Elliott, R., & Tighe, T. (1968). Breaking the cigarette habit: Effects of a technique involving threatened loss of money. *Psychological Record, 18,* 503-513.

Festinger, D. S., Dugosh, K. L., Kirby, K. C., & Seymour, B. L. (2014). Contingency management for cocaine treatment: Cash vs. vouchers. *Journal of Substance Abuse Treatment, 47,* 168-174.

Glasgow, R. E., Hollis, J. F., Ary, D. V., & Boles, S. M. (1993). Results of a year-long incentives-based worksite smoking-cessation program. *Addictive Behaviors, 18,* 455-464.

Glover, M., Kira, A., Walker, N., & Bauld, L. (2015). Using incentives to encourage smoking abstinence among pregnant Indigenous women?: A feasibility study. *Maternal and Child Health Journal, 19,* 1393-1399.

Godley, M. D., Godley, S. H., Dennis, M. L., Funk, R. R., Passetti, L. L., & Petry, N. M. (2014). A randomized trial of assertive continuing care and contingency management for adolescents with substance use disorders. *Journal of Consulting and Clinical Psychology, 82,* 40-51.

Gray, K. M., Carpenter, M. J., Baker, N. L., Hartwell, K. J., Lewis, A. L., Hiott, D. W., *et al.* (2011). Bupropion SR and contingency management for adolescent smoking cessation. *Journal of Substance Abuse Treatment, 40,* 77-86.

Halpern, S. D., French, B., Small, D. S., Saulsgiver, K., Harhay, M. O., Audrain-McGovern, J., *et al.* (2015). Randomized trial of four financial-incentive programs for smoking cessation. *New England Journal of Medicine, 372,* 2108-2117.

Halpern, S. D., Harhay, M. O., Saulsgiver, K., Brophy, C., Troxel, A. B., & Volpp, K. G. (2018). A pragmatic trial of e-cigarettes, incentives, and drugs for smoking cessation. *New England Journal of Medicine, 378,* 2302-2310.

Heil, S. H., Higgins, S. T., Bernstein, I. M., Solomon, L. J., Rogers, R. E., Thomas, C. S., *et al.* (2008). Effects of voucher-based incentives on abstinence from cigarette smoking and fetal growth among pregnant women. *Addiction, 103,* 1009-1018.

Higgins, S. T., Bernstein, I. M., Washio, Y., Heil, S. H., Badger, G. J., Skelly, J. M., *et al.* (2010). Effects of smoking cessation with voucher-based contingency management on birth outcomes. *Addiction, 105,* 2023-2030.

Higgins, S. T., Delaney, D. D., Budney, A. J., Bickel, W. K., Hughes, J. R., Foerg, F., *et al.* (1991). A behavioral approach to achieving initial cocaine abstinence. *American Journal of Psychiatry, 148,* 1218-1224.

Higgins, S. T., Washio, Y., Lopez, A. A., Heil, S. H., Solomon, L. J., Lynch, M. E., *et al.* (2014). Examining two different schedules of financial incentives for smoking cessation among pregnant women. *Preventive Medicine, 68,* 51-57.

Holtyn, A. F., Koffarnus, M. N., DeFulio, A., Sigurdsson, S. O., Strain, E. C., Schwartz, R. P., *et al.* (2014a). The therapeutic workplace to promote treatment engagement and drug abstinence in out-of-treatment injection drug users: A randomized controlled trial. *Preventive Medicine, 68,* 62-70.

Holtyn, A. F., Koffarnus, M. N., DeFulio, A., Sigurdsson, S. O., Strain, E. C., Schwartz, R. P., *et al.* (2014b). Employment-based abstinence reinforcement promotes opiate and cocaine abstinence in out-of-treatment injection drug users. *Journal of Applied Behavior Analysis, 47,* 681-693.

Hser, Y. I., Li, J., Jiang, H., Zhang, R., Du, J., Zhang, C., *et al.* (2011). Effects of a randomized contingency management intervention on opiate abstinence and retention in methadone maintenance treatment in China. *Addiction, 106,* 1801-1809.

Jiang, H., Du, J., Wu, F., Wang, Z., Fan, S., Li, Z., *et al.* (2012). Efficacy of contingency management in improving retention and compliance to methadone maintenance treatment: A random controlled study. *Shanghai Archives of Psychiatry, 24,* 11-19.

Kendzor, D. E., Businelle, M. S., Poonawalla, I. B., Cuate, E. L., Kesh, A., Rios, D. M., *et al.* (2015). Financial incentives for abstinence among socioeconomically disadvantaged individuals in smoking cessation treatment. *American Journal of Public Health, 105,* 1198-1205.

Kennedy, A. P., Phillips, K. A., Epstein, D. H., Reamer, D. A., Schmittner, J., & Preston, K. L. (2013). A randomized investigation of methadone doses at or over 100 mg/day, combined with contingency management. *Drug and Alcohol Dependence, 130,* 77-84.

Killeen, T. K., McRae-Clark, A. L., Waldrop, A. E., Upadhyaya, H., & Brady, K. T. (2012). Contingency management in community programs treating adolescent substance abuse: A feasibility study. *Journal of Child and Adolescent Psychiatric Nursing, 25,* 33-41.

Kirby, K. C., Carpenedo, C. M., Dugosh, K. L., Rosenwasser, B. J., Benishek, L. A., Janik, A., *et al.* (2013). Randomized clinical trial examining duration of voucher-based reinforcement therapy for cocaine abstinence. *Drug and Alcohol Dependence, 132,* 639-645.

Krishnan-Sarin, S., Cavallo, D. A., Cooney, J. L., Schepis, T. S., Kong, G., Liss, T. B., *et al.* (2013). An exploratory randomized controlled trial of a novel high-school-based smoking cessation intervention for adolescent smokers using abstinence-contingent incentives and cognitive behavioral therapy. *Drug and Alcohol Dependence, 132,* 346-351.

Lamb, R. J., Kirby, K. C., Morral, A. R., Galbicka, G., & Iguchi, M. Y. (2010). Shaping smoking cessation in hard-to-treat smokers. *Journal of Consulting and Clinical Psychology, 78,* 62-71.

Ledgerwood, D. M., Arfken, C. L., Petry, N. M., & Alessi, S. M. (2014). Prize contingency management for smoking cessation: A randomized trial. *Drug and Alcohol Dependence, 140,* 208-212.

Ling, W., Hillhouse, M., Ang, A., Jenkins, J., & Fahey, J. (2013). Comparison of behavioral treatment conditions in buprenorphine maintenance. *Addiction, 108,* 1788-1798.

Litt, M. D., Kadden, R. M., & Petry, N. M. (2013). Behavioral treatment for marijuana dependence: Randomized trial of contingency management and self-efficacy enhancement. *Addictive Behaviors, 38,* 1764-1775.

Lussier, J. P., Heil, S. H., Mongeon, J. A., Badger, G. J., & Higgins, S. T. (2006). A meta-analysis of voucher-based reinforcement therapy for substance use disorders. *Addiction, 101,* 192-203.

McDonell, M. G., Howell, D. N., McPherson, S., Cameron, J. M., Srebnik, D., Roll, J. M., *et al.* (2012). Voucher-based reinforcement for alcohol abstinence using the ethyl-glucuronide alcohol biomarker. *Journal of Applied Behavior Analysis, 45,* 161-165.

McDonell, M. G., Srebnik, D., Angelo, F., McPherson, S., Lowe, J. M., Sugar, A., *et al.* (2013). Randomized controlled trial of contingency management for stimulant use in community mental health patients with serious mental illness. *American Journal of Psychiatry, 170,* 94-101.

McKay, J. R., Lynch, K. G., Coviello, D., Morrison, R., Cary, M. S., Skalina, L., *et al.* (2010). Randomized trial of continuing care enhancements for cocaine-dependent patients following initial engagement. *Journal of Consulting and Clinical Psychology, 78,* 111-120.

McLellan, A. T., Lewis, D. C., O'Brien, C. P., & Kleber, H. D. (2000). Drug dependence, a chronic medical illness: Implications for treatment, insurance, and outcomes evaluation. *Journal of the American Medical Association, 284,* 1689-1695.

Menza, T. W., Jameson, D. R., Hughes, J. P., Colfax, G. N., Shoptaw, S., & Golden, M. R. (2010). Contingency management to reduce methamphetamine use and sexual risk among men who have sex with men: A randomized controlled trial. *BMC Public Health, 10,* 774.

Meredith, S. E., & Dallery, J. (2013). Investigating group contingencies to promote brief abstinence from cigarette smoking. *Experimental and Clinical Psychopharmacology, 21,* 144-154.

Meredith, S. E., Grabinski, M. J., & Dallery, J. (2011). Internet-based group contingency management to promote abstinence from cigarette smoking: A feasibility study. *Drug and Alcohol Dependence, 118,* 23-30.

Milby, J. B., Schumacher, J. E., Raczynski, J. M., Caldwell, E., Engle, M., Michael, M., *et al.* (1996). Sufficient conditions for effective treatment of substance abusing homeless persons. *Drug and Alcohol Dependence, 43,* 39-47.

Peirce, J. M., Petry, N. M., Stitzer, M. L., Blaine, J., Kellogg, S., Satterfield, F., *et al.* (2006). Effects of lower-cost incentives on stimulant abstinence in methadone maintenance treatment: A national drug abuse treatment clinical trials network study. *Archives of General Psychiatry, 63,* 201-208.

Petitjean, S. A., Dursteler-MacFarland, K. M., Krokar, M. C., Strasser, J., Mueller, S. E., Degen, B., *et al.* (2014). A randomized, controlled trial of combined cognitive-behavioral therapy plus prize-based contingency management for cocaine dependence. *Drug and Alcohol Dependence, 145,* 94-100.

Petry, N. M., Alessi, S. M., Barry, D., & Carroll, K. M. (2015). Standard magnitude prize reinforcers can be as efficacious as larger magnitude reinforcers in cocaine-dependent methadone patients. *Journal of Consulting and Clinical Psychology, 83,* 464-472.

Petry, N. M., Alessi, S. M., Marx, J., Austin, M., & Tardif, M. (2005). Vouchers versus prizes: Contingency management treatment of substance abusers in community settings. *Journal of Consulting and Clinical Psychology, 73,* 1005-1014.

Petry, N. M., Alessi, S. M., & Rash, C. J. (2013). A randomized study of contingency management in cocaine-dependent patients with severe and persistent mental health disorders. *Drug and Alcohol Dependence, 130,* 234-237.

Petry, N. M., DePhilippis, D., Rash, C. J., Drapkin, M., & McKay, J. R. (2014). Nationwide dissemination of contingency management: The Veterans Administration initiative. *American Journal on Addictions, 23,* 205-210.

Petry, N. M., Martin, B., Cooney, J. L., & Kranzler, H. R. (2000). Give them prizes, and they will come: Contingency management for treatment of alcohol dependence. *Journal of Consulting and Clinical Psychology, 68,* 250-257.

Petry, N. M., Tedford, J., Austin, M., Nich, C., Carroll, K. M., & Rounsaville, B. J. (2004). Prize reinforcement contingency management for treating cocaine users: How low can we go, and with whom? *Addiction, 99,* 349-360.

Petry, N. M., Weinstock, J., & Alessi, S. M. (2011). A randomized trial of contingency management delivered in the context of group counseling. *Journal of Consulting and Clinical Psychology, 79,* 686-696.

Petry, N. M., Weinstock, J., Alessi, S. M., Lewis, M. W., & Dieckhaus, K. (2010). Group-based randomized trial of contingencies for health and abstinence in HIV patients. *Journal of Consulting and Clinical Psychology, 78,* 89-97.

Pilling, S., Strang, J., Gerada, C., & National Institute for Clinical Excellence (NICE). (2007). Psychosocial interventions and opioid detoxification for drug misuse: Summary of NICE guidance. *British Medical Journal, 335,* 203-205.

Preston, K. L., Umbricht, A., & Epstein, D. H. (2002). Abstinence reinforcement maintenance contingency and one-year follow-up. *Drug and Alcohol Dependence, 67,* 125-137.

Ries, R. K., Dyck, D. G., Short, R., Srebnik, D., Fisher, A., & Comtois, K. A. (2004). Outcomes of managing disability benefits among patients with substance dependence and severe mental illness. *Psychiatric Services, 55*, 445-447.

Rohsenow, D. J., Tidey, J. W., Martin, R. A., Colby, S. M., Sirota, A. D., Swift, R. M., *et al.* (2015). Contingent vouchers and motivational interviewing for cigarette smokers in residential substance abuse treatment. *Journal of Substance Abuse Treatment, 55*, 29-38.

Roll, J. M., Chudzynski, J., Cameron, J. M., Howell, D. N., & McPherson, S. (2013). Duration effects in contingency management treatment of methamphetamine disorders. *Addictive Behaviors, 38*, 2455-2462.

Romanowich, P., & Lamb, R. J. (2010). Effects of escalating and descending schedules of incentives on cigarette smoking in smokers without plans to quit. *Journal of Applied Behavior Analysis, 43*, 357-367.

Romanowich, P., & Lamb, R. J. (2013). The effect of framing incentives as either losses or gains with contingency management for smoking cessation. *Addictive Behaviors, 38*, 2084-2088.

Romanowich, P., & Lamb, R. J. (2014). The effects of percentile versus fixed criterion schedules on smoking with equal incentive magnitude for initial abstinence. *Experimental and Clinical Psychopharmacology, 22*, 348-355.

Romanowich, P., & Lamb, R. J. (2015). The effects of fixed versus escalating reinforcement schedules on smoking abstinence. *Journal of Applied Behavior Analysis, 48*, 25-37.

Schmitz, J. M., Lindsay, J. A., Stotts, A. L., Green, C. E., & Moeller, F. G. (2010). Contingency management and levodopa-carbidopa for cocaine treatment: A comparison of three behavioral targets. *Experimental and Clinical Psychopharmacology, 18*, 238-244.

Schottenfeld, R. S., Moore, B., & Pantalon, M. V. (2011). Contingency management with community reinforcement approach or Twelve-Step facilitation drug counseling for cocaine dependent pregnant women or women with young children. *Drug and Alcohol Dependence, 118*, 48-55.

Secades-Villa, R., Garcia-Rodriguez, O., Lopez-Nunez, C., Alonso-Perez, F., & Fernandez-Hermida, J. R. (2014). Contingency management for smoking cessation among treatment-seeking patients in a community setting. *Drug and Alcohol Dependence, 140*, 63-68.

Silverman, K. (2004). Exploring the limits and utility of operant conditioning in the treatment of drug addiction. *Behavior Analyst, 27*, 209-230.

Silverman, K., Chutuape, M. A., Bigelow, G. E., & Stitzer, M. L. (1999). Voucher-based reinforcement of cocaine abstinence in treatment-resistant methadone patients: Effects of reinforcement magnitude. *Psychopharmacology, 146*, 128-138.

Silverman, K., DeFulio, A., & Everly, J. J. (2011). Behavioral aspects. Em P. Ruiz & E. C. Strain (Eds.), *Lowinson and Ruiz's substance abuse: A comprehensive textbook* (5th ed, pp. 88-106). Philadelphia: Lippincott Williams & Wilkins.

Silverman, K., DeFulio, A., & Sigurdsson, S. O. (2012). Maintenance of reinforcement to address the chronic nature of drug addiction. *Preventive Medicine, 55*, 46-53.

Silverman, K., Holtyn, A. F., & Morrison, R. (2016). The therapeutic utility of employment in treating drug addiction: Science to application. *Translational Issues in Psychological Science, 2*, 203-212.

Silverman, K., Kaminski, B. J., Higgins, S. T., & Brady, J. V. (2011). Behavior analysis and treatment of drug addiction. Em W. W. Fisher, C. C. Piazza, & H. S. Roane (Eds.), *Handbook of applied behavior analysis* (pp. 451-471). New York: Guilford Press.

Silverman, K., Robles, E., Mudric, T., Bigelow, G. E., & Stitzer, M. L. (2004). A randomized trial of long-term reinforcement of cocaine abstinence in methadone-maintained patients who inject drugs. *Journal of Consulting and Clinical Psychology, 72*, 839-854.

Stanger, C., Ryan, S. R., Scherer, E. A., Norton, G. E., & Budney, A. J. (2015). Clinic- and home-based contingency management plus parent training for adolescent cannabis use disorders. *Journal of the American Academy of Child and Adolescent Psychiatry, 54*, 445-453.

Tevyaw, T. O., Colby, S. M., Tidey, J. W., Kahler, C. W., Rohsenow, D. J., Barnett, N. P., *et al.* (2009). Contingency management and motivational enhancement: A randomized clinical trial for college student smokers. *Nicotine and Tobacco Research, 11*, 739-749.

Tidey, J. W., Rohsenow, D. J., Kaplan, G. B., Swift, R. M., & Reid, N. (2011). Effects of contingency management and bupropion on cigarette smoking in smokers with schizophrenia. *Psychopharmacology, 217*, 279-287.

Umbricht, A., DeFulio, A., Winstanley, E. L., Tompkins, D. A., Peirce, J., Mintzer, M. Z., *et al.* (2014). Topiramate for cocaine dependence during methadone maintenance treatment: A randomized controlled trial. *Drug and Alcohol Dependence, 140*, 92-100.

Winstanley, E. L., Bigelow, G. E., Silverman, K., Johnson, R. E., & Strain, E. C. (2011). A randomized controlled trial of fluoxetine in the treatment of cocaine dependence among methadone-maintained patients. *Journal of Substance Abuse Treatment, 40*, 255-264.

30

Gerontologia comportamental

Jonathan C. Baker, Linda A. LeBlanc, Brian MacNeill e Paige B. Raetz

As demografias global e nacional têm mudado de forma constante para uma população mais velha, com adultos com 65 anos ou mais projetados para representar 20% da população total dos Estados Unidos até o ano de 2030 e 24% até 2060 (Colby & Ortman, 2014). O grupo com 85 anos ou mais está crescendo mais rápido do que qualquer outro, com aumento desproporcional para mulheres e grupos minoritários (Colby & Ortman, 2014). Esses adultos precisarão de uma série de serviços médicos e psicológicos, pois provavelmente experimentarão declínio da saúde, déficits sensoriais (p. ex., perda auditiva) e deficiências cognitivas que serão caras, debilitantes e potencialmente isolantes socialmente (Belsky, 1999). No entanto, projeta-se que a infraestrutura para a prestação desses serviços seja lamentavelmente inadequada à medida que esses indivíduos envelhecem e demandam alternativas aos asilos tradicionais (Molinari *et al.*, 2003).

Devido à crescente discrepância entre necessidades e infraestrutura, há grandes oportunidades de pesquisa e prática para analistas do comportamento interessados em trabalhar com idosos. Esses analistas há muito defendem o uso de modificações ambientais para melhorar a vida dos idosos (Lindsley, 1964). Analistas do comportamento proeminentes têm sugerido que (1) contingências naturais para idosos apoiam comportamentos ineficazes (Skinner, 1983), (2) princípios operantes básicos são responsáveis por fenômenos relacionados ao envelhecimento e (3) muitos dos declínios nas habilidades observados em adultos mais velhos são reversíveis (Baltes & Barton, 1977). Utilizamos o termo *gerontologia comportamental* para nos referirmos à aplicação da análise do comportamento a idosos em áreas como pesquisa comportamental básica, aplicações clínicas e questões organizacionais em agências de prestação de serviços (Adkins & Mathews, 1999; Burgio e Burgio, 1986).

Desde meados da década de 1980, um número pequeno e estável de publicações sobre envelhecimento tem aparecido em revistas comportamentais (p. ex., Baker & LeBlanc, 2011; Buchanan, Husfeldt, Berg & Houlihan, 2011; Oleson e Baker, 2014; Pachis & Zonneveld, 2018; Raetz, LeBlanc, Baker & Hilton, 2013; Trahan, Donaldson, McNabney, 2014; Virues-Ortega, Iwata, Nogales-González & Frades, 2012), e um número cada vez maior de estudos analíticos do comportamento tem aparecido em revistas multidisciplinares sobre envelhecimento (p. ex., Altus, Engelman & Mathews, 2002a, 2002b; Burgio *et al.*, 2002; Feliciano, LeBlanc & Feeney, 2010; Hussian & Brown, 1987; Ilem, Feliciano & LeBlanc, 2015; Noguchi, Kawano & Yamanaka, 2013). No entanto, apesar do grande potencial de impacto social positivo, o campo da gerontologia comportamental não tem crescido a uma taxa proporcional ao seu potencial (Burgio & Burgio, 1986).

Analistas do comportamento que publicam em revistas multidisciplinares sobre envelhecimento têm tentado ilustrar as vantagens de uma abordagem analítico-comportamental para o envelhecimento para públicos não comportamentais (p. ex., Noguchi *et al.*, 2013). Esses benefícios incluem foco em fatores ambientais que promovem ou suprimem o comportamento e a crença na reversibilidade em potencial do declínio e na economia financeira de uma abordagem de intervenção analítico-comportamental (Dupree & Schonfeld, 1998). Pesquisadores analítico-comportamentais que publicam em revistas não analítico-comportamentais também se beneficiaram do contato com pesquisas bem-elaboradas que podem informar a gerontologia comportamental, embora essa pesquisa não seja analítico-comportamental em si.

Baker, Fairchild e Seefeldt (2015) argumentam que a pesquisa do envelhecimento não analítico-comportamental fornece uma base para pesquisas e considerações clínicas em gerontologia comportamental. Os analistas do comportamento cientes dos tópicos de pesquisa atuais sobre envelhecimento e preocupações sociais urgentes para adultos mais velhos são mais propensos a realizar pesquisas que serão valorizadas pela comunidade de pesquisa mais ampla, que estuda o envelhecimento. Por exemplo, a ingestão deficiente de líquidos é um problema comum e com risco de vida em adultos mais velhos (Keller, Beck & Namasivayam, 2015). Feliciano *et al.* (2010) exemplificaram a aplicação da análise do comportamento ao problema da ingestão insuficiente de líquidos em idosos. Eles desenvolveram a Hydration Interview, uma entrevista de avaliação funcional que identificou riscos para a desidratação e barreiras à hidratação (p. ex., perguntas sobre eventos antecedentes, como "quando você tem mais probabilidade de beber líquidos?", e perguntas sobre consequências, como "você beberia mais líquidos se eles tivessem um sabor melhor?"). A entrevista orientou a criação de potenciais hipóteses sobre fatores ambientais relacionados à ingestão de líquidos. Feliciano *et al.* utilizaram os resultados da avaliação para desenvolver intervenções para dois idosos. Por exemplo, se um indivíduo indicasse que beberia mais líquidos se o sabor fosse melhor, Feliciano *et al.*, realizariam uma avaliação de preferência de líquidos para identificar as bebidas favoritas. O pacote de intervenção baseado em função minimizou a variabilidade na ingestão de líquidos para ambos os participantes. Esse estudo ilustra como os analistas do comportamento podem desenvolver avaliações úteis para preocupações comuns com a saúde relacionadas ao envelhecimento, que podem prestar informações ao desenvolvimento de intervenções e ter impacto social positivo significativo na vida de adultos mais velhos.

Este capítulo oferece uma revisão da literatura sobre gerontologia comportamental para analistas do comportamento que podem não estar familiarizados com a área. Dividimos o capítulo em duas áreas de conteúdo, pesquisa básica e aplicação clínica, com ênfase nos estudos publicados nos últimos 10 anos.

Pesquisa analítico-comportamental básica sobre envelhecimento

O estudo da memória e da cognição a partir de uma perspectiva de processamento de informações tem dominado a pesquisa básica sobre envelhecimento (Birren & Schaie, 2001; Cherry & Smith, 1998). Como resultado, há muito pouca literatura publicada a partir de uma perspectiva analítico-comportamental (Derenne & Baron, 2002). A literatura experimental analítico-comportamental sobre envelhecimento enfoca sobretudo mudanças relacionadas à idade em respostas classicamente condicionadas, respostas a esquemas de reforçamento, detecção de sinal e formação de classes de equivalência de estímulos. Resumimos a seguir algumas das descobertas mais consistentes em relação às diferenças de aprendizagem e de desempenho relacionadas à idade, pois o trabalho aplicado em gerontologia que não é informado por esses achados pode levar a uma intervenção mal-informada e ineficaz para problemas clínicos.

Condicionamento respondente

Uma série de estudos documentou mudanças claras relacionadas à idade e ao transtorno neurocognitivo em respostas classicamente condicionadas (i.e., respondentes) em espécies humanas e não humanas. Incluímos ambos os tipos de estudos nesta revisão, pois tanto a pesquisa com animais humanos quanto a com não humanos podem informar nossa compreensão dos processos comportamentais básicos no condicionamento clássico.

Alguns estudos avaliaram diferenças relacionadas à idade na aquisição de respostas classicamente condicionadas, utilizando condicionamento de *rastro* e *atraso*. O condicionamento de rastro envolve tentativas nas quais uma breve lacuna separa o final do estímulo condicionado e o início do incondicionado. O condicionamento de atraso envolve o início do estímulo condicionado antes do início do incondicionado, mas ambos os terminam de maneira simultânea. Graves e Solomon (1985) destacaram a importância da utilização desses dois procedimentos. Primeiro, eles resumiram pesquisas sugerindo que os dois procedimentos resultam na aquisição de respostas condicionadas (p. ex., respostas condicionadas que ocorrem durante 80% das oportunidades), mas por meio de dois sistemas neurais diferentes. Embora os analistas do comportamento nem sempre se concentrem em processos biológicos, os pesquisadores mostraram que os danos ao hipocampo têm impacto negativo no condicionamento de rastro, mas não no de atraso. As mudanças relacionadas à idade incluem a deterioração do hipocampo, o que sugere que estudos avaliando o condicionamento de respondentes em organismos jovens e velhos podem mostrar diferenças relacionadas à idade com o condicionamento de rastro, mas não com o de atraso. Em segundo lugar, Graves e Solomon observaram que o aumento da complexidade dos procedimentos está inversamente relacionado à aquisição de respostas condicionadas para organismos mais velhos. Pesquisas sobre procedimentos de rastro e atraso têm mostrado que o procedimento de rastro, em que há um intervalo entre o final da apresentação do estímulo condicionado e o início do incondicionado, é um procedimento mais complexo do que o de atraso, em que os dois estímulos se sobrepõem temporalmente e podem afetar a aquisição de respostas condicionadas.

Graves e Solomon (1985) estudaram as diferenças nos condicionamentos de rastro e de atraso na aquisição de respostas condicionadas em coelhos albinos de 6 meses de idade (jovens) e 36 a 60 meses de idade (velhos). Eles definiram a aquisição da resposta condicionada como as respostas que ocorrem durante quatro tentativas de um bloco de cinco ou respostas condicionadas que ocorrem durante oito tentativas de um bloco de 10. Os coelhos mais velhos adquiriram a resposta condicionada entre uma média de 700 e 800 tentativas, e os coelhos mais jovens adquiriram tal resposta entre uma média de 430 e 470 tentativas em condicionamento de rastro, mas os pesquisadores não observaram diferenças durante o de atraso. Embora esse estudo não tenha apresentado diferenças relacionadas à idade associadas ao dano do hipocampo *versus* complexidade, ele mostrou que uma simples lacuna entre a apresentação do estímulo condicionado e a apresentação do incondicionado resultou em coelhos mais velhos necessitando de duas vezes mais tentativas para adquirir a resposta do que quando os dois estímulos se sobrepunham de modo temporal. Outros pesquisadores demonstraram diferenças semelhantes no condicionamento de rastro, mas não no de atraso, em humanos mais velhos (p. ex., Finkbiner & Woodruff-Pak, 1991), mais uma vez destacando como uma simples diferença de procedimento pode afetar a aquisição de respostas condicionadas por organismos mais velhos, mas não por mais jovens.

Os humanos mais jovens têm adquirido respostas condicionadas quando os pesquisadores combinam condicionamentos de atraso e de rastro, o que levou os pesquisadores a avaliar se o mesmo seria verdade para humanos mais velhos. A questão é se intercalar o condicionamento de atraso com o de rastro pode melhorar a aquisição de respostas condicionadas para organismos mais velhos, de modo que seja mais parecido com o de organismos mais jovens (Cheng, Faulkner, Disterhoft & Desmond, 2010). Os pesquisadores, utilizando uma combinação de condicionamento de rastro e atraso para avaliar a aquisição de respostas condicionadas de participantes humanos mais jovens (i.e., 20-25 anos) e mais velhos (i.e., 60-68 anos) mostraram não apenas que o desempenho dos participantes mais velhos não era como o dos mais jovens mas também que a combinação resultou em quase nenhuma resposta condicionada (Cheng *et al.*, 2010). Esses resultados destacam que preparações específicas podem ter impacto na resposta em idosos. O condicionamento respondente envolve o pareamento estímulo-estímulo. Os resultados desses estudos indicam que os pesquisadores que avaliaram quaisquer procedimentos usando pareamento estímulo-estímulo com adultos mais velhos precisam ter cuidado ao tirar conclusões sem compreensão completa de como essas preparações podem afetar a resposta. Esses resultados também sugerem que variações simples de procedimentos podem interagir com mudanças no desempenho relacionadas à idade e afetar descobertas de abordagens clínicas que buscam utilizar o pareamento estímulo-estímulo, como o estabelecimento de reforço condicionado.

Os pesquisadores avaliaram as diferenças entre adultos mais jovens, mais velhos e os mais velhos com transtornos neurocognitivos (como transtorno neurocognitivo devido à doença de Alzheimer). Como já observado, as mudanças na aquisição de respostas classicamente condicionadas aparecem no final da meia-idade (tipicamente, início dos 40 anos até o início dos 60) e progridem para a velhice (acima dos 65 anos) (Finkbiner & Woodruff-Pak, 1991; Woodruff-Pak & Jaeger, 1998; Woodruff-Pak & Thompson, 1988), com alterações ainda maiores observadas para indivíduos com transtornos neurocognitivos. A aquisição de respostas de piscada condicionadas e a porcentagem geral de respostas condicionadas em blocos de estudo diferenciam de forma confiável indivíduos tipicamente idosos dos com transtorno neurocognitivo vascular e dos com provável transtorno neurocognitivo devido à doença de Alzheimer (Woodruff-Pak, 2001; Woodruff-Pak, Papka, Romano & Li, 1996).

Em conjunto, a pesquisa descrita apoia que os adultos mais velhos adquirem menos respostas condicionadas ou se envolvem em menos respostas condicionadas por meio de blocos de ensaio do que os adultos mais jovens, e que os mais velhos com transtorno neurocognitivo adquirem, se envolvem, ou adquirem e se envolvem em ainda menos respostas condicionadas do que os mais velhos saudáveis. Pesquisadores têm postulado que as diferenças no condicionamento dos respondentes entre adultos mais jovens e mais velhos estão relacionadas a mudanças na estrutura cerebral (Cheng *et al.*, 2010; Woodruff-Pak, 2001), sobretudo a atrofia cortical cerebelar, e não à mera passagem do tempo. Além disso, pesquisadores levantaram a hipótese de que alterações relacionadas a doenças na mesma estrutura cerebelar podem ser responsáveis por diferenças entre idosos saudáveis e idosos com transtornos neurocognitivos (Cheng *et al.*, 2010; Woodruff-Pak, 2001). Pesquisadores descobriram que a exposição repetida a procedimentos de condicionamento melhora o desempenho de idosos. Por exemplo, Graves e Solomon (1985) mostraram que os idosos provavelmente poderiam adquirir respostas condicionadas em procedimentos de condicionamento de rastro, e que variações de procedimentos também poderiam minimizar diferenças relacionadas à idade em procedimentos utilizando condicionamento de atraso *versus* de rastro.

Analistas do comportamento que trabalham em ambientes clínicos com adultos idosos podem não usar procedimentos de condicionamento respondente em sua prática clínica, mas muitas pesquisas aplicadas em gerontologia comportamental incluem procedimentos para melhorar o controle de estímulos. Esses estudos podem informar intervenções clínicas que visam a (1) estabelecer estímulos como reforço, como parear estímulos utilizando sobreposição temporal em vez de tentar apresentar estímulos pareados com intervalos temporais; e (2) garantir que os estímulos discriminativos estejam presentes durante todo o condicionamento, e não simplesmente no início dos bloqueios condicionantes. Usar um procedimento de condicionamento de rastro de forma direta, ou esperar que um estímulo adquira propriedades reforçadoras ou evocativas após alguns pareamentos, pode configurar procedimentos clínicos para falha. Até que novas pesquisas possam avaliar se os efeitos relacionados à idade encontrados no condicionamento respondente não se aplicam ao condicionamento operante, aconselhamos os analistas do comportamento a considerar se a literatura sobre o condicionamento respondente pode melhorar seus procedimentos.

Condicionamento operante

Talvez as duas áreas mais estudadas na pesquisa básica relacionada à idade sobre condicionamento operante sejam a sensibilidade ao reforço e a equivalência de estímulos. Diversos estudos avaliaram a sensibilidade ao reforço relacionada à idade, pois pesquisadores anteriores sugeriram que o comportamento de adultos mais velhos era menos sensível a mudanças ambientais do que o de adultos mais jovens (Tripp & Alsop, 1999). A investigação nessa área tem produzido resultados interessantes e, por vezes, contraditórios. Fisher e Noll (1996) verificaram que, quando os esquemas de reforço variavam, o comportamento dos idosos era mais lento para mudar (i.e., para corresponder ao novo esquema de reforçamento). No entanto, seu comportamento coincidiu com taxas de reforçamento relativo com maior exposição a contingências de reforço. Tripp e Alsop (1999) compararam posteriormente a resposta de crianças, adultos jovens e idosos em diferentes esquemas de reforçamento, e verificaram que o comportamento dos idosos não respondia aos esquemas de reforçamento, independentemente da exposição. Plaud, Plaud e von Duvillard (1999) manipularam a magnitude do reforço em uma tarefa computadorizada e descobriram que os idosos alteraram sua resposta de acordo, indicando que eles eram sensíveis a mudanças nos esquemas de reforçamento, ou seja, diferentemente de Tripp e Alsop, ou Fisher e Noll, Plaud *et al.* verificaram que o comportamento dos idosos mudou com as mudanças de esquema. Pauld *et al.* expuseram adultos mais velhos à extinção e descobriram que eles demonstraram viés de resposta persistente (i.e., resistência à extinção), mesmo quando os pesquisadores mudaram as contingências.

Em conjunto, essa linha de pesquisa demonstra que o comportamento dos idosos é sensível a mudanças no reforço. No entanto, os pesquisadores classificaram o comportamento dos adultos mais velhos como menos sensível ao reforço do que o dos adultos mais jovens em quase todos os estudos. Essa pesquisa tem várias implicações clínicas, embora claramente mais pesquisas sejam necessárias antes que possamos fazer recomendações definitivas. Os analistas do comportamento devem considerar os resultados básicos da pesquisa operante ao projetar e implementar intervenções para questões socialmente significativas com adultos idosos. Por exemplo, a pesquisa básica sugere que os idosos podem exigir maior exposição a contingências de intervenção para que comportamentos socialmente apropriados se desenvolvam e sejam mantidos quando os estímulos sociais mantêm comportamentos desafiadores e quando as respostas apropriadas produziram pouco ou nenhum reforço. Os analistas do comportamento podem fornecer reforçadores de maior qualidade ou de maior valor para comportamentos socialmente apropriados. Por fim, com base nos resultados de Plaud *et al.* (1999), os analistas do comportamento devem antecipar o ressurgimento durante os períodos de extinção, quando os membros da equipe implementam intervenções com baixa integridade.

Diversos estudos avaliaram diferenças relacionadas à idade na resposta em preparações de equivalência de estímulo e descobriram formação geralmente mais fraca de classes de equivalência para adultos mais velhos. Em geral, as preparações de equivalência de estímulos envolvem a atribuição arbitrária de estímulos por pesquisadores a classes (p. ex., classe A, classe B, classe C) e a grupos nessas classes (p. ex., A1, A2, A3). Os pesquisadores utilizam então preparações de correspondência à amostra para ensinar relações (p. ex., quando um participante é apresentado com o estímulo A1, a resposta correta de uma matriz de C2, A3 e B1 é B1). Wilson e Milan (1995) compararam grupos de idosos e de jovens e encontraram tempos de resposta mais lentos e pior desempenho nos pós-testes de relações de equivalência para idosos. Como resultado, os pesquisadores têm tentado avaliar se tal diferença é decorrente de procedimentos ou está relacionada à idade. Perez-Gonzalez e Moreno-Sierra (1999) descobriram que o desempenho dos idosos nas preparações de equivalência foi ligeiramente melhor do que o dos participantes de Wilson e Milan, mas, ainda assim, encontraram prejuízo na formação de classes de equivalência em idosos. Outros estudos avaliaram diversos métodos para a formação de classes de equivalência de treinamento em idosos, para determinar se modificações nos preparativos poderiam melhorar essa formação. Saunders, Chaney e Marquis (2005) não encontraram diferença na formação de classes de equivalência quando usaram diferentes números de amostras (p. ex., configurações de correspondência à amostra com duas, três e quatro escolhas) e diferentes estruturas de treinamento (p. ex., séries lineares, estruturas de treinamento muitos-para-um e um-para-muitos). Curiosamente, seus dados sugeriram a formação de classes de equivalência em 75% dos participantes, em comparação com 45% dos participantes em Wilson e Milan. Os pesquisadores continuam a avaliar as variáveis responsáveis por variar o desempenho entre as faixas etárias em preparações de correspondência à amostra. Por exemplo, Steingrimsdottir e Arntzen (2014) mostraram que idosos saudáveis (com idades entre 70 e 86 anos) tiveram ensaios mais curtos ao critério quando (1) a correspondência de identidade (i.e., as classes foram baseadas nas propriedades físicas dos estímulos) precedeu a correspondência arbitrária (i.e., as classes foram arbitrárias) e (2) o procedimento incorporou um atraso de zero segundo (i.e., o estímulo da amostra desapareceu à medida que as opções de resposta apareceram). Saunders *et al.* também descobriram que um atraso de zero segundo melhorou o desempenho. Tal atraso é contrastado com preparações nas quais o estímulo da amostra está presente ao mesmo tempo que as opções de resposta. A efetividade da inserção de um intervalo entre o estímulo amostral e as opções de resposta parece contradizer as descobertas de manipulações efetivas na literatura sobre condicionamento básico do respondente. Como já observado, pesquisadores sobre condicionamento de respondentes mostraram que a preparação de rastros, em que o estímulo condicionado terminava antes do início do incondicionado, produzia pior aquisição de respostas condicionadas do que a condição de atraso, em que o estímulo condicionado e o incondicionado se sobrepunham.

Embora mais pesquisas sejam necessárias, tanto no respondente básico quanto no condicionamento do operante, os pesquisadores identificaram diferenças relacionadas à idade no comportamento e variações de procedimentos que podem atenuar essas diferenças. A pesquisa básica descobriu mudanças relacionadas à idade em processos comportamentais básicos, como o estabelecimento de respostas condicionadas, sensibilidade a mudanças nos esquemas de reforçamento e formação de classes de equivalência. Como na pesquisa do condicionamento clássico, variações procedimentais aparentemente secundárias podem ter impacto na resposta no condicionamento do operante (p. ex., mudanças no atraso do estímulo em preparações de correspondência à amostra). Analistas do comportamento que conduzem pesquisas ou prestam serviços clínicos para idosos devem avaliar se aspectos procedimentais de suas intervenções podem ter impacto na responsividade.

Pesquisa analítico-comportamental clínica sobre envelhecimento

A pesquisa clínica em gerontologia comportamental tem se concentrado sobretudo em problemas de saúde mental (p. ex., depressão, ansiedade), manutenção da saúde e problemas associados a transtornos neurocognitivos. O modelo médico e não psicossocial tem sido dominante, talvez porque 85% dos idosos tenham problemas de saúde que justifiquem visitas médicas regulares (Butler, Finkel, Lewis, Sherman & Sunderland, 1992). Em contrapartida, poucos idosos têm contato regular com profissionais de saúde mental (Belsky, 1999). No entanto, há evidências em cada uma dessas áreas de que mudanças no ambiente podem produzir mudanças no comportamento, mesmo quando intervenções médicas não podem alterar o estado físico ou o cognitivo. Por exemplo, quando pesquisadores mantêm a medicação psicotrópica constante, intervenções comportamentais podem produzir mudanças no comportamento (Baker, Hanley & Mathews, 2006). Nesta seção, revisamos a efetividade de intervenções comportamentais para problemas de saúde mental e física, bem como avanços recentes na avaliação, na intervenção baseada em função para excessos comportamentais, na intervenção não baseada em função para excessos comportamentais e na intervenção para déficits comportamentais.

Problemas de saúde mental e física

Saúde mental

Depressão e ansiedade são problemas comuns de saúde mental para idosos (Sorocco, Kinoshita & Gallagher-Thompson, 2005) e têm sido objeto de investigação em extensa pesquisa em terapias comportamental e cognitivo-comportamental (TCC). Os sintomas da depressão incluem tristeza, sentimentos de inutilidade e culpa, letargia, distúrbios do sono e do apetite e perda de interesse em atividades. O transtorno depressivo maior ocorre em 1-6% dos idosos que vivem na comunidade (Mojtabai & Olfson, 2004), 5-10% dos indivíduos clinicamente doentes ou frágeis (Dick & Gallagher-Thompson, 1996), 20-30% dos indivíduos com transtornos neurocognitivos (Steinberg *et al.*, 2003; Zarit & Zarit, 1998) e mais de 50% dos que vivem em asilos (Pellegrin, Peters, Lyketsos & Marano, 2013). Outros 9-30% dos idosos que vivem na comunidade relatam sintomas de duração ou de gravidade que não preenchem os critérios diagnósticos para transtorno depressivo maior, mas que ainda diminuem de modo significativo a qualidade de vida (Blazer, 1993; Thompson, Futterman & Gallagher, 1988). O transtorno de ansiedade generalizada, o mais comum, ocorre em aproximadamente 3-17% dos idosos e é caracterizado por preocupação (Ladouceur, Leger, Dugas & Freeston, 2004; Stein, 2004; Wild *et al.*, 2010); outros 15-43% dos idosos saudáveis relatam sintomas de ansiedade que não preenchem os critérios diagnósticos para um transtorno de ansiedade (Mehta *et al.*, 2003).

A TCC é uma intervenção empiricamente sustentada para depressão e ansiedade em idosos (Arean, 2004; Stanley, Diefenbach & Hopko, 2004) quando administrada de maneira individual (Arean, 2004; Gallagher-Thompson & Thompson, 1996) ou em grupos (DeVries & Coon, 2002). A TCC geralmente envolve educação sobre depressão e ansiedade; automonitoramento de pensamentos e estados emocionais negativos ou ansiosos; substituição de crenças e autoafirmações disfuncionais por crenças funcionais; agendamento de eventos agradáveis; e treinamento em habilidades como resolução de problemas, enfrentamento e relaxamento (Dick & Gallagher-Thompson, 1996; Dick, Gallagher-Thompson & Thompson, 1996; Gatz *et al.*, 1998).

Os pesquisadores deram diretrizes sobre como utilizar a TCC para lidar com a ansiedade entre adultos mais velhos com transtornos neurocognitivos (Charlesworth, Sadek, Schepers & Spector, 2015). Charlesworth *et al.* (2015) forneceram uma descrição de uma abordagem individualizada para TCC adaptada para idosos com transtornos neurocognitivos leves a moderados. Eles descreveram uma abordagem de 10 sessões, incluindo educação, desenvolvimento de habilidades pré-terapia (i.e., comportamentos que a pesquisa mostrou que devem estar presentes para a abordagem do trabalho, como consciência das emoções e capacidade de rotular emoções), automonitoramento, colaboração e estabelecimento de metas, relaxamento muscular progressivo e tomada de perspectiva. Como exemplo dessas modificações, Charlesworth *et al.* sugeriram que avaliar e estabelecer habilidades pré-terapêuticas no início da intervenção são fundamentais para o processo terapêutico. Esses pesquisadores sugeriram que idosos com ansiedade comórbida e transtornos neurocognitivos muitas vezes não têm habilidades pré-terapia e podem não ser capazes de descrever suas dificuldades emocionais. Eles sugeriram modificar a TCC de curto prazo para "se concentrar mais no desenvolvimento das habilidades pré-terapia que faltam do que tentar 'apressar' para o material de mudança focado em objetivos" (p. 392). Embora Charlesworth *et al.* não tenham fornecido dados sobre os efeitos da abordagem, Tonga *et al.* (2015) apresentaram três exemplos de casos para ilustrar os desafios do uso e da modificação da TCC manual com idosos com transtornos neurocognitivos. Os pesquisadores adaptaram a terapia às habilidades de apresentação de cada cliente (p. ex., uso de auxiliares de memória baseados em tecnologia, lição de casa modificada, ritmo de progresso mais lento através do manual). Portanto, Tonga *et al.* também recomendaram que os analistas do comportamento utilizassem abordagens individualizadas.

Saúde física

Problemas comuns de saúde física para adultos mais velhos incluem dieta, hidratação e continência. Outras questões, como o cumprimento das recomendações de saúde ou medicamentos, podem afetar a saúde e criar problemas de saúde adicionais. A adesão às recomendações de saúde ou medicação é referida como *adesão ao regime de intervenção*, e o grau de adesão é tipicamente um determinante primário do estado geral de saúde (Meichenbaum & Turk, 1987). A não adesão às recomendações médicas pode ter impacto direto na dieta, na hidratação e na continência, o que pode contribuir para o risco de câncer, diabetes, doenças cardíacas, *delirium*, infecções do trato urinário e toxicidade de medicamentos (Ho, Lee & Meyskens, 1991; Kannel, 1986; Sanservo, 1997; Warren *et al.*, 1994). As estimativas de não adesão (i.e., abandono) dos esquemas medicamentosos por idosos variam de 43 a 62%, apesar das evidências de que os adultos estão cientes dos benefícios do medicamento e das consequências potencialmente terríveis para a não aderência (Meichenbaum & Turk, 1987). De fato, pesquisas sugerem que a educação por si só produz de forma consistente pouca ou nenhuma mudança na adesão (Sands & Holman, 1985). Intervenções envolvendo dicas e contingências comportamentais para adesão às recomendações de dieta e hidratação têm se mostrado eficazes.

Stock e Milan (1993) compararam os efeitos de dois conjuntos de intervenções comportamentais sobre as práticas alimentares de idosos de uma comunidade de aposentados. A linha de base envolveu alertas (i.e., os pesquisadores ajudaram a identificar alimentos saudáveis), e a primeira intervenção envolveu alertas adicionais (p. ex., mídia, botões, lembretes verbais) com *feedback* (i.e., porcentagem gráfica de itens saudáveis) e elogios quando um indivíduo relatou selecionar um alimento saudável. A segunda intervenção incorporou um sistema de economia de fichas baseado em *fichas* com reforço imediato e tardio quando o indivíduo selecionava um alimento saudável. Os alertas adicionais aumentaram as seleções saudáveis de uma média basal de 24% para uma média de intervenção de 65%, e a adição do sistema de economia de fichas produziu um pequeno aumento para 68% das seleções saudáveis.

Os sistemas de alerta têm se mostrado eficazes no aumento do consumo de líquidos para idosos em asilos, mas nenhum estudo tem como alvo idosos da comunidade. Auxiliares de enfermagem, em Spangler, Risley e Bilyew (1984), apresentaram um copo e ofereceram aos residentes de asilos uma escolha de bebidas a cada 1,5 hora. Essa intervenção produziu melhoras clínica e estatisticamente significativas na hidratação medida pela urina. Simmons, Alessi e Schnelle (2001) manipularam a frequência de alertas e escolhas de bebidas e descobriram que 80% dos residentes de asilos aumentaram sua ingestão média diária de líquidos apenas com alertas sistemáticos. A adição da bebida de escolha produziu aumento adicional de 21% na ingestão de líquidos e diminuição no número de recusas de bebidas.

Como já descrito, Feliciano *et al.* (2010) mostraram como os analistas do comportamento poderiam desenvolver uma avaliação que comunicasse a intervenção, e demonstraram a eficácia desta. Eles desenvolveram uma entrevista de avaliação funcional, a Hydration Interview, na qual a hidratação foi o comportamento-alvo. A entrevista avaliou os riscos de desidratação e, em seguida, direcionou os pesquisadores para intervenções baseadas em hipóteses. Feliciano *et al.* mostraram que as intervenções produziram aumentos na hidratação medida pela urina e aumentos na ingestão de líquidos saudáveis, com concomitante diminuição da ingestão de líquidos não saudáveis.

A incontinência urinária torna-se mais comum com a idade, devido à fraqueza muscular, à diminuição da mobilidade, à perda de memória e às dificuldades de comunicação (Burgio & Locher, 1996). Os idosos podem restringir a ingestão de líquidos para evitar acidentes (Simmons *et al.*, 2001), levando a desidratação, potencial estigma social e aumento da necessidade de cuidados em asilos. Diversas intervenções têm se mostrado eficazes no direcionamento da incontinência, incluindo psicoeducação e treinamento comportamental, horários de micção motivados e uso de estímulos discriminativos. O treinamento de continência comportamental consiste em educação sobre mecanismos de controle da bexiga e recomendações específicas, prática de contração na sessão e identificação de músculos relevantes, e prática atribuída em exercícios de contração (Burton, Pearce, Burgio, Engle & Whitehead, 1988). Essa intervenção produziu uma redução de 82% na incontinência, em comparação com uma redução de 79% para participantes residentes na comunidade que receberam treinamento comportamental mais *biofeedback* do esfíncter vesical para praticar contrações musculares – intervenção intrusiva na qual um profissional médico insere uma bexiga no corpo e a preenche para simular a sensação de uma bexiga cheia real. Burgio *et al.* (2002) mostraram que as reduções na incontinência para um grupo que recebeu treinamento comportamental excederam as reduções para outro que recebeu treinamento comportamental mais *biofeedback* do esfíncter vesical e para um grupo que recebeu apenas instruções escritas (69, 63 e 58%, respectivamente).

Os esquemas de micção programada envolvem educação, visitas programadas ao banheiro com assistência, reforço positivo para intervalos secos e micção continente e encorajamento para resistir aos impulsos urinários entre as visitas programadas (Fantol, Wyman, Harkins & Hadley, 1990; Jeffcoate, 1961). Talvez um dos pesquisadores mais prolíficos da área, Schnelle e colaboradores publicaram muitas demonstrações da eficácia da intervenção. Por exemplo, Schnelle *et al.* (2010) demonstraram que um pacote de intervenção com micção programada poderia diminuir a incontinência urinária e aumentar a atividade física e a ingestão de líquidos para mais de 100 participantes de um ensaio clínico randomizado e controlado.

Resumindo, os pesquisadores demonstraram que as avaliações e as intervenções comportamentais podem efetivamente abordar as principais questões gerontológicas. Além da saúde mental e da física, um grande corpo de pesquisa em gerontologia comportamental tem se concentrado em transtornos comportamentais relacionados ao que hoje são chamados de transtornos neurocognitivos (e antes eram conhecidos como demência).

Avanços na avaliação e nas intervenções informadas pela avaliação

Os analistas do comportamento devem estar bem informados sobre o envelhecimento populacional e as avaliações adequadas pré-intervenção, semelhante às expectativas para analistas do comportamento que trabalham em outras especialidades clínicas. Abordagens clínicas efetivas da gerontologia comportamental também devem incorporar avaliações comportamentais populacionais específicas, como as que avaliam o funcionamento cognitivo, a saúde e a dieta.

Avaliação da preferência por estímulos

Os objetivos principais nos ambientes de cuidado para idosos, como programação diurna, vida assistida e cuidados neurocognitivos, em geral são o aumento da participação e do prazer nas atividades. Desse modo, a pesquisa aplicada sobre envelhecimento tem se concentrado em identificar estratégias e estímulos para aumentar o engajamento em atividades de lazer (LeBlanc, Raetz, & Feliciano, 2011; Williamson & Ascione, 1983). Aumentar o engajamento em atividades ajuda a melhorar a qualidade de vida, manter o funcionamento e prevenir a depressão (Engelman, Altus, & Mathews, 1999; Engstrom, Mudford, & Brand, 2015; Garcia, Feliciano & Ilem, 2018; LeBlanc *et al.*, 2011; Teri, 1991). Para idosos com transtornos neurocognitivos, o aumento do engajamento em atividades de lazer também reduz a agitação e a agressividade (Feliciano, Steers, Elite-Marcandonatou, McLane & Arean, 2009).

Historicamente, os gerontólogos têm utilizado pesquisas para identificar atividades preferidas ou não têm tentado identificar preferências. O Pleasant Events Schedule – Alzheimer Disease (Logsdon & Teri, 1997; Teri & Logsdon, 1991) é uma avaliação de pesquisa que leva os cuidadores a identificar exemplos de atividades potencialmente preferidas por idosos. Clínicos e pesquisadores também usaram a versão abreviada desse programa (Logsdon & Teri, 1997) para avaliar as preferências, fazendo aos idosos com transtornos neurocognitivos uma série de perguntas do tipo *sim* ou *não* (p. ex., "você gosta de ler revistas?"). Um problema com o programa é que os adultos podem responder: "sim, eu gostaria de fazer isso", mas podem não se envolver nas atividades que endossaram quando as oportunidades aparecem (LeBlanc, Raetz, Baker, Strobel & Feeney, 2008).

Devido às limitações das pesquisas, os investigadores começaram a utilizar observações diretas para avaliar as preferências. Tanto a avaliação da preferência por estímulos pareados (Fisher *et al.*, 1992) quanto a de estímulos múltiplos sem reposição (DeLeon e Iwata, 1996) produzem hierarquias de preferência que podem predizer os efeitos dos estímulos como reforçadores para o comportamento de idosos (p. ex., LeBlanc, Cherup, Feliciano & Sidener, 2006; Raetz *et al.*, 2013). A maioria das pesquisas com indivíduos com deficiência intelectual emprega um esquema de razão fixa (FR, *fixed-ratio*) 1 para avaliar os efeitos do acesso contingente de uma atividade sobre um comportamento-alvo (Hagopian, Long & Rush, 2004). Essa pesquisa investiga se apresentar estímulos preferidos aumenta mais os comportamentos-alvo do que apresentar estímulos menos preferidos. Como os centros terapêuticos de envelhecimento geralmente não fornecem alertas ou reforço para o engajamento em atividades, diversos estudos sobre avaliações de preferência com idosos com transtornos neurocognitivos têm usado análises de engajamento em vez de análises de reforço para avaliar a utilidade das avaliações de preferência. Alguns estudos utilizaram avaliações de reforço baseadas em seleção. Para os propósitos desta revisão, uma *avaliação de reforço baseada em engajamento* mede a duração deste em atividades não solicitadas, e uma *avaliação de reforço baseada em seleção* mede a seleção de um participante em uma atividade em detrimento de outra em um arranjo de operadores simultâneos, para identificar a eficácia relativa de reforço dos estímulos.

LeBlanc *et al.* (2006) compararam diferentes métodos de apresentação de estímulos pareados, como apresentações tangíveis, representações de figuras, nomes em texto impresso e nomes apresentados vocalmente, para avaliar as preferências de idosos com transtornos neurocognitivos ou afasia. Apresentações tangíveis para um participante e apresentações vocais para os outros três produziram maior engajamento independente subsequente. LeBlanc *et al.*, então, utilizaram esse formato ideal para cada participante apresentar escolhas entre duas atividades, e o participante poderia se envolver na atividade escolhida por até 15 minutos (i.e., uma avaliação de reforço baseada em engajamento). Permitir que os participantes selecionassem entre as atividades identificadas em sua avaliação prévia de preferência produziu mais engajamento do que quando os pesquisadores apresentaram uma lista-padrão de itens de lazer.

Raetz *et al.* (2013) usaram uma avaliação de reforço baseada em engajamento para avaliar se hierarquias de preferências de itens identificadas por meio de um breve estímulo múltiplo sem avaliação de substituição (i.e., três apresentações de matrizes de múltiplos itens) preveriam o engajamento subsequente de idosos com transtornos neurocognitivos. Os resultados da avaliação de estímulo múltiplo sem substituição geralmente predisseram o nível de engajamento subsequente, embora alguns participantes tenham se envolvido com itens mais baixos na hierarquia de preferência. Além disso, uma apresentação de matriz única do procedimento de estímulo múltiplo sem substituição (i.e., uma apresentação da matriz de múltiplos itens) correlacionou-se razoavelmente bem com os resultados da média das três matrizes (i.e., estímulo múltiplo breve padrão sem substituição). As preferências identificadas para mais da metade dos participantes permaneceram estáveis durante um período de 3 a 5 meses.

Beattie, Wagner e Baker (2019) compararam uma avaliação com estímulo múltiplo sem substituição, que é uma avaliação de preferência baseada em seleção (i.e., hierarquias de preferência com base na ordem de seleção), com uma avaliação com operante livre (Roane, Vollmer, Ringdahl & Marcus, 1998), que é uma avaliação de preferência baseada em engajamento (i.e., hierarquias de preferência com base na duração relativa do engajamento), com adultos mais velhos com transtornos neurocognitivos. Beattie *et al.* também realizaram duas formas de avaliação do reforço. Uma delas foi uma avaliação de reforço baseada em engajamento, na qual dois itens estavam disponíveis ao mesmo tempo. A segunda foi uma avaliação de reforço baseada em seleção, na qual quatro itens estavam disponíveis, mas um participante tinha que se deslocar para a área do item, ou seja, após o participante selecionar um item, ele teve que o deixar escolhido e se mover para se envolver com outros itens. As hierarquias de preferência com estímulo múltiplo sem reposição e as avaliações com operantes livres correlacionaram-se de forma positiva com o nível de engajamento subsequente durante a avaliação de reforço baseado em engajamento. Em alguns casos, os resultados da avaliação de preferência com operante livre previram melhor o engajamento subsequente durante a avaliação de reforço baseada em engajamento. Em outros casos, os resultados da avaliação com estímulo múltiplo sem reposição predisseram melhor as seleções subsequentes durante a avaliação do reforço baseado em seleção. Esses resultados indicam que os analistas do comportamento devem estar atentos aos tipos de avaliações de preferência que estão utilizando, pois diferentes avaliações de preferência produziram diferentes níveis de precisão. Beattie *et al.* sugeriram que os resultados diferenciais podem ter sido devidos ao fato de que a avaliação de preferência com operante livre é uma avaliação de preferência baseada em engajamento, já a avaliação com estímulo múltiplo sem substituição é baseada em seleção.

Oleson e Baker (2014) usaram uma avaliação de preferência com operante livre antes de utilizar uma avaliação de reforço com operantes simultâneos (i.e., baseada em seleção). Durante a avaliação dos operantes concorrentes, os pesquisadores apresentaram três itens concomitantemente, forneceram a cada indivíduo o item selecionado e retiraram os demais. Eles descobriram que a avaliação com operante livre produziu falsos-negativos para um participante: um item com o qual o participante não se envolveu mostrou efeitos de reforço semelhantes aos de um item com que o participante se envolveu durante a avaliação com operante livre em subsequentes avaliações de reforço baseadas em seleção. A avaliação com operante livre também produziu um falso-positivo para o outro participante: o item com o qual o participante mais se envolveu não mostrou efeito reforçador.

Quick, Baker e Ringdahl (2018) compararam de modo direto as avaliações de estímulo múltiplo sem reposição e de operante livre com idosos com transtornos neurocognitivos, para replicar e estender os resultados de Beattie *et al.* (2019). Os resultados de Quick *et al.* sugerem que, embora ambas as avaliações tenham identificado itens preferenciais, apenas a avaliação com estímulos múltiplos sem substituição produziu uma hierarquia de itens preferidos útil para restabelecer as habilidades funcionais. Além disso, eles descobriram que as avaliações baseadas em seleção e em engajamento confirmaram os resultados das avaliações de operante livre (para duas das três) e de estímulo múltiplo sem substituição (para todas as três), embora as avaliações de reforço baseadas em engajamento tenham produzido resultados mais rápidos entre os participantes.

Os pesquisadores também utilizaram os procedimentos de avaliação de estímulo pareado e estímulo múltiplo sem reposição para identificar itens para restabelecer habilidades funcionais, usando um arranjo tradicional de acesso contingente (um esquema FR 1 para examinar os efeitos do acesso contintente de uma atividade sobre um comportamento-alvo; Hagopian *et al.*, 2004). Virues-Ortega *et al.* (2012) mostraram que avaliações de estímulos pareados poderiam identificar atividades de lazer e itens comestíveis para uso como reforço para respostas arbitrárias, como pressionar uma alavanca, e respostas significativas, como empilhar blocos durante a fisioterapia, para idosos com transtornos neurocognitivos. Embora algumas pesquisas tenham mostrado que indivíduos com deficiências intelectuais e de desenvolvimento e transtorno do espectro autista (TEA) selecionarão itens comestíveis em vez de itens de lazer preferidos, quando ambos estiverem disponíveis, Virues-Ortega *et al.* descobriram que os idosos selecionaram itens de lazer em vez de comestíveis quando ambos estavam disponíveis. Ritchie, Reuter-Yuill, Perez e Baker (2019) obtiveram resultados semelhantes, nos quais os idosos selecionaram itens de lazer em vez de comestíveis quando ambos estavam disponíveis. Embora essa diferença na preferência por lazer *versus* itens comestíveis possa parecer uma diferença relacionada à idade, uma explicação mais parcimoniosa pode estar relacionada ao ambiente e às mudanças relacionadas à saúde dos idosos. Os alimentos tendem a estar prontamente disponíveis na maioria dos ambientes de cuidados com o envelhecimento, fornecendo mais do que as calorias necessárias, dados os níveis mais baixos de atividade e metabolismo reduzido dos idosos. À medida que os adultos envelhecem, as alterações nos sentidos olfativos e no metabolismo combinam-se para diminuir as sensações de fome e diminuir os aspectos agradáveis dos alimentos, ou seja, sua incapacidade de provar e cheirar os alimentos diminui o valor dado a estes. No entanto, as atividades de lazer geralmente são muito menos disponíveis (p. ex., McClannahan & Risley, 1975). Dessa forma, a diferença na literatura de preferência entre idosos e indivíduos com deficiência intelectual e do desenvolvimento e TEA pode ser devida a alterações fisiológicas que repelem o valor do reforço alimentar, ou pode ser decorrente de discriminabilidade (Virues-Ortega *et al.*, 2012) e disponibilidade (J. E. Ringdahl, comunicação pessoal, 2014) de diferentes itens nos ambientes dos idosos.

Por fim, os pesquisadores estimaram as avaliações de preferência como intervenção antecedente para abordar excessos comportamentais (Feliciano *et al.*, 2009; Fisher e Buchanan, 2018). Feliciano *et al.* (2009) mostraram que o fornecimento de itens identificados por meio de uma avaliação de escolha de estímulo pareado diminuiu a depressão e a agitação em idosos com transtornos neurocognitivos. Em alguns casos, os pesquisadores identificaram quando o comportamento-alvo (como passear) provavelmente ocorreria. Eles então desenvolveram um esquema que levava os membros da equipe a fornecer itens preferidos antes que ocorresse um comportamento-alvo, para reduzir a probabilidade de ocorrência. Em outros casos, a equipe forneceu os itens preferidos durante redirecionamento baseado em escolha de atividade após o comportamento-alvo. Em ambos os casos, a equipe forneceu os itens preferidos como parte de um plano de intervenção multicomponente que reduziu os comportamentos-alvo.

Avaliação funcional

Pesquisadores relataram que intervenções baseadas em funções reduzem comportamentos problemáticos ou inseguros de modo mais eficaz do que intervenções não baseadas em função (Iwata, Pace, Cowdery & Miltenberger, 1994). Mais recentemente, pesquisadores têm utilizado avaliações funcionais e intervenções baseadas em funções (i.e., que envolvem a manipulação da relação resposta-reforço que mantém o comportamento-alvo) para abordar comportamentos problemáticos ou inseguros em idosos com transtornos neurocognitivos.

Diversos estudos utilizaram avaliações funcionais, como entrevistas com membros da equipe, observação direta ou análise funcional experimental, para orientar o desenvolvimento de intervenções baseadas em funções para idosos com transtornos neurocognitivos (p. ex., Baker *et al.*, 2006; Baker, LeBlanc, Raetz e Hilton, 2011; Buchanan & Fisher, 2002; Burgio, Scilley, Hardin, Hsu, & Yancey, 1996; Dwyer-Moore & Dixon, 2007; Heard Watson, 1999; Moniz-Cook, Stokes & Agar, 2003; Moniz-Cook, Woods & Richards, 2001). As avaliações funcionais identificaram as categorias de reforço socialmente mediadas mais comuns para os comportamentos problemáticos de idosos com transtornos neurocognitivos, como a atenção (p. ex., Buchanan & Fisher, 2002; Dwyer-Moore & Dixon, 2007), acesso a tangíveis (p. ex., Heard & Watson, 1999) ou fuga da proximidade da equipe (p. ex., Baker *et al.*, 2006). Pesquisadores também desenvolveram intervenções baseadas em hipóteses para abordar comportamentos problemáticos mantidos por consequências não mediadas socialmente, como fornecer itens que produzem experiências sensoriais, como aquelas produzidas pelo engajamento no comportamento-problema (Baker *et al.*, 2011; Burgio *et al.*, 1996).

Os pesquisadores mostraram que as intervenções baseadas em função são eficazes para adultos mais velhos com transtornos neurocognitivos. Uma intervenção é a entrega não contingente de reforço em intervalos definidos (p. ex., Baker *et al.*, 2006, Buchanan & Fisher, 2002). Outras intervenções com idosos com transtornos neurocognitivos incluíram ensinar respostas socialmente apropriadas para produzir reforço (i.e., reforço diferencial de comportamentos alternativos) enquanto retém o reforço após comportamentos-problema (p. ex., Dwyer-Moore & Dixon, 2007). Intervenções baseadas em funções reduziram muitos comportamentos problemáticos de forma eficaz, incluindo a locomoção (p. ex., Dwyer-Moore & Dixon, 2007; Heard & Watson, 1999), agressão (Baker *et al.*, 2006), vocalizações disruptivas (Buchanan & Fisher, 2002), acumulação (Baker *et al.*, 2011) e não adesão (Moniz-Cook *et al.*, 2003).

Além de demonstrar a aplicabilidade da avaliação funcional em ambientes de cuidados com o envelhecimento, pesquisadores têm conduzido análises de componentes para identificar os cruciais e as manipulações experimentais para incluir em condições analítico-funcionais. Larrabee, Baker e O'Neill (2018) avaliaram o impacto de estímulos discriminativos programados pelo pesquisador (estímulos que o pesquisador adicionou para sinalizar a condição, como roupas coloridas e cartazes) em análises funcionais para vocalizações disruptivas entre idosos com transtornos neurocognitivos. Larrabee *et al.* realizaram análises funcionais multielementos com duas versões de cada condição, uma com e outra sem estímulos discriminativos programados. Eles descobriram que condições sem estímulos discriminativos programados produziram níveis de resposta indiferenciada durante condições de teste e de controle semelhantes aos relatados em estudos já publicados (cf. Beaton, Peeler & Harvey, 2006, que não relataram nenhum estímulo programado associado a condições e não conseguiram obter resultados diferenciados em suas análises funcionais). Larrabee *et al.* descobriram que condições com estímulos discriminativos programados produziram respostas diferenciadas durante as condições de teste e de controle, o que levou a intervenções baseadas em função. Desse modo, a inclusão de estímulos discriminativos programados é importante em análises funcionais com idosos com alterações cognitivas, para aumentar a capacidade desses adultos de discriminar as condições experimentais; isso deve melhorar a eficácia e a eficiência da análise funcional.

Avaliação e intervenções para o comportamento verbal

Em geral, os problemas de linguagem entre adultos mais velhos são resultados de acidente vascular cerebral (AVC) ou degeneração neurocognitiva (Baker, LeBlanc & Raetz, 2008). Embora o campo mais amplo da gerontologia tenha estudado as mudanças no comportamento verbal entre idosos, Sundberg (1991) foi um dos primeiros a apontar o potencial para compreender, avaliar e abordar mudanças no comportamento verbal entre idosos a partir de uma perspectiva analítico-comportamental. Sundberg argumentou:

> Sabe-se que os repertórios verbais dos idosos tendem a enfraquecer. No entanto, não está claro quais são as variáveis cruciais. Assume-se frequentemente que a deterioração biológica é responsável por problemas verbais, quando, muito possivelmente, é a deterioração do ambiente que é a variável-chave. (p. 84)

Diversos estudos em gerontologia comportamental forneceram evidências que apoiam a afirmação de Sundberg. Por exemplo, Blackman, Howe e Pinkston (1976), Carroll (1978), Quattrochi-Tubin e Jason (1980), Carstensen e Erickson (1986), e Bourgeois (1993) forneceram evidências de que manipulações ambientais antecedentes simples (p. ex., fornecer bebidas, reorganizar quartos, fornecer livros de memórias) resultaram em maior interação e declarações verbais entre adultos mais velhos. No entanto, Carstensen e Erickson argumentaram que simplesmente aumentar a taxa de interação não era suficiente.

Henry e Horne (2000) foram os primeiros a aplicar a análise de Skinner para abordar as alterações de linguagem entre idosos com transtornos neurocognitivos. Os autores tentaram restabelecer repertórios ecoicos (repetir o que alguém disse), tato (rotular itens) e cumprimento de mando (atender a solicitações de outro indivíduo) entre cinco idosos com diferentes níveis de comprometimento cognitivo. Embora os efeitos gerais da intervenção fossem limitados, Henry e Horne argumentaram que replicações eram necessárias. Embora os participantes tivessem poucos e fracos repertórios remanescentes (p. ex., um participante engajado apenas em comportamento ecoico), as intervenções produziram aumentos na resposta.

Baker *et al.* (2008) forneceram uma conceituação comportamental de afasia para explicar padrões incomuns de perda de habilidades comuns em idosos. Embora não seja de natureza experimental, este artigo forneceu uma estrutura comportamental para avaliar déficits e habilidades de linguagem (cf. Henry & Horne, 2000) que os analistas do comportamento poderiam utilizar para planejar intervenções. Gross, Fuqua e Merritt (2013) expandiram Baker *et al.*, desenvolvendo e usando uma avaliação para mostrar evidências de déficits verbo-operantes entre idosos com transtornos neurocognitivos. Também demonstraram independência funcional desses déficits. Por exemplo, um idoso não poderia dizer "unicórnio" na presença de uma imagem de um cavalo com um chifre espiral na cabeça (um tato), mas poderia dizer a palavra quando solicitado a ler as letras *U-N-I-C--Ó-R-N-I-O* (um texto). Tais resultados são importantes, pois déficits funcionalmente independentes significam que os pesquisadores podem utilizar respostas que ainda estão ocorrendo (p. ex., a resposta textual no exemplo do unicórnio) para solicitar uma resposta quando ela normalmente não ocorre (p. ex., o tato no exemplo do unicórnio) e, em seguida, transferir o controle do estímulo de uma resposta para outra. Oleson e Baker (2014) utilizaram uma combinação das avaliações de Baker *et al.* e Gross *et al.* para avaliar repertórios de mando. As avaliações propostas por tais pesquisadores constituem um importante avanço na ciência da gerontologia comportamental. As avaliações analítico-comportamentais incorporam maneiras de avaliar as mudanças relacionadas à idade que o campo mais amplo da gerontologia e da pesquisa analítico-comportamental básica identificou, como mudanças no controle de estímulos, e podem prestar informações diretas à intervenção.

Diversos pesquisadores têm avaliado estratégias para remediar déficits de linguagem, como os observados em adultos com afasia e transtornos neurocognitivos. A maioria das pesquisas tem se concentrado no estabelecimento de repertórios ecoicos (p. ex., Dixon, Baker, & Sadowski, 2011; Henry & Horne, 2000) ou repertórios de mando (i.e., solicitar um item; p. ex., Løkke, Granmo, Leirvick & Lund, 2013; Oleson & Baker, 2014; Trahan *et al.*, 2014). Baker *et al.* (2008) sugeriram que procedimentos de transferência de controle de estímulos podem ser uma forma eficaz de reensinar o comportamento verbal entre idosos com déficits de linguagem. Oleson e Baker (2014) demonstraram que tal abordagem poderia ser eficaz. Mais recentemente, Ritchie *et al.* (2019) avaliaram diferentes procedimentos de transferência de controle de estímulo que podem ser mais úteis. Eles compararam os atrasos de tempo nos quais apresentaram o alerta inicialmente e, depois, atrasaram sua apresentação para um método de dica-dica-sondagem.

O comportamento verbal continua sendo uma área importante para pesquisas futuras. Mudanças nesse comportamento são de grande interesse no campo mais amplo da gerontologia. No entanto, a maioria das pesquisas tem se concentrado na avaliação de déficits que os gerontólogos acreditam ter etiologia biológica. A análise do comportamento está bem preparada para fornecer uma tecnologia para intervir e remediar déficits verbais entre idosos quando não há outras opções.

Resumo e considerações finais

O campo mais amplo da gerontologia valoriza muito as aplicações direcionadas para as muitas questões socialmente importantes relacionadas ao envelhecimento que os pesquisadores precisam abordar. Os tópicos atuais na pesquisa gerontológica convencional incluem saúde e dieta, ingestão deficiente de líquidos, readmissão hospitalar por problemas agudos de saúde, locomoção, atividades da vida diária, desengajamento em instalações de cuidados para o envelhecimento, minimização do uso de restrições físicas e químicas, e aumento da quantidade de atividades significativas que os lares de idosos oferecem aos residentes (Drossel & Trahan, 2015; Fisher, Drossel, Yury, Cherup, 2007; Kales, Gitlin & Lyketsos, 2015; Tolson *et al.*, 2011). No entanto, a maioria das pesquisas convencionais é descritiva (Montgomery, 1996) ou focada apenas na avaliação, com poucas pesquisas sobre intervenções eficazes para essas questões. Analistas do comportamento interessados em envelhecimento têm potencial quase ilimitado para pesquisa e oportunidade clínica, devido à crescente demanda de idosos por uma gama de serviços.

Embora a gerontologia comportamental tenha grandepotencial de impacto social positivo, diversos analistas do comportamento proeminentes têm sugerido que a gerontologia comportamental não floresceu como subcampo (Burgio & Burgio, 1986; Carstensen, 1988) e não explorou completamente todas as aplicações potenciais da análise do comportamento no envelhecimento (Derenne & Baron, 2002). Analistas do comportamento interessados podem ter dificuldade em expandir para serviços para adultos idosos, devido ao escopo de sua formação e sua experiência. Muitos analistas do comportamento aplicados recebem treinamento sobretudo com crianças e jovens adultos com TEA, com deficiências intelectuais e de desenvolvimento, ou com ambos, em vez de com adultos mais velhos. Embora os conceitos e os princípios da análise do comportamento sejam os mesmos, inúmeras considerações clínicas importantes envolvidas no trabalho com idosos requerem treinamento e supervisão específicos antes de comercializar serviços para uma nova base de clientes. LeBlanc, Heinicke e Baker (2012) descrevem duas tarefas nas quais os analistas do comportamento podem se concentrar ao considerar a expansão para serviços de envelhecimento: (1) aumentar a competência profissional com idosos e (2) identificar e gerenciar oportunidades de emprego. LeBlanc *et al.* dividiram cada tarefa em atividades componentes, como leitura da literatura, supervisão e obtenção de credenciais profissionais, e forneceram orientação para o engajamento nas atividades. A necessidade da sociedade é grande, e esperamos que pelo menos alguns analistas do comportamento se interessem em buscar uma nova área e expandam o impacto da análise do comportamento nos serviços de envelhecimento, disponibilizando intervenções efetivas para mais idosos.

Os analistas do comportamento devem continuar a publicar estudos em revistas de envelhecimento e revistas específicas de outras disciplinas, como enfermagem e terapia ocupacional, para apresentar a esses grupos os benefícios da abordagem comportamental. No entanto, os analistas do comportamento também devem continuar a publicar estudos suficientes sobre gerontologia comportamental em veículos emblemáticos de análise do comportamento para garantir que novos analistas se interessem pela área. O campo precisa de estudos operacionais básicos adicionais com humanos para praticamente todos os aspectos da resposta que as mudanças relacionadas à idade podem impactar. A área aplicada necessita de mais estudos que incorporem a avaliação funcional e abordem questões de saúde e saúde mental em idosos da comunidade. Há relativamente poucos estudos analítico-funcionais com idosos com transtornos neurocognitivos, em comparação com a literatura próspera sobre análise funcional com indivíduos com deficiências de desenvolvimento (Hanley, Iwata & McCord, 2003), embora os adultos com transtornos neurocognitivos sejam igualmente propensos a ter comportamentos que os membros da equipe identificam como desafiadores ou difíceis de se gerenciar. Apesar de a pesquisa sugerir que as intervenções baseadas na função são promissoras, poucas pesquisas avaliaram se intervenções eficazes baseadas na função para o comportamento-problema podem reduzir a necessidade de medicamentos, uma preocupação na pesquisa sobre envelhecimento agora (Kales *et al.*, 2015). Os analistas do comportamento fariam bem em se familiarizar com os efeitos que os medicamentos prescritos podem ter nos processos comportamentais. Laraway, Snycerski, Michael e Poling (2003) destacaram os efeitos variados que as intervenções farmacêuticas podem ter sobre as operações motivadoras, em especial sobre operações estabelecedoras e abolidoras para reforçadores e justiceiros. Além disso, Valdovinos e Kennedy (2004) observaram que os estudos farmacológicos se concentram sobretudo em efeitos colaterais não intencionais ou indesejados, como sudorese, diarreia ou tremores, mas raramente discutem seus efeitos sobre os processos comportamentais. Os efeitos colaterais dos medicamentos psicotrópicos podem influenciar variáveis motivadoras, interromper o controle de estímulos ou estabelecer novos estímulos discriminativos (Valdovinos e Kennedy, 2004).

Referências

Adkins, V. K., & Mathews, R. M. (1999). Behavioral gerontology: State of the science. *Journal of Clinical Geropsychology, 5*, 39-49.

Altus, D. E., Engelman, K. K., & Mathews, R. M. (2002a). Increasing mealtime participation and communication of persons with dementia. *Journal of Gerontological Nursing, 28*, 47-53.

Altus, D. E., Engelman, K. K., & Mathews, R. M. (2002b). Finding a practical method to increase engagement of residents of a dementia care unit. *American Journal of Alzheimer's Disease and Related Disorders, 17*, 245-248.

Arean, P. A. (2004). Psychosocial treatments for depression in the elderly. *Primary Psychiatry, 11*, 48-53.

Baker, J. C., Fairchild, K., & Seefeldt, D. (2015). Behavioral gerontology: Research and clinical considerations. Em H. S. Roane, J. E. Ringdahl, & T. S. Falcomata (Eds.), *Clinical and organizational applications of applied behavior analysis* (p. 425-450). San Diego, CA: Academic Press/Elsevier.

Baker, J., Hanley, G. P., & Mathews, R. M. (2006). Staff administered functional analysis and treatment of aggression by an elder with dementia. *Journal of Applied Behavior Analysis, 39*, 469-474.

Baker, J. C., & LeBlanc, L. A. (2011). Acceptability of interventions for aggressive behavior in long-term care settings: Comparing ratings and hierarchical selection. *Behavior Therapy, 42*, 30-41.

Baker, J. C., LeBlanc, L. A., & Raetz, P. B. (2008). A behavioral conceptualization of aphasia. *Analysis of Verbal Behavior, 24*, 147-158.

Baker, J. C., LeBlanc, L. A., Raetz, P. B., & Hilton, L. C. (2011). Assessment and treatment of hoarding in an individual with dementia. *Behavior Therapy, 42*, 135-142.

Baltes, M., & Barton, E. (1977). Behavioral analysis of aging: A review of the operant model and research. *Educational Gerontology: An International Quarterly, 2*, 383-405.

Beaton, S., Peeler, C. M., & Harvey, T. (2006). A functional analysis and treatment of the irrational and rational statements of an elderly woman with Alzheimer's disease. *Behavioral Interventions, 21*(1), 1-12.

Beattie, S., Wagner, S., & Baker, J. C. (2019). *Evaluation of preference and subsequent stimulus engagement among older adults with neurocognitive disorder*. Manuscrito em preparação.

Belsky, J. (1999). *The psychology of aging: Theory, research, and interventions*. Belmont, CA: Brooks/Cole.

Birren, J. E., & Schaie, K. W. (Eds.). (2001). *Handbook of the psychology of aging* (5th ed.). San Diego, CA: Academic Press.

Blackman, D. K., Howe, M., & Pinkston, E. M. (1976). Increasing participation in social interaction of the institutionalized elderly. *Gerontologist, 16*, 69-76.

Blazer, D. (1993). *Depression in late life* (2nd ed.). St. Louis, MO: Mosby.

Bourgeois, M. (1993). Effects of memory aids on the dyadic conversations of individuals with dementia. *Journal of Applied Behavior Analysis, 26*, 77-87.

Buchanan, J. A., & Fisher, J. E. (2002). Functional assessment and noncontingent reinforcement in the treatment of disruptive vocalization in elderly dementia patients. *Journal of Applied Behavior Analysis, 35*, 99-103.

Buchanan, J., Husfeldt, J., Berg, T., & Houlihan, D. (2011). Publication trends in behavioral gerontology in the past 25 years: Are the elderly still an understudied population in behavioral research? *Behavioral Interventions, 23*, 65-74.

Burgio, K., & Locher, J. (1996). Urinary incontinence. Em L. Carstensen, B. Edelstein, & L. Dornbrand (Eds.), *The practical handbook of clinical gerontology* (p. 349-373). Thousand Oaks, CA: Sage.

Burgio, L. D., & Burgio, K. L. (1986). Behavioral gerontology: Application of behavioral methods to the problems of older adults. *Journal of Applied Behavior Analysis, 19*, 321-328.

Burgio, L., Scilley, K., Hardin, J. M., Hsu, C., & Yancey, J. (1996). Environmental "white noise": An intervention for verbally agitated nursing home residents. *Journal of Gerontology, 51B*, 364-373.

Burgio, L., Stevens, A., Burgio, K., Roth, D., Paul, P., & Gerstle, J. (2002). Teaching and maintaining behavior management in the nursing home. *Gerontologist, 42*, 487-496.

Burton, J. R., Pearce, K. L., Burgio, K. L., Engel, B. T., & Whitehead, W. E. (1988). Behavioral training for urinary incontinence in the elderly ambulatory patient. *Journal of the American Geriatrics Society, 36,* 693-698.

Butler, R. N., Finkel, S. I., Lewis, M. I., Sherman, F. T., & Sunderland, T. (1992). Aging and mental health: Primary care of the healthy older adult. A roundtable discussion: Part I. *Geriatrics, 47,* 54, 56, 61-65.

Carroll, P. S. (1978). The social hour for geropsychiatric patients. *Journal of American Geriatrics Society, 11,* 32-35.

Carstensen, L. L. (1988). The emerging field of behavioral gerontology. *Behavior Therapy, 19,* 259-281.

Carstensen, L. L., & Erickson, R. J. (1986). Enhancing the social environments of elderly nursing home residents: Are high rates of interaction enough? *Journal of Applied Behavior Analysis, 19,* 349-355.

Charlesworth, G., Sadek, S., Schepers, A., & Spector, A. (2015). Cognitive behavior therapy for anxiety in people with dementia: A clinician guideline for a person-centered approach. *Behavior Modification, 39,* 390-412.

Cheng, D. T., Faulkner, M. L., Disterhoft, J. F., & Desmond, J. E. (2010). The effects of aging in delay and trace human eyeblink conditioning. *Psychology and Aging, 25,* 684-690.

Cherry, K. E., & Smith, A. D. (1998). Normal memory aging. Em M. Hersen & V. B. Van Hasselt (Eds.), *Handbook of clinical geropsychology* (p. 87-110). Nova York: Plenum Press.

Colby, S. L., & Ortman, J. M. (2014). *Projections of the size and composition of the U.S. population: 2014 to 2060* (Current Population Reports, No. P25-1143). Washington, DC: U.S. Census Bureau. Recuperado de *www.census.gov/content/dam/Census/library/publications/2015/demo/p25-1143.pdf.*

DeLeon, I. G., & Iwata, J. C. (1996). Evaluation of a multiple--stimulus presentation format for assessing reinforcer preferences. *Journal of Applied Behavior Analysis, 29,* 519-533.

Derenne, A., & Baron, A. (2002). Behavior analysis and the study of human aging. *Behavior Analyst, 25,* 151-160.

DeVries, H. M., & Coon, D. W. (2002). Cognitive/behavioral group therapy with older adults. Em F. W. Kaslow & T. Patterson (Eds.), *Comprehensive handbook of psychotherapy: Cognitive-behavioral approaches* (Vol. 2, p. 547-576). Nova York: Wiley.

Dick, L. P., & Gallagher-Thompson, D. (1996). Late-life depression. Em M. Hersen & V. B. Van Hasselt (Eds.), *Psychological treatment of older adults: An introductory text* (p. 181-208). Nova York: Plenum Press.

Dick, L. P., Gallagher-Thompson, D., & Thompson, L. W. (1996). Cognitive-behavioral therapy. Em R. T. Woods (Ed.), *Handbook of the clinical psychology of aging* (p. 509-544). Chichester, UK: Wiley.

Dixon, M., Baker, J. C., & Sadowski, K. A. (2011). Applying Skinner's analysis of verbal behavior to persons with dementia. *Behavior Therapy, 42,* 120-126.

Drossel, C., & Trahan, M. A. (2015). Behavioral interventions are the first-line treatments for managing changes associated with cognitive decline. *Behavior Therapist, 38*(5), 126-131.

Dupree, L., & Schonfeld, L. (1998). The value of behavioral perspectives in treating older adults. Em M. Hersen & V. B. Van Hasselt (Eds.), *Handbook of clinical geropsychology* (p. 51-70). Nova York: Plenum Press.

Dwyer-Moore, K. J., & Dixon, M. R. (2007). Functional analysis and treatment of problem behavior of elderly adults in long-term care settings. *Journal of Applied Behavior Analysis, 40,* 679-684.

Engelman, K. K., Altus, D. E., & Mathews, R. M. (1999). Increasing engagement in daily activities by older adults with dementia. *Journal of Applied Behavior Analysis, 32,* 107-110.

Engstrom, E., Mudford, O. C., & Brand, D. (2015). Replication and extension of a check-in procedure to increase activity engagement among people with severe dementia. *Journal of Applied Behavior Analysis, 48,* 460-465.

Fantol, J. A., Wyman, J. F., Harkins, S. W., & Hadley, E. C. (1990). Bladder training in the management of lower urinary tract dysfunction in women: A review. *Journal of the American Geriatrics Society, 38,* 329-332.

Feliciano, L., LeBlanc, L. A., & Feeney, B. J. (2010). Assessment and management of barriers to fluid intake in community dwelling older adults. *Journal of Behavioral Health and Medicine, 1,* 3-14.

Feliciano, L., Steers, M. E., Elite-Marcandontou, A., McLane, M., & Areán, P. A. (2009). Applications of preference assessment procedures in depression and agitation management in elders with dementia. *Clinical Gerontologist, 32,* 239-259.

Finkbiner, R., & Woodruff-Pak, D. (1991). Classical eye-blink conditioning in adulthood: Effects of age and interstimulus interval on acquisition in the trace paradigm. *Psychology and Aging, 6,* 109-117.

Fisher, J. E., & Buchanan, J. A. (2018). Presentation of preferred stimuli as an intervention for aggression in a person with dementia. *Behavior Analysis: Research and Practice, 18,* 33-40.

Fisher, J. E., Drossel, C., Yury, C., & Cherup, S. (2007). A contextual model of restraint-free care for persons with dementia. Em P. Sturmey (Ed.), *Functional analysis in clinical treatment* (p. 211-237). Burlington, MA: Academic Press/Elsevier.

Fisher, J. E., & Noll, J. (1996). Age-associated differences in sensitivity to reinforcement frequency. *Journal of Clinical Geropsychology, 2,* 297-306.

Fisher, W., Piazza, C. C., Bowman, L. G., Hagopian, L. P., Owens, J. C., & Slevin, I. (1992). A comparison of two approaches for identifying reinforcers for persons with severe and profound disabilities. *Journal of Applied Behavior Analysis, 25,* 491-498.

Gallagher-Thompson, D., & Thompson, L. W. (1996). Applying cognitive-behavioral therapy to the psychological problems of later life. Em S. H. Zarit & B. G. Knight (Eds.), *A guide to psychotherapy and aging: Effective clinical interventions in a life-stage context* (p. 61-82). Washington, DC: American Psychological Association.

Garcia, S., Feliciano, L., & Ilem, A. A. (2018). Preference assessments in older adults with dementia. *Behavior Analysis: Research and Practice*, 18, 78-91.

Gatz, M., Fiske, A., Fox, L. S., Kaskie, B., Kasl-Godsley, J. E., McCallum, T. J., *et al.* (1998). Empirically validated psychological treatments for older adults. *Journal of Mental Health and Ageing, 4,* 9-46.

Graves, C. A., & Solomon, P. R. (1985). Age-related disruption of trace but not delay classical conditioning of the rabbit's nictitating membrane response. *Behavioral Neuroscience, 99,* 88-96.

Gross, A. C., Fuqua, R. W., & Merritt, T. A. (2013). Evaluation of verbal behavior in older adults. *Analysis of Verbal Behavior, 29,* 85-99.

Hagopian, L. P., Long, E. S., & Rush, K. S. (2004). Preference assessment procedures for individuals with developmental disabilities. *Behavior Modification, 28,* 668-677.

Hanley, G. P., Iwata, B. A., & McCord, B. E. (2003). Functional analysis of problem behavior: A review. *Journal of Applied Behavior Analysis, 36,* 147-185.

Heard, K., & Watson, T. S. (1999). Reducing wandering by persons with dementia using differential reinforcement. *Journal of Applied Behavior Analysis, 32,* 381-384.

Henry, L. M., & Horne, P. J. (2000). Partial remediation of speaker and listener behaviors in people with severe dementia. *Journal of Applied Behavior Analysis, 33,* 631-634.

Ho, E. E., Lee, F. C., & Meyskens, F. L. (1991). An exploratory study of attitudes, beliefs and practices related to the interim dietary guidelines for reducing cancer in the elderly. *Journal of Nutrition for the Elderly, 10,* 31-49.

Hussian, R. A., & Brown, D. (1987). Use of two-dimensional grid patterns to limit hazardous ambulation in demented patients. *Journal of Gerontology, 42,* 558-560.

Ilem, A., Feliciano, L., & LeBlanc L. A. (2015). Recognition of self-referent stimuli in people with dementia: Names and pictures as prosthetic memory aids. *Clinical Gerontologist, 38*(2), 157-169.

Iwata, B. A., Pace, G. M., Cowdery, G. E., & Miltenberger, R. G. (1994). What makes extinction work: An analysis of procedural form and function. *Journal of Applied Behavior Analysis, 27,* 131-144.

Jeffcoate, T. N. (1961). Functional disturbances of the female bladder and urethra. *Journal of the Royal College of Surgeons of Edinburgh, 7,* 28-47.

Kales, H. C., Gitlin, L. N., & Lyketsos, C. G. (2015). Assessment and management of behavioral and psychological symptoms of dementia. *British Medical Journal, 350,* h369.

Kannel, W. B. (1986). Nutritional contributors to cardiovascular disease in the elderly. *Journal of the American Geriatrics Society, 34,* 27-36.

Keller, H., Beck, A. M., & Namasivayam, A. (2015). Improving food and fluid intake for older adults living in long-term care: A research agenda. *Journal of the American Medical Directors Association, 16,* 93-100.

Ladouceur, R., Leger, E., Dugas, M., & Freeston, M. H. (2004). Cognitive-behavioral treatment of generalized anxiety disorder (GAD) for older adults. *International Psychogeriatrics, 16,* 195-207.

Laraway, S., Syncerski, S., Michael, J., & Poling, A. (2003). Motivating operations and terms to describe them: Some further refinements. *Journal of Applied Behavior Analysis, 36,* 407-414.

Larrabee, D., Baker, J. C., & O'Neill, D. (2018). Effects of programmed discriminative stimuli in a functional analysis on language disruptions in older adults with neurocognitive disorders. *Behavior Analysis: Research and Practice, 18*(1), 16-32.

LeBlanc, L. A., Cherup, S. M., Feliciano, L., & Sidener, T. M. (2006). Using choice-making opportunities to increase activity engagement in individuals with dementia. *American Journal of Alzheimer's Disease and Other Dementias, 21,* 318-325.

LeBlanc, L. A., Heineke, M., & Baker, J. C. (2012). Expanding your consumer base for behavior analytic services. *Behavior Analysis in Practice, 5,* 4-14.

LeBlanc, L. A., Raetz, P. B., Baker, J. C., Strobel, M. J., & Feeney, B. J. (2008). Assessing preference in elders with dementia using multimedia and verbal Pleasant Events Schedules. *Behavioral Interventions, 23,* 213-225.

LeBlanc, L. A., Raetz, P. B., & Feliciano, L. (2011). Behavioral gerontology. Em W. W. Fisher, C. C. Piazza, & H. S. Roane (Eds.), *Handbook of applied behavior analysis* (p. 472-488). Nova York: Guilford Press.

Lindsley, O. R. (1964). Geriatric behavioral prosthetics. Em R. Kastenbaum (Ed.), *New thoughts in old age* (p. 41-61). Nova York: Springer.

Logsdon, R. G., & Teri, L. (1997). The Pleasant Events Schedule–AD: Psychometric properties and relationship to depression and cognition in Alzheimer's disease patients. *Gerontologist, 37,* 40-45.

Løkke, J. A., Granmo, S., Leirvick, S. E. S., & Lund, P. A. (2013). Prompting and influence on manding in participants with Alzheimer's disease. *Norsk Tidsskrift for Atferdsanalyse, 40,* 189-195.

McClannahan, L. E., & Risley, T. R. (1975). Design of living environments for nursing-home residents: Increasing participation in recreation activities. *Journal of Applied Behavior Analysis, 8,* 261-268.

Mehta, K. M., Simonsick, E. M., Penninx, B., Schulz, R., Rubin, S., Scatterfield, S., *et al.* (2003). Prevalence and correlates of anxiety symptoms in well-functioning older adults: Findings from the Health Aging and Body Composition Study. *Journal of the American Geriatrics Society, 51,* 499-504.

Meichenbaum, D., & Turk, D. (1987). *Facilitating treatment adherence: A practitioner's guidebook.* Nova York: Plenum Press.

Mojtabai, R., & Olfson, M. (2004). Cognitive deficits and the course of major depression in a cohort of middle-aged and older community-dwelling adults. *Journal of the American Geriatrics Society, 52,* 1060- 1069.

Molinari, V., Karel, M., Jones, S., Zeiss, A., Cooley, S. G., Wray, L., *et al.* (2003). Recommendations about the knowledge and skills required of psychologists working with older adults. *Professional Psychology: Research and Practice, 34,* 435-443.

Moniz-Cook, E., Stokes, G., & Agar, S. (2003). Difficult behaviour and dementia in nursing homes: Five cases of psychosocial intervention. *Clinical Psychology and Psychotherapy, 10,* 197-208.

Moniz-Cook, E., Woods, R. T., & Richards, K. (2001). Functional analysis of challenging behaviour in dementia: The role of superstition. *International Journal of Geriatric Psychiatry, 16,* 45-56.

Montgomery, R. J. V. (1996). Advancing caregiver research: Weighing efficacy and feasibility of interventions. *Journal of Gerontology: Social Sciences, 51*(3), S109-S110.

Noguchi, D., Kawano, Y., & Yamanaka, K. (2013). Care staff training in residential homes for managing behavioral and psychological symptoms of dementia based on different reinforcement procedures of applied behavior analysis: A process research. *Psychogeriatrics, 13,* 108-117.

Oleson, C. R., & Baker, J. C. (2014). Teaching mands to older adults with dementia. *Analysis of Verbal Behavior, 30,* 113-127.

Pachis, J. A., & Zonneveld, K. L. M. (2019). Comparison of prompting procedures to teach Internet skills to older adults. *Journal of Applied Behavior Analysis, 52,* 173-187.

Pellegrin, L. D., Peters, M. E., Lyketsos, C. G., & Marano, C. M. (2013). Depression in cognitive impairment. *Current Psychiatry Reports, 15,* 383-391.

Perez-Gonzalez, L. A., & Moreno-Sierra, V. (1999). Equivalence class formations in elderly persons. *Psicothema, 11,* 325-336.

Plaud, J. J., Plaud, D. M., & von Duvillard, S. (1999). Human behavioral momentum in a sample of older adults. *Journal of General Psychology, 126,* 165-175.

Quattrochi-Tubin, S., & Jason, L. A. (1980). Enhancing social interactions and activity among the elderly through stimulus control. *Journal of Applied Behavior Analysis, 13,* 159-169.

Quick, M. J., Baker, J. C., & Ringdahl, J. E. (2018). Assessing the validity of engagement-based and selection-based preference assessments in elderly individuals with dementia. *Behavior Analysis: Research and Practice, 18*(1), 92-102.

Raetz, P. B., LeBlanc, L. A., Baker, J. C., & Hilton, L. (2013). Utility of the multiple stimulus without replacement procedure and stability of preferences of older adults with dementia. *Journal of Applied Behavior Analysis. 46,* 765-780.

Ritchie, H., Reuter-Yuill, L., Perez, A., & Baker, J. C. (2019). *Assessment and treatment of verbal behavior deficits with an older adult diagnosed with aphasia and a comparison of transfer of stimulus control procedures.* Manuscrito aceito para publicação.

Roane, H. S., Vollmer, T. R., Ringdahl, J. E., & Marcus, B. A. (1998). Evaluation of a brief stimulus preference assessment. *Journal of Applied Behavior Analysis, 31,* 605-620.

Sands, D., & Holman, E. (1985). Does knowledge enhance patient compliance? *Journal of Gerontological Nursing, 11,* 23-29.

Sanservo, A. C. (1997). Dehydration in the elderly: Strategies for prevention and management. *Nurse Practitioner, 22,* 41-70.

Saunders, R. R., Chaney, L., & Marquis, J. G. (2005). Equivalence class establishment with two-, three-, and four-choice matching to sample by senior citizens. *Psychological Record, 55,* 539-559.

Schnelle, J. F., Leung, F. W., Rao, S. S. C., Beusher, L., Keeler, M., Clift, J. W., *et al.* (2010). A controlled trial of an intervention to improve urinary/fecal incontinence and constipation. *Journal of the American Geriatrics Society, 58,* 1504-1511.

Simmons, S. F., Alessi, C., & Schnelle, J. F. (2001). An intervention to increase fluid intake in nursing home residents: Prompting and preference compliance. *Journal of the American Geriatrics Society, 49,* 926-933.

Skinner, B. F. (1983). Intellectual self-management in old age. *American Psychologist, 38,* 239-244.

Sorocco, K., Kinoshita, L., & Gallagher-Thompson, D. (2005). Mental health and aging: Current trends and future directions. Em J. E. Maddux & B. A. Winstead (Eds.), *Psychopathology: Foundations for a contemporary understanding* (p. 393-419). Mahwah, NJ: Erlbaum.

Spangler, P. F., Risley, T. R., & Bilyew, D. D. (1984). The management of dehydration and incontinence in non-ambulatory geriatric patients. *Journal of Applied Behavior Analysis, 17,* 397-401.

Stanley, M. A., Diefenbach, G. J., & Hopko, D. R. (2004). Cognitive behavioral treatment for older adults with generalized anxiety disorders: A therapist manual for primary care settings. *Behavior Modification, 28,* 73-117.

Stein, M. B. (2004). Public health perspectives on generalized anxiety disorder. *Journal of Clinical Psychiatry, 65,* 3-7.

Steinberg, M., Sheppard, J., Tschanz, J. T., Norton, M. C., Steffens, D. C., Breitner, J. C. S., *et al.* (2003). The incidence of mental and behavioral disturbances in dementia: The Cache County study. *Journal of Neuropsychiatry and Clinical Neurosciences, 15,* 340-345.

Steingrimsdottir, H. S., & Arntzen, E. (2014). Performance by older adults on identity and arbitrary matching-to-sample tasks. *Psychological Record, 64,* 827-839.

Stock, L. Z., & Milan, M. A. (1993). Improving dietary practices of elderly individuals: The power of prompting, feedback, and social reinforcement. *Journal of Applied Behavior Analysis, 26,* 379-387.

Sundberg, M. L. (1991). 301 research topics from Skinner's book *Verbal Behavior. Analysis of Verbal Behavior, 9*, 81-96.

Teri, L. (1991). Behavioral assessment and treatment of depression in older adults. Em P. Wisocki (Ed.), *Handbook of clinical behavior therapy with the elderly client* (p. 225-240). Nova York: Plenum Press.

Teri, L., & Logsdon, R. G. (1991). Identifying pleasant activities for Alzheimer's disease patients: The Pleasant Events Schedule–AD. *Gerontologist, 31*, 124-127.

Thompson, L. W., Futterman, A., & Gallagher, D. (1988). Assessment of late-life depression. *Psychopharmacology Bulletin, 24*, 577-586.

Tolson, D., Rolland, Y., Andrieu, S., Aquino, J. P., Beard, J., Benetos, A., *et al.* (2011). International association of gerontology and geriatrics: A global agenda for clinical research and quality of life in nursing homes. *Journal of the American Medical Directors Association, 12*, 184-189.

Tonga, J. B., Karlsoeen, B. B., Arnevik, E. A., Werheid, K., Korsnes, M. S., & Ulstein, I. D. (2015). Challenges with manual-based multimodal psychotherapy for people with Alzheimer's disease: A case study. *American Journal of Alzheimer's Disease and Other Dementias, 31*(4), 311-317.

Trahan, M. A., Donaldson, J. M., McNabney, M. K., & Kahng, S. (2014). Training and maintenance of a picture-based communication response in older adults with dementia. *Journal of Applied Behavior Analysis, 47*, 404-409.

Tripp, G., & Alsop, B. (1999). Age-related changes in sensitivity to relative reward frequency. *New Zealand Journal of Psychology, 28*, 30-36.

Valdovinos, M. G., & Kennedy, C. H. (2004). A behavior-analytic conceptualization of the side effects of psychotropic medication. *Behavior Analyst, 27*, 231-238.

Virues-Ortega, J., Iwata, B. A., Nogales-González, C., & Frades, B. (2012). Assessment of preference for edible and leisure items in individuals with dementia. *Journal of Applied Behavior Analysis, 45*, 839-844.

Warren, J. L., Bacon, W. E., Harris, T., McBean, A. M., Foley, D. J., & Phillips, C. (1994). The burden and outcomes associated with dehydration among U.S. elderly, 1991. *American Journal of Public Health, 84*, 1265-1269.

Wild, B., Eckl, A., Herzog, W., Niehoff, D., Lechner, S., Maatouk, I., *et al.* (2010). Assessing generalized anxiety disorder in elderly people using the GAD-7 and GAD-2 scales: Results of a validation study. *American Journal of Geriatric Psychiatry, 22*, 1029-1039.

Williamson, P. N., & Ascione, F. R. (1983). Behavioral treatment of the elderly: Implications for theory and therapy. *Behavior Modification, 7*, 583-610.

Wilson, K. M., & Milan, M. A. (1995). Age differences in the formation of equivalence classes. *Journal of Gerontology: Series B: Psychological Sciences and Social Sciences, 50B*, 212-218.

Woodruff-Pak, D. (2001). Eyeblink classical conditioning differentiates normal aging from Alzheimer's disease. *Integrative Physiological and Behavioral Science, 36*, 87-108.

Woodruff-Pak, D., & Jaeger, M. (1998). Predictors of eyeblink classical conditioning over the life span. *Psychology and Aging, 13*, 193-205.

Woodruff-Pak, D., Papka, M., Romano, S., & Li, Y. (1996). Eyeblink classical conditioning in Alzheimer's disease and cerebrovascular dementia. *Neurobiology of Aging, 17*, 505-512.

Woodruff-Pak, D., & Thompson, R. (1988). Classical conditioning of the eyeblink response in the delay paradigm in adults aged 18-23. *Psychology and Aging, 3*, 219-229.

Zarit, S., & Zarit, J. (1998). *Mental disorders in older adults: Fundamentals of assessment and treatment*. Nova York: Guilford Press.

31

Telessaúde e análise do comportamento aplicada

David P. Wacker, Kelly M. Schieltz, Alyssa N. Suess e Scott D. Lindgren

Analistas do comportamento aplicados do Centro de Deficiências e Desenvolvimento e do Departamento de Pediatria da Universidade de Iowa têm utilizado a telessaúde para avaliar e tratar o comportamento-problema desde o final da década de 1990 (ver Barretto, Wacker, Harding, Lee & Berg, 2006). O Centro de Deficiências e Desenvolvimento possui um centro de telessaúde há mais de 10 anos. Subsídios federais e o Departamento de Pediatria têm apoiado nosso envolvimento com a telessaúde, que faz parte de um movimento nacional para usar serviços de telessaúde em todas as subdisciplinas da medicina. Recentemente, nosso hospital desenvolveu um departamento de e-saúde, cuja função específica é avançar os serviços de telessaúde em todo o estado de Iowa, abordando questões que vão desde o reembolso até a tecnologia. Neste capítulo, primeiro definimos a telessaúde e descrevemos de forma breve como as subespecialidades pediátricas e os analistas do comportamento aplicados têm utilizado os serviços de telessaúde em âmbito nacional. Descrevemos especificamente o desenvolvimento dos serviços de telessaúde em Iowa e as aplicações atuais, e discutimos questões e preocupações sobre a expansão dos serviços de telessaúde. Concluímos o capítulo sugerindo algumas perspectivas que os analistas do comportamento aplicados podem considerar.

Definição de telessaúde

Telessaúde é um termo abrangente que engloba muitos serviços relacionados à saúde que usam tecnologia para trocar informações de um local para outro por meio de comunicações eletrônicas para melhorar os resultados de saúde, reduzir custos e fornecer melhores cuidados (American Telemedicine Association, 2016; Center for Connected Health Policy, 2016; Committee on Pediatric Workforce, 2015). Neste capítulo, utilizamos o termo *telessaúde* da mesma forma que usamos o termo tradicional, *telemedicina*. Grande parte da literatura sobre telessaúde demonstra sua aplicação aos cuidados de saúde em quatro grandes categorias: consulta, diagnóstico, treinamento e intervenção (ver Figura 31.1). Segundo o Center for Connected Health Policy (2016), as comunicações eletrônicas mais utilizadas em telessaúde incluem *interações síncronas, interações assíncronas, monitoramento remoto de pacientes* e *saúde móvel*. As síncronas (também conhecidas como vídeo ao vivo ou em tempo real) são interações bidirecionais ao vivo entre um cliente (i.e., um paciente, prestador de cuidados ou profissional) e um provedor, já as interações assíncronas (também conhecidas como armazenar-e-encaminhar) são transmissões de informações de saúde pré-gravadas para um provedor, que avalia as informações posteriormente. Os provedores utilizam o monitoramento remoto do paciente e a saúde móvel para rastrear e monitorar os resultados da saúde do paciente e fornecer educação e prática de saúde para promover o comportamento saudável, respectivamente.

A telessaúde não é considerada um substituto para a prestação de cuidados de saúde presenciais, mas sim uma ferramenta ou um suplemento para fornecer um nível igual ou melhorado de cuidados normalmente prestados à distância. O uso mais comum da telessaúde é a entrega de consultas de subespecialidades (Burke,

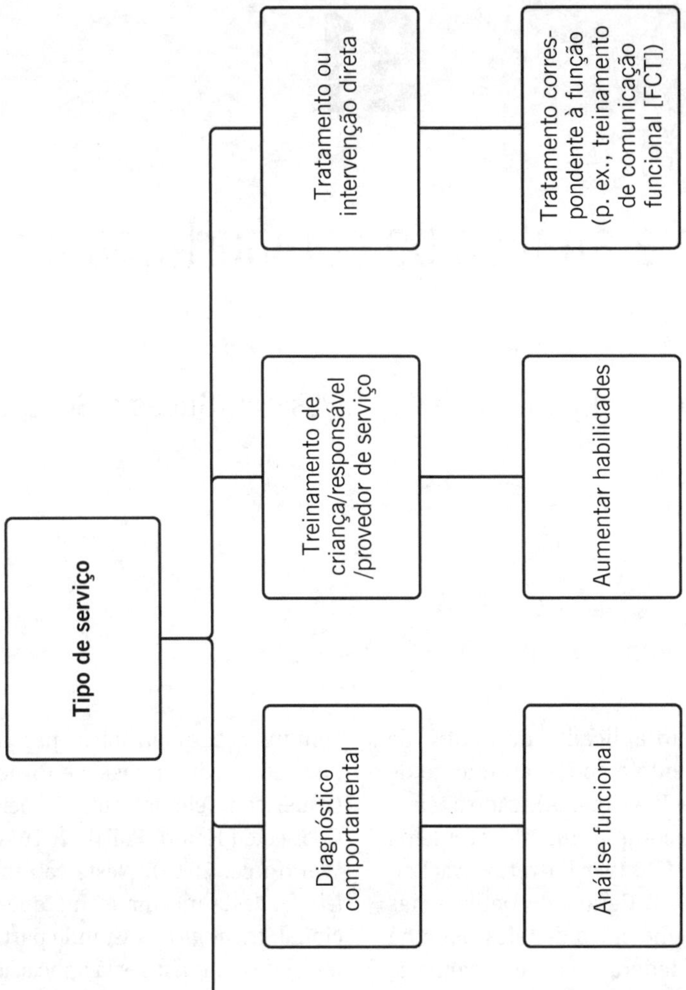

FIGURA 31.1 Exemplo de serviços de análise do comportamento aplicada (ABA) via telessaúde para comportamento-problema.

Hall & the Section on Telehealth Care, 2015; Committee on Pediatric Workforce, 2015). Entre os diferentes estados, ocorrem variações na definição, no reembolso e nas restrições da telessaúde. Por exemplo, segundo Gutierrez (2015), alguns estados dos Estados Unidos definem apenas telessaúde ou apenas telemedicina, já outros definem ambos os termos em leis ou regulamentos políticos. Quarenta e sete estados dos Estados Unidos escreveram políticas sobre o reembolso do Medicaid para telessaúde, e 29 estados têm leis que regem o reembolso de telessaúde do pagador privado. O modo mais comumente reembolsado de telessaúde é o vídeo ao vivo de clínica para clínica. Além disso, outras restrições, como o local de origem ou distância, o consentimento informado e as leis de licenciamento, variam conforme o estado. A casa do paciente é muitas vezes um local não reembolsável; a maioria dos estados exige consentimento informado; e os pagadores reembolsam a prestação de serviços fora do estado apenas se o prestador cumprir condições específicas.

Aplicações da telessaúde

Neste capítulo, focamos na aplicação da telessaúde síncrona e da assíncrona durante serviços de consulta, diagnóstico, treinamento e intervenção. Na primeira subseção, a seguir, descrevemos brevemente os serviços de subespecialidades pediátricas, para fornecer aos analistas do comportamento aplicados um contexto maior para a compreensão dos serviços de telessaúde. Na próxima seção, descrevemos aplicações de telessaúde envolvendo a análise do comportamento aplicada (ABA, *applied behavior analysis*) com exemplos específicos de serviços que prestamos em Iowa.

Aplicações selecionadas em subespecialidades pediátricas

Muitas subespecialidades da pediatria – incluindo radiologia, dermatologia, cardiologia, neonatologia, patologia, serviços de emergência, abuso infantil, doenças crônicas, saúde mental e odontologia – adotaram a telessaúde, com serviços que abrangem consulta, diagnóstico, treinamento e intervenção (Burke *et al.*, 2015; Spooner, Gotlieb, Steering Committee on Clinical Information Technology & Committee on Medical Liability, 2004). Além disso, os prestadores de serviços de saúde têm fornecido serviços de telessaúde em escolas e residências para expandir a amplitude e a qualidade dos serviços pediátricos, ao mesmo tempo em que diminuem outros fatores, como o faltar a escola e o risco médico para pacientes em casa (Spooner *et al.*, 2004).

Consulta

Durante a *consulta de telessaúde*, um provedor (geralmente um especialista) presta cuidados ou conselhos a um cliente ou um paciente (p. ex., uma criança, um pai ou um professor) que está em um local geográfico diferente do provedor (Telehealth Resource Centers, 2016). Os profissionais de saúde têm utilizado a telessaúde para fornecer consultas a cuidadores, professores e outros profissionais. Como exemplo, o Davis Medical Center, da Universidade da Califórnia, desenvolveu um programa de consulta de telessaúde para gerenciar a obesidade pediátrica. Um pediatra e um nutricionista registrado forneceram consultas para as crianças e seus cuidadores, que se deslocaram para as clínicas comunitárias próximas. Pesquisadores do Davis Medical Center compararam a eficácia do programa de consulta de telessaúde síncrona com a consulta presencial típica, e os resultados demonstraram que a consulta de telessaúde mostrou (1) maior melhora na nutrição, (2) aumentos no nível de atividade e (3) diminuições no tempo de tela (Santiago Lipana, Bindal, Nettiksimmons & Shaikh, 2013).

Os profissionais de saúde também têm prestado consultas via telessaúde aos pais diretamente nas escolas de seus filhos. Langkamp, McManus e Blakemore (2015) desenvolveram um programa chamado TeleHealth Kids para crianças com deficiências no desenvolvimento e seus pais receberem consulta assíncrona para doenças mais simples de médicos de atenção primária diretamente nas escolas infantis. Os pais avaliaram sua satisfação com a consulta de telessaúde na escola como alta. Os benefícios da consulta de telessaúde incluíram diminuição do tempo de viagem, diminuição do estresse dos pais e da criança, aumento da aprovação dos exames e menor ocorrência de problemas de comportamento durante o exame. A pesquisa mostrou que consultas escolares semelhantes são eficazes com pais adolescentes (Nelson, Citarelli, Cook & Shaw, 2003) e para crianças com necessidades médicas complexas (Looman *et al.*, 2015) e comportamentais (Bassingthwaite *et al.*, 2018).

Os profissionais têm utilizado a telessaúde para consulta entre pares. Callahan, Malone, Estroff e Person (2005) avaliaram o impacto de um sistema de teleconsulta de armazenamento e encaminhamento no acesso das crianças aos cuidados especializados, na qualidade dos cuidados recebidos e na redução de custos. O Electronic Children's Hospital of the Pacific é um sistema de teleconsulta para instalações de tratamento militar no Pacífico, no qual um médico de cuidados primários solicita consulta com subespecialistas pediátricos, inserindo informações sobre o paciente e carregando quaisquer imagens estáticas ou em movimento para um *site* seguro e criptografado. Os subespecialistas recebem a notificação da submissão da consulta; revisam as informações do paciente; e fornecem recomendações sobre diagnóstico, intervenção ou ambos no *site*. Os resultados desse estudo demonstraram que os médicos da atenção primária receberam consultas de 33 diferentes subespecialistas pediátricos e que a mediana do tempo de resposta às consultas foi de 12 horas. Além disso, a qualidade da assistência melhorou (como demonstrado por mudanças no diagnóstico, no plano de diagnóstico ou no plano de intervenção) em 15, 21 e 24% dos casos, respectivamente. Por fim, os custos diminuíram porque os pacientes evitaram viajar para o centro médico (em geral, um voo de avião de 5 horas e 1 semana de internação hospitalar) em 12% dos casos. Consultas semelhantes entre pares, realizadas em tempo real, demonstraram mudanças no diagnóstico, nos planos de diagnóstico ou nos planos de intervenção para crianças com obesidade (Shaikh, Cole, Marcin & Nesbitt, 2008), e produziram diminuição das transferências de pacientes e dos custos para crianças que se apresentam a departamentos de emergência rurais com doença aguda ou lesão que requer envolvimento médico imediato (Yang *et al.*, 2015).

Diagnóstico

Durante o *diagnóstico de telessaúde*, um especialista faz ou auxilia outro provedor a fazer um diagnóstico para um paciente (American Telemedicine Association, 2016) utilizando formatos síncronos e assíncronos. Por exemplo, um cardiologista pediátrico externo pode assistir a e ouvir um estudo cardíaco ao vivo em tempo real enquanto orienta o provedor no local a obter visões adicionais do coração durante a consulta diagnóstica síncrona. Em contrapartida, um cardiologista externo que utiliza consulta diagnóstica assíncrona pode receber imagens estáticas, móveis ou de ambos os tipos para revisar e interpretar posteriormente (Sable, 2003). Pesquisas têm demonstrado que esses métodos diagnósticos de telessaúde em cardiologia pediátrica são eficazes para muitas populações pediátricas, incluindo fetos e recém-nascidos (Gomes *et al.*, 2010), e para diagnósticos que variam de nenhuma doença cardíaca a doença cardíaca patológica (Gomes *et al.*, 2010; Mahnke *et al.*, 2008). De modo específico, os resultados desses estudos indicaram que os profissionais de saúde fizeram ou confirmaram diagnósticos precisos via telessaúde, o que, por sua vez, orientou o início ou as mudanças no plano de tratamento e contribuiu para decisões sobre a necessidade de transferências de pacientes de emergência. Pesquisas produziram resultados semelhantes na dermatologia pediátrica, na qual profissionais de saúde forneceram diagnósticos precisos para muitos problemas dermatológicos via telessaúde (Heffner, Lyon, Brousseau, Holland & Yen, 2009).

Treinamento

O *treinamento em telessaúde* refere-se ao uso da tecnologia para realizar treinamento especializado em tópicos específicos e para se envolver em discussões *on-line* com grupos para fornecer suporte e educação entre pares (American Telemedicine Association, 2016). O principal exemplo de treinamento em medicina tem sido o projeto Extension for Community Healthcare Outcomes, ou Projeto ECHO, que foi "projetado para melhorar o atendimento ao paciente, desenvolvendo e apoiando a competência de provedores de cuidados primários em áreas carentes para gerenciar transtornos complexos" (Arora *et al.*, 2007, p. 154). Os pesquisadores desenvolveram pela primeira vez o Projeto ECHO na Universidade do Novo México, para tratar das altas taxas do vírus da hepatite C, que é passível de tratamento, mas demorado para tratar e muitas vezes está fora do escopo da prática para muitos médicos de cuidados primários. O modelo de treinamento do Projeto ECHO se concentra no aprendizado específico da doença baseado em casos durante visitas virtuais semanais de 2 horas, nas quais os médicos de cuidados primários apresentam casos relevantes de suas práticas, e os especialistas instruem e orientam esses médicos por meio do manejo adequado do atendimento (Arora *et al.*, 2011). Os benefícios desse modelo de treinamento são duplos. Primeiro, os médicos de cuidados primários desenvolvem conhecimento de conteúdo e habilidades para lidar com doenças específicas, bem como uma rede de colegas para consultar sobre questões emergentes (Arora *et al.*, 2011). Em segundo lugar, os pacientes recebem cuidados mais seguros e abrangentes para doenças que normalmente exigem serviços especializados, muitas vezes não disponíveis prontamente nas comunidades dos pacientes (Arora *et al.*, 2007). Após o sucesso inicial do Projeto ECHO, outros aplicaram o programa a muitas necessidades de cuidados de saúde especializados, incluindo obesidade pediátrica (Arora *et al.*, 2007), detecção precoce do transtorno do espectro autista (TEA) (Arora *et al.*, 2011), tratamento para sintomas de TEA (Mazurek, Brown, Curran & Sohl, 2017) e crianças e jovens com epilepsia (Academia Americana de Pediatria, 2016).

Intervenção

A *intervenção de telessaúde* refere-se a um profissional externo que presta serviços de intervenção, muitas vezes indiretamente, por meio do monitoramento remoto do paciente (American Telemedicine Association, 2016). Por exemplo, Ghio *et al.* (2002) utilizaram a telessaúde com duas crianças que estavam em tratamento de diálise peritoneal automatizado. O sistema transmitia e armazenava os dados de diálise peritoneal do ciclador dessa diálise das crianças para um computador no laboratório de diálise. Desse modo, o médico poderia monitorar de maneira remota o tratamento pulado ou abreviado, as mudanças nos parâmetros terapêuticos, fases ou ciclos ignorados ou volumes de enchimento reduzidos, o que indicava se os pacientes e os familiares estavam aderindo ao tratamento de diálise. Além disso, visitas de telessaúde em tempo real ocorriam pelo menos a cada 3 dias para acompanhamento de dados coletados, adesão ao tratamento, problemas clínicos adicionais e problemas técnicos. Os resultados do monitoramento remoto demonstraram que as crianças desse estudo sempre aderiram ao tratamento dialítico. De modo geral, esses resultados demonstraram a efetividade da telessaúde para pacientes em diálise domiciliar. Izquierdo *et al.* (2009) produziram resultados semelhantes para crianças com diabetes melito tipo 1, em que as enfermeiras da escola infantil se conectavam com o centro de diabetes via telessaúde para obter consultas e treinamento. Pesquisadores observaram diminuição da hemoglobina A1c e visitas de emergência aos enfermeiros.

Aplicativos selecionados em serviços de análise do comportamento aplicada

Pesquisadores clínicos de análise do comportamento integraram a telessaúde à prestação contínua de serviços, como os de subespecialidades pediátricas. Wacker *et al.* (2016) conceituaram a pesquisa e a aplicação da telessaúde em ABA em um quadro geracional. A primeira geração incluiu pesquisas e aplicações sobre consulta, diagnóstico, treinamento e intervenção (ver painel inferior da Figura 31.1), e a segunda geração de pesquisa e aplicações ampliou essas quatro grandes áreas para identificar ainda mais as melhores práticas para a telessaúde ABA.

Consulta

Começamos a fornecer serviços ambulatoriais para crianças e adultos com deficiências de desenvolvimento que apresentavam comportamento problemático grave no Centro de Deficiências e Desenvolvimento em Iowa durante meados da década de 1980 (ver Wacker *et al.*, 2016, e Wacker, Schieltz & Romani, 2015, para obter descrições). Quando iniciamos o ambulatório, agendamos cerca de duas crianças ou adultos a cada 2 semanas, o que foi suficiente para suprir a necessidade desse serviço. Ao longo do tempo, no entanto, a demanda pelo serviço continuou a crescer, assim como a demanda por serviços ABA cresceu em todos os Estados Unidos. A capacidade das universidades e dos programas de treinamento de produzir analistas do comportamento aplicados treinados não correspondeu à demanda por esses serviços. Por exemplo, Iowa tinha 77 analistas do comportamento aplicados certificados em 2016 (Behavior Analysis Certification Board, 2016). Atualmente, nosso centro continua a ser o único provedor de serviços de avaliação e tratamento baseados em funções em Iowa. O tempo de espera atual para atendimento é de 8 meses, desde o momento em que agendamos a consulta clínica até o momento em que realizamos a avaliação. A maioria das famílias que recebem os serviços vive a menos de 100 quilômetros do hospital de nível terciário onde a clínica está localizada, deixando a maior parte de Iowa sem acesso a esses serviços.

Lançamos nossos serviços de telessaúde em meados da década de 1990, para aumentar o acesso aos serviços ABA para os moradores de Iowa (Lee *et al.*, 2014). Nosso ambulatório, o Serviço Biocomportamental, iniciou os trabalhos de telessaúde como parte de uma concessão de telessaúde muito maior para os hospitais e as clínicas da Universidade de Iowa (Kienzle, 2000). Realizamos apenas serviços de consulta nos primeiros anos, o que significa que consultamos pediatras, enfermeiros e equipes escolares locais sobre o comportamento problemático que eles estavam encontrando em suas clínicas e suas salas de aula. Eram apenas conversas teóricas, e nunca vimos os clientes ou os profissionais em ação. Os prestadores de serviços locais gostaram da abordagem funcional e da experiência que trouxemos para o comportamento de manejo.

O centro de telessaúde do Center for Disabilities and Development (Centro de Deficiências e Desenvolvimento) conta atualmente com quatro estações de trabalho computacionais dedicadas aos serviços de telessaúde. As partições isolam esses espaços (ver uma descrição em Lee *et al.*, 2014) e nossos provedores de telessaúde utilizam fones de ouvido para manter a privacidade do paciente. Nosso serviço de telessaúde biocomportamental avalia e trata o comportamento-problema apresentado por pessoas com deficiências de desenvolvimento. A consulta continua a ser o tipo mais comum de serviço de telessaúde que essa clínica oferece. Temos consultas agendadas de forma rotineira para consulta via telessaúde com equipes escolares específicas, centros de TEA e casas em grupo. A maioria das consultas envolve a discussão de clientes que nunca vimos na clínica, e aconselhamos os profissionais a como proceder com a avaliação e o tratamento no local. Cada vez mais, estamos usando a telessaúde para acompanhar os pacientes em suas casas após as avaliações iniciais na clínica. Aconselhamos os cuidadores a prosseguir com o tratamento, a incorporá-lo em suas rotinas diárias, e a promover a generalização e a manutenção dos efeitos do tratamento. Não obtivemos reembolso das seguradoras por esses serviços. Recentemente, recebemos informações sugerindo que poderemos cobrar por esses serviços em breve, incluindo consultas da clínica para a casa. Também começamos a expandir a consulta e o treinamento em telessaúde para equipes escolares que trabalham com alunos com comportamento problemático (Bassingthwaite *et al.*, 2018).

Diagnóstico

Os analistas do comportamento fornecem diagnósticos comportamentais para o comportamento problemático, utilizando avaliações comportamentais como análise funcional, avaliação de preferência e avaliação descritiva. Nosso serviço biocomportamental baseia-se sobretudo na análise funcional (Northup *et al.*, 1991), razão pela qual esse foi o primeiro procedimento que realizamos via telessaúde usando a Iowa Communications Network, que fornece conexões de fibra óptica entre hospitais, escolas de ensino médio e muitas outras agências de serviços em todo o estado. As salas clínicas da Iowa Communications Network consistiam em mesas, microfones e carteiras, e eram perfeitas para consulta por fala ou instrução didática. Contudo, para realizar análises funcionais em tempo real, tivemos que mover as mesas e as cadeiras, e precisamos ajustar nossos métodos de comunicação entre os locais porque os microfones existentes muitas vezes não eram úteis. Após diversas tentativas, concluímos com sucesso duas análises funcionais, uma em uma escola e outra em um escritório estadual de assistência social (Barretto *et al.*, 2006).

Após nosso sucesso inicial na realização de procedimentos de análise funcional inteiramente por telessaúde, nossa clínica de serviços biocomportamentais continuou a realizar esses procedimentos, mas de forma limitada, devido a desafios de financiamento. As companhias de seguros têm sido relutantes ou não estão dispostas a reembolsar psicólogos pela prestação de serviços de telessaúde, especialmente quando prestamos esses serviços em ambientes não relacionados com a saúde, como escolas ou lares. Embora isso esteja começando a mudar, o futuro imediato para a telessaúde em Iowa parecia ser de clínica a clínica, que foi o que realizamos a partir de 2009 com uma bolsa financiada pelo Instituto Nacional de Saúde Mental (Lindgren & Wacker, 2009).

Utilizando uma rede de teleconferência baseada na internet, realizamos análises funcionais com 20 crianças pequenas diagnosticadas com TEA em ambulatórios regionais localizados a uma média de 320 quilômetros de nosso hospital (Wacker *et al.*, 2013b). Implementamos análises funcionais com base nos procedimentos descritos por Iwata, Dorsey, Slifer, Bauman e Richman (1982/1994), como fizemos em nosso serviço biocomportamental e em nossos estudos domiciliares (p. ex., Wacker *et al.*, 2011). Realizamos uma série de condições análogas controladas que testaram o papel da atenção do cuidador, o acesso a itens ou atividades preferenciais e a fuga de demandas sobre a ocorrência contínua de comportamentos problemáticos. Alternamos essas condições de teste com uma condição de controle (brincar). Os objetivos clínicos foram (1) identificar os reforçadores sociais que mantêm o comportamento-problema e (2) ajudar os cuidadores a ver como o comportamento previsivelmente problemático é "ligado e desligado" à medida que conduziam as condições.

Como os cuidadores conduziam todas as sessões, eles podiam ver o quão responsivos seus filhos eram ao seu comportamento e quão importante seu comportamento era em relação ao comportamento de seus filhos. Quando iniciamos nossos projetos de telessaúde com cuidadores, não havíamos antecipado a importância desse último aspecto da análise funcional para tantos deles. A realização da análise funcional controlada, descrita por Wacker *et al.* (2013b), permitiu que cuidadores e consultores aprendessem a se comunicar uns com os outros. Cada condição de jogo e teste em uma análise funcional foi extremamente estruturada e sistemática, e repetimos cada condição pelo menos três vezes. A condução de múltiplas condições por diversas vezes permitiu que os consultores aprendessem (1) a como orientar os cuidadores, (2) quais erros de fidelidade os consultores provavelmente encontrariam (Suess *et al.*, 2014) e (3) quais desafios os cuidadores vivenciavam em casa. Os cuidadores aprenderam sobre como funcionava o sistema de telessaúde e como apresentar perguntas aos consultores antes do início do tratamento. Nossa experiência sugeriu que a importância da realização de uma análise funcional analógica aumentou com o uso da telessaúde. A identificação da função do comportamento problemático foi apenas um dos vários objetivos importantes. Fora de Iowa, Machalicek, O'Reilly, Chan, Lang *et al.* (2009) também demonstraram essa importância ao mostrar a efetividade de planos de intervenção comportamental baseados nos resultados de análises funcionais realizadas via telessaúde para reduzir o comportamento problemático apresentado pelas crianças em uma escola.

Treinamento

O treinamento de funcionários e de cuidadores via telessaúde tem sido o foco principal de diversos grupos de analistas do comportamento aplicados, que relataram sucesso até mesmo no treinamento de habilidades complexas (p. ex., Fisher *et al.*, 2014; Frieder, Peterson, Woodward, Crane & Garner, 2009; Gibson, Pennington, Stenhoff & Hopper, 2010; Hay-Hansson & Eldevik, 2013; Heitzman-Powell, Buzhardt, Rusinko & Miller, 2014; Machalicek, O'Reilly, Chan, Rispoli *et al.*, 2009; Machalicek *et al.*, 2010). As modalidades de telessaúde utilizadas durante o treinamento variaram de instrução *on-line* (p. ex., módulos de treinamento *on-line*) a treinamento didático em tempo real e *coaching* em tempo real. Pesquisadores desenvolveram e testaram tutoriais baseados na internet para treinar os usuários em técnicas de intervenção. Por exemplo, Kobak *et al.* (2011) desenvolveram um programa educacional baseado na internet para cuidadores de crianças pequenas com TEA, para aumentar as habilidades de comunicação social de seus filhos e gerenciar comportamentos problemáticos. As estratégias de manejo de comportamento direcionadas nos módulos baseados na internet incluíram reforço, modelagem e alerta. Os módulos continham vídeos demonstrando o comportamento infantil e modelos de cuidadores implementando as estratégias de gestão do comportamento. Os cuidadores completaram os módulos baseados na internet em seu próprio ritmo. As medidas pré e pós-teste demonstraram aumento no conhecimento dos cuidadores sobre os princípios analítico-comportamentais, bem como alta satisfação dos cuidadores com o treinamento baseado em tecnologia.

Uma alternativa ao ensino *on-line* é oferecer treinamento didático em tempo real via telessaúde. O treinador se conecta de forma remota com o usuário (em geral, um cuidador, um terapeuta ou um professor) para fornecer instruções em tempo real. Xie *et al.* (2013) realizaram um ensaio clínico randomizado de treinamento didático via telessaúde com cuidadores de crianças pequenas com transtorno de déficit de atenção/hiperatividade (TDAH). Os pesquisadores designaram cuidadores para os grupos de telessaúde ou de treinamento presencial. O treinamento direcionou estratégias básicas de manejo de comportamento (p. ex., estabelecer uma economia de fichas, usar o *time out* de modo eficaz, entregar demandas adequadamente). Os treinadores forneceram instruções apenas sobre as habilidades direcionadas e não incorporaram treinamento em tempo real com as crianças. Os resultados demonstraram que as práticas disciplinares dos cuidadores melhoraram, e que o TDAH e os sintomas de comportamento problemático diminuíram em avaliações por meio de escalas padronizadas. Os efeitos do tratamento não diferiram entre os grupos de treinamento. Reese, Slone, Soares e Sprang (2015) produziram resultados semelhantes quando treinaram cuidadores de crianças com TDAH em suas casas via telessaúde para estabelecer práticas parentais positivas.

Embora o ensino *on-line* e o treinamento didático em tempo real permitam que os usuários adquiram novas habilidades, eles têm algumas limitações, como a quantidade e a qualidade do *feedback* recebido durante o treinamento se os pesquisadores não incorporarem o treinamento em tempo real com aliados ou crianças no programa. Os pesquisadores utilizaram o treinamento em tempo real via telessaúde para treinar cuidadores, professores e terapeutas em habilidades específicas, e os estagiários praticaram as habilidades com aliados ou crianças enquanto recebiam *feedback* imediato dos treinadores. Por exemplo, Hay-Hansson e Eldevik (2013) usaram a telessaúde para treinar a equipe para implementar treinamento de tentativa discreta com crianças pequenas com TEA. Eles conduziram um ensaio clínico randomizado, com participantes designados para uma telessaúde ou um grupo *in vivo*. Os participantes praticaram a implementação dos procedimentos de tentativas discretas com as crianças e receberam treinamento em tempo real (p. ex., instruções, modelagem) e *feedback* sobre seu desempenho. Os resultados mostraram melhorias nas habilidades de implementação de treinamento em tentativas discretas em ambos os grupos, sem diferença significativa entre os grupos quanto à fidelidade de implementação, sugerindo que a telessaúde foi uma modalidade eficaz para fornecer treinamento aos profissionais. Estudos que utilizam a telessaúde para treinar alunos de pós-graduação novatos para conduzir avaliações de preferência (Machalicek, O'Reilly, Chan, Rispoli *et al.*, 2009), e professores novatos para conduzir análise funcional (Frieder *et al.*, 2009; Machalicek *et al.*, 2010) e treinamento de comunicação funcional (Gibson *et al.*, 2010), com crianças com TEA em ambientes escolares, produziram achados semelhantes.

Pesquisadores têm utilizado a telessaúde para treinar cuidadores para implementar programas de intervenção. McDuffie *et al.* (2013) utilizaram *coaching* em tempo real via telessaúde para treinar cuidadores de crianças com TEA a implementar uma intervenção lúdica para facilitar o desenvolvimento da linguagem. Os pesquisadores primeiro forneceram aos cuidadores treinamento didático *in vivo* sobre as habilidades-componentes da intervenção, seguido de *coaching in vivo*, no qual os cuidadores praticaram as habilidades com seus filhos enquanto um terapeuta os treinava. Os pesquisadores então orientaram os cuidadores via telessaúde enquanto estes praticavam os procedimentos em suas casas. Os resultados mostraram que o uso das habilidades-alvo pelos cuidadores aumentou após o *coaching in vivo*, e que as habilidades foram mantidas quando os pesquisadores forneceram *coaching* via telessaúde.

Mais recentemente, estudos de telessaúde combinaram modalidades (p. ex., ensino *on-line* com *coaching* remoto) em um programa de treinamento. Fisher *et al.* (2014) desenvolveram um programa virtual para treinar os participantes sobre os princípios e os procedimentos da ABA em formatos de tentativa discreta e baseado em jogos. Os participantes primeiro completaram módulos *on-line* com vídeos que descreviam e demonstravam os princípios e os procedimentos da ABA. Cada participante então praticou os procedimentos com um assistente treinado, enquanto um terapeuta forneceu treinamento e *feedback* via telessaúde. Os participantes melhoraram significativamente seu conhecimento e sua implementação dos princípios e dos procedimentos da ABA após a conclusão do programa de treinamento virtual, sugerindo novamente que a telessaúde é uma forma eficaz de fornecer treinamento. Um estudo realizado por Heitzman-Powell *et al.* (2014) também demonstrou a eficácia de um programa de treinamento em telessaúde que incorporava instrução *on-line* e treinamento em tempo real para treinar cuidadores de crianças com TEA a implementar procedimentos baseados em ABA.

Combinamos modalidades para nosso projeto de formação de profissionais escolares, no qual oferecemos instrução didática em tempo real via telessaúde sobre princípios comportamentais e procedimentos de avaliação como complemento ao treinamento presencial que cada profissional recebe de nossa equipe (Bassingthwaite & Wacker, 2015). Ao longo dos anos desse projeto, essa instrução didática evoluiu dos especialistas que fornecem a instrução para os profissionais da escola para os profissionais da escola que fornecem a instrução uns aos outros, o que pode ser como a premissa do Projeto ECHO, já mencionado. Além da instrução didática, oferecemos treinamento em tempo real. Os membros da equipe do projeto observam o desempenho das equipes escolares enquanto avaliam uma criança. Assim como acontece com o treinamento didático, os membros da equipe escolar que nossa equipe de pesquisa treinou inicialmente estão agora treinando outros funcionários da escola, enquanto os membros da equipe do projeto os monitoram em tempo real via telessaúde. Em um caso, uma equipe escolar realizou uma análise funcional em um local da escola enquanto os funcionários do projeto observavam e treinavam a equipe escolar, conforme necessário, de um local remoto (Bassingthwaite *et al.*, 2018).

Intervenção

O procedimento de tratamento que mais realizamos via telessaúde é o treinamento de comunicação funcional (FCT, *functional communication training*), por diversos motivos (Wacker *et al.*, 2013a). Primeiro, quando iniciamos nossos programas de tratamento domiciliar (Wacker *et al.*, 1998), ambulatorial (Northup *et al.*, 1991) e hospitalar (Wacker *et al.*, 1990), utilizamos com mais frequência o FCT para o tratamento. Como foi mostrado pela pesquisa de nossa equipe e de outros (Greer, Fisher, Saini, Owen & Jones, 2016; Tiger, Hanley & Bruzek, 2008), o FCT costuma ser eficaz na redução do comportamento problemático, e os cuidadores classificaram-no como perfeitamente aceitável. O objetivo de substituir o comportamento-problema por uma resposta comunicativa adequada tem feito sentido para os cuidadores, e baseamos o tratamento diretamente nos resultados da análise funcional. Dadas as reduções no comportamento-problema e as altas classificações de aceitabilidade, continuamos a utilizar o FCT como nosso tratamento de escolha.

Realizamos nosso primeiro esforço sistemático para implementar o FCT via telessaúde em ambulatórios regionais com 17 famílias de crianças pequenas com TEA que apresentavam comportamento problemático (Wacker *et al.*, 2013a). Dezessete crianças receberam FCT, e a diminuição média nos níveis de comportamento problemático foi de 94%. Os cuidadores avaliaram muito bem a prestação de telessaúde do FCT no Formulário de Classificação de Aceitabilidade de Tratamento – Revisado. As classificações foram comparáveis às obtidas quando analistas do comportamento aplicados treinados viajavam até a casa dos cuidadores e trabalhavam diretamente com eles (Reimers, Wacker, Cooper & DeRaad, 1992).

Em um projeto concluído mais recentemente (Lindgren &Wacker, 2011, 2015), implementamos esses procedimentos via telessaúde, mas nas residências dos cuidadores. Nossos resultados anteriores de clínica a clínica haviam estabelecido que poderíamos realizar os procedimentos de forma eficaz por meio da telessaúde, o que foi importante para estabelecer o reembolso do seguro e expandir o acesso ao atendimento. No entanto, determinar se poderíamos obter os mesmos resultados em domicílios de cuidadores sem assistência *in vivo*, e quando estes nunca haviam encontrado os analistas do comportamento aplicados que trabalhavam com eles, foi importante. Como resumido em Lindgren *et al.* (2016), trabalhamos com 30 famílias e obtivemos uma redução média de 97% nos níveis de comportamento problemático. Assim como em estudos anteriores, os cuidadores avaliaram muito a aceitabilidade dos procedimentos. As análises estatísticas mostraram que os grupos *in vivo*, de telessaúde clínica e de telessaúde domiciliar apresentaram (1) não haver diferenças significativas na redução do comportamento problemático, (2) melhora equivalente no comportamento adaptativo, como a conclusão da tarefa, e (3) classificações equivalentes de aceitabilidade pelo cuidador. Desse modo, esses resultados indicaram que a análise funcional e o FCT realizados via telessaúde nos lares dos cuidadores foram tão eficazes como os realizados *in vivo* e em ambulatórios regionais, respectivamente, em pelo menos alguns casos. Além disso, os custos associados aos serviços de telessaúde domiciliar foram menores do que os de outros métodos de tratamento.

O monitoramento da fidelidade processual é um aspecto crítico dos tratamentos comportamentais oferecidos via telessaúde. Analistas do comportamento aplicados começaram a avaliar de forma sistemática o impacto de diferentes níveis de fidelidade nos efeitos dos tratamentos comportamentais, e os resultados até o momento sugerem que a fidelidade ao tratamento pode desempenhar um papel importante sobre os efeitos iniciais do tratamento e na manutenção dos efeitos deste ao longo do tempo (Bergmann, Kodak & LeBlanc, 2017; Carroll, Kodak & Fisher, 2013; St. Peter Pipkin, Vollmer & Sloman, 2010; Volkert, Lerman, Call & Trosclair-Lasserre, 2009). A telessaúde restringe de modo severo a forma como os analistas do comportamento podem implementar e modelar os tratamentos recomendados; portanto, o monitoramento próximo da fidelidade na implementação do tratamento por cuidadores e outros prestadores de serviços é fundamental.

Suess *et al.* (2014) avaliaram a fidelidade do cuidador durante o FCT em casa com analistas do comportamento aplicados realizando *coaching* remoto. Esses pesquisadores mostraram que os cuidadores poderiam realizar o procedimento em suas casas com boa integridade, e que poderiam obter reduções clinicamente significativas no comportamento problemático de seus filhos. Embora Suess *et al.* tenham produzido boa fidelidade em casa via telessaúde, os resultados de outros estudos sugerem que erros na integridade da implementação podem afetar o tratamento de forma negativa (Schieltz *et al.*, 2018; St. Peter Pipkin *et al.*, 2010). Pesquisadores estão realizando estudos para identificar os melhores procedimentos para o treinamento de cuidadores domiciliares via telessaúde (p. ex., Fisher *et al.*, 2014), e os resultados desses estudos serão importantes para o sucesso de futuras aplicações e extensões de serviços de telessaúde.

Aplicações atuais

Lindgren *et al.* (2016) mostraram que podemos realizar procedimentos de avaliação comportamental e tratamento de forma eficaz via telessaúde. Suess, Wacker, Schwartz, Lustig e Detrick (2016) sugerem que a próxima geração de perguntas se concentrará no tempo e na dose de serviços. Em relação aos procedimentos clínicos *in vivo*, quando devemos utilizar a telessaúde, por quanto tempo e em qual cronograma em relação aos procedimentos clínicos, domiciliares e escolares?

Incorporamos avaliações de telessaúde em nosso serviço biocomportamental para fornecer serviços breves de avaliação comportamental e tratamento para cuidadores de crianças com TEA, que antes esperavam até 6 meses por uma avaliação presencial em nossa clínica (ver Suess *et al.*, 2016). Cinco díades cuidador-criança receberam rapidamente diagnóstico comportamental, intervenção e consulta via telessaúde. Cada criança participou de quatro visitas de telessaúde, uma visita de 60 minutos para uma análise funcional e três visitas de 15 minutos de FCT. O tempo total para a avaliação de telessaúde, 105 minutos, comparou-se favoravelmente com a duração de nossas avaliações clínicas de 90 a 120 minutos. No entanto, em vez de implementar a análise funcional e o FCT em uma só visita, como fazemos durante as avaliações clínicas, implementamos os procedimentos durante quatro visitas de telessaúde. A implementação de visitas frequentes, mas breves, nos permitiu integrar os serviços de telessaúde de modo mais eficiente em nossa carga existente de casos clínicos. Essa integração foi importante, pois ainda não havíamos recebido reembolso pelos nossos serviços de telessaúde.

Uma questão que os pesquisadores devem abordar em estudos futuros é a melhor forma de se incorporar a telessaúde aos serviços existentes. Por exemplo, perguntamo-nos se sessões mais frequentes, mas breves, serão mais eficazes e eficientes do que sessões mais longas distribuídas por um período mais longo.

Para as visitas de telessaúde, os cuidadores e as crianças se deslocavam até um centro regional de TEA próximo de suas casas. Os cuidadores implementavam a análise funcional e os procedimentos do FCT, com um analista do comportamento aplicado por meio do *coaching* via Skype™. Esses analistas estavam no centro de telessaúde localizado no Hospital Infantil da Universidade de Iowa, que ficava a aproximadamente 270 quilômetros do centro regional de TEA (Wacker *et al.*, 2013b). O diretor do centro regional de TEA também participava das visitas de telessaúde, auxiliando os cuidadores conforme a necessidade (p. ex., certificando-se de que brinquedos e materiais apropriados estivessem disponíveis).

Durante a visita para a análise funcional, nossa equipe realizou um diagnóstico comportamental, ou seja, foram realizados testes para funções de reforço positivo (tangíveis e atenção) e funções de reforço negativo (fuga) em um delineamento multielemento para cada criança. Direcionamos as funções de reforço negativo durante o tratamento, com base nos resultados da análise funcional. Implementamos e avaliamos o tratamento em um delineamento de linha de base múltipla não concomitante entre os participantes. O tratamento foi FCT em uma cadeia de duas etapas de conclusão de tarefa e mando, descrita por Wacker *et al.* (2013a). Encorajamos os cuidadores a praticar o procedimento de FCT com seus filhos fora das consultas de telessaúde agendadas (Suess *et al.*, 2014), e nossos analistas do comportamento aplicados forneceram rápidas consultas adicionais via telessaúde.

Os resultados dos diagnósticos comportamentais breves via telessaúde mostraram funções sociais de comportamento problemático para quatro em cada cinco crianças. Tal comportamento diminuiu em relação à linha de base em uma média de 65% entre as crianças até o final da terceira visita de FCT. A análise estatística mostrou uma redução estatisticamente significativa nos níveis de comportamento problemático desde a análise funcional até o final do FCT (g = 1,3, z = 3,15, p < 0,001, de Hedge). Os aumentos médios no mando independente e na conclusão de tarefa foram de 88 e 34%, respectivamente.

Esses resultados ampliaram estudos anteriores de telessaúde (Wacker *et al.*, 2013a, 2013b) ao mostrar que analistas do comportamento poderiam incorporar procedimentos breves de avaliação comportamental e tratamento via telessaúde em um serviço ambulatorial existente. A breve avaliação comportamental e o tratamento via telessaúde podem fornecer um meio para iniciar os serviços enquanto as famílias permanecem na lista de espera por serviços clínicos. Se o tratamento iniciado via telessaúde for suficiente para reduzir o comportamento problemático, podemos cancelar a avaliação clínica e diminuir o tamanho da nossa lista de espera clínica. No entanto, se esse comportamento continuar, podemos realizar uma avaliação comportamental e um tratamento mais extenso na clínica, e podemos adequar os serviços da clínica diretamente aos resultados de telessaúde.

Uma preocupação com a telessaúde comportamental diz respeito a sua segurança e sua capacidade de proteger a confidencialidade do paciente. Utilizamos o Skype como *software* de videoconferência em alguns de nossos estudos anteriores de telessaúde, mas informamos aos cuidadores nesses estudos sobre os limites de segurança da telessaúde e os solicitamos que fornecessem consentimento por escrito antes de iniciar as visitas de telessaúde. Mais recentemente, colaboramos com o grupo de e-saúde dos hospitais e nas clínicas da Universidade de Iowa para testar um *software* de videoconferência piloto que esteja em conformidade com a Lei de Portabilidade e Responsabilidade de Seguros de Saúde (HIPAA, *Health Insurance Portability and Accountability Act*), e diretamente conectado aos registros médicos eletrônicos dos pacientes. Esse *software* permite que os pacientes façam *login* em seus registros médicos de suas casas e iniciem visitas de telessaúde com provedores nos hospitais e nas clínicas da Universidade de Iowa. Usamos esse novo *software* inicialmente para fornecer consulta comportamental para preocupações relacionadas à alimentação, mas esperamos expandi-lo em breve para a miríade de serviços baseados em telessaúde que resumimos neste capítulo. Outros analistas do comportamento que desejam fornecer serviços ABA via telessaúde devem estar cientes das questões de privacidade de informações de saúde específicas para essa modalidade de prestação de serviços.

Os resultados de Lindgren *et al.* (2016) sugerem que analistas do comportamento podem conduzir pesquisas e serviços clínicos com sucesso via telessaúde. A pesquisa conduzida via telessaúde pode potencialmente aumentar o acesso que as famílias têm a protocolos de pesquisa relevantes e pode aumentar a diversidade de participantes que se inscrevem em projetos de pesquisa na Universidade de Iowa. Concluímos recentemente um ensaio clínico randomizado do FCT por meio de um projeto financiado pelo Departamento de Saúde Materno-infantil da Health Resources and Services Administration (HRSA) (Lindgren & Wacker, 2011). Nessa pesquisa, os participantes receberam FCT imediatamente após a conclusão da análise funcional ou 3 meses depois. Concluímos com sucesso esse estudo inteiramente via telessaúde e em um período muito menor do que se tivéssemos realizado as intervenções em casa ou na clínica (Lindgren *et al.*, 2020).

Recebemos financiamento do Instituto Nacional de Saúde Mental para conduzir um ensaio clínico randomizado de análise funcional (Lindgren & Wacker, 2015). De maneira aleatória, designaremos famílias de crianças pequenas com TEA que apresentam comportamento-problema a um grupo que recebe análise funcional *padrão* ou *pragmática*. O grupo-padrão receberá a análise funcional descrita por Iwata *et al.* (1982/1994). O grupo pragmático receberá uma avaliação descritiva de 1 hora que não manipula as condições em um delineamento de sujeito único. Nosso objetivo é determinar se os potenciais benefícios clínicos da análise funcional padrão são significativamente melhores do que uma versão mais pragmática que avaliaremos de forma sistemática e quantitativa.

Acreditamos que os analistas do comportamento podem conduzir pesquisas clínicas e translacionais via telessaúde (p. ex., Suess, Schieltz, Wacker, Detrick & Podlesnik, 2020). Esperamos que esses e outros estudos apoiem os méritos do uso da telessaúde como meio prático para estudar o comportamento problemático e oferecer intervenções efetivas às famílias afetadas por esse comportamento.

Perguntas e preocupações persistentes

Analistas do comportamento têm estudado a telessaúde apenas como meio de fornecer diretamente avaliação comportamental e tratamento por intermédio de delineamento de sujeito único desde 2006, e o acesso à internet tem estado amplamente disponível apenas nos últimos anos. Restam inúmeras dúvidas e preocupações em relação à futura prestação desses serviços.

As questões que os pesquisadores precisam abordar de forma imediata dizem respeito ao momento e à dose dos serviços. Embora pesquisadores como Suess *et al.* (2016) tenham mostrado o que podemos realizar via telessaúde, também precisamos identificar as limitações que justificam os serviços *in vivo* (ver Schieltz *et al.*, 2018). Wacker *et al.* (2016) ofereceram um fluxograma de perguntas a serem feitas para determinar quando os analistas do comportamento devem selecionar a telessaúde ou a prestação de serviços *in vivo*. Por exemplo, as três primeiras perguntas foram estas: (1) podemos avaliar e tratar o comportamento-alvo remotamente? (2) a família possui os equipamentos necessários? e (3) o seguro reembolsará o serviço? Os pesquisadores precisam determinar, estudar, avaliar e resolver essas e muitas outras questões à medida que consideram aplicações clínicas mais amplas da telessaúde. Da mesma forma, precisamos avaliar se componentes da telessaúde, como a presença visual de um consultor ou o uso de fones de ouvido pelo cuidador, funcionam como uma variável independente inadvertida e alteram o comportamento. Em caso afirmativo, parece necessária uma análise mais aprofundada do seu impacto sobre diversas variáveis dependentes.

As organizações profissionais delinearam diretrizes éticas para a prestação de serviços via telessaúde (American Psychological Association, 2013; Behavior Analysis Certification Board, 2014), mas essa continua sendo uma área de discussão profissional (Pollard, Karimi & Ficcaglia, 2017; Romani & Schieltz, 2017). Por exemplo, em que condições podemos utilizar sistemas familiares como o Skype ou o FaceTime™ com consentimento informado para avaliar e tratar o comportamento-problema? São necessários diferentes níveis de segurança para a consulta de conversação *versus* a implementação direta de procedimentos quando as crianças aparecem na tela, por exemplo? Se gravarmos essas sessões para visualização posterior usando métodos armazenar-e-encaminhar, como devemos armazenar e proteger esses arquivos de vídeo? Como podemos usar melhor a telessaúde em ambientes como escolas, creches e casas em grupo?

Os analistas do comportamento podem precisar de um conjunto de habilidades diferente para serviços de telessaúde do que para serviços presenciais. Muitos desses analistas modelam as habilidades que estão tentando ensinar a um cuidador. Frequentemente usamos gestos, como apontar, e podemos fazer com que os cuidadores nos observem implementar um procedimento diversas vezes antes de pedir aos cuidadores que tentem. Com frequência, trabalhamos diretamente com as crianças durante colapsos ou explosões de extinção. A prestação de serviços de telessaúde requer um conjunto diferente de estratégias, baseando-se mais em instruções vocais ou videomodelagem. Precisamos dar instruções vocais claras e específicas durante os serviços de telessaúde e, muitas vezes, devemos alertar o comportamento desejado do cuidador para evitar erros de fidelidade. É provável que os cuidadores implementem procedimentos de forma diferente da nossa e, como consultores, devemos discriminar rapidamente se as variações nos procedimentos são aceitáveis ou constituem erros de fidelidade. Desse modo, precisamos considerar as habilidades aplicadas que os analistas de comportamento precisam ter e as melhores maneiras de ensinar essas habilidades.

Ao fornecer treinamento aos cuidadores, precisamos considerar a melhor forma de utilizar abordagens como videomodelagem e páginas *web* interativas. Suess *et al.* (2014) solicitaram aos cuidadores que praticassem os procedimentos entre as consultas, e um analista do comportamento aplicado revisou as gravações dessas sessões antes da próxima consulta com um cuidador. Como fizemos com as questões de dosagem e tempo já levantadas para a prestação de serviços via telessaúde, precisamos abordar questões sobre o que ocorre durante os momentos em que um analista do comportamento aplicado não está presente. Quanta prática os cuidadores devem realizar, e isso é função de suas habilidades? Por exemplo, os cuidadores devem praticar uma intervenção diversas vezes ao dia no início do tratamento, ou devem esperar até que os efeitos do tratamento tenham ocorrido na sessão antes de praticar as intervenções em casa? Devemos agendar sessões adicionais, porém mais breves, no início do tratamento? Suess *et al.* (2016) agendaram três sessões de tratamento de 15 minutos em vez de uma sessão de 45 minutos. Mas sessões mais frequentes, porém mais breves, são mais fáceis ou mais eficazes para os cuidadores?

Outra questão que consideramos diz respeito ao comportamento da criança e à situação da família. Crianças que gritam alto e moram em um apartamento podem não ser boas candidatas para análises funcionais baseadas em telessaúde, por exemplo. Crianças com comportamento-problema que representa um perigo para si mesmas, para os outros, para a propriedade ou para uma combinação destes também podem ser difíceis de se avaliar e tratar via telessaúde. Cuidadores que não podem seguir as instruções vocais de um consultor ou que não têm apoio em casa também não podem ser candidatos à telessaúde. A maioria dos nossos tratamentos baseados em telessaúde tem sido para comportamentos problemáticos mantidos por reforço social. Reduzir o comportamento problemático mantido pelo reforço automático tem sido mais desafiador com a telessaúde (Schieltz *et al.*, 2018).

Uma consideração final é a de reforçadores para os analistas do comportamento aplicados que estão realizando a telessaúde. Nos últimos 10 anos em que realizamos a telessaúde, nenhum funcionário ou aluno indicou que preferia realizar sessões exclusivamente via telessaúde. A maioria de nós acha que trabalhar diretamente com clientes e cuidadores é reforçador. Como supervisores, vemos como nossos estagiários se tornam reforços. Não podemos remover completamente essas fontes de reforço positivo sem considerar o que as substituirá. À medida que consideramos opções de telessaúde no futuro, precisaremos conduzir pesquisas para abordar questões de tempo e de dosagem para os provedores, bem como para os pacientes.

Em geral, a combinação certa de telessaúde com programas clínicos, domiciliares, baseados em centros e escolares merece mais consideração. Os resultados até o momento certamente apoiam a telessaúde, mas precisamos de mais pesquisas para determinar a melhor forma de implementar serviços via telessaúde.

Perspectivas futuras

As opções disponíveis para futuros aplicativos e extensões de telessaúde parecem ser limitadas apenas pela desenvoltura dos analistas de comportamento aplicados que estão implementando esses serviços. A maioria das subespecialidades médicas adotou a telessaúde, e as seguradoras têm aceitado cada vez mais essa abordagem. Estamos embarcando em três conjuntos de perspectivas futuras para nossos serviços em Iowa.

Uma tese de doutorado (Lee, 2016) mostrou que um consultor nos Estados Unidos poderia entregar análise funcional e FCT a famílias na Coreia. Participaram do estudo cinco crianças pequenas com TEA que apresentaram comportamento problemático. Os cuidadores das crianças realizaram procedimentos de avaliação e tratamento em seus domicílios. A análise funcional identificou funções sociais para o comportamento problemático das crianças, e o FCT reduziu o comportamento problemático em 100% da linha de base. Obtivemos esses resultados utilizando *smartphones* para as consultas de telessaúde.

Da mesma forma, Tsami, Lerman e Toper-Korkmaz (2019) realizaram análises funcionais e FCT via telessaúde com 12 crianças com TEA que residiam em oito países. Analistas do comportamento nos Estados Unidos serviam como treinadores das famílias e, quando necessário, utilizavam intérpretes que haviam sido criados nos países das famílias. Em todos os participantes, os resultados foram positivos. Especificamente, o comportamento problemático foi reduzido em pelo menos 80% em relação aos níveis da linha de base e a comunicação apropriada aumentou para pelo menos 90% em todas as oportunidades. Além disso, a fidelidade do procedimento dos pais foi precisa (média de pelo menos 90%), as classificações dos pais sobre a aceitabilidade do tratamento foram altas (média de 6,6 em uma escala Likert de 7 pontos), e as conexões de telessaúde entre os Estados Unidos e as casas das famílias em outros países permaneceram altas (pelo menos 92% dos horários de consulta agendados ocorreram sem problemas de conexão).

Há muitas implicações desses estudos, e mencionamos duas aqui. Primeiro, a telessaúde permite que analistas do comportamento aplicados trabalhem de forma eficiente e imediata internacionalmente. Se estudos futuros replicarem Lee (2016) e Tsami *et al.* (2019), poderemos mostrar o apelo internacional da ABA e atender à necessidade mundial do serviço. Em segundo lugar, temos utilizado de maneira mais frequente computadores portáteis para serviços de telessaúde em casa até o momento, mas Lee, Tsami *et al.* obtiveram resultados igualmente positivos com *smartphones* e outros dispositivos eletrônicos (p. ex., *tablets*). Como parte de nossos serviços clínicos ambulatoriais de rotina, agora usamos *smartphones* para realizar sessões por meio de nosso prontuário eletrônico. Em 10 anos, passamos de um sistema de telessaúde envolvendo cabos de fibra óptica que conectavam apenas alguns locais para *smartphones* que podem se conectar a quase todos os lugares. Precisamos considerar cuidadosamente como maximizar nosso uso da telessaúde para alcançar o maior número possível de famílias com equipamentos e procedimentos de última geração.

Uma perspectiva futura relacionada envolve determinar como combinar serviços de telessaúde em pacotes que beneficiem ao máximo as famílias. Equipes de atendimento em diversas disciplinas têm estudado como consultar, diagnosticar, treinar e tratar via telessaúde. Muitos cuidadores precisarão de acesso a cada um desses serviços, o que significa que precisamos considerar como combinar serviços em um pacote eficiente e eficaz. Por exemplo, são necessários estudos que identifiquem (1) as condições nas quais as necessidades de treinamento do cuidador exigem a prestação de tratamento comportamental no serviço domiciliar, (2) a necessidade de consulta contínua após o tratamento e (3) a necessidade de análise funcional antes do tratamento. Precisamos de pesquisas para identificar como incorporar os serviços de telessaúde nos programas de prestação de serviços existentes.

Uma direção final para o futuro é determinar como usar a telessaúde para expandir nossos programas de pesquisa. A telessaúde oferece oportunidades para que grupos mais diversos de famílias participem de pesquisas, incluindo ensaios clínicos. Recentemente, iniciamos um ensaio clínico randomizado de FCT precedente com uma análise funcional padrão ou uma breve avaliação funcional. Três centros de pesquisa em Iowa, Atlanta e Houston estão trabalhando juntos no projeto; realizaremos procedimentos de avaliação e tratamento via telessaúde nas residências das famílias participantes. Podemos conduzir essa grande pesquisa utilizando delineamento de sujeito único, pois a telessaúde nos permite trabalhar com muito mais famílias do que seria possível se precisássemos viajar para as casas das famílias. As famílias não precisam morar perto de nenhum dos centros que realizam o estudo, potencialmente aumentando a diversidade geral das famílias participantes.

Como discutimos em Schieltz e Wacker (2020), a pandemia de covid-19 aumentou significativamente a relevância dos serviços prestados por telessaúde. A boa notícia é que os pesquisadores em análise do comportamento estabeleceram as bases de como efetivamente fornecer esses serviços por meio de consulta, diagnóstico, treinamento e intervenção. A notícia não tão boa é que ainda há muito o que aprender em relação à melhor forma de utilizar esse método de prestação de serviços. Embora não tenha sido planejada de forma sistemática, essa crise sanitária tem empurrado mais analistas do comportamento para o uso da telessaúde, e esperamos que isso encoraje tais pesquisadores e profissionais a contribuir para nossa compreensão do uso da telessaúde na ABA.

Referências

American Academy of Pediatrics. (2016). Epilepsy in pediatrics: Project ECHO. Recuperado de *www.aap.org/en-us/advocacy-and-policy/aap-health-initiatives/Coordinating-Center-on-Epilepsy/Pages/ProjectECHO.aspx.*

American Psychological Association. (2013). *Guidelines for the practice of telepsychology.* Washington, DC: Autor.

American Telemedicine Association. (2016). What is telemedicine? Recuperado de *www.americantelemed.org/about-telemedicine/what-is-telemedicine#.Vsky1ce-0GsI.*

Arora, S., Geppert, C. M., Kalishman, S., Dion, D., Pullara, F., Bjeletich, B., *et al.* (2007). Academic health center management of chronic diseases through knowledge networks: Project ECHO. *Academic Medicine, 82*(2), 154-160.

Arora, S., Kalishman, S., Dion, D., Som, D., Thornton, K., Bankhurst, A., *et al.* (2011). Partnering urban academic medical centers and rural primary care clinicians to provide complex chronic disease care. *Health Affairs, 30*(6), 1176-1184.

Barretto, A., Wacker, D. P., Harding, J., Lee, J., & Berg, W. K. (2006). Using telemedicine to conduct behavioral assessments. *Journal of Applied Behavior Analysis, 39,* 333-340.

Bassingthwaite, B. J., Graber, J. E., Weaver, A. D., Wacker, D. P., White-Staecker, D., Bergthold, S., et al. (2018). Using teleconsultation to develop independent skills of school-based teams in functional behavior assessment. *Journal of Educational and Psychological Consultation, 28,* 297-318.

Bassingthwaite, B., & Wacker, D. (2015). *Statewide behavioral consultation services.* Des Moines: Iowa Department of Education, Bureau of Special Education. Behavior Analysis Certification Board. (2014). *Professional and ethical compliance code for behavior analysts.* Littleton, CO: Autor.

Behavior Analysis Certification Board. (2016). Find/contact certificants. Recuperado de *http://info.bacb.com/o.php?page=100155&by=state.*

Bergmann, S. C., Kodak, T. M., & LeBlanc, B. A. (2017). Effects of programmed errors of omission and commission during auditory-visual conditional discrimination training with typically developing children. *Psychological Record, 67,* 109-119.

Burke, B. L., Jr., Hall, R. W., & the Section on Telehealth Care. (2015). Telemedicine: Pediatric applications. *Pediatrics, 136,* e293-e308.

Callahan, C. W., Malone, F., Estroff, D., & Person, D. A. (2005). Effectiveness of an Internet-based store-and-forward telemedicine system for pediatric subspecialty consultation. *Archives of Pediatrics and Adolescent Medicine, 159,* 389-393.

Carroll, R. A., Kodak, T., & Fisher, W. W. (2013). An evaluation of programmed treatment-integrity errors during discrete-trial instruction. *Journal of Applied Behavior Analysis, 46,* 379-394.

Center for Connected Health Policy. (2016). What is telehealth? Recuperado de *http://cchpca.org/what-istelehealth.*

Committee on Pediatric Workforce. (2015). The use of telemedicine to address access and physician workforce shortages. *Pediatrics, 136*(1), 202-209.

Fisher, W. W., Luczynski, K. C., Hood, S. A., Lesser, A. D., Machado, M. A., & Piazza, C. C. (2014). Preliminary findings of a randomized clinical trial of a virtual training program for applied behavior analysis technicians. *Research in Autism Spectrum Disorders, 8,* 1044-1054.

Frieder, J. E., Peterson, S. M., Woodward, J., Craine, J., & Garner, M. (2009). Teleconsultation in school settings: Linking classroom teachers and behavior analysts through web-based technology. *Behavior Analysis in Practice, 2*(2), 32-39.

Ghio, L., Boccola, S., Andronio, L., Adami, D., Paglialonga, F., Ardissino, G., *et al.* (2002). A case study: Telemedicine technology and peritoneal dialysis in children. *Telemedicine Journal and e-Health, 8*(4), 355-359.

Gibson, J. L., Pennington, R. C., Stenhoff, D. M., & Hopper, J. S. (2010). Using desktop videoconferencing to deliver interventions to a preschool studentwith autism. *Topics in Early Childhood Special Education, 29,* 214-225.

Gomes, R., Rossi, R., Lima, S., Carmo, P., Ferreira, R., Menezes, I., *et al.* (2010). Pediatric cardiology and telemedicine: Seven years' experience of cooperation with remote hospitals. *Revista Portuguesa de Cardiologia, 29,* 181-191.

Greer, B. D., Fisher, W. W., Saini, V., Owen, T. M., & Jones, J. K. (2016). Improving functional communication training during reinforcement schedule thinning: An analysis of 25 applications. *Journal of Applied Behavior Analysis, 49,* 105-121.

Gutierrez, M. (2015). *State telehealth laws and Medicaid program policies: A comprehensive scan of the 50 states and District of Columbia.*

Hay-Hansson, A. W., & Eldevik, S. (2013). Training discrete trials teaching skills using videoconference. *Research in Autism Spectrum Disorders, 7,* 1300-1309.

Heffner, V. A., Lyon, V. B., Brousseau, D. C., Holland, K. E., & Yen, K. (2009). Store-and-forward teledermatology versus in-person visits: A comparison in pediatric teledermatology clinic. *Journal of the American Academy of Dermatology, 60,* 956-961.

Heitzman-Powell, L. S., Buzhardt, J., Rusinko, L. C., & Miller, T. M. (2014). Formative evaluation of an ABA outreach training program for parents of children with autism in remote areas. *Focus on Autism and Other Developmental Disabilities, 29*(1), 23-28.

Iwata, B. A., Dorsey, M. F., Slifer, K. J., Bauman, K. E., & Richman, G. S. (1994). Toward a functional analysis of self--injury. *Journal of Applied Behavior Analysis, 27,* 197-209. (Reimpresso de *Analysis and Intervention in Developmental Disabilities, 2,* 3-20, 1982)

Izquierdo, R., Morin, P. C., Bratt, K., Moreau, Z., Meyer, S., Ploutz-Snyder, R., *et al.* (2009). School-centered telemedicine for children with Type 1 diabetes mellitus. *Journal of Pediatrics, 155*(3), 374-379.

Kienzle, M. (2000, March). Rural-academic integration: Iowa's national laboratory for the study of rural telemedicine. Recuperado de *http://collab.nlm.nih.gov/tutorialspublicationsandmaterials/telesymposiumcd/UIowaFinalReport.pdf.*

Kobak, K. A., Stone, W. L., Wallace, E., Warren, Z., Swanson, A., & Robson, K. (2011). A web-based tutorial for parents of young children with autism: Results from a pilot study. *Telemedicine and e-Health, 17*(10), 804-808.

Langkamp, D., McManus, M. D., & Blakemore, S. D. (2015). Telemedicine for children with developmental disabilities: A more effective clinical process than office-based care. *Telemedicine and e-Health, 21*(2), 110-114.

Lee, G. (2016). *The application of telehealth procedures to provide behavior assessment and treatment to families with young children with autism spectrum disorder in Korea.* Dissertação de doutorado não publicada, The University of Iowa, Iowa City, IA.

Lee, J. F., Schieltz, K. M., Suess, A. N., Wacker, D. P., Romani, P. W., Lindgren, S. D., *et al.* (2015). Guidelines for developing telehealth services and troubleshooting problems with telehealth technology when coaching parents to conduct functional analyses and functional communication training in their homes. *Behavior Analysis in Practice, 8,* 190-200.

Lindgren, S. D., & Wacker, D. P. (2009). *Behavioral treatment for autism in community settings using a telehealth network.* Washington, DC: U.S. Department of Health and Human Services, National Institute of Mental Health.

Lindgren, S. D., & Wacker, D. P. (2011). *Behavioral treatment through in-home telehealth for young children with autism.* Washington, DC: U.S. Department of Health and Human Services, Health Resources and Services Administration, Maternal and Child Health Bureau.

Lindgren, S. D., & Wacker, D. P. (2015). *Comparing behavioral assessments using telehealth for children with autism.* Washington, DC: U.S. Department of Health and Human Services, National Institute of Mental Health.

Lindgren, S., Wacker, D., Schieltz, K., Suess, A., Pelzel, K., Kopelman, T., *et al.* (2020). A randomized controlled trial of functional communication training via telehealth for young children with autism spectrum disorder. *Journal of Autism and Developmental Disorders.* [e-pub antes da impressão]

Lindgren, S., Wacker, D., Suess, A., Schieltz, K., Pelzel, K., Kopelman, T., *et al.* (2016). Telehealth expands access and reduces costs for treating challenging behavior in young children with autism spectrum disorders using applied behavior analysis. *Pediatrics, 137*(Suppl. 2), S168-S175.

Looman, W. S., Antolick, M., Cady, R. G., Lunos, S. A., Garwick, A. E., & Finkelstein, S. M. (2015). Effects of telehealth care coordination intervention on perceptions of health care by caregivers of children with medical complexity: A randomized controlled trial. *Journal of Pediatric Health Care, 29*(4), 352-363.

Machalicek, W., O'Reilly, M., Chan, J. M., Lang, R., Rispoli, M., Davis, T., *et al.* (2009). Using videoconferencing to conduct functional analysis of challenging behavior and develop classroom behavioral support plans for students with autism. *Education and Training in Developmental Disabilities, 44,* 207-217.

Machalicek, W., O'Reilly, M., Chan, J. M., Rispoli, M., Lang, R., Davis, T., *et al.* (2009b). Using videoconferencing to support teachers to conduct preference assessments with students with autism and developmental disabilities. *Research in Autism Spectrum Disorders, 3,* 32-41.

Machalicek, W., O'Reilly, M. F., Rispoli, M., Davis, T., Lang, R., Hetlinger Franco, J., *et al.* (2010). Training teachers to assess the challenging behaviors of students with autism using video tele-conferencing. *Education and Training in Autism and Developmental Disabilities, 45,* 203-215.

Mahnke, C. B., Mulreany, M. P., Inafuku, J., Abbas, M., Feingold, B., & Paolillo, J. A. (2008). Utility of store-and-forward pediatric telecardiology evaluation in distinguishing normal from pathologic pediatric heart sounds. *Clinical Pediatrics, 47*(9), 919-925.

Mazurek, M. O., Brown, R., Curran, A., & Sohl, K. (2017). ECHO autism: A new model for training primary care providers in best-practice for children with autism. *Clinical Pediatrics, 56,* 247-256.

McDuffie, A., Machalicek, W., Oakes, A., Haebig, E., Weismer, S. E., & Abbeduto, L. (2013). Distance video-teleconferencing in early intervention: Pilot study of a naturalistic parent-implemented language intervention. *Topics in Early Childhood Special Education, 33*(3), 172-185.

Nelson, E., Citarelli, M., Cook, D., & Shaw, P. (2003). Reshaping health care delivery for adolescent parents: Healthy steps and telemedicine. *Telemedicine Journal and e-Health, 9*(4), 387-392.

Northup, J., Wacker, D., Sasso, G., Steege, M., Cigrand, K., Cook, J., *et al.* (1991). A brief functional analysis of aggressive and alternative behavior in an outclinic setting. *Journal of Applied Behavior Analysis, 24,* 509-522.

Pollard, J. S., Karimi, K. A., & Ficcaglia, M. B. (2017). Ethical considerations in the design and implementation of a telehealth service delivery model. *Behavior Analysis: Research and Practice, 17,* 298-311.

Reese, R. J., Slone, N. C., Soares, N., & Sprang, R. (2015). Using telepsychology to provide a group parenting program: A preliminary evaluation on effectiveness. *Psychological Service, 12*(3), 274-282.

Reimers, T., Wacker, D., Cooper, L., & DeRaad, A. (1992). Clinical evaluation of the variables associated with treatment acceptability and their relation to compliance. *Behavioral Disorders, 18*, 67-76.

Romani, P. W., & Schieltz, K. M. (2017). Ethical considerations when delivering behavior analytic services for problem behavior via telehealth. *Behavior Analysis: Research and Practice, 17*, 312-324.

Sable, C. (2003). Telemedicine applications in pediatric cardiology. *Minerva Pediatrica, 55*(1), 1-13.

Santiago Lipana, L., Bindal, D., Nettiksimmons, J., & Shaikh, U. (2013). Telemedicine and face-to-face care for pediatric obesity. *Telemedicine and e-Health, 19*(10), 806-808.

Schieltz, K. M., Romani, P. W., Wacker, D. P., Suess, A. N., Huang, P., Berg, W. K., *et al.* (2018). Single-case analysis to determine reasons for failure of behavioral treatment via telehealth. *Remedial and Special Education, 39*, 95-105.

Schieltz, K. M., & Wacker, D. P. (2020). Functional assessment and function-based treatment delivered via telehealth: A brief summary. *Journal of Applied Behavior Analysis, 53*, 1242-1258.

Shaikh, U., Cole, S. L., Marcin, J. P., & Nesbitt, T. S. (2008). Clinical management and patient outcomes among children and adolescents receiving telemedicine consultations for obesity. *Telemedicine and eHealth, 14*(5), 434-440.

Spooner, S. A., Gotleib, E. M., the Steering Committee on Clinical Information Technology, & the Committee on Medical Liability. (2004). Telemedicine: Pediatric applications. *Pediatrics, 113*(6), e639-e643.

St. Peter Pipkin, C., Vollmer, T., & Sloman, K. (2010). Effects of treatment integrity failures during differential reinforcement of alternative behavior: A translational model. *Journal of Applied Behavior Analysis, 43*, 47-70.

Suess, A. N., Romani, P. W., Wacker, D. P., Dyson, S. M., Kuhle, J. L., Lee, J. F., *et al.* (2014). Evaluating the treatment fidelity of parents who conduct in-home functional communication training with coaching via telehealth. *Journal of Behavioral Education, 23*, 34-59.

Suess, A. N., Schieltz, K. M., Wacker, D. P., Detrick, J., & Podlesnik, C. A. (2020). An evaluation of resurgence following functional communication training conducted in alternative antecedent contexts via telehealth. *Journal of the Experimental Analysis of Behavior, 113*, 278-301.

Suess, A. N., Wacker, D., Schwartz, J. E., Lustig, N., & Detrick, J. (2016). Preliminary evidence in the use of telehealth in an outpatient behavior clinic. *Journal of Applied Behavior Analysis, 49*(3), 686-692. Telehealth Resource Centers. (2016). Types of telemedicine specialty consultation services. Recuperado de *www.telehealthresourcecenter.org/toolbox-module/types-telemedicine-specialty-consultation-services*.

Tiger, J. H., Hanley, G. P., & Bruzek, J. (2008). Functional communication training: A review and practical guide. *Behavior Analysis in Practice, 1*, 16-23.

Tsami, L., Lerman, D., & Toper-Korkmaz, O. (2019). Effectiveness and acceptability of parent training via telehealth among families around the world. *Journal of Applied Behavior Analysis, 52*, 1113-1129.

Volkert, V. M., Lerman, D. C., Call, N. A., & Trosclair-Lasserre, N. (2009). Evaluation of resurgence during treatment with functional communication training. *Journal of Applied Behavior Analysis, 42*, 145-160.

Wacker, D. P., Berg, W. K., Harding, J. W., Derby, K. M., Asmus, J. M., & Healy, A. (1998). Evaluation and long-term treatment of aberrant behavior displayed by young children with disabilities. *Journal of Developmental and Behavioral Pediatrics, 19*, 260-266.

Wacker, D. P., Harding, J. W., Berg, W. K., Lee, J. F., Schieltz, K. M., Padilla, Y. C., *et al.* (2011). An evaluation of persistence of treatment effects during long-term treatment of destructive behavior. *Journal of the Experimental Analysis of Behavior, 96*, 261-282.

Wacker, D. P., Lee, J. F., Padilla Dalmau, Y. C., Kopelman, T. G., Lindgren, S. D., Kuhle, J., *et al.* (2013a). Conducting functional communication training via telehealth to reduce the problem behavior of young children with autism. *Journal of Developmental and Physical Disabilities, 25*, 35-48.

Wacker, D. P., Lee, J. F., Padilla Dalmau, Y. C., Kopelman, T. G., Lindgren, S. D., Kuhle, J., *et al.* (2013b). Conducting functional analyses of problem behavior via telehealth. *Journal of Applied Behavior Analysis, 46*, 31-46.

Wacker, D. P., Schieltz, K. M., & Romani, P. (2015). Brief experimental analyses of problem behavior in a pediatric outpatient clinic. Em H. S. Roane, J. E. Ringdahl, & T. S. Falcomata (Eds.), *Clinical and organizational applications of applied behavior analysis* (p. 151-177). Amsterdã: Elsevier.

Wacker, D. P., Schieltz, K. M., Suess, A. N., Romani, P. W., Padilla Dalmau, Y. C., Kopelman, T. G., et al. (2016). Telehealth. Em N. N. Singh (Ed.), *Clinical handbook of evidence-based practices for individuals with intellectual disabilities* (p. 585-614). Nova York: Springer.

Wacker, D. P., Steege, M. W., Northup, J., Sasso, G., Berg, W., Reimers, T., *et al.* (1990). A component analysis of functional communication training across three topographies of severe behavior problems. *Journal of Applied Behavior Analysis, 23*, 417-429.

Xie, Y., Dixon, F., Yee, O. M., Zhang, J., Chen, A., DeAngelo, S., *et al.* (2013). A study on the effectiveness of videoconferencing on teaching parent training skills to parents of children with ADHD. *Telemedicine and e-Health, 19*(3), 192-199.

Yang, N. H., Dharmar, M., Yoo, B. K., Leigh, J. P., Kuppermann, N., Romano, P. S., *et al.* (2015). Economic evaluation of pediatric telemedicine consultation to rural emergency departments. *Medical Decision Making, 35*(6), 773-783.

32

Gestão do comportamento organizacional

David A. Wilder e Nicole E. Gravina

Os analistas do comportamento têm utilizado princípios comportamentais com sucesso em diversos ambientes e com diversas populações. Referimo-nos à aplicação desses princípios a indivíduos e grupos em ambientes empresariais, industriais, governamentais e de intervenção com pessoas como *gestão do comportamento organizacional* (OBM, *organizational behavior management*). Neste capítulo, primeiro apresentamos uma descrição da OBM e sua relação com a análise do comportamento aplicada (ABA, *applied behavior analysis*) e a psicologia organizacional-industrial. A seguir, revisamos brevemente a história da OBM. Por fim, examinamos as diversas subdisciplinas da OBM. Ao fazê-lo, concentramo-nos em estratégias comuns de avaliação e intervenção em cada uma delas.

Gestão do comportamento organizacional e disciplinas afins

OBM é um ramo da ABA relacionado à disciplina de análise do comportamento ou da ciência do comportamento. A análise do comportamento também inclui a análise do comportamento experimental (ramo da ciência básica da disciplina) e do behaviorismo (ramo conceitual ou teórico da disciplina). A ABA consiste na aplicação de princípios de condicionamento operante e, em menor grau, de condicionamento respondente a comportamentos de relevância social. Diferentemente da psicologia convencional, a análise do comportamento tem abordagem teórica unificada, o behaviorismo, e utiliza um modelo indutivo de investigação. O modelo hipotético/dedutivo mais tradicional de pesquisa, no qual um investigador testa uma hipótese para determinar a probabilidade de sua validade, geralmente não é o foco na análise do comportamento. Em vez disso, os pesquisadores analíticos do comportamento se concentram na manipulação de variáveis ambientais individuais de interesse. Estudos subsequentes são baseados nos resultados de pesquisas anteriores sem hipótese formal testada (Wilder, Austin & Casella, 2009).

A OBM também está relacionada ao campo da psicologia organizacional-industrial, na medida em que o foco de ambas as disciplinas é a aplicação de conhecimentos psicológicos ou comportamentais em ambientes de trabalho (ver comparação em Bucklin, Alvero, Dickinson, Austin & Jackson, 2000). Os estudos de Hawthorne, realizados na década de 1920, em uma usina de energia elétrica em Illinois, influenciaram os dois campos. Uma das principais descobertas dos estudos de Hawthorne foi que uma série de mudanças ambientais nos ambientes de trabalho, incluindo a simples observação dos funcionários, pode afetar o desempenho e a produtividade dos trabalhadores.

Além dessas semelhanças, no entanto, os dois campos diferem em diversos aspectos. Primeiro, a psicologia organizacional-industrial tem formação conceitual eclética. Ela deriva os conceitos em que se baseia de diversas orientações teóricas. Já a OBM tem orientação estritamente analítico-comportamental. Uma segunda diferença entre as duas disciplinas são as técnicas em que os praticantes das duas áreas se envolvem. Os psicólogos organizacionais industriais dedicam grande parte de seu tempo profissional à seleção e ao posicionamento de funcionários nas organizações. Em contrapartida, os profissionais da OBM passam a maior parte do tempo avaliando as variáveis que contribuem para os déficits de desempenho dos funcionários e desenvolvendo programas para melhorar o desempenho de funcionários e sistemas individuais. Uma terceira diferença entre as duas disciplinas são os temas que elas estudam. Os psicólogos organizacionais industriais normalmente estudam seleção e posicionamento de pessoal, cultura organizacional e liderança/tomada de decisão, e muitas vezes utilizam delineamentos correlacionais ou entre participantes em suas pesquisas. Os pesquisadores da OBM em geral estudam gestão de desempenho (Griffin, Gravina, Matey, Pritchard & Wine, 2019), segurança (Gravina, King & Austin, 2019) e sistemas organizacionais (Kelley & Gravina, 2018), e frequentemente usam projetos entre os participantes em suas pesquisas (Bucklin *et al.*, 2000; Vergason & Gravina, 2020). As disciplinas também diferem em tamanho. A Society for Industrial and Organizational Psychology representa a psicologia organizacional-industrial e tem mais de 9.600 membros (*www.siop.org/benefits*). A Organizational Behavior Management Network representa a OBM, é um grupo de interesse especial da Association for Behavior Analysis International e tem menos de 500 membros (H. McGee, comunicação pessoal, 11 de maio de 2016).

Uma breve história da gestão do comportamento organizacional

Os precursores da OBM como disciplina datam da década de 1950 (ver Dickinson, 2001). O texto de B. F. Skinner de 1953, *Science and human behavior* (Ciência e comportamento humano), incluiu um capítulo sobre "controle econômico", e introduziu ideias sobre escalas salariais e diferencialmente reforçando o desempenho de trabalho de alta qualidade. Muitas revistas e periódicos na década de 1960, incluindo a *Harvard Business Review* e o *Journal of Advertising Research*, publicaram artigos sobre gestão de desempenho. Além disso, uma organização formal dedicada à melhoria do desempenho, a International Society for Performance Improvement, foi criada em 1962. Muitos dos membros fundadores de tal sociedade eram analistas do comportamento (Dickinson, 2001).

Talvez a aplicação mais amplamente divulgada da OBM tenha ocorrido na Emery Air Freight, no final da década de 1960. Edward Feeney, gerente de vendas da Emery, utilizou um pacote de sistemas comportamentais que ele aprendeu em uma oficina da OBM para aumentar as vendas da Emery em mais de US$ 2 milhões em um único ano (O'Brien, Dickinson & Rosow, 1982, p. 459). A revista *Fortune* publicou uma matéria sobre esse sucesso, que fez muito para expandir a familiaridade com a OBM no mundo dos negócios. A disciplina se expandiu de forma rápida no final dos anos 1960 e 1970, com profissionais fundando empresas de consultoria como Praxis e Behavioral Systems, Inc., e pesquisadores fundando a principal revista da área, *Journal of Organizational Behavior Management*. O primeiro editor de tal revista, Aubrey Daniels, também foi o fundador de uma das primeiras empresas de consultoria da OBM, a Behavioral Systems, Inc. Curiosamente, Fran Tarkenton, famoso *quarterback* do Minnesota Vikings e do New York Giants, foi cofundador dessa empresa. Posteriormente, Aubrey deixou a Behavioral Systems e fundou a Aubrey Daniels and Associates, que, por fim, se tornou a Aubrey Daniels International. Esta continua sendo uma das principais empresas de consultoria em OBM (Dickinson, 2001).

A missão de *Journal of Organizational Behavior Management* foi e continua sendo publicar artigos sobre "princípios científicos para melhorar o desempenho organizacional por meio da mudança de comportamento" (*https://www.obmnetwork.com/page/jobm*). A revista publica artigos conceituais e aplicados, destaca relatos da área e convida acadêmicos e profissionais a contribuir. *Journal of Organizational Behavior Management* é a revista oficial da Organizational Behavior Management Network.

Algumas áreas temáticas específicas se desenvolveram ao longo da história da OBM, a ponto de hoje serem consideradas subdisciplinas. Estas incluem gestão de desempenho (Daniels & Bailey, 2014), segurança comportamental (McSween, 2003) e análise de sistemas comportamentais (Rummler & Brache, 2012).

Gestão de desempenho

Embora alguns utilizem os termos *gestão de desempenho* e *OBM* como sinônimos, consideramos a gestão de desempenho uma subdisciplina da OBM. O foco na gestão de desempenho está em avaliar e alterar o desempenho de indivíduos ou de grupos de funcionários para aumentar a produtividade e a eficiência. A gestão de desempenho é muitas vezes realizada passo a passo. As principais etapas incluem identificar ou definir de modo operacional um desempenho-alvo; desenvolvimento de um sistema para medir o desempenho desejado; avaliar as variáveis ambientais que contribuem para a ocorrência do desempenho-alvo; intervir no desempenho-alvo; avaliar a validade social, os custos e os benefícios da intervenção; e avaliar a manutenção da mudança de desempenho. Esse processo passo a passo tem produzido melhorias substanciais de desempenho em organizações grandes e pequenas, nos setores público e privado e em muitos segmentos (Daniels & Bailey, 2014).

Avaliação

A avaliação em gestão de desempenho consiste em avaliar os reforços, apoiando tanto o desempenho almejado para a mudança quanto o alternativo ou desejado. Os consultores normalmente utilizam a *análise PIC/NIC* (Daniels & Bailey, 2014). Em tal análise, o consultor avalia se o desempenho-alvo e outro alternativo produzem consequências positivas, imediatas e certas *versus* consequências negativas, futuras e incertas. O *PIC* nessa análise representa *positivo, imediato* e *certo;* e *NIC* representa *negativo, imediato* e *certo.* Ao realizar uma análise PIC/NIC, o gerente ou o consultor categoriza as possíveis consequências de desempenho como positivas, imediatas e certas, ou negativas, futuras e incertas. As consequências do primeiro tipo têm grande probabilidade de influenciar o desempenho. O trabalho do consultor é ajustar tais consequências para que elas ocorram após o desempenho desejado.

Um estudo de Doll, Livesey, McHaffie e Ludwig (2007) ilustra bem essa ferramenta. Os pesquisadores analisaram o desempenho de limpeza dos funcionários de uma loja de esqui. Sua análise PIC/NIC descobriu que as consequências para a limpeza eram muitas vezes negativas, na medida em que a limpeza da loja tirava tempo de interação com os clientes e exigia trabalho físico. Os pesquisadores implementaram uma intervenção que reverteu os resultados da análise PIC/NIC. Após a intervenção, a limpeza produziu consequências positivas, como comentários de um supervisor e um gráfico descrevendo o desempenho da limpeza.

Outra forma comum de avaliação na gestão de desempenho é uma ferramenta baseada em informantes, chamada Performance Diagnostic Checklist (*checklist* de diagnóstico de desempenho; Austin, 2000). Austin desenvolveu tal ferramenta perguntando aos consultores especialistas em OBM o que eles fazem ao avaliar inicialmente um problema de desempenho. Ele organizou suas respostas em quatro categorias: antecedentes e informações; equipamentos e processos; conhecimentos e habilidades; e consequências. Austin criou uma lista de três a seis perguntas para cada categoria e um sistema de resposta dicotômico. Austin pretendia que consultores, gerentes ou supervisores utilizassem a ferramenta para identificar intervenções direcionadas para melhorar o desempenho dos funcionários. A primeira demonstração empírica da Performance Diagnostic Checklist ocorreu em uma loja de um *shopping center*. A loja estava passando por uma escassez crônica de dinheiro para cada caixa registradora no final dos turnos. Os pesquisadores usaram a ferramenta para avaliar possíveis variáveis que explicavam a escassez de dinheiro. Oito representantes de atendimento na loja serviram de participantes. A Performance Diagnostic Checklist identificou os equipamentos e os processos e as categorias de consequências como problemáticas. Utilizando esses resultados, os pesquisadores alteraram as atribuições dos funcionários durante os turnos e forneceram *feedback* verbal e postado. A intervenção reduziu de maneira drástica a falta de dinheiro na loja (Rohn, Austin & Lutrey, 2003).

Desde então, pesquisadores têm usado a Performance Diagnostic Checklist para identificar as variáveis responsáveis pelo baixo desempenho dos funcionários em muitos ambientes, incluindo uma cafeteria (Pampino, Heering, Wilder, Barton & Burson, 2004), uma loja de departamentos (Eikenhout & Austin, 2005), uma loja de artes e molduras no varejo (Pampino, MacDonald, Mullin & Wilder, 2004), restaurantes (Amigo, Smith & Ludwig, 2008; Austin, Weatherly & Gravina, 2005; Rodriguez *et al.*, 2006) e uma clínica de saúde (Gravina, VanWagner & Austin, 2008). A Performance Diagnostic Checklist tornou-se uma ferramenta de avaliação comum na gestão de desempenho e foi recentemente adaptada para contextos, tópicos e populações especializadas (p. ex., Smith & Wilder, 2018).

Pesquisadores adaptaram recentemente tal ferramenta para ambientes de serviço humano (Carr, Wilder, Majdalany, Mathisen & Strain, 2013). Embora a gestão de desempenho em específico e a OBM em geral possam ser aplicadas em qualquer ambiente, Carr e colaboradores (2013) argumentaram que as configurações de serviço humano são suficientemente diferentes das configurações com fins lucrativos para garantir uma versão especializada da Performance Diagnostic Checklist. A Performance Diagnostic Checklist – Human Services inclui perguntas projetadas de forma específica para problemas de desempenho de funcionários que provavelmente serão encontrados em escolas, clínicas, residências de grupos e hospitais. Diferentemente da *checklist* original, ela também inclui um componente de observação direta e uma lista de intervenções sugeridas correspondentes aos resultados. Carr *et al.* utilizaram a Performance Diagnostic Checklist – Human Services para avaliar a má preparação de salas de terapia por terapeutas de uma clínica afiliada à universidade para intervenção comportamental precoce e intensiva. Os resultados sugeriram que a falta de treinamento adequado e o *feedback* insuficiente foram responsáveis pelos déficits de desempenho. Durante a intervenção, os pesquisadores treinaram os terapeutas para preparar de maneira adequada as salas de terapia. Eles também forneceram *feedback* gráfico sobre o desempenho dos terapeutas. A intervenção foi eficaz; na média, o preparo correto das salas de terapia melhorou muito durante a intervenção. De modo curioso, os pesquisadores também implementaram uma intervenção que não foi baseada nos resultados da Performance Diagnostic Checklist – Human Services, e ela foi ineficaz, sugerindo que tal ferramenta identificou corretamente uma intervenção apropriada. Ditzian, Wilder, King e Tanz (2015) replicaram esse estudo com uma variável dependente diferente e obtiveram resultados semelhantes.

Intervenção

Podemos dividir as intervenções de gestão de desempenho em duas grandes categorias: procedimentos *baseados em antecedentes* e procedimentos *baseados em consequências*. As intervenções baseadas em antecedentes incluem esclarecimento da tarefa, treinamento, manipulação do esforço necessário para executar uma tarefa e estabelecimento de metas. As intervenções baseadas em consequências incluem *feedback* e incentivos ou acesso contingente a dinheiro ou vantagens de trabalho.

Em geral, os pesquisadores utilizam intervenções baseadas em antecedentes para abordar problemas de *performance* na gestão de desempenho. O esclarecimento de tarefas consiste em revisar as responsabilidades dos funcionários relacionadas ao desempenho deficiente da meta. Às vezes, as tarefas pelas quais um funcionário é responsável são postadas em um local importante. Rice, Austin e Gravina (2009) utilizaram o esclarecimento de tarefas para melhorar os comportamentos de atendimento ao cliente dos funcionários de um supermercado. Os pesquisadores ensinaram o gerente a esclarecer como os funcionários deveriam cumprimentar os clientes e o que dizer a eles ao final de uma interação. Os pesquisadores ensinaram o gestor a oferecer elogios sociais contingentes ao desempenho correto do funcionário. A intervenção foi eficaz; o desempenho correto dos funcionários melhorou de uma média de menos de 15% das oportunidades para mais de 60% das oportunidades. Além disso, os pesquisadores coletaram dados de acompanhamento 48 semanas após a reunião inicial de esclarecimento da tarefa e constataram que os funcionários que receberam a intervenção tiveram bom desempenho, mas os outros tiveram um desempenho ruim. Pesquisadores têm utilizado o esclarecimento de tarefas em muitos outros estudos, com resultados semelhantes (p. ex., Austin *et al.*, 2005; Choi, Johnson, Moon & Oah, 2018; Durgin, Mahoney, Cox, Weetjens & Poling, 2014; Palmer & Johnson, 2013).

Outra intervenção comum baseada em antecedentes na gestão do desempenho é o treinamento. Sasson e Austin (2005) avaliaram os efeitos do treinamento para aumentar a *performance* ergonômica correta entre trabalhadores de escritório. O treinamento consistiu em uma reunião individual, na qual o instrutor descreveu pela primeira vez as posições corretas do punho, do pescoço e dos ombros ao digitar em um teclado. Em seguida, o instrutor modelou as posições corretas. Por fim, cada participante demonstrou o desempenho correto, e o instrutor forneceu o *feedback*. O treinamento em gestão de desempenho geralmente segue esse modelo de três etapas: descrição, modelagem e *feedback*. Além disso, o treinamento em gestão de desempenho é muitas vezes baseado em critérios, o que significa que o aprendiz ou o funcionário deve atender a um critério de domínio antes de concluir o treinamento (Howard & DiGennaro Reed, 2015). De forma notável, embora os pesquisadores comumente utilizem treinamento, sua efetividade sem outras intervenções de gestão de desempenho é muitas vezes modesta. Por exemplo, Sasson e Austin (2005) adicionaram *feedback* e envolvimento dos funcionários na realização de observações do desempenho dos pares para aumentar a *performance* a níveis elevados. Outros estudos de gestão de desempenho (Nordstrom, Lorenzi, & Hall, 1991) e relatórios de campo (Haberlin, Beauchamp, Agnew & O'Brien, 2012) também utilizaram treinamento.

Reduzir o esforço necessário para executar uma tarefa, frequentemente chamado de *esforço de resposta reduzido*, é outra intervenção de gestão de desempenho baseada em antecedentes. Abellon e Wilder (2014) reduziram a distância que os funcionários tinham que percorrer para utilizar óculos de proteção em uma unidade fabril, reduzindo assim o esforço para o acesso aos óculos. Eles descobriram que os funcionários usavam óculos de proteção com muito mais frequência quando estes estavam perto de suas estações de trabalho. Brothers, Klantz e McClannahan (1994) manipularam a proximidade entre os recipientes de reciclagem e os trabalhadores de escritório, reduzindo assim o esforço necessário para reciclar documentos. Eles descobriram que a reciclagem aumentou de modo substancial quando os recipientes de reciclagem estavam perto dos funcionários. Outros estudos também demonstraram o uso de esforço de resposta reduzido para melhorar o desempenho dos funcionários (Casella *et al.*, 2010; Ludwig, Gray & Rowell, 1998).

A definição de metas é outra estratégia utilizada pelos pesquisadores para melhorar o desempenho dos funcionários. As metas para melhorar a *performance* devem ser desafiadoras, mas alcançáveis, e devem ser estabelecidas em colaboração com os funcionários. Diversos estudos avaliaram o estabelecimento de metas. Por exemplo, Downing e Geller (2012) usaram a definição de metas com *feedback* para aumentar a frequência com que os caixas de um grande supermercado verificavam a identificação do cliente, para evitar o roubo de identidade. Os controles de identificação aumentaram de menos de 1% para quase 10% devido à intervenção. Os pesquisadores utilizaram a definição de metas participativas, o que significa que eles pediram ajuda a cada caixa para definir metas individuais. Outros estudos de gestão de desempenho também utilizaram de forma efetiva o estabelecimento de metas (Amigo *et al.*, 2008; Loewy e Bailey, 2007).

De longe, a intervenção baseada em consequências mais comum na gestão do desempenho é o *feedback* (Alvero, Bucklin, & Austin, 2001). Embora este possa ser um antecedente, como quando é apresentado imediatamente antes de uma oportunidade de desempenho, nós o revisamos aqui como um procedimento baseado em consequências. Os pesquisadores avaliaram muitas características do *feedback*, como a pessoa que entrega (par, supervisor, consultor), a frequência de entrega (imediato, diário, semanal, mensal) e o formato em que é entregue (oral, escrito, gráfico). Em geral, a pesquisa descobriu que o *feedback* é mais eficaz quando alguém com autoridade sobre um funcionário, como um supervisor, fornece *feedback*; quando o provedor de *feedback* o utiliza com frequência, de preferência imediata, diária ou semanalmente; e quando o *feedback* é em formato gráfico de fácil compreensão (Alvero *et al.*, 2001). Ludwig, Biggs, Wagner e Geller (2002) usaram comentários postados publicamente para aumentar o desempenho correto de condução de 82 motoristas de entrega de *pizza*. De maneira específica, os pesquisadores objetivaram utilizar sinais de curva, fazer uso de cintos de segurança e parar completamente nos cruzamentos. Os pesquisadores publicaram as pontuações de direção dos funcionários em um gráfico público que incluía o nome de cada motorista. A condução correta aumentou de 17 para 22% acima dos níveis da linha de base. Outros estudos de gestão de desempenho utilizaram o *feedback* para melhorar a *performance* (Palmer &Johnson, 2013; So, Lee & Oah, 2013).

Os pesquisadores usaram o *feedback* para melhorar o desempenho em muitos ambientes com diversos funcionários. Por exemplo, utilizaram o *feedback* para melhorar o desempenho de supervisores e treinadores de animais em uma organização não governamental na África Oriental (Durgin *et al.*, 2014), para aumentar o uso de cartão de crédito em um ambiente de varejo (Loughrey, Marshall, Bellizzi & Wilder, 2013) e para melhorar o desempenho dos funcionários em uma instalação de fundição de alumínio (Jessup & Stahelski, 1999). Pampino, Wilder e Binder (2005) avaliaram o *feedback* como componente de uma intervenção para aumentar a manutenção precisa de registros e o envio de folhas de ponto por encarregados de construção de um bairro. O *feedback* fazia parte de um procedimento de treinamento que exigia que os capatazes praticassem o desempenho correto repetidamente; eles receberam *feedback* imediato sobre diversos aspectos de seu desempenho. Essas e outras aplicações do *feedback* ilustram a natureza robusta dessa intervenção.

Uma forma comum e popular de *feedback* é o *método sanduíche*, no qual um supervisor fornece comentários positivos sobre o desempenho de um funcionário, seguidos por um comentário descrevendo o que o funcionário está fazendo de modo incorreto, seguido por outro comentário positivo. A pesquisa não apoia a eficácia do método de *feedback* em sanduíche. Henley e DiGennaro Reed (2015) compararam esse tipo de *feedback* (positivo-corretivo-positivo) com outras sequências de *feedback* (positivo-positivo-corretivo e corretivo-positivo-positivo), e verificaram que a sequência corretivo-positivo-positivo foi mais eficaz, embora as diferenças entre ambas fossem pequenas. De forma curiosa, esses autores também analisaram o momento da entrega do *feedback*. Eles forneceram *feedback* imediatamente após o desempenho ou pouco antes da próxima oportunidade que os participantes tiveram de realizar a tarefa. Eles não encontraram diferenças no desempenho com base no momento do *feedback*.

Outra intervenção de gestão de desempenho baseada em consequências consiste em incentivos ou acesso a dinheiro ou outras regalias de trabalho contingentes de melhor *performance*. Diversos estudos descobriram que sistemas de incentivo ou pagamento por desempenho resultam em *performance* mais produtiva do que sistemas de remuneração baseados em salário mensal ou hora trabalhada (Long, Wilder, Betz & Dutta, 2012; Oah & Lee, 2011; Slowiak, Dickinson & Huitema, 2011). Thurkow, Bailey e Stamper (2000) compararam os efeitos de três tipos de sistemas de remuneração incentivada sobre o desempenho dos funcionários de empresas de telefonia. Os pesquisadores descobriram que os incentivos individuais e de grupo produziram melhor *performance* do que durante a linha de base. Os incentivos individuais produziram a maior taxa de desempenho dos funcionários.

Embora tenhamos descrito cada intervenção de gestão de desempenho de forma individual, a maioria das intervenções de tal gestão inclui mais de um componente. As chamadas *intervenções de pacote* aumentam a probabilidade de efetividade das intervenções. Infelizmente, o(s) componente(s) específico(s) mais responsável(is) pela eficácia da intervenção do pacote são muitas vezes difíceis de identificar. Por esse motivo, encorajamos pesquisadores e profissionais de gestão de desempenho a introduzir componentes de intervenção de maneira sistemática, um de cada vez.

Segurança comportamental

Segurança comportamental é o uso de princípios e técnicas analítico-comportamentais para melhorar o desempenho seguro (Krause, 1997). *Journal of Organizational Behavior Management* publicou o primeiro estudo da OBM sobre segurança em 1978 (Komaki, Barwick & Scott, 1978). Pouco depois, Fox, Hopkins e Anger (1987) começaram a trabalhar em uma das mais longas avaliações de uma abordagem comportamental para melhorar a segurança em uma mina de carvão e em uma de minério de urânio. Muitos outros analistas do comportamento contribuíram para o desenvolvimento e a evolução da segurança comportamental desde então, incluindo Sulzer-Azaroff (1980), McSween (1995), Geller (1996), e Daniels e Agnew (2010). Atualmente, a segurança comportamental é uma das abordagens mais populares para aumentar o desempenho seguro em muitos setores (p. ex., Hagge, McGee, Matthews & Aberle, 2017).

O U.S. Bureau of Labor Statistics (BLS) informou que, nos Estados Unidos, ocorreram quase 4 milhões de acidentes e doenças no local de trabalho e mais de 4.600 mortes no local de trabalho em 2014 (BLS, 2014a). Incidentes e lesões relacionados à segurança estão em declínio há muitos anos, devido a maior compreensão das maneiras de preveni-los e maior foco em reduzi-los. Embora os acidentes de trabalho estejam diminuindo, as mortes têm se estabilizado (BLS, 2014b), o que produziu um novo foco na segurança do processo (Occupational Health and Safety Administration, 2000). Tal segurança inclui identificar estratégias para influenciar comportamentos seguros e perceber e relatar preocupações de segurança – coisas que a segurança comportamental é bem-adequada para abordar (Bogard, Ludwig, Staats & Kretschmer, 2015).

A popularidade da segurança comportamental provavelmente se deve à sua eficácia para aumentar comportamentos seguros e reduzir lesões (Krause, Seymour & Sloat, 1999). Muitos estudos têm demonstrado redução das lesões, e mais, têm demonstrado um aumento de comportamentos seguros após o uso de técnicas de segurança comportamental (Grindle, Dickinson & Boettcher, 2000; Sulzer-Azaroff & Austin, 2000). Uma metanálise de aplicações de segurança comportamental relatou redução de lesões em 32 de 33 estudos revisados (Sulzer-Azaroff & Austin, 2000). As configurações incluíam canteiros de obras, empresas de serviços públicos, fábricas, minas e estaleiros; a maioria estava nos Estados Unidos, mas alguns estavam em outros países. Uma metanálise de segurança comportamental mais recente, com critérios de inclusão mais rigorosos, encontrou redução de lesões em 12 dos 13 estudos avaliados (Tuncel, Lotlikar, Salem & Daraiseh, 2006). As técnicas que os pesquisadores utilizam em aplicações de segurança comportamental podem variar, dependendo das necessidades únicas de um local e dos resultados da avaliação. Portanto, Tuncel *et al.* (2006) recomendam que os pesquisadores relatem de forma clara os métodos de avaliação e os resultados em segurança comportamental, para que possam vincular mais estreitamente a avaliação à seleção da intervenção.

Avaliação

Uma das primeiras atividades que geralmente ocorre em uma implementação de segurança comportamental é a avaliação de segurança. Uma avaliação desse tipo tem diversos objetivos, incluindo (1) identificar comportamentos e condições a serem visados, que provavelmente terão impacto na segurança e na redução de lesões, (2) identificar variáveis que influenciam as metas, (3) entender o contexto em que tais comportamentos e condições ocorrem, (4) identificar programas de segurança existentes e (5) construir o suporte dos funcionários e da gerência (Agnew & Snyder, 2008; McSween, 2003).

Um consultor revisa práticas e políticas de trabalho e iniciativas e programas de segurança atuais em uma avaliação de segurança comportamental (McSween, 2003). Em geral, iniciativas e programas enfatizam áreas que a organização vê como deficientes e podem fornecer pistas para metas comportamentais. Além disso, o consultor reúne informações sobre o local, incluindo número de funcionários, supervisores, gerentes, natureza do trabalho, filiação sindical, idade do trabalhador, taxa de rotatividade e agendamento de turnos.

O consultor revisa dados sobre lesões; incidentes; chamadas encerradas; e questões ambientais, quando aplicáveis (p. ex., derramamentos em local de fabricação de produtos químicos) nos últimos 2 a 5 anos (McSween, 2003). O objetivo é descobrir tendências sobre como, quando, onde e por que ocorrem lesões e incidentes. Isso pode exigir o agrupamento dos dados por área, trabalho, parte do corpo lesionada, tarefa, turno e outras variáveis, para determinar comportamentos que podem ser alvos valiosos de segurança e situações nas quais as lesões são mais prováveis de ocorrer. Além dos dados específicos do local, as informações de segurança sobre o setor ou o trabalho específico podem fornecer mais ideias para metas de segurança. Por exemplo, auxiliares de enfermagem certificados costumam ter lesões nas costas durante a transferência de pacientes; portanto, o levantamento do paciente pode ser uma meta importante para a redução das lesões lombares desses funcionários (BLS, 2011).

A avaliação também deve incluir entrevistas, uma pesquisa e observação direta para coletar mais informações sobre o contexto do local de trabalho, os alvos potenciais e a cultura de segurança. O consultor deve realizar entrevistas com trabalhadores da linha de frente, supervisores, gerentes e líderes, para aprender sobre os desafios de segurança no local a partir de múltiplas perspectivas (McSween, 2003). O uso de uma pesquisa anônima com perguntas orientadas ao comportamento é uma forma de baixo esforço para identificar preocupações de segurança que podem justificar investigação mais aprofundada. Por exemplo, se a maioria dos trabalhadores discorda da afirmação "todas as lesões neste local são relatadas", isso pode indicar que alguém puniu a notificação de lesões no passado e que a coleta de dados precisos nessa área pode exigir um esforço conjunto. Ou, ainda, se funcionários relatam que seu supervisor fala com eles sobre segurança menos de uma vez por mês, isso pode indicar que será importante envolver os supervisores no processo de segurança comportamental. Com frequência, as pesquisas são seguidas de observação direta para verificar a precisão.

O consultor pode incluir diversas ferramentas de OBM em uma avaliação para facilitar uma melhor compreensão de por que os comportamentos de risco estão ocorrendo. Por exemplo, a Performance Diagnostic Checklist - Safety (*checklist* de diagnóstico de desempenho - segurança) fornece uma lista de perguntas destinadas a identificar potenciais fatores que impedem o desempenho seguro e instruções para a seleção de intervenções (Martinez-Onstott, Wilder & Sigurdsson, 2016). Assim como avaliações semelhantes na OBM, o questionário abrange quatro áreas: antecedentes e informações; conhecimentos e habilidades; equipamentos e processos; e consequências. A pesquisa mostrou que as intervenções selecionadas a partir dos resultados de uma *checklist* de diagnóstico de desempenho são eficazes (Johnson, Casella, McGee, & Lee, 2014).

Uma análise antecedente-comportamento-consequência (A–B–C, *antecedent-behavior-consequence*) também pode fornecer informações valiosas para a compreensão de antecedentes e consequências que podem influenciar comportamentos seguros e de risco (Health and Safety Executive, 2012). Uma análise A–B–C típica examina os comportamentos desejados e os indesejados, e lista antecedentes e consequências para cada um. O consultor pontua cada comportamento como positivo ou negativo, imediato ou futuro, e certo ou incerto (Daniels & Bailey, 2014). As consequências positivas, imediatas e certas encorajam comportamentos, e as negativas, imediatas e incertas os desencorajam. Muitas vezes, os comportamentos relacionados à segurança não têm consequências positivas, imediatas, certas ou podem até ter consequências negativas, imediatas e incertas. O inverso é frequentemente verdadeiro para o comportamento de risco. Por exemplo, utilizar um capacete pode parecer quente e desconfortável, o que são consequências negativas, imediatas e certas. Trabalhar sem ele pode produzir apoio social por parecer "durão" e concluir o trabalho mais rapidamente, o que são consequências positivas e imediatas. Mudar esse comportamento envolve tentar ajustar as consequências que isso produz. Esse nível de análise das metas de segurança permite um processo de segurança comportamental mais personalizado.

A avaliação de segurança deve produzir um relatório que liste comportamentos e condições que uma intervenção de segurança baseada em comportamento pode direcionar e recomendações para componentes de intervenção. Além disso, a avaliação pode indicar o ponto de partida para a intervenção, quem envolver no processo, os desafios culturais e quando começar. A seguir, descrevemos as etapas das intervenções de segurança comportamental.

Intervenção

Embora haja alguma variação, os profissionais e os consultores utilizam as seguintes etapas no processo de segurança comportamental: (1) formar um comitê de segurança; (2) identificar comportamentos e condições a serem visados; (3) desenvolver um sistema de mensuração; (4) criar um plano de *feedback*, reforço e resolução de problemas; e (5) melhorar de maneira contínua o processo (Austin, 2006; Agnew & Snyder, 2008; McSween, 2003). Em geral, o comitê de segurança é composto por representantes da força de trabalho, supervisores, departamento de segurança (se houver) e liderança (McSween, 2003). O comitê de segurança gerencia o processo de segurança comportamental, frequentemente descrito como liderado pelos funcionários (Krause, 1995). Pesquisas em OBM sugerem que a participação dos funcionários pode aumentar o impacto da intervenção (Sigurdsson & Austin, 2006), e os profissionais de segurança comportamental sugerem que a participação dos funcionários aumenta a aceitação e a manutenção de programas de segurança comportamental (Geller, 2002). Pesquisas também demonstraram que a participação no estabelecimento de metas de segurança pode ter impacto positivo no desempenho (Fellner & Sulzer-Azaroff, 1985). O comitê de segurança é uma forma de o processo de segurança comportamental aumentar o engajamento dos funcionários.

O consultor utiliza os comportamentos e as condições seguras que a avaliação de segurança identificou para criar uma *checklist* de observações. Essas listas de verificação costumam incluir um espaço para descrever barreiras ao desempenho (Austin, 2006). As observações podem melhorar a segurança do trabalhador, produzir melhor reconhecimento de perigos, produzir melhor *feedback* sobre o desempenho seguro, fornecer informações para metas de intervenção de segurança mais focadas e criar consequências sociais para o desempenho seguro (McSween, 2003). Além disso, o processo de observação pode alavancar o efeito observador, que ocorre quando uma pessoa que realiza uma observação melhora seus próprios comportamentos seguros (Alvero & Austin, 2004). As observações entre pares são as mais comuns, mas pesquisas têm mostrado que as auto-observações aumentam os comportamentos seguros e são uma boa alternativa para funcionários que trabalham sozinhos (p. ex., Hickman & Geller, 2005; Olson e Austin, 2001). Somente funcionários (p. ex., Cooper, Phillips, Sutherland & Makin, 1994), apenas supervisores (p. ex., Chhokar & Wallin, 1984) ou ambos, todos na organização, ou apenas observadores externos (p. ex., Ludwig & Geller, 1997) podem realizar as observações. A *checklist* de observação serve de base para o sistema de mensuração.

O processo de observação e *feedback* também pode se concentrar no comportamento de supervisão e liderança. Por exemplo, Cooper (2006) avaliou o impacto do suporte gerencial em um processo de segurança comportamental de uma fábrica de papel. Esse pesquisador pediu aos funcionários que preenchessem uma *checklist* que indicava se os líderes com os quais interagiram naquela semana forneceram apoio contínuo notável. Uma análise exploratória mostrou correlações estatisticamente significativas entre o apoio contínuo notável dos líderes e o desempenho em segurança dos funcionários, variando de 0,47 a 0,72 nas três áreas incluídas no estudo, embora os efeitos pareçam diminuir ao longo do tempo. Zohar e Luria (2003) avaliaram uma intervenção para aumentar as interações relacionadas à segurança dos supervisores de linha e descobriram que os comportamentos seguros e os escores de clima de segurança aumentaram à medida que as interações de segurança aumentaram. Embora a pesquisa sobre a importância do engajamento do gestor em observações e interações de segurança ainda seja limitada, esta é claramente uma via que merece investigação mais aprofundada e é potencialmente uma parte importante do sistema de observação.

Após um consultor estabelecer um sistema de observação, ele utiliza os dados para fornecer *feedback* aos funcionários e reforçar o progresso. Em geral, a entrega de *feedback* inclui comentários gráficos e divulgados de forma pública sobre comportamentos seguros. Por exemplo, Komaki *et al.* (1978) utilizaram *feedback* gráfico divulgado publicamente, atualizado após cada período de observação, para melhorar as práticas seguras dos funcionários de uma padaria. Essa intervenção, somada ao estabelecimento de metas e elogios do supervisor, produziu uma melhoria drástica no desempenho seguro. Os pesquisadores também treinaram um funcionário para continuar a intervenção.

Um pacote de intervenção também pode incluir incentivos para melhorar a segurança. McSween (2003) sugere oferecer um menu de prêmios e de incentivos de forma escalonada com base no esforço. Hickman e Geller (2005) forneceram um pequeno incentivo ($1 por formulário de auto-observação) aos motoristas de caminhão de curta distância para completar auto-observações antes ou após cada turno. A participação no grupo pré-comportamento foi de 42%, e a no grupo pós-comportamento foi de 75%. Ambos os grupos demonstraram melhora no excesso de velocidade e freadas bruscas. No outro extremo do espectro, Fox *et al.* (1987) criaram um elaborado sistema de recompensa da economia de fichas para se comportar com segurança *e* evitar lesões em duas minas. Os trabalhadores podiam trocar os fichas na comunidade local para comprar produtos e serviços. A intervenção produziu redução substancial das lesões. Embora custasse entre US$ 9.000 e US$ 22.000 por ano para cada local, o retorno sobre o investimento foi substancial, variando de 13:1 a 28:1, dependendo do ano. A intervenção estava em vigor há 10 anos quando o estudo foi publicado, demonstrando a manutenção a longo prazo de um programa de segurança comportamental.

Há diversas outras considerações no planejamento de uma intervenção de segurança comportamental. Por exemplo, a realização de observações pode ser obrigatória ou voluntária, e pode ser agendada diária, semanal, mensalmente ou até com menos frequência. As listas de verificação de observação podem ser longas ou curtas. Os observadores podem anunciar sua presença e dar *feedback*, ou podem observar de forma discreta e não fornecer *feedback* no momento. Infelizmente, a pesquisa disponível para informar essas decisões é limitada. Um estudo sugeriu que os processos obrigatórios de segurança comportamental produziram maior participação e satisfação com intervenções de tal segurança do que os voluntários (DePasquale e Geller, 2000). Intervenções de segurança comportamental poderiam se beneficiar de mais pesquisas sobre esses tópicos e outros relacionados.

Embora a segurança comportamental tenha tido impacto significativo na melhoria das práticas seguras e na redução de lesões no local de trabalho, há oportunidades para fortalecer e refinar a prática. Por exemplo, o campo precisa de mais pesquisas para determinar as melhores estratégias para implementar um sistema de observação entre pares. Não é evidente se observações ostensivas ou discretas, listas de verificação longas ou curtas, ou observações de supervisor para funcionário ou entre pares produzem dados mais precisos e maior mudança de comportamento. Além disso, precisamos nos concentrar na conduta da liderança e no projeto, avaliar intervenções que tenham impacto positivo no comportamento do líder e avaliar o impacto das mudanças no comportamento dele sobre a conduta do trabalhador e o desempenho seguro. Além disso, embora a pesquisa tenha demonstrado a eficácia da segurança comportamental, alguns processos dessa segurança são de curta duração ou encontram resistência e nunca se consolidam totalmente na prática. Uma investigação mais aprofundada sobre os fatores que produzem processos de segurança comportamental ativos, bem recebidos e sustentados permitirá que a OBM tenha impacto ainda mais substancial na segurança do trabalho nos próximos anos. Por fim, precisamos de pesquisas adicionais sobre o uso do cinto de segurança e a direção segura em geral (ver análise em Wilder & Sigurdsson, 2015).

Análise de sistemas comportamentais

Outra subdisciplina da OBM é a *análise de sistemas comportamentais*, que envolve a compreensão de uma organização delineando as partes e os processos do sistema e determinando como eles interagem. A análise de sistemas comportamentais foi desenvolvida através do trabalho de muitos pioneiros nas áreas de OBM e de melhoria do desempenho humano (p. ex., Brethower, 1982; Gilbert, 1996; Glenn, 1988; R. W. Malott, 1974; M. E. Malott, 2003). A OBM tende a se concentrar em comportamentos específicos. Já a análise de sistemas comportamentais enfatiza o contexto mais amplo em que os comportamentos ocorrem e é mais provável que se concentre em resultados como vendas, despesas e atendimento ao cliente (Abernathy, 2014; Hyten, 2009). Alguns pesquisadores sugeriram que a OBM deveria adotar uma abordagem mais sistêmica para aumentar a durabilidade de suas intervenções e sua atratividade e relevância para os negócios; a análise de sistemas comportamentais incorpora essa abordagem (Abernathy, 2014; Hyten, 2009).

Rummler e Brache (2012) argumentam que as maiores oportunidades de melhoria do desempenho e dos resultados globais surgem nos repasses entre funcionários ou departamentos, que muitas vezes não são o foco das consultas ou das pesquisas da OBM. A menos que todo o sistema seja considerado, uma intervenção que fortaleça o desempenho em uma área pode ser prejudicial para outra (Abernathy, 2014; Rummler e Brache, 2012). Para ilustrar, se a produção e as vendas triplicadas não conseguirem acompanhar, a organização terá gasto mais dinheiro do que o necessário em produtos que agora é forçada a armazenar. Além disso, os alvos de comportamento identificados sem uma lente de sistemas podem não melhorar os resultados pretendidos. Por exemplo, Johnson e Frederiksen (1984) realizaram um estudo em uma instituição de saúde mental no qual compararam o fornecimento de *feedback* sobre medidas de processo (comportamentais) *versus* desfecho (resultados). A intervenção no processo aumentou os comportamentos do processo, mas não afetou o resultado; a intervenção de resultado não melhorou os comportamentos de resultado ou processo. Isso sugere que os pesquisadores não identificaram os comportamentos corretos que teriam melhorado os resultados. Redmon (1991) sugere que as intervenções da OBM devem estar claramente vinculadas aos principais objetivos organizacionais. A análise de sistemas comportamentais ajuda a OBM a colocar suas intervenções efetivas no contexto de todo o negócio e alinhar metas comportamentais com metas e resultados importantes.

Avaliação

Há muitas ferramentas na análise de sistemas comportamentais para avaliar sistemas e processos organizacionais, embora pesquisas tenham avaliado poucas delas de maneira empírica (Johnson *et al.*, 2014). Rummler e Brache (2012) estudaram as organizações em três níveis: organização, processo, e trabalho e executante. O nível *organizacional* descreve a organização no contexto maior no qual ela existe, destacando entradas, processos primários, produção e influências externas e fontes de *feedback* (como concorrentes, regulamentações e partes interessadas). O nível de *processo* descreve como o trabalho é feito desde a primeira entrada até a saída final de forma passo a passo, incluindo informações sobre ferramentas, verificações de qualidade e pontos de decisão. O nível de *trabalho e executante* se concentra em fatores que afetam a conclusão do trabalho que podem causar e reduzir o erro humano e aumentar a eficiência do trabalhador.

As avaliações em cada um desses níveis são projetadas para descrever o estado *atual* de um sistema ou um processo e para identificar oportunidades para melhorar a eficiência, reduzir custos, reduzir o tempo de ciclo e aumentar a qualidade (Sasson, Alvero & Austin, 2006). Em geral, uma avaliação envolve o uso de uma ferramenta para criar uma representação visual do nível, como o Total Performance System Relationship Map (mapa de relacionamento do sistema de desempenho total), descrito por Brethower (1982), ou o Process Map (mapa de processo), descrito por Rummler e Brache (2012), e uma lista de deficiências de desempenho ou oportunidades para melhorar o sistema. Além disso, o consultor reúne dados sobre os níveis de desempenho atuais e os potenciais de *performance* (Gilbert, 1996). O painel superior da Figura 32.1 mostra um exemplo de um mapa de *atual* para o processo de aprovação de viagem de um funcionário.

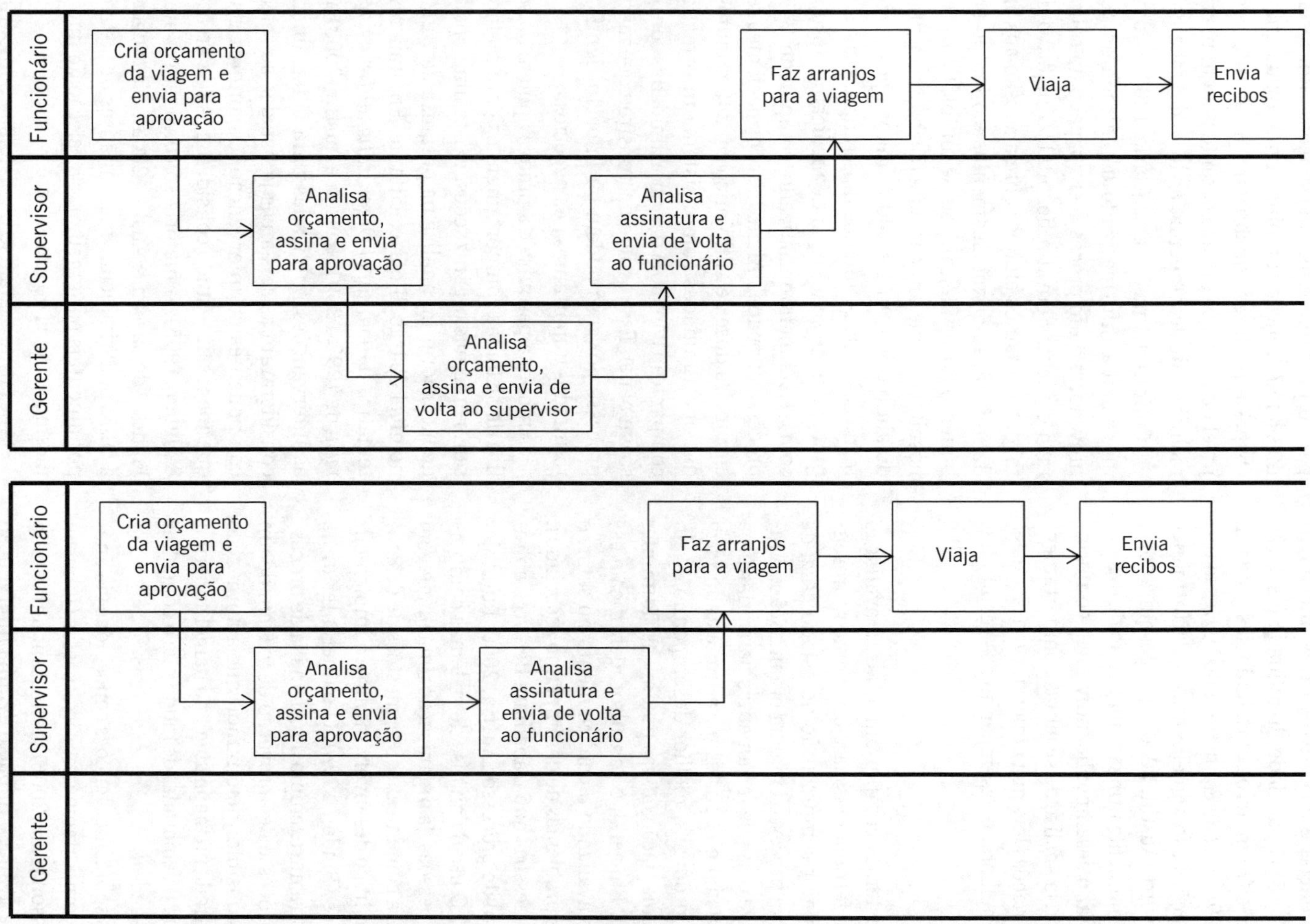

FIGURA 32.1 O painel superior mostra um mapa de processo *atual* para o procedimento de aprovação de viagem de um funcionário. O painel inferior mostra um mapa de processo *ideal* para o mesmo procedimento. O consultor determinou que a aprovação do gerente era desnecessária.

As avaliações em análise de sistemas comportamentais também envolvem a coleta de informações em seis áreas, para identificar as causas-raiz dos problemas de processo e oportunidades de melhoria: (1) informações e expectativas; (2) equipamentos, ferramentas e recursos; (3) consequências e incentivos; (4) conhecimento e habilidades; (5) capacidade, habilidade e seleção de funcionários; e (6) motivos e preferências (Austin, 2000; Binder, 1998; Sasson & Austin, 2003). Dessa forma, essas avaliações são semelhantes à Performance Diagnostic Checklist (Austin, 2000), que pesquisadores e consultores comumente utilizam na gestão de desempenho para avaliar o desempenho individual, conforme discutido acima. Na análise de sistemas comportamentais, essas informações levam a uma intervenção sistêmica que visa a melhorar o desempenho e os resultados.

Intervenção

Na análise de sistemas comportamentais, a avaliação envolve o uso de ferramentas para criar uma representação visual e maior compreensão do estado *atual* de um sistema ou um processo em uma organização. A intervenção envolve o uso de ferramentas para criar uma representação visual e suportes para um estado *ideal* melhorado que produzirá melhor desempenho e, em seguida, a implementação dessas mudanças (Rummler & Brache, 2012). Em geral, o consultor identifica o estado melhorado avaliando o conhecimento no setor, o estado atual e os problemas de desempenho associados, e entrevistando pessoas que trabalham dentro e ao redor do sistema ou do processo (Austin, 2000; Rummler e Brache, 2012). O uso da análise de sistemas comportamentais dá às pessoas da organização uma linguagem comum e útil para comunicar sobre questões de desempenho, o que facilita o desenvolvimento e a implementação de soluções (Binder, 1998). O painel inferior da Figura 32.1 mostra um exemplo de um mapa de processo *ideal* para o processo de aprovação de viagem de um funcionário. O consultor determinou que a aprovação do gerente, mostrada no mapa *atual*, no painel superior, era desnecessária e demorada, de modo que o consultor a omitiu no mapa *ideal*.

As pesquisas sobre intervenções concebidas via análise de sistemas comportamentais são escassas (Johnson *et al.*, 2014). Sasson *et al.* (2006) realizaram um estudo semelhante para avaliar o impacto de uma intervenção comportamental, uma intervenção de processo e as duas intervenções combinadas. Os participantes completaram uma tarefa de processamento de textos, e as principais variáveis dependentes foram velocidade de preenchimento e erros. As diferenças de processo foram manuais (pegar e entregar fisicamente a tarefa) e eletrônicas (receber e enviar a tarefa por *e-mail*). A intervenção comportamental foi um bônus monetário graduado pelo desempenho em cada uma das variáveis dependentes. A análise dos dados mostrou efeitos principais para o processo e as intervenções comportamentais, mas a intervenção combinada produziu o maior efeito. Os pesquisadores concluíram que as intervenções em nível de processo *e* de executante podem maximizar as melhorias de desempenho no local de trabalho.

Cunningham, Geller e Clarke (2008) compararam um sistema informatizado de entrada de pedidos de provedores a um processo em papel para solicitação de medicamentos em um hospital. O objetivo do estudo foi determinar os efeitos sobre a adesão aos protocolos de solicitação de medicamentos e o tempo até o recebimento da primeira dose de antibióticos. A meta do hospital era que um paciente recebesse a primeira dose do antibiótico em até 240 minutos após a chegada da medicação. Os resultados mostraram que a adesão aos protocolos de solicitação de medicamentos foi de 60% com o sistema informatizado, comparado a 47% com o processo em papel. Além disso, os pacientes receberam a primeira dose de antibiótico em 240 minutos em 78% das oportunidades com o sistema informatizado, em comparação com 55% das oportunidades com o processo em papel. Esse estudo demonstrou que mudanças de processo por si só podem ter impacto significativo em resultados importantes nos negócios.

Embora a pesquisa e a prática apoiem o uso da análise de sistemas comportamentais para melhorar o desempenho nas organizações, existe uma oportunidade de incorporar tal análise na pesquisa da OBM, mesmo no nível de trabalho e executante. Em uma revisão sistemática de *Journal of Organizational Behavior Management* de 1992 a 2001, Sasson e Austin (2003) avaliaram as intervenções publicadas para determinar quantas consideraram as seis áreas já listadas ao selecionar os componentes da intervenção. Os autores verificaram que apenas um estudo considerou as seis áreas (LaFleur & Hyten, 1995). A maioria só considerava até três (ver Figura 9 de Sasson & Austin, 2003). Eles sugeriram que a OBM poderia incluir mais análises de sistemas comportamentais para melhorar a seleção de intervenções, mesmo no nível do executante.

Apesar de a análise de sistemas comportamentais se concentrar nos efeitos do contexto sobre o comportamento, e a OBM se concentrar no indivíduo, os dois referenciais devem ser sinérgicos. Um funcionário terá dificuldade em ter sucesso em um processo ou sistema um mal projetado (Rummler & Brache, 2012), mas processos e sistemas eficazes exigem que os funcionários se comportem de forma produtiva. Portanto, é provável que uma abordagem sinérgica produza os melhores resultados para os negócios e maior reconhecimento para o campo.

Considerações finais

A OBM é a aplicação de princípios comportamentais para melhorar o desempenho dos colaboradores nas organizações, sendo um ramo da ABA. Em contraste com a psicologia organizacional-industrial, a OBM tem orientação teoricamente unificada e se concentra na manipulação direta de variáveis com impacto importante no bem-estar dos funcionários e nos resultados da organização. Existem três subdisciplinas da OBM: gestão de desempenho, segurança comportamental e análise de sistemas comportamentais. Cada uma delas inclui técnicas de avaliação e procedimentos de intervenção para uma série de problemas organizacionais.

Referências

Abellon, O. E., & Wilder, D. A. (2014). The effect of equipment proximity on safe performance in a manufacturing setting. *Journal of Applied Behavior Analysis, 47*, 628-632.

Abernathy, B. (2014). Beyond the Skinner box: The design and management of organization-wide performance systems. *Journal of Organizational Behavior Management, 34*(4), 235-254.

Agnew, J., & Snyder, G. (2008). *Removing obstacles to safety: A behavior-based approach.* Atlanta, GA: Performance Management. Alvero, A. M., & Austin, J. (2004). The effects of observing on the behavior of the observer. *Journal of Applied Behavior Analysis, 37*, 457-468.

Alvero, A. M., Bucklin, B. R., & Austin, J. (2001). An objective review of the effectiveness and essential characteristics of performance feedback in organizational settings. *Journal of Organizational Behavior Management, 21*(1), 3-29.

Amigo, S., Smith, A., & Ludwig, T. (2008). Using task clarification, goal setting, and feedback to decrease table busing times in a franchise pizza restaurant. *Journal of Organizational Behavior Management, 28*(3), 176-187.

Austin, J. (2000). Performance analysis and performance diagnostics. Em J. Austin & J. E. Carr (Eds.), *Handbook of applied behavior analysis* (p. 321-349). Reno, NV: Context Press.

Austin, J. (2006, January-February). An introduction to behavior-based safety. *Stone, Sand, and Gravel Review*, 38-39.

Austin, J., Weatherly, N. L., & Gravina, N. E. (2005). Using task clarification, graphic feedback, and verbal feedback to increase closing-task completion in a privately owned restaurant. *Journal of Applied Behavior Analysis, 38*, 117-120.

Binder, C. (1998). The Six Boxes™: A descendent of Gilbert's behavior engineering model. Recuperado de *www.binder-riha.com/sixboxes.pdf*.

Bogard, K., Ludwig, T. D., Staats, C., & Kretschmer, D. (2015). An industry's call to understand the contingencies involved in process safety: Normalization of deviance. *Journal of Organizational Behavior Management, 35*(1-2), 70-80.

Brethower, D. M. (1982). The Total Performance System. Em R. M. O'Brien, A. M. Dickinson, & M. P. Rosow (Eds.), *Industrial behavior modification: A management handbook* (p. 350-369). Nova York: Pergamon Press.

Brothers, K. J., Krantz, P. J., & McClannahan, L. E. (1994). Office paper recycling: A function of container proximity. *Journal of Applied Behavior Analysis, 27*, 153-160.

Bucklin, B. R., Alvero, A. M., Dickinson, A. M., Austin, J., & Jackson, A. K. (2000). Industrial organizational psychology and organizational behavior management. *Journal of Organizational Behavior Management, 20*(2), 27-75.

Bureau of Labor Statistics (BLS). (2011, October 20). Workplace injuries and illnesses–2010 (News release USDL-11-1502). Recuperado de *www.bls.gov/news.release/pdf/osh.pdf*.

Bureau of Labor Statistics (BLS). (2014a). Employer-related workplace injuries and illnesses–2014. Recuperado de *www.bls.gov/news.release/pdf/osh.pdf*. Bureau of Labor Statistics (BLS). (2014b). National census of fatal occupational injuries. Recuperado de *www.bls.gov/news.release/pdf/cfoi.pdf*.

Carr, J. E., Wilder, D. A., Majdalany, L., Mathisen, D., & Strain, L. A. (2013). An assessment-based solution to a human-service employee performance problem: An initial evaluation of the Performance Diagnostic Checklist–Human Services. *Behavior Analysis in Practice, 6*, 16-32.

Casella, S. E., Wilder, D. A., Neidert, P., Rey, C., Compton, M., & Chong, I. (2010). The effects of response effort on safe performance by therapists at an autism treatment facility. *Journal of Applied Behavior Analysis, 43*, 729-734.

Chhokar, J. S., & Wallin, J. A. (1984). A field study of the effect of feedback frequency on performance. *Journal of Applied Psychology, 69*(3), 524-530.

Choi, E., Johnson, D. A., Moon, K., & Oah, S. (2018). Effects of positive and negative feedback sequence on work performance and emotional responses. *Journal of Organizational Behavior Management, 38*(2-3), 97-115.

Cooper, M. D. (2006). Exploratory analyses of the effects of managerial support and feedback consequences on behavioral safety maintenance. *Journal of Organizational Behavior Management, 26*(3), 1-41.

Cooper, M. D., Phillips, R. A., Sutherland, V. J., & Makin, P. J. (1994). Reducing accidents using goal setting and feedback: A field study. *Journal of Occupational and Organizational Psychology, 67*, 219-240.

Cunningham, T. R., Geller, E. S., & Clarke, S. W. (2008). Impact of electronic prescribing in a hospital setting: A process-focused evaluation. *International Journal of Medical Informatics, 77*, 546-554.

Daniels, A. C., & Agnew, J. (2010). *Safe by accident?* Atlanta, GA: Performance Management.

Daniels, A. C., & Bailey, J. (2014). *Performance management: Changing behavior that drives organizational effectiveness* (5th ed.). Tucker, GA: Performance Management.

DePasquale, J. P., & Geller, E. S. (1999). Critical success factors for behavior-based safety: A study of twenty industry-wide applications. *Journal of Safety Research, 30*(4), 237-249.

Dickinson, A. M. (2001). The historical roots of organizational behavior management in the private sector. *Journal of Organizational Behavior Management, 20*(3), 9-58.

Ditzian, K., Wilder, D. A., King, A., & Tanz, J. (2015). An evaluation of the Performance Diagnostic Checklist–Human Services to assess an employee performance problem in a center-based autism treatment facility. *Journal of Applied Behavior Analysis, 48*, 199-203.

Doll, J., Livesey, J., McHaffie, E., & Ludwig, T. D. (2007). Keeping an uphill edge: Managing cleaning behaviors at a ski shop. *Journal of Organizational Behavior Management, 27*(3), 41-60.

Downing, C. O., & Geller, E. S. (2012). A goal-setting and feedback intervention to increase ID-checking behavior: An assessment of social validity and behavioral impact. *Journal of Organizational Behavior Management, 32*(4), 297-306.

Durgin, A., Mahoney, A., Cox, C., Weetjens, B. J., & Poling, A. (2014). Using task clarification and feedback training to improve staff performance in an east African nongovernmental organization. *Journal of Organizational Behavior Management, 34*(2), 122-143.

Eikenhout, N., & Austin, J. (2005). Using goals, feedback, reinforcement, and a performance matrix to improve customer service in a large department store. *Journal of Organizational Behavior Management, 24*(3), 27-62.

Fellner, D. J., & Sulzer-Azaroff, B. (1985). Occupational safety: Assessment the impact of adding assigned or participative goal setting. *Journal of Organizational Behavior Management, 7*, 3-23.

Fox, D. K., Hopkins, B. L., & Anger, W. K. (1987). The long--term effects of a token economy on safety performance in open-pit mining. *Journal of Applied Behavior Analysis, 20*, 215-224.

Geller, E. S. (1996). *Working safe: How to help people actively care for health and safety.* Boca Raton, FL: CRC Press.

Geller, E. S. (2002). *The participation factor: How to increase involvement in occupational safety.* Chicago: ASSE.

Gilbert, T. F. (1996). *Human competence: Engineering worthy performance.* Amherst, MA: HRD Press.

Glenn, S. S. (1988). Contingencies and metacontingencies: Toward a synthesis of behavior analysis and cultural materialism. *Behavior Analyst, 11*(2), 161-179.

Gravina, N., King, A., & Austin, J. (2019). Training leaders to apply behavioral concepts to improve safety. *Safety Science, 112*, 66-70.

Gravina, N., VanWagner, M., & Austin, J. (2008). Increasing physical therapy equipment preparation using task clarification, feedback, and environmental manipulations. *Journal of Organizational Behavior Management, 28*(2), 110-122.

Griffin, M., Gravina, N. E., Matey, J., Pritchard, J., & Wine, B. (2019). Using scorecards and a lottery to improve the performance of behavior technicians in two autism treatment clinics. *Journal of Organizational Behavior Management, 39*(3-4), 280-292.

Grindle, A. C., Dickinson, A. M., & Boettcher, W. (2000). Behavioral safety research in manufacturing settings: A review of the literature. *Journal of Organizational Behavior Management, 20*(1), 29-68.

Haberlin, A. T., Beauchamp, K., Agnew, J., & O'Brien, F. (2012). A comparison of pyramidal staff training and direct staff training in community-based day programs. *Journal of Organizational Behavior Management, 32*(1), 65-74.

Hagge, M., McGee, H., Matthews, G., & Aberle, S. (2017). Behavior-based safety in a coal mine: The relationship between observations, participation, and injuries over a 14-year period. *Journal of Organizational Behavior Management, 37*, 107-118.

Health and Safety Executive. (2012). Leadership and worker involvement toolkit: The ABC analysis. Recuperado de *www.hse.gov.uk/construction/lwit/assets/downloads/abc--analysis.pdf.*

Henley, A. J., & DiGennaro Reed, F. (2015). Should you order the feedback sandwich?: Efficacy of feedback sequence and timing. *Journal of Organizational Behavior Management, 35*(3), 321-355.

Hickman, J. S., & Geller, E. S. (2003). Self-management to increase safe driving among short-haul truck drivers. *Journal of Organizational Behavior Management, 23*(4), 1-20.

Howard, V. J., & DiGennaro Reed, F. (2015). An evaluation of training procedures for animal shelter volunteers. *Journal of Organizational Behavior Management, 35*(3), 296-320.

Hyten, C. (2009). Strengthening the focus on business results: The need for systems approaches in OBM. *Journal of Organizational Behavior Management, 29*(2), 87-107.

Jessup, P. A., & Stahelski, A. J. (1999). The effects of a combined goal setting, feedback, and incentive intervention on job performance in a manufacturing environment. *Journal of Organizational Behavior Management, 19*(3), 5-26.

Johnson, D. A., Casella, S. E., McGee, H., & Lee, S. C. (2014). The use and validation of preintervention diagnostic tools in organizational behavior management. *Journal of Organizational Behavior Management, 34*(2), 104-121.

Johnson, R. P., & Frederiksen, L. W. (1984). Process vs. outcome feedback and goal setting in a human service organization. *Journal of Organizational Behavior Management, 5*(3-4), 37-56.

Kelley, D. P., & Gravina, N. (2018). Every minute counts: Using process improvement and performance feedback to improve patient flow in an emergency department. *Journal of Organizational Behavior Management, 38*, 234-243.

Komaki, J., Barwick, K. D., & Scott, L. R. (1978). A behavioral approach to occupational safety: Pinpointing and reinforcing safe performance in a food manufacturing plant. *Journal of Applied Psychology, 63*, 424-445.

Krause, T. R. (1995). *Employee-driven systems for safe behavior: Integrating behavioral and statistical methodologies*. Nova York: Van Nostrand Reinhold.

Krause, T. R. (1997). *The behavior-based safety process: Managing involvement for an injury-free culture*. Nova York: Van Nostrand Reinhold.

Krause, T. R., Seymour, K. J., & Sloat, K. C. M. (1999). Long-term evaluation of a behavior-based method for improving safety performance: A meta-analysis of 73 interrupted time-series replications. *Safety Science, 32*, 1-18.

LaFleur, T., & Hyten, C. (1995). Improving the quality of hotel banquet staff performance. *Journal of Organizational Behavior Management, 15*(1-2), 69-93.

Loewy, S., & Bailey, J. (2007). The effects of graphic feedback, goal setting, and manager praise on customer service behaviors. *Journal of Organizational Behavior Management, 27*(3), 15-26.

Long, R. D., Wilder, D. A., Betz, A., & Dutta, A. (2012). Effects of and preference for pay for performance: An analogue analysis. *Journal of Applied Behavior Analysis, 45*, 821-826.

Loughrey, T., Marshall, G., Bellizzi, A., & Wilder, D. A. (2013). The use of video modeling, prompting, and feedback to increase credit card promotion in a retail setting. *Journal of Organizational Behavior Management, 33*(3), 200-208.

Ludwig, T. D., Biggs, J., Wagner, S., & Geller, E. S. (2002). Using public feedback and competitive rewards to increase the safe driving of pizza deliverers. *Journal of Organizational Behavior Management, 21*(4), 75-104.

Ludwig, T. D., & Geller, E. S. (1997). Assigned versus participatory goal setting and response generalization: Managing injury control among professional pizza deliverers. *Journal of Applied Psychology, 82*(2), 253-261.

Ludwig, T. D., Gray, T. W., & Rowell, A. (1998). Increasing recycling in academic buildings: A systematic replication. *Journal of Applied Behavior Analysis, 31*, 683-686.

Malott, M. E. (2003). *Paradox of organizational change*. Reno, NV: Context Press.

Malott, R. W. (1974). A behavioral systems approach to the design of human services. Em D. Harshbarger & R. F. Maley (Eds.), *Behavior analysis and systems analysis: An integrative approach to mental health programs* (p. 318-343). Kalamazoo, MI: Behaviordelia.

Martinez-Onstott, B., Wilder, D., & Sigurdsson, S. (2016). Identifying the variables contributing to at-risk performance: Initial evaluation of the Performance Diagnostic Checklist–Safety (PDC-Safety). *Journal of Organizational Behavior Management, 36*(1), 80-93.

McSween, T. E. (1995). *The values-based safety process: Improving your safety culture with a behavioral approach*. Nova York: Van Nostrand Reinhold. McSween, T. E. (2003). *The values-based safety process: Improving your safety culture with behavior-based safety* (2nd ed.). Hoboken, NJ: Wiley.

Nordstrom, R., Lorenzi, P., & Hall, R. V. (1991). A behavioral training program for managers in city government. *Journal of Organizational Behavior Management, 11*(2), 189-212. Oah, S., & Lee, J. (2011). Effects of hourly, low-incentive, and high-incentive pay on simulated work productivity: Initial findings with a new laboratory method. *Journal of Organizational Behavior Management, 31*(1), 21-42.

O'Brien, R. M., Dickinson, A. M., & Rosow, R. P. (Eds.). (1982). *Industrial behavior modification*. Nova York: Pergamon Press.

Occupational Health and Safety Administration. (2000, reprinted). Process safety management. Recuperado de *www.osha.gov/Publications/osha3132.html*.

Olson, R., & Austin, J. (2001). Behavior-based safety and working alone: The effects of a self-monitoring package on the safe performance of bus operators. *Journal of Organizational Behavior Management, 21*(3), 5-43.

Palmer, M. G., & Johnson, M. (2013). The effects of task clarification and group graphic feedback on early punch-in times. *Journal of Organizational Behavior Management, 33*(4), 265-275.

Pampino, R. N., Heering, P. W., Wilder, D. A., Barton, C. G., & Burson, L. M. (2004). The use of the Performance Diagnostic Checklist to guide intervention selection in an independently owned coffee shop. *Journal of Organizational Behavior Management, 23*(2), 5-19.

Pampino, R. N., MacDonald, J. E., Mullin, J. E., & Wilder, D. A. (2004). Weekly feedback versus daily feedback: An application in retail. *Journal of Organizational Behavior Management, 23*(2), 21-43.

Pampino, R. N., Wilder, D. A., & Binder, C. (2005). The use of functional assessment and frequency building procedures to increase product knowledge and data entry skills among foreman in a construction organization. *Journal of Organizational Behavior Management, 25*(2), 1-36.

Redmon, B. (1991). Pinpointing the technological fault in applied behavior analysis. *Journal of Applied Behavior Analysis, 24*(3), 441-444.

Rice, A., Austin, J., & Gravina, N. (2009). Increasing customer service behaviors using manager-delivered task clarification and social praise. *Journal of Applied Behavior Analysis, 42*, 665-669.

Rodriguez, M., Wilder, D. A., Therrien, K., Wine, B., Miranti, R., Daratany, K., *et al.* (2006). Use of the Performance Diagnostic Checklist to select an intervention designed to increase the offering of promotional stamps at two sites of a restaurant franchise. *Journal of Organizational Behavior Management, 25*(3), 17-35.

Rohn, D., Austin, J., & Lutrey, S. M. (2003). Using feedback and performance accountability to decrease cash register shortages. *Journal of Organizational Behavior Management, 22*(1), 33-46.

Rummler, G. A., & Brache, A. P. (2012). *Improving performance: How to manage the white space in the organizational chart* (3rd ed.). San Francisco: Jossey-Bass.

Sasson, J. R., Alvero, A. M., & Austin, J. (2006). Effects of process and human performance improvement strategies.

Journal of Organizational Behavior Management, 26(3), 43-78.

Sasson, J. R., & Austin, J. (2003). Performer-level systems analysis. *Journal of Organizational Behavior Management, 22*(4), 27-58.

Sasson, J. R., & Austin, J. (2005). The effects of training, feedback, and participant involvement in behavioral safety observations on office ergonomic behavior. *Journal of Organizational Behavior Management, 24*(4), 1-30.

Sigurdsson, S. O., & Austin, J. (2006). Institutionalization and response maintenance in organizational behavior management. *Journal of Organizational Behavior Management, 26*(4), 41-77.

Slowiak, J. M., Dickinson, A. M., & Huitema, B. E. (2011). Self-solicited feedback: Effects of hourly pay and individual monetary incentive pay. *Journal of Organizational Behavior Management, 31*(1), 3-20.

Smith, M., & Wilder, D. A. (2018). The use of the Performance Diagnostic Checklist–Human Services to assess and improve the job performance of individuals with intellectual disabilities. *Behavior Analysis in Practice, 11*(2), 148-153.

So, Y., Lee, K., & Oah, S. (2013). Relative effects of daily feedback and weekly feedback on customer service behavior at a gas station. *Journal of Organizational Behavior Management, 33*(2), 137-151.

Sulzer-Azaroff, B. (1980). Behavioral ecology and accident prevention. *Journal of Organizational Behavior Management, 2*(1), 11-44.

Sulzer-Azaroff, B., & Austin, J. (2000). Does BBS work?: Behavior-based safety and injury reduction: A survey of the evidence. *Professional Safety, 45*(7), 19-24.

Thurkow, N. M., Bailey, J. S., & Stamper, M. R. (2000). The effects of group and individual monetary incentives on productivity of telephone interviewers. *Journal of Organizational Behavior Management, 20*(2), 3-25.

Tuncel, S., Lotlikar, H., Salem, S., & Daraiseh, N. (2006). Effectiveness of behaviour based safety interventions to reduce accidents and injuries in workplaces: Critical appraisal and meta-analysis. *Theoretical Issues in Ergonomics Science, 7*(3), 191-209.

Vergason, C. M., & Gravina, N. E. (2020). Using a guest- and confederate-delivered token economy to increase employee-guest interactions at a zoo. *Journal of Applied Behavior Analysis, 53*(1), 422-430.

Wilder, D. A., Austin, J., & Casella, S. (2009). Applying behavior analysis in organizations: Organizational behavior management. *Psychological Services, 6*(3), 202-211.

Wilder, D., & Sigurdsson, S. (2015). Applications of behavior analysis to improve safety in organizations and community settings. Em H. S. Roane, J. E. Ringdahl, & T. S. Falcomata (Eds.), *Clinical and organizational applications of behavior analysis* (p. 583-604). San Diego, CA: Academic Press/Elsevier.

Zohar, D., & Luria, G. (2003). The use of supervisory practices as leverage to improve safety behavior: A cross level intervention model. *Journal of Safety Research, 34*(5), 567-577.

PARTE VIII

Questões profissionais na análise do comportamento aplicada

A análise do comportamento começou como subcampo da psicologia, mas, com o passar do tempo, desenvolveu sua própria filosofia, seus métodos científicos, suas aplicações, seus periódicos, suas organizações, seu conselho de credenciamento e até um conjunto de códigos de terminologia processual atual (CPT, *current procedural terminology*), aprovados e publicados pela Associação Americana de Medicina, para que os analistas do comportamento aplicados possam cobrar pelos serviços que prestam. Como a análise do comportamento evoluiu para uma disciplina separada da psicologia, tornou-se cada vez mais importante para tais analistas desenvolverem padrões éticos e profissionais que abordem as características exclusivas de seu subcampo; esses padrões são tópicos abordados nesta seção deste livro.

No Capítulo 33, O'Donohue e Ferguson avaliaram a relação entre os campos da análise do comportamento e da ética nos níveis da metaética, da ética normativa e da ética descritiva. Sua discussão cuidadosa sobre as diretrizes éticas atuais relativas à análise de contingências do comportamento moral e ético de Skinner deve ser de interesse dos analistas do comportamento aplicados. Já no capítulo 34, Carr, Nosik, Ratcliff e Johnston discutem a história e o desenvolvimento da certificação profissional em análise do comportamento aplicada (ABA, *applied behavior analysis*). Eles descrevem o incrível crescimento do número de analistas do comportamento certificados pelo Behavior Analyst Certification Board®, chegando a mais de 35 mil certificados, e explicam como os padrões de certificação mudaram conforme o progresso da profissão na ABA.

33

Análise do comportamento e ética

William O'Donohue e Kyle E. Ferguson

A análise do comportamento tem uma relação complexa com o campo da ética. Neste capítulo, descrevemos a estrutura geral dessa relação, e algumas de suas principais complexidades e questões não resolvidas. De modo típico, entendemos o discurso ético como ocorrendo em três níveis distintos:

1. A *metaética* aborda questões que incluem estas: o que é o discurso ético? É igual ou diferente do discurso empírico? Se é o mesmo, a que tipo de discurso pertence o ético? Se diferente, o que é o discurso ético, e como avaliamos o *valor-verdade* das reivindicações éticas?
2. A *ética normativa* aborda questões das quais as pretensões éticas, entre muitas possíveis candidatas a princípios éticos, estão corretas. Fazer *X*, por exemplo, é moralmente certo, errado ou indiferente, em que *X* pode variar de ser culturalmente insensível (Benuto, Casas & O'Donohue, 2018), prescrever comunicação facilitada para uma criança com transtorno do espectro autista (TEA), até comer uma laranja? A ética normativa tenta abordar as questões de quais proibições, permissões ou mandatos morais são corretos e como os justificamos.
3. A *ética descritiva* aborda questões empíricas sobre quais afirmações ou crenças éticas alguns indivíduos possuem. Essa é uma questão empírica interessante, e podemos conduzir pesquisas para ver o que os analistas do comportamento de reivindicações éticas sustentam. Como não encontramos nenhuma pesquisa sobre o tema, não examinamos essa dimensão da ética neste capítulo.

Análise do comportamento e controvérsias no nível metaético

A análise do comportamento tem prestado mais atenção a dois problemas metaéticos fundamentais. Primeiro, os analistas do comportamento seguiram Skinner e responderam de maneira afirmativa à questão metaética "o discurso ético é mesmo possível em uma visão de mundo determinista?", embora se torne um tipo de discurso um pouco diferente daquele do discurso popular comum. As perspectivas populares pressupõem pontos nos quais um indivíduo é livre para escolher alternativas moralmente ruins ou moralmente boas. Os skinnerianos não pressupõem isso. Em segundo lugar, os analistas do comportamento responderam à pergunta "o que é o discurso ético?" com a resposta de que este é um discurso naturalista, como falar de propriedades observáveis do mundo (p. ex., cor, cheiro). Primeiro, voltamos nossa atenção para a questão da moralidade de um ponto de vista determinista.

Questão 1 da metaética: determinismo e o dito "dever implica poder" de Kant

O filósofo moral Immanuel Kant (1997) afirmava: "dever implica poder", ou seja, afirmar que alguém deveria ter feito algo não faz sentido, a menos que essa pessoa pudesse ter realizado a ação. Por exemplo, afirmar que Jane deveria ter saltado 6 metros no ar não faz sentido quando ela não pode fazê-lo fisicamente. Portanto, o discurso moral pressupõe escolha: uma pessoa pode fazer algo porque é livre para escolher fazê-lo. Desse modo, a moralidade pressupõe o livre-arbítrio.

Skinner, especialmente em *Além da liberdade e da dignidade* (1971/2002), discutiu o conflito entre uma visão de mundo científica e uma baseada na escolha e no livre-arbítrio. A ciência assume alguma forma de determinismo porque assume ordem, e assume que há relações causais a serem descobertas (Fischborn, 2018). A ciência assume que o mundo é ordenado, e podemos caracterizar essa ordem como relações lícitas. No entanto, uma lei científica descreve uma impossibilidade. De acordo com a lei da gravidade, por exemplo, é simplesmente impossível que dois objetos se comportem de forma diferente da lei. Os objetos não são livres para escolher outras maneiras de se comportar, nem livres para escolher relações diferentes com outros objetos. A lei descreve a única maneira como os objetos podem se comportar. Skinner ressalta que, se as pessoas são livres para escolher seu comportamento, então uma ciência do comportamento não é possível. Assim, Skinner intitulou de maneira apropriada seu livro *Além da liberdade e da dignidade*, para argumentar que o empreendimento científico, quando aplicado ao comportamento humano, deve ir além da noção de livre escolha. Portanto, se levam Kant a sério, os analistas do comportamento devem assumir que o discurso ético não faz sentido.

Como tais analistas podem lidar com essa questão? Eles, é claro, podem assumir a posição de que adotar um código de ética para analistas do comportamento é apenas uma conduta mais determinada. No entanto, esses analistas devem notar que, para permanecerem consistentes, devem aceitar que uma visão determinista dos códigos e dos discursos éticos diverge muito do discurso ético normal. Os analistas do comportamento não escolhem se comportar de uma forma ou de outra; assim, não devemos elogiá-los ou puni-los por seu comportamento, pois eles não poderiam ter feito mais nada, ou seja, para se manterem consistentes, devem ser vistos como compelidos a emitir o comportamento em questão. O discurso ético normal leva a escolha a sério e é uma espécie de argumento para os indivíduos fazerem boas escolhas quando estão em uma encruzilhada moral. Os analistas do comportamento não admitem a existência de escolhas morais. Desse modo, a moral metaética é fundamentalmente diferente para o determinista do que para qualquer libertário.

Ringen (1996) aborda essa questão da seguinte forma:

> O relato científico da ação humana exige que todo evento seja determinado causalmente, de modo que não há atos livres de influências causais determinantes. Conclui-se que o determinismo causal envolvido no relato científico da ação humana é incompatível com o relato da autonomia e do autodeterminismo que os argumentos jurídicos, políticos e éticos exigem. (p. 356)

Essa visão significa que não podemos aceitar o determinismo científico e o conceito tradicional de que os seres humanos agem de forma autodeterminada. A razão é que, se o determinismo é verdadeiro, nenhum ato humano está livre de influências controladoras. Portanto, se presumirmos o determinismo na ciência do comportamento, faria mesmo sentido um código de ética para analistas do comportamento? Se "dever implica poder", então como podemos responsabilizar moralmente um indivíduo quando ele não poderia ter se comportado de outra forma (O'Donohue & Ferguson, 2003, p. 7)? Como veremos mais adiante, se quisermos que os analistas do comportamento se comportem de forma ética, precisamos entender as influências ou as contingências controladoras (i.e., antecedentes e consequências) das quais os comportamentos ético e antiético são uma função.

Questão 2 da metaética: a abordagem naturalista de Skinner para a ética e o raciocínio moral

Os filósofos têm feito muitas afirmações sobre que tipo de entidade é o discurso ético. Segue uma breve lista:

1. O discurso ético é derivado de alguma fonte divina, em geral, resultando em alguns mandamentos divinos, sendo uma espécie de discurso religioso. Essa visão tem tido grande influência na história da humanidade e ainda tem um número significativo de proponentes. Podemos argumentar que grande parte do discurso fundador da civilização ocidental se baseia nessa visão; verifique a conexão teológico–ética na Declaração de Independência e na Constituição dos Estados Unidos. No entanto, a análise do comportamento claramente não acredita nessa visão, e podemos considerar sua ênfase em relatos naturalistas e evolucionistas como crítica à visão de que o discurso ético é baseado fundamentalmente em preceitos teológicos.
2. O discurso ético não tem sentido. É "linguagem que saiu de férias", para utilizar a expressão de Wittgenstein (1953). Os positivistas lógicos tinham essa visão. Eles ofereceram uma teoria metaética *emotiva* e alegaram que "*X* é ruim" não tem base observacional direta; isso viola seu princípio de verificabilidade e não faz sentido. No entanto, sua afirmação positiva era que os humanos tendem a fazer essas declarações porque eles não são apenas animais lógicos e

racionais, mas também emocionais, e sua capacidade emocional faz com que eles façam essas declarações. "Assassinato é ruim" equivale a "que nojo!" ou "eu odeio assassinato", e nada mais. O positivismo lógico não influenciou a análise do comportamento na medida em que muitos observadores distantes pensam (ver Smith, 1986). Ao mesmo tempo, ele também não tem uma visão emotiva da ética.

3. O discurso ético refere-se a um fenômeno inteiramente empírico, natural, mantido por suas consequências, como outros discursos empíricos, descritivos ou mesmo causais. "*X* é ruim" equivale a "observei que *X* tem alguma propriedade empírica". Skinner (1971/2002) defendia essa visão; assim, esta tem sido mais influente na análise do comportamento. Consideramos Skinner uma autoridade nesse e em muitos outros tópicos da ciência do comportamento. Em resumo, Skinner sustentou que "*X* é bom" significa que "*X* é reforçador", em que o reforço é uma questão empírica (i.e., um reforçador aumenta a taxa de resposta do comportamento ao qual é contingente). Skinner argumentou que a ética é um discurso completamente natural. Essa visão, é claro, não está isenta de críticas.
4. O discurso ético é *sui generis*. Enunciados e afirmações éticas não são como discursos descritivos e empíricos. Na verdade, eles não são como qualquer outro tipo de discurso: o discurso ético é totalmente único. Essa é a visão de muitos teóricos da ética, como Immanuel Kant (1997) e G. E. Moore (1903/1988). Há um domínio ético, e as reivindicações éticas têm *status* totalmente diferente daquele das reivindicações empíricas no mundo observável. O *status* exato do discurso ético depende do teórico ético específico. A análise do comportamento, em geral, tem discordado dessa posição em favor da naturalização do normativo.

Embora Skinner originalmente sustentasse que a ética e o raciocínio moral estão além da alçada da análise do comportamento (p. ex., Skinner, 1953, p. 328), em seus escritos posteriores ele adotou uma posição semelhante ao naturalismo (p. ex., Skinner, 1953). Segundo Skinner (1971/2002):

> Coisas boas são reforços positivos... Quando dizemos que um juízo de valor não é uma questão de fato, mas sim como alguém se sente sobre um fato, estamos simplesmente distinguindo entre uma coisa e seu efeito reforçador. A física e a biologia estudam as coisas em si, geralmente sem referência ao seu valor, mas os efeitos reforçadores das coisas são da ciência comportamental, que é uma ciência de valores na medida em que se concentra no reforço operante. (p. 103-104)

O *naturalismo* é a teoria de que podemos derivar valores morais de fatos sobre o mundo (MacIntyre, 1998). Nessa perspectiva, *ser* pode implicar *dever*. É presumível que um indivíduo deve se comportar de maneira a produzir reforço do ponto de vista skinneriano, ou, inversamente, não deve se comportar de forma a produzir punição. Deve-se fugir ou evitar estímulos aversivos, como no caso do reforço negativo. Skinner (1971/2002) acrescentou:

> As coisas são boas (reforçadas de maneira positiva) ou ruins (reforçadas de forma negativa) presumivelmente por causa das contingências de sobrevivência sob as quais a espécie evoluiu. Faz parte da dotação genética chamada "natureza humana" ser reforçada de maneiras específicas por coisas particulares. (p. 104).

Desse modo, os processos naturais selecionam os seres humanos para discernir entre o certo e o errado, o bem e o mal, o que faz parte da nossa dotação genética. O que se segue, portanto, é que "todos os reforçadores provavelmente derivam seu poder da seleção evolutiva" (Skinner, 1971/2002, p. 104-105). Simplesmente, indivíduos cujo comportamento é mantido por certos tipos de reforçadores vivem para se reproduzir; aqueles insensíveis a reforços comparáveis, não. Assim, a moralidade evoluiu na medida em que nossa espécie evoluiu.

Um problema inerente à posição naturalista de Skinner é que o conceito de reforço não é claro. Os primeiros relatos eram totalmente funcionais. Se os animais fossem privados de forma adequada (p. ex., 80% do peso *ad libitum*), certos eventos seriam muito propensos a funcionar como reforçadores para muitos comportamentos (p. ex., entrega de pastilhas de comida). Portanto, também devemos entender os efeitos reforçadores, contextualizando o comportamento em uma matriz de variáveis que afetam o reforço. As declarações éticas tornam-se um tanto complexas nessa visão. Por exemplo, quando *X* é privado de *Y* na medida *Z* e emite o comportamento *B*, *R* é reforçador – moralmente correto – para *X*. Quando o sujeito atinge o ponto de saciedade *S*, *R* torna-se punitivo – moralmente errado (ver modelo de privação de resposta do reforço de Allison & Timberlake [1975]). Quantos parâmetros precisam fazer parte de tais sentenças porque a compreensão de campo dos mecanismos de reforço está incompleta ou não está clara? Assim, um problema com essa visão é que a construção do reforço não é de modo algum clara, e as controvérsias em torno dessa construção são inerentes a pronunciamentos éticos de um ponto de vista naturalista.

Além disso, existem contraexemplos problemáticos. Tomemos a pedofilia como exemplo disso. *Pedofilia* é atração sexual por crianças pré-púberes. Poucos argumentariam que o comportamento dos pedófilos não é moralmente errado, culpável e assim por diante. No entanto, estímulos associados a crianças pré-púberes, como pornografia infantil ou contato com crianças, são significativamente reforçadores para determinados comportamentos desses indivíduos. Segundo a posição de Skinner, portanto, o comportamento sexual dos pedófilos é moralmente bom, pelo menos para eles mesmos. Eles podem gostar de estímulos pedófilos (i.e., esses estímulos servem como reforços), mas não podemos dizer mais nada aqui? O relato naturalista de Skinner nos força a um relativismo em que podemos dizer que a pornografia infantil é boa para *X* porque funciona como reforço para *X*? Certamente, o problema é claro. *X* pode ser um reforçador, mas ainda pode ser moralmente errado em sentido mais amplo.

O problema com a abordagem de Skinner se deve ao que Moore (1903/1988) chamou de *falácia naturalista*. Moore declarou:

> "Bom", então, se queremos dizer com isso que a qualidade que afirmamos pertencer a uma coisa, quando dizemos que a coisa é boa, é incapaz de qualquer definição, no sentido mais importante dessa palavra. O sentido mais importante da definição é aquele em que uma definição afirma quais são as partes que invariavelmente compõem determinado todo; e, nesse sentido, o bom não tem definição porque é simples e não tem partes. É um daqueles inúmeros objetos de pensamento que são, eles próprios, incapazes de definição, pois são os termos de referência definitivos para os quais tudo o que é capaz de definição deve ser definido... Não há, portanto, dificuldade intrínseca na afirmação de que o bom denota uma qualidade simples e indefinível.
>
> Considere o amarelo, por exemplo. Podemos tentar defini-lo descrevendo seu equivalente físico. Podemos afirmar quais tipos de vibrações de luz devem estimular o olho normal para que possamos percebê-lo. Mas a reflexão de um momento é suficiente para mostrar que essas vibrações de luz não são o que entendemos por amarelo. Não são o que percebemos. Na verdade, nunca teríamos sido capazes de descobrir sua existência se não tivéssemos sido surpreendidos primeiro pela diferença de qualidade entre as diferentes cores. O máximo que podemos dizer dessas vibrações é que elas são o que corresponde no espaço ao amarelo que percebemos. (Seção 10, parágrafos 1 e 2, grifos no original)

Na medida em que o amarelo não possui a propriedade de ser amarelo, os reforçadores não possuem a de ser bons. Devemos fazer tais juízos de valor de maneira independente de suas propriedades reforçadoras; caso contrário, nos deparamos com o mesmo problema do nosso exemplo de pedofilia. Rotular o comportamento como bom ou ruim, certo ou errado, parece dizer respeito a aspectos de estímulos consequentes não relacionados às suas características reforçadoras.

Ética normativa: controvérsias acerca de um código de ética

A Florida Association for Behavior Analysis (1987) foi o primeiro capítulo do que era então a Association for Behavior Analysis a desenvolver um código de ética. A Texas Association for Behavior Analysis (1995) logo surgiu, no início da década de 1990, seguida pela California Association for Behavior Analysis (1996). A Association for Behavior Analysis International (como é atualmente) adotou o Código de Ética da Associação Americana de Psicologia (2002), evitando os desenvolvidos em capítulos individuais. Da mesma forma, em 2004, o Behavior Analyst Certification Board (BACB), em geral, adotou o Código de Ética de 2002 da Associação Americana de Psicologia, com algumas modificações. Nesse sentido, as críticas ao referido Código de Ética são relevantes em relação ao código da Association for Behavior Analysis International, pois são praticamente os mesmos.

Os códigos de ética não estão isentos de crítica (O'Donohue, 2016; O'Donohue & Ferguson, 2003). Eles são produto do comportamento humano e são falíveis, como toda atividade humana. O da Associação Americana de Psicologia (2002) não é exceção.

O código de ética é um documento falível. O cerne da questão é o quanto ele é falível e de que forma. A preocupação é que pronunciamos o comportamento individual como antiético ou ético com base em um código falho. A falibilidade do código é fácil de discernir. Primeiro, por que teria passado por nove revisões desde sua criação se fosse infalível? É claro que a Associação Americana de Psicologia pode argumentar que o código se transformou conforme a mudança ética, e que iterações sucessivas acomodaram essas mudanças com precisão. No entanto, a Associação Americana de Psicologia não fez esse argumento, e a moralidade profissional geralmente permanece em grande parte estática ao longo do tempo, ou seja, os padrões de beneficência e não maleficência, fidelidade, responsabilidade, integridade, justiça e respeito aos direitos e à dignidade individuais não mudam de modo sensível (O'Donohue & Ferguson, 2003).

Em segundo lugar, a Associação Americana de Psicologia utilizou procedimentos falíveis para desenvolver o código. Os membros do comitê votaram a favor ou contra os códigos, e nenhum membro do comitê era analista do comportamento. O conhecimento por meio da autoridade é falível devido a julgamento imperfeito dos membros do comitê, vieses heurísticos (p. ex., vieses representativos) e afins. Não realizamos análises experimentais; portanto, não havia salvaguardas para reduzir esses vieses, que provavelmente estavam operando em algum nível durante as reuniões do comitê.

Terceiro, outras organizações profissionais nas ciências do comportamento têm seus próprios códigos de ética, alguns dos quais diferem em pontos fundamentais em relação ao Código de Ética da Associação Americana de Psicologia (2002). Por exemplo, o que era então a Association for Advancement of Behavior Therapy (1977; agora Association for Behavioral and Cognitive Therapies) há muito tempo adotou um padrão mais alto de evidências que os clínicos devem usar antes de selecionar intervenções. Códigos éticos de capítulos individuais, como o California Association for Behavior Analysis (1996) e o Florida Association for Behavior Analysis (1987), também apresentam inconsistências em relação ao Código de Ética. A pergunta então passa a ser: "qual deles está certo?". Embora não existam regras rígidas e rápidas para determinar isso de modo experimental, podemos avaliar esses padrões seguindo suas linhas de raciocínio e recorrendo à literatura empírica para apoio ou contraevidência.

Tomemos como exemplo as Diretrizes de Conduta Responsável para Analistas do Comportamento, do BACB (2004). Considere o Código 1.4.2 (Relações de Exploração): "Os analistas do comportamento *não se envolvem* em *relações sexuais* com *clientes,* estudantes ou supervisores em treinamento sobre os quais o analista tem *autoridade avaliativa* ou *direta,* pois tais relações *facilmente prejudicam o julgamento* ou se tornam *exploradoras*" (grifo nosso). Uma interpretação provável dessa diretriz é que os analistas do comportamento não devem se envolver em relacionamentos sexuais com clientes (nunca), porque a autoridade nunca termina, embora o Código não declare isso de forma explícita. Ou seja, os analistas do comportamento têm conhecimentos especiais e conjuntos de habilidades que os clientes em geral não têm, e que os colocam em uma vantagem injusta. Assim, a relação é unilateral; há um diferencial de poder. Esse conhecimento especializado coloca o terapeuta no papel de autoridade. Portanto, os analistas do comportamento não devem se envolver em relações sexuais com clientes em nenhuma circunstância ou em qualquer momento, pois "tais relações facilmente prejudicam o julgamento e se tornam exploradoras (devido a esse diferencial de poder)". Agora considere a versão mais recente do BACB (2017) de suas diretrizes éticas, o Código 1.0.7.b: "Os analistas do comportamento se abstêm de quaisquer relações sexuais com clientes, estudantes ou supervisores, por pelo menos 2 anos após a data em que o relacionamento profissional terminou formalmente". (p. 6). Isso, é claro, é muito diferente das diretrizes anteriores do BACB em relação a essas relações duais. Ignorando o diferencial de poder já mencionado, o Código 1.0.7.b afirma que tais relações sexuais não são um problema se qualquer uma das partes se mantiver por um mínimo de 2 anos. "Por que 2 anos?" é uma pergunta razoável a ser feita. O BACB não forneceu nenhuma evidência empírica por que 2 anos é melhor do que 1 ano, 6 meses ou 10 anos, por exemplo. Também não forneceu qualquer evidência para apoiar que mesmo ter relações sexuais com ex-clientes, independentemente do intervalo de tempo, é benéfico para qualquer das partes ou, no mínimo, não faz mal (i.e., *primum non nocere* – primeiro, não causar dano).

A razão sugere que a norma mais recente do BACB (2017) está patentemente errada. Uma vez que os analistas do comportamento começam a fazer sexo com ex-clientes, eles podem começar a ver os atuais de forma diferente. Por exemplo, eles podem ver os clientes atuais como potenciais conquistas. Isso, é claro, pode ofuscar as fronteiras profissionais e comprometer a aliança terapêutica.

Um quarto problema diz respeito à relação entre o Código de Ética da Associação Americana de Psicologia (2002) e a justificativa para essas normas. Simplesmente fazer a afirmação de que uma ação é ética e outra é antiética, sem aludir a alguma teoria ética ou a um padrão ético geral, é insuficiente por diversas razões (O'Donohue & Ferguson, 2003). Primeiro, como podemos saber se estamos interpretando de forma correta determinada norma? Por exemplo, a teoria deontológica julga o acerto ou o erro de uma ação com base apenas na natureza do ato em si ou em suas características estruturais, independentemente de suas consequências. Consideramos algumas ações antiéticas, ainda que tenham semelhanças funcionais com ações que não são. Por exemplo, podemos ver o roubo da bolsa de um cliente como antiético, mas não vemos a cobrança de honorários profissionais excessivos como antiética. A ética utilitarista, de modo oposto, julga o acerto ou o erro de um ato com base apenas em suas consequências. Se ninguém se machucasse, não julgaríamos o ato como antiético, mesmo que houvesse dolo provável. Nesse sentido, as teorias éticas deôntica e utilitarista fornecem diferentes interpretações de um mesmo código. Dado que o BACB não se pronunciou de maneira explícita sobre essa matéria, qualquer uma das duas interpretações é defensável. Além disso, a decisão de tomar medidas disciplinares diferiria consideravelmente, dependendo da orientação teórica de cada membro do comitê, caso o BACB investigasse uma suposta violação ética. Tem havido muita controvérsia na Associação Americana de Psicologia sobre a propriedade ética de psicólogos envolvidos em interrogatórios, mas não está evidente se esses argumentos são baseados na ética deôntica, na utilitarista, na da virtude ou em alguma outra teoria normativa (ver O'Donohue *et al.*, 2014).

Um segundo problema é determinar se um analista do comportamento violou um padrão (O'Donohue & Ferguson, 2003). Por exemplo, o motivo do dano, em oposição ao dano real, constitui uma violação ética? A Associação Americana de Psicologia (2002) e o BACB (2017) não se manifestam sobre o assunto. Falando de forma técnica, essas visões contrastantes dizem respeito à teoria ética motivacionista e à ética utilitarista, respectivamente. A intenção de praticar um delito justifica ação disciplinar de uma perspectiva motivacionista, mas não de uma utilitarista. A perspectiva utilitarista exige evidências de que um cliente foi prejudicado. Desse modo, como tanto a Associação Americana de Psicologia quanto o BACB não explicam a moralidade sobre a qual basearam o Código de Ética, como podem assegurar o devido processo legal de investigações éticas (O'Donohue & Ferguson, 2003, p. 7)? A resposta é que não podem, com base nos argumentos já discutidos.

A análise de contingências do comportamento moral e ético de Skinner

Embora a ciência do comportamento de Skinner seja inadequada para nos ajudar a determinar o que é comportamento moral ou ético (i.e., ética normativa), sua análise das contingências pelas quais as pessoas se comportam eticamente é útil para nos ajudar a entender por que as pessoas se comportam como o fazem (i.e., metaética). Ao identificar as contingências das quais a conduta ética é uma função, podemos criar condições que a favoreçam e evitem condições que promovam o comportamento antiético.

Segundo Skinner (1972), "não podemos escolher um modo de vida em que não haja controle... só podemos mudar as condições de controle" (p. 97, 99, 194–195). O que ele quis dizer com isso é que nosso comportamento está sempre sob o controle de determinantes genéticos e ambientais (i.e., estímulos antecedentes e consequentes). Portanto, a visão skinneriana sobre a promoção do comportamento ético implica na mudança dessas condições controladoras. O aspecto mais importante de tais condições é a presença do contracontrole (Skinner, 1972).

O *contracontrole* é a "reação emocional da raiva (...) incluindo o comportamento operante", por parte do controlado (i.e., a pessoa cujo comportamento está sob o controle de outra), que "fere ou é de outra forma aversivo ao controlador" (Skinner, 1953, p. 321). Em outras palavras, o contracontrole é a tentativa do controlado de mudar as contingências aversivas das quais seu comportamento é uma função. Diversos exemplos de contracontrole são: uma mulher abusada assassina seu abusador; um criminoso encarcerado foge da prisão; cidadãos protestam contra seu governo; e os voluntários que serviam como detentos na infame prisão de Stanford se rebelaram contra os voluntários que foram designados de maneira aleatória para serem guardas.

A passagem a seguir resume como o contracontrole se relaciona com a ética:

> As consequências responsáveis pelo comportamento benevolente, dedicado, compassivo ou de espírito público são formas de contracontrole e, quando faltam, essas características de comportamento tão admiradas estão faltando. O ponto é ilustrado por cinco campos em que o controle não é compensado pelo contracontrole e que se tornaram exemplos clássicos de maus-tratos. São o cuidado dos muito jovens, dos idosos, dos presos, dos indivíduos diagnosticados com psicose e dos indivíduos com deficiência intelectual. Os críticos costumam dizer que aqueles que têm essas pessoas suscetíveis a seu cargo carecem de compaixão ou senso de ética, mas o fato evidente é que os indivíduos vulneráveis não estão sujeitos a um forte contracontrole. Os jovens e os idosos são fracos demais para protestar, os presos são controlados pelo poder policial e os indivíduos diagnosticados com psicose ou deficiência intelectual não podem se organizar ou agir com sucesso. Pouco ou nada é feito em relação aos maus-tratos, a menos que agências externas introduzam contracontrole de fora. (Skinner, 1971/2002, p. 196–197)

Aqui, Skinner foi muito claro sobre o que os profissionais precisam fazer para garantir um comportamento ético. Em circunstâncias nas quais os indivíduos são tão desfavorecidos que não dispõem de mecanismos eficazes de contracontrole, as agências externas precisam intervir para compensar esse desequilíbrio. Nos últimos tempos, nenhuma outra área da saúde ilustra melhor o papel do contracontrole e da ética do que o cuidado de idosos com transtornos neurocognitivos (demência) e outros comprometimentos intelectuais.

Contracontrole e abuso de idosos

Pessoas com transtornos cognitivos e comportamentais que recebem cuidados para idosos estão em risco especialmente alto de abuso, devido à sobrecarga que seus cuidadores experimentam (Lachs, Williams, O'Brien, Hurst & Horowitz, 1997; Pillemer, Burnes, Riffin & Lachs, 2016). O *abuso de idosos* é a exploração física, psicológica, sexual e/ou financeira, a negligência, ou uma combinação dessas, que podem resultar das ações de outras pessoas, como os cuidadores (Dyer, Pavlik, Murphy & Hyman, 2000). A prevalência de maus-tratos em idosos varia de 1 a 12%, embora esses números provavelmente subestimem o problema, devido a fragilidades metodológicas e à relutância de receptores e cuidadores em denunciar maus-tratos (Burnes *et al.*, 2015; Tueth, 2000), afinal, o abuso de idosos é um crime e pode resultar em acusações criminais. Além disso, os beneficiários de cuidados podem ser relutantes em denunciar abusos por medo de serem transferidos de suas casas para moradias alternativas (p. ex., moradia assistida ou instalações de enfermagem especializadas).

As características que colocam os cuidadores com demência em risco de abuso incluem comportamentos desafiadores, como a agressão física, e sua necessidade de cuidados práticos cada vez mais intensos com as atividades da vida diária, como tomar banho, ir ao banheiro e vestir-se, à medida que se deterioram (Dong, 2015; Lachs *et al.*, 1997; Wangmo, Nordström & Kressig, 2017). O abuso físico é mais provável de ocorrer no contexto de cuidados práticos. Quando um cuidador tem contato direto com comportamento agressivo, não aderente ou ambos de uma pessoa idosa com demência, é provável que o cuidador esteja emocionalmente angustiado, possivelmente irritado, e com dor física se ferido pela pessoa idosa (Paveza *et al.*, 1992; Teri *et al.*, 1992). Mais importante ainda, os receptores de cuidados com demência são incapazes de exercer contracontrole eficaz, dado o seu comprometimento geral e, muitas vezes, sua condição frágil.

Embora o abuso de idosos tenha recebido ampla atenção na mídia ultimamente (Roberto, 2016), o tratamento daqueles que recebem cuidados de idosos melhorou de forma considerável nas últimas décadas, à medida que os estados intervieram para garantir que melhores mecanismos de contracontrole estejam em vigor. Os relatórios e a documentação tornaram-se cada vez mais rigorosos. Além disso, as instituições de enfermagem especializadas estão sujeitas a verificações aleatórias por agências governamentais.

Considerações finais

A análise do comportamento tem relação complexa com o discurso ético. Este capítulo descreveu as complexidades dessa relação e algumas questões não resolvidas, sendo uma das principais a seguinte: é mesmo possível conciliar uma visão científica do comportamento com uma visão indeterminista ou a noção de livre-arbítrio, que pressupõe as versões mais recentes dos códigos de ética da Associação Americana de Psicologia (2002) e do BACB (2017)? Faz mesmo sentido ter um código de ética para analistas do comportamento que defendem uma visão científica do comportamento? Se de fato "dever implica poder", então como podemos responsabilizar moral e eticamente um profissional quando ele não poderia ter se comportado de outra forma (O'Donohue & Ferguson, 2003, p. 7)? A conduta antiética do profissional estava além de seu controle pessoal, ou seja, essa conduta deveu-se a variáveis genéticas e deficiências nas contingências prevalecentes das quais tal comportamento e outros comportamentos éticos incompatíveis são uma função.

Em *Além da liberdade e da dignidade*, Skinner (1971/2002) discutiu esse conflito entre uma visão de mundo científica e uma baseada na escolha e no livre-arbítrio. A ciência pressupõe determinismo porque assume ordem no universo. Partindo do pressuposto de que o mundo é ordenado, a ciência pode, então, elucidar aquelas relações lícitas (p. ex., contingências de sobrevivência e reforço) que permitem à nossa espécie prever e controlar melhor ou influenciar os fenômenos naturais. Na medida em que a matéria não consegue escolher quais forças naturais operam sobre ela, os organismos não conseguem escolher qual comportamento é emitido. Por conseguinte, a resposta à pergunta anterior é não. Os códigos de ética da Associação Americana de Psicologia (2002) e do BACB (2017) são incompatíveis com a ciência do comportamento. Portanto, devemos abandoná-los completamente.

A análise de contingências do comportamento moral e ético de Skinner deve suplantar esses códigos de ética. Embora a ciência do comportamento de Skinner seja inadequada para nos ajudar a determinar *o que* é conduta moral ou ética, sua análise das contingências pelas quais as pessoas se comportam eticamente pode ser instrumento para promover a conduta ética entre os profissionais. Apesar de os indivíduos poderem discordar sobre particularidades, todos podemos concordar sobre o que é e o que não é ético na maioria dos casos. Por exemplo, atingir pacientes em qualquer circunstância é antiético. Da mesma forma, uma prática ética pode ser maximizar a independência do paciente, ao mesmo tempo em que diminui sua dependência de outras pessoas. Ao identificar as contingências das quais a conduta ética é uma função, a psicologia e a análise do comportamento podem criar as condições que favorecem o comportamento ético e obviam aquelas condições que evocam o antiético.

Concluindo, a adoção em massa do Código de Ética da Associação Americana de Psicologia (2002) deve surpreender a comunidade analítico-comportamental, uma vez que é contrária aos princípios da ciência do comportamento. De maneira surpreendente, a comunidade permaneceu em grande parte silenciosa sobre essa mudança.

Podemos supor duas coisas da falta de resposta da comunidade analítico-comportamental. Primeiro, os analistas do comportamento silenciam sobre essa questão porque o Código de Ética da Associação Americana de Psicologia (2002) é aceitável para eles; por isso, não têm críticas. Isso, é claro, não parece ser o caso. A maioria desses analistas teria ficado indignada com a adoção do Código de Ética da Associação Americana de Psicologia pela Associação Internacional de Análise do Comportamento, se tivessem considerado essa ação com cuidado. Segundo, não leram o Código de Ética; consideram a ética apenas superficialmente, na melhor das hipóteses. Embora essa ainda seja uma questão empírica, podemos supor com segurança que esse seja de fato o caso. Apesar dessa atitude, os membros da comunidade analítico-comportamental devem observar que aceitar o Código de Ética da Associação Americana de Psicologia tem sérias implicações ou consequências. Tal Código não tem salvaguardas para garantir o devido processo legal se um analista do comportamento vier a ser objeto de uma investigação ética (O'Donohue & Ferguson, 2003, p. 7). Simplesmente não há contingências ou mecanismos de contracontrole para garantir um julgamento justo.

Referências

Allison, J., & Timberlake, W. (1975). Response deprivation and instrumental performance in the controlled-amount paradigm. *Learning and Motivation, 6*, 112-142.

American Psychological Association. (2002). Ethical principles of psychologists and code of conduct. Recuperado de *www.apa.org/ethics/code*.

Association for Advancement of Behavior Therapy. (1977). Ethical issues for human services. *Behavior Therapy, 8*, v-vi.

Behavior Analyst Certification Board (BACB). (2004). Behavior Analyst Certification Board guidelines for responsible conduct for behavior analysts. Recuperado de *www.bacb.com*.

Behavior Analyst Certification Board (BACB). (2017). Professional and ethical compliance code for behavior analysts. Recuperado de *www.bacb.com*.

Benuto, L. T., Casas, J., & O'Donohue, W. T. (2018). Training culturally competent psychologists: A systematic review of the training outcome literature. *Training and Education in Professional Psychology, 12*, 125-134.

Burnes, D., Pillemer, K., Caccamise, P. L., Mason, A., Henderson, C. R., Berman, J., *et al.* (2015). Prevalence of and risk factors for elder abuse and neglect in the community: A population-based study. *Journal of the American Geriatrics Society, 63*, 1906-1912.

California Association for Behavior Analysis. (1996). *Cal-ABA's code of ethics*. Morro Bay, CA: Autor.

Dong, X. Q. (2015). Elder abuse: Systematic review and implications for practice. *Journal of the American Geriatrics Society, 63*, 1214-1238.

Dyer, C. B., Pavlik, V. N., Murphy, K. P., & Hyman, D. J. (2000). The high prevalence of depression and dementia in elder abuse or neglect. *Journal of the American Geriatrics Society, 48*, 205-208.

Fischborn, M. (2018). Questions for a science of moral responsibility. *Review of Philosophy and Psychology, 9*, 381-394.

Florida Association for Behavior Analysis. (1987). *Code of ethics of the Florida Association for Behavior Analysis*. Tallahassee, FL: Autor.

Kant, I. (1997). *Lectures on ethics* (P. Heath & J. B. Schneewind, Trans.). Cambridge, UK: Cambridge University Press.

Lachs, M. S., Williams, C., O'Brien, S., Hurst, L., & Horowitz, R. (1997). Risk factors for reported elder abuse and neglect: A nine-year observational cohort study. *Gerontologist, 37*, 469-474.

MacIntyre, A. (1998). *A short history of ethics* (2nd ed.). Notre Dame, IN: University of Notre Dame Press. Moore, G. E. (1988). *Principia ethica.* Nova York: Prometheus Books. (Trabalho original publicado em 1903)

O'Donohue, W. T. (2016). Oppression, privilege, bias, prejudice, and stereotyping: Problems in the APA code of ethics. *Ethics and Behavior, 26*(7), 527-544.

O'Donohue, W. T., & Ferguson, K. E. (2003). *Handbook of professional ethics for psychologists*. Nova York: SAGE.

O'Donohue, W., Snipes, C., Dalto, G., Soto, C., Maragakis, A., & Im, S. (2014). The ethics of enhanced interrogations and torture: A reappraisal of the argument. *Ethics and Behavior, 24*(2), 109-125.

Paveza, G. J., Cohen, D., Eisdorfer, C., Freels, S., Semla, T., Ashford, J. W., *et al.* (1992). Severe family violence and

Alzheimer's disease: Prevalence and risk factors. *Gerontologist, 32*, 493-497.

Pillemer, K., Burnes, D., Riffin, C., & Lachs, M. S. (2016). Elder abuse: Global situation, risk factors, and prevention strategies. *Gerontologist, 56*(Suppl. 2), S194-S205.

Ringen, J. (1996). The behavior therapists' dilemma: Reflections on autonomy, informed consent and scientific psychology. Em W. O'Donohue & R. F. Kitchener (Eds.), *The philosophy of psychology* (p. 352- 360). Thousand Oaks, CA: SAGE.

Roberto, K. A. (2016). The complexities of elder abuse. *American Psychologist, 71*, 302-311.

Skinner, B. F. (1953). *Science and human behavior*. Nova York: Macmillan.

Skinner, B. F. (1972). *Cumulative record* (3rd ed.). Nova York: Appleton-Century-Crofts.

Skinner, B. F. (2002). *Beyond freedom and dignity*. Nova York: Hackett. (Trabalho original publicado em 1971)

Smith, L. (1986). *Behaviorism and logical positivism*. Stanford, CA: Stanford University Press.

Teri, L., Rabins, P., Whitehouse, P. V., Berg, L., Reisberg, B., Sunderland, T., *et al.* (1992). Management of behavior disturbance in Alzheimer disease: Current knowledge and future directions. *Alzheimer Disease and Associated Disorders, 6*, 77-88.

Texas Association for Behavior Analysis. (1995). *Texas Association for Behavior Analysis code of ethics*. Denton, TX: Autor.

Tueth, M. J. (2000). Exposing financial exploitation of impaired elderly persons. *American Journal of Geriatric Psychiatry, 8*, 104-111.

Wangmo, T., Nordström, K., & Kressig, R. W. (2017). Preventing elder abuse and neglect in geriatric institutions: Solutions from nursing care providers. *Geriatric Nursing, 38*, 385-392.

Wittgenstein, L. (1953). *Philosophical investigations*. Nova York: Macmillan.

34

Certificação profissional para a prática de analistas do comportamento

James E. Carr, Melissa R. Nosik, Christine L. Ratcliff e James M. Johnston

Ter uma credencial profissional é a maneira tradicionalmente reconhecida de um indivíduo demonstrar ao público que atendeu a padrões de competência específicos e reconhecidos em uma profissão. Em geral, os consumidores utilizam a credencial de uma profissão como qualificação necessária ao selecionar um profissional. Por exemplo, a maioria de nós não obteria os serviços de um cirurgião, advogado ou dentista a menos que essa pessoa estivesse devidamente credenciada. Da mesma forma, se mudássemos para uma nova cidade e precisássemos dos serviços de um advogado, poderíamos começar nossa busca obtendo uma lista de advogados que têm a devida credencial profissional. Se precisássemos de um serviço especializado, como um advogado imobiliário, poderíamos procurar um profissional que também tivesse uma credencial de especialidade nessa área. É claro que podemos fazer muitas outras coisas para ter certeza de contratar um advogado competente (p. ex., obter referências, conversar com membros da comunidade, revisar registros públicos sobre a prática do advogado), mas verificar se o advogado está devidamente credenciado seria um primeiro passo razoável e habitual no processo de seleção. Empregadores e agências governamentais usam uma abordagem semelhante porque é um meio eficiente e eficaz de contratar profissionais ou designar as qualificações necessárias para um cargo. Embora apenas ter uma credencial possa não ser suficiente para um indivíduo obter determinada posição profissional, na maioria das vezes é um pré-requisito. Desse modo, uma credencial profissional tornou-se o principal meio de se identificar profissionais qualificados.

Até o final da década de 1990, os analistas do comportamento não tinham nenhuma credencial profissional específica e amplamente reconhecida. Os consumidores que procuravam um analista do comportamento qualificado antes disso não tinham uma credencial na qual pudessem confiar para ajudar em sua busca: em vez disso, eles eram forçados a usar meios menos confiáveis de avaliar as qualificações dos profissionais, como o boca a boca, uma revisão do currículo do profissional e anúncios dos profissionais. Empregadores e agências governamentais se viam em uma situação semelhante e foram forçados a desenvolver seus próprios critérios para um analista do comportamento *qualificado* ou a especificar que os indivíduos possuem credenciais de outras profissões (p. ex., uma licença de psicologia, uma certificação de professor). Nenhuma dessas opções foi especialmente benéfica para os consumidores, devido à sua falta de especificidade em relação à análise do comportamento.

Tipos de credenciais profissionais

As credenciais profissionais às vezes assumem a forma de uma licença emitida pelo governo estadual, regional ou nacional. Essas licenças geralmente são estabelecidas por meio de uma lei que limita o uso de um título profissional ou o engajamento na prática profissional específica àqueles que possuem a licença apropriada (Green & Johnston, 2009; Redbird, 2017). Segundo uma lei de títulos, por exemplo, indivíduos podem se identificar como analistas de comportamento licenciados apenas se forem licenciados pelo governo. Da mesma forma, sob uma prática jurídica, os indivíduos só podem praticar a análise do comportamento se estiverem licenciados como analistas do comportamento. Se a lei combinar características de título e prática, os indivíduos não podem utilizar o título ou se envolver na prática de análise de comportamento, a menos que estejam devidamente licenciados ou explicitamente isentos da lei. Em geral, a lei de licenciamento também estabelece um conselho profissional para supervisionar o processo de licenciamento e revisar questões disciplinares envolvendo profissionais licenciados.

Uma segunda forma de credencial é a certificação profissional. Embora a licenciatura e a certificação profissional adotem fundamentalmente a mesma abordagem para o processo de credenciamento, a certificação profissional difere da licença das seguintes maneiras: uma organização privada, em vez de um governo, geralmente a emite; na maioria das vezes, não se limita a uma única jurisdição governamental; e pode ser voluntária para a prática. A profissão, e não o governo, em geral impulsiona a certificação; assim, não está tão sujeita às peculiaridades de um processo governamental politicamente influenciado, pois uma organização privada desenvolve e emite certificação profissional. Além disso, como a certificação profissional pode atravessar as fronteiras estaduais, ela é mais *portátil* para os certificadores do que a licença do governo local (Hall & Lunt, 2005). Embora a licenciatura e a certificação profissional sejam diferentes em muitos aspectos, um requisito paralelo é que ambas devem aderir aos mesmos padrões legais, psicométricos e profissionais no desenvolvimento de suas credenciais e seus instrumentos de avaliação, e na operação de seus programas de credenciamento. Uma das maneiras pelas quais os programas de certificação profissional demonstram sua aderência aos padrões de credenciamento estabelecidos é obter a acreditação de uma organização nacional de definição de padrões, como o American National Standards Institute (ANSI, s.d.) ou a National Commission for Certifying Agencies (NCCA; Institute for Credentialing Excellence, s.d.).

Componentes e requisitos do programa de credenciamento

Um programa de credenciamento profissional, seja para licenciatura ou para certificação profissional, consiste em quatro componentes principais: padrões de elegibilidade, exame escrito, educação continuada (EC) para indivíduos credenciados e supervisão disciplinar. Os candidatos devem primeiro atender aos padrões de elegibilidade específicos para se qualificarem para o exame. Esses padrões em geral exigem que o candidato tenha diploma educacional mínimo, curso universitário específico e alguma forma de experiência supervisionada. No entanto, a pedra angular de qualquer programa de credenciamento profissional é o exame escrito, profissionalmente desenvolvido. Para ser viável, a prova escrita deve atender às normas psicométricas e legais; ou seja, o exame deve separar "quem sabe" de "quem não sabe", e também deve ser defensável em juízo. Para esses fins, os exames devem ser elaborados seguindo padrões psicométricos e legais estabelecidos, que muitas vezes são promulgados por órgãos normativos (American Educational Research Association, American Psychological Association & National Council on Measurement in Education, 2014; ANSI, s.d.; Institute for Credentialing Excellence, s.d.; U.S. Equal Employment Opportunity Commission, 1978). Em seguida, os indivíduos que se credenciam geralmente devem obter EC para manter a validade de sua credencial. O objetivo de um requisito de EC é ajudar a garantir que um profissional credenciado continue a crescer profissionalmente e se mantenha a par de novos desenvolvimentos e técnicas na área. Por fim, a maioria das organizações de credenciamento inclui uma quarta etapa de conformidade disciplinar ou ética com base em um código de ética publicado.

A história do credenciamento de analista do comportamento

Houve diversas tentativas de estabelecer credenciais profissionais para a prática de analistas do comportamento (Johnston, Carr & Mellichamp, 2017). Por exemplo, o estado de Minnesota (EUA) iniciou um programa de certificação na década de 1970 para profissionais que trabalhavam no sistema estadual de deficiências do desenvolvimento, mas acabou sendo vítima de mudanças na filosofia e nas prioridades no estado (Thomas, 1979). A Association for Behavior Analysis* patrocinou um programa de certificação em meados da década de 1980, mas depois o dissolveu por razões legais e práticas (Shook *et al.*, 1988). Além disso, a Flórida implementou um programa de certificação baseado em um exame desenvolvido profissionalmente em meados da década de 1980 (Johnston & Shook, 1993; Starin, Hemingway

*A Association for Behavior Analysis foi posteriormente renomeada para Association for Behavior Analysis International (ABAI).

& Hartsfield, 1993) por causa do uso indevido de procedimentos comportamentais (Bailey & Burch, 2016; Johnston & Shook, 1987). Oklahoma, Texas, Califórnia, Pensilvânia e Nova York seguiram o exemplo na década de 1990 com programas baseados no modelo bem-sucedido da Flórida e utilizando o exame da Flórida. O fato de um estado fornecer um exame para outro era altamente incomum, mas, no caso da análise do comportamento aplicada (ABA, *applied behavior analysis*), foi exatamente o que aconteceu. A Flórida abriu caminho para outros estados seguirem, e eles o fizeram. À medida que outros estados e governos se interessaram pelo programa da Flórida, ficou evidente a necessidade de um programa de credenciamento mais amplo para a profissão.

O conselho de certificação do analista do comportamento

O Behavior Analyst Certification Board® (BACB®) foi fundado como uma corporação sem fins lucrativos 501(c)(3) em 1998 para atender às necessidades de credenciamento da profissão. Em 1999, o BACB entrou em acordo com a Flórida para utilizar o exame bem-desenvolvido da Flórida e realizou sua primeira administração de exame em maio de 2000. Em resposta à implementação bem-sucedida do programa de certificação do BACB, a Flórida transferiu o exame para o BACB, e todos os programas de certificação operados pelo estado, incluindo o da Flórida, cessaram a operação e transferiram suas responsabilidades de certificação para o BACB (Johnston & Shook, 2001). Quase que de imediato, o interesse pela certificação fora dos Estados Unidos tornou-se aparente, e o BACB subsequentemente aumentou suas atividades internacionais para responder a esse interesse crescente (Hughes & Shook, 2007; Martin & Carr, 2020; Virués-Ortega *et al.*, 2009).

Certificações do BACB®

O BACB oferece dois programas de certificação profissional para analistas do comportamento:* Board Certified Behavior Analyst® (BCBA®) e Board Certified Assistant Behavior Analyst® (BCaBA®) (ver Figura 34.1). Os indivíduos com a certificação BCBA são profissionais independentes em nível de pós-graduação em análise do comportamento. Os indivíduos com a certificação BCaBA podem praticar a análise do comportamento sob a supervisão de um BCBA. Além disso, esses analistas com certificação BCBA e que atendem a certos requisitos de doutorado podem se qualificar para uma designação de doutorado: Board Certified Behavior Analyst – Doctoral™ (BCBA-D™). Desde 2007, os programas de certificação BCBA e BCaBA têm sido acreditados pela NCCA de maneira contínua, o que indica que o BACB adere aos testes estabelecidos e aos padrões legais para os conselhos que concedem credenciais profissionais.

Tanto a certificação BCBA quanto a BCaBA têm requisitos específicos para graduação, curso e experiência supervisionada (ver Figura 34.2) a que os candidatos devem atender para se qualificar para o exame escrito apropriado. Para se qualificar, os candidatos ao exame BCBA precisam de pelo menos um mestrado em

FIGURA 34.1 Certificações de analista do comportamento disponíveis no BACB.

*O BACB também oferece um programa de certificação para técnicos de comportamento paraprofissionais que são supervisionados por analistas do comportamento, a credencial Registered Behavior Technician® (RBT®). Este capítulo, no entanto, foca exclusivamente em credenciais profissionais para *analistas do comportamento*.

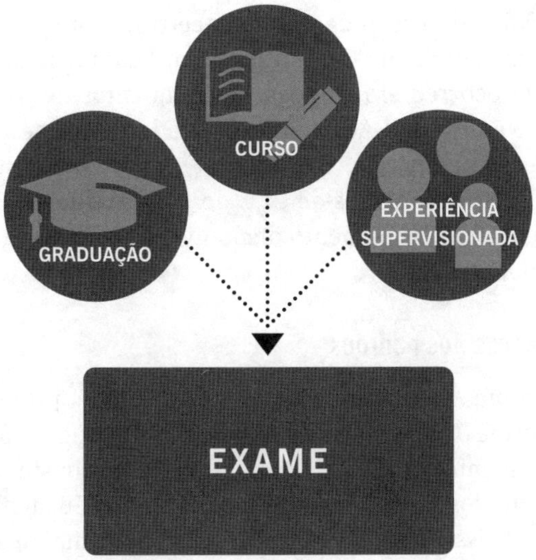

FIGURA 34.2 Representação visual do processo de elegibilidade do exame para as certificações BCBA e BCaBA.

domínio acadêmico aceitável, curso de pós-graduação em conteúdo analítico-comportamental específico e experiência profissional supervisionada em análise do comportamento.* Já os candidatos ao exame BCaBA precisam de pelo menos um diploma de bacharelado, graduação ou pós-graduação em conteúdo analítico-comportamental específico e experiência profissional supervisionada em análise do comportamento para se qualificar.

Exames do BABC®

Os exames do BACB são desenvolvidos e revisados de forma rotineira por meio de processos que aderem às diretrizes de melhores práticas para credenciamento, padrões de desenvolvimento de exames aceitos nacionalmente e requisitos da NCCA (Johnston, Mellichamp, Shook & Carr, 2014). O BACB utiliza diversos grupos de trabalho de especialistas cuidadosamente selecionados para escrever e revisar itens de exame e fazer recomendações para mudanças contínuas nas listas de tarefas para BCBA e BCaBA: essa entrada serve como base para o conteúdo do exame. As revisões da lista de tarefas são validadas pelo conteúdo por meio de uma pesquisa em larga escala de certificadores, conhecida como *análise de tarefas de trabalho*. Desse modo, a *profissão* sob a orientação da *equipe do BACB* desenvolve a lista de tarefas e exames (ver também Johnston *et al.*, 2014; Shook, 2005; Shook, Johnston & Mellichamp, 2004).

O BACB aumentou a disponibilidade de exames para atender a demanda por seus programas de certificação. Mais de 300 locais em todo o mundo administram exames por meio da rede de centros seguros e baseados em computadores da Pearson VUE. Atualmente, os exames BCBA e BCaBA são oferecidos de forma contínua durante todo o ano (i.e., "sob demanda").

Manutenção da certificação

A certificação BCBA ou a BCaBA é concedida somente após um indivíduo atender aos requisitos de elegibilidade já mencionados e passar no exame apropriado. Depois de obter uma credencial BACB, um certificador deve atender aos requisitos de manutenção para ajudar a manter um nível aceitável de atualização profissional e competência em análise de comportamento.

Profissionais com certificações BCBA e BCaBA devem obter Unidades de Educação Continuada (CEU, Continuing Education Units), que pode ser conquistada de diversas formas. Isso inclui passar em cursos universitários de análise do comportamento, ministrar tais cursos, participar de conferências estaduais e nacionais, fazer tutoriais *on-line*, apresentar sessões aprovadas em conferências e envolver-se em certas atividades acadêmicas (como revisões editoriais e publicação de artigos em periódicos). Os certificadores devem dedicar uma parte da CEU necessária ao conteúdo de ética e ao conteúdo de supervisão para aqueles que fornecem supervisão, para garantir o desenvolvimento contínuo em áreas especialmente importantes.

Ética e disciplina

Além dos requisitos de manutenção já descritos, o BACB emprega um sistema disciplinar de comportamento ético e profissional para os solicitantes de certificação e certificadores. O sistema disciplinar do BACB baseia-se no Código de Ética do BACB, o Código de Conformidade Profissional e Ética para Analistas do Comportamento (doravante denominado Código; BACB, 2014a). O Código abrange a ampla gama de situações éticas e profissionais enfrentadas pelos analistas do comportamento em exercício. Também serve de referência para consumidores e empregadores quando estão tentando determinar qual forma de conduta é apropriada e deve ser esperada de um analista do comportamento diante de questões éticas e profissionais. O BACB aplica o Código por meio de um processo projetado para fornecer proteção ao consumidor, devido processo legal adequado para o

*Atualmente, há duas outras opções de elegibilidade para a certificação BCBA para membros do corpo docente e profissionais seniores em nível de doutorado.

certificador envolvido, mentoria quando apropriado e consequências para o certificador por violações. As sanções disciplinares, incluindo a suspensão ou a revogação da certificação de um indivíduo, são publicadas no *site* do BACB (*www.bacb.com*).

Crescimento do BACB®

A profissão da análise do comportamento tem crescido de forma substancial nos últimos anos (Carr & Nosik, 2017). Como exemplo, o número total de indivíduos com certificação BCBA ou BCaBA em todo o mundo aumentou mais de sete vezes desde 2008, quando havia 6.636 certificadores (i.e., 4.747 BCBAs e 1.889 BCaBAs; Shook & Favell, 2008). Em agosto de 2020, o número total de certificadores era de 48.219 (i.e., 43.476 BCBAs e 4.743 BCaBAs). À medida que a demanda pelos programas de certificação do BACB aumentou, também houve crescimento substancial no número de programas educacionais que oferecem treinamento analítico-comportamental. Por exemplo, há atualmente mais de 300 instituições em todo o mundo que oferecem cursos identificados como atendendo aos requisitos para elegibilidade para BCBA ou BCaBA (i.e., sequências de cursos verificadas). À medida que o número de instituições com sequências de cursos verificadas cresceu, cresceu também a necessidade de *feedback* sobre o desempenho dos alunos nos exames do BACB. Este forneceu dados nos primeiros anos para cada sequência de curso verificada sobre a porcentagem de seus graduados que passaram em um exame do BACB na primeira tentativa. Desde 2014, o BACB divulga publicamente as taxas de aprovação *on-line*. Essas mudanças são esforços para ajudar os futuros alunos a tomar decisões informadas sobre seu treinamento antes da matrícula e para fornecer *feedback* ao corpo docente sobre o resultado de seu treinamento. A partir de 2019, a ABAI assumiu a responsabilidade de administrar o sistema de sequência verificada dos cursos.

O aumento no número de certificadores do BACB criou aumento correspondente na demanda por oportunidades de CEU em análise de comportamento. O BACB opera um processo para identificar provedores de conteúdo de CEU aprovado pelo BACB nos níveis organizacional e individual (provedores autorizados de CEU). Embora as oportunidades de CEU fossem anteriormente difíceis de se encontrar fora de algumas convenções anuais, agora são abundantes. Atualmente, existem mais de 1.000 provedores de CEU autorizados em todo o mundo. Um aumento acentuado na disponibilidade de conteúdo de CEU sobre ética e comportamento profissional ocorreu após a implementação, em 2008, da exigência do BACB de que cada certificador obtivesse uma proporção de CEU nessa área. Fenômeno semelhante ocorreu em resposta aos requisitos de treinamento e CEU do BACB para certificadores que desejam fornecer supervisão (BACB, 2012). Esses dados sugerem que os requisitos de CEU do BACB influenciaram o cenário de treinamento disponível para analistas do comportamento.

Mudanças nos padrões

As normas regulatórias mudam em qualquer profissão conforme o progresso da profissão, como programas de treinamento disponíveis, necessidades do consumidor e resultados de pesquisas publicadas. O BACB atende a essa necessidade de analistas do comportamento analisando e revisando seus padrões de maneira periódica, utilizando processos exigidos pelo NCCA. Esses processos envolvem grupos de trabalho de especialistas no assunto que fazem recomendações sobre normas e sua revisão ao Conselho de Administração do BACB. Para fins ilustrativos, os parágrafos a seguir descrevem as alterações em três áreas de normas.

Os critérios de elegibilidade para a certificação BCBA e BCaBA incluem requisitos específicos para diploma de qualificação, curso e experiência supervisionada. Diferentemente dos requisitos de curso e de experiência, que sempre foram analítico-comportamentais, o requisito original de graduação não se limitava a nenhuma área específica de estudo. O BACB restringiu o requisito de nível BCBA em 2011 a diplomas de determinados domínios acadêmicos. Além disso, em 2016, restringiu a exigência de graduação do BCBA a graduações em análise do comportamento, educação, psicologia ou programas de graduação nos quais um candidato concluiu uma sequência de curso verificada. O caminho principal para a certificação BCBA passou a exigir diploma de pós-graduação de um programa credenciado pela ABAI a partir de 2022, embora um caminho secundário permita diplomas de outros domínios acadêmicos.

O BACB convocou um grupo de trabalho em 2017 para revisar os padrões de experiência supervisionada que se aplicam a indivíduos que buscam a certificação BCBA ou a BCaBA (BACB, 2017). As recomendações desse grupo de trabalho produziram mudanças em diversos aspectos dos padrões de experiência, que entraram em vigor em 2022. Primeiro, os novos BCBAs precisarão esperar um ano antes de supervisionar os indivíduos que buscam a certificação BCBA ou a BCaBA. O BACB revisou as atividades aceitáveis para limitar a implementação direta de programas comportamentais a não mais do que 40 e 60% da experiência total supervisionada para BCBAs e BCaBAs, respectivamente. Ele aumentou a quantidade de experiência supervisionada de 1.500 para 2 mil, e de 1.000 para 1.300 horas para estagiários BCBA e BCaBA, respectivamente. Por fim, ele esclareceu as normas relativas à natureza e à estrutura da supervisão, às atividades apropriadas e à documentação de supervisão.

O BACB convocou um grupo de trabalho em 2014 para rever diversas normas, incluindo as para a supervisão contínua de BCaBAs. Originalmente desenvolvida em 2007 e implementada em 2009, a política na época exigia que cada BCaBA obtivesse uma hora de supervisão por mês de um BCBA. A nova política, que entrou em vigor em 2017, exige que os BCaBAs sejam supervisionados por 2% do tempo que gastam prestando serviços de ABA. A política também aborda muitas questões que a versão anterior não abordava, como o número de casos de supervisão, as qualificações do supervisor, a responsabilidade deste pelo trabalho clínico do BCaBA, os contratos e a supervisão do grupo (BACB, 2014b).

Diretrizes de prática do transtorno do espectro autista

Em resposta à crescente demanda por serviços de ABA para transtorno do espectro autista (TEA), o BACB publicou diretrizes práticas em 2012 para financiadores e gestores de serviços de saúde, consumidores e prestadores de serviços. Posteriormente, revisou as diretrizes de prática, em 2014 (BACB, 2014c). O objetivo das diretrizes é apoiar o tratamento ABA para indivíduos diagnosticados com TEA, para que seja consistente com a melhor evidência científica disponível e a opinião clínica especializada. Algumas das características únicas do tratamento ABA que as diretrizes abordam incluem: treinamento e credenciamento de analistas do comportamento; avaliação, formulação de metas de tratamento e mensuração do progresso do cliente; autorização de serviço e dosagem; modelos hierárquicos de prestação de serviços; técnicos comportamentais; e supervisão de casos. Além disso, o documento fornece orientações gerais e descrições básicas da prestação de serviços de ABA típicos que podem ser adaptados para atender aos requisitos e às necessidades individuais, locais e regionais. A partir de 2020, essas diretrizes práticas foram transferidas para o Council of Autism Service Providers (conselho de prestadores de serviços de autismo; CASP, 2020), que será responsável por gerenciar e atualizar o documento no futuro.

Licenciamento estatal dos Estados Unidos para analistas do comportamento

Desde 2009, 31 estados dos Estados Unidos promulgaram leis para regular a prática da ABA por meio de licenciamento (Association of Professional Behavior Analysts, s.d.; ver Figura 34.3). Trinta e um estados atualmente fornecem um caminho para o licenciamento

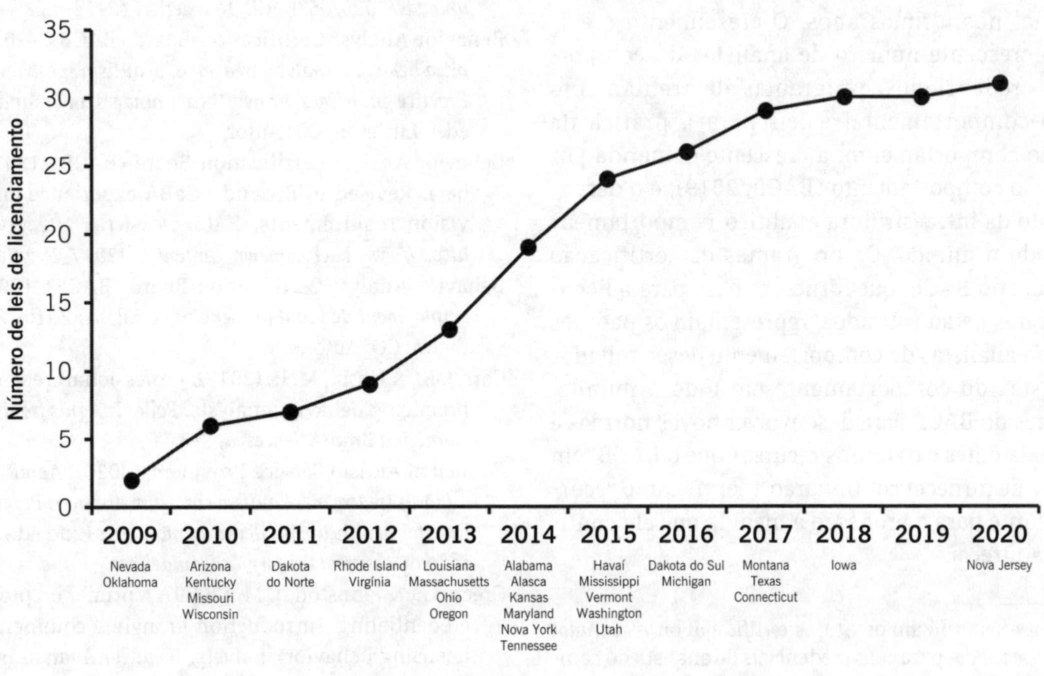

FIGURA 34.3 Número acumulado de leis de licenciamento dos Estados Unidos promulgadas até 2020 (*N* = 31). Os estados são indicados abaixo do eixo *x*.

para analistas do comportamento com um diploma de pós-graduação (Alabama, Alasca, Arizona, Connecticut, Havaí, Iowa, Kansas, Kentucky, Louisiana, Maryland, Massachusetts, Michigan, Mississippi, Missouri, Montana, Nevada, Nova Jersey, Nova York, Dakota do Norte, Ohio, Oklahoma, Oregon, Rhode Island, Dakota do Sul, Tennessee, Texas, Utah, Vermont, Virgínia, Washington e Wisconsin), e 24 destes fornecem um caminho para o licenciamento de assistentes de analista de comportamento com graduação (Alabama, Alasca, Iowa, Kansas, Kentucky, Louisiana, Massachusetts, Michigan, Mississippi, Missouri, Montana, Nevada, Nova Jersey, Nova York, Dakota do Norte, Oklahoma, Oregon, Rhode Island, Tennessee, Texas, Utah, Vermont, Virgínia e Washington).* As credenciais ou os padrões do BACB constituem um caminho para o licenciamento nesses estados, o que auxilia os analistas de comportamento com credenciais do BACB a se mudarem para diferentes estados e ainda se qualificarem para o licenciamento. Ainda não determinamos o impacto do licenciamento na prática da análise do comportamento, pois essas atividades legislativas ocorreram na última década, e diversos outros estados ainda estão buscando o licenciamento. No entanto, a existência e o crescimento da licenciatura constituem outro indicador da crescente maturidade da profissão.

Considerações finais

Como profissão, a ABA passou por um crescimento substancial nos últimos anos. O crescimento é evidente no crescente número de analistas do comportamento credenciados, programas de treinamento analítico-comportamental e leis para a prática da análise do comportamento; a crescente demanda por analistas do comportamento (BACB, 2019); e o desenvolvimento da infraestrutura analítico-comportamental em todo o mundo. Os programas de certificação profissional do BACB, que fornecem base para a licença estatal nos Estados Unidos, representam os padrões atuais *para* analistas do comportamento desenvolvidos *por* analistas do comportamento em todo o mundo. Os sistemas do BACB para desenvolver novas normas e rever as existentes e os outros recursos que o BACB tem sido capaz de fornecer continuarão a servir como recurso importante para a profissão à medida que ela continua a amadurecer.

*Alguns estados utilizam os títulos *certificados* ou *registrados* em vez de *licenciados* para suas credenciais de analista do comportamento ou assistente de analista do comportamento.

Agradecimento

Gerald L. Shook contribuiu para a versão deste capítulo na primeira edição do *Manual de análise do comportamento aplicada*.

Referências

American Educational Research Association, American Psychological Association, & National Council on Measurement in Education. (2014). *Standards for educational and psychological testing* (2014 ed.). Washington, DC: American Educational Research Association.

American National Standards Institute. (s.d.). Accreditation program for personnel certification bodies under ANSI/ISO/IEC 17024. Recuperado de *https://anab.ansi.org/credentialing/personnel-certification*.

Association of Professional Behavior Analysts. (s.d.). Licensure and other regulation of ABA practitioners. Recuperado de *https://www.apbahome.net/licensure-of-aba-practitioners*.

Bailey, J. S., & Burch, M. R. (2016). *Ethics for behavior analysts* (3rd ed.). Nova York: Routledge.

Behavior Analyst Certification Board (BACB). (2012, September). Special edition on supervision. *BACB Newsletter*. Recuperado de *https://www.bacb.com/wp-content/uploads/2020/05/BACB_Newsletter_9-12-a.pdf*

Behavior Analyst Certification Board (BACB). (2014a). Professional and ethical compliance code for behavior analysts. Recuperado de *www.bacb.com/ethics/ethics-code*.

Behavior Analyst Certification Board (BACB). (2014b, December). Special edition on BCaBA supervision standards. Recuperado de *https://www.bacb.com/wp-content/uploads/2020/05/BACB_Newsletter_12-14-a.pdf*.

Behavior Analyst Certification Board (BACB). (2014c). *Applied behavior analysis treatment of autism spectrum disorder: Practice guidelines for healthcare funders and managers* (2nd ed.). Littleton, CO: Autor.

Behavior Analyst Certification Board (BACB). (2017, October). Revised BCBA and BCaBA experience and supervision requirements. *BACB Newsletter*. Recuperado de *https://www.bacb.com/wp-content/Oct2017_Newsletter*.

Behavior Analyst Certification Board (BACB). (2019). *U.S. employment demand for behavior analysts: 2010- 2018*. Littleton, CO: Autor.

Carr, J. E., & Nosik, M. R. (2017). Professional credentialing of practicing behavior analysts. *Policy Insights from the Behavioral and Brain Sciences, 4*, 3-8.

Council of Autism Service Providers. (2020). *Applied behavior analysis treatment of autism spectrum disorder: Practice guidelines for healthcare funders and managers* (2nd ed.). Recuperado de *casproviders.org/asd-guidelines*.

Green, G., & Johnston, J. M. (2009). A primer on professional credentialing: Introduction to invited commentaries on licensing behavior analysts. *Behavior Analysis in Practice, 2*(1), 51-52.

Hall, J. E., & Lunt, I. (2005). Global mobility for psychologists: The role of psychology organizations in the United States, Canada, Europe, and other regions. *American Psychologist, 60,* 712-726.

Hughes, J. C., & Shook, G. L. (2007). Training and certification in behaviour analysis in Europe: Past, present, and future challenges. *European Journal of Behavior Analysis, 8,* 239-249.

Institute for Credentialing Excellence. (s.d.). National Commission for Certifying Agencies (NCCA) standards. Recuperado de *https://www.credentialingexcellence.org/page/ncca.*

Johnston, J. M., Carr, J. E., & Mellichamp, F. H. (2017). A history of the professional credentialing of applied behavior analysts. *Behavior Analyst, 40,* 523-538.

Johnston, J. M., Mellichamp, F. H., Shook, G. L., & Carr, J. E. (2014). Determining BACB examination content and standards. *Behavior Analysis in Practice, 7,* 3-9.

Johnston, J. M., & Shook, G. L. (1987). Developing behavior analysis at the state level. *Behavior Analyst, 10,* 199-233.

Johnston, J. M., & Shook, G. L. (1993). A model for the statewide delivery of programming services. *Mental Retardation, 31,* 127-139.

Johnston, J. M., & Shook, G. L. (2001). A national certification program for behavior analysts. *Behavioral Interventions, 16,* 77-85.

Martin, N. T., & Carr, J. E. (2020). Training and certification of behaviour analysts in Europe. *European Journal of Behaviour Analysis, 21,* 9-19.

Redbird, B. (2017). The new closed shop?: The economic and structural effects of occupational licensure. *American Sociological Review, 82,* 600-624.

Shook, G. L. (2005). An examination of the integrity and future of Behavior Analyst Certification Board credentials. *Behavior Modification, 29,* 562-574.

Shook, G. L., & Favell, J. E. (2008). The Behavior Analyst Certification Board and the profession of behavior analysis. *Behavior Analysis in Practice, 1*(1), 44-48.

Shook, G. L., Johnston, J. M., Cone, J., Thomas, D., Greer, D., Beard, J., et al. (1988). *Credentialing, quality assurance and right to practice.* Kalamazoo, MI: Association for Behavior Analysis.

Shook, G. L., Johnston, J. M., & Mellichamp, F. (2004). Determining essential content for applied behavior analyst practitioners. *Behavior Analyst, 27,* 67-94.

Starin, S., Hemingway, M., & Hartsfield, F. (1993). Credentialing behavior analysts and the Florida behavior analysis certification program. *Behavior Analyst, 16,* 153-166.

Thomas, D. R. (1979). Certification of behavior analysts in Minnesota. *Behavior Analyst, 2*(1), 1-13.

U.S. Equal Employment Opportunity Commission. (1978). *United States Equal Employment Opportunity Commission guidelines on employment testing procedures.* Washington, DC: Autor.

Virués-Ortega, J., Shook, G. L., Arntzen, E., Martin, N., Rodríguez-García, V., & Rebollar-Bernardo, M. A. (2009). Campo profesional y procedimientos de certificación en análisisaplicado del comportamiento en España y Europa [Campo profissional e certificação na análise do comportamento aplicada na Espanha e na Europa]. *Papeles del Psicologo, 30,* 1-10.

Índice de autores

A

B

C

D

E

F

G

H

I

J

K

L

M

N

Q

R

S

T

U

V

W

X

Y

Z

Índice por assunto

Nota: *f* ou *t* após um número de página indica uma figura ou uma tabela.

A

B

C

D

E

F

L

Q

R

S

V